PIPERS HANDBUCH DER POLITISCHEN IDEEN

PIPERS HANDBUCH DER POLITISCHEN IDEEN

Herausgegeben von

IRING FETSCHER
und
HERFRIED MÜNKLER

BAND 3

Abs. => 1. Kl.

PIPER
MÜNCHEN · ZÜRICH

BAND 1

Frühe Hochkulturen und
europäische Antike

BAND 2

Mittelalter:
Von den Anfängen des Islams
bis zur Reformation

BAND 3

Neuzeit:
Von den Konfessionskriegen
bis zur Aufklärung

BAND 4

Neuzeit:
Von der Französischen Revolution
bis zum europäischen Nationalismus

BAND 5

Neuzeit:
Vom Zeitalter des Imperialismus
bis zu den neuen sozialen Bewegungen

Neuzeit: Von den Konfessionskriegen bis zur Aufklärung

Mit Beiträgen von
Günter Barudio, Udo Bermbach, Horst Denzer,
Walter Euchner, Iring Fetscher, Mark Goldie,
Eugene Kamenka, Otto Kimminich, Herfried Münkler,
Helmut Reichelt, Hans Roos †, Richard Saage, Hans Saner,
Martin Seliger, James P. Young, Reinhold Zech

ISBN 3-492-02953-1

Gesetzt aus der Sabon-Antiqua
Umschlag: Federico Luci, unter Verwendung eines Kupferstiches von 1621
»Deß Gwesten Pfaltzgrafen Glück und Unglück«
Gesamtherstellung: Clausen & Bosse, Leck
Printed in Germany

INHALTSVERZEICHNIS

VORWORT DER HERAUSGEBER

Pipers Handbuch der politischen Ideen wendet sich an Lehrende und Studenten der Politikwissenschaften, Philosophie und Geschichte sowie an alle politisch Interessierten, die sich einen verbindlichen Überblick über die Geschichte der politischen Ideen verschaffen wollen – von den Anfängen menschlichen Nachdenkens über das Leben in der Gemeinschaft, über Freiheit und Herrschaft bis zu den heute geführten Diskussionen über Rechte der Frau, Grenzen des Mehrheitsprinzips und gewaltfreien Widerstand. Die Beiträge zu den einzelnen Epochen und Strömungen der politischen Ideengeschichte sollen gut lesbare Darstellung und wissenschaftlichen Diskurs miteinander verbinden.

Neben der Darstellung der politischen Ideen werden nach Möglichkeit auch die politischen und wirtschaftlichen, sozialen und kulturellen Voraussetzungen und Folgen umrissen. Die Akzentsetzung haben wir weitgehend den Bearbeitern der jeweiligen Abschnitte überlassen. Zwischen beiden Polen: dem Verständnis der politischen Ideen aus sich selbst heraus und ihrer Erklärung aus den sozio-kulturellen Rahmenbedingungen, gibt es keinen ein für allemal richtigen oder festlegbaren Mittelweg. Unter Berücksichtigung der jeweiligen Themen und der damit verbundenen Problemstellungen haben die einzelnen Autoren den Akzent unterschiedlich gesetzt. Dabei spielten gewiß auch die verschiedenen wissenschaftlichen Disziplinen eine Rolle, die von den Mitarbeitern des Bandes vertreten werden: Politikwissenschaftler und Soziologen, Philosophen und Theologen, Juristen und Historiker aus verschiedenen Ländern und Kulturbereichen haben an dem Projekt mitgewirkt. Weit davon entfernt, einer bestimmten Schule der politischen Ideengeschichte Ausschließlichkeitsansprüche einzuräumen, repräsentiert das *Handbuch* damit vielschichtige Interpretations- und Deutungsmöglichkeiten politischer Ideen.

Einige werden dies vielleicht als Unentschiedenheit auslegen. Nach unserem Dafürhalten liegt die Bedeutung der politischen Ideengeschichte aber gerade darin, daß sich längst vergessen und erledigt geglaubte politische Debatten an ihrer wissenschaftlichen Darstellung neu entzünden, Aktualitäten auch und gerade dann sichtbar werden, wenn nicht vordergründig aktualisiert wird. Und sicherlich wäre auch den politischen Ideen selbst Gewalt angetan worden, wenn man von vornherein einen bestimmten methodischen Zugriff festgelegt hätte. Zum Wesen politischer Ideengeschichte gehört die offene Diskussion, und die Stärke eines Arguments kann sich immer nur an seinen Gegenargumenten erweisen. Auch der kompendienhafte Anspruch eines Handbuchs kann hiervon nicht dispensieren – im Gegenteil: Gerade er fordert offene Diskussion, wenn die politischen Ideen nicht als totes Bildungsgut vorgeführt werden sollen. Dementsprechend haben wir das *Handbuch* nicht nur als wissenschaftliches Nachschlagewerk, sondern auch als Auseinandersetzung mit jenen politischen Problemen konzipiert, die im Lauf der Geschichte immer wieder aufgetaucht sind.

Bei der Anlage des *Handbuchs* ist der Begriff »politische Idee« bewußt weit gefaßt worden – etwa durch die Einbeziehung von Wirtschafts- oder Kriegstheorien, von Werken der Literatur und Kunst, soweit in ihnen die politischen Ideen einer Zeit ihren Niederschlag gefunden haben, von Gesetzeskodizes ebenso wie von Teilen der Bibel und des Koran. Oft genug haben darin politische Ideen nicht nur früher und prägnanter, sondern auch folgenreicher ihren Ausdruck gefunden als in jenen politischen Theorien, in denen sie später ausformuliert und zu Ende gedacht wurden. Deswegen haben wir uns entschlossen, das *Handbuch* nicht als eines der politischen *Theorien*, sondern als eines der politischen *Ideen* zu entwerfen. Selbstverständlich stehen die großen politischen Theorien im Mittelpunkt, aber einbezogen wurden ebenso die zahlreichen vor- und angelagerten Ideen, die nie den Status von Theorien erlangt haben. So können hier auch Seitenstränge des politischen Denkens sichtbar werden, ebenso wie die Kanäle, durch die manche Ideen erst ihre Verbreitung gefunden haben.

Durch diese Konzeption, die politische Ideengeschichte weder auf die großen Denker noch auf die handlichen -ismen beschränkt, und den Anspruch, die Verbindungs- und Bruchlinien zwischen Ideen- und Realgeschichte sichtbar werden zu lassen, wird sich *Pipers Handbuch der politischen Ideen* von anderen einschlägigen Darstellungen der politischen Ideengeschichte unterscheiden.

Diese Konzeption war auf knappem Raum nicht zu verwirklichen. Bald nach den ersten Überlegungen stellte sich heraus, daß das *Handbuch* auf mehrere Bände würde angelegt werden müssen, um allen Forderungen einigermaßen zu entsprechen. Aus den zwei bis drei Bänden, an die wir zunächst gedacht hatten, sind schließlich fünf geworden. Hinsichtlich der Bandeinteilung haben wir uns an die in ihrer Berechtigung zwar gelegentlich angezweifelte, nach wie vor aber unersetzbare Unterteilung in Antike, Mittelalter und Neuzeit gehalten, wobei die Neuzeit infolge der Verdichtung von Ideen zu Theorien allein drei Bände für sich beansprucht, so daß jeweils nur einer für Antike und Mittelalter zur Verfügung steht. Es wurde darauf Wert gelegt, daß jeder Band eine in sich abgeschlossene Einheit bildet.

Frühe Hochkulturen und europäische Antike ist der Titel des 1. Bandes, der bei China, Indien, Ägypten, Babylonien und Israel einsetzt und mit dem Untergang der antiken Welt endet. In diesen Zeitabschnitt fallen u. a. die Idee der Polis bei den Griechen, das politische Denken der Römer und die politischen Ideen des frühen Christentums.

Von den Anfängen des Islams bis zur Reformation reicht der im 2. Band behandelte Zeitraum, in dem die politischen Ideen des Mittelalters dargestellt und diskutiert werden: der Konflikt um die Suprematie zwischen Kaiser und Papst, die theologische Begründung der gesellschaftlichen Ordnung, die politischen Ideen des Rittertums und der mittelalterlichen Kommune und die ersten Anfänge des nationalstaatlichen Denkens.

Von den Konfessionskriegen bis zur Aufklärung ist der Titel des 3. Bandes, mit dem die Darstellung der politischen Ideen der Neuzeit beginnt: die Idee der Staatsraison und die Konzeptionen des Völkerrechts, Widerstandsrecht und Absolutismus, Aufklärung und der Beginn der nationalökonomischen Theorie. Sie wird abgeschlossen durch die Darstellung jener Ideen, die der amerikanischen Unabhängigkeitserklärung zugrunde lagen. Der 4. Band behandelt den Zeitraum *Von der Französischen Revolution bis zum europäischen Nationalismus:* Konservatismus, Liberalismus, Sozialismus, Marxismus und Anarchismus sind die Hauptkapitel. *Vom Zeitalter des Imperialismus bis zu den neuen sozialen Bewegungen* reicht der 5. Band, der den Imperialismus, die politischen Ideen im vor- und nachrevolutionären Rußland, die ökonomischen Theorien des 20. Jahrhunderts, die großen soziologischen Theorien und die europäische Kulturkritik, den Faschismus und die politische Bewußtwerdung der Dritten Welt zum Thema hat. Kapitel über Neokonservativismus, Links- und Rechtsradikalismus, Pluralismus, Ökologiebewegung und Feminismus schließen den Band ab.

In allen Bänden wurde versucht, größere zusammenhängende Abschnitte zu bilden, wobei entweder geschichtliche Perioden (z. B. »Das politische Denken im Hellenismus«), politische Strömungen und Grundideen (»Konservatismus«) oder thematische Zusammenhänge (»Die Vertragstheoretiker und deren Kritiker«) als Strukturprinzipien ausgewählt wurden. Auch hier könnte man einwenden, dies sei nicht konsequent und man hätte sich für eine der drei Möglichkeiten entscheiden sollen. Doch die ausschließliche Festlegung entweder auf ein ideengeschichtliches Strukturprinzip (»Konservatismus«, »Vertragstheoretiker«) oder auf realgeschichtliche Epochen (»Hellenismus«) hätte der Darstellung der politischen Ideen verschiedentlich Zusammenhänge aufgezwungen, wo diese nicht vorhanden sind, oder wenig Zusammenhängendes unter einen Struktur- bzw. Epochenbegriff gezwängt. Wir haben uns daher für die »Inkonsequenz« entschieden. Wo die Ideengeschichte in Widersprüchen verläuft, sollte der Historiker und Interpret nicht versuchen, sie auf widerspruchslose Weise darzustellen.

Unser Dank gilt allen Kollegen und Freunden, die uns beim Aufbau des *Handbuchs* mit Anregungen und Hinweisen weitergeholfen und die uns ermutigt haben, das Projekt allen Problemen und Widerständen zum Trotz fortzuführen. Wir danken allen Mitarbeitern, die nicht nur oft kurzfristig Beiträge übernommen, sondern sich auch der rigiden Zeitplanung des Projekts unterworfen haben. Marina Münkler hat die englischsprachigen Beiträge übersetzt, sie um deutschsprachige Literatur ergänzt und das Register erstellt. Sylva Stein war ein ruhender Pol in dem Wirrwarr der Anfragen und Rückfragen, Absagen und Zusagen. Dr. Klaus Stadler und Ulrich Wank vom Piper-Verlag hatten jederzeit Verständnis für Veränderungen und Verzögerungen, Wünsche und Sonderwünsche gehabt.

All dies waren unabdingbare Voraussetzungen für die Realisierung des Vorhabens. Fachbereich und Abteilung der Goethe-Universität Frankfurt haben die besonderen Belastungen der Herausgeber verständnisvoll respektiert, die VW-Stiftung hat ein Akademiestipendium gewährt, durch das es einem der beiden Herausgeber möglich wurde, sich ohne akademische Lehrverpflichtungen ganz dem Handbuch zu widmen.

Frankfurt, Oktober 1984

Iring Fetscher
Herfried Münkler

KAPITEL I

Staatsraison und politische Klugheitslehre

VON HERFRIED MÜNKLER

1. Das neue Welt- und Menschenbild der Renaissance

Als Jacob Burckhardt (S. 261) in Anlehnung an Jules Michelet die Renaissance als die »Entdeckung der Welt und des Menschen« bezeichnet hat, hat er damit nur am Rande die Entdeckungen der großen Reisenden des ausgehenden 15. Jahrhunderts gemeint. Ihm ging es vor allem um das Sichtbarwerden der Welt in ihrer kausalen Gesetzmäßigkeit und die Entdeckung der individuellen Besonderheit und Einmaligkeit des Menschen. Voraussetzung dieser Entdeckung war der Zusammenbruch des von der scholastischen Philosophie entworfenen *teleologischen Weltbildes,* das eine immanente Zweckstruktur der Natur behauptet hatte, und der Zerfall einer Gesellschaft, die durch die Bindungen der *Verwandtschaft* und des *Bodens* zusammengehalten worden war. In dem »uomo virtuoso« der Renaissance kam – zunächst freilich beschränkt auf eine schmale Oberschicht – ein neues Selbstverständnis des Menschen zum Durchbruch, das schärfer noch als die ökonomischen, sozialen und politischen Veränderungen den Übergang vom Mittelalter zur Neuzeit markiert.

Die ökonomischen, sozialen und politischen Grundlagen dieses Durchbruchs sind in den oberitalienischen Handelsstädten freilich bereits während des Spätmittelalters gelegt worden. Die Erfahrung der Dauer, charakteristisch für agrarische Gesellschaften, wird in der städtischen Welt des Handels durch die des beständigen Wechsels und der Veränderung abgelöst (vgl. von Martin, S. 25 ff.). Vor allem diese neue Erfahrung hat die Gültigkeit der von der scholastischen Philosophie gesetzten »ewigen« Werte und Normen, die den Wandel und die Besonderheit der Umstände unberücksichtigt gelassen hatten, in Frage gestellt.

Der Zusammenbruch des alten Welt- und Menschenbildes und der mit ihm verbundenen Werte war die Folge einer grundlegenden Veränderung der Handelsmethoden, die sich zwischen dem 13. und dem 14. Jahrhundert in Italien vollzogen hatte (vgl. de Roover 1942 und 1963, passim). Die neuen Handelsmethoden führten zur sukzessiven Freisetzung des Wirtschaftslebens aus den bisherigen sittlich-theologischen Bindungen; die scholastische Wirtschaftsethik wurde abgelöst durch den Geist der Rechenhaftigkeit. Für ihn sind nicht ewig gültige Werte, sondern die Berechnung von Gewinn und Verlust (*ragione*) sowie die Ausnutzung günstiger Gelegenheiten (*fortuna, occasione*) von Bedeutung. Kalkulierte Interessenabwägung und kluge Voraussicht zukünftiger Entwicklungen setzen sich als Maximen des Handelns zunächst im Bereich des Ökonomischen durch, bevor sie – zusammengefaßt in dem Begriff der *Staatsraison* – auch in der Politik Einzug halten.

Die Schwerpunktverschiebung im ökonomischen Handeln und Denken vom (agrarischen) Raum zur (merkantilen) Zeit hat auch vor den Formen der Produktion selbst nicht haltgemacht. Mit der Entstehung des Verlags- und Manufakturwesens, zunächst in den Zentren der Tuchproduktion, verändern sich auch die Zeitvorstellungen der Menschen: An die Stelle der *organischen* Zeitvorstellung, beruhend auf dem Wechsel der Jahreszeiten und dem Wachstum der Pflanzen und Tiere, tritt eine *mechanische* Zeiterfahrung, in der die Dauer der Arbeit bestimmt ist durch den Zeitraum, für den sie angekauft bzw. verkauft wurde. Dieser Wandel der Zeiterfahrung wird durch die Erfindung der Uhr beschleunigt. Das Problem der Arbeitsdisziplin wie überhaupt der Disziplinierung der Menschen ist damit neu gestellt. Es wird, insofern Disziplin nun nicht mehr nur von den Angehörigen der Mönchsorden, sondern von allen gefordert wird, zu einem der beherrschenden Themen in den politischen Theorien der Renaissance (Machiavelli, Guicciardini, Staatsraisonliteratur, Neostoizismus).

Teleologieschwund und Säkularisierung

Den ökonomischen und sozialen Wandlungen entspricht in der Philosophie der Renaissance die schwindende Bedeutung der teleologischen Naturbetrachtung. Die Natur verliert die ihr in der aristotelischen Ontologie und deren scholastischen Ausformungen zugesprochene immanente Sinnhaftigkeit, in der Faktizität und Normativität durch die Vorstellung einer entelechetischen Bestimmtheit der Materie, die Idee der Naturimmanenz des Telos, in eins gedacht worden waren. Faktum und Norm treten auseinander: Einerseits verwandelt sich die Natur in ein Chaos, in dem Blindheit und Boshaftigkeit dominieren, andererseits verweisen *Marsilio Ficino* und *Angelo Poliziano* unter Rückgriff auf den Platonismus die Normen in eine jenseits der empirischen Welt angesiedelte Sphäre der Ideen. Damit aber verliert auch die scholastische Deutung der Immanenz als Auslegung der Transzendenz ihre Grundlagen. Die neue Disposition menschlicher Existenz, schwankend zwischen individuellen Allmachtsgefühlen und Todesangst (vgl. S. 26), hat eine Subjektivierung der Religion zur Folge, die sich bereits in den spätmittelalterlichen Frömmigkeitsbewegungen andeutete. Durch seine Bußpredigten, die auf die Ängste der Menschen zielen, gelingt es dem Dominikanermönch *Girolamo Savonarola*, unmittelbaren Einfluß auf die Florentiner Politik zu erlangen.

Das Auseinanderfallen von Faktum und Norm, das mit dem Rückzug der Metaphysik aus der Naturbetrachtung beginnt, findet sich in der politischen Theorie als die Trennung von »politischem Realismus« und »politischer Utopie«, die in dieser Form erstmals als Antithesen gedacht werden. Nicht zufällig entstehen der *Principe* Machiavellis und Morus' *Utopia* etwa zu derselben Zeit. Der Verlust der ontologisch begründeten Werte und Normen stellte die politischen Theoretiker vor die Alternative, entweder die Gültigkeit der ethischen und (natur-)rechtlichen Maßstäbe zu relativieren und politische Entscheidungen von den Umständen (*qualità dei tempi*) und der Gunst der Stunde (*fortuna, occasione*) abhängig zu machen, sich also auf das bloß Faktische einzulassen (Machiavelli) oder aber dieser Faktizität einen Idealzustand gegenüberzustellen, der durch seine bloße Darstellung bereits auf eine Kritik des Bestehenden hinauslief, dafür aber den Preis der räumlichen bzw. zeitlichen Ferne zu entrichten hatte (Morus).

Die Freude an philosophischer Spekulation weicht in der ersten Hälfte des 16. Jahrhunderts dem Interesse an historischen Beispielen und politischer Erfahrung: *Sapientia* wird durch *prudentia* verdrängt, wobei diese die moralische Eindeutigkeit, die sie in den humanistischen Traktaten besaß, verliert und als zweckgerichteter Einsatz adäquater Mittel verstanden wird (vgl. Rice, passim, und Baron, S. 131 ff.). Diese Entwicklung erfaßt selbst den Aristotelismus, wenn etwa *Matteo Palmieri* in *Della vita civile* und *Alessandro Piccolomini* in *Della institutione morale* den aristotelischen Begriff der »phronesis« (Vernunft) mit instrumenteller Rationalität gleichsetzen. So steht im Zentrum fast aller Anleitungen zu politischer Klugheit die Lehre von der schönen Täuschung bzw. der rechtzeitigen Entschlüsselung solcher Täuschungen. In der politischen Symbolik ist zu Beginn des 17. Jahrhunderts das Fernglas zur Allegorie der politischen Klugheit geworden (vgl. Frühsorge, S. 108 ff.). Es steht sowohl für politische Weitsicht als auch – in einer Zeit, in der sich Spionagewesen und Geheimdienste zu entwickeln beginnen – für die Überwachung derer, die sich unbeobachtet wähnen.

Der Teleologieschwund in Natur, Ethik und Politik wird ergänzt durch die Säkularisierung der Geschichte. Göttliche Wunder werden kaum noch zur Erklärung historischer Entwicklungen herangezogen, und die mittelalterlichen Vorstellungen von den sieben Weltaltern (*Augustinus*) oder den vier Weltreichen (Traum Daniels) als Ordnungs- und Periodisierungsschema der Geschichte werden immer seltener akzeptiert. Das gänzlich säkulare Ereignis des Untergangs des Römischen Reiches wird zum neuen Orientierungspunkt der humanistischen Historiographie in Italien (»ab inclinatione imperii«). Während die reformatorische Historiographie des *Johannes Sleidan* (*De quattuor summis imperiis*) noch am Schema der vier Weltreiche festhält und *Luther, Melanchthon, Franck* und *Flaccius* weiterhin Wunder als Zeichen göttlicher Güte und Barmherzigkeit begreifen (vgl. Menke-Glückert, S. 63 ff.), entsteht im Italien der Renaissance mit *Leonardo Bruni* (*Historiarum Florentinarum libri XII*) und *Poggio Bracciolini* (*Historiarum Florentini populi libri VIII*) eine Historiographie ohne Transzendenz, ohne Wunder und ohne göttliche Providenz. An deren Stelle tritt die akribische Analyse des Charakters und der Interessen der in der Geschichte handelnden Menschen (vgl. Fueter, 1911, S. 16ff. und Croce, 1930, S. 188 ff.). Damit verwandelt sich die Geschichtsschreibung aus einer Darstellung göttlichen Wirkens in einen Bericht über Ereignisse und Taten, aus denen die Gegenwart lernen kann (pragmatische Geschichtsschreibung).

Die bedeutendsten Vertreter dieser neuen Geschichtsbetrachtung sind *Machiavelli* (*Istorie Fiorentine*, 1520–1525) und *Guicciardini* (*Storia d'Italia*, 1537 bis 1540); ihnen folgt *Bodin*, der in seinem *Methodus ad facilem cognitionem historiarum* (1566) nachzuweisen versucht, daß das Schema der vier Weltreiche der wirklichen Geschichte der Menschheit nicht entspricht. An dessen Stelle tritt bei Machiavelli und Bodin (abgeschwächt auch bei Guicciardini) die Idee eines Kreislaufes der Geschichte, und den bisher von der *providentia Dei* eingenommenen Platz übernimmt die Renaissance-Gottheit *Fortuna*. In deren unterschiedlichen Ausdeutungen als bezwingbare oder allmächtige Größe verbirgt sich die jeweilige Vorstellung von der Beherrschbarkeit der Geschichte durch den Menschen oder der menschlichen Ausgeliefertheit an ein blindes Schicksal.

Individuum und Politik

Das Renaissance-Pathos von der Allmacht und Selbstherrlichkeit des Individuums, wie es vor allem in der Schrift *De dignitate hominis* (1486) des *Giovanni Pico della Mirandola* (1463–1494) zum Ausdruck kommt, hat seine Kehrseite in der Erfahrung menschlicher Hilflosigkeit. Die Befreiung des Menschen aus den überkommenen Bindungen, die sich in den spektakulären Karrieren der Condottieri, Bankiers und Humanisten der Renaissance zeigt, hat – durch die Zurückgeworfenheit des Menschen auf sich selbst – die Todesfurcht zum ständigen Begleiter der neuen Freiheit werden lassen. Die Antithese von Freiheit und Todesfurcht, eine der Grundlagen des politischen Denkens der Neuzeit (etwa bei *Hobbes*), bildet den Hebel, mit dem die aristotelisch-scholastische Orientierung der Gemeinschaft am *sittlichen Leben der Bürger* aus den Angeln gehoben und durch die des bloßen *Überlebens der Untertanen* ersetzt wird.
Mit dem gesellschaftlichen Umbruch verändert sich auch das Menschenbild. An die Stelle der Theologie, die das menschliche Leben zwischen die Pole der Sünde und der Gnade gestellt hat, tritt die Anthropologie, die den Menschen als ein Ensemble von Trieben, Leidenschaften und Affekten betrachtet (vgl. Hirschman, S. 17ff.). Nach dem Wegfall der theologischen Sinnstrukturen wird die Forderung nach *Selbstbeherrschung* des Menschen zur Zentralmaxime der neuen, am Vorbild der römischen Stoa (vor allem *Senecas*) orientierten Morallehre. Als erste Vertreter dieses neuen Menschenbildes sind zu nennen: *Ludovico Vives* (1492–1540), der in *De disciplinis* (1531) und *De anima et vita* (1538) den Übergang von der metaphysischen zur deskriptiven und analytischen Psychologie vollzieht und dabei zu dem Ergebnis gelangt, das Individuum müsse seinen Lebenssinn aus sich selbst gewinnen; *Geronimo Cardano* (1501 bis 1576), der in *De subtilitate* (1554) und *De varietate rerum* (1556) die teleologische Betrachtung des Menschen zurückweist und darauf besteht, der Mensch müsse seine Zwecke selbst suchen, und *Bernardino Telesio* (1508 bis 1588), der in *De rerum natura* (1565) den Lebenswert der Affekte »entdeckt« und deren Bedeutung für die Selbsterhaltung des organischen Lebens beschreibt (vgl. Dilthey, S. 422ff. und Heller, passim).
Infolge des gesellschaftlichen Wandels und der Individualisierung der Menschen (zunächst freilich nur der Oberschichtangehörigen) zerfallen auch die bisherigen Formen der Vergesellschaftung. Das Leben der Menschen in der sozialen und politischen Gemeinschaft der Bürger, zuvor in Form und Notwendigkeit unbefragt, wird problematisch, d.h. es wird zum Thema ethischer, ästhetischer und politischer Theorien, die miteinander um die adäquate Form menschlicher Lebensführung streiten. Auf der einen Seite steht ein ästhetisch-literarischer Strang des Humanismus, der die *vita contemplativa* abseits der geschäftlichen und politischen Verpflichtungen (»procul negotiis«) als höchste Form des Lebens preist; auf der anderen Seite ein bürgerlich-republikanischer Humanismus,

der die *vita activa* preist und die Pflichten der Bürger gegenüber dem Vaterland herausstellt. Fordert der ästhetisch-literarische Humanismus unter (fälschlicher) Berufung auf *Sokrates* zum Rückzug aus Politik und Geschäft auf, so verweist der bürgerlich-republikanische Humanismus auf das Vorbild *Ciceros*, der sich in Denken und Handeln bedingungslos für das republikanische Vaterland eingesetzt habe (vgl. Münkler, S. 32 ff.).
In den Florentiner Republiken von 1494–1512 und 1527–1530 hat der bürgerlich-republikanische Freiheitsgeist noch einmal über das Verlangen nach Ruhe und Ordnung, die unter der Herrschaft der Medici zu finden waren, gesiegt. Sowohl 1494 als auch 1527 war die Entscheidung der reichen Familien gegen die Medici ausschlaggebend für den Erfolg des Aufstandes. Als jedoch beide Male die Hoffnung des Stadtpatriziats, an die Stelle der (informellen) Alleinregierung der Medici eine Oligarchie dieser Schichten setzen zu können, enttäuscht wurde und sich 1527 herausstellte, daß die Alternative zur Alleinherrschaft der Medici eine vom Kleinbürgertum beherrschte Republik nach dem Vorbild Savonarolas war (vgl. Stephens, S. 203 ff.), zogen die meisten von ihnen ein Leben in Frieden und Seelenruhe (»pax et tranquillitas«) den Unsicherheiten und Gefahren des politischen Engagements vor. Ausschlaggebend war dabei aber auch, daß die Geschäftskontakte der Großkaufleute und Bankiers zunehmend von der Gunst der Medici abhängig geworden waren (vgl. Bullard, S. 91 ff.). Mit der Verwandlung der Bürger in Untertanen schwand auch das Interesse der Gebildeten an *Cicero*, dem Rhetor der römischen Republik, und es wuchs das Interesse an *Tacitus*, dem Historiker des Prinzipats (vgl. Salmon, S. 307 ff.).

Gleichgewicht und Staatsraison

Nach dem Frieden von Lodi (1454) waren die Beziehungen zwischen den fünf italienischen Teilstaaten (Mailand, Venedig, Florenz, Neapel und dem Kirchenstaat) in einen relativen Ruhezustand gelangt, der auf einem durch die Politik von Florenz ausbalancierten Gleichgewicht beruhte. 1494 zerbrach dieses Gleichgewicht, als Karl VIII. von Frankreich in Italien einmarschierte und, zunächst von Mailand und schließlich auch von Florenz unterstützt, durch die gesamte Halbinsel nach Neapel marschierte. Der französischen Intervention folgte die spanische, und der Kampf um Italien wurde zum Auftakt eines jahrhundertelangen Ringens um die Vorherrschaft in Europa. Die Schlacht von Pavia (1525) sicherte militärisch die spanisch-habsburgische Hegemonie in Italien, die schließlich durch den *Frieden von Cateau-Cambrésis* (1559) auch politisch festgeschrieben wurde. Die Verwandlung Italiens aus einem System unabhängiger Teilstaaten in ein von innerer Zerrissenheit und Fremdherrschaft gezeichnetes Land wurde zur beherrschenden Erfahrung für Machiavelli und Guicciardini.
Machiavelli und Guicciardini haben aus den Kämpfen um Italien die Konsequenz gezogen, die Idee einer durch Papst und Kaiser verbürgten Einheit Europas als europäische Friedensordnung theoretisch zu verabschieden und die zwischenstaatlichen Beziehungen als einen machtpolitisch ausgetragenen Konflikt der Interessen zu denken, der unter der Maxime der Staatsraison (*ragione di*

stato) steht. Freilich ohne dies begrifflich zu fassen, sind sie damit die ersten Theoretiker des europäischen Staatensystems, in dem sich, gleichsam in Fortsetzung des 1494 zerbrochenen italienischen Gleichgewichtsystems, die Idee des Gleichgewichts der Kräfte als politisches Ordnungsmodell durchzusetzen beginnt (vgl. Fueter, 1919, passim, und Windelband, S. 16ff.). *Henry de Rohan* (1579–1638) hat den theoretischen Schlußstein dieser Entwicklung gesetzt, als er in seiner 1638 erschienenen Schrift *De l'Interest des Princes et Estats de la Chrestienté* das Gleichgewicht als die Grundlage der europäischen Staatenordnung bezeichnete.[1]

Mit der Ausbildung des europäischen Staatensystems wächst das Interesse der Könige und Fürsten an der Zentralisierung der Herrschaftsbefugnisse im Innern ihrer Staaten (vgl. unten, S. 47). Vor allem die Rechts- und Steuerkompetenzen ziehen die Zentralinstanzen an sich, um in den politischen und militärischen Konflikten die gesamte Energie des Staates nach außen kehren zu können. Hierbei ist auch die Frage der religiösen Einheit des Staates von Bedeutung, die sich – im Konflikt mit der ständischen »Libertät« – mit der Idee der Staatsraison verbindet (vgl. Scheuner, S. 368ff.). Was bei Machiavelli und Guicciardini ausschließlich mit Utilitätserwägungen begründet wurde, wird in den konfessionellen Auseinandersetzungen in der zweiten Hälfte des 16. und der ersten Hälfte des 17. Jahrhunderts dann mit Hilfe der Notstandsformel rechtlich unterbaut. Die bereits bei *Thomas von Aquin* zu findende Idee der »derogatio legis« (Gesetzesaufhebung) zum Zwecke der »utilitas multorum« wird ergänzt durch die *Seneca*-Formel: »Necessitas omnem legem frangit« – Not bricht jedes Gesetz. Diese Formel wird von *Justus Lipsius* (*Politicorum libri sex*, IV, 14; 1589) und *Hippolithus a Lapide* (*Diss. de ratione status*, Prol., Sect. V; 1640) übernommen und von *Jean Bodin* (*République*, IV, 3; 1576) zu dem Satz umformuliert: »Nulla igitur tam sancta lex est, quam non oporteat urgente necessitate mutari« – Demnach ist kein Gesetz so unantastbar, als daß es nicht gestattet wäre, es in einer drängenden Notlage zu verändern. Damit beginnt die Idee der Staatsraison Rechtscharakter anzunehmen.

2. Machiavelli und Guicciardini

Girolamo Savonarola

Als Anfang November 1494 das Heer Karls VIII. vor Florenz steht, sehen viele Florentiner darin Savonarolas Prophezeiung bestätigt, der in Anlehnung an die alttestamentarischen Propheten Jeremias und Jesaia die Ankunft eines neuen Kyros vorausgesagt hatte. Der werde in Italien einfallen, um als Geißel Gottes die Sünden der Italiener zu strafen. Nach der Flucht der Medici übernahm Savonarola de facto die Macht in Florenz. In den Auseinandersetzungen zwischen den Optimaten, die eine Oligarchie (»governo ristretto«) anstrebten, und den Popolanen, die die alte republikanische Kommune (»governo largo«) erneuern wollten, gab er den Ausschlag für die Popolanen, indem er den governo largo als ein Zeichen der Abkehr von Gottlosigkeit, Wucher und Verbrechen und als den Beginn der sittlichen Erneuerung der Stadt hinstellte.

Savonarola wurde 1452 in Ferrara als Sohn eines Kaufmanns geboren. Nach dem Studium der Medizin trat er 1475 in das zur Richtung der strengen Observanz (Orientierung an der Armut Christi) gehörende Dominikanerkloster in Bologna ein. 1490 kam er auf Betreiben der Medici nach Florenz, wo er 1491 Prior des Klosters San Marco wurde. Nach der Vertreibung der Medici strebte er mit Predigten und Prozessionen eine sittliche Erneuerung von Florenz an. Doch der Inhalt seiner Predigten, die Ausrufung Christi zum König von Florenz (27.12.1494) und die Verkündigung, Florenz sei das neue Jerusalem, von dem die Erneuerung der Kirche ausgehen werde (15.1.1495), führten zum Konflikt mit der römischen Kurie: Am 16.10.1495 verhängte Papst Alexander VI. – Savonarola hatte ihn als »Wolf im Schafspelz der Kirche« bezeichnet – ein Predigtverbot über den Mönch, an das sich dieser jedoch nicht hielt. Daraufhin wurde am 18.6.1497 die Exkommunikationsbulle verkündet und, als auch dies Savonarolas Predigten nicht unterband, Florenz im März 1498 mit dem päpstlichen Interdikt bedroht. Nach einer mißglückten Feuerprobe des Mönchs nutzte die Signoria die Enttäuschung seiner Anhänger (»piagnoni«) und ließ Savonarola verhaften. Am 23.5.1498 wurde er auf der Piazza della Signoria hingerichtet (vgl. Schnitzer, Ridolfi, 1952, und Piper). Machiavelli hat aus Savonarolas Schicksal geschlußfolgert, nur bewaffnete Propheten könnten siegen, während unbewaffnete zugrunde gingen. Ursache dafür sei »der Wankelmut der Menge; es ist leicht, sie zu einer Sache zu überreden, aber schwer, sie bei der Stange zu halten. Darum ist es gut, darauf eingerichtet zu sein, daß man sie, wenn sie nicht mehr glauben, dazu zwingen kann« (Princ., VI).

Savonarolas politischer Einfluß hatte auf seiner Funktion als Bindeglied zwischen den überzeugten Republikanern und den eher unpolitischen Mittelschichtangehörigen beruht, die erst durch seine Predigten »politisiert« worden waren. In dem nach der Vertreibung der Medici eingesetzten *Consiglio Maggiore* waren die Handwerker, Kaufleute und Ladenbesitzer in der Mehrheit, aus denen sich Savonarolas Anhängerschaft überwiegend rekrutierte. Mit einer Beteiligung von etwa 20 Prozent der männlichen Bevölkerung an den politischen Entscheidungen war die Republik zur Zeit Savonarolas die »demokratischste« in der Geschichte von Florenz. Savonarolas Einfluß auf die mittleren Schichten resultierte vor allem aus seinen chiliastisch-millenarischen Prophezeiungen und seinen Angriffen auf die Reichen, deren Lebensführung den Geboten Gottes widerspreche. Nach den Erfahrungen des rapiden gesellschaftlichen Wandels (vgl. oben, S. 23 f.) propagierte er eine an theologisch-ethischen Normen orientierte Gesellschaftsordnung, die weitgehend an den Interessen der mittleren Schichten orientiert war (vgl. Weinstein, S. 247 ff. und Horkheimer, S. 27 ff.).

Savonarolas Schriften umfassen das *Compendium Revelationum* (1494), in dem er den Nachweis seiner Berufung zum Propheten zu erbringen suchte, die *Predigten*, in denen er zu Buße und Umkehr aufrief, sowie den Traktat *Circa del reggimento e govęrno della città di Firenze* (1498), in dem er die politischen Ideen des Aristotelismus, den er in *Thomas von Aquins* Fürstenspiegel *De regimine principum* kennengelernt hat, mit der republikanischen Tradition von Florenz verband. Herrschaft wird von Savonarola als eine notwendige Folge der Conditio humana begriffen; nur wenige »uomini perfetti« (gemeint sind die Eremiten) sind davon ausgenommen. Die Ausübung der Herrschaft soll am Gemeinwohl, dem »ben comune«, orientiert sein, dessen Kriterien Frieden und Einheit sind. Dem steht die Tyrannis als schlechteste Form der Herrschaft gegenüber, denn der Tyrann herrscht aus Eigenliebe (»amor proprio«), die ihn zu *superbia* (Überheblichkeit), *avaritia* (Habgier) und *concupiscentia* (Begierde, Savonarola spricht von der Verführung der Frauen und Töchter der Untertanen) verleitet. In Anknüpfung an die mittelalterliche Unterscheidung zwischen »temporalia« und »spiritualia« differenziert Savonarola zwischen dem *governo*, der das Leben erhält, und dem *culto divino*, der das Leben erfüllt. Das heißt für ihn aber nicht, daß der *governo* einer eigenen Herrschaftslogik folgen dürfe; vielmehr bezeichnet er das »ben vivere christiano«, das gute christliche Leben, als das Ziel aller Politik. Savonarolas politisches Denken und Handeln stellt am Ausgang des Mittelalters noch einmal den Versuch dar, Ökonomie und Politik unter die Direktionsgewalt der Moraltheologie zurückzuzwingen. Machiavellis politische Theorie ist geschult am Scheitern dieses Versuchs.

Niccolò Machiavelli

Zu Machiavellis Lebzeiten haben seine politischen Überlegungen nur in einem engen Bekanntenkreis Beachtung gefunden. Wenige Jahre nach seinem Tode jedoch war der Name des Florentiners eine Parole, an der sich in Europa die Geister schieden: War er für die einen der Propagandist tyrannischer Machtusurpation, so galt er den anderen als ein Feind der Tyrannen, deren Praktiken er öffentlich bekanntgemacht habe; sahen die einen in ihm den Zerstörer der Sitten und der Religion, so reklamierten ihn die anderen als einen Verkünder des Ethos der Freiheit.

Die Diskussion um Machiavelli hält bis heute an. Sowohl Mussolini als auch Gramsci haben Machiavelli für sich in Anspruch genommen. Für Fichte, Hegel und das italienische Risorgimento war er der Theoretiker nationalstaatlicher Einheit, für Spinoza und Rousseau hingegen ein Vertreter republikanischer Freiheitsliebe. Leo Strauss (S. 9) hat Machiavelli einen »Lehrer des Bösen« genannt, während Friedrich Meinecke (S. 30ff.) und Isaiah Berlin (S. 126ff.) ihn als den Entdecker einer eigenständigen Ethik der Politik beschrieben haben; als Fortsetzer mittelalterlicher Denktraditionen taucht er bei Allan Gilbert (1938, passim) und Leonhard von Muralt auf, während er von James Burnham (S. 61ff.) als Begründer der neuzeitlichen Politikwissenschaft angesehen wird; für Erwin Faul (S. 23ff.) ist er der Entdecker der politischen Technizität, für René König (S. 134ff.) ein Utopist und »Ästhet der Gewaltsamkeit«.

Die Reihe der antithetischen Machiavelli-Interpretationen scheint endlos fortsetzbar zu sein. Aber gerade dies spricht für die Prägnanz von Machiavellis politischem Denken: Wie alle bedeutenden politischen Denker hat er die Widersprüche seiner Zeit in seiner Theorie ausgetragen. Wenn sich noch heute an ihm die Geister scheiden, so zeigt dies, daß die von ihm an der Wende des Mittelalters zur Neuzeit formulierten Fragen und Antworten, unter denen die Entdeckung der Eigengesetzlichkeit des Politischen herausragt, bis heute keine abschließende Klärung gefunden haben. Machiavellis Theorie bildet so das Signum einer Zeit, die im Gegensatz zum teleologischen Weltbild des Mittelalters nicht mehr über eine alles umfassende Wert- und Sinnstruktur verfügt.

Niccolò Machiavelli wurde am 3. Mai 1469 in Florenz geboren. Trotz des bescheidenen Einkommens, das der Vater aus seiner Tätigkeit als Jurist und Kämmerer in verschiedenen mittelitalienischen Städten bezog, ermöglichte er dem Sohn eine sorgfältige Erziehung und Ausbildung bei verschiedenen Lehrern der lateinischen Grammatik. Durch die frühe Beschäftigung mit den Texten der römischen Historiker und Moralphilosophen erwarb Machiavelli jenen strengen klassischen Stil, der seine späteren Schriften kennzeichnet. Über sein Leben (vgl. Villari, Tommasini und Ridolfi, 1954) ist bis zum Sommer 1498 wenig bekannt; dann beginnt seine politische Karriere: Er wird, möglicherweise von dem Florentiner Kanzler Adriano Adriani protegiert, zum Sekretär der 2. Kanzlei (Ausfertigung von Schriftstücken der inneren Verwaltung) und anschließend zum Sekretär des Rats der Zehn (»Dieci della guerra«, zuständig für Außen- und Verteidigungspolitik) gewählt. In dieser Eigenschaft unternahm er mehrere Gesandtschaften an italienische und europäische Höfe, darunter an den französischen Königshof, zu Kaiser Maximilian, zur römischen Kurie und – für Machiavelli am folgenreichsten – zu Cesare Borgia, dem Sohn Papst Alexanders VI., der die Herrschaft in der Romagna an sich gerissen hatte. Gleichzeitig war Machiavelli für das Florentiner Militärwesen zuständig; nachdem sich dies zunächst auf Zahlungen an von Florenz angeworbene Söldner, die das abgefallene Pisa zurückerobern sollten, beschränkt hatte, veranlaßten ihn das militärische Versagen der Söldner und der wachsende Druck der Soldaufwendungen auf den Florentiner Haushalt zur Aufstellung einer aus der Florentiner Landbevölkerung rekrutierten Miliz. Dieser Miliz gelang 1509 die Rückeroberung Pisas. Dies war der Höhepunkt in Machiavellis politischer Karriere. Ihm folgte, nachdem die Medici im Sommer 1512 mit Hilfe spanischer Truppen nach Florenz zurückgekehrt waren, die Absetzung und Verbannung. Im Februar 1513 wurde Machiavelli unter dem Verdacht verhaftet, an einer Verschwörung gegen die Medici beteiligt zu sein. Nach mehreren Verhören und Folterungen, die aber keine Anhaltspunkte für den Verdacht erbrachten, wurde er aus der Haft entlassen und auf sein Landgut in Sant' Andrea bei Florenz verbannt.

Bereits während der politisch aktiven Zeit entstanden die ersten politischen Schriften Machiavellis: die Gesandtschaftsberichte über Deutschland (*Ritratto delle cose della Magna; Discorso sopra le cose della Magna e sopra l'imperatore*), in denen er – in Anlehnung an Tacitus' *Germania* – die einfachen Sitten der Deutschen lobte und die außenpolitische Handlungsunfähigkeit des Reichs als eine Folge seiner politischen Verfassung und des sprunghaften Charakters von Kaiser Maximilian bezeichnete, der Gesandtschaftsbericht über Frankreich (*Ritratto delle cose di Francia*), der Bericht über die Gesandtschaft zu Cesare Borgia (*Legazione al Duca Valentino*) und die Beschreibung, wie dieser in Sinigaglia seine aufrührerischen Obristen hatte ermorden lassen (*Descrizione del modo tenuto dal Duca Valentino*). Bereits in diesen Berichten erweist sich Machiavelli als scharfen Beobachter politischer Verhältnisse und Entwicklungen. Erste Konsequenzen aus seinen Beobachtungen und Überlegungen hat er in den Denkschriften über die Möglichkeiten zur Durchsetzung der Florentiner Herrschaft (*Discorso sopra le cose di Pisa; Del modo di trattare i popoli della Valdichiana ribellati*) und dem programmatischen Entwurf zur Aufstellung einer Miliz (*Discorso dell'ordinare lo stato di Firenze alle armi*) gezogen.

Die Werke, die Machiavelli als politischen Denker berühmt und berüchtigt gemacht haben, sind jedoch erst nach der Amtsenthebung und Verbannung entstanden. Er nutzt die aufgezwungene Untätigkeit, seine politischen Erfahrungen und Beobachtungen mit den Schriften der antiken Historiker zu vergleichen, und aus diesem Vergleich leitet er Anweisungen zu erfolgversprechendem politischem Handeln ab. Er habe, schreibt er am 10.12.1513 an Francesco Vettori, den Florentiner Botschafter in Rom, diese Überlegungen in dem Büchlein »De principatibus« festgehalten – der Urfassung des *Principe*. In demselben Brief berichtet er auch über seine Arbeitsweise: Nach dem Sonnenaufgang beaufsichtigt er die Holzfäller in seinem Wäldchen, anschließend zieht er sich auf eine Hütte zurück, wo er Dante und Petrarca, Tibull und Ovid liest. Gegen Mittag geht er zur Schenke an der Landstraße, wo er die Vorüberziehenden beobachtet und sie nach politischen Neuigkeiten befragt. Nachdem er den Nachmittag mit Würfelspielen zugebracht hat, vertieft er sich am Abend in die historische und politische Literatur der Antike: »Während der vier Stunden, die ich so zubringe, empfinde ich nicht den geringsten Überdruß, vergesse allen Kummer, alle Furcht vor Mangel, und selbst der Tod erschreckt mich nicht.«

Machiavellis politische Überlegungen entwickeln sich, wie sein Bericht zeigt, aus der Verschränkung von drei Ebenen: der Lektüre antiker Schriftsteller, den eigenen politischen Erfahrungen und Beobachtungen und schließlich dem Umgang mit jenen Menschen, die in dem verbreiteten Bild der Renaissance in der Regel nicht vorkommen: den Holzfällern, Fuhrleuten, kleinen Handwerkern und Gastwirten. Machiavelli verbindet in seiner politischen Theorie den die Ereignisse ordnenden »Blick von oben«, den er aus der antiken Historiographie gewinnt, mit dem mißtrauischen, allen Phrasen abholden »Blick von unten«, den er in den Gesprächen am Straßenrand und in der Schenke kennengelernt hat. Aus der Verbindung beider Sichtweisen resultiert sein Durchbruch zum »politischen Realismus«, zu einer Betrachtung der Dinge, »wie sie sind«, nicht, »wie sie sein sollen« (Princ., XV). Dies gilt nicht nur für den *Principe*, sondern auch für die *Discorsi*, die Machiavelli im Anschluß daran fertiggestellt hat (möglicherweise wurden sie parallel zum *Principe* begonnen), und für die zwischen 1520 und 1525 im Auftrag des Kardinals Giulio de'Medici, des späteren Papstes Clemens VII., verfaßten *Istorie Fiorentine*.

In den Jahren 1519/20 versuchte Machiavelli noch einmal, in die Florentiner Politik einzugreifen. Nach dem Tode des Lorenzo de'Medici, dem Machiavelli den *Principe* in der Hoffnung gewidmet hatte, wieder ein politisches Amt in Florenz zu erhalten (zunächst sollte der *Principe* Giuliano de'Medici gewidmet werden, doch starb dieser bereits 1514), kam es in Florenz zu einer Verfassungskrise, da es keinen Angehörigen der Medici-Familie mehr gab, der in der Stadt die Macht hätte ausüben können (vgl. Stephens, S. 112ff.). Papst Leo X. (Giovanni de'Medici) und Kardinal Giulio de'Medici baten um Vorschläge für eine Verfassungsreform, an denen sich auch Machiavelli mit der Schrift *Discorso sopra il riformare lo stato di Firenze a instanza di Papa Leone* beteiligte. Er entwarf darin die Verfassung eines »stato di mezzo«, in dem Elemente der Republik mit solchen des Prinzipats verbunden waren. Die Medici könnten zu ihren Lebzeiten – weder bei Papst Leo X. noch bei Kardinal Giulio war an legitime Nachkommenschaft zu denken – über Florenz verfügen, dann aber solle die

Macht ans Volk zurückgegeben werden. In gewisser Hinsicht war dies die auf die Florentiner Verfassung bezogene Quintessenz der *Discorsi* und des *Principe*, mit gewissen Konzessionen an die Machthaber und Auftraggeber. Dies widerspricht der häufig geäußerten Auffassung, Machiavelli sei ein politischer Opportunist gewesen, der sich nach dem Sturz der Republik bedingungslos bei den Medici angebiedert habe. Richtig ist, daß er die Medici mehrfach um ein politisches Amt ersucht hat, aber er hat nie verleugnet, daß er im Grunde seines Herzens Republikaner war.

Machiavellis Vorschlag zur Verfassungsreform fand keine Beachtung: Die Medici waren an einer Limitierung ihrer Macht nicht interessiert, und die Optimaten erstrebten, wie *Alessandro de'Pazzi* in seiner Kritik an Machiavellis Schrift deutlich machte, eine Oligarchie und lehnten die Machtübergabe ans Volk ab. Machiavelli zog sich daraufhin wieder in die Theorie zurück. In dem 1520 verfaßten Dialog *Dell'arte della guerra*, dem einzigen zu seinen Lebzeiten gedruckten Werk, umriß er seine Vorstellungen über eine am antiken Vorbild orientierte Reform der Militärverfassung, die auch die neuen taktischen Entwicklungen des späten Mittelalters, den Einsatz fest formierter Infanterieeinheiten, die sich gegen Ritterheere als überlegen erwiesen hatten, berücksichtigen sollte, gegenüber den kriegstechnischen Neuerungen der Artillerie aber verständnislos blieb. Motivation und Disziplin der Soldaten sind die Schlüsselideen in Machiavellis Programm einer Militärreform.

Der Dialog über die Kriegskunst spielt in den *Orti Oricellari*, einem Treffpunkt der antimediceisch-republikanischen Opposition, in dem Machiavelli, 1516 eingeführt, von vielen Jüngeren als Lehrer und Vorbild bewundert wurde. Stärker noch als die *Arte della guerra* geben die *Discorsi* die in den Orti diskutierten Ideen wieder: das Konzept der permanenten Reform der Republik und der Abschwächung sozialer Spannungen zu deren innerer Stabilisierung.

Offensichtlich als Vorübung zu den *Istorie Fiorentine* schrieb Machiavelli 1520 den biographischen Roman *Vita di Castruccio Castracani*, in dem er das Leben eines Tyrannen von Lucca aus dem frühen 14. Jahrhundert darstellte. Die meisten Details darin hat er frei erfunden, um seine Idee von der Macht der *fortuna* und der Bedeutung der *virtù* entwickeln zu können. Die angeblichen Sentenzen Castruccios stammen überwiegend aus Diogenes Laërtius' *Philosophōn biōn kai dogmatōn synagōgē*. Das Werk war Machiavelli, der das Griechische nicht beherrschte, in einer lateinischen Übersetzung zugänglich.

Sind die *Discorsi* weitgehend Livius und Polybios, den Historikern des Aufstiegs der römischen Republik, verpflichtet, so sind die *Istorie Fiorentine* stärker durch Thukydides und Sallust beeinflußt – sowohl formal durch die Verwendung fiktiver, zumeist antithetisch geordneter Reden als auch inhaltlich in der Leitidee, die Geschichte von Florenz als eine des Niedergangs und Zerfalls zu begreifen. Damit stellte sich Machiavelli in Opposition zu den Stadtgeschichten Brunis und Poggios (vgl. oben, S. 25), die, wie er einwendet, in rhetorischem Überschwang die äußeren Erfolge und die innere Stabilität der Republik überzeichnet hätten. Machiavelli akzentuiert seine Sicht, indem er die militärischen Auseinandersetzungen als Operettenkriege darstellt, und intensiviert die Atmosphäre politischen Zerfalls, indem er die kulturelle Blüte der Stadt, auf die Bruni und Poggio ihre optimistische Darstellung wesentlich begründet hatten, als

Ursache nachlassender politischer Aktivität begreift: »Es haben daher die Klugen beobachtet, daß die Wissenschaften nach den Waffen kommen und daß in den Ländern und Republiken die Feldherrn vor den Philosophen entstehen. Wenn gute, geordnete Waffen Siege erzeugt haben und die Siege Ruhm, so kann die Kraft kriegerischer Gemüter durch keinen ehrenvolleren Müßiggang verdorben werden als durch den der Wissenschaften« (1925, Bd. 4, S. 268).

Machiavellis Werk umfaßt neben den genuin politischen Schriften und den Gedichten, in die seine politischen und sozialen Ideen eingegangen sind, noch die Komödien *Andria, Clizia* (weitgehend Übersetzungen bzw. Nachdichtungen von Komödien des Plautus) und *Mandragola*, in der sein Antiklerikalismus und die Idee, Betrug sei gelegentlich der beste Schlüssel zum Erfolg, Ausdruck gefunden haben. Ob dieses Antiklerikalismus, der auch im *Principe* und in den *Discorsi* zu finden ist, hat *Flaccius Illyricus* neben Marsilius, Gerson und Valla auch Machiavelli unter die Protoprotestanten gerechnet (*Catalogus tertium trinitatis*, 1556, S. 993).

Machiavellis lebenslanges Schwanken zwischen kommunalem Republikanismus und der Hoffnung auf die – zunächst nur in der Form des Prinzipats vorstellbare – Einigung Italiens zeigte sich noch einmal am Ende seines Lebens: Nach dem Abschluß des gegen Karl V. gerichteten Bündnisses zwischen Papst Clemens VII., dem französischen König Franz I. und verschiedenen italienischen Staaten (*Liga von Cognac*) sah er erneut die Möglichkeit zur Einigung Italiens und zur Befreiung des Landes von fremder Herrschaft – eine Idee, die er bereits im Schlußkapitel des *Principe* vorgetragen hat. Der Brief, den er am 13.5.1526 an Francesco Guicciardini, Generalleutnant der ligistischen Truppen in Italien, schreibt, ist gekennzeichnet von unbändigem Haß gegen die fremden Soldaten, die Italien besetzt halten: »Befreit Italien vom langdauernden Übel, rottet diese fürchterlichen Bestien aus, die außer dem Antlitz und der Stimme nichts mit Menschen gemein haben.«

Weder französische noch italienische Truppen konnten im Frühjahr 1527 jedoch den Vormarsch des kaiserlichen Heeres auf Rom aufhalten. Am 5. Mai wurde Rom erobert und geplündert (*Sacco di Roma*) und Papst Clemens in der Engelsburg eingeschlossen. Dem folgte am 16. Mai in Florenz der Aufstand gegen die Medici und die Erneuerung der Republik. Machiavelli, nun wieder ganz der Idee der republikanischen Freiheit verpflichtet, stellte sich der neuen Regierung sofort zur Verfügung, wurde aber, nachdem er sechs Jahre im Dienste der Medici gestanden hatte (neben kleineren Tätigkeiten bei unbedeutenden Gesandtschaften vor allem die Abfassung der *Istorie Fiorentine* im Auftrag des Kardinals Giulio, des späteren Papstes Clemens VII.), für die vorgesehene militärische Position nicht gewählt. Innerlich gebrochen ist er am 21.6.1527 in Florenz gestorben.

Machiavellis Schwanken zwischen Republik und Prinzipat (vgl. Sasso, passim) ist oft mit den scheinbar gegensätzlichen politischen Vorschlägen im *Principe* und in den *Discorsi* in Parallele gesetzt worden. Geht es im *Principe* um die Gründung eines Fürstentums, so stehen im Mittelpunkt der *Discorsi* die Möglichkeiten zur Festigung einer Republik. Das hat zu der Vermutung geführt, Machiavelli sei der opportunistisch-prinzipienlose Berater derer gewesen, die ihn gerade bezahlt hätten oder von denen er ein politisches Amt erhofft habe. Es kann jedoch gezeigt werden, daß die Fragen und Antworten beider Schriften keineswegs zusammenhanglos nebeneinander stehen, sondern durch Machiavellis Vorstellungen vom Kreislauf der Geschichte und den jeweiligen politischen Gegebenheiten miteinander verbunden sind (vgl. Münkler, S. 338 ff.). Es empfiehlt sich daher, *Principe* und *Discorsi* im Zusammenhang zu betrachten.

Machiavellis Schriften markieren den Übergang von der für die Fürstenspiegel des Mittelalters charakteristischen *deduktiven* Abhandlung (vgl. Berges) zur *aphoristischen* Betrachtung politischer Situationen, zur Aneinanderreihung kurzer, häufig antithetisch aufgebauter Sentenzen: »Man muß sich daher merken, daß man die Menschen entweder mit Freundlichkeit behandeln oder unschädlich machen muß« (Princ., III). »Die Menschen vergessen eher den Tod ihres Vaters als die Wegnahme des väterlichen Erbes« (Princ., XVII). »Ein Herrscher muß unliebsame Dinge auf andere abwälzen und die angenehmen sich selber vorbehalten« (Princ., XIX). »Die Menschen fühlen sich ihres Besitzes nur dann sicher, wenn sie von anderen noch mehr dazu erwerben« (Disc. I,5). »Auf der Piazza denkt man anders als im Palazzo« (Disc. I,47). Machiavellis aphoristisch-antithetische Argumentation ist eine Provokation des vermittelnden, eklektizistischen »sowohl als auch« der humanistischen Traktate, dem er ein schroffes »entweder–oder« gegenüberstellt. Eine Entscheidung, so sein durchgängiger Tenor, muß getroffen werden, und der Versuch, den Extremen durch das Beschreiten des Mittelweges zu entgehen, ist nur ein Aufschieben der erforderlichen Entscheidung, der auf die Dauer niemand zu entgehen vermag.

In dieser Akzentuierung der Dezision zeigt sich Machiavellis Theorie als Theorie der Krise und ihrer Meisterung. Nach dem Teleologieschwund in Natur und Geschichte, dem Auseinanderfallen von Faktum und Norm (vgl. oben, S. 24 f.), das die humanistischen Traktate in der Regel rhetorisch überdeckt hatten, spielt Machiavelli das Faktum gegen die Norm aus: »Viele haben sich Vorstellungen von Freistaaten und Alleinherrschaften gemacht, von denen man *in Wirklichkeit* weder etwas gesehen noch gehört hat; denn zwischen dem Leben, wie es ist, und dem Leben, wie es sein sollte, ist ein so gewaltiger Unterschied, daß derjenige, der nur darauf sieht, was geschehen sollte, und nicht darauf, was in Wirklichkeit geschieht, seine Existenz eher ruiniert als erhält« (Princ., XV). Indem Machiavelli das faktische gegen das gesollte Verhalten der Menschen stellt und die Orientierung am tatsächlichen Handeln zur Norm der Politik macht, emanzipiert er die politische Theorie von Theologie und Ethik. Savonarola, schreibt er (Princ., XII), habe zu Recht den Siegeszug Karls VIII. als Strafe für die Sünden der Italiener bezeichnet, nur habe er das Falsche Sünde genannt: Nicht der Verstoß gegen die Gebote Gottes, sondern der gegen die Gesetze der Politik habe Italien zugrunde gerichtet.

Auch die Geschichte hat den ihr zuvor durch das Walten der göttlichen Vorsehung verliehenen Sinn verloren; sie wird beherrscht von *necessità* und *fortuna*, der ehernen Gesetzmäßigkeit (Machiavelli nennt die Konstanz der menschlichen Natur und das Auf und Ab der Staaten) und den Launen des Zufalls. Beidem ist der Mensch bei Machiavelli jedoch nicht hilflos ausgeliefert: Die *necessità* vermag er durch *ragione*, durch Vorausberechnung, zu beherrschen, und *fortuna* kann durch *virtù*, politische Energie, bezwungen werden. In diesem

Kampf gibt es freilich nur ein politisches Ziel: *mantenere lo stato*, die Erhaltung des Staates um jeden Preis und mit allen Mitteln. Wenn auch noch nicht begrifflich gefaßt, ist damit die Idee der Staatsraison der Sache nach in die politische Diskussion eingeführt.

Daß der ohne alle moralischen Rücksichten ausgetragene Kampf zwischen *fortuna* und *virtù* für Machiavelli freilich nicht die politische Standardsituation gewesen ist (jedoch eine Situation, in die zu geraten jeder Politiker vorbereitet sein muß), zeigt schon der Aufbau des *Principe*: Bei der Eingrenzung des Themas unterscheidet Machiavelli zunächst zwischen Republiken und Fürstentümern; die Republiken legt er beiseite und unterscheidet zwischen hereditären und seit kurzem errichteten Fürstentümern; auch die hereditären Fürstentümer werden beiseite gelegt und die neu errichteten unterschieden in die mit eigenen und die mit fremden Waffen eroberten. Eigene Waffen stehen dabei für *virtù*, fremde für *fortuna*. Erst nachdem auch die durch eigene Waffen eroberte Herrschaft ausgeschieden ist, ist Machiavelli bei seinem Thema: Wie kann die durch die Gunst der Umstände erworbene Macht auf Dauer befestigt werden? Die im *Principe* gegebenen politischen Handlungsanweisungen erheben also nicht den Anspruch universeller Gültigkeit.

Machiavelli entwickelt seine Vorschläge am Beispiel des Cesare Borgia, der seine Herrschaft in der Romagna der Gunst der Umstände verdankte: dem politischen Chaos in Italien, der Unterstützung durch den Papst (seinen Vater), dem Interesse des französischen Königs an einem zuverlässigen Verbündeten und den Privatarmeen der römischen Barone, die ihm zur Verfügung standen. Cesare ist ein vom Glück begünstigter Politiker; gerade deswegen muß er vor den Wechselfällen des Glücks auf der Hut sein. Er muß sich von der Gunst der *fortuna* durch *virtù* unabhängig machen, und die Gelegenheit (*occasione*) dazu erhält er durch eine gegen ihn gerichtete Verschwörung der römischen Barone. Skrupellos nutzt er diese Gelegenheit, indem er die Verschwörer mit falschen Versprechen bei Sinigaglia in eine Falle lockt und ermorden läßt. In Machiavellis Augen hat er damit *fortuna* durch seine *virtù* bezwungen und die gemieteten Waffen in eigene verwandelt. »Fortuna«, schreibt Machiavelli (Princ., XXV), »ist ein Weib; um es unterzukriegen, muß man es schlagen und stoßen.« Wer als »Mann der Fortuna« zur Macht gekommen ist, darf bei Strafe seines Untergangs keine Fehler machen. Cesares Fehler war, nach dem Tod seines Vaters den falschen Versprechen des Kardinals della Rovere vertraut und dessen Wahl zum Papst (Julius II.) zugelassen zu haben. Sein Sturz war die Folge.

Cesares Situation ist für Machiavelli paradigmatisch, weil der im Schlußkapitel des *Principe* angesprochene Einiger Italiens sich denselben Problemen gegenübersähe wie Cesare: Seine Herrschaft wäre ohne jede Tradition, nur durch die Gunst der Umstände (Machiavelli spricht von der Zerrissenheit und Unterdrükkung Italiens, die dessen Einigung begünstigten) könnte er sie überhaupt errichten, er müßte die Unterstützung des Volkes gegen den Adel suchen und wäre auf die militärische Hilfe einer der in Italien um die Vormacht kämpfenden Mächte angewiesen. Danach aber, so Machiavellis impliziter Vorschlag, müßte er die erste Gelegenheit nützen, diesen Verbündeten selbst zu vernichten und so das durch die Gunst der Fortuna Erlangte durch eigene *virtù* zu befestigen. Erst dann wäre Italien »von den Barbaren befreit«.

Machiavellis politische Perspektive reicht jedoch über die Errichtung des Prinzipats hinaus. Wie er in den *Discorsi* (I,9) am Beispiel des Romulus und unter Rechtfertigung des Brudermords zeigt, ist es wohl erforderlich, daß der Begründer eines Staates zunächst die Macht allein in Händen hält, dann aber muß sie um der Stabilität des Staates willen an das Volk zurückgegeben werden. »Deshalb muß ein weiser Gesetzgeber, der die Absicht hat, nicht sich, sondern dem Allgemeinwohl, nicht seiner Nachkommenschaft, sondern dem gemeinsamen Vaterland zu dienen, danach streben, die uneingeschränkte Macht zu bekommen. (...) Er muß jedoch so klug und charaktervoll sein, daß er die unumschränkte Macht, die er an sich gerissen hat, nicht auf einen anderen vererbt. Da die Menschen mehr zum Bösen als zum Guten neigen, könnte sein Nachfolger die Macht, die dieser zum Guten gebraucht hat, zu ehrgeizigen Zwecken mißbrauchen. Mag ferner auch ein einzelner die Fähigkeit haben, eine Verfassung zu geben, so ist diese doch nicht von langer Dauer, wenn ihre Erhaltung nur auf den Schultern dieses einzelnen Mannes ruht; ist ihre Erhaltung aber der Sorge vieler anvertraut, so wird sie dauern.«

Die *virtù* des einzelnen, sein situationsadäquates, durch keine moralischen Rücksichten limitiertes politisches Handeln, soll auf dem – für Machiavelli notwendigen – Umweg über das Prinzipat zur Wiederherstellung der Republik führen, zu Wiedergewinnung der *virtù ordinata.* Machiavelli versteht darunter (durch die aphoristische Darstellung werden die Begriffe oft vieldeutig) die Erfüllung der Institutionen und der Bürger mit republikanischem Ethos. Um diese *virtù ordinata* zu bewahren, muß die Republik beständig reformiert – und das heißt für Machiavelli: zu ihren Anfängen zurückgeführt – werden: »Ich behaupte, daß nur diejenigen Veränderungen zum Wohl gereichen, die zu den Anfängen zurückführen« (Disc. III,1). Darin ist offensichtlich auch die Nivellierung der mit der Zeit eingetretenen Vermögens- und Standesunterschiede eingeschlossen, denn die »grandi«, die Reichen und Adligen, sind die gefährlichste Bedrohung einer Republik: »Wenn nämlich die großen Herren (grandi) sehen, daß sie dem Volk keinen Widerstand leisten können, dann beginnen sie einen von ihnen besonders herauszustellen, um unter seinem Schutz ihre Absichten rücksichtslos verfolgen zu können« (Princ., IX).

Stein des Anstoßes an Machiavellis Theorie waren seit jeher seine Vorschläge zu Betrug, Hinterlist, Grausamkeit und Wortbruch. Machiavelli hat damit die von *Cicero*, dem Vorbild der humanistischen Traktate, behauptete Einheit von »honestum« und »utile«, sittlich Gutem und Nutzen, Tugenden und äußeren Gütern, Ethik und Politik, zerrissen. Das zeigt sich auch in seiner Umformung der vier Kardinaltugenden »prudentia«, »iustitia«, »fortitudo« und »temperantia« (so die an Platon angelehnte Zusammenstellung bei Cicero), wie sie in die Fürstenspiegel und Moraltraktate Eingang gefunden hatte. *Prudentia* wird aller moralischen Konnotationen entkleidet (vgl. S. 25) und übersetzt in das Bild von Löwe und Fuchs, deren Eigenschaften der Herrscher gleichzeitig haben müsse. »Der Löwe ist wehrlos gegen Schlingen, der Fuchs ist wehrlos gegen Wölfe. Man muß also Fuchs sein, um die Schlingen zu wittern, und Löwe, um die Wölfe zu schrecken. Wer nur Löwe sein will, versteht seine Sache schlecht« (Princ., XVIII). Machiavelli hat dieses Bild wahrscheinlich aus *Plutarchs* Lysanderbiographie übernommen, die er sich während seines Aufenthalts in Cesare Borgias

Hauptquartier hat nachschicken lassen. Dort heißt es, für viele sei Lysander ein Ränkeschmied gewesen, »da er im Kriege vor allem durch Betrug und List zum Ziele zu kommen suchte und die Gerechtigkeit nur dann pries, wenn sie ihm Vorteil brachte, andernfalls aber das Nützliche für das Gute ansah, und da er die Wahrheit nicht für wesensmäßig besser hielt als die Lüge, sondern den Wert des einen wie des anderen nach dem Nutzen bemaß«. Plutarch schreibt Lysander auch den Satz zu: »Wo das Löwenfell (mit dem auf Herakles Bezug genommen wird, HM) nicht hinreicht, da muß man das Fuchsfell annähen.« Möglicherweise hat Machiavelli auch die Passage aus Ciceros *De officiis* (I,13,41) im Auge gehabt, in der es heißt: »Wenn aber auf zweierlei Weise, d. h. entweder durch Gewalt oder durch Betrug, Ungerechtigkeit geübt wird, scheint der Betrug gleichsam einem Fuchs, die Gewalt einem Löwen zuzukommen.« Nach der Abtrennung des »honestum« vom »utile« hat Machiavelli daraus gefolgert: »Es gibt zweierlei Arten der Auseinandersetzung: die mit Hilfe des Rechts und die mit Gewalt. Die erstere entspricht dem Menschen, die letztere den Tieren. Da die erstere oft nicht zum Ziel führt, ist es nötig, zur zweiten zu greifen« (Princ., XVIII). Aller moralischen Implikationen entleert, ist *prudentia* hier als zweckrationaler Einsatz von Machtmitteln gefaßt.

Dies gilt ebenso für *iustitia*: Ein Herrscher, schreibt Machiavelli (Princ., XVIII), müsse die darunter zusammengefaßten Eigenschaften *nicht wirklich* besitzen, sondern könne sich mit deren *Anschein* begnügen. »Ja, ich wage zu behaupten, daß sie schädlich sind, wenn man sie besitzt und stets von ihnen Gebrauch macht, und daß sie nützlich sind, wenn man sich nur den Anschein gibt, sie zu besitzen.« Denn ein Herrscher muß in der Lage sein, »sich nach den Winden des Glücks und dem Wechsel der Verhältnisse zu richten und vom Guten so lange nicht abzugehen wie es möglich ist, aber im Notfall auch verstehen, Böses zu tun«. Machiavelli stellt die ciceronische Einheit von »honestum« und »utile« auf den Kopf, wenn er schließlich das »honestum« als Folge zweckmäßiger Verfolgung des »utile« darstellt: »Ein Herrscher braucht nur zu siegen und seine Herrschaft zu behaupten, so werden die Mittel dazu stets als ehrenvoll angesehen und von jedem gelobt. Denn der Pöbel hält sich immer an den Schein und den Erfolg; und auf der Welt gibt es nur Pöbel« (ebd.).

Fortitudo (Seelenstärke) wird von Machiavelli in die Forderung übersetzt, sich von Söldnern unabhängig zu machen und eine im eigenen Land rekrutierte Armee (Miliz) aufzustellen (Princ., XII-XIV). Damit verwandelt sich »fortitudo« in eine der *virtù* subsumierte Eigenschaft. Im Gegensatz zur Kriegerethik des Mittelalters bezeichnet Machiavelli auch die durch List und Betrug errungenen Siege als lobenswert und rühmlich (Disc. III,40).

Temperantia (Selbstbeherrschung), die Tugend, die etwa fünfzig Jahre später in der Moralphilosophie und politischen Theorie des Neostoizismus zu großer Bedeutung gelangen sollte, wird von Machiavelli skeptisch betrachtet, wenngleich er sie nicht kategorisch ablehnt. Ob sie nützlich oder schädlich ist, hängt von den Umständen ab; grundsätzlich aber gilt, daß »temperantia« allzu schnell in Zaudern umschlagen kann. Wohl anerkennt Machiavelli die Erfolge des römischen Diktators Fabius Maximus gegen Hannibal, aber er bemerkt auch: »Es war sein Glück, daß sein Verhalten gut in die Zeit paßte« (Disc. III,9). Als sich die Dinge wandelten, sei es Roms Glück gewesen, daß der notorische Zauderer durch den angriffslustigen Scipio abgelöst wurde. Machiavelli wehrte sich also gegen moralische Werte mit universellem Gültigkeitsanspruch und bestand darauf, daß politisches Handeln den Umständen angemessen sein muß, wenn es gelobt werden soll. Die Universalethik der Scholastik und des Humanismus wird aufgelöst in eine situationsadäquate Technik der Politik.

Wie die ethischen Werte ordnet Machiavelli zuletzt auch die Religion den politischen Erfordernissen unter: »Die Häupter einer Republik oder eines Königreichs«, schreibt er (Disc. I,12), »müssen daher die Grundlagen der Religion, zu der sich ihre Völker bekennen, bewahren; dann wird es ihnen leicht sein, ihren Staat in Gottesfurcht und damit gut und einträchtig zu erhalten. Sie müssen alles, was für die Religion spricht, unterstützen und fördern, auch wenn sie es für falsch halten. Sie müssen dies um so mehr tun, je klüger sie sind und je klarer sie die natürlichen Dinge durchschauen. (...) Denn Wunder werden, aus welcher Quelle sie auch entspringen mögen, von den Klugen aufgebauscht, deren Ansehen ihnen dann bei jedermann Glauben verschafft.« Damit hat Machiavelli die vorherige *Norm* der Politik in eines ihrer *Mittel* verwandelt. Aus dieser Perspektive hält er der römischen Kurie vor, die Sitten der Italiener verdorben zu haben (ebd.), und kritisiert am Christentum, es habe die Weichlichkeit und nicht die Tapferkeit gefördert: »Unsere Religion hat mehr die demütigen und in Betrachtung versunkenen Menschen verherrlicht als die tatkräftigen. Sie sieht das höchste Gut in Demut, Selbstverleugnung und in der Geringschätzung der weltlichen Dinge. (...) Wenn auch unsere Religion fordert, daß man stark sei, so will sie damit mehr die Stärke des Duldens als die der Tat« (Disc. II,2). Dies aber habe nicht nur die Staaten ihrer Kraft beraubt, sondern auch »die Weltgeschichte den Bösewichtern ausgeliefert, die ungefährdet ihr Unwesen treiben können; denn sie sehen, daß die große Mehrheit der Menschen, um ins Paradies einzugehen, mehr darauf bedacht ist, Schläge zu ertragen als zu rächen« (ebd.). Für ein republikanisches Staatswesen, so die Idee Machiavellis, wäre eine Religion am besten, die ein Leben nach dem Tode und die Belohnung der Sanftmütigen nicht kennen würde. Damit ist die Religion gänzlich in den Dienst der Politik gestellt.

Die für die Geschichte des politischen Denkens folgenreichste Neuerung war Machiavellis Legitimation staatlichen Gewalthandelns aus einer *anthropologischen Grundthese:* der Schlechtigkeit der Menschen. »Alle, die über Politik schrieben, beweisen es, und die Geschichte belegt es durch viele Beispiele, daß der, welcher einem Staatswesen Verfassung und Gesetze gibt, davon ausgehen muß, daß alle Menschen schlecht sind und daß sie stets ihren bösen Neigungen folgen, sobald sie Gelegenheit dazu haben« (Disc. I,3). Machiavelli steht am Anfang eines durchgängigen Strangs im politischen Denken der Neuzeit, wenn er die von ihm unterstellte Bosheit der Menschen nicht mit der Erbsünde, sondern mit der Unendlichkeit menschlichen Begehrens und der Unmöglichkeit seiner Befriedigung begründet: »Die Natur hat die Menschen so geschaffen, daß sie zwar alles begehren, aber nicht alles erreichen können« (Disc. I,37). Und: »Überdies sind die menschlichen Wünsche unersättlich, da die menschliche Natur alles begehrt und alles will, das Schicksal uns aber nur wenig gewähren kann« (Disc. II, Vorwort). Der Staat ist dazu da, der menschlichen Destruktivität Grenzen zu setzen, und er ist durch diese Destruktivität in seiner Existenz als Zwangsanstalt legitimiert.

Dennoch ist Machiavellis anthropologischer Pessimismus nicht total. Er sieht

Möglichkeiten der Umwendung, und er sieht diese Möglichkeiten vor allem beim einfachen Volk: »Man kann die großen Herren nie zufriedenstellen, (...) wohl aber kann man das Volk zufriedenstellen. Denn das Streben des Volkes ist rechtschaffener als das der großen Herren, da diese das Volk unterdrücken wollen, das Volk dagegen nur nicht unterdrückt werden möchte« (Princ., IX). Im Grunde ist Machiavelli immer ein Anhänger der Republik geblieben, einer Republik, die zudem möglichst breit im Volk verankert sein sollte, auch wenn er bezweifelt hat, daß eine solche Republik immer und überall politisch möglich sei.

Francesco Guicciardini

Die Bedeutung Guicciardinis für die Geschichte des politischen Denkens liegt in der Fortentwicklung des spezifisch neuzeitlichen Verständnisses von Geschichte (vgl. Phillips, S. 107ff.). In seinen *Ricordi* hat er – in Anlehnung an den aphoristischen Stil Machiavellis – historische Erfahrungen in knappen Sentenzen konzentriert. Sein epochales Verdienst liegt darin, »die erfahrbare Welt als einen entschlüsselbaren Sinnzusammenhang betrachtet zu haben, ohne daß er sich dabei auf die Welt als eine sinnhafte Schöpfung Gottes beruft« (Hassinger, S. 49). Daß jedoch »die Substituierung der sozialen Artikulation durch exakte Orientierung am historischen Material« (Rothholz, S. 195) mit Guicciardini beginnt, erscheint zweifelhaft angesichts seiner eindeutigen Orientierung an den Klasseninteressen des Florentiner Patriziats (vgl. Gilbert, 1965, S. 49ff.).
In der politischen Ideengeschichte ist Guicciardini Fortsetzer und Kritiker Machiavellis zugleich. Wie dieser ist er davon überzeugt, daß jeder Staat auf Gewalt errichtet ist und die Menschen »mit Sporn und Zügel« dazu angehalten werden müssen, das Rechte zu tun. Er unterscheidet sich von Machiavelli jedoch in seiner abgrundtiefen Verachtung des Volkes und seiner Skepsis gegenüber dem republikanischen Ethos. Sah Machiavelli im Volk die Grundlage politischer Stabilität, so sucht sie Guicciardini im Adel. Nach 1527 hat er jedoch die Perspektive einer oligarchischen Republik aufgegeben und resigniert in die Alleinherrschaft der Medici eingewilligt. Er markiert, wie Rudolf von Albertini (1955, S. 105) gezeigt hat, den Übergang von der politischen Theorie des Republikanismus zu der des Frühabsolutismus: »Eine Welt liegt zwischen Machiavelli und Guicciardini, ein fundamentaler Bruch hat sich vollzogen. Machiavelli lebte noch in der Welt des Humanismus, der trotz aller Hinwendung zur Realität eine schöpferische Phantasie und den Glauben an den Menschen in sich trägt und an die menschliche Beherrschung der Wirklichkeit glaubt. Bei Guicciardini vollzieht sich der Übergang zum Zeitalter der Gegenreformation, die die menschliche Schwäche, das Versagen menschlicher Anstrengung hervorhebt und die Möglichkeit hoher Zielsetzungen, hoher selbständiger menschlicher Leistungen in Frage stellen wird.«
Francesco Guicciardini wurde 1483 in Florenz geboren; er entstammte einer der führenden Familien des Florentiner Stadtpatriziats (vgl. Ridolfi, 1960). 1506 ließ er sich nach dem Studium der Rechte in Florenz als Advokat nieder. Seine politische Position wird erstmals in den 1509 entstandenen *Storie fiorentine dal 1378 al 1509* deutlich, einer mehr politischen als historischen Schrift, in der er

den Medici vorhält, sie hätten die Aristokraten in »quasi sudditi« verwandelt, und gegen die Regierung der mittleren Schichten einwendet, sie verachte »autorità« und »esperienza«, die überwiegend beim Stadtpatriziat, den »uomini da bene e savi«, zu finden seien. Dennoch war Guicciardini bereit, im Jahre 1512 als Gesandter der Republik an den spanischen Königshof zu gehen, an dem neben der *Relazione di Spagna* (1513) der *Discorso del modo di ordinare il governo popolare* (1512) entstand. Orientiert an der aristotelischen Idee der Mischverfassung, schlägt Guicciardini darin eine vorsichtige Reform der Republik mit dem Ziel vor, den Einfluß des Stadtpatriziats zu stärken. 1516 wandte er sich, nachdem er im Jahr zuvor Mitglied der Florentiner Signoria gewesen war, erneut diesem Thema zu (*Discorso di assicurare lo stato alla casa de'Medici*), wobei er nun, nach dem Sturz der Republik, den autoritären Weg der Medici kritisiert und eine stärkere Berücksichtigung der Optimaten fordert.

1516 erhielt Guicciardini von Papst Leo X. das Amt des Gouverneurs von Modena, 1517 wurde er Gouverneur von Reggio, 1523 Präsident der Romagna und 1526 Generalleutnant der ligistischen Truppen in Italien. Die Wandlung der sozialen und wirtschaftlichen Grundlagen des Florentiner Bürgertums von der Selbständigkeit zur Abhängigkeit, wie sie sich in den zwanzig Jahren zeigt, die Guicciardini in päpstlichen Diensten verbrachte, fand ihren Niederschlag auch in der politischen Theorie. Von 1521 bis 1526 arbeitete er an dem *Dialogo del Reggimento di Firenze*, seiner wichtigsten verfassungspolitischen Schrift, in der er die Möglichkeiten einer umfassenden Verfassungs- und Staatsreform in der Krise untersucht. Der erste Teil der Schrift, der die Regierung der Medici und der Republik erörtert, kommt zu dem Ergebnis, die Regierung der Medici sei schlecht, doch die des Volkes sei noch schlechter. Guicciardini zieht die Fehler eines Medici, der aus *Böswilligkeit* handelt, denen einer Volksregierung vor, die aus *Ignoranz* begangen werden. Im zweiten Teil der Schrift, der die für Florenz beste Regierungsform untersucht, deutet sich der folgenschwere Wandel in seiner Vorstellung von *libertà* erstmals an: Bedeutete sie zuvor im wesentlichen *politische Partizipation*, so geht es nunmehr um die *Sicherheit des einzelnen* und die *Herrschaft der Gesetze*. Das Bedürfnis nach Ruhe und Sicherheit tritt an die Stelle des Strebens nach Macht und politischem Einfluß. Guicciardini hält wohl an der Vorstellung fest, nur die Aristokratie stelle eine gute Regierung im Sinne des Aristoteles dar, die den Beherrschten und nicht den Herrschenden dient (die Republik Venedig ist hier das Vorbild), aber er konzediert zugleich, daß ein Bürger auch einem Tyrannen dienen darf, wenn er es nicht um persönlicher Vorteile willen tut, sondern um Schlimmeres zu verhüten. Guicciardinis politische Devise lautet: Ein von großbürgerlichen Beratern umstellter Tyrann ist besser als eine vom Kleinbürgertum getragene Regierung.

Guicciardini verbindet diese resignierte Einsicht in die politische Entwicklung seiner Zeit mit der Kritik an der scholastischen Idee von der bruchlosen Subsumierbarkeit der Politik unter Ethik und Theologie. »Was ich noch sagen wollte, ohne zu diesen überaus schwierigen Fragen endgültig Stellung zu nehmen, ist, daß man nicht zutiefst im Sinne Gottes leben kann, ohne sich gänzlich von der Welt zurückzuziehen, und daß man andererseits nur schlecht mit der Welt in Einklang leben kann, ohne Gott zu beleidigen« (Opere, II, S. 667). Vergleicht man damit Machiavellis trotzige Aufforderung, das Vaterland mehr zu lieben als die Seele (Schriften, Bd. 4, S. 163), so zeigen sich darin sowohl Nähe als auch Distanz der beiden zueinander: Beide haben die Unvereinbarkeit von Politik und Theologie gesehen, doch während Guicciardini bei der Konstatierung dieser Kluft stehenblieb, hat Machiavelli in republikanischem Ethos diejenigen gepriesen, die sich für das Vaterland (la patria) unter Opferung des Seelenheils entschieden haben. Dieser Republikanismus war Guicciardini, wie seine Kritik an Machiavelli zeigt, gänzlich fremd.

Das Jahr 1527 markiert einen tiefen Einschnitt in Guicciardinis politischem Denken: Nach dem *Sacco di Roma*, für den sich Guicciardini mitverantwortlich fühlte, da er zur Bildung der Liga von Cognac geraten hatte (vgl. die Schriften *Accusatoria, Defensoria* und *Consolatoria*), zweifelt er grundsätzlich an der Vorausberechenbarkeit politischer Ereignisse, und nach dem Sturz der Medici in Florenz und der zunehmenden Radikalisierung der Republik, die Guicciardini verbannte und sein Vermögen konfiszierte, gab er die Hoffnung auf die Verwirklichung einer gemischten Verfassung auf, die der Aristokratie größeren politischen Einfluß geben sollte. In seiner Geschichtsauffassung treten ständiger Wechsel und Unbeherrschbarkeit (*fortuna*) in den Vordergrund, und seine politischen Vorstellungen zielen nunmehr auf die *Herrschaft des Gesetzes* (die u. a. auch vor willkürlicher Besteuerung schützen soll, vgl. Fremerey, S. 11ff.) und die *Sicherheit der Person und des Eigentums.* Guicciardini entwirft damit als erster das politische Programm des Bürgertums nach dessen Verdrängung aus den Zentren der Macht.

Erstes Ergebnis dieser Krise in Guicciardinis politischem Denken sind die 1530 fertiggestellten *Considerazioni intorno di discorsi del Machiavelli*, in denen er den Hoffnungen Machiavellis auf die Einigung Italiens wie dessen republikanischen Überzeugungen eine deutliche Absage erteilt (vgl. Spirito, S. 75ff.): Die Hoffnung auf die Einigung Italiens ist nur ein verhängnisvoller Traum (Kap. 12), zu dem die Orientierung an der römischen Geschichte verleitet; Machiavellis Erwartung, ein Herrscher werde die Macht, die er an sich gerissen habe, wieder ans Volk zurückgeben (vgl. oben, S. 37), ist eine Illusion (Kap. 9 u. 10), und die inneren Konflikte, auf denen Machiavelli die Stärke der römischen Republik begründet glaubte (Disc. I,4), haben diese in Wirklichkeit zugrunde gerichtet (Kap. 4). Nicht moralische, sondern politische Argumente werden hier gegen Machiavelli geltend gemacht; es sind Argumente gegen jeden weiteren Versuch, die politische Krise Italiens zu bewältigen, weil dies die Krise nur noch verschlimmere, und es ist die Aufforderung, sich in die Verhältnisse zu schicken und persönlich das Beste daraus zu machen.

Zwischen 1537 und 1540 schreibt Guicciardini, der sich nach dem Verlust seines politischen Einflusses auf die Medici ins Privatleben zurückgezogen hat, die *Storia d'Italia*, auf der sein Ruhm als Begründer der neuzeitlichen Historiographie beruht (vgl. de Caprariis und Phillips, S. 107ff.). Jedes der 20 Bücher, die vom Zusammenbruch des italienischen Gleichgewichtssystems über die französische bis zur spanischen Hegemonie reichen, beginnt mit der Hoffnung auf Frieden, die jedoch sehr schnell durch neue Kriegshandlungen zerstört wird. Guicciardini verzichtet dabei auf ein historisches Ordnungsmodell und geht – gemäß seinem Konzept der *discrezione* – davon aus, daß jedes geschichtliche Ereignis für sich allein, d. h. auch: ohne jeden Vergleich mit der Antike, betrachtet werden müsse. Er entwirft dabei eine auf den Kategorien des *Nutzens* und des *Eigeninteresses* beruhende *Psychologie der Macht*, die in den historischen Porträts von Lorenzo de'Medici und Papst Clemens VII. gipfelt.

In den *Ricordi*, an denen Guicciardini von der ersten Fassung (1512/13) bis zu seinem Tod (1540) immer wieder Veränderungen und Einschübe vorgenommen hat, hat er die Summe seiner politischen Erfahrungen und Überlegungen gezogen. Das darin zugrunde gelegte Menschenbild stellt eine Radikalisierung von Machiavellis anthropologischem Pessimismus ohne jede Hoffnung auf Besserung dar: Die Menschen handeln aus Egoismus und Machttrieb, aber ihre Handlungen zeichnen sich aus durch Versagen und Schwäche. Die *Ricordi* sind ein Kompendium von Lebensregeln für den Politiker wie den Privatmann, die entstanden sind aus dem Geist einer Schicht, die Einfluß und Unabhängigkeit verloren hat. Sie stehen in ihrer resigniert-skeptischen Haltung Montaignes *Essais* näher als Castigliones *Cortegiano*, mit dem zusammen sie den Beginn der Moralistik des 16. und 17. Jahrhunderts (*Montaigne*, *La Rochefoucauld*, *Gracián*) bilden.

Das Ende des Republikanismus: Castiglione, Vettori, Varchi

Baldassare Castigliones 1528 erschienenes *Libro del cortegiano*, in dem das Ideal des Fürsten und Höflings an die Stelle des Bürgerideals der humanistischen Traktate gesetzt wird, kann als Widerpart zu dem Republikanismus Machiavellis ebenso wie zu der von Guicciardini repräsentierten politischen Resignation der Aristokraten angesehen werden. Castiglione entwirft das politisch-ästhetische Ideal einer Schicht, die nicht aufgrund ihrer eigenen wirtschaftlichen, sozialen und politischen Position, sondern allein durch fürstliche Gunst an der Macht partizipiert. In mehreren Übersetzungen fand das »Buch vom Hofmann« in ganz Europa Verbreitung und erlebte bis zum Ende des 16. Jahrhunderts fünfzig Auflagen.

Castiglione wurde 1478 als Sohn eines kleinen Landedelmanns in Casatico bei Mantua geboren. Er hat als Hofmann den Fürstenhäusern Gonzaga (Mantua) und Montefeltre (Urbino) gedient, bevor er 1524 zum päpstlichen Nuntius am spanischen Hof Kaiser Karls V. ernannt wurde. 1527 wurde er, beim Papst in Ungnade gefallen, vom Kaiser mit dem Bistum Avila belehnt. Er starb 1529 in Toledo (vgl. Cian).

Das im *Libro del cortegiano* entfaltete Ideal folgt, an Ciceros *De oratore* angelehnt, dem Katalog der vier Kardinaltugenden (vgl. oben, S. 37f.), zu denen der Mensch, wie Castiglione hervorhebt, *erzogen* werden kann. Ziel dieser Bildung ist die »serena tranquillità«, die glückliche Seelenruhe des Menschen, als dessen wichtigste Antriebsfeder das Streben nach Ruhm bezeichnet wird. Insgesamt geht es hier jedoch nicht um die von den Humanisten propagierte innere Freiheit, sondern um korrekte äußere Formen. Endpunkt dieser nur noch auf Manieren Wert legenden politischen Tugendlehre ist *Giovanni della Casas* 1558 erschienener *Galateo ovvero de'costumi*, in dem alle Empfehlungen und Vorschläge auf Heuchelei und Simulation abzielen. Grundthese ist: Man braucht nicht Tugend, sondern etwas, das ihr ähnelt, nicht Ethik, sondern Etikette, kein Antlitz, sondern eine Maske. Die Schriften *Montaignes*, *La Rochefoucaulds* und

Graciáns können als Entlarvung dieses »höfischen Machiavellismus« gelesen werden.

Als letzte Repräsentanten des Republikanismus im Sinne Machiavellis sind *Donato Giannotti* (1492–1573) und *Bartolomeo Cavalcanti* (1503–1563) zu nennen (vgl. Albertini), die sowohl an der Verteidigung der letzten Florentiner Republik (1527–1530) als auch an dem Unabhängigkeitskampf der 1552 errichteten Republik Siena beteiligt waren. Der Florentiner Mittelschicht entstammend, mußten sie nach dem Scheitern ihrer politischen Hoffnungen (die Brutus-Büste Michelangelos geht auf eine Anregung Giannottis zurück) ihren Lebensunterhalt als Sekretäre in kirchlichen Diensten verdienen.

Um die Realisierbarkeit einer Republik in seiner Gegenwart zu beweisen, hat Giannotti in *Della repubblica de'Viniziani* (1526–1530) die Institutionen der Republik Venedig dargestellt, auf die später u. a. Bodin sich gestützt hat. Venedig löst hier als politisches Vorbild die römische Republik ab, weil es die zwei drängenden Probleme der Zeit in Giannottis Augen gelöst hat: die gerechte Verteilung der Staatsgewalt und den Ausgleich zwischen den politischen Interessen des Volkes und des Stadtpatriziats. Um den Ausgleich zwischen »plebe«, »mediocri« und »grandi« geht es auch in der im venezianischen Exil (1531) verfaßten Schrift *Della repubblica fiorentina*, denn nur dadurch könne die Republik stabilisiert werden. In Anlehnung an Aristoteles schlägt Giannotti ein »governo misto« vor, in den bei Beibehaltung der bewährten republikanischen Einrichtungen Institutionen eingebaut werden sollen, durch die die Ruhmsucht der Adligen befriedigt werden könne.

Cavalcantis *Trattati ovvero discorsi sopra gli ottimi reggimenti delle repubbliche antiche e moderne* (1571) verweisen ebenfalls auf das Vorbild Venedigs, enthalten daneben aber auch Passagen aus Platon, Aristoteles und Polybios, die jedoch ohne inneren Zusammenhang nebeneinandergestellt sind. Das Antiquarische überwiegt das Politische. Es ist ein Indiz für politische Resignation, daß in den Schriften Cavalcantis Fortuna übermächtig wird und der Gedanke, sie beherrschen zu können, in weite Ferne tritt.

Nicht an Machiavellis *Republikanismus*, sondern an dessen politischen *Realismus* knüpft *Francesco Vettori* (1474–1539) an. Zusammen mit Machiavelli hat er 1507 den Reichstag von Konstanz besucht und nach 1513, inzwischen Florentiner Botschafter in Rom, mit dem exilierten Machiavelli einen regen Briefwechsel geführt (vgl. Devonshire Jones). In Vettoris Schriften (*Viaggio in Alemagna; Sommario della vita di Lorenzo Medici; Sommario della storia d'Italia dal 1511 al 1527*) stellt sich Politik als ein Kampf der Interessen, Ansprüche und Begierden dar. Gewalt, Intrige und Betrug sind ihre Methoden (vgl. Albertini, S. 150ff.). Benedetto Croce (1930, S. 238) hat dies den »materialismo storico« Vettoris genannt. Vettori ist der Fortsetzer von Machiavellis politischem Realismus, der freilich, um dessen Republikanismus gekürzt, zum nackten Zynismus wird. Alles ist Vettori zufolge ein *Kampf der Faktionen*, und damit ist auch dem Republikanismus der Anspruch entzogen, *Verwirklichung der Freiheit* zu sein. Dementsprechend meint er, politisches Engagement zeigten nur diejenigen, die in wirtschaftlich-finanziellen Schwierigkeiten seien, während die Saturierten sich vom Staatsleben fernhielten. Auch die Sympathie für den »governo libero« sei nicht Freiheitsliebe, sondern der Egoismus derjenigen, die dabei am besten abschnitten. *Interessenanalyse* und *Ideologiekritik* werden hier zu einer Waffe gegen die Republik, insofern sie deren bisheriges Selbstverständnis und deren Legitimation grundsätzlich in Frage stellen.

Vettori ebnet die in der aristotelischen Staatsformenlehre entwickelte Unterscheidung zwischen guten (im Interesse der Beherrschten) und schlechten (im Interesse der Herrschenden) Regierungsformen ein, indem er jeden Staat als Herrschaft einer Minderheit bezeichnet, die durch Gewalt an die Macht gelangt sei. Unter den Regierungsformen seien jedoch diejenigen vorzuziehen, die Ruhe und Frieden garantieren können. Vettori, der als außenpolitischer Berater des Papstes im Jahre 1526 den Weitblick besaß, gegen den Abschluß der Liga von Cognac und für ein Bündnis mit dem Kaiser einzutreten, sieht die Geschichte von irrationalen, unbeherrschbaren Kräften durchwaltet, von denen der Kluge sich fernhalten soll. In den letzten Jahren seines Lebens war er an einem ungestörten Lebensabend interessiert und unterstützte in Florenz den »stato presente«, das sich konsolidierende Herzogtum der Medici.

Alle Florentiner Historiker des 16. Jahrhunderts stehen unter der beherrschenden Erfahrung jahrzehntelanger innerer Auseinandersetzungen, zu denen sie in ihren Darstellungen explizit wie implizit Stellung genommen haben (vgl. Albertini, passim; Fueter, 1911, S. 80ff.). Unter ihnen sind zu nennen *Jacopo Nardi* (1476–1563), der in seinen *Istorie della città di Firenze* aus der Sicht eines gemäßigten Savonarola-Anhängers die inneren Spannungen der Republik als absolute Gegensätze begreift; *Bernardo Segni* (1504–1558), ein zuletzt resignierter Republikaner, der sich in den *Storie fiorentine* überwiegend mit außenpolitischen Konstellationen beschäftigt, und *Jacopo Pitti* (1519–1589), dessen *Istorie fiorentine* von republikanischer Sympathie gekennzeichnet sind. Der analytischen Kraft Machiavellis und Guicciardinis am nächsten kommt *Filippo de'Nerli* (1485–1556), Aristokrat und engagierter Anhänger der Medici, der in seinen *Commentari de' fatti civili occorsi nella città di Firenze* die republikanische Verfassung der Stadt als ein Chaos von Faktionskämpfen und Gruppenegoismen darstellt, in dem willkürliche Steuerbelastungen, Konfiskationen und Hinrichtungen an der Tagesordnung sind. In der absoluten Medici-Herrschaft sieht er die einzig mögliche Lösung der politischen Probleme von Florenz.

Der modernste dieser Historiker ist *Benedetto Varchi* (1502–1565), zunächst Anhänger der Republik, dann mehrere Jahre im Exil und schließlich Hofhistoriograph Cosimos I. Im Anschluß an Machiavelli und Guicciardini stellt er die politische Welt als Gefüge einander bekämpfender Egoismen dar, in dem ethische und religiöse Motive nur vorgeschoben werden, um die wahren Absichten zu verschleiern. Varchi bezeichnet den in der *Storia fiorentina* dargestellten Zeitraum als ein »secolo corrotto«. Seinen offen republikanischen Sympathien mangelt freilich jeder politische Gestaltungswille. Wenn er schließlich der Tyrannis des Alessandro de'Medici die als legitim und gerecht bezeichnete Herrschaft Cosimos gegenüberstellt, so zeigt ihn dies als Figur des Übergangs von einer Geschichtsschreibung, die Politik – mitunter in zynischer Offenheit – auf die ihr zugrunde liegenden Motive und Absichten untersuchte, zu der schönfärberischen Historiographie der fürstlichen Höfe.

Dem Ende des politischen Republikanismus in Italien folgt das Ende der politi-

schen Geschichtsschreibung. Seit der zweiten Hälfte des 16. Jahrhunderts wird mit dem Einsetzen der Gegenreformation die Historiographie von *Uberto Foglietta* (1518–1581), *Francesco Patrizi* (1529–1597) und *Sperone Speroni* (1500–1588), um nur einige zu nennen, systematisiert und reglementiert (vgl. Kessler, passim). Sie wird – offenbar in Reaktion gegen Machiavelli und Guicciardini – moralisch-rhetorisch und degeneriert zu einer Sammlung von Exempla, die, Machiavellis Trennung von »honestum« und »utile« apologetisch unterlaufend, zu nützlichem und ehrenhaftem Handeln anregen sollen.
Dies gilt auch für die politische Theorie, in der die von Machiavelli aufgerissene Kluft zwischen Ethik und Politik, »honestum« und »utile« (vgl. oben, S. 38), nun wieder verdeckt wird. *Gianfrancesco Lottini* (1512–1572) sieht in seinen *Avvedimenti civili* (1574) den Menschen zwischen die Erfahrung der Unsicherheit und die Suche nach Geborgenheit gestellt. Die Eigengesetzlichkeit der Politik, die er durchaus bemerkt, und deren Spannung zur Ethik verdeckt er durch moralisierende Überlegungen, in deren Folge sich auch *virtù* zurückverwandelt in die moralische Tugendidee der Humanisten. *Battista Guarini* (1538–1612) versucht in seinem *Trattato della politica libertà* (1599 entstanden) nachzuweisen, daß Freiheit und Prinzipat miteinander zu vereinbaren sind – dort nämlich, wo die Menschen nur den Gesetzen unterworfen sind. Dies sei nur in einem Prinzipat möglich, das vor *licenzia* (Zügellosigkeit) schütze, während diese in einer Republik überhandnehme. Immerhin versuchen Lottini und Guarini, den autoritär regierenden Fürsten der Gesetzesherrschaft zu unterwerfen. Diese Herrschaft des Gesetzes wird zum letzten Refugium der Freiheit, nachdem das Bürgertum auf allen politischen Einfluß verzichtet hat und nur noch die Ruhe der Privatmannsexistenz sucht (vgl. oben, S. 41).

3. Machiavellismus, Antimachiavellismus und Staatsraison

In der zweiten Hälfte des 16. und den ersten Jahrzehnten des 17. Jahrhunderts standen Machiavellis Ideen, mit denen der Machiavellismus in der Politik erst sichtbar geworden war und einen Namen erhalten hatte, im Zentrum des politischen Denkens. Die Brisanz Machiavellis resultierte nicht zuletzt daraus, daß er durch die Streichung seiner republikanischen Option in einen Machiavellisten, einen reinen Techniker der Macht, verwandelt wurde (vgl. Beame, S. 33). Und um »Macht-technische« Fragen ging es denen, die als »Berater der Fürsten« das Ziel der Zentralisierung der Gewalt und der Zerschlagung der alten Verfassung verfolgten.
Bereits im Umkreis Karls V. scheinen machiavellistische Ideen stark verbreitet gewesen zu sein. »Seitdem die Welt besteht«, schrieb *Don Diego Mendoza* an den Kaiser, »gibt es kein Recht auf Herrschaft als die Macht; ius est in armis.« Über Karl selbst notierte *Francesco Sansovino*: »Er erfreute sich an der Lektüre von nur drei Büchern, die er in seine eigene Sprache hat übersetzen lassen: eins für die Angelegenheit des zivilen Lebens, und das war der ›Cortegiano‹ des Grafen Baldesar Castiglione, das andere für die des Staates, und das waren der ›Principe‹ und die ›Discorsi‹ von Machiavelli, und das dritte für das Kriegswesen, und das war die ›Historia‹ mit allen anderen Schriften des Polybios« (nach Baum-

gart, 1960, S. XXXIV). *Roger Ascham*, mehrere Jahre englischer Gesandter in Deutschland (vgl. Ryan), berichtet, während einer Unterhaltung bei dem venezianischen Botschafter über Herzog Moritz von Sachsen habe er einen italienischen Priester sagen hören, er könne die politische Weitsicht des Herzogs nicht loben, denn er hätte den Kaiser gefangennehmen können und habe es nicht getan (eine unverkennbare Paraphrase der Disc. I,27). »So sind diese Machiavelli-Köpfe«, merkt Ascham an, »die meinen, kein Mensch sei so klug, wie er sollte, wenn er nicht mehr Unheil anrichtet, als nötig ist« (1864, III, S. 59). Noch *Estienne Pasquier* klagt in seinen 1633 veröffentlichten *Recherches de la France* (S. 459): »Das Unglück unserer Zeit ist, daß man, um als fähiger Mann zu gelten, ein Machiavellist sein muß.«

Die Geschichte der Auseinandersetzung mit Machiavelli im 16. und 17. Jahrhundert ist verworren (vgl. Mohl, S. 521 ff.; Panella; Il Pensiero politico; Machiavellismo); dazu hat nicht zuletzt die 1557 erfolgte Aufnahme seiner Schriften in den *Index librorum prohibitorum* beigetragen, die die meisten Anhänger Machiavellis veranlaßt hat, die Herkunft ihrer Ideen zu verschleiern. Einen tiefen Einschnitt in der Machiavelli-Rezeption bildet auch die von Katharina de'Medici veranlaßte Ermordung französischer Hugenotten in der Bartholomäusnacht 1572, in deren Folge der Name Machiavellis, der zuvor als Charakterisierung eines leidenschaftslosen Analytikers der Politik angesehen wurde (vgl. Cardascia), zum denunziatorischen Schlagwort im ideologischen Bürgerkrieg wurde (vgl. Kelley, 1970, S. 551 ff.; Cherel, S. 47 ff.). Seine Ratschläge galten nun als Propagierung der Willkürherrschaft, als Ausdruck von Gottlosigkeit und politischer Amoralität. In dem in die konfessionellen Auseinandersetzungen verwobenen Konflikt zwischen ständischer Libertät und Zentralisierung von Herrschaftsfunktionen (vgl. oben, S. 28) wurden Machiavellis Lehren als Inbegriff einer tyrannischen Politik apostrophiert.

Drei Stränge lassen sich in der Geschichte der Machiavelli-Rezeption unterscheiden: erstens die Frage nach dem *Verhältnis von Politik, Moral und Religion*; hier entzündet sich die Kritik an Machiavelli an dessen Subsumtion der Religion unter die Politik (vgl. oben, S. 39), wodurch die Kirche den von ihr wieder verstärkt geltend gemachten Führungsanspruch bedroht sah. Der diesem Problembereich zuzurechnende Antimachiavellismus ist ein Stück Gegenreformation (vgl. Bleznick, S. 544 ff.). Der zweite Strang ist um den Begriff der *Staatsraison* zentriert, in den die Kontroversen um die Durchsetzung staatlicher Souveränität nach innen wie nach außen verwoben sind. Drittens ist ein mit der aristotelisch-taciteischen Frage nach den Mitteln zur Erhaltung der Herrschaft befaßter Strang zu nennen, der mit dem Begriff *Arkanismus* am besten umschrieben werden kann. Es gibt, so dessen Grundgedanke, Listen und Tücken in der Politik, und nur wer sie einkalkuliert, kann erfolgreich regieren; wer nicht, geht zugrunde. Hierbei werden Machiavellische Überlegungen mit Passagen aus Aristoteles und Tacitus vermischt. Vor allem das V. Buch der aristotelischen *Politik* bot die Möglichkeit, Machiavellis Handlungsanweisungen auch aus Aristoteles herauszulesen. *Louis Le Roy* benutzt in *De l'origine, antiquité, progrès, excellence et utilité de l'art politique* (1567) und *Les politiques d'Aristote* (1568) Machiavelli als das moderne Supplement des Aristoteles. Daneben bot der bei Tacitus zu findende Begriff *arcana imperii* (Geheimnisse der Politik) die Möglichkeit, machiavellistische Rezepte unter dem Namen des römischen Historikers zu verbreiten (vgl. Toffanin, passim).

Die Kritiker Machiavellis: Pole, Ribadeneira, Gentillet

Für die Indizierung Machiavellis war vor allem die *Apologia ad Carolum Quintum* des Kardinals *Reginald Pole* (1500–1558) verantwortlich, in der Machiavelli erstmals vom Grundsatz her angegriffen wurde. Pole war nach dem Bruch Heinrichs VIII. mit der römischen Kirche ein erbitterter Gegner des englischen Königs und seines Lordkanzlers Thomas Cromwell. Da Pole, der in Rom im Mittelpunkt der Reformkreise stand, aus dem Hause York stammte, galt er als virtueller Thronkandidat oppositioneller Bewegungen (vgl. Zimmermann; Schenk; Fenlon). Die *Apologia*, als Vorrede zu Poles *De unitate ecclesiae* geplant, entstand im Frühjahr 1539 in der Absicht, Karl V. zu veranlassen, die Rückkehr Englands zur römischen Kirche zu erzwingen. Pole erklärt darin in einer für die gesamte Machiavelli-Rezeption folgenreichen Formulierung: »Kaum begann ich es (den *Principe*, HM) zu lesen, so erkannte ich, daß es – obwohl es den Namen und den Stil eines Menschen vorweist – doch von der Hand eines Teufels geschrieben ist.« Machiavelli ist in Poles Augen für den Abfall der englischen Kirche verantwortlich; Cromwell habe dessen Schriften gelesen und handele danach, wie er selbst eingestanden habe. In der Politik Cromwells erkannte Pole die Emanzipation des Staates von der Religion (zumindest von der römischen Suprematie), deren geistiger Vater Machiavelli sei, und er entwarf eine apokalyptische Vision für den Fall, daß Machiavelli siegen werde.

Um das Verhältnis Religion-Politik dreht sich auch die Machiavelli-Kritik Osorios und Catarinos. *Ambrogio Catarino-Politi*, Bischof von Cosenza, schreibt in *De libris a Christiano detestandis* (1551), Machiavelli habe die Politik ohne Respekt gegenüber der Religion dargestellt und den Menschen auf ein Tier, eine Kreuzung von Löwe und Fuchs, reduziert. *Jeronimo Osorio da Fonseca*, Bischof von Silva (Portugal), wirft Machiavelli in *De nobilitate Christiana libri tres* (1552) die Herabsetzung des Christentums gegenüber dem Heidentum vor und rühmt den Mut und die Tapferkeit der christlichen Märtyrer. An einer bruchlosen Subsumierbarkeit der Politik unter die Religion zweifelte freilich auch Osorio, denn er ermahnt in *De regis institutione et disciplina* (1571) zwar die Könige, die Wahrheit zu sagen, dispensiert sie jedoch von dieser Pflicht, wenn dies dem Wohl der Staaten abträglich sei.

Der Strang katholischer Machiavelli-Kritik wird beschlossen durch die Jesuiten *Antonio Possevino* (*Judicium de Noua, J. Bodino, Ph. Mornaeo scripta et de N. Machiavello*, 1592) und *Pedro de Ribadeneira* (*Tratado de la religion*, 1595), die ihre Kritik an Machiavelli mit der an Bodin, de la Noue, Mornay und Tacitus (dieser nur bei Ribadeneira) verbinden. Ribadeneira bezeichnet Machiavelli als den schlimmsten aller Verbrecher (schlimmer als Luther), da er die Staatsraison der Religion übergeordnet, den Staat damit seiner überirdischen Aufgabe entzogen und der Verweltlichung preisgegeben habe. Während Dempf (1937, S. 105) von der »Fortbildung der Staatsraison zur rationalen Verwaltungstechnik« bei Ribadeneira spricht, hat Toffanin (S. 104ff.) in ihm einen »antimachiavellistischen Machiavellisten« gesehen, weil auch er den Erfolg zum Maßstab der Politik gemacht und – womit er freilich nur die politische Tradition Spaniens zum Ausdruck brachte (vgl. unten, S. 146 ff.) – ein Eingreifen des Staates in Religionsfragen zugelassen habe. Dem ist insofern zuzustimmen, als Ribadeneira, ganz im Geiste Machiavellis, die Religion als Mittel zur Sicherung politischer Loyalität bezeichnet, die den Fürsten anempfohlenen Tugenden (*pietas*, *iustitia*, *prudentia* und *liberalitas*) utilitär begründet und Betrug unter der Bedingung der *Nezessität* gerechtfertigt hat.

Das populäre Machiavelli-Bild des 16. und 17. Jahrhunderts haben jedoch nicht die katholischen Kritiker geprägt, sondern der Hugenotte *Innocent Gentillet* (1535–1588). Er entstammte einer schon früh zum Protestantismus übergetretenen Adelsfamilie aus Vienne. Unter dem Eindruck der Bartholomäusnacht floh er nach Genf, wo auch sein *Contre-Machiavel* (1576) entstand. 1577 kehrte er in die Dauphiné zurück und wurde 1582 zum Präsidenten des Parlaments von Grenoble gewählt.

Gentillets *Contre-Machiavel* – er wurde 1605 von der römischen Kurie ebenso indiziert wie die Schriften Machiavellis – ist in drei Teile untergliedert: Der erste, ›Du conseil‹ überschrieben, behandelt das bürgerliche Recht und die Fundamentalgesetze des Königreichs; der zweite, ›De la religion‹, betrachtet die Forderungen der Religion als Ausdruck des göttlichen Rechts, und der dritte, ›De la police‹, umfaßt die Grundsätze und Praktiken täglicher Herrschaftsausübung (vgl. Stewart). Insgesamt fünfzig dem *Principe* und den *Discorsi* entnommene Maximen Machiavellis werden darin kritisiert, da sie für Gentillet, der an die traditionelle Idee des »Princeps christianus« anknüpft, ein System amoralischer und atheistischer Lehrsätze bilden. Machiavelli wird hierbei zum Drahtzieher der Korruption, die Katharina de'Medici (Machiavellis *Principe* ist ihrem Vater gewidmet) nach Frankreich gebracht habe, und zum Symbol einer arbiträren Regierung, gegen die Gentillet die Idee der Gesetzesherrschaft geltend macht. Gesetzesherrschaft heißt für ihn jedoch nicht unbedingte Gültigkeit allgemeiner Rechtssätze, sondern Orientierung der Gesetze am göttlichen Recht und vor allem Beteiligung des Adels an der Regierung. Diese Grundüberzeugung zeigt sich auch in dem Emblem auf dem Frontispiz der Erstausgabe, das eine auf drei Säulen ruhende Krone zeigt und das Motto trägt: »Consilia, pietas, politia fermant coronam.«

Gentillet, dessen eigenes Ideal – in unverkennbarer Nähe zu den Ideen der Monarchomachen (vgl. unten, S. 107 ff.) – aus einer Mischung von ständischem Traditionalismus und ethisch-religiösem Rigorismus bestand, wendet sich ebenso gegen die Zentralisierung von Herrschaftsfunktionen wie gegen die kalte Machtrationalität, deren Inbegriff ihm Machiavelli ist. Dabei geht er – im Gegensatz zu der Gruppe der »Politiques«, die deswegen häufig auch als »Machiavellisten« bezeichnet wurden (vgl. Kelley, 1983, S. 331) – von der These aus, daß nicht religiöser Fanatismus, sondern der atheistische und amoralische Geist des Machiavellismus für den Bürgerkrieg verantwortlich sei. Er besteht darauf, daß Liebe einem Herrscher zuträglicher sei als Grausamkeit, weil sie ihm die Zuneigung der Untertanen erhalte. Demgegenüber hat sich *Théodore Beza*, Hugenotte wie Gentillet, in *Du Droit des Magistrats* (1574, S. 52) der Auffassung Machiavellis (Princ., XVII) angeschlossen, es sei besser, gefürchtet als geliebt zu werden.

Die Bedeutung des *Contre-Machiavel* für die Geschichte des politischen Denkens ist umstritten: Während er lange als Kritik an der Politik der französischen Krone angesehen wurde, in der die Auseinandersetzung mit abstrakten Theorien nur periphere Bedeutung habe, haben ihn d'Andrea als eigenständigen Theoretiker im Umkreis der Monarchomachen und Rathé als Denker mit einem kohärenten politischen System gewürdigt. Rezipiert wurde Gentillet jedoch vor allem als Kritiker Machiavellis und der diesem zugeschriebenen absolutistischen Politik. So erklärt der Gießener Pfarrherr Georg Nigrinus im Vorwort zu seiner Übersetzung des *Contre-Machiavel*, der »frembd Florentinisch Policeyscribent« und die ihm anhängende Sekte wollten »die alten auffrichtigen Sitten, Recht und Gebräuch verkehren, vergifften und beschmeissen«; dem sei Gentillet entgegengetreten (vgl. Stolleis, S. 10 ff.).

Die Theoretiker der Staatsraison: Botero, Ammirato, Settala, Campanella, Boccalini

In Guicciardinis *Dialogo del Reggimento di Firenze* taucht das Wort Staatsraison zum erstenmal auf; es heißt dort (1932, S. 163), die Tötung gefangener Gegner sei zwar unchristlich, entspreche aber »ragione e uso degli stati«. Unter den Gründen, die *Giovanni della Casa* vor Karl V. für die Freigabe Piacenzas geltend macht, nennt er auch »ragion di stato« (1728, III, S. 387 f). 1567 spricht auch der venezianische Botschafter *Antonio Tiepolo* in seinen Gesandtschaftsberichten von der Staatsraison. Gegen Ende des 16. Jahrhunderts scheint sich der Begriff schnell verbreitet zu haben, denn in einem fälschlich *Trajano Boccalini* zugeschriebenen Brief (1679, S. 81) heißt es, selbst die Sackträger auf den Marktplätzen schwatzten von der Staatsraison, und *Ludovico Zuccoli* meint in der Vorrede zu seiner *Dissertatio de ratione status* (1625), die Barbiere und Handwerker in den Kneipen wüßten über nichts anderes zu reden als über die Staatsraison (vgl. de Mattei, 1943, S. 177 ff.; Lenz, S. 267 ff.).

Umfassend ist die Idee der Staatsraison erstmals in der Schrift *Della Ragion di Stato* (1589) des *Giovanni Botero* (1540–1617) behandelt worden. Botero, gebürtiger Piemontese, wurde nach seinem Ausscheiden aus dem Jesuitenorden Sekretär des Kardinals Carlo Borromeo und anschließend Diplomat in savoyischen Diensten (vgl. Gioda). Er verfaßte unter anderem die *Relazioni universali*, das für seine Zeit bedeutendste geographisch-politikwissenschaftliche Werk, in dem er die weltpolitische Grundkonzeption der Gegenreformation entwickelte (Gollwitzer, S. 64 f.). Drei Weltmächte, Papst, Spanier und Türken, stehen sich gegenüber, und in ihrem Ringen entscheidet sich der Kampf zwischen rechtem Glauben, Häresie und Heidentum. Gott selbst hat die Neue Welt in die Hände der Spanier und Portugiesen gelegt, um so die Spanier dafür zu belohnen, daß sie entgegen dem Prinzip der Staatsraison (»contra ogni moderna ragione di stato«; 1599, IV, S. 32) die Juden und Mauren aus ihrem Land vertrieben hätten. Durch die Erwerbung der Neuen Welt seien zugleich die Verluste des rechten Glaubens an die Häresie in Europa mehr als kompensiert worden.

Zwischen schlechter und guter Staatsraison unterscheidend, unternimmt Botero in *Della Ragion di Stato* den Versuch, die Staatsraison wieder in die Schranken der Religion und Moral zurückzuführen (vgl. Lutz, S. 39 ff.). Die »gottlosen Autoren« Machiavelli und Tacitus kritisierend, erstrebt er eine »dolce armonia« zwischen Religion und Staatsraison, indem er dem Gewissen des Fürsten die universale Jurisdiktion über alle menschlichen Dinge im öffentlichen wie im privaten Leben zuspricht. Dieser allein durch die Regungen des fürstlichen Gewissens limitierte Absolutismus beruht darauf, daß Botero keinen Widerspruch zwischen christlichem Gewissen und staatlichem Nutzen anerkennt. Meinecke (S. 79) hat Botero deswegen als »Theoretiker des spanischen Systems« bezeichnet, in dem kirchliche und realpolitische Interessen koinzidierten.

Trotz seiner Kritik an Machiavelli will Botero doch nicht auf dessen utilitaristische Zielsetzungen verzichten, etwa, wenn er die Religion – im Gegensatz zu Machiavelli allerdings die christliche – als das beste Mittel bezeichnet, den Staat gegen Angriffe zu schützen. Er empfiehlt, die Religion zu fördern, jedoch nicht um ein frommes Volk zu beherrschen, sondern um es in Zucht zu halten: »Unter allen Religionen gibt es keine, die für die Fürsten vorteilhafter ist als die christliche, denn diese unterwirft ihnen nicht nur Leib und Vermögen der Untertanen, sondern auch den Sinn und das Gewissen; sie bindet nicht nur die Hände, sondern auch die Affekte und die Gedanken« (1948, S. 51 f.).

In Anlehnung an Aristoteles unterscheidet Botero drei Kategorien von Untertanen: die widerwilligen Mächtigen, die umsturzbegierigen Armen und die leicht zu regierenden Mittleren. Er fordert die Herrscher auf, zur Sicherung ihres Staates die Geistlichen und Literaten zu gewinnen, denn wer diese auf seine Seite bringe, habe leichtes Regieren. Auf eine Kontrolle der Druckerzeugnisse solle jedoch auch dann nicht verzichtet werden. Boteros »antimachiavellistischer Machiavellismus« zeigt sich auch dort, wo er für Spionage nach innen und konspirative Tätigkeit nach außen plädiert.

Scipione Ammirato (1531–1601), Hofhistoriograph der großherzoglichen Familie in Florenz, hat in seinen *Discorsi sopra Cornelio Tacito* (1594) wie Botero zwischen guter und schlechter Staatsraison (Arcana imperii – Flagitia dominationis; XII,1) unterschieden. Er definiert Staatsraison als Durchbrechung des gewöhnlichen Rechts (legge ordinaria), wobei die gute Staatsraison am »publico beneficio« orientiert und den Forderungen der Religion und des göttlichen Rechts unterworfen ist. In jedem Fall nämlich steht die Religion höher als die Staatsraison (vgl. Alberti und de Mattei, 1963). Dies hat Ammirato freilich nicht daran gehindert, Heuchelei, Betrug und den Aufbau einer Geheimpolizei (*Della segretezza*, 1598) als Arcana imperii zu empfehlen. Ammirato, der von ausgreifender Machtpolitik und weitreichenden politischen Zielsetzungen abgeraten hat, ist in Deutschland durch die Discorsi-Übersetzung von Christoph Pflug (1609) bekannt geworden.

Auch *Paolo Paruta* (1550–1598) hat in seinen *Discorsi politici* (1599; dt. Übersetzung 1606) aus Gründen der Staatsraison zum Verzicht auf politische Abenteuer geraten und statt dessen die Eingliederung in ein Gleichgewichtssystem vorgeschlagen. Eine geschickte Politik, so sein Rat, bediene sich der Mittel des Lavierens, Temporisierens und Balancierens, sie wechsele bei Gelegenheit auch einmal das Bündnis, vermeide aber unter allen Umständen Blutvergießen. Ähnliches findet sich in den Vorschlägen zu politischem Taktieren, die *Francesco Sansovino* aus den Schriften Machiavellis, Guicciardinis und Lottinis zusammengetragen und unter dem Titel *Propositioni in materia di cose di stato* (1583) veröffentlicht hat. Staatsraison wird hier zum Inbegriff der Mittel und Methoden, die kleineren Staaten das politische Überleben in den expansiv geführten Konflikten der großen Mächte ermöglichen.

Pietro Andrea Canonhiero hat in *Dell'introduzione alla politica, alla ragion di stato ed alla practica* (1614) Staatsraison als das Zusammentreffen von vier Faktoren bezeichnet: der Übertretung geltenden Rechts, der Orientierung dieser Gesetzesübertretung am öffentlichen Nutzen, dem Eintreten einer Situation, die kein anderes Handeln erlaubt, und der Unmöglichkeit, einen anderen Grund der Gesetzesübertretung als den der Staatsraison anzugeben. Staatsraison ist bei Canonhiero dementsprechend definiert als die notwendige Übertretung des Rechts zur Sicherung des allgemeinen Nutzens (»la ragione di stato è un necessario eccesso del giure commune per fine di publica utilità«). Staatsraison ist für ihn demnach die Formel zur Dispensierung des geltenden Rechts.

Zu Beginn des 17. Jahrhunderts ist die Idee der Staatsraison das beherrschende Thema der politischen Literatur in Italien. Zu nennen sind *Antonio Palazzo, Girolamo Frachetta, Federico Bonaventura, Ludovico Zuccoli, Gabriel Zinano* und *Scipione Chiaramonti* (vgl. Quellenverzeichnis). Allesamt Vertreter der Gegenreformation, kritisieren sie Machiavellis Irreligiosität, fordern die religiöse Einheit des Staates und versuchen, den neuen Wert der Staatsraison in die alte Rangordnung der moralisch-politischen Werte einzugliedern, ohne diese zu erschüttern (vgl. Croce, 1926). Erste Ansätze zu einer *individualisierenden Betrachtung* der Staatsraison finden sich bei Bonaventura und Zuccoli. Indem Zuccoli Staatsraison als die Kenntnis und den Gebrauch der Mittel definiert, die erforderlich sind, um eine *bestimmte* Staatsform zu schaffen und zu erhalten, eröffnet er die Möglichkeit, den verschiedenen Staatsformen eine *spezifische* Staatsraison zuzuordnen. So kann er in Widerspruch zu Ammiratos und Canonhieros Definition der Staatsraison als grundsätzlicher Durchbrechung der Gesetze die These aufstellen, dies sei nur bei schlechten Verfassungsformen der Fall, während in guten Verfassungsformen Staatsraison und Gesetzesherrschaft miteinander harmonierten.

Dieser Ansatz ist von *Ludovico Settala* (1552–1633), einem Mailänder Arzt, der unter anderem auch einen Kommentar zu Hippokrates verfaßt hat, fortentwickelt worden (vgl. Grünwald). Indem er, beeinflußt von Machiavelli, Guicciardini, Bodin, Ammirato, Grotius und Clapmarius, in *Della Ragion di stato* (1627) die Lehre von der Staatsraison in das aristotelische Schema von den sechs Verfassungsformen einpaßte, entwarf er die erste Systematik der Staatsraison: In den guten Staatsformen (Monarchie, Aristokratie, Politie) ist auch die Staatsraison gut, weil sie den Gesetzen entspricht; in den schlechten Staatsformen (Tyrannis, Oligarchie, Ochlokratie) hingegen ist sie schlecht, weil sie ein Mittel politischer Willkür ist. Settalas Schrift, die in der lateinischen Übersetzung von Johannes Garmers (1659) in den lutherischen Territorien Deutschlands große Verbreitung fand und während des 17. Jahrhunderts zu den meistgelesenen Lehrbüchern der Regierungskunst gehörte, begreift den Staat als *Bändiger des Pöbels*, dem gegenüber Settala eine mit Grauen vermischte Verachtung zeigt. Er plädiert gegen jede Gewährung von Gewissensfreiheit, da die Verbreitung von Häresien den Untergang der staatlichen Ordnung einleite. Zur Erhaltung einer Monarchie schlägt er vor, der König solle, um die Demokraten ruhigzuhalten, an diese Ämter vergeben, die dem *Schein* nach politische Bedeutung hätten, tatsächlich aber ohne Einfluß seien. In einer Aristokratie sollen Spielhöllen und Bordelle überwacht werden und alle Schenkungen von Magnaten an die Öffentlichkeit verboten sein. Für die Selbsterhaltung einer Ochlokratie schließlich empfehlen sich Arbeitsbeschaffungsprogramme für die Armen.

Einer der interessantesten Kritiker und Vertreter der Staatsraison zugleich ist *Tommaso Campanella* (1568–1639), ein Dominikanermönch, der sich 1599 an dem Aufstand gegen die spanische Herrschaft in Süditalien beteiligt hatte und nach dessen Scheitern 27 Jahre in spanischen Kerkern verbrachte. 1626 wurde er an die Kurie ausgeliefert, die ihn in leichter Haft hielt; 1634 floh er aus Rom nach Frankreich, wo er den Rest seines Lebens verbrachte (vgl. Amabili). »Ich trage eine Maske«, hat Campanellas Zeitgenosse *Paolo Sarpi* (1552–1623) gesagt, der Vorkämpfer venezianischer Interessen während der Gegenreformation und Kritiker Bellarmins (vgl. Wootton), »aber ich bin dazu gezwungen, denn ohne eine solche Maske kann niemand in Italien in Sicherheit leben.« Auch Campanella war schließlich gezwungen, eine Maske zu tragen.

Campanellas Geschichtsbild ist geprägt durch die mittelalterliche Vorstellung von den vier aufeinanderfolgenden Weltreichen (vgl. oben, S. 25), denen er als fünftes die päpstliche Weltherrschaft hinzufügt. Dieser christliche Universalstaat in Europa werde die türkische Expansion im Mittelmeer und in Südeuropa hemmen, für die Campanella die Mechanismen des europäischen Gleichgewichtssystems (vgl. oben, S. 27 f.) verantwortlich macht. Die in dieser Erwartung erkennbare Mischung von utopischem Programm und politischer Analyse ist ein durchgängiges Kennzeichen aller Schriften Campanellas. In *La Città del Sole*, 1602 im Gefängnis von Neapel verfaßt, hat er die innere Ordnung des von ihm erwarteten Zukunftsstaates beschrieben und die Idee einer bis ins Letzte durchrationalisierten und durchorganisierten Gemeinschaft entwickelt (vgl. Bloch, S. 607 ff.; Eliav-Feldon, passim). Selbst der Geschlechtsverkehr ist hier durch astrologische Berechnungen reglementiert, weshalb Ernst Bloch von einer Utopie der »personlosen Ordnung« (S. 609) gesprochen hat, in der Subjektivität »nur genau so weit vorhanden (ist), als sie ihrer Austilgung zustimmt« (S. 612).

Enthält das Buch vom Sonnenstaat Campanellas utopisches Programm, so sind seine realpolitischen Vorstellungen entwickelt in den *Discorsi politici ai principi d'Italia* (1595), in dem Werk *Della Monarchia di Spagna* (1598–1600), das erstmals in der deutschen Übersetzung von Christoph Besold (1620) veröffentlicht wurde, und in den *Aforismi politici* (1601). Als Haupthindernisse auf dem Weg zum christlichen Universalstaat bezeichnet Campanella »Haeretici« und »Machiavellistae«, worunter er, dem Sprachgebrauch seiner Zeit folgend, Machtpolitiker, die Gruppe der »Politiques« und Libertiner zusammenfaßte. Er wirft Machiavelli vor, die Politik profaniert und aus der göttlichen Ordnung der Dinge herausgerissen zu haben, aber zugleich haben ihn Machiavellis Überlegungen zeit seines Lebens derart fasziniert, daß er immer wieder auf sie zurückgegriffen hat. Eine Mischung aus Utopismus und Machiavellismus bildet das wichtigste Ingrediens seiner Schriften. Campanella hat die Idee der Staatsraison bekämpft, wenn es die des europäischen Gleichgewichtssystems war, aber er hat sich ihrer bereitwillig bedient, wenn sie »sub specie aeterni« auf den christlichen Universalstaat bezogen wurde.

Wiewohl Campanella die schwächste Stelle des spanischen Staates (vgl. unten, S. 147), den Verfall des Ackerbaus, den demographischen Bruch und das Schwinden der Arbeitsdisziplin infolge der Goldimporte aus der Neuen Welt, erkannt hat, war er doch von der Unabwendbarkeit der spanischen Herrschaft über ganz Europa überzeugt. Diese Überzeugung war die realpolitische Grundlage seines utopischen Entwurfs. Sein Plan bestand darin, die spanische Herrschaft über Europa und Amerika in eine Vorstufe des vom Papst beherrschten Sonnenstaates zu verwandeln (vgl. Meinecke, S. 106 ff.; Dempf, 1953, S. 61 ff.; Gollwitzer, S. 83 ff.). So konnte er ebenso als Utopist wie als Machiavellist rezipiert werden – im 17. Jahrhundert stärker als Machiavellist, seit dem 18. Jahrhundert eher als Utopist. In der Vorrede zu Besolds 1620 veröffentlichter Übersetzung der *Monarchia di Spagna* ist von Campanellas »machiavellistischen Ränken« die Rede, *William Prynne* nannte ihn (1660) »einen zweiten Machiavelli«, und der sächsische Gelehrte *Friedrich Hortleder* setzte beide in ihrer »diabolica perfidia« gleich. Erst nachdem der vor allem unter Protestanten verbreitete Verdacht, Campanellas Ideen seien das *Geheimprogramm der Gegenreformation*, geschwunden war, als die realpolitische Seite Campanellas in Vergessenheit geriet, konnte er als Autor einer der bedeutendsten Staatsutopien der frühen Neuzeit entdeckt werden.

Um das Problem der Staatsraison dreht sich auch das Werk des politischen Satirikers *Trajano Boccalini* (1556–1613), der die meiste Zeit seines Lebens als Lehrer und Richter in päpstlichen Diensten stand. 1612 verließ er Rom, das Zentrum der politischen Intrigen, wie er sagte, und ging nach Venedig, das für ihn ein Symbol der Freiheit war. Boccalini, Gegner der spanischen Herrschaft in Italien, wollte sich durch seine Flucht aus Rom dem Zugriff der spanischen Partei an der Kurie entziehen. Das hat den Verdacht genährt, sein Tod im darauffolgenden Jahr sei durch spanisches Gift verursacht worden (vgl. Belloni). Er selbst hielt seine *Commentarii sopra Cornelio Tacito* (veröffentlicht in *La Bilancia politica*, 1679) für sein Hauptwerk; die Nachwelt aber hat seine *Ragguagli di Parnaso* (1612/13) und den *Pietra del Paragone politico* (veröffentlicht 1615) höhergestellt. Vor allem in Deutschland haben Boccalinis Satiren großen Einfluß ausgeübt (vgl. Stötzner).

Boccalini beschreibt den Parnaß als den Herrschersitz Apolls, der dort unter anderem über Bodin, Machiavelli und Tacitus Gericht hält. Nicht aus religiösem Fanatismus, sondern aus Gründen der Staatsraison wird Bodin wegen seiner Toleranzlehre zum Tode verurteilt. Machiavelli erleidet den Feuertod, weil er den von Natur blinden Maulwürfen das Sehen beigebracht und den Schafen Hundezähne eingesetzt hat, mit denen sie nicht nur ihre Feinde, sondern auch ihre Hirten beißen (Ragg. I,89). Auch Tacitus muß ins Gefängnis, weil er politische Brillen angefertigt hat, die den Sand fernhalten, den die Herrschenden den Untertanen in die Augen streuen, und er wird erst freigelassen, nachdem er versprochen hat, in Zukunft nur noch Brillen für fürstliche Berater anzufertigen (Ragg. II,71). Die Fürsten, so Boccalinis Vorstellung, sprechen eine Geheimsprache (»Arcana imperii«), aber die Schriften Machiavellis und Tacitus' ermöglichen es, diese zu dechiffrieren. Hier wird die Machiavelli-Rezeption Spinozas und Rousseaus vorbereitet, die den »Principe« als Warnung vor den Herrschaftsmethoden der Fürsten verstanden haben.

Boccalini hat als erster den trügerischen Kompromiß zwischen den utilitaristischen Positionen des Machiavellismus und deren Moralisierung in der Staatsraisonliteratur durchbrochen. Staatsraison wird von ihm dementsprechend als eine für die Erhaltung der Staaten nützliche Leitlinie begriffen (sie schließt, wie Boccalini am Beispiel des Todes von Don Carlos erläutert, auch den Verwandtenmord ein), die freilich allen göttlichen und menschlichen Gesetzen widerspricht. Die Heuchelei ist das Hauptthema in Boccalinis Satiren. Als im Parnaß die Möglichkeit einer Generalreformation der Welt erörtert wird (Ragg. I,77), ist einer der Vorschläge, den Menschen Fenster einzubauen, durch die man ihnen ins Herz schauen kann. Doch die Nacktheit der Gedanken ist unerträglicher als ihre Verborgenheit. Auch andere Reformvorschläge, wie die Gleichheit des Besitzes, die Abschaffung von Gold und Silber oder die moralische Besserung der Menschen – hier ist der Bezug auf die utopischen Schriften des 16. Jahrhunderts unverkennbar –, erweisen sich als undurchführbar, da das Jahrhundert, das nach außen hin eine gesunde Farbe hat, innerlich todkrank ist. Um das Gesicht zu wahren, wird auf dem Parnaß dennoch ein Beschluß zur Reform der Welt gefaßt: Die Preise für Petersilie, Kraut und Rüben werden offiziell festgesetzt, worauf der Pöbel in lauten Jubel ausbricht.

Die Kategorien des Interesses und der Begierde dienen Boccalini als Schlüssel zu den wahren Absichten der Menschen: »Das Interesse ist der wahre Tyrann in der Seele der Tyrannen und auch der Fürsten, die keine Tyrannen sind« (Bil. pol. 1, 91). Und: »Die Begierde zu herrschen ist ein Dämon, den auch das Weihwasser nicht vertreibt« (ebd. 1,154). Wie dem Kaiser Tiberius der Aufstand im Osten des Reichs zupaß gekommen sei, um den ihm gefährlich werdenden Germanicus zu versetzen, so sei Kaiser Karl V. die Glaubensspaltung recht gewesen, um dem Papst ein Konzil aufzuzwingen und die Herrschaft in Italien an sich zu reißen. Auch die Glaubensspaltung selbst ist für Boccalini eine Folge der Staatsraison (vgl. Jedin): So habe sich Kurfürst Friedrich von Sachsen Luthers bedient, um den Kaiser zu schwächen, und der Papst habe den Kaiser zum Schmalkaldischen Krieg in der Hoffnung ermuntert, die Protestanten würden siegen und er selbst habe danach freie Hand in Italien.

Boccalinis völlige Verkennung religiöser Eigengesetzlichkeiten, seine Vorstellung, der Protestantismus sei nur ein Spiel der Territorialherren mit den niederen Instinkten der Massen, die bei ihm, wie bei fast allen Staatsraisonautoren, negativ gezeichnet sind, hat ihn auf die Idee gebracht, durch die Demütigung der Territorialfürsten könne die Glaubensspaltung beseitigt werden. Das Vertrauen in die Technik des Politischen, charakteristisch für die gesamte Staatsraisonliteratur, hat hier den Blick für die Bedeutung der religiösen Empfindungen der Menschen des 16. und 17. Jahrhunderts verstellt, und die auf die Kategorien des Interesses und der Begierde reduzierte Ideologiekritik schlägt selbst in Ideologie um.

Die Arkanliteratur in Deutschland: Clapmarius, Besold, Schoppe

Die Rezeption der machiavellischen Theorie in Deutschland vollzog sich langsam, aber sie führte auch hier zum Auseinanderbrechen des an Aristoteles geschulten Politikverständnisses in das rationale Naturrecht (»sapientia«) und die

Lehre vom Machtkampf (»prudentia«, vgl. oben, S. 25). Noch 1604 stellte der kaiserliche Rat *Jakob Bornitz* in seinem *Discursus politicus de prudentia politica* die echte »prudentia politica« im Sinne des herkömmlichen Aristotelesverständnisses jener sogenannten Klugheit gegenüber, »welche die Pseudo-Politiker und Machiavelli-Anhänger mit dem gleißnerischen Namen ›Ratio status‹ ummänteln«. Was Bornitz freilich an Zielen politischen Handelns angibt, ist weitgehend auf das Überleben der Menschen eingeschränkt, während das sittlich-gute Leben der Bürger im Sinne des Aristoteles bei ihm auffällig blaß bleibt.

Wenngleich bei Bornitz dem Begriff nach bereits präsent, wird die Idee der Staatsraison in Deutschland zunächst in Gestalt der Lehre von den *Arcana imperii* rezipiert (vgl. Weinacht), deren wichtigste Vertreter *Clapmarius* und *Besold* sind. Erst mit der *Dissertatio de ratione status in Imperio nostro Romano-Germanico* (1640) des *Hippolithus a Lapide* (Bogislaw Philipp von Chemnitz, 1605–1678) findet die Idee der Staatsraison breiten Zugang in die deutsche politische Literatur (Hoke, S. 118 ff.). War die *Ratio status*, sofern davon überhaupt die Rede war, zuvor als ein mit den Formeln »necessitas« und »salus publica« verbundener Rechtsbegriff gefaßt worden, mit dem unter definierten Voraussetzungen außerordentliche Eingriffe in die Rechtsstruktur legitimiert werden konnten, so steht für Hippolithus die Staatsraison grundsätzlich über dem geltenden Recht und wird allein durch das christliche Gewissen der Herrschenden kontrolliert.

Die Schrift *De Arcanis Rerumpublicarum* (1605) des *Arnold Clapmarius* wurde neben der Abhandlung Settalas (vgl. oben, S. 52 f.) zum verbreitetsten Lehrbuch der Regierungskunst im 17. Jahrhundert. Clapmarius, 1574 in Bremen geboren, entstammte einer calvinistischen Familie. Seine Karriere war steil und kurz: Nach dem Studium der Rechte wurde er 1600 Professor für Geschichte und Politik an der Universität Altdorf, wo er bereits 1604 starb (vgl. Oestreich, 1957).

Clapmarius hat in *De Arcanis* versucht, die Ideen Machiavellis und Bodins mit der politischen Theorie des Aristoteles zu verbinden, wobei er sich an Ammirato (vgl. oben, S. 51) orientierte (vgl. Hegels). Buch I behandelt die »iura imperii«; in Buch II geht es um die »arcana imperii«, die von Clapmarius als »die geheimen und verborgenen Künste zur Gründung und Erhaltung eines Staates« definiert werden. Sie sind von den »arcana dominationis« (Buch III) unterschieden, die zur Sicherung des Herrschers dienen. Clapmarius erläutert sie anhand des Tacitus-Berichts über die Maßnahmen, mit denen in Rom das Prinzipat befestigt wurde. Unter den »iura dominationis« (Buch IV) behandelt er die Themen, die von den italienischen Autoren unter dem Begriff *ragione di stato* zusammengefaßt wurden, und er betont, das »ius dominationis« sei nur in dem nicht realisierbaren platonischen Staat entbehrlich. Es ist das Recht des Souveräns, sich im Interesse des »bonum publicum« über das »ius commune seu ordinarium« hinwegzusetzen. Die Römer nahmen das »ius dominationis« wahr, als sie die Sabinerinnen raubten, denn der Raub war eine »publica necessitas«; dagegen ist der aus »privata libido« begangene Frauenraub ein Kapitalverbrechen. Das »ius dominationis« gestattet die Hinrichtung unschuldiger Geiseln ebenso wie die Errichtung von Bordellen zum Schutz ehrbarer Frauen.[2]

Von den »iura dominationis« unterschieden sind die »flagitia dominationis« (Buch IV), die der *cattiva ragione di stato* der italienischen Literatur entsprechen und in einer Tyrannis anzutreffen sind – also dort, wo sich die *salus privata* der Herrschenden an die Stelle der *salus publica* gesetzt hat. Wie nach ihm auch Settala (vgl. oben, S. 52) verbindet Clapmarius hier die aristotelische Staatsformenlehre mit der neuen Idee der Staatsraison. Den *Annalen* des Tacitus verpflichtet ist Buch VI, das die »simulacra imperii seu libertatis«, die Scheinbilder von Herrschaft und Freiheit, behandelt. Die wirklichen Freiheiten und Rechte, die den Bürgern genommen werden, werden durch Scheinfreiheiten und Scheinrechte ersetzt, wodurch die Zufriedenheit der Untertanen gewährleistet werden soll. Clapmarius verweist auf die Errichtung des Prinzipats in Rom, die unter Beibehaltung republikanischer Formen stattgefunden hat.

Arnold Clapmarius ist der Theoretiker des sich in Deutschland allmählich entwickelnden Absolutismus, der nach Begründungen für Eingriffe in die überkommene libertäre Rechtsordnung sucht und bestrebt ist, wirkliche Freiheiten und Rechte durch »simulacra« zu ersetzen. Wohl ist die Ausübung der Souveränität, die er in Anlehnung an Bodin definiert, an die Achtung der göttlichen Rechte, der Religion und der moralischen Pflichten gebunden, doch unter deren Wahrung ist sie, gedeckt durch den Verweis auf die »salus publica«, berechtigt, das überkommene Recht zu durchbrechen und außer Kraft zu setzen.

Bei der Verwendung der *salus publica-Formel* in der deutschen Arkanliteratur ist zu berücksichtigen, daß sich die Bedeutung und Funktion des Begriffs gegenüber der politischen Literatur des Mittelalters grundlegend gewandelt hat. Diente er zuvor dazu, die Grenzen des mittelalterlichen Rechtsbewahrstaates auszuweiten, ohne sie jedoch zu sprengen, so wird die Formel nun eingesetzt, um die Schranken des überkommenen Rechts einzureißen (vgl. Wessel, S. 28 f.). Verpflichtete die »salus publica«-Formel im Mittelalter den Herrscher zur Wahrung von Recht und Frieden, so wird mit ihr nun – in fließender Verbindung mit der »necessitas«-Formel (vgl. oben, S. 28) – eine nahezu schrankenlose Eingriffsbefugnis des Fürsten in die herkömmlichen Freiheiten und Rechte begründet. Sie erlaubt den Autoren zugleich, sich von den Ideen Machiavellis zu distanzieren und dennoch seine Orientierung an der Utilität zur Richtschnur politischen Handelns zu machen (Wessel, S. 122).

Zunächst ermöglichte die Formel von der »salus publica« aber auch das Festhalten an der aristotelischen Unterscheidung zwischen guten und schlechten Verfassungsformen – eine Unterscheidung, die durch Clapmarius' Differenzierung zwischen »arcana imperii« und »arcana dominationis« freilich bereits relativiert worden ist. In unbefangener Benutzung des Clapmarius hat auch *Johannes Gryphiander* (gest. 1652) in *De Arcanis politicis* (1611) zwischen den Arcana zum allgemeinen Wohl und solchen zum Wohl des Fürsten unterschieden, wobei er letztere, wie Clapmarius, durchaus als Bestandteil der guten Verfassung begriff.

Demgegenüber hat *Christoph Besold* (1577–1638) in *De Arcanis Rerumpublicarum* (1618), einer ebenfalls eng an Clapmarius angelehnten Schrift, den Unterschied zwischen guter und schlechter Staatsraison mit der Kontrastierung von »bonum publicum« und »bonum privatum« begründet: »Es besteht ein Unterschied zwischen der wahren Staatsraison und der ihr gleichenden Erscheinung: Diese achtet auf das wahre ›bonum publicum‹, jene hingegen auf das offenkundige ›bonum privatum‹ des Beherrschers« (S. 12). Besold, seit 1610 Rechtsprofessor an der Universität Tübingen, Übersetzer von Campanella und Boccalini, seit 1636 nach seiner Konversion zum Katholizismus an der Universität Ingolstadt (vgl. Zeller-Lorenz und Zeller), ist eine Gestalt des Übergangs in der politischen Ideengeschichte: Einerseits beansprucht er, den Staat darzustellen, »wie er ist«, andererseits aber hält er an der aristotelisch-scholastischen These von der natürlichen Soziabilität des Menschen fest (vgl. Meyer); einerseits entzieht er den Staat jeder kirchlichen Aufsicht, indem er die Kirche als Glied des Staates bezeichnet, das ihm weder über- noch nebengeordnet ist, andererseits aber besteht er auf der Normierung politischen Handelns nach dem Vorbild der scholastischen Philosophie. Dieses Schwanken überwunden hat dann der ebenfalls in der Tradition des Clapmarius stehende *Johannes Corvinus*, der in seinem *Discursus de arcanis rerumpublicarum* (1644) den Herrschenden empfiehlt, die Menge mit Lügen und falschen Versprechen zu ködern, denn das menschliche Leben bestehe ohnehin nur aus Täuschung und Verstellung.

Wie Besold ist auch *Kaspar Schoppe* (Gaspare Scioppio, 1576–1649) zum Katholizismus konvertiert. Als kaiserlicher Diplomat hielt er sich mehrfach in Spanien und Italien auf, wo er Kontakt zu Campanella aufnahm, dessen Ideen (vgl. oben, S. 53) er verarbeitete und weiterentwickelte (vgl. d'Addio). Zusammen mit den *Elementa philosophiae storicae moralis* (1606), in denen er, orientiert an Lipsius, eine Versöhnung von Christentum und stoischer Philosophie anstrebte, und den *Paedia politices* (1623), die das philosophische Fundament für die Trennung von Politik und Moral liefern sollten, bilden die *Machiavellica* (1618) die Hauptschriften Schoppes. Er unternahm darin einen Versuch zur Rehabilitierung Machiavellis durch die Kurie, um die immer deutlicher werdende Kluft zwischen den Empfehlungen der politischen Autoren und dem Handeln der Politiker schließen zu können.

Schoppe bestreitet im ersten Teil der *Machiavellica*, daß *theologische* Gründe für die Indizierung Machiavellis (vgl. oben, S. 47) ausschlaggebend gewesen seien; vielmehr sei die Verurteilung aus rein *politischen* Gründen erfolgt, da infolge der abfälligen Urteile Machiavellis über Franzosen, Spanier und Venezianer bei diesen Ressentiments entstanden wären, wenn die Kurie die Schriften nicht unterdrückt hätte. Im zweiten Teil vertritt Schoppe die These, Machiavellis politische Ratschläge stünden weder im Widerspruch zur Moral noch zum katholischen Glauben, da Politik eine autonome, von Ethik und Theologie unabhängige Wissenschaft sei. Als Objekt dieser Wissenschaft bezeichnet Schoppe die Gründung und Erhaltung der Staaten und die Technik der Macht. Er erläutert dies an der Moses-Darstellung bei Machiavelli; dieser habe den übernatürlichen Auftrag des Moses nicht bestritten, in seiner Untersuchung jedoch mit Recht davon abgesehen, weil ihn als politischen Theoretiker nur der natürliche Auftrag des Moses, die Konstituierung eines politischen Verbandes, nicht die Stiftung einer Religion interessiert habe.

Schoppe begreift die Forderung, der allgemeine Nutzen solle das höchste Gebot sein (»salus publica ultima lex esto«), als das zentrale Anliegen Machiavellis; an der Philosophie des Thomas von Aquin gemessen, sei dieser Satz zu verurteilen; da aber Machiavelli ebenso wie Thomas auf Aristoteles fuße und dieser den

Staat aus seiner Nützlichkeit begründet habe, könne der Satz schließlich doch gerechtfertigt werden. Als Beleg hierfür verweist Schoppe auf das 5. Buch der aristotelischen *Politik*, das seit Ende des 16. Jahrhunderts zum Angelpunkt des ateleologisch-technizistischen Aristoteles-Verständnisses geworden ist (vgl. oben, S. 24).

Dennoch ist die Idee der Staatsraison bei vielen Autoren in Deutschland noch in der zweiten Hälfte des 17. Jahrhunderts auf Ablehnung gestoßen. So bezeichnet sie *Dietrich Reinkingk* in der Schrift *Biblische Policey* (1635) als »Betrieg-Kunst« und behauptet, es gebe darum kein deutsches Wort für »Ratio status«, weil »unsere Vorfahren, die alten redlichen Teutschen ... dem Grewel, daran sie aus angebohrener Sincerität und Auffrichtigkeit einen Eckel gehabt, keinen Namen gegönnet noch geben können« (S. 232).

4. Tacitismus und Neustoizismus

Der Tacitismus

Obwohl das Werk des P. Cornelius Tacitus bereits im 14. und 15. Jahrhundert durch Boccaccio und Enoch von Ascoli (möglicherweise auch Poggio Bracciolini) wiederentdeckt wurde und sich bei Leonardo Bruni, Flavio Biondo, Lorenzo Valla und Guarino da Verona mehrfach Hinweise darauf finden, blieb es doch bis in die erste Hälfte des 16. Jahrhunderts hinein weitgehend unbeachtet. Charakteristisch hierfür sind die Bemerkung des *Coluccio Salutati* (1331–1406), der taciteische Stil sei dem des Livius unterlegen, und das Verdikt des *Guillaume Budé* (1467–1540) über Tacitus als einen Feind der frühchristlichen Gemeinden.

Hoch im Kurs stand freilich die *Germania* des Tacitus bei den deutschen Humanisten (dies gilt ebenso für die Rezeption des taciteischen *Agricola* in England), mit deren Hilfe sie den Vorwurf, die »alten Deutschen« seien Barbaren gewesen, zurückzuweisen versuchten (vgl. Tiedemann). Zu nennen sind hier *Sebastian Brant* (1457–1521), *Konrad Celtis* (1459–1508) und *Jakob Wimpfeling* (1450 bis 1528). Anderen wiederum hatte es das Arminiusbild bei Tacitus angetan: In seinem *Arminius dialogus* (1517) hat *Ulrich von Hutten* (1488–1523) Arminius den ersten Platz unter den Vaterlandsbefreiern zugewiesen und ihn als das Ideal eines politischen Menschen gefeiert, den auch die Launen der Fortuna nicht von seinem politischen Ziel abzubringen vermochten. *Georg Spalatin* (1484–1545) hat Auszüge der *Annalen* übersetzt und unter dem Titel *Von dem thewren Deutschen Fürsten Arminio* (1535) veröffentlicht. Nach der 1526 erschienenen *Germania*-Übersetzung des *Eberlin von Günzburg* (1470–1533) hat *Philipp Melanchthon* (1497–1560) im Jahre 1538 eine lateinische Ausgabe der *Germania* herausgebracht.

Bezüge auf Tacitus finden sich auch bei *Machiavelli* (Ist. Fior. und Disc. I,10) und *Guicciardini* (Ricordi), *Etienne de La Boétie* (De la servitude volontaire) und *Bodin* (Methodus, 4), doch hat Tacitus hier noch nicht die spätere herausgehobene Stellung, sondern ist einer unter zahlreichen antiken Gewährsleuten. Bemerkenswert ist, daß sowohl Bodin als auch La Boétie in Tacitus einen Kritiker der Tyrannis sahen, der durch deren exakte Beschreibung vor ihr habe warnen wollen. Erstmals wird hier die spätere Verbindung zwischen Tacitus und Machiavelli sichtbar.

Machiavellis Frage, ob es für einen Herrscher besser sei, geliebt oder gefürchtet zu werden (Princ., XVII), wird von La Boétie unter dem Aspekt der Erhaltung der Freiheit wiederaufgenommen: Caesars vielgerühmte Milde (»clementia Caesaris«), so seine Antwort, war für die Republik »schädlicher als die Grausamkeit des übelsten Tyrannen, weil sie in Wahrheit dem römischen Volk seine Knechtschaft mit süßem Gift überzuckerte« (S. 73). Sie nämlich hat nach der Ermordung Caesars das Volk veranlaßt, Antonius und nicht Brutus und Cassius zu folgen. In seinem *Discorso sopra le prime parole di Cornelio Tacito* hat *Lionardo Salviati* diesen Gedanken dahingehend weitergeführt, Brutus und Cassius seien nicht klug gewesen, denn wenn sie es gewesen wären, hätten sie zusammen mit Caesar auch Antonius umgebracht und die Veröffentlichung von Caesars Testament, das Geschenke für das Volk vorsah, unter allen Umständen verhindert (Bd. 5, S. 331 ff.). Als *William Shakespeare* seinen *Julius Caesar* verfaßte (1599), hat er in der Auseinandersetzung zwischen Cassius und Brutus über das Testament Caesars und der anschließenden Leichenrede des Marcus Antonius (III,2) die vorangegangenen Diskussionen über das Ende der Republik und die Beeinflußbarkeit des Volkes wiederaufgenommen.

Erst in der zweiten Hälfte des 16. Jahrhunderts begann jene Tacitus-Rezeption, in deren Folge das taciteische Werk unter dem Sammelbegriff des *Tacitismus* (vgl. Momigliano, 1955; Burke, S. 149 ff.; Schellhase, S. 127 ff.) zum zentralen Bezugspunkt des politischen Denkens wurde: 1574 brachte *Justus Lipsius* eine Tacitusausgabe (*C. Cornelii Taciti Historiarum et Annalium libri qui exstant*) heraus, deren philologische Konjekturen noch heute überwiegend anerkannt sind; in ihr wurde erstmals zwischen den »Annalen« und »Historien« des Tacitus unterschieden. 1580/81 hielt *Marc-Antoine Muret* in Rom Vorlesungen über Tacitus (1608 veröffentlicht als *In Taciti Annales commentarius*), in denen er den ciceronischen Stil als leere Rhetorik verurteilte, die konzise, knappe Sprache des Tacitus feierte und damit den stilistischen Übergang vom »Asianismus« zum »Atticismus« einleitete. 1581 veröffentlichte *Carlo Pasquale* (latinisiert: Carolus Paschalius) den ersten ausschließlich politischen Tacituskommentar (*Annalium libri quatuor priores et in hos observationes*; vgl. Momigliano, 1977, S. 207 ff.), mit dem er eine lange Reihe von Kommentaren zu Tacitus eröffnete (vgl. Stackelberg, S. 115 ff. und Etter, S. 16 ff.). Besonders zu erwähnen sind die Kommentare und Übersetzungen von *Filippo Cavriana* (1597), *Bernardo Davanzati* (1600), *Baltasar Alamos de Barrientos* (1614), *Christoph Forstner* (1628), *Matthias Bernegger* (1638) und *Cyriacus Lentulus* (1663).

Aufschlußreich für das wachsende Interesse an Tacitus ist die Feststellung Murets, der Sieg der Monarchien über die Republiken in Europa habe das ausgehende 16. Jahrhundert dem Rom der frühen Kaiserzeit vergleichbar gemacht. Bei Tacitus, der sowohl den Übergang von der Republik zum Prinzipat als auch den Umschlag der Monarchie in die Tyrannis untersucht habe, ließen sich Antworten auf die Frage finden, wie sich gute und kluge Menschen unter einem Tyrannen verhalten sollten. Aus Tacitus (Agricola, 42,6) bezog auch *Lipsius* seinen Wahlspruch, es sei möglich, daß auch unter schlechten Fürsten bedeu-

tende Menschen am Leben blieben, und er schloß unter Verweis auf Seneca die Forderung an, auch dann in politischen Ämtern zu bleiben, wenn der Herrscher, dem man diene, Verbrechen begangen habe, denn »vieles ereignet sich im Staat, was im Privatleben Unrecht ist, hier aber mit Rücksicht auf das allgemeine Wohl und die öffentliche Ruhe hingenommen werden sollte« (Epist. Misc., 5,45).
Die Verdrängung Ciceros durch Tacitus (vgl. Salmon, S. 307 ff.), die Kritik an der republikanischen Rhetorik und das wachsende Interesse an einer nüchternen Analyse von Politik und Geschichte haben ihre Grundlagen u. a. in der Verwandlung des *Bürgers* in den *Untertanen* im Europa des 16. Jahrhunderts, in den politischen Willkürakten der Fürsten und Könige und in der Sehnsucht der Menschen nach Frieden und Sicherheit nach den Auseinandersetzungen in der Zeit von Reformation und Gegenreformation. Tacitus wurde dabei für republikanische wie für antirepublikanische Positionen in Anspruch genommen: So schließen sich an den prorepublikanischen Tacituskommentar Pasquales – teilweise in wörtlicher Übereinstimmung – die antirepublikanischen *Commentarii ad politicam et aulicam rationem praecipue spectantes* (1589) des *Annibale Scoto* an, der bei aller Schmeichelei gegenüber den Fürsten ein aufmerksamer Beobachter des Hoflebens war, und dem auf Tacitus gestützten Republikanismus Murets steht Ammiratos sich ebenfalls auf Tacitus berufende Kritik am Republikanismus Machiavellis und an dessen Gewährsmann Livius gegenüber.
Wird Tacitus – ebenso wie Machiavelli – von den einen als Kritiker der Tyrannis rezipiert, so sehen andere ihn als einen Lehrer tyrannischer Machtpraktiken. Dies hat Giuseppe Toffanin (S. 147 ff., 191 ff.) veranlaßt, einen *Tacitismo rosso* von einem *Tacitismo nero* zu unterscheiden, wobei insbesondere letzterer – Scoto, Botero und Ammirato sind hier zu nennen – sich eines christianisierten Tacitus als Decknamen für die Ideen Machiavellis bedient habe. Auch die politischen Theoretiker der französischen Liga (vgl. unten, S. 124 ff.) haben, wie Else-Lilly Etter (S. 65) gezeigt hat, ihren Machiavellismus als Tacitismus getarnt. Dem steht als Repräsentant des »Tacitismo rosso« *Alberico Gentili* gegenüber, der in *De Legationibus* (1585) die These aufgestellt hat, Machiavelli sei ein entschiedener Gegner aller Tyrannen gewesen und habe darum in seinem *Principe* dem Volk die Arcana imperii der Tyrannen verraten (S. 109 f.). Gentili, der 1580 wegen seines Glaubens aus Italien nach England hatte fliehen müssen, wo er eine Professur für bürgerliches Recht in Oxford erhielt, hat versucht, Machiavellis politische Methode ins Juristische zu übertragen. Konsequenz dessen war seine vielzitierte Forderung: »Silete theologi in munere alieno« – Schweigt, Theologen, in fremden Aufgabenbereichen.

Der Neustoizismus

Erst im Zusammenhang mit der Stoa-Rezeption des 16. und 17. Jahrhunderts wird die Bedeutung des Tacitismus für die politische Ideengeschichte in ihrem ganzen Umfang sichtbar. Neben Tacitus, häufig als »pater prudentiae« apostrophiert, steht der »pater sapientiae« Seneca, wobei »sapientia« freilich aller vorherigen teleologischen Implikationen entkleidet worden ist. Zwar hat Boccalini (vgl. oben, S. 54) Tacitus über Seneca gestellt, doch galt im allgemeinen Urteil des ausgehenden 16. Jahrhunderts Seneca als der wichtigste antike Gewährsmann –

wichtiger als Tacitus und wichtiger sogar als Aristoteles. In Zeiten der allgemeinen Unsicherheit, der inneren Wirren und Bürgerkriege war die Frage nach den Möglichkeiten des *physischen Überlebens* wichtiger als die aristotelischen Vorstellungen über das *sittlich-gute Leben*. Aus Tacitus war zu erfahren, zu welchen Taten Könige und Tyrannen fähig sind, aber bei Seneca konnte man lesen, wie man sich unter diesen Bedingungen zu verhalten hatte.

Als erster hat Wilhelm Dilthey (S. 93ff.) die stoische Philosophie als eine der formierenden Kräfte der neuzeitlichen Welt herausgestellt – neben den religiösen Ideen der Reformation und Gegenreformation und dem neuen naturwissenschaftlichen Weltbild (vgl. dazu Blumenberg, S. 237ff.). Franz Borkenau (S. 170ff.) hat Diltheys überwiegend geistesgeschichtliche Fragestellung sozioökonomisch gewendet und den Neustoizismus als die Philosophie und Standesmoral der bürgerlich-aristokratischen Schichten (*Gentry*) des Manufakturzeitalters bezeichnet. Mit dem Niedergang des teleologischen Natur- und Menschenbildes hatte nicht nur die Idee eines vernunftlosen Naturgesetzes Verbreitung gefunden; gleichzeitig konnten auch die natürliche und die moralische Seite des Menschen nicht länger in eins gedacht werden (vgl. Hirschman, S. 20ff.). Der Neustoizismus zog daraus die Konsequenz, indem er Moral und Recht nicht mehr, wie die scholastisch-aristotelische Philosophie, als die *Substanz menschlichen Daseins* begriff, sondern sie als eine *Schranke des menschlichen Egoismus* auffaßte und sie damit aus einer Form menschlicher Selbstverwirklichung in eine Grenze menschlicher Destruktivität verwandelte. Der Neustoizismus ist gleichzeitig die Philosophie des bürgerlichen Individualismus und die Reflexion auf dessen Folgen für die politische Gemeinschaft. Wurde diese Grenze gegenüber den unteren Schichten mit staatlicher Gewaltandrohung durchgesetzt, so beanspruchten die führenden Schichten, darin bestärkt durch die neustoische Philosophie, diese Grenze aus eigener Vernunfteinsicht zu respektieren – ein Anspruch, der nach dem Verlust der von der scholastischen Philosophie entworfenen Hierarchien als neue Legitimation gesellschaftlicher Unterschiede diente. Dies zeigt sich auch in der bei nahezu allen Autoren der Neustoizismus zu beobachtenden Verachtung der »Masse«, wobei unter »Masse« all jene zusammengefaßt wurden, die ihre Affekte nicht selbst zu disziplinieren vermochten, sondern der *Fremddisziplinierung* bedurften. Aus dieser Perspektive konnte der Bürgerkrieg als eine Folge unzureichender Affektkontrolle begriffen werden, was schließlich unmittelbar in ein Programm zur Stärkung der staatlichen Repressionsmittel einmündete.

Gerhard Oestreich hat daraus die These abgeleitet, der Neustoizismus sei die treibende Kraft bei der Formierung des neuzeitlichen Machtstaates gewesen: »Der Neustoizismus stellt ein konstruktives Element des politischen Denkens im ausgehenden 16. Jahrhundert dar: Leistungs- und Machtsteigerung des Staates, Bejahung von Gewalt und Heerbildung, aber auch Selbstdisziplin des Herrschers und Erhöhung seiner Pflichten, moralische Erziehung des Volkes, des Beamtentums und des Heeres zu Arbeit, Askese, Pflichterfüllung und Unterordnung« (1956, S. 186).

Machiavellis Antithese von *fortuna* und *virtù* (vgl. oben, S. 36) wird im Neustoizismus dechiffriert als das Wechselspiel von Trieb und Triebbeherrschung, Leidenschaft und Vernunft. Durch die anthropologische Aufklärung der historisch-politischen Wechselfälle als Resultat einer instabilen »conditio humana« tritt an die Stelle des Prinzips institutionsgebundenen politischen Handelns zunächst das Vertrauen in die institutionsfreien Fähigkeiten des Politikers, in die moralisch wertfreie Technik politischen Agierens. Aus ihr heraus hat der Neustoizismus – vermittelt über den Gedanken der *Disziplin* – eine neue Ethik der Politik entfaltet.

Zunächst jedoch zerbrechen mit dem Schwund der teleologischen Naturbetrachtung auch die organologischen Staatstheorien; in der technizistischen Politikvorstellung emanzipieren sich die Glieder des »politischen Körpers«, und der Verlust aller vernunftexogenen Bestimmungen des Staates führt zu einem Schrumpfungsprozeß der normativen Staatsideen, an dessen Ende der Staat als seine eigene »raison d'être« zurückbleibt. An die Stelle des mittelalterlichen *Rechtsbewahrstaates* tritt der neuzeitliche *Machtstaat*, dessen Aufgabe die Sicherung von Ruhe, Ordnung und Frieden ist. »Politische Klugheit«, schreibt Abel (S. 266), »tritt mit dem Anspruch auf, das Sein des Politischen selbst zu beinhalten – und zwar in der Gestalt der die Neuzeit bestimmenden Säkularisierungen und Immanentisierungen als Friedens-, Ordnungs-, Stabilitäts-, Sicherheits- und Schutzleistung, was letztlich auf eine technische Organisation von Macht und Herrschaft, auf einen Staat als ›ordo in iubendo et parendo‹ hinausläuft.«

Justus Lipsius

Als »ordo in iubendo et parendo« (Pol. II,1), eine auf Befehl und Gehorsam gegründete Ordnung, hat Justus Lipsius, der Systematiker des Neustoizismus (vgl. Saunders), den Staat definiert. Sowohl in seiner politischen Theorie als auch in der Tugendlehre bezog er eine klare Frontstellung gegen die neuscholastische Aristotelesrezeption, und die große Verbreitung seiner Schriften, die alle zeitgenössischen Werke, auch die von Bodin und Althusius, übertraf (Oestreich, 1969, S. 37), ließ den Antiaristotelismus zur Signatur der frühen Neuzeit werden.

Joest Lips (latinisiert: Justus Lipsius) wurde 1547 in Overyssche bei Brüssel geboren. Die Wirren der Zeit, von denen sein Werk geprägt ist, spiegeln sich auch in seiner Biographie: 1559 trat er in die Jesuitenschule in Köln ein, wurde von seinem Vater jedoch wieder zurückgeholt, nachdem er Novize des Jesuitenordens geworden war. 1568–1570 war Lipsius in Rom, wo er mit Muret (vgl. oben, S. 60) zusammentraf und die Schriften Machiavellis und Guicciardinis kennenlernte. Schon bald nach seiner Rückkehr in die Niederlande floh er vor dem spanischen Heer des Herzogs Alba aus Löwen und trat 1572 im protestantischen Jena eine Professur für Geschichte und Rhetorik an. 1574 wechselte er ins katholische Köln, 1579 ins protestantische Leiden, wo er eine Professur für Geschichte und Recht übernahm. In Leiden entstanden auch die Hauptschriften *De constantia* (1584) und *De Politicorum sive civilis doctrinae* (1589). 1592 übernahm Lipsius, der nun zum drittenmal konvertierte, eine Professur im katholischen Löwen, wo er 1606 starb. Als einer der wenigen gutbezahlten Professoren seiner Zeit ist Lipsius sozial dem Großbürgertum zuzurechnen. Franz Borkenau (S. 190) hat darüber hinaus die These vertreten, der Neustoizismus lipsianischer Prägung sei die erste Denkform, die den Kapitalismus als Wirtschafts- und Gesellschaftsordnung voll akzeptiert und eine genuin kapitalistische Ethik entwickelt habe (kritisch dazu Oestreich, 1954, S. 87).

In einem Brief an Woverius (1600) hat Lipsius, möglicherweise aus Sorge um seine persönliche Sicherheit, seinen Beitrag zur politischen Theorie heruntergespielt (vgl. Oestreich, 1969, S. 80ff) und vor allem seine Tätigkeit als Philologe herausgestellt (außer der Tacitusausgabe hat er 1605 auch die *Opera omnia* Senecas herausgegeben). Dieser Brief hat dazu geführt, daß Lipsius' Schriften in der politischen Ideengeschichte wenig Beachtung gefunden haben – gänzlich zu Unrecht, denn sie haben, wie Gerhard Oestreich zu zeigen vermochte (1954, 1969, 1980), das politische Denken des 17. Jahrhunderts entscheidend geprägt. *De constantia*, eine Einweisung der Untertanen in ihre Pflichten (Abel, S. 79), hat bis zu Lipsius' Tod 24 Auflagen des lateinischen Originals und 14 Übersetzungsauflagen erfahren; *De Politicorum sive civilis doctrinae*, eine Einweisung der Fürsten in die Ausübung der Herrschaft (ebd., S. 84ff.), erfuhr bis 1620 im lateinischen Original 25 Auflagen.

Man wird Lipsius' politische Handlungsanweisungen als einen »versittlichten Machiavellismus« bezeichnen können (Meinecke, S. 234, Anm. 1, spricht von einem »gemäßigten Machiavellismus«), denn Lipsius hat Machiavelli, von dem er sagt, er sei nicht so schlecht, daß er sich von jedem »Schulfuchs« prügeln lassen müsse (Pol. IV,13), darin beigepflichtet, ein Fürst müsse gleichzeitig Löwe und Fuchs sein, aber er hat es als den Fehler Machiavellis bezeichnet, die Fürsten nicht zur Tugend geführt zu haben. Nicht aus moralischen Erwägungen freilich insistiert er auf der Tugend, sondern weil für ihn pure Machtausübung zu einer effektiven Herrschaftssicherung nicht ausreicht; politische Stabilität, Lipsius' Grundanliegen, ist nur da zu finden, wo die *prudentia civilis* zum verbindlichen Maßstab politischen Handelns geworden ist. Die dem Kaiser Caligula zugeschriebene Devise »oderint dum metuant« – Mögen sie mich hassen, wenn sie mich nur fürchten, ist danach grundfalsch, denn der Haß der Untertanen ist der Beginn des Umsturzes (Pol. IV,11; Lipsius folgt darin Seneca, *De clementia*, I,12,4). Der Staat wird von Lipsius definiert als Machtentfaltung nach innen wie nach außen, aber diese Machtentfaltung wird, insofern sie Bändigung destruktiver Affekte und Leidenschaften ist, als die Verwirklichung von Sittlichkeit begriffen. Wiewohl Lipsius die Schrecken der Despotie erschütternd geschildert hat, hat doch kaum einer entschiedener als er Gehorsam gegen die Obrigkeit gefordert, weil nur durch bedingungslosen Gehorsam der Bürgerkrieg verhindert werden könne.

Die Bedrohung der Seelenruhe durch die Leidenschaften und Affekte der Menschen und die Möglichkeit, sich von dieser Bedrohung zu befreien, sind das Thema von *De constantia … in publicis malis*. Legt man die überwiegend der Seefahrt und dem Krieg entnommenen Bilder und Analogien zugrunde, so hat Lipsius bei der Abfassung des Buches vor allem an Kaufleute und Soldaten gedacht, die – neben den Politikern und Beamten – tatsächlich seine wichtigsten Rezipienten gewesen sind. In der Rahmenhandlung schildert er, wie er auf der Flucht vor dem Bürgerkrieg in den Niederlanden bei dem Gelehrten Langius in Lüttich Zuflucht gefunden hat und mit ihm eine lange Unterhaltung über die Frage führt, wie man angesichts der politischen Wirren inneren Frieden finden könne. Nicht die öffentlichen Übel selbst, sondern die durch sie ausgelösten Affekte *cupiditas* (Begehrlichkeit), *gaudium* (Genuß, körperliche Lust), *metus* (Furcht) und *dolor* (Schmerz) bedrohen den inneren Frieden. Es kommt darauf an, daß die *ratio* der Seele die Oberhand über die vom Körper abhängige *opinio* gewinnt, und dies ist allein möglich, wenn man erkennt, daß die öffentlichen Übel *gottgewollt, notwendig* und *schicksalhaft* sind. Obendrein, so das Zusatzargument, sind die *publica mala* weder unerträglich noch neu, und außerdem sind sie von Nutzen für die Menschheit, weil sie (Krieg und Pest) deren demographische Probleme lösen.

Lipsius argumentiert hier mit den geschichtsphilosophischen Kategorien *providentia* (ungeteilter göttlicher Wille), *fatum* (das göttliche Wirken in den Dingen) und *necessitas* (die in den Dingen selbst liegende Gesetzmäßigkeit); mit Hilfe eines theologisch unterlegten Stoizismus (*providentia – necessitas*) entwirft er eine politische Theodizee, durch die der Mensch neues Vertrauen in den Gang der Dinge gewinnen soll. Daß Lipsius sich dabei von der in der Renaissance inaugurierten Deutung der Geschichte ohne alles göttliche Mitwirken (vgl. oben, S. 25 f.) distanziert, hat auch politische Konsequenzen: Hatten die Renaissance-Autoren, allen voran Machiavelli, aus der inneren Sinnlosigkeit der Geschichte die Forderung abgeleitet, die Bürger müßten sich für das Vaterland engagieren, um es vor dem Untergang zu bewahren, und dadurch ein Stück Sinn in die Geschichte hineinbringen, so dient bei Lipsius der Rückgriff auf die göttliche Providenz der Relativierung des politischen Engagements. Man muß sich wohl für das Vaterland einsetzen, aber es zu lieben ist falsche *pietas*, denn Liebe und Ehre schulden wir allein den Eltern und Gott. Vaterlandsliebe entspringt dem *amor privatus*, und hinter der vorgeblichen Sorge um die Allgemeinheit, so Lipsius' ideologiekritische Wendung (vgl. oben, S. 44 f.), verbirgt sich nichts anderes als die Angst um den persönlichen Besitz.

Neben Bodins *République* wird man Lipsius' *De Politicorum* als intellektuelle Grundlegung des absolutistischen Staates bezeichnen können (zur Rezeption in Frankreich vgl. Siedschlag, S. 110 ff.; zur Rezeption in Spanien Corbett, S. 139 ff.). Zwar weist Lipsius die dem römischen Kaiserrecht entstammende Formel *princeps legibus solutus* (Wyduckel, S. 48 ff.), deren sich Bodin bei der Definition der Souveränität bedient hatte (Rép. I,8; vgl. unten, S. 136 f.), zurück und besteht darauf, daß auch der Herrscher den Gesetzen unterworfen ist; deren Einhaltung ist freilich *nur moralisch* einklagbar. Lipsius selbst hat seine Anknüpfung an die aristotelische Staatsformenlehre, in der er als Ziel des Monarchen das Gemeinwohl, als das der Tyrannen dagegen den Eigennutz bezeichnet (Pol. II,6), selbst relativiert, indem er (Pol. IV,11) vorgeschlagen hat, die Fürsten sollten stets bestrebt sein, unter dem *Schein* des Gemeinwohls zu handeln.

In den ersten beiden Büchern der lipsianischen *Politik* wird der Staat als sittliche Ordnung entwickelt; *prudentia* und *virtus*, Klugheit und Tugend, sind seine Grundlagen. Das 3. Buch behandelt das Beamtentum, das 5. und 6. Buch die äußere und innere Machtordnung. Im 4. Buch hat Lipsius das vorgetragen, was hier als »versittlichter Machiavellismus« bezeichnet wird. Er setzt darin an die Stelle der Lehre von der *ratio status* die überaus folgenreiche Theorie der *prudentia mixta*, die besagt, daß in bestimmten Notstandssituationen (*in ultima necessitate*) auch Betrug zugelassen ist, freilich nur leichter und mittelschwerer Betrug (»levis fraus«, »media fraus«), während schwerer Betrug (»magna fraus«) immer verboten ist. Lipsius' *politische Klugheitslehre* ist im 17. Jahrhundert vor allem von Jesuiten, etwa von *Adam Contzen* (vgl. Seils), stark rezipiert worden.

Auch der als sittliche Ordnung begriffene Staat kann auf die *prudentia mixta*, die mit Betrug vermischte Klugheit, nicht verzichten, denn gegen Betrug, dem auch er ausgesetzt ist, hilft, wie Lipsius schreibt, nur Betrug: »Wein hört darum nicht auf, Wein zu sein, wenn etwas Wasser darunter gemischt ist. Wie auch Klugheit Klugheit bleibt, wenn einige Tropfen Betrug darinnen sind« (Pol. IV,13). Zu solchem Betrug ist der Staat durch äußere Feinde, aber auch durch das eigene Volk gezwungen. Wie nahezu alle Autoren des Neustoizismus ist auch Lipsius von einem tiefen Mißtrauen gegen das Volk (vulgus, plebs, multitudo) beseelt, das in seiner Theorie nur als ordnungsstörender Unruhefaktor, als ungezügelt und wild, unbeständig und voreilig (III,1) eine Rolle spielt. Weil der Pöbel seine Affekte nicht aus eigener Kraft zu beherrschen vermag, ist er maßlos in Glück und Unglück – im Gegensatz zu der neuen Elite (Herrscher, Beamte, Offiziere), die sich durch Selbstdisziplin auszeichnet und aus dieser Selbstdisziplin die Legitimation ihrer Herrschaft ableitet. Hatte die aristotelische Staatsformenlehre Legitimität bzw. Illegitimität von Herrschaft an die Verpflichtung aufs Allgemeinwohl bzw. die Verfolgung von Eigeninteressen geknüpft, so verbindet der Neustoizismus auf der Grundlage seiner Affektenlehre die Legitimität von Herrschaft mit der Fähigkeit der Herrschenden zur Selbstdisziplinierung. Danach ist der Herrschaftsanspruch des »Pöbels« eo ipso illegitim, aber illegitim ist auch die Herrschaft jenes Fürsten, der sich selbst nicht zu beherrschen vermag. Im Gegensatz zum Aristotelismus hat der Neustoizismus jedoch jedes *Recht zum Widerstand* gegen illegitime Herrschaft bestritten.

Als Zeitgenosse und Leidtragender konfessioneller Auseinandersetzungen und religiös motivierter Bürgerkriege hat sich Lipsius zwangsläufig auch mit dem Verhältnis zwischen *Kirche und Staat* beschäftigt. Im Gegensatz zu dem toleranteren Bodin (vgl. unten, S. 135) postulierte er, innerhalb eines Staates dürfe nur *eine* Religion bzw. Konfession zugelassen sein. Nicht religiöser Fanatismus, sondern Sorge um die Einheit des Staates und den inneren Frieden war für ihn dabei ausschlaggebend. Diese Sorge veranlaßte ihn aber zugleich, den Fürsten eine gewisse Toleranz anzuempfehlen (Lipsius steht darin in der Nähe der »Politiques«, vgl. unten, S. 129 ff.): Die Hobbessche Unterscheidung zwischen offiziell normierter und kontrollierter *confessio* und privater *fides* vorbereitend, hat er vorgeschlagen, nur gegen das *publice peccare* einzuschreiten, die verschiedenen Formen des *privatim peccare* dagegen zu tolerieren (IV,3). Dennoch hat *Dierk Coornhert*, ein bedingungsloser Verfechter religiöser Toleranz, Lipsius wegen seiner Forderung nach staatlichen Eingriffen in die Religion des Machiavellismus bezichtigt. Lipsius hat darauf mit der Schrift *De una religione* (1590) geantwortet; er scheint sich der Wirkung dieser Verteidigungsschrift jedoch nicht sicher gewesen zu sein, denn er hat bald darauf, offensichtlich beeinflußt durch die Kontroverse mit Coornhert, Leiden verlassen und eine Professur im spanisch beherrschten Löwen angenommen.

In Löwen hat sich Lipsius, wie die Schriften *De militia Romana* (1595) und

Poliorceticon (1596) zeigen, verstärkt militärischen Fragen zugewandt. Bereits in seiner *Politik* hat er im Anschluß an Machiavelli gefordert, die Armee eines Landes solle allein aus Einheimischen rekrutiert werden, denn Fremde seien unzuverlässig und ungehorsam. Lipsius kann als einer der Inspiratoren der nassauisch-oranischen Heeresreform angesehen werden – nicht nur weil Moritz von Oranien drei Semester auf Staatskosten in Leiden bei ihm studierte und die Generalstaaten Moritz ein Exemplar der *Militia Romana* schenkten. Die Heeresreformer übernahmen aus dem Neustoizismus vor allem die Idee der *Disziplin* (vgl. Hahlweg, passim, und Oestreich, 1969, S. 11 ff.): Entsprechend dem neustoischen Programm wurde von den Offizieren Selbstdisziplin erwartet, während die Soldaten durch tägliches Exerzieren moralisch »aufgerüstet« werden sollten; durch »Drill« sollte aus ihnen ein diszipliniertes Heer geformt werden. Die bei Machiavelli neben der Disziplin noch bedeutsame Idee der *Motivation* (vgl. oben, S. 33) trat dagegen in den Hintergrund.
Die vom Neustoizismus inspirierte Heeresverfassung blieb in Europa vorbildlich, bis die Französische Revolution an die Stelle der Fremddisziplinierung die Selbstmotivation des Soldaten setzte und Clausewitz die militärischen Folgen der Französischen Revolution theoretisch verarbeitete. Das freilich war nur eine der letzten Auswirkungen einer umfassenden ideengeschichtlichen Entwicklung: der Ablösung des in der Renaissance entworfenen und vom Neustoizismus ausgeprägten pessimistischen Menschenbildes durch das optimistische Menschenbild der Aufklärung.

ANMERKUNGEN

1 Während Friedrich Meinecke die Idee der Staatsraison aus der Theorie Machiavellis hergeleitet hat, hat Georg Lenz (S. 263 ff.) die Urheberschaft Machiavellis bestritten und statt dessen den Zusammenhang zwischen der Lehre von der Staatsraison und dem europäischen Gleichgewicht herausgestellt. Die Berechtigung von Lenz' Einwand gegen Meinecke ist, was den *Begriff* Staatsraison anbetrifft, schwerlich zu bestreiten; Lenz hat jedoch übersehen, daß sich – gemäß seinem eigenen Ansatz – das *Problem* der Staatsraison der Sache nach bereits für Machiavelli gestellt hat, insofern dessen politische Theorie unter anderem auch durch das italienische Gleichgewichtssystem und dessen Zusammenbruch (vgl. Münkler, S. 353 ff.) geprägt ist.

2 Im Zeitalter von Reformation und Gegenreformation wird die Existenz von Bordellen zu einem Problem, das in der moralischen wie der politischen Literatur besondere Beachtung findet, wie auch die Vorschläge Settalas zur Überwachung von Bordellen (vgl. S. 53) zeigen. Zum kultur- und sittengeschichtlichen Hintergrund vgl. Jacques Rossiaud, Prostitution, Sexualität und Gesellschaft in den französischen Städten des 15. Jahrhunderts, insbes. S. 115 ff., sowie Achillo Olivieri, Erotik und gesellschaftliche Gruppen im Venedig des 16. Jahrhunderts: die Kurtisane, insbes. S. 123 ff.; beide in: Ariès/Béjin/Foucault u. a., Die Masken des Begehrens und die Metamorphosen der Sinnlichkeit. Zur Geschichte der Sexualität im Abendland, Frankfurt 1984.

BIBLIOGRAPHIE

Primärtexte:
Alamos de Barrientos, Baltasar, 1614: Tacito Español; in: Girolamo Canini d'Anghiari: Opere di Corneli Tacito, illustrate con nobilissimi aforismi del Signor Baldassar Alamo Varienti (= Alamos de Barrientos), Venedig 1628; *Ammirato*, Scipione, 1594: Discorsi sopra Cornelio Tacito, nuovamente posti in luce, Florenz; *ders.*, 1598: Della Segretezza, Venedig; *Ascham*, Roger, 1864: The Whole Works, 3 Bde., London; *Bernegger*, Matthias, 1638: C. Cornelius Tacitus, Straßburg; *Besold*, Christoph, 1618: De Arcanis Rerumpublicarum, Tübingen; *Boccalini*, Trajano, 1612/13: Ragguagli di Parnaso, Venedig; wiederabgedruckt in: Scritori d'Italia, hrsg. von Giuseppe Rua, Bd. 8, Bari 1910; *ders*, 1615: Pietra del Paragone politico, Amsterdam; *ders*, 1678: La Bilancia politica di tutte le Opere, Castellana; *La Boétie*, Etienne, 1980: Von der freiwilligen Knechtschaft, hrsg. von Horst Günther, Frankfurt/M.; *Bonaventura*, Federico, 1623: Della Ragion di stato e della prudenza politica, Urbino; *Bornitz*, Jakob, 1604: Discursus politicus de prudentia politica, Wittenberg; *Botero*, Giovanni, 1589: Della Ragion di Stato libri dieci, Venedig, hrsg. von Luigi Firpo, Turin 1948; *ders.*, 1591–95: Relazioni universali, 4 Teile, Rom; *Campanella*, Tommaso, 1941: La Città del Sole, hrsg. von Noberto Bobbio, Turin; dt. Übersetzung in: Der utopische Staat, hrsg. von Klaus Heinisch, Reinbek 1960, S. 111–169; *ders.*, 1854: Opera, hrsg. von A. d'Ancona, 2 Bde., Turin; *Canonhiero*, Pietro Andrea, 1614: Dell'introduzione alla politica, alla ragion di stato ed alla practica; *della Casa*, Giovanni, 1728: Opere, 3 Bde., Venedig; *Castiglione*, Baldassare, 1947: Il libro del Cortegiano, hrsg. von Vittorio Cian, 4. Aufl., Florenz; dt.: Das Buch vom Hofmann, übersetzt, eingel. und erl. von Fritz Baumgart, Bremen 1960; *Catarino-Politi*, Ambrogio, 1551: Disputatio pro veritate Immaculatae Conceptionis, Rom; darin S. 340–44: De libris a Christiano detestandis; *Cavriana*, Filippo, 1597: Discorsi sopra i primi cinque libri di Cornelio Tacito, Florenz; *Chiaramonti*, Scipione, 1635: Della ragion di stato, Florenz; *Clapmarius*, Arnold, 1605: De Arcanis Rerumpublicarum libri VI, Bremen; *Corvinus*, Johannes, 1644: Discursus de arcanis rerumpublicarum; Einleitung zur Elzevirausgabe des Clapmarius, De Arcanis, Amsterdam 1644; *Davanzati*, Bernardo, 1820: Opere di Cornelio Tacito, Mailand; *Forstner*, Christoph, 1628: Ad libros sex priores Annalium Cornelii Taciti Notae politicae, Straßburg; *Frachetta*, Girolamo, 1617: Ragione di stato; *Gentili*, Alberico, 1585: De legationibus libri tres, London; *Gentillet*, Innocent, 1968: Discours sur les moyens de bien gouverner et soutenir bonne paix un Royaume ou outre Principauté – contre Nicolas Machiavel Florentin (Genf 1676); neu hrsg. und kommentiert von C. Edward Rathé, Genf; *Gryphiander*, Johannes, 1611: De Arcanis politicis, Jena; *Guicciardini*, Francesco, 1941: Opere, hrsg. von Roberto Palmarocchi, 2 Bde., Mailand; *ders.*, 1932: Dialogo e Discorsi del Reggimento di Firenze, Bari; *ders.:* Ricordi, krit. Ausgabe, hrsg. von Raffaele Spognano, Florenz; dt. Auswahlausgabe unter dem Titel »Vom politischen und bürgerlichen Leben«, Berlin o. J.; *von Hutten*, Ulrich, 1517: Arminius dialogus (1529 von Eobanus Hessus veröffentlicht); *Hippolithus a Lapide*, 1640: Dissertatio de ratione status in Imperio nostro Romano Germanico, o. O.; *Lipsius, Justus*, 1574: C. Cornelii Taciti Historiarum et Annalium libri qui exstant, Antwerpen; *ders.*, 1584: De constantia in publicis malis, Leiden; Reprint der dt. Übersetzung von 1599, München 1965; *ders.*, 1589: De Politicorum sive civilis doctrinae libri sex, Leiden; *ders.*, 1595: De Militia Romana libri cinque, commentarius ad Polybium (Antwerpen 1598); *Lentulus*, Cyriacus, 1663: Princeps absolutus, Politicus in sex posteriores Annalium Taciti libros commentarius, Herborn; *Machiavelli*, Niccolò, 1960–65: Opere, hrsg. von S. Bertelli, 8 Bde., Mailand; *ders.*, 1925: Gesammelte Schriften, hrsg. von Hanns Floerke, 5 Bde., München; *ders.*, 1966: Discorsi, dt. von Rudolf Zorn, Stuttgart; *ders.*, 1972: Der Fürst, dt. von Rudolf Zorn, Stuttgart; *Muret*, Marc-Antoine, 1608: In Taciti Annales Commentarius; in: Cornelii Taciti et Vellei Paterculi scripta quae exstant, 2 Bde., Paris; *Osorio*, Jeronimo, 1552: De nobilitate Christiana libri

tres, Florenz; *ders.*, 1571: De regis institutione et disciplina, Lissabon; *Palazzo*, Antonio, 1606: Discorso del governo e della ragion vera di stato; *Paruta*, Paolo, 1852: Opere politiche, hrsg. von C. Monzani, Florenz; *Pasquale*, Carlo, 1608: Annalium libri quatuor priores et in hos observationes; in: Cornelii Taciti et Vellei Paterculi scripta quae exstant, Bd. 2, Paris; *Pole*, Reginald, 1744–57: Epistolarum Reginaldi Poli S. R. E. Cardinalis et aliorum ad ipsum collectio, 5 Bde., Brescia; Bd. 1, S. 66–171: Apologia ad Carolum Quintum; *Possevino*, Antonio, 1592: Judicium de Noua, J. Bodino, Ph. Mornaeo scripta et de N. Machiavello, Rom; *de Ribadeneira*, Pedro, 1595: Tratado de la religion y virtudes que deve tener el Principe Christiano, Madrid; wiederabgedruckt in: Biblioteca de Autores Españoles, Madrid 1868, LX, S. 449–587; *Salviati*, Lionardo, 1810: Discorso sopra le prime parole di Cornelio Tacito; in: Opere, Mailand, Bd. 5; *Sansovino*, Francesco, 1583: Propositioni, ovvero Considerationi in materia de cose di stato, Vinegia; *Savonarola*, Girolamo, 1952–69: Opere, hrsg. von A. Belardetti, 10 Bde., Rom; *ders.*, 1957: Predigten und Schriften, ausgewählt und erläutert von M. Ferrara; *Schoppe*, Kaspar, 1606: Elementa philosophiae storicae moralis, Mainz; *ders.*, 1618: Machiavellica (Manuskript); *ders.*, 1623: Paedia politices, Rom; *Scoto*, Annibale, 1589: In P. Cornelii Taciti Annales et Historias commentarii ad politicam et aulicam rationem praecipue spectantes, Rom; *Settala*, Ludovico, 1627: Della Ragion di stato libri VII, Mailand; *Spalatin*, Georg, 1535: Von dem thewren Deutschen Fürsten Arminio, Wittenberg; *Varchi*, Benedetto, 1721: Storia fiorentina, Köln; *Vettori*, Francesco, 1848: Sommario della storia d'Italia dal 1511 al 1527; in: Appendice al Archivio storico italiano, Bd. 6, Florenz, S. 287–387; *ders.*, 1972: Scritti storici e politici, hrsg. von E. Niccolini, Bari; *Zinano*, Gabriel, 1626: Della ragione degli stati; *Zuccoli*, Ludovico, 1625: Dissertatio de ratione status; lat. Übersetzung von Joh. Garmers, Hamburg 1663.

Sekundärliteratur:

Abel, Günter, 1978: Stoizismus und frühe Neuzeit. Zur Entstehungsgeschichte des modernen Denkens im Felde von Ethik und Politik, Berlin und New York; *d'Addio*, Mario, 1962: Il Pensiero Politico di Gaspare Scioppio e il Machiavellismo del Seicento, Mailand; *Alberti*, Alberto, 1930/31: Politica e ragion di stato nell'opera di Scipione Ammirato; in: Atti della Accademia delle Scienze di Torino, Bd. 66; *von Albertini*, Rudolf, 1955: Das florentinische Staatsbewußtsein im Übergang von der Republik zum Prinzipat, Bern; *Amabili*, Luigi, 1880–82: Fra Tommaso Campanella. La sua congiura, i suoi processi e la sua pazzia, 3 Bde., Neapel; *d'Andrea*, Antonio, 1970: The Political and Ideological Context of Innocent Gentillet's Anti-Machiavel; in: Renaissance Quarterly 23, S. 397–411; *Baron*, Hans, 1960: Secularization of Wisdom; in: Journal of the History of Ideas 21, S. 131–150; *Baumgart*, Fritz, 1960: Einleitung zu Castiglione, Das Buch vom Hofmann, Bremen, S. I–LXX; *Beame*, Edmond M., 1982: The Use and Abuse of Machiavelli in the Sixteenth Century France; in: Journal of the History of Ideas 43, S. 33–54; *Belloni*, A., 1924: Trajano Boccalini, Turin; *Berges*, Wilhelm, 1952: Die Fürstenspiegel des hohen und späten Mittelalters, Stuttgart (unv. Nachdruck d. Ausg. 1938); *Berlin*, Isaiah, 1982: Die Originalität Machiavellis; in: *ders.:* Wider das Geläufige, Frankfurt/M., S. 93–157; *Bleznick*, Donald W., 1959: Spanish Reaction to Machiavelli in the Sixteenth and Seventeenth Centuries; in: Journal of the History of Ideas 19, S. 542–550; *Blumenberg*, Hans, 1966: Die Legitimität der Neuzeit, Frankfurt/M.; *Bloch*, Ernst, 1959: Das Prinzip Hoffnung, Frankfurt/M.; *Borkenau*, Franz, 1976: Der Übergang vom feudalen zum bürgerlichen Weltbild. Studien zur Geschichte der Philosophie der Manufakturperiode, Darmstadt (erste Ausgabe Paris 1934); *Bullard*, Melissa Meriam, 1980: Filippo Strozzi and the Medici. Favor and finance in sixteenth-century Florence and Rome, Cambridge; *Burckhardt*, Jacob, 1976: Die Kultur der Renaissance in Italien, 10. Aufl., Stuttgart; *Burke*, Peter, 1969: Tacitism; in: T. A. Dorey (Hrsg.): Tacitus, London, S. 149–171; *Burnham*, James, 1949: Die Machiavellisten, Verteidiger der Freiheit, Zürich; *de Caprariis*, Vittorio, 1950: Francesco Guicciardini. Dalla politica alla storia, Bari; *Cardascia*, G., 1943: Machiavel et Jean Bodin; in: Bibliothèque d'humanisme et renaissance 2, S. 129–167; *Cherel*, Albert, 1935: La pensée de Machiavel en France, Paris; *Cian*, Vittorio, 1951: Un illustre nunzio pontificio del Rinascimento: Baldassar Castiglione, Vatikanstadt; *Colonna d'Istria*, Gérard und *Frapet*, Roland, 1980: L'Art politique chez Machiavel, Paris; *Croce*, Benedetto, 1926: Il pensiero Italiano del Seicento; in: La Critica XXIV; *ders.*, 1930: Theorie und Geschichte der Historiographie. Gesammelte philosophische Schriften, Bd. 4, Tübingen; *Dilthey*, Wilhelm, 1970: Weltanschauung und Analyse des Menschen seit Renaissance und Reformation, Göttingen; *Dempf*, Alois, 1937: Christliche Staatsphilosophie in Spanien, Salzburg; *ders.*, 1953: Die Rechtsphilosophie Campanellas und die Staatsraison; in: Cristianesimo e ragion di stato, hrsg. von Enrico Cartelli, Rom und Mailand, S. 61–70; *Devonshire Jones*, Rosemary, 1972: Francesco Vettori. Florentine Citizen and Medici Servant, London; *Eliav-Feldon*, Miriam, 1982: Realistic Utopias. The Ideal Imaginary Societies of the Renaissance 1516–1630, Oxford; *Etter*, Else-Lilly, 1966: Tacitus in der Geistesgeschichte des 16. und 17. Jahrhunderts, Basel und Stuttgart; *Fenlon*, Dermont, 1972: Heresy and Obedience in Tridentine Italy. Cardinal Pole and the Counter-Reformation, Cambridge; *Firpo*, Luigi, 1957: Lo stato ideale della Controriforma, Bari; *Frühsorge*, Gotthardt, 1974: Der politische Körper. Zum Begriff des Politischen im 17. Jahrhundert und in den Romanen Christian Weises, München; *Fueter*, Eduard, 1911: Geschichte der neueren Historiographie, München und Berlin; *ders.*, 1919: Geschichte des europäischen Staatensystems von 1492–1559, München und Berlin (Neudruck Osnabrück 1972); *Fremerey*, Gustav, 1931: Guicciardinis finanzpolitische Anschauungen, Stuttgart; *Gilbert*, Allan, 1938: Machiavelli's Prince and its Forerunners. »The Prince« as a typical book »de regimine principum«, Durham; *Gilbert*, Felix, 1965: Machiavelli and Guicciardini. Politics and history in sixteenth-century Florence, Princeton; *Gioda*, Carlo, 1895: La vita e le opere di Giovanni Botero, 3 Bde., Mailand; *Gollwitzer*, Heinz, 1972: Geschichte des weltpolitischen Denkens, Bd. 1, Göttingen; *Grünwald*, Günter, 1951: Ludovico Settala, ein Lehrer der Staatsraison (ragione di stato) in Italien, Diss. Köln; *Hahlweg*, Werner, 1941: Die Heeresreform der Oranier und die Antike, Berlin; *Hassinger*, Erich, 1978: Empirisch-rationaler Historismus, Bern und München; *Hegels*, Hermann, 1918: Arnold Clapmarius und die Publizistik über die arcana imperii im 17. Jahrhundert, Bonn; *Heller, Agnes*, 1982: Der Mensch der Renaissance, Köln–Lövenich; *Hirschman*, Albert O., 1980: Leidenschaften und Interessen. Politische Begründungen des Kapitalismus vor seinem Sieg, Frankfurt/M.; *Hoke*, Rudolf, 1977: Hippolithus a Lapide; in: Staatsdenker im 17. und 18. Jahrhundert, hrsg. von Michael Stolleis, Frankfurt/M., S. 118–128; *Horkheimer*, Max, 1968: Egoismus und Freiheitsbewegung; in: *ders.:* Kritische Theorie, hrsg. von Alfred Schmidt, Frankfurt/M., Bd. 2, S. 1–81; *Il pensiero politico* di Machiavelli e la sua fortuna nel mondo, Florenz 1969; *Jedin*, Hubert, 1933: Religion und Staatsraison. Ein Dialog Trajano Boccalinis über die deutsche Glaubensspaltung; in: Histor. Jb. 53, S. 304–319; *Kelley*, Donald R., 1970: Murd'rous Machiavel in France. A Post Mortem; in: Political Science Quarterly 85, S. 545–559; *ders.*, 1983: The Beginning of Ideology. Consciousness and society in the French Reformation, Cambridge; *Kessler*, Eckhard, 1971: Theoretiker humanistischer Geschichtsschreibung, München; *König*, René, 1979: Niccolò Machiavelli. Zur Krisenanalyse einer Zeitenwende, München (erstmals 1941); *Lenz*, Georg, 1925: Zur Lehre von der Staatsräson; in: Archiv des öffentl. Rechts, Bd. 9, NF, S. 261–288; *Lutz*, Heinrich, 1961: Ragione di stato und christliche Staatsethik im 16. Jahrhundert, Münster; *Machiavellismo* e Antimachiavellici nel Cinquecento, Florenz 1970; *von Martin*, Alfred, 1974: Die Kultur der Renaissance, 3. Aufl., München; *de Mattei*, Rodolfo, 1943: Origini e fortuna della locuzione ›Ragion di Stato‹; in: Studi in memoriam di Francesco Ferrara, Mailand, S. 177–192; *ders.*, 1963: Il pensiero politico di Scipione Ammirato con discorsi inediti, Mailand; *Meinecke*, Friedrich, 1976: Die Idee der Staatsraison in der neueren Geschichte, hrsg. von Walther Hofer, 4. Aufl., München u. Wien; *Menke-*

Glückert, Emil, 1912: Die Geschichtsschreibung der Reformation und Gegenreformation, Osterwieck/Harz; *Meyer*, Friedel-Walter, 1956: Christoph Besold als Staatslehrer, Diss. Jur. Erlangen; *von Mohl*, Robert, 1858: Die Machiavelli-Literatur; in: *ders.*: Geschichte der Staatswissenschaften, Bd. 3, S. 521 ff., Erlangen (Nachdruck Graz 1960); *Momigliano*, Arnaldo, 1955: Tacitismo; in: Enciclopedia italiana. Contributo alla storia degli studi classici, Rom; *ders.*, 1977: The First Political Commentary on Tacitus; in: *ders.*: Essays in Ancient and Modern History, Oxford; *Münkler*, Herfried, 1982: Machiavelli. Die Begründung des politischen Denkens der Neuzeit aus der Krise der Republik Florenz, Frankfurt/M.; *von Muralt*, Leonhard, 1945: Machiavellis Staatsgedanke, Basel; *Oestreich*, Gerhard, 1954: Antiker Geist und moderner Staat bei Justus Lipsius. Der Neustoizismus als politische Bewegung. Habil.-Schrift Berlin (masch.-schriftl.); *ders.*, 1956: Calvinismus, Neustoizismus und Preußentum; in: Jahrbuch für die Geschichte Mittel- und Ostdeutschlands 5, S. 157–181; *ders.*, 1957: Arnold Clapmarius; in: NDB 3; *ders.*, 1969: Geist und Gestalt des frühmodernen Staates, Berlin; *ders.*, 1980: Das politische Anliegen von Justus Lipsius' »De constantia in publicis malis«; in: *ders.*: Strukturprobleme der frühen Neuzeit, Berlin, S. 298–317; *Panella*, Antonio, 1943: Gli Antimachiavellici, Florenz; *Phillips*, Mark, 1977: Francesco Guicciardini. The historian's craft, Manchester; *Piper*, Ernst, 1979: Savonarola. Umtriebe eines Politikers und Puritaners im Florenz der Medici, Berlin; *Pocock*, J. G. A., 1975: The Machiavellian Moment, Princeton; *Rathé*, C. Edward, 1965: Innocent Gentillet and the First ›Anti-Machiavel‹; in: Bibliothèque d'humanisme et renaissance 27, S. 186–225; *Rice*, Eugene F., 1958: The Renaissance Idea of Wisdom, Cambridge/Mass.; *Ridolfi*, Roberto, 1952: Vita di Girolamo Savonarola, 2 Bde., Rom; *ders.*, 1954: Vita di Niccolò Machiavelli, Rom; *ders.*, 1960: Vita di Francesco Guicciardini, Rom; *ders.*, 1978: Studi guicciardiniani, Florenz; *de Roover*, Raymond, 1942: The Commercial Revolution of the Thirteenth Century; in: Bulletin of the Business Historical Society XVI; *ders.*, 1963: The Rise and Decline of the Medici Bank, Cambridge/Mass.; *Ryan*, Lawrence V., 1963: Roger Ascham, Stanford/Cal. und London; *Rothholz*, Walter, 1976: Francesco Guicciardini; in: *ders.* (Hrsg.): Das politische Denken der Florentiner Humanisten, Kastellaun; *Salmon*, J. H., 1980: Cicero and Tacitus in Sixteenth-Century France; in: The American Historical Review 85, S. 307–331; *Sasso*, Gennaro, 1965: Niccolò Machiavelli. Geschichte seines politischen Denkens (aus dem Ital.), Stuttgart; *Saunders*, Jason Lewis, 1955: Justus Lipsius. The Philosophy of Renaissance Stoicism, New York; *Scarano Lugnani*, Emanuella, 1973: Guicciardini e la crisi del Rinascimento, Rom und Bari; *Schellhase*, Kenneth C., 1976: Tacitus in Renaissance Political Thought, Chicago und London; *Schenk*, W., 1950: Reginald Pole, Cardinal of England, London; *Scheuner*, Ulrich, 1975: Staatsräson und religiöse Einheit des Staates. Zur Religionspolitik in Deutschland im Zeitalter der Glaubensspaltung; in: Staatsräson, hrsg. von Roman Schnur, Berlin, S. 363–405; *Schnitzer*, Josef, 1924: Savonarola. Ein Kulturbild aus der Zeit der Renaissance, 2 Bde., München; *Seils*, Ernst-Albert, 1968: Die Staatslehre des Jesuiten Adam Contzen, Beichtvater Kurfürst Maximilians I. von Bayern, Lübeck/Hamburg; *Spirito*, Ugo, 1945: Machiavelli e Guicciardini, Rom (2. Aufl.); *von Stakkelberg*, Jürgen, 1960: Tacitus in der Romania. Studien zur literarischen Rezeption des Tacitus in Italien und Frankreich, Tübingen; *Stephens*, J. N., 1983: The Fall of the Florentine Republic 1512–1530, Oxford; *Stewart*, Pamela, 1969: Innocent Gentillet e la sua polemica antimachiavellica, Florenz; *Stolleis*, Michael, 1980: Arcana imperii und Ratio status. Bemerkungen zur politischen Theorie des frühen 17. Jahrhunderts, Göttingen; *Stötzner*, Paul, 1899: Der Satiriker Trajano Boccalini und sein Einfluß auf die deutsche Literatur; in: Archiv für das Studium der neueren Sprachen und Literaturen CIII, S. 107–147; *Strauss*, Leo, 1958: Thoughts on Machiavelli, Glencoe/Ill.; *Tiedemann*, Hans, 1913: Tacitus und das Nationalbewußtsein der deutschen Humanisten Ende des 15. und Anfang des 16. Jahrhunderts, Diss. phil. Berlin; *Toffanin*, Giuseppe, 1972: Machiavelli e il »Tacitismo«. La »Politica storica« al tempo della controriforma, Neapel (erste Ausg. Padua

1921); *Tommasini*, Oreste, 1883/1911: La vita e gli scritti di Niccolò Machiavelli, 2 Bde., Turin; *Villari*, Pasquale, 1877–1882: Niccolò Machiavelli und seine Zeit, 3 Bde., Leipzig (aus dem Ital.); *Weinacht*, Paul Ludwig, 1975: Fünf Thesen zum Begriff Staatsraison. Die Entdeckung der Staatsraison für die deutsche politische Theorie; in: Staatsräson, hrsg. von Roman Schnur, Berlin, S. 65–71; *Weinstein*, Donald, 1970: Savonarola and Florence. Prophecy and patriotism in the Renaissance, Princeton/N.J.; *Wessel*, Helga, 1978: Zweckmäßigkeit als Handlungsprinzip in der deutschen Regierungs- und Verwaltungslehre der frühen Neuzeit, Berlin; *Windelband*, Wolfgang, 1964: Die auswärtige Politik der Großmächte in der Neuzeit, Darmstadt (Nachdruck der 5. Aufl., Essen 1942); *Wootton*, David, 1983: Paolo Sarpi. Between Renaissance and Enlightenment, Cambridge; *Wyduckel*, Dieter, 1979: Princeps Legibus Solutus. Eine Untersuchung zur frühmodernen Rechts- und Staatslehre, Berlin; *Zeller-Lorenz*, Barbara und *Zeller*, Wolfgang, 1977: Christoph Besold; in: F. Elsener (Hrsg.): Lebensbilder aus der Tübinger Juristenfakultät, Tübingen; *Zimmermann*, A., 1893: Kardinal Pole, sein Leben und seine Schriften, Regensburg.

KAPITEL II

Die Entstehung des neuzeitlichen Völkerrechts

Von Otto Kimminich

1. Der Begriff des neuzeitlichen Völkerrechts

Die Bezeichnung »Völkerrecht«

In allen Völkerrechtslehrbüchern der Gegenwart steht zu lesen, daß die Bezeichnung »Völkerrecht« falsch ist. Das Völkerrecht ist kein *Recht der Völker*, sondern ein *Recht der souveränen Staaten*. Diese Aussage wird allenfalls dadurch gemildert, daß auf einige nichtstaatliche Völkerrechtssubjekte, wie z. B. internationale Organisationen, den Hl. Stuhl, den souveränen Malteser-Orden, das Internationale Komitee vom Roten Kreuz usw., hingewiesen wird. Die Lehre von den Völkerrechtssubjekten stützt die Definition des Völkerrechts und umgekehrt.

Für die Vergangenheit erscheint der Nachweis noch eindeutiger. Der *politische Volksbegriff* ist eine Schöpfung des 19. Jahrhunderts und beflügelte damals den Freiheitskampf unterdrückter und die Einigungsbestrebungen geteilter Nationen. Doch gerade im 19. Jahrhundert erlebte das sogenannte *klassische Völkerrecht*, in dessen Mittelpunkt die *staatliche Souveränität* stand, seinen eigentlichen Höhepunkt. In der Völkerrechtsdoktrin jener Zeit, deren Beginn auf das Jahr 1648 angesetzt wird und deren Ende wir heute erleben, hat das Volk seinen Platz nur als Element des Staatsbegriffs (neben Gebiet und Staatsgewalt) und tritt daher auf völkerrechtlicher Ebene nur in bezug auf ein einziges Recht in Erscheinung, dessen Konturen noch heute unklar sind und dessen Geltung als Rechtsnorm bis in die jüngste Vergangenheit umstritten war, nämlich in bezug auf das *Selbstbestimmungsrecht der Völker*.

Die irreführende Bezeichnung »Völkerrecht«, die sich auch im Englischen (*law of nations*) und im Französischen (*droit des gens*) findet, wird trotzdem historisch erklärt, und zwar als offensichtlich unzutreffende Übersetzung des lateinischen Begriffs *jus gentium*, den die Theoretiker des Völkerrechts vom 16. bis zum 18. Jahrhundert, als alle gelehrten Werke in lateinischer Sprache geschrieben wurden, verwendeten. Bereits am Ende des 19. Jahrhunderts mehrten sich die Versuche, einen passenden Ersatz für den Ausdruck »Völkerrecht« zu finden. Zwischenmächterecht, zwischenstaatliches Recht, Recht der internationalen Beziehungen und ähnliche Vorschläge wurden erörtert.

Als echter Konkurrenzbegriff blieb nur derjenige des internationalen öffentlichen Rechts übrig, der allerdings nur im angelsächsischen Bereich (*international public law*) sowie im Französischen (*droit international public*) die alte Bezeichnung fast vollständig verdrängte. Im deutschen Sprachraum trat der neue Ausdruck nur gleichsam als Erläuterung neben die alte Fehlbezeichnung.

Der Streit um die Entstehung des Völkerrechts

Mit der Festlegung auf die Definition des Völkerrechts als zwischenstaatliches Recht oder internationales öffentliches Recht scheint auf den ersten Blick auch der Beginn der Völkerrechtsgeschichte festgelegt; denn das zwischenstaatliche Recht kann nicht älter sein als die Staaten. Der *Staatsbegriff* aber ist nach einer weitverbreiteten Ansicht eine Schöpfung der Neuzeit. So herrscht in der völkerrechtlichen Literatur die Meinung vor, daß das Völkerrecht zugleich mit dem modernen Staat entstanden ist. Der Ausdruck »neuzeitliches Völkerrecht« wäre dann im Grunde eine Tautologie, weil ja das Völkerrecht von vornherein nur neuzeitlich sein kann. Allenfalls können gewisse Gedankengänge bereits in einer früheren Epoche entwickelt worden sein.

An dieser Stelle stoßen in dem Streit um die Entstehung des Völkerrechts zwei Problembereiche zusammen. Es geht zum einen um den *theoretischen Staatsbegriff*, zum anderen um die *Zusammenhänge zwischen Theorie und Praxis*, die in diesem Fall von besonderer Bedeutung sind, weil sie Grundfragen der völkerrechtlichen Rechtsquellenlehre aufwerfen, die ihrerseits zum Definitionsproblem zurückführen. So ist immer wieder gefragt worden, ob nur solche Verhaltensregeln als Völkerrechtsnormen anzuerkennen sind, deren Anwendung im zwischenstaatlichen Verkehr nachweisbar ist, oder auch solche, die nur von den Völkerrechtstheoretikern mit mehr oder minder großer Einhelligkeit bejaht werden. Diejenigen, die zu der erstgenannten Auffassung neigen, sind immer in den Verdacht geraten, sie seien eigentlich Völkerrechtsleugner oder wiesen der Völkerrechtswissenschaft eine rein deskriptive Aufgabe zu. Den anderen aber wird seit eh und je vorgeworfen, sie seien Utopisten und ihre Völkerrechtslehre sei nichts anderes als eine Gedankenspielerei. Zwischen diesen beiden extremen Vorwürfen wird die Frage hin und her bewegt, von welchem Zeitpunkt an es gerechtfertigt sei, von einem Völkerrecht und einer Völkerrechtstheorie bzw. Völkerrechtspraxis zu sprechen.

Das Ineinandergreifen der beiden Problemebenen hat zu einer großen Verwirrung in der Historiographie des Völkerrechts geführt. Immerhin gibt es aber auch gewisse Annäherungen. So müssen diejenigen, die das Völkerrecht erst mit der Entstehung des modernen Staates beginnen lassen wollen, doch zugeben, daß die Herrschaftsverbände früherer Zeiten in ihrem gegenseitigen Verkehr Institutionen entwickelten, die zumindest als *völkerrechtsähnlich* bezeichnet werden können. Es wird z. B. von »Vorformen des Völkerrechts« in der Antike gesprochen. Ebenso ist zuzugeben, daß sich antike und frühmittelalterliche Denker mit Problemen beschäftigten, die von späteren Theoretikern, von denen einige den Ehrentitel »Väter des Völkerrechts« erhielten, in ähnlicher Weise – und häufig unter Verwendung jener älteren Gedankengänge – behandelt wurden. Das wichtigste Beispiel hierfür ist die Entwicklung der *Lehre vom gerechten Krieg*. Ihre Ursprünge liegen in der stoischen Philosophie; die Kirchenväter grif-

fen die Frage auf, *Augustinus* vollendete sie und gab ihr diejenige Form, in der sie von *Thomas von Aquin* in die Scholastik eingebracht wurde.
Die »Väter des Völkerrechts«, von denen einige im folgenden zu untersuchen sein werden, gehören der Spätscholastik an und stellen somit das Bindeglied zwischen der Hochscholastik und der Theorie des neuzeitlichen Völkerrechts im engeren Sinne dar. Eine solche Verknüpfung von Gedankenfäden, die sich über Jahrhunderte zurückverfolgen und jede Epocheneinteilung fragwürdig erscheinen lassen, ist keine Besonderheit des Völkerrechts. Jeder Festlegung von Epochen haftet etwas Willkürliches an, zumal sie stets erst in der Rückschau vorgenommen wird. Vor allem aber ist zu berücksichtigen, daß Epochenabschlüsse niemals gleichbedeutend sind mit dem abrupten Abschneiden solcher Gedankenfäden. Beim Völkerrecht aber tritt die Frage hinzu, wie sich die Staatenpraxis in derselben Zeit entfaltet hat. Freilich kann hier niemals ein Gleichklang erwartet werden. Aber auch ein simples Nachhinken der politischen Ereignisse hinter dem Denken der Staats- und Völkerrechtstheoretiker – etwa nach der Faustregel, daß die philosophischen Entwürfe ein Menschenalter bräuchten, um ins Bewußtsein der Massen zu dringen – ist historisch nicht exakt nachweisbar, obwohl häufig darauf hingewiesen wird, daß die Ideen einer jeden Revolution etwa ein bis zwei Generationen vorher philosophisch erörtert worden sind.

Epocheneinteilung

Solche definitorischen und methodologischen Schwierigkeiten lassen vermuten, daß die Epocheneinteilung in der Historiographie des Völkerrechts noch schwieriger ist als in der allgemeinen Geschichtsschreibung oder in der Geschichtsschreibung anderer Wissensgebiete. In der Tat ist der Streit um die Epocheneinteilung fast genauso groß wie derjenige um die Entstehung des Völkerrechts. Um so erstaunlicher sind die Annäherungen, die trotz oft tiefgreifender Meinungsverschiedenheiten bezüglich der Epocheneinteilung festgestellt werden können. Gerade die Notwendigkeit, sich mit den Vertretern der jeweils entgegengesetzten Meinung auseinanderzusetzen, hat dazu gezwungen, die Argumente womöglich noch sorgfältiger als in der Wissenschaft üblich abzusichern. Das hat dazu beigetragen, daß hier auch entlegene Verbindungslinien aufgedeckt worden sind. So haben die Vertreter der These, daß bereits die Antike ein Völkerrecht und eine Völkerrechtswissenschaft kannte, die Einwendungen »gegen die Möglichkeit eines altgriechischen Völkerrechts« (Preiser, 1956, S. 738) sorgfältig untersucht. Diejenigen, die von einer »griechischen Epoche« nichts wissen wollen, haben sich davon allerdings nicht überzeugen lassen.
Ähnlich verhält es sich in bezug auf das Mittelalter. Die emphatischen Beteuerungen, am Beginn des 9. Jahrhunderts habe »die Geburt einer neuen internationalen Gemeinschaft« (Ago, S. 37) stattgefunden, fanden in der Völkerrechtsliteratur wenig Anklang. Vorherrschend ist noch immer die Meinung, daß weder zur Zeit des römischen Weltreichs noch während des gesamten Mittelalters eine Völkerrechtsordnung möglich war. Freilich ist das wieder eine Folge der im vorstehenden erwähnten Definition des Völkerrechts als Recht des Verkehrs souveräner Staaten. Souveräne Staaten begegnen einander in souveräner Gleichheit, wie es heute noch die Satzung der Vereinten Nationen in ihrem Art. 2 Nr. 1

beschreibt. Die Herrschaft des *Römischen Imperiums* hatte eine solche Rechtsordnung deshalb ausgeschlossen, da die wenigen an der Peripherie des Imperiums existierenden Staaten nicht als gleichberechtigt anerkannt wurden. In den auf den Zusammenbruch des römischen Weltreichs folgenden Jahrhunderten war das Entstehen einer Völkerrechtsordnung deshalb unmöglich, weil die Herrschaftsverbände, die das römische Erbe übernahmen, nicht als Staaten angesprochen werden konnten und sie zudem noch an dem Gedanken der Einheit des Imperiums festhielten. So ungefähr steht es in allen Lehrbüchern des Völkerrechts, und so ist es auch durchaus plausibel. Aber in dieser einfachen und vereinfachenden Form reizt es die Historiker zum Widerspruch. Sie weisen darauf hin, daß die Idee des *Heiligen Römischen Reiches*, die mit der Kaiserkrönung Karls des Großen am Weihnachtstag des Jahres 800 zum erstenmal in die politische Wirklichkeit versetzt wurde, in den darauffolgenden Jahrhunderten mit durchaus unterschiedlicher Intensität fortexistierte. Zwar kann niemand leugnen, daß diese Idee, die im tiefsten Grund von der Friedenssehnsucht getragen wurde – was allein ihre Fortdauer über tausend Jahre erklärt –, eine überaus starke prägende Kraft während des gesamten Mittelalters entfaltete. Die Einheit des christlichen Abendlandes, Kaiser und Papst als Symbole dieser Einheit und als oberste Schirmherren des Friedens und Schiedsrichter, war kein Traumgebilde, sondern gehörte durchaus der politischen Wirklichkeit an. Erst als der Kampfruf der Territorialherren, die »keinen Höheren über sich anerkennen« wollten (»superiorem in temporalibus non recognoscens«), zur allgemein anerkannten Rechtsnorm geworden war, konnte von einem Völkerrecht im modernen Sinn, einem »neuzeitlichen Völkerrecht« gesprochen werden. Aber auch die entschiedensten Vertreter dieser Meinung konzedieren einen »völkerrechtlichen Gehalt« der Rechtsordnung des Mittelalters (vgl. Kipp, S. 80).

Zwischen der ersten Formulierung jenes Kampfrufes und seiner Umwandlung in eine Rechtsnorm liegt eine Entwicklung von mehreren hundert Jahren. Der Gedanke der Souveränität läßt sich bis weit in das Mittelalter hinein zurückverfolgen – F. A. von der Heydte (1952, S. 112 ff.) feiert den Würzburger Bischof und Rechtsgelehrten *Lupold von Bebenburg* (1297–1363) als »ersten Theoretiker des Völkerrechts« –, aber erst durch den *Westfälischen Frieden* (1648), durch den die »Libertät« der Territorialherren rechtsverbindlich bestätigt wurde, erhielt die Souveränität ihre endgültige juristische Form, in der sie als die tragende Säule des neuzeitlichen Völkerrechts fungieren konnte. Diese unbestreitbare Tatsache rechtfertigt es, das Jahr 1648 als den wichtigsten Epocheneinschnitt sowohl in der deutschen Verfassungsgeschichte als auch in der Völkerrechtsgeschichte zu behandeln.

In der Völkerrechtsgeschichte beginnt mit dem Jahr 1648 das sogenannte *klassische Völkerrecht*, das erst im 20. Jahrhundert durch eine neue Völkerrechtsordnung abgelöst wird. Gegenwärtig befindet sich das Völkerrecht noch immer im Umbruch. Die Periode des klassischen Völkerrechts ist mit dem *Ende des Ersten Weltkrieges* und dem *Inkrafttreten der Völkerbundsatzung* (1920) zu Ende gegangen. Seither wird an der Errichtung einer neuen Völkerrechtsordnung gearbeitet, die vieles – zum Teil in einer den neuen Verhältnissen angepaßten Form – aus dem klassischen Völkerrecht übernommen hat und noch übernehmen wird, vieles aber beseitigt oder völlig neu geschaffen hat. Die Arbeit an dieser neuen Völkerrechtsordnung ist noch nicht abgeschlossen.

Trotz der überragenden Bedeutung des Jahres 1648 für die Völkerrechtsgeschichte ist die Epocheneinteilung im Bereich der Völkerrechtstheorie nicht ganz so einfach. Zwar wird in der Literatur häufig zwischen einer Klassik und einer Vorklassik unterschieden, aber die Zäsur liegt in diesen Fällen nicht bei dem Jahr 1648. Vielmehr pflegt eine bestimmte Gruppe von Autoren, deren Werke überwiegend in der zweiten Hälfte des 16. Jahrhunderts erschienen sind, zu den Klassikern gezählt zu werden. Manche Autoren bezeichnen sie sogar als die eigentlichen Klassiker. Das veranlaßte einen Kenner der Materie zu dem ironischen Ausruf: »Das neuzeitliche Völkerrecht ist zweimal begründet worden« (Dempf, S. 18).

Die Hervorhebung der Völkerrechtstheoretiker des 16. Jahrhunderts ist das Werk von Forschungen des 20. Jahrhunderts, insbesondere des Amerikaners James Brown Scott, dessen Arbeit über Francisco de Vitoria (1934) eine wahre Flut von weiterer Literatur über »Väter des Völkerrechts« auslöste. Manche Beobachter deuteten dies als eine Entthronung des Mannes, der bisher (und zwar schon seit dem 18. Jahrhundert) als der »Vater des Völkerrechts« gegolten hatte: Hugo Grotius, dessen Hauptwerk kurz vor dem Schicksalsjahr 1648 erschienen war und der deshalb als der Klassiker schlechthin gegolten hatte. Dennoch kann nicht davon die Rede sein, die »doppelte Legende, daß Hugo Grotius der ›Vater des Völkerrechts‹ und das Jahr 1648 die Geburtsstunde des Völkerrechts sei«, sei nun endgültig widerlegt (Janssen, S. 37). Die Bedeutung des Jahres 1648 ist keine Legende. Sie ergibt sich aber erst aus der *Zusammenschau von Völkerrechtstheorie und Völkerrechtspraxis*. Bezieht man die Theorie mit ein, so ist in der Tat noch ein weiteres Jahrhundert europäischen Denkens zu berücksichtigen, wobei sich ein geographischer Schwerpunkt ergibt: die Iberische Halbinsel.

So haben sich in der neueren Literatur drei verschiedene Epocheneinteilungen herausgebildet, die jeweils ihre Anhänger finden: Ernst Reibstein (1957) unterscheidet zwischen den *Klassikern* (von Machiavelli bis Grotius, unter Einschluß der spanischen Völkerrechtslehrer des 16. Jahrhunderts) und den von der Aufklärung beeinflußten Epigonen des Grotius (bis Vattel), die er als *Spätklassiker* bezeichnet. Im *Wörterbuch des Völkerrechts* werden unter dem von Preiser und Reibstein bearbeiteten Stichwort »Völkerrechtsgeschichte« (Bd. 3, S. 680 ff.) drei Epochen herausgestellt: 1. spanisches Zeitalter (1500–1648), 2. grotianisches System (Mitte des 17. Jahrhunderts), 3. früher Positivismus (zweite Hälfte des 17. Jahrhunderts, unter Einschluß von Burlamaqui und Christian Wolff). Wilhelm Grewe (1942, S. 38 ff., 280 ff.) ist zu folgender Einteilung gelangt: 1. das spanische Zeitalter (1494–1648), 2. das französische Zeitalter (1648–1815), 3. das englische Zeitalter (1815–1919).

2. Das Heranreifen der Doktrin

Die neue Zeit

Es fällt auf, daß die Epocheneinteilungen, so unterschiedlich sie auch sein mögen, hinsichtlich einer Abgrenzung bzw. Hervorhebung übereinstimmen: Die Geschichte der Völkerrechtswissenschaft – in anderer Formulierung: die Entstehung des neuzeitlichen Völkerrechts – wird mit einem »spanischen Zeitalter« eröffnet. Dieses spanische Zeitalter beginnt um die Wende des 15. zum 16. Jahrhundert. Grewe nennt eine konkrete Jahreszahl: 1494. Es ist das Jahr, in dem (am 7. Juni) der *Vertrag von Tordesillas* unterzeichnet wurde. Vorangegangen waren langwierige Verhandlungen zwischen den beiden Signatarstaaten Spanien und Portugal untereinander und mit dem Papst. Es ging um nichts Geringeres als die Aufteilung der neuentdeckten überseeischen Gebiete. Zum letztenmal trat der Papst hier als Schiedsrichter auf. Zwei päpstliche Dekrete aus dem Jahre 1493 (datiert auf den 4. Mai und den 26. September 1493), ausgefertigt von Papst Alexander VI., hatten den Königen von Kastilien und Leon »für alle Zeiten« alle Länder und Inseln hundert Meilen westlich von einem zu bestimmenden Punkt der Azorischen und Kapverdischen Inseln zugesprochen. Die Grenzziehung zwischen dem portugiesischen und spanischen Kolonialreich im einzelnen festzulegen überließ der Papst den Verhandlungen zwischen Spanien und Portugal, als deren Ergebnis der Vertrag von Tordesillas zustande kam, später ergänzt durch den *Vertrag von Zaragoza* aus dem Jahre 1529, der eine asiatische Demarkationslinie zwischen dem spanischen und portugiesischen Kolonialreich festlegte.

Es ist verständlich, daß Juristen ein juristisches Ereignis, einen Vertragsschluß, als Markierungspunkt verwenden. Der Vertrag von Tordesillas stellte den ersten Versuch dar, ein Problem rechtlich in den Griff zu bekommen, dessen Auftauchen in der politischen Geschichte die Wende zur Neuzeit charakterisiert: die Entdeckung Amerikas, zusammen mit der Eroberung der Weltmeere und der Gründung von Kolonien. Das juristische Ereignis folgte dem epochemachenden allgemeinhistorischen auf dem Fuß: Zwischen der Entdeckung Amerikas am 12. Oktober 1492 durch Christoph Columbus und dem Vertrag von Tordesillas liegen nur 20 Monate.

Kulturhistoriker gehen freilich weiter zurück und finden die wahren Anfänge der neuen Zeit in einer Vielzahl von Ereignissen, Taten und Gedanken, die unter der Überschrift »Renaissance« zusammenzufassen wären. Das Jahr 1453, die Eroberung Konstantinopels durch die Türken, ist dafür nicht ohne Bedeutung: In höchster Not flüchtete eine große Schar von Gelehrten, die das Erbe der Antike in ihren Studierstuben bewahrt hatten, mit kostbaren Manuskripten im Gepäck nach Westeuropa und beflügelten dort – nicht nur in Italien, vor allem aber dort – die Beschäftigung mit der antiken Ideenwelt.

Mit dem Gedankengut der Antike hatte sich freilich bereits im Hoch- und Spätmittelalter die Scholastik beschäftigt. Die große Leistung des *Thomas von Aquin* kann darin gesehen werden, daß er es verstand, Aristoteles und Christentum miteinander zu verbinden. So erscheint es ganz selbstverständlich, daß die neue Hinwendung zur Antike, die nicht als bloße Rückschau, sondern als Aufbruch in eine freiere Zukunft aus den engen Grenzen des Mittelalters heraus begriffen wurde, eine »Spätscholastik« hervorbrachte: eine Weiterentwicklung scholastischen Denkens und dessen Anwendung auf die Probleme der neuen Zeit. Dies geschah vornehmlich an spanischen Universitäten (Salamanca, Alcalá, Sevilla). Zeit und Ort sind nicht zufällig. Spanien war zur führenden Seemacht aufgestiegen, deren Schiffe und Seefahrer die neuen Erdteile und Ozeane eroberten und erforschten. (Der Rivale Portugal besaß in der 1307 gegründeten Universität Coimbra ein ähnliches Zentrum der Wissenschaft, an dem während des »spanischen Zeitalters« und danach ebenfalls bedeutende Völkerrechtstheoretiker wirkten.) Die Geburtsjahre derjenigen Gelehrten, deren Tätigkeit den Höhepunkt des spanischen Zeitalters bildete, liegen nicht weit vom Datum des Vertrags von Tordesillas entfernt. Die wissenschaftliche Bearbeitung der Rechtsprobleme des neuen Zeitalters wurde ungesäumt in Angriff genommen.

Die Vorläufer des Goldenen Zeitalters: Covarruvias, Sepúlveda, Las Casas

Die Epoche, die in der Geschichtsschreibung der Völkerrechtswissenschaft die Bezeichnung »spanisches Zeitalter« trägt, wird in der spanischen Literatur »siglo de oro« genannt: goldenes Jahrhundert. Der Ausdruck ist zunächst wörtlich zu nehmen; denn um Gold ging es zuvörderst bei den Entdeckungen und Eroberungen jener Zeit. Wenn aber in der Völkerrechtsgeschichte der Begriff »Goldenes Zeitalter« verwendet wird, so meint man damit die eben schon erwähnte Hochblüte der Gelehrsamkeit an den spanischen Universitäten des 16. Jahrhunderts, die zugleich eine Hochblüte der Spätscholastik war. Die Scholastik hatte bereits im Mittelalter die Grundlagen des wissenschaftlichen Denkens geschaffen. Auf ihnen baute die Spätscholastik auf und entfaltete eine universale – in moderner Formulierung könnte gesagt werden: interdisziplinäre – Wissenschaft. Es ist zwar kein Zufall, daß die neuzeitliche Völkerrechtsdoktrin – damit die Völkerrechtsdoktrin schlechthin – von *Theologen* erarbeitet wurde, aber auch keine Besonderheit, denn »der Beginn der modernen Wissenschaft vom Völkerrecht fällt in eine Zeit, wo die Aufzweigung in wissenschaftliche Sondergebiete noch nicht vollzogen war. Die Gesamtschau der Wirklichkeit in der Wissenschaft war im 16. Jahrhundert noch eine Tatsache« (Soder, 1955, S. 1). Daran ist zu denken, wenn man die Völkerrechtstheoretiker des Goldenen Zeitalters in die Fachdisziplin der Moraltheologen einordnet. Aus der Sicht einer modernen theologischen Fakultät ist eine solche Einordnung sicher nicht zu beanstanden. Aber wie alle Gelehrten jener Zeit waren diese Moraltheologen Universalgelehrte und beherrschten auch die juristische Denk- und Argumentationsweise, zumal viele von ihnen zugleich auch Kirchenrechtler und Staatsphilosophen waren. Die Fragen, die es damals vordringlich zu erörtern galt, standen in besonderer Nähe zur Ethik, was wiederum ein Spezifikum des Völkerrechts ist. Jede Rechtsentscheidung ist ihrem tiefsten Wesen nach eine ethische Entscheidung; das Recht erhält seine konfliktlösende Kraft nicht aus sich selbst, sondern aus dem Ethos, das in ihm zum Ausdruck kommt.

Die große Frage der spanischen Scholastik des Goldenen Zeitalters war die *Kolonialfrage*. Die Theologen behandelten sie nicht nur von der Warte des weltlichen Rechts, der Befugnisse des Kaisers des Heiligen Römischen Reiches und des Königs von Spanien, sondern auch unter dem Aspekt der christlichen Mission. Mit Recht ist daher von einer »kolonialethischen Methode der spanischen Spätscholastiker« (Höffner, S. 243) die Rede. Auch der *gerechte Krieg* und der *Friede* gehören zu den Hauptthemen dieser Väter des Völkerrechts, und gerade an der Behandlung der Kriegsproblematik zeigte sich die große Wende zum neuzeitlichen Völkerrecht. Sie war aufs engste verbunden mit dem Kolonialproblem; denn im Vordergrund stand immer wieder die Frage, ob die Könige von Spanien berechtigt seien, gegen die jüngst entdeckten Heiden Krieg zu führen. *De Indis recenter inventis* lautet das Hauptwerk eines der berühmtesten dieser Väter des Völkerrechts, *Francisco de Vitoria*. Vor ihm hatten andere diese Frage bereits erörtert, und sie hatten dabei auf die Scholastiker des Mittelalters zurückgegriffen. In diesem Sinne kann wohl gesagt werden, »daß alle völkerrechtstheoretischen Erörterungen eines Vitoria, Suárez oder Grotius in ihren wesentlichen Punkten bereits von den Theologen, Kanonisten und Legisten des 13. Jahrhunderts vorweggenommen sind« (Janssen, S. 39). Im Zuge der intensiven Suche nach den scholastischen Quellen und Vorbildern der Väter des Völkerrechts im Goldenen Zeitalter sind »auch eine Menge obskurer Denker der Vergessenheit entrissen und auf ihren Wert als Völkerrechtslehrer geprüft« worden (Janssen, a. a. O., S. 51), und sicher harren noch manche andere ihrer Entdeckung, wie auch manche von späteren Forschungen als zunächst irrtümlicherweise überbewertet in die Vergessenheit zurückgestoßen werden mögen. Über einige von ihnen aber ist die Meinung einhellig und wird, nach den bisherigen Forschungsergebnissen zu urteilen, auch Bestand haben.

Hierzu gehört der Kanonist und Romanist *Didacus (Diego) de Covarruvias y Leyva* (1512–1577), der sowohl als Vorläufer des Francisco Suárez als auch des Hugo Grotius (Soder, 1973, S. 120; Kaltenborn, S. 132) apostrophiert wird. Covarruvias, gebürtig aus Toledo, war Bischof von Segovia und Präsident im Rate von Kastilien. Er beschäftigte sich intensiv mit der Beurteilung des Krieges und wies vor allem die Auffassung zurück, der Krieg sei als *Zweikampf* zur Austragung zwischenstaatlicher Streitfragen zu begreifen. In bezug auf das *Feindvermögen* vertrat Covarruvias allerdings noch die römisch-rechtliche Auffassung, jeder Krieg werde aufgrund eines stillschweigenden Übereinkommens zwischen den Kriegführenden geführt, wonach dem Sieger der gesamte feindliche Besitz, unabhängig vom individuellen Eigentum, zufalle. Auch die *Versklavung der Kriegsgefangenen* hält Covarruvias für gerechtfertigt, betont jedoch, dies sei bereits eine Verbesserung ihrers Loses, da sie andernfalls dem Tode anheimfallen würden. Josef Kohler (S. 241) hat Covarruvias den »spanischen Bartolus« genannt und ihn als den »größten Juristen, den Spanien hervorgebracht hat«, gerühmt.

Die romanistische Verankerung der Lehren des Covarruvias rechtfertigt es, ihn vor demjenigen Denker zu nennen, der nach dem einhelligen Urteil der Historiker an der Schwelle des Goldenen Zeitalters steht: *Juan Ginés de Sepúlveda* (1490–1573). Daß aber der spätergeborene Covarruvias in mancher Beziehung fortschrittlicher dachte als Sepúlveda, mag daran ersichtlich sein, daß er sich deutlich gegen das *imperium mundi* des römisch-deutschen Kaisers aussprach. Dieser könne von Rechts wegen nur über denjenigen Teil der Erde Herrschaft beanspruchen, den sonst die römischen Kaiser innegehabt hätten. Sepúlveda dagegen meinte noch immer, daß rechtlich alle Völker dem Imperium unterstünden, weshalb es auch zulässig sei, dem Reich des Kaisers die Völker der neuen Welt mit Gewalt einzuverleiben. Er dachte dabei an Karl V., der zugleich König von Spanien war und als dessen Kronjurist er fungierte.

Als Sohn reicher Grundbesitzer erhielt Sepúlveda eine hervorragende Ausbildung. Er studierte zunächst an der erst kurz zuvor (1508) gegründeten Universität von Alcalá und ging dann im Jahre 1515 nach Bologna, wo er im spanischen Kolleg den Prinzen von Carpi kennenlernte, der ihn später drei Jahre lang (1522–1525) an seinen Hof zog und mit weltberühmten Gelehrten in Verbindung brachte. Schon damals entfaltete Sepúlveda, der neben Theologie auch Philosophie und Geschichte studiert hatte, eine umfangreiche Schriftsteller- und Übersetzertätigkeit. (Unter anderem übersetzte er Aristoteles.) 1526 überreichte er in Rom Papst Clemens VII. seine Widerlegung von Luthers Schrift über den freien Willen (*De fato et libero arbitrio libri tres*, Rom 1526), die großen Anklang gefunden zu haben scheint, denn Clemens VII. beschäftigte ihn alsbald mit wissenschaftlichen Arbeiten. In dieser Zeit erlebte Sepúlveda die Plünderung Roms durch die Söldner des Kaisers im Jahre 1527 und die Belagerung von Neapel vom Mai bis September 1528, wo er sich im Innern des Belagerungsringes befand und fast Hungers gestorben wäre. Ein Jahr später sandte ihn Papst Clemens VII. als Reisebegleiter zu Kaiser Karl V., der nach Italien gekommen war, um sich krönen zu lassen. Aber die Reise ging nicht nach Rom, sondern nach Bologna, wo Sepúlveda die letzte Krönung eines deutschen Kaisers durch einen Papst erlebte. Auch auf den Kaiser scheint Sepúlveda einen hervorragenden Eindruck gemacht zu haben; denn bereits 1535 bot er ihm den Posten eines offiziellen Chronisten an. Das war allerdings mit der Aufgabe verbunden, den Kaiser auf seinen Reisen zu begleiten. Sepúlveda mußte sich oft entschuldigen, und so kam es, daß er Deutschland, die Heimat seines Widersachers Luther, nie sah. Die Reisen im Mittelmeerraum waren aufregend genug und wurden für Sepúlveda mit zunehmendem Alter immer beschwerlicher. So scheint er froh gewesen zu sein, als er 1542 zum Prinzenerzieher ernannt wurde und sich in Valladolid niederlassen konnte, wo er allerdings nur einen Teil seiner Zeit verbrachte, weil er es vorzog, vor allem die kältere Jahreszeit im sonnigen Andalusien auf dem von den Eltern ererbten Gut zuzubringen. Neben der Pflege seiner Felder, Gärten und Weinberge widmete er sich dem Verfassen gelehrter Schriften, vor allem historischer, philosophischer, aber auch juristischer Arbeiten. Zu nennen ist insbesondere seine *Apologia pro libro de justis belli causis*, die 1550 in Rom erschien. In dasselbe Jahr fällt dasjenige Ereignis, das ihn einer breiteren Öffentlichkeit bekanntmachte: sein Auftreten als Gegner von Bartolomé de Las Casas.

Der Dominikanermönch *Bartolomé de Las Casas* (1474–1566) ist als »Anwalt der Indios« in die Geschichte eingegangen. Aufgrund dieses allgemein bekanntgewordenen Lebenswerkes verbindet sich mit ihm das Bild eines demütigen und frommen, einfachen Mannes, der beharrlich für die gute Sache stritt, mutig vor die Großen hintrat und um Mitleid für die Unterdrückten bat. Gewiß tat er das. Er hinterließ aber auch ein ansehnliches literarisches Werk, in dem er sich mit denselben Fragen beschäftigte wie die Väter des Völkerrechts und ihre

Vorläufer. Mehr noch: Im Gegensatz zu den meisten von diesen war er nicht nur Theologe, sondern gelernter Jurist, Lizenziat beider Rechte, der in Salamanca studiert hatte. Schon 1502 überquerte er den Ozean, aber nicht als Missionar, sondern als einer der vielen Glücksritter, die in der Neuen Welt reich werden wollten. Bereits sein Vater hatte Columbus auf dessen zweiter Reise nach Amerika begleitet, war aber 1498 wieder nach Spanien zurückgekehrt. Jahrelang führte Las Casas das unbekümmerte und ausschweifende Leben der spanischen Ansiedler auf der Insel Española (dem heutigen Kuba), bis er unter dem Eindruck von den Predigten der Dominikaner – sie waren seit 1510 in der Neuen Welt zugelassen – sich bekehrte und Priester wurde. Die Bekehrung erfolgte nicht von einem Tag zum andern, und selbst nach seiner Priesterweihe besaß Las Casas zunächst noch Sklaven, die ihm zugeteilt worden waren. (Die Zuteilung von Sklaven – *repartimiento* – war ein wichtiges Instrument der spanischen Kolonialpolitik.) Erst als ihm ein Beichtvater die Absolution verweigerte, solange er seine Sklaven nicht freigelassen habe, beschäftigte er sich ernsthaft mit dem Sklavenproblem und kam davon zeitlebens nicht mehr los.

Nun ging er juristisch an die Frage heran und entwickelte die Auffassung, der spanischen Krone stehe lediglich eine *Oberherrschaft* oder kaiserliche Gewalt über Westindien zu. Diese Gewalt sei den Königen von Kastilien und Leon *vom Hl. Stuhl* verliehen worden, um das Evangelium zu predigen, den Glauben zu verbreiten und die Eingeborenen bekehren zu lassen, nicht aber, um die Könige jener Länder ihrer legitimen Herrschaft und ihres Besitzes zu berauben. Wolle der König von Spanien die Herrschaft über Westindien rechtsgültig erwerben, so bedürfe er der *freien Zustimmung der Könige und Völker* daselbst. So sicher wie der Satz, daß ein Dreieck drei Winkel habe, sei auch der Satz, daß selbst der größte Fürst der Welt nicht über Völker und Untertanen verfügen könne ohne deren freie Zustimmung.

Man glaubt, einen Philosophen der Aufklärung zu hören oder gar einen Theoretiker des Selbstbestimmungsrechts der Völker, nicht aber einen Scholastiker an der Schwelle der Neuzeit. Und doch können die Gedanken von Las Casas nicht ganz ungewöhnlich für die damalige Zeit gewesen sein, denn sie fanden Gehör, und zwar nicht nur beim Dominikanerorden, dem er beigetreten war. Der Kaiser (Karl V.) gewährte ihm seine Gunst und verschaffte ihm das reichste Bistum in der Neuen Welt (Cuzco), das Las Casas aber ablehnte, um wenig später das ärmere Bistum Chiapas anzunehmen, für das er 1544 in Sevilla konsekriert wurde. Glücklich ist er als Bischof nicht geworden; schon 1547 kehrte er nach Spanien zurück, um hier mit Vehemenz die Sache der Indios zu vertreten, und 1550 verzichtete er endgültig auf seine Bischofswürde.

In diesem Jahr trat er Sepúlveda entgegen, der ausgewählt worden war, mit ihm seine 30 Thesen zur Verteidigung der »Indianer« zu disputieren. Dadurch kam Sepúlveda zu dem (später zweifelhaften) Ruhm, der große Gegenspieler von Las Casas gewesen zu sein. In Wirklichkeit hatten sich viele, ja sogar die meisten der damals publizierenden Theologen und Juristen in anderem Sinne geäußert als Las Casas. Sepúlveda war wahrscheinlich nur wegen seiner Eloquenz – Erasmus nannte ihn den »spanischen Livius« – und Berühmtheit ausgewählt worden. Vielleicht spielte allerdings auch noch ein anderer Umstand eine Rolle. Sepúlveda, der bereits 1535 ein unter dem Titel *Democrates* bekanntgewordenes

Werk (mit vollem Titel: *De convenientia militaris disciplinae cum christiana religione dialogus qui inscribitur Democrates*) veröffentlicht und darin nachzuweisen versucht hatte, daß und unter welchen Umständen sich der Krieg mit den Lehren der Kirche vereinbaren ließe, hatte gerade kurz vor der Rückkehr von Las Casas aus Amerika ein neues Werk geschrieben, das er unter dem Titel *Democrates II* veröffentlichen wollte mit dem Untertitel *De justis belli causis apud Indios* und in dem er die Lehre des gerechten Krieges speziell auf die Kriege der Spanier in der Neuen Welt anwandte. Es ist interessant, daß dieses Buch nicht gedruckt werden durfte, weil die an der Fortführung der kriegerischen spanischen Kolonialpolitik interessierten Kreise an der Schrift Anstoß nahmen. Seit eh und je hatte nämlich die Lehre vom gerechten Krieg dazu gedient, das Kriegführungsrecht zu beschränken.

Dennoch besteht kein Zweifel daran, daß Las Casas und Sepúlveda in der Kernfrage der Kolonialethik Gegner waren. Der Unterschied ist allerdings durchaus subtil. Immerhin konnten sich beide Disputanten auf päpstliche Lehren stützen, wobei sich allerdings Las Casas mehr auf Paul III. (1534–1549), Sepúlveda aber mehr auf Alexander VI. (1431–1503) berief. In gewisser Weise kann der Gegensatz sogar als ein Streit um die zeitliche Reihenfolge betrachtet werden. Sollen die Indianer zuerst bekehrt und dann unter spanische Hoheit gebracht werden oder umgekehrt? Für Sepúlveda war es klar, daß die *Eroberung* der Mission vorangehen müsse; selbst das grausame System der *Repartimientos* wurde damit gerechtfertigt, daß die weißen Herren so die Farbigen besser zum christlichen Glauben bekehren könnten. Las Casas aber ging nur vom *Missionsauftrag* der Kirche aus, der dem Papst die Pflicht, aber auch das Recht gab, das Christentum in aller Welt zu verbreiten und sich dabei der Hilfe christlicher Souveräne zu bedienen. So könne der Papst durchaus heidnische Länder an christliche Souveräne verteilen (der Vertrag von Tordesillas wurde insofern durchaus auch von Las Casas anerkannt), aber eine solche Zuteilung bedeute noch nicht den endgültigen Gebietsübergang, sondern lediglich einen Missionsauftrag, nach dessen Erfüllung eine freiwillige Unterwerfung unter die spanische Krone möglich sei.

Der Disput zwischen Sepúlveda und Las Casas zeigt die Spannweite und zugleich die Enge der Diskussion der »Väter des Völkerrechts«. Die Spannweite reicht von der mittelalterlichen Scholastik und den Vorstellungen von der (unter dem Schiedsrichteramt des Papstes) ausgeübten *Weltherrschaft des Kaisers,* wie sie Sepúlveda vertrat, bis zu den aufklärerischen Gedanken von der unveräußerlichen *Freiheit der einzelnen* und der nach dem Grundsatz der *Selbstbestimmung* verfaßten Gemeinwesen, die sich auf der internationalen Ebene als gleichberechtigte Rechtssubjekte (also Völkerrechtssubjekte) begegnen, wie es Las Casas beschrieb. Die letztere Auffassung setzte sich im klassischen Völkerrecht durch, dessen Geltungsbeginn auf das Jahr 1648 angesetzt wird. Die Völkerrechtsklassiker aber, die »Väter des Völkerrechts« im Goldenen Zeitalter, bewegten sich noch ganz innerhalb jener Spannweite – wenn auch andererseits innerhalb der Grenzen der Spätscholastik – und erweisen sich damit im wahrsten Sinne als Bindeglied zwischen Mittelalter und Neuzeit.

Die Väter des Völkerrechts: Vitoria, Soto, Vázquez, Molina, Suárez

Obwohl die völkerrechtshistorische Literatur die Urheber des neuzeitlichen Völkerrechts stets im Plural nennt, gibt es doch einen von ihnen, dem es fast gelungen wäre, den Ehrentitel in der Einzahl für sich zu erwerben. Es ist *Francisco de Vitoria,* von dem Soder (1955, S. 6) sagt, ihm gebühre der Ruhm, »eine Wissenschaft begründet zu haben«, und den Paul Hadrossek (S. XI) unverblümt »Vater einer ganzen geistigen Bewegung« und »Begründer der Völkerrechtswissenschaft« nennt. Joseph Höffner (S. 245) sagt von ihm, er sei »der bedeutendste Kolonialethiker unter den spanischen Scholastikern des 16. Jahrhunderts« gewesen. Sein Geburtsdatum ist ebensowenig mit Gewißheit zu ermitteln wie sein eigentlicher Name. Er stammt aus dem baskischen Städtchen Vitoria, für das früher die Schreibweise »Victoria« gebräuchlich war, weshalb auch Francisco de Vitoria in der Literatur manchmal als Victoria auftritt. Sein Geburtsdatum wurde lange Zeit zwischen 1482 und 1486 vermutet; erst durch intensive Forschungen in den 40er Jahren unseres Jahrhunderts ist nachgewiesen worden, daß als Geburtsjahr mit größter Wahrscheinlichkeit 1492 oder 1493 in Frage kommt. Bereits 1504 trat Vitoria in den Dominikanerorden ein und studierte nach entsprechender Vorbereitung an der Universität Paris. Von Anfang an wandte er sich der wissenschaftlichen Laufbahn zu, erwarb 1522 den theologischen Doktorgrad und lehrte zunächst in Valladolid, bis er (1526) einen Lehrstuhl an der Universität Salamanca erhielt. Dort blieb er bis zu seinem Tode (1546). Sein großes wissenschaftliches Werk präsentierte er in seinen Vorlesungen, die erst posthum herausgegeben worden sind. Da aber seine Skripten nach genauen Diktaten erhalten geblieben sind, ist an der Authentizität der späteren Editionen niemals gezweifelt worden. Ihrer Entstehungsweise entsprechend werden die Schriften als *Relectiones* (Vorlesungen) bezeichnet. Neben zahlreichen philosophischen, theologischen und kirchenrechtlichen Vorlesungen sind es insbesondere zwei Vorlesungen über »Die kürzlich entdeckten Inder« und »Das Recht der Spanier zum Kriege gegen die Barbaren«, die zu einer Doppel-Relectio zusammengefaßt wurden (*De Indis recenter inventis et de jure belli Hispanorum in barbaros*). Die eine, mit der Kurzbezeichnung *De Indis I,* wurde für den Kursus 1537/38 gehalten, die andere (*De Indis II*) 1538/39. Im Mittelpunkt dieses Werkes steht die Frage nach *Krieg und Frieden.* Vitoria geht über den unmittelbaren Anlaß hinaus und versucht, die scholastische Lehre vom gerechten Krieg in ein den neuzeitlichen Bedingungen angepaßtes System einzubringen. Obwohl er an den Grundbegriffen der bellum-justum-Theorie festhält und daher danach fragt, ob der Krieg aus gerechtem Grund (*causa justa*) und mit rechter Absicht (*intentio recta*) geführt wird, unterscheidet er doch bereits zwischen schuldhaftem und schuldlosem (»objektivem«) Unrecht. Der objektiv zwar das Recht verletzende Gegner, der sich subjektiv in gutem Glauben oder in Unkenntnis der Rechtswidrigkeit befinde, dürfe wohl niedergerungen werden, aber eine Bestrafung dieses Gegners sei unzulässig. Hier klingt bereits der später von *Gentili* geprägte Begriff des *bellum justum ex utraque parte,* des beiderseits gerechten Krieges, an, der den Übergang zum neuen Verständnis von Krieg und Frieden im klassischen Völkerrecht ermöglicht. Danach sind Krieg und Frieden zwei Rechtszustände, die den souveränen Staaten für die Gestaltung ihrer gegenseitigen Beziehungen zur Verfügung stehen. Erst mit der Festigung dieser Auffassung, die aufs engste mit dem Begriff der Souveränität zusammenhängt, ist das System des klassischen Völkerrechts perfekt.

Vitoria selbst war noch weit von dieser Vollendung des Lehrgebäudes des neuzeitlichen Völkerrechts entfernt. Aber er war sich offenbar bewußt, daß er am Bau eines solchen Lehrgebäudes arbeitete. Seine Definition »quod naturalis ratio inter omnes gentes constituit, vocatur jus gentium« (*De Indis I*, 3. Teil, Nr. 2) ist zur ersten allgemein anerkannten Definition des Völkerrechts geworden. In ihr ist festgehalten, daß das jus gentium, von dem in den Schriften der Spätscholastiker des Goldenen Zeitalters die Rede ist, nicht identisch ist mit dem jus gentium des römischen Rechts, sondern mit diesem nur einen Grundgedanken gemeinsam hat. Das *jus gentium der Römer* war positives römisches Recht, das für den Handelsverkehr zwischen römischen Bürgern und Nichtrömern galt. Es war damit *Handelsrecht und Fremdenrecht,* in beiden Erscheinungsformen nach moderner Terminologie innerstaatliches Privatrecht. Allerdings lag auch ihm bereits der Gedanke zugrunde, daß im Verkehr zwischen Römern und Nichtrömern Grundsätze anzuwenden seien, die nicht erst durch menschliche Rechtsetzung entstehen, sondern in der *Natur des Menschen* vorgegeben sind. Hieraus hat sich später eine intensive Debatte über das Verhältnis zwischen Naturrecht und Völkerrecht ergeben, wobei verständlicherweise die *Naturrechtslehre der Aufklärung* zu einer *völligen Identifizierung von Naturrecht und Völkerrecht* neigte. Vitoria und die spanischen Väter des Völkerrechts haben das nicht behauptet. Sie haben aber klargemacht, daß das *jus gentium* seinem Wesen nach ein *jus inter gentes* ist, ein Recht, das für den Verkehr zwischen organisierten menschlichen Gemeinschaften gilt. Damit war die Vorstellung von einem unter der gemeinsamen Oberhoheit von Kaiser und Papst stehenden oder irgendwie sonst organisierten *Weltstaat* endgültig preisgegeben, und es zeichnete sich das Bild der *aus souveränen Staaten bestehenden internationalen Gemeinschaft* ab. Diese Weltgemeinschaft (*totus orbis*) wird von Vitoria als soziale Erscheinung behandelt, die sich aus der menschlichen Natur erklärt: So wie der Einzelmensch auf ein Zusammenleben mit anderen Menschen angelegt ist, fordert die menschliche Natur auch ein Zusammenleben aller einzelnen Staaten. Anlaß zu Spekulationen hat die Aussage Vitorias gegeben, dem *totus orbis* stehe die Gewalt zu, Gesetze zu geben. Vitoria meinte damit offensichtlich die normative Kraft der Völkerrechtsregeln, aber damit ist noch keine Aussage über die Entstehensweise der einzelnen Völkerrechtsnormen verbunden. So mag es wohl gerechtfertigt sein, vor einer Überschätzung der *totus orbis*-Idee zu warnen (Janssen, S. 55). Immerhin bleibt es aber das Verdienst Vitorias, das Nebeneinander souveräner Staaten in einer Rechtsgemeinschaft von Gleichberechtigten dargestellt zu haben.

Vitoria hat vielen später geborenen Juristen und Theologen als Vorbild gedient; sein unmittelbarer Schüler aber ist beinahe ein Altersgenosse gewesen. Es ist *Domingo de Soto* (1494–1560), in deutscher Übertragung seines Namens auch als Dominikus Soto bekannt. Er kannte Vitoria seit seiner Studienzeit in Paris (1517–1519), trat 1525 in den Dominikanerorden ein und lehrte Philosophie und Theologie an den Universitäten Alcalá und Burgos, bis er 1527 den zweiten Lehrstuhl für Theologie an der Universität Salamanca erhielt. So ist er zugleich

Schüler und Kollege von Vitoria, als dessen eigentlicher Lehrstuhlnachfolger er in der Literatur gilt. 1545 schickte ihn Kaiser Karl V. zum Konzil von Trient, 1548/49 war er Beichtvater des Kaisers. 1550 führte er den Vorsitz in der bereits erwähnten Disputation zwischen Sepúlveda und Las Casas in Valladolid, bei der Kaiser Karl V. anwesend war. Sein Hauptwerk, *De justitia et jure,* das 1553 in Salamanca erschien, wurde innerhalb von wenigen Jahren zwanzigmal aufgelegt.

De Soto führte die Gedanken Vitorias über den gerechten Krieg fort und verlangte neben der Erfüllung von drei Voraussetzungen (*auctoritas, causa justa, forma juris*) noch eine weitere, nämlich das *Erforderlichsein der kriegerischen Gewalt.* Der Gedanke war zwar bereits bei Augustinus angeklungen, de Soto aber baute ihn in das Rechtssystem ein und umriß damit zum erstenmal das Prinzip der *Verhältnismäßigkeit von Zweck und Mitteln* im Völkerrecht. Wie alle Ausprägungen der bellum-justum-Theorie diente auch diejenige des de Soto der Eindämmung des Krieges. Das zeigte sich bereits in der ersten Voraussetzung, durch welche das Recht, Kriege zu führen, auf diejenigen Fürsten beschränkt wurde, die nach späterer Terminologie als Souveräne zu bezeichnen waren. Die Fortschrittlichkeit dieser Doktrin zeigt sich im Vergleich mit dem mittelalterlichen *Fehderecht,* das einzudämmen die Kirche seit Jahrhunderten bemüht war. Wie sehr bei de Soto die Friedenserhaltung im Vordergrund stand, zeigt eine seiner berühmten Sentenzen: »Die nächste Aufgabe des Soldaten ist die Verteidigung des einzelnen Postens, die des Feldherrn ist der Sieg, die des Königs aber der Friede; darum ist es die Aufgabe des Königs, alles Niedere auf dieses Höhere hinzuordnen« (*De justitia et jure,* I qu. 1, a 3).

Als Schüler de Sotos in dem Sinne, daß er seine Lehre auf dessen Werk *De justitia et jure* aufgebaut hat, gilt *Fernando Vázquez de Menchaca.* Die Beifügung soll ihn lediglich von anderen Trägern des Namens Vázquez unterscheiden, die ebenfalls Autoren theologischer und juristischer Schriften waren. Die Lebensdaten von Vázquez de Menchaca werden in der Literatur mit einigen Abweichungen angegeben. Für seinen Tod scheint das Jahr 1569 mit einiger Sicherheit festzustehen. (Die gelegentlich erwähnte Jahreszahl 1559 geht möglicherweise auf einen Druckfehler zurück.) Aber für das Geburtsdatum kommen zwei Jahre in Frage: 1509 oder 1512. Die letztere Jahreszahl überwiegt in der neueren Literatur (vgl. Soder, 1973, S. 19), doch kann sich Reibstein (1949, S. 19) auf eine zuverlässige Quelle berufen, in der verzeichnet ist, daß Vázquez »1566 im 57. Jahr« gestorben ist. Auf jeden Fall war Vázquez damit ein Zeitgenosse Sotos und Vitorias, wenn auch rund 20 Jahre jünger als diese. Im Gegensatz zu den meisten anderen Vätern des Völkerrechts war Vázquez (dessen Name gelegentlich auch in anderer Schreibweise auftaucht, nämlich Vasquez, abgeleitet von der lateinischen Form Vasquius) kein Theologe, sondern nur Jurist. Auf die Tatsache, daß sich der Schwerpunkt der Diskussion über Krieg und Frieden im Laufe des 16. Jahrhunderts auf die Jurisprudenz verschob, hat Kaltenborn (S. 158) hingewiesen mit der Bemerkung: »Also machte sich schon in der Zeit mehr das Bewußtsein geltend, daß die höchste Blüthe der Jurisprudenz nur von Juristen zu erlangen sei.« In der späteren Literatur wurde Vázquez bis ins 20. Jahrhundert wenig Beachtung geschenkt, obwohl ihn Grotius in seinen Schriften häufig erwähnt, und zwar neben Covarruvias als einzigen der spanischen Spätscholastiker. Seine Zuordnung zu der »Schule von Salamanca« ist auf Bedenken gestoßen, da »er doch eher als Gegenspieler denn als Adept der spanischen Spätscholastik anzusprechen« sei (Janssen, S.60). Aber es wird anerkannt, daß er dennoch dazugehört, »weil gerade an ihm, dem Bindeglied zwischen der Moraltheologie der seconda scolastica und der neueren Naturrechtslehre, deutlich wird, wie sehr die moderne Völkerrechtswissenschaft der spanischen Spätscholastik verpflichtet ist« (ebd.).

Über das Leben des Vasquius ist wenig bekannt. Er war königlicher Richter und Senator sowie spanischer Delegierter bei dem Konzil von Trient, wird dort aber in den amtlichen Protokollen (im Gegensatz zu dem ebenfalls am Konzil teilnehmenden Covarruvias, der Bischof war) nicht erwähnt. Sein Hauptwerk, *Controversiae illustres*, erschien 1559 in Salamanca. Für die *Völkerrechtsdogmatik* ist es vor allem deswegen von Bedeutung, weil es die bereits von Vitoria angedeutete Definition des Völkerrechts weiter verfeinerte. Nach Vázquez ist das *jus gentium* das Recht derjenigen Rechtssubjekte, die keinen Höheren anerkennen, bzw. derjenigen Rechtsverhältnisse, bei denen wenigstens einer der Partner souverän ist. Man sieht, daß nach dieser Definition auch das Staatsrecht zum *jus gentium* gehört. In einer anderen Beziehung aber ist die Begriffserklärung des Vázquez bereits durchaus modern. In der Formel vom Fürsten, der keinen Höheren anerkennt, steckt – wie bereits im vorstehenden erwähnt – der *Grundgedanke der Souveränität,* die zur tragenden Säule des klassischen Völkerrechts werden sollte. So ist es wohl richtig, wenn das Hauptanliegen des Vázquez darin gesehen wird, »den mittelalterlichen Staats- und Rechtsuniversalismus, der praktisch längst zerfallen war, auch theoretisch zu liquidieren« (Reibstein, 1949, S.149). Von hier aus erklärt sich auch, warum Hugo Grotius die Ausführungen des Vázquez so hoch schätzte; denn Grotius war ja der endgültige Liquidator jenes Rechtsuniversalismus.

Noch in mancher anderen Beziehung ist der Scholastiker Vázquez unglaublich modern. Zu einer Zeit, als Spanien die Meere beherrschte und seine Seeherrschaft als Teil der im *Vertrag von Tordesillas* (so wie ihn die spanischen Hofjuristen interpretierten) juristisch untermauerten Weltherrschaft begriff, setzte sich Vázquez in seinen *Controversiae illustres* für die Meeresfreiheit ein. Er leitete sie aus dem Begriff des *jus gentium* ab, von dem er sagte, seine Normen brauchten nicht erst gesucht oder konstruiert zu werden, da sie sich aus dem Begriff des Rechts von selbst ergäben. Diesem lasse sich vor allem entnehmen, daß das *jus civile,* also das innerstaatliche, zwischen Privatrechtssubjekten geltende Recht, für den Verkehr zwischen Fürsten bzw. Staaten nicht gelten könne. Derartige Rechtssubjekte könnten sich gegeneinander nur naturaliter verpflichten (II, 51, § 42). Diese Verpflichtung ist aber nicht etwa eine schwächere als die des *jus civile*, sondern eher noch eine stärkere, da sie ja aus dem Recht an sich fließt, das unabhängig von allen positiven Gesetzen besteht. Eine ausdrückliche Zuspitzung dieser Grundsätze auf den Verkehr zwischen souveränen Staaten fehlt bei Vázquez ebenso wie noch bei Vitoria und Soto, aber das Fehlende war nur noch eine Frage der Definition des Völkerrechtssubjekts. Das Grundmuster der neuzeitlichen Völkerrechtsordnung war vorgezeichnet.

Einen bedeutsamen Fortschritt zur weiteren Ausfüllung dieses Grundmusters brachten die Arbeiten von *Luis de Molina* (1535–1600). Auch er studierte in

Salamanca und begann mit der Rechtswissenschaft, ging dann aber bald auf Philosophie und Theologie über. 1553 trat er in den Jesuitenorden ein und wurde von diesem, da die Provinz Kastilien noch kein eigenes Noviziat besaß, nach Coimbra in Portugal geschickt. Dort vollendete er seine Studien und vollzog den nahtlosen Wechsel in die wissenschaftliche Laufbahn. Zunächst nahm er Lehrstuhlvertretungen wahr, dann wurde er selbst Professor am Jesuitenkolleg von Evora (1568), wo er 15 Jahre lang lehrte und sein großes fünfbändiges Werk *Über Gerechtigkeit und Recht* (*De justitia et jure*) schrieb, das er allerdings erst später, und zwar in verschiedenen Teilen zwischen 1593 und 1600, drucken lassen konnte. In der Zwischenzeit war Molina (um 1585) nach Lissabon und von dort im Jahre 1591 in seine Heimatstadt Cuenca in Spanien gegangen, wo er wieder eine Professorenstelle am dortigen Jesuitenkolleg erhielt. Ein halbes Jahr vor seinem Tod wurde er an das Jesuitenkolleg in Madrid berufen.

Auch bei Molina stand in bezug auf die Frage des zwischen den Staaten geltenden Rechtes das Kriegsproblem im Vordergrund. Soto folgend untersuchte er die drei Voraussetzungen für das Recht, Kriege zu führen (*auctoritas, causa justa, forma juris*) und stellte fest, daß das Recht, Kriege zu führen, beschränkt ist auf den »Fürsten, der einen Höheren in seinem Fürstentum nicht anerkennt« (*De justitia et jure,* tractatus II, disputatio 100 numero 415). Allerdings, so fügt er hinzu, gelte dasselbe auch für Republiken wie Venedig und Genua. Wie schon Vitoria untersuchte auch Molina die Frage, ob ein Krieg nicht auf beiden Seiten gerecht sein könne, sofern nämlich beide Fürsten *auctoritas* und rechte Absicht (*intentio recta*) hätten, auch die Rechtsform (*forma juris*) beachteten, wobei sich aber einer von ihnen über den gerechten Grund (*causa justa*) täuschen müsse. Molina zögert, die Frage zu bejahen, und fordert von den Fürsten eine sorgfältige Prüfung der Rechtsfrage (II, 103, 423–424). Offensichtlich ist er sich der Gefahr bewußt, daß jeder Souverän dazu neigt, seine Sache für einen gerechten Kriegsgrund zu halten, so daß jede Lockerung bezüglich der *justa causa* zum völligen Zusammenbruch der Doktrin führen müßte. Warnend fügt er hinzu, der Herrscher, der die Frage fahrlässig und parteiisch entscheide, trage die moralische Verantwortung für die Folgen.

Es ist ganz natürlich, daß sich Molina in diesem Zusammenhang auch mit der Schiedsgerichtsbarkeit beschäftigt und auf die von ihm an anderer Stelle vertretene These zurückkommt, der Papst habe das Recht, in jeden Streit zwischen christlichen Herrschern einzugreifen und ihn zu entscheiden (II, 103, 426 u. 427). Jedoch fügt er hinzu, der Papst tue gut daran, dies nicht zu tun. Hier schwingt wahrscheinlich die Besorgnis mit, daß sich die Souveräne nicht an die Entscheidung des Papstes halten. Molina scheint überhaupt zu den ersten Vätern des Völkerrechts zu gehören, die nicht nur spekulativ, sondern auch deskriptiv an ihre Aufgabe herangingen. Höffner (S.262) hebt hervor, daß Molina großen Wert auf die »Darstellung der Tatsachen« gelegt habe.

Die *Stellung des Papstes* aber hat Molina selbst durch seine Lehren unterhöhlt. Ausdrücklich erklärte er nämlich, daß der Papst in rein weltlichen Angelegenheiten weder über die christlichen noch über die heidnischen Staaten Gewalt besitze (II, 29, 1). Es war klar, daß in dem Augenblick, in dem auch keine moralische Instanz mehr vorhanden war, um über die schwierige Frage des Kriegsgrundes zu urteilen, die gesamte scholastische und spätscholastische Theorie des gerechten Krieges zusammenbrechen mußte, da ja dann in der Praxis jeder Krieg ein *bellum justum ex utraque parte* sein müßte. Diese Konsequenz hat das klassische Völkerrecht nach 1648 gezogen und damit endgültig die neue Epoche der Weltgeschichte eingeleitet, die in unseren Tagen zu Ende geht, weil das damals begründete Recht der souveränen Staaten (*jus ad bellum*) durch den Völkerbundspakt eingeschränkt und durch die Satzung der Vereinten Nationen (Art. 2 Ziffer 4) endgültig beseitigt worden ist. Daß unter der Geltung des allgemeinen Kriegs- und Gewaltverbots der Satzung der Vereinten Nationen der Verteidigungskrieg weiterhin zulässig ist (Art. 51 der Satzung der Vereinten Nationen bezeichnet die individuelle und kollektive Verteidigung als »naturgegebenes Recht«), ist in der Völkerrechtsdoktrin der Gegenwart unbestritten. Die frühen Denker des spanischen Zeitalters hatten nicht zwischen Angriffs- und Verteidigungskrieg unterschieden, da sie von vornherein den Angriffskrieg mit in ihre Überlegungen einbezogen, ja sogar in den Mittelpunkt stellten. Erst bei Molina wird die Unterscheidung bedeutsam. Der Verteidigungskrieg allerdings ist für ihn – wie für das geltende Völkerrecht – unproblematisch: »Gewalt abzuwehren ist jedem durch das Naturrecht erlaubt« (II, 99, 7).

Die strenge Unterscheidung zwischen Angriffs- und Verteidigungskrieg, ein Kennzeichen des neuzeitlichen Völkerrechts, findet sich wieder bei dem wohl bedeutendsten der spanischen Väter des Völkerrechts, *Francisco Suárez* (1548–1617). Auch er studierte in Salamanca, und zwar zunächst Jurisprudenz (insbesondere kanonisches Recht), erst später Theologie. Wie Molina trat er in den Jesuitenorden ein und wurde 1571 Dozent am Jesuitenkolleg in Segovia, dann in Valladolid und schließlich (1579) an der päpstlichen Universität in Rom. Dort blieb er allerdings wegen seiner schwachen Gesundheit nur fünf Jahre. Er kehrte nach Spanien zurück und erhielt einen Lehrstuhl für Dogmatik am Jesuitenkolleg in Alcalá. Diesmal dauerte die Lehrtätigkeit acht Jahre. Dann wurde Suárez auf seine Bitte entpflichtet und ging nach Salamanca, um dort ausschließlich forschend tätig zu sein. Aber schon 1597 kehrte er zur aktiven Hochschullehrertätigkeit zurück, und zwar an der Universität Coimbra, die seit der Annektierung Portugals durch Spanien im Jahre 1583 im Inland lag. Suárez, der sich anfänglich gesträubt hatte, den Ruf anzunehmen, erlebte in Coimbra noch fruchtbare Lehr- und Forscherjahre. Erst 1615 wurde er emeritiert. Sein wissenschaftliches Werk umfaßt 23 große Foliobände, von denen allerdings 10 erst nach seinem Tode veröffentlicht wurden. Neben theologischen und philosophischen Schriften sind es auch acht bedeutende juristische Werke, darunter *De legibus ac Deo legislatore* (1612), *Defensio fidei* (1613) und *De bello*, letzteres als Teil des überwiegend theologisch angelegten Buches *De triplici virtute* (posthum 1621). Der völkerrechtliche Gehalt des letztgenannten Werkes ist aus dem Titel ersichtlich. Aber auch in dem Hauptwerk *De legibus* ist ein erheblicher Teil dem Völkerrecht gewidmet, nämlich die vier letzten Kapitel des zweiten Buches. In ihnen vollendete Suárez die moderne Definition des Völkerrechts. In der späteren Literatur gelten diese Ausführungen des Suárez als die ersten, in denen der lateinische Ausdruck *jus gentium* mit dem deutschen Wort »Völkerrecht« übersetzt werden durfte. Zwar ist – wie oben dargelegt – diese Übersetzung im Wortsinne falsch, aber da nun feststeht, daß das Völkerrecht nicht ein Recht der Völker, sondern der souveränen Staaten ist, wird der Ausdruck als feststehender Terminus technicus verwendet.

Tatsächlich hat Suárez praktisch schon das neuzeitliche (klassische) Völkerrecht beschrieben. Zwar kennt er neben dem *jus gentium*, das für den Verkehr zwischen souveränen Staaten gilt (*jus gentium inter se*), noch ein *jus gentium intra se*, das eben nicht Völkerrecht, sondern innerstaatliches Recht ist, für das später die Bezeichnung »Staatsrecht« eingeführt wurde. Aber diese Unterscheidung grenzt das Völkerrecht noch deutlicher ab. Auch die Völkerrechtsquellenlehre nimmt bei Suárez deutlichere Gestalt an. Suárez spricht von der »Übereinkunft aller Staaten«, der »Gewohnheit aller Völker« und der »Autorität aller«. Unmißverständlich sagt er: »Die Vorschriften des Völkerrechts sind durch den Willen und die freie Übereinkunft der Menschen eingeführt worden, sei es bei der gesamten Völkergemeinschaft, sei es bei ihrer Mehrheit« (*De legibus* II, 17, 8).

Auch Suárez stellt die rechtliche Beurteilung des Krieges in den Mittelpunkt seiner Völkerrechtslehre. Dabei unterscheidet er scharf zwischen *Angriffs-* und *Verteidigungskrieg*. Der Verteidigungskrieg sei rechtlich erlaubt; denn es gebe einen Grundsatz des Naturrechts, welchen alle Gesetze anerkennen: *vim vi repellere licet* (*Defensio fidei* IV, 34, 32; *De legibus* II, 18, 5; *De bello* I, 4) – Gewalt darf mit Gewalt gebrochen werden. Aber auch den Angriffskrieg verurteilt er nicht schlechthin, sondern betont vielmehr, daß auch der Angriffskrieg »an und für sich nicht rechtswidrig« ist und gerecht und sogar notwendig sein kann (*De bello* I, 5). Mit seinen Bemühungen, den Angriffskrieg durch gewisse Voraussetzungen für dessen Rechtmäßigkeit einzugrenzen, bewegt sich Suárez zwar noch immer im Rahmen der spanischen Spätscholastik, aber schon bei der Behandlung der Grundvoraussetzung (*auctoritas*) zeigt sich, daß dieser Rahmen eigentlich schon gesprengt ist. Suárez identifiziert eindeutig die Souveränität als Grundvoraussetzung für das Recht, Kriege zu führen (*De legibus* V, 18, 4).

Damit ist das Konzept des klassischen Völkerrechts in seinen wesentlichen Elementen entwickelt. Man braucht nur noch die moralisch-theologische Debatte über die Rechtfertigung des Krieges beiseite zu schieben, um eine rein *juristische Konstruktion* zu behalten, innerhalb deren das Recht zum Kriege (*jus ad bellum*) aus der Souveränität fließt. Suárez ist noch nicht so weit gegangen. Im Gegenteil: Die moraltheologische Seite des Krieg-Frieden-Problems steht bei ihm noch stark im Vordergrund. Er erörtert ausführlich die Sicherung des Friedens, die Rechte des Siegers und nicht zuletzt die Kolonialethik. Hier ist er ganz eindeutig: Für militärisch erzwungene Glaubensverbreitung ist in der Begründung der Religion durch Christus kein Anhaltspunkt vorhanden (*De triplici virtute,* Tractatus I: De Fide theologica 18, 3). Damit war das Urteil über die spanischen Kolonialkriege gesprochen. Mit der Erhebung der Souveränität zur zentralen Institution des Völkerrechts war eine neue Zeit angebrochen, in der eine moraltheologische Rechtfertigung von Kolonialkriegen nicht mehr nötig war.

3. Die Vollendung des klassischen Völkerrechts

Hugo Grotius

Daß dem Holländer *Hugo Grotius* die Bezeichnung »Vater des Völkerrechts« gebührt, ist in der Literatur weitgehend unbestritten. Allenfalls wird darauf hingewiesen, daß Grotius auf den Leistungen der spanischen Spätscholastiker aufbauen konnte, aber das schmälert seine Verdienste nicht, sondern gehört zum natürlichen Verlauf solcher Entwicklungen: Wenn große Gedanken ausgereift und ausdiskutiert sind, muß ein Systematiker kommen, der die richtigen Formulierungen findet, das Alte abstreift und das Neue klar herausstellt. Das hat Hugo Grotius für die Theorie des neuzeitlichen Völkerrechts geleistet, was jedoch nicht ausschließt, daß Reibstein recht hat, wenn er über ihn sagt: »Grotius, so bahnbrechend sein Buch wirkte, fühlte sich nicht als Neuerer, als Schöpfer von Prinzipien und Theorien, für die ihm allein der Ruhm wie die Verantwortung zugekommen wäre, sondern als Verteidiger und Interpret des überkommenen Stoffes an Begriffen, Sätzen, Tatsachen und Erfahrungen« (1949, S. 14).
Dem Leben des Hugo Grotius haftet der Hauch des Ungewöhnlichen, ja sogar Abenteuerlichen an. Er kam am 10. April 1583 in Delft als Sohn eines angesehenen Bürgers zur Welt, der später noch Kurator der Leidener Universität werden sollte. Grotius war ein wissenschaftliches Wunderkind. Schon mit 8 Jahren verfaßte er lateinische Gedichte, mit 11 Jahren wurde er zur Universität zugelassen, und zwar in Leiden. Im Alter von 15 Jahren reiste er als Mitglied einer niederländischen Gesandtschaft an den Hof des französischen Königs Heinrich IV., der bei seinem Anblick ausgerufen haben soll: »Sieh da, das Wunder Hollands!« Wenige Wochen später, am 5. Mai 1598, erwarb Grotius den Grad eines Doktors der Rechtswissenschaften an der Universität Orléans. Er wurde Rechtsanwalt und erhielt mit 16 Jahren die Zulassung an den Gerichtshöfen im Haag. 1607 wurde er zum Staatsanwalt ernannt und befand sich damit bereits relativ hoch auf der Stufenleiter der öffentlichen Ämter, so daß jedermann erwartete, er werde zu höchsten Ehren aufsteigen. Zunächst erfüllte sich diese Erwartung: 1613 wurde er »Ratspensionär«, d. h. Syndikus, von Rotterdam und Mitglied der Ständeversammlung der Grafschaft Holland sowie Mitglied der Generalstaaten, d. h. der gesetzgebenden Körperschaft der Niederlande, 1616 auch Mitglied der »Committierten Räte«, aber zwei Jahre später erfolgte sein jäher Sturz. Anlaß hierzu war das Interesse des Hugo Grotius an religiösen Fragen. Während die spanischen Spätscholastiker in der Regel Theologen gewesen waren, die sich auch für die Jurisprudenz interessierten, war Hugo Grotius ein Jurist, der sich brennend für die Theologie interessierte. Aber unversehens geriet er – zusammen mit seinem Freund und Gönner *Oldenbarnevelt,* der im Befreiungskampf der Niederlande gegen die Spanier eine führende Rolle gespielt hatte – in einen Glaubensstreit, der das Land spaltete. Er stand auf der falschen, d. h. besiegten Seite und wurde am 29. August 1618 verhaftet und vor ein Gericht gestellt. Oldenbarnevelt verlor sein Leben, Grotius sein Vermögen und seine Freiheit; er wurde zu lebenslänglicher Kerkerhaft verurteilt. So kam er in das Schloß Loevestein, das als Staatsgefängnis diente. Man erlaubte ihm wissenschaftliche Arbeit, und er durfte jede Woche eine Kiste voll Bücher empfangen. In derselben Kiste

schickte er jedesmal die durchgearbeiteten Bücher zurück. Eines Tages aber steckte er selbst in der Kiste. Die abenteuerliche Flucht gelang, und Grotius eilte nach Paris. Zehn Jahre, von 1621 bis 1631, blieb er dort und widmete sich seinen Studien im Kreise hervorragender Gelehrter. Auch sein größtes Werk, *De jure belli ac pacis libri tres*, entstand dort in der Zeit von 1623–1625. Die kurze Entstehungszeit für ein so gewaltiges Werk erklärt sich daraus, daß Grotius auf seine früheren Arbeiten zurückgreifen konnte, insbesondere sein 1608 publiziertes Buch *Mare liberum*, das seinerseits Teil eines umfassenden Gutachtens über das Seebeuterecht (*De jure praedae*) gewesen war.

Die französische Staatsangehörigkeit, die man ihm mehrfach angeboten hatte, lehnte Grotius stets ab. Er wollte in seine Heimat zurückkehren. Ende 1631 wagte er diesen Schritt, wurde aber nach etwa einem halben Jahr des Landes verwiesen. Er ging 1632 nach Hamburg und blieb dort knapp zwei Jahre, in denen er eine umfangreiche Korrespondenz mit dem schwedischen Kanzler Oxenstierna führte. Von Gustav Adolf wird berichtet, er habe das Buch *De jure belli ac pacis* stets in seinem Gepäck mitgeführt. 1632, in demselben Jahr, in dem Gustav Adolf fiel, überredete sein Kanzler Grotius, in schwedische Dienste zu treten. Grotius besuchte Oxenstierna in Frankfurt/Main und flüchtete beim Herannahen der kaiserlichen Truppen zusammen mit den Schweden nach Mainz. Von dort reiste er Anfang 1635 als schwedischer Gesandter nach Paris. Wieder widmete er sich dort der wissenschaftlichen Arbeit, vertrat aber auch eifrig die schwedischen Interessen, ja er verband sogar beides in seiner *Geschichte der Goten, Vandalen und Langobarden* (die allerdings erst nach seinem Tode, nämlich 1655, erschien); denn durch den Nachweis, daß die Schweden ursprünglich Goten und Vandalen gewesen seien, wollte er den Anspruch Schwedens auf Gleichrangigkeit mit den anderen europäischen Großmächten unterstützen. Im Frühjahr 1645 wurde Grotius von seinem Botschafterposten abberufen, nach außen hin mit der Begründung, daß Frankreich seinen Botschafter aus Stockholm abberufen habe (was nur die halbe Wahrheit darstellte, denn der Botschafter war nach Deutschland gegangen, um dort an den Verhandlungen teilzunehmen, die zum Westfälischen Frieden führten). Grotius reiste über die Niederlande – wo er dieses Mal ehrenvoll empfangen wurde – nach Schweden und wurde herzlich eingeladen, dort zu bleiben. Daraus entnahm er, daß man ihn nicht mehr als Diplomat zu verwenden wünschte. So trat er die Rückreise an, geriet dabei in Seenot, wurde nach Ostpommern verschlagen, verkühlte sich, setzte die Reise trotzdem zu Lande fort und starb unterwegs am 28. August 1645 in Rostock.

Das Buch *De jure belli ac pacis* fand »eine Verbreitung, deren sich nur wenige wissenschaftliche Bücher rühmen können« (Wehberg, S. 46). Noch vor Ende des Dreißigjährigen Krieges erschienen elf lateinische und zwei holländische Ausgaben. Bald darauf wurde es in alle damaligen Kultursprachen übersetzt. Bis in die jüngste Zeit hinein galt es als ausgemacht, daß Grotius der Schöpfer des neuzeitlichen Völkerrechts war. Erst die Untersuchungen über die spanischen »Väter des Völkerrechts« im 16. Jahrhundert förderten die Erkenntnis zutage, daß der Ehrentitel »Vater des Völkerrechts«, den Grotius nach wie vor trägt, ihn nicht als einsamen Schöpfer aus dem Nichts kennzeichnen soll. Heute gilt er vielmehr als der geniale Vollender. »Er hat, ohne ein völlig neues System zu schaffen, die

Anregungen seiner Vorgänger in den Dienst seines Strebens gestellt, dem Völkerrecht eine klare und im Grunde unkomplizierte Grundlage zu geben« (Wehberg, S.38). Warum ihm dies mit seinem Buch *De jure belli ac pacis* so meisterhaft gelang, hat viele Gründe, zu denen auch die allseits gerühmte »Schönheit der Sprache und des Aufbaus dieses Kunstwerkes« gehört, »das, in klassischer wie in christlicher Sphäre sich bewegend, einen Eindruck hinterläßt wie Dantes ›Göttliche Komödie‹« (Eysinga, S.93). Aber auch der Augenblick der Veröffentlichung war günstig. Die Ausweitung des Weltbildes infolge der Entdeckungen und Erfindungen war in das Bewußtsein der breiten Massen gedrungen, die Einheit des christlichen Abendlandes war durch Glaubensspaltungen und die immer machtvoller vorgetragenen Ansprüche unabhängiger Landesherren endgültig zerbrochen, der Übergang vom mittelalterlichen Personenverband zum neuzeitlichen Flächenstaat war vollzogen und bedurfte nur noch der rechtlichen Bestätigung. Sie erfolgte im *Westfälischen Frieden* von 1648, der deshalb – wie eingangs bemerkt – den Beginn einer neuen Epoche markierte.

Mit der *rechtlichen Bestätigung der Souveränität* als tragender Säule der neuen internationalen Rechtsordnung erhielt das Völkerrecht seine endgültige Definition als Recht des Verkehrs der Souveräne bzw. der souveränen Staaten. Zu den Schlußfolgerungen, die aus der Rechtsnatur der Souveränität gezogen wurden, gehörte vor allem das »Recht zum Kriege« (*jus ad bellum*), d.h. das Recht der souveränen Staaten, zum Kriege zu schreiten, wann immer es ihnen beliebte. Die alte Kontroverse um den gerechten Krieg war damit endgültig abgebrochen. Jeder Krieg, zu dem sich ein Souverän entschloß, war rechtens. Diese Konsequenz hatte sich in der Diskussion der spanischen Völkerrechtslehrer seit Vitoria angedeutet. Sie lag zum einen in der Verfeinerung des Kriteriums der *auctoritas* als Grundvoraussetzung für die Zulässigkeit des Krieges im Rahmen der alten *bellum justum*-Theorie (hinführend zu dem Grundsatz, daß nur Souveräne berechtigt sind, Kriege zu führen), zum anderen in dem zunehmenden Unvermögen, die *justa causa* mit Sicherheit und Objektivität zu bestimmen. Während bei Augustinus der gerechte Kriegsgrund im Mittelpunkt der gesamten *bellum justum*-Lehre stand, verlagerte sich im Zuge der Diskussion der spanischen Spätscholastiker der Schwerpunkt auf die beiden anderen Voraussetzungen des gerechten Krieges (*auctoritas, forma juris*). Die Anerkennung der Tatsache, daß ein Souverän sich über den gerechten Kriegsgrund täuschen könne, führte zur Rechtsfigur des *bellum justum ex utraque parte,* des beiderseits gerechten Krieges, und schließlich zu der Erkenntnis, daß nach Wegfall der moralischen Instanz, die verbindlich hierüber entscheiden konnte, ein rechtsfreier Raum entstanden war; unter Berücksichtigung der Souveränität als rechtlicher Eigenschaft, die es verbietet, daß andere über einen Souverän zu Gericht sitzen, kam man zu dem fundamentalen Rechtsgrundsatz, daß kein Souverän wegen des Schreitens zum Kriege zur Rechenschaft gezogen werden dürfe. Das eben ist der Kern des *jus ad bellum.*

Mit dieser harten Grundeinstellung trug das Völkerrecht den Realitäten des auseinandergefallenen christlichen Abendlandes Rechnung und ermöglichte die Koexistenz souveräner Staaten mit unterschiedlichen Verfassungsordnungen und Ideologien, wie sie insbesondere nach der Französischen Revolution auftrat. Schon vorher hatte es allerdings das Problem des Nebeneinanders von Monarchien und Republiken gegeben, das die spanischen Väter des Völkerrechts in ihre Überlegungen miteinbezogen. Im klassischen Völkerrecht wurde die *absolute Enthaltsamkeit des Völkerrechts in bezug auf die Beurteilung der inneren Ordnung seiner Subjekte,* d. h. der souveränen Staaten, zur zentralen Grundnorm. Auch die Entscheidung über Krieg und Frieden fällt aus dem Gesichtswinkel dieser Völkerrechtsordnung im Innern der Staaten, ganz gleich, ob hierfür ein Monarch, ein republikanischer Diktator oder eine demokratische Regierung verantwortlich ist. Das Völkerrecht urteilt hierüber nicht. Es stellt den souveränen Staaten für ihre Tätigkeiten auf internationaler Ebene zwei *Rechtszustände* zur Verfügung, zwischen denen sie wählen können: *Krieg und Frieden.* Genauso lautete ja auch die Überschrift des epochemachenden Werkes des Hugo Grotius: *Drei Bücher vom Rechte des Krieges und des Friedens.* Das und nichts anderes war der Inhalt des klassischen Völkerrechts.

So gesehen war das klassische Völkerrecht keine Friedenskraft. Eine prinzipielle *Friedenspflicht* konnte es in diesem System nicht geben. Zwar läßt es Grotius selbst nicht an Ermahnungen fehlen, den Krieg zu vermeiden und nicht leichtfertig eine *justa causa* anzunehmen. Sogar in dem trotzigen Schlagwort *ultima ratio regum,* das sich häufig als Aufschrift auf den Kanonenrohren der europäischen Mächte fand, schwang letztlich diese Mahnung mit: Waffengewalt ist nur das letzte Mittel der Könige, wenn alle anderen versagt haben. Aber es gab eben niemanden, der berechtigt war nachzuprüfen, ob der König alle anderen Mittel vorher sorgfältig geprüft hatte. Die Mahnung des *de Soto,* alles Niedere (Verteidigung und Sieg) auf das Höhere (den Frieden, für den der König verantwortlich ist) hinzuordnen, konnte in diesem System des klassischen Völkerrechts nicht verwirklicht werden. Ironischerweise entkräftet gerade diese Grunderkenntnis bezüglich des klassischen Völkerrechts den Vorwurf, dem Völkerrecht sei es nicht gelungen, den Krieg aus der Welt zu schaffen, womit sich seine Wirkungslosigkeit erwiesen habe. Der Vorwurf geht ins Leere. Richtig ist, daß sich das Völkerrecht in seiner gesamten ersten Periode, die immerhin fast dreihundert Jahre währte, nicht bemühte, den Krieg aus dem Völkerleben zu verbannen. Vielmehr versuchte es – und zwar mit nachweisbarem Erfolg –, den Krieg als *Mittel der Rechtsdurchsetzung* in geregelte Bahnen zu lenken und dadurch einzugrenzen. So entstand während der Periode des klassischen Völkerrechts neben dem *jus ad bellum* das *jus in bello,* das Kriegsrecht im engeren Sinne, auch Kriegführungsrecht oder Kriegsaktionenrecht genannt. Es verbot und verbietet noch heute den Einsatz bestimmter Kampfmittel und Kampfmethoden, schreibt die strikte Unterscheidung zwischen Zivilbevölkerung und Kombattanten vor, schützt die Verwundeten und Gefangenen usw. Vor allem aber wurde durch eine strenge Formalisierung von Kriegsbeginn und Kriegsende zur »Hegung« (d. h. Eindämmung) des Krieges beigetragen. Durch die Kriegserklärung wurde der Rechtszustand des Friedens in denjenigen des Krieges überführt; mit dem Friedensschluß endete der Kriegszustand, und es herrschte wieder Friede (*finis belli pax est*). Der Friedensvertrag gehörte also bereits dem Rechtszustand des Friedens an. Eine *Kriegsschuldfrage,* gar in der Form der Kollektivschuld eines ganzen Volkes, gab es nicht. Vertreibungen, Völkermord und entschädigungslose Enteignung von Privatvermögen waren dem klassischen Völkerrecht unbekannt. Die Kunst des Friedensschlusses gelangte zur höchsten Blüte.

Es ist ganz natürlich, daß die Periode des klassischen Völkerrechts mit der Einschränkung desjenigen Rechts zu Ende ging, mit dessen Bestätigung sie begonnen hatte, nämlich des Rechts zum Kriege. Dieses Ende begann mit der *Völkerbundsatzung,* die zum erstenmal das *jus ad bellum* dadurch zurückdrängte, daß sie in ihrem Art. 11 den Krieg zur Sache der Völkerbundsgemeinschaft erklärte und damit der alleinigen Entscheidungsbefugnis des zum Kriege schreitenden Staates entzog. Das *partielle Kriegsverbot* der Völkerbundsatzung wurde im *Briand-Kellogg-Pakt* von 1928 (in Kraft getreten 1929) zum *allgemeinen Kriegsverbot* ausgeweitet, das die *Satzung der Vereinten Nationen* in ihren Art. 2 Ziffer 4 aufnahm und zum *allgemeinen Gewaltverbot* ausweitete. Damit ist die Periode des klassischen Völkerrechts endgültig zu Ende gegangen, und eine neue Völkerrechtsordnung ist im Entstehen begriffen. Aber nicht alles, was in der Zeit des klassischen Völkerrechts entstanden ist, kann und muß beseitigt werden. Viele Rechtsregeln, darunter auch diejenigen des *jus in bello,* behalten ihre Berechtigung auch in einer neuen Völkerrechtsepoche, die nicht mehr vom *jus ad bellum* der souveränen Staaten geprägt ist, sondern von der *grundlegenden Friedenspflicht.* Diese aber unterscheidet das geltende Völkerrecht ganz wesentlich vom klassischen.

Die naturalistische Völkerrechtslehre: Selden, Burlamaqui, Wolff, Vattel

Die begeisterten Lobpreisungen des *Hugo Grotius* in der gesamten völkerrechtswissenschaftlichen Literatur lassen vermuten, daß Grotius die Weichen für Jahrhunderte gestellt hat und jedenfalls bis zum Ende des klassischen Völkerrechts, also bis in die ersten Jahrzehnte des zwanzigsten Jahrhunderts hinein, maßgeblich geblieben ist. Bis zu einem gewissen Grade ist diese Vermutung richtig. Aber es widerspräche aller Erfahrung, wenn innerhalb einer wissenschaftlichen Disziplin ein einziges Werk und Lehrgebäude allein maßgebend bliebe. Die Völkerrechtstheorie entwickelte sich weiter, und es lassen sich während der Geltung des klassischen Völkerrechts zahlreiche Verästelungen nachweisen. In einer ersten Phase, die den Rest des 17. Jahrhunderts ausfüllt, herrschte die Grotius-Interpretation vor, in einer späteren Phase bildete sich – vor allem in England – der sogenannte Völkerrechtspositivismus heraus, in dem der Schwerpunkt der völkerrechtlichen Rechtsquellenlehre auf dem *Vertragsrecht* liegt, das Grotius noch kaum beachtet hatte. Dazwischen aber schiebt sich eine Schule naturrechtlichen Denkens, die hinsichtlich der juristischen Ergebnisse ganz auf dem Boden grotianischen Denkens steht, hinsichtlich der logischen Begründung aber die letzten Konsequenzen aus der *Philosophie der Aufklärung* gezogen hat. Es ist die sogenannte *naturalistische Völkerrechtslehre,* der es zu verdanken ist, daß die neuzeitliche Völkerrechtstheorie von den letzten Eierschalen scholastischen Denkens, die sich noch bei Grotius finden, befreit worden ist.

Der Vorgang war ganz natürlich, denn inzwischen hatte die Aufklärung einen völlig *neuen Naturrechtsbegriff* geschaffen. Das Naturrecht der Scholastik stellte nicht die höchste Stufe der Rechtsnormen dar. *Thomas von Aquin* hatte eine leicht zu begreifende Hierarchie der Rechtsnormenebenen dargestellt: An der Spitze steht die *lex divina vel voluntas Dei,* das göttliche Recht oder der göttliche Wille; darunter die *lex naturalis,* das Naturrecht, und unter ihm die *lex*

positiva vel scripta, das positive, geschriebene Recht. Auf jeder der beiden unteren Ebenen werden die einzelnen Normen an der jeweils höheren Rechtsebene gemessen, das positive Recht also am Naturrecht, das Naturrecht am göttlichen Recht. Die Aufklärung beseitigt die oberste Stufe, so daß nunmehr das Naturrecht als oberster und einziger Maßstab für die Nachprüfung des positiven Rechts übrigbleibt. Daß dieses Naturrecht, allein abgeleitet aus der Vernunft, etwas anderes sein muß als das Naturrecht der Scholastik, ist einleuchtend.
Nirgends zeigt sich dieser Unterschied deutlicher als in der *Kontroverse über die Meeresfreiheit,* die noch zu Lebzeiten des Hugo Grotius einsetzte. Mit der Meeresfreiheit hatten sich schon die spanischen Spätscholastiker, vor allem *Vázquez,* beschäftigt. Grotius aber hatte mit seinem Werk *Mare liberum* erst die große Debatte eröffnet. Es ist interessant, daß damals, als die spanischen Spätscholastiker – im Gegensatz zur offiziellen spanischen Politik – sich für die Meeresfreiheit einsetzten, die Engländer dieses Argument aufgriffen. Als aber Grotius die Meeresfreiheit verkündete, kam der heftigste Widerstreit aus England. In der Zwischenzeit hatte nämlich die britische Flotte die spanische Armada besiegt und war dabei, die Weltmeere zu erobern. So kam die Gegenschrift zu *Mare liberum* (Freies Meer) von einem Engländer, der nicht nur Jurist, sondern auch Seekapitän war, nämlich von *John Selden* (1584–1654). Sein 1636 veröffentlichtes Werk klingt wie eine trotzige Herausforderung des Grotius: *Mare clausum* (Geschlossenes Meer). Grotius hatte die Meeresfreiheit mit dem Naturrecht begründet, das er gerade in diesem Zusammenhang als Ausdruck des göttlichen Willens bezeichnete (S. 7). Selden versuchte, durch rationale Argumentation unter Zuhilfenahme historischer Fakten die Möglichkeit einer Art von Meereseigentum (*dominium maris*) nachzuweisen.
Es wäre allerdings für Selden zuviel der Ehre, wollte man ihn als Naturrechtler kennzeichnen. Die naturalistische Völkerrechtslehre, d. h. die Völkerrechtslehre der Naturrechtler der Aufklärung, hat ganz andere Namen aufzuweisen. An erster Stelle steht der Genfer *Jean Jacques Burlamaqui* (1694–1748), den Nussbaum (S. 181) als einen der »kleineren Vertreter« der naturalistischen Völkerrechtsschule bezeichnet. 1747 veröffentlichte er sein Werk *Principes du droit naturel,* das großes Aufsehen erregte. Erst drei Jahre nach seinem Tode (1751) wurden seine weiterführenden Gedanken in dem zweibändigen Werk *Principes du droit politique,* das auf der Grundlage seiner Vorlesungen an der Genfer Akademie zusammengestellt worden war, einer breiteren Öffentlichkeit zugänglich gemacht. In diesen Werken erörterte Burlamaqui das Völkerrecht systematisch in den Begriffen der Naturrechtsphilosophie der Aufklärung. Dabei verwendete er auch den Ausdruck *société des nations,* der knapp zweihundert Jahre später gerade in Genf eine besondere Bedeutung erlangen sollte. Burlamaqui meinte damit den natürlichen Zustand der Nationen in ihrem gegenseitigen Verhältnis als Zustand der Gesellschaft und des Friedens, der Gleichheit und der Unabhängigkeit. Im Vordergrund steht das *Prinzip der Gegenseitigkeit,* das aus der Rechtsgleichheit abgeleitet wird. Das allgemeine Prinzip des Völkerrechts ist somit nichts anderes als das allgemeine Gesetz der Geselligkeit, das alle Staaten verpflichtet, in ihrem gegenseitigen Verkehr die gleichen Rechte zu achten und die gleichen Pflichten zu erfüllen.
Den Höhepunkt der naturalistischen Völkerrechtsschule sieht die Literatur in

Christian Wolff (1679–1754), dem der Ehrentitel »Fürst der deutschen Aufklärung« zugebilligt worden ist (vgl. Bachmann, S. 12). Christian Wolff war eigentlich Theologe, aber er hatte auch Philosophie, Mathematik, Physik, Medizin, Botanik und Jurisprudenz studiert. Geboren wurde er am 24. 1. 1679 in Breslau. Seine erste Professur erhielt er 1706 auf Empfehlung von Leibniz an der Universität Halle. Es war ein Lehrstuhl für Mathematik und Naturlehre, seit 1709 hielt Wolff aber vor allem philosophische Vorlesungen. Sein weiteres Schicksal ist dem des Hugo Grotius verwandt. Auch er geriet nämlich in theologische Auseinandersetzungen. Aufgrund einer Denunziation aus pietistischen Kreisen – man beschuldigte ihn des Determinismus und Atheismus – wurde er 1723 entlassen und des Landes verwiesen. Er ging nach Marburg, wo er bis 1740 blieb. Friedrich II. von Preußen ließ ihn zurückholen und erneut an die Universität Halle berufen, diesmal auf den Lehrstuhl für Natur- und Völkerrecht. 1743 wurde er Kanzler der Universität Halle, 1745 Reichsfreiherr. Er starb am 9. April 1754 in Halle.

Obwohl sich Wolffs Ruhm hauptsächlich auf seine Leistungen im Bereich der Philosophie und Staatslehre gründet, ist er doch auch für die Völkerrechtstheorie von größter Bedeutung. Sein Hauptwerk ist das *Jus naturae methodo scientifica perpetratum,* dessen acht Bände in der Zeit von 1740 bis 1748 in Frankfurt erschienen. Das kurz darauf (1749) veröffentlichte Werk *Jus gentium methodo scientifica perpetratum* ist eine Art Ergänzung und wird in der Literatur gelegentlich als 9. Band des Hauptwerkes aufgeführt. In ihm sind seine Vorstellungen vom Völkerrecht enthalten, die er später in dem Buch *Grundsätze des Natur- und Völkerrechts* (Halle 1754) zusammenfaßte.

Christian Wolff war reiner Theoretiker. Im Gegensatz zu Grotius und fast allen spanischen Vätern des Völkerrechts war er nie an Staatsgeschäften beteiligt. Seine theoretische Konstruktion ist rein *rationalistisch.* Im Mittelpunkt stehen die Rechte und Pflichten der Staaten. Ebenso wie die Individuen haben die Staaten zunächst Verpflichtungen gegenüber sich selbst im Sinne ihrer Selbsterhaltung und Selbstvervollkommnung. Sie haben allerdings auch den anderen Staaten bei dieser Aufgabe zu helfen. Auf der Seite der Rechte stehen Selbsterhaltung und Selbstverteidigung an erster Stelle. Das Recht, das aus der Verpflichtung der Staaten, anderen Staaten zu helfen, entspringt, bezeichnet Wolff als »imperfekt«. Es beinhaltet nämlich nur das Recht, um Hilfe zu bitten; der andere Staat braucht der Bitte nur in dem Maße nachzukommen, wie er es ohne Beeinträchtigung seiner eigenen Rechte und Pflichten tun kann, worüber der ersuchte Staat selbst zu befinden hat. »Es bedarf keiner langen Ausführungen darüber, wie billig und leer Wolffs ›imperfekte‹ Rechte sind«, urteilt Nussbaum (S. 170). Ein noch härteres Urteil schließt sich an. Es sei völlig verfehlt, in Wolffs *civitas maxima* einen Vorläufer des Völkerbundes zu sehen. »Wolffs Konzeption jedoch war von völlig anderer Natur. Dieser Apostel des Absolutismus, der trotz all seiner aufgeklärten Philosophie die Folter und die barbarischsten Todesstrafarten verteidigte, war mit der politischen Struktur der Welt durchaus zufrieden« (Nussbaum, S. 171). Ebenso vernichtend urteilt Reibstein (1962, S. 713) über Wolffs »Rationalismus, dessen verführerische Klarheit mit großen Substanzverlusten und irrealen Konstruktionen erkauft ist«.

Mit einem Schüler Christian Wolffs, dem Schweizer *Emmerich (Emeric) de Vat-*

tel (1714–1767), werden wir nach Genf zurückgeführt. Vattel stammte aus einem protestantischen Pfarrhaus im Gebiet von Neuenburg (Neuchâtel), das damals noch ein Fürstentum war, in Personalunion mit dem Königreich Preußen verbunden. (1815 wurde Neuenburg der Beitritt zur Schweizer Eidgenossenschaft gestattet, jedoch unter Beibehaltung der Verbindung mit der Preußischen Krone; erst in der Revolution von 1848 wurde auch diese letzte Verbindung zu Preußen gelöst, was 1857 auf einer europäischen Großmächtekonferenz seine rechtliche Bestätigung fand.) Vattel studierte Philosophie an der Universität Basel und trat 1746 in den diplomatischen Dienst des Kurfürsten von Sachsen. Zwischen 1749 und 1758 war er sächsischer Gesandter in der Schweiz, seinem eigentlichen Heimatland. Die Jahre 1758–1766 verbrachte er wieder in Dresden als Staatsrat für Auswärtige Angelegenheiten. Bis zu seiner Erkrankung im Jahre 1766 war er rastlos tätig; dann kehrte er nach Neuenburg zurück, wo er bald darauf starb.

Vattels völkerrechtswissenschaftliches Hauptwerk erschien 1758 unter dem Titel *Le droit des gens*. Es fand alsbald Verbreitung in ganz Europa, insbesondere in England, wo bereits 1758 die erste Übersetzung erschien. Im Untertitel erläutert Vattel, daß er ein System des auf Prinzipien des Naturrechts sich gründenden Völkerrechts präsentieren und für den Gebrauch in der Praxis erläutern wolle. Im Vorwort erklärt er darüber hinaus, es sei seine Absicht, Christian Wolffs Gedanken über das Völkerrecht den Souveränen und ihren Gesandten in leicht verständlicher Fassung darzulegen. Nach allgemeiner Meinung aber ist Vattels Abhandlung mehr als nur eine Aufschließung des Wolffschen Werkes. Da Vattel selbst Diplomat war und die völkerrechtliche Praxis aus eigener Anschauung kannte, war es ihm möglich, die einzelnen Normen und Institute des Völkerrechts nicht nur aus literarischen Fundstellen abzuleiten, sondern im Sinne einer modernen Völkerrechtsquellenlehre unter Berufung auf die Staatenpraxis zu analysieren. So ist sein Buch im gewissen Sinne das erste wirkliche Völkerrechtslehrbuch.

Ein weiterer Umstand kam Vattel offensichtlich zugute. Er stand zwar im Dienste eines absoluten Monarchen, aber er war seinem Wesen nach ein Schweizer Republikaner. So war seine ganze Haltung »humanitärer, kosmopolitischer und bis zu einem gewissen Grade sogar demokratischer« als die des Christian Wolff (Nussbaum, S. 175). Trotzdem ist das völkerrechtswissenschaftliche Urteil über Vattel kaum besser als dasjenige über Wolff. Nussbaum (S. 176) wirft ihm »hohle Rhetorik« vor, die noch schlimmer sei als Wolffs »Neigung für leeren Syllogismus«. Doch besteht Vattels unbestreitbares Verdienst darin, daß er die Grundzüge des klassischen Völkerrechts noch einmal klar herausstellte, wobei die Betonung der Souveränität und die Definition des Völkerrechts als Recht des Verkehrs der Souveräne (*Droit des gens* I, 1, § 12) im Mittelpunkt steht. Mit Recht nennt ihn daher Reibstein (in: *Wörterbuch des Völkerrechts,* 3. Bd., S. 713) den »letzten Völkerrechtsklassiker«. Sein Werk wurde im 19. Jahrhundert besonders häufig zitiert und erlangte dadurch in der letzten Phase des klassischen Völkerrechts erhebliche Bedeutung.

BIBLIOGRAPHIE

Primärtexte:

Burlamaqui, Jean Jacques, 1972: The Principles of Natural and Political Law, 5. Aufl., New York; *Covarruvias y Leyva,* Diego de, 1957: Textos jurídicos-políticos, hrsg. von Manuel Fraga Iribarne, Madrid; *Grotius,* Hugo, 1950: De jure belli ac pacis, hrsg. von Walter Schätzel, Tübingen; *ders.*, 1916: Mare liberum, hrsg. von Ralph Mogoffin, New York; *Las Casas,* Bartolomé de, 1966: Kurzgefaßter Bericht von der Verwüstung der Westindischen Länder, hrsg. von Hans Magnus Enzensberger, Frankfurt/M.; *Molina,* Luis de, 1753: De justitia et jure, Köln; *Sepúlveda,* Juan Ginés de, 1780: Opera, 4 Bde., Madrid; *ders.*, 1963: Tratados políticos, hrsg. von A. Losada, Madrid; *Soto,* Domingo de, 1967–1968: De justitia et jure, hrsg. von M. González Ordoñez, 5 Bde., Madrid; *Suárez,* Francisco, 1967: De legibus, hrsg. von J. R. Egillor Muniozguren, 6 Bde., Madrid; *Suárez,* Francisco, 1965: Ausgewählte Texte zum Völkerrecht, hrsg. von Josef de Vries S. J., Tübingen; *Vattel,* Emer de, 1959: Le droit des gens ou principes de la loi naturelle, hrsg. von Walter Schätzel, Tübingen; *Vitoria,* Franciscus de, 1953: De Indis recenter inventis et de jure belli Hispanorum in barbaros, hrsg. von Walter Schätzel, Tübingen; *Wolff,* Christian, 1964: Jus gentium methodo scientifica pertractatum, hrsg. von James Brown Scott, New York und London; *ders.*, 1980: Grundsätze des Natur- und Völkerrechts, Hildesheim und New York.

Sekundärliteratur:

Ago, Robert, 1980: Die pluralistischen Anfänge der internationalen Gemeinschaft; in: Festschrift für Stephan Verosta, Berlin; *Albertini,* Q., 1903: L'oeuvre de Francisco de Vitoria et la doctrine canonique du Droit de la guerre, Paris; *Bachmann,* Hanns-Martin, 1977: Die naturrechtliche Staatslehre Christian Wolffs, Berlin; *Barcia Trelles,* Camilo, 1927: Francisco de Vitoria et l'École moderne du Droit international. Recueil des Cours, Bd. 17, II, S. 109 ff.; *Barcia Trelles,* Camilo, 1933: Franciscus Suarez, Recueil des Cours, Bd. 43, I, S. 385 ff.; *Baumel,* Jean, 1936: Les problèmes de la colonisation et de la guerre dans l'oeuvre de Francisco de Vitoria, Montpellier; *Bell,* Aubrey F. G., 1925: Juan Ginés de Sepúlveda, Oxford; *Cassirer,* Erich, 1919: Natur- und Völkerrecht im Lichte der Geschichte und der systematischen Philosophie, Berlin (Neudruck Aalen 1963); *Castello,* Frank Bartholomew, 1974: The Political Philosophy of Luis de Molina S. J. (1535–1600), Rom; *Dempf,* Alois, 1954: Grotius oder Vitoria?; in: Völkerrecht und Völkerpflicht. Bibliotheca Grotiana, Bd. II, München; *Dumbauld,* Edward, 1969: The Life and Legal Writings of Hugo Grotius, Norman; *Eysinga,* Willem Jan Mari, 1952: Hugo Grotius (Eine biographische Skizze), Basel; *Fernández-Santamaria,* J. A., 1977: The State, War and Peace. Spanish political thought in the Renaissance (1516–1559), Cambridge; *Fraga Iribarne,* Manuel, 1947: Luis de Molina y el derecho de la guerra, Madrid; *Grewe,* Wilhelm G., 1943: Die Epochen der modernen Völkerrechtsgeschichte; in: Zeitschrift für die Gesamte Staatswissenschaft 103, 1943, S. 38 ff. und 260 ff.; *ders.*, 1982: Vom europäischen zum universellen Völkerrecht; in: Zeitschrift für ausländ. öffentl. Recht und Völkerrecht, S. 449 ff.; *ders.*, 1984: Grotius – Vater des Völkerrechts?, in: Der Staat, S. 161 ff.; *Hadrossek,* Paul, 1952: Einleitung zu: Vitoria, De indis (s. o.); *Hamilton,* Bernice, 1963: Political Thought in Sixteenth-Century Spain. A study of the political ideas of Vitoria, De Soto, Suárez, and Molina, Oxford; *Hanke,* L., 1935: Las teorías políticas de Bartolomé de Las Casas, Buenos Aires; *Hashagen,* Justus, 1939: Das geistige Gesicht des Hugo Grotius; in: Zeitschrift für Völkerrecht 23, S. 33 ff.; *Hentschel,* Rolf, 1937: Franciscus de Vitoria und seine Stellung zum Übergang vom mittelalterlichen zum neuzeitlichen Völkerrecht; in: Zeitschrift f. Öffentl. Recht 17, S. 319 ff.; *von der Heydte,* Friedrich August, 1952: Die Geburtsstunde des souveränen Staates, Regensburg; *Höffner,* Joseph, 1972: Kolonialismus und Evangelium, 3. Aufl., Trier; *Janssen,* Wilhelm, 1965: Die Anfänge des modernen

Völkerrechts und der neuzeitlichen Diplomatie, Stuttgart; *von Kaltenborn,* Carl, 1848: Die Vorläufer des Hugo Grotius auf dem Gebiete des Jus naturae et gentium sowie der Politik im Reformationszeitalter, Leipzig; *Keen,* M. H., 1965: The Law of War in the Later Middle Ages, London; *Kipp,* Heinrich, 1950: Völkerordnung und Völkerrecht im Mittelalter, Köln; *Knight,* William S. M., 1925: The Life and Works of Hugo Grotius, London (Neudruck New York und London 1962); *Kohler,* Josef, 1916/1917: Die spanischen Naturrechtslehrer des 16. und 17. Jahrhunderts; in: Archiv f. Rechts- und Wirtschaftsphilosophie X; *Krause,* Otto Wilhelm, 1982: Naturrechtler des 16. Jahrhunderts, Frankfurt/M. und Bern; *Losada,* A., 1970: Fray Bartolomé de Las Casas, Madrid; *Mac Nutt,* Francis Augustus, 1909: Bartholomew de Las Casas, New York und London (Neudruck New York 1972); *Manz,* Johannes J., 1971: Emer de Vattel, Zürich; *Nussbaum,* Arthur, 1960: Geschichte des Völkerrechts in gedrängter Darstellung, München und Berlin; *Preiser,* Wolfgang, 1956: Die Epochen der antiken Völkerrechtsgeschichte; in: Jurist. Zeitschrift; *Preiser,* Wolfgang und *Reibstein,* Ernst, 1962: Völkerrechtsgeschichte; in: Wörterbuch des Völkerrechts, hrsg. von Hans-Jürgen Schlochauer, Bd. 3, Berlin; *Preiser,* Wolfgang, 1978: Macht und Norm in der Völkerrechtsgeschichte, Baden-Baden; *Reibstein,* Ernst, 1949: Die Anfänge des neueren Natur- und Völkerrechts, Bern; *ders.*, 1957: Völkerrecht. Eine Geschichte seiner Ideen in Lehre und Praxis, Freiburg und München; *ders.*, 1962: siehe Preiser, 1962; *Ruddy,* Francis Stephen, 1972: The Acceptance of Vattel; in: Grotius Papers, Den Haag, S. 177 ff.; *ders.*, 1975: International Law in the Enlightenment, Dobbs Ferry; *Scott,* James Brown, 1934: The Spanish Origin of International Law, Washington; *ders.*, 1970: Law, the State, and the International Community, 2 Bde., Westport (Nachdruck der Ausg. von 1939); *Soder,* Josef, 1955: Die Idee der Völkergemeinschaft. Francisco de Vitoria und die philosophischen Grundlagen des Völkerrechts, Frankfurt/M.; *ders.*, 1973: Francisco Suárez und das Völkerrecht, Frankfurt/M.; *Waltz,* Otto, 1905: Bartolomé de Las Casas, Bonn; *Wehberg,* Hans, 1956: Hugo Grotius, Wiesbaden; *ders.*, 1954: Die Unterscheidung zwischen Natur- und Völkerrecht in der Lehre des Hugo Grotius; in: Festschrift für Herbert Kraus, Kitzingen/M., S. 227 ff.; *Wright,* Herbert F., 1933: F. Suárez. Addresses in Commemoration of his Contribution to International Law and Politics, Washington.

KAPITEL III

Widerstandsrecht, Souveränität, Kirche und Staat: Frankreich und Spanien im 16. Jahrhundert

VON UDO BERMBACH

1. Frankreich im 16. Jahrhundert

Die französische Gesellschaft

Das 16. Jahrhundert ist ein Zeitalter des Umbruchs wie wenige zuvor, auch des Aufbruchs Europas aus der Welt des Mittelalters in eine neue, bürgerlich-kapitalistisch bestimmte Zukunft. Es ist ein Jahrhundert dramatischer Krisen und sich ankündigender tiefgreifender Strukturwandlungen auf vielen Gebieten des Lebens. Den Zeitgenossen freilich mochte es weniger als eine Zeit schmerzhafter Neugeburt denn als die des Verlustes überkommener Sicherheit erscheinen, vielleicht auch der Aufforderung zur Verteidigung einer guten alten Tradition. Im Zwiespalt des Urteils schwanken die Gefühle, und wenn *Montaigne* einmal notiert: »Das Ziel unseres Lebens ist der Tod: Er steht uns vor Augen, ob wir wollen oder nicht« (I, 20, S. 124), so fügt er doch auch hinzu: »Ich für meinen Teil aber liebe das Leben und hege und pflege es, wie es Gott gefallen hat, es mir zu geben« (III, 13, S. 880).

Aber das Neue bricht nicht über Nacht herein. Es kündigt sich lange vorher an, und es dauert ebenso lange, ehe die europäischen Nationen eine fester umrissene Gestalt annehmen, ehe der moderne »Staat« sich vollständig ausgeprägt hat. Erst im 18. Jahrhundert ist ein vorläufiger Abschluß erreicht, freilich nur, um sogleich durch die großen bürgerlichen Revolutionen einer neuerlichen Umformung ausgesetzt zu werden. Für Frankreich, von dem hier zunächst die Rede sein soll, lassen sich Tendenzen der »Modernisierung« schon im 14. Jahrhundert ausmachen: »Antifeudalismus, Zentralismus und Absolutismus nach innen, der Anspruch auf volle Selbstherrlichkeit nach außen hin« (Hassinger, S. 65).

Es bedurfte aber erst einer fundamentalen Erschütterung überkommener Ordnungsvorstellungen, um die Frage einer Neuordnung des Gemeinwesens und ihrer Rechtfertigung mit aller Schärfe zu stellen. Die religiösen Auseinandersetzungen des 16. und 17. Jahrhunderts gaben hierfür den fruchtbaren Boden ab, und je unversöhnlicher sie geführt wurden, um so deutlicher ergab sich der Zwang zur »Säkularisierung« politischer Institutionen, der alleine das Überleben aller erst sichern konnte. Die Härte und Grausamkeit, mit der die religiösen Parteien in ihren Wahrheitsansprüchen gegeneinander antraten und sich bekämpften, gaben den Anlaß für eine Fülle religiös-politischer Traktate ab, in denen nicht nur die jeweils vertretenen Positionen formuliert und verteidigt wurden, sondern in denen sich vielfach schon Ansätze eines neuen »Konstitutio-

nalismus« zeigten, der dann in Frankreich mit Heinrich IV. (1589–1610) zum Durchbruch des absolutistischen Zentralismus führte, in anderen europäischen Ländern allerdings zu sehr unterschiedlichen Ergebnissen.
Der Kampf um die wahre Religion verdeckt zu einem Teil die dahinterliegenden *gesellschaftlichen Sturkturprobleme.* So etwa die Konsequenzen aus dem »Formierungsprozeß des kapitalistischen Weltsystems« (Dülmen, S. 10 ff.), charakterisiert durch die beginnende Kolonisation der Welt, die allmähliche Auflösung feudaler Produktionsweise infolge der Intensivierung und Spezialisierung der Landwirtschaft, die langsame Aufweichung der starren Zunftordnungen, die Herausbildung überregionaler Märkte, das Anwachsen des Geldverkehrs und die damit verbundene Stärkung des Finanz- und Handelskapitals. Es war *Jean Bodin,* der als erster darauf hinwies, daß die im 16. Jahrhundert grassierende *Inflation* ihre eigentliche Ursache im Import amerikanischer Edelmetalle habe, die einerseits der Finanzierung höfischer Bedürfnisse, vor allem auch des Militärs dienten, aber andererseits weite Teile der Bevölkerung einer ständig zunehmenden Pauperisierung aussetzten. Während so die Preise für Grundnahrungsmittel stiegen (und den adligen und bürgerlichen Grundbesitzern hohe Gewinne brachten), sanken andererseits die Löhne bei gleichzeitiger Zunahme der Bevölkerungszahl. Die hierdurch bedingten sozialen Spannungen entluden sich immer wieder in lokalen und regionalen Unruhen und Aufständen, die blutig niedergeschlagen wurden.
Frankreich um 1560 ist das bevölkerungsreichste Land Europas mit 16 Mill. Einwohnern (Voss, S. 12 ff.). Rund 5 % davon wohnen in Städten, rund 80 % sind Bauern. *Klerus, Adel* und *Dritter Stand* (aus Stadtbürgern und Bauern) gliederten die französische Gesellschaft in »drei Ordnungen« (*trois ordres*, Duby), deren mittelalterliche Starrheit freilich nur noch juristisch bestand: Der soziale Wandel ist in vollem Gange und schafft nicht nur Mobilität, sondern vor allem auch Unsicherheit. Der Adel, 2 % der Bevölkerung, verliert zusehends seine traditionellen Funktionen: Die technische Entwicklung des Militärwesens enthebt ihn seiner militärischen Unentbehrlichkeit, auch wenn ihm die Führungspositionen weiterhin vorbehalten bleiben; die ökonomischen Strukturwandlungen lassen die Konkurrenz einer bürgerlichen Schicht entstehen, die sich über Einkauf in Ämter (*noblesse de robe*) ihre eigene Nobilitierung verschafft. In den Städten bildet sich ein *bürgerliches Patriziat,* das adligen Lebensstil kopiert, sein Kapital in Landbesitz investiert, Stadtpalais baut und vor allem an politischer Bedeutung und Gewicht gewinnt, in dem Maße, wie es mehr und mehr zum allgemeinen Steueraufkommen beiträgt. Spielball der Politik bleibt die Masse der Bevölkerung, jene Mittelschichten des Handels und Handwerks in Städten, der Bauern auf dem Lande, die die eigentlich Leidtragenden dauernder militärischer Auseinandersetzungen sind und am härtesten von schweren Mißernten (1572/73) und anhaltenden Teuerungswellen (1571/74) betroffen werden.
Der sozialen Neuformierung der frühmodernen Gesellschaft Frankreichs entsprechen parallele politische Entwicklungen, allerdings in einer oft widersprüchlichen Differenzierung, die es schwermacht, die Tendenzen der Zeit auf eine schlichte Formel zu bringen. Schon seit dem 15. Jahrhundert war das *Lehensrecht,* das den Monarchen und die Stände ursprünglich in eine sie gegenseitig verpflichtende Rechtsposition brachte, »vollständig verdinglicht und ledig-

lich ein Unterscheidungsmerkmal des Besitzstandes an Grund und Boden« (Engel, S. 389) geworden. Die französischen Könige hatten sich unter dem Einfluß der »Legisten« immer nachhaltiger auf römisches Recht berufen und so ihren stetigen Machtzuwachs zu legitimieren versucht. In die Struktur personaler Vasallität schob sich mehr und mehr das *Prinzip formaler Rechtsauffassung*, demzufolge die Rechtsquelle, der König selbst, auch der allgemeine Gesetzgeber ist. Das hebt die weiterbestehenden lehensrechtlichen Elemente nicht vollständig auf, sondern sucht sie eher als der Krone gegenüber verpflichtend zu interpretieren, deren Stärkungstendenzen so quasi-feudal untermauernd.

Die Politik der Krone

Im Rahmen rechtlicher Grundbindungen, der *lois fondamentales*, zu denen gezählt wurden: die Erblichkeit des Thrones (*l'hérédité royale*), die Unzulässigkeit weiblicher Thronfolge entsprechend dem Salischen Gesetz (*l'exclusion des femmes*), die Unveräußerlichkeit des Krongutes (*l'inaliénabilité du domaine de la couronne*), die Unmöglichkeit der Abschaffung der Krone (*l'indisponibilité de la couronne*), schließlich die Vollendung des 13. Lebensjahres des Thronfolgers, sein Verfassungseid (*serment*) und seine Salbung (*sacre*) (Holtzmann, S. 309 ff.; Ellul, passim; Dennert, 1964, S. 16 ff.), sucht die Krone ihre Position faktisch wie institutionell auszubauen: durch Erwerb von Land, häufig zu Lasten der Lehensfürsten; durch persönlich freie Ernennung der Kanzler und Entwicklung und Ausbau der Kanzlei, zu deren Kompetenzen der Erlaß von Ordonnanzen und die Kodifizierung von Gewohnheitsrechten gehört; durch Stärkung des königlichen Rates (*conseil du Roi*), der gleichsam als »Kabinettsregierung« fungiert, bis zu 50 Mitglieder zählt, vorwiegend Juristen; durch Ausdifferenzierung ressortzuständiger »Minister« (*secrétaires*); durch Schaffung eines das ganze Land nach und nach durchdringenden Verwaltungsapparates, an dessen Spitzen, nach Provinzen geordnet, Gouverneure, später Intendanten stehen, vom König ernannt und ihm verantwortlich. Von besonderer Bedeutung aber war die Einrichtung einer *zentralisierten Finanzverwaltung*, die *das* Steuerbewilligungsrecht der Ständeversammlungen (General- und Provinzialstände) tangierte, so einen jener zentralen Konflikte markierend, die in den Auseinandersetzungen während der zweiten Hälfte des 16. Jahrhunderts eine so große Rolle spielen sollten. Denn zunehmend stärker geriet der Hof, um 1560 noch abwechselnd in Paris, Blois, Amboise und Fontainebleau residierend, in finanzielle Schwierigkeiten: Aufwendige Hofhaltung, Ausbau des Militärapparates, personelle Ausweitung zentraler Behörden und schließlich permanente Bürgerkriegswirren verschlangen Geld, und die Krone sah sich nach neuen Einnahmequellen um. Die Parlamente, ursprünglich Gerichtshöfe, die die Einhaltung der Fundamentalrechte zu überwachen hatten, die königlichen Erlasse registrierten und genehmigten (*droit d'enregistrement*), deren größtes in Paris für ein Drittel des Landes im besonderen, hinsichtlich der allgemeinen Gesetzgebung für das Reich insgesamt zuständig war, gerieten in eine prekäre Lage. Seit Franz I. (1515–47) wurden die vom König zu besetzenden Ratsstellen verkauft: Die Krone verschaffte sich so zusätzliche Einnahmen. Die Praxis des *Ämterkaufs*, immer wieder Ziel stärkster Kritik, eröffnete aber auch jenen finanzkräftigen Teilen des Adels und Bürgertums Zugang und Aufstieg in gutbezahlte, vor allem auch politisch wichtige Positionen.

Die Politik der Stände

Die Tendenzen und Entwicklungen, die damit angedeutet sind, verliefen indessen nicht nur mit schweren Friktionen; sie schufen sich auch ihre Gegenbewegungen. Denn jene Teile der Stände, die ihre soziale Position bedroht glaubten, reagierten mit Abgrenzung und dem Versuch, ihre überkommene Position festzuschreiben. »Rationalisierung der Herrschaftspraxis und ›Entpolitisierung‹ der Gesellschaft« (Dülmen, S. 13) erzwangen eine verstärkte Ausprägung ständischer Strukturen, die begleitet wurden durch den Versuch, die sozialen Beziehungen des »ganzen Hauses« (Otto Brunner) nicht nur im Bereich familiärer und regionaler Beziehungen zu reaktivieren und einer strikteren normativen Regelung zu unterwerfen, sondern auch in das Herrschaftsverhältnis von Monarch und Stände einzubringen. »Stand und Haus wurden so zu komplementären, sich gegenseitig bedingenden Ordnungsprinzipien der Gesellschaft, durch die die in ›Unordnung‹ geratene Welt des 16. Jahrhunderts wieder – zum Vorteil der Herrschenden – in harmonische Ordnung gebracht werden sollte« (Dülmen, S. 14). Es ist von einiger Bedeutung, diese Widersprüchlichkeit des Modernisierungsprozesses festzuhalten: Auf ökonomische, soziale und politische Formierung folgte kein unmittelbarer und linearer Übergang zum modernen Staat, vielmehr zunächst eine traditionale Rückwendung zu alten, lehensrechtlichen Vorstellungsgehalten, deren Antimodernismus erst sehr viel später durch die Akzeptanz funktionaler Stratifikation gebrochen wurde.

Reformation und Bürgerkrieg

Für die Verteidigung überkommener Positionen erwiesen sich religiöse Argumentationen, wie sich rasch zeigte, als außerordentlich hilfreich. Unabhängig von den jeweiligen theologischen Motiven, die ganz unzweifelhaft für die konfessionellen Auseinandersetzungen eine überragende Rolle spielten, war der Kampf um die Durchsetzung reformatorischer Glaubensinhalte zunächst ein *Akt des Widerstandes*. Es war die Weigerung, die Einheit von religiösem Interpretationsmonopol und politischer Herrschaft weiterhin unbefragt hinzunehmen, und dies führte zwangsläufig zu einer generellen Problematisierung der Legitimität der bestehenden politischen Ordnung. Das *Recht auf Widerstand* wird so zum konstitutiven Element der Herausbildung moderner Staatlichkeit, und die Diskussion, wann und in welcher Form Widerstand geboten sein könne, bezeichnet eine der zentralen Fragestellungen frühneuzeitlichen Denkens. Gewiß ist diese Thematisierung von Widerstand nicht völlig neu, aber sie geschieht in Teilen mit einer Radikalität, in der sich weitreichende Konsequenzen für die Selbstinterpretation des einzelnen, seiner gesellschaftlichen Natur und staatlichen wie kirchlichen Einbindung bereits abzuzeichnen beginnen.
Die *Reformation* traf in Frankreich auf vorbereiteten Boden. Vor allem im Süden des Landes gab es von jeher reformatorische Bewegungen (Albigenser),

und folgerichtig fand hier der Calvinismus später seine weiteste Ausbreitung. Zuvor aber, etwa ab 1520, wurde Luthers Lehre aufgenommen, vornehmlich vom städtischen, mittelständischen Bürgertum. Die Haltung der Krone war schwankend, der König sympathisierte zunächst, verband sich sogar – gegen Spanien – mit protestantischen deutschen Fürsten. 1534 indessen kam es zum Verbot, das freilich bald wieder aufgehoben wurde. *Calvin,* der nach Genf geflohen war, wurde von dort aus mehr und mehr zum geistigen Führer der französischen Protestanten. Nach deren erster Nationalsynode, 1559 in Paris, begann dann auf breiter sozialer Grundlage eine stete Ausweitung der neuen Lehre. Zu Handwerkern und Kaufleuten, zu humanistisch gesinnten Intellektuellen stießen bedeutende Teile des Adels, so *Condé* und *Coligny,* die die politische Führung übernahmen und die Opposition formierten. Um 1560 war der Adel Frankreichs etwa zur Hälfte gespalten, im Süden des Landes standen 10 bis 20 % der Bauern, etwa 30 % des städtischen Bürgertums auf seiten der Calvinisten, im Norden waren Teile der Picardie, der Normandie und der Champagne calvinistisch. Mit rund 700 Kirchengemeinden im Süden, 500 im Norden organisierte der Calvinismus etwa 10 % der Gesamtbevölkerung. Paris freilich blieb katholisch.

Die Einheit der Monarchie

Die Einheit der Monarchie zu wahren: das war der zentrale Handlungsimperativ der französischen Könige, der ihre Haltung zu den Hugenotten (*huguenots* = Eidgenossen) vorwiegend bestimmte. Entsprechend wechselten zeitweilig Sympathie, zumindest Toleranz, mit mehr oder weniger schwerer Verfolgung. Schon unter Franz I. gab es erste Verfolgungen, und als 1547 Heinrich II. (1547–59) eine Kammer für Ketzerprozesse (*chambre ardente*) einrichten ließ, als es Pflicht wurde, Häretiker anzuzeigen, nahm die Verfolgung an Härte zu. Sein Nachfolger, Franz II. (1559–60), ein kränkelnder Jüngling, verwandt mit den Stuarts, stärkte die katholische Partei (Guise) am Hofe. Die von Protestanten 1560 gegen den König betriebene Verschwörung in Amboise mißlang, ihr folgte blutige Rache. Katharina de' Medici übernahm die politische Führung, drängte den Einfluß katholischer Berater zurück und übertrug *Michel de L'Hôpital* (1503–73) das Kanzleramt (1560): Er wurde zur überragenden politischen Figur jener Jahre, Katholik und Schützling des Herzogs von Guise, aber gemäßigt in seiner Gesinnung, auf Ausgleich bedacht. Vor den einberufenen Generalständen (1560/61) hielt er mehrere berühmt gewordene Reden (Schnur, S. 11 ff.; Dennert, 1964, S. 31 ff.; Allen, 1957, S. 292 ff.), in denen er seine Konzeption einer Monarchie vortrug, die über allen aktuellen politischen Streitigkeiten als nationale Integrationsinstitution unangefochten bleiben sollte. Für ihn ist die Krone sowohl durch Gott als auch durch Tradition legitimiert, der König also oberster Gesetzgeber, selbst *legibus solutus,* dem so lange Gehorsam geschuldet wird, wie er sich seinerseits an die gegebene Ordnung hält. Diese Ordnung findet ihre Rechtfertigung im göttlichen Recht (*justice divine*) wie im Naturrecht (*droit naturel*), welches für alle Menschen gleichermaßen gilt, für die Wilden Amerikas ebenso wie die Christen Europas. Des Königs Aufgabe besteht in der ständigen Anpassung positiven Rechts an die Erfordernisse der Zeit, und hierbei bedarf er der Mitwirkung von Ständen und Parlamenten. Letztere mögen als Ratgeber fungieren, erstere sich – wie zu früheren Zeiten – mit Petitionen an den König wenden. Für diesen ist es nützlich (*utile et profitable*), beide zu konsultieren, und zwar möglichst häufig, denn erst im Zusammenspiel überkommener Institutionen kann die erwünschte Integrationsleistung erbracht werden. Freilich: Rebellion gegen den König ist niemals gerechtfertigt, denn die dann drohende Anarchie, der Kampf aller gegen alle, wäre das Ende nicht nur für die Monarchie. Der Bürgerkrieg ist das schlimmste aller Übel. Und so ist es besser, Ungerechtigkeiten zu ertragen, als den Bürgerkrieg zu riskieren. Den Ständevertretern sagt L'Hôpital: »Die einen sagen, ihre Religion sei wahr, ich sage, es ist die meine. Gibt es irgendeinen vernünftigen Grund, weshalb ich die Meinung jener akzeptieren sollte?« – und: »Lutheraner, Hugenotten, Papisten – nehmen wir wieder den Namen Christen!« (Allen, 1957, S. 295).

Der König, meint L'Hôpital, und damit formuliert er im Vorgriff, was Bodin später systematisch entwickelt, kann nicht Partei sein, er muß jenseits aller Parteien deren Koexistenz garantieren. Das fügt sich einerseits in eine Position, die die Argumentationslinie der »Politiques« charakterisiert; es schließt aber auch an Theorien an, wie sie etwa *Claude de Seyssel* in *La Grand' Monarchie de France* 1519 (Allen, 1957, S. 275 ff.; Dennert, 1964, S. 26 ff.; Franklin, 1973, S. 14 ff.; Skinner, passim) schon in Umrissen vertreten hatte. Seyssel, aktiver Politiker in unterschiedlichen Positionen am Hofe, hielt die französische Monarchie für die beste aller Staatsformen, ein bewundernswertes System kooperierender Institutionen: der König als höchste Instanz, eingebunden in alte Rechtstraditionen, deren Mißbrauch zu korrigieren ihm alleine vorbehalten war, den Rat der Stände, vor allem aber der Parlamente einholend. Drei *Schranken des Monarchen* sah Seyssel: das Gebot, der König müsse Christ (= Katholik) sein; die Bindung des Königs an Recht und Rechtskontrolle der Parlamente; schließlich die strikte Beachtung traditioneller Sitten und Gebräuche, der alten Gesetze, Rechte und ständischen Kompetenzen. Lehensrechtliche Tradition und formaler Rechtsgedanke werden hier gleichermaßen als Einschränkung (*freins*) höchster Gewalt herangezogen, um eine »conservation du Royaume«, die gute alte Ordnung des Gemeinwesens zu beschwören, deren Bestandsbedrohung sich längst abzuzeichnen begann. Grundlage ist die Überzeugung, daß die politische Austarierung von lokalen und regionalen Rechten, von ständischen Privilegien und der Kompetenz der Krone gelungen ist und auf Dauer gestellt werden kann, weil sie sich einfügt in ein allgemein akzeptiertes christliches Sittengesetz.

L'Hôpital findet freilich die Basis dieser Überzeugung zerbrochen vor. Daher sein Gedanke der Stärkung des Monarchen, ohne doch die Mitsprache dezentraler Institutionen völlig ausschalten zu wollen. Zwar gelingt es ihm, im *Edikt von St. Germain* (1562) den Protestanten die Abhaltung ihrer Gottesdienste außerhalb der Städte zu sichern; aber die Zeit der Tolerierung ist kurz, noch im selben Jahr beginnen die offenen Auseinandersetzungen. 1568 muß L'Hôpital aus dem Amte, seine Politik der Vermittlung ist gescheitert. Während der religiösen Bürgerkriege (1562–98) produzieren beide Seiten eine Fülle politischer Kampfschriften. Den Protestanten geht es zunächst darum, die katholischen Berater des Hofes anzugreifen, die Katholiken unterstellen, es gehe um Widerstand gegen die Monarchie selbst. Letzteres tritt freilich erst ein, als nach den Morden der Bartholomäusnacht (1572) die Krone hierfür direkt verantwortlich gemacht wird. Jetzt diskutieren die Hugenotten auch den Tyrannen-Mord, gründen im Süden Frankreichs einen eigenen Staat mit selbständiger Finanzverwaltung. 1576 verurteilt Heinrich III. (1574–89) jene Morde und gewährt im *Edikt von Beaulieu* erneut begrenzt freie Religionsausübung. Daraufhin bildet sich unter Führung der Guise die katholische Liga (*La Ligue*), von Spanien finanziert, die nunmehr ihrerseits aggressiv gegen den König vorzugehen versucht. Die komplizierte Lage wird zusätzlich noch verschärft durch das Problem der Nachfolge: Stirbt der König, so ist nach salischem Recht (*loi salique*) sein Schwager, Heinrich von Navarra, ein Protestant, legitimer Erbe. Nun greifen die Katholiken die Argumente ihrer protestantischen Gegner auf und verweisen auf die *lois fondamentales*, wonach der König katholisch sein muß. Der König selbst steht zwischen allen Fronten, während gleichzeitig die wichtigsten Institutionen des Staates entweder in Auflösung begriffen oder funktionsunfähig sind. 1589 wird Heinrich III. ermordet, Heinrich von Navarra, von ihm zuvor noch als Nachfolger anerkannt, folgt auf dem Thron. Die allgemeine Anerkennung freilich dauert noch länger; dazwischen liegen der Übertritt zum Katholizismus (1593) und die militärischen Kämpfe bis 1598. Erst dann wird, mit dem *Edikt von Nantes,* der Bürgerkrieg definitiv beendet: freie Religionsausübung, freier Zugang aller zu den Ämtern, paritätische Besetzung von Schlichtungskammern in den Parlamenten des Landes – die Ergebnisse zeigen, daß der moderne Staat, der sich über die Konfessionen erhebt, mit eigener Souveränität nach innen wie außen, gesiegt hat.

2. Die Monarchomachen

Jean Calvin

Es war *Jean Calvin* (1509–64), der mit seinen Schriften, vor allem mit seiner *Institutio Christianae Religionis*[1] (Allen, 1957, S. 49 ff.; Bohatec, passim; Hoepfl, passim; Mesnard, S. 269 ff.; Skinner, passim), einem Werk, »das alle Grundfragen der christlichen Tradition klar, systematisch und allgemeinverständlich behandelt und diskutiert« (Ganoczy, S. 329), die religiöse, dann auch die politische Ausgangslage der konfessionellen Auseinandersetzungen in Frankreich wesentlich bestimmte. Er entwickelte eine Sozialtheologie, in der die Grundorientierungen hugenottischer Traktatliteratur vorformuliert wurden.

Für ihn ist der Staat[2] von Gott gestiftet, er ist keine Konsequenz natürlicher Soziabilität des Menschen. Er »verdankt seine Entstehung der menschlichen Sünde als der veranlassenden Ursache« (Bohatec, S. 169), aber er ist mehr als nur eine bloße Notlösung: Er ist die Bedingung für harmonisches und friedliches Zusammenleben, auch für ungehinderte Betätigung der Frömmigkeit. Der Nutzen bürgerlicher Ordnung ist »nicht geringer als der von Brot und Wasser, Sonne und Luft, ihre Würde noch viel hervorragender« (Inst. IV, 20, 3). Gott selbst hat ihm seine Zwecke gesetzt, und so wäre es – dies eine scharfe Wendung gegen fundamentalistisches Täufertum – eine »entsetzliche Barbarei« (Inst. IV, 30, 3), ihn abschaffen zu wollen. Calvin nimmt den Gedanken des alttestamentarischen Bundes auf, den Gott mit seinem Volk geschlossen hat – ein Gedanke, der selbst bei Hobbes noch von Bedeutung ist (Oestreich, S. 157 ff.; Gough, passim). Dieser Bund (*foedus*) ist durch gegenseitige Verpflichtung (*mutua obligatio*) charakterisiert, er wird als Rechtsverhältnis beschrieben, obwohl es sich um ein solches nicht handelt. Denn Gott als *summa potestas et summa auctoritas* steht außerhalb jeglichen Rechts, er selbst setzt Recht, aber insoweit er oberste und einzige Rechtsquelle ist, gibt es zugleich eine rechtliche Selbstbindung. Den Menschen freilich kommt unbedingter Gehorsam zu, Anerkenntnis der göttlichen Autorität.

Entsprechend fließt alles Recht aus göttlichem Willen. Das *ius divinum* offenbart sich im Dekalog und in den prophetischen Weisungen. Das hier implizierte Sittengesetz ist dem Menschen eingeschrieben (*sensus naturae, sensus communis*), es ist Glaube, Frömmigkeit, Liebe (Inst. IV, 20, 15), und es befindet sich in prinzipieller Übereinstimmung mit dem Naturrecht. Calvin hat keinen ausgeprägten Begriff des Naturrechts, das *ius naturae* ist ihm immer Ausfluß göttlichen Willens und so mit diesem identisch, Grundlage auch der positiven Gesetze, die je nach historischer Situation wechseln können. »Ist das aber wahr, dann ist auf jeden Fall den einzelnen Völkern die Freiheit gelassen, die Gesetze zu machen, von denen sie voraussehen, daß sie ihnen Nutzen bringen, aber sie müssen nach jener dauernden Regel der Liebe gerichtet werden, so daß sie zwar in ihrer Form verschieden sind, aber den gleichen Sinn haben« (Inst. IV, 20, 15). Rechtsbegründung und Rechtsform sind hier differenziert – Calvin war ein am römischen Recht geschulter Jurist.

Aufgabe des Staates ist es, faktisch wie normativ die Bedingungen des Zusammenlebens auf der Basis der Sittengesetze zu organisieren. Der einzelne ist ein Glied eines größeren Ganzen, niemand hat Fähigkeiten nur für sich selbst, denn Gott hat den Drang zu Recht und Gemeinschaft jedem mitgegeben. Die bürgerliche Ordnung wird als organischer Körper verstanden, ist ein differenziert strukturiertes Gebilde: Aus natürlichen und sozialen Ungleichheiten erwächst die gemeinschaftliche Kraft zum Überleben, die unterschiedliche Auszeichnung der Menschen (*praedestinatio*) ist Wille Gottes (Troeltsch, S. 615 ff.).

So ist auch jede Obrigkeit Stellvertreter Gottes, *officier de Dieu,* und daraus ergibt sich Rang wie Verhalten. Calvin meint, in Anspielung auf die klassische Einteilung der Regierungsformen, »daß die Aristokratie oder ein aus ihr und der bürgerlichen Gewalt gemischter Zustand weit über allen anderen steht« (Inst. IV, 20, 3), da ein einzelner Herrscher nicht immer mit dem erforderlichen Maß an Gerechtigkeit und Scharfsinn ausgezeichnet sei. Er hält eine kollegiale Form der Regierung für wünschenswert, entsprechend dem aristotelischen Ideal der »gemischten Verfassung«, da alle reinen Formen, Monarchie, Aristokratie, vor allem aber auch Demokratie, allzu leicht pervertieren. Aber die Form der Regierung bestimmt nicht deren Legitimität; diese ist gesichert durch göttlichen Auftrag, und so ist es die Pflicht der Obrigkeit, ein »Bild der göttlichen Vorsehung und Wacht, Güte, Freundlichkeit und Gerechtigkeit vor Augen zu stellen« (Inst. IV, 20, 6).

Der Herrscher also als *lex animata,* als verlebendigtes Gesetz, der freilich nicht nach Belieben, sondern entsprechend göttlichem Willen, göttlicher Gerechtigkeit und Billigkeit (*aequitas*) sich zu verhalten hat: Schutz wahrer Frömmigkeit und Gottesverehrung, Förderung des allgemeinen Wohls. In letzterem sind eingeschlossen auch die persönlichen Freiheitsrechte der Untertanen (*subditi*), vor allem das Recht auf Leben und Eigentum (Bohatec, S. 94 ff.). Beides sind Naturrechte – im schon zitierten Sinne –, wer sie verletzt, stört den *l'ordre de nature*, auch dann schon, wenn er unerlaubten Nutzen aus fremder Not zieht. »Die natürlichen Freiheitsrechte, das Recht auf Eigentum und Leben, sind nicht absolut, da der Staat aus einem auf das Staatswohl gerichteten Rechtsgrund (*iusta causa*, *ratio*) eingreifen kann. In das Eigentumsrecht greift der Staat mit seiner Steuergesetzgebung. In das Recht auf Leben durch die Forderung der Militärpflicht. Aber der Zwang des Staates und der Obrigkeit darf nicht absolut tyrannisch, sondern durch Recht und Gesetz bedingt sein. Damit sind die Untertanen und die Staatsgewalt aufeinander angewiesen im Interesse der beide bildenden Rechtsordnung« (Bohatec, S. 107).

Diese wechselseitige rechtliche Einbindung – jenseits der Vorstellung von absoluter Herrschaft einerseits, von Volkssouveränität andererseits –, deren strukturelle Nähe zum mittelalterlichen Lehensrecht offensichtlich ist, bildet ein zentrales Element calvinistischer Ordnungsvorstellung. In diesem Sinne heißt es in der *Institutio*, Gesetze seien »die kräftigsten Sehnen des Gemeinwesens (*rerum politicarum nervi*), oder auch ... die Seelen, ohne welche die Obrigkeit nicht bestehen kann, wie die Gesetze auf der anderen Seite auch selbst ohne die Obrigkeit keine Kraft haben« (Inst. IV, 20, 14).

Was aber, wenn die Obrigkeit ihre von Gott und durch die Gesetze gegebenen Schranken durchbricht, wenn sie in Tyrannis ausartet? Die Figur der *mutua obligatio* legt den Gedanken des *Widerstandes* nahe, wie er von den Monarchomachen dann auch verfochten worden ist (Bohatec, S. 247 ff.; Mesnard, S. 227 ff.; Winters, S. 35 ff.; Wolf, S. 152 ff.; Wolzendorff, S. 95 ff.). Aber Calvin sucht solche Konsequenz zu vermeiden. Der Herrscher, der aufgrund seines Willens und seiner Launen, gegen den Rat der Behörden (*magistratus*) und gegen Vernunft (*ratio*) handelt, ist zwar Tyrann, aber auch als solcher von Gott eingesetzt, also dessen Stellvertreter. Das steht in der Tradition alteuropäischer Tyrannislehre, findet sich schon – sieht man einmal vom Faktum numinoser Legitimität ab – bei Aristoteles, der die Tyrannis als »Einherrschaft zum Nutzen des Herrschers« (Politik, 1279 b) bestimmt, die wesentlich dann entsteht, wenn Rat und Beratung als institutionelle Einbindung, auch Kontrolle von Herrschaft mißachtet werden (Mandt, S. 56 ff.). Es sind deshalb die öffentlichen Behörden (*populares magistratus*), denen Widerstand gegen den Tyrannen von Calvin zugestanden, ja zur Pflicht gemacht wird, denn sie sind Teil der Obrigkeit und somit an den Auftrag, für das gemeine Wohl zu sorgen, gebunden (Inst. IV, 20, 31). Aus dem Amtsgedanken, nicht aus persönlicher Überzeugung resultiert das Widerstandsrecht, und eben dies zeichnet Calvins Denken aus: daß er die Institutionen, nicht die Personen zu Subjekten politischen Handelns macht. Folgerichtig steht den einzelnen Untertanen ein eigenes Recht auf Widerstand nicht zu, sie sollen sich vielmehr an ihre Obrigkeiten wenden, nichts unternehmen, ohne deren Auftrag zu haben, weil individueller Widerstand nicht zu leisten ist, »ohne sich zugleich Gott zu widersetzen« (Inst. IV, 20, 23). Zu unbedingtem Gehorsam verpflichtet, ist es besser, Unrecht zu ertragen, nicht zuletzt auch deshalb, weil dieses Züchtigung Gottes sein kann (Inst. IV, 20, 31), aber auch, weil »geistliche Freiheit und bürgerliche Knechtschaft sehr wohl miteinander bestehen können« (Inst. IV, 20, 1).

Ähnlich Aristoteles, der Entstehung und Form der Tyrannis beschreibt, ihrer Bekämpfung aber kaum Aufmerksamkeit widmet, weil er glaubt, sie gehe von selbst zugrunde (Mandt, S. 36 f.), glaubt Calvin, daß Gott »aus seinen Knechten öffentliche Erwecker« (Inst. IV, 20, 30) senden werde, das Volk aus seinen Qualen zu befreien, womit er freilich nur formuliert, was christliche Überzeugung der Zeit ist, auch bei katholischen Autoren. Es ist das »Pathos der Ordnung« (Bohatec, S. 167), dem das Problem des Widerstandes sich zu fügen hat, das ihn veranlaßt, naturrechtliche Begründungen, wie sie etwa Melanchthon gegeben hat, abzulehnen und möglichst strikt im Rahmen des geltenden Rechtes zu bleiben (Wolf, S. 152 ff.). Ideengeschichtlich schließt er an Traditionen an, wie sie etwa seit Marsilius von Padua zu finden sind, politisch stärkt er die Position der Stände, die sich im Bürgerkrieg auf ihn beziehen können.

Staat und Kirche – bei Calvin sind dies hinsichtlich der jeweiligen institutionellen Ordnungen »zwei völlig verschiedene Dinge« (Inst. IV, 20, 1) mit allerdings derselben Legitimationsquelle. Letzteres führt dazu, daß in beiden Bereichen strukturell ähnliche Organisationsmuster präferiert werden: Im calvinistischen Genf herrschte das Prinzip kollegialer Führung in Staat und Kirche. Man hat gelegentlich daraus geschlossen, Calvin habe hierdurch den demokratischen Gedanken gefördert (Troeltsch, S. 671). Aber so stark der Gemeindegedanke auch ist und so sehr die Hierarchie kollegialer Führungen an ihre Gemeinde zurückgebunden wird: Es sind die theokratische Form des »Bundes Gottes mit der Gemeinde auf der Grundlage der Offenbarung«, des »Dienstes des Staates für die Kirche nach dem Vorbild der israelitischen Könige« und die »Kontrolle des öffentlichen Lebens durch die Geistlichen nach dem Muster der Propheten« (Troeltsch, S. 620) eher als moderne Vorstellungsgehalte von politischer Demokratie, die Calvins Denken prägen. Und dieses Denken ist insoweit vormodern, als es Staat und Gesellschaft auf eben jenes *theokratische* Fundament zu gründen sucht (Mesnard, S. 306 ff.). Gleichwohl gibt es Elemente, die in anderen historischen Zusammenhängen beträchtliche Sprengkraft zu entfalten vermochten: so die *Territorialität der Kirche* – entgegen der mittelalterlichen Idee einer universalen Kirche; so die *Differenzierung von Amt und Person*, die den Institutionen eine eigene Legitimität zuwachsen ließ; so auch die *Verbindung von Widerstand und Amt* dort, wo Moralität und Sittlichkeit des Staates in Gefahr geraten.

Die konfessionelle Begründung des Widerstandsrechts

Calvin argumentierte im Kontext breiter reformatorischer Bewegungen, und er argumentierte weder voraussetzungslos noch folgenlos. Obgleich von Lutheranern verfaßt, nimmt der *Magdeburger Traktat* von 1550[3] (Koops, S. 110 ff.; Allen, 1957, S. 103 ff.; Skinner, S. 207 ff.) eine Calvin sehr ähnliche Position ein. Geschrieben gegen einen religiösen Vermittlungsversuch Kaiser Karls V. (das »Interim«), postulierten seine Autoren erstmals aktiven Widerstand für den Fall, daß die wahre Religion durch die Hohe Obrigkeit bedroht werde. Aus der Fülle protestantischer Pamphlete jener Zeit[4] ragt dieser Traktat durch die Entschiedenheit hervor, mit welcher er es dem Christen zur Pflicht macht, den Glauben »mit Leib und Leben« zu verteidigen. Dabei erfolgt die *Rechtfertigung von Widerstand* in einem bei nicht-täuferischen Protestanten durchaus verbreiteten, gleichsam konventionellen Sinne. Wie üblich wird unterstellt, daß es Aufgabe der »hohen Obrigkeit« sei, Glauben, Leben und Eigentum zu schützen. Versagt diese beim Glaubensschutz, dann soll aktiver Widerstand geboten sein, denn bloß passives Widerstehen käme der Duldung eines Verbrechens gegen Gott gleich. Sind Leben und Eigentum gefährdet, so ist *passiver* Widerstand geboten, gegebenenfalls auch Erdulden von Unrecht. Zwingt eine höhere Obrigkeit eine niedrigere zur Sünde, so darf letztere sich wehren, sofern nicht andere Gesetze Gottes verletzt werden. Verfolgt der Herrscher schließlich – und dies wird als Tyrannis proklamiert – nicht nur Stände und Untertanen, sondern hebt das Naturrecht auf und kämpft so gegen Gott selbst, so ist *aktiver* Widerstand geboten. Da Gott allen Obrigkeiten nur deshalb Autorität verliehen hat, damit »rechte lehr und Gottesdienst, leib und leben, gut und ehre« gewahrt werden, kann der Verstoß gegen dieses Gebot nur teuflischer Inspiration entspringen. Dem Teufel zu folgen aber wäre wider Gott. Gegen die »hohe Obrigkeit« ist demnach die »untere Obrigkeit« aufgerufen vorzugehen; versagt auch diese, so wird gewaltsamer Widerstand zur *Pflicht* jedes einzelnen.

Gewiß: Calvins Auffassung vom Widerstand wird hier überboten und radikalisiert – und dies hat nicht zuletzt auf die französischen Calvinisten zurückgewirkt. Aber davon abgesehen, finden sich ähnliche Rechtfertigungsmuster des Widerstands gegen eine pflichtvergessene Obrigkeit in zahllosen zeitgenössischen Traktaten und Pamphleten Europas (Saage, passim; Allen, 1957, S. 106ff. und Skinner, S. 3–112). In Anknüpfung an Calvin freilich haben jene drei Abhandlungen von *Hotman: Franco-Gallia* (1573), *Beza: Du Droit des Magistrats sur leurs subiets* (1574) und *Brutus: Vindiciae contra tyrannos* (1579), die als calvinistische Monarchomachen in die Geschichte des politischen Denkens eingegangen sind, eine besondere Bedeutung erlangt.

Die Bezeichnung *Monarchomachen* (= Kämpfer gegen den legitimen König) wurde von *William Barclay* (1546–1608), einem in Frankreich lebenden Schotten, für eine durchaus in sich politisch unterschiedliche Gruppe von Politikern und Theoretikern[5] geprägt. Spanische Jesuiten sind ebenso gemeint wie schottische Protestanten, französische Calvinisten so gut wie jene katholischen Autoren, die vor allem gegen die mögliche Thronfolge des protestantischen Heinrich von Navarra schrieben. Der Begriff selbst ist unscharf, weil er Autoren zu bezeichnen sucht, die aus sehr unterschiedlichen Motiven zur Feder griffen; in seiner Intention allerdings ist er klar: Gemeint sind all jene, die – aus welchen Gründen auch immer – Formen des Widerstandes gegen den Monarchen zulassen wollen, ja unter bestimmten Bedingungen fordern.

Allen Monarchomachen gemeinsam ist überdies, daß ihre Schriften sich aktuellem Anlaß verdanken, daß praktisch-politische Erfahrungen sich mit theoretischen Bemühungen verbinden. Ihr Denken ist zumeist »empirisch, rational und dogmatisch zugleich geprägt« (Stricker, S. 7), sie entwerfen politische Organisationsmodelle, in denen sich traditionale Elemente mit solchen, die für moderne

Staatsauffassungen wichtig geworden sind, nebeneinander finden lassen. In der Tradition der Fürstenspiegel wird das Verhalten des Monarchen an klassischen politischen Tugenden gemessen, zugleich aber auch versucht, durch Wiederbelebung überkommener, herrschaftsbegrenzender Institutionen den sich ausbildenden royalistischen Zentralismus einzudämmen und zurückzunehmen.

François Hotman: Franco-Gallia

1573, ein Jahr nach der Bartholomäusnacht, deren Morden er nur knapp entkommen war, erschien die von *François Hotman* (1524–90) geschriebene *Franco-Gallia,* die erste von drei wirkungsmächtigen Rechtfertigungsschriften französischer Calvinisten. Hotman (Allen, 1957, S. 308 ff.; Dennert, 1964, S. 51; ders., 1968, S. XXV ff.; Mesnard, S. 327 ff.; Stricker, S. 104 ff.), aus einer ursprünglich schlesischen Familie stammend, ebenso in Deutschland wie in Frankreich zu Hause, war einer der angesehensten französischen Juristen des 16. Jahrhunderts, Freund und Ratgeber Heinrichs IV., Kronjurist der Hugenotten. Studienfreund von Beza und Calvin, war er bald als Professor tätig, bald in diplomatischen Missionen unterwegs, Ratgeber und Verbindungsmann zwischen den Führern der Protestanten, Teilnehmer am Bürgerkrieg und immer wieder in kurzen zwischenzeitlichen Ruhepausen an seinen zahlreichen Arbeiten schreibend. Die *Franco-Gallia* gilt als sein Hauptwerk, sie ist unmittelbare Antwort auf die endgültige Desillusionierung der französischen Hugenotten nach der Bluthochzeit, ein rhetorisch ungemein geschickter Traktat, in dem sich die in Gang gekommene Radikalisierung der politischen Haltung der Protestanten deutlich niederzuschlagen beginnt.

Das Werk scheint auf den ersten Blick eine Darstellung der Geschichte des französischen Königtums, freilich in einem besonderen Sinne: Seinem Autor dient die eigene Vergangenheit dazu, nachzuweisen, daß der König von allem Anfang an nicht durch eigene Machtvollkommenheit, sondern durch Wahl des Volkes, besser: der *Ständeversammlungen* ins Amt gerufen wurde, damit zugleich Verpflichtungen übernahm, die seiner eigenen, beliebigen Interpretation entzogen blieben. Um dies zu belegen, greift Hotman weit zurück: auf griechische Philosophie und römische Autoren, vor allem aber auf keltische und germanische Geschichtsschreiber, auf Annalen und mittelalterliche Chronisten. Die Willkür der herangezogenen Quellen, vom Autor alle mit derselben Beweiskraft zitiert, fügt sich indessen einem einzigen Prinzip: zu argumentieren für eine historisch apriorische Abhängigkeit des Königs vom Volke, das jenen einsetzt und zur Rechenschaft ziehen kann.

Die *Franco-Gallia*[6] beginnt mit einer Beschreibung des vorrömischen und römischen Galliens, geht dann in ausführlichen Passagen zu den Franken und ihrer Reichsorganisation über. Von Beginn an aber ist alles auf die zentrale These gerichtet: daß die Krone nicht erblich gewesen sei, sondern nur jenen gegeben wurde, die einen besonders guten Ruf genossen, und daß mit der Krone keine unbeschränkte Macht verbunden war, sondern »die Herrscher ebenso in der Abhängigkeit und in der Macht des Volkes standen wie das Volk in ihrer« (S. 213). Mit zahlreichen Beispielen wird zu belegen versucht, daß über Jahrhunderte die *Wahl* das entscheidende Institut zur Einsetzung der Monarchen war, das Erbrecht dagegen eine nur untergeordnete Bedeutung innehatte, insoweit es den Söhnen des Königs eine bevorrechtigte Beachtung für die Thronfolge einräumte. Für Hotman sind die Ständeversammlungen, Repräsentation des ganzen Volkes, von ausschlaggebender Bedeutung: Ihren Rechten, ihrer »unverletzlichen Autorität« (S. 262) widmet er immer wieder eingehende Darlegungen und Überlegungen. Wahl, gegebenenfalls sogar Absetzung des Königs, Beratung über Krieg und Frieden, Mitentscheidung der öffentlichen Gesetze, Besetzung der Ehrenposten, Amts- und Verwaltungsstellen, Zuweisung der Erbteile an die Kinder verstorbener Monarchen, Aufsicht und Kontrolle öffentlicher Finanzangelegenheiten zählt er als ständische Kompetenzen auf (S. 262 ff.). Eine nationale Komponente kommt dort in die Argumentation, wo das Mitwirkungsverlangen des Papstes bei der Bestellung des Königs als eine »freche Erfindung der Päpste« (S. 273) abgewiesen wird. Differenziert wird zwischen dem König als »Haupt des Gemeinwesens« und dem Königreich als »der Gesamtheit der Bürger und Untertanen, gleichsam der Körper des Gemeinwesens« (S. 284). Der König ist dem Hausvater vergleichbar, mit allen daraus sich ergebenden Fürsorgepflichten, er ist zum Wohle des Volkes eingesetzt, nicht umgekehrt: »Denn das Volk kann ohne König bestehen, wie es bei dem Volk der Fall ist, das einer Adelsherrschaft gehorcht oder sich selbst regiert, und wie es auch für die Zeit gilt, wenn kein König vorhanden ist. Aber einen König ohne Volk kann man sich nicht einmal in Gedanken vorstellen« (S. 285).

Die – auch in anderen zeitgenössischen Schriften vorfindbare – Unterscheidung von *Amt* und *Person* hat evidente Konsequenzen: Das Amt des Monarchen ist eingebunden in eine aus der Tradition kommende institutionelle Ordnung, die der König zu beachten hat. Er kann demzufolge keinen eigenen Nachfolger alleine bestimmen, kann kein Krongut veräußern noch Land abtreten, kann Beamte nicht ohne die Mitwirkung der Stände entlassen, nicht ohne die Parlamente handeln und keine unabhängige Finanzpolitik betreiben. Er ist, wie Hotman immer wieder betont, an Recht und Gesetz gebunden, deren Niedergang in Frankreich am Beispiel des Ämterkaufs scharf gebrandmarkt wird, als »Geschäftsmacherei und Handel mit der Rechtsprechung, Räuberei im Gericht« (S. 325).

Manches an dieser Schrift ist ungewöhnlich, vor allem die rein historische Argumentation, die das alte Recht als gutes Recht versteht, die eigene Zeit als Bruch mit einer Gerechtigkeit implizierenden Tradition. Das entspricht mittelalterlichem Denken, das Normengenese nicht historisch begreifen kann und *Recht* mit *Gerechtigkeit* identifiziert. Man hat Hotman bezüglich seiner historischen Belege Ungenauigkeit, Konfusion und falsches Verständnis der Fakten vorgeworfen (Allen, 1957, S. 309), hat ihn in Gegensatz zu genaueren Historiographen seiner Zeit, etwa zu Bernard Girard du Haillans *Histoire générale des rois de France*, 1576, gebracht. Aber das verkennt, daß Geschichte bei Hotman primär als Folie der Zeitkritik fungiert, ohne daß auf unmittelbare Aktualität direkt Bezug genommen wird. Und erstaunlich ist auch der – im Gegensatz zur zeitgenössischen Traktatliteratur – ungewöhnliche Verzicht auf theologische Rechtfertigungen. Hotman gründet politische Herrschaft, die immer schon als existent gedacht ist, vielmehr auf Zustimmung und Konsens, sein Ideal ist die jährlich allgemeine Versammlung des Königreiches, auf der alle öffentlichen, wichtigen Fragen in allgemeiner Beratung der Stände verhandelt werden sollen (S.251ff.) – eine Form der gemischten Verfassung, wie er ausdrücklich anmerkt. Zwischen König und Ständen besteht ein impliziter Vertrag (*pactum*), nicht im Sinne moderner kontraktualistischer Staatsbegründung, wohl aber in dem, daß Recht und Gesetz für alle bindend sind, auch nur einvernehmlich weiterentwickelt werden können und nur unter dieser Bedingung für das Volk, das als Ganzes vorausgesetzt wird, verpflichtend sind. Es ist eine vermittelte demokratische Legitimität, die nach Hotman den Monarchen trägt; bricht er die institutionellen Schranken, verrät er seine Bindung ans Volkswohl, macht er sich von Ständen und Parlamenten unabhängig, so wird seine Herrschaft tyrannisch. Alle Hoffnung setzt Hotman auf die dauerhafte Einrichtung beratender Gremien (S.254ff), die als intermediäre Institutionen zwischen König und Volk die Kontinuität politischen Handelns verbürgen sollen. Überraschend an dieser Vorstellung bleibt, daß Hotman, der doch die Rechte der Hugenotten reklamieren will, hier offensichtlich auf die Einsicht und Toleranz der katholischen Generalstände vertraut. Seine »konservative« Vorstellung einer auf gutem altem Recht gegründeten Monarchie – in ihren Grundzügen an diejenige von *Seyssel* anknüpfend – läßt ihn am Ende das Problem des Widerstandes, den zu begründen ja Anlaß der Schrift war, völlig vergessen. Hier fällt er hinter die Diskussionen seiner Zeit, selbst hinter Calvin zurück, die Logik einer gewaltenbalancierenden Ordnung verträgt offensichtlich, so sie nur durchgehalten wird, keinen Widerstand. An seiner Stelle wird allerdings ein rigoroser Anti-Absolutismus propagiert, der heftigen Widerspruch herausgefordert hat, nicht zuletzt von Bodin.

Théodore de Bèze: Du Droit des Magistrats

Ganz entschieden rückt dagegen das Problem des Widerstandes in das Zentrum des Interesses in *Théodore de Bèzes* Schrift *Du Droit des Magistrats sur leurs subiets* (1574). Beza (1519–1602), wie sein latinisierter Name lautet (Allen, 1957, S.315ff.; Dennert, 1964, S.42ff.; ders., 1968, S.XXXff.; Mesnard, S.309ff.; Stricker, S.127ff.), stammte aus einer alten burgundischen Adelsfamilie. Schon früh begegnet er Calvin, beschäftigt sich mit Theologie, schreibt Gedichte, studiert Jurisprudenz. Nach einigen Jahren Aufenthalt in Paris folgt er Calvin nach Genf, bald hier, bald in Lausanne vornehmlich mit theologischen Arbeiten beschäftigt. In Genf wird er 1558 Prediger und Rektor des neugegründeten Gymnasiums und der Akademie. Neben Calvin ist er die herausragende intellektuelle, aber auch politisch-charismatische Figur des französischen Protestantismus. Das zwingt ihn immer wieder in diplomatische Missionen nach Deutschland, vor allem aber nach Frankreich, wo er über Jahre zum unentbehrlichen Berater der Hugenotten, ihrer politischen wie militärischen Führer wird, gelegentlich sogar aktiv am Bürgerkrieg teilnimmt. Es sind diese praktischen Erfahrungen, vor allem die Kenntnis der bedrängten Lage der Protestanten, schließlich das Ereignis von 1572, die seine politischen Vorstellungen nachhaltig prägen und dann in eine Position münden, die über die Calvins weit hinausgeht. Als dessen engster Mitarbeiter wird er folgerichtig nach Calvins Tod sein Nachfolger, nunmehr anerkannter Führer und Sprecher der Calvinisten, geachtet auch von seinen Gegnern.

De iure magistratum[7], wohl ebenfalls unter dem Eindruck der Bartholomäusnacht geschrieben, entwirft eine Theorie politischer Ordnung, die zentriert ist um die Fragen des Gehorsams und des Widerstandes. Im Unterschied zu Hotman, den Beza gut kannte, argumentiert Beza sehr viel systematischer. Ganz im Rahmen der Theologie Calvins setzt er in diesem Traktat mit der These ein, alle Macht der Obrigkeit sei von Gott, begrenzt durch Glauben und Liebe. An die von Gott gesetzten Ziele und Zwecke sind die politischen Institutionen gebunden, göttliches Recht und Naturrecht sind eins, so wie Religion und Politik nicht voneinander zu trennen sind. Auf diesem Hintergrund entfaltet sich der Entwurf einer ständestaatlichen Ordnung, in der Volk (*populus*) und Obrigkeit (*magistratus*) sich gegenüberstehen, zugleich verbunden durch einen Vertrag (*pactum*). Das Volk ist in sich dreifach gegliedert: Es gibt Privatpersonen (*homines privati*), die kein öffentliches Amt bekleiden; niedere Amtsträger (*magistratus subalterni, intermedii, inferiores*), die den Privatpersonen vorgesetzt, aber selbst von höhergeordneten Stellen wieder abhängen; schließlich jene höheren Amtsträger, deren Aufgabe darin besteht, die Träger der höchsten Staatsgewalt (*summa potestas*), vor allem den König, zur Erfüllung seiner Pflichten anzuhalten. Zu den niederen Magistraten zählt Beza etwa Bürgermeister, Vögte, Ratsherren, Richter, *officiari regni*, intermediäre Gewalten also, die dem Königreich, »der Herrschaft selbst« (S. 15), dienen, nicht dem König als Person. Zu den höheren Magistraten (*summi magistratus*) werden neben dem König auch die Fürsten und höchsten Staatsbehörden gerechnet. Daneben gibt es die Stände als Vertreter des Volkes (*ordines vel status*), zusammengeführt in der Ständeversammlung (den Generalständen), zu deren Kompetenzen auch die Wahl der Beamten gehört.

Entscheidend ist nun nicht so sehr diese, an der faktischen Situation gewonnene institutionelle Gliederung, sondern deren Legitimationsgrundlage, funktionale Verbindung und die daraus gezogenen Konsequenzen. Für Beza liegt alle *Souveränität beim Volk,* denn »das Volk war eher da als irgendeine Obrigkeit, die Obrigkeit wurde wegen des Volkes geschaffen, nicht das Volk wegen der Obrigkeit« (S. 19). Die politische Organisation des Staates, alle Ämter ziehen hieraus ihre innere Rechtfertigung, sie sind gewählt, »weil sonst das ganze Menschengeschlecht zugrunde gehen oder ein Ordnungsmittel geschaffen werden müßte, durch das einer oder mehrere die anderen regierten« (S. 7). Sie alle repräsentieren in ihrem Bereich und zu ihrem Teil das Ganze. Wie Calvin spricht Beza von einer *mutua obligatio,* einer gegenseitigen Verpflichtung aller Amtsträger, die jeweils durch Recht und Gesetz bezeichneten Positionen zu respektieren. Am historischen Beispiel wird illustriert, was gemeint ist: Wenn – wie zu früheren Zeiten – der König stirbt, so bleiben doch alle übrigen Magistrate funktionsfähig, ihre Inhaber im Amt, »ebenso wie die eigentliche Herrschaft dieselbe bleibt« (S. 15). Der neue König bestätigt sie alle, er schafft damit kein neues Recht, denn er selbst legt ja den Eid auf die verbrieften Privilegien, auf Recht und Gesetz ab, verspricht, entsprechend zu regieren. Anders hätte er sein Amt kaum erhalten, denn: »Kein Volk hat – solange Recht und Billigkeit galten – seine Könige ohne zusätzliche Bedingungen gewählt oder anerkannt« (S. 19).

Der König also ist zwar *magistratus summus,* aber er ist nicht der Souverän. Vielmehr ist Souveränität verteilt auf das System der Ämter, der König lediglich

Repräsentant der Einheit der Nation. Daß das System der Magistrate zum Zentrum des politischen Ordnungsmodells wird – wie kaum je zuvor –, relativiert die Rolle und Funktion des Monarchen und erleichtert die Begründung eines Widerstandsrechts. Hinzu kommt, daß Beza den Vertragsgedanken – in Anlehnung an lehensrechtliche Vorbilder – stark akzentuiert: Das komplexe Beziehungsgeflecht der unterschiedlichen Magistrate wird als Rechtsverhältnis bestimmt, das durch quasi-vertragliche, gegenseitige Anerkennung seine Verbindlichkeit erhält.

In diesem Kontext wird die Frage des Widerstandes diskutiert. Ihr wird freilich die Vermutung vorausgeschickt, daß alle Herrschaft zunächst als »gute« zu verstehen sei, »daß alle rechtschaffenen Untertanen gut über ihre Herren denken und nichts Ungerechtes über sie annehmen oder argwöhnen« (S. 3). Allerdings: Wo Gottes Gebot, wo Recht und Gesetz durch hartnäckige Bosheit (*obfirmata malignitas*) gebrochen werden, wo der »König nach seinem Belieben die Menschen und die Güter seiner Untertanen beanspruchen und für seine Zwecke nutzen« (S. 24) will, ist Widerstand nicht nur erlaubt, er ist *Pflicht*.

Beza unterscheidet zum einen Tyrannis nach innen, über die eigenen Untertanen, zum anderen nach außen, über fremdes Territorium (S. 8). Die Frage territorialer Usurpation wird nicht sehr eingehend behandelt, es bleibt hier bei moralischer Verurteilung, auch bei dem Zugeständnis, dagegen Hilfe zu holen; ein völkerrechtlich sanktioniertes Interventionsverbot gibt es zu jener Zeit noch nicht. Tyrannische Herrschaft nach innen wird zweifach bestimmt: Es gibt den Tyrannen, der durch Gewalt und ohne Rechtstitel sich politische Macht verschafft (*tyrannus absque titulo*), es gibt aber auch jenen, der, ursprünglich legitim, durch Machtmißbrauch zum illegitimen Herrscher wird (*tyrannus quoad exercitionem*). Ersterer kann legitimiert werden, wenn er die freie und freiwillige Zustimmung wie Anerkennung der Untertanen findet – dann ist Widerstand nicht mehr gerechtfertigt. Gelingt ihm dies nicht, liegt – wie im zweiten Falle – die Berechtigung zum Widerstand vor.

Diese Berechtigung wird doppelt begründet: zum einen theologisch, insoweit die Verletzung göttlicher Gebote nicht einfach hingenommen werden darf; zum anderen naturrechtlich, insofern ein bindender Vertrag gebrochen wird. Denn: »Bei allen Vereinbarungen und Verträgen, die in gegenseitiger Übereinstimmung zwischen den Parteien abgeschlossen werden, können die, welche den Vertrag abgeschlossen haben, ihn auch lösen und für ungültig erklären, wenn es die Vernunft erfordert. Demnach besitzen die, welche die Befugnis haben, einen König zu wählen, auch das Recht, ihn abzusetzen« (S. 37). Aus dieser Überlegung resultiert, daß das Widerstandsrecht primär Sache der *Magistrate* ist, nicht der *homines privati*. Letztere sind verpflichtet, sich an die vorgesetzten Behörden zu wenden – »auf dem Rechtswege etwas zu erreichen« (S. 5) –, sich aber keinesfalls widerspruchslos der Tyrannei zu beugen. Doch individueller Widerstand ist nur dann erlaubt, wenn die Magistrate vollständig versagt haben, womit Beza allerdings kaum rechnet; wollte jeder einzelne das Widerstandsrecht für sich in Anspruch nehmen, würde dies »ruchlosen Aufständen und Verschwörungen Tür und Tor öffnen« (S. 16). Hinzu kommt, daß Widerstand erst dann wirksam werden kann, wenn er sich der Unterstützung von Teilen der Magistrate oder Stände versichert hat: »Wenn die Privatpersonen nicht gedeckt sind durch die Macht einer legitimen niederen Obrigkeit oder durch die Stände des Volkes, dann haben sie entweder ganz wegzuziehen, bis bessere Zeiten für sie kommen, oder sie haben ihren Rücken unters Joch zu beugen und im eifrigen Gebet Geduld von Gott zu erflehen« (S. 47). Die Magistrate können zudem die Formen des Widerstandes bestimmen: Sind die friedlichen Mittel erschöpft, so ist der bewaffnete Kampf erlaubt (S. 16), um die gerechte Ordnung wieder herzustellen, im Zweifelsfalle – bei Versagen der Magistrate – auch der bewaffnete Kampf der einzelnen, denn: »Jeder Privatmann soll sich bemühen, den gesetzlichen Zustand seines Vaterlandes, dem er nächst Gott am meisten verpflichtet ist, nach seinen Kräften vor dem zu schützen, der nicht als gesetzliche Obrigkeit anerkannt werden kann« (S. 10).

Mit dieser Widerstandskonzeption geht Beza weit über Calvin hinaus, der Ansatz einer naturrechtlich-individualistischen Argumentation wird sichtbar. Wie überhaupt Elemente rationaler Politik- und Staatsbegründung vielfach deutlich sind: die große Bedeutung des positiven Rechts, der zentrale Stellenwert der Institutionen, der vor allem die *magistratus inferiores* nachhaltig hervorhebt, die durch Vertrag geschaffene Legitimität von Herrschaft, die prinzipielle Unterscheidung von Personen und Ämtern, nicht zuletzt ein dauerndes pragmatisches Abwägen von politischem Handeln unter Kosten-Nutzen-Kalkülen. Man hat Bezas ordnungspolitisches Modell als Versuch charakterisiert, »die Herrschaftsordnung transzendent zu legitimieren, ohne dabei Gott heranziehen zu müssen« (Dennert, 1964, S. 45). Daran ist richtig, daß die formale Struktur institutioneller Kooperation sich auch dann rechtfertigen ließe, wenn – etwa im Sinne späterer, rationalistischer Staatsbegründungen – das Ziel des politischen Handelns an die Bedingungen des Überlebens jedes einzelnen geknüpft wäre. Aber es darf nicht übersehen werden, daß es Beza vordringlich um *wahre Religion,* die aus ihr entspringende Gerechtigkeit und christliche Freiheit geht; die *Sicherung des Lebens* ist keineswegs einziger Zweck eines wohlgeordneten Gemeinwesens, sondern eher der »Ruhm Gottes«, »worauf das ganze Leben der Menschen auszurichten ist« (S. 56).

Gerade hier wird die vormoderne Seite des Traktats sehr deutlich: Die theologische Staatszielbestimmung – wie sie von Religionsparteien immer getroffen worden ist – verhindert eine autonome Legitimation der Politik. Das hat auch praktisch-politische Gründe; eine autonome Rechtfertigung von Staat und Gesellschaft hätte nämlich 1574 die Anerkennung des katholischen Königs zur Folge gehabt, wohl auch eine ausführlichere Beschäftigung mit dem Problem religiöser Toleranz. Für beides aber war angesichts der sich verschärfenden religiösen Auseinandersetzungen die Zeit noch nicht reif. So formuliert Beza eine höchst komplizierte, ja widersprüchliche Position: Auf der Grundlage religiöser Legitimierung zeichnet er das Modell einer durch starke institutionelle Bindungen gemäßigten Monarchie, deren höchster Repräsentant unter der dauerhaften Drohung fundamentalistisch reklamierten Widerstandes handeln muß. Es ist ein Modell, das in hohem Maße Konsens voraussetzt, und dies angesichts der Tatsache, daß Konsens in religiösen Fragen schwerer zu erzielen war denn je. Was als Volk (*populus*) scheinbar demokratisch ins Spiel kommt, ist dessen Vertretung durch Stände und Magistrate; direktes Handeln des Volkes, gar eines einzelnen, ist nur in Situationen politischer Chaotisierung denkbar – wozu es dann einer Rechtfertigung kaum mehr bedarf.

Stephanus Junius Brutus: Vindiciae contra tyrannos

Ähnliche Argumente und Überlegungen entwickelt der unter dem Pseudonym *Stephanus Junius Brutus* erschienene, wohl bekannteste calvinistische Traktat: *Vindiciae contra tyrannos,* 1579 publiziert, drei Jahre nach Gründung der katholischen Liga und ein Jahr vor Beginn des siebten Religionskrieges. Wer Autor ist, konnte bis heute nicht zweifelsfrei geklärt werden, am wahrscheinlichsten erscheint die Annahme einer Doppelautorschaft[8] von *Philippe Duplessis-Mornay* (1549–1623) und *Hubert Languet* (1518–1581). *Mornay* (Dennert, 1968, S. XVI ff.) stammte aus altem französischem Adel, machte politische Karriere im Dienste der Könige von Frankreich. Schon früh, als Zehnjähriger, wird er Protestant, bereist dann Italien und Deutschland, lernt 1569 in Frankfurt Languet kennen, dem er lebenslange Freundschaft bewahrt. Gebildet und belesen, seiner Geisteshaltung nach Humanist, gehört er zum Kreis um Coligny, entkommt in Paris, wie Languet, nur mit Hilfe eines Katholiken der Bartholomäusnacht. Nach kurzem Exil in England kehrt er nach Frankreich zurück, gehört dort zum Beraterkreis Heinrichs von Navarra, ist zugleich aber auch diplomatisch für den französischen Hof tätig. Er ist Schriftsteller und Politiker, Militär und Ökonom, Verwaltungsfachmann und Theologe – ein weitgereister und gebildeter Mann, dessen politische Arbeit mehr und mehr dem Ausgleich zwischen den Religionen dient. An der Versöhnung von Heinrich III. und Heinrich von Navarra hat er beträchtlichen Anteil, sein Lohn ist 1589 der Posten des Gouverneurs von Saumur. Wesentlichen Beitrag hat er auch bei Vorbereitung des *Ediktes von Nantes* (1598) geleistet, aber trotz solcher Verdienste bleibt das Verhältnis zu Heinrich IV. auf Dauer nicht ungetrübt. Spannungen treten ein, die ihn seiner finanziellen Unabhängigkeit berauben, werden nach dem Tode des Königs behoben, um ihn anschließend erneut seiner Einnahmen verlustig gehen zu lassen. Am Ende zieht er sich verbittert auf sein Stammschloß zurück, gleichwohl einer der Großen seiner Zeit, in deren Auseinandersetzungen er immer wieder praktisch wie theoretisch eingegriffen hat.

Von vergleichbar weitem Zuschnitt war auch *Languet* (Dennert, 1968, S. XXII ff.; Stricker, S. 150 ff.), aus burgundischem Adel, humanistisch erzogen und an französischen und italienischen Universitäten Jurisprudenz, Theologie und Literatur studierend. Am Hofe von Ferrara kam er mit dem Protestantismus in Berührung, las Melanchthons *Loci communes*, eine systematische Darlegung reformatorischer Theologie, die ihn so tief beeindruckten, daß er konvertierte. 1549 besucht er Melanchthon in Wittenberg, bereist dann die nördlichen Länder Europas und kehrt anschließend nach Paris zurück, wo er die hugenottischen Führer trifft. 1557 ist er am schwedischen Hof, zeitweilig als Berater von Gustav Adolf, dann wieder auf Reisen, anschließend im Dienste des sächsischen Königs. 1560 kehrt er erneut nach Paris zurück, die Verbindung zu Dresden bleibt, er schreibt für den dortigen Hof Berichte über die Situation in Frankreich, wird später sächsischer Gesandter und Verbindungsmann in Paris. Nach der

Bartholomäusnacht, die ihn fast das Leben kostet, geht er wieder nach Dresden, nunmehr als ständiger Vertreter Sachsens beim deutschen Kaiser. Gegen Ende seines Lebens steht er im Dienste Wilhelms von Oranien, ermuntert die französischen Protestanten zur Intervention in den Niederlanden (über den Einfluß der *Vindiciae* auf die niederländische Revolution neuerdings Saage, passim) und stirbt in Antwerpen – ein insgesamt unruhiges Leben, aber von gleichwohl erstaunlicher literarischer Produktivität.

Die *Vindiciae*[9], Antwort sowohl auf Bodin wie Anklage gegen jene Machiavellisten, denen – nach weitverbreiteter Überzeugung – die Morde der Bartholomäusnacht anzulasten sind, gliedern sich in vier Untersuchungen (*quaestiones*): Gefragt wird, ob einem Fürsten, der gegen Gottes Gebot verstößt, zu gehorchen ist; ob Widerstand geleistet werden darf, wenn Gesetze abgeschafft und die Kirche zerstört wird; ob es ein Recht auf Widerstand gibt und welche Mittel zur Verfügung stehen, wenn die bürgerliche Gemeinschaft durch den Herrscher unterdrückt wird; schließlich, ob ausländische Hilfe bei religiöser Verfolgung eingeholt werden kann. Alle diese Untersuchungen nehmen die Widerstandsproblematik zum Ausgangspunkt ihrer Argumentation; aber sie bleiben dabei nicht stehen, sondern entwickeln eine umfassende Theorie gerechter politischer Ordnung, die in den Grundzügen mit Bezas *De iure magistratum* übereinstimmt, in Einzelaspekten – etwa der vertragstheoretischen Grundlegung von Herrschaft, der Relativierung des Königs und der Ausweitung des Widerstandsrechts – über andere Monarchomachen hinausgeht.

Im Vorwort, dessen Anrede an die »frommen und gläubigen Fürsten« (S. 62) die Tradition mittelalterlicher Fürstenspiegel aufzunehmen scheint, wendet sich der Verfasser an die »Philosophen und geschulten Denker« (S. 65). Der wissenschaftliche Anspruch des Traktats wird mit dem Hinweis unterstrichen, alle Thesen der Untersuchung seien durch »nicht entstellte Zeugnisse der Heiligen Schrift bewiesen, bestätigt durch die Lehren der Moral, der Politischen Wissenschaft und der Natur, durch Gesetzvorschriften, Entscheidungen von Rechtsgelehrten und Erlasse des Kaisers, erhärtet durch Sitten und Gewohnheiten der Völker, veranschaulicht durch historische Beispiele« (S. 65). Das methodische Bewußtsein dokumentiert sich in der Feststellung, der Verfasser suche seine Begründungen, Leitsätze und Regeln »Schritt für Schritt nach Art der Geometer« zu gewinnen, »indem er gleichsam von einem Punkt aus die Linie zieht, von der Linie die Fläche, von der Fläche den Körper bestimmt« (S. 65) – vager Vorgriff auf die Konstruktion *more geometrico* von Hobbes.

Der Beginn ist zunächst konventionell: Gott ist der alleinige Besitzer und Herr aller Dinge, alle Menschen, gleich welchen Standes, sind seine Siedler, Verwalter, Helfer, Vasallen. Die lehensrechtliche Vasallität dient als Hauptmetapher zur Bestimmung der Rechtsverhältnisse: Der König ist Vertreter Gottes, Gott oberster Lehensmann, alle politische Herrschaft ein Lehen, das zur Wahrung des Volkswohls (*populi utilitas*) verpflichtet, weil es sonst wieder genommen werden kann. Der Gedanke eines *doppelten Bundes* (*foedus*) formuliert die Grundlage legitimer Herrschaft: einmal zwischen Gott, König und Volk, zum anderen zwischen König und Volk. Im ersten Bund verdeutlichen sich die Abhängigkeit aller weltlichen Macht von Gott, ihre inhaltlichen Bindungen an die göttlichen Gebote, ihre Eingrenzung auf Frömmigkeit, Gerechtigkeit und Liebe

(S. 81). Dieser Bund verpflichtet nicht nur den König, sondern auch das Volk – als Volk Gottes – in seiner Gesamtheit; vergleichbar mit dem Vertrag eines Gläubigers mit mehreren unsicheren Schuldnern, die alle für dieselbe Schuld haften, vertraut Gott die Kirche dem Volke an. Darin zeigt sich zugleich, daß das Volk eine maßgebliche Macht ist, denn anders wäre ein solcher Bund nicht nötig. Die damit einhergehende unbedingte Verpflichtung des Gemeinwesens auf die christliche Religion, besser: auf die calvinistische Theologie in diesem ersten Bund bildet das konsensstiftende Prinzip legitimer politischer Herrschaft.

Unter konstitutionstheoretischem Aspekt freilich ist der zweite nachgeordnete Bund, als Vertrag (*pactum*) ausführlich dargelegt, von ungleich größerer Bedeutung. Er wird zwischen König und Volk geschlossen, er begründet zwar nicht den Staat – denn dieser ist immer schon vorausgesetzt –, aber er formuliert die Bedingungen, die für staatliches Handeln gelten sollen. Ist der König durch Gott erwählt oder berufen (*electio*), so wird er durch diesen zweiten Vertrag in sein Amt eingesetzt, gewählt (*constitutio*). Eingehend wird dies illustriert an Beispielen aus dem Alten Testament, durch Hinweise auf staatsrechtliche Verhältnisse in europäischen Ländern. Das Volk – so heißt es – bestimmt die Könige, überträgt ihnen die Herrschaft und bestätigt die Wahl durch Abstimmung (S. 111). Niemand wird als König geboren, niemand kann von sich aus König sein, niemand kann ohne das Volk regieren (S. 114). Selbst in Erbmonarchien sind die Formen der *constitutio per populo* noch sichtbar und überliefert, und so kann gefolgert werden, »daß das Volk als Ganzes über dem König steht« (S. 116).

Untermauert wird diese weitreichende These durch ein Argument, das sich wie die Vorwegnahme rationalistischer Staatsbegründungen im 17. Jahrhundert liest: »Fürs erste ist klar, daß die Menschen von Natur aus frei sind, daß sie die Abhängigkeit hassen und mehr zum Befehlen als zum Gehorchen geboren sind. Nur eines großen Vorteils wegen haben sie es freiwillig geduldet, sich von anderen regieren zu lassen. Um den Vorschriften eines anderen zu gehorchen, haben sie gleichsam den eigenen Naturgesetzen entsagt« (S. 129). Impliziert ist hier ein *status naturalis,* der zwar nicht weiter präzisiert wird, aber andererseits doch entschieden als eine zentrale Rechtfertigung des Gemeinwesens fungiert – jenseits einer religiösen Legitimierung. Und zwar aus zwei Gründen: Zum einen ist nämlich das unorganisierte Volk, insoweit es die Summe aller einzelnen bezeichnet, »jenes Tier mit den unzählbaren Köpfen« (S. 93), a priori nicht politikfähig, zum anderen zwingt die offensichtlich bereits im Naturzustand vorhandene Trennung des Besitzes in Mein und Dein, »die Kämpfe der Bürger um den Besitz« (S. 130), zur Wahl eines starken und tapferen Mannes, der jedem das Erworbene garantieren soll. Das besitzindividualistische Element (Macpherson) als eine Ursache des Zusammenschlusses ursprünglich *unsoziabler Menschen,* diese gegen die traditionelle aristotelische Position des *zoon politikon* formulierte Wendung, wird hier so akzentuiert hervorgehoben wie kaum in einer anderen Schrift der Monarchomachen. Lehensrechtliche und naturrechtliche Argumentation greifen vielfach ineinander. Der König als Vasall des Volkes – auch dies eine wiederkehrende Figur, die die Herrschaft als Lehen des Volkes interpretiert. Vor allem im zentralen dritten Abschnitt des Traktats werden hieraus weitreichende Folgerungen gezogen. Im Mittelpunkt der Überlegungen steht der Gedanke des »Gesetzes« als einer universalen, normativen Grundlage öffentlichen

Lebens. Das Gesetz, obgleich von Gott gestiftet, hat in seinem einsehbaren Regelungscharakter in den *Vindiciae* eine stark rationale Komponente: Gespeist aus der Tradition, ist es die »in einer Einheit gesammelte Vernunft und Weisheit kluger Menschen« (*collecta ratio et sapientia, S.* 134), frei von Leidenschaften wie Zorn, Begierde, Haß oder Zuneigung – Leidenschaften, die den Menschen, also auch dem König eignen. Deshalb soll dem Gesetz gehorcht werden, auch der König ist ihm untergeordnet; das Gesetz soll, wie bei Calvin, die Seele des Monarchen sein. Der König also als Hüter, Diener, Bewahrer der Gesetze, die er vom Volk empfängt, die er zwar interpretieren darf, zu deren Änderung er aber nur zusammen mit den Repräsentanten des Volkes befugt ist. Ausdrücklich wird darauf verwiesen, daß der Monarch keinerlei Macht über das Leben der Individuen hat, auch nicht über deren privaten Besitz; vielmehr ist es seine wesentliche Aufgabe, beides durch Garantie individueller Rechtssicherheit zu schützen (Skinner, S. 327f.). Bezüglich der *königlichen Eigentumsrechte* wird getrennt zwischen jenem Eigentum, das der König als Privatmann besitzt, über das er folglich frei bestimmen kann, und dem Krongut, das ihm nicht gehört, über welches er nur zeitweilige Verfügungsgewalt hat – eine Distinktion, die für die Zeit insofern ungewöhnlich ist, als am französischen Hofe beides noch nicht getrennt war. Konsequent wird aller Zuwachs des Krongutes als Erwerb des Volkes deklariert, alle Veräußerungsabsichten von dessen Zustimmung abhängig gemacht, Veräußerungen unter Druck als nichtig angesehen.

Was aber ist das *Volk?* Nicht die Summe aller einzelnen, sondern die vom Volk gewählten Magistrate und Ständeversammlungen, in Städten, Provinzen, im Reich, »welche die Gemeinschaft des Volkes als Ganzes repräsentieren« (S. 93). Es ist jenes System hierarchisch geordneter Institutionen, welches als Volk bezeichnet wird, dem – wie schon bei Hotman und Beza – ausschlaggebende Kompetenzen zukommen: die Entscheidung über Krieg und Frieden, über die personelle Besetzung hoher Staatsstellen, die Interpretation, Ergänzung und Neuschaffung von Recht und Gesetz, auch die Kontrolle des Königs, dessen *consortes regii imperii* sie sind und in die er zurückgenommen wird; denn die Mitglieder dieser Ämter und Ständeversammlungen »stehen als einzelne zwar unter dem König, als Gesamtheit aber stehen sie über ihm« (S. 94).

Damit ist der Rahmen abgesteckt, innerhalb dessen das Widerstandsrecht genauer entwickelt und diskutiert werden kann. Voraus geht dem die schwierige Bestimmung des Tyrannen, schwierig deshalb, weil Tyrannei beliebig sein kann, während gerechte Herrschaft, weil sie sich selbst Grenzen setzt, leichter zu charakterisieren ist. Differenziert wird – wie bei Beza – in einen Tyrannen, der ohne Recht und durch Gewalt sich Herrschaft aneignet (*tyrannus absque titulo*), und jenen, der durch Bruch des Vertrages mit dem Volk zum illegitimen Herrscher wird (*tyrannus exercitio*). Für letzteren wird ein Verhaltenskatalog zusammengestellt, der der zeitgenössischen Vorstellung eines von Machiavelli inspirierten Gewaltpolitikers entspricht: Egoismus, Bevorzugung von Personen nach eigenem Gutdünken, Verfolgung gerechter und angesehener Männer, Einrichtung von Wirtshäusern und Bordellen zur Untergrabung öffentlicher Moral, das Meiden öffentlicher Versammlungen und Ständeberatungen, Mißtrauen gegen Untertanen, Förderung von Parteiungen, Anwerbung von Leibwächtern und fremden Söldnern, Aggressionskriege nach außen, private Bereicherung und Konfiskation privaten Vermögens, geheuchelte Frömmigkeit gegen Gott – kurz, das Gegenteil von gerechter Herrschaft.

Für den *tyrannus absque titulo* gilt, daß alle Widerstand leisten müssen. Da in diesem Falle keine rechtlichen Bindungen existieren, befinden sich alle gleichsam im Naturzustand, und das Naturrecht lehrt die Verteidigung des Lebens und der Freiheit (S. 172). Für den *tyrannus exercitio* gelten kompliziertere Unterscheidungen: Prinzipiell ist der die Herrschaft fundierende Vertrag mit dem Volk infolge Treubruch (*felonia*) als gekündigt anzusehen, das Volk seiner Gehorsamsverpflichtung ledig. Doch die Feststellung dieses Treubruchs wird als schwierig erachtet, sie setzt politisches Urteilsvermögen und juristische Kenntnisse voraus, wird daher nicht dem Privatmann, sondern den Amtsträgern und Ständen überantwortet. Sie sollen das Volk zum Widerstand aufrufen. Das steht in Übereinstimmung mit den anderen calvinistisch inspirierten Widerstandsauffassungen, aber der Verfasser der *Vindiciae* geht einen entscheidenden Schritt weiter: Er spricht das Widerstandsrecht einzelnen Ständen, regionalen Magistraten und Beamten zu, legitimiert damit die protestantische Minderheit in Frankreich in ihrem Kampf gegen den katholischen König und die Mehrheit der Stände. Die Radikalisierung des Widerstandsrechtes bezieht sich noch auf einen weiteren Punkt: Für den Fall, daß das Vaterland in Gefahr ist, durch Bürgerkrieg wie durch äußere Bedrohung, gebieten Naturrecht (*ius naturae*), Völkerrecht (*ius gentium*) wie die Rechte des Gemeinwesens (*ius civilis*) den Widerstand; kein Eid, kein Vertrag bindet mehr, und jeder beliebige Privatmann darf sich wehren. Und auf einen weiteren Aspekt ist hinzuweisen: In der kurzen vierten Untersuchung wird die Intervention benachbarter Fürsten für den Fall religiöser Unterdrückung bejaht mit der Begründung, daß es nur eine wahre Kirche gibt, deren Schutz Aufgabe christlicher Herrscher sei.

Deutlicher noch als die *Franco-Gallia* und *De iure magistratum* formulieren die *Vindiciae* eine Position des Übergangs, deren politische Ambivalenz spürbar wird in der Parallelität von traditional-lehensrechtlichen und rational-naturrechtlichen Argumentationsmustern. Die Intention zielt auf einen *dezentralisierten Ständestaat*, dessen faktische Einheit durch funktionalen Primat des positiven Rechts – im Sinne eines *vordemokratischen Rechtsstaates* – garantiert, dessen politische Einheit im Zusammenspiel der Repräsentationsorgane, also der Magistrate und Stände mit dem Amt des Königs an der Spitze sichtbar werden soll. Die Absicht, über Reaktivierung lehensrechtlicher Institute den alten Zustand der »gerechten Herrschaft« wiederherzustellen, also zu einem vorreformatorischen Stand zurückzukehren auf einer allerdings reformatorisch interpretierten Legitimationsbasis, ließ sich freilich nicht ohne partielle Neuinterpretation eben dieser Institute durchführen. In der Zielbestimmung der Politik als Handeln, das Leben und Besitz jedes einzelnen zu gewährleisten hat, in der Ausweitung des Widerstandsrechtes, das im Falle existentieller Bedrohung individuell in Anspruch genommen werden kann, deuten sich einige jener Konstitutionselemente moderner Staatlichkeit an, deren konsequente Säkularisierung und Universalisierung am Ende zur Delegitimierung des hier noch religiös eingebetteten Politikkonzeptes führen sollten. Die Widersprüchlichkeit der Argumentationsmuster ergibt sich freilich aus der praktischen Zielsetzung der Schrift: Sie greift die Politik des Königs an, ohne die Monarchie treffen zu wollen, die Praxis der Ständeversammlungen, ohne deren Existenz in Frage zu stellen, sie will das Volk – als Summe aller einzelnen – zum Widerstand aktivieren, ohne ihm doch, im Falle des Erfolgs, politische Rechte einräumen zu können. Der Institutionalisierung theologischer Exegese in einer kirchlichen Organisation bei den calvinistischen Reformatoren entspricht hier die Bindung politischen Handelns an vorgegebene politische Institutionen.

George Buchanan: De iure regni apud Scotos

Den französischen Monarchomachen wird häufig auch *George Buchanan* (1506–82) zugerechnet, ein Schotte, der aber immer wieder längere Zeiten in Frankreich zubrachte. Nach Studien in Schottland und Paris lehrte er zunächst klassische Sprachen an verschiedenen Orten Frankreichs, begann dann Tragödien zu schreiben – die ihm die Bewunderung Montaignes einbrachten (Montaigne nennt ihn »den großen schottischen Dichter«, I, 1, S. 210) – und wandte sich mehr und mehr den politischen Zeitfragen zu. Ab 1561 lebte er in Schottland, beteiligte sich maßgeblich an Reform und Aufbau der schottisch-protestantischen Kirche, ohne sich ihr allzu dogmatisch anzuschließen, war zugleich am Hofe Maria Stuarts tätig, zu deren entschiedenem Gegner er sich allerdings entwickelte, als das politische wie persönliche Verhalten der Königin die Gefahr einer generellen Destabilisierung des politischen Systems heraufbeschwor. Aus Opposition heraus entstand *De iure regni apud Scotos* (1578), sein politisch-theoretisches Hauptwerk, das ihn neben einer mehrbändigen Geschichte Schottlands, *Rerum Scotiarum Historicae* (1582), in ganz Europa bekannt machte (J. W. Allen, 1957, S. 336 ff.; Mesnard, S. 355 ff.; Stricker, S. 71 ff.).
De iure regni apud Scotos[10], als Dialog zwischen dem Autor selbst und einer zweiten Person, Thomas Maitland, geschrieben, sollte die Absetzung Maria Stuarts rechtfertigen. Aber die Schrift ging über ihren unmittelbaren Anlaß weit hinaus. Buchanan entwirft zunächst das Bild eines gerechten Herrschers, wie es aus den Tugendkatalogen mittelalterlicher Fürstenspiegel bekannt ist: Der König als guter und umsichtiger Vater seiner Untertanen, denen er in jeglicher Hinsicht Vorbild zu sein hat, den Armen Helfer, den Bedrängten Tröster, von tiefer Religiosität und weltlicher Würde, ein Ebenbild Gottes (*simulacrum Dei*). Die moralische und soziale Vorbildfunktion des Monarchen wird nicht zuletzt deshalb so sehr betont, weil dessen politische Verpflichtung gegenüber dem Volke um so nachdrücklicher eingefordert werden kann, denn der König verdankt seine Stellung dem Volke. Aus einem ursprünglich friedlichen, herrschafts- und gesetzlosen vorpolitischen Zustand hat die Sozialnatur (*vis naturae*) des Menschen zur Begründung politischer Ordnung gedrängt, aber im Unterschied zu Beza und den *Vindiciae* gibt es bei Buchanan keinen doppelten Vertrag. Das Volk selbst vereinbart – gleichsam im Akt eines stillschweigend unterstellten Sozialvertrags (Gough, S. 61) – seine politische Konstituierung, der Staat entsteht durch die *Entscheidung von Menschen,* ist nicht Konsequenz göttlichen Auftrags oder Handelns. Folglich beruft das Volk, repräsentiert durch seine ge-

wählten Vertreter in der Ständeversammlung, den Herrscher, es bindet ihn durch gegenseitige Absprache (*mutua pactio*) an die Gesetze und die mit ihnen formulierten Ziele.

Das in Stände gegliederte Volk ist für Buchanan der eigentliche politische Souverän, seine Mehrheit (*maior pars*), die für das ganze Volk spricht, überträgt dem König die notwendigen Amtskompetenzen, ohne sich dabei der ursprünglichen Rechte zu begeben. Dementsprechend können diese Rechte zurückgefordert werden, sollte der König gegen die ihm auferlegten Pflichten verstoßen, Gesetze übertreten, also gerechte Gründe gegeben seien, ihn zur Verantwortung zu ziehen. Aus der strikten Gesetzesbindung des Königs ergibt sich für Buchanan ein – ausführlich erläutertes – Widerstandsrecht, dessen ultima ratio der *Tyrannenmord* ist. Die Typologie der Tyrannis, die zur Beurteilung illegitimer Herrschaft entwickelt wird, folgt dem Schema der Monarchomachen: Ob *tyrannus exercitio* oder *absque titulo,* beide sind gleichermaßen verwerflich, beide gleichermaßen Feinde des Menschen (*hostes maxime omnium*). Auch hier verzichtet Buchanan auf jegliche theologische Rechtfertigung von Widerstand, er beläßt es bei Gründen, die aus dem politischen Fehlverhalten des Königs selbst resultieren – eine Position, die eher dem Humanismus als dem Calvinismus verpflichtet ist.

Eingehend werden die Formen des Widerstandes, seine möglichen Mittel erörtert – mit dem Ergebnis, daß der Usurpator von jedem Privatmann getötet werden darf, während im Falle der Perversion ursprünglich legitimer Herrschaft zuvor eine qualifizierte Mehrheit des Volkes, also die Stände, ein Urteil gesprochen haben müssen. Wie immer dieses ausfällt, es darf dann von jedermann vollzogen werden, auch wenn es den Tod des Tyrannen will. Der Täter handelt dann im Auftrage der Stände.

Buchanan, dessen Rechtfertigung des Tyrannenmordes aus der Verletzung säkularisierter Naturrechtsbindungen und deren Gesetzeskonsequenzen ihn in die Nähe der spanischen Naturrechtstheoretiker rückt (Skinner, S. 340), erregte die Zeitgenossen. Seine Schrift fand weite Verbreitung, sie provozierte eine Reihe von Gegenschriften, mehrfache offizielle Verurteilungen durch den englischen Hof, 1683 schließlich die öffentliche Verbrennung durch die Universität Oxford. Aber dies alles konnte seinen Einfluß nicht mindern; der wohl radikalste protestantische Theoretiker des Widerstandsrechts war im 17. Jahrhundert einer der am meisten gelesenen politischen Autoren.

3. Die politischen Theorien der Liga

Es kennzeichnet die politische Lage Frankreichs am Ausgang des 16. Jahrhunderts, daß die Gegner der calvinistischen Monarchomachen zur Verteidigung des katholischen Frankreichs und dessen katholischen Königs mit eben denselben Argumenten an die Öffentlichkeit gingen, mit denen die Protestanten ihre politischen Vorstellungen begründeten. Die 1576 gegründete, 1585 erneuerte *Heilige Liga der französischen Katholiken* unter Führung des Herzogs von Guise, ein Bündnis ständischer und städtischer Opposition gegen den heraufziehenden Absolutismus, richtete sich vorwiegend gegen die zwischen Toleranz und Verfolgung schwankende Politik Heinrichs III., vor allem aber gegen die – gemäß der *loi salique* – in Aussicht stehende Thronfolge des protestantischen Heinrich von Navarra. In zahllosen von der Liga inspirierten Pamphleten, auch in von ihr selbst verfaßten Deklarationen forderte sie, daß nur ein Katholik König von Frankreich werden könne – und schlug deshalb den Kardinal Karl von Bourbon zum Thronprätendenten vor –, verlangte die Wiederherstellung und Respektierung der alten Rechte von General- und Provinzialständen, den bewaffneten Schutz der katholischen Kirche, weil nur die wahre Religion eine gerechte Grundlage staatlicher Ordnung sein könne. Der wachsende Druck der Liga, ihre gelungenen Mobilisierungen vor allem in den Städten, besonders in Paris, ihr Erfolg beim Pariser Klerus, bei Predigern und Mönchen, die als Multiplikatoren ihre Thesen und Forderungen ins Volk trugen, zwangen den König zu zeitweiligen Zugeständnissen. Nach der Ermordung des Herzogs von Guise, der Gefangennahme des Kardinals in Blois (1588) erklärte die Pariser Sorbonne den König zum Tyrannen, Widerstand für geboten und entband alle Untertanen von ihrem Eid.

Jean Boucher: De abdicatione

In Paris, dem Zentrum radikal-ligistischen Widerstandes, hatte sich schon frühzeitig ein konspirativer Zirkel von Katholiken zusammengefunden, dessen intellektueller Führer *Jean Boucher* (1548–1644) kurz nach der Ermordung Heinrichs III. durch einen Dominikaner eine Schrift *De iusta Henrici III. abdicatione*[11] veröffentlichte (Mesnard, S. 371 ff.; Stricker, S. 234 ff.; Vahle, S. 321 ff.; Baumgartner, passim). Boucher stammte aus einer Pariser Juristenfamilie, einer der »meilleures familles«, die durch Verwandtschaft und glänzende Verbindungen ihm eine erfolgreiche Laufbahn eröffnen konnte. Er studierte Theologie und Philosophie, lehrte für einige Zeit in Reims, kehrte dann nach Paris zurück, wo er Rektor an der Sorbonne und Prediger von Saint-Benoît wurde. Um ihn sammelten sich die *Seize*, eine Gruppe von selbsternannten Vertretern der 16 Pariser Stadtbezirke, Juristen und Politiker des mittleren und gehobenen Bürgertums, die die Liga unterstützten. Boucher selbst, fanatischer Katholik, wurde zunehmend Wortführer der Liga, Gegner Heinrichs III., aber auch seines Nachfolgers, dessen Übertritt zum Katholizismus er als bloße Taktik in seiner Schrift *Sermons de la simulée conversion et nullité de la prétendue absolution de Henri de Bourbon* (1594) angriff. Seine zahlreichen Predigten, Reden und Schriften, oft scharfsinnig und demagogisch zugleich, wurden nach der Einnahme von Paris durch Heinrich IV. öffentlich verbrannt, Boucher mußte die Stadt verlassen, ging nach Tournai, wo er bis zu seinem Tode Dechant des Domkapitels war.
De abdicatione, seine Hauptschrift, wie alle seine Schriften von großer tagespolitischer Wirkung, ist mit dem Ziele geschrieben, Heinrich III. als Tyrannen zu qualifizieren, seine Fehler lückenlos aufzuzeigen und seine Absetzung als gerechtfertigt zu fordern. Boucher kämpft, wie alle katholischen Monarchoma-

chen, einen Zweifrontenkrieg: einmal gegen die Calvinisten, Häretiker, denen mit allen Mitteln zu begegnen ist, zum anderen gegen den drohenden Absolutismus der Monarchie, der als nicht minder gefährlich empfunden wird. Gegen letzteren und die – von Bodin und den Politiques vertretene – These des *rex legibus solutus* werden die Begründungen protestantischer Monarchomachen übernommen, gegen die calvinistische Einbettung politischer Herrschaft werden die katholische Kirche, christliches Naturrecht, aber auch Elemente eines rationalisierten Naturrechts als materiale Legitimation eingeführt.

Man hat Boucher vorgeworfen, er habe im wesentlichen die *Vindiciae* kopiert und sie für die katholische Sache in Anspruch genommen (Mesnard, S. 380). Dies ist insoweit richtig, als er das Bild eines Gemeinwesens entwirft, dessen institutionelle Ordnung derjenigen der *Vindiciae* sehr ähnelt: eine ständisch gegliederte Gesellschaft, an deren Spitze ein König steht, der als Beauftragter des Volkes sein Amt zu versehen hat (*regni populique tutor publicus*). Aber im Unterschied zu calvinistischen Theorien ist bei Boucher das Volk nicht als ein immer schon in sich hierarchisch strukturiertes Ganzes vorausgesetzt. Vielmehr gibt es – in Übereinstimmung mit den Theorien der Jesuiten – einen *status naturalis*, in dem die Menschen als einzelne und frei geboren (*natura libri omnes*) leben, den sie aus ebenso freier Einsicht (*ratio naturalis*) verlassen, weil sie die Notwendigkeit eines für alle verbindlichen Rechtes erkennen. Diese naturrechtliche Konstruktion, frei von aller theologischen Betrachtung, ist ein Schritt auf dem Wege zu einer vertragstheoretischen Begründung des Staates, wie sie etwa bei den spanischen Naturrechtstheoretikern erfolgt. Weder ein Auftrag Gottes noch ein eingeborener Sozialtrieb, sondern ausschließlich die Gefahr eines schrankenlosen, egoistischen Individualismus bilden das Motiv der Vergesellschaftung bei Boucher.

Die Existenz eines individualistisch-vorstaatlichen Naturzustandes, von Boucher nicht weiter ausgeführt, gibt den Grund ab für die These von der Volkssouveränität (*maiestas publica*): Völker sind vor den Königen da, sie setzen die Könige ein, und wer einsetzt, steht über dem, der eingesetzt wird. Die rechtliche Form der *constitutio regis* entspricht den Vorstellungen der protestantischen Monarchomachen: Es gibt eine doppelte Bindung des Königs sowohl an Gott als auch an das Volk. Da das Volk ebenfalls mit Gott – entsprechend alttestamentarischem Vorbild – in einem *pactum religionis* steht, ist die Bindung des Herrschers an Gott diesem Bund Gottes mit seinem Volk nachgeordnet; sie ist nur insoweit von Bedeutung, als anerkannt werden muß, daß alles Gute von Gott stammt.

Diese Binnendifferenzierung der religiösen Legitimitätsgrundlage von politischer Herrschaft macht das Volk – und dies heißt hier für Frankreich: die katholische Mehrheit – in doppelter Weise zum Richter über den König: Es befindet über dessen (katholische) Rechtgläubigkeit, und es kann, aufgrund des Herrschaftsvertrages, auch über seine Regierungspraxis urteilen. Der Herrschaftsvertrag (*contractus*), fundiert auf dem *pactum religionis* – weil Gott will, daß die Menschen ihre Herrschaft selbst bestimmen –, auf dem *ius gentium*, dem *ius civile* und den tradierten Gesetzen, ist von ungleich größerer Bedeutung als die Bindung des Königs an Gott. Denn in ihm kommt zum Ausdruck, daß die oberste Staatsgewalt beim Volke liegt, genauer: bei den Ständen (*ordines seu comitia regni*). Wie die calvinistischen Monarchomachen schließt auch Boucher die Mehrheit der Bevölkerung Frankreichs aus seinem Volksbegriff aus: Volk ist ihm das durch eigenen Entschluß in Ständen und Ämtern repräsentierte Volk, also Adel, Klerus, staatliche und städtische Beamte, wohlhabende Kaufleute, denen Würde, Autorität und Weisheit zukommen. Die modern-demokratische Komponente, die in der Konzeption des *status naturalis* anklingt, wird im gesellschaftlichen Konstitutionsakt zugunsten der vorfindbaren ständischen Organisation gebrochen, Volkssouveränität wird zur Ständesouveränität, die allerdings – auch dies ein nicht unwesentlicher Unterschied zu den calvinistischen Monarchomachen – dem König zwar übertragen, nicht aber abgetreten wird; sie verbleibt vielmehr bei Ständen und Magistraten. Logisch folgt daraus, daß die Wahlmonarchie – so das Volk sich für die Monarchie entscheidet, denn Demokratie und Aristokratie sind durchaus akzeptierbare Regierungsformen, doch entspricht die Monarchie eher den natürlichen Bedürfnissen der Menschen – Vorrang vor der Erbmonarchie hat, der König bedarf immer, auch während seiner Amtszeit, der dauernden Zustimmung der Stände. Bouchers tagespolitische Absicht ist deutlich: Er möchte die General- und Provinzialstände Frankreichs wieder in jene vermeintlich guten alten Rechte einsetzen, die ihnen Mitsprache in Wirtschafts- und Finanzpolitik, Entscheidung über Krieg und Frieden garantieren.

Die überaus starke Betonung der Volkssouveränität führt freilich noch zu einer weiteren Konsequenz, die in den calvinistischen Traktaten möglichst vermieden wird: Boucher dehnt das Widerstandsrecht so weit aus, daß Tyrannenmord erlaubt ist. In Übereinstimmung mit den Auffassungen der Zeit wird Tyrannis durch Usurpation und Machtmißbrauch definiert. Gegen sie ist graduell, mit steigender Intensität vorzugehen, sofern öffentlich – durch die *Stände* oder die *Kirche* – festgestellt ist, daß der Herrscher zum Tyrannen (*hostis publicus*) sich gewandelt hat: Helfen Geduld, Eingaben und Mahnungen nichts, sind alle gesetzlichen Möglichkeiten ausgeschöpft, haben Stände oder Kirche zum Widerstand aufgefordert, so steht jedem einzelnen dieses Widerstandsrecht zu, im äußersten Falle auch das Recht zur Tötung des Tyrannen. Naturrecht wie göttliches Gebot fordern den Tyrannenmord, denn es geht nicht nur um die Wiederherstellung der gerechten Ordnung, es geht auch um die Bewahrung der Religion. Boucher billigt der Kirche, d. h. dem Papst, in Übereinstimmung mit der mittelalterlich-scholastischen Rechtsauffassung zu, daß er einen häretischen Monarchen exkommunizieren, absetzen und die Untertanen von ihrem Treueid entbinden darf. Dies steht gewiß in einem widersprüchlichen Spannungsverhältnis zur Anlage des *status naturalis* und der These von der Volkssouveränität, aber es zeigt zugleich auch, daß letztere in einem strikten Sinne religiös eingebunden bleibt.

Rossaeus: De iusta Reipublicae Christianae

Die Suprematie von Kirche und Papst über weltliche Obrigkeit bildet die Ausgangsthese der »maßlosesten aller monarchomachischen Schriften« (Wolzendorff, S. 114), der unter dem Pseudonym *Rossaeus* erschienenen *De iusta Reipublicae Christianae*, 1590[12], als deren Autor *Guillaume Rose* (1542–1602), Professor am Kolleg von Navarra, Rektor der Universität von Paris, seit 1584

Bischof von Senlis, Deputierter der Generalstände von 1593, oder auch *William Rainolds* (1544–94), zum Katholizismus konvertierter Engländer, zeitweilig Professor für Theologie und Hebräisch am English College in Reims, später in Antwerpen lebend, angenommen wird (Labitte, S. 295 ff.; Vahle, S. 341; Stricker, S. 263; Allen, 1957, S. 351; Figgis, S. 139 ff.). Die Schrift ruft zum Kampf gegen Heinrich III. auf, verkündet den *Heiligen Krieg* gegen Häretiker, will die Einheit der katholischen Kirche, gerechte Herrschaft und innere Sicherheit wiederherstellen. Für Rossaeus sind die Menschen von Natur aus zur Gemeinschaft bestimmt, Trieb und gesellige Natur – entsprechend dem aristotelischen Schema –, aber auch menschliche Vernunft (*ratio*) verlangen den gesellschaftlichen Zusammenschluß. Zwar gibt es hier explizit keinen Vertrag, der als rechtliche Legitimation der Gesellschaftsbildung fungieren könnte (Gough, S. 61), wohl aber vernünftige Zustimmung zu diesem Akt, da er in Übereinstimmung mit dem Willen Gottes steht: Ziel ist die Sicherheit und Freiheit der Untertanen.

Entsprechend bestimmt das Volk seine politische Organisationsform, wobei die Monarchie – Widerspiegelung Gottes als des Herrn des Universums – *maxime naturalis,* also am ehesten den natürlichen Bedürfnissen der Menschen entspricht. Nach der Wahl des Herrschers, die nach natürlichem Recht und aus Vernunftgründen, beides von Gott gegeben, dem Volke zukommt, werden in einem Vertrag (*contractus*) die Bedingungen der Herrschaft festgelegt: Das Volk verfügt dabei über die Möglichkeit, die Macht des Königs zu erweitern, einzugrenzen, völlig aufzuheben oder auch neu zu begründen, d. h. die *auctoritas populi* bleibt auch nach der Einsetzung des Königs ungeschmälert erhalten. Von der Wahl der Staats- und Regierungsform bis zur Kontrollfunktion gegenüber dem Herrscher, vom Recht, dem König Gesetze vorzugeben, bis zur Sanktionierung ungerechter Regierungsakte bleibt das Volk in seinen ursprünglichen Rechten uneingeschränkt – gebunden allerdings an natürliches, göttliches und kanonisches Recht. Eine Fülle historischer Beispiele wird zur Stärkung dieser These vorgetragen, deren politisches Ziel offenbar ist: Ausgrenzung der Hugenotten, denen – da sie kanonisches Recht nicht anerkennen können – auch die Zugehörigkeit zur französischen Nation aberkannt wird, Kampf gegen einen König, der mit Häretikern paktiert oder gar selbst häretisch ist.

Volk – das meint bei Rossaeus, abweichend von Boucher, zunächst alle Einwohner von Frankreich, mit Ausnahme der Hugenotten. Aber auch sie werden, sobald vom Volk als einer rechtlich-politischen Größe gesprochen wird, als in Ständen verfaßt, durch Ämter und Parlamente repräsentiert verstanden. Die – gemessen an anderen monarchomachischen Schriften – sehr viel weiter gefaßten Volksrechte sind also auch hier als ständische Rechte gemeint, gebunden an Rechtsinterpretation der katholischen Kirche. Letzteres wird bei der Rechtfertigung des Widerstandes besonders deutlich. *Tyrannus ex titulo* ist, wer politische Macht usurpiert, *tyrannus absque exercitio,* wer privaten und öffentlichen Besitz sich selbst aneignet, Gesetze bricht und der katholischen Kirche schadet. Die nachdrückliche Betonung des letzten Punktes akzentuiert die ansonsten konventionelle Tyrannis-Bestimmung, und sie hat Folgen: Es steht der Kirche zu, d. h. dem Papst und den Bischöfen, gegen den *rex haereticus* die Entscheidung zum Widerstand zu treffen. Die Häresie gilt Rossaeus als schwerste aller Herrschaftsverfehlungen, gegen sie gebietet die *lex Dei* den Tyrannenmord.

Aus dem Versuch, tyrannische Herrschaft in sich zu differenzieren und zu gewichten – von der Besitzkonfiskation über Gesetzesbruch hin zur Häresie –, ergibt sich für Rossaeus auch ein *kirchliches Interventionsrecht* in politische Entscheidungen, das die ständisch-hierarchische Struktur des Gemeinwesens massiv betrifft. Religion, *basis et ornamentum rei publicae,* wird zum materialen Legitimationsprinzip, die Kirche zur Letztinstanz, Einheit des religiösen Bekenntnisses und Schutz der katholischen Kirche werden zum vornehmsten Staatsziel. Diese theokratische Zentrierung der ordnungspolitischen Vorstellungen erfährt eine zusätzliche nationale Komponente und Überhöhung durch die Behauptung, zwischen katholischer Kirche und französischer Nation bestehe eine besonders enge Verbindung. Protestanten, als grausame Bestien (*cruenta bestia*), schreckliche Furien (*horrenda furia*), furchtbare Schlangen (*immanis Hydra*), als wahre Monster und Ungeheuer (*vera monstra et portenta*) beschimpft, sind also nicht nur Ungläubige; sie sind zudem keine wahren Franzosen, der Calvinismus wird kurzerhand zur Fremdherrschaft, die jegliche Form des Widerstandes erlaubt. Gemessen an Boucher bezeichnet die Schrift von Rossaeus einen Rückfall in frühmittelalterliches Denken; auf dem Hintergrund der religiösen Bürgerkriege radikalisiert sich mit ihr die katholische Position.

4. Die »Politiques«

Die Idee der Toleranz

In all den Jahren der französischen Bürgerkriege, in denen parallel zur zunehmenden Härte und Grausamkeit politischer wie militärischer Auseinandersetzungen das Denken der Bürgerkriegsparteien sich radikalisierte, gab es immer auch jene, die um Mäßigung bemüht waren. Konfrontiert mit dem Zerfall Frankreichs in rivalisierende Konfessionen, deren jede für sich religiös legitimierte Politik-Konzepte durchzusetzen versuchte, in deren Konsequenzen das Land mehr und mehr sich partikularisierte, seine innere Sicherheit und nationale Eigenständigkeit einbüßte und dem wirtschaftlichen Zusammenbruch nahe kam, suchten sie – in unterschiedlichen Gruppierungen sich zusammenfindend – nach einem Ausweg aus dem Antagonismus der ins Politische überführten, kompromißunfähigen religiösen Wahrheitsansprüche. Es ist der Gedanke der Toleranz, der »Entstaatlichung« von Religion, der zum Ausgangspunkt von Überlegungen wird, mit dem sich Vorstellungen von politischer Zentralisierung und königlichem Machtzuwachs am Ende verbinden, weil in ihnen die Möglichkeit politischer Neutralisierung des religiösen Fanatismus gesehen wird. Schon 1524 hatte *Erasmus* in seiner *Inquisitio de Fide* die Gemeinsamkeiten aller Christen vor ihren Unterschieden betont, und vom Humanismus geprägte Gelehrte, auch Politiker, haben diesen Gedanken einer fundamentalen Übereinstimmung aller christlichen Bekenntnisse immer wieder vorgetragen, allerdings mit geringem praktischem Erfolg. *Sebastian Castellio* (1515–63), zeitweise enger Mitarbeiter Calvins in Genf, später nach zunehmender Entfremdung von

Calvin in Basel lebend, schrieb in Reaktion auf die im calvinistischen Genf erfolgte Verbrennung des spanischen Arztes und Anti-Calvinisten Servet *De haereticis an sint persequendi* (1554) – eine Schrift (Allen, 1957, S. 89 ff.; Skinner, S. 245 ff.; Hassinger, 1966; 1973, S. 332 ff.), deren Einleitung für Gewissensfreiheit plädiert, deren nachfolgende Zusammenstellung von Äußerungen prominenter Zeitgenossen wie Luther, Erasmus, Calvin, Franck u. a. das einheitliche Fundament des Christentums zu verdeutlichen sucht. Bei aller Entschiedenheit, mit der Castellio für das christliche Bekenntnis eintrat und weit entfernt von religiöser Gleichgültigkeit: daß aus Gründen theologischer Interpretationsdifferenzen Menschen sterben sollten, schien ihm der Sache des Christentums unangemessen, da mit dem Tode eines Menschen über die Wahrheit seines Glaubens nicht entschieden werden konnte. Im *Conseil à la France désolée* (1562) appelliert er an die beiden Religionsparteien, ihren gegenseitigen Vernichtungskampf aufzugeben, dessen Ergebnis nur der Ruin Frankreichs sein könne, und fordert statt dessen, sich auf Gottes- und Nächstenliebe als der Essenz christlichen Glaubens zu besinnen.

Toleranz ist hier noch innerhalb eines das christliche Bekenntnis sichernden Staates gedacht, nicht so sehr als ein Recht, auf das jeder einzelne Anspruch hat. Aber das individuell-humanitäre Motiv wird doch spürbar, der Wille zum Überleben und nicht zuletzt wirtschaftliche Bedürfnisse interkonfessioneller Kooperation verbinden sich zu der Überzeugung, daß den politisch destruktiven Folgen von Glaubenskämpfen nur Einhalt geboten werden kann durch Duldung konkurrierender Überzeugungen.

Die zahlreichen Toleranzedikte und religiösen Waffenstillstände sind praktischer Ausfluß dieser Position, ihre ständige Verletzung und Aufhebung Zeichen dafür, daß der Ruf nach Toleranz erst vereinzelt und nur schwach vernommen wird. Das Scheitern des großen Kanzlers *Michel de L'Hôpital* (vgl. oben, S. 105 f.) markiert den Zusammenbruch erster Ansätze einer auf Ausgleich und Verständigung bedachten Politik, die Bartholomäusnacht den Wendepunkt hin zur Radikalisierung von Protestanten und Katholiken gleichermaßen. Aber zugleich verstärken sich doch auch die vorhandenen Tendenzen, zwischen den Fronten zu vermitteln, und zumindest theoretisch werden Positionen entwikkelt, die später – während der Zeit Heinrichs IV. und danach – die Grundlage für einen säkularisierten, sich zunehmend absolutistisch organisierenden Staat vorbereiten und abgeben. Es ist vor allem die Gruppe der *Politiques* (Allen, 1957, S. 320; Schnur, passim; Skinner, S. 249 ff.; Stankiewicz, passim), deren politische Vorstellungen für die Entwicklung des modernen Staatsgedankens von Bedeutung geworden sind.

Die Trennung von Religion und Politik

Politiques – das meint zunächst jene, die unter Ausblendung religiöser Legitimität politisches Handeln in einem *funktionalen*, Ordnung und Frieden sichernden Sinne verstehen. Bezeichnet wird damit eine lose, ursprünglich um Condé versammelte Gruppe, die sich diesen Namen möglicherweise selbst gegeben hat, sehr bald aber von ihren Gegnern in einem abwertend-diffamierenden Sinne so genannt wurde, um damit zum Ausdruck zu bringen, daß es sich um »Nur«-

Politiker, Machttechniker ohne moralisches Wertesystem handele. Der Name selbst taucht erstmals nach dem Toleranzedikt von 1562 auf (Sternberger, S. 89 ff.), und mit ihm wird deutlich, daß das aristotelisch-christliche Politikverständnis – das politisches Handeln in Übereinstimmung mit den Forderungen des wahren Glaubens, also einer gerechten, von Gott gewollten Ordnung sieht – in den Religionskriegen einen Bruch erfährt: Wo der Streit um den Inhalt der gerechten Ordnung die Mittel ihrer Herstellung und Bewahrung zerstörte, mußte dieser Inhalt selbst den Auseinandersetzungen entzogen werden. Schon 1561 spricht L'Hôpital, einer der führenden Köpfe der *Politiques*, vor den Generalständen davon, daß es nicht um die Frage gehe *de constituenda religione sed de constituenda republica*, weil viele Bürger, die keine Christen seien, trotz ihrer Exkommunikation doch nicht darauf verzichteten, Bürger zu bleiben (Sternberger, S. 89; Sellin, S. 811 ff.), und die damit implizierte *Trennung von Religion und Politik*, verbunden mit der Konzentration der theoretischen wie praktischen Anstrengung auf das politische Ordnungsproblem, bezeichnete zugleich das Hauptinteresse der *Politiques*. Dahinter stand die Überlegung, daß angesichts religiöser Partikularisierung das Gemeinwesen einer eigenen Legitimation bedürfe, daß Einrichtung und Bewahrung politischer Institutionen, deren fester Bestand und religiöse Neutralität erst individuelle Existenz, Sicherheit und Glaubensentscheidung ermögliche.

Die *Politiques* waren keine Partei, eher Zirkel und Gruppen am Hofe oder um einzelne, hervorragende Persönlichkeiten versammelt, Angehörige der *Noblesse de robe*, Juristen, Beamte von Magistraten, Mitglieder der Parlamente und Stände, humanistisch gebildete Literaten, ihrem Bekenntnis nach zumeist gemäßigte Katholiken. Es war eine intellektuelle Elite, deren Rang sich ihrer Position im Staate verdankte, kaum durch Geburt und aristokratische Privilegien abgesichert. Herkunft, Bildung und berufliche Position zentrierten folgerichtig ihr Interesse auf die Probleme staatlicher Ordnung, und dies brachte sie bei ihrem Gegner, zumeist fanatischen Katholiken, alsbald in den Ruf, Machiavellisten und Atheisten zu sein (Schnur, S. 23 f.; Sellin, S. 812, Faul, S. 89 ff.). Aber von beidem waren sie gleichweit entfernt. Überzeugt, daß die religiöse Radikalisierung nicht nur unchristlich sei, sondern auch die Religion zum Vorwand für politische Interessen denaturieren lasse, sahen sie hier den wahren Machiavellismus ihrer Zeit und kämpften, wie *Bodin* und *Pasquier*, entsprechend dagegen an. In Fragen des Glaubens galten die Gemeinsamkeiten aller Christen mehr als deren Differenzen, und hier nahmen sie den Gedanken der Toleranz auf, in einem durchaus utilitaristischen Sinne. Denn selbst wenn es möglich war, alle Häretiker durch Gewalt zu besiegen, so *François La Noue* (*Discours politiques et militaires*, 1587), so wäre dieser Sieg zugleich auch der Ruin der Sieger. Es klingt hier deutlich auch ein wirtschaftliches Motiv durch: Frankreich stand vor dem wirtschaftlichen Zusammenbruch, der Geldwert fiel, während die Steuerbelastung ständig stieg. Und überdies gehörten die Hugenotten vorwiegend jenen sozialen Schichten an, die für Stabilisierung und Modernisierung des Landes unentbehrlich waren. Da aber die Hugenotten zudem militärisch kaum noch zu besiegen und die Kosten eines solchen Sieges nicht zu verantworten waren, bilanzieren die *Politiques* die Religionskriege mit niederschmetterndem Ergebnis: Auflösung der Familie als der Grundlage des Gemeinwesens, Auflösung der Sitten, der Moral und der politischen Ordnung, wachsende Kriminalität, die sich religiös und politisch drapiert, Ausbreitung des Atheismus als Folge religiöser Fanatisierung. Selbst eine Tyrannis sei den Leiden des Bürgerkrieges vorzuziehen, meint *François Le Jay* (*De la dignité des roys*, 1589), da kein Tyrann einer ständigen Unterdrückung fähig sei.

Die Forderung nach Frieden

Die Grundhaltung der *Politiques* ist geprägt von Desillusionierung und tiefem Skeptizismus. Aus beidem resultiert eine pessimistische Anthropologie, die das politische Denken vorstrukturiert. Der Bürgerkrieg enthüllt die wahre Natur der Menschen, er zeigt sie unsoziabel, schlimmer als die Tiere, nur der Mensch ist des Menschen Feind, ausschließlich seinen Trieben, Leidenschaften und Interessen hingegeben. Der Hobbessche Naturzustand ist in den zahlreichen Schriften der *Politiques* als Beschreibung des Bürgerkrieges vorweggenommen, die häufig auch persönlich schlimmen Erfahrungen, etwa die der Bartholomäusnacht, werden zum Ausgangspunkt der *Forderung nach Frieden*; eines Friedens um jeden Preis, der die Entscheidung über religiöse Wahrheiten allerdings ausklammern muß, denn diese bleiben Angelegenheiten der Kirche, sind militärisch nicht lösbar und dürfen politisch den Staat nicht bestimmen.
Der Friede als die Bedingung der Möglichkeit individuellen Überlebens wird damit zur zentralen Organisationsidee des Staates. Zu Recht ist gesagt worden, »daß die Säkularisierung des politischen Denkens in der Neuzeit mit der Herausarbeitung des Begriffs des inneren Friedens auf der Grundlage der konfessionellen Toleranz begonnen wurde« (Schnur, S. 22), denn der Staat, wesentlich auf seine friedenssichernde Funktion begrenzt, beginnt sich damit als Schiedsrichter individueller Lebens- und Glaubensmoral zu verabschieden. Die unbedingte Friedensforderung der *Politiques* hat freilich noch weitere, für das moderne Staatsverständnis folgenreiche Implikationen: Sie setzt voraus, daß die Bürger in Hinsicht auf ihr je unterschiedliches Bekenntnis als Gleiche behandelt werden, sie räumt ihnen die *Freiheit individueller Glaubensentscheidung* ein, sie formalisiert die Vorstellung von Gerechtigkeit, die nicht mehr länger als wahre Gerechtigkeit, sondern nur noch als von staatlicher Autorität abgeleitete *Verpflichtung auf das Gesetz* verstanden werden kann, und sie will schließlich die Bedingungen für wirtschaftliche Entwicklung durch Garantie eines *einheitlichen Wirtschaftsgebietes* schaffen. Damit zeichnen sich wesentliche Elemente des modernen Gesetzesstaates ab, wie sie später von Hobbes systematisch entwickelt worden sind.

Suprematie des Staates und Gallikanismus

Frankreich, so schrieb *La Noue*, sei dabei, sich in zahlreiche kleine Fürstentümer und Republiken aufzulösen, nur durch Toleranz und Rückkehr zur Monarchie könne dagegen etwas unternommen werden. Die *Politiques* waren Anhänger einer starken Monarchie, vor allem aus zwei Gründen: Zum einen glaubten sie, daß nur so die nationale Einheit wiederhergestellt und bewahrt werden könne, zum anderen war ihnen der Monarch natürliche Quelle aller Gesetze. Die Monarchie, so *Louis Le Roy* (*De l'excellence du gouvernement royal*, 1575), sei die natürliche Regierungsform, Abbild der Familie, natürlich auch deshalb, weil es Menschen leichter falle, einem einzelnen zu gehorchen als vielen. Aber es ist nicht die absolutistische Form der Monarchie gemeint, sondern eine naturrechtlich und eingeschränkt traditional gebundene: Der König ist gehalten, das Naturrecht wie die *lois fondamentales* zu respektieren, er hat keine beliebige Verfügungsgewalt über Leben und Eigentum der Bürger. Doch die von ihm erlassenen Gesetze haben bindende Kraft, gegen sie kann niemand, weder der einzelne noch Gruppen noch nachgeordnete Ständeversammlungen und Behörden, das Naturrecht für sich reklamieren oder gar ein Widerstandsrecht in Anspruch nehmen. Gewiß bleibt auch die von den *Politiques* vertretene Monarchie eine durch intermediäre Gewalten organisierte, behalten Stände, vor allem Magistrate und Parlamente, Mitwirkungsrechte: freilich so weit reduziert, daß sie im Zweifelsfalle eher Exekutivorgane des Königs als dessen Ratgeber, gar Mitentscheidende sind. Noch ein weiterer Gesichtspunkt ist von Bedeutung: die nationale Einordnung der Kirche, der *Gallikanismus*. Die *Politiques* waren der Meinung, daß die katholische Kirche in Frankreich als eine französische Kirche zu verstehen sei, ihre Freiheiten und Privilegien vom König, nicht vom Papst erhalten habe, folglich auch, wie *Pierre Pithou* (*Les libertés de l'Église Gallicane*, 1594) forderte, dem französischen König Gehorsam schuldete. Dem Papst wurde das Recht auf Entscheidungen in weltlichen Fragen ebenso abgesprochen wie das Recht unbegrenzter Verfügung in geistlich-kirchlichen Angelegenheiten. Die Überlegungen der *Politiques* gingen auf Suprematie des französischen Staates.

Das Votum für eine Monarchie, deren autonome Legitimation sie über die Glaubenskämpfe heben, deren alleinige Gesetzgebungskompetenz ihr das Monopol der Gehorsamsverpflichtung sichern sollte, gewinnt auf dem Hintergrund der realen Situation Frankreichs noch eine zusätzliche Dimension. Eine so konzipierte Monarchie – über deren genauere Ausgestaltung die *Politiques* sich wenig Gedanken machten – schien nämlich geeignet, durch Gesetzgebung und über die zur Verfügung stehende Bürokratie jene sozialen und ökonomischen Anpassungen, die sich zwangsläufig aus den jahrelangen Kriegen ergeben mußten, leichter leisten zu können als eine auf Dezentralisierung des Staates zielende Organisationsstruktur, wie die Monarchomachen sie propagierten. Der Abschied von lehensrechtlichen Gegenseitigkeitsverpflichtungen, bei denen die Gefahr bestand, daß die je beteiligten sozialen Gruppen weitgehend auf Besitzstandswahrung ausgingen, war damit angezeigt. Der König als alleiniger Gesetzgeber konnte – zumindest theoretisch – eine Neuregelung und Neuverteilung sozialer und wirtschaftlicher Ansprüche versuchen, ohne an den Status quo als einen traditional berechtigten Zustand gebunden zu sein. Daß er hierzu jener *Noblesse de robe* bedurfte, zu der auch die *Politiques* ganz überwiegend zählten, deutet darauf hin, daß in diese Konzeption der Monarchie auch deren Interessen eingegangen sind. Inwieweit es sich hierbei bereits um bürgerliche Klasseninteressen handelt (Borkenau, S. 170 ff.), ist umstritten; aber sicherlich waren die *Politiques* in ihrer existentiellen Abhängigkeit von öffentlichen Ämtern daran interessiert, die Reste des mittelalterlichen Konstitutionalismus zu überwinden zugunsten eines politischen Organisationsmodells, das in der exekutiven Stärkung der Magistrate und Parlamente zugleich ihren eigenen Einfluß vergrößerte.

5. Jean Bodin

Gemeinhin wird *Jean Bodin* (1529/30–96) als der herausragende Kopf der *Politiques* gesehen; daß er ihnen zugerechnet werden kann, ist sicher, auch wenn er, trotz aller Verbindungen zu ihnen, kaum zu ihrem engeren Kreis zu zählen ist (Schnur, S. 27; Mayer-Tasch, S. 16 ff.). Daß er freilich als der eindrucksvollste Theoretiker seiner Zeit, als einer der bedeutendsten überhaupt gelten kann, ist unumstritten. Durch ihn gewinnt die Idee des modernen Staates ein erstes systematisches Fundament, den »epochemachenden Begriff der Souveränität, der wohl schon vor ihm geahnt, aber noch nie mit dieser Klarheit und erschöpfenden Fülle des Inhalts erblickt worden war« (Meinecke, S. 67).

Vita

Bodin[13], geboren in Angers, stammte aus einfachen Verhältnissen: Sein Vater war Schneidermeister, und dies mag Anlaß gewesen sein, daß er mit 15 Jahren dem Karmeliterorden beitrat, ein Entschluß, der sozialen Aufstieg durch Bildung versprach. In Angers beginnt er zu studieren, wechselt dann nach Paris, wo er – angeregt durch den Philosophen Petrus Ramus und humanistische Gelehrte am Collège Royal – sich ein ungemein breites klassisches Wissen erwirbt. Vermutlich 1548 in einen Häresie-Prozeß verwickelt, scheidet er im folgenden Jahr aus dem Orden wieder aus, geht nach Toulouse, um an der dortigen Universität, einem Zentrum des römischen Rechts, Jurisprudenz zu studieren. Hier lehrt er dann auch, schreibt erste juristische Abhandlungen, die indessen verloren sind. Erhalten ist eine kommentierte Übersetzung von Oppians *Cynegetica*, 1555, die seine philologisch-philosophischen Interessen erkennen läßt. Für kurze Zeit erwägt er eine Karriere als Pädagoge, und dies mag der Grund dafür sein, daß er in *Oratio de Instituenda in Republica Juventate* (1559) ein System humanistischer Pädagogik entwickelt. Um 1560 geht er nach Paris zurück, wird dort Advokat am Pariser Parlament, Berater am königlichen Hof, übernimmt diplomatische Aufgaben und ist zugleich Ständedeputierter. 1566 veröffentlicht er den *Methodus ad facilem historiarum cognitionem*, seine erste große wissenschaftliche Schrift, die ihn sogleich berühmt macht (Baudrillart, S. 145 ff.; Franklin, 1963 passim).

Hier unternimmt er den Versuch, Geschichte so zu ordnen, daß ihre Gesetzmäßigkeiten deutlich werden, wobei er drei Ebenen des menschlichen Wissens unterscheidet: die allgemeine Geschichte oder Anthropologie, die Natur-Geschichte bzw. Naturwissenschaften und schließlich die göttliche Geschichte bzw. Religion und Theologie.

Der *Methodus* war Vorbereitung und Beginn umfassenderer Studien. Etwa zur selben Zeit entwarf Bodin in *Juris universi distributio* ein – erst 1578 veröffentlichtes – System universalen Rechts. 1568 publizierte er eine wirtschaftspolitische Studie, *La Reponse au paradoxe de M. de Malestroit sur le faict des monnaies*, eine Auseinandersetzung mit den ökonomischen Veränderungen seiner Zeit, vor allem mit der in Europa grassierenden Inflation, die er als erster auf die steigenden Edelmetallimporte aus den spanischen Kolonien zurückführte – eine durchaus zutreffende These, so daß die Schrift gelegentlich als Grundlegung der modernen politischen Ökonomie bezeichnet wurde (Allen, 1949, S. 43; Kamp, passim).

Seiner wachsenden wissenschaftlichen Reputation parallel gingen politische Aktivitäten. Bodin, geprägt von den Erfahrungen des Bürgerkrieges, war Royalist, auf Toleranz, Ausgleich und Versöhnung bedacht. Über sein religiöses Bekenntnis herrscht auch heute noch einige Unklarheit, es mag sich im Laufe der Jahre gewandelt haben, er war Katholik, aber zugleich hielt er Kontakt zu Hugenotten, Distanz zu Anhängern der Liga. 1567 wird er Staatsanwalt in Poitiers, 1568 fungiert er als Ratgeber des Königs bei den Ständen in Narbonne, 1569 ist er für kurze Zeit, vielleicht unter dem Verdacht der Häresie, in Haft, aber schon ein Jahr später Beauftragter des Königs für die Wälder der Normandie. Gegenüber den privaten Waldbesitzern setzt er sich für alte königliche Steuern ein, auf die zu verzichten – so sein Argument – der König kein Recht habe, weil es sich um Kronrechte handele. Als der Druck privater Interessen den König gleichwohl zum Steuerverzicht bewegt, wechselt Bodin aus Enttäuschung in den Dienst des Herzogs von Alençon-Anjou, um den sich, nach der Bartholomäusnacht, die *Politiques* zu sammeln beginnen. Aber nur zwei Jahre später, nachdem der Herzog seinem Bruder Heinrich III. die Krone streitig zu machen suchte, geht Bodin – entsetzt über den versuchten Verstoß gegen die *loi salique* – an den königlichen Hof zurück.

1576 ist Bodin als Vertreter des dritten Standes auf der Versammlung der Generalstände in Blois. Hier erzielt er seinen größten politischen Erfolg. Als Heinrich III. unter dem Druck der Liga den Antrag stellt, Krongut zu verkaufen und neue Steuern einzuführen, um so die Hugenotten militärisch bekämpfen zu können, geht Bodin entschieden dagegen an; es gelingt ihm, eine anfangs große Mehrheit zu seinen Gunsten zu beeinflussen, der Antrag des Königs wird abgelehnt, der Krieg zunächst vermieden.

Aber der Bruch mit dem König ist unausweichlich. Bodin, dessen Hauptwerk, *Les six Livres de la République*, im selben Jahr erscheint, mit allergrößter Beachtung aufgenommen und bewundert, zieht sich aus der großen Politik zurück. Er geht nach Laon, heiratet dort in eine vermögende Familie, durch deren Beziehung er im folgenden Jahr das Amt des Staatsanwalts am dortigen Gericht erhält. Die Sicherheit eines ständigen Einkommens gibt den Rückhalt für weitere Arbeit: 1577 erscheint ein Rechenschaftsbericht über die Ständeversammlung von Blois, 1580 *De la Démonomanie des sorciers*, eine seltsame Schrift über Hexerei und Okkultismus, deren Einbettung ins Gesamtwerk den Interpreten seither größte Verlegenheit bereitet. 1581 folgt unter Pseudonym die Verteidigung und Vertiefung seines Hauptwerkes, die *Apologie de René Herpin pour la République de J. Bodin*. Im selben Jahr geht er mit dem Herzog von Alençon-Anjou nach England, wo die Unterstützung des niederländischen Aufstandes sondiert wird. Zurückgekehrt nach Laon, gerät Bodin – da der Herzog stirbt,

Heinrich von Navarra legitimer Thronerbe wird – unter den zunehmenden Druck der Liga, auch in persönliche Bedrängnis. Sein Haus wird zweimal durchsucht, seine Bücher verbrannt, sein prinzipientreuer Royalismus bringt ihn in Gefahr, weil zwischen die Fronten der Bürgerkriegsparteien. Das zwingt ihn zum Übertritt zur Liga, ein wenig wohl auch überzeugt, daß damit das Interesse des Staates am ehesten gewahrt werde. Aber er verläßt die Liga sofort, als Heinrich IV. 1594 zum König gekrönt wird, die Konsolidierung der französischen Monarchie sich abzeichnet. Sein letztes Werk, *Colloquium Heptaplomeres de verum sublimium arcanis abditis*, wohl 1593 beendet, kann nicht mehr erscheinen (Roellenbleck, 1964); es ist ein Dialog zwischen sieben Freunden je unterschiedlicher Konfession, ein Plädoyer für religiöse Toleranz, ohne daß einem bestimmten Bekenntnis der Vorzug eingeräumt wird – eine Arbeit, die nur noch in Abschriften kursiert, erst im 19. Jahrhundert gedruckt. Bodin, während seiner letzten Jahre vollkommen zurückgezogen lebend, stirbt 1596 in Laon an der Pest.

Der Begriff der Souveränität

Bodins Hauptwerk, *Les six Livres de la République*[14], in französischer Sprache geschrieben, um von allen Franzosen besser verstanden zu werden, ist ein Werk von hohem Anspruch: Systematisch im Aufbau, von stupender Gelehrsamkeit und einer überwältigenden Materialfülle, behandelt es Grundfragen über »Ursprung, Wachstum, Blüte, Wandel, Niedergang und Ruin von Staaten« (S. 94); es ist der Versuch einer umfassend angelegten Theorie der Politik, normativ und empirisch zugleich. Gedacht als Beitrag zur politischen Wissenschaft, der »fürstlichsten von allen« (S. 94), will es doch auch – in der Tradition der Fürstenspiegel – praktische Anleitung zum politischen Handeln sein, gegen Machiavelli und die Monarchomachen eine Lehre vom guten Staat, von harmonischer Ordnung und richtigem Regieren entwickeln, zugleich in seiner analytischen Gründlichkeit an Platon und Aristoteles anschließen. Eingebettet in ein umfassendes christliches Weltbild, das bestimmt ist durch einen Schöpfergott, der die Welt in wohlgeordneter Weise erschaffen, sie dann aber in ihre Eigengesetzlichkeit entlassen hat, soll Politik aus ihren eigenen Voraussetzungen heraus begriffen werden. Bodin ist überzeugt davon, daß der Mensch als Teil der Schöpfung auch an ihrer Eigenlogik teilhat, daß er als vernünftiges Wesen die Bedingungen und Gesetze ihres Funktionierens erkennen kann, und insoweit dieses Erkennen als autonome Fähigkeit des Menschen verstanden wird, erscheint die Politik als säkularisierter Bereich menschlicher Handlungen und Ordnungen, ist das damit verbundene Weltbild anthropozentrisch. Insoweit menschliche Erkenntnis freilich als von Gott verliehene Fähigkeit mit dem Schöpfungsakt verbunden bleibt, ist dieses Weltbild in seiner letzten Ursache im Glauben verankert. Bodins politische Theorie bleibt so – als eine Theorie des Übergangs zur frühbürgerlichen Gesellschaft (Borkenau, S. 114 ff.) – von konstitutiver Ambivalenz: Die Religion, deren Wahrheiten sich durch menschliche Interpretationen erst erschließen – daher das Gebot der Toleranz –, bleibt Folie für die Entfaltung einer dann

innerweltlich begründeten Lehre vom Staat, seiner Ordnung wie seiner Zwecke, die so, wie Bodin sie vorträgt, primär sozial induziert ist (Mayer-Tasch, S. 25).
Bodin beginnt mit einer Definition: »Unter dem Staat versteht man die am Recht orientierte, souveräne Regierungsgewalt über eine Vielzahl von Haushaltungen und das, was ihnen gemeinsam ist« (S. 98; République est un droit gouvernement de plusieurs mesnages et de ce qui leurs est commun, avec puissance souveraine, Rép., S. 1). Ausgangspunkt und Ziel der Theorie, neuzeitlicher Staatsbegriff und traditionelle Vorstellungen vom »ganzen Haus« sind in dieser Feststellung gleichermaßen verbunden. Der Staat (*république*) als Herrschaftsverband rückt ins Zentrum, seine wesentliche, wenn auch nicht einzige Eigenschaft ist die Souveränität (*puissance souveraine*).
Der Begriff der *Souveränität*[15], in der politischen Theorie der Zeit durchaus geläufig, aber »lediglich eine Sammelbezeichnung für konkrete Befugnisse, nicht die Umschreibung einer ausschließlichen und einzigen Herrschaftsgewalt im Königreich« (Quaritsch, S. 250), gewinnt bei Bodin den Rang einer herrschaftslegitimierenden Kategorie. Unter »Souveränität ist die dem Staat eignende absolute und zeitlich unbegrenzte Gewalt zu verstehen« (S. 205; La souveraineté est la puissance absolue et perpétuelle d'une République, Rép. S. 122), heißt es, und damit wird der Bruch mit einer Herrschaftsvorstellung vollzogen, die personal gebunden und traditionaler Ordnung, etwa der lehensrechtlichen, eingefügt war. Souveränität bezeichnet nunmehr den höchsten Ort politischer Entscheidungskompetenz, der Souverän hat niemanden über sich – sonst wäre er nicht souverän –, seine Befugnisse sind zeitlich unbegrenzt – denn jede Limitierung wäre Einschränkung der *puissance absolue* –, sie sind weder durch andere Personen noch durch Institutionen oder Traditionen begrenzt. In scharfer Wendung gegen die Theorien der Monarchomachen formuliert Bodin: »Ein Fürst oder Herzog ist nämlich nicht souverän, wenn er zwar allen seinen Untertanen als Gesamtheit und jedem einzelnen von ihnen das Gesetz geben kann, es aber selbst von einem Höheren oder ihm Gleichgestellten empfängt« (S. 294). Wer souverän ist, so heißt es an anderer Stelle, »darf in keiner Weise dem Befehl anderer unterworfen und muß in der Lage sein, den Untertanen das Gesetz vorzuschreiben, unzweckmäßige Gesetze aufzuheben oder für ungültig zu erklären und durch neue zu ersetzen« (S. 213), er darf weder an die Gesetze des Vorgängers noch an seine eigenen gebunden sein (S. 214).
Souveränität – wie Bodin sie immer wieder definiert und beschreibt – bezeichnet politisch den Ort, an dem letztverbindliche Entscheidungen getroffen werden, juristisch eine Rechtskonstruktion, deren autonome Formalität sie zur Quelle aller innerstaatlichen Gesetze macht. Mittel hierzu ist eine uneingeschränkte Gesetzgebungskompetenz, die als instrumenteller Kern des Souveränitätsgedankens verstanden werden kann: Wenn das »Hauptmerkmal der Souveränität darin besteht, der Gesamtheit und den einzelnen das Gesetz vorschreiben zu können« (S. 292), so ist hier eine äußerste Konzentration von Herrschaftsbefugnissen in juristischer Hinsicht erreicht, von der Bodin alle sonstigen Rechte des Monarchen, der Magistrate, Parlamente, Korporationen und Untertanen ableitet. Souveränität fungiert damit als eine logische Ausgangsprämisse einer sich nach unten ableitenden und differenzierenden Rechtsordnung, und nicht zuletzt

dies ist der Grund, weshalb die Souveränität als unteilbar erklärt wird. Die Gleichsetzung von Souveränität und Gesetz veranlaßt Bodin, da sie ihm zu allgemein erscheint, die Kompetenzen des Souveräns konkreter zu bestimmen: Souveränität ist ihm friedens- und einheitsstiftend, beinhaltet die freie Handlungsmöglichkeit nach innen wie außen, das Recht über Krieg und Frieden, die letzte Entscheidung über die Urteile der Magistrate, das Recht zur Ernennung und Absetzung von höchsten Beamten, das Recht, den Untertanen Steuern und Abgaben auferlegen oder erlassen zu können, das Recht zur Begnadigung, zur Bestimmung des Geldwertes und die Forderung nach Treueid von jedermann (S. 294). Was hier aufgezählt wird, sind durchaus geläufige Rechte des Monarchen; aber für Bodin sind sie aus der Souveränität abgeleitet, nicht – wie etwa im Lehensrecht oder bei den Monarchomachen – Befugnisse, die sich von alters her ergeben haben oder göttlichen Ursprungs sind. Und dies ist das entscheidend Neue an Bodins Souveränitätskonzeption: Indem Souveränität, als immer schon vorausgesetzte, im Gesetzgebungsmonopol ihre Konkretisierung findet, wird erstmals die Begründung einer einheitlichen Staatsgewalt möglich.

Eine solche Konstruktion hatte ihren politischen Sinn: Bodins Absicht war es, durch die absolute Stellung des Souveräns die religiöser Bürgerkriegsparteien zu neutralisieren, durch den *formalen* Gesetzesbegriff die Frage nach der *materialen* Rechtfertigung von Herrschaftsakten zu suspendieren, sie dem Legitimationsverlangen nachgeordneter Institutionen und sozialer/religiöser Gruppen zu entziehen. Das ist ein Grund, weshalb Gesetze – allgemeine oder einzelne – als Willensakte des Souveräns bestimmt werden, die – sollte dies nötig sein – auch jederzeit wieder zurückgenommen werden können. Der andere liegt darin, daß ein so formales Verständnis des Gesetzes es erlaubt, das Instrument der Gesetzgebung zur Steuerung des gesellschaftlichen Wandels einzusetzen, sich solchem Wandel auch anzupassen, ohne daß Herrschaft selbst zur Disposition steht.

Familie und Haus

Doch der voluntative Gesetzesbegriff Bodins mündet nicht in schierem Dezisionismus. Souveränität und höchste Gesetzgebungskompetenz sind eingebunden in eine *Gesamtordnung des Staates*, deren normative Grundlagen nicht zur freien Verfügung stehen. Basis dieses Staates ist die *Familie* als »natürliche« Einheit, besser: das »Haus«, verstanden als eine »rechtmäßige Herrschaft über mehrere einem Familienoberhaupt zum Gehorsam verpflichtete Untertanen und das, was ihnen gehört« (S. 107). Bodin schließt mit dieser Definition an aristotelisch geprägte oikos-Vorstellungen an, aber im Unterschied zu Aristoteles trennt er oikos und polis nicht, weil er die Ökonomie als Teil der Politik versteht, eine Auffassung, die sich nicht nur von der Tradition löst, sondern auch in seiner Eigentumstheorie Bedeutung erhält. Das Haus als jene Gemeinschaft, in der Politik und Ökonomie gleichermaßen ihre Erstorganisation erfahren, erscheint dementsprechend strukturparallel zum Staat: Die gut regierte Familie ist das wahre Abbild des Staates, die häusliche Gewalt (*puissance domestique*) ähnelt der Souveränität, die gerechte Herrschaft im Haus ist Vorbild für die Regierung im Staat (S. 107). Bodin differenziert die häusliche Gewalt in eine des Hausvaters über die Ehefrau, über die Kinder, Dienstboten und Sklaven. Die rechtliche

Stellung des Hausvaters ist außerordentlich stark: Alle im Haus unterliegen seiner unbedingten Befehlsgewalt, ihm wird sogar das Recht über Leben und Tod der Kinder zugesprochen (King, S. 85 ff.).
Für die Entstehung des Staates heißt dies: Nicht der Zusammenschluß einzelner, die im Vertrag den Staat erst konstituieren – wie das in späteren naturrechtlichen Staatsbegründungen geschieht, aber auch in den Vertragstheorien der Monarchomachen ansatzweise schon vorhanden ist –, sondern die der mittelalterlich-lehensrechtlichen Vorstellung entlehnte These vom Zusammenschluß mehrerer »Häuser« (*plusieurs mesnages*) ist Ausgangspunkt der Staatswerdung. Bodin kennt, wie Hobbes, einen vorstaatlichen Zustand, den er als historischen charakterisiert: Ursprünglich, so meint er, existierte eine Vielzahl von Häusern, jedes für sich souverän. Macht, Gewalt, Geltungssucht, Geiz und Rachsucht führten freilich zu ständigem bewaffnetem Kampf, es gab Sieger und Besiegte, und wer verlor, büßte seine Freiheit ein. »So kamen die bis dahin unbekannten Begriffe Herr und Knecht, Fürst und Untertan auf« (S. 159), Macht und Gewalt wurden Ursache der Entstehung von Staaten. Es ist die Erfahrung des Bürgerkrieges, die damit verknüpfte pessimistische Anthropologie, die – eine Parallele zu Hobbes – die Genese des Staates vorzeichnet und aus der Stärke des Souveräns den inneren wie äußeren Frieden erhofft. Zugleich sind mit solcher Staatsbegründung öffentliches und privates Recht voneinander geschieden. Was allen »Häusern« gemeinsam ist: öffentliche Güter, der Staatsschatz, öffentliche Bauten, Straßen, Märkte und Verteidigungsanlagen, Gesetze und Gewohnheitsrechte, ist Teil der Souveränität. »Denn vom Staat kann keine Rede sein, wo es keine öffentlichen Einrichtungen gibt« (S. 110). Dies aber bedeutet öffentliches Eigentum (*chose publique*) – ein modernes Prinzip, das dem mittelalterlichen Denken fremd ist (Euchner, in: Denzer, S. 261 ff.). Öffentliches Eigentum aber kann es nur dort geben, wo auch privates (*chose propre*) existiert, und dieses – auf der Trennung in Mein und Dein beruhend – bleibt der Verfügungsgewalt des Souveräns entzogen. Bodin gründet die für seine Staatskonzeption fundamentale Unterscheidung von »öffentlich« und »privat« auf einer wenn auch wenig ausgeführten Eigentumstheorie: Wenn Familien und Gemeinwesen, wenn privates Eigentum und Gemeingut miteinander vermengt werden, gibt es weder Staat noch Familie. Die These ist konsequent, denn wenn eine Unterscheidung von Haus und Staat über den Herrschaftsbegriff nicht möglich ist, bedarf es eines anderen Kriteriums. Stärker als alle Theoretiker seiner Zeit zieht Bodin hier das Eigentum heran. Auf privatem Eigentum gründet das Haus, dem Hausvater steht die volle Verfügung darüber zu, aber erstaunlicherweise räumt er auch der Ehefrau und den Kindern eine begrenzte Verfügung über ihr eigenes Vermögen ein, dessen Existenz offensichtlich stillschweigend vorausgesetzt wird (S. 160); das Zugeständnis ist freilich nicht ohne Bedeutung, weil mit ihm die Rechtsungleichheit innerhalb des Hauses, die durch Befehl und Gehorsam bestimmte Familienstruktur (S. 115) ein wenig eingeschränkt wird – möglicher Ausdruck einer realen Veränderung, deren politische Dynamik aus einer verbesserten ökonomischen Position der Frau resultierte.
Aus dem unaufgebbaren Recht der Familie, über ihr Eigentum selbst verfügen zu können, folgt, daß die Untertanen ihrer *Besteuerung* zustimmen müssen – eine erste, aber sehr wesentliche Schranke der Souveränität, die gelegentlich als

Steuer-Paradox bezeichnet worden ist, weil Bodin damit seiner *puissance souveraine* die materielle Grundlage entzogen habe. Wie stark diese im Privat-Eigentum und seinem Schutz begründete Schranke ist, erhellt daraus, daß Bodin jede ungerechtfertigte Besteuerung als *Konfiskation* betrachtet, die die Grundlage des Staates unmittelbar angreift, daß er den Souverän verpflichten will, selbst im Notfall nach anderen Auswegen zu suchen, daß er Entschädigung für Bürger verlangt, die vorübergehend zu hoch besteuert worden sind. Friedens- und Eigentumssicherung erscheinen so als fundamentale Ziele staatlichen Handelns, das Privateigentum ist Bedingung eines unterstellten Konsenses zwischen Souverän und Untertan, und nur bei Einlösung dieser Bedingung, die die materielle Basis des einzelnen und seiner Familie sichert, kann Gehorsam in anderer Hinsicht in Anspruch genommen werden. Es wäre freilich unvollständig, die Staatszweckbestimmung hiermit schon erfüllt zu sehen; Eigentumssicherung ist Bodin vielmehr Voraussetzung für das Erreichen wahrer Glückseligkeit (*la vraye félicité*), die in der Betrachtung der natürlichen, menschlichen und göttlichen Dinge (S. 101) für den einzelnen wie den Staat gleichermaßen verbindlich ist. Diese – direkt auf Aristoteles zurückgehende – Bestimmung impliziert zugleich, daß für Bodin der Staat Voraussetzung der sittlichen Existenz des Menschen ist, daß es außerhalb des Staates ein mit moralischem Anspruch versehenes Leben nicht geben kann.

Eine weitere, sehr viel massivere Einschränkung der Souveränität nimmt Bodin im Hinblick auf die in Frankreich unstrittigen »Verfassungsgrundsätze« vor: »Von den Gesetzen, die die Verfassung und den Aufbau des Königreichs angehen, wie beispielsweise das Salische Gesetz, kann der Fürst nicht abweichen, weil sie unauflöslich mit der Krone verbunden sind. Was immer er auch unternähme, immer ist sein Nachfolger frei, alle Maßnahmen aufzuheben, die zum Nachteil der verfassungsmäßigen Rechte des Königtums gereichen würden, auf denen seine Stellung als souveräne Majestät beruht« (S. 218). Wie immer diese Stelle genau zu interpretieren ist (Quaritsch, S. 347ff.), ihr Sinn ist deutlich: Souveränität bedeutet nicht Willkürherrschaft, sondern sie zielt auf gerechte Herrschaft, und dies zeigt sich in der Beachtung des göttlichen Rechts und des Naturrechts, aber eben auch jener Grundsätze der französischen Monarchie, die sich – wie die Erbfolgeregel oder das Verbot des Verkaufs von Krongütern (*leges imperii*) – als historische Konkretisierungen naturrechtlich interpretierter Tradition (Dennert, 1964, S. 68) verstehen lassen, deren freie Verfügbarkeit die historisch gewachsenen Grundlagen jenes Staates aufheben würden, den Bodin gerade stärken und schützen möchte.

Ob Bodin damit zum Theoretiker des »Konstitutionalismus« (Allen, 1957, S. 443; McRae, A 17) wird, mag dahingestellt bleiben; daß er allerdings gegen absolutistische Willkür votierte, ist sicher: Der Fürst war ihm Abbild Gottes, und er unterstellte, daß dieser sich entsprechend verhalten würde: »Wenn der Zweck des Gesetzes die Gerechtigkeit, das Gesetz Werk des Fürsten und dieser Ebenbild Gottes ist, dann folgt daraus logischerweise, daß das Gesetz des Fürsten dem Vorbild der Gesetze Gottes entsprechen muß« (S. 239).

Der scheinbare Widerspruch zur Souveränität als *puissance absolue* hat immer wieder zu Interpretationsschwierigkeiten geführt (Allen, 1957, S. 414ff.); er schwächt sich ab, wenn Bodins Souveränitätskonzept als eine rationale Begründung von Gesetzgebungskompetenz verstanden wird, die als Rechtsprinzip sich je unterschiedlichen Regierungsformen verbinden kann. In seiner Staatsformenlehre folgt Bodin der klassischen Einteilung in Monarchie, Aristokratie und Demokratie, je nach dem Träger der Souveränität: Ist es eine einzige Person, handelt es sich um Monarchie, sind es mehrere, um Aristokratie, ist es eine Mehrheit, um Demokratie (S. 318 ff.). In der Formalität der Unterscheidung liegt zugleich die ethische Neutralisierung des Souveränitätsprinzips, und demzufolge kann in diesem Zusammenhang die aristotelische Frage nach der gemischten oder gar der besten Staatsform sinnvollerweise nicht gestellt werden. Wohl aber gibt es eine Bevorzugung der Monarchie, weil in der Person des Monarchen die Souveränität ganz ungeteilt zum Ausdruck kommt. Hier zeigt sich deutlich, daß Bodins Souveränitätskonzept noch ein starkes personalistisches Element enthält, auch wenn zwischen Herrscher und Staat – im Zusammenhang mit den Souveränitätseinschränkungen – differenziert wird.

Legitime, despotische und tyrannische Regierung

Daß *Staatsform* und *Regierungsform* (*gouvernement*) auseinanderzuhalten sind (S. 337), betont Bodin mit großem Nachdruck: In jeder Staatsform kann demokratisch, aristokratisch oder monarchisch regiert werden, und diese Unterteilung erlaubt dann die Frage nach der gerechten Regierungsweise (*droit gouvernement*), ihrer Bindung an vorstaatliches Recht und an Verträge, die bestehen und eingehalten werden müssen. Ist das Gesetz ein Willensakt des Herrschers, so begründet der Vertrag »wechselweise Beziehungen zwischen dem Fürsten und den Untertanen und bindet beide Parteien gegenseitig« (S. 216). Auf der Ebene der Regierungsformen existieren also materiale Bindungen zwischen Regierenden und Regierten, die in der Regierungspraxis beachtet werden müssen, soll der gesellschaftliche Konsens nicht zerbrechen und die Legitimität der Herrschaft nicht in Frage gestellt werden. In diesem Zusammenhang differenziert Bodin noch nach einer weiteren Überlegung: der Bewahrung von Freiheit und Eigentum. Werden in der Monarchie nämlich Naturrecht, natürliche Freiheit und Eigentum der Untertanen respektiert, so handelt es sich um eine königliche und legitime Monarchie (*monarchie royale ou legitime*); macht der Fürst sich mit Gewalt zum Herrn über Person und Eigentum der Untertanen, regiert er sie wie ein Hausvater seine Sklaven, so ist es eine despotische Monarchie (*monarchie seigneurale*); die tyrannische Monarchie (*monarchie tyrannique*) ist dann gegeben, wenn Freie unter Mißachtung des Naturrechts wie Sklaven regiert und Eigentumsrechte nicht mehr anerkannt werden. Entsprechende Unterscheidungen gelten für Aristokratie und Demokratie (S. 337).

Es sind diese Bestimmungen der Regierungsformen, nicht die formale der Souveränität, die es Bodin erlauben, in der *monarchie royale* die beste Form des Regiertwerdens zu sehen. Hier ist das Privateigentum geschützt, der soziale und rechtliche Status der Untertanen gewahrt, hier respektiert der durch Erbrecht regierende Monarch[16] das göttliche Recht und das Naturrecht, die daraus sich ergebenden Pflichten gegenüber den Untertanen. Angelegt auf Mäßigung, auf die – wie Bodin sagt – *proportion harmonique*, ist sie nicht so sehr durch institutionelle Vorkehrungen und Sicherungen als vielmehr durch die Klugheit des politischen Handelns ausgezeichnet, nimmt Elemente der Aristokratie und Demokratie in sich auf, balanciert die aus der gegebenen Ungleichheit resultierenden widerstreitenden Interessen aus, fördert die Wirtschaft, schafft Voraussetzungen für den sozialen Aufstieg, schafft aber auch mit der Institution der Zensur eine Kontrolle über Vermögensverhältnisse zum Zwecke gerechter Besteuerung, über die Anwendung der Gesetze, über Sitte und Moral, nicht zuletzt über die Künste (Buch VI). So stellt sie »ein ausgefeiltes Modell gesellschaftlicher Integration dar, das theoretische Versuche zur Lösung von Integrationsproblemen in späteren Entwicklungsstufen der bürgerlichen Gesellschaft (ständestaatliche Modelle) vorweggenommen hat« (Euchner, in: Denzer, S. 277).

Die Unterscheidung von Staatsform und Regierungsform betrifft auch das Problem der *Tyrannis*, das Zentralproblem zeitgenössischen politischen Denkens. Tyrann ist, »wer sich eigenmächtig, ohne sich auf eine Wahl, auf ein Erbfolgerecht, auf einen Losentscheid, auf einen rechtmäßigen Krieg oder besondere Berufung Gottes berufen zu können, zum souveränen Fürsten aufgeschwungen hat« (S. 361). Die Definition ist nicht besonders klar, weil der *tyrannus absque titulo* hier am Ende als *prince souverain* auftaucht, gegen den Souverän aber ein aktives Widerstandsrecht nicht erlaubt wird. Gleichwohl ist deutlich, was Bodin meint: Der Usurpator, in welcher Staatsform er auch immer auftritt, darf – entsprechend klassischer Lehre – getötet werden (S. 361). Selbst eine nachträgliche Wahl durch die Ständeversammlung schafft keine Legitimation, weil die einem »entmachteten Volk abgezwungenen Zugeständnisse nicht Zustimmung« (S. 362) sein können. Anders bei denjenigen, die als rechtmäßige Herrscher zu Tyrannen werden. Hier entscheidet, ob sie im Besitze der Souveränität sind. Ist dies der Fall, darf »ein Untertan unter keinen Umständen seinen souveränen Fürsten, sei er auch der abscheulichste und grausamste Tyrann, im geringsten antasten. Dagegen darf man ihm durchaus den Gehorsam verweigern, wo sonst das Gesetz Gottes oder das Naturrecht verletzt würde, oder sich durch Flucht entziehen, sich verbergen oder Schläge parieren. Aber man hat eher in den Tod zu gehen, als das Leben oder auch nur die Ehre des Fürsten anzutasten« (S. 369). Bodins Position ist hier der Calvins – den er zitiert – vergleichbar; er fürchtet den Zerfall der Souveränität und mit ihr die Auflösung des Gesetzesstaates, die Heraufkunft der Anarchie. Würde aktiver Widerstand zugelassen, so bedürfte es einer Instanz, die zu entscheiden hätte, wann Souveränität außer Kraft gesetzt ist; dies aber ist ex definitione unmöglich.

Die Souveränitätskonzeption Bodins erzwingt allerdings nicht – wie vielleicht zu vermuten wäre – einen zentralistisch organisierten Staat. Schon die Einschränkungen der Souveränität schaffen zwischen Souverän, intermediären Institutionen (Magistraten, Korporationen und Ständen) und Untertanen ein Beziehungsgeflecht, das für politisches Handeln schlechthin konstitutiv ist (Buch III). Die Unteilbarkeit der Souveränität erfordert zwar formelle Unterordnung von Beamten, schließt rechtlich Mitbestimmung von Korporationen und Ständen aus, aber sie erlaubt doch die politische Mitwirkung dort, wo der Souverän sie einholt und im Interesse des Staates berücksichtigt – und daß er gut daran tut, auf solche Mitwirkung nicht zu verzichten, betont Bodin immer wieder. Die »innere Schranke« des Souveräns (Scheuner, in: Denzer, S. 388), die ihn vor Willkür bewahren soll, sucht deshalb auch die Kooperation, weil durch politische Mitwirkung, die zugleich der sozialen Integration dient, der Souverän »noch viel erhabener und glanzvoller« (S. 222) wird. Nur die – im 16. Jahrhundert generell schlecht beurteilten – Faktionen und Gruppierungen (*factions et seditions*), die sich außerhalb des Verfassungsgefüges bilden und mächtig werden können, dann aber eine Gefahr für den Staat bilden, weil Bürgerkrieg droht, sind mit allen Mitteln, auch dem der Gewalt, zu bekämpfen (Rép. 643).

Die Klima- und Umwelttheorie

Die *systematische* Entfaltung der Souveränitätstheorie gilt als die eigentlich große Leistung Bodins; gelegentlich wird ihr noch seine *Klima- und Umwelttheorie* (Allen, 1957, S. 431 ff.; McRae, S. A 22 ff.) an die Seite gestellt, die Bodin zum Vorläufer Montesquieus gemacht hat. Schon die Definition des Staates weist auf die Bedeutung der natürlichen Bedingungen seiner Existenz hin: Ein Staat muß über ein ausreichend großes Territorium und genügend Raum für seine Bewohner verfügen, über fruchtbaren und beackerbaren Boden, genügend Viehbestand, um die Ernährung und Bekleidung seiner Untertanen gewährleisten zu können, er bedarf günstiger Wetter- und Klimaverhältnisse, Wasser und Rohstoffe sind existentielle Voraussetzungen, wichtiger als Luxusgüter, die das Leben erleichtern (S. 102). Lebensfähigkeit und Stabilität eines Staates hängen also auch von Faktoren ab, die nicht allein ordnungspolitisch garantiert werden können, sondern als Konstanten die politischen Institutionen, das politische Handeln, ja selbst soziale Wandlungsprozesse (*altérations*) entscheidend beeinflussen. Geographie und Klima prägen aber auch den Charakter der Bevölkerung, sie wirken auf deren Lebensführung, haben Folgen für Politik, Wirtschaft, Religion und Kultur. Mit großer Ausführlichkeit nimmt Bodin dieses Thema auf (Buch V), schließt damit an klassisches und mittelalterliches Denken an, das politische Ordnung immer auch in Beziehung zur natürlichen Ordnung des Kosmos setzt. Für Bodin bedeutet auch dies die Relativierung der Idee des besten Staates: Denn je nach den gegebenen natürlichen Bedingungen können Staats- und Regierungsformen sich ändern, müssen sich ihnen anpassen. Beides zu leisten ist Aufgabe eines klugen Herrschers, er muß den sozialen, ökonomischen und politischen Wandel mit Rücksicht auf die natürlichen Gegebenheiten vorsichtig steuern. So wenig also diese natürlich-konstanten Faktoren gesellschaftliche Veränderungen ausschließen, so sehr liegt in ihnen doch auch ein konservatives Element: Sie dienen dazu, Zweifel an allzu forciertem politischem Änderungswillen zu stärken, sie rechtfertigen die je unterschiedlichen Staats- und Regierungsformen der Völker, in denen sich deren Identität ausprägt, sie befördern aber auch dadurch den Gedanken der Toleranz gegenüber einem sich ausdifferenzierenden Staatengefüge.

6. Skepsis und Anthropologie

Étienne de La Boétie

Bodin hatte notiert: »Natürliche Freiheit bedeutet für uns, außer Gott keinem lebenden Menschen unterworfen zu sein und von niemandem Befehle entgegenzunehmen als von sich selbst, d. h. von der eigenen Vernunft, die stets im Einklang mit dem Willen Gottes steht« (S. 115). Einige Jahre zuvor war dieses Freiheitsverständnis, radikal vom Willen Gottes entbunden, von *Étienne de La Boétie* (1530–63) in seiner schmalen Schrift *Discours de la Servitude volontaire* (1574) zum Ausgangspunkt einer vernichtenden Anklage und Kritik tyrannischer Herrschaft gemacht worden[17]; ein Essay, der keine politische Theorie intendierte, die Frage nach gerechter Herrschaft vermied, das Problem institutioneller Ordnung ignorierte – kurz: alles umging, was die zeitgenössische politische Theorie thematisierte, desto unerbittlicher aber ein Psychogramm der Subalternität zeichnete, um mit rhetorischem Pathos die Frage zu klären, weshalb Menschen sich unterdrücken lassen (vgl. oben, S. 60). Es ist ein frühes Dokument unbändigen Freiheitswillens, Vorgriff auf Rousseau und wirkungsmächtig für Sozialisten wie Anarchisten gleichermaßen.
La Boéties Antwort auf die selbstgestellte Frage war lapidar: Von Natur aus frei geboren, versehen mit dem Recht, die Freiheit zu verteidigen, sind es doch die Völker selbst, die die Knechtschaft wählen, das Volk »schneidet seine Kehle durch, und bei der Wahl, Sklave zu sein oder frei, gibt es seine Unabhängigkeit auf und beugt sich unters Joch, willigt in sein Elend ein oder jagt ihm hinterher« (S. 41). Erklärung dafür ist die *Erziehung* zur Servilität, denn dem Menschen wird alles, wozu man ihn erzieht, zur zweiten Natur. Feigheit ist die Folge, und eben darauf bauen Tyrannen. Durch Korruption ihrer engsten Umgebung, die ihrerseits wieder korrumpiert, entsteht ein System von Günstlingswirtschaft, das – konzentrischen Kreisen gleich – immer mehr Menschen erfaßt. Dem abzuhelfen gibt es nur ein einziges Mittel: sich gemeinsam der Tyrannis zu verweigern. »Entschließt euch, nicht länger Knechte zu sein, und ihr seid frei. Ich will nicht, daß ihr den Tyrannen verjagt oder stürzt, nur unterstützt ihn nicht länger, und ihr werdet sehen, daß er wie ein riesiges Standbild, dem man den Boden wegzieht, vom eigenen Gewicht zusammenstürzt und in Stücke bricht« (S. 45).

Michel de Montaigne

Das Freiheitspathos dieser Schrift, die in Teilen von den Hugenotten unter dem Titel *Le Contr'un* als antiroyalistisches Pamphlet verwandt wurde, gab *Michel de Montaigne* (1533–92) Anlaß, die Bekanntschaft ihres Autors zu suchen; seiner Freundschaft zu ihm hat er dann in einem seiner *Essais*[18] ein Denkmal gesetzt und Gedichte von La Boétie in seine *Essais*-Sammlung aufgenommen (I, 29). Dabei war Montaigne alles andere denn radikal oder pathetisch. In seinen *Essais* herrschen Nüchternheit und Skepsis, distanzierte Reflexion des Zeitgeschehens und schmucklose Beschreibung dessen, was ist. Mit seiner universalen Bildung am ehesten Bodin verwandt, war er ein durchaus unsystematischer

Geist, getrieben von Neugier am Beobachten menschlichen Verhaltens, seiner Widersprüchlichkeiten wie seiner Größe, seiner Gebrechlichkeit so gut wie seines Überlebenwollens. Während vieler Jahre politisch tätig als Parlamentsrat und später als Bürgermeister von Bordeaux, hat er seine politischen Erfahrungen wohl mitbedacht, indessen keinen Versuch unternommen, sich systematisch mit den Fragen des Staates, der Gesellschaft, mit den politischen Problemen seiner Zeit zu beschäftigen. Politisch konservativ, stand er den *Politiques* nahe, Zeit seines Lebens Mitglied der katholischen Kirche und doch ein Fürsprecher der Toleranz und Gewissensfreiheit wie wenige. Es ist diese aus der Relativierung aller Erkenntnis gewonnene Haltung, letzte Überzeugungen zur Sache des Privaten zu erklären, die seine *Essais* als Dokumente für das politische Denken seiner Zeit so wichtig machen, literarische Zeugnisse einer frühaufklärerischen Modernität, die über die Religionskriege bereits hinausgreifen und ihre Wirkungen erst sehr viel später, etwa bei Pascal (vgl. unten, S. 226f.), voll zu entfalten beginnen. Die *Entdeckung des Subjekts*, beschrieben in ungewöhnlich offener und umfänglicher Selbstbeobachtung – das ist der Kern von Montaignes Versuchen. Wissenschaft und Vernunft, Religion und Moral, alles, worauf Menschen sich berufen können, kann täuschen und hat getäuscht. »Wir sind alle aus lauter Flicken und Fetzen und so kunterbunt unförmlich zusammengestückt, daß jeder Lappen jeden Augenblick sein eigenes Spiel treibt« (II, 1, S. 325). Aus den Erfahrungen der Bürgerkriege, die er immer wieder als die entsetzlichste Katastrophe beschwört, gewinnt er die Einsicht in die Brüchigkeit aller vermeintlichen Sicherheit, in den Verlust aller sittlichen Maßstäbe. »Am Ende gibt es überhaupt kein beständiges Sein, weder in unserem Wesen noch im Wesen der Dinge« (II, 12, S. 482), alles ist Wandel und Änderung, auf kaum etwas Verlaß. Beständig ist allein Gott, aber über ihn läßt sich Genaueres nicht sagen. In einem größeren Essai (II, 12, S. 421) setzt er sich eingehend mit der Religion auseinander. Die Frage, ob Religion rational zu begründen sei, wird verneint, der Vernunftsanspruch des Menschen verworfen. Es ist ein eindringliches Plädoyer gegen religiöse Selbstsicherheit und Heuchelei, gegen den Mißbrauch der Religion in weltlichen Dingen, gegen Bürgerkrieg, Unterdrückung und Grausamkeiten – zugleich aber auch für eine lebensphilosphische Frömmigkeit, die sich konfessioneller Einvernahme entzieht: »Für einen Christen ist es hinlänglich, zu glauben, daß alle Dinge von Gott kommen« (I, 32, S. 234), denn »wir sind Christen im gleichen Sinne, wie wir Schwaben oder Perigordiner sind« (II, 12, S. 430).

Aus solcher Haltung erwächst Besinnung auf das eigene Ich. In sich selbst sollte Gewißheit gesucht werden, die »Schule des Umgangs mit Menschen« (I, 26, S. 192) mag die Grundlage für die Ausbildung der eigenen Autonomie und demutsvoller Selbstvergewisserung abgeben. Menschen beobachten, aus Alltagsverhalten zu lernen ist wichtiger als Buchgelehrsamkeit, moralische Urteilskraft zu entwickeln und praktisches Handeln einzuüben, darauf soll Erziehung ausgerichtet werden, mit sanfter Strenge und Verständnis den einzelnen dahin zu bringen, seiner inneren Ordnung zu folgen – Vorgriff auf Rousseaus *Émile*. Aus dieser vernunft- und theoriekritischen, die individuellen Anlagen des Menschen betonenden Position resultiert Montaignes Toleranz-Verlangen.

Montaigne hat seine Zeit als fundamentale Krise der Tradition mit der Ungewißheit des Ausgangs reformerischer Bemühungen erlebt. So sicher er war, daß alle Überlieferung immer in Frage gestellt ist, so skeptisch blieb er gegenüber der Zukunft. »Wir bedürfen in unserer Gesellschaft kaum mehr Pflichten, Gesetze und Lebensregeln als die Kraniche und die Ameisen in der ihren« (II, 12, S. 440), doch zugleich meint er auch, »daß man kraft Recht und Ordnung, nicht dank Erkenntlichkeit und Gnade leben sollte« (III, 9, S. 761). Verwirft er einerseits allen Zwang, glaubt sogar, es komme nicht auf Veränderung von Herrschaft an, sondern darauf, die Knechtschaft zu hassen (I, 23, S. 163), so gibt es doch andererseits zahllose Stellen, die für das Bestehende votieren. Die Welt ist für den Menschen gemacht (II, 12, S. 453), sich selbst zu erhalten ist wichtigster menschlicher Trieb (II, 8, S. 370). Aus Not kommen Menschen zusammen, und dieses »zufällige Band« (III, 9, S. 753) bildet sich zu Gesetzen aus, in denen der einzelne seinen Halt findet, die daher nicht einfach zur Disposition gestellt werden dürfen. Montaigne ist Rechtspositivist, das Naturrecht gilt ihm nichts, er hält sich an das, was er vorfindet. Der Streit um die beste Verfassung ist ihm »Gezänk, das höchstens zur Übung unseres Verstandes dienen kann« (III, 9, S. 754), denn in der Realität erweist sich diejenige Verfassung als die beste, die eine Nation am Leben erhält. Veränderungen bedrohen den Staat, ihr Ergebnis ist immer unsicher, »zumal eine Staatsordnung wie ein Bau aus verschiedenen ineinander gefügten Teilen ist, der so zusammenhält, daß es unmöglich ist, an einem zu rütteln, ohne daß das ganze Gebäude erschüttert wird« (I, 23, S. 166). Besser also, die bestehenden Gesetze zu befolgen, »nicht weil sie gerecht sind, sondern weil sie Gesetze sind. Das ist der geheime Wesensgrund ihrer Geltung, einen anderen haben sie nicht« (III, 13, S. 851).

Kritik am Anspruch normativer Theorien, Kritik aber auch am Anspruch eines verbindlichen Selbstentwurfs des Menschen – darin kristallisiert nicht nur die Erfahrung eines Mannes, der seine dauernde Angst vor der Brutalität religiösmilitanten Fanatismus bekennt. Es ist dies auch Symptom für den Umbruch einer Zeit, die Herkömmliches zerbricht, aber noch nicht recht erkennen läßt, was an dessen Stelle treten wird. Solange indessen die Unentschiedenheit vorherrscht, bleibt einzig radikale Toleranz die Bedingung des Überlebens aller.

7. Die spanischen Spätscholastiker

Spanien im 16. Jahrhundert

Der Umbruchsituation im politischen Denken während der Zeit der französischen Religionskriege entsprach in Spanien der Wiederentdeckung eines durch Elemente des Humanismus modernisierten Thomismus. Seit der 1479 erfolgten Vereinigung der beiden Königreiche von Aragon und Kastilien hatte Spanien sich infolge kolonialer Expansion und der damit verbundenen Edelmetallimporte zu einer europäischen Großmacht entwickelt mit Stützpunkten in Nordafrika, Italien, Sizilien, Burgund und den Niederlanden, mit riesigen amerikanischen Gebieten, zu denen später noch unter Philipp II. (1556–98) Portugal hinzukam.[19] Dieser glanzvolle Aufstieg zur europäischen Vormacht wurde innenpolitisch begleitet durch eine beharrliche Ausbildung *absolutistischer Regierungspraxis* wie *zentralisierender Organisation* des Staates, die den Adel allmählich entprivilegierte und die Ständevertretung, die Cortes, faktisch mehr und mehr entmachtete. Auf der Grundlage eines strikten Katholizismus entwikkelte Spanien sich zu einem Nationalstaat, in dem alles auf die Position des Königs hingeordnet wurde; der Ausbau Madrids zur ständigen Residenz um die Mitte des Jahrhunderts, auch die Übernahme des strengen burgundischen Hofzeremoniells unterstrichen den unbedingten Anspruch des Herrschers, der allein in Spanien über rund 8 Millionen Menschen gebot. Freilich, diese Entwicklung verlief nicht ohne Widerstände vor allem seitens des Feudaladels, der in den Cortes seine Rechte zu verteidigen suchte, sein Steuerbewilligungsrecht auch noch auf längere Sicht sich erhalten konnte. Aber die politisch wichtigen Entscheidungen lagen unter Philipp II. beim König und seinem Staatsrat (*Consejo de Estado*), der als ein Quasi-Kabinett vorwiegend beratende Funktionen in außenpolitischen Fragen hatte; sie lagen auch bei besonderen Räten für Kastilien (*Consejo de Castilla*), für Aragon (*Consejo de Aragon*) und für Italien (*Consejo de Italia*), soweit legislative, exekutive und judikative Fragen betroffen waren; es gab für die Kolonialangelegenheiten den *Consejo de las Indias*, für die Finanzen den *Consejo de Hacienda*, jeweils besetzt von wenigen, durch den König ausgewählten Adligen. Der spanische Absolutismus hatte sich durchgebildet, noch bevor entsprechend deutliche Entwicklungen in Frankreich sich abzuzeichnen begannen.

Aber trotz scheinbar glanzvoller Erfolge gab es erhebliche interne Probleme: Wirtschaftlich verschuldete Spanien sich infolge seiner weitausholenden Politik immer stärker, so daß die Monarchie während der zweiten Hälfte des 16. Jahrhunderts mehrfach vor dem Staatsbankrott stand; und die scheinbare Leichtigkeit der Beschaffung amerikanischer Edelmetalle war Ursache für die Vernachlässigung der spanischen Infrastruktur, die allein auf lange Sicht die Stabilität der spanischen Monarchie hätte sichern können. Gleichwohl: Zunächst begann auch für Kunst, Dichtung und Wissenschaft eine kräftige Entfaltung, trotz scharfer antireformatorischer Bemühungen, wie sie etwa 1534 mit der Gründung des *Jesuitenordens* organisatorisch sinnfällig wurden. Aber gerade die Jesuiten – wenn auch nicht nur sie – bewirkten eine Reformulierung scholastischer Theorie, die dadurch, daß sie die reformatorisch-calvinistischen Gegenpositionen zu verarbeiten suchte, zugleich auch für die politische Philosophie der Neuzeit Bedeutung erlangte: Das Problem der Abgrenzung einer eigenständigen katholischen Nation von päpstlichem Herrschaftsanspruch einerseits, die Frage eines auch die Kolonialvölker umgreifenden Rechtssystems (ius gentium) andererseits bezeichnen jene beiden wesentlichen Kristallisationspunkte, die die Realentwicklung Spaniens dem zeitgenössischen Denken vorgab. Auf beide Fragenkomplexe wurden Antworten gegeben, die sowohl für die weitere Entwicklung des christlichen Naturrechtsdenkens wie auch auf die Ausprägung des neuzeitlichen Völkerrechts von größter Bedeutung geworden sind.

Francisco de Vitoria

Vorbereitet wurde diese Entwicklung durch *Francisco de Vitoria* (1492/93 bis 1546; vgl. oben, S. 84 f.), einen humanistisch gebildeten Dominikaner, der in Paris studierte, dort 17 Jahre lebte, nach ersten Lehrerfahrungen nach Spanien zurückkehrte und ab 1526 an der Universität von Salamanca, die nicht zuletzt durch ihn zur bedeutendsten Universität Spaniens wurde, als Professor lehrte. Vitoria hielt von 1527–1539 seine berühmten *Relectiones Theologicae,* die später als Mit- und Nachschriften von seinen Schülern veröffentlicht wurden: *De potestate civili* (1528), *De potestate papae et concilie* (1534), *De Indis* (1539) und *De iure belli* (1539) sind die für sein politisches Denken wohl wichtigsten.

Vitoria[20] steht ganz in der aristotelisch-thomistischen Tradition, er versucht Theologie und politisches Denken in einen durch Erfahrung und praktische Erwägungen bestimmten Zusammenhang zu bringen – nicht immer ohne Widersprüche, die sich interpretativ nur schwer auflösen lassen. Sein Ausgangspunkt ist das *Naturrecht,* unmittelbar gegründet in Gott, Ursache der geselligen Natur des Menschen. Daß Staaten existieren, ist weder menschliche Erfindung noch deren Kunstprodukt, vielmehr Konsequenz natürlicher Soziabilität und absolute Notwendigkeit, da anders Schutz und Überleben des einzelnen nicht gesichert werden können (civ. 5). Notwendig ist deshalb auch eine einheitliche oberste Gewalt, die verhindert, daß individuelle Interessen gegeneinander streiten, das Gemeinwesen auflösen und damit zugleich die Bedingungen für ein vernünftiges Leben zerstören.

Vitorias Vorstellung vom Recht basiert zwar auf dessen göttlichem Ursprung, ist aber zugleich auch Ausdruck des Prozesses historischer Rationalität, insoweit Recht als *ius inter gentes* nicht nur für christliche Länder, sondern ebenso für nichtchristliche, also in Kolonisation begriffene Länder (*totus orbis*) gilt, deren »Gemeinwesen« ebenso naturrechtlich gerechtfertigt werden wie die der Christen. Nicht nur das moderne Völkerrecht nimmt von dieser Überlegung seinen Ausgang, auch die nationalstaatliche Souveränität ist hier schon deutlich angelegt (Reibstein, 1955, S. 116ff.; 1972, S. 108ff.). Denn in dem, was als Recht und Gesetz sich historisch realisiert hat, sieht Vitoria die Vernünftigkeit des Naturrechts, aus dem die Gemeinwesen (*res publica*) die Kraft ziehen, sich selbst zu regieren, zu verwalten, ihr Gemeinwohl zu verfolgen (civ. 7), wobei die Regierungsform eine Frage menschlicher Entscheidung und Vereinbarung, also eine Frage des positiven Rechts ist. Vitoria präferiert freilich die Monarchie; in aller Regel wird dem König die oberste Gewalt durch das Gemeinwesen übertragen, *potestas* und *auctoritas* (civ. 8) gehen auf ihn über, er ist dem Gemeinwesen als ganzem verpflichtet, auch übergeordnet. Die scheinbar demokratische Beauftragung des Königs – als Person einer einheitlichen Staatsgewalt – wird allerdings relativiert, denn auch der König hat seine Gewalt von Gott, eine These, die Vitoria mit dem Hinweis versieht, daß der Auftrag zur Selbstorganisation der Gemeinwesen auch dann besteht, wenn die Bürger sich dem widersetzen sollten (civ. 8). Gemeint ist aber auch, daß dem König als Repräsentanten des Gemeinwesens ein eigener Status zukommt, nicht im Sinne absolutistischer Willkür – Vitoria war entschiedener Gegner des sich ausbildenden spanischen Absolutismus –, wohl aber in Hinsicht auf die Verbindlichkeit der Entscheidungen, bei denen er in der Sache allerdings an das gebunden ist, was das Gemeinwesen im Falle der Inanspruchnahme seiner ursprünglichen Souveränität vermutlich selbst entschieden hätte. Für den Theologen Vitoria sind die theologisch-moralischen

Selbstbindungen der königlichen Macht ebenso selbstverständlich wie für den Juristen die rechtlichen Einschränkungen: Vergeht der König sich gegen diese – etwa im Falle eines ungerechten Krieges –, so kann das Volk bewaffneten Widerstand leisten, Hilfe von außen holen, von jener Rechtsgemeinschaft, deren Teil es selbst ist.

Vor allem zwei wichtige Folgerungen zog Vitoria aus seiner Naturrechtslehre: Der Papst ist nicht der Herr der Welt (Ind. 1), er kann zwar in religiösen Fragen Gehorsam verlangen, aber er hat keine weltliche Macht. Und: Der Kaiser ist nicht Eigentümer und Herr der Welt im Sinne einer bürgerlichen Rechtsordnung und weltlicher Staatsgewalt (Reibstein, 1957, S. 283). Für Vitoria ist das Gemeinwesen, durch göttliches Recht wie Naturrecht unmittelbar legitimiert, die zentrale Größe seines politischen Denkens, mit der von ihm intendierten praktischen Konsequenz, daß damit Spanien als selbständige Nation eine von päpstlichen Ansprüchen unabhängige Politik behaupten konnte, zugleich aber die theoretische Rechtfertigung absolutistischer Herrschaftspraxis unmöglich gemacht werden sollte. Der Staat sollte seine eigene Qualität haben, versehen mit eigenen Institutionen und eigenen Gesetzen, in Übereinstimmung mit dem Naturrecht.

Die Schule von Salamanca

Vitorias Einfluß auf seine Zeitgenossen wie auf nachfolgende Theoretiker war so groß, daß man ihn als Begründer der *Schule von Salamanca* bezeichnet hat, deren »Mitglieder« das moderne, rationale Naturrecht vorbereitet und in Ansätzen bereits ausgearbeitet haben. *Domingo de Soto* (1494–1560; vgl. oben, S. 85 f.), *Martinus de Azpilcueta* (Navarrus, 1492–1586) und *Alfonso de Castro* (1495–1558) nahmen seine Lehre auf, entwickelten sie weiter, verstärkten insbesondere den Aspekt der »Volkssouveränität« (Reibstein, 1955, S. 30 ff.; Skinner, S. 135 ff.). Für sie alle findet der Staat im Naturrecht seine feste Grundlage, ist politische Herrschaft im Akt rationaler Selbstvereinbarung gegründet, weil das Naturrecht selbst – dem Willen Gottes entsprechend – als *ratio naturalis* seinen Ausdruck im Gemeinwesen findet.

Diego Covarruvias y Leyva (1512–77; vgl. oben, S. 80, dessen Schriften Althusius und Grotius wesentlich beeinflußten, ging noch einen Schritt weiter: Er begründete die Autonomie des Gemeinwesens mit der These des Naturzustandes, in dem alle Menschen frei geboren und ohne Herrschaft gelebt haben. Erst mit dem Sündenfall ist Herrschaft notwendig geworden, aber sie kommt zustande durch Vereinbarung, Wahl und Einsetzung. In seinen *Practicae Quaestiones* (1556), dem spanischen König Philipp II. mit dem Hinweis gewidmet, er möge sich der Verpflichtung eines gerechten Herrschers immer bewußt sein, vertrat Covarruvias die Meinung, daß weltliche Gewalt, entsprechend dem Naturrecht, immer beim Gemeinwesen gelegen habe, das seinerseits durch Einsicht in die gesellige Natur des Menschen wie durch dessen Trieb zur Selbsterhaltung begründet worden sei. Alle Bibelexegese diente ihm deshalb dazu, diese säkulare Legitimation politischer Ordnung zu unterstreichen, immer wieder zu betonen, daß der Auftrag aller politischen Institutionen – Fürsten, Versammlungen, Behörden – sich aus dem freien Willen der Allgemeinheit herleite. Wahl wie

Erbfolge sind beide gleichermaßen Resultate von Übertragungsakten, jede Form der Regierung setzt die Zustimmung der Betroffenen voraus, beruht auf einem Vertrag, der von beiden Seiten einzuhalten ist. Präferiert wird die Monarchie, die in ihrer praktischen Politik der Gerechtigkeit und Sicherheit der Bürger verpflichtet sein soll, in ihrer institutionellen und rechtlichen Qualität als konstitutionelle Monarchie entworfen wird, mit Repräsentativ- und Konsultativorganen, mit einem System aufeinander bezogener intermediärer Gewalten, an deren Mitwirkung und Rat der König gebunden sein soll. *Fernando Vázquez* (1512 bis 269; vgl. oben, S. 86f.), Schüler Vitorias, Jurist und vielfach im Dienste des spanischen Hofes, enttheologisierte das Naturrecht insofern, als er ihm neben dem Glauben einen eigenen Status und Geltungsgrund zuwies: »Das natürliche Recht ist nichts anderes als die rechte Vernunft, die der Menschheit nach dem Willen Gottes eingeboren ist« (Reibstein, 1957, S. 292). Im Rückgriff auf antike Naturrechtstraditionen, vor allem Ciceros und der Stoa, erscheint bei ihm das Naturrecht als die Basis des positiven Rechts, das als Recht aus der Vernunft (*recta ratio*) sowohl nützlich wie notwendig sein muß, also auch nur dann Geltung beanspruchen kann, wenn es materialiter der Idee der Gerechtigkeit entspricht. Vázquez historisiert zugleich die Naturrechtsidee dadurch, daß er einen Urzustand der Gleichheit aller dem faktisch vorfindbaren Zustand des Staates entgegensetzt. Waren ursprünglich Eigentums- und Besitzverhältnisse unbekannt, gab es keine politische Herrschaft, so hat der Prozeß der Gesellschaftsbildung zu rechtlichen Unterscheidungen aller Art geführt, auch zur Ausbildung politischer Herrschaft (*imperium*), und dadurch die Menschen kulturell verbildet. Dieser Urzustand fungiert bei Vázquez als eine kritisch-regulative Idee gegenüber dem Status quo. Da die Eigentumsgarantie und die Ausbildung gesellschaftlicher wie staatlicher Institutionen auf einem vertraglichen Willensakt aller beruhen, der zugleich als ein historischer verstanden wird, kann das Volk die Übertragung seiner Befugnisse auf den König jederzeit rückgängig machen, einschränken oder modifizieren, kann sich neue Gesetze geben oder sein Gewohnheitsrecht weiterentwickeln. Die *Historisierung des Naturrechts* führt in diesem Zusammenhang zur Radikalisierung der These von der Volkssouveränität, deren naturrechtliche Fortgeltung auch durch gegenläufige Realentwicklungen nicht außer Kraft gesetzt werden kann. Denn der Staat ist nicht um des Königs willen da, sondern der König um des Staates willen, und Vázquez zieht daraus den Schluß, daß es jenseits aller religiösen Überzeugungen und Rechtfertigungen von staatlicher Ordnung eine für alle Menschen gemeinsame Basis gesellschaftlichen Zusammenlebens gibt: das System des Naturrechts, das eine innerweltlich-rationale Begründung der *civitas* erlaubt – eine Position, die ihn in die unmittelbare Nähe der Monarchomachen brachte.

Die *Schule von Salamanca* hatte damit einen wesentlichen Schritt zur Säkularisierung der Rechtfertigung politischer Ordnung geleistet: Der Gedanke eines alle Menschen und Völker umfassenden Naturrechts, aus dem innerstaatliches wie zwischenstaatliches Recht gleichermaßen resultieren, die Betonung rechtsstaatlicher Bindungen politischer Herrschaft, deren Einsetzung und Funktionsfähigkeit sich aus dem vertraglich fixierten Willen des Volkes ergab, die daraus gezogene Folgerung, daß gerechte Herrschaft niemals *potestas absoluta* sein könne und dort, wo sie sich dazu entwickelt, Widerstand geboten und erlaubt sei – dies alles bezeichnete Ausgangspunkte für eine politische Theorie, die trotz ihrer theologischen Einbindung auf eine *innerweltliche Begründung des modernen Staates* hinauslief.

Robert Bellarmin und Luis de Molina

Aus der Absicht, die Kirche in bestimmter Weise tagespolitischen Konflikten zu entziehen, sie vor dem Zugriff des sich abzeichnenden Absolutismus zu bewahren, folgte am Ende die Zurückdrängung päpstlicher Herrschaftsansprüche auf eine bloß glaubensbewahrende Interventionsmöglichkeit. Das wird deutlich im Werk des römischen Kardinals und Jesuiten *Robert Bellarmin* (1542–1621), dessen Staatslehre, in zahlreichen Streitschriften entwickelt (Allen, 1957, 357ff.; Arnold, 1934; Brodrick, 1961)[21], ihren aktuellen Anstoß in eben jener Frage nach dem Verhältnis von geistlicher und weltlicher Macht fand, als er, vom Papst dazu aufgefordert, in dessen Auseinandersetzung mit dem englischen König Jakob I. eingriff, als dieser 1605 – nach der »Pulververschwörung« – von seinen katholischen Untertanen den Treueid forderte (vgl. unten, S. 279f.). Für Bellarmin ist das Gemeinwesen in der Sozialnatur des Menschen begründet und insoweit von Gott, als der Mensch Geschöpf Gottes ist. Im Unterschied zu den spanischen Jesuiten sind bei Bellarmin Religion, Naturrecht und Vernunft nicht geschieden, gibt es keinen Naturzustand, der als Begründung für organisierte politische Herrschaft dienen könnte. Aber trotz religiöser Fundamentierung bleibt der Bereich der Politik in aller Regel außerhalb kirchlich-theologischer Verfügung: Der Staat ist nicht Teil einer Heilsordnung, er ist vielmehr weltliche *societas perfecta*, unabhängig vom Sündenfall, mit dem Ziel, die materielle und sittliche Bedürfnisbefriedigung, vor allem auch das Überleben des einzelnen sicherzustellen. Gegründet im Naturrecht, ist er Ausdruck menschlicher Vernunft und Freiheit, und seine innere Organisation, die als hierarchisch strukturiertes Ordnungsmodell entworfen wird, ist Ergebnis menschlicher Vereinbarung. Denn das Volk (*tota multitudo*) konstituiert durch Übereinkunft die Staatsgewalt, es entscheidet damit über deren institutionelle Ausgestaltung. Die durch Elemente der Aristokratie und Demokratie gemäßigte Monarchie gilt als beste Staatsform, denn in ihr kommt die Einheit der Staatsgewalt am ehesten zum Ausdruck. Aber die Frage, in welcher Weise sich eine Gesellschaft politisch organisiert, ist für Bellarmin eine Frage der praktischen Politik, der Tradition und Zweckmäßigkeit. Das Naturrecht beläßt dem Volke die Wahl, es bestimmt lediglich, daß diese getroffen werden muß, weil sonst die Natur selbst vernichtet werden würde.

Ähnlich Bodin tritt Bellarmin für einen starken, seine Souveränität nach innen wie außen nutzenden Staat ein. Friedens- und Überlebenssicherung verlangen bürgerlichen Gehorsam, freilich nur so lange, wie der Herrscher seinen Pflichten nachkommt. Tyrannische Herrschaft, die sich nicht am Gemeinwohl orientiert, verspielt solche Verpflichtung. Gesetze haben gerecht zu sein, sie müssen von einer anerkannten Obrigkeit stammen, das Wohl aller bewirken wollen, Konkretisierung des Naturrechts sein. Andernfalls ist Widerstand erlaubt, können nachgeordnete Behörden oder die Kirche angerufen, die übertragene Autorität zurückgenommen werden. Handelt es sich gar um Usurpation, so gilt als ultima

ratio die Möglichkeit des Tyrannenmordes, denn der *tyrannus absque titulo* muß als dauernder Feind des Volkes angesehen werden – eine Position, die Bellarmin in seinen späten Schriften nicht mehr vertrat.
Die naturrechtliche Begründung stellt den Staat, seine Institutionen und Handlungsziele auf eine eigene, säkulare Basis, gesteht damit auch den *nicht-christlichen Völkern* legitime politische Herrschaft zu. Gleichwohl wird für christliche Staaten die Bewahrung des katholischen Glaubens als ein zentrales Ziel politischen Handelns postuliert. Sind die Menschen in Hinsicht auf ihre natürliche Existenz auf staatliche Ordnung angewiesen, so in Hinsicht auf ihren Glauben auf Kirche und Papst. Dem Papst wird deshalb eine indirekte Gewalt (*potestas indirecta*) zugesprochen, die er gegen Häretiker, vor allem häretische Herrscher ausüben kann. Obwohl Bellarmin immer wieder betont, daß diese *potestas indirecta* keine unmittelbaren politischen Konsequenzen haben soll, weil sie wesentlich korrigierende Funktion gegenüber religionsvergessenen Königen intendiert, ist doch damit eine auch in den Staat intervenierende Kompetenz verbunden: Der Papst hat nämlich das Recht, die Untertanen dann von ihren Gehorsamspflichten zu entbinden und einen Herrscher für abgesetzt zu erklären, wenn dies aus religiösen Gründen ihm unumgänglich erscheint. Man darf dieses päpstliche Recht allerdings nicht überbewerten. Es ist in gewisser Weise Ausnahmerecht, nur *ad finem spiritualem* aktivierbar. Bellarmin, von Protestanten als einer der modernsten Gegner bewundert und anerkannt, hat dem Staat all jene Kompetenzen zugesprochen, die er zu seiner Behauptung benötigte. Da die Politik indessen auch die Voraussetzungen für ein sich am christlichen Glauben orientierendes Leben schaffen sollte, war systematisch der Ort bestimmt, wo weltliche und kirchliche Gewalt sich zwangsläufig berühren mußten.
In *De Justitia et Jure* (1599) vertrat der spanische Jesuit *Luis de Molina* (1536 bis 1600) eine im wesentlichen ähnliche Position (Allen, 1957, S. 359; Skinner, passim; Carlyle, S. 341 ff.; Hamilton, passim; Voigt, S. 102 ff.). Auch hier findet sich die Vorstellung, das Volk habe seine ursprüngliche Macht vom Gemeinwesen auf den König übertragen, dessen Handlungsmöglichkeiten daher inhaltlich an die mit der Übertragung gesetzten Grenzen gebunden sind. Im Falle von Mißbrauch gibt es auch für Molina das Recht auf Widerstand, die Möglichkeit, den König abzusetzen, aber im Unterschied zu Bellarmin ist diese Absetzung nicht Sache des Papstes, sondern eine innerstaatliche Angelegenheit, die das Volk, d. h. die Institutionen der ständisch gegliederten Gesellschaft, autonom zu vollziehen haben.

Juan de Mariana

Unter den spanischen Autoren der Zeit ist *Juan de Mariana* (1536–1624) derjenige, der sich den Positionen der französischen Monarchomachen am weitesten annähert, ihnen deshalb auch üblicherweise zugezählt wird (Allen, 1957, S. 360 ff.; Mesnard, S. 549 ff.; Skinner, passim; Stricker, S. 257 ff.; Lewy, passim; Voigt, 112 ff.). Nach philosophischen Studien trat er 1554 dem Jesuitenorden bei und lehrte ab 1561 an dessen Hochschule, dem Collegium Romanum. Nach Aufenthalten in Loreto und Sizilien ging er für die Jahre 1569–1574 nach Paris, erlebte dort die Bartholomäusnacht, die er im Prinzip rechtfertigte. Nach Toledo zurückgekehrt, wurde er Mitarbeiter der spanischen Inquisition, die er allerdings kritisch beurteilte. Von intoleranter Religiosität, bekämpfte er zugleich alle absolutistischen Tendenzen innerhalb der spanischen Gesellschaft: Kritik an der zentralistischen Leitung seines Ordens brachte ihn ebenso in Schwierigkeiten wie Kritik an der spanischen Finanzpolitik und deren Münzverschlechterung ins Gefängnis, aus dem ihn erst eine von ihm selbst erbetene päpstliche Intervention wieder befreite.

Mariana gilt als der bedeutendste spanische Historiker des 16. Jahrhunderts, von Erasmus gleichermaßen beeinflußt wie von Machiavelli und Guicciardini. Mit seiner *Historiae de rebus Hispaniae libri XXV* (1592), der ersten umfassenden Darstellung spanischer Geschichte, zielte er auf Entwicklung und Stärkung eines spanischen Nationalbewußtseins, wesentlich in der Absicht, damit zugleich den spanischen Absolutismus schwächen zu können. Diese antiabsolutistische Tendenz ist vollständig ausgebildet in seiner politischen Schrift *De rege et regis institutione*[22], gewidmet dem jungen König Philipp III. (1598–1621), heftig umstritten wegen ihrer Lehre des Tyrannenmordes, der als Akt der Selbstreinigung des politischen Körpers begriffen wird.

Auch hier ist Ausgangspunkt der politischen Theorie die Bestimmung des Menschen als *animal sociale*. Im – historisch gedachten – Urzustand haben Menschen ursprünglich friedlich und glücklich gelebt, ohne alle Herrschaft und Gesetze, im Schutze der Großfamilie, die als soziale Urzelle der Gesellschaft fungiert. Doch körperliche Schwäche und Bedürftigkeit des einzelnen werden zur Ursache von Veränderungen: Raub und Mord führen zur existentiellen Bedrohung, sie erzwingen politische Ordnung, die allein das Überleben aller garantieren kann. Ohne den Sündenfall zu zitieren, formuliert Mariana eine rationalistische Rechtfertigung der Staatsgenese, die der späteren von Hobbes außerordentlich nahe kommt. Lediglich die Auffassung, die *conditio humana* sei durch Gott bedingt, verbindet ihn mit der spanischen Naturrechtslehre seiner Zeit.

Die *ordnungspolitischen Vorstellungen*, die Mariana entwickelt, bleiben weithin konventionell, insofern sie die aristotelisch-thomistische Tradition aufnehmen. Diskutiert wird das übliche Schema der Regierungsformen, optiert wird für die Monarchie, die dann als beste Staatsform gilt, wenn sie einerseits die Mitwirkung der Stände bzw. ihrer Vertretungen erlaubt, zum anderen im strikten Sinne Gesetzesstaat ist. Mariana entwirft ein Modell, in welchem der König eingebettet ist in ein differenziertes, institutionell dezentralisiertes System der Willensbildung und Entscheidungsfindung, wie es auch der Tendenz anderer Monarchomachen entspricht. Im Rückgriff auf mittelalterliches Lehensrecht erfahren die Ständevertretungen eine entschiedene Aufwertung, sie teilen mit dem König die Souveränität, und ihre Entscheidungen sollen – als Ausdruck des Volkswillens – für diesen bindend sein. Ständische Kompetenzen bei der personalen Rekrutierung der Beamtenschaft, Mitsprache und Mitentscheidung bei der Thronfolge, deren alleinige Regelung auch in der Erbmonarchie dem König entzogen ist, regionale Teilautonomie und vor allem der Grundsatz *princeps legibus solutus non est* bestimmen die Umrisse einer konstitutionellen Monarchie, die sich als Gegenbild zu dem sich festigenden absolutistischen Staat ausnimmt. Ähnlich den französischen Monarchomachen unterscheidet Mariana zwischen

Fundamentalgesetzen des Staates, wie Religion, Thronfolgeregelung und Steuerbewilligungsrecht, die – von allen beschlossen – der Interpretationskompetenz des Königs entzogen sind, und jenen Gesetzen, die der König im Rahmen seiner Befugnisse erlassen kann, wobei die Mehrheit der Stände zustimmen muß. Die Mehrheitsentscheidung wird als Entscheidung aller gewertet, die Ständeversammlungen erhalten dadurch repräsentativen Charakter. Daß die Gesetzgebung sich material auf das Naturrecht beziehen muß, macht die Legitimität von Herrschaft aus, daß sie formal an die Mitwirkung von Institutionen gebunden ist, ihre Legalität. Zwischen Staat und König wird scharf unterschieden, letzterer ist vom Volke nur eingesetzt, hat seine Macht von diesem übertragen bekommen, bleibt folglich in entsprechender Abhängigkeit. Läßt er die von ihm geforderte Tugend des gerechten Regierens vermissen, ist er auf eigenen Vorteil bedacht, verstößt gegen die Gesetze, mißachtet die bürgerlichen Freiheiten oder die Religion, so wird er zum Tyrannen. Den *tyrannus absque titulo,* der politische Macht einfach usurpiert hat, darf jedermann töten, der *tyrannus in exercitio* dagegen soll zunächst gemahnt und gezwungen werden, sich an die Bedingungen politischer Herrschaft zu halten. Mißlingt dies, tritt er nicht freiwillig zurück, so kann er – wenn ihn zuvor die Mehrheit der Ständeversammlung zum Staatsfeind erklärt hat – von jedermann getötet werden. Mariana hat dieses Widerstandsrecht allerdings noch zugespitzt: Für den Fall, daß die Stände am Zusammentreten gehindert sind, gilt der Tyrannenmord als erlaubt und geboten, wenn die öffentliche Meinung, das Urteil angesehener Männer, dies verlangt. Es mag die juristische Unschärfe dieser Überlegung gewesen sein, die ihm bei vielen Zeitgenossen den Ruf eines bedenkenlosen Befürworters des Tyrannenmordes eingebracht hat, auch die Tatsache, daß er angesichts des persönlich hohen Risikos dazu auffordert, den Tyrannenmörder zu bewundern.

Doch blieben seine Überlegungen durchaus im Rahmen der zeitgenössischen Auffassung von Widerstand. Sie waren zudem eingebunden und gegründet auf den katholischen Glauben als verbindlicher *Staatsideologie.* Mariana argumentierte gegen einen religiös indifferenten Staat, die Einheit der Religion schien ihm die Einheit auch des Staates zu verbürgen. Begründet wurde dies durch eine rein pragmatisch-funktionalistische Überlegung: Ein religiös zerstrittenes Volk drohte in besonders heftigen Bürgerkrieg und staatliche Anarchie zu fallen, und jegliche Toleranz konnte eine solche Gefahr nur begünstigen. Nicht Neutralität des Staates – wie später bei Hobbes –, sondern nur Bewahrung des richtigen Glaubens durch den Monarchen schien ihm Garantie gegen eine solche Entwicklung. Dem Papst wurde hierbei keinerlei weltliche Mitsprache zugestanden.

Francisco Suárez

Unter den zahlreichen bedeutenden Gelehrten des »goldenen Zeitalters Spaniens« nimmt *Francisco Suárez* (1548–1617; vgl. oben, S. 89f.) einen besonderen Platz ein: Er gilt als der geniale Vertreter und Vollender der spanischen Spätscholastik, als der Begründer des modernen Völkerrechts, als der bedeutendste Theologe des Jesuitenordens und zugleich als ein Denker, der weit über den

Bereich des kirchlichen Katholizismus hinaus gewirkt hat. Selbst von Gegnern ob seiner universalen Gelehrsamkeit bewundert, hat er ein umfassendes wissenschaftliches Werk hinterlassen. Für seine politischen Auffassungen sind vor allem zwei Arbeiten von besonderer Bedeutung: zum einen der 1612 erschienene Traktat *De legibus ac Deo legislatore*[23], »das über Jahrhunderte umfassendste juristische Werk allgemeiner Natur« (Soder, S. 17), entstanden aus Vorlesungen, die an der Universität Coimbra gehalten wurden, zum anderen die 1613 publizierte Schrift *Defensio fidei adversus Regem Angliae,* entstanden auf Wunsch des Papstes Paul V., der gegen Jakob I. von England, gegen dessen absolutistische Ansprüche auch in kirchlichen Angelegenheiten, Unterstützung suchte, da er den Katholiken Englands den Treueid auf den König untersagt hatte.

Wie seine Zeitgenossen ist auch Suárez Naturrechtstheoretiker, beruft sich auf die klassische, aristotelisch-thomistische Tradition. Er entwirft allerdings ein sehr viel differenzierteres System des Naturrechts als seine Zeitgenossen, dessen innere Komplexität Anpassung an die sich wandelnden gesellschaftlichen Strukturen erlaubt und so die Grundlage für staatstheoretische Überlegungen abgeben kann, die einer göttlichen Legitimierung eigentlich nicht mehr bedürfen (Soder, 1973, S. 144ff.; Rommen, S. 43ff.). Für Suárez ist zwar Gott der Schöpfer aller Naturgesetze und Naturrechte, aber die *lex naturalis* ist zugleich mit der menschlichen Natur entstanden, sie ist Teil der menschlichen Vernunft, so daß »das natürliche Licht der Vernunft, das ungezwungen Vorschriften über das Handeln geben kann« (De leg. II, 5, 14), zugleich mit dem Naturgesetz identisch ist. Die *Vernünftigkeit des Menschen* ist ihm Ausgang aller Überlegung, und zwischen menschlicher Vernunft und Naturrecht gibt es eine prinzipielle Übereinstimmung. Drei unterschiedliche Ebenen normativer Vorgaben des Naturrechts unterscheidet Suarez: zum einen allgemeine Grundsätze (*prima principia generalia morum*), die unmittelbar einsichtig sind, z. B.: Tue nichts Böses; zum anderen konkrete Grundsätze (*principia magis determinata*), z. B.: Verehre Gott; und schließlich daraus zu ziehende Folgerungen (*conclusiones ex principiis naturalibus*), z. B. Verbot des Diebstahls. Während die allgemeinen Grundsätze von allen vernünftigen Menschen erkannt werden können, ist dies bei den beiden anderen Klassen von Naturgesetzen sehr viel schwieriger, ihre Kenntnis kann vorübergehend verlorengehen, ihre Geltung außer Kraft geraten. Suárez faßt diese drei Klassen von Naturgesetzen unter dem Begriff des *ius naturale praeceptivum* zusammen, womit er meint, daß es sich hier um strikte Forderungen des Naturgesetzes handelt, deren normative Geltung unwandelbar ist. Aber zugleich wird eingeräumt, daß der Gegenstand, auf den jene Normen sich beziehen, historischem Wandel unterliegen kann, so daß das Naturgesetz zwar noch gilt, aber faktisch außer Kraft gesetzt ist. Das entspricht seiner Vorstellung, daß die Natur des Menschen in ihrem Wesen unveränderlich ist, sich in der Realität aber jeweils unterschiedlichen historischen Bedingungen anzupassen habe.

Die historische Interpretierbarkeit des Naturrechts wird noch verstärkt durch die These, daß nicht alles durch die *lex naturalis* geregelt ist. Dem *ius naturale praeceptivum* steht ein *ius naturale permissivum* gegenüber, ein Bereich praktischen Handelns, der dem menschlichen Willen die Freiheit der Entscheidung einräumt. Diese Unterscheidung erlaubt es Suárez, die Kontingenz des historisch-gesellschaftlichen Entwicklungsprozesses in seine Naturrechtskonzeption hineinzunehmen und die unterschiedlichen Formen des politisch-sozialen Lebens – Eigentum, persönliche Freiheiten, politische Organisationsstrukturen – als Teile des positiven Rechts (*lex positiva*) zu bestimmen, das den Prinzipien des Naturrechts zwar verpflichtet ist und in ihm seinen kritischen Maßstab findet, aber gleichwohl einer jeweils konkreten, von Menschen zu entscheidenden Ausgestaltung bedarf.

Unabänderlicher Teil des Naturgesetzes ist die *Soziabilität des Menschen,* die ihn zur Gesellschafts- und Staatsbildung treibt. Von Natur aus sind alle Menschen frei geboren[24], sie leben ohne staatliche Herrschaft (*jurisdictio politica*), auch ohne Privateigentum (*divisio rerum*), da Gott alle Güter allen gemeinsam gegeben hat (De leg. III, 2,3). Daß der Mensch *animal sociale* ist, hat bei Suárez den Sinn, vor allem auch dessen Gemeinschaftsbezogenheit zu betonen: Das Naturrecht ordnet Gemeinschaftsrechte im Zweifelsfalle den Individualrechten vor, und so kann etwa das Privateigentum zugunsten des Gemeinwohls aufgehoben oder eingeschränkt werden, kann der Staat zugunsten distributiver Gerechtigkeit intervenieren.

So wie das Privateigentum durch Übereinkunft der Menschen entsteht, weil sie dies offensichtlich aus praktischen Vernunftgründen wünschen – weshalb es auch nicht Naturrecht, sondern positives, damit auch veränderbares Recht ist –, so entsteht kraft Übereinkunft aus freiem Willen auch die staatliche Gemeinschaft. Ihr vorgelagert gibt es eine Vielzahl von Familien, in denen väterliche Gewalt (*potestas dominativa, potestas oeconomica*) geübt wird, gibt es kleinere Gemeinschaften wie das Dorf, aus denen die politische Gemeinschaft sich dann bildet. Diese entsteht durch bewußten Willensakt aller (*consensus omnium*), durch Vertrag als politische oder mystische Gemeinschaft (*communitas politica vel mystica*), die sich in eine staatliche und kirchliche Organisation scheidet. Ist die Kirche Ergebnis des Willens Gottes, so der Staat als *communitas perfecta* das Resultat eines Rechtsaktes: Sein Zweck ist die aus autarker Position gewonnene Möglichkeit umfassender Bedürfnisbefriedigung, die Gewährung von Schutz und Sicherheit, Leistungen also, die die Familie (*societas imperfecta*) oder kleinere Gemeinschaften nicht zu erbringen vermögen.

Für Suárez ist dann, wenn die Bedingungen der Staatsbildung gegeben sind – eine Mehrzahl von Menschen, der Wille zum Zusammenschluß, Staatszweck und Führung –, auch die Staatsgewalt (*potestas directiva*) bereits vorhanden; sie liegt von Natur aus bei der Gemeinschaft, geht aber durch Übertragung (*translatio*) aufgrund der Zustimmung aller auf den Herrscher über und wird damit als politische Herrschaft auch im rechtlichen Sinne erst relevant.

Die naturrechtliche Verankerung und Legitimierung der Staatsgewalt macht die Gemeinschaft, die sich anschickt, politisch zu werden, zum eigentlichen Souverän. Gesellschaftsvertrag und Herrschaftsvertrag sind bei Suárez im Prinzip voneinander geschieden, wobei letzterer nicht ohne den vorausgehenden Gesellschaftsvertrag zustande kommen kann. Das hat weitreichende Folgen. Im Unterschied zur aristotelisch-thomistischen Tradition, die als primären Zweck politischen Handelns die Beförderung eines tugendhaften Lebens postulierte, wird nunmehr die *materielle Bedürfnisbefriedigung* als oberste Handlungsnorm bestimmt: »Die staatliche Gewalt bezweckt von sich aus direkt nur das Wohlergehen und das zeitliche Glück des menschlichen Staates in diesem Leben, daher wird sie auch zeitliche Gewalt (*potestas temporalis*) genannt« (Def. III, 5,2). Für das geistige Wohl der Bürger ist die Kirche zuständig, und hier schließt sich Suárez den zeitgenössischen Lehren einer kirchlich-päpstlichen *potestas indirecta* an, mit der er der Kirche das Recht einräumt, in Glaubensfragen intervenieren zu können, ohne daß dies allerdings unmittelbare staatsrechtliche Konsequenzen haben sollte.

Die gleichsam »demokratische« Konzeption der Volkssouveränität (*potestas populi*) führt allerdings nicht zwangsläufig zu einer politischen Demokratie; das Volk ist vielmehr frei, seine Staatsform zu wählen, und es ist frei, die Staatsgewalt einem einzigen oder mehreren zu übertragen. Der Akt der Übertragung ist unwiderruflich, entsprechend dem Grundsatz, daß Verträge zu halten sind, aber er setzt den Herrscher nicht von allen Bindungen frei. Da es sich um einen Rechtsakt handelt, sind – wie bei jedem Vertrag – Bedingungen an diesen Akt geknüpft, die eingehalten werden müssen und die sich aus dem Naturrecht, aus vernünftiger Übereinkunft ergeben. Darüber hinaus kann das Volk sich Rechte vorbehalten, es kann die Staatsgewalt inhaltlich und zeitlich begrenzen, denn deren konkrete Gestaltung ist Sache des positiven Rechts.

Aus dieser Vertragslehre ergibt sich folgerichtig auch ein *Recht auf Widerstand,* das Suárez ausführlich diskutiert (Def. VI), das er aber wesentlich enger faßt, als dies etwa Mariana getan hatte. Wie üblich unterscheidet er den *tyrannus quoad titulum,* den unrechtmäßigen, usurpatorischen Herrscher, vom *tyrannus a regimine,* dem Herrscher, der seine Macht mißbraucht. Gegen den ersteren ist Widerstand, sogar Tötung auch durch einen einzelnen Privatbürger erlaubt, wenn andere Möglichkeiten zuvor versucht worden, aber ohne Erfolg geblieben sind. Das Verhältnis des Usurpators zu seinen Untertanen wird als *Kriegsverhältnis* interpretiert, und deshalb ist – gleichsam als Akt der Notwehr und Selbstverteidigung – aktiver Widerstand erlaubt.

Das Notwehr-Recht gilt aber auch bezüglich des Mißbrauchs politischer Macht. Der *tyrannus a regimine* verstößt nämlich gegen den Herrschaftsvertrag, er bricht ihn, und deshalb kann das Volk seine *potestas naturalis* in Anspruch nehmen. Für die daraus resultierende Widerstandsmöglichkeit sieht Suárez allerdings – hier ebenfalls in Übereinstimmung mit vielen seiner Zeitgenossen – institutionelle Sicherungen vor: Behörden sollen zuvor angerufen werden und befinden, ob der Herrscher seine Pflichten wie die Sorge für das Gemeinwohl, gerechte Regierung oder Verteidigung des Landes vernachlässigt hat und so zum Tyrannen geworden ist. Wird dieses festgestellt, so kann jeder sich als zum Widerstand beauftragt empfinden.

Die Vertreter der spanischen Gegenreformation sind gelegentlich als die ersten Theoretiker des modernen europäischen Konstitutionalismus und Begründer des demokratischen Staatsgedankens bezeichnet worden (Figgis, S. 146ff.), zumindest als Autoren, die »eine von jeder dogmatischen Voraussetzung abstrahierende, rein philosophisch fundamentierte, durch und durch weltliche Staatslehre« (Gierke, S. 56) entwickelt haben. Solche Urteile ziehen ihre Berechtigung aus jener widersprüchlichen Situation, in der die Erneuerer des Thomismus sich befanden: Als Dominikaner und Jesuiten waren sie gegen die Reformation angetreten, aber um diese bekämpfen zu können, mußten sie gleichsam durch sie hindurch. Um den religiösen Anspruch der Kirche und ihr Recht, politische Herrschaft als gerechte beurteilen zu können, zu verteidigen, war es notwendig, den direkten kirchlichen Eingriff in weltliche Angelegenheiten zurückzunehmen, den katholischen Monarchen Europas gegenüber den protestantischen Fürsten eine eigene, innerweltlich begründete Legitimationsbasis zu schaffen. Dem diente auch die Ausarbeitung eines differenzierten Systems des Naturrechts, dessen divinatorische Herkunft den Rahmen abgab, innerhalb dessen die menschliche Vernunft sich ihr positives Recht, den Staat und die Gesellschaft schaffen konnten. Die damit möglich gewordene strikt innerweltliche Rechtfertigung politischer Herrschaft bereitete jene rationalistischen Staatsbegründungen vor, mit denen die entstehende bürgerliche Gesellschaft des 17. Jahrhunderts sich selbst zu erklären suchte. Deren Konstruktionselemente: Naturzustand, vernünftige Einsicht in die Notwendigkeit einer überindividuellen Existenzsicherung, Vertrag und positives Recht sowie die Ausbildung politischer Souveränität und deren inhaltliche Bindung an die Zwecke des Gesellschaftsvertrags finden sich hier – wie auch bei den Monarchomachen – in Ansätzen, gelegentlich auch schon deutlich ausgeprägt vor. Daß diese auf die Moderne verweisenden Grundprinzipien neuzeitlicher Staatstheorie im Kontext mittelalterlich-lehensrechtlicher Organisationsvorstellungen formuliert wurden, die freilich den aufkommenden Absolutismus nicht aufzuhalten vermochten, verdeutlicht den Übergangscharakter dieses Denkens: Indem es in gewisser Weise zurück möchte zu dezentralen Formen politischer Organisation, schafft es mit den theoretischen Begründungen dieses Zieles zugleich die Voraussetzungen, die Welt des Mittelalters endgültig zu verlassen. Die Theoretiker der bürgerlichen Gesellschaft haben diese Voraussetzungen im 17. Jahrhundert dann mit Erfolg aufgenommen und weiterentwickelt.

ANMERKUNGEN

1 Das Werk erschien zuerst 1536. Es erfuhr ständige Bearbeitungen und Erweiterungen, fand 1559 seine letzte lateinische, 1560 seine französische Fassung. Zitiert wird im folgenden nach der deutschen Neuausgabe von 1963.

2 Die politische Theorie Calvins findet sich im IV. Buch der *Institutio,* überschrieben: *De politica administratione* (Vom bürgerlichen Regiment).

3 Der vollständige Text lautet: *Bekenntnis, Unterricht und Vermahnung der Pfarrherrn und Prediger der christlichen Kirchen zu Magdeburg, 13. April 1550*, in: Hortleder, 1645, Buch 4, Kap. 7, S. 1053–1091. Die Verfasserfrage ist noch nicht völlig geklärt, überwiegend wird angenommen, daß Nicolaus von Amsdorff den Text geschrieben hat, der von acht weiteren Magdeburger Pastoren unterschrieben ist.

4 Allen, 1957, S. 104 spricht davon, daß allein in Magdeburg von Mai 1548 bis April 1550 mehr als 100 Schriften zur Verteidigung der protestantischen Haltung erschienen sind.

5 Zum Begriff: griech. monarchos = Alleinherrscher, machesthai = kämpfen. Monarchomachen sind also diejenigen, die den Alleinherrscher bekämpfen. Die Schrift Barclays trägt den Titel: *De regno et regali potestate adversus Buchananum, Brutum, Boucherium et reliquos Monarchomachos libri sex,* 1600. Vgl. Gierke, S. 3, Anm. 3; Dennert, 1968, S. IX ff.; Stricker, S. 1 ff.

6 Das Werk erschien 1573 in lateinischer, 1574 in französischer Sprache, 1586 in geänderter Fassung. Im folgenden wird nach der von Dennert, 1968, S. 203 ff. herausgegebenen Fassung zitiert.

7 Die Schrift erschien zuerst 1574 unter dem Titel: *Du Droit des Magistrats sur leurs subiets. Traitté très-necessaire en ce temps, pour aduertir de leur deuoir, tant les Magistrats que les Subiets: publié par ceux de Magdebourg l'an MDL: & maintenant reueu & augmenté de plusieurs raisons & exemples.* Die Angabe Magdeburg ist falsch, Druckort ist wahrscheinlich Lyon. 1576 erschien die lateinische Fassung, danach wurde die Schrift immer wieder aufgelegt. Die einzelnen Ausgaben bei Dennert, 1968, S. 347 f. Zitiert wird nach der von Dennert, 1968, S. 1 ff. herausgegebenen deutschen Übersetzung.

8 Zur Verfasserfrage gibt es eine eingehende Diskussion. Teilweise wird die Autorschaft allein Mornay zugeschrieben, teilweise Languet. Gelegentlich werden sogar Hotman, Beza oder Buchanan genannt. Für eine Doppelautorschaft spricht, daß vor allem im dritten Teil der *Vindiciae* die deutschen staatsrechtlichen Verhältnisse ausführlich dargestellt werden, so daß dieser Teil von Languet – der längere Zeit in Deutschland war – stammen könnte, die beiden ersten Teile dagegen von Mornay. Vgl. dazu Nachweise bei Stricker, S. 156, Anm. 2, ebenso Dennert, 1964, S. 46, Anm. 135. Das Pseudonym erinnert an den Römer L. Junius Brutus, unter dessen Führung der römische Adel 500 v. Chr. den etruskischen König vertrieb und die Republik begründete; Stephanus war der erste christliche Märtyrer, der ein Beispiel religiösen Widerstandes gab.

9 Der vollständige Titel lautet: *Vindiciae contra tyrannos, sive de principis in populum populique in principem legitima potestate,* Edinburg 1579 (= Strafgericht gegen die Tyrannen oder die legitime Macht der Fürsten über das Volk und des Volkes über die Fürsten). Die Schrift ist wahrscheinlich in Basel erschienen. Zu den Ausgaben vgl. Dennert, 1968, S. 349. Im folgenden wird zitiert nach der von Dennert, 1968, S. 61 ff. herausgegebenen deutschen Übersetzung.

10 Die Schrift, wahrscheinlich 1570 abgeschlossen, erschien 1578 in Edinburg. Die Edition aller Schriften Buchanans in: *Opera omnia, Historica, Chronologica, Juridica, Politica, Satyrica et Poetica,* 2 Bde. ed. Ruddiman, Leiden 1725. Englische Ausgabe: *The Right of the Kingdom in Scotland,* Amsterdam 1969.

11 Der vollständige Titel lautet: *De iusta Henrici III. abdicatione et Francorum Regno libri quattuor* (= Vier Bücher über die gerechtfertigte Abdankung Heinrichs III. und über das französische Königreich), Paris 1589.

12 Der Titel lautet: *De iusta Reipublicae Christianae in Reges impios et haereticos authoritate,* Paris 1590/Antwerpen 1592 (Über die gerechte Autorität des christlichen Gemeinwesens gegenüber sündigen und häretischen Herrschern).

13 Ausführliche bibliographische Hinweise zu Bodin und seinem Werk finden sich in: Denzer, S. 492 ff. und Mayer-Tasch, S. 83 ff. Zur Biographie vgl. Roger Chauviré, Jean Bodin, Auteur de la République, Paris 1914; außerdem Baudrillart; Denzer, Bodin, in: H. Maier/H. Rausch/H. Denzer (Hrsg.), Klassiker des politischen Denkens, München 1968, Bd. I, S. 321 ff.; Mayer-Tasch, S. 11 ff.; McRae, 1962, S. A 3 ff.

14 Zu den verschiedenen Ausgaben siehe die Zusammenstellung bei McRae, S. A 78 ff.; Mayer-Tasch, S. 80 ff. Der Erfolg des Buches war so groß, daß nahezu jährlich eine Neuauflage erfolgte, ab 1586 auch in Latein. Im folgenden wird zitiert nach der neuen deutschen Übersetzung von 1981 bzw. dem Nachdruck der französischen Ausgabe von 1583: Jean Bodin, *Les six Livres de la République avec l'Apologie de R. Herpin,* Aalen 1961 (*Rép.*).

15 Zur begriffsgeschichtlichen Entwicklung vgl. Quaritsch, S. 250 ff. mit ausführlichen Literaturangaben; Peter Graf Kielmansegg, Volkssouveränität. Eine Untersuchung der Bedingungen demokratischer Legitimität, Stuttgart 1977.

16 Bodin schließt Frauen als Thronerben aus, er geht sogar so weit zu sagen, daß ein

Staat, der von Frauen regiert wird, seine Souveränität einbüßt, ganz gleich, wie klug die Regentin auch sein mag.

17 Eine zweisprachige Ausgabe ist von Horst Günther 1980 vorgelegt worden. Hier finden sich eine Einleitung zu Person und Werk, zeitgenössische Dokumente und solche zur Wirkungsgeschichte sowie Ausgaben- und Literaturverzeichnis.

18 Buch I, Essai XXVIII (Über die Freundschaft). Beste französische Ausgabe: Maurice Rat (Hrsg.), Montaigne, *Essais,* 3 Bde., Paris 1942. Beste deutsche, leider nicht ganz vollständige Ausgabe von Herbert Lüthy (Übers. u. Hrsg.), Michel de Montaigne, Essais, Zürich 1953. Nach dieser Ausgabe wird im folgenden zitiert. Vgl. auch Friedrich, 1967 sowie Kölsch, 1974.

19 Einen knappen historischen Überblick zu Spanien in der zweiten Hälfte des 16. Jahrhunderts geben, mit Literaturverweisen: Hassinger, 1959, S. 267 ff.; Horst Raabe, Die iberischen Staaten im 16. und 17. Jahrhundert, in: Theodor Schieder (Hrsg.), Handbuch der Europäischen Geschichte, Bd. 3, Stuttgart 1971, S. 586 ff.

20 Lateinisch-spanische Gesamtausgabe: *Obras de Francisco de Vitoria, Relectiones teológicas,* Madrid 1960. Auszüge bei Truyol y Serra (Hrsg.), *Die Grundsätze des Staats- und Völkerrechts bei Francisco de Vitoria,* Zürich 1957. Die folgende Skizze bezieht sich wesentlich auf *De potestate civili,* deutsche Auszüge bei Voigt, S. 86 ff.

21 Ausgabe der Werke: *Opera omnia, ex editione Veneta, pluribus tum additis tum correctis,* iterum edidit Justinus Fèvre, Paris 1870–74. Deutsche Auszüge in: Voigt, S. 96 ff.

22 Die Schrift erschien in Toledo, 1599. Weitere Ausgaben in Mainz 1605 und Frankfurt/M. 1611. Es existiert eine englische Übersetzung: *The King and the Education of the King,* transl. by G. A. Moore, Maryland 1948.

23 Über die Werkausgaben unterrichtet Soder, S. 32 ff. Es existieren zwei Gesamtausgaben, eine erschienen in den Jahren 1740–51 in Venedig und eine von Charles Berton herausgegebene 26bändige Ausgabe, Paris 1856–1878.

24 Zu den Schwierigkeiten, die mit der Naturzustandshypothese der spanischen Spätscholastik für die Staatskonstitution gegeben sind, vgl. Skinner, S. 156 ff.

BIBLIOGRAPHIE

Primärtexte:

De La Boétie, Étienne, 1980: Von der freiwilligen Knechtschaft/Discours de la servitude volontaire, hrsg. von Horst Günther, Frankfurt/M.; *Bodin,* Jean, 1981: Sechs Bücher über den Staat, Buch I–III, hrsg. von P. C. Mayer-Tasch, München; *ders.,* 1961: Les six Livres de la République avec l'Apologie de R. Herpin, Faksimiledruck der Ausgabe Paris 1583, Aalen; *ders.,* 1962: The six Books of a Commenweale. Facsimile reprint of the English translation of 1606, hrsg. von Kenneth Douglas McRae, Cambridge; *Calvin,* Johannes, 1963: Unterricht in der christlichen Religion – Institutio christianae religionis –, übersetzt und bearbeitet von Otto Weber, Neukirchen; *Dennert,* Jürgen, 1968: Beza, Brutus, Hotman. Calvinistische Monarchomachen (Klassiker der Politik, Bd. 8), Köln/Opladen; *Hortleder,* Friedrich, 1645: Der römischen Keyser und königlichen Majestäten, Handlungen und Ausschreibungen, Gotha; *de Montaigne,* Michel, 1953: Essais. Auswahl und Übertragung von Herbert Lüthy, Zürich; *de Seyssel,* Claude, 1961: La Grand' Monarchie de France, ed. Jacques Poujol, Paris; Voigt, Alfred (Hrsg.), 1965: Der Herrschaftsvertrag, Neuwied.

Sekundärliteratur:

Allen, J. W., 1949: Jean Bodin, in: F. J. C. Hearnshaw (Hrsg.): The Social and Political Ideas of some Great Thinkers of the Sixteenth and Seventeenth Century, New York; *ders.,* 1957: A History of Political Thought in the Sixteenth Century, London; *Arnold,* Franz

Xaver, 1934: Die Staatslehre des Kardinals Bellarmin, München; *Baudrillart*, Henri, 1853: Jean Bodin et son temps. Tableau des théories politiques et des idées économiques au seizième siècle, Paris; *Baumgartner*, Frederic J., 1975: Radical Reactionaries: The Political Thought of the French Catholic League, Genf; *Böckenförde*, Ernst-Wolfgang, 1976: Die Entstehung des Staates als Vorgang der Säkularisation; in: ders.: Staat, Gesellschaft, Freiheit. Studien zur Staatstheorie und zum Verfassungsrecht, Frankfurt/M.; *Bohatec*, Joseph, 1961: Calvins Lehre von Staat und Kirche, Aalen; *Borkenau*, Franz, 1934: Der Übergang vom feudalen zum bürgerlichen Weltbild, Paris; *Brodrick*, James, 1961: Robert Bellarmin, London; *Brown*, P. H., 1890: George Buchanan, Humanist and Reformer, Edinburgh; *Buisson*, L., 1950: Michel de L'Hôpital (1503–1573), Paris; *Carlyle*, R. W. und *Carlyle*, A. J., 1950: A History of Mediaeval Political Theory in the West, Vol. VI: Political Theory from 1300–1600, London; *Dennert*, Jürgen, 1964: Ursprung und Begriff der Souveränität, Stuttgart; *Denzer*, Horst (Hrsg.), 1973: Jean Bodin, Verhandlungen der internationalen Bodin-Tagung in München, München; *von Dülmen*, Richard, 1982: Entstehung des frühneuzeitlichen Europa 1550–1648 (Fischer Weltgeschichte, Bd. 24), Frankfurt/M.; *Ellul*, Jacques, 1956: Histoire des Institutions, Paris; *Engel*, Josef, 1971: Von der spätmittelalterlichen respublica christiana zum Mächte-Europa der Neuzeit, in: Theodor Schieder (Hrsg.), Handbuch der Europäischen Geschichte, Bd. 3, Stuttgart; *Faul*, E., 1961: Der moderne Machiavellismus, Köln; *Fernández-Santamaria*, J. A., 1983: Reason of State and Statecraft in Spanish Political Thought, Lanham; *ders.*, 1977: The State, War and Peace. Spanish Political Thought in the Renaissance 1516–1559, Cambridge; *Figgis*, J. N., 1923: Studies of Political Thought from Gerson to Grotius 1414–1625, Cambridge; *Franklin*, Julian H., 1973: Jean Bodin and the Rise of Absolutist Theory, Cambridge; *ders.*, 1963: Jean Bodin and the Sixteenth Century Revolution in the Methodology of Law and History, New York/London; *Friedrich*, Hugo, 1967: Montaigne, Bern; *Ganoczy*, Alexandre, 1981: Jean Calvin; in: *Fries*, Heinrich und *Kretschmar*, Georg, 1981: Klassiker der Theologie, Bd. I, München; *Getino*, Luis G. Alonso, 1930: El Maestro Fr. Francisco de Vitoria, Madrid; *von Gierke*, Otto, 1929: Johannes Althusius und die Entwicklung der naturrechtlichen Staatstheorien, Breslau; *Gough*, J. W., 1936: The Social Contract. A Critical Study of its Development, Oxford; *Hamilton*, Bernice, 1963: Political Thought in the Sixteenth Century Spain. A Study of the Political Ideas of Vitoria, de Soto, Suárez and Molina, Oxford; *Hassinger*, Erich, 1959: Das Werden des neuzeitlichen Europa 1300–1600, Braunschweig; *ders.*, 1966: Religiöse Toleranz im 16. Jahrhundert. Motive, Argumente, Formen der Verwirklichung, Basel/Stuttgart; *ders.*, 1973: Wirtschaftliche Motive und Argumente für religiöse Duldsamkeit im 16. und 17. Jahrhundert, in: E. W. Zeeden (Hrsg.), Gegenreformation, Darmstadt; *Hinrichs*, Ernst, 1969: Fürstenlehre und politisches Handeln im Frankreich Heinrichs IV., Göttingen; *Hoepfl*, Harro, 1982: The Christian Polity of John Calvin, Cambridge; *Holtzman*, Robert, 1965: Französische Verfassungsgeschichte. Von der Mitte des neunten Jahrhunderts bis zur Revolution, Darmstadt; *Irving*, D., 1807/17: Memoirs of the Life and Writings of George Buchanan; *Kamp*, M. E., 1949: Die Staatswirtschaftslehre Jean Bodins, Bonn; *King*, Preston, 1974: The Ideology of Order. A comparative analysis of Jean Bodin and Thomas Hobbes, London; *Klug*, A., 1958: Die Rechts- und Staatslehre des Franciscus Suarez, Diss. Köln; *Kölsch*, Manfred, 1974: Recht und Macht bei Montaigne. Ein Beitrag zur Erforschung der Grundlagen von Staat und Recht; *Koops*, Peter Tilman, 1968: Die Lehre vom Widerstandsrecht des Volkes gegen die weltliche Obrigkeit in der lutherischen Theologie des 16. und 17. Jahrhunderts, Diss. Phil. Kiel; *Kretzer*, Hartmut, 1975: Calvinismus und französische Monarchie im 17. Jahrhundert, Berlin; *Labitte*, Chr., 1866: De la Démocratie chez les Prédicateurs de la Ligue, Paris; *Lecler*, Paul, 1955: Histoire de la Tolérance au siècle de la Réforme, 2 Bde., Paris; *Lewy*, Guenter, 1960: Constitutionalism and Statecraft during the golden Age of Spain. A study of the political philosophy of Juan de Mariana S. J., Genf; *Macmillan*, D., 1906: George Buchanan, a biography, London; *Mandt*, Hella, 1974: Tyrannislehre und Widerstandsrecht. Studien zur deutschen politischen Theorie des 19. Jahrhunderts, Neuwied; *Meinecke,* Friedrich, 1960: Die Idee der Staatsräson, München; *Mesnard,* Pierre, 1951: L'Essor de la Philosophie Politique au XVIe siècle, Paris; *Nürnberger,* Richard, 1948: Die Politisierung des französischen Protestantismus, Tübingen; *Oestreich,* Gerhard, 1969: Die Idee des religiösen Bundes und die Lehre vom Staatsvertrag, in: ders., Geist und Gestalt des frühmodernen Staates, Berlin; *Otte,* Gerhard, 1964: Das Privatrecht bei Francisco de Vitoria, Graz; *Quaritsch,* Helmut, 1970: Staat und Souveränität, Bd. 1: Die Grundlage, Frankfurt/M.; *Reibstein,* Ernst, 1957: Völkerrecht. Eine Geschichte seiner Ideen in Lehre und Praxis, Bd. 1, Freiburg; *ders.,* 1955: Johannes Althusius als Fortsetzer der Schule von Salamanca, Karlsruhe; *ders.,* 1972: Volkssouveränität und Freiheitsrecht. Texte und Studien zur politischen Theorie des 14.–18. Jahrhunderts, Bd. 1, Freiburg; *Roellenbleck,* Gerd, 1964: Offenbarung, Natur und jüdische Überlieferung bei Jean Bodin. Eine Interpretation des Heptaplomeres, Gütersloh; *Rommen,* Heinrich, 1926: Die Staatslehre von Franz Suárez, M.-Gladbach; *Saage,* Richard, 1981: Herrschaft, Toleranz, Widerstand. Studien zur politischen Theorie der Niederländischen und der Englischen Revolution, Frankfurt/M.; *Schnur,* Roman, 1962: Die französischen Juristen im konfessionellen Bürgerkrieg des 16. Jahrhunderts. Ein Beitrag zur Entstehungsgeschichte des modernen Staates, Berlin; *Sellin,* V., 1978: Artikel »Politik« in: O. Brunner/W. Conze/R. Koselleck (Hrsg.), Geschichtliche Grundbegriffe, Bd. 4, Stuttgart; *Skinner,* Quentin, 1978, Bd. 1: The Foundation of Modern Political Thought, Bd. 2: The Age of Reformation, Cambridge; *Soder,* Josef, 1973: Francisco Suárez und das Völkerrecht. Grundgedanken zu Staat, Recht und internationalen Beziehungen, Frankfurt/M.; *Stankiewicz,* W. J., 1960: Politics and Religion in Seventeenth-Century France. A study of political ideas from the Monarchomachs to Bayle, as reflected in the Toleration Controversy, Berkeley/Los Angeles; *Sternberger,* Dolf, 1974: Machiavellis »Principe« und der Begriff des Politischen, Wiesbaden; *Stricker,* Günter, 1967: Das politische Denken der Monarchomachen. Ein Beitrag zur Geschichte der politischen Ideen im 16. Jahrhundert, Diss. Phil. Heidelberg; *Troeltsch,* Ernst, 1961: Die Soziallehren der christlichen Kirchen und Gruppen, Aalen; *Vahle,* Hermann, 1974: Boucher und Rossaeus. Zur politischen Theorie und Praxis der französischen Liga (1576–1595), in: Archiv für Kulturgeschichte, 56/1974, S. 313–349; *Voigt,* Alfred (Hrsg.), 1965: Der Herrschaftsvertrag, Neuwied; *Voss,* Jürgen, 1980: Geschichte Frankreichs, Bd. II: Von der frühneuzeitlichen Monarchie zur Ersten Republik, 1500–1800, München; *Wilenius,* Reijo, 1963: The Social and Political Theory of Francisco Suárez, Helsinki; *Winters,* Peter Jochen, 1963: Die »Politik« des Johannes Althusius und ihre zeitgenössischen Quellen. Zur Grundlegung der politischen Wissenschaft im 16. Jahrhundert und im beginnenden 17. Jahrhundert, Freiburg; *Wolf,* Ernst, 1972: Das Problem des Widerstandsrechts bei Calvin, in: Arthur Kaufmann/Leonhard E. Backmann (Hrsg.), Widerstandsrecht, Darmstadt; *Wolzendorff,* Kurt, 1916: Staatsrecht und Naturrecht in der Lehre vom Widerstandsrecht des Volkes gegen rechtswidrige Ausübung der Staatsgewalt, Breslau; *Würtenberger,* Thomas jun., 1973: Die Legitimität staatlicher Herrschaft. Eine staatsrechtlich-politische Begriffsgeschichte, Berlin; *Zeeden,* Ernst Walter, 1971: Deutschland von der Mitte des 15. Jahrhunderts bis zum Westfälischen Frieden (1648), in: Theodor Schieder (Hrsg.), Handbuch der Europäischen Geschichte, Bd. 3, Stuttgart.

KAPITEL IV

Politische Ideen und Verfassungsstrukturen in Ost- und Nordeuropa im 16. und 17. Jahrhundert

VON HANS ROOS (POLEN) UND GÜNTER BARUDIO (SCHWEDEN UND RUSSLAND)

1. Königtum und Adel in Polen (von Hans Roos)

Der polnische Adel

Die ständische Verfassung jener »Königlichen Republik«, in der das Königreich Polen mit dem Großfürstentum Litauen, mit Preußen und Livland vereinigt war, unterschied sich von der aller anderen »Ständestaaten« Europas grundlegend. Dies gilt schon deshalb, weil ihre wesentliche Trägerschicht – die adlige Gesellschaft – einen nach Zahl und Gefüge singulären Typus darstellte. Auf dem gesamten europäischen Festland von Frankreich bis Rußland schwankte der Anteil des Adels an der Gesamteinwohnerschaft – jedenfalls vom 16. bis zum 18. Jahrhundert – im allgemeinen zwischen 0,3 und 1,0%; mithin war jeder 100. bis 300. Einwohner adlig. Der Adel der Vereinigten Polnischen Republik (*Rzeczpospolita Polska*) hingegen zählte schon 1582–1612 auf einem Territorium von 936180 qkm mit etwa 8700000 Einwohnern mindestens 700000 Edelleute oder rund 170000 Familien. Dieser Adelsanteil von rund einem Zwölftel aller Einwohner blieb trotz der furchtbaren Katastrophen erhalten, die Polen während der Kriege der »Blutigen Sintflut« (1655–1660) und während des »Nordischen Krieges« (ca. 1700–1717) heimsuchten: Zur Zeit der Ersten Teilung (ca. 1768–1775) umfaßte die polnische Adelsgesellschaft – auf einem Gebiet von 732400 qkm mit rund 11400000 Einwohnern – eine runde Million Menschen. Aus dieser Schicht sollte bis nach dem Zweiten Weltkrieg – und nicht, wie im übrigen Europa, aus dem Bürgertum – die überwiegende Mehrheit der modernen Intelligenz hervorgehen. Insofern bildete die polnische Adelsgesellschaft sowohl absolut als auch relativ (also nach ihrer »Adelsdichte« innerhalb der Gesamtbevölkerung) die numerisch stärkste Trägerschicht einer Verfassung, die zwischen Ständewesen, Parlamentarismus und Demokratie in merkwürdiger Weise oszillierte.

Diese einzigartigen Adelsziffern waren schon im Europa der Spätrenaissance und des Frühbarocks bekannt. Die zeitgenössischen Schätzungen bezogen sich in einer Zeit, in der die Heeresstärken die Zahl von 20000 Mann selten überstiegen, auf die scheinbare oder wirkliche militärische Macht Polens. Das Aufgebot seiner ritterlichen Streitkräfte schien den Vergleich mit dem Osmanischen Reiche oder mit dem moskowitischen Zartum zu rechtfertigen. Der berühmteste Kosmograph und Demograph der Zeit, *Giovanni Botero*, der gut unterrichtete polnische Gewährsmänner zu Rate zog, berechnete die Zahl der polnischen »Ritterfamilien« im Polenkapitel seiner *Relazioni Universali* auf rund 170000 (also mit ihren Angehörigen auf mehr als 720000). Der britische Botschafter *George Carew,* der Polen 1598 bereiste und in *William Bruce,* dem diplomatischen Agenten des Großkanzlers Zamoyski, einen vorzüglichen Informanten besaß, rechnet mit 20000 Adelsfamilien und einer notfalls aufzustellenden Macht von mindestens 130000 Mann. So scharfsinnigen Beurteilern wie Bruce und Carew entging freilich nicht, daß mehr als die Hälfte der polnischen Ritterschaft zu arm war, um ritterliche Dienste zu tun.

Die glänzende polnische Ambassade von August–September 1573, die Henri de Valois, den späteren französischen König Heinrich III., von seiner Wahl auf den polnischen Thron benachrichtigen sollte, hat in Frankreich einen unauslöschlichen Eindruck hinterlassen. Damals erschienen die ersten Bücher über Polen aus französischer Feder, vor allem die vom Königshaus inspirierten Darstellungen von *François Baudouin, Blasius de Vigenère* und *Stefan Forcatel.* Im Jahre 1573 faßte auch der nachmals berühmteste Geschichtsschreiber seiner Zeit, *Jacques Auguste de Thou* (Jacobus Thuanus), als Zwanzigjähriger den Plan, über die ihn faszinierende polnische Adelsgesellschaft ausführlich zu berichten. In der Tat hat Thuanus in seiner 1604 zum ersten Male erschienenen und oft wiederaufgelegten *Historia mei temporis* höchst Rühmenswertes über den polnischen Genius berichtet. Der Calvinist *Agrippa d'Aubigné* tat dies in seiner *Histoire Universelle* (1618) seinem katholischen Kollegen nach.

Innerhalb der polnischen Adelsgesellschaft der Zeit war der Großkanzler und Großhetman – dieses Amt des Obersten Befehlshabers entsprach etwa dem französischen »Grand Connétable« – *Jan Zamoyski* unbestreitbar der Leitstern. Er war ein echter »uomo universale« im Sinne der Spätrenaissance. Er führte in Polen die Fraktion der »gemäßigten Katholiken« an, die der Partei der damaligen *Politiques* in Frankreich entsprach. Trotz seiner Konversion (er war als Calvinist geboren) zeigte er niemals auch nur eine Spur zelotischer Anwandlungen; ihm ist es zu verdanken, daß sich jener Humanismus erhielt, der auch in Polen von Erasmus von Rotterdam inauguriert worden war. Seit der berühmten Konföderation von 1573 herrschte in Polen nicht allein religiöse Toleranz, sondern eine nach den Begriffen der Zeit vollkommene Religionsfreiheit. Diese hatte auch Heinrich von Valois – er war immerhin einer der Inspiratoren der Bartholomäusnacht von 1572 – sowohl in der Pariser Kathedrale Notre Dame als auch in der Kathedrale auf der Krakauer Königsburg beschwören müssen, wenngleich er sich mit rabulistischen Künsten davon loszumachen suchte. »Pacem et tranquillitatem inter dissidentes de religione tuebor et manutenebo« lautete die berühmt gewordene Verpflichtung des Königs, welche in damals unerhörter Weise die sechs christlichen akatholischen Religionen mit der »herrschenden« römisch-katholischen Religion gleichstellte.

Polen war damals das einzige Land Europas, in dem es keine Verfolgungen um der Religion willen gab. Die Konföderation von 1573 wurde seit ihrer Eintragung in die polnischen »Volumina Legum« (1579) und in das Litauische Statut (1588) ein gültiges Reichsgesetz, das in den kommenden zwei Jahrhunderten seinen grundgesetzlichen Charakter bewahrte und von jedem König vor der Krönung beschworen werden mußte. Diese Religionsfreiheit galt freilich nicht für die Untertanen (wie im übrigen Europa auch) – oder doch nur in Grenzfällen. Dennoch übertraf sie, wie heute allgemein anerkannt wird, den »Augsburger Religionsfrieden« von 1555 oder das Toleranz-Edikt Heinrichs IV. an faktischer Tragweite erheblich. Jedenfalls konnten Orthodoxe, Armenier, Böhmische Brüder oder Mennoniten unter der Herrschaft andersgläubiger Landesherren in der Regel ungestört nach ihrem Glauben leben. Gegenreformatorische Akte kamen vor, richteten sich jedoch gewöhnlich gegen Calvinisten, Lutheraner oder Arianer. Für die polnische Religionsfreiheit interessierten sich vor allem die französischen *Politiques* und noch mehr die Hugenotten. Polen galt zu Recht als das »Gelobte Land« des Religionsfriedens, und der hugenottische Schriftsteller und Diplomat *Hubert Languet* wurde nicht müde, die polnischen Ideale als für Frankreich praktikabel anzupreisen. Dagegen war es für Carew 1598 vollkommen unverständlich, daß in Polen sogar die Arianer (die ja in fast ganz Europa und auch im elisabethanischen England mit dem Tode bestraft wurden) ungehindert ihren Glauben bekennen durften: Diese »erstaunliche Menge von Ketzern, die in dem grundsätzlichen Glaubensartikel über die Dreieinigkeit von den Lehren der Kirche abweichen«, war ihm ebenso unheimlich wie die »große Menge von Wiedertäufern, Osiandristen, Ebioniten und aller Art Antitrinitarier«.

Königin Elisabeth I. und König Jakob I. mochten sich über die polnische Religionsfreiheit mokieren (was sie auch reichlich taten) – aber sie achteten den als Garanten geltenden Großkanzler Zamoyski, weil sie seine Macht fürchteten. Auch der Heilige Stuhl fürchtete den Großkanzler, wenn auch aus ganz anderen Gründen als Elisabeth I. Zamoyskis ausgesprochener Feind, der päpstliche Legat Enrico Gaetano, urteilte über ihn, den »freddo cattolico«, mit den bezeichnenden Worten: »Ich fürchte mich nicht vor der Macht des Kanzlers noch vor seinem Schwert, sondern vor seinem Verstand und seinem Charakter.« Zamoyski korrespondierte mit Heinrich IV. und Elisabeth I. auch in privaten Fragen im Grunde auf gleichem protokollarischem Fuß. Zamoyski hatte an der Sorbonne und dem damals noch berühmteren »Collège Royal« studiert. Er genoß als Mäzen französischer, niederländischer, deutscher und italienischer Gelehrter, als Sammler antiker Handschriften, als Gründer einer der schönsten »Idealstädte« der Renaissance, als Protektor der Werkstatt Tintorettos und endlich als Kenner der Poesie und des Theaters einen fast legendären Ruf. Er legte Wert darauf, ein einfacher Edelmann, in dieser Qualität jedoch auch Königen und Kaisern gleichgestellt zu sein. Wie Scipio der Ältere wollte er ein »civis Romanus« ohne weiteren Rang sein: Den Titel eines »tribunus plebis« legten ihm andere bei. Hinsichtlich der »internationalen« Gleichheit aller Edelleute berief er sich gerne auf Diocletian oder auch auf Karl V. In einer einzigartigen Verquickung von wirklicher Bescheidenheit und raffinierter, bühnenwirksamer Berechnung verzichtete er auf ein Epitaph, auf das damals jeder reiche Städter Anspruch erhob. Seine einfache Grabplatte zeigt noch heute die lapidare Inschrift: »Hic situs est Ioannes Zamoiski.« Noch 34 Jahre nach seinem Tode, als die klassischen Tugenden des Polentums schon in hohem Maße in dem katholisch-barocken »Sarmatismus« ertrunken waren, nannte der französische Botschafter Claude de Mesmes, Graf d'Avaux, Zamoyski den »letzten Polen«.

Frycz-Modrzewski und Orzechowski

Neben einem solchen Staatsmann traten die »reinen Theoretiker« des Staates und der Gesellschaft, die innerhalb der polnischen Adelsgesellschaft keinen so hohen Rang genossen wie der glänzend gebildete »Kavalier«, zumindest in ihrer Zeit zurück. Dennoch nahm ein Denker wie *Andrzej Frycz-Modrzewski* – ein Schüler von *Melanchthon* und *Erasmus* – im europäischen Rahmen einen hohen Rang ein. Sein Hauptwerk *Commentariorum de Republica emendanda libri quinque* strebte in einer höchst modern anmutenden Weise auf die vollkommene philosophische Durchdringung des Verfassungslebens hin. Frycz konnte wegen der laisierenden Tendenz seines Werkes, die auf die scharfe Gegnerschaft der katholischen Kirche stieß, 1551 in Krakau nur drei der insgesamt fünf Bücher herausgeben: das über die *Sitten,* das über das *Rechtswesen* und das über den *Krieg;* die beiden Bücher über die *Schule* und über die *Kirche* mußten ungedruckt bleiben. Erst 1554 gelang es ihm, alle fünf Bücher der *Commentariorum* in Basel zu edieren, was ihm 1558 die Eintragung seines Werkes in den kirchlichen Index eintrug. In dieser *Republica emendanda,* wie sie gewöhnlich genannt wurde, entwarf Frycz das Bild eines echten Idealstaates, der auch Reformen der Adelsverfassung und wirklichen Rechtsschutz für die Untertanen vorsah: Von diesen hatte damals in Polen rund die Hälfte kein »jus standi in judicio«, was sie nahezu auf den Status von Leibeigenen herabdrückte. Insoweit gebührt Frycz ein Jean Bodin und Thomas Morus vergleichbarer Rang, zwischen denen er gleichsam eine Art von Vermittlung herstellt.
Stanislaw Orzechowski war zunächst (1553) als Panegyriker von Rang bekannt geworden. Er beschrieb als erster die bis heute berühmten Arras-Bildteppiche im Krakauer Königsschloß. Mit seiner lateinischen *Chimaera* (1562) und mit dem polnisch geschriebenen *Typus Poloniae Regni* alias *Quincunx* (1564) lieferte er ebenfalls einen originellen Beitrag zum Idealstaat. In seinem *Quincunx* stellte er das Papsttum auf den Gipfel eines »cynk« (einer Pyramide), dessen Korpus das Königreich Polen ausmachte. Damit schuf Orzechowski, der Enkel eines orthodoxen Geistlichen und lange Zeit ein Anhänger Luthers, ein Symbol für die auf dem Konzil von Trient reformierte allbeherrschende Papstkirche. Von Orzechowski stammt auch der später oft zitierte und für das polnische *Commonwealth* bezeichnende Spruch: »(Sum) gente Ruthenus, natione Polonus.« Ein eher praktisches Ideal für den polnischen Kavalier der feinen Lebensart schuf *Lukasz Górnicki,* der – wie sein Protektor Zamoyski – ein halber Italiener war: Er dichtete den *Cortegiano* von Baldassare Castiglione (1528) in freier Form nach. Sein *Dworzanin* (Der Hofherr, 1565) wurde für die polnischen Edelleute ebenso zum »Manual« adeliger Sitten, wie dies sein englisches Pendant – Thomas Hobys *The Courtyer* von 1561 – für die englische Aristokratie war.

Polen im Urteil der Zeitgenossen

Frankreich war damals für die polnischen Ideen am ehesten offen und hat diese nicht selten nach England vermittelt. (Dies galt unbeschadet des Werkes von Frycz-Modrzewski am wenigsten für *Jean Bodin,* der kaum Nachrichten über Polen besaß und daher – beispielsweise in seinem *Methodus ad facilem histo-*

riarum cognitionem – öfters unzutreffend und ungerecht urteilte. Offenbar waren dem Schöpfer der modernen Souveränitätsidee die Phänomene des polnischen Verfassungslebens zu wenig durchschaubar, als daß er sie hätte wirklich würdigen können.) Unter den Informanten der Franzosen befanden sich damals auch Jan Zamoyski selbst sowie sein glänzend unterrichteter Vertrauensmann, Hofhistoriograph und Spionagechef *Reinhold Heidenstein*, der mit dem Dichter und Enzyklopädisten Jean Jacques Boissard befreundet war. Weitere Nachrichtengeber waren der Bischof *Adam Konarski,* den Maria von Medici wegen seines »dantewürdigen« Toskanisch hochschätzte, und schließlich auch der politische Theoretiker *Krzysztof Warszewicki,* dessen Hauptwerk *De optimo statu libertatis* (1598) im westlichen Europa Aufsehen erregte.
Auf alle diese polnischen Gewährsmänner stützte sich *Thuanus* in seinem Universal-Geschichtswerk. Daneben verwertete er die noch unveröffentlichte, aber in Abschriften in Frankreich zirkulierende *Polonia* des Bischofs *Marcin Kromer*, die als die beste politische Landeskunde Polens länger als ein Jahrhundert benutzt wurde. Kromer hatte mit seinem Hauptwerk *De origine et rebus gestis Polonorum* (Basel 1555) rasch europäischen Ruhm erlangt; sein Werk erzielte viele Auflagen, wurde öfters übersetzt und galt wegen der vielen Urkunden, auf die es sich stützte, als autoritativ. Am bekanntesten ist die erweiterte und fortgeführte Kölner Ausgabe von 1589 geworden, die auch eine recht genaue Karte des Polnischen Reiches enthielt; letztere war noch unter der Ägide Melanchthons um 1558–1560 in Wittenberg gemäß der allgemein anerkannten Karte von Bernhard Wapowski gefertigt worden. *Michel de Montaigne* benutzte die Kompilation, die der Rechtsgelehrte Jan Szczesny Herburt von Kromers Geschichte angefertigt hatte, die *Chronica sive Historiae Polonicae compendiosa ... descriptio* (Basel 1571). Dies hinderte Montaigne jedoch nicht, bei seinen häufigen Zitationen polnischer Ereignisse sich auf Kromer direkt zu berufen. Ein weiterer Informant Montaignes war *Stanislaw Reszka* alias Rescius, ein hochgebildeter Prälat, ehemals Sekretär des Kardinals Hosius und polnischer »Chargé d'Affaires« in Rom und Neapel, der einer der am besten unterrichteten Männer seiner Zeit war. Das Empfinden der französisch-polnischen Gemeinsamkeit ging so weit, daß man diese – wie der Rechtsgelehrte *Stefan Forcatel* in seinem halb legendären Buch *Polonia foelix Henrico Valesio regnante tantopere exoptato* (Lyon 1574) – bis in die Zeit Karls des Großen zurückdatierte. So war es nur natürlich, wenn Jan Zamoyski von manchen Franzosen als »semigallus« bezeichnet wurde oder wenn Olbracht Laski auf Wunsch Heinrichs III. mit einem lebensgroßen Porträt auf einer der schönsten Tapisserien verewigt wurde, die je aus den flandrischen Teppichwebereien hervorgingen. Laski, der eine englische Abstammung prätendierte, genoß auch in England wegen seiner Freundschaft mit Sidney einen guten Ruf.

Die Königswahl in Polen

Die besondere Anziehung, die Polen auf Frankreich und England ausübte (bisweilen war es auch eine besondere Abschreckung), beruhte vornehmlich auf dem Grundsatz der Königswahl und der »demokratischen« Art dieser Wahl. In der »Ersten Konvokation« vom Januar 1573 war der polnische Adel übereingekommen, den König nicht – wie dies im »Heiligen Römischen Reich« oder in der Republik Venedig praktiziert wurde – durch ein besonderes Kollegium wählen zu lassen, sondern durch die *Gesamtheit des Adels*. Besonders interessant ist die »Dritte Königswahl« von 1578, für die eine Fülle von Kandidaten in die weitere Wahl gezogen wurde: Unter ihnen befanden sich der Statthalter der Spanischen Niederlande Alexander Farnese ebenso wie der russische Schein-Zar und letzte Rurikide Fjodor; der »Granduca« Francesco I. (Medici) der Toskana rivalisierte eine Zeitlang mit Friedrich II. von Dänemark. Gewählt wurde schließlich der junge Wasa-Prinz Johann Sigismund, der Sohn des schwedischen Königs Johann III., der bis 1583 ein höchst zweifelhaftes Erbrecht auf das Jagiellonische Reich und auf die den Jagiellonen eingebrachte Sforza-Erbschaft von 450 000 Dukaten prätendiert hatte (diese Summe war mehr als vier Jahreserträge des Königreichs Schweden). Über diese Wahl hat der stellvertretende Apostolische Nuntius in Polen *Orazio Spannocchi* unter einem Pseudonym seinen aufsehenerregenden *Discorso dell'Interregno di Polonia dell'anno 1578* veröffentlicht, eine geistreiche und scharfsinnige kleine Schrift, die im evangelischen Europa mehr als 60 Jahre zum Bestand der Elzevirschen Taschenbücher gehörte. Die Zeit von 1578–1589 hat die politischen Theoretiker in Europa beschäftigt, weil es neben dem wirklichen König Sigismund III. (Wasa) noch zwei Titularkönige von Polen gab: Heinrich III., den letzten Valois, und Maximilian von Österreich. Von der Masse der adeligen Wähler, die von rund 170 000 (1573) bis auf etwa 205 000 (1648) anwuchs, nahmen niemals alle an der Königswahl teil. Oft hinderten sie wirtschaftliche Verpflichtungen wie die Ernte oder der Getreideverkauf in Danzig, Königsberg und Riga; noch mehr fiel bei entfernter wohnenden Edelleuten die weite Reise ins Gewicht, die nicht selten rund 1000 km betrug: Immerhin war aber die Teilnahme von ca. 80 000 Wählern – selbst wenn die Liebe der Zeit zu phantastisch übertriebenen Zahlen in Rechnung gestellt wird – nicht selten. Auf dem Wahlfeld zu Wola am Westrande Warschaus, auf dem alle Königswahlen außer der ersten abgehalten wurden, stimmten die Wähler nach ihren Palatinaten oder Ländern jeweils geschlossen ab – ein Vorgang, der häufig mit der Kurienwahl im antiken Rom verglichen wurde. Diese Wahlordnung sollte Unruhen verhindern, wenn auch bewaffnete Konflikte zwischen einzelnen Magnatengruppen – die oft ihre »Haustruppen« mitbrachten – nicht eben selten waren. Gleichwohl wurde hier eine Art von »Urdemokratie« praktiziert. Dagegen ist oft eingewendet worden, daß dieses Wahlrecht nur die Adelsgesellschaft und nicht auch andere Einwohner einschloß. Es sollte jedoch bedacht werden, daß Zahl und Dichte der Wähler (sie machte in Polen um 1772 minimal 240 000 Personen aus) in den Vereinigten Staaten erst gegen 1800 erreicht wurde; in Frankreich wurde sie – unbeschadet des Zwischenspiels von 1793 – erst mit der Juli-Revolution von 1830 und in Großbritannien erst mit der *Bill* von 1832 übertroffen. Vielleicht war das polnische Königswahlrecht – namentlich in den Zeiten des groben Mißbrauchs von 1668 an – eine Utopie – dann immerhin aber eine praktikable und erregende Utopie.

Die Königswahl, der »Augapfel der Freiheit« (*pupila libertatis*), wirkte auf das Selbstgefühl der polnischen Edelleute zurück. Sie hatten das stolze Bewußtsein, als »Elektoren« denselben Titel wie die deutschen Kurfürsten führen zu dürfen.

Der Krakauer Nuntius *Germanico Malaspina* schrieb 1595 an das deutsche Kurfürstenkollegium: »Septem in Germania esse electores, sed in Poloniae regno omnes electores, omnes reges esse velle.« Im späteren Sarmatismus wandelte sich die Bedeutung der *electio regis* in einem Wortspiel zur *creatio regis,* die einerseits noch den Charakter einer Wahl bezeichnete, andererseits aber schon den »innerweltlichen Schöpfungsakt« der Königswürde ansprach. Der französische, in zahllosen Abschriften verbreitete Text der Konföderation von 1573, der die »eslection du Roy« durch die Allgemeinheit des polnischen Adels in Frankreich bekannt machte, erregte dort vor allem die Hugenotten, insbesondere durch das Mißverständnis, das die Übersetzung des polnischen Begriffs der adeligen »Reichsbürger« (obywatele, cives) mit dem Wort »habitans« zur Folge hatte.

Auf die polnische »Urdemokratie« hatte *Wawrzyniec Góslinski* – einer der aufgeklärten katholischen Prälaten, der ob seines Eintretens für die Religionsfreiheit beim Vatikan in Ungnade gefallen war und daher nicht zum Vizekanzler berufen wurde – schon 1568 hingewiesen. Damals ließ er (unter dem Namen Laurentius Grimaldus) in Venedig sein Hauptwerk *De optimo Senatore* erscheinen, in dessen Vorwort er betonte, daß der König der Polnischen Republik »nicht durch Erbschaft oder durch das Blut«, sondern allein durch den »publicus consensus der gesamten Polnischen Nation« bestimmt werde. Der englische Dichter und Gelehrte Gabriel Harvey, ein Freund Shakespeares, hat das Buch ins Englische übersetzt. Die strenge Buchzensur des elisabethanischen Englands verhinderte zweimal das Erscheinen dieses »staatsgefährlichen« Buches, und erst die dritte und hinreichend gereinigte Version konnte schließlich 1598 in London unter dem Titel »The Counsellor. Exactly pourtraited in two Books ... Written by Laurentius Grimaldus« erscheinen. Selbst in diesem vorzensierten Werk war das Lob der »democracie« und die philosophisch-juristische Definition des »citizen« (des »Reichsbürgers«, des »civis«, des »citoyen«) noch nicht völlig getilgt. Gegenüber der »authority souveraigne« der englischen Monarchie pries Goślinski den Typus des »popular state« am Beispiel Polens: »The kingdome of Polonia doth also consist of the said three sortes, that is, the king, nobility and people: But it is to be noted, that this word people includeth only knights and gentlemen.«

Shakespeare hat dieses Buch entweder durch Gabriel Harvey oder durch seinen Jugendfreund, den Buchhändler Richard Field, bekommen und darin gelesen, als er den *Hamlet* vorbereitete. Für ihn, der nach langen Bemühungen 1596 durch das »College of Arms« endlich den Titel und das Wappen eines »gentleman« erhalten hatte, mochte es interessant und amüsant gewesen sein, daß er im »Polonian Empyre« den König hätte mitwählen dürfen. Die dramatische Figur des Polonius verdankt sicherlich manches dieser Lektüre.

Articuli Henriciani und Widerstandsrecht

Im Vergleich mit dem Geblütsrecht der meisten europäischen Dynastien war es ziemlich einzigartig, wenn das Königtum in Polen kraft einer Art von »Vertrag« mit der Adelsgesellschaft bestand. Dieses »Vertragskönigtum« fand seinen Ausdruck in den 1573 festgelegten 22 *Articuli Henriciani.* Diese Artikel waren eine

Art von Reichsgrundgesetz (keine Wahlkapitulation; diese wurde bei jeder Wahl neu festgesetzt), das für jeden König von vornherein verbindlich war und mehr als zweihundert Jahre in Kraft blieb. Heinrich von Valois suchte sich diesen Artikeln, obwohl er sie zweimal beschworen hatte, mit allen Künsten der Auslegung zu entwinden. Stefan I. (Batory) tat zwar den berühmten Ausspruch: »Sum igitur rex vester non fictus neque pictus«, hielt sie aber im allgemeinen ein; der Adel sah dem beliebten König manches nach. Sigismund III. verletzte mehrfach die in den Articulus II aufgenommene Religionsfreiheit, wenn auch nur in Verfahrensfragen. Sein Sohn Władysław IV. genoß zwar als ritterlicher König und großer Feldherr ebenso wie Stefan I. Batory viel Sympathie, mußte sich aber in der entscheidenden Frage des »miles perpetuus« (des stehenden Heeres) seinen Ständen beugen. Die Artikel waren freilich für jeden energischen König drükkend genug. Sie verhinderten jedes noch so verhüllte Sukzessionsrecht radikal und von Grund auf (Art. I). Sie untersagten dem König die Ausschreibung von Steuern, Zöllen oder Abgaben ohne die Genehmigung durch einen Öffentlichen Reichstag (sejm walny) durch den Art. XVII; die Gesetzgebung, die schon seit der Konstitution »Nihil Novi« von 1505 dem Reichstag allein zukam, wurde in den Art. III, IV und IX diesem noch einmal ausdrücklich vorbehalten. Die Außenpolitik, namentlich die Entsendung von Botschaftern oder diplomatischen Residenten und der Abschluß von Verträgen, fiel ebenfalls in die Kompetenz des Reichstages (Art. II). Dies galt auch für die Entscheidung über Krieg und Frieden (Art. IV). Unter den sechzehn Senatoren, ohne deren Zustimmung der König nicht regieren durfte, hatten die vier Kanzler noch ein höchst modern anmutendes Recht: Sie konnten dem König das große oder das kleine Majestätssiegel verweigern, wenn sie einen Regierungsakt für nicht verfassungsgemäß hielten (Art. X). Schon 1573 hat Zamoyski die nach mündlicher Tradition gut bezeugte Sentenz geprägt: »Rex regnat, sed non gubernat.« Sie hat durch Generationen französischer Philosophen oder Rechtslehrer hindurch gewirkt, bis Adolphe Thiers 1830 in Anlehnung daran das Grundprinzip jeder modernen parlamentarischen Monarchie festlegte: »Le roi règne et ne gouverne pas.«

Einmalig war auch die – im Gewohnheitsrecht Polens schon zwei Generationen lang beachtete – Bestimmung, daß der König ohne die Erlaubnis der »Herren Räte beider Nationen« (d. h. Polens und Litauens) weder heiraten noch sich scheiden lassen durfte (Art. XVIII). Wenn ein König ohne *Consensus* heiratete, waren die senatorischen Kustoden des Kronschatzes befugt, die Herausgabe der Krone zu verweigern (Art. XV). Über diese »absurde« Bestimmung machten sich viele fremde Diplomaten lustig, am meisten der englische Botschafter Carew (1598): In Polen, so erklärte er, werde die dynastische Heiratspolitik, die anderswo zu Schachzügen auf dem Brett der Politik benutzt werde, zum Spielball adeliger Faktionen, die alle jeweils die »Legitimität« ihrer Auffassung postulierten.

Am stärksten war die europäische Öffentlichkeit vom vorletzten der *Articuli Henriciani* beeindruckt, in dem der König beschwor, alle adeligen »Reichsbürger der Polnischen und der Litauischen Nation« von dem ihm »schuldigen Gehorsam und der ihm schuldigen Treue« loszusprechen, falls er selber (»was Gott verhüten möge«) die Verfassung breche. Namentlich im Frankreich der Hugenottenkriege fand dieser »Widerstands-Artikel« großes Interesse. *François Hot-*

man (vgl. oben, S. 112f.), der wegen seiner schlesischen Herkunft wohl schon früh mit den »Polnischen Freiheiten« vertraut war, nahm sich in seiner *Franco-Gallia* von 1573 die polnischen Institutionen zum Modell eines konstitutionell verfaßten Frankreich. Der anonyme Autor der 1580 veröffentlichten *Vindiciae contra tyrannos* war ein begeisterter Anhänger des polnischen Widerstandsrechtes, zumal dies mit der Religionsfreiheit in Polen verbunden war. *Duplessis-Mornay* wie *Languet* haben sich in ihrer Korrespondenz mehrfach anerkennend über die polnischen Freiheiten geäußert.

Diejenigen Diplomaten dagegen, denen es weniger um die ständischen Freiheiten als um die Zentralisierung der Macht ging, führten bereits den Entwurf des Widerstand-Artikels von 1573 auf den grundsätzlich aufrührerischen Geist des Polentums zurück. Der dem Absolutismus Philipps II. verbundene *Mendoza* berichtete im März 1597, der König könne in Polen in allen großen und wichtigen Dingen nichts gegen den Willen der Stände unternehmen. Für *William Bruce* und *George Carew* waren die Polen von Natur aus »ryotous«. Der Kardinal *Gaetano* schrieb 1597: »... la condizione di questa republica è tale, che pocchi contradittori bastano contro al volere di molti ...« Schließlich bediente sich der Nuntius *Germanico Malaspina* im März 1595 eines ironischen Vergleichs, den Kaiser Maximilian II. öfters gebraucht hatte: »... ecce Maximiliani imperatoris illud de regibus orbis christiani iudicium: Regem Hispaniae hominibus, regem Galliae stultis, regem Angliae, Suaeciae et Scotiae daemonibus, regem Poloniae regibus imperare. Nullamque adeo gentem esse, quae tam arroganter et insolenter de se sentiat et loquatur.« Bei diesem Urteil war freilich zu berücksichtigen, daß Malaspina als ein eiskalter Machiavellist (dem es etwa nicht darauf ankam, auch seine Hände bei der Ermordung eines Kardinals im Spiel zu haben) den polnischen Geist ebensowenig verstand wie Kaiser Maximilian, der 1553 (damals noch als Römischer König), 1573 und 1576 dreimal bei dem Versuch gescheitert war, den polnischen Thron zu erringen.

Sprichwörtlich war in Europa der Haß, den die polnische Adelsgesellschaft – allen voran Zamoyski – gegen alles Deutsche empfand. Der päpstliche Legat *Annibale di Capua* sprach im August 1587 von dem »grande l'odio que questa nobiltà (i. e. die polnische Nobilität) porta al nome tedesco«, und der deutschlandkundige Mendoza äußerte sich zehn Jahre später über »la grande aversion y enemistad, que ay entre las naciones tudesca y polacca«. Dieser Haß – der übrigens die Stadtbürger beider Nationen nur selten betraf – zielte vor allem auf die »deutsche Begabung« zu jener Regierungsform, die man in Polen »Tyrannis« nannte. Es schien eine Art von Naturgesetz zu sein – jedenfalls nach dem wiederholten Urteil von Zamoyski –, daß die Franzosen, Böhmen und Siebenbürger ebenso wie die Polen eher für die »Freiheit« geboren seien, die Deutschen und die Schweden jedoch für eine strenge Monarchie. Bei den Polen hatte der König die Stellung eines römischen »Princeps«, der lediglich, so jedenfalls sah man es, *ex auctoritate Senatus* regieren durfte, und er war innerhalb der adeligen »Gemeinschaft« (Towarzystwo) nicht viel mehr als der lebenslang gewählte »Präsident« einer Republik.

Als problematisch erwies sich freilich, daß die aus dem späten Mittelalter tradierte Einrichtung der »ritterlichen Konföderation« sich seit 1602 immer stärker mit den illegalen »Militärkonföderationen« verband, die eigentlich

»Streiks« einer unbezahlten Berufsarmee darstellten. Magnaten benutzten nicht selten solche Militärkonföderationen, um ihre partikularen Interessen durchzusetzen. Ihren Höhepunkt erreichte diese Verbindung von »Vergesellschaftung« und »Streik« mit der Konföderation von 1661–1662, dem *nexus sacer,* den eine seit zehn Jahren unbezahlte Armee mitten im Kriege gegen Rußland schloß: Aus ihm ist ein Bürgerkrieg hervorgegangen, der unter dem – allerdings wohl zu Unrecht verurteilten – Marschall Jerzy Lubomirski die polnische Großmachtstellung endgültig begrub.

Für die Anwendung des Widerstandsrechtes fehlte sowohl ein Statut als auch eine Geschäftsordnung, ein »Regulamin«. Beides wußten die polnischen »Granden« immer wieder zu verhindern, um ihre private Auffassung von »Legitimität« durchsetzen zu können. Dergestalt erwies sich die zweite »österreichische« Heirat des eigensinnigen Sigismund III. (1605) als das auslösende Moment eines seit 13 Jahren schwelenden Aufstandes. Dabei waren jedoch nicht allein politische Erwägungen im Spiel: Seine zweite Frau, die Erzherzogin Konstanze, war die Schwester der ersten Frau, und so kam der Verdacht der »Blutschande« oder des »incestum« auf. Der erzkatholische Leiter dieses Aufstandes von 1606–1608, Mikolaj Zebrzydowski, ging so weit, den Tod des kurz zuvor verstorbenen Papstes Clemens VIII. als ein »Gottesgericht« zu bezeichnen, da dieser im Begriff gewesen war, einen »Dispens« zu erteilen und insofern »Vorschub zur Unzucht« zu leisten. Sein katholischer Eifer hinderte ihn freilich nicht, sich für den Aufstand mit dem radikalen Calvinisten Janusz (I.) Radziwiłł und mit dem Arianer Jakub Sienieński zu verbünden. Dieser »Rokosz Zebrzydowskiego« endete für König Sigismund III. militärisch mit einem Sieg, politisch aber mit einer Niederlage. Er mußte auf dem Warschauer Reichstag von 1609 den Widerstands-Artikel durch die Eintragung in die *Volumina Legum* endgültig legitimieren lassen. Seitdem ist dieser *Articulus de non praestanda oboedientia* zum europäischen Begriff geworden. Der »Rokosz Zebrzydowskiego« leitete die Ära der »institutionalisierten Revolution« ein, die in der Konföderation von Bar (1768–1772) ihren letzten großen, mit der »Ersten Teilung« verknüpften Ausbruch fand. Den »widerspänstigen Rokosz« von 1606–1608 hat Schiller in seinem Demetrius-Fragment behandelt, und er hat bei dieser Gelegenheit ein sehr scharfes Urteil über den Grundsatz der Demokratie gesprochen: »Was ist die Mehrheit? Die Mehrheit ist der Unsinn, Verstand ist stets bei Wen'gen nur gewesen.«

»Adlige Gleichheit« und soziale Realität

Die »Adels-Nation« unterschied sich von allen anderen europäischen Adelsgesellschaften auch dadurch, daß sie keine inneradeligen *status et ordines* kannte. Die Titel und Ränge eines Herzogs, eines Fürsten, eines Grafen oder eines Freiherrn kamen zwar nicht selten vor, hatten aber (selbst dann, wenn sie von den Kaisern oder den Päpsten verliehen worden waren) für die königliche Kanzlei und deren Protokoll keine Gültigkeit. Die demokratische Gleichheit und Freiheit (*aegalitas et libertas*) waren ein inneradeliges Grundgesetz. Dieses Prinzip hatte, wie Rousseau erkannt hat, einen gewissen Vorbildcharakter für die moderne Rechtsgleichheit. Der polnische Adel ging davon aus, daß alle Edelleute

Europas (mit Ausnahme des russischen Dienstadels und des erst unter Erik XIV. und Johann III. wirklich geschaffenen schwedischen Adels) einander gleich seien, und dies bis zu Kaiser und König hinauf. Zamoyski faßte dies in eines seiner Lieblingspostulate: »Eques Polonus, par omnibus, nemini secundus.« Im Mai 1601 hatte Zamoyski den Orden vom »Goldenen Vließ«, der als höchste Auszeichnung der Christenheit galt, gegenüber Philipp III. von Spanien mit der Begründung abgelehnt, dieser Orden widerspreche der »adligen Gleichheit«. Dagegen trug sein deutsch erzogener König Sigismund III. im Juni 1601 kein Bedenken, diesen Orden mit großem Schaugepränge anzunehmen; er tat dies freilich – jedenfalls nach dem Urteil von Jacques Bongars, einem Diplomaten Heinrichs IV. – »contre la volonté de ses Polonais«. An diesem Gleichheitsgrundsatz scheiterte 1637 auch das vom Vatikan bereits abgesegnete Vorhaben Władysławs IV., mit dem Orden von der »unbefleckten Empfängnis« eine Elite unter den »Regalisten« zu bilden. Eine Reichstagskonstitution von 1638 untersagte noch einmal die Führung von Fürsten- oder Grafentiteln ausdrücklich; ausgenommen waren nur diejenigen Geschlechter, die schon vor der Union von 1569 als »Fürsten« anerkannt gewesen waren (wie die Radziwiłłs), und die Nachkommen der einst regierenden Rurikiden oder Gedyminiden. Eine Ahnung von der Bedeutung der polnischen Adelsgleichheit scheint sogar der dreiundzwanzigjährige »Sonnenkönig« Ludwig XIV. gehabt zu haben, als er 1661 ein Handschreiben an den Großhetman Czarniecki – den er freilich als Verbündeten brauchte – mit dem sehr bescheidenen Titel unterschrieb: »Vostre très affectionné serviteur Louis de Bourbon«. Es blieb dem Hochsarmatismus vorbehalten, die alten Grundsätze zu vergessen und jene Titelsucht hervorzurufen, die ihre Bedeutung innerhalb der polnischen Gesellschaft bis heute nicht verloren hat.

In krassem Gegensatz zu der staatsrechtlichen *aegalitas et libertas* standen die wirklichen ökonomischen Verhältnisse. Eine Besonderheit Polens war der unbegüterte Kleinadel, der entweder nur noch eine bäuerliche Existenz hatte oder aus besitzlosen »Pflastertretern« in den Städten, aus Glücksrittern, unbegüterten Intellektuellen und schließlich aus Dienern reicher Edelleute bestand. Dazu kamen die »Residenten«, die sich ohne eigentliche Beschäftigung auf den Edelhöfen ihrer Verwandten durchfüttern ließen. Cervantes, der den Typus des verarmten spanischen Ritters in seinem *Don Quichote* unsterblich gemacht hat, kannte das »polnische Pendant« und verwendete in seinen Novellen eine Fülle polnischer Motive. Der Vergleich des polnischen »Graurock-Edelmanns« mit dem spanischen »Hidalgo« war damals keineswegs ungebräuchlich. Um ihres niederen sozialen Status willen galten beispielsweise die urwüchsigen Masowier als stur wie die Auerochsen, als rückständig und ungebildet, und viele Beobachter der Warschauer Königswahlen machten sich über sie lustig. Die Masowier waren auch wegen ihres glühenden Katholizismus mit ihren spanischen Standesgenossen zu vergleichen; nicht wenige Größen der jungen polnischen Ordensprovinz der Jesuiten kamen aus Masowien. Diese Kleinadeligen waren entweder seit jeher nur einfach *milites* gewesen, oder sie pauperisierten sich selbst durch die in Masowien und Podlachien übliche Sitte der Realteilung der einstigen Edelhöfe. So war es nicht selten, daß ein Rittergut im Laufe von zwei Generationen in 16 »Anteile« zerfiel. Es entstanden Kleinadelsdörfer, in denen kein »Nichtadeliger« mehr wohnte. Dieser »Graue Adel« wurde in der Regel vom »possessionierten« Adel, der über Untertanen gebot, als »impossessioniert« bezeichnet, obwohl er auf eigenen Höfen saß; die besitzlosen Adelsplebejer galten oft genug als »Pöbel« (Holota). Alle diese verarmten Edelleute wurden standesrechtlich notgedrungen akzeptiert und hatten Anspruch auf die Anrede »Herr Bruder«, die ihnen freilich meist nur vor den Wahlen, wenn jede Stimme gebraucht wurde, zuteil wurde. Schließlich waren diese Kleinadelsgebiete aber auch das klassische Land der frühbarocken Naturlyrik, der ländlichen Idyllen und der Volkskunst; das modische Ideal des »Schäfer-Ritters« hatte hier eine recht handfeste Bedeutung. So waren die polnischen Kleinadelsgebiete gleichsam ein »notgedrungenes Arcadia«, das sich von den prätentiösen Idealen Torquato Tassos, Lope de Vegas oder Sidneys grundlegend unterschied.

Als Soldaten waren diese kleinen Edelleute hoch geschätzt, obwohl sie sich aus eigenen Mitteln nicht militärisch ausrüsten konnten. Sie bildeten den Kern des Mannschaftsbestandes der mittleren Kavallerie und dienten gelegentlich – wie etwa 1582 und 1601 – auch zu Fuß. Im November 1619 bewirkten sie die »erste Befreiung Wiens« von den Armeen der aufständischen Böhmen und der Ungarn unter Bethlen Gabor. Als »Sr. Kaiserlichen Majestät polnisches Militär« traten sie im Januar 1620 in den Dienst Ferdinands II., und sie kämpften am Weißen Berg ebenso erfolgreich wie 1622 in der Pfalz und Lothringen. Wegen ihrer legendären Tapferkeit, ihrer Ausdauer und ihrer in Europa einzigartigen Kunst der Attacke waren sie bei Tilly, bei Wallenstein oder bei Spinola ebenso hoch geschätzt, wie sie auch wegen ihrer Grausamkeit und Beutegier verhaßt waren. Gegen Ende des Dreißigjährigen Krieges waren die polnischen Truppen dank ihrer Feldzüge von Finnland bis zur Donaumündung und von Kasan bis zur Kanalküste so bekannt, daß Mazarin Wert darauf legte, sie in den Dienst Frankreichs zu nehmen. Diese Truppen hatten an der Niederwerfung der *Fronde* in Frankreich einen wesentlichen Anteil. Für das polnische Reich war es einer der entscheidenden Gründe des allmählichen Niederganges, daß dieses riesige militärische Potential ungenutzt blieb. Schon Carew hatte vorgeschlagen, den Kleinadel für die Flotte und die Infanterie nutzbar zu machen. In eben jener Zeit, als in Europa überall der *miles perpetuus* eingerichtet wurde und gleichsam das »Schwungrad« des Staatsmechanismus bildete, verweigerte man in Polen den Königen, die kriegstüchtigen Truppen im Dienst zu behalten. So waren die polnischen Armeen trotz des »Eisernen Zeitalters« der ständigen Kriege von 1648 an doch nicht groß genug, um die Fülle der militärischen Begabungen voll auszuschöpfen.

Das eigentliche Gefüge der adeligen »Herrschaft« bildeten jene etwa 80000 Besitzungen, deren Größe vom deutschen Rittergut bis zum Herzogtum reichte. Auch unter dieser Schicht von »Erbherren« gab es glänzende militärische Talente, die sich – wie Zolkiewski, der Eroberer von Moskau, wie die Schwedenbesieger Jerzy Lubomirski und Stefan Szarniecki oder auch Jan Sobieski – in die Kriegsgeschichte eingeschrieben haben. Gleichwohl hatten diese »Possessionati« den Krieg als Broterwerb im allgemeinen nicht nötig, und sie waren meist als »Unternehmer« mit der Bewirtschaftung ihrer Güter beschäftigt. Da der Adel für seine Ein- und Ausfuhren »zu eigenem Bedarf« Zollfreiheit genoß, beherrschte er den in- und ausländischen Markt weit mehr als das städtische Bürgertum. Auf der wichtigsten Handelsstraße, der Weichsel, wurden gemäß den

Registern der Warschauer Zollkammer 1605–1651 (es sind nur die Register von 22 dieser 47 Jahre erhalten) für rund 52 742 200 polnische fl. »adlige« Waren ausgeführt und nur für ca. 23 485 200 fl. »nichtadlige« Waren. Das Verhältnis zwischen »adliger« und »bürgerlich-bäuerlicher« *Ausfuhr* lag also bei rund 69 : 31. Die *Einfuhr* auf dem Weichselwege – für die freilich nur etwa ein Zehntel des Wertes nachgewiesen ist – befand sich dagegen zu ca. 72 % in »nichtadligen« Händen. Auch in den Häfen von Elbing, Königsberg, Riga und Pernau überwog der »adlige Export« den »nichtadligen« bei weitem. Nur im Landhandel, der beispielsweise von Krakau nach Ungarn, in die österreichisch-böhmischen Länder und nach Süddeutschland ging, war der »bürgerliche« Handel vorherrschend. Ähnlich war es bei dem von Rußland nach Deutschland ziehenden Transithandel. Allein auf der Pelzbörse von Gnesen wurden jährlich mehr als 800 000 – meist sibirische – Felle umgeschlagen. Dennoch verhinderte die ökonomische Macht des Adels die Bildung eines starken Bürgertums.

Wenn Polen der »Kornspeicher Europas« oder auch das »moderne Ägypten« genannt wurde, dann auch deswegen, weil sich in der Wirtschaftsform der adligen Güter der Frondienst der Untertanen mit der »frühkapitalistischen« Gesinnung der Herren verband. Die Dimensionen adeligen Grundbesitzes waren hier anders als im übrigen Europa. Am begütertsten waren wohl die – allerdings in drei katholische und eine calvinistische Linie gespaltenen – Radziwiłłs, deren privater Besitz nach vorsichtigen Schätzungen insgesamt etwa 42 000 qkm mit rund 600 000 Untertanen umfaßte. Die 1589 vom Reichstag genehmigte »Ordination« Zamoyskis umfaßte 3830 qkm mit fast 80 000 Untertanen; weitere 2614 qkm Eigenbesitz gehörten ihm in Podolien. Damals sagte ein böhmischer Aristokrat vom Range Wallensteins: »Gegenüber unseren polnischen Standesgenossen sind wir Bettler.«

Der begüterte Adel besaß außer seinem »privaten« Besitz noch andere reiche Einnahmequellen. Ihm fielen naturgemäß die rund 20 000 Ämter und Würden zu, die der König zu vergeben hatte; diese Vergabe war schließlich das wichtigste Mittel, eine Fraktion von »Regalisten« zu schaffen. Darüber hinaus verfügte der reichere Adel verfassungsgemäß – und dies war einmalig in Europa – über die Masse der »königlichen Besitzungen«. Diese umfaßten insgesamt etwa 18 % des Territoriums der Republik, machten also rund 168 500 qkm aus. Dies war ein Gebiet, das größer war als die rein deutschen Erblande des Hauses Österreich (ohne die böhmischen Länder) oder als das ganze Königreich England. Freilich handelte es sich um Streubesitz, dessen einzelne »Starosteien« von kleinen Herrschaften mit 2–5 Dörfer bis zu riesigen, magnatischen Güterkomplexen (namentlich in Litauen und in der Ukraine) reichten. Nach der ursprünglichen Gesetzgebung, der »Exekution« der königlichen Güter von 1562–1569, sollte der »Tenutrius einer Starostei« 20 % der Einkünfte für sich behalten dürfen, 80 % aber für öffentliche Ausgaben abliefern. Heinrich von Valois ermäßigte die Abgaben für den Schatz der Republik schon 1574 auf 40 % bei den Starosteien »mit Jurisdiktion« und auf 50 % bei denen »ohne Jurisdiktion«. Damit war ein verhängnisvoller Weg eingeschlagen und der adeligen Habgier Tür und Tor geöffnet. Unter Sigismund III. wurde der *Schatz der Republik* von dem *Schatz des Königs* grundsätzlich getrennt (nach der Konstitution von 1590), wobei das bisherige Gewohnheitsrecht so interpretiert wurde, als ob der königliche Anspruch auf die Masse der königlichen Besitzungen schon entfallen sei. Die Konstitutionen von 1601 und 1607 legten dann den Umfang der »königlichen Ökonomien« oder der »bona mensae regiae« im engeren Sinne auf rund ein Zehntel der ursprünglichen königlichen Besitzungen fest. Die übrigen neun Zehntel des ursprünglichen königlichen Besitzes mußten verfassungsgemäß zu einer Art von »Lehen« ausgetan werden; eine »Reduktion« des königlichen Besitzes wie in Schweden oder auch eine Konfiskation wie in den böhmischen Ländern nach 1620 war schlechthin unmöglich. Unter diesen Umständen zogen viele Mitglieder der Aristokratie aus den ihnen übertragenen königlichen Besitzungen größere Einnahmen als aus ihrem Privatbesitz. So besaß etwa Jan Zamoyski außer seinen Eigenbesitzungen (6445 qkm) noch neun »Starosteien« mit zusammen 1034 qkm; er beherrschte damit insgesamt 23 Städte und 816 Dörfer auf einem Gebiet von 17479 qkm. Das war ein Territorium, das ein normales deutsches Herzogtum wie Württemberg um das Dreifache übertraf und nicht viel kleiner war als das ganze Fürstentum Wales; Zamoyskis Besitz hatte etwa ebensoviel Einwohner wie Wales, brachte ihm aber weitaus mehr Einkünfte. Der Großkanzler, der nach »deutscher Art« – also sparsam – wirtschaftete und daher als »geldgierig« verschrien war, hatte 1596 (wenn man dem päpstlichen Diplomaten Bonifacio Vannozzi glauben darf) allein an barem Gelde rund eine Million Gold-Scudi liegen. So kam es dazu, daß die Einkünfte der reichsten Magnaten nicht selten die Einkünfte der gesamten Republik überstiegen. Der häufig verschuldete Sigismund III., der freilich ein schlechter Haushalter war, fühlte sich seinen Großen gegenüber manchmal »wie ein Bettler«. Daher hatten ausländische Beobachter grundsätzlich recht mit der Feststellung, daß die Vergabe der Starosteien aus der an sich demokratischen Verfassung Polens *de facto* eine aristokratische machten und daß die Verfügung über den königlichen Besitz das heiligste Palladium der polnischen Aristokratie darstellte.

Königliches Souveränitätsstreben und adliges »liberum veto«

Die polnischen Könige der Zeit schienen ihre Autorität gegenüber der Adelsgesellschaft mindestens in äußerer Hinsicht trotz alledem durchsetzen zu können. Heinrich von Valois hatte die *Articuli Henriciani* in mancher Hinsicht zu umgehen gewußt, und sein Berater Lodovico Gonzaga entwarf ihm während seiner kurzen Regierungszeit genaue Pläne zur Erringung der »souveraineté«, die außerordentlich sachkundig waren. Stefan I. Batory beendete den zwanzigjährigen Krieg um Livland gegen Ivan Grosnij siegreich, zumal er in diesem Falle die uneingeschränkte Unterstützung der Adels-Nation genoß. Seine Konzeption einer Eroberung Rußlands nach dem Tode von Ivan Grosnij (1584), die nur infolge seines plötzlichen Todes unausgeführt blieb, hatte wegen der Zerrüttung der Sozialverhältnisse in Rußland und wegen einer starken propolnischen Bojarenpartei gute Aussichten. Sigismund III., der 45 Jahre lang regierte, führte die Republik mit der zeitweiligen Beherrschung Moskaus (1610–1613) äußerlich auf den Gipfel ihres Ruhmes. Kaiser Ferdinand II. verdankte ihm von 1619 an nicht nur den Entsatz Wiens, sondern in hohem Maße auch die Behauptung seiner deutsch-böhmischen Erblande. König Jakob I. von England (und Schottland) wollte Sigismunds Sohn Wladyslaw 1609 zum Gemahl seiner Tochter Elisabeth – der späteren »Winterkönigin« – haben, was Großbritannien und Polen in die Rolle von europäischen »Flügelmächten« gebracht hätte; Sigismund III. lehnte allerdings eine »calvinistische« Heirat für seinen präsumtiven Nachfolger ab. König Sigismund war weder ein Feldherr noch ein Eroberer; das widersprach seinem Charakter, seiner Begabung und auch seinen Taten. Trotzdem wurde sein Ruhm als Feldherr in Spanien dank seiner verwandtschaftlichen Beziehungen zu Philipp II., Philipp III. und Philipp IV. legendär überhöht. *Lope de Vega* feierte ihn in seinem Schauspiel *El Gran Duque de Moscovia y emperador perseguido* (zwischen 1606 und 1613) als einen Kriegshelden und Feldherrn-Mentor. Lope de Vega war durch einen Bericht des (seit einem Vierteljahrhundert mit Sigismund III. und dessen Vater Johann III. vertrauten) Jesuiten *Antonio Possevino* (vgl. oben, S. 48) sowie durch die Brüder Mniszek wohlunterrichtet. *Pedro Calderón de la Barca* zeichnete dagegen in seinem Drama *La vida es sueño* ein Charakterbild des »Segismundo de Polonia«, das in fast allen Einzelzügen dem wirklichen Wesen Sigismunds III. entsprach. Calderón war ganz offenkundig durch die spanischen Granden unterrichtet, mit denen Sigismunds Sohn Wladyslaw während der Belagerung von Breda (1624–1625) zusammengetroffen war. Wladyslaw IV. war vielleicht der begabteste Fürst, den das Haus Wasa je hervorgebracht hat. Als Feldherr und militärischer Organisator war er seinem Oheim (zweiten Grades) Gustav Adolf ebenbürtig, wie die genialen siegreichen Feldzüge bewiesen, die er 1621–1635 gegen die gesammelte Macht des Osmanenreiches, gegen die Tataren, die russischen Armeen und gegen die Schweden mitsamt ihren deutschen Bundesgenossen führte. Ihm verdankt Polen grundlegende Reformen der Heeresverfassung. Wenn seine Siege keine dauernden Erfolge einbrachten, so war dies der Adels-Nation zuzuschreiben, die ihn zwang, einmal aufgestellte Armeen entweder zu verabschieden oder dem Kaiser und dem König von Frankreich zu überlassen. Als Mäzen des Theaters nahm er sich die Gonzagas zum Vorbild, und ihm ist es zu verdanken, wenn englische Schauspieler 1616 – also im Todesjahr Shakespeares – Shakespeares schönste Dramen im Theatersaal des Warschauer Königsschlosses aufführten (übrigens in deutscher Bearbeitung). Als Kunstkenner und Kunstsammler, als Mäzen von Rubens und seiner Schule rivalisierte er mit Karl I. von England um den höchsten europäischen Rang. Gleichwohl mußte er sich darein ergeben, im letzten Jahrzehnt seiner Regierung einem notgedrungenen politischen Quietismus zu huldigen. Er versuchte – wegen der vielen Präzedenzien früherer Herrscher allerdings ohne Erfolg – die Belehnung Friedrich Wilhelms I. mit dem Herzogtum Preußen zu unterbinden. Wladyslaw IV. durchschaute den Charakter dieses Fürsten, der in unnatürlicher Weise »weder dem Bacchus noch der Venus huldigt« und schrankenlosen Ehrgeiz wie auch Wortbruch für erlaubte politische Mittel zu halten schien. In der Tat war Friedrich Wilhelm I. der letzte Hohenzoller, der vor dem Warschauer Königsschloß einen Kniefall vor dem polnischen König zu machen hatte. Es war ein edles Mißverständnis, wenn deutsche Dichter wie Martin Opitz oder Simon Dach den König Wladyslaw IV. als »Friedensfürsten«, als »der Völcker Trost und Zier« oder auch als einen arkadischen »Cleomedes« feierten.

In jedem Falle hatten alle vier Könige, die von 1573–1648 regierten, dem polnischen Adel und vorzüglich der Aristokratie ihren Preis für äußere Erfolge zu zahlen. Heinrich von Valois verschenkte die Hälfte der königlichen Einkünfte um der vagen Hoffnung willen, Polen von Paris aus durch einen »Vizekönig« regieren zu können. Stefan I. Batory gab 1578 um des Krieges mit Moskau willen das Königsrecht der höchsten Jurisdiktion aus der Hand, das nunmehr adeligen »Tribunalen« zufiel. Er sah sich um reiner Geldsorgen willen veranlaßt, neben den Ansbacher Hohenzollern auch die »brandenburgischen« zur Mitbelehnung im Herzogtum Preußen zuzulassen. Sigismund III. hat diesen Rechtsakt der Mitbelehnung 1603–1605 vollendet, weil er hoffte, mit Hilfe der Brandenburger sein 1598 verlorenes Erbreich Schweden wiederzuerringen. Wladyslaw IV. sah mit vollkommener Klarheit voraus, daß dieser politische Konflikt die entscheidende Ursache für den sicheren Untergang seiner Republik sein würde. Er erlitt auch mit seinem »Grand Dessin«, die Kosakenfrage durch einen Krieg mit dem Osmanischen Reich (1645–1647) zu lösen und die kosakische Macht nach Südosten abzulenken, einen totalen politischen Schiffbruch. Adel und Senat verboten ihm gemäß dem Buchstaben der *Pacta conventa,* welche dem König nur *bella defensiva* erlaubten, die Inszenierung eines »Osmanischen Krieges« – obwohl auch die damalige Völkerrechtslehre eines Hugo Grotius oder eines Hermann Conring *bella offensiva* ausdrücklich guthieß.

Unter diesen Umständen war es gewiß nicht das erste *liberum veto* von 1652 (das damals zum legalen Prinzip erhoben wurde und in der Folge noch viele Reichstage sprengte), das den allmählichen Untergang der Polnischen Republik herbeiführte. Die »polnische Anarchie« wurde in der Folgezeit zum Schlagwort und ein Jahrhundert später zum wichtigsten Prätext für die Teilungen. Den *communis consensus* des Polnischen Reichstages und seine Entsprechung, das *liberum veto,* gab es damals auch anderswo, beispielsweise in den Generalstaaten der Niederlande. Die moderne Zeit, die so viele altpolnische Verfassungsprinzipien wie das »imperative Mandat« oder das »Vetorecht eines einzelnen« (letzteres etwa im Rat der Europäischen Gemeinschaft oder im Sicherheitsrat der Vereinten Nationen) wiedereingeführt hat, denkt darüber milder als die alten absolutistischen Staaten, die sich an der »polnischen Desfunktion« weideten und daraus die Legitimation für ihre Monokratie zogen. Das erste *liberum veto* von 1652 ist vielmehr als der Umschlagspunkt eines längeren Verfassungsprozesses zu sehen, der die Gewichte zuungunsten des Königtums immer stärker verschob. Vor allem waren die zahlreichen Interregna der Motor, welcher dem Tatendrang der Wahlkönige immer wieder entgegenwirkte. Dabei ist die historische Schuld der polnischen Aristokratie, welche dank ihrer ökonomischen Macht oft genug das »anarchische Gefüge« der Republik sprengte oder diese durch ihre »Klientelen« von verarmten Adelswählern lähmte, nicht zu verkennen. Trotz alledem ist es eher dem »Anachronismus« der Koexistenz einer Adelsdemokratie mit monokratisch organisierten Staaten zuzuschreiben, wenn das alte *Commonwealth* unterging. In den Kolonialländern Nord- und Südamerikas und selbst auf den Britischen Inseln hätte das polnische Staatswesen – trotz all seiner Schwächen und Fehler – eine Überlebenschance gehabt. Wenn der Dichter *Krasinski* seinem Freunde Lamartine gegenüber die Gleichheit und Freiheit der polnischen Adelsgesellschaft als »die großartigste Demokratie« beschrieb, die es seit den Zeiten der Antike »in Europa jemals gab«, so war dies mehr als der verklärte Schimmer einer reinen Idee.

2. Im Zeichen des Goticismus – Schweden zu Beginn der Neuzeit

(von Günter Barudio)

Die Steigerung einer politischen Idee zur universal wirkenden Glaubensgewißheit ist am Wesen der kollektiv empfundenen Freiheit (*Libertas*) des republikanischen Rom beobachtet worden. Zu dieser bemerkenswerten Verlagerung von Bedeutung und Funktion gibt es in der Ideengeschichte ein nicht minder wichtiges Gegenstück: die Ableitung politischer Ideen aus einem Mythos.
Vorstellungen von der Herkunft und Herrschaft der Goten, den Bezwingern und Erben Roms, teilen dazu in Gestalt des *Goticismus* bedeutsame Nachweise mit. In England um 1710 als Synonym für Vandalismus oder Barbarei im Umgang mit fremden Völkern und Kulturgütern gebraucht, verstand man etwa hundert Jahre später von Italien her darunter nichts anderes als eine »gotisch« gestaltete Architektur und Kunstrichtung (Svennung, 1967, S. 58 ff.). Zu Beginn unseres Jahrhunderts jedoch erlebte dieser Terminus eine erneute Wandlung und besondere Anreicherung, die es erlauben, ihn gezielt zur Aufklärung über eines der erstaunlichsten Phänomene in der Ideengeschichte einzusetzen.
Trotz der ideologischen Aufladungen durch den *Teutonismus*, dessen Vertreter die Überlegenheit germanischer Völker gegenüber Rom postulieren – meist auf den Gebieten des Rechts und des Verfassungslebens –, vermittelt das Gotisieren in der Geschichtsschreibung seit *Cassiodor* und seinem Nachfolger *Jordanes* vier wesentliche Ideenbereiche, die vom 6. Jahrhundert an bis ins Mittelalter und in unsere Zeit hinein wirksam geworden sind: Die Goten wurden 1. trotz ihrer gentilen Vielfalt für den Mythos einer edlen Abkunft in Anspruch genommen, indem sie als das *Urvolk* der Menschheit herhalten mußten. Dieses habe sich 2. seit der Sintflut von Armenien aus als eine besondere Art von *Wandervolk* über ganz Europa ausgebreitet, um dann 3. nach der Festsetzung in Skandinavien auf neuen Heerzügen zur Krim und bis Karthago den Ländern des zerfallenden Römischen Imperiums die Segnungen eines *Staatsvolkes* zu bringen. Unter dem Eindruck dieser Eigenschaften und Leistungen sprach Jordanes sogar davon, daß die Goten eine *Vagina nationum* seien, demnach auf ihren Zügen den Mutterboden für staatliches Gedeihen überall in Europa anlegten. Zu seiner Pflege gehörte aber nicht nur die Berufung auf einen legitimierenden Mythos und die Annahme des Christentums, sondern auch die bewußte Erziehung zu einem gotischen Menschen. Daraus entwickelte sich 4. ein *Manneskult,* der sich im Ritterwesen des Mittelalters wie der Neuzeit wiederfand und auch im Goten-Kitsch der NS-Ideologie gewaltsam Urstände feierte.
Aber in keinem anderen Land als in Schweden – von Spanien in der Zeit des vorherrschenden *Tacitismus* (vgl. oben, S. 59 ff.) abgesehen – wurden die Anleihen beim überkommenen Gotentum so weit getrieben, daß damit in der praktischen Politik nationale Identitätsfindung, Souveränitätsstreben, Sendungsbewußtsein, Expansionsdrang und innere Sozialdisziplinierung bewältigt werden konnten.

Schweden – »von heidnischer Welt«

Das Kreuz in den Flaggen der nordischen Nationen bekundet mit Nachdruck, daß sie mit der Annahme des römischen Christentums in ein neues Stadium ihrer Geschichte getreten sind. Trotz Integration in die Universalkirche gab es aber schon früh Bestrebungen, die lateinische Kultur aus dem Süden mit der Sicherung nationaler Qualitäten zu ergänzen und dadurch die eigene Identität zu stützen.

So wurde noch zu Lebzeiten der *Heiligen Birgitta* (1303–1373), einer hochgebildeten und innen-, kirchen- wie außenpolitisch engagierten Aristokratin (Klockar, 1971; vgl. Stolpe, 1974), ein Teil der Bibel ins Schwedische übersetzt. In der Einleitung dazu heißt es selbstbewußt und unter Berufung auf den Kirchenvater *Isidor von Sevilla* (560–636), der selbst ein Westgote gewesen sein soll, »daß fast ganz Europa von den Goten abstammt, die Goten aber von Magog, dem Enkel Japhets« und somit von Noah (Svenska medeltidens bibelarbeten, I, 1848, S. 3 ff.).

Selbst unter dem Einfluß der »teutschen« Kultur, wie sie in dieser Zeit von Angehörigen der Hanse vermittelt worden ist, und im Rahmen der politischen Bindungen durch die *Kalmarer Union* (1397) hat sich dieser Herkunftsmythos erhalten können. Wie stark er bereits ins politische und nationale Bewußtsein gedrungen war, verdeutlicht ein besonderer Streit auf dem Konzil zu Basel. Im Jahre 1434 erregten sich nämlich dort die Gemüter hinsichtlich einer Rangordnung der einzelnen Konzilsnationen. Dabei forderte *Nils Ragvaldsson* (?–1448), der Bischof von Växjö, daß der »germanischen Nation« insgesamt vor allen anderen der erste Rang gebühre, weil sie vom gotischen Urvolk der Menschheit abstamme (Söderberg, 1896). Dieser Forderung soll durch den Bischof von Burgos in Spanien erwidert worden sein, auch die »hispanische Nation« könne die Goten-Abkunft für sich bemühen (vgl. Lazarus, 1912, S. 178 ff. und Messmer, 1960). Das Ringen um den Rang der edleren Nation war also schon lange vor der Reformation voll im Gang und verweist im Niedergang der Universalmächte Kaiser und Papst auf die wachsende Bedeutung nationalen Eigenwertes.

Nur wenige Jahre später gehörte Ragvaldsson, nun Erzbischof von Uppsala, einer Verfassungskommission an, deren Arbeit zum berühmten »Reichsrecht« (Landslag) von 1442 führte und mit einem erstaunlichen Bekenntnis aufwartete. »Schwedens Reich«, heißt es eingangs dieser Verfassung, »stammt von heidnischer Welt und besteht aus Svea-Land und Götha-Land ... Von Schweden aus wurde der Name der Goten in andere Länder getragen, wie die Schrift es berichtet« (Lagförslag i Carl IX:s tid, 1864, S. 6/7). Was immer auch die nach dem Baseler Konzil einsetzende Jordanes- und Goten-Forschung an Kritik vorbringen mochte, der Mythos vom Urvolk überlebte alle Einreden und selbst die Reformation, die den Ländern des Nordens das Augsburgische Bekenntnis brachte und ein libertäres Staatskirchentum entstehen ließ. Der letzte katholische Erzbischof von Uppsala *Johannes Magnus* (1488–1544) glaubte zwar im römischen Exil, er könnte zusammen mit seinem gelehrten Bruder Olaus (1490–1557) mittels des Goten-Mythos die abtrünnigen Schweden wieder zur alten Kirche zurückbringen (*Historia de omnibus Gothorum Sueonumque regibus*, 1554), aber ihr mächtiger Zeitgenosse, der 1523 gewählte König *Gustav I.* (1496 bis 1560) aus dem Hause Vasa, ließ sich von dieser Absicht nicht anfechten. Er pflichtete jedoch ihrer Ansicht vom Wert der Goten bei. Deshalb bekannte er auch 1555 mit vollem Ernst in einem öffentlichen Schreiben, daß die Goten »nach Teutschland und anderen Ländern und Reichen zogen, bis sie ins Schwitzerland kamen, wo sie sich niederließen und noch immer wohnhaft sind« (vgl. W. Oechsli, in: JbfSG, 42, 1917, S. 189 ff.).

Half die fortgesetzte Berufung auf den Urvolk-Mythos und das Bezwingen Roms, die neue Unabhängigkeit der »souveränen Krone« Schweden von der Kalmarer Union und der römischen Universalkirche »historisch« abzusichern, so gestattete diese Idee auch, die eigene Expansion im Ostsee-Raum gegen die Interessen der unmittelbaren Nachbarn zu rechtfertigen. »Schwedens Reich«, stellte Gustav I. bereits 1525 mit Nachdruck fest, »ist ein *eingebundenes Land.* Auf der einen Seite hat man den Russen, Preußen und Teutschen und auf der anderen Seite die Dänischen« (KGF Reg, II, 1525, 1864, S. 270 ff.). Diese Lage der Einkreisung erforderte nicht nur den Ausbau von Heer und Flotte, sondern verlangte auch nach einer besonderen Staatskunst der nationalen Sicherheit, zumal mit dem Kampf um das Erbe des Deutschen Ordens auch Polen bald zum Nachbarn wurde und der Siebenjahrskrieg (1563–70) um die Oberherrschaft über die Ostsee (*Dominium Maris Baltici*) schmerzhaft bewußt machte, daß Schweden nur in einer europäischen Absicherung gedeihen konnte. Der *Stettiner Friede* von 1570, der bis 1610 halten sollte, war dafür nicht weniger ein Signal als die Werbung Spaniens, König Johan III. solle sich am Kampf gegen die »niederländischen Rebellen« beteiligen, die neben englischen Kaufleuten bald den Ostsee- und Rußlandhandel kontrollierten. Versuche zur Gegenreformation zeigten zusätzlich an, welches Interesse nicht nur Rom an dieser aufstrebenden Macht des Nordens besaß. Schließlich kam es zu einem Bürgerkrieg, in dessen Verlauf Sigismund III. (1566–1632; er war gleichzeitig Wahl-König von Polen und Erb-König von Schweden) von Herzog Karl (Gustav Adolfs Vater) nach der *Schlacht bei Stångebro* (1598) vertrieben wurde. Im gleichen Jahr starb auch das Moskauer Zarengeschlecht der Rurikiden aus und verwies Schweden während der anschließenden »Zeit der Wirren« (Smuta) an den Rus-Mythos. Die Vorstellung, daß der Nachbar im Osten einst zur Beilegung seines Bürgerkrieges aus Schweden den Fürsten Rurik zur Herrschaft erbeten habe, half dabei, die militärische und politische Intervention in Rußland von 1609 zu begründen und sogar den Vasa-Prinzen Carl Filip nach Gustav Adolfs Regierungsantritt (1611) als neuen Zaren von Moskau und ganz Rußland bereitzuhalten (Almquist, 1907; Barudio, 1982).

In dieser Zeit des Umbruchs wurde der Goten-Mythos verstärkt bemüht, vor allem von *Johan Skytte* (1577–1645), einem der besten Lateiner Europas, Erzieher Gustav Adolfs und (ab 1617) Reichsrat. So verbreitete er sich in einer viel beachteten Rede an der Universität Marburg über das Alter und die kriegerische Männlichkeit der Goten (*Oratio de Suecorum Gothorumque vetustate et fortitudine militari,* 1599). Er weist deren Auswanderung von deutschem Boden nach Schweden entschieden zurück und stützt sich dabei auf Jordanes, Aeneas Sylvius und die Gebrüder Magnus. Skytte, von unadliger Herkunft, versuchte in dieser gezielten Lobrede auf die »Würde meines Vaterlandes« nicht nur die Goten-

Theorie des Polen *Matthias de Miechowia* und deutscher Gelehrter zu widerlegen, sondern auch die europäische Öffentlichkeit darauf einzustimmen, daß sie aus dem hohen Norden neben gotisiertem Mannesmut und Rittersinn auch Rechtsdenken und Gesetzestreue zu gewärtigen habe, kurz: politische Kultur. Ihre Errungenschaften durfte er bei der Missionierung der heidnischen Samen in Norrland erproben (Berg, 1920), ehe sie dann in Mitteleuropa unter König Gustav II. Adolf und Axel Oxenstierna vornehmlich im Deutschen Krieg (1618 bis 1648) ab 1630 und mit dem Westfälischen Frieden zum Staunen Europas im Geist der »Teutschen Libertät« gegen den Absolutismus Habsburgs wieder gesichert werden konnte.

Die Idee einer »Regierung des Rechts«

Die Auffassung, daß die Goten ein Staatsvolk gewesen sind, das sich eines besonderen *Gesetzbuches* bedient haben soll, konnte sich bis in die Neuzeit halten (Hägg, 1945). Eine gewisse Emanation dieses gotisierten Staatsdenkens hatte Eingang in das 1608 unter Mitwirkung Skyttes erstmals gedruckte »Reichsrecht« gefunden, das von dem Unions-König Christopher aus dem Hause Wittelsbach 1442 für Schweden kodifiziert wurde und in seinem Vertrags- und Treuhandwesen noch 1770 als Magna Charta der Freiheit gefeiert werden konnte – als große Errungenschaft Schwedens im Rahmen des Naturrechts (Barudio, 1981, S. 84 ff.).

Dieses Gesetzbuch hat bis zum Absolutismus in Schweden (1680 bis 1718) auf sonderbare Weise alle Stürme der Zeiten überstanden: den Bürgerkrieg und das Ende der Kalmarer Union, die Reformation von 1527 mit der Enteignung der reichen Kirche zugunsten von Krone und Königtum, die Umwandlung des Wahlrechtes zum Königsamt ins depositäre Erb-Prinzip, das seit 1544 (bis heute) in Geltung ist, den Patrimonial-Absolutismus Eriks XIV. und dessen Sturz als »Tyrann« im Jahre 1569 sowie den Bürgerkrieg, der von 1576 an zwischen König Johan III. und Herzog Karl schwelte, bis er unter Sigismund III. offen zum Ausbruch kam und 1604 mit der Erhebung Karls zum König beendet wurde.

Als dieser katholische Vasa 1594 im protestantischen Schweden »dem Gesetz gemäß« die Nachfolge seines kryptokatholischen Vaters Johan antreten durfte, da wurde ihm neben der Erinnerung an die gotische Abkunft von Land und Leuten mit allem Ernst bedeutet, daß er nicht »absolut« und damit »von den Gesetzen gelöst« regieren dürfe, sondern nur nach Maßgabe von Schwedens uraltem Recht und im Sinne des libertären *Gobierno espagnol,* wie ihn König Alfons der Weise zur Zeit der Heiligen Birgitta allen christlichen und gerechten Königen empfohlen hat: »Dieser ließ einen Pelikan malen und setzte sein Herrschaftsmotto darunter *Pro lege et grege,* d. h. *Für Gesetz und Gefolge* (Volk in Gestalt der Besitzstände)« (SRA, I:1:3, S. 384 f.).

In dieser von deutschen Staatsrechtlern oder Politologen nie beachteten Fundamentalformel drücken sich zwei Prinzipien des Rechtsstaates aus, die von der Verfassungsbewegung nach der Revolution von 1789 nur erneuert worden sind: 1. die *Gegenseitigkeit* von Rechten und Pflichten aus dem Römischen Recht (Do ut des) und 2. die *Verhältnismäßigkeit* nach Maßgabe der Nikomachischen

Ethik und des vertraglich angelegten Feudalrechts (Treu Herr – Treu Knecht). Zu dessen Wesen und Wirken hatte der Hauptverfasser der berühmten Pelikan-Rede des geeinten Adels und einer der besten Juristen in der Geschichte Schwedens, der Vize-Kanzler *Erik Sparre* (1550–1600), um 1580 eine außerordentliche Staatsschrift verfaßt. Sie trug den bezeichnenden Titel *Pro lege, rege et grege* und betonte unter fortwährenden Rückversicherungen bei Baldus de Ubaldis, Schneidevinus und anderen Gelehrten die Bedeutung des Vertragswesens und die ihm zugehörige Treuhand-Natur libertärer Staatlichkeit. In der Wahrnehmung ihrer »Majestät« stand dabei den Königen nur ein Mandat auf Lebenszeit zu (*Majestas personalis*), das in seiner Handhabe bei der Gesetzgebung, im Gerichtswesen und in der Landesverteidigung stets auf die überzeitlichen Rechte der Krone und damit auch der vier politischen Stände (Adel, Klerus, Städte-Bürger samt selbsteignenden Bauern) bezogen bleiben mußte (*Majestas realis*). Wie in Frankreich, Polen oder auch im Heiligen Reich war der regierende Monarch trotz seiner Machtfülle rechtlich gesehen nur ein libertärer Nutznießer (*Usufructuarius*) seiner Herrschaftsrechte (*Jura majestatis*), nicht aber ein patrimonialer Besitzer seines »von Gott verlehnten Erb-Reichs« (vgl. Strömberg-Beck, 1962).
Diese feudale und libertäre Vertragsnatur der Staatlichkeit verlangte entgegen allen Behauptungen der Anhänger des »Dualismus« nach einer Trichotomie ihrer tragenden Institutionen. Sie hatten sich gegenseitig zu stärken und im Vertrauen zu kontrollieren, damit sich Politik als Vollzug von Recht und Gerechtigkeit dem Stände-Volk und allen anderen Untertanen zu erkennen geben konnte. Nur diese Struktur des »dreiteiligen Vertrags (*tripartite indenture*) zwischen dem König, den Lords und den Gemeinen«, wie *Matthew Hale* (1609–1676) analog zur schwedischen Situation die Idee des Rechtsstaates gefaßt hat (Barudio, 1981, S. 319ff), erklärt die umfangreichen Herrschaftsverträge (*Försäkringar*), welche die Erb-Könige vor ihrem Regierungsantritt unterzeichnen und beschwören mußten. In ihrem Verfassungseid gelobten sie, »mit dem Rat des Rates« und »mit der Zustimmung der Stände« zu regieren. Der jeweilige König, der permanent tagende Reichsrat und der temporär einberufene Reichstag (ab 1660 periodisch) begegneten sich im Rahmen des Rechts als Konkurrenten im ursprünglichen Sinne des Wortes – als Organe gegenseitigen Zusammenwirkens.
Unter der strengen Beachtung einer Trennung von *Jus* (Fundamentalgesetze = Constitution) und *Lex* (Verwaltungsanordnungen = Administration), der Duplex-Majestas-Relation und der institutionellen Drittwirkung von Verträgen (Jus tertii) konnte demnach *Axel Oxenstierna,* einer der größten Staatsmänner und Verfassungsgeber in der Geschichte, im Jahre 1622 in deutscher Sprache von einer »Regierung des Rechts« sprechen (AOSB, I:1, 1888, S. 228). Seine und Gustav Adolfs Staatskunst realisierte denn auch in einer imponierenden Reformarbeit die Idee von der Vertrags-Konkurrenz der *Trois Prérogatives,* wie sie die libertäre Verfassung *vor* dem Absolutismus gekennzeichnet hat und damit auf die *Trois Pouvoirs* liberaler Verfassungen *nach* dem Absolutismus deutet. Im Bewußtsein dieses gotischen, antiken und aragonesischen Erbes (*Judex medius*) heißt es folgerichtig in der Präfation zur »Regierungsform« von 1634: »Ein ordentliches Regiment besteht immer dort, wo dem König die Majestät, dem

Rat die Autorität und den Ständen Recht und Freiheit (Libertät) ... erhalten bleibt« (Sveriges regeringsformer 1634–1809, 1891, S. 2ff.).

Mitten in der schwersten nationalen Herausforderung seiner Geschichte, nach der Intervention von 1630 in den Deutschen Krieg und noch unter dem Eindruck des Schlachtentodes von Gustav Adolf (1632), gelang es diesem politischen Stände-Volk Schwedens, die Idee vertraglicher Freiheit und die Errungenschaften des libertären Rechtsstaates (Eigentums-Garantie, Habeas-Corpus-Sicherheit, Landfrieden und politische Repräsentanz) nach innen so zu sichern, daß die Krone nach außen handlungsfähig blieb. Diese große Leistung ist von seiten des *Borussismus* und den Anhängern der *Machtstaatsidee* entgegen allen historischen Erfahrungen auch in der deutschen Reichsgeschichte nicht in ihrem Wert erkannt bzw. mit verheerenden Folgen mißverstanden worden (Hintze, 1913, S. 486ff.). Aber auch die Befürworter eines »sozialistischen Staates« lehnen eine vertragliche Gewaltenteilung ab und verdrängen damit das Erbe der Freiheit zugunsten einer vertragsabweisenden Diktatur.

»Erziehung zur Verfassung«

Schon Aristoteles wußte, daß man zur Freiheit erzogen werden muß. In diesem Sinne hat sich der standesbewußte Adel Schwedens immer fordern und fördern lassen sowie in all seiner sozialen Differenzierung (nach 1561 Grafen, Freiherren und Svennar) für die Idee der alteuropäischen Libertät neben vielen Angehörigen der drei unadligen Stände einen hohen Preis bezahlt: erst im Blutbad von Stockholm (1520), mit dem auch die Reformation ihren Anfang nahm, dann während der grausamen Sture-Morde unter der zeitweiligen Schreckensherrschaft Eriks XIV., schließlich noch im Blutbad von Linköping (1600), dem auch Erik Sparre zum Opfer fiel. Aber trotz dieser Drangsale von Generation zu Generation wurde die Erziehung zum freiheitlichen Menschen nicht völlig unterbunden; und da die Universität Uppsala, 1477 nach den Statuten von Bologna und der Sorbonne gegründet, seit der Reformation aus ökonomischen Gründen geschlossen bleiben mußte und die jungen Schweden gezwungen wurden, an deutschen Universitäten zu studieren, kam der Erziehung durch die Familie erhöhte Bedeutung zu.

Dem steigenden Bedürfnis der Wissensvermittlung und Ideenbegegnung zur Erhaltung des eigenen Standes und des Rechtsstaates trug zu Beginn der 80er Jahre des 16. Jahrhunderts ein grandioses Werk Rechnung. Es kann sich in jeder Hinsicht mit den bekannteren Vertretern der sog. *Oeconomia*- oder *Hausväter-Literatur* (vgl. Brunner, 1958) von Columella (*De re rustica*) bis Charles Etienne (*Maison rustique*) oder Conrad Heresbach (*Rei rusticae libri quatuor*) messen. Vom Schwiegervater Erik Sparres verfaßt, dem überaus redlichen Reichsdrosten (nach dem König der oberste Richter im Reich) *Per Brahe* (1520–1590), trägt es den Titel *Oeconomia heller husholdhz bok för ungtt Adels Folck* (1581) und kann als Theorie dessen gelten, was in Schweden und in Dänemark eine Art *Adels-Kapitalismus* genannt werden darf – ein ökonomisch-rechtliches Verhalten im Rahmen eines gelenkten Marktes (vgl. Heckscher, 1935).

Brahe, dessen Familie zu den ältesten und reichsten Geschlechtern des gesamten Nordens gehörte, hatte nicht nur absolutistische Machenschaften von Königen und Herzögen erlebt, sondern auch die Auswirkungen des *Regalismus* zu spüren bekommen, ein Monopolverhalten der Könige vornehmlich im Bereich des Bergbaus. Deshalb konzentrierte er sich in diesem Handbuch weitgehend auf die gerechte Gestaltung des »adligen Landlebens« (O. Brunner). Der humane Geist des birgittinischen Ritterideals (Stolpe, 1974, S. 159 ff.) findet sich darin ebenso wie der Abscheu des Humanisten Poggio Bracciolini vor der Jagd oder die ernste Empfehlung des Vincent de Beauvais, daß sich ein echter Aristokrat der Pflege eines guten Latein zu befleißigen habe. Eine erfüllte Forderung, die Schwedens einzigartige Latein-Tradition seit Brahe bis zu den 60er Jahren unseres Jahrhunderts erklärt. Diese Leistung war damals lebensnotwendig, wenn sich Adlige wie Unadlige in der Kultur Europas bewegen und im Staatsdienst für Land und Leute etwas Nützliches beitragen wollten. Das Erziehungsziel dieses den Fürstenspiegeln entsprechenden Compendiums war im Geiste des *Erasmus von Rotterdam* und des aufkommenden Stoizismus der sich selbst erkennende und materiell selbst versorgende Mensch.

Mit diesen Vorgaben war die Pflicht verbunden, Körper (Leibesübungen mit Wehrerziehung), Geist (Lernbereitschaft für alle Wissensgebiete) und Seele (Erbauungen durch Religion, Musik und Poesie) in einen harmonischen Einklang zu bringen, soweit es die eigene Natur zuließ. Überzeugt von der Sünd- und Lasterhaftigkeit des Menschen, bemühten sich die Brahesche Tugendlehre wie das »Reichsrecht« mit seinen Geboten und Verboten oder die »Richterregeln« des *Olaus Petri* (1493?–1552) – einem Luther-Schüler und Schwedens Reformator (Schmidt, 1966) –, den jungen Menschen mit den Bindungen des Rechts und den Bedingungen des Gerechten zu seiner eigenen Besserung vertraut zu machen.

Ohne diese Einsätze von adliger und klerikaler Seite für eine verfassungsgemäße Erziehung wäre der Aufstieg Schwedens unter Gustav Adolf und dem Reichskanzler Axel Oxenstierna zu einer Garantiemacht des Westfälischen Friedens (1648) kaum möglich gewesen. Denn erst die Verbindung von »gotischem Mannesmut«, den dieser König bei seinem Krönungsturnier (1617) in Gestalt des legendären Berik sowie in der Abschiedsrede (1630) vor der Invasion ins Heilige Reich ernsthaft beschworen hat (Barudio, 1982, S. 30 ff., 422 ff.), und »gerechter Lebensweise« nach antiken und christlichen Vorbildern hat Adel und Nichtadel in die Lage versetzt, diese historische Herausforderung im Kampf für die »Teutsche Libertät« und die eigene Freiheit zu bestehen.

Die Neugründung der Universität Uppsala 1593 und ihre umfassende Reform 1626 schufen zusammen mit den aufkommenden Gymnasien und Akademien in Dorpat oder Åbo (Turku) die geistigen Voraussetzungen für eine politische Kultur des feudalen Treuhandwesens und ließen das Land trotz schwerer materieller Belastungen durch Dauerkriege moralisch so erstarken, daß es bis zum Absolutismus (Envälde) hin die Position einer europäischen Großmacht erhalten konnte (vgl. Gustafsson, 1956).

Das Zusammenwirken von Ethik, Ökonomik und Politik im Rahmen des feudalen Prinzips von Geben und Nehmen hat diesen Erfolg über viele Krisen und Schwächezustände hinweg möglich gemacht und auch dem schwedischen Heerwesen über die Epoche des Deutschen Krieges hinaus einen besonderen Ruf eingebracht. Nach den Vorstellungen Gustav Adolfs, dem »Begründer des modernen Krieges« (Liddell Hart, 1968, S. 82 ff.), soll der Soldat ein Verfechter der Freiheit sein und damit auch ein Vertreter der Idee vom »gerechten Gehorsam« werden. Im Gegensatz zum »blinden Gehorsam« in den Haus-Armeen der absolutistischen Diktaturen schwor diese Form von Befehlen und Befolgen jeden Offizier und Soldaten auf seine politische Verantwortung ein, ja sie forderte ihn sogar zur Wahrnehmung eines Widerstandsrechtes auf, wenn Befehle zugemutet wurden, die sich gegen »des Königs und des Reiches Bestes« richteten (Artikel 46 der Kriegsartikel von 1621; Barudio, 1982, S. 345 ff.).

Im stehenden Heer dieses Schweden-Königs (Gestellte und Geworbene) war neben dem Geist des *Goticismus* das Vorbild der römischen Kampftradition (literarisch überliefert in den Schriften des *Vegetius*) ebenso lebendig wie die Neuerungen der Oranischen Heeresreform oder die Erwartungen an den *Miles christianus,* wie ihn Zwingli mit dem Opfer des eigenen Lebens vorgelebt hatte. Die Durchdringung all dieser Ideen mit dem Ziel des autonomen Menschen im Soldaten schuf das Bild vom *soldat suèdois,* das Cromwells *New Model Army* beeinflußt hat und nach den Perversionen im Absolutismus in anderer Form bei den Revolutionsheeren nach 1789 wiederbelebt wurde.

Unter diesen Umständen verwundert es nicht, daß der niederländische Gelehrte *Hugo Grotius* (vgl. oben, S. 91 ff.) ein Ratgeber der Reformer in Schweden werden konnte, nicht anders als *Johannes Comenius* (1592–1670) im Schulwesen. Von 1635 an wurde er sogar bis zu seinem Tode Schwedens Botschafter in Paris. Die schwedischen Vertreter einer »Regierung des Rechts« hatten mit Grotius einen der bedeutendsten Theoretiker dieses Jahrhunderts für sich gewinnen können und unter seinem Rechtseinfluß den *Universalfrieden* von 1648 mitgestaltet, der ein hart erkämpfter Sieg der Libertät über den Absolutismus war: In seiner Vertragssubstanz als *Lex imperii fundamentalis* hat dieser »Gerechte Reichsfriede« bis zum Hegemonieversuch Napoleons 1806 das Gleichgewicht Europas gesichert und im Geist ständischer Freiheit einen langen Frieden bewahrt (vgl. Fleischmann, 1926 und Goetze, 1971).

Die »Karolinische Eingewalt«

Stand der Aufstieg Schwedens zur Großmacht ganz im Zeichen des Goticismus und der *Ephorie,* wie das libertäre Verfassungsdenken nach Maßgabe des Treuhänderwesens und der Rechtsinspektion durch Senat und Reichstag auch genannte wurde (Barudio, 1976, S. 161 ff.; vgl. Schieche, 1964), so machten sich nach Beendigung des Deutschen Krieges zunehmend Ermüdungen bemerkbar, die in Übersteigerungen wie Ausgrenzungen nachzuweisen sind.

Die heftigen Angriffe des streitbaren Strängnäs-Bischofs *Laurentius Paulinus Gothus* (1565–1646) in seiner siebenteiligen *Ethica Christiana* (1617–1630) – die erste Staatslehre in schwedischer Sprache – auf die »heidnische« Ethik des Aristoteles lassen ahnen, wie der gotische Patriotismus von seinem Freiheits- und Rechtsbezug auf Machtideen umgepolt werden konnte. Noch wirkt zu dieser Zeit trotz des *Runen-Streites* mit dänischen Gelehrten (Stiernhielm gegen Vormius) der kritische Sinn eines *Johannes Loccenius* (1598–1677) in die Goticismus-Debatte hinein, und die Ideen der Monarchomachen sind stärker denn je präsent (vgl. Hermansson, 1962; Lagarde, 1962 und Runeby, 1962). Aber mit der Abdankung der Königin Christine und dem Tode Oxenstiernas im Jahre 1654 kam Bewegung in das bisher so fest gegründete Ideensystem der *Enrådighet,* wie die Monarchie als »Einherrschaft nach Gesetz« bezeichnet werden konnte.

So wurde mit der Universitätsreform von 1655 durch den späteren Reichskanzler *Magnus Gabriel de la Gardie* (1622–1686) die Lehre des Vertragstheoretikers Althusius von den Vertretern einer »Idee der Staatsraison« und des Macht-Utilitarismus verdrängt, namentlich durch Clapmarius (vgl. oben, S. 56 f.) und Arnisaeus (S. 265 f.). Die große Güter-Reduktion im gleichen Jahr zugunsten der Krone und zum Mißfallen der betroffenen Adligen (Dahlgren, 1964), der erneute Krieg mit Polen und eine gewisse Mißwirtschaft im Lehnswesen während der Vormundschaftszeit für Karl XI. von 1660 bis 1672 ließen bis zum Krieg mit Brandenburg (Fehrbellin 1675) und Dänemark (Lund 1676) ein Klima wuchernden Mißtrauens, steigenden Neides und geistiger Verwilderungen im Adel und zwischen den anderen Ständen entstehen, das allmählich zur Entladung drängte (vgl. Lindborg, 1965).

Das Vorbild Dänemark vor Augen, wo Friedrich III. mit einem gezielten Staatsstreich nach dem Frieden von Kopenhagen 1660/61 die libertäre Verfassung des Wahlreiches abgeschafft und die *Enevaelde* als Monokratie oder »Eingewalt nach Gutdünken« erfolgreich etabliert hatte (vgl. Gerhard, 1966), machte sich der wortblinde, aber recht bibelfeste Karl XI. nach dem Frieden von Nimwegen 1679 ans Werk, sein Erbreich nicht mehr *ephoral* (»mit dem Rat des Rates«) zu regieren, sondern *patrimonial* wie einen familiären Eigenbesitz zu verwalten.

Das gelang ihm Schritt für Schritt in drei Stufen, an denen man den Werdegang des *Absolutismus* im politischen Sinne (Absolutismus gilt in den skandinavischen Sprachen als Bezeichnung für Abstinenzlertum!) geradezu modellhaft erkennen kann. 1680 wird auf einem manipulierten Reichstag dem Reichsrat die bisherige Vertragsfunktion als »Mediator« und Schützer der Krone (*Jus regni*) wie des Königs (*Jus regis*) durch eine patrimoniale »Ausdeutung« des Erb-Begriffes aberkannt, und ein Jahr später wird er in Königlicher Rat umbenannt. 1682 gelang es diesem ungebildetsten aller Könige Schwedens, den Reichstag selbst aus der »einfachen Gesetzgebung« zu drängen, die »grausame Reduktion« (Achenwall) von Krongütern aus Adelshand zu erzwingen und ein »stehendes Heer« als Ordnungsfaktor nach innen aufzustellen. 1693 dann wurde Karl XI. mit der sog. »Souveränitäts-Erklärung« von letzten Rechtsbindungen befreit, so daß sein Sohn und Nachfolger Karl XII. sich nicht nur gegen alle bisherigen Traditionen selbst krönen konnte, sondern auch mit der Inhabe einer »Erb-Souveränität und Absolutesse« gar als ein »Gott auf Erden« aufgefaßt wurde.

Binnen eines guten Jahrzehnts wurde das libertäre Erbkönigtum mit seinem *Dominium utile* mit Hilfe eines vorgegebenen Staatsnotstandes und des nezessitären *Dominium eminens* erst storniert, dann aber mit der Übernahme des arbiträren *Dominium absolutum* gänzlich zerstört (Barudio, 1976). Die Auswirkungen dieser Veränderungen im »inneren Staatsrecht« (Hegel) waren für die politische Theorie verheerend. Die Idee eines fundamentalen Vertrages zwischen Krone und König, aus der sich über Generationen hin Schwedens politische Kultur immer wieder erneuert und gestärkt hat, durfte nicht mehr vertreten werden. Als *Andreas Norcopensis* (1633–1694), einer der Lehrer Karls XII., im Jahre 1685 eine Dissertation mit dem Titel *De ephoris* betreute, kam es an der Universität Uppsala zu einem Eklat, dessen Geschichte zeigt, wie schnell ein freiheitliches Gemeinwesen in eine Diktatur umschlagen kann, wenn die Machthaber den Terror mit seinen Bedrohungen an Leib und Leben walten lassen (Barudio, 1976, S. 174 ff.). Es ehrt diesen Gelehrten, daß er die Ephorie zumindest als historische Erscheinung gelten ließ, während sein Gegner *Carolus Lundius* (1638–1715) auch als Mitglied in einer neuen »Gesetzeskommission« keine Hemmungen mehr kannte, in einer kruden Manie des Fälschens selbst vor dem »Reichsrecht« von 1442 nicht zurückschreckte und es natürlich begrüßte, daß Karl XI. in den berüchtigten »Kassationsakten« von 1689 alle Begriffe und Wortformen »töten« ließ, welche noch an den alten Vertragscharakter zwischen Krone und König erinnern konnten (Hasselberg, 1968).

Im »Mißbrauch der Sprache« entlarvt sich zu allen Zeiten der »Mißbrauch der Macht« (J. Pieper). Es verwundert daher nicht, daß der Schwiegersohn des Lundius, der legendäre *Olaus Rudbeckius* (1630–1702), fast mit dem Beginn der »Karolinischen Eingewalt« den ersten Band seiner *Atlantica sive Manheim* (1679) herausgebracht hat. Ein Machwerk pervertierten Goticismus, in dem Schweden als das versunkene Atlantis ausgegeben wird und als Wiege der Menschheit dazu (vgl. Svennung, 1967, S. 91 ff.). Was von Sylvius bis Loccenius an substantieller Kritik des Goten-Mythos erarbeitet worden ist, wird hier so wenig berücksichtigt wie kurz darauf die rechtlichen Einreden des Senators *Claes Rålamb* (1622–1698) gegen die Abschaffung der *Trois Prérogatives* und der libertären Verfassung durch einen rechtsvergessenen, aber machtbesessenen König. Rålamb, den Leibniz mit guten Gründen einen »homme incorruptible« nannte und der aus der Schulung durch Axel Oxenstierna den Sinn der Staatskunst in den Grenzen des Rechts erkannt hatte, war mit seinem Kompendium *Observationes juris practici* bereits 1674 als ein Staatsmann hervorgetreten, der Theorie und Praxis zu verbinden wußte. Im Geiste der Distinktionen Bodins zwischen *Etat* und *Gouvernement* oder des Hobbes in *Jus* und *Lex* wollte er für seine Generation die Traditionen eines Sparre und Brahe fortsetzen. Sein Einsatz kam zu spät. 1680 mit einer diplomatischen Aktion mattgesetzt, konnte er sich gegen die »neuen Staatsmänner« des Machiavellismus nicht durchsetzen und ging nach den Enteignungen durch die Reduktion mit seiner Familie fast am Bettelstab, ohne sich von dem neuen Opportunismus brechen zu lassen.

Den Ruin Schwedens im Nordischen Krieg (1700–1721) hat er aber nicht mehr erleben müssen, zu dem der Rudbeck-Wahn mit seiner gotisierten Verwilderung zumindest mental einiges beigetragen hat. Denn Karl XII. führte nicht nur Krieg gegen seinen aufstrebenden Nachbarn im Osten, den Zaren Peter I., der nach dem Frieden von Nystad 1721 die Großmachtrolle Schwedens fortan für Rußland übernehmen sollte, sondern auch gegen das eigene Volk, das politisch entmündigt und zeitweise schamlos für den Krieg ausgeplündert wurde. Als er 1718 vorzeitig starb, erinnerten sich die Stände wieder der *Trois Prérogatives* aus der »Regierungsform« von 1634 und erneuerten dieses System 1719/20 mit einer erheblichen Machtverschiebung zugunsten des Reichsrates und des Reichstages (Thanner, 1953; vgl. Buchholz, 1979, äußerst problematisch): nach all den Jahren einer ausbeuterischen Diktatur auch eingedenk der Mahnung

Gustav Adolfs, der Schweden mit »gotischem Mannesmut«, freiheitlichem Rechtssinn und christlicher Verantwortung auf den Weg zur Großmacht gebracht hatte. Bei den Beratungen zur Invasion ins Heilige Reich und zur Beseitigung des *Dominium absolutum* der Habsburger über die Deutschen ließ er sich mit jenen Worten vernehmen, die in den Annalen der Idee des Rechtsstaates einen Ehrenplatz einnehmen dürfen: »Eine Monarchie besteht nicht aus Personen, sondern aus Gesetzen« (SRP, I, 1878, S. 222).

3. Die Macht des Hegemonialismus – das Moskauer Zartum

(von Günter Barudio)

Als Moskau im September 1812 brannte und der Eroberer Napoleon gezwungen wurde, die Hauptstadt und bald auch das ganze russische Land für immer zu verlassen (Pingaud, 1886; vgl. Tarlé, 1944, Hollingsworth, 1966, S. 38–52), da vollzog sich binnen kurzer Zeit eine entscheidende Verlagerung politischer und ideologischer Schwerpunkte im europäischen Staatensystem, ja fast eine dramatische Änderung der überkommenen Nord-Süd-Relation in eine endgültige Ost-West-Konstellation mit globalen Auswirkungen.

Denn zunächst war mit der Niederlage des Korsen der Versuch des *Cäsarismus* gescheitert, mittels einer Militärdiktatur die Hegemonie über den Kontinent zu erringen, um anschließend im Kampf mit dem demokratischen England von Europa aus die Weltherrschaft anzustreben. Dann machten zaristische Heeresverbände in Paris, das sich von 1789 an als das neue Rom gefeiert hatte, neben den Diplomaten deutlich, daß sich das siegreiche Riesenreich im Osten auf eine neue Rolle im Mächtekonzert einzustimmen gedachte. Verstand sich noch die Zarin Katharina II. nach dem Teschener Frieden von 1779 als ein »Schiedsrichter Germaniens«, Nachfolger Schwedens in der Garantie des Westfälischen Friedens von 1648 und somit als Hüter eines europäischen Gleichgewichts auf der Grundlage »teutscher Libertät«, so erweiterte sich jetzt diese Position. Schließlich war ja dieses Sicherheitssystem unter den Schlägen des *Hegemonialismus* Napoleons 1806 zerbrochen und verlangte mit dem Ende des Heiligen Römischen Reiches Deutscher Nation nach einer neuen Ordnung. Sie wurde auf dem Wiener Kongreß 1814 gefunden und verschaffte der Großmacht des Ostens eine Qualität, die von englischer Seite als »arbitress of the European world« eingestuft wurde.

Demokratisch gesinnte Kreise in England erkannten sofort die Gefahr aus dem Osten, hatte man doch nur den napoleonischen *Cäsarismus* durch den romanovschen *Zarismus* ersetzt, mit einer Despotie, welche trotz liberaler Ansätze in Wirtschaft und Verwaltung in ihrer strukturellen Substanz den eigenen Untertanen die Freiheit verweigerte und sie gar als »Staatseigentum« betrachtete (Krautheim, 1977, S. 40ff.).

Mit dem Vordringen des Zarismus nach Westen und seiner Sicherungsfunktion für das Metternichsche Polizeistaat-System entfaltete sich eine Bedrohung, deren Ziel eine »Welt-Diktatur« mit totalem Hegemonialismus sein mußte (Wilson, 1817, S. VIII). In Rußland selbst wurde vor allem im Umkreis der

Dekabristen die Frage diskutiert, ob der Zarismus mit seinem Zentralismus, seiner Geheimpolizei und dem systematischen Zerstören allen individuellen, korporativen und regionalen Denkens tatsächlich der Inbegriff der eigenen Geschichte sei. Die lebensgefährliche Erinnerung daran, daß einst »alle Russen«, wie die Slaven und Germanen auch, »freie Leute gewesen« seien, ehe das Zartum diese politische Kultur zerschlug, wurde mit einem erhellenden Wort der *Madame de Staël* bekräftigt, das unmittelbar an den Kern der Geschichte Rußlands und Europas heranführt, weil es sich für die Idee der Freiheit einsetzt: »C'est le despotisme qui est nouveau et la liberté qui est ancienne« (Lemberg, 1963, S. 92 ff.).

Interventionismus und Drittes Rom

Das Freiheitsdenken Europas hat sich stets gegen die Pressionen des Hegemonialismus gestemmt und in seinem Kampf vor allem jeglicher Diktatur die Stirn geboten. Man sprach dabei von der *Türkischen Tyrannei,* nachdem 1453 Ostrom oder Konstantinopel in die Hand der »Ungläubigen« gefallen war, oder auch vom *Spanischen Servitut,* als sich das Haus Habsburg anschickte, über ganz Europa und die Welt ein »absolutes Dominat« (*dominium absolutum*) zu errichten, um im »Teutschen Bürgerkrieg« von 1618 bis 1648 wieder in die Grenzen von Recht und Freiheit gezwungen zu werden. »Gut russisch« oder »despotisch« verfuhr nach 1701 das Haus Hohenzollern in seinem Machtbereich, um die Stände von der Libertät fernzuhalten, von einer Freiheit nach Verträgen und rechtsstaatlichen Garantien (Barudio, 1981 S. 227 ff.).

Die herrschende Dynastie betrieb demnach mit Hilfe ihres Gewaltmonopols (Fiskalat, Polizei und Armee) einen *Interventionismus* gegen die eigene Bevölkerung, indem sie mit dem Ausnahmezustand hantierte und die Entpolitisierung des Ständewesens als »Staatskunst« ausgab. Dieses Machtmodell nach Maßgabe des *Patrimonialismus* haben Vertreter des Absolutismus mit der »Russischen Selbstherrschaft« gemein, die nicht am Anfang der historischen Staatlichkeit der Russen stand, sondern das Ergebnis einer anhaltenden Destruktion und Konzentration der Macht war (zu den einzelnen Stadien vgl. Hellmann u. a., 1983).

Glaubt man dem Entstehungsmythos der Staatlichkeit in diesem Land, wie ihn die *Nestor-Chronik* seit dem 11. Jahrhundert tradiert hat, dann trat dieses *Land der Rhos* unter der Berufung auf eine andere Qualität des Interventionismus in seine Geschichte, die zunächst vom »Kiever Staat« repräsentiert wurde. Ähnlich wie einst die Heruler Gesandte nach Schweden geschickt haben sollen, um einen regierenden Fürsten zu erhalten (Procop, Hist. Goth., lib. II), so hätten sich auch um die Mitte des 9. Jahrhunderts entzweite Völker dieses Landes darum bemüht, von den nördlichen Varägern, die »sich Ruś nannten«, einen Fürsten zu bekommen. Er sollte den anhaltenden Bürgerkrieg zwischen ihnen beenden, über sie herrschen und »Gericht halten nach dem Recht«, weil sie selber unter sich »keine gerechte Ordnung« pflegen könnten. Drei Brüder – Rurik, Sineus und Truvor – kamen dann auch mit ihren Sippen und »der ganzen Ruś«, um die erbetene Herrschaft des Rechts und des Gerechten auszuüben und dem ganzen Land seinen Namen zu geben – Ruś-Land (Stökl, 1965, S. 34 ff.; vgl. Trautmann, 1930; zum Herkunftsstreit und der Normannen-Theorie Lowmiański, 1963; vgl. Stender-Pedersen, 1953).

Über alle Streitigkeiten hinweg (Arne-Grekov-Disput von 1946) hat die Forschung die materielle Seite der Varäger(Schweden?)-Herrschaft bisher gut nachweisen können, aber die ideelle Seite des Interventionsmythos vernachlässigt. Sie vermittelt auch nach Auskunft anderer Quellen das Bemühen um eine Rechts- und Vertragskultur, die sich mit der Christianisierung fast zur selben Zeit ergänzt und das Verhältnis von Kirche und Staat zu ordnen sucht. Die Ausrichtung Kievs auf Konstantinopel, die Einrichtung von Teilfürstentümern (Udel) und das Družina(Fürstengefolge)-Recht bis hin zu einer Art Bojaren-(Adels)-Duma hätten eine Entwicklung festigen können, wie sie sich in der übrigen Christenheit in Richtung »Libertät« auszubilden begann. Mongolensturm und Tatarenjoch aber, unter denen Ruś-Land schwer gelitten hatte (Spuler, 1965), verdrängten diesen Prozeß ebenso, wie die *Sammlung russischen Landes* die Position des Großfürsten von Moskau gegenüber den Teilfürsten stärkte. Dabei wurde nicht nur das patrimoniale Erbwesen (Votčina-Denken) gegen eine mögliche feudale Libertät im Sinne vertraglichen Lehnswesens durchgesetzt (vgl. Goehrke, S. 214–247), sondern auch die Städte-Freiheiten (*Veče*) in Novgorod und Pskov (1510) storniert (Zernack, 1967). Ebenso wurde mit dem großen Gesetzbuch (Sudebnik) von 1497 eine patrimoniale Fassung der *Russkaja Pravda* (Russisches Recht) aus dem 11. Jahrhundert erreicht und dabei auch die bisherige Freiheit der Bauern stark eingeschränkt – ein Interventionismus nach innen erprobt.

Fast zur gleichen Zeit, als im Heiligen Reich der Ewige Landfriede (1495) angenommen wurde und sich das Feudalsystem der »Teutschen Libertät« gefestigt hatte, vollzog sich in Ruś-Land unter Ivan III. die innere Wandlung zum *Moskauer Zartum*. Nicht umsonst hieß er seit 1494 zum ersten Male »Beherrscher der gesamten Ruś« (Gosudaŕ vseja Rusi), womit auch gesagt wurde, daß er nur Gott gegenüber ein Treuhänder von Land und Leuten sein wollte, nicht aber ein Vertragspartner und Nutznießer eines überzeitlichen Gemeinwesens. Eine *Krone Rußland* im Sinne feudaler Herrschaftsverträge hat es nach dem Abschütteln der mongolisch-tatarischen Fremdherrschaft nicht gegeben (vgl. Vernadsky, 1953; Pipes, 1974; Neubauer, 1964), dafür aber übernahm das aufstrebende Großfürstentum Moskau im engen Verbund mit der Orthodoxen Kirche den Anspruch, nach dem Fall Konstantinopels die Traditionen dieser Gottesstadt bis ans Ende der Zeiten fortzusetzen – in Gestalt des *Dritten Rom*.

Hatten die verschiedenen Großfürsten des Rurikiden-Hauses in ihren Kämpfen nach außen gegen Mongolen, Tataren, Deutschen Orden, Schweden oder Polen und Litauer die Gelegenheit benutzt, nach innen die Macht des Hegemonialismus im Zeichen des Zentralismus zu stützen, wobei sie die Karte des nationalen Selbstbewußtseins spielen konnten (vgl. Stökl, 1966, S. 261–276), so ergab sich jetzt die Möglichkeit, mit der Rom-Ideologie und dem Zaren-Titel über den eigenen Herrschaftsbereich hinaus zu wirken. Das neue Zartum legte sich eine universale Dimension zu, verstand sich als Hüter der Rechtgläubigkeit und konnte auf diesem Wege den Anspruch einer Schutzmacht außerhalb seiner eigenen Grenzen erheben. Glaubte noch das Florentiner Konzil, daß sich Moskaus Großfürst »aus christlicher Demut nicht Car nennt«, so setzte sich dieser Titel in Abkommen mit dem Deutschen Orden, den baltischen Städten Narva und Reval und im Verkehr mit Lübeck durch, dem »Haupt der Teutschen Hanse«

(Schaeder, 1929, S. 54f.). Bald auch wurde er mit dem Titel eines »Selbsterhalters« ergänzt, der die patrimoniale Position des Moskauer Großfürsten ausdrückte und eine *Autokratie* kennzeichnete, die neben sich keine libertäre Krone in Gestalt eines Reichsrates und Reichstages duldete (vgl. Binner, S. 58–68; Fleischhacker, 1938).
Wurde im Zeichen des *Votčinismus* der großfürstliche Besitzstand gegen die Eigeninteressen der Fürsten, Bojaren und Städte ständig erweitert, um die Bedürfnisse des Dienstadels zu erfüllen, was natürlich ein politisches Ständewesen in libertärer Form verhindern mußte (Rüss, 1975), so leistete doch die begüterte Kirche gegen Ende des Tatarenjochs und zu Beginn einer inneren Reformperiode auf vielfältige Weise zum eigenen Überleben Widerstand, ohne freilich das Zartum als Machtsystem grundsätzlich in Frage zu stellen.

Kämpfe um Gott und Güter

Lähmte sich der *Alt-* und *Neu-Adel* im Haus- und Hofdienst des »Selbstherrschers der gesamten Ruś« (Samoderžec vseja Rusi), indem er seine Interessen auf den Rang im *Mestničestvo* richtete, einer komplizierten Statusbestimmung aus Geburtsprinzip und Gnadenerweis des jeweiligen Großfürsten, engte mit dem Gesetzbuch von 1497 die Schollenbindung die alte Freizügigkeit der *Bauern* ein und sahen auch die *Städte* durch gewalttätige Umsiedlungen ihre bisherige Autonomie schwinden, so versuchte die Kirche, sich auf zwei unterschiedlichen Wegen neben dem Zartum mit seiner weltlichen Macht als Emanation göttlicher Substanz zu behaupten.
Personifiziert war dieses Ringen vornehmlich in dem Mönch *Nil Sorskij* (1433?–1508), der das Eremitentum förderte, auf die Vervollkommnung des *inneren Menschen* achtete und mit der Befolgung des Armutsgebotes für Mönche samt Klöster jene einflußreiche Bewegung anführte, die als Richtung der *Besitzlosen* (nestjažateli) gilt. Vom Athos beeinflußt, hochgebildet und der Askese zugewandt, erscheint es ihm zur geistigen Erneuerung des Menschen wichtig, die Welt mit ihren leiblichen Lastern zu fliehen und sich »um jenes Leben nach dem Tode zu kümmern«. Dazu schien es dem Reformer des *Starzentums* (Lebenslehrer) beim Erklimmen der »Himmelsleiter« besonders wichtig zu sein, den »eigenen Willen« des Menschen zu brechen, allen unnötigen Besitz »wie todbringendes Gift zu fliehen« und in sich steigernder Selbstbeherrschung (Obderšanie) Gott nahezukommen, durchdrungen von der Abscheu vor allem Unrecht und von dem Gebot geleitet: »Ich haßte jeden Weg der Ungerechtigkeit« (Elf Kapitel aus den Schriften der Väter = *Ustav*, Sorskijs Hauptschrift).
Die Absagen an die Eitelkeit der Welt und den wuchernden »Hochmut der Weltleute«, die sich um »den Besitz von Dörfern und den Erwerb vieler Güter« schlagen, sollen die wahren Gottsucher auf den rechten Weg bringen und zur Lebensmaxime führen: »Herr und Gebieter, mein Gott, den Geist des nichtigen Selbstruhms und der Selbstüberhebung verjage von mir, den Geist der Demut aber schenke mir, deinem Knecht« (von Lilienfeld, 1963, S. 197ff.).
Von dieser Geistes- und Lebenshaltung aus konnte ein Individualismus gefördert werden, der sich von der Politik als fortlaufendem Besitzerwerb abwenden mußte und an dem oft wüsten Gebaren des Moskauer Großfürsten als »Selbst-

herrscher« das Ideal der Selbstbeherrschung bestätigt fand. Zugleich war er der Gütergier des Autokrators und anderer Fürsten weniger ausgesetzt als die gleichzeitige Bewegung der *Besitzenden* (Stjažateli), wie später die Anhänger eines anderen Mönches genannt wurden, der sich nach anfänglicher Befürwortung der Armut für eine gesicherte Stärkung des Klosterbesitzes einsetzte, um auf diese Weise der Kirche eine materielle Basis zu erhalten, ohne die sie ihre geistlichen Aufgaben so wenig erfüllen konnte wie ihr Wirken in die Welt hinein.

Der überaus gebildete *Josif Volockij* (1439–1515), den mit Sorskij bei allen Unterschieden das Arbeitsethos aus dem Thessalonikerbrief verband – »Wer nicht arbeitet, soll auch nicht essen!« –, beließ es bei seinen Reformbemühungen nicht dabei, auf alle erdenkliche Weise den Klosterbesitz zu mehren, sondern er richtete mit besonderen Regeln das Verhalten seiner Mönche am *äußeren Menschen* aus. Dabei verlangte er vor allem den *absoluten Gehorsam* in der Befolgung seiner Vorschriften, damit seine Schüler aus der Sicherheit des koinobitischen Mönchtums Nutzen dafür zogen, in der kirchlichen Hierarchie tätig werden zu können. Dem Gleichheitsideal Sorskijs setzte er in seinem ausgeklügelten System eine dreifache Stufung in die »obersten, die mittleren und die niedrigsten« Mönche entgegen und ermöglichte es mit dieser Anordnung, daß vor allem Angehörige des Bojarentums in die von ihm gegründeten Klöster eintraten und auf diese Weise deren Stellung in der übrigen Kirche stärkten (H.-D. Döpmann, 1967, S. 40 ff.).

Es besteht kein Zweifel, daß die Einübung seiner Regeln der patrimonialen Machtidee des Zartums entgegenkam, das ebenso den *blinden Gehorsam* von jedem Untertan forderte. Diese Gemeinsamkeit verhinderte aber nicht schwere Krisen zwischen diesem besitzorientierten Klosterreformer, der auch als Theologe glänzte (Hauptschrift »Der Aufklärer« = *Prosvetitel*), die große Ketzerbewegung des *Judaismus* (Affinitäten zum Hussitismus und Humanismus) vor allem in Novgorod bekämpfte, und einem Großfürsten, der für seine wachsende Bürokratie (Prikaz-Ordnung) und das Heer immer mehr Dienstgüter (Pomestie) benötigte.

Der »Weg hinab« in die Besitzlosigkeit und der »Weg hinauf« in die Mehrung des Besitzstandes – das waren zwei fundamentale Kräfte in der Gestaltung einer Gesellschaft, die wie das lateinische Europa auch von den Zwei Nationen als Geburtskreisen der Armen und Reichen (*Pauperes et Potentes*) geprägt wurde, sich aber nicht institutionell als *Societas civilis seu respublica* formieren durfte. Setzten sich zur gleichen Zeit im Heiligen Reich während der Reformation, die sich auch an der Kirchengüterfrage seit dem Wiener Konkordat von 1448 entwikkelt hatte, Fürsten und andere Stände gegen das Papst- und Kaisertum durch, so verdichtete sich im »Heiligen Rußland« die Autokratie und vernichtete mit einer neuen Qualität des Votčinismus besonders unter Ivan IV. (1530–1584) trotz zweier Kirchenversammlungen (*Sobor*) und einer Neufassung des bestehenden Gesetzbuches (*Sudebnik*) alle Ansätze einer politisch-vertraglichen Kontrolle der zentralisierten Macht des Zartums. An dessen realer und zeremonialer Steigerung hatte das Machtkirchentum in seinem eigenen Drang zur *Autokephalie* als Unabhängigkeit von Byzanz einen hohen Anteil, ergänzte demnach die Autokratie in ihrem Streben nach absolutistischer Hegemonie im Inneren (vgl. Donnert, 1972; Philipp, 1970, S. 59–118).

Die Kurbskij-Kontroverse

Es gehörte zum Selbstverständnis des Moskauer Zartums seit Ivan III., daß seine Selbstherrschaft (*Samoderžavie*) jeden Wahlakt in der Nachfolge ablehnen mußte, solange Land und Leute der »gesamten Ruś« als dynastisches Erbgut (*Votčina*) aufgefaßt wurden. Ein Gottesgnadentum nach Maßgabe libertärer Herrschaftsverträge wie in den Gemeinwesen der lateinischen Christenheit vor der Zeit des Absolutismus wurde für das Zartum abgelehnt. Daraus erklärt sich auch die patrimonial verstandene Überlegenheit dieses Haus-Systems, das die Wahlkönige Polens oder die Erbwahlkönige Schwedens als »Schweinehirten« betrachtete, weil sie ihr Königsamt *mediante homine* (Reichsrat und Reichstag) erwerben mußten und nicht *immediate deo* nach Maßgabe eines *dominium absolutum* besaßen. Diese rechtliche Position eines »Selbsterhalters« aus dem Rurikiden-Haus verstärkte sich noch mit der Handhabe eines *dominium eminens* während der andauernden Kriegsbereitschaft: Die Wahrnehmung einer Intervention in das private Eigentum, die einen oft nur vorgegebenen Staatsnotstand beheben sollte, wurde zur Dauereinrichtung.
Ein libertäres Treuhandwesen nach den vertraglichen Bedingungen eines *dominium utile* konnte sich unter diesen Verhältnissen nicht ausbilden; auch nicht, als sich von 1530 an mit der Minderjährigkeit Ivans IV. die Chance bot, um den »großen Rat« (Rada) ein politisches Ständewesen mit dauerhaften Rechtsgarantien zu etablieren. Machtkämpfe mit Verschwörungen (Glinskij), Eigentumsschacher und ein »Regiment des Unrechts« (*Nepravda*) entfesselten im Widerschein des brennenden Moskau ein Chaos, bei dessen Behebung durch den erwachsenen Zaren von 1547 an jene Kräfte profitieren konnten, welche das System der Autokratie nicht aufgeben wollten: Dienst- und Hofadelige (Dvorjane), D'jaken aus der Prikaz-Bürokratie und auch gewichtige Teile der Kirche. Kein Wunder, daß unter diesem Eindruck der kaiserliche Gesandte *Herberstein* in seinen *Rerum Moscovitarum Commentarii* von 1549 zu einem Schluß kommen konnte, den noch *Custine* im Jahre 1843 für bedenkenswert hielt: »Muß ein solches Volk eine so despotische Herrschaft haben, oder macht eine so grausame Herrschaft so untaugliches Volk?« (Groh, 1961, S. 22f.).
Durchaus im Sinne dieser Frage verhielt sich auch der »einstmals treue Knecht« des Zaren Ivan IV., der auch oft »der Schreckliche« genannt wird, der Fürst und zarische Feldherr *Andrej M. Kurbskij* (1531–1583). Er entzog sich durch Flucht nach Litauen dem Wüten Ivans, der nach 1564 versuchte, mit Hilfe des Systems der *Opričnina* vor allem die den Bojaren-Geschlechtern verbliebenen Erbgüter samt Erbsassen in die eigene ungehinderte Verfügung zu bekommen, und bei dieser inneren Intervention äußerst brutal vorgegangen war (vgl. Leontovitsch, 1965, S. 63ff.). In einem einzigartigen Briefwechsel zwischen Kurbskij und Ivan IV. wurde dazu in der Geschichte der politischen Ideen ein bemerkenswertes Kapitel geschrieben. Daraus geht hervor, daß die Idee der Freiheit im Sinne der Gegenseitigkeit (göttliche Grenzen des Gehorsams), der Verhältnismäßigkeit von Verdienst (*meritum* und *justitia distributiva*) und Strafe (*poena* und *justitia commutativa*) und nach Maßgabe des Marktes als Inbegriff von Verträgen bei dem geflüchteten Fürsten eine Heimstatt hatte. Družina-Traditionen, Bibelanleihen und die Berufung auf Senecas *Clementia*-Lehre oder das Bemühen

Ciceros sowie Hinweise auf die libertäre Kultur Polens zeigen bei ihm, daß das Moskauer Zartum mit seiner patrimonialen Selbstherrschaft nicht die einzige Antwort der Geschichte dieses eingekreisten Landes auf die Frage nach einer gerechten Herrschaft sein mußte, wie historisch Ivan IV. sie auch ableiten mochte: »Die Selbstherrschaft ist nach Gottes Ratschluß vom Großfürsten Wladimir gegründet worden, der das ganze russische Land mit der heiligen Taufe erleuchtet hat ... und vom tapferen Großherrscher Alexander Nevskij, der über die gottlosen Teutschen den Sieg davontrug.«

Ivan IV. verteidigt gegen die Klagen Kurbskijs, dem alles Unrecht und Ungerechtigkeit ein Maßstab für das Verhältnis von Macht und Moral ist, eine *Jure-divino*-Position, nach deren Vorstellung jedes einzelne Land seines Machtbereichs »unsere Votčina« ist, damit ein Erb- und Hausgut, das alle Untertanen ohne Ausnahme zu zarischem Eigentum macht und damit jede Autonomie und »freien Willen« des Individuums ausschalten muß. Jeder Mensch wird damit zum zarischen Leibeigenen, zum »Staatseigentum«, dessen Tun und Lassen nicht nach der aristotelischen Verhältnismäßigkeit beurteilt wird, sondern nach dem alttestamentarischen Vergeltungsdenken. Im Verbund von Geheimpolizei, Bürokratie und stehender Armee (Strelitzen) kann sich dieses Machtsystem der *inneren Hegemonie* durchsetzen und von Fall zu Fall das Machtstreben nach außen erproben – als Auftrag Gottes. Deshalb beschimpft Ivan IV. auch den abtrünnigen Fürsten Kurbskij als »Verräter« vor dem Herrn und entwickelt aus den Erfahrungen im Krieg um Livland (1558) eine Hegemonialidee, die nach Westen gerichtet ist: »Wäre nicht euer verteufeltes Zaudern (pret'kanie) gewesen, so wäre mit Gottes Hilfe fast das ganze Teutschland zur Rechtgläubigkeit gelangt ...« (Stählin, 1921, passim).

Was demnach für die innere Machtstruktur gilt – die unmittelbare Verbindung von zarischem Eigenwillen und blindem Gehorsam sowie die Vorherrschaft des Zartums vor der Kirche –, wird auch in jenen Gebieten erzwungen, die nach allen Himmelsrichtungen hin erobert werden. Überzeugt von der Verderbtheit der Menschen und durchdrungen vom göttlichen Auftrag, sie für ihre zahlreichen Verfehlungen und Sünden strafen zu dürfen, schuf Ivan IV. ein Machtklima des permanenten Mißtrauens, der Bespitzelung und des Denunzierens mit verheerenden Folgen für die Untertanenschaft bis hin zur Volkskrankheit des Alkoholismus, der den Russen den Ruf einbrachte, ein besonders »barbarisches Volk« zu sein (Tarkiainen, 1974, S. 42 ff.), das keine Verträge zu halten gedenke.

Auf dem »Weg nach Westen«?

Als mit dem Tode Ivans IV. im Jahre 1584 auch seine Schreckensherrschaft endete, 1598 das Rurikiden-Haus ausstarb und mit der wahrscheinlichen Vergiftung von *Boris Godunov* 1605 ein Bürgerkrieg oder die »Zeit der Wirren« ausbrach (Platonov, 1921, 1924), da zeigte sich, wie wichtig diese im Inneren zerrüttete Macht für die westlichen Anrainer bereits geworden war: vor allem für das Doppelreich Polen-Litauen und die aufstrebende Macht Schweden-Finnland. Im Kampf um das Erbe des Deutschen Ordens und die Hegemonie im Baltikum samt der Ostsee (*Dominium Maris Baltici*) trugen beide Mächte ihren Interessengegensatz von Novgorod bis Smolensk und selbst nach Moskau hin, das 1610 wieder einmal brannte, auf russischem Boden aus. Dabei intervenierte Schweden 1609 zugunsten der »Griechischen Religion« und für den Erhalt der »Freiheit des Russischen Reiches«. Mit Carl Filip, dem jüngeren Bruder Gustav Adolfs, hielt man sogar einen neuen Zaren bereit, um dem Nachbarn wie einst zur Zeit des legendären Rurik eine neue Ordnungsmacht und Dynastie zu geben (Almquist, 1908; vgl. Maciszewski, 1968; Sobieski, 1933). Die berühmte »Wahl« aber von Fürst Michajl aus dem *Hause Romanov* auf einem Landes-Sobor im Jahre 1613 bescherte diesem krisengeschüttelten Land eine nationale Dynastie, welche bis zur Revolution von 1905 (*Duma*) das Zartum als Machtprinzip eines *dominium absolutum* erhalten konnte (vgl. Pavlenko, 1970; Torke, 1973).

Vergegenwärtigt man sich diese strukturelle Kontinuität, wobei es mit dem »Militär-Statut« von 1716 unter Peter I. nach dem schwedischen Muster der »Envälde« noch eine Steigerung der *Selbstherrschaft* (Samoderžavie) zur *Eigengewalt* (Samovlast) dieses Zaren gab – auf Kosten der Kirche vor allem (vgl. Peterson, 1979) –, dann fällt es schwer, die bisher dominierende Vorstellung vom *Weg nach Westen,* dem »Dviženie na zapad« (Solov'ev), aufrechtzuerhalten. Denn alles, was das Moskauer Zartum erst von der Teutschen Hanse (Peterhof in Novgorod), dann von Holländern und Engländern (Muscowy Company – 1555) im Bereich des Handels, von Italienern in der Groß-Architektur (Umbau des Kreml) oder aus Schweden im Heeres- und Verwaltungsbereich übernommen hatte, durfte nicht die Substanz der Autokratie in Richtung Libertät verändern, sondern mußte stets, wie der sonstige Technologie-Transfer auch, in der Qualität eines Akzidens bleiben: eines zeitweiligen und bald auch »aufgeklärten« Instrumentes, mit dem die absolute Macht des Zartums gesichert wurde (vgl. von Rauch, 1953; Mediger, 1952).

Nimmt man noch hinzu, daß der »Großfürst von Moskau« ohne Zar- und Selbstherrscher-Titel im Westfälischen Frieden von 1648 unter die Verbündeten der Garantiemacht Schweden gerechnet wurde, dann kann man sogar von einer europäischen *Öffnung nach Osten* sprechen, die sich lange vor Peter I. in immer neuen Stadien seit dem Bemühen um Anti-Türken-Allianzen (A. Possevino) vollzogen hat. Diese europäische Haltung suchte aus handels- und sicherheitspolitischen Gründen immer wieder eine Annäherung an das Moskauer Zartum, ohne es in seiner patrimonialen Substanz wirklich ändern zu wollen; sie darf also nicht mit dem expansiven »Drang nach Osten« verwechselt werden, der vom Deutschen Orden, den Polen und Schweden (Karl XII. und Gustav III. als »absolute Herren«) bis zu Napoleon und Hitler hin von Jahrhundert zu Jahrhundert eine Gefahr bedeutete (vgl. »Drang nach Osten« i istoričeskoe razvitie narodov stran Central'noj, Vostočnoj i Jugo-Vostočnoj Evropy, 1967, sowie Zientara, 1975, S. 425–433).

Gab es doch einmal das ernsthafte Bemühen von westlicher=lateinischer=katholischer Seite, die Selbstherrschaft in thomistisch-aristotelische Gestalt zu gießen, Moskau von seinem Anspruch als »Drittes Rom« abzubringen und es dennoch zum Zentrum der »gesamten slavischen Nation« zu machen – ihm gleichsam die Hegemonie des letzten Reiches der Geschichte in katholischen Formen zu überlassen –, dann reagierte das Zartum in bewährter Weise: Träger solcher Ideen wurden in die Verbannung nach Sibirien geschickt.

Dies ist dem überaus gelehrten Kroaten *Juraj Križanić* (1617?–1683) widerfahren, der sich im Geiste der Gegenreformation die Aufgabe gestellt hatte, mit jesuitischem Fleiß die durch das Kirchen-Schisma »betrogenen Russen« zu bekehren. Wurde dieses Volk mit seinem Selbstherrscher in die katholische Weltkirche zurückgeführt und den politischen Segnungen des *Thomismus* sowie des *Tridentinismus* teilhaftig gemacht, dann erfüllte sich für diesen Vorläufer des *Panslawismus* unter russischer (westlich geläuterter) Führung der Wille des allmächtigen Gottes, der dieses »Moskauer Reich ... heil und unerschüttert bis zum Ende der Welt in Gnaden bewahren wird« (zit. nach Schaeder, 1929, S. 129–166).

Križanić vertrat mit seiner dem *Machiavellismus* abholden und fast libertären Vorstellung (Mitregierung des Stände-Volkes) vom Staat in seiner Hauptschrift *Politica* die Idee eines Hegemonialismus, wie sie sich oft dann einzustellen pflegt, wenn die Sehnsucht nach theologischer Einheit der Welt das politische Denken im Geist des Zentralismus steuert und dabei jede Abweichung oder Autonomiestreben verketzern muß.

Dieser Mechanismus prägte die Geschichte der politischen Idee zur Zeit des Moskauer Zartums in hohem Maße, das mit seinem Votčinismus oder Patrimonialismus längst dort angekommen war, wohin auch einige Fürsten in der lateinischen Christenheit drängten, zum anti-libertären Monokratentum nach Maßgabe des *dominium absolutum* oder der inneren Hegemonie eines einzigen Hauses (*Maison souveraine*). Der Staatsglaube »hochmütiger Russen«, daß es »in der Welt keinen Potentaten gäbe, der ihrem Oberhaupt an Reichtum, Macht, Hoheit, Ansehen und Würden zu vergleichen sei« (Olearius, 1666, S. 189 ff.), hatte sich vor allem nach 1648 im »Westen« herumgesprochen und im Absolutismus Veranlassung gegeben, die einst vertraglichen Beziehungen zwischen der *Societas civilis* und der *Respublica*, zwischen »Krone und König« mit Gewalt aufzulösen und eine Identität zwischen Staat und Gesellschaft als Haus-Diktatur zu erzwingen (Barudio, 1976; vgl. Torke, 1974). Ein Zustand, in den auch die Kirche verstärkt einbezogen wurde, um an ihren großen Besitz heranzukommen, an die Liegenschaften der »toten Hand«, die trotz Schwächeperioden von der Orthodoxen Kirche immer wieder verteidigt wurden. In diesem Kampf wurde das expansive Zartum daran erinnert, daß die Kirche eine Emanation göttlicher Substanz ist und auf der *Diarchie* bestehen muß, einer *Doppelherrschaft* nach Gottes Gesetz. »Nicht von den Zaren«, trumpfte Patriarch Nikon im Jahre 1662 auf, »wird die Herrschaft des Priestertums empfangen, sondern vom Priestertum wird das Zartum gesalbt. Vielfach ist es bekundet, daß das Priestertum höher als das Zartum ist.« Was aber tut der Zar in seinen »gesetzlosen Handlungen«? Er hat »unsere Rechte geraubt ... über die Kirche herrscht er, an Kirchengut bereichert und ernährt er sich ...« (Barudio, 1981, S. 378 ff.).

Auch hier äußerte sich ein Hegemonialismus, den das oft verhaßte »Popentum« (Ivan IV.) gegen das zeitweise verachtete Zartum nie richtig durchsetzen konnte. Aber beiden Machtkreisen war eines immer gemein, daß sie sich als Zentrum der rechtgläubigen Welt empfanden, als das göttlich Unbewegte in bewegter Zeit und als eine Substanz, die vom Norden her den Nationalnamen und vom Süden die Religion erhalten hatte, aus dem Osten den Despotismus übernahm und für die eigenen Dynastie-Bedürfnisse gestaltete, von Westen her aber mit der Frei-

heit konfrontiert wurde. Ihre Idee blieb dem frühen Zartum und späteren Zarismus auch während und nach der Regierungszeit Peters I. immer suspekt (vgl. R. Wittram, 1964), so als wäre ihr Individualismus im Verbund mit dem Korporationsgedanken (Zunft-, Gilden-, Stände- und Parteienwesen) eine Ausgeburt des Anti-Christen und letztlich in ihrem föderativen und dezentralisierten Wirken eine Zerstörerin der Einheit des russischen Landes. An dieser Einstellung änderte das Konstitutions-Projekt Dolgorukijs von 1730 so wenig wie die Einführung des Zunftwesens und anderer »aufgeklärter« Maßnahmen unter Katharina II. oder die Reformpläne eines Speranskij und Stolypin. Alle diese Versuche sind an der patrimonialen Substanz der Selbstherrschaft gescheitert.
Fehlte diesem Volk in seiner Geschichte wirklich die wichtigste Eigenschaft für die Staatskunst, der Sinn für das rechte Maß und das Gespür für den Reichtum autonomer Menschen? Gäbe es nicht zahlreiche Belege für die Sehnsucht nach Freiheit, sondern nur die an Platon und Rousseau orientierte Hoffnung *Lew Tolstois* vom »neugeborenen Menschen« als »Urbild der Harmonie des Wahren, Schönen und Guten«, das dauernden Gefahren ausgesetzt ist und stets aufs neue erkämpft werden muß (Tolstoi, Ästhetische Schriften, dt. 1968, S. 38 ff), dann hätte diese Idee allein in einer russischen Seele soviel Gewicht im Ringen um das wahre Menschsein wie die gesamte Unterdrückungsgeschichte des Despotismus.

BIBLIOGRAPHIE

1. Polen
Primärtexte:
D'Aubigné, Agrippa, 1618: Histoire; *Forcatel*, Stefan, 1574: Polonia foelix Henrico Valesino renante tantopere exoptato; *Frycz-Modrzewski*, Andrzej, 1554: Commentariorum de Republica emendanda libri quinque; *Górnicki*, Lukasz, 1565: Dworzanin; *Góslinski*, Wawrzyniec Laurentius Grimaldus, 1568: De optimo Senatore; *Kromer*, Marcin, 1555: De origine et rebus gestis Polonorum; *Orzechowski*, Stanislaw, 1562: Chimaera; *ders.*, 1564: Typus Poloniae Regni; *de Thou*, Jacques Auguste, 1604: Historia mei temporis; *Warszewicki*, Krysztof, 1598: De optimo statu libertatis.

Sekundärliteratur:
Roos, H., 1959: Polen und Europa, Tübingen; *ders.*,[3] 1979: Geschichte der Polnischen Nation, Stuttgart; *Schramm*, G., 1965: Der polnische Adel und die Reformation. 1548 bis 1607, Wiesbaden; *Tazbira*, J. (Hrsg.), 1977: Polska XVII wieku. Pánstwo, spoleczwństwo, kultura, Warschau; *Vahle*, Herrmann, 1968: Die Rezeption römischer Staatstheorie in der zweiten Hälfte des 16. Jahrhunderts durch Jan Samoyski, Bochum; *Wojcik*, Z., 1983: Jan Sobieski. 1629–1696, Warschau; *Wyczanski*, A., 1965: Polskarzeczą pospolitą szlachecką, 1454–1764, Warschau.

2. Schweden
Primärtexte:
Brahe, Per, 1581: Oeconomia heller husholdhz bok för ungtt Adels Folck; *Magni*, Johannes und Olaus, 1554: Historia de omnibus Gothorum Suenonumque regibus; *Gothus*, Laurentinus Paulinus, 1617: Ethica Christiana; *Rålamb*, Claes, 1674: Observationes juris praetici; *Rudbeckius*, Olaus, 1679 ff.: Atlantica sive Manheim; *Skytte*, Johan, 1599: Oratio de Suecorum Gothorumque vetustate et fortitudine militari; *Sparre*, Erik, 1580: Pro lege, rege et grege.

Sekundärliteratur:
Almquist, H., 1907: Sverge och Ryssland 1595–1611; *Barudio*, G., 1982: Gustav Adolf; *ders.*, 1981: Das Zeitalter des Absolutismus und der Aufklärung (= FWG 25); *ders.*; 1976: Absolutismus; *Berg*, T., 1920: Johan Skytte; *Brunner*, O., 1958: Das »ganze Haus« und die alteuropäische »Ökonomik«, in: Zeitschrift für Nationalökonomie, Bd. 13; *Buchholz*, W., 1979: Staat und Ständegesellschaft in Schweden 1718–1720; *Dahlgren*, S., 1964: Karl X. Gustav och reduktionen; *Fleischmann*, H., 1926: Die Lehre vom gerechten Krieg bei Grotius und seinen Nachfolgern; *Gerhard*, D., 1966: Probleme des dänischen Frühabsolutismus; in: Festgabe für Kurt von Raumer; *Goetze*, S., 1971: Die Politik des schwedischen Reichskanzlers A. Oxenstierna gegenüber Kaiser und Reich; in: BSWG, 3; *Gustavsson*, L., 1956: Virtus politica; in: Lychnos, Bd. 15; *Hägg*, E., 1945: Johan Skyttes götiska ungdomsorationer; in: Donum Grapeanum, S. 495–518; *Hasselberg*, G., 1968: De Karolinska Kassationsakterna; *Heckscher*, E., 1935: Sveriges ekonomiska historia från Gustav Vasa; *Hermansson*, Å., 1962: Karl IX och ständerna; *Hintze*, O., 1913: Die schwedische Verfassung; in: Zeitschrift für Politik, S. 486 ff; *Klockar*, B., 1971: Birgitta och hennes värld; *de Lagarde*, G., 1926: Recherches sur l' esprit politique de la Reforme; *Lazarus*, P., 1912: Das Basler Konzil; *Lindborg*, R., 1965: Descartes i Uppsala, Striderna om »Nye filosofien« 1663–1689; *Messmer*, H., 1960: Hispania-Idee und Gotenmythos; *Runneby*, N., 1962: Monarchia mixta; *Schieche*, E., 1964: Der schwedische Ratskonstitutionalismus; in: Festgabe für M. Braubach; *Söderberg*, V., 1896: Nicolaus Ragvalds tal i Basel 1434; in: Samlaren XVII, S. 187–195; *Stolpe*, S., 1974: Birgitta i Sverige; *Strömberg-Back*, K., 1962: Lagen, rëtten, läran; *Svennung*, J., 1967: Zur Geschichte des Goticismus; *Thanner*, L., 1953: Revolutionen i Sverige efter Karl XII: s död.

3. Das Moskauer Zartum

Primärtexte:
Olearius, A., 1666: Vermehrte Moscowitische und Persianische Reisebeschreibung, zum andern Mal; *Stählin*, K. (Hrsg.), 1921: Der Briefwechsel Iwans des Schrecklichen mit dem Fürsten Kurbskij, 1564–1579.

Sekundärliteratur:
Almquist, H., 1908: Tsarvalet år 1613, in: Festschrift H. Hjärne; *Barudio*, G., 1976: Absolutismus – Zerstörung der libertären Verfassung; *ders.*, 1981: Das Zeitalter des Absolutismus und der Aufklärung (= FWG 25); *Binner*, 1969. Zur Datierung des »Samoderžec«, in: Saeculum 20/1; *Döpmann*, H.-D., 1967: Der Einfluß der Kirche auf die Moskowitische Staatsidee; *Donnert*, E., 1972: Rußland an der Schwelle der Neuzeit; *Fleischhakker*, H., 1938 (1959): Die staats- und völkerrechtlichen Grundlagen der moskauischen Außenpolitik; *Goehrke*, 1974: Zum gegenwärtigen Stand der Feudalismusdiskussion in der SU, in: JbGOE, NF 22; *Groh*, 1961: Rußland und das Selbstverständnis Europas; *Hellmann, Schramm, Zernack* (Hrsg.), 1983: Handbuch der Geschichte Rußlands; *Krautheim*, 1977: Öffentliche Meinung und imperiale Politik. Das brit. Rußlandbild 1815–1854; *Lemberg*, H., 1963: Die nationale Gedankenwelt der Dekabristen; *Leontovitsch*, V., 1965: Die Rechtsumwälzung unter Iwan dem Schrecklichen ...; *Lilienfeld*, F. von, 1963: Nil Sorskij und seine Schriften; *Lowmianski*, H., 1963: Rorik frislandskij i Rjurik Novgorodskij, in: SkSb 7; *Maciszewski*, 1968: Polska a Moskwa 1603–1618; *Mediger*, W., 1952: Moskaus Weg nach Europa; *Neubauer*, H., 1964: Zar und Selbstherrscher; *Pavlenko*, V. I., 1970: K voprosu o genezise absoljutizma v Rossij; in: Istoria SSSR, 4; *Peterson*, C., 1979: Peter the Great's administrative and judicial reforms: Swedish antecedents and the process of reception; *Philipp*, W., 1970: Die gedankliche Begründung der Moskauer Autokratie ... 1458–1522, in: FOG 15; *Pingaud*, 1886: Les Français en Russie et les Russes en France; *Pipes*, R., 1974: Russia under the Old Regime; *Platonov*, 1921:

Boris Godunov; ders., 1924: Smutnoe vremja; *Rauch*, G. von, 1953: Zur Geschichte des russischen Handels und der kolonialen Expansion im 17. Jhd., in: VFSWG, 40; *Rüss*, 1975: Adel und Adelsopposition im Moskauer Staat; *Schaeder*, 1929 (1966): Moskau. Das Dritte Rom; *Sobieski*, W., 1933: Der Kampf um die Ostsee von den älteren Zeiten bis zur Gegenwart, 2 Bde.; *Spuler*, B., 1965: Die Goldene Horde. Die Mongolen in Rußland 1223–1502; *Stender-Pedersen*, A., 1953: Varangica; *Stökl*, [2]1965: Russische Geschichte; *ders.*, 1966: Die Entstehung der russischen Nation, in: ÖO 8; *Tarkiainen*, K., 1974: Vår Gamble Arffiende Ryssen; *Tarlé*, E., 1944: Napoleon in Rußland 1812; *Torke*, 1973: Die neuere Sowjethistoriographie zum Problem des russ. Absolutismus, in: FOG 20; *ders.*, 1974: Die staatsbedingte Gesellschaft im Moskauer Reich. Car und Zemlja ... 1613 bis 1682; *Trautmann*, R., 1930: Die Nestorchronik; *Vernadsky*, 1953: The Mongols and Russia; *Wilson*, R., 1817: Sketch of the Military and Political Power of Russia; *Wittram*, R., 1964: Peter I. Czar und Kaiser, 2 Bde.; *Zernak*, K., 1967: Die burgstädtische Volksversammlung bei den Ost- und Westslawen; *Zientara*, B., 1975: Z zagadnien terminologii historycznej: »Drang nach Osten«, in: Festschr. M. Malowist.

KAPITEL V

Zwischen Depotismus und Despotismus: Politische Ideen in Frankreich 1614–1685

Von Günter Barudio

1. Depositäres Königtum

Wer in der Vergangenheit auch nur »eine Unze Honig aus dem Absinth« der politischen Ideen des 17. Jahrhunderts pressen wollte (Voltaire, 1694–1778), um das Phänomen des *Absolutismus* auf einen wegweisenden Begriff zu bringen, der bediente sich in der Regel jener französischen Formel, die fast zu einem Mythos geworden ist: *»L'état c'est moi.«*
Dieses auf eine äußerste Identität zielende Wort wird Ludwig XIV. (1638–1715) zugeschrieben, ohne daß es dafür einen sicheren Quellenbeleg gibt. Eine andere Aussage des Sonnenkönigs jedoch scheint gesichert zu sein. Am Ende seines langen politischen Lebens soll er das Selbstverständnis des Königtums in Frankreich mit dem Satz beschworen haben: *»Ich werde vergehen, aber der Staat wird immer bestehen«* (Hartung, 1949, S. 19ff.; ders., 1967, S. 161; vgl. Bertrand, 1927, S. 316ff.).
In der Endlichkeit als Mensch gibt sich die Dauer des Königtums im höchsten Amt der Krone zu erkennen. Ihr Staat überlebt jeden König als *Substanz* und begreift seine Administration als *Akzidens*. Dieser philosophischen Zuordnung entspricht der juridische Befund einer Struktur, die zwischen *Jus* (Recht) und *Lex* (Gesetz) unterscheidet. Aus dieser fundamentalen Distinktion, auf die sich auch *Hobbes* beziehen sollte (1965, S. 102ff.), hat vor allem *Bodin* das Verhältnis von *Etat* und *Gouvernement* gestaltet, d. h. die Beziehungen zwischen *Verfassung* und *Verwaltung*, die stets nachgeordnet ist und als Instrument aufgefaßt wird, mit dem der König das wichtigste Ziel aller Politik zu verwirklichen hat – *das Gerechte* (1977, S. 122, 134, 155–60, 1013ff.).
Im Ringen um dessen rechtes Verständnis im weltlichen wie im geistlichen Bereich erprobte sich der politische Geist, getrieben von immer neuen Ereignissen und Bedürfnissen, unter Repressionen und Ermunterung gleichzeitig am Erfassen des *universalen Rechts* (*Jus divinum*, *Jus naturale*, *Jus gentium* samt den Fundamentalgesetzen der *kumulativen Konstitution* des Landes) als possessive und politische Seinsgarantie. Von Fall zu Fall beschwor er auch die *nationale Einheit,* betrieb mit der Frage nach der Souveränität eine Stärkung und *Apotheose des Königtums,* rang um Wert und Bestand der *Parlements* (Gerichtshöfe) *und Generalstände* und fragte schließlich auch nach den Beziehungen zwischen den »Zwei Nationen«, den *Pauperes et Potentes* (Besitzlosen und Begüterten), wie sie als Geburtskreise allen Gemeinwesen Alteuropas eigentümlich waren (vgl. Sée, 1978; von Albertini, 1951).

Politik wird von den Theoretikern des *Grand Siècle* häufig als Verfassungsvollzug betrachtet, an dem sie in allen Ständen und Lagern beteiligt sein möchten, und sei es nur in Gestalt eines Kommentators, Kompilators oder Kritikers. In diesem Sinne werden die Gelehrten als *Hommes de lettres* auf ihre besondere Weise zu Hütern eines Gemeinwesens, das sich von Krise zu Krise und Generation zu Generation bestimmten Läuterungen unterzieht, die als Aufklärungen der Gerechtigkeit dienen wollen und nicht nur der »Entzauberung der Welt«. In den Worten des einflußreichen und hochgebildeten Klerikers *Jean-Pierre Camus* (1582 – 1652) ausgedrückt, der 1614/15 viele Mißstände in den Mitständen (Adel und Bürgertum) der Monarchie bloßlegte und seine Heilmittel anbot: »Der gute Prediger muß wie der Spiegel die Welt so vergegenwärtigen, wie sie beschaffen ist, damit er sie entweder von ihren Makeln befreit, die sie entstellen, oder aber daß er sie in ihrer Reinheit bewahrt, sofern diese vorhanden ist« (1970, S. 299; vgl. S. 290/91).
Dieser Auftrag der dauernden Katharsis – man begegnet ihm in den »Doléances« oder »Gravamina« (Beschwerden) der Stände auf Reichs- und Landtagen über die gesamte feudale Christenheit hin – hat die politische Theorie als *Ideenträger* stark geprägt, mußte sie doch unter diesen Bedingungen auch Tugendspiegel sein und Ordnungssinn verbreiten: selbst dort, wo Philosophen wie *Descartes* und *Pascal* um ein Menschenbild rangen, das auch in der Gesellschaft wirken sollte.
Die Rahmenbedinungen dieser überaus vitalen Publizistik, die sich in gedruckten Predigten, Traktaten, Kompendien, Essays und Streitschriften aller Art engagiert zu Wort meldete, sind immer wieder auf das System des Absolutismus bezogen worden. Dessen *»klassische Ausprägung«* vermutete man in Frankreich (Roscher, 1874, S. 380f.; Hoffmann, 1974, S. 340; vgl. Barudio, 1984), ohne sich jemals gründlich um Begriff und Sache gekümmert zu haben. Erst die moderne Forschung hat in einem konzentrierten Vergleich mit anderen Gemeinwesen Alteuropas feststellen können, daß das *Ancien Régime* in Frankreich jenes Stadium der Macht formal nicht erreicht hat, das den realen Absolutismus an die *Erb-Souveränität* bindet und damit an die *patrimoniale Verfügung* über Land und Leute (Barudio, 1976, S. 47ff.).
Dieses System einer *arbiträren Regierung* hat *Voltaire* zwar in Dänemark belobigt (*Œuvres*, 13, S. 122), bei Karl XII. von Schweden (1682–1718) bestätigt gefunden (*Œuvres*, 3, S. 13), unter Friedrich II. von Preußen (1712 bis 1786) am eigenen Leib in seiner Menschenverachtung verspürt (*Œuvres*, 1, S. 5ff.) und in Rußland als notwendig erkannt (*Œuvres* 3, S. 37ff.), aber bei allen Mißständen in seinem eigenen Vaterland nicht als Machtordnung feststellen können.
Der Hauptgrund für diesen überraschenden Befund liegt in der besonderen Struktur der französischen Monarchie vor 1789, deren Fundamentalgesetze selbst in Zeiten höchster nationaler Not nicht aufgehoben oder im Sinne des Patrimonialismus umgepolt werden durften. Ein großes Verdienst an der Verhinderung eines solchen Systemwechsels kam dabei der politischen Theorie zu: einer Publizistik, die sich für die »absolute« Stellung des Königs als Träger der souveränen Krone Frankreich nach außen stark machte, um seine »unabhängige« Position gegenüber Papst und Kaiser zu wahren, auch seine »absolute«

Verfügung nach innen bei der einfachen Gesetzgebung akzeptierte (*legibus solutus*), solange er im Rahmen des Rechts (*ius*) blieb, ja unter »absoluter Gewalt« gar die »vollständige« Handhabe seiner Hoheitsrechte verstehen konnte, aber eines nicht zulassen wollte – daß der »Allerchristlichste König« vom *Depositär der Krone* zum *Despoten seiner Untertanen* wurde.

Nichts beherrschte die Gemüter in diesem Zeitalter mehr als das Verfassungsgebot des Salischen Erbfolgegesetzes, nach dessen rechtlicher Maßgabe dem König Land und Leute Frankreichs nur als ein *anvertrautes Gut* (*Dépôt*) zur gerechten Verwaltung überlassen wurden. Bei aller Kompetenzfülle, die nicht als Absolutismus im Sinne des *Dominium absolutum* mißverstanden werden darf (vgl. Schramm, I, 1939, S. 226 ff.; er erkannte wie fast alle Forscher nicht die Natur des Erblehens [Emphyteuse]), blieb der König in seiner konstitutionalen Qualität immer nur der *höchste Treuhänder der Krone,* so daß aufgrund der Sachlage und zum besseren Verständnis dieser Monarchie von der dauerhaften Wirkung eines *Depotismus* gesprochen werden muß, der allerdings nicht nur in der Spätphase der Regierung Ludwigs XIV. durch einen *anonymen Despotismus* stark gefährdet wurde, zumal die Verwaltung eine Eigendynamik anzunehmen drohte.

Der Kampf der politischen Theorie um den Fortbestand des *depositären Königtums* hat mit dem Ringen um das rechte Verhältnis von Kirche und Staat ein großes Kapitel in der Geschichte der Freiheit und öffentlichen Verantwortung des Geistes entstehen lassen, der sich bei allem Vertrauen in Recht und Verfassung von vielen Seiten bedroht, verfolgt und wie bei Descartes sogar ins Exil getrieben sah. Trotz dieser Belastungen erlebten sich ihre Vertreter nicht selten als Teil der politischen Praxis. Dafür sorgten vor allem die Kardinal-Premiers *Richelieu* (1585–1642) und *Mazarin* (1602–1661), die sich für ihre innen- und außenpolitischen Ziele bewußt der besten Federn bedienten, Geist und Macht zu versöhnen, aber auch auszuspielen verstanden – nicht anders als die Könige auch (Fagniez, 1896, S. 442 – 484).

Den Autoren selbst war dabei bewußt, daß das Politische in der Begegnung mit der Sündhaftigkeit des Menschen und seinen Mängeln so gestärkt werden müsse, wie es die universalen Aufgaben des Gerechten im nationalen Rahmen erforderten. Sie fanden sich dabei in guter Übereinstimmung mit jener antiken und christlichen Tradition, die *Leibniz* (1646–1716), der Theoretiker des *Territorial-Absolutismus* (vgl. Barudio, 1984, S. 205; Holz, 1968, S. 22 ff.), beim Nachdenken über das Wesen eines Fürsten für ein ganzes Zeitalter in ihrem Kern fassen konnte: »La justice establit l'ordre politique« (Werke I, 4, S. 480 ff.).

2. Das Ringen um die »Kompetenz des Königs«

Fundamentalgesetz und Souveränität

Als *Ravaillac* (1578–1610) den »guten König« Heinrich IV. (1533–1610) ermordete, fühlte er sich im Recht. Für ihn war dieser Monarch ein Rechtsbrecher und »ungerechter König« oder »Tyrann«, gegen den vom vertraglichen Naturrecht her und nach jesuitischer Theorie ein aktives Widerstandsrecht erlaubt war (Mousnier, 1970, S. 255 ff.). Denn dieser Inhaber des höchsten Amtes in der Krone Frankreich hatte seinen Verfassungseid (*Serment*), vor allem das *Fundamentalgesetz (Loi fondamentale)* der unabdingbaren Katholizität des Landes (vgl. oben, S. 107), mit dem *Edikt von Nantes* (1598) gebrochen und damit seinen ehemaligen Glaubensgenossen die Möglichkeit verschafft, sich politisch nach einem Sonderstatus einzurichten und die calvinistische Ketzerei zu pflegen – entgegen auch den Forderungen des Konzils von Trient (vgl. Martin, 1919; Thuau, 1966).

An diesem inneren Konflikt, der von 1618 an den reichsdeutschen Calvinismus mitprägte, bis sich dieser im Westfälischen Frieden von 1648 gerade durch Frankreich im Rahmen der Reichsverfassung anerkannt fand (Weber, 1977, S. 304–321; vgl. Nürnberger, 1948), wäre die Einheit dieses Landes fast zerbrochen, hätte man die Dauerkrise nicht durch zeitweilige Kompromisse auffangen können – bis zum nächsten Waffengang im Namen der Verfassung und des vermeintlichen Rechts.

Die »pure Machthistorie« hat diesen fundamentalen Bezug der Politik nach innen und außen gerne ausgeklammert und besonders am Werdegang *Richelieus* die Idee des »reinen Machtstaates« in den Vordergrund gespielt (Mommsen, 1923, S. 210–242; vgl. Wollenberg, 1977, S. 104 ff.), obgleich der Quellenbefund in Theorie und Praxis dagegenspricht. Denn bei allem Interesse an der Stärkung der *Kompetenz des Königs* (*Autorité royale*) und den zugehörigen Magistraten (*Gouvernement*) wollte sich keiner der Gelehrten an der Gültigkeit der *Fundamentalgesetze* vergreifen. Diese stellten den Staat über den König und begrenzten dessen Macht und Zuständigkeit in einer Weise, die bei absolutistischen Monokraten nicht denkbar war (Holtzmann, 1910, S. 320, 347; vgl. Mousnier, I, 1977, S. 505 ff.).

Neben dem erwähnten Salischen Erbfolgegesetz und der Katholizität wurden diesen Substanzgesetzen noch die Unveräußerlichkeit des Krongutes hinzugerechnet, dann die Vollendung des 13. Lebensjahres für den jeweiligen König, wenn er sein Amt antreten wollte, dessen Verfassungseid (*Serment*) und die Salbung (*Sacre*) mit der Krönung (Mousnier, I, 1977, S. 503 ff.; Lemaire, 1907; vgl. Barudio, 1984, S. 90 ff.).

War der neue Thronanwärter nicht volljährig, dann mußte eine Vormundschaft und provisorische Regierung bestellt werden. Das war beim gewaltsamen Tod Heinrichs IV. 1610 der Fall, zählte doch sein rechtmäßiger Erbe aus der Ehe mit *Maria de Medici* (1573–1642), Ludwig XIII. (1601–1643), erst neun Jahre. Ein Umstand, der neben anderen Gründen dazu führte, zu seiner formellen Volljährigkeit und Amtsübernahme 1614 die Generalstände nach Paris einzuberufen (Picot, 1872).

Dieses Ereignis in spannungsreicher Zeit veranlaßte die politischen Köpfe in allen Ständen und Parteiungen, die Zuordnungen von König, Parlements und Generalständen zu klären. Die heftigen Diskussionen, in die das Verhältnis von universaler Kirche und nationalem Staat zusätzlich hineinwirkte, führten aber nicht zu einer gemeinsamen Manifestation im Sinne des libertären Programms *Pro lege, rege et grege*, in dessen Zeichen die calvinistischen Niederlande zu einer Großmacht aufsteigen sollten (Sparre, 1914). Ein rechtlich bindendes Bekenntnis auf die Vertragsstruktur der *Trois prérogatives*, die dem König die

Majestät, dem Senat die *Autorität* und den Ständen die *Libertät* zusprachen und in Schweden zur gleichen Zeit die Grundlagen der kommenden Stellung als weitere Großmacht (Barudio, 1982, S. 560 ff.) bildeten, gab es in dieser Geschlossenheit auch nicht. Dennoch waren diese beiden geschichtsmächtigen und oft übersehenen Theorien in zahlreichen Varianten vorhanden, wobei sich das Interesse vornehmlich darauf konzentrierte, dem jungen König und der alten Krone weder von Rom noch von den Parlements oder gar den Generalständen etwas von ihrer *Majestät* oder *Souveränität* wegnehmen zu lassen.
So stellte *Estienne Pasquier* (1529–1615), der einflußreiche Verfasser der berühmten *Recherches de la France*, nach einer engagierten Absage an jeden Königsmord fest, den er im Einklang mit dem Konzil zu Konstanz für sehr verderblich hielt: »Im Hinblick auf den Staat gibt es in Frankreich keinen Kirchenmann, der nicht glaubt, daß *unsere Könige souverän sind*, und zwar ganz und gar nach Maßgabe der weltlichen Souveränität in ihrem Königreich; daß sie *keine Lehnsträger (feudataires) des Papstes* oder *eines anderen Fürsten* sind; ebenso hängen sie in der einfachen Verwaltung der weltlichen Angelegenheiten unmittelbar von Gott ab und erkennen keine Gewalt über sich an als die ihrige« (1615, S. 281/82).

Gallikanismus und Ultramontanismus

Diese Position ist eindeutig und in bezug auf die alteuropäische Lage nichts Besonderes. Pasquier will im Einklang mit seinem Stand und im Zeichen des *Gallikanismus* den eigenen König in seiner Rechtsqualität von jeder Jurisdiktion ausgenommen wissen. Ist dieser der oberste Richter in seinem Reich, dann kann diese Position nach allen Regeln der Logik kein anderer einnehmen. Dieser Befund gilt nach außen wie nach innen, wo vor allem das *Parlement de Paris* nicht selten versucht war, als Hüter von Recht und Verfassung den König in der Wahrnehmung seiner souveränen Kompetenzen zu behindern oder gar zu beschränken. Unter Berufung auf lehrreiche Beispiele in der jüngeren Vergangenheit weiß Pasquier zu berichten, daß die Parlements aus kluger Zurückhaltung und Einsicht »in Furcht und Ehrerbietung vor der *Majestät des Fürsten* lebten, sich niemals ohne seine ausdrückliche Anordnung in Staatsdinge einzumischen« (S. 296/97). Diese Beschränkung aber konnte nicht immer wahrgenommen werden, weil sich Recht und Politik nicht vollkommen trennen ließen, zumal in beiden Bereichen die Forderungen der Ethik und der christlichen Gebote auf Erfüllung drängten. Hier äußerte sich schon in den Denktraditionen des *Averroismus* die Problematik der künftigen *Jansenismus*-Krise, als sich im Streit um Königs-Kompetenzen, Rom-Bindungen und Parlaments-Ansprüche die Distinktionen zwischen *Rechtsfragen* (*Question de droit*) und *Tatfragen* (*Question de fait*) in die harten Diskussionen schoben (Lehmann, 1980, S. 67 ff.).
Daraus erwuchs ein erbitterter Definitionsstreit, der die Gemüter bis zum Bürgerkrieg erhitzen konnte, ja selbst »wahre Franzosen und treue Diener des Königs und des Königtums« manchmal vergessen ließ, was sie der nationalen Einheit schuldig waren. Ein Anliegen, das Pasquier am Ende seines Lebens beschwor, eingedenk des hohen Drucks und der Defizite dieses Frankreichs der drei Stände und zahlreicher politischer Lager: »Es wäre zu wünschen, daß die

Franzosen nur einen König hätten und die gleiche Sprache, dieselbe Luft atmeten, alle nur unter den gleichen Gesetzen lebten, auch nur ein und denselben Glauben und Religion hätten.« Kurz, daß die Untertanen des Königs »in der *Freiheit ihrer Gewissen*« das Dasein in Frieden zubrächten (Pasquier, S. 308; vgl. Reinhard, 1983, S. 275 ff.; Bonnet-Maury, 1912).

Das ist die *Mahnung zur Einheit* aus dem Epheserbrief und eine Absage an die religiöse wie politische und rechtliche Spaltung eines Landes, das sich auf der obersten Entscheidungsebene heftige Kämpfe um die Gestaltung der Außenpolitik leistete. Denn seit 1610 hatten mit der Regentschaft der Maria de Medici jene Kräfte die Oberhand gewonnen, die mit der Verständigung Heinrichs IV. gegenüber den Hugenotten im eigenen Land und den Protestanten im Heiligen Reich während der Krise um die *Jülicher Erbsache* (Ritter, 1874; vgl. Schipperges, 1954) nichts mehr zu tun haben wollten. Dafür betrieben sie im Sinn ihrer Katholizität eine Annäherung an Rom und die »Katholische Majestät« in Madrid, verstanden sich als Universalisten einer nationenübergreifenden Kirche und galten als Verfechter der Ideologie des *Ultramontanismus.*

Dieser stützte sich auch in der Propaganda im wesentlichen auf zwei Grundsätze. Erstens auf den *Primat der Kirche über alle politischen Körperschaften.* Und das konnte nur bedeuten, daß »die Königreiche der Kirche dienen und nicht umgekehrt«. Daraus durfte die zweite Position entwickelt werden, d. h. die *Exkommunikation und Absetzung eines Königs durch den Papst.* Sie führte dazu, daß gleichzeitig auch der weltliche Treuebund zwischen König und Untertanen gelöst wurde. Mehr noch, wer in diesem Fall einen Fürsten ermordete, galt nicht als Königsmörder (*Régicide*) und hatte straffrei zu bleiben (Sée, 1978, S. 37 ff.; vgl. Méthivier, 1964, S. 37 ff.).

Der Gallikanismus in all seinen Varianten wehrte sich von *Pithou* (1539–1596) bis *Pasquier* gegen diese Theorie der substantiellen Eingriffe von außen, um gleichzeitig mit der absoluten und souveränen Stellung des Königs diejenige der Krone zu verteidigen. Nicht umsonst nannte der eifrige *Savaron* (1566–1622) 1615 seine gallikanisch ausgerichtete Arbeit, in der er ultramontane Positionen zurückwies, *Traité de la Souveraineté du Roy et de son Royaume.* Nimmt man noch hinzu, daß das Parlement de Paris in seiner Eigenschaft als Purifikator des politischen Denkens und Schreibens Arbeiten von *Bellarmin, Mariana* oder *Suárez* verbieten und verbrennen ließ (Camus, 1970, S. 93, Anm. 79), dann wird deutlich, mit welchen ideologischen Belastungen eine politische Kultur fertig werden mußte, in der ein theoretischer Widerspruch die erste Stufe zum aktiven Widerstand sein konnte – ein Vorfeld des Bürgerkrieges.

Die Gegnerschaften zwischen Ultramontanisten und Gallikanern, die sich in den politischen Lagern der *Guten Katholiken* und der *Guten Franzosen* wiederfinden und in allerlei Abweichungen, Modifikationen und Durchmischungen das gesamte *Grand Siècle* prägten, vermitteln den Eindruck eines permanenten Kreisens um den König als Mittelpunkt des Gemeinwesens.

Die Idee der Gerechtigkeit

Die Idee von der Heiligkeit des Königs (*Roi sacré*) wird als gottunmittelbarer Ausdruck der Gerechtigkeit (*Roi juste*) verstanden und beherrscht in Erinnerung an das Chaos des überstandenen Bürgerkrieges so sehr die politischen Gemüter, daß eine Verlagerung von Kompetenzen des Königs auf die Parlements oder die Generalstände nicht sonderlich klug schien.

Jean-Pierre Camus, der mit drei grandiosen Predigten im Ringen um die Reinheit des Königtums und die Einheit der Krone während der Generalstände 1614/15 präsent war, gibt Auskunft über ihre Stellung zum König: »Unsere Stände haben mit denen von Polen, Deutschland oder England keine Ähnlichkeit: Sie haben keinen sehr hohen Einfluß (ascendant). Es steht uns nur das Bitten zu, dem König, unserem souveränen Herrn, aber das Befehlen ... Er ist ein zu guter Vater, um die *gerechten Bitten* seiner *armen Kinder* barsch abzuweisen, aber er ist auch so mächtig, seine Größe nicht mit der gemeinen Art seiner Untertanen zu teilen« (1970, S. 351).

Tatsächlich können in dieser trichotomisch angelegten Ordnung, die auf der *Ethik des Wartens* beruht, weder die Parlements noch die Generalstände bestimmen, daß dies oder jenes vor allem in der hohen Politik geschieht; sie können nur den König darauf hinweisen, daß dies oder jenes zu unterbleiben hat, sofern er von ihnen noch als »gerechter König« anerkannt werden möchte. Ein grundsätzliches Verhalten, das auch für die Adelsrepublik Polen bis zur Anerkennung des »*Liberum veto*« (vgl. oben, S. 176 ff.) galt, für Schwedens Reichstage bis zum Absolutismus ohnedies und selbst für die Reichstage im Heiligen Reich (die bisherige Verfassungsforschung hat dafür kein Verständnis entwickelt; Kluxen, 1967; vgl. Barudio, 1984, passim.). Die ständige Ausrichtung der Politik auf die Gestaltung des Gerechten mit ihren ethischen Ansprüchen hat ein System gegenseitiger Steigerungen entstehen lassen, zu dem heute kaum ein Zugang besteht, weil die beiden Formationen der Gerechtigkeit seit *Aristoteles* (*iustitia distributiva*; *iustitia commutativa*) weitgehend unerörtert geblieben sind. Bodin (1530 bis 1596) hat ihre Bedeutung unter der Forderung einer *Proportion harmonique* propagiert und mit der *Ratio gubernandi* so gekoppelt, daß darunter nicht eine nebulöse *Regierungsvernunft* zu verstehen ist, sondern ein ethisches Verhalten nach mathematischen Regeln. *Raison* gilt hier als Proportion und Ausdruck jener Bestimmungen, die sich in der »Nikomachischen Ethik« des Aristoteles finden (Bodin, 1977, S. 1016 ff.).

Frankreichs Staatskanzler *Pierre Séguier* (1588–1672), der sich auch während der Regierungszeit von Ludwig XIII. und Ludwig XIV. als »Gesetzeswächter« (Nomophylax) empfinden konnte und darin Schwedens Kanzler Axel Oxenstierna (1583–1654) in nichts nachstand, hat diesen substantiellen Kern der politischen Theorie einmal sehr konzentriert bei seinem rechten Namen genannt: »Die *Gerechtigkeit des Königs* besteht nicht nur in der kommutativen Gestalt, welche *jedem das Seine* zuteilt, dafür sorgt, daß die Rechte und Besitztümer eines jeden durch die anderen respektiert werden, sondern sie hat auch eine distributive Gestalt, die jedem seinen Rang, seine Würden und seine Vorrechte nach Maßgabe der Dienste zumißt, die er dem Gemeinwesen (*corps social*) erbringt« (1964, I, S. 23).

Beschränkt sich die *Kommutation* als Verkehrs- und Vertragsgerechtigkeit nach den Bedingungen der arithmetischen Proportionalität auf die öffentliche Sicherung des Privatvermögens und Kaufverhaltens (»ohne Ansehen der Person«), so konzentriert sich die *Distribution* auf die besonderen Qualitäten des Individuums und seiner Leistungen für König und Krone, wobei die geometrische Proportionalität Anwendung findet. Zwei Verfahren, die dem modernen Verfassungsstaat das Verhältniswahlrecht, die »Proportionalzonen« in der Besteuerung und die »Verhältnismäßigkeit der Mittel« vorstrukturiert haben (Aristoteles, Nikomachische Ethik, V; vgl. Moraux, 1957, S. 119ff.) und hier im Ancien Régime als Maßstab aller Gerechtigkeit ein Erzübel der französischen Monarchie bewußtmachen, das in der politischen Theorie recht häufig zur Sprache kommt – die *Käuflichkeit von Ämtern* (Mousnier, 1945; Göhring, 1938).
Dieses Verhalten war neben dem Duellieren in vornehmlich adligen Kreisen eine destruktive Kraft, die dazu führte, daß das Königtum die distributive Kompetenz seiner öffentlichen Amtsmacht nur noch bedingt ausüben konnte. Denn ein Großteil der Ämter wurde nicht nur von Privatleuten gekauft, vor allem durch das Bürgertum in den Parlements, sondern konnte sogar vererbt werden, ohne daß der jeweilige König sein Recht der Ämterbesetzung unmittelbar zur Wirkung brachte. Ja, die Verhältnisse waren mittlerweile so weit gediehen, daß sich in einigen hohen Kronämtern beim Vererben der *Patrimonialismus* durchgesetzt hatte, eine fast souveräne Abschottung der Ämtervergabe von der Kompetenz des Königs.
Aus diesem Zustand, der Frankreich wirklich eine Sonderstellung eingebracht hatte, erklären sich die zahlreichen Predigten gegen die grassierende *Simonie* im geistlichen wie weltlichen Bereich (Camus, 1615; vgl. Mousnier, 1945, S. 208 ff.; Méthivier, 1964, S. 22ff.) und der bald beginnende Kampf Richelieus gegen die *Patrimonialoffiziere:* jene Kräfte im hohen Adel, unter den Pairs und den Herzögen samt Prinzen von Geblüt, die mit derartigen Rechtsgängen und Statussicherungen das Königtum stärker einschränkten als in anderen Gemeinwesen die Absprachen mit den Reichstagen (Burckhardt, 1966, II, S. 18 ff.).
Diese Kämpfe nach innen gegen die *Usurpationen* königlicher Zuständigkeiten hatten eine Entsprechung im Ringen um Frankreichs Politik nach außen, deren Wesen und Wirken nicht weniger den Postulaten der Gerechtigkeit unterworfen wurden, zumal stets die Dauerfrage anstand, ob militärisches Eingreifen außerhalb der Landesgrenzen mit den Bedingungen des Völkerrechts und des »gerechten Krieges« (*bellum justum*, vgl. oben, S. 84f.) in Übereinstimmung gebracht werden konnte. Was natürlich vor allem für die rechtliche Sicherung bei Gebietserwerbungen von größter Bedeutung war.
Wie sehr die aristotelisch bestimmte Theorie des Gerechten in der Außenpolitik wirksam wurde, läßt sich am besten dort nachweisen, wo Richelieu nach dem spektakulären Sturz *Concinis* (1616) vorübergehend die Sicherung Frankreichs in die Bahnen Heinrichs IV. zu lenken versuchte. In der Instruktion für den Gesandten *Schomberg*, der im Heiligen Reich für die Reputation Frankreichs als Schutzmacht der »teutschen Libertät« gegen die »Habsburg-Diktatur« werben sollte, spricht er von der Notwendigkeit der »verhältnismäßigen Mittel« (*moyens proportionnés*) (Richelieu, 1853, I, S. 209) und meint damit das richtige Maß in der Politik. Ergänzend dazu erläutert er später: »Die Logik verlangt das

Vorhandensein einer *geometrischen Proportion* zwischen dem, was stützt, und dem, was gestützt werden muß« (nach Burckhardt, 1966, III, S. 190).
Das gilt nach innen als Steigerung und Stärkung der königlichen Kompetenzen auf Kosten der Kron-Offiziere und Parlements, und nach außen hat es Bedeutung bei jeder Überhöhung des französischen Königtums, das qualitativ dem Kaiser und der »Katholischen Majestät« Spaniens den Rang streitig machen soll. Als Richelieu nach seinem Zwischenspiel im Zentrum der Macht 1624 sein zweites Ministerium antreten durfte, hatte sich in dieser Richtung vor allem die erst *Ferrier* (1576–1626), dann *Père Joseph* (1577–1638) zugeschriebene Streitschrift *Le catholique d'Estat* verbreitet und Statusfragen des Königs geklärt. Das Platon-Wort »Gott geometrisiert immer« schimmert durch, wenn sie die historische und politische Mission des »Allerchristlichsten Königs« beschwört: »Wie Gott die *ungerechten Könige* erniedrigt, indem er sie daran erinnert, daß sie Menschen sind, so kräftigt er den Arm und das Herz der *gerechten Könige,* wie Ihr einer seid, ... um den Schwachen zu helfen, die sie um Hilfe gegen die Gewaltsamkeit ihrer Feinde bitten. Darin besteht *die wahre Größe der Könige*« (zit. nach Straub, 1980, S. 33; vgl. Guénon, 1945, S. 48 ff.).

Fancan und Loyseau

In ihren Dienst, der zum Sendungsbewußtsein und Hegemoniestreben des *Goticismus* in Spanien – später auch von Schweden her (vgl. Barudio, 1982, S. 304 ff.) – ein Gegengewicht begründen wollte, traten aus unterschiedlichen Motiven Gelehrte, die ihre Theorie in der politischen Praxis erprobt sehen wollten. Einer der wichtigsten unter ihnen war *François de Fancan* (?–1627), ein Pariser Kleriker und glühender Patriot, der in der Partei der »Katholiken«, in den Machenschaften Concinis und in der Spanien-orientierten Politik des königlichen Günstlings *de Luynes* (1578–1621) ebenso ein Unglück für Frankreich sah wie im harten Vorgehen gegen die eigenen Ketzer, die durchaus gute Franzosen sein konnten.
Fancan avancierte in den heftigen Auseinandersetzungen der Parteiungen bald zur führenden Feder im Kampf der Streitschriften, wobei seine *Chronique des favoris* von 1621/22 einen Höhepunkt der »satirisch-politischen Kampfliteratur« darstellt – mitten im Kriegszug Ludwigs XIII. gegen die Hugenotten.
Seit der Begegnung mit Richelieu in den Jahren davor und mit dessen Amtsantritt erweitert Fancan seine politischen Kenntnisse, verfaßt nach 1624 statt Streitschriften besondere Denkschriften für die Regierung im Sinne des inneren Ausgleichs und des verstärkten Engagements nach außen. Allmählich wird er zum besten Kenner der Verhältnisse im Heiligen Reich, darf wichtige Missionen besonders nach München unternehmen und gerät dabei in einen typischen Konflikt, der sich bei der Frage nach einer Allianz zwischen Bayern und Frankreich entwickelte. Als *politischer Theoretiker* ist Fancan gegen diese Verbindung, aber als *politischer Agent Richelieus* muß er sie ungeschmälert vertreten (Wiens, 1908, S. 18, 31, 39, 116).
Ähnliche Spannungen hatte er auch bei seinen inneren Reformvorschlägen erlebt. Als Gegner der chaotischen Finanzpolitik von *La Vieuville* (1582–1653) verweist er wiederholt auf die Lehnsnatur der staatlichen Ordnung, die durch

das System der Steuerverpachtung an den Meistbietenden unterlaufen wird. Dadurch werden nicht nur den Armen (*Pauperes*) unnötig viel und ungerechte Steuern abgepreßt, die öffentliche Hand geschwächt, sondern auch des Königs Verlehnungsrechte abgedrängt. Die Güter der Kirche oder zur »toten Hand« sollen für die Verbesserung der Finanzen herangezogen werden, nicht anders die meist steuerfreien Städte und die Reichen (*Potentes*), die auf ihren Luxus Abgaben entrichten sollen. Auffallend ist sein Bemühen, die Kleriker aus der staatlichen Verwaltung herauszudrängen, die Parlements vor allem an der Spitze zu stärken, ja selbst die Generalstände näher an politische Teilnahme heranzuführen. Solche Überlegungen und Reformvorschläge waren nur denkbar, weil für ihn »der Fürst der Stellvertreter und Statthalter der Göttlichkeit in der Regierung seines Staates ist« (Wiens, 1908, S. 46 ff.; vgl. Geley, 1884).

Fancan sieht klar die Unterschiede zwischen König und Krone, Staat und Regierung, Religion und Politik, aber auch ihre Verbindungen und ist sehr bemüht, Frankreichs Kampf gegen Habsburg nicht durch eine militärische Lösung der Hugenottenfrage unnötig zu gefährden. In diesem Punkt aber schwenkt Richelieu nach der *Versammlung der Notablen* 1626/27 um und wendet die Abkehr von England, das die Hugenotten unterstützt, auch nach innen, nennt denjenigen gar einen »schlechten Franzosen«, der noch auf England setzt, um mit dieser Macht gegen Habsburg zu kämpfen. Fancan hingegen benutzt dieses Schlagwort gegen jene, welche dem Kreuzzug gegen die Ketzer das hitzige Wort reden. Er unterscheidet jetzt in der schwersten Phase seines politischen Lebens zwischen den *bigotten Katholiken* und den *königstreuen Katholiken,* zu denen er sich zählt, und mahnt, daß »die allererste Maxime der politischen Weisheit darin besteht, nicht unschlüssig zu sein (vaciller), sondern auf mutige Art Partei zu ergreifen ...«. Dazu fand er Richelieu im Sinne der alten »guten Franzosen« und im Dienst »am König und dessen Staat« nicht mehr bereit (Wiens, 1908, S. 108 ff., 113, 117).

Mit dieser Ansicht sollte er sich nicht täuschen, und er mußte erleben, wie der Kardinal mit Gegnern umging, die aus Prinzipientreue seine Politik gefährdeten: 1627 ließ er unter dem Einfluß des römischen Nuntius *Spada* den einstigen Mitstreiter Fancan samt Bruder verhaften. In der Bastille ereilte diesen eifernden Patrioten bald der Tod (Geley, 1884, S. 303 f.).

Nimmt man noch das Ableben von *Charles Loyseau* (1566–1627) im gleichen Jahr hinzu, dann scheint die »Front der Freiheit« gegen den zunehmenden Machtgebrauch Richelieus geschwächt worden zu sein. Denn Loyseau war einer der »fähigsten Anwälte des Parlement von Paris«, dessen Zuständigkeiten dem Kardinal immer ungelegener kamen, hatte es doch das Recht der *Verifikation* königlicher Maßnahmen, d. h. eine vertragliche Rechtskontrolle öffentlicher Handlungen mit Gesetzeskraft. Sie durften von der Theorie her erst dann wirksam werden, wenn sie von diesem »souveränen Gerichtshof« als rechtskonform angesehen und registriert worden waren. Dieses Verfahren konnte unzählige Konflikte heraufbeschwören bis hin zu den *Remonstranzen* dieses Gerichts, den Anmahnungen eines schwerwiegenden Rechtsvorbehalts, dem der König oft nur durch ein *Lit de justice* begegnen konnte (Holtzmann, 1910, S. 313, 350 f.; vgl. Barudio, 1984, S. 93 f.).

Auch darin sah Richelieu zeitweise eine ihm unerträgliche Beteiligung an der

»Kompetenz des Königs« und damit Beschränkungen seiner eigenen Befugnisse; nicht jedoch Loyseau, ein ausgezeichneter Kenner des Römischen Rechts, dessen dichte Analyse der inneren Verhältnisse Frankreichs in seinen *Les cinq livres du Droit* 1636 in Genf erschien und bis 1701 in mehreren Auflagen Verbreitung fand (NBG, 1860, S. 94 ff.). Nein, Loyseau beobachtet weniger das Kompetenzgerangel zwischen König und Parlement de Paris als vielmehr einen rapiden Wandel in der Mentalität hinsichtlich des überkommenen Ämterwesens.

Seiner Meinung nach müßte *Philippe de Commynes* (1447–1511), »der Autor des Anti-Machiavelli zur Zeit Heinrichs III.«, seine Geschichte Frankreichs völlig umschreiben (Loyseau, 1678, S. 152; vgl. Voss, S. 224–235), weil z. B. jetzt für Ämter in den Parlements nicht mehr »neuntausend Livres« bezahlt werden müssen, sondern »bis zu vierzigtausend«. Dieses Verhalten hat zu einer unerträglichen »Faulheit der Amtsträger« (*oisiveté des Officiers*) geführt. Und die Erblichkeit vor allem der Parlements-Stellen unterläuft ihre Vertragsnatur, blokkiert den König in seiner distributiven Zuständigkeit und macht bewußt, daß ihm als »Urheber der Gerechtigkeit« gerade die »Gewißheit in seinen Verträgen« etwas wert sein muß, wenn das Gemeinwesen in seiner Verwaltung wieder sicherer und gerechter geordnet sein soll.

Loyseau sieht seit einer Generation eine seltsame Ambition »in unserer Nation« am Werk, geradezu eine Manie, sich öffentliche Ämter durch Kauf und Erbe anzueignen, ohne dafür entsprechende Qualifikationen mitzubringen. Er spricht dabei sogar von einer *Archomanie* oder *Ämtergeilheit* (*fureur d'Offices*), die zwar durch den dauernden Geldbedarf der öffentlichen Hand gefördert wurde, aber eher dem Staat schadet, als daß mit diesem fortwuchernden System die Finanzen geordnet und die materiellen Ansprüche gedeckt werden könnten. Kein Wunder, daß er angesichts dieser Zustände nach einem Sprichwort seiner Zeit greift und fast resigniert feststellt: »Es gibt immer mehr Verrückte als Leute mit Verstand« (S. 153 ff.).

Diese »Vernünftigen« nennt er »Estats«, was auch heißen könnte »Leute von Stand«. Allein in diesem Schlüsselwort gibt sich die Bedeutung Loyseaus zu erkennen, der in seinem umfangreichen Werk sehr bemüht war, juristische Begriffsstringenz auch bei der Beschreibung politischer und sozialer Zustände einzuhalten, sofern das Wesen der *Drei Stände* (*Trois Ordres*) und anderer Berufsstände zur Sprache kam. Er leistete damit einen wichtigen Beitrag zur politischen Theorie in ihren soziativen Bezügen. Das wird vor allem deutlich bei der Erläuterung des Begriffes vom *Dritten Stand* (*Tiers-Estat*), dessen wachsende Bedeutung für das öffentliche Leben ihm so klar ist wie Pasquier, seit sich »der Adel den Buchkünsten (lettres) entfremdet und sich dem Müßiggang (oisiveté) überlassen hat« (S. 33 ff.).

Loyseau bezieht sich hier nicht auf die gängige Theorie vom *Lehr-, Wehr- und Nährstand* (Barudio, 1982, S. 101), sondern auf die Lehre von den *Zwei Körpern unserer Könige* (S. 48; vgl. Kantorowicz, 1957), aus denen sich die *Zwei Nationen* herleiten, nämlich »die Prälaten und die Barone, das heißt die Spitzen des Klerus und des Adels. Daher kommt es auch, daß unsere Gerichtshöfe bis heute von Klerikern und Weltlichen getragen werden«. Die Parlements und »was wir gegenwärtig Generalstände nennen« haben in dieser Zuordnung zweier Hauptstände ihren Ursprung, die erst im Laufe der Geschichte mit dem

»Dritten Stand« ergänzt wurden, als die Könige aus *Kriegsnot* (*nécessité des guerres*) auf Geldhilfen des gemeinen Volkes angewiesen waren und dessen Zustimmung mittels der Generalstände erfolgen mußte.

Diese Hereinnahme des Dritten Standes in die Verantwortung und repräsentative Qualität der bisherigen Generalstände darf aber nicht so verstanden werden, daß damit das Bürgertum an sich, die Bourgeoisie insgesamt, gemeint ist: »Denn das Wort von den Tiers-Estat greift weiter als der Begriff vom Bourgeois.« Der Hauptgrund dafür liegt darin, daß man mit »Bourgeois« alle Einwohner einer Stadt bezeichnet, und zwar in Anlehnung an das deutsche Wort »bourgs« oder an das lateinische »Villae« und den zugehörigen »Villageois«. Tatsächlich aber dürfen sich nur jene »Bourgeois oder Citoyen« nennen, welche an den »Rechten und Privilegien einer Stadt teilhaben«, d. h. über »Sitz und Stimme in den Versammlungen« verfügen – »darin besteht die Bourgeoisie« (S. 49 ff.; vgl. Normand, 1908).

Es ist demnach ein Vorrecht, ein politischer Stand zu sein, an dem das »gemeine Volk« keinen Anteil haben darf. Die *Potentes* sind trotz ihrer Rangunterschiede und spezifischen Privilegien von den *Pauperes* getrennt, unter denen die *Bauern* (*Paysans*) und die *Künstler* (*Artisans*) neben anderen Berufsständen eine soziale Sonderstellung einnehmen, während die *Arbeiter* (*Gens de bras ou mercenaires*) von Loyseau und seiner Zeit als »die niedrigsten des gemeinen Volkes« angesehen werden – »gemäß der Anordnung Gottes« (S. 51–58).

An der soziativen Notwendigkeit einer Hierarchie der Ränge, Stände und Ämter gibt es für Loyseau wie für die meisten Theoretiker dieser Zeit keinen Zweifel. Was sie kritisieren, liegt nur im Bereich von Verschiebungen und Mißständen, die diese qualitative und geometrisierte Struktur öffentlicher Ordnungen gefährden. Zur Feststellung dieses Befundes verweist die Theorie nicht nur auf selbsterlebte Zustände, sondern auch auf das historische Beispiel, wobei das republikanische Rom und die Maßnahmen »guter Kaiser« dauernd in die Belehrung einbezogen werden, so, als seien die Franzosen die Erbträger des antiken Rom.

Richelieu

Wie dicht Theorie und Praxis in diesem Sinn aufeinander abgestimmt werden konnten, bewies *Richelieu* selbst in einer großen programmatischen Rede vor Ludwig XIII., die nach dem Fall von La Rochelle und der Entpolitisierung des Hugenottentums in Frankreich dem Königtum die Notwendigkeit seiner Natur und öffentlichen Aufgaben vorführte. Am 13. Januar 1629 rief der Kardinal-Premier in Anwesenheit der Königinmutter Maria de Medici und des königlichen Beichtvaters *Jean Suffren,* SJ (1565–1641), ins Gedächtnis, was zu beachten sei, damit die »Kompetenz des Königs« in seinem Staat bewahrt und gesichert blieb: »Es ist dem Staate gefährlich, wenn man sich in bezug auf die *Anwendung der Gesetze* gleichgültig zeigt. Es scheint mir, der König besitze nicht genügend Eifer und Festigkeit in bezug auf die Durchführung seiner Erlasse. Besonders was das Edikt zur *Verhütung der Duelle* betrifft. In Wahrheit ist *Seine Majestät* und sind *seine Ratgeber* für all die Seelen verantwortlich, die auf solch wahrhaft teuflische Weise zugrunde gehen.«

Verantwortung: Das bedeutet die Anerkennung des Gegenseitigkeitsprinzips und damit das Abwenden von Schaden, das Abstrafen der Bösen und auf der anderen Seite das Mehren des Nutzens und das Belohnen der Guten. Dem König muß in seinem Amt immer bewußt sein, daß er selber im Dienste Gottes steht, als Mensch »dem göttlichen Gesetz unterworfen« ist und seine Amtsmacht »nie mißbrauchen« darf: »Im übrigen muß man ohne Leidenschaft *Recht sprechen.* Ein Monarch, der die *Gerechtigkeit* auf persönliche Abneigungen oder Zuneigungen beruhen ließe, hätte vor dem Gericht, das über dem seinen wirkt, dem göttlichen Gericht, Rechenschaft abzulegen.«

Was Richelieu hier auch bei der Rückforderung von Krongütern und in der Abwehr unberechtigter Ansprüche von Inhabern hoher Kronämter verlangt, ist nichts anderes als der konsequente Abbau einer patrimonialen Erstarrung des bestehenden Feudalsystems und Ämterwesens unterhalb des Königsamtes. Es ist die unabdingbare Aufgabe aller Magistrate, den König bei seiner schweren Last zu stützen und nicht aus Eigennutz zu hindern. Das ist der Sinn des »uneingeschränkten Gehorsams«, der nur ihm geleistet werden darf. Auf der anderen Seite aber muß dieser Fürst »die Bienenkönigin nachahmen, die keinen Stachel trägt« (Burckhardt, 1966, II, S. 8 ff.).

Mit diesem Hinweis allein bekennt sich der Kardinal-Premier nicht nur zur *Clementia-Lehre* im Geiste *Senecas,* sondern auch zum depositären Königtum, dessen Wesen hier darin besteht, daß es von den Untertanen in Gestalt der Stände verteidigt werden muß. Nur so versteht man, warum Richelieu die Patrimonialadmirale abschafft, den Bau einer Flotte fordert und bald ihrem ersten Flaggschiff einen Namen geben läßt, aus dem jeder ersehen durfte, in wessen Diensten der König mit all seinen Kompetenzen und Magistraten stand – *La Couronne* (vgl. Jouen, 1950; Burckhardt, 1966, II, S. 17–42; Weber, 1977, S. 321: die Korrektur von »Sa Majesté« [König] zu »La France« [Krone]).

Die Stärkung der Königsmacht und in ihrem Gefolge eine Reform der Verwaltung im zivilen, militärischen und kirchlichen Bereich trägt unverkennbare zentralistische Züge, läßt auch die diktatorische Energie erkennen, die Richelieu bis an die Grenze seiner eigenen Belastbarkeit treibt und ihm viele Feinde schafft, aber ein Absolutismus im patrimonialen Verständnis wird nicht erprobt. Selbst der Widerruf, den Richelieu in diesem ereignisreichen Jahr 1629 von dem Kleriker *Edmond Richer* (1559–1631) für dessen Schrift *De ecclesiastica et politica potestate* forderte, weil sie ihm zu konziliaristisch war und nur Ärger mit Rom einbrachte, kann nicht wirklich absolutistisch gedeutet werden (vgl. Lehmann, 1980, S. 64 ff.). Denn bei aller Überhöhung des Königs – er soll nach Richelieu »der erste Monarch der Erde« sein – gesteht ihm der Kardinal nicht die Position eines *Summus episcopus* in der Kirche Frankreichs zu, wie es z. B. in Dänemark und Schweden während des Absolutismus der Fall war.

Hier darf auch nicht die Lehre vom *Gottesgnadentum,* sosehr das immanente Widerstandsrecht zurückgedrängt ist (schon wegen der leidigen Hugenottenfrage), mit dem *Jure-divino-Königtum* verwechselt werden, das eine Emanation des Patrimonialismus ist und zu Eigenkrönungen absolutistischer Monokraten führte, wie sie in Frankreich erst *Napoleon als Erbkaiser* an sich selbst zelebrieren durfte (Brunner, 1967, S. 125 ff.; vgl. Straub, S. 29 ff.; Barudio, 1984, S. 373).

Richelieu hatte in einer schwierigen Etappe das Königtum behauptet und damit den Staat gesichert, der sich in seiner depositären Anlage nicht verändert hatte, aber in seinen Instrumenten gestärkt worden war, um neuen Herausforderungen Habsburgs im »Teutschen Krieg« vor allem besser begegnen zu können – zur eigenen Sicherheit. Dazu war im Geiste der *Staatsraison* und damit des nationalen Überlebens manchmal die Härte von Steinen nötig, die *Livius* von den Gesetzen verlangte, wenn sie wirksam sein sollen. Gerade auch bei einem Staatsvolk, dem Jean-Pierre Camus schon 1615 in seiner Predigt über die »Plagen« Frankreichs das Sprichwort ins Gewissen rief, »daß der Mensch dem Menschen ein Wolf ist« (Camus, 1970, S. 281). Richelieu ging noch weiter. Bei einer Einschätzung seiner Franzosen klagte er einmal so bitter, wie es nur noch Pascal in seinem Ekel am Menschen vermochte: »Frankreich ist nie angegriffen worden, ohne daß seine Feinde französische Parteigänger gefunden hätten, *Vipern, welche die Eingeweide ihrer eigenen Mutter fressen*« (Burckhardt, 1966, III, S. 192; vgl. ähnliche Formeln bei Camus, 1970, S. 227, 242).

3. Staatsraison und Sonnenkönig

Mathieu de Morgues

Im erbitterten Kampf Richelieus gegen Sonderinteressen in der Dynastie, wie sie *Maria de Medici* und *Gaston d'Orléans* (1608–1660), der Bruder des Königs, durchsetzen wollten, wurde auch manch ein Gelehrter getroffen und ihm schmerzhaft klargemacht, daß Politik in ihrer härtesten Form etwas mit Eigentum zu tun hatte.

Die Enteignung des reichen Magnaten *Bassompierre* (1579–1646) und der Ausschluß der Königinmutter von ihren riesigen Besitzungen samt Einkünften haben nicht nur die exekutive Macht des Königs demonstriert, sondern auch die Kehrseite der Distribution allen vor Augen geführt, nämlich das Wahrnehmen der Kommutation durch Konfiskation von Lehnsgütern der Krone und Privatbesitz, der politisch gegen den Staat aktiviert worden war.

Mathieu de Morgues (1582–1670) hat diese schärfste Waffe königlicher Autorität in seiner Treue zu Maria de Medici im Krisenjahr 1632 zu spüren bekommen und nannte in einigen Streitschriften diese Maßnahmen des Kardinal-Premiers »tyrannische Akte« (1865, S. 52). Ganz in Übereinstimmung mit der gleichzeitigen Schrift *Questions d'Etat,* die Richelieu ebenfalls einen »Tyrannen« heißt, dessen Ziel nur darin bestehe, »die Krone zu usurpieren« (S. 75).

Heftigere Vorwürfe gegen den bis zum äußersten herausgeforderten Kardinal, der mit einiger Sorge den Siegeszug *Gustav Adolfs* von Schweden zum Rhein und über die Donau hin verfolgte und sich unter den Zwängen der Nezessität wähnte, konnten gar nicht mehr erhoben werden. Dabei war de Morgues, der ehemalige Jesuit und Hofprediger, als *homme de lettres* lange Jahre im besonderen Dienst des Kardinals gestanden (S. 30 ff.).

Als Polemiker hatte er sich bereits 1617 mit den »Irrtümern der Protestanten« befaßt und begründete in seiner hitzigen Art 1622 das Recht des Königs über alle christlichen Untertanen und damit auch über die Hugenotten, denen er in An-

lehnung an Fancan eine gewisse Religionsfreiheit lassen möchte, aber nicht ihren politischen Sonderstatus aus dem Edikt von Nantes gutheißen kann. Der mögliche Autor des *Théologien sans passion* stemmte sich mit Feuereifer gegen jesuitische Kampf- und Subversionsschriften, die vor allem aus Ingolstadt nach Paris gelangt sein sollen und die Politik Richelieus gnadenloser Kritik unterzogen. Titel wie *Mysteria politica* oder die berühmte *Admonitio ad regem Christianissimum* stellten Richelieu und seine engagierten Schreiber auf harte Proben, zumal der Vorwurf der *Häresie* aufkam und Fancan gar in den Verdacht geriet, »die Krone gegen den König« führen zu wollen (S. 28, 31).
In diesem Trommelfeuer drohte der Kardinal manchmal schwach zu werden und provozierte selbst Entfremdungen zu seinen besten Stützen. So auch zu de Morgues, den er wegen des *Théologien* beim Nuntius Spada denunzierte, um etwas Luft gegen Rom zu bekommen. Als dann die *Mantua-Krise* 1627 und die Belagerung La Rochelles die Königinmutter in die Opposition trieben, hielt ihr de Morgues die Treue, stellte jedoch seine Feder noch einmal in der *Savoyen-Frage* dem Kardinal zur Verfügung, um dann die Flucht ins Languedoc und in die Cevennen anzutreten (S. 42 f.). Er überlebte aber nicht nur das Exil, die Enteignung und die Angriffe seiner Feinde, unter denen sich seine einstigen Mitstreiter *Sirmond* (1559–1651) und *Châtelet* (1592–1636) hervortaten, sondern auch seine Feinde selbst und erfreute sich an seiner *Parfaite histoire du feu roi Louis XIII* von 1644, an der man nachempfinden kann, welche Turbulenzen Frankreich im Inneren zu bestehen hatte, als es sich anschickte, nach außen hin eine Großmacht zu werden – eine *europäische Ordnungsmacht*.
Dazu waren Staatsmänner nötig, die zwei Bedingungen der Staatsraison Frankreichs verstanden hatten und in erfolgreiche Politik umsetzen konnten, nämlich diese souveräne Krone den Zugriffen der Römischen Kurie zu entziehen und gleichzeitig Habsburgs Hegemoniestreben in Europa zu bekämpfen, wo es nur ging.

Jean de Silhon und Jacques de Casan

Diese Maximen erläuterte *Jean de Silhon* (1596–1667) von 1631 bis 1643 in seinem Werk *Le Ministre d'Etat, avec le véritable usage de la politique moderne*. Silhon gehörte seit dem zweiten Amtsantritt Richelieus zu dessen Kreis an Mitarbeitern, auf die er sich stets verlassen konnte. Für seine Verdienste (Merita) in den Staatsrat aufgestiegen und 1634 einer der Mitbegründer der *Académie Française*, beschäftigte sich Silhon theoretisch vor allem mit dem Thema »Gott und die Vorsehung«, die zur Substanz der calvinistischen Theologie gerechnet wurde. Auch die »Unsterblichkeit der Seele« ließ ihn nicht ruhen, sowenig wie ihm die Panegyrik zu Richelieu (1629) Schwierigkeiten bereitete, zumal er damit eine Politik unterstützte, die er bei allen notwendigen Schwenks mitzutragen bereit war.
Was immer auch die Staatsraison im Zeichen der Nezessität an persönlichen Überwindungen erfordern konnte, um das ganze Frankreich gegen *Separatismus von innen* und *Annexionen von außen* zu wahren und zu mehren, an einer Vorgabe ließ Silhon aber nicht rütteln. Verknüpfte die gegenwärtige Politik die Stärkung des Königtums mit der nationalen Identität, dann mußten König und

Minister daran erinnert werden, daß all ihr Tun auf das Wesen des Rechts und die Verwirklichung des Gerechten gerichtet zu sein hatte. Die Fürsten seien in ihren Ländern »die *Treuhänder* (Tuteurs), aber nicht die eigentlichen Besitzer (Maistres). In der gesamten menschlichen Gesellschaft gibt es kaum ein derart geheiligtes und unverletzliches *Vertrauensgut* (Despost) wie dieses da. Die Völker haben ihnen ihr Hab und Gut anvertraut, es ihnen aber nicht unbegrenzt (absolument) und ohne jede Bedingung überlassen. Sie haben ihnen den *Schutz dieser Güter* zugestanden, ihnen jedoch nicht die Möglichkeit gelassen, diese zu veräußern, sie aufs Spiel zu setzen und ihren Besitzer auszuwechseln.«

Hier erläutert Silhon die Essenz des depositären Königtums und trifft sich mit *Savaron,* der schon 1620 aus dem Verfassungseid des Königs geschlossen hat, »daß der König nur der *Verwalter* und wie ein *Nutznießer* (*usufruictier*) seines Reiches ist« (1620, S. 8, 10). Im gleichen Geist der *Duplex-Majestas-Lehre,* die das *Obereigentum* (*Dominium directum*) bei der souveränen Krone läßt und dem König lediglich ein *Nutzungsrecht* (Dominium utile) zugesteht. Allerdings mit Vollmachten, die sich im Stadium eines nationalen Notstandes mittels übergesetzlicher Zuständigkeit (Dominium eminens) noch steigern ließen, doch damit das Wesen der Monarchie nicht veränderten (vgl. Boldt, 1967; Wyduckel, 1979; Albertini, 1951, S. 47 ff.).

Wie stark diese Vorbehalte wirkten und im Kampf Richelieus gegen Sonderinteressen des Hauses Bourbon als rechtliche Legitimation eingesetzt wurden, ergibt sich auch aus den Arbeiten von *Jacques de Casan.* Vor allem in seiner Schrift *La recherche des Droicts de Roy et de Couronne de France* aus dem hochpolitischen Jahr 1632 hebt er im Rahmen einer Darstellung kanonistischer Positionen hervor, daß es einem Fürsten nicht erlaubt ist, »ohne Grund die Güter seiner Untertanen wegzunehmen. Denn er hat keine Gewalt, die Schranken der Natur zu durchbrechen, welche Gott, dessen Abbild er ist, eingerichtet hat. Folglich darf er niemanden ohne dessen Zustimmung vom Eigentum trennen.«

Am Gebot Gottes (*Loy de Dieu*) und der Natur findet ein christlicher Fürst, der im Namen des Gerechten seine Politik vollziehen will, die unabdingbare Grenze aller Kompetenzen und erfährt, was er dabei der *natürlichen Freiheit* schuldig ist – die Wirksamkeit ihres Schutzes nach innen und außen (Albertini, 1951, S. 50 f.).

Unter diesen strukturellen Bedingungen der Garantie von *Liberté et propriété* – noch 1789 eine Leitidee – gewann auch das politische Engagement nach außen an Bedeutung, wobei der Anspruch des französischen Königs, »Schutzherr der teutschen Freiheit« (*Protecteur de la liberté germanique*) sein zu wollen, die depositäre Natur seines Amtes nur bestätigte. Allerdings gab es Situationen, die nach der uralten Maxime *Not kennt kein Gebot* (Necessitas non habet legem) im einzelnen bewältigt werden mußten, damit vom Ganzen erheblicher Schaden abgewendet werden konnte. Der Einsatz königlicher Gewalt war in solchen Fällen aber nur möglich, wenn Gesetzesänderungen erfolgten, mit denen der König in *gerechtem Ermessen* die eingetretene Notlage bereinigen mußte.

Cardin Le Bret

Darauf konzentrierte sich der einflußreiche Theoretiker *Cardin Le Bret* (1558 bis 1655) in seinem vielbeachteten Compendium *De la souveraineté du Roy*, das ebenfalls 1632 publiziert wurde. Seine Position ist in diesem wesentlichen Punkt eine Bestätigung des Bodinschen Denkens und Ausdruck politischer Praxis. Es steht für ihn unumstößlich fest, daß »die Könige ihre Gewalt einsetzen und die alten Gesetze und Verordnungen ihrer Staaten verändern können. Dazu gehören nicht nur die allgemeinen Gesetze, sondern auch diejenigen für die Städte und die besonderen Gewohnheitsrechte der Provinzen; denn auch diese können sie ändern, wenn es die *Not* (*nécessité*) und die *Gerechtigkeit* (*justice*) erforderlich machen« (S. 69; vgl. Albertini, 1951, S. 45).

Ein Bekenntnis zum Absolutismus ist das nicht. Vielmehr bleibt Le Bret mit voller Rückendeckung durch Richelieu in den Bahnen des überkommenen Depotismus, wenn er die einzigartige Stellung des Monarchen betont und gegen die Machenschaften der dynastischen Opposition in Erinnerung ruft, daß »der König in seinem Reich der *einzige Souverän* ist und die Souveränität sowenig teilbar ist wie der Punkt in der Geometrie. Allerdings wird es für einen großen König immer schicklich sein, seine Gesetze und Erlasse durch seine Parlements billigen zu lassen, so wie auch von anderen Hauptämtern der Krone« (S. 71; vgl. Albertini, 1951, S. 40).

Le Bret sichert das Vorgehen des Kardinal-Premiers im vorgegebenen Verfassungsrahmen ab und erkennt gleichzeitig das Wirken der *Staatsraison* in den Bindungen der »dringenden Not« (*nécessité pressante*) und der damit verbundenen Sicherung des *bien public*, was sowohl »öffentliches Vermögen« (Kron-Domänen und Lehnsgüter) als auch »öffentliches Wohl« im Sinne von Ruhe und Ordnung bedeuten konnte. Widerstand von seiten der Parlements bei der Verifikation solcher Notverordnungen mußte demnach als *reiner Ungehorsam* (*pure désobéissance*) aufgefaßt werden, als feindlicher Akt gegen König und die Krone (Le Bret, S. 195; vgl. Sée, 1978, S. 68–77).

Wie sich hier wieder zeigt, war die politische Theorie nicht allein genötigt, die Idealgestalt der Monarchie zu vermitteln oder den Normalzustand mit seinen menschlichen Mängeln darzustellen, sondern auch den *Ausnahmefall* zu bedenken, den Bereich des *Dominium eminens*, in dessen Sinn Le Bret oft argumentiert. »Seit der Krieg«, erläutert der Jurist die realpolitischen Umstände, »wie ein verzehrendes Feuer den größten Teil der Kron-Domänen verbraucht hat, sind (die Könige) gezwungen worden, ihre *Autorität auf absolute Weise* zu gebrauchen und von ihren Völkern Grundsteuern (Tailles) und sonstige Hilfsgelder (Subsides) zu erheben – *sogar ohne deren Zustimmung*. Das ist eines der bemerkenswertesten Rechte in der Souveränität der Könige ...« (S. 396).

Als Jurist weiß Le Bret, daß der fehlende Konsens der Stände durch die Notformel *Gefahr im Verzug* (Periculum in mora) erklärt wurde und eine Notverordnung nichts mit einer rechtsverachtenden Tyrannis zu tun hatte. Sein depositäres Denken kann sogar die Generalstände integrieren, weil »diese Versammlungen überhaupt nicht im Gegensatz zur Souveränität der Könige stehen, auch deren Autorität nicht mindern und schon gar nicht die fundamentalen Bedingungen der Monarchie bekämpfen« (S. 644; vgl. Albertini, 1951, S. 84).

Unter solchen Absicherungen, die auch von *Balzac* (1597–1654; vgl. Declareuil, 1907, S. 635 ff.) oder *Rohan* (1579–1638) in modifizierter Form bestätigt wurden (vgl. Wollenberg, 1977, S. 217 ff.), konnte Richelieu in Abstimmung mit dem König und dem Staatsrat 1635 Spanien den Krieg erklären, ohne die Generalstände zu bemühen. Das stand zwar im Gegensatz zu den Verfahren, wie sie das libertäre und als Großmacht aufstrebende Schweden pflegte, dessen Kanzler Axel Oxenstierna mit Richelieu im gleichen Jahr die 1631 eingegangene Allianz bekräftigte, aber dieses Vorgehen durfte mit der nationalen Gefahr legitimiert werden, in der Frankreich angeblich schwebte (Burckhardt, 1966, III, S. 86 ff.; vgl. Barudio, 1982, S. 416 ff.).
Freilich, diese Art der Politik konnte auch als Geheimniskrämerei empfunden werden, als ein hohes Mißtrauen gegenüber Ständen und Volk, um möglichen Schaden in Staatsdingen geringzuhalten. Man kann hier davon sprechen, daß die Staatsraison einem sonderbaren *Arkanismus* zuarbeitete, den *Gabriel Naudé* (1600–1653) auf seine eigenwillige Weise analysiert hat.

Gabriel Naudé

Naudé, der als bahnbrechend im Bibliothekswesen gilt und seine Ideen beim Aufbau der *Bibliothèque Mazarine* ab 1642 und als Bibliothekar der Schweden-Königin *Christine* von 1651 an erproben durfte (vgl. seine Schrift *Advis pour dresser une bibliothèque,* 1644), bemühte sich in seinen berühmten *Considérations politiques sur les coups d'Etat* von 1639 vor allem darum, »die Aktionen der Fürsten zu entziffern« (S. 4; vgl. Rice, 1939). Ein anstrengendes Unternehmen, das an die Bemühungen *Sirmonds* (1589–1649) erinnert, der in seinem *Lettre déchiffré* (1631) ein Loblied auf die Staatskunst Richelieus verfaßt hat und mit dem *Coup d'Etat de Louis XIII* Ende 1630 eine Richtung im Politikverständnis der Staatsraison anzudeuten verstand (BG, 1864, S. 43; Perroud, 1865, S. 48 ff), das Naudé in seinem Werk für den *Kardinal de Bagni* dergestalt ausbaute, daß sich Freund und Feind mit seinen gelehrten Aufdeckungen gehörig eindecken konnten.
Noch wirkt bei ihm die Erinnerung an die Staatsmorde in der Bartholomäusnacht, an Concini oder auch an Wallenstein (1634) so nach, daß sein Bekenntnis zu Staatsraison und Realpolitik einem *modifizierten Machiavellismus* entspricht. Unter Berufung auf die Nezessität will er den Fürsten so viel Bewegungsfreiheit verschaffen, daß »es erlaubt sei, im Einzelfall Unrecht zu begehen, um im Ganzen Recht zu tun« (*Considérations*, S. 8; vgl. S. 103).
Von einer gewissen Verdorbenheit des Menschen in politischen Dingen so überzeugt wie später *Pascal,* macht er im dauernden Rekurs auf *Seneca, Plutarch, Montaigne* oder *Charron* darauf aufmerksam, daß die Nezessität zu Staatsgeheimnissen zwingt und Unternehmungen verlangen kann, die er *»Coups d'Etat«* nennt. Diese Maßnahmen, bei denen sogar das »universale Recht« überschritten werden darf, grenzt er von *Clapmarius* und dessen Schrift *De Arcanis Rerumpublicarum* scharf ab. Für ihn ist ein solcher Coup als Arcanum nicht das, was »im gesamten Senat oder im Plenum eines Parlamentes« zur Erhaltung des Staates abgesprochen wird, sondern nur das, was ein Fürst mit ein paar Ministern erörtert und dann ausführen läßt. Zur Veranschaulichung zieht er eine

»schöne Parallele zwischen dem Nil und den Staatsgeheimnissen«, d. h. die Völker genießen die Segnungen dieses Flusses, ohne seine Quelle zu kennen. Dieser Arkanismus der Fürsten ist demnach nicht »durch das Völker-, Zivil- oder Naturrecht legitimiert, sondern nur durch die Erwägung des öffentlichen Wohls und Nutzens«. Darin liege die gesamte Essenz dessen, »was die Franzosen *Maximes d'Estat* und die Italiener *Ragione di Stato* nennen« (S. 33–69; vgl. Camus, 1970, S. 273; Nil-Metapher).

Der Zweck – die Erhaltung des Staates – heiligt unter gewissen Umständen alle Mittel, selbst den Mord. Die Hinrichtung von »vierzigtausend Juden an einem Tag« in Caesarea dient ihm ebenso als Beleg wie die Angaben bei Plinius, daß sich Caesar gerühmt habe, während seiner Kriege im Ausland mehr als »einer Million Menschen« den Tod gebracht zu haben; worin ihm und anderen die Spanier »in der Neuen Welt« nachgeeifert haben, als sie »7 oder 8 Millionen Einwohner« hinmorden ließen (S. 129 f.). Auch der gegenwärtige »Teutsche Krieg« zeige nur, wie der Habsburg-Kaiser »unter dem Deckmantel der Religion« seine Gegner bekämpfe, um die für Frankreich so bedrohliche *Universalmonarchie* zu errichten (S. 145 ff., 205; vgl. Thuau, 1966, S. 268 ff. sowie Straub, 1980, S. 29 ff.).

Diese grausigen Realitäten der Geschichte führt Naudé seinem Leser im Sinne einer Katharsis vor Augen. Er soll darauf hingewiesen werden, zu welchen Leistungen *»Gerechtigkeit und Weisheit«* im politischen Leben anregen können, wenn sich neben der Bewahrung natürlicher Freiheit auch die »philosophische Freiheit« bewähren darf, indem sie Tugenden einfordert, die eine Staatskunst »ohne Lüge«, »ohne Verstellung« und »ohne Angst« empfiehlt – einen »Menschen des Wohlergehens und der Ehre« (S. 90 ff., 96, 237 f.; vgl. Rice, 1939, S. 88 ff.).

Père Joseph und Théophrast Renaudot

Diesem Menschenbild des *Skeptizismus*, dem Naudé trotz allem einen Funken Hoffnung abringen konnte, entsprach der Kapuziner *Père Joseph* kaum, der von bayrischer Seite neben Fancan und Richelieu zu den »Drei Teufeln« gezählt wurde (Wiens, 1908, S. 79 f.), als »graue Eminenz« galt und von 1624 bis zu seinem Tode 1638 den *Mercure français* leitete, eine der bedeutendsten Zeitschriften dieser bewegten Zeit (Bellanger u. a., 1969, I, S. 79). Von früh erlebter Christusliebe durchdrungen, wie sie in der religiösen Erneuerungsbewegung mit ihrem zunehmenden *Wunderglauben* möglich war (de Viguerie, 1983, S. 313 bis 331), setzte dieser Berater des Königs und des Kardinals all seine politischen Hoffnungen auf die *Idee der Einheit* unter den christlichen Fürsten, um ihre ganze Kraft gegen das Osmanische Reich zu wenden. In seinem Epos *Turciade* gewann der Kreuzzugsgedanke Gestalt und in den Thronansprüchen des Herzogs von Nevers auf Ostrom (Konstantinopel) eine politische Konkretion, deren Vorbereitungen unterbrochen wurden, als 1618 der »Teutsche Krieg« ausbrach (Fagniez, 1894; vgl. Hering, 1968).

Père Joseph lenkte nun die geweckten Energien um und machte sich für eine Konzeption stark, die jetzt das Osmanische Reich benutzte, um dort den Schutz der Christen zu verbessern und die Hohe Pforte gegen Habsburg zu aktivieren.

In einer Reihe bedeutender Streitschriften, darunter *Les alliances du Roy avec le Turc et autres,* 1625–26, rechtfertigte er diese sicherheitspolitische Handlungsweise, die dann auch die Allianz mit dem protestantischen Schweden und evangelischen Ständen im Heiligen Reich prägte. Staatsraison und das Wirken der Kommutation im Vertragswesen haben es möglich gemacht, diese Verbindungen einzugehen, die das Staatswohl über Kircheninteressen stellten, ohne von der Katholizität abtrünnig zu werden (vgl. Fagniez, 1896, S. 466 ff.).

Der Kapuziner, der eine Reihe heikler diplomatischer Missionen leiten durfte und sich sehr für die »Teutsche Libertät« einsetzte, hat den Triumph dieser Politik nicht mehr erlebt, aber seinen Teil dazu beigetragen, daß Habsburg und Spanien eingedämmt wurden, das er vor allem für die Öffentlichkeit im *Mercure* bekämpfte. Eine Leidenschaft, die auf seine Weise einer der ersten großen *Journalisten* fortsetzte (Lacroix, 1966) – *Théophrast Renaudot* (1586–1653).

Er übernahm beim Tode Père Josephs dieses halbamtliche Organ, nachdem er schon 1631 die berühmte *Gazette* als *Journal des rois et des puissances de la terre* gegründet hatte. Sie genoß den besonderen Schutz Ludwigs XIII., der sich ihrer auch gern anonym bediente, erschien einmal in der Woche mit vier Seiten und bekam immer wieder hochoffizielle Aufträge. So durfte sie die Kriegserklärung an Spanien 1635 abdrucken und verbreiten, hielt sich aber nicht zurück, das Königtum immer wieder an seine Aufträge und Grenzen zu erinnern. Als 1651 die Mündigkeit Ludwigs XIV. anstand, ließ Renaudot den bezeichnenden Satz drucken: »Ein absoluter König, das ist eine wahrhafte Gottheit … Ein König kann alles, was er will, aber er muß nur das wollen, was *gerecht* ist« (zit. nach Sée, 1978, S. 104; vgl. Bellanger, 1969, I, S. 83 ff.).

Die Debatte um das Wesen der Monarchie in Frankreich

An der Verwirklichung dieser größten Idee des politischen Denkens hatte sich Richelieu sein Leben lang erprobt, mit allen menschlichen Mängeln gerungen und so viel erreicht, daß das Königtum mit seiner Verwaltung gestärkt wurde, die widerspenstigen Großen samt anderen Gegnern gedämpft blieben und Frankreichs Reputation in Europa – auch durch die Siege auf deutschen Schlachtfeldern – im Steigen begriffen war. In seinem *Politischen Testament* weiß der Kardinal einiges darüber zu berichten und erläutert dabei auch eine fundamentale Maxime, die so gar nicht zur absolutistischen Machtthese des späteren *Etatismus* passen will.

»Dieses große Königreich kann nicht gedeihen«, schreibt er darin, »wenn I. M:t nicht die Körperschaften bestehen läßt, aus denen es zusammengesetzt ist, und zwar in der Ordnung, daß die Kirche den ersten, der Adel den zweiten und die Amtsträger (officiers), welche an der Spitze des Volkes (peuple) stehen, den dritten Rang einnehmen«, demnach in einem inneren Gleichgewicht gehalten werden müssen (S. 256 ff.).

Er meinte damit vor allem die Parlements, deren Ansprüche ihm allerdings zu weit gingen, wenn die Rechtskontrollen in Gestalt der Verifikationen als Einmischung in die hohe Politik gewertet werden konnten. Das war seine Sicht des inneren Zustandes der Monarchie, in welcher er als Erster Minister die Politik bestimmte und ausführen ließ. Nicht immer zu seinem Lob und zum künftigen

Nutzen des Landes, dessen Stände sich mehr und mehr entpolitisiert vorkommen mußten, abgedrängt von einer wachsenden Verwaltung, die sich manch einen Willkürakt in den unteren Chargen leistete und die Stimmung bestätigte, eher einem Despotismus ausgesetzt zu sein, als den formell garantierten Depotismus auch wirklich genießen zu können.

Die steigenden Belastungen der Staatskasse durch innere Aufrüstung und das Engagement im »Teutschen Krieg«, die nur durch unpopuläre Steuererhöhungen abgefangen werden konnten, sollten den Eindruck despotischen Regierens nach dem Tode des Kardinals (1642) und des Königs (1643) noch verstärken, als der Kardinal *Mazarin* Erster Minister wurde. Nach außen gelang es ihm zwar zusammen mit Schwedens Oxenstierna, den Westfälischen Frieden 1648 abzuschließen, die deutsche Freiheit zu sichern und Frankreich zu ihrer Garantiemacht werden zu lassen. Im Inneren aber mußte er vom gleichen Jahr an Zustände und Herausforderungen bewältigen, die in der *Parlements-* und der *Prinzen-Fronde* zeitweise eine fast revolutionäre Gestalt annahmen. Die von Richelieu weitgehend entmachteten, aber nicht abgeschafften Amtsträger wollten in dieser Krise aus dem Schattendasein heraustreten, das ihnen der Kardinal schon 1629 in seiner großen Rede zugemutet hatte, als er das Königtum überhöhte: »Der König ist zu seinem Nachteil und Schaden eifersüchtig auf seinen eigenen Schatten, obgleich es doch so ist, daß auch die anderen Sterne ihr Licht nur von seiner Sonne empfangen. Einzig diese Sonne schenkt ihren Geschöpfen Kraft, und nur in ihrem Abglanz leuchten sie« (zit. nach Burckhardt, 1966, II, S. 9).

Man könnte darin einen Vorgriff auf den *Sonnenkönig* (*Roi Soleil*) sehen. Tatsächlich ist es ein Sinnbild der Gerechtigkeit, der Geometrisierung Gottes auch, die von einem Punkt aus und zu einem Punkt hin das öffentliche Leben lenkt. Eine Sicht des Staates und der zugehörigen Hierarchie, die in der Fronde manch eine Modifizierung erfuhr, besonders vom Generalanwalt *Omer Talon* (1595–1652). In einem Plädoyer für den Rechtsstaat und als Bekenntnis zur depositären Monarchie benutzte auch er die Sonnen-Metapher, um die *Mediator*-Rolle der Parlements zu rechtfertigen. Sie sei »der Erzeuger der Wolkengebilde, stellt sie in die mittlere Region und verleiht ihnen das Wesen ihrer Gegenwart durch den Meteor, den wir *Nebensonne* nennen, beschuldigt sie aber nicht des Widerstands, auch nicht der Rebellion, obwohl sie die Kraft ihrer Strahlen hemmen« (zit. nach Guth, 1973, S. 400f.; vgl. Kossmann, 1954).

Was darunter konkret zu verstehen war, gab Talon unerschrocken dem noch unmündigen Ludwig XIV. 1648 während eines *Lit de justice* zu erkennen: »Es war in diesem Parlement erlaubt, den Königen zu widersprechen und unter Berufung auf die Wahrheit zu sagen: *Sire, dies ist nicht gerecht.* Aber heute, aufgrund einer Störung in der Moral und durch ein Trugbild in der Politik ... muß die Verifikation folgsam vollzogen werden.« Talon fordert damit die frühere Rechtskontrolle ein, die seit Richelieu auf ein bloßes Registrieren königlicher Anordnungen reduziert worden war. Er will wieder den *konstitutionalen Normalfall* herstellen und betrachtet alle Maßnahmen, die mit einem nationalen Notstand gerechtfertigt wurden, als Emanation einer *despotischen Regierung,* die Barbaren und den Nordländern gemäß sein mag, aber nicht der Monarchie in Frankreich (zit. nach Sée, 1978, S. 87, Anm. 2; vgl. Glasson, 1901, I, S. 177ff.; Lloyd Moote, 1971).

Sicherung der intermediären Funktionen der Parlements, Garantien von Leib und Leben, Abwehr aller arbiträren Übergriffe subalterner Organe in der Verwaltung, besonders in der rabiaten Steuereintreiberei, Schutz von Haus und Hof: Das waren die großen Themen der Fronde und der *Mazarinades* (Moreau, 1850; vgl. Grand-Mesnil, 1967, und Jansen, 1967). Darunter verstand man Streit- und Flugschriften, in denen die genannten Mißstände angeprangert wurden und ein wesentliches Stück politischer Theorie Massenverbreitung fand – der Schrei nach Gerechtigkeit. Kaum einer der heftigsten Kritiker des erlebten Premier-Regimes wollte dem König das Recht bestreiten, in seinem Herrschaftsbereich Steuern für die öffentlichen Aufgaben zu erheben, doch dabei mußte *die Ordnung der christlichen Gerechtigkeit* (l'ordre de la justice chrétienne) eingehalten werden. Und das schloß vor allem den Schutz des privaten Eigentums und seine proportionale Belastung ein: »Die Domänen-Güter unserer Könige sind von denen ihrer Untertanen getrennt.«

Aus diesem Befund allein durfte geschlossen werden, daß Frankreich gemäß der Unterscheidung bei Bodin keine *Monarchie seigneuriale* (vgl. oben, S. 141) war, demnach ein Patrimonial-System und Ausdruck des »Sultanismus«, sondern eine *Monarchie royale,* in welcher »der Fürst verpflichtet ist, den Geboten Gottes zu folgen, und sein Volk im Gehorchen seiner Gesetze in der natürlichen Freiheit und in der Freiheit seiner Lebensgüter bleibt ...« (zit. nach Sée, 1978, S. 92). Diese Absage an den Despotismus unterstützte auch der *Kardinal Retz* (1613–1679) in seinen *Mémoires,* wobei er zur Rechtfertigung seiner eigenen Maßnahmen schwere Schatten auf die »Tyrannei« Richelieus fallen ließ und sich gegen den vermeintlichen Despotismus auf den überlieferten Depotismus berief. Des Königs besondere Amts-Autorität wurde immer »durch Gewohnheitsrecht gemäßigt und als *anvertrautes Gut* empfunden (comme mises en dépôt), von Anfang an in die Hände der Generalstände gelegt und dann in diejenigen der Parlements« (S. 271 ff.).

Auch an dieser Kritik fällt auf, daß sie sich gegen Auswüchse und Mißstände richtet, die im Namen des Königs vom Akzidens-Bereich verursacht wurden, von einer Verwaltung, deren steigendes Eigengewicht zum Selbstzweck der Macht zu werden drohte und damit den Substanz-Bereich entwertete. Deshalb auch die wiederholte Berufung auf die »Fundamentalgesetze«, die Erinnerungen an den Wahlakt zu Beginn des Königtums und das Einfordern einer Vertragslage (Sée, 1978, S. 94 ff.), die institutionelle Drittwirkungen erzwingt: *zwischen König und Generalständen die Parlements.*

An dieser strukturellen Trichotomie kommt man nicht vorbei, so wenig wie am Ringen um das jeweilige Machtgewicht und die Rechtskompetenz jeder dieser drei Gewalten, deren Wesen und Funktion genau hundert Jahre später der ehemalige Parlement-Präsident *Montesquieu* (1689–1755) am Falle Roms und Englands, aber auch mit einem genauen Blick auf Frankreich erläutern sollte (vgl. 1980, S. 103, 112 f.; 1976, S. 212 ff.). Er setzte nur fort, was in seinem Land in der politischen Theorie immer gegenwärtig war und auch in der Praxis bestätigt wurde, wenngleich die Einberufung der Generalstände ausblieb. Dafür aber fühlte sich vor allem das Parlement de Paris als *Hüter der Verfassung* und *Beschwerdeführer der Nation,* d. h. solange dieses mediatorische Organ nicht beseitigt war, konnten zwar Einzelmaßnahmen der Verwaltung als despotisch empfunden und angeprangert werden, aber ein wirklicher Despotismus hat sich strukturell nicht einrichten dürfen.

Die Mündigkeitserklärung Ludwigs XIV. (1651) und seine Krönung (1654) haben das depositäre Königtum reell und zeremoniell bestätigt, aber seine Kompetenzfülle weder verlagern noch das Premier-Regime entscheidend schwächen können. Mazarin hatte es trotz schwerer Belastungen verstanden, den Ansturm der beiden Fronden abzuwehren, Frankreichs Einheit zu erhalten und ihm im *Pyrenäen-Frieden* 1659 endlich Sicherheit vor Spanien zu verschaffen. Dies war eine Voraussetzung dafür, das Erweiterungsinteresse in Gestalt der berüchtigten *»Reunionen«* vor allem nach Norden (Niederlande) und nach Osten (Heiliges Reich) zu lenken, um die *Grandeur* eines Königs zu erhöhen, der nach dem Tode Mazarins (1661) sein eigener Premier war (Guth, 1973, S. 671 ff.; vgl. Mommsen, 1923, und Schneider, 1938).

Kurz nachdem sich dieser Allerchristlichste König in der *Alleinregierung* eingerichtet hatte und *Colbert* die Straffung der Verwaltung organisieren ließ, fand er während eines öffentlichen Festes die Imagination seines Königtums in der Begegnung mit dem Sonnen-Symbol. Die Sonne erscheint ihm als Ausdruck *»gleichmäßiger Gerechtigkeit,* mit der sie ihr Licht allen Gebieten der Erde zuteilt«. An dieses Gebot der Natur hat sich der König in Ausübung seines Amtes zu halten, indem er die *distributive* (zuteilende) und *kommutative* (ausgleichende) Form des Gerechten übt, und zwar in einem Volk, das »nicht an den *Geist der Knechtschaft* gewöhnt ist«. Mit einigem Stolz stellt er in demonstrativer Abgrenzung zum spanischen Hofzeremoniell fest, daß diese Haltung »nicht dem Charakter unserer Franzosen entspricht ... Soweit uns unsere Geschichte darüber zu unterrichten vermag, hat unsere Monarchie etwas ihrem Wesen ganz Eigentümliches, nämlich den freien und unbehinderten Zutritt der Untertanen zu ihrem Fürsten. Es gibt eine *Rechtsgleichheit zwischen ihm und ihnen,* die ... eine vertraute und achtungsvolle Gemeinschaft zur Folge hat, ungeachtet des nahezu unermeßlichen Unterschiedes an Geburt, Rang und Macht« (zit. nach Diekmann, 1966, III, S. 425 ff.; vgl. Malette, 1977).

Bezieht man diese vom Depotismus aus nicht sonderlich überraschende Auskunft des *Sonnenkönigs* auf das kommutative Prinzip (»Sine respectu personarum«), dann kann diese Rechtsgleichheit im Sinne einer fundamentalen Vertragslage aufgefaßt werden – vom Parlement de Paris überwacht. Nicht wenige Parlementarier haben ihr Amt auch in dieser Hinsicht aufgefaßt, jedoch in der Folgezeit nicht verhindern können, daß auch Ludwig XIV. wie Richelieu darauf achtete, diesem Organ enge Grenzen zu setzen und im Zweifel die Nezessität zu bemühen, die Staatsraison, deren Machtgebaren viel von dem verdunkelte, was die Beschwörung der Sonne, des Lichts und des Rechts an Hoffnung in Aussicht zu stellen wußte.

4. Die Folgen der »Eigenliebe«

Für die politische Theorie als Korrektiv und Purifikator der Praxis, auch als Reformentwurf und gar Utopie gab es im Zeichen ihrer *Ideenvermittlung* neben all den Beschränkungen von Regierungsseite ganz enge Grenzen, wenn sie von einer Philosophie oder Theologie her gedacht wurde, die das bezweifelte, was *öffentlich beglaubigte Offenbarung* genannt werden kann. Darüber aber wachte das *Parlement de Paris* zusammen mit der *Sorbonne* manchmal noch schärfer als Regierung und sonstige Verwaltung. Das Urteil dieses Gerichtshofes vom 4. September 1624 in dieser Frage hat Frankreichs Geistesgeschichte bis zur Revolution hin stärker geprägt als manch eine Regierungsmaßnahme, die oft nur eine Exekution dessen war, was hier auf Generationen hin zur »Ruhe des Staates« (*P. Bayle*) festgeschrieben worden ist: »Verboten wird jedermann bei Strafe des Todes, irgendwelche Grundsätze gegen die alten approbierten Autoren zu vertreten oder zu lehren oder andere Disputationen zu veranstalten als solche, die durch die Doctores der Sorbonne gebilligt sind« (zit. nach Specht, 1980, S. 47).

René Descartes

Damit war im Grunde jede substantielle Kritik am scholastischen System des *Aristotelismus* ausgeschlossen oder sah sich der Verfolgung ausgesetzt. Etwas Inquisitorisches beherrschte diese Institution, vor der schon Kardinäle und Könige gezittert hatten. *René Descartes* (1596–1650), der die Anfangsjahre des »Teutschen Krieges« im militärischen Dienst des Herzogs von Bayern unmittelbar miterlebt hatte und sich 1628 zum Exil in die calvinistischen Niederlande veranlaßt sah (ebd., S. 27), tat daher auch gut daran, sich auf diese Behörde zu besinnen, als er seine *Meditationes de prima philosophia* von 1641 der Theologischen Fakultät dieser berühmten Universität anheimstellte. In einer Mischung aus Ironie, Respekt und Erwartung charakterisiert er ein Machtzentrum, dessen absolute Ansprüche von der göttlichen Offenbarung selbst legitimiert schienen. »In den Gedanken aller Menschen«, erklärt Descartes in seiner Widmung, »verbindet sich ein so hohes Ansehen mit Ihrer Fakultät, und der Name der Sorbonne hat so große Autorität, daß nicht nur in *Glaubensfragen* keine Körperschaft außer den Heiligen Konzilien die gleiche Anerkennung findet wie die Ihrige; auch für die *menschliche Philosophie* wird daran festgehalten, daß nirgendwo sonst größerer Scharfsinn und größere Gründlichkeit sowie eine größere Rechtschaffenheit und Weisheit im Urteil angetroffen wird« (*Œuvres*, VI, S. 14).

Dieses Lob nützte ihm nichts. Es zeigt aber, wie sehr ein Theoretiker auf der Hut sein mußte, um nicht in die Hände dieses *Hortes der Wahrheit* zu fallen. Descartes' frühe Lebensmaxime *Ich trete mit der Maske auf* (Larvatus prodeo) deutet zusätzlich an, wieviel Geheimes gedacht werden mußte, das im Lichte dieser Öffentlichkeit keine Gnade finden konnte, weil es als Häresie, Lüge und Sünde aufgefaßt worden wäre, als ein schwerwiegender *Mangel an Glauben,* wie ihn die gallikanische Amtskirche verstand und auch im weltlichen Bereich zu beseitigen trachtete (Specht, 1980, S. 59).

Mangel: Anhand dieser Kategorie erläuterte Descartes auf philosophische Weise auch die *politischen* Implikationen seiner *Egologie* (der Begründung der Gewißheit seiner selbst durch den methodischen Zweifel: »*dubito, cogito, ergo sum*«). So behauptete er von sich, daß »ich eine Vorstellung von Substanz habe, weil ich selbst Substanz bin; dies kann jedoch nicht die Vorstellung von der unendlichen Substanz sein, da ich selbst endlich bin«. Daraus wird geschlossen, daß sich ein »ebenso Vollkommenes wie Gott weder denken noch erdichten läßt« und demnach beim Menschen den Zweifel als Ausdruck der Unvollkommenheit zur Folge hat: Denn »wäre ich nun aber aus mir selbst, so würde ich nicht zweifeln und nichts begehren ..., *so wäre ich selbst Gott*« (Meditationen, S. 66, 69).
So weit wollte keiner der politischen Theoretiker und Staatsmänner bei aller Überhöhung des Königtums gehen, daß es sich vollkommen selbst setzt. Das wäre nur in einem Patrimonial-System denkbar gewesen, wie in Schweden nach 1693, wo der Monokrat als *Gott auf Erden* bezeichnet wurde und sich in Gestalt Karls XII. die Krone selbst aufs Haupt setzte (Barudio, 1984, S. 62). Aber im Glauben an die Perfektion des königlichen Amtes als Inbegriff von Tugend und Wahrheit wurde Kritik verfolgt, weil sie eine Form des Zweifels war und bei einfacheren Gemütern vor allem dazu führen konnte, die Autorität des Königs und des Staates zu untergraben und die Unordnung herbeizureden.
Außer Einzelgängern wie Descartes, der auf wiederholte Einladungen Königin Christines 1648 nach Stockholm kam, dort sogar das Libretto zum Ballett *Die Geburt des Friedens* von Münster und Osnabrück verfaßte und 1650 in Schwedens Hauptstadt starb (Charlès, 1937; vgl. Behn, 1957), waren von dieser Einstellung aber auch große Bewegungen betroffen. Allen voran die Hugenotten, die für sich ein aktives Widerstandsrecht gegen einen vermeintlich »ungerechten König« in Anspruch nahmen und bald spüren sollten, wie ernst es Ludwig XIV. um seinen Verfassungseid und die Katholizität war. Aber auch die zahlreichen Anhänger des *Jansenismus* durften vor allem im Geburtsjahr des Sonnenkönigs erleben, daß sich Richelieu von kirchlicher Seite nicht in die Staatsgeschäfte hineinreden lassen wollte, schon gar nicht von einer Erweckungsbewegung.

Der Jansenismus

Deren Begründer *Jansenius* (1585–1638; Bischof von Ypern) hatte sich nicht nur mit eigenwilligen Studien des Kirchenvaters Augustinus begnügt, sondern nach seinem Verständnis der *Civitas Dei* die theoretische Erkenntnis von der Verantwortung der Kirche auch für das weltliche Gemeinwesen gefordert und politisch eingesetzt. Besonders in der Schrift *Mars Gallicus* von 1635, in der er gegen die Allianzen Frankreichs mit Schweden und protestantischen Ständen im Heiligen Reich anschrieb und sich für eine Koalition mit Spanien aussprach, wird die politische Dimension des Jansenismus deutlich. Sie hatte für Richelieu eine ähnliche Qualität wie die Ansprüche der Hugenotten und des Calvinismus, zu dessen Theologie in den Bereichen *Vorsehung, Gnadenerleben* und *persönliche Verantwortung* Jansenius und seine Anhänger eine starke Affinität besaßen, wenngleich sie sich auf den *Augustinismus* beriefen und wiederholt betonten, gegenüber König und Krone loyal zu sein. Ihr ausgeprägter *Konziliarismus,* der die Päpste an die Konzilien band wie die Könige an Parlements und General-

stände, wurde aber als Bedrohung empfunden, als innere Schwächung in Zeiten nationaler Herausforderungen vor allem durch den Deutschen Krieg. Deshalb wurde auch der *Abbé de Saint-Cyran,* der geistliche Führer des Klosters *Port Royal* und heftige Kritiker der Sicherheitspolitik Richelieus, 1638 auf königlichen Befehl verhaftet und erst wieder nach dem Tode des Kardinals freigelassen (Burckhardt, 1966, III, S. 442; vgl. Honigsheim, 1914; Deinhardt, 1923; Orcibae, 1947–48; ders., 1962).
Das ist einer der Fälle, in denen ein vorgegebenes Staatsinteresse die Einreden eines einzelnen oder einer Minorität mit Hilfe gefügiger Magistrate unterbindet und den Eindruck erweckt, als herrsche statt gerechter Administration eine Behördenwillkür: eine Art *Verwaltungs-Despotismus,* der mit Erlassen und Verordnungen Recht und Gesetz unterläuft, das Denunziantenwesen fördert und eine besondere Form des geistigen Bürgerkrieges zuläßt, der hier zwischen Jansenisten und Jesuiten über die Fronde hinaus die gebildeten Stände Frankreichs erschüttert hat.

Blaise Pascal

Auch dem Gelehrten *Blaise Pascal* (1623–1662), der sich über die Natur der Leere (*Traité du vide*) oder *Über das Gleichgewicht der Flüssigkeiten* (*De l'équilibre des liqueurs*) ebenso Gedanken machte wie zu *Überlegenheiten des Geistes* (*Pensées*) und sich in besonderen Briefen, den *Provinciales,* auf die Seite der Jansenisten schlug, ließ diese Herausforderung keine Ruhe. Sein gelegentlicher Hang zur Askese, Neigungen zur Jesus-Mystik und der Kampf gegen die *Eigenliebe* (*Amour propre*), die »einen tödlichen Haß gegen die Wahrheit erzeugt«, haben diese Annäherung an Port Royal, die Hochburg des Jansenismus, gefördert und ihn beim Nachdenken über Gott und Mensch eminent politisch werden lassen – stets auf der brennenden Suche nach *Gerechtigkeit.*
In der eigentümlichen Spannung zwischen *arithmetischer Maschine* und *geometrischem Menschen* (vgl. Stöcker, 1939), zwischen der Organisation der Zahl und den Qualitäten des Geistes, entwirft er ähnlich La Rochefoucauld und später Montesquieu aus Bruchstücken ein Menschenbild, das ganz vom Trichotomismus durchdrungen ist. Der Glaube bringt ihm die *Trinität* nahe, die *Drei Gestalten in Gott,* und läßt Christus als »Mediator« oder »Mittler« zwischen Gott und Mensch erscheinen. Ein Denkmodell, das sich gut für die Zuordnung des Parlement de Paris eignet – zeitweilig eine Hochburg des Jansenismus – und auch den Aristotelismus bestätigt, für den eine »gerechte Ordnung« stets aus drei abgestimmten Teilen bestehen mußte (Aristoteles, Politik, 1968, S. 105, 127, 144 ff., 151). Außerdem bereitet es auf die Qualität des Herzens vor, das »spürt, daß es *drei Dimensionen* im Raum gibt«. Und mehr noch aus dieser Quelle der Erkenntnis: »*Drei Ordnungen aller Dinge* gibt es: Fleisch, Geist, Willen. Die Fleischlichen sind die Reichen, die *Könige:* ihr Gegenstand ist der Körper. Die Wissensdurstigen und *Gelehrten:* ihr Gegenstand ist der Geist. Die *Weisen:* ihr Gegenstand ist die Gerechtigkeit. *Über alle soll Gott herrschen, und alles soll sich auf ihn beziehen.*«
Dieser *Deismus* lebt aus dem Empfinden der Größe Gottes und mit der Einsicht in die Mängel des Menschen, der nicht nur aus Vernunft besteht, obgleich sein

Wert in der Pascalschen Stufung der *drei Arten von Menschen* an deren Wirkung ausgerichtet wird. Es sind die ungezügelten Leidenschaften, die selbst im Zeichen von *Dogmatismus* und *Skeptizismus* den Menschen daran hindern, auf Gott bezogen menschlich zu werden, und die Bürgerkriege entfachen (Pascal, 1980, passim).

In diesem Denkrahmen spricht Pascal politische Empfehlungen aus, die selbst Richelieu gutgeheißen hätte und die von ihrer Ausrichtung her mit der gesamten politischen Theorie übereinstimmen, ja geradezu die Summe dessen ausmachen, worum dieses Jahrhundert von oben herab und von unten herauf immer wieder gerungen hat – um die Legitimation der vorhandenen Ordnung nach Maßgabe von Gerechtigkeit. Überzeugt davon, daß die irdischen Reiche im Anblick Gottes nicht von unendlicher Dauer sein können, will er doch das vorhandene trotz seiner Unvollkommenheit vor Aufklärungen bewahren, die es in seinem Bestand gefährden könnten: »Es ist gefährlich, dem Volk zu sagen, daß die Gesetze nicht gerecht seien, denn es befolgt sie nur, weil es sie für gerecht hält. Deshalb muß man ihm zugleich sagen, daß es sie befolgen muß, weil sie Gesetze sind, wie man auch der Obrigkeit gehorchen muß, nicht weil sie gerecht wäre, sondern weil sie die Obrigkeit ist. Wenn man versteht, dies begreiflich zu machen und daß dies die genaue Definition der Gerechtigkeit ist, *kann man jeglichem Aufruhr vorbeugen«* (zit. nach Beguin, 1981, S. 75 ff.).

Verständlich wird diese Position, die sehr an die Machttheorie des *Rechtspositivismus* erinnert und in der Geschichte die »normative Kraft des Faktischen« am Wirken sieht, wenn sie auf den denkerischen Gegenpol bezogen wird, auf die angeblich ewige Dauer der wahren Religion. Nach Pascal müssen »Staaten ... mitunter ihre Gesetze den Notwendigkeiten anpassen«, sonst »würden sie zugrunde gehen«. Die Religion mit Christus als Gott hat sich diesem Bedürfnis in Wahrheit nicht gebeugt, deshalb ist sie »göttlich« und der Staat letztlich nur menschlich, ein endliches Wesen in geschichtlicher Gestalt, an der sich viel ändern kann (Pascal, 1980, S. 148; vgl. auch die Äußerung Richelieus: »Die Staaten jedoch besitzen kein Sein außerhalb dieser irdischen Welt, ihr Heil ist ausschließlich gegenwärtig, oder es ist nicht«; zit. nach Burckhardt, 1966, II, S. 12).

François de la Rochefoucauld

Wie sich solche Änderungen in der Monarchie Frankreichs vollziehen konnten, ohne daß sein königlicher Mittelpunkt in seinem Wesen gefährdet wurde, das hat ein verdienter Militär erlebt, der in der Prinzen-Fronde die Partei Condés ergriffen und für ihn gekämpft hatte, sich dann zurückzog, Pair von Frankreich wurde und mit seinen *Maximes* und *Mémoires* eine Tradition fortsetzte, die von Montaigne her bekannt ist – *François de la Rochefoucauld* (1613–1680), Prince de Marsillac.

Verdichteten sich bei Descartes die Beobachtungen am Mangel des Menschen im Begriff des »Zweifels«, bei Pascal in den Überlegungen zum »Betrug«, so konzentrierte sich La Rochefoucauld in seinen Erfahrungen mit Königen, Prinzen und anderen Personen von Stand auf das »Mißtrauen« (*Défiance*).

In ihm erkennt er ein Grundübel und die Ursache zum Betrug der anderen; einen

substantiellen Defekt, der ein ganzes Gemeinwesen deformieren kann, wenn sich der einzelne nicht der Ordnung des »Vertrauens« (*Confiance*) anpassen möchte, die strenge Beschränkungen auferlegt, und die eigene Freiheit stets auf die Interessen der anderen richten muß. Es ist das Prinzip der Gegenseitigkeit, wie es das vertragliche Feudalrecht verlangt. Daher ist es auch nicht verwunderlich, daß sich dieser Pair zur Erläuterung seiner Staats- und Menschensicht auf den Fundamentalbegriff der *Lehnstreue* (*Fidélité*) bezieht. Seiner Meinung nach »erscheint sie den meisten Menschen nur als eine Erfindung der *Eigenliebe* (Amour propre), um Vertrauen auf sich zu ziehen«, sie ist aber auch »ein Mittel, uns über andere zu erheben und uns zu *Treuhändern* (*Dépositaires*) der bedeutendsten Sachen zu machen« (La Rochefoucauld, *Œuvres*, 1865, S. 93).
Absprachen einhalten, Verträge erfüllen und sich mit Vernunft verhalten. Das wird hierbei von einem *Homme honnête* im Geist der Freundschaft verlangt, der häufig genug auf härteste Proben gestellt werden kann und dabei beweisen muß, daß es »seine erste Pflicht ist, dieses *anvertraute Gut* (*Dépôt*) in seinem ganzen Umfang zu bewahren« – nämlich die Treue und das Vertrauen (S. 149).
Zur Erfüllung dieser Pflicht gehört nicht nur Erfahrung und Klugheit, sondern auch das Wissen um gerechtes Benehmen: »Es muß ein gewisses Verhältnis (*certaine proportion*) zwischen den Aktionen und den Plänen geben, wenn man alle Effekte erzielen will, welche sie hervorbringen können« (S. 80). Das ist ein Ausdruck des Aristotelismus mit seinen Vermittlungen und des Maßes, das er bei Kardinal Richelieu zeitweise vermißte – dessen Herrschsucht ihm als »ungerecht erschien« vor allem wegen der Hugenotten, dem Verfahren gegen Maria de Medici und wegen des versuchten »Ruins der großen Häuser des Königreichs« (S. 180ff.). Diese hatten zwar beim Tode La Rochefoucaulds, der 1680 in den Armen seines Freundes und geistlichen Beistandes *Bossuet* (1627–1704) gestorben war, viel von ihrer ehemaligen politischen Macht verloren, aber noch immer verfügten sie über genügend Einfluß, so daß sich Ludwig XIV. veranlaßt sah, den Großteil seiner engeren Mitarbeiter aus den unteren Ständen zu nehmen.
Wohl auch deshalb rümpfte La Rochefoucauld einmal die Nase darüber, daß »der bourgeoise Geruch sich manchmal in der Armee verliert, aber niemals am Hof« (S. 111). Ludwig XIV., in einem steigenden Bedürfnis nach Bestätigung seiner Autorität und Reputation befangen, störte dieser Dünkel nicht sonderlich. Er hatte seinen eigenen und war sehr bemüht, ihn sorgfältig zu pflegen.

Die »Mémoires pour l'instruction du dauphin«

In den *Mémoires pour l'instruction du dauphin* erscheint Ludwig XIV. die Sicherung seines Ansehens am wichtigsten: »Man erreicht es nicht mit Armeen und würde vergeblich seine Schatzkammern öffnen, um es zu erwerben; man muß beizeiten dafür gesorgt haben, und selbst dann sind wir seiner nur durch einen hinreichend langen Besitz versichert.« Dazu rechnete er das *alleinige Regieren* eines Fürsten: »Denn nichts ist unwürdiger, als wenn man auf der einen Seite alle Kompetenzen, auf der anderen nur den leeren Titel eines Königs bemerkt.«
Darin lag die Erfahrung mit seinem Ersten Minister Mazarin und der Entschluß, in Zukunft nicht »von denen abhängig zu sein, die einem dienen«. Mit seinem

Versuch, ohne einen solchen übermächtigen Minister die Staatsgeschäfte zu bewältigen, erreichte er in der Folgezeit das Stadium dessen, was man später das *persönliche Regiment* genannt hat, aber eine Ersetzung des Staates als Herrschaftsobjekt war das keineswegs. Sein Hinweis darauf, daß »es schön ist, von ihnen (den Untertanen) den Namen eines *Vaters* zu verdienen und nicht den eines *Meisters* (*Maître*)«, deutet in die Richtung eines Bewußtseins vom treuhänderischen Regieren und vermittelt die Kenntnis um das Verhältnis von Substanz und Akzidens. Denn bei der Auswahl jener Mitarbeiter und Ratgeber, »die mir zur Hand gehen konnten«, stellt er fest, daß sie »uns der *Zufall*« beschert hat. Sie sind für ihn Ausdruck des Temporären, des Instrumentellen und nicht mehr Repräsentanten der Krone mit ihrem Staat, obgleich er sich des *Conseil d'Etat* bediente und im Parlement seine Gesetze registrieren ließ (Dieckmann, 1966, III, S. 425 ff.; vgl. Barudio, 1984, S. 109 ff.).
Es gibt Anzeichen dafür, daß er sich manchmal als ein *absoluter Eigentümer* auffaßte, was im Feudalbereich als Lehnsherr und im Notzustand möglich war (Sée, 1978, S. 144, 151 ff.). Aber es hat keinen staatsrechtlichen Akt gegeben wie in Dänemark, Preußen oder Schweden, der ihm ein *Dominium absolutum* überlassen hätte. Bei aller Machtfülle hatte auch er einen ehernen Satz zu beachten, den der Erzieher des Dauphin, der Bischof *Bossuet*, mit all seinem biblischen Wissen und in Kenntnis einiger Hobbes-Schriften zu begründen suchte: »L'Etat subsiste toujours« (zit. nach Sée, 1978, S. 154).

Bossuet und Fénelon

Für diese Kontinuität hatte die Kirche ihren fundamentalen Beitrag zu leisten. Bossuet bestimmte ihn ähnlich wie Pasquier in einer posthum herausgegebenen Schrift *Politique tirée de l'Ecriture Sainte* mit der Festlegung auf die unverzichtbaren Grundlagen der »menschlichen Gesellschaft ... ein und derselbe Gott, derselbe Staat (Objet), ein gleiches Ziel, ein gemeinsamer Ursprung, dasselbe Blut, ein gleiches Interesse, ein gegenseitiges Bedürfnis (Besoin mutuel), sowohl für die Geschäfte wie für die Annehmlichkeiten des Lebens« (ebd., S. 151; vgl. Schmittlein, 1954).
Dieses Bekenntnis zum paulinischen Einheits-Gedanken, in dem es Platz für Gegenseitigkeiten gab, erhellt das oft kritisierte Vorgehen Ludwigs XIV. gegen Jansenisten und Hugenotten, welche seiner Meinung nach diese angestrebte Einheit störten. Nicht weniger als Rom, das ihm auch wegen dieser beiden religiös-politischen Bewegungen die sorgsam gehütete Souveränität zu beschränken schien. Unter diesen Voraussetzungen wird verständlich, warum Bossuet 1682 die *Gallikanischen Artikel* neu faßte: Die Unabhängigkeit des Königtums und der Krone nach außen wie nach innen sollte außer Zweifel bleiben. In diesem Sinne gilt die *Aufhebung des Ediktes von Nantes* 1685 als Einlösung des Verfassungseides, den Ludwig XIV. geleistet hatte, als Wiederherstellung der Katholizität Frankreichs – ein »*gerechter*« Akt (Lehmann, 1980, S. 69; vgl. Barudio, 1984, S. 122 ff.; Malette, 1976; Perry, 1973).
Die Betroffenen freilich empfanden die Folgen dieses königlichen Beschlusses als eine *despotische Maßnahme*, zu der sich andere gesellen sollten und auf eine mitunter gespenstische Weise das zu beweisen schienen, was Pascal als Emana-

tion der Eigenliebe und Selbstsucht angeprangert hat: »*Alles strebt nach sich selbst.* Das ist jeder Ordnung entgegen. Man muß sein Ziel im allgemeinen haben, und die Richtung auf uns selbst ist der Beginn aller Unordnung, so im Krieg, in der Politik, in der Wirtschaft, im eigenen Körper der Menschen« (1980, S. 162).

Die Zentralisation aller Macht in einer Hand hatte nach 1661 nicht die erhoffte Ordnung in der Verwaltung gebracht, die auch aufgrund der Kriege immer mehr von einer Administration zu einer Bürokratie herunterkam, in der weniger danach gefragt wurde, *was* angeordnet worden war, sondern *wer* es tat. Der Personalismus wucherte, und *Fénelon* (1651–1715), diese wunderbare Gestalt in der großen Opposition gegen den »Anonymen Despotismus«, hatte nicht so unrecht, als er darüber klagte, daß vornehmlich die Minister »die alten Maximen des Staates umgestürzt« hätten, um die eigene Macht zu steigern: »Man hat nicht mehr vom *Staat* gesprochen, ... sondern nur noch vom *König* und seinem Gefallen« (Mohr, 1971, S. 61 ff.; vgl. Mousnier, 1951).

Aber bei allen Verschiebungen der Machtgewichte zugunsten von Ministern und des Königs ist der Staat selbst nicht gestürzt worden, hatte doch das Parlement de Paris alle Drangsale überstanden und am Tage nach dem Tode Ludwigs XIV. 1715 dessen *Testament,* das die Nachfolge regeln sollte, in einer feierlichen Kassation für *nicht verfassungskonform* erklärt. Ein Vorgang, der gleichzeitig im absolutistischen Dänemark, Schweden oder Preußen nicht denkbar gewesen wäre und der zeigt, wie die Idee des Depotismus die Praxis zeitweiligen Despotismus überdauern konnte, wenn die Theorie Fürsprecher fand, aus der auch später die Revolution ihre Legitimation zog: Wie hoch auch »*die souveräne Gewalt der Könige sei, sie steht nicht über der Natur selbst und über dem Fundamentalgesetz des Staates*« (Mémoire des Princes du Sang ..., 1717, o. S.).

BIBLIOGRAPHIE

Primärtexte:

Bodin, Jean, 1977: Six Livres de la République (1583); *Camus,* Jean-Pierre, 1970: Homélies des États Généraux (1614–1615); *ders.,* 1615: Homélie des trois simonies ecclesiastique, militaire et judicielle; *Descartes,* René,: Œuvres, ed. Adam u. Tannery; *ders.,* 1983: Meditationen über die Erste Philosophie, dt.; *Hobbes,* Thomas, 1965: Leviathan, dt.; *Leibniz,* Gottfried Wilhelm: Werke (ed. Klopp); *Le Bret,* 1632: De la Souveraineté; *Loyseau,* 1678: Œuvres: Les cinq livres du Droit; *Montesquieu,* 1748: Vom Geist der Gesetze, dt.; *ders.,* 1980: Größe und Niedergang Roms (1734); *Perroud,* M., 1865: Essai sur la vie et les œuvres de Mathieu de *Morgues* Abbé de Saint-Germain; *Naudé,* 1644: Advis pour dresser une bibliothèque; *ders.,* 1723: Considérations politiques sur les coups d'Etat; *Pasquier,* 1615: De l'Authorité Royale; *Pascal,* Blaise, 1980 (1956): Gedanken, dt.; Feillet (ed.), Mémoires du *Cardinal de Retz;* d'Avenel (ed.), 1853: Lettres, Instructions diplomatiques et papiers d'état du *Cardinal de Richelieu*; *Richelieu,* 1947: Testament politique, hrsg. von L. André; Œuvres complètes de *La Rochefoucauld,* 1865; *ders.,* 1958: Betrachtungen, hrsg. von W. Weigand; *Rohan,* 1638: De l'interest des Princes et Estats de la chrestienté; *Savaron,* 1620: De la Souvereineté du Roy, et que sa Majesté ne le peut souzmettre à que que ce soit, ni aliener son Domaine à perpetueté; R. Mousnier (Hrsg.), 1964: Lettres et mémoires adressés au chancelier *Séguier*; *Voltaire,* 1838: Œuvres.

Sekundärliteratur:
Albertini, Rudolf von, 1951: Das politische Denken in Frankreich zur Zeit Richelieus (informativ, aber in zentralen Bereichen überholt); *Barudio*, Günter, 1976: Absolutismus – Zerstörung der »libertären Verfassung«; *ders.*, 1984 (1981): Das Zeitalter des Absolutismus und der Aufklärung (1648–1779) (= FWG 25); *ders.*, 1982: Gustav Adolf – der Große; *Beguin,* A., 1981 (1959): Pascal; *Behn,* J., 1957: Der Philosoph und die Königin; *Bellanger,* C. u. a., 1969: Histoire générale de la presse française, Bd. I; *Bertraud,* L., 1927: Louis XIV; *Boldt,* H., 1967: Der Ausnahmezustand in historischer Perspektive, in: Der Staat; *Bonnet-Maury,* G., 1912: Die Gewissensfreiheit in Frankreich vom Edikt von Nantes bis zur Gegenwart; *Burckhardt,* C. J., 1966²: Richelieu, 3 Bde.; *Brunner,* O., 1967: Vom Gottesgnadentum zum monarchischen Prinzip, in: NWB, Bd. 17; *Charles,* A., 1937: Descartes, Ses amitiés féminines; *Declareuil,* J., 1907: Les idées politiques de Guez de Balzac, in: RDPSPFE, 27, S. 635 ff.; *Deinhardt,* W., 1929: Der Jansenismus in deutschen Landen; *Dickmann,* F. (Hrsg.), 1966: Geschichte in Quellen; *Fagniez,* G., 1894: Le père Joseph et Richelieu, I–II; *ders.,* 1896: L'opinion publique et la polémique au temps de Richelieu, in: RQH, XVI, S. 442–484; *Geley,* L., 1884: Fancan et la politique de Richelieu de 1617 à 1627; *Glasson,* 1901: Le Parlement de Paris, son rôle politique, I; *Göhring,* M., 1938: Die Ämterkäuflichkeit im Ancien régime; *Grand-Mesnil,* M.-N., 1967: Mazarin, La Fronde et la Presse (1647–1649); *Guénon,* R., 1945: Le règne de la quantité et les signes des temps; *Guth,* P., 1973 (1972): Mazarin; *Hartung,* F., 1949: L'État c'est moi, in: HZ, 169; *ders.,* 1967: Der aufgeklärte Absolutismus, in: NWB, 17; *Hering,* G., 1968: Ökumenisches Patriarchat und europ. Politik 1620–1638; *Hoffmann,* P., 1974: Entwicklungsetappen und Besonderheiten des Absolutismus in Rußland, in: NWB, 67; *Holz,* H. H., 1968: Herr und Knecht bei Leibniz und Hegel; *Holtzmann,* R., 1910: Französische Verfassungsgeschichte; *Honigsheim,* F., 1914: Die Staats- und Soziallehren der frz. Jansenisten im 17. Jhd.; *Jansen,* P., 1967: Le cardinal Mazarin et le mouvement janséniste français 1653–1659; *Jouan,* R., 1950: Histoire de la marine française; *Kantorowicz,* E., 1957: The King's two bodies; *Kluxen,* K. (Hrsg.), 1967: Parlamentarismus, in: NWB, 18; *Kossmann,* E., 1954: La Fronde; *Lacroix,* A., 1966: L'Espagne vue à travers »Le Mercure français« (1624–42); *Lehmann,* H., 1980: Das Zeitalter des Absolutismus. Gottesgnadentum und Kriegsnot; *Lemaire,* A., 1907: Les lois fondamentales de la Monarchie française d'après les theoriciens de l'Ancien régime; *Lloyd Moote,* A., 1971: The revolt of the judges. The Parlement of Paris and the Fronde 1643–1652; *Malettke,* K., 1976: Opposition und Konspiration unter Ludwig XIV.; *ders.,* 1977: Colbert. Aufstieg im Dienst des Königs; *Martin,* V., 1919: Le Gallicanisme et la Réforme catholique (1563–1615); *Méthivier,* H., 1964: L'Ancien régime; *ders.,* 1964: Le Siècle de Louis XIII; *Mohr,* E., 1971: Fénelon und der Staat; *Mommsen,* W., 1923: Richelieu, Elsaß und Lothringen; *ders.,* 1923: Richelieu als Staatsmann, in: HZ, 127; *Moreau,* C., 1850: Bibliographie des Mazarinades, in: Coll. de la Soc. de L'Hist. de France; *Mousnier,* R., 1951: Les idées politiques de Fénelon, in: XVIIe siècle; *ders.,* 1964: Lettres et mémoires adressés au chancelier Séguier, I; *ders.* : Institutions; *ders.,* 1970: Ein Königsmord in Frankreich; *Normand,* Ch., 1908: La bourgeoisie française au XVIIe siècle; Nouvelle Biographie générale (NBG), 32, 1860, S. 94 ff.; *Nürnberger,* R., 1948: Die Politisierung des frz. Protestantismus; *Orcibal,* J., 1947–48: Les origines du Jansénisme, I–III; *Perry,* E. J., 1973: From theology to history. French religious controversy and the revocation of the edict of Nantes; *Picot,* G., 1872: Histoire des Etats généraux considérés au point de vue de leur influence sur le gouvernement de la France de 1355 à 1614, 4 vol.; *Reinhard,* W., 1983: Zwang zur Konfessionalisierung?, in: ZfHF, 3, S. 275 ff; *Rice,* J. v., 1939: Gabriel Naudé; *Ritter,* M., 1874: Die Union u. Heinrich IV. 1607–1609; *Roscher,* W., 1874: Geschichte der Nationalökonomie in Deutschland; *Schipperges,* K. J., 1954: Die Politik Heinrichs IV.; *Schmittlein,* R., 1954: L'aspect politique du différence Bossuet-Fénelon; *Schneider,* K. G., 1938: Überblick über die Herrschafts- und Rechtsformen des frz. Vordringens nach Osten

1550–1812; *Schramm,* P. E., 1939: Der König von Frankreich; *Sée,* H., 1978: Les idées politiques en France au XVIIe siècle (1923); *Sparre,* E., 1914: Pro Lege, rege et grege, in: Historiska Handlingar (HH), 27; *Specht,* R., 1980: Descartes (1966); *Stöcker,* A., 1939: Das Bild des Menschen bei Pascal; *Straub,* E., 1980: Pax et imperium; *Thuau,* E., 1966: Raison d'Etat et pensée politique à l'époque de Richelieu; *de Viguerie,* J., 1983: Le Miracle dans la France du XVIIe siècle, in: XVIIe siècle, S. 313–331; *Voss,* J. 1945: Philippe de Commynes und sein Memoirenwerk in der Forschung seit 1945, in: DtA, XXIX, S. 224–235; *Weber,* H., 1977: Richelieu und das Reich, in: Der Dt. Krieg, S. 304–321; *Wiens,* 1908: Fancan und die frz. Politik 1624–1627; *Wollenberg,* J., 1977: Richelieu. Staatsräson und Kircheninteressen; *Wyduckel,* P., 1979: Princeps legibus solutus, Schriften zur Verfassungsgeschichte.

KAPITEL VI

Spätaristotelismus, Naturrecht und Reichsreform: Politische Ideen in Deutschland 1600–1750

VON HORST DENZER

1. Die Entwicklung der politischen Ideen in Deutschland

Im 16. Jahrhundert fehlen in Deutschland eigenständige politische Reflexionen fast völlig, sieht man ab von den politischen Vorstellungen der Reformatoren, die nur randständige Ableitungen aus ihren religiös-theologischen und ethischen Intentionen sind, und von den wenigen Kommentaren zur aristotelischen Politik. Dagegen belebt sich mit Beginn des 17. Jahrhunderts die wissenschaftliche Beschäftigung mit der Politik kräftig. Demgegenüber sind aus anderen Ländern im 16. Jahrhundert wichtige Neuansätze des politischen Denkens hervorgegangen: in Italien der Staat der politischen Effizienz bei *Machiavelli*, *Guicciardini* und *Botero* (vgl. oben, S. 28 ff.), in Frankreich die Souveränitätslehre *Bodins* und die monarchomachischen Widerstandslehren (vgl. oben, S. 107 ff.), in Spanien die Erneuerung des Völkerrechts in der spanischen Spätscholastik (vgl. oben, S. 146 ff.), in England die wirklichkeitstranszendierende politische Idealbildung in der Utopia des *Thomas Morus* (1516) und in Holland die Bejahung der Staatsräson und des Machtstaats durch *Lipsius* (vgl. oben, S. 61 ff.). Die Gründe dafür liegen auf der Hand. In Spanien hat die Kolonialpraxis und die Frage der Berechtigung der Landnahme in Amerika eine neue rechtliche Würdigung der zwischenstaatlichen Beziehungen herausgefordert. In Italien hat der Zerfall der Reichsidee in den oberitalienischen Städten und die Eigendynamik des beginnenden Handelskapitalismus die neue, nicht mehr ethisch-theologisch motivierte Legitimation dieser Stadtstaaten durch die Machterhaltung und die politisch-ökonomische Effizienz hervorgetrieben. In Frankreich haben die Religionskriege mit dem Höhepunkt der Bartholomäusnacht (1572) die staatliche Einheit bedroht, die auf dem *einen* König, *einen* Glauben und *einen* Gesetz beruhte. Wegen der Glaubensspaltung genügte nicht mehr die göttliche Legitimation des Königs aus der Analogie zur Schöpfungsordnung und die mittelalterliche Vorstellung vom König als Bewahrer des Rechts; es mußte mit der Souveränität ein interkonfessionell unstrittiges Legitimationsprinzip hinzutreten, und der König sah sich, um die Staatseinheit aufrechtzuerhalten, zur Setzung neuen Rechts gezwungen. Wegen der Schwäche der Stände konnte der Glaubensstreit nicht durch Zugeständnisse an die Stände abgefedert werden, sondern trieb die jeweils unterlegene Glaubenspartei zur Theorie des Tyrannenmords.

Politischer Traditionalismus in Deutschland

All das traf auf das Deutsche Reich im 16. Jahrhundert nicht zu. Im Reich konnte trotz der Glaubensspaltung die göttliche Legitimation des Kaisers in der heilsgeschichtlichen Tradition der Vier-Reiche-Lehre weiterbestehen, weil die Konfessionen auf der Ebene der ständischen Mitregierung einen Modus vivendi fanden, ohne die Reichseinheit zu bedrohen. Das war die Lösung des *Augsburger Religionsfriedens* (1555), der den Reichsständen (nicht jedoch ihren Untertanen) die freie Wahl des Glaubensbekenntnisses gewährte.

Auch das Bürgertum – in Deutschland nicht so aufstrebend wie in Italien, Frankreich und England – konnte sich im Rahmen der alten Reichsidee einrichten. Die Reichsstädte, in denen es überwiegend heimisch war, boten die notwendige Freiheit für Handwerk und Handel, zumal der Augsburger Religionsfriede das Nebeneinander der Konfessionen in den Reichsstädten zumindest durch Duldung der schwächeren Religionsgruppe gewährleistete. Die Reichsstädte waren sogar ein besonderer Hort der Reichsidee, denn in der reichsstädtischen Libertät mußten die Wirtschaftsaktivitäten des Bürgertums nicht konkurrieren mit den Landesfürsten, die in den Territorialstaaten begannen, in aufklärerisch-merkantilistischer Sorge um die Wohlfahrt der Untertanen Handel und Gewerbe in Staatsregie zu nehmen. Anders als in Italien gingen deshalb vom deutschen Bürgertum keine Impulse für neue politische Ideen aus.

Den Erklärungen aus der geschichtlichen Situation sind *wissenschaftsinterne Gründe* für die Sterilität des deutschen 16. Jahrhunderts im Bereich der politischen Ideen hinzuzufügen. An den Universitäten des Reichs wurde die Praktische Philosophie in den Artistenfakultäten von der Auslegung des Aristoteles beherrscht. Die Statuten und Studienordnungen schrieben das vor, die Freiheit des Philosophierens gab es noch nicht. Gerade an den protestantischen Universitäten war nach dem Vorbild der Aristoteleskommentare von *Melanchthon* und *Camerarius* Aristoteles die Autorität schlechthin geworden, hatte doch die reformatorische Freigabe des weltlichen Bereichs gegenüber dem Reiche Christi die Herauslösung des Aristoteles aus der mittelalterlich-scholastischen Vorherrschaft der Moraltheologie bewirkt. An den katholischen Hochschulen dagegen konnte Aristoteles neben der scholastischen Moraltheologie nur wenig Beachtung finden. Während nun bei Aristoteles die Politik Vorrang vor der Ethik hat, weil der Mensch erst in der politischen Gemeinschaft zur vollkommenen Glückseligkeit gelangt, gaben sowohl die Scholastik als auch die reformatorische Aristotelesinterpretation der Ethik den Vorzug vor der Politik. Entsprechend wenig wurde die Politik im Rahmen der Praktischen Philosophie gelehrt. Gab die traditionelle Ausrichtung der Universitäten und die Vernachlässigung der Politik schon keinen Impuls für politische Ideen, so wurde dies noch dadurch verstärkt, daß die aristotelische Politik weder – mangels verbindlicher Normen – anregend für eine methodisch stringente Staatsphilosophie noch, da ihre »Klugheitslehren« keine Antworten auf aktuelle Fragen gaben, für die Beschäftigung mit den politischen Problemen der Zeit wirkte.

Die damalige *Jurisprudenz* lud auch nicht zur Beschäftigung mit der Reichsverfassung ein, die wegen ihrer Einzigartigkeit politische Ideen hätte hervortreiben können. Denn die Jurisprudenz pflegte nur das kanonische und römische Recht.

Sie konzentrierte sich auf die Bearbeitung und Erweiterung des Quellenmaterials der Justinianischen Rechtsbücher und auf ihre Interpretation. Dabei gab sie dem Privatrecht vor dem öffentlichen Recht den Vorrang. Das Reichsrecht wurde allenfalls unter dem römisch-rechtlichen Begriff der *jurisdictio* knapp abgehandelt. Das römische Recht bestärkte zudem in Verbindung mit der Lehre von der *translatio imperii* die hergebrachte Reichsidee.
Auch der *Humanismus* in Deutschland gab keine Impulse für neue politische Ideen. Einerseits betonte er in Verbindung mit der Vorherrschaft des römischen Rechts das kaiserliche Ansehen und stützte die traditionelle Reichsidee nach mittelalterlich-kirchlichen Vorstellungen. Andererseits verstärkte er wegen seines Eintretens für den Individualismus, für die Freiheit des einzelnen die Vorherrschaft der Ethik vor der Politik; weniger noch als in Italien ging seine Tendenz zur Staatstheorie.

Die Hinwendung zu politischen Fragen

Die Situation änderte sich um die Wende vom 16. zum 17. Jahrhundert. Die Lehre der Politik an den Universitäten nabelte sich von der Ethik ab und bekam zunehmend größeres Gewicht – bezeichnend dafür, daß sich auch Professoren außerhalb der zuständigen philosophischen Fakultät mit ihr befaßten; eine Fülle politischer Schriften kam auf den Markt. Gleichzeitig fächerte sich das politische Denken auf in mehrere Teilbereiche. Schließlich wandte sich auch die Jurisprudenz verstärkt dem heimischen Recht zu und befaßte sich vor allem mit der Reichsverfassung. Auch für diese Entwicklung lassen sich reichsgeschichtliche und wissenschaftsgeschichtliche Gründe angeben.
Die Balance, die der Augsburger Religionsfriede zwischen den Konfessionen und zwischen Kaiser und Reichsständen hergestellt hatte, erwies sich als brüchig. Das Aufleben des konfessionellen Kampfgeistes legte bald die Reichsverfassung in den wichtigen Fragen der Rechtsprechung und der militärischen Verteidigung lahm. Jede Konfessionspartei strebte nach einer Veränderung zu ihren Gunsten und tangierte damit zugleich das Verhältnis zwischen Kaiser und Reichsständen. Die Spannungen entluden sich schließlich im *Dreißigjährigen Krieg*. Das auflebende Interesse an der Beschäftigung mit der Reichsverfassung speiste sich aus dem Kontrast zwischen der besonderen Würde des Reiches, hergeleitet aus der imperial-römischen Tradition, und seinem Ungenügen angesichts des neuen Ideals eines zentralisierten und intensivierten Staatsbetriebs, dessen Realisierung dem Reich im Gegensatz zu den Landesherren wegen des Mangels an Zentralbehörden (nur Reichskammergericht, Reichshofrat und Reichskanzlei) verwehrt war. Die Reichsfürsten, denen bei der territorialstaatlichen Entwicklung durch das *ius circa sacra* (im protestantischen Raum) und durch die wohlfahrtsstaatliche Sorge für ihre Untertanen eine neue Qualität der Herrschaft zukam, bedurften politischer Vorstellungen, die einmal ihre Eigenständigkeit und Besonderheit gegenüber dem Kaiser begründeten und zum andern für die praktische Regierungs- und Verwaltungskunst verwertbar waren. Von den Universitäten – jeder größere Reichsfürst brauchte und errichtete nun seine eigene Hochschule – erwarteten sie außerdem die Ausbildung von Ratgebern und Beamten; kein Wunder, daß die Lehre von der Politik eine bedeutende Stellung erhielt.

Das Bürgertum, dessen Bedeutung in den Reichsstädten wegen der durch Staatsbankrotte verursachten Vermögensverluste und des Rückgangs des Handels geringer wurde, wuchs durch die Ausbildung an den Universitäten in die neue Aufgabe im Fürstendienst hinein; zugleich wurde sein politisches Denken geweckt, es wurde zum politischen Stand, nicht von ungefähr zählte man nun die Räte und Beamten zu den *politici*. Schließlich wurde durch die existentielle Bedrohung und Betroffenheit der Menschen im Dreißigjährigen Krieg generell das Interesse für politische Vorstellungen geweckt. Von der Auszehrung der Universitäten durch die Kriegswirren wurde deshalb das Fach Politik weit weniger als andere Fächer betroffen.

Mit der gewandelten historischen Situation gingen wissenschaftliche Entwicklungen einher, die Aufschwung, Veränderung und Verbreiterung des politischen Denkens beeinflußten. Die Souveränitätslehre, in Westeuropa entwikkelt, um die Konzentration der Herrschaftsgewalt in einer Hand gegenüber der Glaubensspaltung und den überkommenen regionalen Herrschaftsrechten der Ständegesellschaft zu rechtfertigen, entfaltete in der wissenschaftlichen Diskussion auch im Reich ungeachtet der nicht vergleichbaren historischen Entwicklung eine Eigendynamik. Die Frage nach der Staatsform des Reiches stellte sich daher in neuer Schärfe. Ein neues Methodenbewußtsein setzte sich auch im Bereich der Lehre von der Politik durch. Gegenüber der hergebrachten Argumentation mit den Autoritäten speiste es sich einerseits aus humanistisch-pädagogischen Impulsen *(Ramismus)*, andererseits aus der Wirkung der entstehenden Naturwissenschaften und ihrem systematischen, mathematisch-geometrischen Vorgehen. Die herkömmliche Politik als praktische Wissenschaft nach aristotelischem Verständnis spaltete sich so auf in eine systematische Politik, die allgemeine Normen für das Entstehen und die Begründung von Staaten beinhaltete, und in praktische Anleitungen für das konkrete Handeln, Regieren und Verwalten in der speziellen Situation eines Staates. Die Tendenz zur praktischen Verwendbarkeit politischer Lehren wurde dadurch verstärkt, daß die Universitätsgelehrten praktische Aufgaben an den Fürstenhöfen übernahmen; sie reichten von der gelegentlichen Beratung und Gutachtertätigkeit bis zur dauernden Mitwirkung an der Rechtsprechung der Gerichtshöfe und in den Kanzleien, Geheimen Räten und Regierungskollegien. In diesem Zusammenhang ist auch die angesprochene Tendenz in der Jurisprudenz zu sehen, sich von der ausschließlichen Auslegung des römischen Rechts zu lösen und auch dem öffentlichen Recht des Reichs, der Reichspublizistik, zu widmen.

Das Nebeneinander des Reiches mit seiner traditionellen korporativen Staatlichkeit und der Territorialstaaten mit ihren Zügen moderner Staatlichkeit, das Nebeneinander der aus der Gefährdung der Staatseinheit durch die Glaubensspaltung erwachsenen säkularisierten Staatsauffassungen und der in der konfessionellen Geschlossenheit der deutschen Territorien wurzelnden Vorstellungen christlicher Politik, das Nebeneinander von hergebrachtem autoritätsorientiertem und neuem methodisch-systematischem Denken, das Nebeneinander von allgemeinem Nachdenken über die gute Einrichtung des Staates und praktischen Anleitungen zum politischen Handeln bestimmt die Vielfalt des politischen Denkens in Deutschland seit dem Beginn des 17. Jahrhunderts. Das ganze Spektrum mit seinen einzelnen Teilbereichen kann hier nur skizziert werden. Dabei ist vorab einschränkend zu bemerken, daß die Einteilung des politischen Denkens in Teilbereiche nur heuristischen Wert hat; denn kaum ein Autor läßt sich eindeutig einordnen, überall sind die Übergänge fließend.

Der Spätaristotelismus

Das politische Denken wird im 17. Jahrhundert – in der ersten Hälfte ausschließlich, in der zweiten Hälfte dominierend – von der traditionellen aristotelischen Politik bestimmt; und das nicht nur, weil die Universitätsstatuten das vorschreiben. Denn den protestantischen Territorien bot die Frage nach dem Staat schlechthin, die Beziehung der Ethik auf den Staat, indem das gute Leben, die Glückseligkeit der Menschen erst in der politischen Gemeinschaft zur Vollendung kommt, die benötigte Legitimation: die Abkehr vom universalistischen, eschatologisch orientierten Reichsgedanken und die doppelte Verpflichtung des evangelischen Christen im persönlichen Glauben und gegenüber der gottgegebenen Obrigkeit. Der Spätaristotelismus hat so seinen Schwerpunkt an den protestantischen Hochschulen. Aber auch an den katholischen Universitäten konnte man an der Tatsache der Glaubensspaltung nicht vorbeisehen und suchte neben der vorherrschenden scholastischen Moraltheologie in Aristoteles auch eine weltliche Staatslegitimation. So verwundert es nicht, daß etwa der Aristoteleskommentator Hubert von Giffen von den protestantischen Hochschulen Straßburg und Altdorf ins katholische Ingolstadt überwechseln konnte.

Für die prägende Kraft des Spätaristotelismus sprechen zahlreiche in der Nachfolge von *Melanchthon* und *Camerarius* entstehende Kommentare der aristotelischen Politik, wie die von *Giffen* (1608), der in Altdorf lehrenden *Scherbius* (1610) und *Piccart* (1615), des Leidener *Heinsius* (1621), des Straßburger *Golius* (1621) und der Helmstedter *vom Felde* (1654), *Conring* (1656) und *Meier* (1668). Zahlreicher noch sind die von Aristoteles maßgebend beeinflußten Darstellungen der Politik, z. B. von den Helmstedtern *Arnisaeus* (1606), *Caselius* (1631), *Scheuerl* (1650), *Conring* (1662) und *Clasen* (1675), den nicht an Universitäten lehrenden kaiserlichen Räten *Bornitz* (1604 ff.) und *Schönborner* (1614), dem Marburger *Kirchner* (1608), den Gießenern *Liebenthal* (1619) und *Hertius* (1679), dem Jenaer *Heider* (1628), dem Altdorfer *Matthiae* (1621), dem Tübinger *Besold* (1618 ff.) und dem Straßburger *Boecler* (1674).

Innerhalb des Aristotelismus lassen sich wieder vielfältige Nuancierungen unterscheiden. In Altdorf und Königsberg überwiegt die historisch-philologische Interpretation, in Straßburg kann man eine Einfärbung durch den Neostoizismus des Lipsius und den Tacitismus feststellen *(Bernegger, Boecler)*, in Herborn gibt es die Verbindung mit ramistischem und monarchomachischem Gedankengut *(Althusius, Alsted)*, in Helmstedt, der Hochburg des Aristotelismus in Deutschland, neigt man zu einer breiter historisch-empirischen Grundlegung der Politik *(Conring)*.

Zum Teil führt die aristotelische Lehre von der Autarkie des Staates in Verbindung mit der aktuellen Situation der Glaubensspaltung zu einer weitgehend säkularisierten Staatslehre, die vor allem in Helmstedt *(Arnisaeus)* an Boden gewinnt. Andernorts entwickelt sich der Aristotelismus in der Folge der zunehmenden landeskirchlichen Verfestigung des Protestantismus wieder (in Analogie zur Scholastik) zurück zu einer betont christlichen Staatslehre. Ein Beispiel dafür sind die in (hessischen, mecklenburgischen und dänischen bzw. sächsischen) Fürstendiensten stehenden *Dietrich Reinkingk* (*Biblische Policey*, 1653) und *Veit Ludwig von Seckendorff* (*Christen-Stat*, 1686). Wirksamer ist die in Abwehr gegen das säkularisierte Naturrecht in der 2. Hälfte des 17. Jahrhunderts sich etablierende lutherische Orthodoxie, die ihre Hochburgen vor allem in Leipzig *(Alberti)*, aber auch in Jena *(Veltheim)*, Wittenberg, Straßburg *(Zentgrav)* und Frankfurt/Oder *(Strimesius)* hat; sie ist wiederum im Zusammenhang mit dem christlichen Naturrecht zu sehen.

Die wichtigste Differenzierung innerhalb der spätaristotelischen Politik ist die Aufteilung in allgemeine, systematische Politik als *scientia*, die die allgemeinen Prinzipien des Staates, seinen Ursprung und die Herrschaftsbegründung zum Gegenstand hat, und spezielle, auf Anwendung angelegte Politiken als *prudentia*, die die Fragen der Verwaltung, der Ausgestaltung des Regiments, der Staatsinteressen, der Ressourcen und empirischen Gegebenheiten und des politisch klugen Verhaltens behandeln. Methodenbewußtsein und praktische Verwertungsinteressen lassen den aristotelischen Gedanken, daß Politik weder Theorie noch Technik, sondern eine praktische Wissenschaft ist, die sich im am Ziel orientierten guten Leben verwirklicht, nicht mehr nachvollziehen. Politik zerfällt in *Theorie*, die Lehre von den allgemeinen, unveränderlichen, sicher erkannten Dingen, und *technische Praxisanleitung*, die Lehre von den nach Gegenstand, Umstand und Zeit besonderen, wandelbaren, der unterschiedlichen Einschätzung unterworfenen Dingen. Wir finden diese Unterscheidung recht häufig in methodisch-programmatischen Einleitungen von Politiken, so bei den Helmstedtern *Arnisaeus* (*Doctrina politica*, 1606), *Cellarius* (*Tabulae Politicae*, 1653), *vom Felde* (*Analysis librorum Politicorum Aristotelis*, 1654) und *Conring*, bei den Herbornern *Althusius* und *Alsted* (*Compendium philosophicum*, 1626), bei dem Tübinger *Besold* (*Principium et finis politicae doctrinae*, 1625) und bei dem in Wittenberg ausgebildeten *Horn* (*Politicorum pars architectonica*, 1664). Neben den noch zu behandelnden speziellen Politiken entstehen so viele auf Aristoteles aufbauende systematische Politiken; sie erheben mehr oder weniger den Anspruch der methodischen Stringenz (oft schon im Titel betont), der systematischen Ordnung der Prinzipien der Politik (was oft dazu führt, daß man Politik in Schemata und Tabellen darstellt wie bei Alsted, Horn und Cellarius) und der Allgemeingültigkeit für jeden Staat (in Abgrenzung gegen Aristoteles, dem man vorhält, nur Regeln für das Handeln in einem bestimmten Staat zu entwickeln). Dies gilt etwa für des Johannes Althusius *Politica methodice digesta* (1603), des Henning Arnisaeus *Doctrina politica in genuinam methodum, quae est Aristotelis, reducta* (1606), des Wolfgang Heider *Philosophiae politicae systema* (1628) und des Johann Friedrich Horn *Politicorum pars architectonica* (1664), während sich andere der vorgenannten Autoren mit der Politik als *scientia* und *prudentia* befassen.

Das Naturrecht

Neben der traditionell-aristotelischen Lehre von der Politik gewinnt langsam im letzten Viertel des 17. Jahrhunderts das neue rationale und säkulare Naturrecht an Boden. Langsam deshalb, weil die konfessionelle Geschlossenheit der deutschen Territorien keine Notwendigkeit für den Rückgriff auf konfessionsneutrale naturrechtliche Theoreme begründete und die Staatenbildung der Territorien sich nicht als naturrechtliche Schöpfung aus dem Nichts vollzog, sondern als Abspaltung von Hoheitsrechten aus der kaiserlichen Herrschaft und als Festigung des Errungenen dadurch, daß Landes- und Polizeiordnungen die fürstliche Gewalt in den bisher rechtsfreien Raum verlängerten. Erst als sich im 18. Jahrhundert die Ideen der Aufklärung mit dem fürstlichen Absolutismus verbanden, war das Naturrecht als neue Herrschaftslegitimation willkommen; es ging in die Fürstenerziehung wie in die Gesetzeskodifikationen ein. Das Entstehen des spezifisch neuzeitlichen Naturrechts, wie es zuerst *Pufendorf* in Deutschland vertreten hat, ist durchaus im Zusammenhang mit den letztgenannten Entwicklungstendenzen des Spätaristotelismus zu sehen. Es geht aber über diesen hinaus, indem es Voraussetzungen, die dort vereinzelt auftreten, schärfer faßt und zu einer neuen Einheit verbindet. Für das Naturrecht ist das Zusammenspiel dieser Voraussetzungen charakteristisch: Die menschliche Vernunft ist die alleinige Erkenntnisquelle des Naturgesetzes; die sichere Erkenntnis der Prinzipien ist durch die Anwendung der geometrischen Methode (nicht mehr durch den *ordo resolutivus*) gewährleistet; die Ordnung aller Erkenntnisse in einem System ist nicht bloß ein pädagogisch sinnvolles Zuordnen der Materien, sondern die notwendige Ordnung der Beziehung von Dingen, die sich aus kausalen Gesetzmäßigkeiten und diese wieder aus der Deduzierbarkeit von Wissenschaft ergeben; die Begründung von Ethik und Politik ist innerweltlich. Das Naturrecht ist also rational, methodisch stringent, systematisch und säkular.
Der Einzug des modernen Naturrechts an den deutschen Universitäten wird seit der Mitte des 17. Jahrhunderts durch die Grotius-Kommentierungen – hervorgegangen aus der Behandlung des Grotius in privaten Kollegs – vorbereitet. Der eigentliche Durchbruch ist aber *Samuel Pufendorf* zu verdanken, der in einem berühmten Gelehrtenstreit *(Eris Scandica)* sein Naturrecht gegen die lutherische Orthodoxie durchgesetzt und in *Christian Thomasius* einen kongenialen Verbreiter und eigenständigen Fortentwickler seiner Ideen gefunden hat. Die überaus starke Verbreitung und Kommentierung seiner Schriften – vom naturrechtlichen Hauptwerk *De jure naturae et gentium* sind über 30, vom kleineren Kompendium *De officio hominis et civis* über 100 Ausgaben erschienen –, der Eingang in die Lehre der praktischen Philosophie an den Universitäten – meist von den Studenten entgegen den Statuten erzwungen – und die Entstehung der naturrechtlichen Lehrstühle – meist von den Fürsten gegen die Universitäten durchgesetzt – haben dafür gesorgt, daß von etwa 1680 bis zur Mitte des 18. Jahrhunderts das Naturrecht die Grundlagenwissenschaft für die Politik, daneben auch für Ethik und Jurisprudenz geworden ist; es hat die aristotelische systematische Politik weitgehend abgelöst. Von etwa 1720–1765 hat die Wirkung das in Richtung auf den Rechtsstaat weiterentwickelte Naturrecht von *Christian Wolff* verstärkt.

Dennoch konnte sich das säkulare, auf der Erkenntnis durch die menschliche Vernunft beruhende Naturrecht nicht überall durchsetzen. Auch hier bewirkt die konfessionelle Geschlossenheit der deutschen Territorien, daß in Fortführung älterer theologisch-naturrechtlicher Vorstellungen der Reformatoren von *Oldendorp* und *Althusius* sich im 17. Jahrhundert in Auseinandersetzung mit *Pufendorf* und *Thomasius* ein eigenständiges christliches Naturrecht halten konnte, für das Gott der Ursprung allen Rechts blieb. Seine verschiedenen Schulen haben in unterschiedlichem Umfang Gedanken von *Grotius*, aber auch des neuzeitlichen Naturrechts aufgenommen. Sein letzter und bedeutendster Vertreter war *Leibniz*. Zur Lehre von der Politik hat es aber mit Ausnahme von *Reinkingk*, *Seckendorff* und *Leibniz* keinen Beitrag geleistet.

Praktische Politiken

Die Verengung der Politik auf die *politica architectonica*, die die allgemeinen Prinzipien, den Ursprung und die Herrschaftsgrundlagen des Staates behandelt, sofern sie für alle Staaten unverändert gelten, sowohl im Spätaristotelismus als auch im Naturrecht hat den Weg frei gemacht für eine Fülle spezieller Politiken, die sich unbeirrt von methodischen und ideengeschichtlichen Streitfragen den praktischen Problemen der Politik zuwenden konnten, die wegen der Differenzierung der Staatenwelt und der Ausweitung der Staatstätigkeit der Lösung harrten.

Hierher gehören zuerst die Statusbeschreibungen, Staatenkunde oder ältere Statistik, die sich nicht der Geschichte, sondern dem gegenwärtigen Zustand einzelner Staaten zuwenden, Land, Leute und Ressourcen eines Staates untersuchen und sowohl der empirischen Untermauerung der allgemeinen Politik wie auch als Grundlage für Erkenntnisse über die gute Verwaltung eines Staates dienen. Nach den Vorformen in Gestalt von Reiseberichten und den Vorgängern *Bartholomaeus Keckermann* in Danzig (*Disputationes politicae speciales*, 1613) und *Johann Andreas Bose* in Jena (*Notitia orbis hodierni historico-geographico-politica*, 1656) gilt *Hermann Conring* als Begründer der Staatenkunde (*De civili prudentia*, 1622, *Examen rerum publicarum potiorum totius orbis*, nach 1660). Die Staatenkunde verbindet sich manchmal mit der Staatengeschichte, so bei *Johann Christoph Bec(k)mann* (*Historia orbis terrarum geographica et civilis*, 1673) und bei *Samuel Pufendorf* (*Einleitung zu der Historie der vornehmsten Reiche und Staaten*, 1682), und ist meist als empirische Voraussetzung auch Bestandteil von Regimentstraktaten. Über *Johann Nikolaus Hertius* in Gießen (*De notitia singularis rei publicae commentatio*, 1692) fand sie mit der Systematisierung durch den Göttinger *Gottfried Achenwall* (1748/49) den vorläufigen Abschluß innerhalb der Lehre von der Politik und wurde ab da in die Staatswissenschaft integriert.

Zu den speziellen Politiken gehören auch die Regimentstraktate, die Ratschläge für die gute Regierung und Verwaltung eines Staates geben, so des Straßburger Ratsherrn Georg Obrecht *Fünff unterschiedliche Secreta Politica* (1644), des Dietrich Reinkingk *Biblische Policey* (1653) und des Veit Ludwig von Seckendorff *Teutscher Fürsten-Staat* (1656). Mit der zunehmenden Ausdifferenzierung der Verwaltung in den Territorialstaaten entwickelt sich daraus in der 1. Hälfte des 18. Jahrhunderts die Kameralistik. Vorher an den Fürstenhöfen betrieben, wird sie jetzt wegen des Ausbildungsinteresses für die Beamten durch fürstliches Gebot an den Universitäten eingeführt. Sie umfaßt die mit dem Merkantilismus zunehmend wichtiger werdende, in der herkömmlichen Politik sträflich vernachlässigte Ökonomik, die Polizeiwissenschaft, die von der inneren Verwaltung des Staates zur Beförderung der Wohlfahrt der Bürger handelt, und die Kameralistik im engeren Sinne, die sich mit dem staatlichen Finanzwesen befaßt. Mit der Verselbständigung der Polizeiwissenschaft bei Justi (*Grundsätze der Policey-Wissenschaft*, 1756) und Sonnenfels (*Grundsätze der Polizey, Handlung und Finanz*, 1765 ff.) erreicht die Kameralistik einen Höhepunkt.

Spezielle Politiken sind auch die Lehren über die Geheimnisse der Herrschaftsausübung, die Staatsräson und *arcana imperii*, die aus der Rezeption von Machiavelli und Tacitus hervorgehen. Den Geruch des Unmoralischen, den man der Machiavellischen Staatsräson als skrupelloser Technik der Machterhaltung anheftete, beseitigen die deutschen Autoren (Arnold Clapmar: *De arcanis rerum publicarum*, 1605, Christoph Besold: *De arcanis rerum publicarum*, 1614, Hippolithus a Lapide: *Dissertatio de ratione status in imperio nostro Romano-Germanico*, 1640; auch Obrechts *Secreta Politica* kann man hier einordnen, auch Conring hat sich mit der Staatsräson Machiavellis auseinandergesetzt), indem sie Staatsräson mit den Begriffen des Nutzens für den Staat und der Sorge für das Gemeinwohl verbinden und damit an den fürstlichen Wohlfahrtsstaat akkommodieren. Die Verquickung der Staatsräson mit den *arcana imperii* konnte nur in der Zeit der Geheimen Räte gedeihen, mit zunehmender Rationalität des Regierens und Verwaltens wurde diese Literaturgattung bald obsolet; es blieb die Beschäftigung mit der Staatsräson.

Auch die Reichspublizistik gehört nach dem Verständnis der Zeit zu den speziellen Politiken, nicht eigentlich zur Rechtswissenschaft. Sie ist nach Conring und Besold nichts anderes als eine Art von Juristen verwaltete Staatskunde des deutschen Reichs mit thematischer Beschränkung auf Recht und Verfassung; die Jurisprudenz ist deshalb der Lehre von der Politik untergeordnet. In dieser Gattung kann man die Behandlung der Reichsverfassung als Ganzes und hier besonders der Souveränitätszuordnung von den Schriften über einzelne Reichsinstitutionen, davon zahlenmäßig die meisten über den Reichstag, unterscheiden.

Zu den speziellen Politiken sind schließlich die politischen Klugheitslehren zu zählen, etwa Lauterbecks *Vom Hofleben* (1614), Löhneysens *Aulo-Politica* (1622), die Romane von Christian Weise (*Politischer Näscher*, 1676) und diverse Schriften von Christian Thomasius (*Vorlesung über Gracian und die Nachahmung der Franzosen*, 1687, *Kurzer Entwurf der politischen Klugheit*, 1705). Durch die Vielfalt der Fürstenhöfe und ihre Ausweitung lockert sich der ursprüngliche Zusammenhang von Herrscherklugheit, *civilis prudentia* und Klugheit des Hofmanns. Es wird ab der Mitte des 17. Jahrhunderts eine eigene Lehre für das kluge und ehrenwerte Verhalten des Adels, später bei Weise und Thomasius auch des Bürgers für nötig gehalten, was durchaus im Zusammenhang mit der Reglementierungslust des Wohlfahrtsstaates (Kleiderordnung, Gesundheits-, Hochzeitsordnung, Bildungs-, Luxuspolizei) zu sehen ist. Gefördert werden diese Lehren durch die Gracián-Rezeption in der 2. Hälfte des 17. Jahrhunderts.

Aus diesem Spektrum politischer Ideen sollen im folgenden genauer mit Althusius und Conring zwei bedeutende, aber nicht typische Vertreter des Spätaristotelismus, mit Pufendorf, Thomasius und Wolff die Vertreter des rationalen Naturrechts, Leibniz als Beispiel des christlichen Naturrechts und mit der Reichspublizistik ein Beispiel aus den speziellen Politiken behandelt werden.

2. Der Spätaristotelismus

Johannes Althusius

Wenn *Johannes Althusius* (1557–1638) betont, daß der Mensch von Natur auf das Leben in der Gemeinschaft angewiesen ist, daß das Ziel des Menschen nicht das bloße, sondern das gute Leben ist, das nur in der politischen Gemeinschaft verwirklicht wird, wenn er im Staat die Vollendung der menschlichen Gemeinschaftsformen erblickt, wenn die Lehre von der Politik im Zentrum seiner wissenschaftlichen Bemühungen steht und er sie ganz selbstverständlich als Teil der praktischen Philosophie ansieht, ist das gut aristotelisch gedacht; insofern kann man Althusius mit dem Spätaristotelismus in Verbindung bringen. Doch der calvinistische Lebensraum, in dem er zeitlebens zu Hause war, bringt die Überlagerung des Aristotelismus durch andere Ideen mit sich. Die unmittelbare Abhängigkeit der politischen Ordnung von der Prädestination und Gerechtigkeit Gottes im Calvinismus ließ ja den Aristotelismus viel weniger zur Geltung kommen als etwa im Luthertum, wo der Staat als Notordnung nach dem Sündenfall unabhängiger von der Theologie begründet werden konnte (Zwei-Reiche-Lehre).

Für Althusius, geboren in Diedenshausen, einem Dorf im Herrschaftsgebiet der reformierten Grafen von Wittgenstein-Berleburg im westfälischen Kreis, war das Studium an der reformierten Hochschule in Basel naheliegend. Hier wurde das calvinistische, monarchomachische und ramistische Gedankengut grundgelegt, das Althusius' Werk und Wirken bestimmen sollte. Nach der Promotion zum Doktor der Rechte (1586) wurde er an die eben (1584) gegründete gräflich Nassau-Dillenburgische Hochschule in Herborn, damals die einzige calvinistische deutsche Universität, berufen, wo er 1587–1604 als Rechtsprofessor lehrte und daneben in der Gerichtspraxis und in der gräflichen Kanzlei in Dillenburg wirkte. Danach diente er als Syndikus, Ratsherr und Mitglied des Konsistoriums der Stadt Emden, wo er, geistliche und weltliche Macht ähnlich wie Calvin in Genf miteinander verbindend, für die religiöse und politische Selbständigkeit der reformierten Gemeindeverfassung innerhalb der lutherischen, die Zentralisierung der Staatsgewalt erstrebenden Landesherrschaft der Fürsten von Ostfriesland kämpfte.

Lebensumstände und Erfahrungswelt haben entscheidend die politischen Ideen des Althusius beeinflußt, wie sie in seinem Hauptwerk *Politica methodice digesta atque exemplis sacris et profanis illustrata* (zitiert: P mit Kapitel und Abschnitt) niedergelegt sind. Die calvinistische Gottes- und Rechtslehre, mit der sich Althusius in Basel und bei seinem Aufenthalt in Genf (1586) vertraut gemacht hat, prägt die Naturrechts-, Vertrags- und Volkssouveränitätsvorstellungen. Der gerechte Gott hat in seiner absoluten Souveränität mit dem Dekalog das unveränderliche, ewige Recht gegeben, das unberührt durch den Sündenfall Ausdruck der natürlichen Billigkeit ist und sich in der von Gott gewollten Schöpfung als Naturrecht manifestiert. Ohne die Vorschriften der Zehn Gebote, die dem menschlichen Gewissen als Regel für das Handeln eingegeben sind, ist das menschliche Gemeinschaftsleben unmöglich (P, Praefatio und XXI, 41).

Einflußreicher als das Naturrechtstheorem ist die Vorstellung vom Gnadenbund Gottes mit den Menschen, die Althusius schon in seinen Studienjahren und durch die besondere Pflege der Föderaltheologie in Herborn in seiner Lehrtätigkeit geprägt hat. Der Bund Gottes mit der erwählten Gemeinde, dem erwählten Volk bildet nicht nur die religiöse Grundlage für die ursprüngliche Übereinkunft *(pactum)* der Menschen zum Gemeinschaftsleben (P I, 2), sondern auch für die Einsetzung der Obrigkeit durch einen Auftragsvertrag mit gegenseitiger Verpflichtung (P XIX, XX), weshalb man Althusius nicht als Begründer der rationalen Lehre vom Gesellschaftsvertrag reklamieren kann (gegen Gierke, 1880). Der Gnadenbund ist auch die Grundlage für die Volkssouveränitätslehre: Das von Gott durch seinen Bund erwählte Volk kann seine Souveränität, die Ausfluß der göttlichen ist, nicht aufgeben, woraus auch die enge Verbindung von geistlicher und weltlicher Macht im Staat des Althusius resultiert. Der Bundesgedanke hat, wichtiger noch, entscheidenden Anteil am föderalen Aufbau des Staates aus den begrenzt selbständigen niederen politischen Gemeinschaften der Gemeinde und der Provinz (P V–VIII). Calvinistisches Gedankengut amalgamiert sich hier mit der Lebenserfahrung des Althusius, die aus der bündischen und genossenschaftlichen Realität der Schweizer Stadtkantone und der niederländischen Provinzen schöpft. Die Schweiz kannte er aus eigener Anschauung in der Studienzeit, die Sympathie für die Niederlande läßt sich aus den verwandtschaftlichen Banden der nassauischen Grafen und aus den engen kulturellen und wirtschaftlichen Bindungen Emdens an die Niederlande erklären. Auch in seinem politischen Wirken hat Althusius auf föderale Vorstellungen zurückgegriffen. Dafür spricht der Versuch des Grafen Johann VI. von Nassau, den Wetterauer Grafenverein bündisch umzugestalten, der sicher von dem Herborner Professor beeinflußt wurde, und das Eintreten des Althusius für die begrenzte Selbständigkeit Emdens in der ostfriesischen Landesherrschaft.

In Verbindung mit der föderalen Idee steht auch die Rezeption monarchomachischer Vorstellungen bei Althusius, auch sie aus der Basler Studienzeit herrührend, vielleicht sogar aus der persönlichen Bekanntschaft mit Hotman gespeist, der sich damals zeitweise in Basel aufgehalten hat. Monarchomachisch ist er aber nur, soweit es um die Wahrung der Rechte der Stände und das bei den Repräsentanten des Volkes institutionalisierte Widerstandsrecht geht. Ein grundsätzlicher Gegner von Königen und Fürsten ist er nicht; denn für ihn hat (ebenso wie für Calvin) die Frage nach der besten Staatsform nur untergeordnete Bedeutung (P XXXIX). Des Althusius monarchomachische Züge sind im Zusammenhang mit seinem Wirken in den calvinistischen Gebieten des Reichs zu sehen. Nur hier konnten monarchomachische Widerstandslehren gedeihen, weil der Augsburger Religionsfriede den Reformierten die Anerkennung versagt hatte; sogar manche Fürsten wie Johann VI., der Landesherr

von Althusius, befürworteten deshalb vorsichtig solche Lehren. Föderale und monarchomachische Ideen erhoben Althusius zum Gegenspieler des absolutistisch-zentralistischen Fürstenstaats; sie begrenzten freilich auch seine Wirkung: Als dieser Staatstyp sich allgemein durchsetzte, verblaßte des Althusius Stern. Seit Mitte des 17. Jahrhunderts wird seine *Politica* nicht mehr aufgelegt.
Entscheidend für den Anspruch des Althusius, als erster die Politik systematisch-wissenschaftlich zu behandeln (der gleiche Anspruch freilich schon bei Bodin) und sie als eine Wissenschaft des Faktischen gegenüber Jurisprudenz, Ethik und Theologie abzugrenzen (P, Praefatio), ist seine Bekanntschaft mit der ramistischen Logik, die dem Studenten vermutlich vom Basler Ethikprofessor Theodor Zwinger nahegebracht wurde. Ihren Regeln entsprechend hat er eine Methodologie des juristischen Unterrichts (*Iurisprudentiae Romanae libri duo*, Basel 1586) und später ein System des Rechts als Gerechtigkeitswissenschaft (*Dicaeologicae libri 3*, Herborn 1617) entwickelt; sie beherrscht auch den Aufbau der *Politica*. Der Ramismus hat im Hauptwerk eine dreifache Funktion. Zum einen die methodisch-didaktische: Durch Definition soll ein empirischer Tatbestand erfaßt und mit einem Begriff belegt werden; die fortlaufende dichotomische Untergliederung des Erkannten dient dann dazu, die Fülle des Erkenntnisstoffes übersichtlich zu machen und ein erschöpfend differenziertes Bild der Wirklichkeit zu erschließen. Zum andern gelingt es Althusius dadurch, disparate ideengeschichtliche Anregungen, wie beim Naturrecht Argumente Calvins mit solchen der spanischen Spätscholastik oder bei der Vertragslehre die Idee des Gnadenbundes mit Rückgriffen auf die konziliare Theorie, zu einem eigenständigen, schwer aufbrechbaren System zusammenzufügen. Schließlich gibt das Verfahren der rationalen Deduktion trotz der theologischen Implikationen seiner Politik den säkularen Anstrich, um den Anspruch einzulösen, sie als eigenständige Wissenschaft gegenüber der Theologie zu etablieren.
Gemäß dem methodischen Programm beginnt das Hauptwerk des Althusius mit der Definition der Lehre von der Politik: »Politik ist die Kunst, die die Menschen zur Errichtung, Pflege und Bewahrung ihres Gemeinschaftslebens zusammenführt, d.h. die Kunst des Zusammenlebens (symbiotikē)« (P I, 1). Das Zusammenleben der Menschen *(consociatio)* wird dann als Gegenstand der Politik bezeichnet. Es entsteht aus der Verpflichtung, »durch ausdrückliche oder stillschweigende Übereinkunft *(pactum)*« sich gegenseitig die Teilhabe des zum gemeinsamen Leben Notwendigen und Nützlichen zu gewähren (P I, 2). Ziel des Zusammenlebens ist das der göttlichen Bestimmung entsprechende gerechte, angenehme und glückselige Leben (*sancta, justa, commoda et felix symbiosis et vita*, P I, 3). Die Notwendigkeit des Zusammenlebens ergibt sich aus der Schöpfungstatsache der Unvollkommenheit und Bedürftigkeit des Menschen.
Nach den das Zusammenleben konstituierenden Dingen (Güter, Dienstleistungen, Recht, Unterscheidung von Obrigkeit und Untertanen, P I, 8–11) behandelt Althusius die verschiedenen Gemeinschaftsformen (private: Ehe, Familie, Verwandtschaft; öffentliche: Gemeinde, Provinz, P II–VIII), aus denen sich schließlich der Staat als die umfassendste politische Lebensgemeinschaft *(consociatio publica universalis maior)* in einer föderalen Struktur zusammensetzt und

die deshalb im Rahmen des Ganzen ihr jeweiliges Eigenrecht behalten. Und so bilden die Städte, Provinzen und Landschaften, die sich im Staat geeint haben, nicht die einzelnen Menschen, das Volk des Staates (P IX, 3, 5).
Den Staat im Gegensatz zu allen anderen Gemeinschaften zeichnet die Souveränität *(jus majestatis)* aus, die die Befehlsgewalt *(potestas imperandi)*, die höchste Rechtsprechung *(suprema jurisdictio)* und die Gesetzgebung beinhaltet. Die Souveränität verbleibt im Gegensatz zu Bodin beim Volk, auch wenn einzelne Souveränitätsrechte (aber nicht die Gesetzgebung) delegiert und auf verschiedene Ämter verteilt werden können, und sie ist Gott und dem Naturrecht unterworfen (P IX, 15–21). Zur Verwaltung des Staates, die aus der Delegation von Souveränitätsrechten fließt, sind zwei Organe eingesetzt: die Ephoren, unter denen man sich Stände vorstellen muß, im Reich etwa die Kurfürsten, welche die doppelte Rolle spielen, Teil der Obrigkeit zu sein und als Kollegium das Gesamtvolk zu repräsentieren, sowie der Herrscher *(summus magistratus)*. Beide zusammen – Herrscher und Repräsentantenversammlung – repräsentieren den gesamten Organismus des Staates. Das heißt, politische Entscheidungen werden vom Herrscher im Zusammenwirken mit den Ephoren gefällt. Der Herrscher als personale Spitze agiert dabei als Vertreter des zentralistischen Prinzips, die Ephoren handeln als Vertreter des föderalen Prinzips. Der Herrscher steht für die Idee des *regnum*, die Ephoren verkörpern den *populus in corpus unum*. Beide zusammen aber repräsentieren erst den Staat, der Herrscher die Einheit des Staates, die Ephoren die Glieder. »Die Ephoren sind Obrigkeiten, denen vom Volk die Aufgabe gestellt ist, in seinem Namen die Rechte des politischen Ganzen gegenüber dem Herrscher zu vertreten, sei es mit Rat oder durch die Tat. Sie wachen darüber, daß beim Anordnen, Verbieten und Strafen, vor allem aber in allen den Staat gefährdenden Angelegenheiten kein Amtsträger die Grenzen seiner öffentlichen Stellung überschreitet. Sie wachen besonders darüber, daß der Inhaber der höchsten Gewalt nicht durch private Neigungen und Abneigungen, durch Tun oder Unterlassen dem politischen Ganzen Schaden zufügt« (P XVIII, 48). Ihre erste Pflicht ist es, im Namen des Volkes den Herrscher zu wählen. Die zweite, innerhalb der Grenzen ihrer Amtsbefugnis als Hüter und Verteidiger der Freiheit des Volkes und jener Rechte, die es dem Inhaber der höchsten Gewalt nicht übertragen, vielmehr sich selbst vorbehalten hat, zu wirken. Die dritte Pflicht ist bei Untauglichkeit des Herrschers das Interregnum bis zur Wahl eines neuen Herrschers. Die vierte Pflicht verlangt, daß sie einen zum Tyrannen entarteten Inhaber der höchsten Gewalt absetzen, sie haben also ein aktives Widerstandsrecht. Die fünfte Pflicht gebietet, den Herrscher zu verteidigen und seine Rechte zu schützen (P XVIII, 63–89).

Hermann Conring

Ist der Aristotelismus bei den Gelehrten in calvinistischen Territorien auf die Rolle eines tradierten humanistischen Bildungsguts beschränkt geblieben, so erlangt er im lutherischen Bereich grundlegende Bedeutung für die Lehre von der Politik. Aristoteles verkörpert hier die Weltweisheit des Christenmenschen, er begründet die Verpflichtung gegenüber der Obrigkeit, die deutlich getrennt ist von der Verpflichtung gegenüber Gott im persönlichen Glauben. *Hermann*

Conring (1606–81) ist gerade im Unterschied zu Althusius dafür ein treffliches Beispiel. Dies und die Differenz der lutherischen gegenüber der calvinistischen Politikerfahrung – hier die Eigenständigkeit des weltlichen Bereichs gegenüber dem Reich der Gnade, dort die Verknüpfung von geistlicher und weltlicher Gewalt, hier die den Christenmenschen in Zucht haltende absolutistische Obrigkeit, dort das föderal-republikanische Gemeinwesen – läßt sich bereits an Conrings Biographie aufweisen. Ja, die Geschichte hat es gefügt, daß im Konflikt der Stadt Emden mit dem ostfriesischen Fürstenhaus die Positionen von Althusius und Conring – er war seit 1649 für einige Jahre Ratgeber der ostfriesischen Fürsten – unmittelbar aufeinanderprallten.

Conring, geboren in einem lutherischen Pastorenhaus im ostfriesischen Norden, studiert 1620–25 in Helmstedt, der Hochburg des Aristotelismus in Deutschland. Im Haus des Professors für aristotelische Philosophie und Rhetorik Cornelius Martini wird das Interesse für Aristoteles grundgelegt, das zeitlebens nicht erlischt. Während des Studienaufenthalts im niederländischen Leiden (1625 bis 31) schreibt er unter dem Eindruck der Interpretation der aristotelischen Politik durch Daniel Heinsius die frühe *Disputatio de morali prudentia* (1629). Seine Antrittsvorlesung als Professor der Naturphilosophie und Rhetorik in Helmstedt (1632) ist *Aristotelis laudatio.* 1656 erscheint seine bedeutende Ausgabe und Kommentierung der aristotelischen Politik *(Commentarii in Politicorum opus Aristotelis).* In seiner *De civili prudentia liber unus* (1662) grenzt er in aristotelischem Sinne die Aufgabe der Politik sowohl gegenüber der Jurisprudenz, die sich in positivistisch verstandener Gesetzeskenntnis und -anwendung erschöpft, als auch gegenüber Machiavellis Staatsräsonlehre ab, die das politische Handeln dem Machtinteresse des jeweiligen Herrschers ausliefert. Jenseits von positivem Recht und purer Machtpolitik bindet er verantwortliches politisches Handeln an den Staatszweck, das Glück der im Staat vereinigten Menschen zu befördern. Auch als Conring nach seiner Promotion zum Doktor der Philosophie und Medizin (1636) in der Helmstedter medizinischen Fakultät die »Professio physiologica« übernimmt (1637 bis zu seinem Tod), beschäftigt er sich weiter mit der aristotelischen Politik. In Anerkennung dieser Verdienste wird ihm 1650 zusätzlich die Politikprofessur übertragen. In den Annalen der Universität steht, Conring solle »textum Politicorum Aristotelis dextre et perspicue expliziren, auff die exempla variarum rerum publicarum accomodiren«. Davon zeugen eine Fülle von Dissertationen und Abhandlungen über Begriffe und Teilbereiche der Politik (über den Staat, die verschiedenen Staatsformen, den Wandel der Staaten, den Bürger, einzelne Staatstätigkeiten und die Souveränität), die aus der Lehrtätigkeit und den Disputationen mit Studenten hervorgegangen sind. Sie gehen meist von aristotelischen Definitionen aus und sind von aristotelischem Geist erfüllt.

Auch die Weckung des historischen Sinns bei Conring, der ihn zur historisch-empirischen Grundlegung der Politik in der Staatenkunde, zur Beschäftigung mit dem deutschen Recht und der Reichsverfassung, aber auch zur Urkundenkritik (in der Untersuchung über die Rechtsstellung des Klosters Lindau, 1672) führt, läßt sich ansatzweise in seiner Vita verfolgen. Erste Anregungen wird er von dem Gräzisten und Historiker Rudolf Diepholt, nach Martini sein zweiter Mentor in der Helmstedter Studienzeit, erhalten haben. Auch von Jacobus Lampadius, dem Helmstedter Politikprofessor und braunschweigischen Rat, wird er Anregungen zu rechtshistorischen Studien bekommen haben. Die Weltoffenheit für die Erscheinungen der Staatenwelt, die Unbefangenheit gegenüber der deutschen Geschichte hat er aber nicht in der Helmstedter Gelehrtenstube, sondern in der liberalen Atmosphäre während seines Studienaufenthaltes in Leiden erworben. Der dortige Humanistenkreis, anregend wirkten die historischen Arbeiten des Daniel Heinsius und die Tacitus-Studien des Lipsius, eröffnet seinen Sinn für das Wirken geschichtlicher Kräfte ebenso wie die neue Erfahrung der republikanischen niederländischen Staaten.

Der niederländische Studienaufenthalt konnte aber an einem weiteren Grundzug von Conrings Lebenserfahrung: der lebenslangen Verwurzelung im lutherischen Glauben und Fürstenstaat, nichts ändern. In Leiden erlebt er zwar den Calvinismus, aber selbst die liberale und tolerante Form des Arminianismus, in der er ihn kennenlernt, reduziert sich bei ihm zu einer Art erasmisch-grotianischer Vernunftreligion, die sich mit seinem lutherischen Glauben ebenso verbinden läßt wie mit seinen lutherisch-staatskirchenrechtlichen Vorstellungen, daß der Mensch seine Welt eigenständig gestaltet, wo die Offenbarung schweigt und die Kirche als eine Korporation unter anderen der staatlichen Territorialgewalt untergeordnet ist. Die Anschauung der calvinistisch-föderal-republikanischen Staatsrealität interessiert zwar den Empiriker der Staatenwelt, ändert aber nichts an seiner Vorliebe für den lutherischen Obrigkeitsstaat. So wirkt er neben seiner Helmstedter Lehrtätigkeit seit 1649 als Rat und Gutachter für verschiedene niederdeutsche und nordeuropäische Fürsten. Nicht nur sein diplomatisches Geschick und die Ablehnung der Politik der habsburgischen Kaiser (überhaupt hielt er die Reichsidee nicht mehr für zeitgemäß) empfahlen ihn für diese Tätigkeit, mehr noch, daß er als akademischer Lehrer die allgemeinen Prinzipien der Politik auf die Klugheit des Fürsten in Regierung und Verwaltung konkretisierte (mit schöner Regelmäßigkeit hält er in Helmstedt Vorlesungen über *prudentia legislatoria*) und in Übereinstimmung mit den Interessen des fürstlichen Wohlfahrtsstaats das Staatswohl der Klugheit des Herrschers anheimgab. Freilich ist Conring zu sehr humanistischer Gelehrter, als daß er sich völlig dem Fürstendienst verschreibt, deshalb lehnt er es 1658 ab, an den schwedischen Hof überzusiedeln. Das beweist, daß damals die Unabhängigkeit und Attraktivität der Gelehrtenrepublik gegenüber der zunehmenden Anziehungskraft der Fürstenhöfe noch gegeben war, und für Conring speziell, daß er sich als Empiriker der Staatenwelt politisch nicht auf einen Staat festlegen wollte.

Conring ist ein universeller Gelehrter: Über den medizinischen Forscher und praktizierenden Arzt, den Naturphilosophen ist die Zeit hinweggegangen; seine Beiträge zur Politik, zur Geschichte, zur deutschen Rechtsgeschichte und zur Staatenkunde werden aber noch heute beachtet. So gilt er als Begründer der deutschen Rechtsgeschichte und der älteren Statistik, als Förderer der Urkundenkritik und des geschichtlichen Denkens in Deutschland. Die uns heute unvorstellbare Vielseitigkeit fordert aber auch ihren Preis. Conring ist kein gründlicher, genauer Arbeiter, vieles bleibt Gelegenheitsschrift, in keinem seiner Forschungsgebiete hat sich ein Hauptwerk herauskristallisiert. Die Fülle seiner Lehren auszubreiten ist weder lohnend noch hier angebracht. Zur Charakterisierung des Politikprofessors Conring sollen hier sein Beitrag zum Wissenschaftsverständnis der Lehre von der Politik und die Skizzierung seiner grundlegenden politischen Lehren genügen.

Politik handelt nach Conrings methodologischem Programm in *De civili prudentia* wie jede Wissenschaft *(scientia)* nicht von einem konkreten Lebenssachverhalt, sondern vom Allgemeinen, nicht von einzelnen Staaten, sondern von dem, was allen Staaten gemeinsam ist, vom Typus Staat; insofern ist sie architektonisch. Das allen Staaten Gemeinsame wird bei Conring nicht wie bei Aristoteles unmittelbar aus dem Ziel des Staates, den Menschen zu seiner Vollendung, Glückseligkeit zu bringen, also aus der philosophischen Ethik abgeleitet. Vielmehr sollen das Gemeinsame, die Grundprinzipien des Staates aus der Kenntnis *(peritia, notitia)* der Vielfalt der Staaten und Gesetze gewonnen werden. Jurisprudenz (eigentlich: *iuris peritia*) und Staatenkunde *(notitia rerum publicarum)* sind für Conring keine Wissenschaften (weil vom Besonderen, nicht Allgemeinen handelnd), sondern historisch-empirische Grundlegung für die Wissenschaft von der Politik. Allgemeine Erkenntnis aus der Besonderheit der Staaten wird durch die Schlußfolgerungen der menschlichen Vernunft erzielt; das genügt aber noch nicht, denn das Allgemeine entsteht nicht allein aus der Übereinstimmung aller Staaten, sondern aus dem für jeden Staat Notwendigen. Das Notwendige ist aber der Zweck der Staaten: die Beförderung des Gemeinwohls, das wiederum am Ziel der Glückseligkeit der Menschen orientiert ist. Damit kommt Conring durch die empirische Grundlegung der Politik hindurch wieder auf Aristoteles zurück. *scientia politica* entfaltet sich also im Dreischritt *peritia – ratiocinatio – finis reipublicae.* Doch die Aufgabe der Politik bei Conring ist nicht nur *scientia*, die allgemeinen Prinzipien des Staates entsprechend dem Staatsziel zu finden, sondern auch *prudentia*, vom Staatszweck her Beurteilungskriterien zu erlangen, wie die Prinzipien des Staates so einem singulären Staat in einer besonderen Situation angepaßt werden können, daß verantwortliches politisches Handeln in Gesetzesanwendung, Regierung und Verwaltung möglich wird. So entstehen mit *juris prudentia*, *prudentia legislatoria* und *prudentia administrativa* spezielle Politiken, die die allgemeinen Prinzipien des Staates verwertbar machen für die praktische Politik. Die Abgrenzung gegenüber machiavellistischer Staatsräson, der puren Machtpolitik, die keinen Maßstab außerhalb sich selbst, nur die innere Folgerichtigkeit der Machterhaltung kennt, wird hier ganz deutlich. Aber auch die Staatenkunde ist nicht nur Kenntnis *(peritia)*, sondern auch *prudentia*, eine spezielle Politik; denn nur das Wissen um den Staatszweck und die Grundprinzipien des Staates lassen erst ein Urteil über die geschichtliche Wirklichkeit zu. Conrings Empirismus darf man deshalb nicht historistisch mißverstehen.

Von daher ist verständlich, daß Conring die Grundprinzipien des Staates schon im Hinblick auf ihre Anwendung, auf das verantwortliche politische Handeln konzipiert. Das läßt sich schon am Staatsbegriff aufweisen. Der Staat ist *corpus civilis societatis*, der Körper der Gesellschaft der Bürger, und dieser wiederum die gegenseitige Verbindung einer Menschenmenge zum Zwecke der bürgerlichen, d. h. guten Lebensführung (»multitudo hominum inter se consociata, vitae civiliter vel bene agendi gratia«, *Examen rerumpublicarum potiorum totius orbis*, Prooemium). Hier scheint schon die Sorge um die bürgerliche Wohlfahrt auf, die dem Herrscher aufgegeben ist. Noch deutlicher wird das beim

Begriff der Souveränität *(maiestas)*. Conring, der sich als politischer Denker nicht um die realen Probleme der Reichsverfassung kümmern mußte, hat sich zu den weitreichenden Folgen des Bodinschen Souveränitätsbegriffs bekannt. Die historische Erfahrung lehrt ihn, daß die Natur des Menschen den einen zum Herrschen befähigt und den anderen zum Gehorchen verpflichtet – ein gut aristotelischer Gedanke. Deshalb ist Conring ein entschiedener Gegner der Volkssouveränität. Die höchste Gewalt ist dem Herrscher von Gott stellvertretend für die Macht Gottes in der Welt verliehen. Die Souveränität darf aber vom Herrscher nur zum Wohle der Gemeinschaft ausgeübt werden, sie findet ihre Grenze im verantwortlichen politischen Handeln des Herrschers entsprechend dem Staatszweck. Die Souveränität ist »summa administrandi societatem civilem potestas, ad scopum propositum« (*Dissertatio de maiestate civili*, Thes. VII).

3. Die Theoretiker des Naturrechts

Das neuzeitliche rationale, methodenbewußte, systematische und säkulare Naturrecht hat zu einschneidenden Veränderungen in der Lehre der Politik und der Legitimation des Staates in Deutschland geführt. War bei den reformatorischen Staatslehren und im Aristotelismus die Politik als Lehre des menschlichen Zusammenlebens in Gemeinschaft unmittelbarer Ausfluß der göttlichen Schöpfungsordnung und Gnade und/oder der in der politischen Gemeinschaft erst zu ihrer Vollkommenheit kommenden menschlichen Natur, so leitet sich nun das menschliche Zusammenleben primär aus den natürlichen Rechten und dem Willen der Menschen zum Zusammenleben her. War der Staat bisher die natürliche und selbstverständliche Ordnung des menschlichen Zusammenlebens, so ist er nun primär eine künstliche, durch Vertrag entstehende und eine bewußte, sich vor der Vernunft legitimierende menschliche Schöpfung. Insofern die Frage nach der Entstehung von Staat und Recht statt ihrer Übereinstimmung mit der natürlichen Ordnung in den Vordergrund rückt, signalisiert das Naturrecht den endgültigen Abschied vom mittelalterlichen *Rechtsbewahrstaat* und die Legitimation des modernen *Rechtssetzungsstaats*.

Samuel Pufendorf

Am radikalsten ist diese neue Begründung von Staat und Politik von Hobbes formuliert worden. Deshalb kann es nicht verwundern, daß *Samuel Pufendorf* (1632–1694) das neuzeitliche Naturrecht in Deutschland in Auseinandersetzung mit den Lehren des Thomas Hobbes etabliert. Hobbes' kausalgesetzliche Ableitung des Naturrechts aus den menschlichen Affekten und Leidenschaften hat jedoch die Aporie zutage befördert, daß das Sein der menschlichen Natur zugleich Sollen, Norm für menschliches Handeln ist, kausale Notwendigkeit mit moralischer und rechtlicher Verbindlichkeit vermengt wird und deshalb Naturrecht entweder im Naturzustand kein Recht ist oder im Staat im positiven Recht aufgeht. Pufendorf gelingt es, diese Schwäche der Hobbes-Argumentation zu vermeiden, indem er wichtige Erkenntnisse des traditionellen teleologischen

Naturrechts (er stützt sich hier vor allem auf Grotius) in das rationale Naturrecht einbringt, nämlich die Zielorientierung und damit Moralität menschlicher Natur und die Zweckbindung des Staates an das gute Leben, die Vollendung menschlicher Natur. Zugleich wird er aber auch Hobbes' methodischen Ansprüchen und individualistischen Prämissen gerecht, alle Rechtsverhältnisse und menschliche Gemeinschaften auf die letzten Ursachen zurückzuführen und sie daraus wieder methodisch stringent und systematisch abzuleiten sowie durch Vertrag Recht und Gemeinschaft auf den Willen der Individuen zu gründen. Deshalb wird Pufendorf als der größte Naturrechtslehrer angesehen (Ilting, S. 287).

Die Neuheit seines Naturrechts mußte Pufendorf in Konflikt mit den traditionellen Universitäten und in die Nähe der absolutistischen Fürstenhöfe bringen. Er bleibt freilich Gelehrter und liefert sich nicht dem Fürstendienst aus. Das ist eine der Grundlinien seiner Biographie (Denzer, 1983). Pufendorf wurde als Sohn eines lutherischen Pastors im sächsischen Dorfchemnitz geboren. In der reformatorisch-humanistischen Fürstenschule zu Grimma hat er die Aufstiegschance für Bürgerliche durch Bildung wahrgenommen (1645–50). Das Studium in Leipzig (1650–55) vergällten ihm lutherische Orthodoxie und verkrusteter Aristotelismus, im liberaleren Jena (1656–58) entdeckt er, angeregt von seinem Lehrer, dem Cartesianer Erhard Weigel, und seinem Bruder Esaias, das Naturrecht als seine Lebensaufgabe. Die Gefangenschaft, in die er als Hauslehrer des schwedischen Gesandten Coyet in Kopenhagen 1658 geriet, verschafft ihm die Muße, sein naturrechtliches Erstlingswerk *Elementorum Jurisprudentiae Universalis libri 2* (Den Haag 1660) zu schreiben, das er während eines Studienaufenthalts in Holland (1659–61) drucken läßt. Pufendorf versucht darin, das Begriffsgebäude des Naturrechts rein deduktiv abzuleiten. Aus der Willensfreiheit des Menschen moralische Handlungen folgernd, gliedert er diese in ihren Gegenstand, ihre Prinzipien, ihre Beschaffenheit und Wirkung und kommt so zu den für das Naturrecht wichtigen Begriffen Stand, Person, Titel, Macht, Recht, Würde, Preis, Verpflichtung, Gesetz, Qualität, Quantität, Verdienst, Schmach. Er erreicht damit zwar ein definitorisches Begriffsgebäude, zerstört aber die sachlichen Bezüge, die einer Naturrechtslehre eigen sein müssen. Deshalb folgen im zweiten Buch nach den Axiomen, die nach den Prinzipien der Logik evident sind, Beobachtungen über die Natur des Menschen und das Naturrecht, die mit dem Begriffsgebäude in keinem Zusammenhang stehen. Nur aus der Erfahrung kommt er zu den eigentlichen Aussagen seines Naturrechts: über die Vernunftnatur, die Willensfreiheit, soziale Natur des Menschen; daß die Vernunft dem Menschen ein Leben in der Gemeinschaft vorschreibt und daß nur menschliche Befehlsgewalt sicher das gesellschaftliche Leben bewahren kann.

Das dem Pfälzer Kurfürsten gewidmete Buch und die Vermittlung des Sohnes von Hugo Grotius tragen Pufendorf 1661 die Berufung auf den ersten deutschen Lehrstuhl für Natur- und Völkerrecht an der Universität Heidelberg ein. Mit großem Erfolg trägt der bei den Studenten beliebte Professor seine Naturrechtslehre vor. Aber der Konfliktstoff zwischen Pufendorf und der Universität ist zu groß, als daß er sich auf Dauer wohl fühlen kann. Da steht der Protegé des Kurfürsten gegen die auf ihre Selbstverwaltung pochende Universität, der tolerante Lutheraner gegen den calvinistischen Lehrkörper; die nur das römische Recht lehrenden Juristen feinden den Mann an, der in seiner 1667 veröffentlichten Schrift *De statu imperii Germanici* neue Wege in der Behandlung des Reichsrechts geht, und torpedieren sein Streben nach der besser dotierten Verfassungsrechtsprofessur in der juristischen Fakultät. Vor allem aber ist das vernunftabgeleitete Naturrecht den Vertretern des autoritätsgebundenen Aristotelismus ein Dorn im Auge.

Enttäuscht von Neid und Mißgunst der Kollegen verläßt Pufendorf 1668 Heidelberg, um dem Ruf des Schwedenkönigs Karl XI. an die neugegründete Akademie in Lund zu folgen. Durch Pufendorf will Karl XI. der Universität Lund Glanz verleihen und so das gerade den Dänen entrissene Schonen schneller in den schwedischen Reichsverband integrieren. Als »Professor Ethices et Politices« an der philosophischen und »Primarius Professor Juris naturae et gentium« in der juristischen Fakultät ist Pufendorf der Mittelpunkt der Akademie. Der blendende Redner zieht viele Hörer an, die sonst nicht an die kleine Hochschule gekommen wären. Noch beeindruckender ist seine Schreibproduktivität. Bald erscheinen sein aus der Heidelberger und Lunder Vorlesungstätigkeit hervorgegangenes voluminöses naturrechtliches Hauptwerk *De jure naturae et gentium* (Lund 1672; zitiert: J) und sein knappes Kompendium für den Lehrgebrauch *De officio hominis et civis* (Lund 1673; zitiert: O), die ihn in kürzester Zeit in ganz Europa berühmt gemacht haben. Aber auch auf dem Höhepunkt seiner akademischen Karriere bleiben ihm die Anfeindungen durch die lutherische Orthodoxie nicht erspart. Der Theologe Josua Schwarz und der Jurist Nikolaus Beckmann werfen ihm vor, seine Naturzustandslehre widerspreche der göttlichen Offenbarung, und erwirken mit dem *Index novitatum* ein zeitweiliges Verbot der Naturrechtswerke Pufendorfs in Sachsen. Doch der intellektuell und rhetorisch überlegene Pufendorf weiß sich durch die in *Eris Scandica* (Frankfurt/M. 1686) gesammelten Streitschriften zu wehren, die ein wertvoller methodologischer, erläuternder und präzisierender Kommentar zum Naturrecht sind.

Nicht dieser Streit, sondern der kriegsbedingte Niedergang der Universität Lund ist der äußere Anlaß, daß Pufendorf sein akademisches Wirken beendet und von 1677 bis zu seinem Tod als Historiograph in Fürstendiensten wirkt, zuerst für den König von Schweden und seit 1688 für den brandenburgischen Kurfürsten. Besessen von der neuen Aufgabe entstehen in kurzer Zeit umfangreiche historische Werke: die *Einleitung zu der Historie der vornehmsten Reiche und Staaten, so itziger Zeit in Europa sich befinden* (1682), die schwedische Reichsgeschichte (*Commentariorum de rebus Sueciis libri 26 ab expeditione Gustavi Adolphi in Germaniam ad abdicationem usque Christinae*, Utrecht 1686). Zwei Jahre später sind die Geschichte der Regierung Karl Gustavs (*De rebus a Carolo Gustavo Sueciae rege gestis commentariorum libri 7*, 1696 erschienen), 1692 die Geschichte der Regierung des Großen Kurfürsten (*De rebus gestis Friderici Wilhelmi Magni Electoris Brandenburgici Commentariorum libri 19*, 1695 erschienen) vollendet. Unvollendet bleibt die Geschichte der Regierungszeit Friedrichs III. (*De rebus gestis Friderici III Electoris Brandenburgici*), unausgeführt der Plan, für den Kaiser eine Geschichte des Türkenkrieges zu schreiben. Pufendorfs Intention bei diesen Werken wie auch bei der frühen Reichsverfassungsschrift ist nicht nur eine historische, sondern auch eine politische; er fragt danach, wie die allgemeinen Zwecke des Staates in der konkreten historischen Situation, im Handeln eines bestimmten Fürsten verwirklicht werden.

Man darf Pufendorfs Übertritt in den Fürstendienst nicht als Konsequenz seiner Naturrechtslehre mißverstehen, die die natürlichen Freiheiten im Herrschaftsvertrag aufhebe und deshalb die politische Theorie des fürstlichen Absolutismus sei (Klippel, Breuer). Wohl hat Pufendorf eine Sympathie für den absolutistischen Fürstenstaat, aber sie entspringt der Vorstellung, daß der Staat gerade Freiheit und Wohlergehen der Untertanen fördert: Er schafft die Gleichheit der Bürger anstelle der Abhängigkeit von den Rechten verschiedener niederer Herrschaften, er bietet Rechtssicherheit gegenüber der Willkür der unterschiedlichen persönlichen Gerichtsbarkeiten, er befördert die wirtschaftliche Entwicklung gegenüber der Ausbeutung durch die Grundherren. Das modernliberale grundsätzliche Mißtrauen gegen die Staatsgewalt und die Furcht vor dem Mißbrauch ihrer Befugnisse ist ihm fremd. Pufendorf ist nicht deshalb in den Fürstendienst getreten, weil der angebliche Ideologe der Legitimationsbedürfnisse des aufgeklärten Verwaltungs- und Wohlfahrtsstaates dort seine angemesse Wirkstätte gesucht und gefunden habe. Seine Motive sind vielschichtig: die bessere Bezahlung; die Ruhe vor dem Gelehrtenstreit; die Einsicht, daß weder die Universität von fürstlicher Einflußnahme frei ist, noch die politischen Rücksichtnahmen am Hof die Unabhängigkeit und Vorurteilsfreiheit des Gelehrten gravierend tangieren müssen; die Nutzung der gegenüber den verkrusteten Universitäten für neue Ideen aufgeschlosseneren Höfe zur Verbreitung seiner Lehren; schließlich und vor allem die Bewährung der allgemeinen Prinzipien des Naturrechts in der konkreten Situation eines Staates, im politischen Handeln eines Fürsten. Viele Fakten sprechen dafür, daß Pufendorf auch als Fürstendiener Gelehrter geblieben ist: Der berühmte Gelehrte konnte sich nach seiner glänzenden akademischen Karriere, in der er oft den Mut des Andersdenkenden bewiesen hat, auch am Hof ein unabhängiges Urteil erlauben; er hat sich aus dem politischen Ränkespiel und dem gesellschaftlichen Leben am Hof weitgehend herausgehalten; er ist trotz des Titels eines Geheimen Rats nie diplomatisch und fast nie gutachtlich tätig geworden, und seine Geschichtsschreibung aus dem Blickwinkel des handelnden Fürsten hat er von eigenem Urteil und Lobhudelei freigehalten, an der Verwirklichung der Staatszwecke gemessen und dadurch relativiert, daß er die gleiche geschichtliche Situation aus den Intentionen verschiedener Fürsten, des Schweden und des Brandenburgers, beleuchten konnte. Pufendorf ist so ein Beispiel dafür, daß die Gelehrtenrepublik im 17. Jahrhundert ein Stück Selbständigkeit gegenüber dem Fürstenstaat bewahrt, ja durch das allgemeingültige Naturrecht gefestigt hat, auch wenn Universität mit dem Ziel der praktischen Verwertbarkeit von Wissenschaft und Fürstenstaat mit seinen Ausbildungsinteressen einander näher gerückt sind (vgl. Kühlmann).

Pufendorfs Naturrecht findet, um dem Anspruch gerecht zu werden, aus ersten Ursachen abgeleitet zu sein, seine Grundlegung im Ursprung von Moralität und moralischer Handlung (J I, 1). Er unterscheidet zu diesem Zweck die physische Natur (*entia physica*), die sich in den Kausalbeziehungen und Gesetzmäßigkeiten der Materie erschöpft, und die moralische Natur (*entia moralia*), die entsteht, indem mittels des freien Willens und der Erkenntnis der allgemeinen Norm des Naturgesetzes durch die Vernunft der physischen Natur Werte beigelegt werden (*impositio*), die die Grundlage für menschliches Handeln und die Beziehungen im Gemeinschaftsleben sind. Pufendorf gelingt damit die Unterscheidung von Sein und Sollen und die Trennung von Natur- und Moralwissenschaft nach ihrem Gegenstand (kausale Notwendigkeit des Physischen gegen Freiheit des menschlichen Handelns). Zugleich aber unterwirft er die Moralwissenschaft der naturwissenschaftlichen sicheren Erkenntnis *more geometrico*, der methodischen Gleichheit. Denn durch die Bindung des freien Willens an das Naturgesetz als Norm des Handelns entstehen aus den Willensentscheidungen notwendige Wirkungen (J I,2).

Auf der Theorie der moralischen Handlungen baut die Anthropologie auf, in der sich individualistische und soziale Züge ergänzen und gegenseitig bedingen. Die menschliche Natur ist ausgezeichnet durch die Vernunft (J I,3), das heißt: die Fähigkeit, die natürlichen und moralischen Dinge richtig zu erkennen und zu beurteilen, und durch den freien Willen (J I,4), durch den das Individuum sich für das Richtige oder Falsche, das Gute oder Schlechte entscheiden kann und die Verantwortung für sein Handeln übernimmt, weshalb ihm seine Handlungen zugerechnet werden können. Dadurch wird das Individuum zu Ursprung und Maß aller moralischen Dinge; alle zwischenmenschlichen Beziehungen und Gesellschaftsformen sind auf seine freie Entscheidung zurückzuführen. Deshalb die Fiktion des Naturzustandes (J II,2,2): Er ist das gedankliche Modell für die freie Entscheidung der Individuen zu zwischenmenschlichen Vertragsbeziehungen und gesellschaftlichen Zusammenschlüssen.

Methodisch in Analogie zur Naturwissenschaft ist die Naturzustandsfiktion zugleich die Analyse des Staates in seine Teile, um daraus die Notwendigkeit des Staates sicher ableiten zu können. »Die Erforscher des bedeutendsten moralischen Körpers ... wollen die innere Disposition des Staates ... kennenlernen und ebenso die Teile, aus denen der große Körper besteht, sorgfältig auseinanderlegen. Zur Vollkommenheit dieser Disziplin gehört es besonders, alle Gemeinschaftsformen zu transzendieren und sich im Geist die Lage und den Stand der Menschen vorzustellen, wie man sie sich außerhalb der Gesellschaft und ohne alle menschlichen Künste und Einrichtungen denken kann« (*Dissertatio De statu hominum naturali § 1*). Pufendorf spricht im Zusammenhang mit der individuellen Grundlegung seiner Naturrechtslehre von der Würde der menschlichen Person (J II,1,5). Aus ihr ergeben sich unveräußerliche natürliche Rechte der Menschen: zuerst die natürliche Freiheit, die das Individuum nur durch seine Zustimmung und nur zum Schutz des höheren Gutes der Selbsterhaltung hintanstellen kann, deshalb die Ablehnung der natürlichen Sklaverei (J III,2,8); mit enthalten in diesem Recht ist die Freiheit, sich selbst zu erhalten und seine Fähigkeiten auszubilden und zu vervollkommnen (J II,4); dann die Unverletzlichkeit der Person, wozu nicht nur der Schutz von Leben, Körper, Gliedern und Ehre, sondern auch des Eigentums zählt (J III,1); schließlich die natürliche Rechtsgleichheit (J III,2; O I,7). Mit diesen Ideen bereitet Pufendorf der Gewährung von Grund- und Menschenrechten den Weg; er zählt zu den Ahnen der amerikanischen Unabhängigkeitserklärung.

Der individualistischen Komponente menschlicher Natur gesellt Pufendorf die soziale Komponente bei. Das Individuum, auf sich allein gestellt, ist von Natur aus hilflos und bedarf zu seiner Entwicklung und Selbsterhaltung des Lebens in der Gemeinschaft; aus der *imbecillitas* folgt die *socialitas* als Grundbestimmung des Menschen (J II,1,8; O I,3,7). Die natürlichen Rechte sind deshalb kein souveräner Rechtsanspruch der Persönlichkeit, sie gelten nur in der Folge der Übernahme der Verpflichtung für das Gemeinschaftsleben. Bei der Wechselbeziehung von Recht und Pflicht ist für Pufendorf im Gegensatz zu Hobbes und später zu Thomasius und Wolff die Verpflichtung primär: Erst die Verpflichtung, dann das Recht gegenüber dem Mitmenschen folgt aus dem Naturgesetz (J III,5,1). Pufendorf entwickelt seine Naturrechtslehre deshalb nicht als eine Lehre von den unveräußerlichen Rechten des Individuums, sondern als Pflichtenlehre. Das Grundgesetz des Naturrechts ist die gegenseitige Verpflichtung zur Sozialität (J II,3,15; O I,3,9), nicht das natürliche Recht, niemandem unterworfen zu sein und mit allen Mitteln für die Selbsterhaltung zu sorgen. Dies Verhältnis von Recht und Pflicht gilt auch für die aus den absoluten Pflichten des Naturrechts durch Vertrag oder gesellschaftlichen Zusammenschluß entstandenen relativen Pflichten: Das Recht der Eigentumsgarantie ist gebunden an die Verpflichtung zum Schutz fremden Eigentums und zur Unterstützung der Armen (J II,4,10; J II,6,5–8; O I,13,1); die Rechte in der Ehe ergeben sich aus der Verpflichtung für die Erhaltung der Menschheit. Ein wesentlicher Grund für den Vorrang der Pflicht vor dem Recht bei Pufendorf ist, daß die natürlichen Rechte nur die Grundausstattung menschlicher Natur sind und die menschliche Natur sich desto stärker entfaltet und vervollkommnet, je mehr die Menschen sich durch Verträge binden und in immer größeren Gemeinschaften zusammenschließen. Erst in zunehmenden Verpflichtungen für das Sozialleben aktualisieren sich die natürlichen Rechte, werden zu sicherem Recht.

Durch die Verbindung von natürlichen Rechten mit der Verpflichtung zur Sozialität werden der Vertrag und die Vertragstreue zur Zentralfigur der Naturrechtslehre (J III,4). Einerseits erfordert die natürliche Freiheit und Gleichheit der Menschen, daß Abhängigkeits- und Unterordnungsverhältnisse nur mit Zustimmung der Beteiligten, also durch Vertrag, zustande kommen können. Andererseits folgt aus der Verpflichtung zur Sozialität, daß Verträge geschlossen werden müssen, weil nur so Gemeinschaft und Friede erhalten werden können. Vertrag und Verpflichtung zur Vertragstreue sind so das Gelenk, über das sich die absoluten Vorschriften des Naturrechts: die Verpflichtung zur Sozialität, die Unverletzlichkeit des Mitmenschen und die Rechtsgleichheit, ausfalten in die relativen (»hypothetischen«) Vorschriften, die den Erwerb von Eigentum, die Vererbung, die schuldrechtlichen Verträge, die Rechtsverhältnisse in Ehe, Familie, Hausgemeinschaft und Staat betreffen. Die Vertragstheorie macht Pufendorfs Naturrechtslehre zum System der Rechte und Pflichten im Sachenrecht, Erbrecht, Schuldrecht, Familienrecht und Staatsrecht.

Sache und Begriff des Systems hat Pufendorf schon früh klar erkannt, wie aus dem wichtigen Brief von 1663 an Boineburg hervorgeht. Hier unterscheidet er zwei Teile des Naturrechts: das *fundamentum*, das die Gesetzmäßigkeit des sozialen Handelns und die dafür notwendigen Begriffe und Unterscheidungen zum Gegenstand hat; daraus ist dann der zweite Teil abzuleiten: *systema*, in dem aus den Fundamenten die *specialia juris capita*, die Vorschriften für die besonderen Rechtsverhältnisse, entwickelt werden. Die Entwicklung des Naturrechts als System ist nach Pufendorfs Worten ein entscheidender Schritt über die bisherigen Naturrechtslehren hinaus. Es ist bekannt, daß die Entwicklung des Rechtssystems und die Unterscheidung von allgemeinem und besonderem Teil die Rechtskodifikation bis hin zum Bürgerlichen Gesetzbuch bestimmt hat.

Auch bei der Vertragstheorie und den daraus entwickelten Rechtsverhältnissen ist die Verbindung von Pflicht und Recht charakteristisch; sie ist später in die Naturrechtsbücher, insbesondere ins Allgemeine Landrecht, eingegangen. Daß es sich bei Pufendorf um keine individualistische Vertragstheorie handelt, läßt sich an einigen Bedingungen für die Gültigkeit von Verträgen verdeutlichen: Verträge sind nicht bloß Willensakte der beteiligten Personen, sie können vielmehr aus der Natur der Sache und aus der sozialen Verpflichtung auch gegen den Willen der Vertragschließenden weitergelten. Die Gültigkeit der Verträge hängt davon ab, daß die Vertragspartner die daraus entstehenden Verpflichtungen anerkennen. Verträge, die gegen die Verpflichtung zum Sozialleben verstoßen, sind ungültig. Besonders einleuchtende Beispiele für diese Verknüpfung von Recht und sozialer Verpflichtung sind, daß die Ehescheidung nicht allein dem Willen der Ehepartner überlassen ist (J VI,1,20–22), daß die Bürger nur im äußersten Notfall den Herrschaftsvertrag aufkündigen sollen und daß der Herrscher an die Erfüllung des Staatszwecks, der sich letztlich auf die Verpflichtung zur Sozialität zurückführen läßt, gebunden ist.

Natürliche Rechte und Verpflichtung zur Sozialität charakterisieren auch Pufendorfs Vorstellung vom Naturzustand (J II,2; O II,1). Er ist nicht wie bei Hobbes ein Zustand, in dem alle ein natürliches Recht auf alles haben, jeder das tun darf, was er zu seiner Selbsterhaltung für erforderlich hält, und der deshalb zwangsläufig zum Krieg aller gegen alle führt. Wohl ist der Naturzustand elend, wenn man ihn als solchen betrachtet, da der Mensch ohne die Hilfe anderer Menschen auskommen muß. Wohl ist er ein unsicherer Zustand, weil die Fähigkeit des Menschen, anderen zu schaden, oft die Einsicht der Vernunft überspielt, daß die Selbsterhaltung am besten durch das friedliche Miteinander gewährleistet ist. Der Naturzustand ist aber auch ein Zustand, in dem die Menschen aus der naturgesetzlichen Verpflichtung zur Sozialität und durch gegenseitige Verpflichtungen und Verträge auch ohne staatliche Herrschaft in Frieden miteinander leben können.

Verpflichtung zur Sozialität und natürliche Rechte sind auch die beiden Prinzipien, auf denen der Staat aufbaut. Als vollkommenste und umfassendste Form menschlicher Gemeinschaftsbildung ist der Staat in besonderem Maße vom Naturrecht gefordert; in ihm vervollkommnet sich die menschliche Natur, in ihm wird das Naturrecht zum vollkommen geltenden und erzwingbaren Recht (J VII,1). Aber wegen der natürlichen Rechte des Menschen kann der Staat nur durch Vertrag entstehen (J VIII,2) – deshalb die Fiktion des Naturzustandes: Mit ihr kann der Staat als aus der freien Entscheidung und Zustimmung der Individuen entstanden gedacht werden und muß nicht als organische Entwicklung aus vorstaatlichen Gemeinschaften begriffen werden. Der Staat ist somit zugleich die natürlichste und künstlichste Gemeinschaftsform. Er hat eine doppelte Legitimität. Mit der Legitimierung durch die Verpflichtung zur Sozialität und durch das Streben der menschlichen Natur nach Vollkommenheit stützt sich Pufendorf auf die aristotelisch-thomistische Tradition, mit der Legitimierung durch die Zustimmung der Individuen steht er auf dem Boden des neuzeitlichen Individualismus.

Pufendorf nimmt die Legitimierung des Staates durch Vertrag ernster als Hobbes. Bei Hobbes können die Individuen nur den Staat schlechthin wollen, sie haben keine Alternative. Durch das Zusammenfallen von Gesellschafts- und Unterwerfungsvertrag ist das Volk als *societas* nie ein Rechtssubjekt geworden, das Rechte gegenüber dem Herrscher geltend machen könnte; das Volk stirbt im Vertragsschluß, die natürlichen Rechte werden durch Souveränität und unbeschränkte Herrschaft absorbiert. Für Pufendorf dagegen sind die natürlichen Rechte ein so wesentlicher Bestandteil menschlicher Natur, daß sie nie völlig aufgegeben werden können (J VII,2,5 + 11/12); und er sieht die Vertragsfreiheit nur gewährleistet, wenn die Individuen die Alternative haben, nicht nur den Staat schlechthin, sondern einen bestimmten Staat zu wollen. Beides wird durch die Konstruktion der Staatsgründungsverträge ermöglicht (J VII,2,7–8; O II,6,7–9). Die Trennung des *Gesellschaftsvertrags* vom *Unterwerfungsvertrag* hat den Sinn, daß sich das Volk im Gesellschaftsvertrag als Rechtssubjekt konstituiert, das dem Herrscher unter vertraglich ausgehandelten Bedingungen nur die Rechte abtritt, die zur Erfüllung des Staatszwecks notwendig sind. Dadurch bleiben Rechte und Pflichten gegenseitig: Der Verpflichtung der Bürger zum Gehorsam entspricht die Verpflichtung des Herrschers, für das Gemeinwohl und die allgemeine Sicherheit zu sorgen (J VII,2,11–13). Und da das Volk als Rechtssubjekt bestehen bleibt, kann es prinzipiell die übertragenen Rechte wieder zurückfordern, wenn der Herrscher seine Verpflichtungen nicht erfüllt. Für das Volk ist freilich die Feststellung der Vertragsverletzung schwierig; denn der Unterwerfungsvertrag ist ein unvollkommener gegenseitiger Vertrag, der Herrscher erhält durch die Übertragung der Souveränität eine höhere Qualität und damit auch die Entscheidung darüber, was dem Staatszweck dient.

Die Vertragsfreiheit der Individuen ist bei Pufendorf dadurch gewährleistet, daß zwischen Gesellschafts- und Herrschaftsvertrag das Volk durch seinen Beschluß zwischen Monarchie, Aristokratie und Demokratie wählt; dies ist freilich in anderer Form auch bei Hobbes möglich. Der entscheidende Unterschied liegt in der Trennung der Staatsgründungsverträge, wodurch der Bürger die Wahl hat, dem erkorenen Herrscher die *unbeschränkte* oder die *beschränkte* Herrschaft zu übertragen (J VII,6,7,9–10). Unbeschränkte Herrschaft heißt, daß das Volk dem Herrscher nur unter der allgemeinen Bedingung der Bindung an Naturrecht und Staatszweck die Souveränität überträgt, ohne Verfahren für den Fall der Verletzung der Herrscherverpflichtung festzulegen. In diesem Fall bindet die Verpflichtung nur das Gewissen des Herrschers; denn er allein entscheidet nach den Grundsätzen der Staatsräson, was dem Gemeinwohl dient. Ein Widerstandsrecht gibt es nicht, nur die Möglichkeit des faktischen Widerstands durch Auswanderung. Beschränkte Herrschaft bedeutet, daß der Herrscher durch ein Staatsgrundgesetz in bestimmte Art und Mittel der Herrschaftsausübung einwilligt und Organe, wie Volksrat, Senat oder Stände, akzeptiert, an deren Zustimmung er in bestimmten Fragen gebunden ist, weshalb diese Organe Verstöße gegen die Herrschaftsbeschränkung feststellen können. Hier tritt neben die ethische die vertragliche Verpflichtung des Herrschers; das Widerstandsrecht kann durch die vorgesehenen Organe ausgeübt werden. Freilich bleibt auch hier dem Herrscher ein Ermessensspielraum durch die Berufung auf die Staatsräson. Pufendorf legt mit diesen beiden Alternativen die Grundlage für den aufgeklärten Absolutismus wie für den konstitutionellen Staat.

Mit seiner Staatsentstehungstheorie hat Pufendorf noch zwei andere zukunftsweisende Entwicklungen eingeleitet. Mit dem Vertragsgedanken verwirft er die Legitimation des Staates durch das Gottesgnadentum. Das Gottesgnadentum würde nach Pufendorf vertragliche Herrschaftsbeschränkungen und nichtmonarchische Staatsformen ausschließen; für solch einseitige Option könne man aber den Namen Gottes nicht mißbrauchen (J VII,3,3). Der Staat wird also zur säkularen Anstalt. Ferner folgt aus dem Nacheinander des Staatsformbeschlusses und des Unterwerfungsvertrags, daß Staat und Person des Herrschers nicht mehr identisch sind (J VII,2,14 ff.). Das Selbstverständnis des Herrschers als Diener des Staates und die Hegelsche Vorstellung des Staates als sittliche Idee werden dadurch vorbereitet.

Die Begrenzung des Staatszwecks auf das Gemeinwohl und die allgemeine Sicherheit und die Idee von unveräußerlichen natürlichen Rechten des Menschen bestimmen auch Pufendorfs Vorstellungen vom Verhältnis des Staates zu Kirche und Religion, die er kursorisch in seinen naturrechtlichen Hauptwerken, ausführlicher in seinen späten staatskirchenrechtlichen Schriften *De habitu christianae religionis ad vitam civilem* (1697) und *Jus feciale Divinum* (1695) entwickelt. Dem Staat wurde im Herrschaftsvertrag die Sorge für Sicherheit und Friede im Zusammenleben der Menschen, aber nicht für das Heil der Seele übertragen. Deshalb hat der Staat die Gewissensentscheidung und Glaubensüberzeugung des einzelnen zu achten und die Religionsausübung zu tolerieren. Mit der religiösen Toleranz geht bei Pufendorf aber nicht gleichermaßen die Anerkennung der Freiheit der Kirchen einher. Zu sehr ist er bestrebt, die kollegialistischen Ansätze des Staatskirchenrechts mit der Wirklichkeit des landesherrlichen Kirchenregiments seiner Zeit in Einklang zu bringen. Immerhin ist er sich nicht nur der Gefährdung des staatlichen Friedens durch den Streit der Kirchen, sondern auch der Bedrohung der freien Glaubensausübung durch staatliche Eingriffe in das Kirchenregiment bewußt geworden. Deshalb soll der Herrscher zwar die Staatsreligion fördern, darüber hinaus aber die anderen Kirchen tolerieren. Das Gesetzgebungsrecht des Staates soll sich auf die Externa der Kirchenorganisation beschränken, aber keinen Einfluß auf den Kult nehmen.

Pufendorfs Naturrecht hat Wirkung in zwei Richtungen entfaltet. Mit seinen Lehren von den natürlichen Rechten des Menschen, vom Gesellschafts- und Herrschaftsvertrag und von der Herrschaftsbeschränkung hat er vor allem über die *École romande du droit naturel* und die französische Aufklärung die Grundlegung des westlichen Verfassungsstaats beeinflußt. Für Locke und Blackstone in England, für Diderot, Rousseau und Montesquieu, der ihn besonders bewundert, in Frankreich, für Vattel und Burlamaqui in der Schweiz waren seine Bücher unentbehrlich, um die gelehrte Jugend zu erziehen. Durch die Vermittlung

von Locke und John Wise hat er auf die Väter der amerikanischen Verfassung und Unabhängigkeitserklärung gewirkt.
Im Deutschen Reich hat er mit seiner Rechtssystematik und den Rechtsstaatsideen über Thomasius, Christian Wolff und die Fürstenerzieher in Österreich und Preußen die Naturrechtsgesetzbücher beeinflußt, mehr das *Allgemeine Landrecht für die preußischen Staaten* und die Vorläufer des *Allgemeinen Bürgerlichen Gesetzbuchs* in Österreich, weniger letzteres selbst. Mit seinen Lehren vom starken, dem Naturrecht und der Vernunft verpflichteten Herrscher, von dessen Verpflichtung, für die Wohlfahrt der Bürger zu sorgen, von dem Zurücktreten der Herrscherperson hinter dem Amt, von der Staatsräson und von den nicht zur Disposition des Staates stehenden Menschenrechten hat er wesentlichen Anteil an der Herausbildung des aufgeklärt-absolutistischen, rechtsstaatlich eingeschränkten Obrigkeits- und Wohlfahrtsstaats gehabt.
Der zweite Wirkungsbereich ist ungleich stärker als der erste. Pufendorfs Erfahrungswelt war schließlich der absolutistische Fürstenstaat, geprägt von den Gefährdungen des Staates durch die konfessionellen Auseinandersetzungen und dem warnenden Beispiel des Reiches, das im Dreißigjährigen Krieg zum Spielball fremder Mächte und der eigenen Territorialstaaten wurde. Sein Naturrecht ist deshalb auf die souveräne Monarchie, die pflichtenethisch und durch den Staatszweck gebunden ist, zugeschnitten. Dennoch ist das Naturrecht, weil es allgemeine Prinzipien für alle Staaten entwickelt, offen für andere Folgerungen unter anderen historischen Bedingungen. Pufendorfs naturrechtliche Rechtfertigung der *Glorious Revolution* in England (in der Geschichte Friedrichs III.) ist dafür das beste Beispiel. Er schreibt hier: Öffentlicher Friede und Glück des Staates, die Sicherheit des Königs und der Untertanen hängen von der Beachtung der Gesetze und der beiden Teilen zukommenden Freiheiten ab. In einem Land, in dem Gesetze nur mit Zustimmung des Königs und des Parlaments erlassen werden, dürfen sie auch nur mit der vereinten Autorität beider abgeschafft werden. Der König wird bei Regierungsantritt durch feierlichen Eid verpflichtet, die Bürger im vollen Genuß der Gesetze und Privilegien zu lassen. Wenn er diese Bedingungen verletzt, das Nützliche vom Schädlichen nicht unterscheiden kann, sich lieber mit feindlicher Hilfe die Macht sichern als mit seinem Volk in gerechtem Frieden leben will, dann sind die Bürger von ihrem Treueid entbunden, und es ist ihr Recht, für den Staat zu sorgen, damit Religion, Freiheit, Leben und Gut in Sicherheit sind, und zur Wahl eines neuen Königs zu schreiten. Pufendorfs Naturrecht ist somit auch offen für die Entwicklung zum konstitutionellen Verfassungsstaat.

Christian Thomasius

Viel stärker als Pufendorf ist *Christian Thomasius* (1655–1728) durch Wirkung, Staatsrecht und Naturrecht mit dem preußischen absolutistischen Fürstenstaat verbunden. Zwar ist er durch Herkunft (Sohn des Leipziger Professors und Aristotelikers Jakob Thomasius) und Lebensweg (von 1690 bis zu seinem Tod Professor der Rechtswissenschaft an der neugegründeten preußischen Universität Halle) in der Universität beheimatet, aber der leidenschaftliche Kämpfer für moralischen Fortschritt und praktische Aufklärung (daher sein zeitweiliges Bündnis mit der pietistischen religiösen Erneuerungsbewegung Speners, Franckes und Arnolds) braucht und sucht zwangsläufig die Außenwirkung auf das geistig-aufgeschlossene Bürgertum, auf die preußische Beamtenschaft und auf den fürstlichen Hof; deshalb die Popularisierung der Wissenschaft durch den Gebrauch der deutschen Sprache und die »journalistische« Tätigkeit als Herausgeber der Deutschen Monatsschrift; in beidem ist Thomasius Pionier in Deutschland.

In seinen staatsrechtlichen Schriften (besonders in der Dissertation von 1696 *De iniusta oppositione Jurium Majestaticorum, Superioritatis territorialis et reservatorum Imperatoriorum*; gedruckt 1735) hat er die Souveränität im Reich nur noch den Territorialstaaten zuerkannt; die Reichsfürsten sind die Träger der einheitlichen, absoluten monarchischen Gewalt; das Reich ist nur noch in völkerrechtlichen Kategorien zu fassen. Der konkrete Staat ist deshalb bei Thomasius stets der absolutistische Territorialstaat.

Das Naturrecht des Thomasius folgt zwar in der Frühschrift *Institutionum Jurisprudentiae Divinae libri 3* (Frankfurt, Leipzig 1688) der Lehre Pufendorfs, mit dem er durch persönliche Freundschaft (reichhaltiger Briefwechsel!) verbunden war; in den *Fundamenta Juris Naturae et Gentium* (Halle 1705; zitiert: F) werden aber entscheidende Änderungen vorgenommen, die die Abkehr von der Offenheit des Pufendorfschen Naturrechts gegenüber obrigkeitsstaatlichen und konstitutionellen Entwicklungen und die Auslieferung des Naturrechts an den aufgeklärt-absolutistischen Fürstenstaat zur Folge haben. Hinter die Pufendorfsche Unterscheidung von *entia physica* und *entia moralia*, von Sein und Sollen zurückfallend, gründet er das Naturrecht wie Hobbes auf die physische Natur des Menschen, auf den affektgeleiteten Willen (F, Prooemium 23), um es nach dem Vorbild der Physik als demonstrative Wissenschaft, freilich unter Verzicht auf normative Wissenschaft nach Pufendorfs Differenzierung, begründen zu können (F, Prooemium 7 und 24). Denn aus der physischen Natur kann keine Norm des Handelns abgeleitet werden. Die Vernunft kann dem Menschen nur Ratschläge zur Verwirklichung des irdischen Glücks geben, da sie keine Pufendorfsche Selbstbindung des Menschen an das Naturgesetz der Sozialität, letztlich Ausfluß aus der göttlichen Normierung der menschlichen Natur, kennt – eine Folge der gegenüber Pufendorf weitergetriebenen Individualisierung und Säkularisierung. Damit stellt Thomasius den rechtlichen Charakter des Naturrechts in Frage, es verbleibt im Bereich der Moral (*honestum*) und der Klugheit (*decorum*), ihm fehlt die Verbindlichkeit und die Durchsetzungskraft (bei Pufendorf nur letzteres), die dem Recht (*iustum*) nur aus Gebot und Befehl eines Gebieters zukommt (»Lex naturalis et divina magis ad consilia pertinet quam ad imperia«; F I,5,34). Verbindlichkeit (*obligatio*) und Durchsetzungskraft erlangt das Naturrecht erst im Staat, wo durch Vertrag der unumschränkt souveräne Herrscher als Normsetzer installiert wird. Und wie die Vernunft dem Menschen nur zum Guten raten kann, so hat auch die Gewissensbindung des Fürsten an das Naturrecht nur den Charakter des Rates, des moralischen Appells. Sie ist nicht erzwingbar, und niemand hat das Recht zu prüfen, ob der Fürst sich an das vom Naturrecht Geforderte (Staatszweck) hält (F I,4,33 ff.). Thomasius bleibt aus seinem ursprünglich ethisch-eudämonistischen Antrieb nur die Hoffnung auf den moralischen Fortschritt der Menschen und der Fürsten. Das Naturrecht im strikten Sinne geht im positiven Recht auf (»soli legi positivae legis stricte et proprie dictae competere definitionem«; F, Prooemium 9), es wird dem aufgeklärt-absolutistischen Fürstenstaat anheimgegeben.

Christian Wolff

Christian Wolff (1679–1754) hat die Entwicklung des Naturrechts zum Abschluß gebracht, indem er es in das gesamte System der Philosophie einbettet und durch seine deduktive Ableitung nach dem Vorbild der Mathematik (nicht der Physik wie bei Hobbes und Thomasius) in ein abgeschlossenes und unanfechtbares System von philosophischen Wahrheiten gebracht hat. Das Wesen und die Natur der Menschen und der Dinge sind der Ausgangspunkt der vernünftigen Erkenntnis. Die folgenden Wahrheiten können jeweils aus dem Vorhergehenden in einer beständigen Verknüpfung hergeleitet werden, wodurch das Naturrecht zu einem System von unbezweifelbaren Wahrheiten über das Leben der Menschen in Gesellschaft und im Staat kommt.

Vernünftige Deduktion und Geschlossenheit des Systems lassen Wolffs naturrechtliche Werke, von geringen entwicklungsgeschichtlichen Nuancen abgesehen, als eine Einheit erscheinen: beginnend mit der sog. *Deutschen Politik* (*Vernünftige Gedanken von dem gesellschaftlichen Leben der Menschen und insonderheit dem gemeinen Wesen*, Frankfurt, Leipzig 1721; zitiert: DP) über die *Philosophia practica universalis* (Frankfurt, Leipzig 1739) bis zum monumentalen Hauptwerk *Jus naturae methodo scientifica pertractatum* (8 Bde., Frankfurt, Leipzig 1740–48; zitiert: JN) mit seinem völkerrechtlichen Anhang (*Jus gentium*, Halle 1749; vgl. oben, S. 97 f.) und der kurzen Zusammenfassung dieser beiden Werke (*Institutiones juris naturae et gentium*, Halle, Magdeburg 1750).

In dieser Einheit werden verschiedene ideengeschichtliche Entwicklungslinien des teleologischen und rationalen Naturrechts so verschmolzen, daß die direkte Zurechnung einzelner Wolffscher Theoreme zu einem Vorläufer schwer möglich ist. Während in der Metaphysik vor allem der Einfluß von Descartes und Leibniz spürbar ist, werden im Naturrecht Gedanken des Aristoteles, der spanischen Spätscholastik, von Grotius, Pufendorf und auch Locke so zusammengebunden, daß die vorher noch umstrittenen Naturrechtstheoreme nun als gesicherter Bestand der Wissenschaft erscheinen: daß das Ziel der menschlichen Natur die Vollkommenheit und Glückseligkeit ist (JN I,2,201 ff.; DP § 1); daß daraus natürliche Rechte und Gleichheit der Menschen zu schließen sind (JN I,1,80 ff.); daß Ungleichheit nur auf vertraglicher Verpflichtung beruhen darf (JN I,1,85); daß natürliche Rechte mit Pflichten einhergehen (JN I,1,92 und 96); daß die Vollkommenheit menschlicher Natur nur in Gesellschaft möglich ist (DP § 11; JN VII,1,137 und 139); daß der Staat den Zweck hat, der menschlichen Vollkommenheit zu dienen, und insofern notwendig ist (DP §§ 213 ff.); daß der Staat um dieses Zwecks willen auf Vertrag (Gesellschafts- und Unterwerfungsvertrag) beruht (JN VIII,1).

Die Entwicklung des Naturrechts als eines Systems von unbezweifelbaren Wahrheiten hat freilich nicht verhindert, daß Wolff sowohl zum liberalen (z. B. Thomann) als auch absolutistischen Denker (z. B. Klippel) stilisiert worden ist.

Diese Ambivalenz deutet sich bereits bei den Umständen an, unter denen sein Lebensweg mit dem aufgeklärt-absolutistischen Preußen verbunden ist. Der 1706 auf Empfehlung von Leibniz als Professor der Mathematik nach Halle Berufene wird 1723 durch Friedrich Wilhelm I. unter Androhung des Stranges ins Marburger Exil wohl nicht nur deshalb vertrieben, weil sich der Pietismus eines aufklärerischen Gegners entledigen wollte, sondern weil sein Staatsideal der freien Republik für vernünftige und tugendhafte Völker (DP §§ 252, 262) und sein insistierendes Messen des Staates am Zweck der Vervollkommnung des einzelnen (DP §§ 223 ff.) über das für das damalige Preußen Tragbare hinausgeht. Erst mit dem Regierungsantritt Friedrichs II. (1740) konnte Wolff in das aufgeklärtere Preußen zurückkehren, nachdem er selbst nun dem gemischten Staat den Vorzug gibt (JN VIII § 138).

Die ambivalente Beurteilung Wolffs beruht hauptsächlich auf zwei Lehren, mit denen er graduell über das bisherige Naturrecht (etwa bei Pufendorf) hinausgeht: die Einschränkung der Staatsgewalt durch angeborene natürliche Rechte (*iura connata*) und die weitreichende Sorge des Staates für die Wohlfahrt der Bürger. Die *iura connata* haben eine größere Resistenz gegen ihre Aufhebung im Staat, weil in Umkehrung der Pufendorfschen Argumentation die Pflicht zum geselligen Leben aus dem individuellen Streben der Menschen nach Vollkommenheit abgeleitet wird, damit das Recht stärker als die Pflicht im Vordergrund steht. Die natürliche Freiheit und Gleichheit kann im Staat nur zur Erreichung des Staatszwecks eingeschränkt werden; da aber die persönliche Vervollkommnung des einzelnen Grundlage des Herrschaftsvertrags ist, ist das nur begrenzt möglich (JN VIII,47). So bleibt auch das Privateigentum durch den Herrschaftsvertrag unberührt (JN VIII,107). Der Herrschaftsvertrag dient nicht nur der Verpflichtung des Herrschers auf das gemeine Wohl, sondern auch der vertraglichen Beschränkung der Herrschaft (»cum limitandi imperii causa capitulatio fiat«, JN VIII,122 und 124). Überschreitet der Herrscher die durch angeborene Rechte und vertragliche Herrschaftsbeschränkung gesetzten Grenzen, so ist der Bürger zu Gehorsamsverweigerung und Widerstand berechtigt (JN VIII,973 ff., 1042 ff.). Die Vorliebe Wolffs für das Staatsideal der freien Republik und des gemischten Staats und seine Nähe zu Lockes Idee der gewaltenteilenden Herrschaftsbegrenzung werden daraus verständlich. Diese Gedanken beeinflussen vor allem die französische Aufklärung; Voltaire sieht deshalb Wolff als den *maître à penser de l'Allemagne* im 18. Jahrhundert.

Der »liberale« Wolff erhält freilich durch folgende Überlegungen eine obrigkeitsstaatliche Wendung: Zwar strebt der einzelne von Natur zu seiner Vollkommenheit, wenn er Vernunft und Tugend hat. Doch da dies bei den wenigsten Menschen vorausgesetzt werden kann, muß der Staat Anstalten treffen, sie dazu zu bringen. Die Begrenzung des Staatszwecks an der individuellen Vollkommenheit wird damit umgekehrt: »Die ganze zeitliche Glückseligkeit beruht auf einem wohl eingerichteten Staat« (DP, Vorrede). Wie ein Vater sorgt der Staat für die Wohlfahrt der Untertanen (DP § 264); er ergreift eine Unzahl von Maßnahmen zur Sicherung der materiellen Wohlfahrt des Gemeinwesens, schreibt den Untertanen bis ins einzelne Verhaltensregeln vor, diszipliniert sie, um sie zu Vollkommenheit und Glück zu zwingen. Das Kapitel über die vernünftige Einrichtung des Staates in der *Deutschen Politik* (§§ 270–400) macht folglich ein

Drittel des Buches aus. Hier werden nicht nur die Sorge für Nahrung, Kleidung, Wohnung, Arbeit, die Steuerung der Bevölkerungsentwicklung, die Sorge für Gesundheit und Leibesertüchtigung sowie Regeln für das Wirtschaftsleben angesprochen, sondern es wird auch geregelt, wie in Lehranstalten die Gelegenheit zur Wollust zu beseitigen ist, wieviel ein Bürger trinken, wer in welchen Grenzen betteln darf, wie Kirchen zu bauen sind, was zur Reinhaltung der Gassen und der Luft zu tun ist, wie Lärm zu vermeiden ist, ja sogar wie eine Hinrichtung ablaufen soll, um dem beabsichtigten Zweck zu genügen. All dies erscheint bei Wolff naturrechtlich legitimiert, indem aus dem Oberzweck der gemeinen Wohlfahrt immer weitere Unterzwecke abgeleitet werden und alle Einzelmaßnahmen als nach der Vernunft notwendig zur Erreichung der Wohlfahrt erscheinen. Wolff legitimiert damit naturrechtlich die Ausdehnung der Staatsgewalt im absolutistischen Verwaltungs- und Wohlfahrtsstaat. Der Abstand zwischen Naturrecht und positivem Recht schwindet, so daß die naturrechtlichen Gesetzeskodifikationen in Preußen und Österreich sich schließlich auf ihn berufen konnten.

Gottfried Wilhelm Leibniz

Die Naturrechtsentwicklung von Pufendorf bis Wolff hat in der von Gott verfügten rationalen und sozialen Natur den Ursprung und die Quelle des Naturrechts gesehen. Das Naturrecht gilt nach dem berühmten Satz von Grotius, auch wenn es Gott nicht gäbe. Naturrecht ist die Norm für die innerweltliche Ordnung, es kann allein aus der Vernunft erkannt werden, es ist abgelöst von Theologie und göttlicher Offenbarung, rational und säkular. Der Philosoph *Gottfried Wilhelm Leibniz* (1646–1716; nach Studium in Leipzig und Jena 1667 Dr. jur. in Altdorf; danach in Fürstendienst: zuerst 1668–76 beim Mainzer Kurfürsten und in seinem Auftrag in Paris, dann seit 1677 in Hannover beim Herzog von Braunschweig, beschäftigt er sich mit fast allen Wissenschaften, wobei Philosophie und Jurisprudenz den Schwerpunkt bilden, entfaltet aber auch eine rege diplomatische und politische Tätigkeit für seine Brotgeber und für Hannover, Preußen, Rußland und den Kaiser) stellt dagegen das Naturrecht in unmittelbaren Bezug zur göttlichen Schöpfungsordnung. Naturrecht ist nicht auf die Gemeinschaft der Menschen beschränkt, es umfaßt die gesamte Ordnung des Seins, der göttlichen Schöpfung. Mit seinen höchsten und grundlegenden Pflichten hat es die Gemeinschaft mit Gott zum Inhalt. Das Naturrecht handelt von den Gesetzen des Gottesreiches, es ist christliches Naturrecht als Ordnung der göttlichen Gerechtigkeit (*justitia universalis*).

Da die universale Gerechtigkeit, die im Einklang steht mit dem christlichen Liebesgebot (*caritas*; nur wer alle Menschen liebt, befindet sich in Übereinstimmung mit der Harmonie des Universums), Maßstab jeder Rechtsordnung ist, gilt eine staatliche Rechtsordnung nur als Sonderfall der Ordnung des Universums. Das Universum und insbesondere die Menschheit wird als Staat unter Leitung Gottes, als Gottesstaat (*cité de Dieu, respublica divina*) gedacht. Als größter Staat ist er auch der beste aller Staaten, an dem sich alle irdischen Staatsbildungen messen lassen müssen. In diesem Gottesstaat hat die universelle Gerechtigkeit ihren Grund sowohl im Willen wie im Wesen Gottes, das vollkommene Gerechtigkeit ist. Im göttlichen Gemeinwesen sind die Reiche der Natur und der Gnade zur harmonischen Einheit des Universums zusammengefügt. Gott muß man sich nicht nur als Seinsursache aller Substanzen, sondern auch als absoluten Monarchen in der vollkommenen Gemeinschaft der geistigen Wesenheiten vorstellen. Die vollkommene Harmonie zwischen dem physischen Reich der Natur und dem moralischen Reich der Gnade, zwischen Gott als Schöpfer des Universums und Oberhaupt des geistigen Gemeinwesens bedingt, daß alle Wege der Natur gleichsam von selbst zur Gnade führen. Denn Gott vereinigt zugleich höchste Macht und Willenskraft mit größter Weisheit und Güte. Für den Menschen als Bürger des Gottesstaates folgt daraus: Da er zur Gottesliebe verpflichtet ist, wahre Liebe aber in der Freude an fremder Glückseligkeit besteht, muß er das Glück und Wohlergehen anderer um der Gerechtigkeit willen nach besten Kräften fördern, denn diese Liebe des Weisen (*caritas sapientis*) macht das Wesen der Gerechtigkeit aus. Damit ist das göttliche Gemeinwesen auf einen konkreten Staatszweck gerichtet: nicht die öffentliche Sicherheit oder irdische Wohlfahrt, sondern die Vervollkommnung der geistigen und seelischen Kräfte.

Leibniz hat zwar für sich die konkreten Staaten an der Realität des Gottesreiches gemessen und an die Politik einen moralischen Maßstab angelegt, aber nur in Andeutungen und Ansätzen Schlußfolgerungen zur Verwirklichung der Ziele des Gottesstaates in irdischen Staaten verlauten lassen. Mit großer Vorsicht wird sich deshalb dies feststellen lassen: Wie in der Harmonie des Gottesstaates alle scheinbaren Gegensätze der Wirklichkeit in einer höheren Einheit aufgehoben sind, so soll auch der Staat sich im allgemeinen natürlichen Recht als Einheit konstituieren und darin der Gegensatz von Recht und Nutzen, privatem und allgemeinem Interesse, Recht und Glück, Unrecht und Unglück überwunden werden. Bei den Grundprinzipien des Staates kann man diese Parallelen zwischen Gottes- und irdischem Staat sehen. Der Staat steht im Einklang mit der göttlichen Schöpfungsordnung, er ist deshalb wie Ehe, Familie und Hausgemeinschaft eine natürliche Gemeinschaft; der Herrschaftsvertrag ist höchstens eine akzidentielle Beitat, keine notwendige Voraussetzung für den Staat. Wie Gott zugleich absoluter Monarch und personifizierte höchste Weisheit ist, so bedarf es auch für den irdischen Staat einer höchsten Herrschaftsgewalt (*summa potestas*). Der irdische König soll ebenso mächtig wie weise sein; ein Widerstandsrecht kann nur in engen Grenzen geduldet werden. Wie im Gottesstaat die der göttlichen Gnade teilhaftigen Wesenheiten in Harmonie miteinander leben, so ist die staatliche Hoheitsgewalt im Einklang mit dem Konsens des Volkes; denn die der göttlichen Gnade teilhaftigen Bürger streben von sich aus nach Gerechtigkeit und Liebe und übertreten deshalb nicht die göttlichen und menschlichen Gesetze.

Da die Basis für die universelle Gerechtigkeit bei Leibniz nicht nur christliche übernatürliche Liebe, sondern zugleich auch vernünftige Liebe und der Gottesstaat das bereits verwirklichte Reich der Vernunft ist, soll alle menschliche Politik nach diesem Vorbild streben. Der beste menschliche Staat ist deshalb der Vernunftstaat (*Empire de la Raison*). Die Organisation des Vernunftstaates bleibt bei Leibniz weitgehend im dunkeln. Immerhin kann man wohl die Vorstellungen von den drei Staatszwecken: Sicherheit, Wohlfahrt und Recht, auf ihn beziehen. Die Sorge für die öffentliche Sicherheit ergibt sich daraus, daß der Staat analog zur Harmonie im Gottesstaat eine Schutzgemeinschaft zur Wahrung des Friedens sein soll. Der Staat als Wohlfahrtsgemeinschaft mit ethischer Erziehungsfunktion entspringt der Verpflichtung, entsprechend dem Zweck des Gottesstaats Glückseligkeit und Vollkommenheit der Bürger zu fördern. Schließlich soll der Staat in Orientierung an der *justitia universalis* das Recht verwirklichen und jedermann Gerechtigkeit widerfahren lassen. Konkreter wird Leibniz bei der Frage, wie der Vernunftstaat herbeigeführt werden kann. Der längere und schwierigere Weg ist, alle Menschen durch Bildung und Erziehung zur geistig-sittlichen Vollkommenheit zu bringen, wobei die einzurichtenden Gelehrtensozietäten die Leitfunktion zu übernehmen haben. Der kürzere und erfolgversprechendere Weg geht über die Prinzenerziehung: Ist erst einmal der vollkommene Herrscher auf dem Thron, so wird er durch Anstalten und Verhaltensregeln seine Untertanen auf den Weg zur moralischen Vervollkommnung führen.

Konkret stellt sich Leibniz den Vernunftstaat als ein alle christlichen Länder umfassendes abendländisches Universalreich (*respublica Christiana*) vor. Die zwei Gewalten in diesem Königreich Christi auf Erden sollen Kaiser und Papst verkörpern. Das Deutsche Reich habe die besondere Verantwortung für die gute weltliche Ordnung, die katholische Kirche für das religiöse Leben der Christen. Obwohl die europäischen Nationalstaaten und deutschen Fürsten dem Kaiser schon längst seine Vorrangstellung streitig gemacht und die protestantischen Religionen sich vom Papst als Stellvertreter Christi auf Erden losgesagt hatten, hat Leibniz damit den Versuch unternommen, den mittelalterlichen Reichsgedanken im Rahmen seines philosophischen Systems der göttlichen Weltordnung wiederzubeleben und zur Idee des vernunftgeordneten Weltstaates weiterzuentwickeln.

4. Schriften der Reichspublizistik zur Staatsform des Deutschen Reiches

Als ein Beispiel für die Entwicklung einer speziellen Politik werden hier die Einsichten des *Jus publicum* zur Staatsform des Deutschen Reiches dargestellt. Die römisch-rechtliche Jurisprudenz wandte sich im 17. Jahrhundert auch den heimischen Rechtsverhältnissen zu. Die Behandlung der Reichsverfassung wurde zu einem Anstoß für das Aufblühen der Forschung, weil die Reichspublizistik die Reichsverfassung im Lichte der neuen Souveränitätslehre von *Jean Bodin* (vgl. oben, S. 136 ff.) ausdeuten mußte. Die Jurisprudenz der Zeit erkannte ja insoweit eine Unterordnung unter die Lehre von der Politik an, als sie das, was die Politik allgemein über den Staat lehrte, auf die speziellen Umstände eines Staates anwandte.

Den Versuch, die rigide Theorie der Souveränitäts- und Staatsformenlehre mit der Realität und verfassungsgeschichtlichen Entwicklung der Reichsverfassung zu vereinen, haben viele Staatsrechtler, politische Denker und Historiker unternommen. Zwischen der Skylla, die Realität und Verfassungsgeschichte anzuerkennen und dafür die strenge Souveränitätsdoktrin aufzugeben, und der Charybdis, die Staatsform des Reiches im Einklang mit der Souveränitätsdoktrin zu formulieren und dafür eine Änderung der Realität der Reichsverfassung zu fordern oder Realität und Verfassungsgeschichte verfälschend umzudeuten, durchzusegeln, hat sich jeder schwergetan. Bei der Frage der Staatsform des Reiches ging es nicht nur um die Zu- und Aufteilung der Souveränitätsrechte bei Kaiser und Reichstag bzw. Reichsständen, sondern auch um das Verhältnis zwischen Reich und Territorialstaaten.

Die Anwendung der Souveränitätslehre auf die Reichsverfassung: von Chemnitz, Arnisaeus und Reinkingk

Bodin, der als erster die Souveränitätslehre formulierte und sie zum alleinigen Kriterium für die Bestimmung der Staatsform machte, war auch als erster vor das Dilemma bei der Beurteilung der Reichsverfassung gestellt. Er löste es, indem er, wie nach ihm alle Anhänger der Lehre von der unteilbaren Souveränität, die Staatsform des Reiches auf Kosten der Verfälschung der Verfassungsrealität eindeutig bestimmte. In seinen *Six livres de la République* (1576) erklärte er das Reich zu einer reinen Aristokratie und zu einem Einheitsstaat. Die Souveränität liege bei der Gesamtheit der auf dem Reichstag versammelten Reichsstände. Denn sie habe das Recht der Gesetzgebung, die Entscheidung über Krieg und Frieden, die Entscheidung über Steuererhebung und über die Einsetzung der Richter an dem die höchste Rechtsprechungsgewalt ausübenden Reichskammergericht. Der Kaiser ist bei ihm zu einer Repräsentativfigur und zu einem ausführenden Organ herabgesunken.

Von den Reichspublizisten hat erst wieder der in schwedischen Diensten stehende Historiker *Bogislaw Philipp von Chemnitz* (1605–1678) in seiner unter dem Pseudonym Hippolithus a Lapide erschienenen *Dissertatio de ratione status in imperio nostro Romano-Germanico* (1640) das Reich als Aristokratie bezeichnet. Er war ein Anhänger der strengen Souveränitätslehre, er lehnte jede Art von Mischverfassung und doppelter Souveränität ab. Zu gut kannte er aber die Verfassungswirklichkeit, als daß er die Diskrepanz zwischen ihr und seiner Theorie nicht gesehen hätte. Bewußt forderte er deshalb mit seinem Plädoyer für die Vernichtung des habsburgischen Kaisertums, für die Stärkung des Reichstages, für die Schaffung eines Reichsregiments und eines stehenden Reichsheeres die Ersetzung der kaiserlichen durch die ständische Zentralgewalt.

Einig mit Bodin in der Anerkennung der ungeteilten Souveränität, aber unterschiedlicher Auffassung in der Konsequenz für die Reichsverfassung sind diejenigen Gelehrten, die das Reich für eine reine Monarchie hielten. Freilich verbindet sich bei ihnen häufig die neue Argumentation von der unteilbaren Souveränität mit der traditionellen Argumentation, das Reiche könne wegen der Weissagung Daniels von den vier Weltmonarchien und der *translatio imperii* vom Römischen auf das Deutsche Reich nur eine Monarchie sein. Die monarchische Interpretation der Reichsverfassung ist in der ersten Hälfte des 17. Jahrhunderts häufiger als die republikanische. Im ersten dieser Werke *De jure majestatis libri tres* (1610) lehnt der Helmstedter Professor für Medizin und Politik *Henning Arnisaeus* († 1636) in leichter Abschwächung der Bodinschen Souveränitätslehre zwar die Lehre von der doppelten Souveränität ab, ordnet die Souveränität aber dem zu, der die obersten Herrschaftsrechte *tatsächlich* ausübt. Damit unterscheidet er nicht so streng wie Bodin zwischen

Staatsform und Regierungsweise. Zum Wohle des Staates könne die Souveränität nur von einem oder ganz wenigen ausgeübt werden. Das Reich ist für ihn eine Monarchie, weil durch den Wahlakt, wie später bei Hobbes, alle Souveränität auf den Gewählten übergehe. Die Reichsstände sind nichts anderes als vom Kaiser abhängige Magistrate ohne Anteil an der Souveränität. Deshalb ist das Reich auch ein Einheitsstaat; die Landeshoheit spielt bei Arnisaeus keine Rolle.

In einem späteren Werk (*De republica,* 1615) hat er freilich mit Blick auf die Reichsverhältnisse das der kaiserlichen Souveränität inhärente *jus in comitiis* so interpretiert, daß der Gesamtheit der Landesherrschaften, also dem aristokratischen Element, größere Bedeutung zukam; er gelangt hier zu einer eigenartigen Verbindung der sich strenggenommen ausschließenden Prinzipien der Unteilbarkeit der Souveränität und der Mischverfassung.

Auch der Jurist und Rat in Diensten des Erzbischofs von Magdeburg *Konrad von Einsiedel* († 1668) hängt in seinem Werk *Tractatus de juribus ad imperatoris Romano-Teutonici majestatem pertinentibus sive regalibus* (1619) der Lehre von der ungeteilten Souveränität an. Er schenkt zwar den Reichsständen und der Landeshoheit mehr Beachtung als Arnisaeus, aber auch bei ihm hat der Kaiser die *superioritas* über die Reichsstände und die Inhaber der Landeshoheit. Der Kaiser ist Gesetzesinitiator, Gesetze werden in seinem Namen erlassen. Die Reichsstände haben zwar das Recht der Zustimmung, aber keine Mitregierung. Einsiedel sieht das Reich als Monarchie, weicht aber vom Axiom des zentralen Einheitsstaates ab. Noch stärker als Einsiedel versucht der Rechtsprofessor in Greifswald *Matthias Stephani* (1576–1646) in seinem *Tractatus de jurisdictione* (1610/11) das Souveränitätsaxiom mit der Verfassungswirklichkeit in Einklang zu bringen, indem er die Landeshoheit anerkennt und den Reichsständen in ihren Territorien alle Selbständigkeit beläßt. Im Reich freilich ist der Kaiser den Ständen übergeordnet, er hat die *summa et absoluta potestas.* Mit der Anerkennung der realen Macht der Stände kommt er zwar der Verfassungswirklichkeit näher als Arnisaeus und Einsiedel, seine Theorie der Scheidung zwischen Kaisertum = Reichshoheit und Ständen = Landeshoheit entbehrt aber genauso der Konsequenz wie die Lehre von der doppelten Souveränität.

Monarchistisch gesinnt, auf dem Boden der Souveränitätslehre, war auch die Gießener Schule des Reichsstaatsrechts, die zu Beginn des 17. Jahrhunderts von *Gottfried Antonius* und seinen Schülern *Wilhelm Ludwig von Freyberg* und *Christopher Kalt* begründet wurde und mit *Dietrich Reinkingks* (1590–1664, 1519 Rechtsprofessor in Gießen, später im hessischen, mecklenburgischen und dänischen Fürstendienst) *Tractatus de regimine seculari et ecclesiastico* (1619) ihren Höhepunkt erreichte. Hatten Antonius und Kalt wegen der ständischen Mitregierung das Reich noch als gemischte Staatsform qualifiziert mit einem Übergewicht der monarchischen Elemente, wobei der Kaiser zwar an die Reichsgrundgesetze gebunden sei, sonst aber über den Gesetzen stehe, so bezeichnet Reinkingk das Reich als reine Monarchie. Ausgehend von der Lehre von den vier Weltmonarchien und der *Translatio-imperii*-Theorie, die die eschatologische Notwendigkeit des Reiches als Monarchie begründet, wendet er sich gegen Bodins Qualifizierung des Reiches als Aristokratie, übernimmt aber dessen Ablehnung der Mischverfassungslehre und begründet mit dessen Souveränitätsmerkmalen die monarchische Stellung des Kaisers. Der Kaiser sei souverän, weil mit der Wahl alle Hoheitsrechte auf ihn übergegangen seien; einen Teil der Regierungsgewalt delegiere er dann wieder nach eigenem Ermessen. Der Kaiser stehe über den Gesetzen, denn durch die von Kaiser und Reichsständen gemeinsam beschlossenen Gesetze werde der Kaiser nicht kraft Befehls, sondern vertraglich verpflichtet. Der Kaiser ist allerdings an die Reichsgrundgesetze gebunden, das widerspricht aber nicht seiner Souveränität. Reinkingk erkannte die ständischen Rechte durchaus an; im Reich war die Zustimmung der Stände auf dem Reichstag erforderlich; in den Territorien sprach er den Ständen ein hohes Maß an Selbständigkeit zu, wobei er, ohne den Einheitsstaat zu postulieren, das Reich doch als geschlossenes Ganzes darzustellen trachtete; einen Anteil der Stände an der kaiserlichen Souveränität begründet das aber nicht.

Ähnlich formulierten die kaiserliche Souveränität in der ersten Hälfte des 17. Jahrhunderts noch Jakob Bornitz (*Cynosura juris publici in Romano-Germanico imperio*, 1625), Wilhelm Ferdinand von Efferen (*Manuale politicum*, 1630), Theodor Grasswinkel (*De jure majestatis*, 1642), Franz Wilka von Bodenhausen (*Disputatio de lege regia*, 1642), Balthasar Cellarius (*Politica succincta*, 1658), Johann Paul Felwinger (*Dissertatio de majestate*, 1661), Johann Christoph Beckmann (*Meditationes politicae*, 1672) und Veit Ludwig von Sekkendorff (*Jus publicum Romano-Germanicum*, 1686). Für sie geht in der wahren Monarchie die *majestas realis* in der *majestas personalis* auf; weil keine Souveränitätsteilung vorstellbar ist, muß das Reich eine Monarchie sein.

Doppelte Souveränität und gemischte Verfassung: Althusius, Arumaeus, Limnaeus

Gegen diese Lehren, die aus Gründen der strengen Souveränitätstheorie das Reich unter Vernachlässigung der Verfassungswirklichkeit als Aristokratie oder Monarchie qualifizierten, wandte sich eine große Zahl von Lehren, die den überkommenen Dualismus zwischen Kaiser und Reichsständen auch in der Theorie abgebildet wissen wollten, die deshalb eine Aufteilung der Souveränität im Reich in eine *majestas realis* und eine *majestas personalis* gegeben sahen und das Reich meist als gemischte Staatsform qualifizierten. Freilich gehen diese Lehren auch auf eine stringente Souveränitätsvorstellung zurück, nämlich auf die Lehre von der Volkssouveränität, wie sie die französischen Monarchomachen vertraten und wie sie in Deutschland von Johannes Althusius rezipiert wurde. Doch war es bedeutend leichter, die Idee der Volkssouveränität mit dem altüberkommenen Dualismus im Reich zu verbinden, als einen Ausgleich zwischen dem Dualismus und der Bodinschen Souveränitätslehre, besonders in ihrer monarchischen Ausformung, herzustellen.

Die Monarchomachen (vgl. oben, S. 112 ff.) betonten in ihren Werken in Reaktion auf den beginnenden Absolutismus der französischen Könige die Rolle der Stände und ihrer Überordnung über den König. Deshalb wiesen sie mit Vorliebe auf das Beispiel des Reiches hin, das für sie das Ideal einer beschränkten Monarchie war. Weil sie nur eine sehr beschränkte Monarchie zuließen, waren die

Grenzen zwischen Monarchie und Republik bei ihnen fließend; das Reich bezeichneten sie meistens, so z. B. Hotman, als ein aus monarchischen, aristokratischen und demokratischen Elementen gemischtes Staatswesen.

Die Idee der Volkssouveränität, die bei den Monarchomachen aus der Tagespolemik entstand, wurde bei *Johannes Althusius* in seiner *Politica methodice digesta* (1603) zum wissenschaftlichen System, erhielt ein scharf durchdachtes naturrechtliches Fundament. Der Staat entsteht dadurch, daß eine Hierachie von *consociationes* sich durch den Gesellschaftsvertrag miteinander verbindet und im Herrschaftsvertrag einen obersten Magistrat bestellt. Die Souveränität geht aber nicht auf den obersten Magistrat über, sondern verbleibt unverzichtbar bei der universellen Vereinigung des Staates, der durch die von der Zustimmung des Volkes getragenen Ephoren repräsentiert wird. Im Reich sind die Territorien die partikulären Vereinigungen, die im Reichstag versammelten Reichsstände sind die Ephoren, die zugleich als Repräsentanten der Landstände oberste Magistrate in ihren Territorien und die Inhaber der Souveränität im Reich, der universellen Vereinigung, sind. Als Inhaber der Souveränität bestimmen sie den obersten Magistrat im Reich, den Kaiser, wobei Althusius zwischen den Kurfürsten als *generellen* Ephoren und den übrigen Reichsständen als *speziellen* Ephoren unterscheidet. Die Ephoren sind zugleich zusammen mit dem Kaiser für die Administration des Reiches zuständig. Für die Unterscheidung der eigentlichen Souveränität, die beim *corpus universale* des Reiches verbleibt, und der Administration hat sich später in der Reichspublizistik die Unterscheidung von *majestas realis* und *majestas personalis* eingebürgert. Weil nun aber bei allen Staaten die Souveränität bei der Gesamtheit liegt, bestimmt sich die Staatsform bei Althusius nach der Beschaffenheit des obersten Magistrats. Trotz der aristokratischen Züge wegen der Teilnahme der Reichsstände an der Administration ist das Reich für ihn eine Monarchie, denn auch andere Herrscher dürften nach der Volkssouveränitätslehre über keine wesentlich größere Gewalt von Rechts wegen verfügen als der Kaiser. Mit seiner Theorie gelang es Althusius, sowohl das Miteinander von Reichshoheit und Territorialgewalt als auch den Dualismus zwischen ständischer und kaiserlicher Gewalt realistisch zu beschreiben und außerdem noch zwischen den unterschiedlichen Rechten der Reichsstände zu differenzieren.

Die in der Nachfolge von Althusius in der Reichspublizistik sehr beliebte Lehre von der Doppelung der Souveränität in die *majestas realis* und die *majestas personalis* kann man in zwei Richtungen unterteilen. Die eine Richtung schrieb dem Kaiser allein die *majestas personalis* zu und qualifizierte das Reich deshalb als Monarchie. Die andere Richtung sieht die *majestas personalis* gemeinsam vom Kaiser und den Ständen wahrgenommen und bezeichnet das Reich deshalb als gemischte Staatsform.

Der ersten Richtung gehören an der Marburger Professor Hermann Kirchner, der in seiner *Republica* (1608) sich als erster ausdrücklich der Begriffsunterscheidung *majestas realis – majestas personalis* bedient, der Marburger Professor Regner Sixtinus mit seinem *Tractatus de regalibus* (1609), der Herborner Professor Johann Heinrich Alsted mit seinem Werk *De statu rerumpublicarum* (1612) und der Jenenser Bernhard Bertram mit seiner *Dissertatio de comitiis imperii Romano-Germanici* (1615). Der wichtigste Vertreter dieser Richtung ist *Dominicus Arumaeus* (1579–1637, 1602 Rechtsprofessor in Jena, später auch

Rat am Weimarer Hof) und seine Schule in Jena. In den von Arumaeus herausgegebenen *Discursus academici de jure publico* (1620–23) verblieb zwar die oberste Souveränität, die *majestas realis*, bei der in den Reichsständen sich darstellenden Allgemeinheit, die *majestas personalis* ist aber allein dem Kaiser vorbehalten, und die kaiserliche Würde wird stark herausgestellt. Arumaeus möchte möglichst viel vom überkommenen Kaisertum und der Tradition des Heiligen Römischen Reiches retten. Deshalb arbeitet er auch mit der Theorie der *translatio imperii*. Der Kaiser habe zwar wegen der Rechte der Kurfürsten und der anderen Reichsstände keine absolute Macht, er habe aber keinen Höheren über sich, besitze mehr Macht als jeder Reichsstand, verfasse seine Erlasse in der Befehlsform, und Reichstage könnten nicht gegen seinen Willen abgehalten werden. Der Kaiser sei deshalb mit vollem Recht Monarch und das Reich eine Monarchie. Dieser monarchischen Interpretation des Reiches entspricht auch, daß die im Reichstag versammelten Reichsstände als Wahrer der Reichseinheit gesehen werden, die Landeshoheit dagegen bei Arumaeus keine bedeutende Rolle spielt.

Die Teilhabe der Reichsstände an der *majestas personalis*, die durch die Realität der Bedeutung der Landeshoheit und der exekutiven Aufgaben der Reichstagsmitglieder für das Reichsganze nahegelegt wurde, vertraten Tobias Paurmeister von Kochstedt in seinem Werk *De jurisdictione imperii Romani libri II* (1608), Christoph Besold in seinen *Politicorum libri II* (1618), Johannes Limnaeus in seinem groß angelegten Werk *Juris publici Imperii Romano-Germanici libri IX* (1629–34), Jakob Lampadius in seinem *Tractatus de republica Romano-Germanica* (1634) und Benedikt Carpzov in seinem *Commentarius in legem regiam Germanorum* (1640). Wegen der Teilhabe der Stände an der Administration des Reiches bezeichneten alle das Reich als gemischte Staatsform. Beim Mischungsverhältnis ging Besold von einem paritätischen Anteil des monarchischen und aristokratischen Elementes aus, während Paurmeister und Limnaeus das aristokratische Element als dominierend ansahen.

Unter diesen Werken ist das des *Limnaeus* (1592–1663, juristische Ausbildung in Jena und Altdorf, dann in Diensten des Markgrafen von Brandenburg-Ansbach) die umfassendste Reichsverfassungslehre, die in der ersten Hälfte des 17. Jahrhunderts entstand. Nach ihm wird das Reich von der Gesamtheit der Reichsstände repräsentiert, sie ist das Subjekt der realen Majestät. Die Gesamtheit der Reichsstände hat dem Kaiser einen Teil der personalen Macht übertragen. Der Kaiser ist deshalb nichts anderes als ein an die Reichsgrundgesetze gebundenes Organ, er ist der erste Amtsträger des Staates, er hat aber keine Souveränität aus eigenem Recht. Wie bei allen Anhängern der Volkssouveränität gibt es bei Limnaeus nur eine Staatsform, nämlich die Ausübung der Souveränität durch die Gesamtheit des Volkes. Die eigentliche Unterscheidung der Staatsformen wird deshalb nach der Regierungsform getroffen, danach, wer die personale Majestät innehat. Im Reich ist aber die Regierungsgewalt dem Kaiser und den Reichsständen gemeinschaftlich anvertraut, deshalb handelt es sich bei ihm um eine aus aristokratischen und monarchischen Elementen gemischte Staatsform. Daß dabei das aristokratische Element das Übergewicht hat, erläutert Limnaeus an der Kompetenzverteilung im Reich. Alle wesentlichen Kompetenzen werden vom Kaiser und den Reichsständen bzw. den Kurfürsten gemeinschaftlich ausgeübt: die Reichsgesetzgebung, die Ausschreibung der Reichssteuern, die Entscheidung über Krieg, Frieden und Bündnisse, die oberste Gerichtsbarkeit im Reichskammergericht, die Verhängung der Reichsacht, die oberste Lehnsgerichtsbarkeit, die Wiederverleihung einer vakanten Kur, die Kreation neuer Reichsstände und die Verfügung über das Reichsgut. Dagegen sind die Kompetenzen, die der Kaiser allein hat, lediglich marginaler Natur. Die Reservatrechte des Kaisers sind die Gesetzesinitiative, die Sanktionierung und Verkündigung der Reichsgesetze, die Rechtsprechung im Reichshofrat, das Recht der Ersten Bitten, die Verleihung von Standeswürden, die Vergabe unmittelbarer Reichslehen, die Privilegierung der Universitäten, die Verleihung von Stadtrechten, das Postregal, die Legitimation unehelicher Kinder und das Recht zur Erklärung der Volljährigkeit.

»Monstrum« oder ständischer Bundesstaat: Pufendorf und Leibniz

Die Lehre von der doppelten Majestät hatte es ermöglicht, der Realität des Reichsverfassungsrechts gerecht zu werden. Logisch konnte diese Theorie aber nicht befriedigen. Der Begriff der Souveränität war als etwas Einheitliches konzipiert, wurde aber dann geteilt in zwei Majestäten, die man beide als höchste charakterisierte, dann aber doch die eine der anderen unterordnete. Es verwundert deshalb nicht, daß *Samuel Pufendorf* in seiner berühmten, unter dem Pseudonym Severinus de Monzambano veröffentlichten Reichsverfassungsschrift *De statu imperii Germanici* (1667) einen anderen Weg ging, bei der Bestimmung der Staatsform des Reiches die hergebrachte Souveränitätslehre Bodinscher und Hobbesscher Prägung mit der Verfassungswirklichkeit des Reiches in Einklang zu bringen.

Aus der Analyse der Kaiserwahl in Kap. IV und der Kompetenzverteilung im Reich in Kap. V der Reichsverfassungsschrift, aus der sich der doppelte Dualismus zwischen Kaiser und Reichsständen und zwischen Reichshoheit und Landeshoheit ergibt, schließt Pufendorf, daß »im deutschen Reich etwas steckt, was seine Zuordnung zu den einfachen Staatsformen, wie sie allgemein von den Lehrern der Politik beschrieben werden, verbietet«, wenn man die Staatsformen nach der strengen Souveränitätslehre bestimmt. Die Souveränität ist in keinem Träger so vereint, daß man das Reich als Demokratie, Aristokratie, gemäßigte oder unbeschränkte Monarchie bezeichnen kann. Das Reich kann man aber auch nicht als gemischte Staatsform bezeichnen, denn die Bestandteile der Souveränität sind auch nicht eindeutig auf verschiedene Personen oder Kollegien verteilt. Das Reich ist auch kein Staatenbund, denn die Territorien der Reichsstände sind zwar über den Status von Provinzen hinausgewachsen, sie sind aber keine vollkommenen Staaten. Es bleibt keine andere Schlußfolgerung, als das Reich, »wenn man es nach den Regeln der Wissenschaft von der Politik klassifizieren will, einen irregulären und einem Monstrum ähnlichen Körper« zu nennen. Irreguläre Staaten sind so entstanden, daß sich eine ursprünglich reguläre Staatsform im Laufe der Verfassungsentwicklung durch Auseinandersetzungen der einzelnen Glieder und Funktionsträger von der eindeutigen Zuordnung der Souveränität entfernt hat. Das Reich hat sich von einer ursprünglich regulären Monarchie zu einem Mittelding zwischen einer beschränkten Monarchie und einer Föderation mehrerer Staaten (Kap. VI § 9), zwischen einer schlecht eingerichteten Monarchie und einem ungeordneten Staatenbund (Kap. VII § 8) entwickelt.

Gottfried Wilhelm Leibniz (1646–1716) schließlich geht in seiner Kritik an Pufendorf (*In Severinum de Monzambano*, 1669–72) und in seiner berühmten, unter dem programmatischen Pseudonym Caesarinus Fuerstenerius für den braunschweigischen Herzog verfaßten Denkschrift über das Gesandtenrecht der deutschen Fürsten (*De Jure Suprematus ac Legationis Principum Germaniae*, 1677) einen Schritt weiter. Nachdem Pufendorf nachgewiesen hatte, daß das Reich sich nicht in die herkömmliche Staatsformenlehre einordnen läßt, löst sich Leibniz ganz vom traditionellen Staatsformenkanon, wohl deshalb, weil er, der Fürstendiener, sich leichter als ein Universitätslehrer über die Unterordnung der Jurisprudenz unter die Politik hinwegsetzen konnte. In Fortführung der Vorstellungen vom Oberstaat und den Unterstaaten bei Besold und Ludolf Hugo legt er dar, daß die Unabhängigkeit der Fürsten mit der einheitlichen Hoheitsgewalt des Reiches vereinbar sei. Auf der unteren Stufe bildeten die fürstlichen Territorien für die in ihnen versammelten Städte, Landschaften und Bezirke einen souveränen politischen Gesamtwillen aus. Aber auch das Reich ist auf der höheren Ebene souverän, soweit ihm gegenüber den Gliedstaaten Hoheitsgewalt zukommt. Das Reich als *systema foederatorum* hat den gleichen Staatscharakter wie die einzelnen Fürstentümer.

Auch wenn der Souveränitätsbegriff unbestimmt und unklar blieb, welche Territorialherren die Souveränitätsrechte beanspruchen können, so bleibt es das Verdienst von Leibniz, die Theorie vom ständischen Bundesstaat begründet zu haben, die in der späteren deutschen Verfassungsgeschichte die Lösung des Problems der deutschen Einheit ermöglichte. Er bewahrte ebenso die Reichsidee (der Kaiser als höchstes Oberhaupt im Reich und Hüter der Christenheit), wie er die Verselbständigung der Territorialstaaten, die im Westfälischen Frieden den Abschluß fand, anerkannte. Die alte Souveränitätslehre wurde von ihm durch eine föderative Gewaltenteilungslehre ersetzt.

BIBLIOGRAPHIE

Primärtexte (nur neuere deutsche Ausgaben):
Althusius, Johannes, 1949: Politica methodice digesta, deutsche Teilübersetzung in: Erik Wolf: Quellenbuch zur Geschichte der deutschen Rechtswissenschaft, Frankfurt/M., S. 102–144; *Leibniz*, Gottfried Wilhelm, 1923 ff.: Sämtliche Schriften und Briefe, hrsg. v. d. Preußischen Akademie der Wissenschaften, Berlin (Akademie-Ausgabe); *ders.*, 1966 f.: Politische Schriften I und II, hrsg. v. H. H. Holz, Frankfurt, Wien; *Pufendorf*, Samuel, 1965: De jure naturae et gentium, deutsche Teilübersetzung v. Buch VII, Kap. 2, in: Alfred Voigt (Hrsg.): Der Herrschaftsvertrag, Neuwied; *ders.*, 1976: Die Verfassung des deutschen Reiches, hrsg. v. Horst Denzer, Stuttgart; *Wolff*, Christian, 1965 ff.: Gesammelte Werke, hrsg. v. J. Ecole, J. E. Hofmann, M. Thomann, H. W. Arndt, Hildesheim (besonders: Abt. I, Bde. 5, Abt. II, Bde. 11, 17–26; mit gründlichen Einleitungen).

Quellenbibliographien:
Fabricius, Johann Albert, 1858: Bibliotheca latina mediae et infimae aetatis, Nachdruck Graz 1962; *Georgi*, Theophil, 1742–58: Allgemeines europäisches Bücherlexikon, Leipzig (von 1600–1757); *Heinsius*, Wilhelm, 1812: Allgemeines Bücherlexikon, Alphabetisches Verzeichnis der Bücher von 1700–1810, 2 Bde. Leipzig; *Humpert*, Magdalene, 1937; Bibliographie der Kameralwissenschaften, Köln; *Lipenius*, Martinus, 1757ff.: Bibliotheca Juridica, 2 Bde. u. 4 Suppl.-Bde., Frankfurt; *ders.*, 1782: Bibliotheca Philosophica, Frankfurt; *Scupin*, Hans Ulrich/*Scheuner*, Ulrich (Hrsg.), 1973: Althusius-Bibliographie. Bibliographie zur politischen Ideengeschichte und Staatslehre, zum Staatsrecht und zur Verfassungsgeschichte des 16.–18. Jahrhunderts, 2 Bde., Berlin.

Sekundärliteratur:
Bachmann, Hanns-Martin, 1977: Die naturrechtliche Staatslehre Christian Wolffs, Berlin; *Breuer*, Stefan, 1983: Sozialgeschichte des Naturrechts, Opladen; *Brückner*, Jutta, 1977: Staatswissenschaften, Kameralismus und Naturrecht. Ein Beitrag zur Geschichte der Politischen Wissenschaft im Deutschland des späten 17. und frühen 18. Jahrhunderts, München; *Conrad*, Hermann, 1971: Staatsgedanke und Staatspraxis des aufgeklärten Absolutismus, Opladen; *Denzer*, Horst, 1972: Moralphilosophie und Naturrecht bei Samuel Pufendorf. Eine geistes- und wissenschaftsgeschichtliche Untersuchung zur Geburt des Naturrechts aus der Praktischen Philosophie, München; *ders.*, 1983: Leben, Werk und Wirkung Samuel Pufendorfs, in: Zeitschrift für Politik 30, S. 160ff.; *Dreitzel*, Horst, 1970: Protestantischer Aristotelismus und absoluter Staat. Die »Politica« des Henning Arnisaeus, Wiesbaden; *Frühsorge*, Gotthardt, 1974: Der politische Körper. Zum Begriff des Politischen im 17. Jahrhundert und in den Romanen Christian Weises, Stuttgart; *Gierke*, Otto von, 1880: Johannes Althusius und die Entwicklung der naturrechtlichen Staatstheorien, Breslau, 6. Aufl. Aalen 1968; *Hammerstein*, Notker, 1972: Jus und Historie. Ein Beitrag zur Geschichte des historischen Denkens an deutschen Universitäten im späten 17. und im 18. Jahrhundert, Göttingen; *Hoke*, Rudolf, 1968: Die Reichsstaatsrechtslehre des Johannes Limnaeus, Aalen; *Ilting*, Karl-Heinz, 1978: Naturrecht, in: Geschichtliche Grundbegriffe, hrsg. v. O. Brunner, W. Conze, R. Koselleck, Bd. 4, Stuttgart, S. 245–313; *Klippel*, Diethelm, 1976: Politische Freiheit und Freiheitsrechte im deutschen Naturrecht des 18. Jahrhunderts, Paderborn; *Krieger*, Leonard, 1965: The Politics of Discretion. Pufendorf and the Acceptance of Natural Law, Chicago, London; *Kühlmann*, Wilhelm, 1982: Gelehrtenrepublik und Fürstenstaat, Tübingen; *Link*, Christoph, 1979: Herrschaftsordnung und bürgerliche Freiheit. Grenzen der Staatsgewalt in der älteren deutschen Staatslehre, Köln, Wien; *Maier*, Hans, 1962: Die Lehre der Politik an den deutschen Universitäten vornehmlich vom 16.–18. Jahrhundert, in: Wissenschaftliche Politik, hrsg. v. D. Oberndörfer, Freiburg, jetzt auch in: *ders.*: Politische Wissenschaft in Deutschland, München [2]1985; *ders.*, 1980: Die ältere deutsche Staats- und Verwaltungslehre, 2. Aufl. München; *Medick*, Hans, 1973: Naturzustand und Naturgeschichte der bürgerlichen Gesellschaft. Die Ursprünge der bürgerlichen Sozialtheorie als Geschichtsphilosophie und Sozialwissenschaft bei Samuel Pufendorf, John Locke und Adam Smith, Göttingen; *Menk*, Gerhard, 1981: Die Hohe Schule Herborn in ihrer Frühzeit (1584 bis 1660). Ein Beitrag zum Hochschulwesen des deutschen Kalvinismus im Zeitalter der Gegenreformation, Wiesbaden (zum Umfeld von Althusius); *Paulsen*, Friedrich, 1919: Geschichte des gelehrten Unterrichts auf den deutschen Schulen und Universitäten, Bd. 1: 1450–1740, 3. Aufl. Leipzig; *Petersen*, Peter, 1921: Geschichte der aristotelischen Philosophie im protestantischen Deutschland, Leipzig; *Rassem*, Mohammed, *Stagl*, Justin (Hrsg.), 1980: Statistik und Staatsbeschreibung in der Neuzeit, vornehmlich im 16. bis 18. Jahrhundert, Paderborn; *Röd*, Wolfgang, 1970: Geometrischer Geist und Naturrecht. Methodengeschichtliche Untersuchungen zur Staatsphilosophie im 17. und 18. Jahrhundert, München (zu Pufendorf, Leibniz, Thomasius und Wolff); *Rüping*, Hinrich, 1968:

Die Naturrechtslehre des Christian Thomasius und ihre Fortbildung in der Thomasius-Schule, Bonn; *Schindling*, Anton, 1977: Humanistische Hochschule und Freie Reichsstadt. Gymnasium und Akademie in Straßburg 1538–1621, Wiesbaden; *Schneider*, Hans-Peter, 1967: Justitia universalis. Quellenstudien zur Geschichte des »christlichen Naturrechts« bei Gottfried Wilhelm Leibniz, Frankfurt/M.; *Schneiders*, Werner, 1971: Naturrecht und Liebesethik. Zur Geschichte der praktischen Philosophie im Hinblick auf Christian Thomasius, Hildesheim; *ders.*, 1977: Respublica optima. Zur metaphysischen und moralischen Fundierung der Politik bei Leibniz, in: Studia Leibnitiana 9, S. 1ff.; *Schnur*, Roman (Hrsg.), 1975: Staatsräson. Studien zur Geschichte eines politischen Begriffs, Berlin; *Schubert*, Friedrich Hermann, 1966: Die deutschen Reichstage in der Staatslehre der frühen Neuzeit, Göttingen (zur Reichspublizistik); *Stinzing*, Roderich von, *Landsberg*, Ernst, 1880ff.: Geschichte der Deutschen Rechtswissenschaft, Leipzig, Nachdruck 1957; *Stolleis*, Michael (Hrsg.), 1977: Staatsdenker im 17. und 18. Jahrhundert. Reichspublizistik, Politik, Naturrecht, Frankfurt/M.; *ders.*, 1980: Arcana imperii und Ratio status. Bemerkungen zur politischen Theorie des frühen 17. Jahrhunderts, Göttingen; *Thomann*, Marcel, 1977: *Christian* Wolff, in: *Stolleis,* Michael (Hrsg.): Staatsdenker im 17. und 18. Jahrhundert, S. 248–71; *Welzel*, Hans, 1962: Naturrecht und materiale Gerechtigkeit, 4. Aufl. Göttingen; *Wolf*, Erik, 1963: Große Rechtsdenker der deutschen Geistesgeschichte, 4. Aufl. Tübingen; *Winters*, Peter Jochen, 1963: Die Politik des Johannes Althusius und ihre zeitgenössischen Quellen, Freiburg; *Zehrfeld*, Reinhold, 1926: Hermann Conrings Staatenkunde, Berlin, Leipzig.

KAPITEL VII

Absolutismus, Parlamentarismus und Revolution in England

VON MARK GOLDIE

1580–1640

In den vierziger und erneut in den achtziger Jahren des 17. Jahrhunderts wurde durch eine Revolution in England der König gestürzt; Ergebnis war die Niederlage des königlichen Absolutismus und die Vorherrschaft des Parlaments. Die Ereignisse von 1688–89 brachten die Staatsgewalt in die Hände einer Gruppe, die Disraeli als »Venezianische Oligarchie« bezeichnet hätte. England wurde zu einer Gentry-Republik, an deren Spitze ein »Doge« stand.

Die jüngere Forschung über die Englische Revolution

Bis vor kurzem sind die Historiker davon ausgegangen, daß vor 1640 eine Kontroverse zwischen Krone und Parlament stattfand, die unausweichlich zum konstitutionellen Zusammenbruch und zum Bürgerkrieg geführt habe. Man sagte, es habe einen »Kampf um die Souveränität«, eine »Neigung des Königs zum Despotismus« und ein »Erringen der Initiative durch das Parlament« gegeben. Danach begründeten die protestantischen Exilanten, die nach dem Tod der katholischen Königin Maria im Jahre 1588 zurückkehrten, eine kontinuierliche Opposition gegen den Hof. Die calvinistische Ideologie, die sie mitbrachten, habe die *Revolution of the Saints* vorangetrieben. Das waren die Annahmen der »Whig«-Historiker, für die die englische Geschichte eine Geschichte des stufenweisen Triumphs des parlamentarischen Liberalismus über die königliche Autokratie war. Sie wurden von der Historiker-Generation, die zwischen den dreißiger und den siebziger Jahren dieses Jahrhunderts das Feld beherrschte, zwar modifiziert, aber nicht verworfen. Der Einfluß von Marx und Weber war jetzt deutlich spürbar, und man sah in der Englischen Revolution die Entstehung einer modernen Bourgeoisie, deren puritanische Ideologie besonders geeignet war, die Bestrebungen der neuen Klasse zu legitimieren.
Heute werden diese Annahmen eher bezweifelt; es besteht eine verbreitete Skepsis gegenüber den langfristigen, strukturellen Erklärungen der Revolution, gleich ob sie konstitutioneller oder sozio-ökonomischer Art sind. Statt dessen betonen die Historiker den Konsens unter Elisabeth (1588–1603) und den frühen Stuarts (1603–40). Erregte Gegnerschaft des Parlaments gegenüber der Politik des Königs äußerte sich höchstens in den Debatten über den *counsel* (Rat) des Königs und war keine revolutionäre, keine konstitutionelle Herausforderung. Das Parlament war noch ein Gelegenheitsereignis, keine permanente Insti-

tution. Manchmal erließ es nicht einmal Gesetze, wie beispielsweise die Parlamente von 1614 und von 1621. Die Macht lag beim *Privy Council,* und ehrgeizige Politiker, die im Unterhaus agitierten, zielten darauf ab, selbst in den *Privy Council* zu gelangen. Es gab verschiedene religiöse Gruppen, die je nach ihrer Auslegung der Bibel unterschiedliche Vorstellungen über weitere protestantische Reformen und moralische Disziplin vertraten. Aber das Wort »puritanisch«, so wird jetzt argumentiert, sollte weniger im Sinne einer einheitlichen aufständischen Bewegung als einer weitverbreiteten erzieherischen Tendenz verstanden werden. Oder man sollte es nur auf eine geringe Zahl überzeugter Presbyterianer beziehen, die die Bischofskirche abschaffen wollten: Eine solche Bewegung existierte in den siebziger und achtziger Jahren des 16. Jahrhunderts und lebte erst in den vierziger Jahren des 17. Jahrhunderts wieder auf. Zwei Überzeugungen blieben jedoch tief im protestantischen Bewußtsein verwurzelt: die von der notwendigen Autorität des *Godly Prince* als Bastion der »wahren Religion« und die von der Erfordernis einer vereinten, einheitlichen und disziplinierten Kirche.

»Godly Prince« und »Papismus«

Erst nach 1640 wurde die Doktrin des Naturrechts, der Volks- und der Parlaments-Souveränität, der Gewissensfreiheit und der republikanischen Demokratie im protestantischen Denken weithin artikuliert. Dies war die Büchse der Pandora, die von der Krise des Jahres 1642 geöffnet wurde, als sich die royalistische und die parlamentarische Armee auf dem Schlachtfeld gegenüberstanden. Vor 1640 dagegen war es ein Allgemeinplatz, daß die Könige Gottes »Vizeregenten« und »Stellvertreter«, daß sie »absolut« und »souverän« seien. Dies war nicht nur die Ansicht Jakobs I. (1603–25) und seines Sohnes Karls I. (1625–49), sondern auch die von *John Pym,* der die Parlamentspartei im Bürgerkrieg führte und dem Parlament noch 1621 erklärt hatte, Könige seien »Herrscher von Gottes Gnaden«. Ebenso paradox ist, daß Jakob, der für seine Auslegung des *Divine Right of Kings* bekannt ist, die historische Rolle des Parlaments, Gesetze zu erlassen und Steuern zu erheben, widerspruchslos akzeptierte. Hier liegt ein Rätsel, das viele Forscher mit einem »Versagen« der englischen Autoren vor 1640 erklärt haben, der wachsenden Macht der Tudor- und der Stuart-Monarchie die Stirn zu bieten, und mit einer »Verwirrung« über die grundlegende Frage der Souveränität, der Frage also, bei wem letztlich nach der Verfassung die Macht liege. Solche Urteile führen jedoch in die falsche Richtung. Sie widerspiegeln die Voreingenommenheit der Rechtswissenschaft des neunzehnten Jahrhunderts, insbesondere in Deutschland und England, die auf der Doktrin von der Gesetzgebungssouveränität als dem definierenden Grundzug von Staatlichkeit beruht. Eine solche Rechtswissenschaft hat wenig Sympathie für die mittelalterlichen (oder modernen amerikanischen) Konzepte der Pluralität und Aufteilung politischer Macht. Die Anhänger der Krone entwickelten vor 1640 die Idee der Souveränität. Ihre Gegner waren keineswegs verwirrt: Sie verstanden diese Entwicklung und lehnten sie ab: »Souveränität« war eine Konzeption, die sie nicht auf ihre eigene Verfassung angewandt sehen wollten. Eine zweite mögliche Antwort auf das Rätsel des »Versagens« und der »Verwirrung« ist, daß die Gegner des Königs die Sprache vom *Divine Right* und der Souveränität verwandten, weil sie die protestantische Monarchie gegen den *Papismus* verteidigen wollten. Die Anhänger Elisabeths und Jakobs beschäftigten sich weniger mit der Verortung der Macht *in* der Verfassung als mit der Verteidigung der englischen Verfassung *gegen* die katholische Bedrohung. Sie nahmen am europäischen Kampf zur Verteidigung des Protestantismus gegen Spanien und die Gegenreformation teil. Ein universeller Aspekt der englischen politischen Kultur war der Haß auf Rom, den Papismus, die Jesuiten und den »Antichrist«. Die Aufgabe des *Godly Prince,* die »wahre Religion« gegen die »Idolatrie« zu verteidigen, gehörte zum Kern des politischen Denkens der Reformation. Dieselbe Rhetorik wurde in den Kriegen Wilhelms III. (1689–1702) gegen Frankreich verwandt. Die Divinität des Königs zu preisen gehörte zur protestantischen Ablehnung des päpstlichen Anspruchs, Stellvertreter Gottes auf Erden zu sein. Diese Vorstellung wurde durch die eschatologische Darstellung von Englands Rolle in der Heilsgeschichte unterstützt, die hauptsächlich von *John Fox* in seinen *Acts and Monuments,* besser bekannt als *The Book of Martyrs* (1563), vorgetragen wurde – ein Buch, das in jeder Pfarrkirche stand.

Den *Godly Prince* als souverän und absolut zu bezeichnen fügte den Argumenten über die Gottgleichheit des Königs aufgrund der göttlichen Vorsehung ein juristisches Argument aus dem römischen Recht hinzu: Der weltliche Herrscher – und nicht die priesterliche Macht aus Rom – hatte das *imperium* inne. Vieles im englischen politischen Denken war eine theologische und juristische Betrachtung über den autoritativen Entscheid des *Act of Appeals* (1533), der England von Rom abtrennte. »Dieses Königreich England ist ein Empire.« »Empire«, *imperium,* bedeutete: Die Macht des Königs bzw. Kaisers ist in weltlichen Dingen uneingeschränkt. Die elisabethanischen Schriftsteller und die Anhänger Jakobs feierten den englischen Staat als eine autonome Vereinigung, die das Recht hatte, sich ihre Gesetze selbst zu geben, und von einer »usurpierten« fremden und kirchlichen Rechtsprechung unabhängig war. Entscheidend ist jedoch, daß das *Divine Right of Kings* in einer inneren Krise Englands schrittweise gegen das Parlament ausgenutzt werden konnte. Aber selbst als dies geschah, blieb die politische Theorie begrifflich im Antipapismus verankert.

1. Die katholische Herausforderung: Robert Parsons und die Pulververschwörung

Die Exkommunikation der Königin Elisabeth und der Krieg mit Spanien

Im Jahre 1570 erließ Papst Pius V. die Bulle *Regnans in Excelsis,* mit der er Elisabeth exkommunizierte und ihre Untertanen von der Treuepflicht befreite. Durch die mit dem Vorwurf der Häresie begründete Absetzung eines Monarchen machte der Papst seine diesseitige Macht über die Welt als Stellvertreter Gottes geltend. In England wurde daraufhin der Katholizismus mit Hochverrat gleichgestellt. Lord Burghley, Elisabeths leitender Minister, erklärte in seiner *Execution of Justice* (1583), daß die Jesuitenmissionare nicht wegen Häresie, wie die protestantischen Märtyrer unter Maria, sondern wegen Hochverrats verbrannt worden seien. Dies ist häufig als pragmatische Indifferenz gegenüber theologischen Fragen betrachtet worden, als eine Sichtweise, die sich allein um die Staatssicherheit sorgte. Das ist teilweise richtig, zugleich aber war es auch eine zutiefst protestantische Überzeugung, daß der Papismus eine Sünde gegen die Heiligkeit der christlichen Gemeinschaft sei, den wahren Träger der Verheißungen Christi.

Pius V. konnte Elisabeth jedoch nur mit Hilfe der Spanier und eines englischen Aufstands absetzen. Im Jahre 1585 entschloß sich Philipp II. von Spanien, England zu erobern: Der Krieg dauerte zwar bis 1604, aber bereits 1588 hatte Philipp mit dem Untergang der Armada eine katastrophale Niederlage erlitten. Seit 1580 hatten jedoch die Vertreter der Gegenreformation damit begonnen, England zu infiltrieren. Ihre bedeutendsten Vertreter waren Kardinal *William Allen* und der Jesuit *Robert Parsons,* der sich entschlossen hatte, die spanische Invasion und den englischen Aufstand zu unterstützen. Sie veröffentlichten radikale politische Abhandlungen, in denen sie das Recht eines Volkes betonten, sich zu erheben und einen neuen Herrscher zu wählen. In diesem Radikalismus wurden sie durch die auf dem Kontinent vorherrschende Stimmung bestärkt. Als 1589 der Protestant Heinrich von Navarra König von Frankreich wurde, machten sich die katholischen Ligisten die Widerstandstheorie zu eigen, und um 1600 hatten *Boucher* und *Mariana* berüchtigte Rechtfertigungen des Tyrannenmordes geschrieben. Die englischen Katholiken standen in enger Verbindung mit den Ligisten: *William Rainolds* schrieb eines ihrer extremsten Bücher, *De Justa Reipublicae* (1590), Parsons' *Leicester's Commonwealth* (1584) wurde ins Französische übersetzt, und Allens Priesterseminar siedelte sich in Reims ganz in der Nähe der Guisen an.

Parsons' »Conference«

Das bedeutendste Werk der englischen katholischen Theorie war Parsons' *Conference About the Next Succession to the Crown of England* (1594). Der zweite Teil enthielt eine Überprüfung der Prätendenten auf Elisabeths Thron. Parsons wies die Ansprüche des calvinistischen Jakob VI. von Schottland zurück (der den Thron als Jakob I. von England bestieg) und unterstützte die Ansprüche der Tochter Philipps II. Der erste Teil legt das Recht eines Volkes dar, seinen Regenten selbst zu wählen. Parsons behauptete, daß der Thronfolger im Grunde wählbar sei, auch wenn nach dem Gewohnheitsrecht die Nachfolge durch das Erbrecht geregelt werde, denn der König sei bis zu seiner Krönung nicht wirklich König, und der Krönungseid sei ein Vertrag zwischen König und Volk. Der die Krönungszeremonie vollziehende Erzbischof gemahne den König an seine Pflichten, und das versammelte Volk werde gefragt, »ob es einverstanden ist, ihn als seinen König anzunehmen«. Weil die Könige durch einen Vertrag gebunden seien, seien viele von ihnen in der Vergangenheit zu Recht wegen des Bruchs des sie bindenden Eides abgesetzt worden. Dieses Argument, das durch die Krönungspraktiken vieler europäischer Monarchien historische Evidenz erhielt, war von den Ligisten und vor ihnen von den großen Autoren des hugenottischen Widerstands, Beza, Hotman und Duplessis-Mornay, verwandt worden. Parsons behauptete, daß auch die Monarchie den Prinzipien der Wahl gehorche, weil alle weltliche Herr-

schaft von Menschen eingerichtet und nicht unmittelbar gottgegeben sei. Wie Aristoteles betrachtete er die Geselligkeit als natürliche Anlage und begriff deshalb das Leben in der Gemeinschaft als göttliche Forderung.
»Die einzelnen Formen oder die Art dieser oder jener Herrschaft ... sind jedoch weder durch natürliches noch durch göttliches Recht bestimmt ..., sondern sie werden durch die besonderen positiven Gesetze eines jeden Landes festgesetzt.« Die Regierungsformen seien unbeständig, veränderlich und ein Gegenstand menschlicher Wahl. Parsons schlußfolgerte daraus, daß die Monarchie und die Nachfolge durch das Erbrecht keine göttlichen Rechte seien, sondern vielmehr die Gemeinschaft der »Richter« über die Nachfolge sei. Die königliche Macht ist »nicht absolut, sondern *potestas vicaria* oder *delegata* ... eine delegierte Macht, oder eine Macht aufgrund der Verleihung durch die Gemeinschaft«. Dies ist die Grundlage »der gerechten und gesetzlichen Absetzung und Bestrafung schlechter Könige«.
Die bemerkenswerten Grundzüge von Parsons' Buch sind sein Säkularismus und Radikalismus. Es ist eine populistische Verteidigung des Rechts auf Revolution und nicht *prima facie* eine Verteidigung der Oberhoheit des Papstes. Aber diese radikale, populistische politische Theorie wurde unvermeidlich mit dem Katholizismus in Verbindung gebracht.

Die Auseinandersetzung um den »Oath of Allegiance«

Die Herausforderung durch die Verteidiger Philipps II. in den achtziger und neunziger Jahren des 16. Jahrhunderts war die erste Phase katholischer Theoriebildung mit dem Ziel, die protestantische Herrschaft in England zu untergraben. Die zweite Phase folgte in den Jahren 1606–15. Jakob bestieg 1603 friedlich den englischen Thron. Aber 1605 entkamen er und sein Parlament nur knapp der Ermordung durch die *Pulververschwörung*. Im Prozeß gegen die Verschwörer erklärte *Sir Edward Coke*, die Katholiken glaubten, daß gottlose Könige *ipso facto*, auch ohne die ausdrückliche Sanktion durch den Papst, abgesetzt seien und ermordet werden dürften. Er zitierte Bücher von Parsons und dem Verschwörer Francis Tresham. Jakob befürchtete weitere Anschläge, besonders nach der Ermordung Heinrichs IV. im Jahre 1610. 1606 schrieb das Parlament einen neuen Eid vor, in dem von den Untertanen verlangt wurde, sich von der »verdammungswerten Doktrin« loszusagen, »daß Könige, die vom Papst exkommuniziert oder abgesetzt werden, von ihren Untertanen entthront oder ermordet werden dürfen«. Der König folgte dem mit seiner *Apology for the Oath of Allegiance* (1608), die eine leidenschaftliche Kontroverse zwischen den besten Autoren in Europa auslöste. Die beiden größten Theologen der Gegenreformation nahmen an der Auseinandersetzung teil: Kardinal *Robert Bellarmin* (1930 heiliggesprochen) mit seiner *Responsio* (1608) und seiner *Apologia* (1610) und *Francisco Suárez* mit seiner *Defensio* (1613). Die deutschen Jesuiten Jakob Gretser aus Ingolstadt und Martin Becan aus Mainz und die Theologen der englischen Priesterseminare wirkten ebenso mit wie Parsons bis zu seinem Tod im Jahre 1610. All diese Katholiken wiederholten Parsons' frühere Doktrin: Weltliche Macht konnte an ihre allgemeine Quelle zurückfallen, wenn ein Herrscher bestimmte Bedingungen nicht erfüllte. Es war kein Bruch des natürlichen oder göttlichen Rechts, wenn ein schlechter König abgesetzt wurde. Eine solche Doktrin sollte im England der vierziger Jahre des 17. Jahrhunderts wieder auftauchen: erneut gegen den König gerichtet, aber dieses Mal von protestantischer Seite. Englische Revolutionäre bedienten sich der Waffen der katholischen Gegenreformation. Die Antwort darauf war die Theorie des »Divine Right«-Absolutismus.

2. Die puritanische Herausforderung: Richard Hooker und der Anglikanismus

Die Kampagne für den Fortgang der Reformation

Bald nach der Exkommunikation Elisabeths kam es zu einer zweiten Herausforderung der königlichen Suprematie. 1571 wurde die *Admonition to Parliament* publiziert. Sie eröffnete eine lautstarke Kampagne zugunsten einer weiteren Reformierung der Kirche, die erst in den frühen neunziger Jahren des 16. Jahrhunderts nachließ. Es ist nicht überraschend, daß die elisabethanische Kirche für unzulänglich gehalten wurde. Sie war ein Kompromiß, eine *via media* zwischen Rom und Genf. Das elisabethanische *Settlement,* die Suprematsakte und die Uniformitätsakte von 1559, sollte umfassend sein und eine breite Unterstützung bewirken. Die Theologie der anglikanischen Kirche war calvinistisch, aber im Ritus und dem Festhalten an der bischöflichen Hierarchie stand sie dem Katholizismus nahe. Sie wurde von Zufällen regiert, ebenso durch die kanonischen Bestimmungen des Mittelalters wie durch königliche oder bischöfliche Edikte. Ihre Bischöfe waren immer noch reich, »prälatisch« und »adlig«. Nach der Auflösung der Klöster durch Heinrich VIII. und der Abschaffung der *chantries* waren die Besitztümer der Bischöfe der nächste Kandidat für die Enteignung. In den vierziger Jahren des 17. Jahrhunderts wurden sie schließlich beschlagnahmt und verkauft, nachdem man bereits in den achtziger Jahren des 16. Jahrhunderts damit gedroht hatte.

Cartwright und Travers

Das Vorbild von Calvins Genf und John Knox' und George Buchanans schottischer Kirche beeindruckte eine Reihe von Engländern, die auf eine weitere Reformierung der Kirche zu drängen begannen, um sie von den letzten Resten des »Papismus« und des »Aberglaubens« zu säubern.

Die bedeutendsten Autoren unter ihnen waren zwei Cambridger Theologen, *Thomas Cartwright*, der Autor der *Second Admonition to Parliament* (1573), und *Walter Travers*, dessen *Ecclesiasticae Disciplinae et Anglicanae* (1573) von Cartwright ins Englische übersetzt wurde. Der Protest gegen den Episkopat erreichte seinen Höhepunkt in den Traktaten von »Martin Marprelate« (1588/89), in denen die Bischöfe als »satanischer Antichrist« bezeichnet wurden.

Der Puritanismus begann mit Bitten an den *Godly Prince,* die Kirche zu säubern, aber er endete mit der Forderung, die Leitung der Kirche durch die Krone aufzuheben. Für Cartwright war die Bibel eine zuverlässige Richtschnur für ein gottgeweihtes Leben und eine gottesfürchtige Kirche. Jeder Brauch oder jede Institution, die nicht unmittelbar von der Bibel sanktioniert war, galt als gottlos. Das Tragen von Meßgewändern und das Knien vor dem Abendmahlssakrament war »götzendienerisch«, denn sie implizierten die Realpräsenz Christi, was nichts anderes als eine papistische Verdrehung war. Die entscheidende, notwendige Reform für die Errichtung einer gottesfürchtigen Kirche war ihre richtige Leitung.

Der presbyterianische Angriff gegen die Bischofskirche

Die Bibel forderte das presbyterianische Modell, die Abschaffung der Bischöfe: In der Bibel war kein besonderes Bischofsamt angedeutet worden, »Bischof« und »Priester« waren Synonyme. Das presbyterianische Modell beruhte auf einer Hierarchie von Kirchensynoden mit gewählten Pastoren und Gemeindeältesten auf jeder Ebene, von der Gemeinde bis zur nationalen Versammlung. Diese Synoden sollten geistliche und moralische Disziplin vorschreiben, und sie sollten mit Rechten zur Exkommunizierung und Bestrafung ausgestattet sein. Christus allein war das Haupt der Kirche, und die versammelten Gläubigen legten seine Worte aus. Cartwright verlieh den weltlichen Herrschern große Autorität, aber im Grunde waren sie nur Diener der Kirche, ihr säkularer, ausführender Arm. Der Monarch konnte nicht die oberste Leitung der Kirche haben und war deren Belehrungen und Anordnungen gegenüber zu Gehorsam verpflichtet. Könige »müssen sich ebenso wie alle anderen verpflichten, der gerechten und gesetzlichen Autorität der Kirche gehorsam zu sein«. Die Kritiker dieser Überlegungen bemerkten sehr bald, daß diese Doktrin die Kirche vom Staat zu trennen drohte und den Staat der Kirche in derselben Weise unterordnete, in der es die katholische Kirche tat.

Die ersten Kongregationalisten

Es wurde bald deutlich, daß Elisabeth kein calvinistisches, ekklesiastisches Regime errichten würde. Die Puritaner sahen sich mit der Frage konfrontiert, was ein gottesfürchtiges Volk angesichts einer Königin tun sollte, die ihre heilige Pflicht nicht erfüllte. Cartwright vermied die beiden möglichen Schlußfolgerungen: Rebellion oder sektiererischer Rückzug aus der korrupten Kirche. Die Konzeption des *Godly Prince* und einer einheitlichen Kirchenverfassung waren tief verwurzelt, und nur eine schmale Minderheit wich davon vor den vierziger Jahren des 17. Jahrhunderts ab. Aber Cartwright machte sich durch seine kritischen Abhandlungen schuldig, aufrührerische und schismatische Prinzipien hochzuhalten, besonders seit in den achtziger Jahren des 16. Jahrhunderts der Versuch unternommen worden war, eine nichtautorisierte presbyterianische Struktur innerhalb der Kirche zu etablieren. Provinzsynoden wurden gegründet, und 1585 trat in London eine erste allgemeine Versammlung mit einer von Travers entworfenen Verfassung zusammen. Einige dieser Versammlungen bestanden als separatistische Kongregationen fort. *Robert Browne* hatte 1582 erklärt, daß kein gottesfürchtiger Mensch die etablierte Kirche unterstützen könne, weil sie völlig von Korruption durchsetzt sei. Sein *Treatise of Reformation Without Tarrying for Any* (1582) ist die erste klare Verteidigung des Kongregationalismus. Kirche ist danach eine *freiwillige Vereinigung der Gläubigen*, und dies notwendigerweise, denn der Glaube kann nicht erzwungen werden. John Locke sollte dieser Doktrin, in der die Kirche als privater Club betrachtet wird, der sich von der politischen Gemeinschaft unterscheidet, ein Jahrhundert später folgen. Aber Browne blieb der Idee des *Godly Prince* treu, indem er an der Pflicht des Herrschers festhielt, offenkundig falsche Religionen, wie etwa den Papismus, zu unterdrücken.

Eine weitergehende Stellungnahme enthielt *Henry Barrows* »Brief Sum of the Causes of our Separation« (1591), in der kategorisch bestimmt wurde, daß die elisabethanische Herrschaft antichristlich und Konformität ihr gegenüber Sünde sei. Das Szepter, so betonte Barrow, zermalme das Evangelium. Tatsächlich zermalmte das Szepter dann die Puritaner. In den siebziger Jahren des 16. Jahrhunderts trug Erzbischof *John Whitgift* eine Kontroverse mit Cartwright aus. Er eröffnete eine Kampagne gegen die Puritaner und erzwang Konformität gegenüber dem *Book of Common Prayer* und der bischöflichen Autorität. Diese Kampagne intensivierte sich allmählich und wurde von Erzbischof *Richard Bancroft* fortgesetzt. 1584 wurde eine kirchliche Kommission zur Disziplinierung der Priester eingesetzt: 1590 wurde Cartwright gefangengenommen, später jedoch wieder aus der Haft entlassen; 1593 wurde Barrow hingerichtet. Bis in die vierziger Jahre des 17. Jahrhunderts gab es danach keine ernsthafte Bewegung zur Presbyterianisierung der Kirche oder zum Kongregationalismus.

Hookers »Laws of Ecclesiastical Polity«

Der bedeutendste von Whitgifts Anhängern war *Richard Hooker*, dessen *Laws of Ecclesiastical Polity* eines der ehrgeizigsten Werke der politischen und ekklesiastischen Theorie in englischer Sprache sind. Das Buch war eine massive Verteidigung der elisabethanischen Kirche und wurde lange Zeit wegen seiner eleganten Prosa und seiner weisen Zurückhaltung bewundert. Es umfaßt acht Bücher, von denen Buch I (Über das Recht) und Buch VIII (Über die königliche Suprematie) eine Theorie des Staates entwickeln. Das Ziel der Polemik findet sich in der Einleitung und in den Büchern II und III, in denen die puritanische Bibelgläubigkeit und das presbyterianische Kirchenmodell attackiert werden. Die übrigen Bücher verteidigen die Liturgie, den Ritus und die Jurisdiktion der Kirche gegen den »papistischen Aberglauben«. Hooker wurde berühmt, als er 1585 die angesehene Ernennung zum *Master of the Temple* erhielt und eine Debatte mit dem rivalisierenden Prediger Travers austrug, der schließlich vertrieben wurde. In seinem Buch jedoch behandelt Hooker nicht ihn, sondern Cartwright als seinen Hauptgegner, auf den er sich ständig bezieht, wobei er Whitgifts frühere Kritik weiterentwickelt. Die Bücher I–IV wurden 1593 publiziert und trafen damit zeitlich mit dem Angriff der Regierung im Parlament gegen die Separatisten zusammen, die mit deren Unterdrückung durch den *Conventicle Act* endete. Hooker betonte, daß Cartwrights Standpunkt zum Sektierertum führen und in dem antinomischen Anarchismus der deutschen Anabaptisten enden müsse (Einleitung, Kap. 8). Das Schreckgespenst Thomas Müntzers wurde danach regelmäßig von den Gegnern des Puritanismus beschworen. Buch V erschien 1597, die übrigen Bücher wurden posthum veröffentlicht: die Bücher VI und VIII 1648 und 1651 und Buch VII über das Episkopat 1662, wobei es dazu benutzt wurde, die Wiedereinsetzung der Bischöfe nach ihrer Absetzung im Bürgerkrieg zu verteidigen. Einige Forscher sehen zwischen den späteren und den früheren Büchern einen Widerspruch. Es ist in der Tat wahrscheinlich, daß Hooker von Whitgift und Bancroft in eine aggressivere Haltung gedrängt wurde. Er scheint sich von einer zunächst liberalen Haltung gegenüber der kirchlichen Herrschaft in Buch III zu einer dogmatischen Verteidigung der Bischöfe in Buch VII und noch entscheidender von einem Naturrechtsuniversalismus in Buch I zu einer gesetzespositivistischen Betonung des staatlichen Willens in Buch VIII bewegt zu haben. Das Werk hat jedoch einen eindeutigen inneren Zusammenhang: Es ist der Zurückweisung des Voluntarismus und Nominalismus und ihrer gefährlichen Konsequenzen gewidmet. In dieser Hinsicht steht es der Philosophie des Willens, die Hooker bei den Puritanern findet und die später in reiner Form bei Thomas Hobbes aufscheint, zutiefst feindlich gegenüber.

Der Angriff gegen die Bibelgläubigkeit

Hooker hatte vor allem Angst vor dem evangelischen Irrationalismus, der auf einer engen Auslegung der Bibel beruht. Cartwright schrieb: »Die Bibel ist die einzige Regel für alle Dinge, die in diesem Leben vollbracht werden können.« Die Puritaner vertraten die Ansicht, daß die Vernunft aufgrund der spezifischen Armut des menschlichen Geistes im Vergleich mit dem Geist Gottes und wegen des Sündenfalles für moralische und geistliche Ziele inadäquat sei. Die Vernunft zu preisen galt als Hybris, als Sünde des intellektuellen Hochmuts. »Traue der Philosophie nicht«, sagte Paulus. Die einzig sichere Richtschnur ist Gottes geoffenbartes Wort, von dem die Menschheit völlig abhängig ist. Diese Doktrin implizierte verschiedene miteinander verbundene Standpunkte: Die Bibel ist die einzige Anweisung für die Leitung von Kirchen und weltlichen Gemeinschaften; die Bedeutung der Schrift ist jedem gottesfürchtigen Leser offenbar; das Gesetz ist willkürlich, insofern es als Gottes Wille interpretiert wird (die voluntaristische Doktrin); Reform ist eine dauernde Aufgabe, um die menschlichen Institutionen zu weihen, und sie ist dringend geboten, denn das Buch Daniel und die Apokalypse warnen vor der drohenden Erfüllung von Gottes Plan. Das Ergebnis all dessen, so schreibt Hooker, wird »die auf den Kopf gestellte ... Welt sein« (Einleitung 7,8; 6,16; III,7; VIII,6).

Vernunft und Tradition

In seiner Zurückweisung der presbyterianischen Argumente nahm Hooker einen echt thomistischen Rationalismus an und stützte sich, wie Thomas von Aquin, stark auf Aristoteles. Er zeigte, daß die Resignation der Vernunft angesichts der Bibel falsch sei. Die Bedeutung der Schrift ist nicht immer klar, und deshalb muß das Wort vom menschlichen Verstand interpretiert werden. Selbst die fundamentale Doktrin der Trinität ist in der Bibel nicht offensichtlich, sie muß »erschlossen« werden (I,14). »Der menschliche Geist ist ... der Schlüssel, der die Tür ... zum Verständnis der Heiligen Schrift öffnet« (II,7). Die Annahme, der naive Leser könne die Bedeutung des Textes bestimmen, ist kein Rezept für einen frommen Konsens, sondern für ein Chaos »privater Phantasien« (I,16; V,71). Dies ist die »Anarchie der privaten Meinungen«, ein Satz, der besonders in der Reaktion des späten 17. Jahrhunderts gegen die puritanische Revolution widerhallte.

Hooker hatte durchaus ein Gefühl für die Grenzen der individuellen Vernunft, ihre Tendenz zu Ignoranz und bewußtem Eigennutz, aber er sah, daß die Zuflucht bei der Bibel uns nicht von dieser Gefahr befreit, sondern sie verstärkt. Er wandte sich dagegen der Doktrin der kollektiven Vernunft zu: Rationales Urteil findet sich am ehesten in der gemeinsamen Erfahrung, dem tradierten Wissen und den Bräuchen einer Gesellschaft. Wir sollten »öffentliche Bestimmungen« sowie »den Brauch und die fortdauernden Gepflogenheiten vieler Zeitalter« respektieren, wir sollten eine »Liebe zu alten Dingen« haben, denn die Prüfung durch die Zeit hat den »Vorteil der Wahrscheinlichkeit« (I,16; IV,4; V,7).

Aufgrund dieser konservativen Doktrin von der Bedeutung der Tradition sind manchmal Parallelen zwischen Hooker und Edmund Burke gezogen worden. Beide wurden als charakteristisch für den englischen Konservatismus bezeichnet. Vernunft und Geschichte stimmen überein, denn die Vernunft wird als das begriffen, was in der Tradition manifest geworden ist. Die Behauptung privater, von der Tradition nicht unterstützter Vernunft, Zugang zur Wahrheit zu haben, führt nur zur kapriziösen Flucht aus der menschlichen Gemeinschaft oder zur ebenso kapriziösen Zerstörung dieser Gemeinschaft. Hooker steht der katholischen Auffassung nahe, die die Tradition der kirchlichen Lehre betont. Aber er verneint die Unfehlbarkeitsdoktrin und vermeidet die katholische Spezifizierung der Tradition als Autorität der Päpste und und Konzilien sowie informeller »mündlicher Überlieferung«. Statt dessen verstärkt er die für die Anglikaner charakteristische Betonung des patristischen Zeitalters, jener unverdorbenen ersten vier Jahrhunderte der Kirche: die Lehren der Kirchenväter und der ersten vier Konzilien, besonders des großen Konzils von Nicäa. Hier stand ein authentischer, obgleich menschlicher Kanon für das Verständnis der göttlichen Wahrheit zur Verfügung.

Hooker argumentiert dann, die Bibel könne kein Ende der menschlichen Ungewißheit bieten. Sie ist ausreichend für ewige Ziele, aber man kann von ihr nicht erwarten, daß sie eine Antwort auf jedes menschliche Dilemma bietet oder in allen Einzelheiten die Struktur menschlicher Herrschaft darlegt. Die Offenbarung ist ideal für ihren Zweck, das ewige Heil, aber unzureichend für die vielen menschlichen Zwecksetzungen, denn wo nur die natürliche Vernunft die Richtschnur ist, gibt es auch unterschiedliche menschliche Ziele. Auch entscheidet die Offenbarung nicht immer zwischen einer Reihe von Mitteln für einen bestimmten Zweck.

Hooker folgt der konventionellen anglikanischen Doktrin von den *adiaphora,* den »gleichgültigen Dingen«. Einige Dinge sind von Gott als notwendige Aufgaben bestimmt worden, andere Dinge sind ihm gleichgültig (I,14; II,1; V,71). Die Anbetung Gottes ist notwendig, aber die Form der Liturgie ist unwichtig, sie kann sich ändern und wird von menschlicher Autorität bestimmt. Ähnlich ist die Gesellschaft eine Notwendigkeit, aber die Art der Herrschaft ist unwesentlich und wird von menschlicher Wahl bestimmt. In der Leitung der menschlichen Angelegenheiten versucht die Vernunft, die gesetzmäßige Struktur der natürlichen Ordnung zu erfassen. Der menschliche Geist strebt danach, den göttlichen Geist intuitiv zu erkennen und vollkommene Tugend und Wissen zu erlangen.

In manchen Dingen steht Hooker dem Platonismus nahe, jenem Typ der Hybris, den die Puritaner so haßten. Platon, so bemerkt er, sagt über weise Menschen, daß das Wissen »sie, wenn nicht zu Göttern, so doch gottgleich macht, hoch, anbetungswürdig und göttlich« (I,5). Gesetze sind die Harmonie der göttlichen Ordnung. Das Wesen des Gesetzes ist der Verstand, nicht der Wille: Gegen die voluntaristische Vorstellung steht das, was als intellektualistischer oder rationalistischer Gottesbegriff bezeichnet wird. Gott will das, was vernünftig ist; das Gesetz ist nicht einfach sein Wille: »Deshalb irren diejenigen, die nur an den Willen Gottes denken ... es gibt keine Vernunft neben seinem Willen« (I,2). Gottesfürchtig zu sein heißt, das göttliche Vernunftvermögen zu gebrauchen und nicht bloß irrational zu hoffen, daß die Bibel unerschöpflich in ihren Bestimmungen ist. Tugend ist die Führung des Lebens nach dem Gesetz, eine Übereinstimmung mit der zweckmäßigen Natur, eine Tendenz zu einer vollkommenen Harmonie mit der rationalen Ordnung. Das menschliche positive Recht muß das göttliche und das natürliche Recht bewahren. Diese Darstellung des Rechts in Buch I ist zutiefst scholastisch und thomistisch. Sie harmonisiert die Kosmologie und das Rechtssystem, sie verbindet Aristoteles und Platon mit der Bibel und dem Recht.

Die aristotelische Politik

Hooker erläutert die Grundlagen menschlicher Herrschaft in Buch I,10 und Buch VIII,3 und 6. Die Geselligkeit ist natürlich: Neigung und Notwendigkeit führen die Menschen in die Gemeinschaft. Dies schließt sich an Aristoteles' *zoon politikon* und seine Vorstellungen von *koinonia* und *homonoia* an. Es wird dann jedoch durch die Bestimmung eingeschränkt, daß die auf Zwang beruhende Herrschaft, im Gegensatz zur Gesellschaft, das Produkt der Sünde sei. Gewalt und Unrecht, die bei Adams Kindern ausbrachen, machen eine auf Zwang beruhende Autorität notwendig. Herrschaft ist rechtens im Hinblick auf ihren Zweck, aber ihre Form ist weder in der Natur noch in der Bibel festgelegt, sondern entstammt menschlichen Vereinbarungen.

Die Erbmonarchie hat keine besondere Legitimität, sondern ist bequem und in England durch die Tradition sanktioniert. Alle menschlichen Gemeinschaften besitzen die Gesetzgebungskompetenz, denn eine Vereinigung muß über die juristischen Mittel zu ihrer Selbsterhaltung verfügen. Die staatliche Gesetzgebungsgewalt liegt beim Volk, auch wenn das Gesetz als Parlamentsakt oder als königliches Edikt aus dem Gewohnheitsrecht hervorgehen mag. Das Parlament gehört zum »wahren Wesen« der Regierung. Die Zustimmung des Volkes muß unterstellt werden, denn das positive Recht ist das Recht der politischen Gemeinschaft als Ganzes. Das Recht der Gemeinschaft steht über dem König und beschränkt seine Macht: *Lex facit regem.* Der König dient dem *bonum publicum.* Er ist das höchste Individuum in der Gemeinschaft, aber er ist der vereinigten Gemeinschaft untergeordnet: Er ist *major singulis universis minor.* Ironischerweise ist dieser Satz im hugenottischen und katholischen Radikalismus allgegenwärtig und tauchte in England in den vierziger Jahren des 17. Jahrhunderts wieder auf. Hookers Thomismus führt in die Nähe populistischer Argumente. Ob einem König, der jenseits des Rechts handelt, mit anderen Mitteln als durch eine Ermahnung Einhalt geboten werden kann, läßt Hooker offen. Seine Argumentation legt das Recht, ihn abzusetzen, nahe, aber er verneint diese Schlußfolgerung, indem er die »Säer von Rebellion« verurteilt.

Die Kirchenverfassung

Schließlich gibt Hooker eine Darstellung der kirchlichen Autorität. Die Kirche Christi ist die Gemeinschaft der Gläubigen. Die irdische, sichtbare Kirche schließt sogar die Verdammten ein; die mystische, unsichtbare Kirche umfaßt nur die Erretteten, aber ihre Gemeinschaft kann auf Erden nicht erkannt werden. Dies erneuert die katholische Lehre von der sichtbaren Kirche gegen die separatistische Lehre, die Auserwählten seien erkennbar und müßten sich selbst vom Antichrist lossagen. (Hooker war der Ansicht, daß selbst die römische Kirche, trotz ihrer Korruptheit, ein Teil der Kirche Christi sei: Travers war entsetzt.) Jeder Staat ist ein »besonderer« oder »nationaler« Zweig der universalen katholischen Kirche, aber jeder von ihnen wird als einzelnes *imperium* regiert (III,1 bis 2). Der mittelalterliche katholische Universalismus wird damit wie bei Marsilius den nationalen Grenzen angepaßt. Die Priester und besonders die Bischöfe, die im Evangelium und den Lehren der Kirchenväter ausgebildet sind, bestimmen den Glauben und leiten die Kirche. Aber der Glaube und die Sakramente müssen von der Gerichtsbarkeit getrennt sein. Kanonisches Recht sowie die geistliche Hierarchie, die Liturgie, die geistlichen Gerichtshöfe, der weltliche Reichtum und die Macht der Kirche sind Fragen der Jurisdiktion und liegen beim weltlichen Souverän.

Da alle gläubig sind, hat die Kirche die gleiche Ausdehnung wie der Staat. Kirche und Staat sind untrennbar, zwei Aspekte einer Gesellschaft, zwei Akzidenzien einer Substanz. Die weltliche Versammlung, das Parlament, und die kirchliche Versammlung, die Synode – die Adligen und die Bischöfe, die Magistrate und die Pastoren –, sind Diener einer einzigen Gesellschaft, die unterschiedlichen Zielen verpflichtet sind.

Das Symbol dieser Gemeinschaft und ihr Herrscher ist der Monarch, der höchster Richter und Haupt der sichtbaren Kirche ist. Priester können keinen Anspruch auf eine rivalisierende Gerichtsbarkeit erheben: Ihre geistliche Autorität ist priesterlich und niemals juristisch, und die Usurpation der Gerichtsbarkeit im Namen der Religion ist nichts anderes als Papisterei. Die Suprematie darf von »keinem fremden Staat oder Herrscher, von keinem inländischen Stand oder Machthaber« verleumdet werden: das heißt, weder vom Papst noch vom versammelten nationalen Klerus. Sowohl die Katholiken als auch die Protestanten bildeten als *imperium in imperio* eine Herausforderung für die Suprematie (VIII,1–8).

Jean Calvin stimmte mit Thomas Morus überein und der Jesuit Thomas Stapleton mit dem Presbyterianer Thomas Cartwright: Sie alle vertraten offenbar die Ansicht, daß die Religion die Priester berechtige, die Königswürde zu usurpieren (VIII,3–4). Sie verleumdeten außerdem die Autorität der Bischöfe durch die päpstliche Monarchie und die presbyterianische Demokratie. Der Angriff der Presbyterianer provozierte Hooker zu einer energischen Verteidigung der Bischofswürde. Die frühere Sicht der elisabethanischen Kirchenmänner, einschließlich Whitgifts, war, daß Bischöfe eine »unwesentliche Sache« seien: Die Krone könne sie abschaffen, wenn es zweckdienlich sei. In Buch III bekräftigte Hooker dies, aber in Buch VII maß er den Bischöfen größeres Gewicht bei, wenngleich er nicht einigen seiner Zeitgenossen folgte, die ein göttliches Recht für die Bischöfe in Anspruch nahmen. Bischöfe sind keine notwendige Einrichtung, aber das Gewicht der Geschichte überwältigt jede Alternative. Die Bischöfe sind die Nachfolger der Apostel; in der Kirche zur Zeit der Kirchenväter waren sie eine universale Einrichtung (VII,1–5; VIII,9).

Es ist zweifelhaft, ob Hooker eine adäquate Antwort auf das Problem eines weltlichen Herrschers hatte, der die christlichen Grundsätze aufhob. Wer sollte über eine solche Aufhebung richten? Wenn es das private Gewissen sein sollte, dann waren Separation und Tolerierung zulässig: Dies ist das historische Ergebnis, und es ist die Antwort von John Locke. Wenn es die Bischöfe sein sollten, dann drohte ein neues *imperium in imperio:* Diesen Vorwurf erhoben später die Parlamentarier und die Whigs gegen die Verteidiger des göttlichen Rechts der Bischöfe. Wenn allein der weltliche Souverän der Richter ist, dann ist die Religion das, was der Souverän dazu erklärt: Dies ist die Antwort von Thomas Hobbes. Dies ist das Dilemma von Religion und Politik im 17. Jahrhundert.

Locke über Hooker

In den *Zwei Abhandlungen über die Regierung* (1689) behauptete der Whig-Philosoph Locke, Hooker sei bis zu ihm selbst der letzte Philosoph in England gewesen, der die weltliche Herrschaft auf ihr eigentliches Fundament stellte, den menschlichen Willen. Locke erkannte, daß Hookers Philosophie nicht die Philosophie des absolutistischen Royalismus während des 17. Jahrhunderts war. Er unterschied Hooker von seinem Zeitgenossen Bischof Thomas Bilson und den Absolutisten unter der Herrschaft Karls I., denn Hookers Annahmen standen denen der katholischen und hugenottischen Radikalen zu nahe, um einen radikalen Royalismus gegen die Bedrohung durch eine katholische Revolution und ihre späteren parlamentarischen und Whig-Nachfolger vertreten zu können. Möglicherweise wurde das achte Buch von Hookers *Laws* deswegen nicht in den neunziger Jahren des 16. Jahrhunderts veröffentlicht. Das Buch erfüllt jedoch sein angestrebtes Ziel: die Konfrontation mit dem Antinomismus. Spätere konservativere Anglikaner ignorierten diese Politik. Locke bemerkte zu Recht, daß die anglikanischen Absolutisten sich »für ihre ekklesiastische Politik« auf Hooker stützten, aber daß ihre »bürgerliche Politik ...neu ist« (II,29).

3. Der Absolutismus unter der Herrschaft Jakobs I.: Die Frage der Souveränität

Im modernen Europa wird der Katholizismus häufig als die Religion autoritärer politischer Systeme begriffen, insbesondere wegen seiner Reaktion auf die Französische Revolution im 19. Jahrhundert. Im Gegensatz dazu wurde der Katholizismus von den Protestanten im 17. Jahrhundert als gefährlich, subversiv und revolutionär betrachtet. Es waren die katholischen Thomisten, besonders

Suárez (vgl. oben, S. 155) und Bellarmin (vgl. oben, S. 151), den moderne amerikanische Katholiken gerne als den ersten Demokraten bezeichnen, die eine umfassende Theorie der Volkssouveränität entwarfen. Die englischen protestantischen Theorien über die Natur des Staates können nur verstanden werden, wenn ihre Konzentration auf die Zurückweisung des katholischen Radikalismus erkannt worden ist. Der Absolutismus zur Zeit Jakobs I. war anfänglich ein Angriff gegen die »Königsmord-Doktrin« der Jesuiten.

Das »Divine Right of Kings«

Die absolutistische Theorie ist im allgemeinen als die Theorie des *Divine Right of Kings* bekannt. Dieser Satz ist jedoch irreführend. Er impliziert eine intellektuell seichte Theorie, die häufig als »absurd« oder als in naiver Weise auf einigen Stellen der Bibel beruhend abgetan wurde. Tatsächlich enthält die absolutistische Theorie sowohl rationalistische als auch providentialistische Elemente und umfaßt vier verwandte Themen: 1. eine naturrechtliche Interpretation der Grundlagen politischer Macht, 2. eine juristische Interpretation der Souveränität, 3. eine lutherisch-biblische Darstellung der Pflicht zu »blindem und passivem Gehorsam« gegenüber der weltlichen Obrigkeit und 4. Gedanken über den Platz, den das Königtum in einer platonisch-aristotelischen Kosmologie der göttlichen und natürlichen Ordnung innehat. Die beiden ersten Elemente sind zweifellos die bedeutendsten. Im ersten Thema spiegelt sich das bemerkenswerte Fortwirken des scholastischen Aristotelismus im 17. Jahrhundert. Das heißt: Die Bibel wird hier nicht für sich genommen, sondern als Bestätigung und Kommentar der intuitiv erkannten Wahrheiten des Naturrechts und der rationalen Jurisprudenz betrachtet. Das zweite Thema, die Doktrin der Souveränität, bildet den Hauptbeitrag des Absolutismus zur Theorie des modernen Staates. Zweifellos übten hier Bodins *Six Livres de la République* (1576), die 1606 in einer englischen Übersetzung erschienen, einen bestimmenden Einfluß aus. Die bekanntesten Vertreter der Theorie vom *Divine Right of Kings* waren in England *Jakob I.* und *Sir Robert Filmer.* Filmer schrieb in den vierziger Jahren des 17. Jahrhunderts und erlangte erst vierzig Jahre später größeren Einfluß; seine Theorie wurzelt jedoch in der Periode der Bodin-Rezeption durch Jakobs Anhänger. Am Anfang seiner *Patriarcha* (um 1645) bezieht er sich auf *Sir John Hayward*, *Adam Blackwood* und *John Barclay*, die »in gelehrter Weise sowohl Buchanan als auch Parsons widerlegten«. Haywards *An Answer to ... (Parsons') Conference* (1603), das 1683 unter dem Titel *The Right of Succession Asserted* erneut aufgelegt wurde, und Blackwoods *Apologia pro Regibus* (1581) gehörten zur Reaktion gegen die schottische calvinistische Revolution von Knox und Buchanan. Beide Bücher dienten der Legitimierung von Jakobs erfolgreicher Verteidigung der königlichen Autorität gegenüber seinem ehemaligen Erzieher Buchanan und gegen den politischen Würgegriff des calvinistischen Adels, der seine katholische Mutter Königin Maria abgesetzt hatte. Diese Bücher standen Buchanan ebenso feindlich gegenüber wie Bodins Bücher den hugenottischen Schriften Bezas, Mornays und Hotmans. Spätestens seit 1577 befand sich ein Bodin-Exemplar in der Bibliothek Jakobs; 1584 verurteilte das schottische Parlament Buchanan. Der Bodinsche Trend wurde durch das *ralliement* zu Heinrich IV. in Frankreich 1593 verstärkt, nachdem dieser zum Katholizismus konvertiert war. Dies führte zur Veröffentlichung einer monumentalen Verteidigung des absoluten Königtums, der Schrift *De Regno* (1600), die von *William Barclay*, einem französisierten Schotten, stammt.

Hadrian Saravia

Die erste klare Darstellung absolutistischer Themenstellungen in England war *Hadrian Saravias* Buch *De Imperandi Authoritate et Christiana Oboedientia*, das vom Buchdrucker der Königin zur gleichen Zeit wie Hookers *Ecclesiastical Polity* (1593) veröffentlicht wurde und 1610 in der zweiten Auflage erschien. Saravia, ein Exilant aus Leyden, war mit Hooker befreundet. Sein Buch enthält eine angemessenere Antwort auf die Frage der Volkssouveränität, als sie Hooker zu bieten vermochte. Es markiert einen entscheidenden Bruch in der englischen politischen Orthodoxie. Um 1615 wurden unter dem Druck des europäischen katholischen Angriffs gegen Jakobs *Oath of Allegiance* Saravias Thesen zum Standardargument. In den großen Debatten fand Jakob polemische Unterstützung von Autoren, die kaum weniger beeindruckend waren als seine Gegner Suárez und Bellarmin. Unter ihnen befand sich eine Reihe englischer Bischöfe und Theologen wie *Lancelot Andrewes* und der Dichter *John Donne* sowie eine Gruppe von Exilanten wie *Pierre du Moulin* und *Isaac Casaubon*, die beide aus berühmten hugenottischen Familien stammten, und außerdem *Marc Antonio de Dominis*, der vom Katholizismus abgefallene Erzbischof von Spoleto. Der offizielle Rang ihrer Lehren wird durch ihre Bestätigung in den *church canons* von 1606 (bekannt als Bischof Overalls *Convocation Book*) und in einem Traktat mit dem Titel *God and the King* belegt, dessen Verwendung als Unterrichtstext Jakob per Proklamation im Jahre 1615 befahl.

Gallikaner und Venezianer

Die Debatten um 1600 und 1610 waren jedoch nicht nur ein Konflikt zwischen Protestantismus und Katholizismus. Das katholische Europa war selbst zerstritten, und auch bei den Katholiken gab es Feinde des ultramontanen Papismus, der mit den Jesuiten verknüpft wurde. 1606 wurde Venedig vom Papst mit dem Interdikt belegt, und *Paolo Sarpi* konstruierte einen antipapistischen Katholizismus zur Verteidigung der Republik. In Frankreich gab es eine Wiederbelebung des Gallikanismus in Verbindung mit der Veröffentlichung von Texten des mittelalterlichen Konziliarismus, die 1606 durch Richer erfolgte. In England stritt sich die *Appellant*-Bewegung, die heimlich von dem anglikanischen Erzbischof Bancroft unterstützt wurde, heftig mit den Jesuiten, die sie zu vertreiben hoffte.

In diesen Jahren entstand eine bemerkenswerte internationale Bewegung, die die verheerenden Auseinandersetzungen zwischen den rivalisierenden Religionen zu überwinden suchte, indem sie den absoluten Vorrang des Staates gegen die klerikal-populistischen Philosophien behauptete, gleich ob sie päpstlich oder calvinistisch waren. *Francis Bacon* erhob schwere Vorwürfe gegen die päpstliche Absetzungsdoktrin und äußerte die Hoffnung, es werde zu einem »Bündnis zwischen allen christlichen Königen beider Religionen zur Ausrottung und Austilgung dieser Ansicht und ihrer Vertreter vom Angesicht der Erde« kommen. Diese Bewegung stand unter der Ägide Jakobs I. und Heinrichs IV.; sie war mit theologischen Friedensangeboten verknüpft, mit Hoffnungen auf ein echtes ökumenisches Konzil und auf die Befreiung von der rigiden calvinistischen Theologie in der Gestalt des Armianismus. Das *Edikt von Nantes* aus dem Jahre 1598 wurde zum Modell für die Überwindung religiöser Intoleranz. Dies war ein Triumph von Bodins *politique*-Verständnis, bei dem freilich die absolute Monarchie die Voraussetzung für die Befreiung von religiöser Anarchie und Verfolgung war. Der Katholik *Thomas Stapleton* rügte in Douai öffentlich Bodin, weil seine Konzeption den heiligen Krieg gegen die protestantischen Häretiker nicht unterstütze. Anglikaner, Gallikaner und Venezianer stimmten darin überein, daß die universale katholische Kirche rechtmäßig eine Gemeinschaft von Staaten war, die in der weltlichen und kirchlichen Jurisdiktion absolute Suprematie besaßen. Diese Suprematie wurde jedoch ständig durch klerikale Versuche, die säkulare Macht an sich zu reißen, untergraben.

Zwischen den »liberalen Absolutisten« gab es enge Verbindungen. De Thou und Pieresc (Anhänger und Ratgeber Heinrichs), Sarpi und Boccalini in Venedig, Sir Robert Cotton, der englische Altertumsforscher, Casaubon und König Jakob, sie alle korrespondierten miteinander. Der Katholik John Barclay schrieb eine Verteidigung Jakobs, und der protestantische Graf von Northampton verteidigte ihn, indem er Argumente von einem venezianischen katholischen Schriftsteller entlehnte. Die Bewegung erlitt jedoch mit der Ermordung Heinrichs im Jahre 1610 einen schweren Schlag, auch wenn das Ereignis ihre Auffassung von dem unverminderten Anarchismus des klerikalen Populismus bestätigte.

Die natürliche Autorität des Monarchen und der Patriarchalismus

Die Anhänger dieser Bewegung argumentieren alle in ähnlicher Weise, und die Argumente blieben bis zu den Tories der achtziger Jahre des 17. Jahrhunderts und den Jakobiten des 18. Jahrhunderts bemerkenswert konstant. Zunächst stimmen sie mit Aristoteles (»dem König aller Philosophen«, wie Saravia ihn nennt) darin überein, daß die Menschen von Natur aus gesellig seien. Sie fahren dann mit einer entscheidenden Forderung fort, die sie von den Radikalen unterscheidet: Nicht nur die *Gemeinschaft,* sondern auch die *politische Macht* ist aus dem Naturrecht abgeleitet; die politische Macht ist der Natur inhärent, und dies ist der unmittelbare, natürliche Wille Gottes. Macht ist nicht das Resultat menschlicher Wahl, deshalb kann sie auch nicht an die Gemeinschaft zurückfallen. Die Menschen schaffen die Herrschaft nicht, sie befinden sich immer schon unter ihr.

Diese Sichtweise wird später in anderer Form für Humes und Burkes Kritik am Vertragsvoluntarismus wichtig. Wenn Rousseau behauptet, daß »die Menschen frei geboren sind«, so wendet er sich dabei nicht gegen Hobbes, der ein »Vertragsabsolutist« ist, sondern gegen die dominante Tradition des Naturrechtsabsolutismus. Nach Saravia etwa »sind die Menschen von Natur aus nicht frei geboren«. Dem Traktat *God and the King* zufolge haben die Menschen »für die weltliche Macht, die Gott den Königen verleiht«, keine Bedeutung; sie sind »nichts in bezug auf die Verleihung dieser Macht, sondern Gott allein ist ihr uneingeschränkter Stifter«, das Band zwischen den Untertanen und ihren Königen ist »heilig« und »unverletzlich«.

Die Autorität der Regierung ist mit der väterlichen Autorität identisch, und gegenüber der Vaterschaft besteht eine natürliche Verpflichtung. Die politische Gemeinschaft ist, wie Aristoteles im Ersten Buch der *Politeia* gezeigt hat, eine Gemeinschaft von Familien, eine Vereinigung von patriarchalischer Autorität. Aristoteles' auf Vermutungen beruhende Anthropologie zeigte die Familie als den *topos* des Staates, und der historische Bericht der Genesis bestätigte dies. Adam war der Archetyp aller väterlichen und bürgerlichen Herrschaft, der erste Vater und der erste König: Ihm war unbeschränkte Macht gegeben. *Bischof Buckeridge* erklärte, daß »väterliche und königliche Macht in Substanz und Wesen dasselbe sind«; »die väterliche Macht ist der Ursprung aller Macht, und alle Macht ist auf ihr begründet«. *Bischof Overall* verkündete im *Convocation Book*, daß die *Potestas Patria* mit der *Potestas Regia* identisch sei. Daraus folgte, daß ein Volksaufstand oder die Absetzung des Königs durch den Papst Vatermord waren, das schwerste Vergehen gegen die natürlichen Pflichten.

Für diese Art der Argumentation war es nicht erforderlich, die direkte, auf Primogenitur beruhende Abstammung König Jakobs von Adam beweisen zu müssen. Man gestand zu, daß es historisch viele Möglichkeiten gab, nach denen einzelne Regime etabliert wurden: durch Eroberung, Usurpation, altbestehendes Recht und sogar durch allgemeine Wahl. Aber eine Person für ein Amt zu nominieren war nicht dasselbe, wie diesem Amt Macht zu verleihen. Die *Lehre von der göttlichen Berufung* besagt: Gott ermächtigt denjenigen, den die Menschen nominieren. Die entscheidende Verteidigung dieses Standpunkts bezog sich auf das Recht, Leben zu nehmen, das nach allgemeiner Überzeugung bei der königlichen Macht lag. Da kein Individuum, so behauptete man, das Recht habe, Leben zu nehmen, nicht einmal sein eigenes, könne das unbestrittene Recht des Souveräns, die Todesstrafe zu verhängen, eben nur direkt von Gott gegeben sein.

Die vielen historischen Brüche in der direkten Nachfolge der Könige störten die Absolutisten nicht, da Vaterschaft für sie im Grunde ein juristisches Konzept war. Die patriarchalische Doktrin war eine Erläuterung des Begriffs der Souveränität. *Jus Patrium, Jura Majestatis, Imperium* und *Souveränität* wurden als Synonyme betrachtet. Die meisten Autoren übernahmen von Bodin ein striktes Konzept der Souveränität. Ein Staat existiert erst dann, wenn es einen Ort der höchsten Macht gibt, der unanfechtbar und unteilbar ist. Souveränität ist hier im wesentlichen das Recht, Gesetze zu geben. Der Souverän besitzt als einziger das legitime Recht, die Mittel zur Erzwingung des Rechts auszuüben; er kann weder angeklagt noch gerichtet werden. Vorzuschlagen, der Souverän solle von einem weltlichen Gericht verurteilt und bestraft werden – vom Papst, vom Adel oder vom Volk –, ist entweder ein Mißverständnis der Souveränitätsidee (was katastrophale praktische Konsequenzen hat), oder es bedeutet, daß ein solches Gericht selbst der Souverän ist, gegen den es keine Rechtsmittel gibt. In diesem Sinn sind alle Staaten *per definitionem* »absolut« und »arbiträr«.

Die meisten Autoren stimmten darin überein, daß es möglich sei, sich eine

Volksversammlung oder einen adligen Stand als legitimen Souverän vorzustellen, insofern auch sie den rechtlichen Charakter eines Vaters haben könnten, daß man aber nicht von einem »gemischten« Staat oder einer »geteilten« Souveränität sprechen könne. »Gemischte« Regierung bedeutete für die Theoretiker des Naturrechtsabsolutismus wörtlich An-archie. Gegen aristokratische oder demokratische Staatsformen wurde freilich eingewandt, sie seien häufig instabil und kurzlebig; sie galten als unvollkommene und späte Eingriffe in das göttliche Ideal der Monarchie. In England war die Regierungsform natürlich monarchisch, und eine echte Monarchie war *per definitionem* absolut.

Der lutherische »Godly Prince«

Dieser Kerngedanke der absolutistischen Theorie wurde in populären Werken und in Predigten durch die Verwendung von Beispielen aus der Bibel, der Kosmologie oder den Schriften der Kirchenväter unterstützt. Die entscheidenden Passagen der Bibel waren das Vierte Gebot und die paulinische Ermahnung zum Gehorsam gegenüber der Obrigkeit (Römerbrief 13,1–6). Die orthodoxe Erklärung des Gebots »seinen Vater zu ehren« (Mütter wurden ignoriert) war, daß hierin eine vierfache Verpflichtung impliziert sei: die gegenüber natürlichen, geistlichen, grundherrschaftlichen und politischen »Vätern« – d. h. gegenüber Vätern, Priestern, Grundherren und Magistraten. Paulus' Beharren auf dem Satz »Wo aber Oberkeit ist, die ist von Gott verordnet« (Luther) und alle diejenigen, die dem Widerstand leisteten, würden »über sich ein Urteil empfahen«, wurde als kategorische Zurückweisung aller Widerstandstheorien betrachtet. Man erklärte, der Text sei wahrscheinlich in der Zeit Neros entstanden und besage darum: Selbst gegenüber einem sündhaften Tyrannen dürfe man keinen Widerstand leisten.

Paulus' Ermahnung ist der Kardinaltext in der lutherischen Doktrin des »passiven und blinden Gehorsams«. Noch 1711 widmete ein Whig-Kleriker ein ganzes Buch der Erklärung, daß Paulus nicht meine, was er zu meinen scheine, eine Aufgabe, der sich alle frühen Calvinisten und radikalen Anhänger des Papstes mit Fleiß unterzogen. Die Absolutisten stimmten darin überein, Paulus könne nicht gewollt haben, daß Untertanen offenkundig sündhaften Befehlen gehorchten. Keine weltliche Gewalt kann legitimerweise von einer Person verlangen, falsche Götter anzubeten oder die Naturgesetze zu brechen. Auch die absoluten Monarchen konnten demnach in tugendhafte, wahre Könige, die in Übereinstimmung mit dem göttlichen Recht herrschten, und in sündige Tyrannen unterteilt werden. Aber selbst wenn ein König in die Tyrannei abgleiten sollte, lag seine Bestrafung bei Gott, und es konnte keine irdische Bestrafung erzwungen werden. Ein Volk konnte einen König anflehen und ihn um Beseitigung der Übelstände bitten, ein Priester konnte ihn geistlich ermahnen, aber nur der König hatte die Macht des Schwertes. Nötigenfalls mußte ein Untertan einen sündhaften Befehl verweigern und widerstandslos die Konsequenzen tragen, auch wenn es der Märtyrertod war. Dies ist die Idee, die irreführend »passiver Gehorsam« genannt wurde – es ist eher »passiver Widerstand« oder »passiver Ungehorsam«. In den Katechismen wurde erklärt, daß man göttlichen Befehlen »aktiven Gehorsam« leisten müsse und sündhaften Befehlen

»passiven Gehorsam«. Die Absolutisten insistierten immer darauf, daß sie weder Königen schmeicheln noch Tyrannen verteidigen wollten.

Platonische Argumente

Der *Divine-Right*-Theorie wurden durch die rhetorischen Sinnbilder, die in der Kosmologie der Scholastik und der Renaissance verbreitet waren, weitere Argumente hinzugefügt. Diese beruhten auf den platonischen und aristotelischen Ideen von der göttlichen Perfektion, die den Kategorien der Einheit, der Harmonie und der hierarchischen Ordnung innewohnte. Jede Stufe der Schöpfung, jedes Glied in der langen Kette des Seins spiegelte die göttlichen Kategorien wider, und es gab eine Hierarchie von Analogien. Der menschliche Körper, der politische Körper und der Kosmos bildeten eine Stufenleiter vom Mikrokosmos zum Makrokosmos. Gott, die Sonne, der Vater, die vernunftbegabte Seele und der Löwe verkörperten die Einheit und die Souveränität im Kosmos, im gestirnten Firmament, in der Familie, dem Körper und unter den Tieren. Das beste Beispiel für diese Art der Argumentation bietet die Schrift *A Comparative Discourse of the Bodies Natural and Political* (1606), in der wohldurchdachte, auf Platons Lehre beruhende Ähnlichkeiten und Analogien zwischen Teilen des *body natural* und des *body politic* hergestellt werden. Der Autor war *Edward Forset,* Parlamentsmitglied und Friedensrichter, der die Pulververschwörung untersuchte. Platonische Vorstellungen dieser Art waren in den Texten der Renaissance ein Gemeinplatz. Der König wurde als Platons Philosophen-König betrachtet, das irdische Abbild Gottes, der Angelpunkt der göttlichen Ordnung auf Erden. Solche erbaulichen Beschwörungen des idealen Königs erscheinen auch in den großen elisabethanischen Epen, *Sir Philipp Sidneys* »Arcadia« (1580–83) und *Edmund Spensers* »Faerie Queene« (1590), das der »prächtigsten Herrscherin Elisabeth« gewidmet ist.

Die Schriften Jakobs I.

Die meisten Themen der *Divine-Right*-Monarchie wurden mit besonderem Nachdruck von Jakob I. selbst vorgetragen. Seine bekanntesten Werke schrieb und veröffentlichte er, bevor er den englischen Thron bestieg: *The Trew Law of Free Monarchies* (1598) und *Basilikon Doron* (1599), das der Form nach ein Ratgeber über die Kunst des Königtums für seinen Sohn Heinrich war. Seine Hauptquellen waren Barclay und Blackwood. Neben einer Reihe von Reden vor dem Parlament in der Zeit um 1600 gehören seine anderen Werke zu der Kontroverse um den *Oath of Allegiance: An Apology for the Oath* (1607), *A Premonition to all Christian Monarchs,* den er 1609 den späteren Editionen der *Apology* hinzufügte, und *A Defence of the Rights of Kings* (1616), eine Antwort auf Kardinal Perrons Verteidigung des päpstlichen Absetzungsrechts.
Jakob spürte stärker als die meisten anderen die doppelte Bedrohung, die für die Monarchen vom Calvinismus und von der römischen Kirche ausging. »Jesuiten sind nichts anderes als puritanische Papisten.« Seine Mutter Maria war abgesetzt worden, und Knox hatte die Krönungspredigt für den jungen König über die rechtmäßige Absetzung Athalias durch den Hohenpriester Jehoida gehalten.

Sein Erzieher *Buchanan* betonte, daß der König ein Mitglied und nicht das Haupt der Kirche sei und die Pflicht habe, die »wahre Religion« zu bewahren, wie die *Kirk,* die schottische Nationalkirche, sie definiert hatte.

In den achtziger Jahren des 16. Jahrhunderts setzte Jakob seine Unabhängigkeit in der schottischen Politik durch, aber nur zehn Jahre später sah er sich mit *Parsons'* Anfechtung seiner Nachfolge auf den englischen Thron konfrontiert. Parsons' *Conference* entsetzte Jakob und war ein unmittelbarer Anstoß für seine eigenen Schriften. (Parsons bezeichnete seinerseits das *Trew Law* als »piccolo, ma pestilentiale«.) In der *Premonition* und der *Defence* beschrieb Jakob die Geschichte der Absetzungen des Papstes, die Anschuldigungen Philipps des Schönen gegen Bonifaz VIII., Gersons konziliaristischen Angriff gegen die päpstliche Monarchie und die modernen »Monster, die die Doktrin des Vatermords lehren«: Bellarmin, Suárez und Mariana. Alle »Königsmörder« seien nichts anderes als von »Hochmut, Ehrgeiz und Habgier« korrumpierte Priester. Am meisten verletzte Jakob die Parallele, die Bellarmin zwischen ihm und Kaiser Julian Apostata gezogen hatte, jenem heidnischen Verfolger der Christen, der von einem Pfeil niedergestreckt wurde. Ob dieser Pfeil von einem *gerechten* Christen abgefeuert worden war oder nicht, hing davon ab, ob die Polemiker den Absolutismus oder den Tyrannenmord favorisierten. Der verärgerte und zugleich eingeschüchterte Jakob antwortete mit seiner Darstellung der wahren christlichen Doktrin des Gehorsams. Er führte die Bibel, die Kirchenväter, die *fundamental laws* und die Naturgesetze an, um die Göttlichkeit der weltlichen Herrschaft und die absolute Gehorsamspflicht zu erweisen. Es ist die heilige Pflicht des Königs, »bei Gefahr seines Seelenheils die Wohlfahrt sowohl der Seelen als auch der Körper zu gewährleisten«. Die jüdischen Könige bauten den Tempel, zerstörten die Götzendienerei, reformierten die Religion und herrschten über die Priester. Der König, der diesen Pflichten nicht nachkommt, ist ein Tyrann, den der Zorn Gottes treffen soll. Der König übernimmt diese Pflichten feierlich mit dem Krönungseid, aber dieser Eid ist kein Vertrag, und der König muß sich seinen Untertanen gegenüber nicht verantworten. Denn wer soll ihn richten? Ein Volk kann nicht Partei und zugleich Richter in eigener Sache sein. Die Grundlage der Monarchie ist nicht das Volk, sondern Gott. »Die Monarchie«, so verkündete Jakob dem Parlament 1610, »ist das höchste Gut auf Erden, denn die Könige sind nicht nur Gottes Stellvertreter auf Erden und sitzen auf Gottes Thron, sondern sie werden sogar von Gott selbst Götter genannt.« Könige sind das »Ebenbild der Macht Gottes auf Erden«.

»Ein König ist wahrhaft *parens patriae,* der politische Vater seiner Untertanen«; »ich bin der Ehemann, und die ganze Insel ist mein angetrautes Weib; ich bin der Kopf, und sie ist mein Körper; ich bin der Hirte, und sie ist meine Herde.« Wenn der König-Patriarch zum Despoten wird und sein heiliges Amt verrät, dann kann ein christliches Volk nur dem Beispiel »der Urkirche in der Zeit der Verfolgung« folgen: *Preces et Lachrymae sunt arma ecclesiae.* Die Phrase von den »Gebeten und Tränen« hallte in der royalistischen Literatur immer wider, und die Whigs sprachen deshalb später verächtlich von den »Heulsusen«, die sich der Tyrannei unterwarfen.

4. Die Verfassung, das Recht und Sir Edward Coke

Souveränität gegen Papismus

Weil die Theoretiker des Absolutismus hauptsächlich damit beschäftigt waren, der Drohung der katholischen Revolution Widerstand zu leisten, war ihre Auseinandersetzung mit der Struktur der englischen Verfassung häufig unbedeutend. Der Ausbruch des Dreißigjährigen Krieges 1618 untermauerte die Notwendigkeit, die imperialen Ansprüche des Katholizismus zurückzuweisen. In den Jahren vor 1640 gab es einen hohen Grad an Übereinstimmung hinsichtlich einer Reihe charakteristischer protestantischer Auffassungen.

Dies wird in der Schrift *De Jure Majestatis* (um 1630) von *Sir John Eliot* gut veranschaulicht. Obwohl Eliot wegen seiner Opposition im Parlament gegen Karl I. eingekerkert wurde, beschäftigt sich sein Buch ausschließlich mit der »Majestät« und »Souveränität« des Königs. Es handelt vorwiegend von der Verfassung der Christenheit, nicht der Englands. Dabei bezieht es sich vor allem auf die Vertreter des römischen Rechts im 13. Jahrhundert, Bartolus und Baldus, um zu zeigen, daß der Papst nicht *Dominus Mundi* und der weltliche Herrscher *Dei vicarius in temporalibus* sei. Die Suprematie des Königs *ist* Englands Freiheit, denn sie befreit England von der »Tyrannei des Antichrist« und dem »Unglück eines aufrührerischen Klerus«. Der Sache des Parlaments gegen den König im Jahre 1642 wäre dieses Argument nicht hilfreich gewesen.

Ein ähnlich antipapistischer Geist förderte während des langen Kriegs mit Spanien die Entwicklung der Altertumsforschung. *Camdens* »Brittania« erschien 1586, dem Gründungsjahr der Gesellschaft für Altertumsforschung. Camden, Sir Robert Cotton und Sir Henry Spelman wollten Englands imperialen Status und seine frühe (vorpäpstliche) Annahme des Christentums verherrlichen. Englands Rolle im Römischen Reich und die britische Abstammung Konstantins, des ersten christlichen Kaisers, wurden aufgebauscht, um zu zeigen, daß England schon immer ein göttliches *imperium* war.

Der Vorwurf des Papismus gegen die Widerstandstheorie

Die Anhänger Jakobs begannen schon früh, die Sache der Krone bei den inneren Auseinandersetzungen mit ihren Gegnern zu unterstützen. Dies ist Absolutismus im vertrauteren Sinn: Die Souveränität des Königs wird als ein Monopol der legalen Macht im Königreich bis hin zum Ausschluß repräsentativer Institutionen ausgelegt. Ein erstes Anzeichen hierfür war die Bezeichnung des puritanischen Populismus als »papistisch«; zumindest seit den achtziger Jahren des 16. Jahrhunderts war dieser Vorwurf eine mächtige polemische Waffe. Tatsächlich erinnerte die Sprache der Puritaner ihre Gegner an den Geist Papst Gregors VII. Cartwright etwa schrieb, daß Könige die »Diener der Kirche sind, die ihre Szepter unterwerfen, die ihre Krone vor der Kirche niederwerfen, ja, die sogar, wie der Prophet sagt, den Staub von den Füßen der Kirche lecken«. Erzbischof Whitgift erwiderte darauf: »Das habe ich (auch) in den Büchern der Papisten gelesen.« Noch aggressiver betonten dies Bischof *Thomas Bilson* in seiner *True Difference between Christian Subjection and Unchristian Rebellion* (1585) und Bancroft in seinen *Dangerous Positions* (1593), einer weitschweifigen Geschichte über die Ähnlichkeiten zwischen den calvinistischen und den papistischen Hochverratsfällen. Beide Bücher waren bei den späteren Royalisten und Tories besonders beliebt. Locke nannte Bilson »einen großen Eiferer für die Macht und Prärogative des Königs«. Für die mit Locke befreundeten Whigs begann mit diesen Büchern die Argumentation mit dem *Divine Right* des Königs. Es waren eher Bilson und Bancroft als Hooker, die im 17. Jahrhundert bekannt waren.

Die einflußreichste Version dieser Behauptung über die historische Struktur des subversiven politischen Denkens war *David Owens* Schrift *Herod and Pilate Reconciled* (1610). Der Untertitel lautet: »Die Übereinstimmung zwischen Papisten und Puritanern ... bei der Beschränkung, Absetzung und Ermordung von Königen«. Das Buch beginnt mit der unbestreitbaren Tatsache, daß »die puritanische Kirchenpolitik und der Jesuitenorden zur gleichen Zeit ihren Anfang nahmen: der eine in Genf 1536 und der andere in Rom 1537«. Es fährt damit fort, von »puritanisch-papistischen« Machenschaften und von calvinistischen »Gemeindepäpsten« zu sprechen, und behauptet, die calvinistische Revolutionstheorie sei das Erbe der katholischen Lehre. Es endet schließlich mit einer gewaltigen Metapher, die häufig in royalistischen und jakobitischen Schriften wiederkehrte: »Die Könige der Christenheit werden täglich zwischen zwei Dieben gekreuzigt (wie Christus, ihr Herr): Ich meine die Papisten und die Puritaner.« Im England der Restaurationszeit wurde der Märtyrer-König Karl I. ikonographisch mit einer Dornenkrone dargestellt, und Owens Buch wurde in der Mitte des Bürgerkriegs unter dem Titel *Puritano-Jesuitism, the Puritan turned Jesuit* (1643) neu aufgelegt.

Royalisten und Tories hörten nie auf, die Parlamentarier als Vertreter einer papistischen Politik zu betrachten. Nach der Ermordung Karls I. behaupteten mehrere Pamphletisten, die puritanischen Rebellen hätten nur das vollbracht, was die Papisten seit langem beabsichtigten. Das protestantische England war durch die Schuld eines Königsmordes entehrt. Dieser Standpunkt führte zu dem ernst gemeinten Vorwurf gegen die Jesuiten, sie seien an der Ermordung des Königs mitschuldig. Diese Tradition setzte sich fort. 1710 lautete eine Litanei über das politische Böse: »Mariana, Suárez, Bellarmin, Hotman, Buchanan, Bradshaw, Milton, Baxter, Owen, Goodwin, Sidney, Locke« – Jesuiten, Hugenotten, puritanische Revolutionäre des Bürgerkriegs und Whig-Philosophen! Derlei Behauptungen dienten natürlich propagandistischen Zielen, aber sie waren nicht frei erfunden. Auf dem Weg über die Literatur übernahm der englische Radikalismus tatsächlich viel von den katholischen Argumenten. Parsons' *Conference* wurde 1649 als republikanischer Traktat unter dem Titel *A Conference Concerning the Power of Parliaments against their Kings* zur Rechtfertigung von Karls Absetzung neu aufgelegt. Eine andere Version erschien 1655 und eine weitere unter dem Originaltitel 1681, wo sie perfekt auf den Plan der Whigs abgestimmt war, Jakob, den Herzog von York (den späteren Jakob II.), von der Thronfolge auszuschließen. Die Propagandisten der Tories enthüllten rücksichtslos die Abhängigkeit der Whigs von Parsons, Mariana, Suárez und anderen. Antipapismus gehörte weiterhin zum Kern des englischen politischen Denkens.

Der König als alleiniger Gesetzgeber

Die belastende Verbindung des protestantischen Populismus mit dem Papismus war für die absolutistische Theorie ein Mittel, die protestantische Opposition zu schwächen. Ein anderes Mittel war eine Interpretation der Verfassung, in der die Prärogative des Königs favorisiert wurde. Die Theorie der Souveränität führte zu einem Begriff des Rechts, in dem das Gesetz im Grunde ein *Befehl* des Königs war. Als Standardzitat aus dem römischen Recht diente Ulpians Diktum, daß der *princeps legibus solutus* sei. *Lex* wurde mit *rex* identifiziert. In der formalen Theorie implizierte diese Position eine Zurückweisung der unabhängigen Autorität des *Customary* oder *Common Law:* Gewohnheit hatte nur dann Rechtsstatus, wenn der Souverän sie sanktioniert hatte. Darin konnte aber auch die Zurückweisung des *Fundamental Law* eingeschlossen sein, wenn darunter eine Reihe konstitutioneller Regeln zu verstehen war, die der gesetzgeberischen Gewalt Grenzen setzten. Wenn der König Souverän war, dann hatte das Parlament keine ihm eigene legislative Gewalt. Die Idee der Souveränität hob die mittelalterliche Annahme auf, es gebe eine Vielzahl von Quellen des Gesetzes und der Jurisdiktion.

Die Theorie der Souveränität tauchte jedoch erst im 19. Jahrhundert in ihrer reinsten Form auf. Die Royalisten verneinten nie die Wirksamkeit des *Common Law,* sie bestritten auch nicht, daß der Souverän durch die Gesetze Gottes und der Natur gebunden sei, und hielten an der Möglichkeit der Gesetzgebung durch das Parlament fest. Deswegen behaupteten einige Forscher, der größte Teil des Royalismus sei moderat gewesen und der Absolutismus von Hobbes und Filmer sei untypisch. Das ist falsch: Hobbes und Filmer haben die Theorie der Souveränität nur deutlicher expliziert – mit erheblichen Folgen für die Geschichte.

Die Anhänger Jakobs gaben zwei unterschiedliche Antworten auf die Frage nach der Autorität des *Common Law* und des Parlaments im Verhältnis zur Krone. Die erste war, daß das *Common Law* das natürliche Recht verkörpere, aus diesem Grund unabhängig sei von den Gesetzen des Königs und diesem moralische Beschränkungen auferlege. So konnte selbst ein absoluter Souverän das weltliche Recht nicht durchbrechen, wenn dieses Recht sich auf ein *malum in se* bezog, im Unterschied zu *malum prohibitum.* Der herausragendste Fall war das Eigentumsrecht, die Sphäre von Mein und Dein. Da solche Rechte natürlich waren, konnte der König nur mit Zustimmung des Volkes Steuern verlangen, und dies erklärt die lange Zeit unbestrittene Autorität des Parlaments, Steuern zu erheben. Zugleich hielt man daran fest, daß das Volk die Pflicht habe, für das allgemeine Wohl Steuern zu zahlen, und man betonte, niemand könne das Steuerbewilligungsrecht des Parlaments gegenüber dem König durchsetzen. Der König war *moralisch* verpflichtet, das natürliche Recht nicht zu verletzen, aber er war nicht *rechtlich* verpflichtet.

Die zweite und aggressivere Position war, daß das Verfahren, Gesetze durch Parlamentsakte und auf der Basis des *Common Law* zu erlassen, nur durch königliche Erlaubnis existierte. Dies war das Konzept der *concessio,* das im royalistischen Denken zunehmend in den Vordergrund trat. Die Existenz des Parlaments wurde als Gewährung oder Konzession früherer Monarchen betrachtet. Ähnlich wurde die Verabschiedung von Gesetzen im Parlament für eine Gnade und Herablassung des Monarchen und nicht für ein allgemeines Recht gehalten. So war auch das *Common Law* nur ein authentisches Recht, weil der König es zugestanden und autorisiert hatte, wenn auch nur stillschweigend. Hier wird die Idee der *concessio* zur Fiktion: Die Gewohnheit wird künstlich dem Willen des Souveräns angepaßt.

Die erste Betrachtungsweise, die das *Common Law* dem natürlichen Recht anpaßte, wurde von *Sir John Davies* zum Ausdruck gebracht, der die Ansicht vertrat, daß »wir das englische *Customary Law jus commune* nennen, weil es dem Naturrecht am nächsten kommt«. Lordkanzler *Ellesmere* nahm denselben Standpunkt ein: »Das *Common Law* von England gründet sich auf dem göttlichen Recht und setzt sich fort in den ursprünglichen Gesetzen der Natur und dem universalen Recht der Völker.«

Die weitergehende Position der *concessio* wurde von Jakob I. vertreten. Er schrieb über die schottische Verfassung, daß »Könige die Autoren und Schöpfer des Rechts und nicht die Gesetze die Schöpfer der Könige waren«; ursprünglich machte der König die Gesetze »allein« und richtete später durch seinen eigenen freien Willen ein Parlament ein. Jakob behauptete damit auch, daß Eigentum kein natürliches Recht war: Da der König feudaler Oberherr war, erhielten seine Untertanen ihr Land durch seinen freien Willen. Die Privilegien der Untertanen wurden »ihnen durch die Gunst und Gnade unserer Vorgänger übertragen«.

Jakob führte hinsichtlich des Verfahrens für Parlamentsakte drei Argumente an, die die Royalisten später immer wieder gegen die Ansprüche des Parlaments auf Souveränität vorbrachten. Erstens »werden die Gesetze von den Untertanen nur erbeten«, sie werden »von ihm auf ihren Vorschlag hin und mit ihrem Rat gemacht«; alte Gesetze wurden als Petitionen an den König zur Behebung eines Übelstandes beschrieben und vom König »mit dem Rat« der *Estates* gemacht. Zweitens zeigte die Tatsache des königlichen Vetorechts gegenüber der Legislative, daß er letzten Endes die Quelle des Rechts war. Und drittens konnte das Parlament nur auf Befehl des Königs zusammentreten und sich auflösen und hatte kein ihm eigenes Recht zusammenzutreten.

Zugleich bestand Jakob jedoch darauf, daß ein König, im Gegensatz zum Tyrannen, sich den Gesetzen »selbst anpassen wird« und nicht nur durch sich selbst, sondern durch die *settled civility* des Rechts regieren wird. »Ein guter König wird alle seine Handlungen dem Gesetz anpassen.« Diese Darstellung wurde in royalistischen Schriften wiederholt gegeben. Sie findet sich in einem so frühen Text wie *Sir John Haywards* Schrift *Answer to ... Conference* (1603), in dem behauptet wird, daß »die Parlamente überall von Königen eingerichtet worden sind«. Dieselbe Behauptung findet sich bei *Saravia* und *Owen*. *Ellesmere* erklärte, daß »der König der Zwangsgewalt der Gesetze nicht unterliegt, sich aber freiwillig ihrer leitenden Gewalt unterwirft«. *Davies* meinte: »Der König ist durch das positive Recht gebeten worden ..., seine absolute Macht zu begrenzen und sich selbst an die ordentlichen Regeln des Rechts zu halten.«

Jakob und die Verteidiger der Krone unterschieden zwischen den *absolute* und den *ordinary powers* des Königs. Die Krone hatte als Souverän eine ihr innewohnende absolute Macht, nach Belieben zu regieren. Aber in zivilisierten Nationen hatten sich, im Gegensatz zu orientalischen Despotien, eine Gesetzesstruktur und eine Reihe von Institutionen entwickelt, an die die Macht des Königs gewöhnlich delegiert wurde. Der König, als höchster Richter des Gemeinwohls, konnte jedoch unter bestimmten Umständen, wenn es das öffentliche Wohl erforderte, seine absolute Macht ausüben. Bei diesen Gelegenheiten hatte sein bloßer Wille Gesetzeskraft. Dies war seine absolute Macht, seine Prärogative. Hier war der König, der kraft seiner Prärogative *pro bono publico* handelte, *lex loquens*, das personifizierte Recht. Diese Unterscheidung zwischen den *ordinary* und den *absolute powers* war mittelalterlich und findet sich in der Tradition des römischen Rechts. Sie war außerdem die Anwendung eines theologischen Prinzips: die Unterscheidung zwischen Gottes gewöhnlicher Vorsehung, dem regulären Wirken Gottes in der natürlichen Ordnung, und seiner außerordentlichen oder besonderen Vorsehung, seinem periodischen Eingreifen in die Ereignisse der Welt, den Wundern. So sagt Lord Strafford 1641, daß »die Prärogative angewendet werden muß, wie Gott seine Allmacht anwendet, nämlich bei außerordentlichen Gelegenheiten«, und Davies behauptete, daß der König »die göttliche Majestät nachahmt«, indem er eine *ordinary* und eine *absolute power* ausübt.

Cowells »Interpreter«

Diese Unterscheidung wurde um 1600 berühmt. Sie erschien in den *Regales Disputationes Tres* (1605) des *Alberigo Gentili*, der Professor für bürgerliches Recht in Oxford war, und in *Forsets* »Comparative Discourse« (1606). Die unmittelbaren Quellen waren Bodin und Barclays *De Regno* (1600), daneben wurden aber auch die Lehren von Ulpian und Baldus angeführt. Der Tatbestand der etablierten königlichen Prärogative schien diese Position zu bestätigen. Es war unbestreitbar, daß der König in vielen Bereichen prärogative Gewalt besaß, so etwa in äußeren Angelegenheiten oder in der Abschwächung oder Aussetzung von Parlamentsakten, wenn er der Ansicht war, das Gemeinwohl erfordere dies.

Die *absolute power* überstieg und umfaßte die *ordinary power: Common Law* und Parlamentsakte waren keine unabhängigen Quellen des Rechts. Diese Theorie erlangte mit dem Fall des *Dr. John Cowell*, der Professor für bürgerliches Recht in Cambridge war, allgemeine Bekanntheit.

1607 veröffentlichte Cowell die Bancroft gewidmete Schrift *The Interpreter*, die er selbst als Rechtslehrbuch verstand, was sie später auch erfolgreich wurde. Cowell behauptete, daß der König »aufgrund seiner absoluten Macht über dem Gesetz steht« und daß »der König von England ein absoluter Monarch ist«. Der König mache aufgrund von Gewohnheit, Nützlichkeit und Gnade die Gesetze im Parlament. »Es ist eine gnädige Politik ebenso wie eine politische Gnade«, Gesetze im Parlament zu machen; daß der König dies tut, »geschieht nicht aus Zwang, sondern aus Güte«.

1610 protestierte das Unterhaus, um den König in Verlegenheit zu bringen, gegen die Teile des Buches, die den »König«, das »Parlament« und die »parlamentarische Zuwendung« an die Krone (die Steuern) betrafen. Jakob erließ eine Proklamation gegen Cowells Buch, die in vorsichtigen, ihn zu nichts verpflichtenden Worten gehalten war. In seiner Rede vor dem Parlament wies er die Behauptung zurück, »ich hätte gewünscht, das *Civil law* an die Stelle des *Common Law* zu setzen«. Der König hatte in dem Sinne recht, daß weder er noch seine Justizbeamten planten, das *Common Law* durch das bürgerliche oder das römische Recht zu ersetzen. Es ist nichtsdestoweniger eindeutig, daß den Grundlagen des *Common Law* eine auf dem römischen Recht beruhende Interpretation hinzugefügt wurde.

Die Reform des Rechts

Wenn es auch keine allgemeine Bewegung zur Abschaffung des *Common Law* gab, so gab es doch besondere Bereiche, wo das Konzept des *imperator* von den Juristen des Königs angewandt wurde. Einer davon war Irland, wo *Davies* in seiner Eigenschaft als *Solicitor* und *Attorney General* (Kronanwalt) von 1603–19 das irische Rechtssystem reformierte, indem er das gälische Gewohnheitsrecht und die Vielzahl der Gerichtsbarkeiten unterdrückte. Er behauptete, sie seien ein Affront gegen die Souveränität des Königs, und zitierte Axiome des kanonischen und des bürgerlichen Rechts, einschließlich des Satzes von Baldus: *solus princeps, qui est monarch, est imperator in regno suo.* Daneben wurde weithin die Ansicht vertreten, das englische Gerichtsverfahren sei reformbedürftig, weil die Rechtsprechung langsam und vom Zufall bestimmt sei. Außerdem seien die Gesetze häufig unklar, überholt und widersprüchlich. In den neunziger Jahren des 16. Jahrhunderts sprach man davon, der König werde das Recht nach dem Modell Justinians reformieren, des Kaisers, der die Digesten des römischen Rechts autorisiert hatte. Der spätere Lordkanzler *Bacon* schuf eine Reihe von *regulae* oder Maximen mit dem Ziel, die Gesetze zu kodifizieren. Er begriff das *Common Law* als eine lokale Form des universalen Rechts und von daher als dem römischen Recht anpassungsfähig. Wie später Jeremy Bentham, stand er einem von Richtern gemachten Recht mißtrauisch gegenüber, das er als Quelle der Inkohärenz und der Irrationalität betrachtete. Bacon billigte die wachsende Aktivität der Gerichtshöfe der königlichen Prärogative, wie der *Chancery* und des *Star Chamber,* als Mittel für eine schnellere und effektivere Justiz, als sie mit dem *Common Law* zu erreichen war. Tatsächlich gab es eine weitverbreitete Bewunderung für die Eleganz und Rationalität des bürgerlichen Rechts. Es diente nicht als Programm für die Abschaffung des *Common Law,* sondern als Mittel, es im Interesse der Gerechtigkeit und der Effizienz einer zentralisierten Herrschaft auszulegen und zu reformieren.

Besteuerung ohne Zustimmung

Die wichtigste und umstrittenste Ausübung der absoluten Macht des Königs betraf die Besteuerung. Der lange Krieg mit Spanien hinterließ eine verschuldete Krone, und auch die normalen Ausgaben des Hofes stiegen. Die alte Annahme, der König solle in Friedenszeiten von seinem eigenen persönlichen Besitz leben, war nicht länger aufrechtzuerhalten. Das Parlament jedoch neigte dazu, an den alten Grundsätzen festzuhalten, und setzte nur sehr widerwillig Steuern fest. Die Minister Jakobs I. und Karls I. kämpften für eine grundsätzliche Lösung der finanziellen Schwierigkeiten der Krone, doch der Versuch eines »Great Contract« im Parlament von 1610 scheiterte.

Zu dieser Zeit benutzte der König seine Prärogative bereits für fiskalische Zwecke. Im *Bate's Case* (1606) erklärten die Richter, der König habe das Recht, zusätzliche Einfuhrzölle, »Lasten«, per Edikt zu erheben. Dieser Anspruch wurde mit der königlichen Prärogative in äußeren Angelegenheiten begründet. Auf der Grundlage dieses Falls erweiterte die Regierung die Einfuhrzölle auf eine Vielzahl von Gütern. 1610 machte das Parlament seinem Ärger über die Besteuerung Luft, aber es gelang ihm nicht, diese aufzuheben. *Bate's Case* war der erste von drei die Besteuerung betreffenden Fällen. Der zweite war *Darnel's* oder *The Five Knights Case* (1627), als fünf Edelmänner einen Gerichtsbeschluß *habeas corpus* erwirkten, nachdem sie wegen der Nichtzahlung von »Zwangsanleihen« eingekerkert worden waren. Die Richter betonten, der König habe das Recht, Untertanen aus Gründen der »Staatsraison« einzusperren. Im *Hampden's Case* (1638) erklärten die Richter erneut, der König habe das Recht, Steuern ohne das Parlament zu erheben. Dies war der Fall des Schiffsgeldes, das der König vorgeblich zur Seeverteidigung und deshalb plausiblerweise aus Gründen der Staatsraison erhob. Diese Fälle rechtfertigten Bacons Aphorismus, die Richter seien »Löwen unter Salomos Thron«, die darauf achten müssen, »daß sie nicht Teile der Souveränität blockierten oder ihnen gar widersprächen«.

Die bekannteste Verteidigung des königlichen Rechts, Steuern zu erheben, war die von *Richard Manwaring,* der unter dem Titel *Religion and Allegiance* zwei Predigten veröffentlichte. Er wurde von einem anderen Kleriker, *Sibthorpe,* unterstützt: »Sibthorpe und Manwaring« erschienen in der Rhetorik der Whigs als Inbegriff der *Divine-Right*-Lehre, eine Rolle, die ihnen insbesondere von Locke zugewiesen wurde.

Der König hatte sich dem parlamentarischen Druck gebeugt, Spanien den Krieg zu erklären, um die protestantische Sache zu verteidigen, und er war verärgert, daß das Parlament nicht bereit war, Gelder für den Krieg bereitzustellen. Manwarings Botschaft bestand darin, daß er dem Parlament das Recht absprach, die notwendigen Forderungen des Königs zurückzuweisen. Er begründete seine Ansicht mit einer eindrucksvollen Zusammenfassung der absolutistischen Theorie. »Die Macht der Könige ist sowohl natürlich als auch göttlich und gründet nicht auf irgendeiner Zustimmung oder Erlaubnis der Menschen«; »deshalb ist die erhabene Macht, die den irdischen Potentaten innewohnt, keine Herleitung oder Zusammenfassung der menschlichen Macht ..., sondern eine Teilhabe an Gottes eigener Allmacht, die er niemals an eine Vielzahl von Menschen übertrug, sondern immer nur und direkt an seine eigenen Stellvertreter.« Daraus folgte, daß der Wille des Königs Gesetz war. Die fiskalische Rolle des Parlaments bestand darin, für eine gerechte Verteilung der Steuern zu sorgen: Dies war der normale Weg, auf dem der König Steuern erhob, er konnte jedoch auch außerordentlich, aufgrund seines bloßen Willens, Steuern erheben, wenn es die Verteidigung des Reiches oder der wahren Religion erforderte. Manwaring beschuldigte das Parlament der Rebellion, wobei er immer wieder darauf anspielte, daß die Grundlagen der Rebellion papistisch seien. Er zitierte häufig Saravia und De Dominis, die früher eine absolutistische Theorie gegen den Katholizismus formuliert hatten. 1628 klagte das Parlament Manwaring wegen des Versuchs an,

»das Bewußtsein seiner Majestät zu pervertieren und zu verderben«. *John Pym* beschuldigte ihn öffentlich, »den Rahmen und den Aufbau dieses Reichs und dieser Gemeinschaft zu ändern und zu untergraben« und die Menschen ihres Eigentumsrechts zu berauben. Manwaring wurde zu einer Geldstrafe, zu Haft und der Suspendierung von seinem geistlichen Amt verurteilt. Der König begnadigte ihn und machte ihn später zum Bischof.

Sir Edward Coke und die Idee des »Common Law«

Zur Zeit von Manwarings Predigt war klar, daß der grundlegende konstitutionelle Streitpunkt auf die Frage hinauslief, ob das Konzept des *imperators* nur gegen eine äußere (fremde) Jurisdiktion oder auch gegen die innere konstitutionelle Jurisdiktion angewandt werden konnte. Diejenigen, die die Ausdehnung der königlichen Macht bekämpften, hatten zwei Möglichkeiten: Sie konnten behaupten, die Souveränität liege nicht beim König, sondern beim Parlament, oder sie konnten grundsätzlich bestreiten, daß die Idee der Souveränität für konstitutionelle Fragen relevant war. Vor 1640 wurde die letztere Antwort gegeben. Aber es wäre falsch anzunehmen, die Gegner des Königs hätten das Konzept der Souveränität »nicht verstanden«. Sie verstanden es und lehnten es ab.

Die deutlichste Herausforderung Jakobs und Karls ging von dem berühmten Anwalt *Sir Edward Coke* aus. Im Parlament von 1628 stellte Coke explizit fest, daß »die souveräne Gewalt kein parlamentarischer Begriff ist ...; die Magna Charta ist ein Gefährte, der keine Ausnahme duldet ...; wenn wir dies zugestehen, dann errichten wir stillschweigend eine souveräne Macht über all diesen Gesetzen«. Nicht weniger deutlich war seine wiederholte Feststellung, daß die Rede von der »Gnade« (Erlaubnis oder *concessio*) nicht an die Stelle von »Recht« gesetzt werden dürfe. »Wollt ihr die Magna Charta als eine Gnade haben?«; »es ist ein Akt des Rechts und nicht der Gnade, auf dem wir stehen.«

Bereits im Parlament von 1621 war derselbe Streitpunkt erkennbar. Coke und andere gestanden zu, daß die *Commons* nur aufgrund der *Gnade* und mit der Erlaubnis des Königs außenpolitische Fragen diskutieren durften, sie hielten jedoch daran fest, daß die Redefreiheit bei Klagen eine Frage des Rechts war. Der König betonte mit der gleichen Genauigkeit, daß die Redefreiheit im Parlament »von der Gnade und Erlaubnis« seiner Vorgänger »herrühre«, die aufrechtzuerhalten er sich freue. Coke war kein Verteidiger der parlamentarischen Souveränität, und der konstitutionelle Konflikt vor 1640 sollte nicht als ein Konflikt betrachtet werden, der primär zwischen König und Parlament bestand. Coke trat für das *Common Law* ein und hielt an einer Idee des Rechts fest, die keinen souveränen Willen enthielt, weder des Königs noch des Parlaments. Er war deshalb in seiner Rechtsauffassung ein Rationalist und kein Voluntarist.

Coke machte im Dienst des Königs eine bemerkenswerte Karriere. Er stieg bis zum obersten Richter im *King's Bench* und zum Mitglied des *Privy Council* auf. 1616 wurde er nach einer Auseinandersetzung mit Lordkanzler Bacon entlassen. In den zwanziger Jahren des 17. Jahrhunderts war er ein prominenter Gegner des Hofes im Parlament: Er saß in jedem Parlament von 1589 bis 1628. In der Zwischenzeit veröffentlichte er eine Reihe von *Reports* über Rechtsfälle

(1600–15) und den ersten Teil seiner *Institutes* (1628). Die späteren Teile wurden von der Regierung beschlagnahmt und erst 1642–44 veröffentlicht, nachdem das Parlament ihren Druck angeordnet hatte.

Coke ist das beste Beispiel für den »Geist des *Common Law*«, eine Denkart, die das englische *Common Law* zu einem nahezu makellosen System für die Verteilung der Rechte und Pflichten erhob und die Gesetze als Verkörperung einer *Ancient Constitution* betrachtete, die seit unvordenklicher Zeit bestand. Für Coke war das englische *Customary Law* das natürliche Produkt der ganzen Gemeinschaft und nicht das Werk eines Souveräns. Der Monarch konnte kein Recht widerrufen, das nicht das Produkt seines Willens war. Das *Common Law* konnte an keinem historischen Punkt als *gemacht* bezeichnet werden, es war in den gerichtlichen Entscheidungen eingeschlossen, bearbeitet und fortwährend interpretiert worden. Ein unvordenkliches Recht erforderte keinen Gesetzgeber. Das Alter des Rechts, seine Unvordenklichkeit wurde zum Kult.

Das implizierte, daß die normannische Eroberung keinen bedeutenden Unterschied in den Gesetzen und Sitten Englands zur Folge gehabt habe. Das *Common Law* und das Schwurgerichtsverfahren waren angelsächsisch, und das Parlament war das Erbe des sächsischen *Wittengemote*. Gelegentlich suggerierten die Verteidiger des *Common Law*, daß die Ursprünge des englischen Rechts bei den germanischen Stämmen lägen, deren freie Institutionen und bürgerlicher Geist von Tacitus in der *Germania* (98 n. Chr.) gepriesen worden waren. Diese Behauptung enthielt Lambardes *Archeion* (1591), in dem bestritten wurde, daß das englische Recht »aus dem imperialen oder römischen Recht entlehnt« worden sei. Dieses Ausspielen des Germanischen gegen das Römische war ein Nachhall der rechtshistorischen Debatten in Frankreich; *Montesquieu* knüpfte an diese Auseinandersetzung sehr viel später wieder an, als er das »schöne System« Englands pries, dessen Ursprünge in den germanischen Wäldern des Tacitus lagen.

Für Coke waren jedoch Tradition und seit jeher bestehendes Recht keine unabhängigen Kriterien; neben ihnen bildet die Naturrechtsargumentation, die Idee des *Common Law* als einer lokalen kulturellen Manifestation der *recta ratio* ein starkes Element seiner Überlegungen. Cokes bedeutendste Theorie war die der »artifiziellen Vernunft«: Den Menschen ist eine rationele Erkenntnis der Gesetze Gottes und der Natur möglich, aber die *private* »bloße« oder »natürliche« Vernunft des Individuums ist unzureichend. Eine adäquate Erkenntnis erforderte die sich allmählich ausbildende *kollektive* Vernunft der ganzen Gemeinschaft. Das Maß der Vernünftigkeit war somit die Fähigkeit des Rechts, die Prüfung der Zeit zu bestehen. »Vernunft«, schrieb Coke, »ist das Leben des Gesetzes, ja, das *Common Law* selbst ist nichts anderes als die Vernunft, die als eine artifizielle Perfektion der Vernunft verstanden werden kann ... diese Vernunft des Gesetzes ist die *summa ratio*.« Sie ist das Ergebnis »vieler aufeinanderfolgender Zeitalter«, in denen »sie von einer unendlichen Zahl von würdevollen und gelehrten Männern verfeinert worden ist und durch lange Erfahrung zu solcher Perfektion gelangt ist, (daß) kein Mensch (aus seiner eigenen, privaten Vernunft) weiser sein kann als das Gesetz, das die Perfektion der Vernunft ist«. Gesetze und Richter bestimmten diese »artifizielle Vernunft«.

Die Theorie der kollektiven Vernunft findet sich bereits bei Aristoteles und ist später entscheidend für Burkes Angriff gegen die »bloße« Vernunft, von der er glaubte, daß sie für die Zerstörungen in der Französischen Revolution verantwortlich war. In der Theologie begegnet sie uns bei Hooker und ebenfalls in der katholischen Idee der Tradition. Sie ist gut ausgerüstet, um politischen Veränderungen zu widerstehen, sei es durch eine Volksrevolution oder durch die Neuerungen eines Königs.

Lord Ellesmere enthüllte Cokes Absicht und widersprach diesem Gedanken: Die Vernunft des Gesetzes, so behauptete er, war nichts anderes als die gewöhnliche menschliche Vernunft. Die Weisheit der »artifiziellen Vernunft« zu behaupten würde die gesetzgebende Rolle der natürlichen Vernunft des Königs untergraben und die Richter über den König stellen.

Cokes Glaube an die höhere Weisheit des *Common Law* führte zu der Behauptung, er habe eine Theorie des »richterlichen Prüfungsrechts« entworfen: Er habe das Recht der Richter vertreten, Richter über die Verfassung und in der Lage zu sein, Gesetze und Prärogative zu verwerfen, wenn sie dem *fundamental law* widersprachen. Im *Bonham's Case,* wo er die Statuten des *Royal College of Physicians* verwarf, erklärte Coke, daß »in vielen Fällen das *Common Law* die Gesetze des Parlaments kontrollieren und sie manchmal für völlig ungültig erklären wird, denn wenn ein Gesetz des Parlaments gegen das allgemeine Recht und die Vernunft verstößt oder ihm zuwiderläuft oder nicht erfüllt werden kann, dann kann das *Common Law* es einschränken und ein solches Gesetz für ungültig erklären«. Ungeachtet dieses Satzes ist es unwahrscheinlich, daß Coke eine formale Doktrin des »richterlichen Prüfungsrechts« nach der Art des modernen amerikanischen *Supreme Court* anstrebte. Er glaubte nicht, daß das *Common Law* unantastbar sei: Das Parlament konnte es ändern. *Common-Law*-Juristen zögern zu behaupten, daß Richter Gesetze *machen* oder für ungültig erklären könnten. Coke und viele Anwälte unterstützten jedoch einen breiten Spielraum für die richterliche *Interpretation* des Rechts. Coke wollte klarmachen, daß die Autoren der Statuten des Colleges unmöglich beabsichtigt haben konnten, eine eindeutige Regel des natürlichen Rechts zu brechen (das College agierte bei der Bestrafung Bonhams als Partei und als Richter), und daß das Recht deshalb so interpretiert werden solle, daß es solche Widersprüche verhinderte.

Coke war kein Reaktionär, für den die Gesetze vollkommen und unveränderlich waren. Es gab viele Dinge, die er für reformbedürftig hielt, besonders die Vereinfachung des Bodenrechts. Er glaubte, daß diese Reform in einigen Fällen durch parlamentarische Gesetze erreicht werden könne, aber in anderen Fällen am besten den Richtern, die das Gesetz anwendeten, überlassen werden solle. Das letztere ist ein weiteres hervorragendes Charakteristikum des »Geists des *Common Law*«: der Glaube an die Kreativität des *Common Law,* an seine Fähigkeit, das alte Recht auf neue Bedingungen anzuwenden. Das Recht bot nahezu unerschöpflich viele Möglichkeiten und nur selten würde ein parlamentarisches Gesetz vonnöten sein. Die bekannteste Anwendung dieses Prinzips war der Fall *Calvin* oder der *Post-Nati Case* (1608). Der Schotte Calvin war in England eindeutig vom Landbesitz ausgeschlossen, weil er Ausländer war. Er wandte dagegen ein, daß er kein Ausländer sein könne, weil er Untertan Jakobs VI. von Schottland war, der dieselbe natürliche Person wie Jakob I. von England war. Coke und die Richter entschieden zu Calvins Gunsten. Es gab zwar keinen Prä-

zedenzfall eines Königs, der zugleich König von Schottland und König von England war, aber Coke entdeckte andere geeignete Präzedenzfälle. Das *Common Law* konnte schöpferisch sein, auch wenn die Anhänger einer gesetzlichen Kodifizierung es für eine schwere Bürde hielten.
Angesichts einer wachsenden Neigung des Königs, seine Macht auszudehnen, verallgemeinerte Coke in den zwanziger Jahren des 17. Jahrhunderts seine Aussagen über das *Common Law.* Die Einkerkerung der fünf Edelmänner implizierte, daß der König auf der Grundlage einer unklar definierten »Staatsraison« willkürlich Verhaftungen vornehmen lassen konnte. 1628 entwarf das Parlament sein berühmtes Dokument, das seine Einsprüche zusammenfaßte, die *Petition of Right.* Coke betonte, daß Mein und Dein, die Eigentumsrechte, unter das natürliche Recht, demzufolge unter das *Common Law* und nicht unter die Prärogative fielen. Es gab ein wirkliches Eigentumsrecht, in das nicht ohne Zustimmung der Betroffenen eingegriffen werden durfte. Die Prärogative »kann niemanden in seinem Erbe benachteiligen«. In seinen Einwänden, besonders in den Auseinandersetzungen von 1628, erhob Coke die *Magna Charta* auf jenen totemistischen Platz, den sie in der Mythologie der angelsächsischen Freiheiten innehat. Er führte in die Tradition des *Common Law* die Idee ein, daß dieser feudale Vertrag zwischen König Johann und seinen Baronen der Kardinaltext der englischen Freiheiten sei, ein Vertrag und eine Verfassung. Die Idee einer »souveränen Gewalt« zu akzeptieren würde einen königlichen Gesetzgeber über die *Magna Charta* stellen. Für Coke war das Schlagwort *lex terrae* identisch mit dem *Common Law. Lex terrae* aber war das Recht des Landes und seiner Bewohner, nicht das Recht eines souveränen Willens.

1640–1660

5. Der Bürgerkrieg: Henry Parker und die parlamentarische Souveränität

Das Lange Parlament

1637 versuchte *William Laud,* Erzbischof von Canterbury, den Schotten das anglikanische *Prayer Book* aufzuzwingen und so die Überwindung der calvinistischen Kirche des John Knox zu vollenden. Die Schotten rebellierten und erklärten, daß »Untertanen ihre alten und christlichen Freiheiten verteidigen dürfen, die mit ihnen vertraglich vereinbart wurden, und zwar von den Königen, denen sie sich zuerst unterwarfen«. Angesichts einer vordringenden schottischen Armee im Jahre 1640 war Karl I. gezwungen, das englische Parlament zum ersten Mal nach elf Jahren einzuberufen. Diesem Kurzen Parlament (*Short Parliament*) folgte bald das Lange Parlament (*Long Parliament*). Dieses Parlament wurde innerhalb von zwei Jahren, aus Sorge um den »heiligen Besitz« der Engländer, die wahrhaft reformierte Religion, dazu bewegt, gegen den König einen Krieg zu führen. Die protestantischen Ideen der bürgerlichen Freiheit, der Prosperität und der Sicherheit des Eigentums wurzelten in einer Vorstellung von der christlichen Gemeinschaft, die frei von den abergläubischen Riten und der Habgier papistischer Priester und der Tyrannei jener Könige war, die sich als unwürdige und servile Vertreter des Papismus herausstellten. Quer durch Europa schienen die Freiheit und die Reformation in Gefahr zu sein. »Die Frage in England«, so schrieb ein puritanischer Prediger, »ist, ob Christus oder der Antichrist unser Herr sein soll.« Die Gemahlin Karls I. war katholisch, päpstliche und spanische Gesandte wurden am Hof empfangen, und 1640 war ein Fünftel der *Peers* katholisch. Ähnlich beunruhigend waren die von Laud eingeführten Neuerungen: der Versuch, sich die ökonomischen Ressourcen der Kirche von den Laien wiederanzueignen, und die Disziplinierung von Klerus und Laien durch die Bischöfe, die zunehmend auf ihrer *jure-divino*-Autorität zu bestehen schienen.

Die puritanische Opposition war jedoch nicht antimonarchisch. *William Prynne* wurde 1637 für sein *Breviate of the Prelates' Intolerable Usurpations* brutal bestraft. Dennoch verurteilte er die Hinrichtung des Königs und unterstützte die Wiedereinsetzung Karls II. Dies war nicht so inkonsequent, wie es scheint, und es war das Verhaltensmuster eines Großteils der politischen Elite. Prynne war ein inbrünstiger Monarchist, der glaubte, daß der König ein mächtiger Kaiser sein solle, ein Konstantin, der die christliche Freiheit gegen Rom und den Antichrist verteidige. Karls I. offensichtliche Zurückweisung dieser heiligen Rolle führte Prynne zum Radikalismus und zur Rebellion. Wenn der König seiner heiligen Pflicht entsagte, dann mußten die protestantischen Untertanen die christliche Freiheit sichern. 1640–42 erhob sich ein Aufschrei gegen die hierarchische Kirchenverfassung, gegen Idolatrie und gegen das Jesuitentum. *Sir Henry Vane* bezeichnete die Bischöfe als »ein großes Hindernis auf dem Weg zu einer vollkommenen Reformation und der Zunahme der Religiosität«. *John Milton* begann seine Karriere als Polemiker mit den Schriften *Of Reformation* und *Of Prelatical Episcopacy* (1641), höhnischen Angriffen gegen die »antichristliche Tyrannei« und die »unmenschliche Grausamkeit« der Prälaten; ihre Verbindung mit der römischen »Hure Babylon« werde ihnen die Verdammung in den »tiefsten Schlund der Hölle« eintragen. *John Pym*, der Führer des Parlaments, behauptete, »unsere Seelen wären von der geistlichen Tyrannei des Satans versklavt worden; unser Gewissen von der kirchlichen Tyrannei des Papstes; unser Leben, unser Selbst, unser Besitz von der weltlichen Tyrannei einer willkürlichen, uneingeschränkten und verworrenen Regierung«, wenn wir die bösen Minister des Königs nicht daran gehindert hätten.

Als im Herbst 1641 Berichte aufkamen, daß die Katholiken in Irland rebelliert und Tausende von Protestanten niedergemetzelt hätten, erreichte die panische Angst vor einer papistischen Verschwörung ihren Höhepunkt. Schottland hatte ein Parlament möglich gemacht, Irland machte jetzt einen Bürgerkrieg möglich. Im Dezember peitschte Pym die *Grand Remonstrance* durch das Unterhaus, einen Katalog von Klagen und Forderungen »zur Bewahrung des Friedens und der Sicherheit des Königreichs vor den heimtückischen Plänen der Papstpartei«. Karl floh aus London, um auf dem Land Hilfe zu suchen, und im März 1642 verabschiedete das Parlament die *Militia Ordinance*, durch die es eine Armee aus eigener Gewalt aufstellte. Zwei Armeen standen sich im Oktober auf dem Schlachtfeld gegenüber.

Der Bürgerkrieg ist durchaus nicht unvermeidlich gewesen. Der König hätte auf einen weisen Rat hören können und zu Frömmigkeit und Freiheit zurückkehren können. 1641 machte er Anstalten, dies zu tun, denn er ließ sich zu bemerkenswerten Zugeständnissen bewegen: Er stimmte dem Ausschluß der Bischöfe vom *House of Lords* zu, ebenso der Hinrichtung seines verhaßten Ministers Lord Strafford, der Abschaffung der *Star Chamber* und anderer Gerichtshöfe der Prärogative, einem Gesetz, das das Schiffsgeld für illegal erklärte, und dem *Triennial Act,* der reguläre Parlamente garantierte und dem Langen Parlament das Recht einräumte, unbegrenzt zu tagen.

Karl gewann eine Gruppe von moderaten Politikern für sich, deren Royalismus auf dieser »konstitutionellen Revolution« beruhte. Unter ihnen waren Lord Falkland, Sir John Colepepper und *Sir Edward Hyde*, der Jahre später Karls II. Lordkanzler wurde und seine große *History of the Rebellion* vollendete, die er 1646 begonnen hatte. Der Einfluß dieser Gruppe erreichte 1642 mit der *Answer to the Nineteen Propositions* durch den König ihren Höhepunkt (auch wenn Hyde der Ansicht war, sie mache zu viele Zugeständnisse). Sie präsentierte einen reformierten König und muß den quälenden Zwiespalt zwischen König und Parlament noch verstärkt haben. Die *Grand Remonstrance* war nur von einer schmalen Minderheit verabschiedet worden, und die *Militia Ordinance* schien eine unzulässige Machtergreifung zu sein. Der Konsens von 1640 war zerbrochen, und Karl konnte als unvorsichtiger König dargestellt werden, der nun von einem weisen Rat unterrichtet wurde, dem Pym mit seiner aufrührerischen Demagogie jedoch schwere Beleidigungen zugefügt hatte.

Der anfängliche Konservatismus des Parlaments

In den frühen vierziger Jahren vertrat eine Reihe fähiger Theoretiker die Sache des Parlaments. Fünf von ihnen sind bedeutend: *Henry Parker* mit seinen *Observations* (1642) und dem *Jus Populi* (1644), *William Prynne* mit seiner *The Souvereign Power of Parliaments* (1643), *Philip Hunton* mit *A Treatise of Monarchy* (1643), *Charles Herle* mit *A Fuller Answer* (1642) und *Samuel Rutherford* mit seinem *Lex Rex* (1644). Prynne, ein presbyterianischer Jurist, der in der Geschichte der *Ancient Constitution* gründlich belesen war, nahm wohl am typischsten den parlamentarischen Standpunkt ein; Parker, ein Jurist und Sekretär in der Armee, war der originellste Denker.

In den Anfangsstadien des Konflikts waren die Forderungen des Parlaments theoretisch nicht ehrgeizig. Die Tatsache der konstitutionellen Unabhängigkeit des Königs, die Ehrfurcht vor der *Ancient Constitution* und ein präsumtiver Gehorsam gegenüber dem König ermutigte das Parlament zu betonen, daß sein loyales Ziel nur die Absetzung der »schlechten Ratgeber« des Königs sei, die den Willen des Königs von der Erhabenheit zur Verderbtheit verleitet hätten. Das Parlament kämpfte, »um die Person und die Autorität ihrer Majestät des Königs zu beschützen und zu verteidigen ... Wir haben keine Gedanken oder Absichten, die rechtmäßige Gewalt und Stellung seiner Majestät zu verringern.«

Die Verteidiger des Parlaments lehnten sich eng an jene Annahmen über die Regierungsform an, die von *Bracton* im 13. Jahrhundert und von Lordkanzler *Fortescue* im 15. Jahrhundert vertreten worden waren. Fortescue beschrieb

England als *regimen politicum et regale,* eine Monarchie, die sowohl absolut als auch eingeschränkt war. Der König war die unanfechtbare Quelle der Herrschaft und verfügte über eine ausgedehnte Prärogative, sein *gubernaculum* mußte jedoch von *jurisdictio,* der Sphäre der Rechte, Sitten und Gesetze, unterschieden werden. Wenngleich der Wille des Königs Gesetz war, konnte er in der Sphäre des Gesetzes nur mit dem Rat und der Zustimmung seiner *curia,* seines Rats, ausgeübt werden. Der König war durch das natürliche Recht moralisch gebunden, und ein solches Recht konnte am besten erkannt werden, wenn man die Sitten der Gemeinschaft betrachtete.

In den vierziger Jahren des 17. Jahrhunderts deutete das Parlament seine Rolle immer noch in der alten Art als *High Court of Parliament,* als Teil der *curia,* die den König bei der Anführung und Verkündung von Gesetzen beriet. Es bestand hartnäckig auf der Unterscheidung zwischen dem *persönlichen* und dem *wahren* Willen des Königs. Da der König nach allgemeiner Ansicht »in all seinen Gerichtshöfen virtuell, jedoch nicht persönlich gegenwärtig ist, verkörpern die Urteilssprüche des Parlaments seinen gesetzlichen oder wahren Willen«. So behauptete das Parlament, als es die *Militia Ordinance* und Sir John Hotham (er hatte dem König den Zugang zum Arsenal in Hull verweigert) verteidigte, »den Willen des Königs zu verkünden«, und hielt daran fest, daß seine Entscheidungen »das Siegel der königlichen Autorität haben«, auch wenn »Seine Majestät, von schlechten Ratgebern verführt, sie in seiner eigenen Person bekämpft«.

Diese Auffassung wurde in den Begriffen der mittelalterlichen Gesellschaftstheorie ausgedrückt: Das Haupt einer organisierten Gemeinschaft war nicht ein bloßer privater Wille, sondern repräsentierte den Willen der Gesamtheit und wurde von rationalen Zielen dieser Gesamtheit beschränkt. Prynne schrieb: »Der König, die Lords und die Commons bilden durch das *Common Law* eine ungeteilte Gemeinschaft.« Der König war bedeutender als jedes Individuum, aber weniger als die Gemeinschaft als Ganzes, ganz so, wie »ein Generalkonzil über dem Papst steht, das Domkapitel über dem Bischof, die Universität über dem Kanzler«. Der König war deshalb gezwungen, in Übereinstimmung mit der Gemeinschaft zu handeln. Darüber hinaus konnte die Gemeinschaft in Notfällen, wenn das Haupt unfähig, wahnsinnig oder minderjährig war, »dem Mangel abhelfen«, weil jede Gemeinschaft, die durch das Einvernehmen über das gemeinsame Ziel verbunden war, die Mittel zur Sicherung ihres Fortbestehens haben mußte. Herle zitierte die korporative Lehre, daß »Gleichgestellte einander ergänzen«: Die beiden Häuser müssen den Mangel des Königs ausgleichen. Prynne behauptete, daß nach »dem Ausbruch dieser abscheulichen papistischen Rebellion in Irland« die militärische Gewalt nicht sicher in die Hände eines Königs gelegt werden konnte, dessen Wille von der »heimtückischen papistischen Prälatenpartei« geschwächt worden sei.

Die Theorie der gemischten Monarchie

Diese Theorie war keine moderne, mechanische Theorie der »checks and balances«, sondern eine, die immer noch in den Begriffen des *telos* und des rationalen Willens einer Gemeinschaft dachte. Daneben begann sich jedoch auch eine moderne Version auszubilden. Durch eine außergewöhnliche Ironie erhielten die

Forderungen des Parlaments durch den König selbst mit seiner *Answer to the Nineteen Propositions* einen bemerkenswerten Impetus. Dieses verworrene Dokument, das ein verhängnisvoller taktischer Fehler war, enthielt Elemente der alten Idee, daß der Wille des Königs in Verbindung mit seiner *curia* ausgeübt werde, aber es machte auch den innovativen Schritt, die in der Renaissance wiederbelebte Idee der »gemischten Verfassung« zu entwickeln.

Damit wurden die Ideen Ciceros und Polybios' über die harmonische Mischung und das Gleichgewicht der drei einfachen Formen der Herrschaft, der Monarchie, der Aristokratie und der Demokratie, wieder aufgenommen. Ihre Mischung galt als ideal, weil die einfachen Formen dazu neigten, zur Tyrannis, zur Oligarchie und zur Anarchie zu degenerieren. Es konnte keine *res publica,* kein Gemeinwohl ohne ausgleichende Beschränkungen der privaten Interessen von Königen, Adligen und Plebejern geben. In diesem Sinn war die Lehre von der gemischten Verfassung republikanisch, aber sie stand der Monarchie nicht feindlich gegenüber. Durch eine offenkundige Fiktion wurden die klassischen Formen auf die *Estates* von König, Lords und Commons übertragen.

Das verfälschte die Wirklichkeit des feudalen Staates, in dem der Klerus und nicht der König einen *Estate* bildete und in der der König uneingeschränkte Macht über die *Estates* hatte. Der *Triennial Act* jedoch, der Ausschluß der Bischöfe und (wie Hobbes klagt) die Fütterung mit klassischen Autoren bei der Erziehung der Gentlemen gaben dieser Klassifizierung der feudalen Monarchie Plausibilität. Die parlamentarischen Publizisten bekräftigten eifrig die *Answer* des Königs. Prynne schrieb: »Die Könige von England ... sind keine absoluten, souveränen Könige, sondern bloß eingeschränkte (mixed) politische Könige, die unter ihren Gesetzen und dem Parlament stehen«, und Hunton erklärte, England »ist eine Monarchie, die mit der Aristokratie im Oberhaus und im Unterhaus mit der Demokratie gemischt ist«. Diese quasi-republikanische Doktrin sollte eine große Karriere im englischen radikalen Denken machen.

Die anfängliche Position des Parlaments wurde bald unbefriedigend. Die Lehre von der gemischten Verfassung war eine Doktrin für friedliche Zeiten, die von einer Harmonie zwischen König und Parlament zeugte. Zweifellos diente sie dazu, den König bei willkürlicher Mißachtung der Ratschläge seiner Untertanen zu tadeln. Aber kämpfende Armeen waren keine Instrumente konstitutioneller Beschränkung, und die Royalisten konnten sich zu Recht darauf berufen, daß Bracton die Legitimität eines gewaltsamen Zwangs auf den König verneinte.

Die Doktrin der »Notstandsrechte« konnte beiden dienen, denn der König hatte ebenfalls prärogative Gewalt, den »Mangel« von Gesetzen und Parlamenten um des Friedens und der Sicherheit des Königreichs willen zu »beheben«. Das Konzept der Gleichstellung konnte die entscheidende Frage nicht beantworten, nämlich wem gegenüber man zu Treue verpflichtet war, wenn die Elemente der Verfassung einander bekämpften. Warum sollte das Parlament der Richter sein?

Die Antwort konnte nur in einer Theorie der parlamentarischen Souveränität liegen, bei der die Idee der Mischung einfach beiseite geschoben wurde, indem man behauptete, daß der König nicht bei-, sondern untergeordnet war und daß nichts die Souveränität des Parlaments ausgleichen oder einschränken konnte. Rutherford schlußfolgerte dann auch folgerichtig: »Die souveräne Gewalt des

Parlaments ... ist ohne den König vollkommen.« Auch Prynne war sich möglicherweise darüber im klaren, daß dies die logische Konsequenz war. »Das Parlament ist innerhalb des Reichs der absolute Souverän, es ist irgendwelchen Gesetzen nicht untertan oder an ihren Buchstaben oder ihre Intention gebunden, sondern es ist in Wahrheit der ausschließliche Gesetzgeber und hat eine absolute Souveränität über die Gesetze selbst (ja, sogar über die Magna Charta ...).« Damit wurde Cokes System des unanfechtbaren *Common Law,* das in der *Magna Charta* verkörpert wurde, aufgehoben.

Bei Prynnes historischer Gelehrtheit ist es jedoch schwer zu erkennen, ob die Annahme, alle politische Gewalt gehe vom Volke aus, für ihn die fundamentale Grundlage der parlamentarischen Souveränität war. Dieses Argument erschien vergröbert bei Parker, besonders in seinen *Observations,* der am stärksten innovativen Verteidigung des Parlaments. Er übernahm von Calvinisten und Katholiken des 16. Jahrhunderts die Argumente des rationalistischen Naturrechts: »Die Macht liegt ursprünglich beim Volk«; die Gemeinschaft ist »die wahre Wirkursache der Macht«. Das Parlament verkörpert den Willen des Volkes; es ist »die gesamte Gemeinschaft in ihrer absoluten Majestät«, eine Majestät, die es den Königen auf Treu und Glauben und unter bestimmten Bedingungen überträgt. »Könige leiten ihre Macht und ihre Prärogative vom Volk her«; die »transzendente Essenz aller Politik ... das höchste Gesetz ... ist *Salus Populi*«; »das Recht der Natur (the charter of nature) verleiht allen Untertanen das Recht ... auf Sicherheit durch sein höchstes Gesetz.«

Wenn die Royalisten behaupten sollten, daß das Parlament sich eine »willkürliche und uneingeschränkte Gewalt« anmaße, so stimmte Parker damit entschieden überein, denn »es gibt eine willkürliche Macht in jedem Staat, das ist wahr, sie ist notwendig«. Die einzige Frage ist, bei wem sie liegt. Sie muß dort liegen, woher sie kommt, beim Volk, und das wird vom Parlament verkörpert. Parker argumentierte, die Rolle des Parlaments solle auf zwei Arten gedeutet werden. Normalerweise teilte es die Autorität mit dem König in einer gemischten Verfassung. »Aber wenn der König und das Parlament nicht übereinstimmen, müssen (wir) auf die Prinzipien der Natur zurückgehen.« Hier übte das Parlament kein konstitutionelles, sondern ein moralisches oder natürliches Recht der Selbstverteidigung gegen einen Tyrannen aus. »Dieses Recht wird nicht als ordentliches Recht beansprucht, sondern um das Königreich vor dem Untergang zu bewahren und in Fällen, wo der König verleitet worden ist.« Das implizierte eine radikale Behauptung: Die Majestät lag im Grunde bei der Gemeinschaft des Königreichs als Ganzem, und der König hatte sie nur »treuhänderisch« inne.

Die Position der Vertreter des Parlaments war niemals völlig zufriedenstellend. Die Royalisten konnten ihnen vorwerfen, daß die Behauptung des Parlaments, es bewahre die Autorität des Königs, indem es für seine eigene Souveränität argumentiere, betrügerisch sei, denn Parkers und Prynnes Argumentation führte unvermeidlich zu dem Recht, den König abzusetzen. Prynne gab dies zu: Ein tyrannischer König könne ein »Verräter am Reich« sein und »sein besonderes Recht sowie seinen Anspruch auf die Krone verwirken«, wie die Absetzungen Eduards II. und Richards II. im Mittelalter zeigten. Er betonte jedoch, daß das Parlament nicht die Absicht habe, den König abzusetzen.

Parker erklärte dumpf, es »wird bestritten, daß Parlamente jemals wirklich der

Entthronung irgendeines englischen Königs zustimmten«. Es ist jedoch nicht überraschend, daß bereits 1642 ein unbedeutender Pamphletist zu fragen wagte: »Hat kein Mensch von einem König gehört, der von einem Parlament abgesetzt worden ist? Gewiß doch, und welches Recht hatte es dazu ... neben der Angemessenheit und dem Gemeinwohl?«
Nach der militärischen Niederlage des Königs 1646 war das Parlament jedoch zu Verhandlungen bereit, um den König unter bestimmten Bedingungen wieder einzusetzen. Es blieb den *Independenten*, den Revolutionären der Armee, überlassen, den König hinzurichten und die Lords abzuschaffen. 1649 erkannte ihr Wortführer John Milton klar, daß die Rede von den drei *Estates* jetzt irrelevant war. Die Commons alleine waren »die höchste und allgemeine Versammlung einer Nation«, die konstituierende Volksversammlung, die frei entscheiden konnte, welche Form der Herrschaft sie wollte.

Philip Hunton und Henry Parker

Hunton war ein Autor, der die Schwierigkeiten des Parlaments erkannte: Wenn der König wirklich im Besitz seiner traditionellen konstitutionellen Autonomie war oder selbst wenn es eine wirklich gleichgeordnete Mischung der Gewalten gab, dann hatte das Parlament keine Suprematie und keine Autorität, Zwang auf den König auszuüben. Wenn andererseits das Parlament wirklich uneingeschränkte Autorität über den König hatte, dann war England keine echte Monarchie, sondern eine Republik mit einem Titularkönig – doch dies war historisch eindeutig nicht der Fall. Hunton erkannte, daß die Antwort in einer radikaleren Richtung lag: Wenn die Verfassung in einem Bürgerkrieg zusammenbrach, dann mußte das private Gewissen der Bürger urteilen und Fortuna mitsamt dem *jus gladii* den Ausgang bestimmen. Es gab keinen besonderen Grund, warum es legitim sein sollte, daß das Parlament, eine vom König einberufene und aufgelöste Versammlung, die aus nach einem eingeschränkten Stimmrecht gewählten *noblemen* und *gentlemen* zusammengesetzt war, sich selbst stillschweigend in eine konstituierende Versammlung »des Volkes« verwandelte. In dieser politischen Krise befindet sich das Volk »in einem Zustand, als ob es keine Regierung hätte«. Wenn ein König willkürlich sein kann, dann kann auch ein Parlament willkürlich sein; wenn ein Volk über seinen König entscheiden kann, dann kann es auch über sein Parlament entscheiden. Das Volk, das in einen herrschaftsfreien Zustand zurückversetzt ist, kann jede Form der Herrschaft wählen, die ihm geeignet erscheint: Die *Ancient Constitution* hat keinen besonderen Anspruch.
Dies ist die Theorie eines allgemeinen Rechts zur Revolution, das die *Levellers* und später Locke und Rousseau aufnahmen. Die Parlamentarier leisteten dieser Schlußfolgerung energischen Widerstand und betonten, daß nur die »lesser magistrates«, die *Estates*, Widerstand leisten dürften und sie ein Appellationsrecht neben dem Parlament nicht unterstützen würden. Für Parker bildete das Parlament so vollkommen *the whole body of the nation*, als ob jede Person anwesend wäre: Es »ist tatsächlich der Staat selbst«, »das eigentliche Volk selbst«; die Willen der Menschen werden unwiderruflich im Parlament verkörpert, und eine Tyrannei des Parlaments ist deshalb logisch unmöglich.

Huntons Zweifel führten daneben noch in eine andere Richtung: Wenn ein Volk seine natürliche Macht wiedererlangt hat und es »ein Recht und die Macht« hat, sich selbst »durch allgemeine Zustimmung« jeder Form der Herrschaft, die es als geeignet betrachtet, »anzuvertrauen«, konnte es dann nicht eine absolute Monarchie als sicherstes Bollwerk gegen die Anarchie wählen? Hobbes zog später diese Schlußfolgerung. Hunton gestand zu, daß ein Volk dies tun könne, aber er betonte, daß die Engländer dies nicht getan hätten, denn die englische Monarchie sei eingeschränkt und nicht absolut. Parker zog es dagegen vor zu argumentieren, daß es niemals rational von einem Volk sein könne, dem Absolutismus zuzustimmen. Es sei »unnatürlich« und gegen »die rechte Vernunft«, »die Knechtschaft zu ergreifen« oder »der Tyrannei Vorschub zu leisten«. Die Parlamentarier tendierten, wie später Locke und Rousseau, dazu, nicht auf der ungehinderten Freiheit eines Volkes zu bestehen, zu wählen, was es wolle, sondern auf seiner Pflicht, so zu wählen, wie es das Naturrecht und die rechte Vernunft forderten, denn es gab für sie »ein göttliches Recht, das in die Herzen der Menschen eingeprägt wurde«. Für Hobbes war die Regierung eine Einrichtung zur Sicherung der individuellen Freiheit bei der Verfolgung privater Interessen. Für die Radikalen und die traditionellen Royalisten war die Regierung die Vertretung der rechten Vernunft zur Erfüllung der gemeinsamen und wahren Ziele einer Gemeinschaft.

6. Robert Filmer und der Royalismus

Die Anhänger Karls I.

Die *Militia Ordinance* und Parkers und Huntons Bücher provozierten die royalistischen Autoren dazu, die Position des Königs in einer Reihe von Traktaten zu verteidigen, deren größter Teil 1643–44 veröffentlicht wurde. Nahezu alle diese Autoren waren Kirchenmänner und Juristen, die sich bei dem König in seinem Oxforder Hauptquartier befanden. Unter ihnen war Bischof *John Maxwell* mit *Sacro-Sancta Regum Majestas* (1644), Bischof *Griffith Williams* mit *Vindiciae Regum* (1643) und *Jura Majestatis* (1644), *Peter Heylyn*, Lauds stürmischer Protegé, dessen *Stumbling Block of Disobedience and Rebellion* 1644 geschrieben, aber erst 1658 veröffentlicht wurde, *Henry Ferne*, der später Bischof wurde, mit *A Resolving of Conscience* (1642) und *Dudley Digges*, Mitglied des *All Souls' College*, mit *The Unreasonableness of Subjects Taking up Arms* (1644).

Nur zwei der Hauptautoren befanden sich nicht im Hauptquartier des Königs. Einer davon war Bischof *John Bramhall*, der Autor von *Serpent Salve* (1643), der andere war der berühmteste und bedeutendste von allen, *Sir Robert Filmer*, ein Edelmann aus Kent, der von der Parlamentspartei von 1643–45 gefangengehalten worden war. Er veröffentlichte in den letzten Monaten der Monarchie im Jahre 1648 mehrere Schriften zu ihrer Verteidigung, *The Freeholders Grand Inquest, The Anarchy of a Limited or Mixed Monarchy* und *The Necessity of the Absolute Power of All Kings*. Diese Traktate kulminierten in seinem Hauptwerk *Patriarcha*, das erst 1680 veröffentlicht wurde. Es war dieses Buch, das

Flaggschiff des Royalismus im 17. Jahrhundert, dessen Widerlegung John Locke die erste seiner beiden *Abhandlungen über die Regierung* widmete.

Die royalistische Theorie des 17. Jahrhunderts hatte eine bemerkenswerte Kontinuität. Die erste Generation legte in den neunziger Jahren des 16. Jahrhunderts und um die Jahrhundertwende den Grundstein, die zweite Generation in den vierziger Jahren des 17. Jahrhunderts und die dritte Generation in den siebziger und achtziger Jahren rekapitulierten nur die Lehren der Anhänger Jakobs (dies wird in einem späteren Kapitel behandelt). Die späteren Royalisten waren sich ihres Erbes bewußt, sie bezogen sich auf Bodin, Barclay, Blackwood, Hayward, Cowell und König Jakob. Ein Ergebnis dieser intellektuellen Genealogie war ein kontinuierliches Bewußtsein davon, daß die Ansprüche der Krone gegen eine papistische Politik gerichtet waren. Als die Royalisten in den vierziger und in den achtziger Jahren des 17. Jahrhunderts einem englischen protestantischen Radikalismus gegenüberstanden, betonten sie immer noch, daß ihre Gegner jesuitisch und papistisch seien. Die Vertreter des Populismus, der calvinistischen und der Whig-Revolution wurden als die Nachkommen der »Königsmord«-Lehren der Papisten bezeichnet. Am Anfang der *Patriarcha* griff Filmer Suárez, Bellarmin und Parsons ebenso an wie Calvin und Buchanan. An anderer Stelle formulierte er eine Maxime von außergewöhnlicher Schärfe: »Die Monarchie ist gekreuzigt worden ... zwischen zwei Dieben, dem Papst und dem Volk.« Für ihn war der Papismus per definitionem »die Entfremdung und Entfernung der Untertanen von dem Gehorsam gegenüber ihren Königen, um Aufruhr und Rebellion zu stiften«. Im Gegensatz dazu bezeichnete er die Doktrin des *Divine Right of Kings* und des »passiven Gehorsams« als charakteristische Lehren der wahren reformierten Christenheit. Bischof Morton erklärte demgemäß: »Wir sollen nicht rebellieren, außer wenn wir das Christentum verleugnen wollen.«

Absolutismus und monarchische Souveränität

Manche Forscher behaupten, die meisten der Bürgerkriegsroyalisten seien Konstitutionalisten gewesen und der Absolutismus von Hobbes und Filmer sei für den Großteil untypisch. Dies ist falsch. Es ist zwar richtig, daß Hobbes' Darstellung von den Ursprüngen der Herrschaft unpopulär war, aber in der entscheidenden Frage der Souveränität stimmten alle Royalisten überein: In jedem Staat mußte es eine souveräne Gewalt geben, und in England war dieser Souverän der König. Der Souverän kann niemals zu etwas gezwungen werden, denn das wäre ein Widerspruch zur Souveränität. Filmer schrieb, er sei erfreut, in Hobbes' *De Cive* und im *Leviathan* etwas über »die Rechte der Souveränität« zu lesen, »die kein Mensch, den ich kenne, so ausführlich und klug behandelt hat«. Das Hauptmerkmal der Souveränität war die Gesetzgebung; das positive Recht war der Wille des Souveräns. Ulpians Diktum kehrte immer wieder: *princeps legibus solutus est*. Daraus folgte, daß das *Common Law* und die rechtlichen Privilegien der Untertanen vom souveränen Gesetzgeber aufgehoben oder verändert werden konnten. Filmer und andere waren sich darüber im klaren, daß die formale Definition der Souveränität von der empirischen Frage, bei wem die Souveränität in der jeweiligen Verfassung lag, unterschieden war. Ein souveränes aristokratisches oder demokratisches Regime war durchaus denkbar (auch wenn es wahrscheinlich Anarchie schuf). In England waren die historischen Tatsachen jedoch eindeutig: Der König rief das Parlament zusammen und entließ es, er hatte ein Vetorecht und konnte Gesetze für nichtig erklären. In der alten Gesetzesformel hieß es, daß die Commons an der Gesetzgebung »bittend« und die Lords »beratschlagend« teilhatten. »Die Hauptfrage in unseren Tagen ist, wo diese legislative Gewalt verbleibt oder bei wem sie liegt; unter Berücksichtigung der Ladung (des Parlaments) ... finden wir das Recht, Gesetze zu machen, ausschließlich beim König.«

Da der Wille des Souveräns einheitlich sein mußte, war es Unsinn anzunehmen, die Souveränität könne gemischt, geteilt oder aufgeteilt sein. Filmer bezeichnete die gemischte Monarchie als »Anarchie«, und Hobbes nannte sie verächtlich »Mixarchie«. Filmer sagte, sie sei ein Fehler, von dem man erst gehört habe, seit Machiavelli die Torheiten des Polybios wieder aufgegriffen habe (ein Fehler, den unglücklicherweise der König selbst in seiner *Answer to the Nineteen Propositions* beging, was die Royalisten jedoch unermüdlich bestritten).

Die Royalisten hatten aber nicht die Absicht, das Parlament und die bürgerlichen Privilegien abzuschaffen. Um zu erklären, wie es sein konnte, daß die Macht des Königs absolut und dennoch eingeschränkt war, mußten sie bei der normannischen Eroberung und der Idee der *concessio* Zuflucht nehmen. Gegen die Doktrin einer »unvordenklichen« *Ancient Constitution* betonten sie, daß die Besitzergreifung durch Wilhelm den Eroberer im Jahre 1066 eine vollkommene Eroberung war und die englischen Könige aufgrund des Rechts der Eroberung absolute Macht besäßen. Bramhall sagte: »Der ursprüngliche Anspruch Seiner Majestät auf dieses Königreich beruht nicht auf Wahl ..., sondern auf Eroberung.« Zweck dieser Behauptung war jedoch nicht, »unsere Nation als eroberte Vasallen zu versklaven«, sondern zu zeigen, daß die englischen Freiheiten abgeleitet waren, und zwar nicht aus dem Naturrecht oder einem Vertrag, sondern aus »vielen Akten der Gnade« aufeinanderfolgender Könige. Die Einrichtung von Parlamenten und die Gewährung von Freiheiten waren Konzessionen, Herablassungen des Königs. Ferne und Bramhall näherten sich damit einer Theorie der unveränderlichen Festlegung, der Idee nämlich, daß diese Freiheiten, einmal zugestanden, durch Zeit und Gebrauch so gefestigt seien, daß sie eine vorschreibende Macht hätten. Die Idee der Souveränität forderte jedoch, daß solche Zugeständnisse letzten Endes widerrufbar waren und deshalb niemand das Recht habe, den König bei der Verteidigung vermeintlicher »Rechte« zu irgend etwas zu zwingen. (Diese Ideen von der Eroberung und der *concessio* erscheinen auch in Hobbes' Geschichte des Bürgerkriegs, dem *Behemoth*.) Als Filmer Huntons Idee von der eingeschränkten Monarchie widersprach, meinte er damit nicht die eingeschränkte Monarchie selbst, sondern deren Interpretation durch Hunton, der sie als durch ein allgemeines Recht eingeschränkt betrachtete. Für Filmer war die Monarchie nicht »*ab externo* durch einen anderen« eingeschränkt; sie konnte eingeschränkt sein, aber dies nur durch »die freie willentliche Entscheidung des Monarchen«.

Filmers Patriarchalismus

Genau wie bei der antipapistischen Attacke der Anhänger Jakobs wiesen die Bürgerkriegsroyalisten die Behauptung zurück, daß die politische Autorität ihren Ursprung im Volk habe. Beide Seiten stimmten darin überein, politische Autorität sei gottgegeben und Gehorsam eine Verpflichtung gegenüber Gott. Die presbyterianische oder parlamentarische Position war jedoch, daß Gottes Gebot *mittelbar* und nicht unmittelbar sei und die Bestimmung über die Form der Herrschaft in den Händen des Volkes liege, denn wenn das Naturrecht auch forderte, daß es Herrschaft gebe, so legte es doch die Form dieser Herrschaft nicht fest.

Diese Behauptung wurde von den Royalisten und besonders von Filmer entschieden verneint. Sie betonten, die Monarchie sei eine Herrschaftsform, die unmittelbar in der Natur festgelegt sei. Die Tendenz dieses Arguments war, wie einer von Filmers Kritikern bemerkte, »den Ursprung und das Recht der Regierung natürlich und ursprünglich und nicht voluntaristisch und konventionell zu machen«. Der Untertitel der *Patriarcha* lautet: »Die natürliche Gewalt der Könige«. Filmers Lehre wird als Patriarchalismus bezeichnet, denn wie die Anhänger des Thomas von Aquin und im Gegensatz zu den strengen Augustinern behauptete Filmer, daß Herrschaft nicht bloß ein Produkt der Sünde, sondern in Gottes Plan für eine vollkommene Natur enthalten sei und deshalb schon *vor* dem Sündenfall existiert habe.

Archetyp aller menschlichen Herrschaft war die Autorität Adams. Adam war das *dominium* über die Erde, über Eva und seine Kinder verliehen. Er war der erste Vater, der erste Eigentümer und der erste König. Seine Autorität wurde von den Patriarchen übernommen und von Noah unter seinen Söhnen aufgeteilt: Von Japhet stammten die europäischen Nationen ab. Die Menschen waren unfrei und ungleich geboren, denn sie waren unter die elterliche Gewalt geboren. Die Annahme eines Naturzustands war eine atheistische Verleugnung der Genesis, eine antinomische Phantasie. »Es gab niemals ein solches Ding wie eine unabhängige Menschenmenge, die zuerst ein natürliches Recht auf eine Gemeinschaft hatte: Dies ist nichts anderes als eine Fiktion oder eine Phantasie.« Wie konnte ein Vertrag Einstimmigkeit erreichen? Wie konnte er künftige Generationen binden? Alle politische Autorität war nichts anderes als väterliche Autorität: *potestas patria* war *potestas regia*. Gegen den Souverän Widerstand zu leisten war ein Bruch des Gebots, »seinen Vater zu lieben«, und einen König abzusetzen war Vatermord. Die Royalisten waren von Aristoteles' Diktum begeistert, ein Haushalt sei eine kleine Nation und eine Nation ein großer Haushalt.

Es wird oft behauptet, der Patriarchalismus habe auf der unplausiblen Behauptung beruht, Karl I. sei nachweislich in direkter Linie Erbe Adams in England gewesen. Filmer war sich jedoch darüber im klaren, daß seine Lehren nicht auf einer so schmalen empirischen Basis beruhten. Patriarchalische Gewalt war bei ihm nur ein Name für Souveränität: Mit welchen Mitteln ein Herrscher auch immer zur Macht kam, er hatte als Vater seines Volkes zu »gelten«. »Die väterliche Gewalt kann nicht verlorengehen; sie kann entweder übertragen oder usurpiert werden, aber sie kann niemals verlorengehen oder erlöschen.« Filmer behandelte ausdrücklich Fälle von Usurpation, Eroberung und sogar Wahl. Er glaubte, daß solche Ereignisse, ebenso wie klassische und moderne Experimente mit Demokratie und Aristokratie, Abweichungen von der ursprünglichen Perfektion waren, aber er vertrat dennoch die Ansicht, ihnen komme väterliche Gewalt, Souveränität, zu.

Dudley Digges und der Einfluß von Selden und Hobbes

Filmers Patriarchalismus war die vollendete Version eines royalistischen Gemeinplatzes. Bischof Buckeridge hatte bereits 1614 gesagt: »Die väterliche Gewalt ist der Ursprung aller Macht, und alle Macht ist auf ihr gegründet«, und Ferne erklärte 1643: »Die ersten Könige waren es nicht aufgrund der Wahl der Menschen, sondern ... einfach *dictu naturae*, durch die Natur, die die Menschen von der natürlichen zur königlichen Gewalt führte.«

Es gab in den vierziger Jahren des 17. Jahrhunderts jedoch einige wenige Royalisten, die von völlig anderen Voraussetzungen ausgingen. Sie behaupteten, die Herrschaft sei nicht aus dem *jus naturae* abgeleitet, sondern aus der willentlichen Entscheidung der Individuen in einem angenommenen Naturzustand. Diese Grundlage teilten sie mit vielen katholischen und parlamentarischen Autoren. Sie schlußfolgerten dann jedoch, daß es für die Individuen rational sei, alle ihre natürlichen Rechte einem absoluten Souverän zu überlassen. Der berühmteste von diesen Royalisten war *Hobbes*, die bedeutendste Quelle für seine Sichtweise war aber wahrscheinlich *John Selden*, der seinerseits von Grotius inspiriert worden war. (Filmer stimmte mit Hobbes' Idee der Souveränität überein, »aber ich kann nicht mit seinen Mitteln, sie zu erlangen, übereinstimmen«: Ihm gefiel das von Hobbes errichtete Gebäude, jedoch nicht sein gefährliches Fundament im Treibsand der Volkslaunen.)

Während des Bürgerkriegs lassen nur wenige Traktate Anzeichen für einen Einfluß von Selden und Hobbes' frühen Werken, *The Elements of Law* (1640) und *De Cive* (1642), erkennen. Am einflußreichsten war *Digges'* Buch: Er teilte zunächst mit Hobbes die grundlegende Unterscheidung zwischen Naturrecht und Naturgesetz. Dabei löste er die Idee eines Naturgesetzes nahezu völlig auf, denn er vertrat die nominalistische Ansicht, daß nicht der Natur, sondern nur dem Gebot der höchsten Gewalt, Gott, Gesetzeskraft innewohne. In der Natur gab es nur uneingeschränkte amoralische Rechte, alles zu nehmen oder zu tun, was die Menschen um ihrer Selbsterhaltung und Glückseligkeit willen für gut halten. Es besteht »ein uneingeschränktes Recht, unsere Fähigkeit nach unserem Willen einzusetzen«.

Ein solcher Zustand war zutiefst instabil, konfliktgeladen und brutal, »eine Wildnis von Bären und Tigern«. Für rationale Menschen war deshalb klar, daß eine friedliche Gesellschaft auf Regeln aufgebaut sein mußte, die als göttliche Gebote verstanden wurden und dadurch den Status von Gesetzen erhielten. Solche Individuen waren damit einverstanden, sich einem Souverän zu unterwerfen und anerkannten ihre Gehorsamsverpflichtung gegenüber dem Souverän. »Sie führen sich selbst in eine bürgerliche Einheit zurück, indem sie ein Haupt über sich setzen und seinen Willen zu ihrer aller Willen machen.« Es war sehr wahrscheinlich, daß jede Form von organisierter Herrschaft, wie autoritär sie auch immer war, den Gefahren des Naturzustands vorzuziehen war: Diese These war eine utilitaristische Kalkulation hinsichtlich der Minimierung des Leids. Es war deshalb vernünftig, die natürlichen Rechte in die Hände einer souveränen Gewalt zu legen. Dies mußte sogar das natürliche Recht einschließen, sein Leben zu erhalten, denn die Dinge wären nicht besser als im Naturzustand, wenn die Menschen darauf bestünden, selbst zu urteilen, welche Umstände eine Bedrohung für ihr Leben bildeten, und das Schwert führten, wenn sie es für bedroht hielten; dieses private *jus gladii* mußte aufgegeben werden. (In diesem Punkt sollte Hobbes jedoch seine Meinung zu der Zeit ändern, als er den *Leviathan* schrieb; vgl. unten, S. 357f.)

Es war das *jus-gladii*-Argument, das für die traditionell argumentierenden Royalisten den Stein des Anstoßes bildete. Es war ihre Trumpfkarte gegen alle Argumente für eine allgemeine Autorisierung der Herrschaft. Alle stimmten darin überein, daß Staaten das Recht hatten, Leben zu nehmen; dieses Recht, so sagten sie, kann nicht von Individuen verliehen werden, da kein Individuum über ein solches Recht verfügt, weil die Menschen Gottes Eigentum sind: Sie dürfen keinen Selbstmord oder Mord begehen. Die Gewalt des Staates über das Leben konnte nur aus dem direkten Befehl Gottes herkommen. Filmer betonte, daß Adam und die Patriarchen von Gott das Recht hatten, ihre Frauen, Kinder oder Untertanen als Bestrafung für Gesetzesbrüche zu töten. Selbst die wenigen Royalisten, die dazu neigten, Seldens Rechtstheorie zu akzeptieren, tendierten dazu, auf eine göttliche Anordnung des Rechts zu töten zurückzugreifen. Seldens Insistieren darauf, daß im Naturzustand jedes Individuum als Vergeltung das Leben eines anderen nehmen dürfe, war unangenehm. Auch hier galt, was Hyde (Clarendon) gegen Hobbes einwandte: Das Recht, Leben zu nehmen, »ist weder noch kann es auf irgendeine Konzession oder ein Geschenk des Individuums gegründet sein, sondern es ist unzweifelhaft dem Amt des Souveräns inhärent und damit von Gott selbst untrennbar mit ihm verknüpft«. Es war legitim, wenn der König das Schwert führte, aber es war verdammenswert, wenn das Parlament oder der einzelne es taten.

7. Independenten, Levellers und Diggers

Presbyterianer versus Independenten und Levellers

1643 willigte das Parlament in die *Solemn League and Covenant* als Preis für die militärische Unterstützung durch die Schotten ein. Damit war England zu einer Reformation nach presbyterianischen Prinzipien verpflichtet. 1646 wurde die royalistische Armee geschlagen und der König gefangengenommen. Das Parlament neigte dazu, den König wiedereinzusetzen, ihn jedoch, zumindest für einige Zeit, von der Kontrolle über die Milizen und die Ernennung der Minister zu entbinden und die Einführung des Presbyterianismus zu fordern. Die Verhandlungen dauerten bis Ende 1648 an, trotz der Verzögerungen durch den König und erneuten Kämpfen in den Jahren 1647–48.

Die Armee, zu deren Oberbefehlshabern Oliver Cromwell gehörte, wurde in der Zwischenzeit zu einer bedeutenden politischen Kraft. Die Truppen widersetzten sich der Auflösung, weil sie um ihre Sicherheit fürchteten, falls ein restaurierter König sie bestrafen wollte; außerdem forderten sie noch ausstehenden Sold. Diese widerspenstige Armee wurde zwischen 1645 und 1648 zur Machtbasis der *Independent alliance* aus *Independenten*, *Erastianern* und *Levellers*, die durch ihren wachsenden Haß gegen das geplante Abkommen zwischen den Parlamentspresbyterianern und ihren schottischen Verbündeten geeint wurden. Die Macht der Presbyterianer wurde durch den *coup d'état* der Armee vom Dezember 1648, der als *Pride's Purge* bekannt wurde, zerstört, durch den alle Mitglieder des Parlaments außer einer Minderheit ausgeschlossen wurden. Das Parlament wurde danach *The Rump* genannt. Das Rumpfparlament ließ den König hinrichten, schaffte das Oberhaus ab und regierte bis 1653, als es von Cromwell aufgelöst wurde, der bald darauf die persönliche Herrschaft als Lord Protector an sich riß. Der Staatsstreich von 1648 beendete auch die kurze Phase der Macht der Levellers, da Cromwell und die Generale ihr Gegengewicht gegen das Parlament nicht mehr länger benötigten.

Die Tyrannei des Parlaments

Ab 1645 erklärten die Radikalen, daß sie nicht die Waffen gegen die Tyrannei des Königs und der Prälaten erhoben hätten, um einen ebenso strengen parlamentarischen Despotismus einzurichten. Die willkürlichen Methoden des Parlaments bei der Besteuerung erinnerten an die des Königs, besonders als Parker unheilvoll erklärte: »Der Staat hat ein besonderes Eigentumsrecht über die Güter der Untertanen.«

1644 provozierte die Wiedereinführung der Pressezensur durch das Parlament *John Milton* dazu, seine berühmte Verteidigung der Pressefreiheit, *Areopagitica*, zu verfassen. Er wandte sich dagegen, »die Freiheit des Schreibens durch eine Disziplin zu beschränken, die den Prälaten nachgeahmt ist und die diese wiederum von der Inquisition gelernt haben«; zynisch bemerkte er: »Die Pressefreiheit muß wieder unterjocht werden ... die Freiheit der Wissenschaft muß wieder stöhnen und in ihre alten Fesseln zurück: Und das alles während das Parlament tagt!« Diese Fesselung des Gewissens war ein Abfall von der Mission »dieser erwählten Nation«, die »Posaune der Reformation für ganz Europa« zu sein.

1645 befahl das Parlament die Gefangennahme eines Majors der Armee, *John Lilburne*, der bald das glänzende Talent entwickelte, seine eigene Pein als allgemeine Gefahr für die Freiheiten der Engländer darzustellen. Er war der berühmteste Leveller, deren radikaler Angriff gegen das Parlament in seiner Schrift *England's Birthright Justified, against all Arbitrary Usurpation, whether Regal or Parliamentary* (1645) verdeutlicht wurde. Lilburne war bereits 1638 wegen eines Traktats gegen Laud ausgepeitscht worden; jetzt wurde er erneut verfolgt. Er lehnte Parkers und Prynnes Doktrin von der parlamentarischen Souveränität ab und verneinte die Behauptung, das Parlament sei die vollkommene Verkörperung des Volkswillens. Keine vernünftige Gemeinschaft würde einem Parlament »uneingeschränkte Macht ... nach dessen Belieben« verleihen: Allgemeine Rechte können nicht unwiderruflich veräußert werden. Lilburne verkündete den Commons, daß sie, auch wenn sie »die höchste Gewalt in England« seien, doch nicht »nach ihrem Willen und Belieben handeln dürfen«.

Richard Overton, ein baptistischer Drucker, der 1646 *A Remonstrance of Many Thousands of Citizens* veröffentlicht hatte und, als er von den Lords eingekerkert wurde, *An Arrow against all Tyrants Shot from Newgate Prison into the Bowls of the House of Lords* publizierte, setzte sich für Lilburnes Sache ein. Es waren diese beiden Männer, die zusammen mit *William Walwyn*, einem ehemaligen Tuchhändler, der dann Soldat geworden war, die Hauptpublizisten der Levellers werden sollten.

Die Theorie der religiösen Toleranz

Die Hauptbefürchtung der Radikalen galt der intoleranten Strenge einer Kirchenverfassung nach Genfer Vorbild. Selbst unter den Presbyterianern billigten nur sehr wenige das nach dem Knoxschen und Calvinschen Vorbild geforderte Ausmaß klerikaler Autorität, in dem das *jus divinum* der Bischöfe durch das *jus divinum* des Presbyterianismus ersetzt wurde. Der schottische Abgeordnete *Robert Baillie* wütete gegen Englands »lahmes erastianisches Presbytertum« und über »die außergewöhnlichen und unerwarteten Verzögerungen bei der Errichtung der Herrschaft Gottes«. Prynne war, auch wenn er weitgehend presbyterianisch gesinnt war, ebenfalls stark erastianisch beeinflußt und suchte immer noch nach einem *Godly Prince*, einem weltlichen Herrscher für eine reformierte Kirche.

Nachdem der militärische Sieg über die Royalisten feststand, schüttelte das Parlament das schottische Joch ab; 1645 stimmte es dafür, daß keine Form der Kirchenherrschaft ein *jus divinum* beanspruchen konnte. Nichtsdestoweniger waren die Presbyterianer intolerant: Ihre neue Kirche sollte eine einzige, uniforme, nationale und disziplinierte Kirche sein. Sie verurteilten jene Büchse der Pandora der kongregationalen Unabhängigkeit, der theologischen Heterodoxie, der freisinnigen Suche nach Gott und des moralischen Experiments, die in den vierziger Jahren des 17. Jahrhunderts geöffnet worden war. Prynne brandmarkte die Ausbreitung »anabaptistischer, antinomischer, häretischer und atheistischer Meinungen«, wie die von Miltons unverschämtem Traktat zur Verteidigung der Scheidung von 1643. *Thomas Edwards'* »Gangraena« (1646) beschreibt mit lüsternem Abscheu das Kaleidoskop von Anabaptismus, Frauen als Predigern, sozinianischem Skeptizismus, Zügellosigkeit und Freidenkerei.

Ab 1644 unterstützten die führenden Independenten separatistische Kongregationen, »vereinigte Kirchen« und forderten deren Tolerierung. Gibt es irgendeinen Unterschied dazwischen, so fragte Henry Robinson, »von einem episkopalen oder einem presbyterianischen Klerus verfolgt zu werden«? Lilburne sprach von den »Schwarzröcken in den Synoden«, die in die »tyrannischen Fußstapfen« der Bischöfe traten. Walwyns Schrift *Toleration Justified* (1646) brandmarkte das »Joch der priesterlichen Knechtschaft«, und Overton verspottete »Mr. Persecution« in *The Arraignment of Mr. Persecution* (1646). Milton versicherte: »Das neue presbyterianische *writ* ist nichts anderes als das erweiterte alte priesterliche *writ*.« Der entscheidende Grund für seinen Antiklerikalismus war, wie bei allen Radikalen, daß »wir für Christus alle gleichermaßen Priester sind«. Papismus, Prälatentum und Presbyterianismus waren gleichermaßen schuld am Joch der klerikalen Knechtschaft. Die Annahme, daß alle Formen der klerikalen Macht, selbst protestantische, in der Wurzel »papistisch« seien, gründete sich auf der besonderen Kirchenauffassung der Independenten. Die Presbyterianer teilten mit den Anglikanern und den Katholiken die Lehre von der universalen katholischen sichtbaren Kirche. Für die Independenten jedoch war eine Kirche nichts anderes als eine freiwillige Gemeinschaft von Gläubigen, eine unabhängige Kongregation, die von keiner Jurisdiktion zusammengefügt wurde. Außerdem untergruben die Independenten die Idee der Ordination, durch die alle klerikalistischen Priesterschaften ihr eigenes Amt als mit einer speziellen Weihe versehen rechtfertigten; die Weihe wurde durch Handauflegen vollzogen. Für die Independenten waren Kleriker nur die gewählten Diener ihrer Kongregation, die ausschließlich von freiwilligen Spenden und nicht durch den verhaßten Zehnten unterhalten werden sollten.

Diese Kirchenauffassung wurde zusammen mit einem Plädoyer für eine generelle Tolerierung (selbst der Katholiken und Juden) mit besonderer Überzeugungskraft in *Roger Williams'* »Bloody Tenet of Persecution« (1644) vorgetragen. Er betonte, daß die Menschen bei der Errichtung von politischen Gemeinwesen und Kirchen völlig unterschiedliche Ziele verfolgten, wobei die Kirchen nur eine Vielzahl von privaten Vereinigungen innerhalb der Gemeinschaft seien. Deshalb sei es falsch, von einem »christlichen Magistrat« zu sprechen, weil die Religion des Magistrates für seine politische Herrschaft nebensächlich sei. Damit wurde Lokkes *Letter Concerning Toleration* (1689) teilweise vorweggenommen.

Die Regelung der Religionsfrage durch Cromwell war eine teilweise Erfüllung des Programms der Independenten. Der Zehnte blieb zwar ebenso erhalten wie die Nationalkirche, aber sie war ein loses föderales System mit nur wenigen äußeren Kontrollen der Kongregationen. Es ist selten bemerkt worden, daß Hobbes in seinem *Leviathan* diese Regelung ausdrücklich bekräftigt hat. So zählt er auf den Schlußseiten drei englische Revolutionen auf: die gegen den Papst, gegen das Episkopat und gegen das Presbytertum, und er schließt mit der Bemerkung, England sei jetzt »zur Unabhängigkeit der ursprünglichen Christen zurückgekehrt«, was »vielleicht das beste ist«. Wir sind geneigt, die Distanz von Hobbes' Säkularismus gegenüber dem *millenarischen* Eifer der radikalen Puritaner hervorzuheben, aber die Erastianer und die Independenten teilten miteinander eine *säkulare Vision:* die Vollendung der Reformation durch die Einführung der Priesterschaft aller Gläubigen, die Befreiung des Volkes von der usurpierenden Macht aller Priester durch die Gemeinschaft.

Zwischen 1647 und 1648 waren die Levellers die lauteste und bestorganisierte Gruppe unter den Radikalen. In ihren Augen hatten die Priester die Schrift und die Gelehrsamkeit, trübe Juristen das Recht, Monopolisten den Handel und eine habgierige *gentry* das Gemeindeland an sich gerissen. Dies waren die Überreste des christlichen Papismus und der königlichen Tyrannei, die das Parlament eher fortsetzte als reformierte. Die Levellers leisteten gegen die Macht des Parlaments Widerstand und bestanden mit radikalen und ahistorischen Argumenten auf der Unterordnung aller menschlichen Verfassungen unter eine transzendente *recta ratio* oder das Recht der Natur.

Es ist zwar richtig, daß sie immer wieder auch historische Argumente anführten, etwa indem sie behaupteten, das normannische Joch *(Norman Yoke)* habe die englischen Rechte teilweise zerstört (»Wir waren versklavt … unsere eigenen

Gesetze wurden von unseren Eroberern gemacht«), und daß sie geltend machten, die Magna Charta habe die Freiheit wiederhergestellt. Lilburne und Overton waren darin geübt, Sir Edward Cokes Aussagen über das *Common Law* zu zitieren. Sie waren sich jedoch bewußt, daß die Magna Charta als ein einfaches Gesetz vom Parlament widerrufen werden konnte und auch das *Common Law* für gesetzliche Kontrolle offen war. Die Levellers betonten deshalb immer wieder, Magna Charta und *Common Law* seien Verkörperungen der rechten Vernunft *(right reason)* und der natürlichen Gerechtigkeit *(natural equity)* und könnten deshalb vom Parlament nicht angefochten werden. Die Magna Charta, so schrieb John Wildman, verkörpert »allgemeine Vernunft und Gerechtigkeit *(common reason and equity)* und unterliegt deshalb nicht dem Willen des Parlaments«. Man könne sogar sagen, »das *Common Law* kann ein Gesetz des Parlaments annullieren«. Overton hob hervor: »Alle Statuten und Gesetze sind null und nichtig, die in irgendeiner Weise die Rechte und die Freiheiten des Volkes verletzen oder dazu tendieren.« Die Levellers waren zuversichtlicher als Coke, daß die Gesetze der Vernunft selbstevident waren: Aus verständlichen Gründen übernahmen sie Cokes Idee der »artifiziellen« Vernunft nicht, die einen Meinungsstreit über die *recta ratio* dadurch verhindert hatte, daß sie die Richter auf den Gipfel der höchsten Vollkommenheit erhob.

Die Putney-Debatten und das »Agreement of the People«

Die theoretische Schwäche der Levellers in der Frage der Transparenz der rechten Vernunft wurde von General *Henry Ireton*, Cromwells Schwiegersohn und Hauptredner des Generals, aufgedeckt: in dem Augenblick, als die Levellers auf dem Höhepunkt ihrer Macht standen, in den *Putney Debates* vom Oktober 1647. Die Generäle, die ein eingeschüchtertes Parlament für ihre Pläne brauchten, erlaubten ihren Truppen außerordentliche Freiheiten. Die Regimenter wählten Vertreter, die von den Levellers politisiert worden waren und den Debatten des *army council* beiwohnten.

Die Levellers wie die Generale fürchteten, das Parlament werde die Erfolge der Armee in den Verhandlungen mit dem König verschwenden, und stimmten darin überein, daß der König vor Gericht gebracht werden müsse. Der Gegenstand der Debatte von Putney war kein geringerer als die zukünftige Verfassung, und ihr Ausgangspunkt war das *Agreement of the People*, ein Dokument, das möglicherweise von dem Leveller und Juristen *John Wildman* entworfen wurde. Das *Agreement* sollte eine höchste Verfassung sein, dem die Parlamente und die Regierungen untertan waren. Das Parlament sollte künftig alle zwei Jahre nach einem reformierten Wahlrecht gewählt werden. Die Behauptung des Langen Parlaments, es sei mit »dem Volk« identisch, provozierte eine kritische Untersuchung des traditionellen Wahlrechts, unter dem wahrscheinlich nur ein Fünftel der erwachsenen Männer wahlberechtigt war. Der leidenschaftlichste Leveller in Putney, *Colonel Rainborough*, bemerkte: »Ich kann keinen Grund im Gesetz Gottes finden, warum ein Lord zwanzig Abgeordnete wählen soll, ein Gentleman nur zwei und ein armer Mann gar keinen.«

In den letzten Jahren wurde in der Forschung lebhaft die Frage diskutiert, ob die Levellers ein allgemeines Stimmrecht für Männer intendierten oder nicht. Die traditionelle Sichtweise war, daß sie die ersten Demokraten in der englischen Geschichte gewesen seien. C. B. Macpherson meinte dagegen, sie hätten zwar eine Ausdehnung des Wahlrechts intendiert, aber daran festgehalten, daß das Bürgerrecht nur besitze, wer ökonomisch unabhängig sei: Indem die Levellers Diener, Lohnarbeiter, Bettler und Almosenempfänger ausschlossen, sprachen sie zwei Dritteln der erwachsenen Männer das Wahlrecht ab.

Die Intentionen der Levellers sind deshalb zweideutig, weil das erste *Agreement* hinsichtlich des Wahlrechts nicht eindeutig war und unklar blieb, was die Formulierung bedeutete, Bürger seien diejenigen, die das »Geburtsrecht nicht verloren« haben. Macpherson vertritt die Ansicht, das erste *Agreement* müsse notwendigerweise mit den Resolutionen des *army council* nach den Debatten übereinstimmen, wonach jeder, »wenn er kein Diener oder Bettler ist, eine Stimme bei den Wahlen haben muß«, und ebenso mit dem zweiten *Agreement* (1648), das Diener, Lohn- und Almosenempfänger vom Wahlrecht ausschloß. Er betont außerdem die Notwendigkeit, die »verborgenen Voraussetzungen« hinter dem Konzept des »Geburtsrechts« festzustellen. Die Levellers, so argumentiert er, waren das Sprachrohr der niederen Bourgeoisie, der kleinen Grundbesitzer, der kleinen Händler und der Handwerker, deren persönliche Beurteilung der Freiheit, des »Geburtsrechts« und des Eigentums nicht weit von der Auffassung der Generale entfernt war.

Macphersons Akzent auf dem Vorrang der wirtschaftlichen Unabhängigkeit im Denken des 17. Jahrhunderts ist nützlich. Dies gestehen auch seine Kritiker zu, weisen jedoch die Schlußfolgerungen zurück. Sie betonen dagegen, daß in einer zutiefst patriarchalischen Gesellschaft die Gemeinschaft nicht eine Versammlung von atomistischen Individuen war, sondern von Haushalten entsprechend dem aristotelischen *oikos*. Die Interessen und der Wille von Ehefrauen und Bediensteten des Haushalts waren, wie *Maximilien Petty* bemerkt hat, »in ihren Herren eingeschlossen«. (Es ist in diesem Zusammenhang bezeichnend, daß es im England des 17. Jahrhunderts Beispiele für Frauen gibt, die als Witwen das Stimmrecht ausübten, wenn sie das Vermögen oder das Geschäft ihres Ehemanns geerbt hatten.)

Aufgrund ihrer starken Bindung an das Ideal des autarken Haushalts waren die Levellers stark auf wirtschaftliche Reformen festgelegt, wie etwa die Abschaffung von Handelsmonopolen, Landeinhegungen, des Zehnten, der »legal fees«, ungerechter Steuern und möglicherweise auch der Primogenitur – Reformen, die, wie sie hofften, alle erwachsenen Männer wieder in ihr Geburtsrecht als unabhängige Bürger einsetzen würden. Die Unabhängigkeit des *oikos* war die Grundlage einer unabhängigen und nicht korrumpierbaren Bürgerschaft: Auf der anderen Seite war es die Abhängigkeit, die die Menschen dazu brachte, ihre Stimmen und Urteile käuflich zu machen und von Reichen, Mächtigen oder Demagogen pervertieren zu lassen. Die Natur gab dem Menschen, so schrieb Overton, ein *self-propriety*, auch wenn es häufig »verletzt oder usurpiert« wurde. Die Levellers beantragten deshalb, daß das »Geburtsrecht aller Engländer unverzüglich wieder eingesetzt werden soll«. Bis dies erreicht war, gestanden sie jedoch zu, daß es ein legitimes Mittel sein könne, die Besitzlosen von der Wahl auszuschließen.

Daraus kann man schließen, daß die Levellers, indem sie einem England von autonomen Kleinproduzenten entgegensahen, die vielleicht arm, dafür aber unabhängig waren, einem England ohne Bettler und Lohnabhängige, als letztes Ziel das Wahlrecht für alle Bürger vorsahen. Das Stimmrecht war für sie ein »angeborenes Recht«, auch wenn im Augenblick nicht jeder in der Lage war, es rational auszuüben. »Ich denke«, sagte Petty, »der Grund, warum wir Lehrlinge oder Diener oder Almosenempfänger ausschließen würden, ist, daß sie vom Willen anderer abhängen und Angst hätten, ihnen zu mißfallen.«

Es ist daher die brauchbarste Interpretation der *Putney Debates*, daß die Levellers von der Bejahung eines generellen Wahlrechts ausgingen, dann aber zu einem Kompromiß mit den Generälen gelangten. Der Verlauf der Debatte bestätigt dies. Als das *Agreement* verlesen wurde und die Forderung enthielt, die Wahlbezirke sollten »nach der Zahl ihrer Einwohner gerechter aufgeteilt werden«, beschuldigte Ireton die Levellers, ein universelles Wahlrecht zu vertreten. Die Levellers verneinten diese Anschuldigung nicht, sondern bestätigten sie explizit. *Rainborough* leistete dazu den berühmtesten Redebeitrag: »Denn ich glaube wirklich, daß der ärmste Mann in England ein Leben zu leben hat wie der größte Mann, und deshalb glaube ich wirklich, Sir, daß jedermann, der unter einer Regierung leben muß, sich zuerst selbst durch seine Zustimmung unter diese Herrschaft begeben sollte.« *Petty* erklärte: »Jeder Engländer ... sollte wählen und eine Stimme haben«, und *Wildman* meinte: »Jeder Mann in England hat ein ebenso deutliches Recht, seine Repräsentanten zu wählen, wie der am höchsten stehende Mann in England.«

Beide Parteien stimmten darin überein, daß »die große Frage von all dem ist, ob in diesem Königreich jedes Individuum das Recht hat, bei Wahlen eine Stimme abzugeben oder nicht«. Außerdem gibt es gute Gründe für die Annahme, daß das Eintreten für ein allgemeines Wahlrecht nichts Außergewöhnliches gewesen ist. Man war allgemein der Ansicht, daß in den Zeiten der Angeln und Sachsen oder auch vor der Einführung des traditionellen »40-Schilling-Wahlrechts« im Jahre 1430 das Wahlrecht ein allgemeines Recht gewesen sei. In Gemeinden und Dörfern bestanden weiterhin demokratische Traditionen gewählter Gemeindeversammlungen, Volksversammlungen und *manorial courts*, bei denen sogar die Niedrigen Ämter als Kirchenvorsteher und *constables* innehatten. Es gab Stadtgemeinden mit offenem Haushaltswahlrecht.

Die Levellers protestierten jedoch, als Ireton und Cromwell sie beschuldigten, zu Kommunismus und Anarchie zu tendieren. Die Generäle betonten, ein universales Wahlrecht würde zur Zerstörung des Eigentums führen. »Kein Mensch«, sagte *Ireton*, »hat ein Recht auf eine ... Teilhabe an der Lenkung der Angelegenheiten des Königreichs ..., der kein dauerndes festes Interesse *(permanent fixed interest)* am Königreich hat ... Und wenn wir darauf verzichten, dann sollten wir einfach hingehen und alles Eigentum wegnehmen.« *Rainborough* wandte dagegen ein: Gab es nicht ein göttliches Gebot: Du sollst nicht stehlen? »Ich wünschte, Sie würden die Welt nicht glauben machen, daß wir für die Anarchie sind.« Ireton ging über die gewöhnliche Einsicht der Besitzenden hinaus, und seine Argumentation war differenzierter, als in der Regel erkannt wird. Er beschwor Ideen, die möglicherweise von Selden und Hobbes stammten. Er betonte, das Wahlrecht und die politischen Rechte seien im allgemeinen konventionell oder artifiziell und nicht natürlich; sie entstammten den Regeln, die die

Menschen in vergangenen Zeiten aufgestellt hatten, und nicht dem Naturrecht. Die Gesetze Gottes und der Natur gäben nicht vor, wie das menschliche Wohl politisch oder ökonomisch gesichert werden könne. Für Ireton war das Vertrauen auf historische Vorbilder der sicherste Weg, um Anarchie zu vermeiden, während die Levellers sich immer wieder über die historischen Verfassungen hinaus auf ein abstraktes »höchstes Recht« *(paramount law)* beriefen, das in natürlichen, vorpolitischen Rechten wurzele.

»Ihr ... sucht Zuflucht bei einem absoluten natürlichen Recht, und ihr ... verneint jedes bürgerliche Recht.« Für Ireton war das »bessere Sein«, das die Levellers in der Natur zu begründen suchten, eine Chimäre, weil die Erreichung dieses besseren Seins »nicht sicher ist«. Die »Gesetze der Natur« seien unklar und würden sich bald in verschiedene private »Einbildungen und Vorstellungen« verwandeln. Es könne keinen Konsens darüber geben, was das Naturrecht wirklich umfasse, denn in der Natur habe jeder das Recht, zu nehmen, was immer er begehre. »Wenn ein Mann, der von Geburt gering ist, aufgrund des Naturrechts verlangen kann, was immer er will ..., dann belassen sie weder Eigentum, noch eine Grundlage für irgendeinen Menschen, etwas zu genießen.«

Ireton bemerkte, daß eine Rechtstheorie, die die Zustimmung, d.h. die Wahl, durch alle Individuen ernst nahm, die breite Vielfalt der Möglichkeiten nicht einschränken konnte, die ein Individuum zur Erlangung seines »besseren Seins« wählen könnte. Er erkannte, wie sehr sich die Levellers der Vision eines göttlichen »besseren Seins« verschrieben hatten, für welches sie, die Gerechten, arbeiten müßten und zu dem die Ungerechten erzogen werden müßten. »Zustimmung« war für sie kein Ausdruck der Vorliebe oder des Geschmacks, sondern die Gelegenheit, bei der der widerspenstige menschliche Wille gezwungen war, sich Gottes Ziele zu eigen zu machen. Heute wird oft behauptet, Locke sei, wie die Levellers, in seiner Theorie des Konsenses von der calvinistischen Vertragstheorie beeinflußt worden; in dieser Hinsicht jedenfalls waren Locke und die Levellers weniger »liberal« im modernen Sinn als Hobbes und Ireton. »Zustimmung« war für Hobbes eine empirische Wahl, für die Levellers und Locke (oder Rousseau) dagegen war es die Erkenntnis des rationalen Guten, das gewöhnliche Menschen empirisch jedoch nicht erreichen können.

Ein enthüllendes Beispiel für die Haltung der Levellers, das häufig übersehen wurde, ist ihre Ausschließung der »Delinquenten« von den Bürgerrechten. Mit »Delinquenten« waren die Royalisten gemeint, von denen man behauptete, sie hätten ihre Befähigung, rationale Bürger zu sein, infolge ihres Dienstes für die Tyrannei verloren. Ein Royalist war zur Unvernunft herabgesunken und somit ein Tier, Sklave einer unmoralischen, unnatürlichen und gottlosen Sache. (Locke sprach übrigens ebenfalls von den Dienern der Tyrannei als von »Raubtieren«. Den rationalen Willen aufzugeben bedeutet, die Humanität aufzugeben, würde Rousseau sagen.)

Für Levellers und Independenten wich die allgemeine Zustimmung leicht einer platonischen und elitären »wahren Vernunft«, die von den Frommen definiert und vom Schwert der Armee aufrechterhalten wurde. *John Goodwin* betonte in seiner Rechtfertigung des Armeeputsches, *Might and Right Well Met* (1649), daß »die Handlungen der Armee« der Wohlfahrt und dem Vorteil des Volkes dienten, selbst wenn der Armee »eine Aufforderung durch das Volk« fehle. In den letzten Tagen des Republikanismus von 1659–60, als England vom Royalismus überflutet wurde, bettelte Milton in *The Ready and Easy Way* darum, die Armee-Oligarchie solle die schlechten Engländer zwingen, rational und frei zu sein. Lilburne, Goodwin und Milton glaubten, ertrinkende Menschen sollten gerettet werden, gleichgültig, ob sie es wollten oder nicht.

Gerard Winstanley und der Kommunismus der Diggers

Eine kleine Gruppe ging über die Position der Levellers in der Eigentumsfrage hinaus. Dies waren die kommunistischen *Diggers*, deren Sprecher *Gerard Winstanley* war. Er und seine Anhänger besetzten und bearbeiteten von 1659 bis zu ihrer Vertreibung 1660 Land in Surrey. Zum Teil waren Winstanleys Forderungen historisch begründet: Er versuchte, gegen die Einhegung des Landes alte Rechte auf die gemeinsame Nutzung von Land wiederzubeleben, die im *Common Law* verankert waren. Wie die Levellers sprach auch er vom normannischen Joch und von den alten Geburtsrechten, die durch die Eroberer zerschlagen worden seien. Aber er führte diese *gesetzlichen* Rechte auf frühere *natürliche* Rechte zurück.

Es gab drei mögliche Standpunkte, die die Theoretiker des 17. Jahrhunderts im Hinblick auf die *Eigentumsrechte* einnehmen konnten. Alle gingen gleichermaßen davon aus, daß die Genesis von der ursprünglichen Schenkung der Erde an die Menschheit zu deren Ernährung und Besitz berichtete. Daraus zog Filmer den Schluß, Gott habe Adam die Erde persönlich geschenkt und nicht der Menschheit im allgemeinen. Adam hatte ein *dominium*, die völlige Macht, auch wenn er das Eigentum an andere delegierte, wie Noah es bei seinen verschiedenen Nachkommen tat. Dieses patriarchalische Eigentumsrecht wurde durch Erbe übertragen, und der König hatte deshalb ein höchstes letztes Eigentumsrecht über seine Untertanen.

Dieser Ansicht widersprach Locke im 5. Kapitel seiner *Zweiten Abhandlung über die Regierung*. Er vertrat (wie die Levellers und die anderen großen zeitgenössischen Autoren, die darin weitgehend der mittelalterlichen Scholastik folgten) die Ansicht, daß das *dominium* ursprünglich der Menschheit gemeinsam verliehen worden sei. Er schlußfolgerte daraus jedoch nicht, wie die Diggers (und die mittelalterlichen Franziskaner), daß das Eigentum immerwährend allen gemeinsam gehören müsse. Wie später Locke, vertraten die Levellers die Auffassung, das gemeinschaftliche Eigentum sei vom Privateigentum verdrängt worden, weil die Vereinzelung des Eigentums der beste Weg sei, um das göttliche Gebot zu erfüllen, die Erde solle fruchtbar sein für das Wohlergehen der Menschheit. Eigentum war produktiver, wenn es sich in Privatbesitz befand. Die Formen der Vereinzelung waren danach (wie die Formen der Herrschaft) nicht durch das natürliche Recht, sondern durch menschliche Übereinkunft festgelegt, und tatsächlich behielten einige Teile der Erde, wie das Gemeindeland, das Meer und Amerika ihren ursprünglichen besitzlosen Charakter.

Daraus folgte jedoch nicht, daß die Rechte der Eigentümer absolut und ausschließend waren. Thomas von Aquin und seine Anhänger betonten, daß jedermann ein natürliches Recht auf Ernährung behielt. Ein Hungernder, der sich nahm, was er brauchte, war kein Dieb. Dieser generelle Anspruch, den alle Individuen gegenüber Eigentümern geltend machen konnten, war in England in den »Nutzungs«-Rechten gesetzlich eingeschlossen; das waren Rechte auf *Gebrauch*, wenn auch nicht Rechte auf *Besitz*. Für Locke und andere war es deshalb schwierig, die Pflichten zu bestreiten, die die Besitzenden gegenüber den Besitzlosen hatten. Dennoch gab es eine Tendenz zum Ausschluß der Nutzungsrechte und zu einer Konzeption absoluter und ausschließlicher Eigentumsrechte. Man begann zu argumentieren, daß die Ansprüche der Hungrigen gegenüber den Eigentümern nicht solche des *Rechts* (eines Rechts, das gewaltsam durchgesetzt werden konnte), sondern bloß der *Barmherzigkeit* waren (eines guten Werkes, zu dem der Eigentümer nicht verpflichtet war). Viele Forscher betrachten das Auftauchen der Doktrin vom absoluten Eigentumsrecht als die Entstehung der charakteristischen Ideologie des modernen Kapitalismus.

Gegen das Vordringen solcher Ideen rebellierte Winstanley. Die Diggers hielten daran fest, daß Privateigentum eine unrechte Usurpation war. In den Traktaten, die Winstanley zwischen 1649 und 1652 schrieb, wie etwa *The True Levellers Standard* und *The Law of Freedom*, wurde der Satz »Die Erde ist eine gemeinsame Schatzkammer« zu seinem Leitmotiv. Bei der Schöpfung »ist allen Menschen das gleiche Recht verliehen worden, die Erde zu bestellen und über die Tiere des Feldes, die Vögel des Himmels und die Fische des Meeres zu herrschen«. Die Unterdrückung durch Landbesitzer war eine Form des königlichen und priesterlichen Despotismus. Regime der Habsucht und der politischen Willkürherrschaft verdrängten die ursprüngliche Vollkommenheit. Kaufen und verkaufen, für Lohn zu arbeiten und die Unterscheidung von Mein und Dein waren Werke des Antichrists und des großen Tiers, deren Herrschaft vernichtet werden mußte. Der Hinrichtung des Königs mußte die Beseitigung der letzten Reste der königlichen Macht folgen. »Die Unterdrückung ist immer noch ein großer Baum, der die Sonne der Freiheit von den Armen fernhält.« Gottes Geschöpfe »warten auf die Befreiung« von der Herrschaft »der Ländereien und des Reichtums«. »Die wahre Religion … ist, jedem ein Stück Erde zu geben, das er in Frieden bestellen kann.« Winstanley war Pantheist und Gnostiker. Gott nannte er »den großen Vernunftschöpfer«; Christus war nicht so sehr eine besondere Person als das Wirken des Geistes in allen Gerechten, des Geistes der »universalen Liebe« und der »freien Gemeinschaft«. Die Gerechten waren die Kinder des Lichts, die das Erbe antreten sollten, wenn die »königliche Macht der Finsternis« überwunden war. Cromwell sollte, wie Moses, sein Volk aus der Gewalt der »ägyptischen Sklaventreiber« in das Land Israel führen.

8. John Milton, James Harrington und die Republik

Der Staatsstreich der Armee und die Hinrichtung des Königs

Im Januar 1649 wurde Karl I., »der Mann des Blutes«, vor Gericht gestellt und hingerichtet. England wurde eine Republik. Das Parlament verkündete: »Das Amt eines Königs ist unnötig, lästig und für die Freiheit, Sicherheit und das öffentliche Interesse des Volkes gefährlich.« In Iretons *Remonstrance* (1648) findet sich eine offene Verteidigung der Hinrichtung des Königs. Die Macht des

Königs sei ein *trust* des Volkes: Dieser *trust* sei verraten worden, das Volk sei deshalb von der Treue entbunden, und der König solle wegen Tyrannei bestraft werden. John Cook, der Anwalt der Regierung, erklärte den König zum »Feind des Volkes«, das er verraten habe; deswegen verdiene er eine »exemplarische und schwere Strafe«. Die Zeitung der Levellers, *The Moderate*, verteidigte ebenfalls den Tyrannenmord: »Der Tod des Bösen ist der Schutz der Gerechten.«

Der offizielle Propagandist der neuen Republik war *John Milton*, der 1649 zum *Latin Secretary* des *Council of the State* ernannt wurde. Sein *Tenure of Kings and Magistrates* (1649) ist eine schlagende und ausdrückliche Verteidigung des Tyrannenmords. Milton mußte seine These bald wiederholen, sowohl weil der niederländische Gelehrte Salmasius den Schrecken der europäischen Königshöfe über die Ermordung des Königs auf Gerichtsbeschluß zum Ausdruck brachte als auch wegen des Erfolgs eines heimlich verbreiteten Werks von hagiographischer Sentimentalität, *Eikon Basilike*, das aus Karl einen Märtyrer machte. Miltons *Eikonoklastes* (1649) und *Defence of the People of England* (1651) versuchten, dieser wachsenden Abneigung entgegenzutreten. Natürlich ging Milton auch hier davon aus, daß die politische Gewalt ursprünglich beim Volk lag. Daraus folgerte er: »Die Gewalt von Königen und Magistraten ist nichts anderes als das, was ableitbar und ihnen vom Volk zu treuen Händen (*in trust*) übertragen und anvertraut worden ist, zum Gemeinwohl aller, bei denen die Gewalt im Grunde jedoch immer verbleibt und die ihnen nicht ohne eine Verletzung ihres natürlichen Geburtsrechts genommen werden kann.« Das Volk kann dem König Einhalt gebieten, ihn absetzen oder das Königtum abschaffen, je nachdem, was es für angemessen hält, selbst wenn der König »kein Tyrann« ist. Gegen diejenigen, die behaupteten, daß dies den Traditionen der englischen erblichen und souveränen Monarchie widerspreche, wandte Milton insbesondere in seiner *History of Britain* (1670) ein, die englische Monarchie sei eigentlich eine Wahlmonarchie: Nachdem die Römer England im 5. Jahrhundert verlassen hatten, befanden sich die Menschen erneut in einem Naturzustand; sie wählten und entließen Könige nach Belieben. Diese Könige (deren berühmtester Eduard der Bekenner war) gelobten, die *salus populi* zu wahren, die in den Gesetzen verkörpert war. Selbst Wilhelm der Eroberer hatte seinen Anspruch auf das Königtum nicht durch die Eroberung, sondern durch die beschworene Gewährleistung der angelsächsischen Freiheiten erlangt. Da sich kein freies Volk rational einer absoluten Königsherrschaft unterwerfen würde, habe das englische Volk es in Wirklichkeit auch nie getan. Milton ließ sich hier von den Mythen des Tacitus über die alte germanische Freiheit leiten.

Er wollte insbesondere die moderaten Presbyterianer, die durch den *coup* der Armee vertrieben worden waren, davon überzeugen, daß ihre eigenen Prinzipien logisch nicht plötzlich vor der Absetzung des Königs Halt machen könnten. Miltons Hauptproblem bestand darin, daß nicht das vollständige Parlament, sondern die Armee und das Rumpfparlament den König getötet hatten. Folgerichtig bezog er eine dramatisch radikale Position: Jedes Individuum hatte das Recht, einen Tyrannen zu töten. Milton gab damit das Vertrauen in die »unteren Magistrate«, die gewählten *Estates*, als Vertreter der Gerechtigkeit auf. Das Schwert der Vergeltung besaß derjenige, »in dessen Hand sich genügend Macht findet, um das Vergießen … unschuldigen Blutes zu rächen«. Er behandelte biblische Vorgänger, besonders den vieldiskutierten Fall Jehoiadas, der Athaliah tötete, und betonte, daß Jehoiada ein privates Individuum und kein Magistrat war. In dem Gedicht *Samson Agonistes* wurde dasselbe Dilemma behandelt: die schreckliche Berufung eines Bürgers, der um der Gerechtigkeit willen töten soll. Milton schien die tugendhaften Bürger des antiken Britannien und Israels für die Begründer der »Sitte des Tyrannenmords« zu halten. Dieser edle Geist sei durch Karls Hinrichtung erneuert worden, einem »hervorragenden Beispiel« für einen Sieg der Freiheit über die Tyrannen, das ein Vorbild für die gesamte Christenheit sein sollte.

John Goodwin und George Lawson

Ein Autor, der Milton folgte, war John Goodwin, der Prediger der Independenten, in seinen Schriften *Might and Right Well Met* und *The Obstructors of Justice* (1649). Er bestand ebenfalls auf dem »Akt der Gerechtigkeit«, den ein privates Individuum ausführen könne, selbst ohne eine besondere »Offenbarung des Himmels«. Die »Ausübung dieses Gesetzes betrifft jeden Menschen ... und nicht den Magistrat allein«. Locke wiederholte diese Doktrin, als er betonte, alle Menschen könnten die Tyrannei bekämpfen und alle Autoritäten, einschließlich eines Parlaments, könnten Tyrannen sein.

Eine echte Volksbefragung hätte jedoch nur in einer restaurierten Monarchie enden können. Die Radikalen hielten jedoch, wie wir gesehen haben, daran fest, daß eine solche Wahl ein irrationaler Akt der Ungerechten wäre, und sie tendierten dazu, die oligarchische Ansicht zu vertreten, ein fehlgeleitetes Volk müsse von den wenigen Gottesfürchtigen beschützt werden. Für Goodwin war die Armee der Hüter der Gesetze der Vernunft, der Natur und Gottes. »Wenn ein Volk verdorben und korrupt ist ..., verwirkt es seine Macht ..., so daß kein Argument, das eine Nicht-Übereinstimmung des Volkes mit der Armee vorgibt, stichhaltig sein kann.« Die Armee ist der Arzt, der weiß, was gut für die Menschen ist.

Die Revolution war niemals in der Lage, sich auf Zustimmung oder Tradition zu gründen, wenngleich das letztere hätte erreicht werden können: 1657 wurde wieder ein Oberhaus eingeführt, und man bot Cromwell die Krone an. Seine Ablehnung befriedigte viele Radikale nicht, die von Cromwell bereits tief enttäuscht waren. Das Vertrauen in die Herrschaft eines Auserwählten und die apokalyptische Zuversicht auf das Bevorstehen einer endgültigen Reformation schwanden rapide. In *Killing no Murder* (1657) wurde die Begründung für den Tyrannenmord gegen Cromwell selbst gewendet.

Das Angebot der Königswürde fand in *George Lawson* einen Theoretiker, der die Anerkennung der Revolution mit einer loyalen Sympathie für die traditionelle Verfassung verband. Seine *Politica Sacra et Civilis* wurde 1657 beendet und 1660 veröffentlicht. Dieses Werk, das von der mittelalterlichen Korporationstheorie stark beeinflußt war, unterschied streng zwischen der »wahren Majestät« *(real majesty)*, die bei der korporierten Gemeinschaft lag, und der »persönlichen Majestät« (*personal majesty*), die beim Herrscher lag, der die Regierung *in trust* ausübte. Die Gemeinschaft verzichtete niemals auf ihre wahre Majestät und behielt das Recht, die Regierung zu ändern oder den Herrscher abzusetzen. Im Fall eines Konfliktes zwischen den Elementen der Verfassung mußte die Regierung für aufgelöst erklärt werden. Daraus folgte, daß die Macht wieder an die Gemeinschaft zurückfiel und weder der König noch das Parlament Treue fordern konnten. Lawson folgte hier dem Argument der Radikalen, das Parlament könne nicht plausibel von sich behaupten, »das Volk« zu sein. Vielmehr sollte eine außerordentliche Versammlung einberufen werden, bei der die Gemeinschaft eine Verfassung nach ihrer Wahl einführte. Es gab aber keinen Grund, warum eine solche Versammlung der Form nach nicht mit einem traditionellen Parlament identisch sein sollte, und auch keinen Grund, warum diese Versammlung nicht entscheiden sollte, daß die traditionelle monarchische Verfassung die beste sei. Lawson war ein Anhänger der gemischten Monarchie und des Königtums. Sein theoretischer Radikalismus produzierte ein konservatives Ergebnis. Aus diesem Grund ist er manchmal als Vorläufer Lockes und der Whig-Revolution von 1688 angesehen worden, einer Revolution, nach der es in England immer noch eine Monarchie, eine Aristokratie und ein nichtreformiertes Parlament gab.

De-facto-Gehorsam

Trotz allgemeiner Unzufriedenheit tendierten in den fünfziger Jahren des 17. Jahrhunderts nur wenige dazu, gegen die Republik zu rebellieren. Viele Royalisten und Presbyterianer machten sich dagegen an die spitzfindige Arbeit, den Gehorsam gegenüber einem illegitimen Regime vor ihrem Gewissen zu rechtfertigen. Dies wurde zu einer drückenden Notwendigkeit, nachdem das Rumpfparlament von allen Bürgern verlangte, den *Engagement Oath* zu schwören, der alle früheren Eide gegenüber dem König und dem *Covenant* aufhob.

Der berühmteste Beitrag zur *Engagement*-Kontroverse war Hobbes' *Leviathan* (1651). Obwohl Hobbes seiner Neigung nach ein Anhänger der Stuarts war, führte seine Logik zu der Behauptung, daß die souveräne Autorität bei dem liege, der im völligen Besitz der Macht sei. Die rationale Vernunft verlangte vom Subjekt, sich dieser Macht zu unterwerfen, da nur sie das eine bieten konnte, wonach alle Menschen verzweifelt suchten: den Schutz des Lebens. Die fundamentale Maxime, so betonte Hobbes, war die wechselseitige Beziehung zwischen Schutz und Gehorsam.

Diese Formel erschien wiederholt in den Büchern der *Engagers*. Zwei bekannte Autoren, *Anthony Ascham*, ein Diplomat, der von royalistischen Exilanten in Spanien ermordet wurde, in *Of the Confusions and Revolutions of Government* (1649), und *Marchamont Nedham*, ein Regierungsjournalist, in *The Case of the Commonwealth* (1650), beriefen sich explizit auf Hobbes. Diese und andere Traktate waren beherrscht von einem starken Gefühl der Unbeständigkeit der Regierungen, der gewaltsamen und unehrenhaften Ursprünge aller Herrschaft und der absoluten Notwendigkeit, Sicherheit anstelle von Anarchie zu suchen. Gehorsam gegenüber dem *de-facto*-Inhaber der Herrschaft, ungeachtet vermeintlicher Forderungen hinsichtlich der *de-jure*-Legitimität, war zu rechtfertigen.

Diesem Argument wurde durch die Behauptung, das neue Regime sei von Gott eingesetzt, eine providentielle Färbung verliehen, denn Gott war der Schöpfer aller Dinge. Wem auch immer er das Schwert verlieh, war sein Stellvertreter.

Unaufhörlich wurde auf den Römerbrief 13,1 verwiesen: »Wo aber Oberkeit ist, die ist von Gott verordnet« (Luther). Hatte Paulus nicht in der Zeit von Claudius oder Nero geschrieben und dennoch Gehorsam verlangt? Zu dieser Debatte leisteten selbst der Erzroyalist Filmer und der Digger Winstanley auf der Seite des *Engagement* Beiträge. Alle diese Autoren standen in der Gefahr, die göttliche Vorsehung in einer Art zu interpretieren, in der Macht und Recht, das, was Gott erlaubte, und das, was er befahl, miteinander verschmolzen wurden.

James Harringtons »Oceana« und der klassische Republikanismus

Es gab jedoch eine Gruppe von Theoretikern, die über diese kasuistische Apologetik hinausging und konstruktiv über eine vollkommene republikanische Verfassung nachdachte. Ihr Kopf war *James Harrington* mit seiner Schrift *Commonwealth of Oceana* (1656). Der republikanische Zirkel schloß den Dichter Andrew Marvell, Henry Nevile, ein Mitglied des *Council of State*, und Algeron Sidney ein, die das Ideal des *commonwealth* in die Zeit der frühen Whigs übertragen sollten. Zu ihrem Kreis gehörte auch Nedham mit seiner *Excellency of a Free State* (1656), die die monarchisch gesonnenen Engländer wieder in gute Republikaner verwandeln sollte. Harrington erlangte zwischen 1659 und 1660 besondere Bekanntheit, als sich sein *Rota Club* in einem Londoner Kaffeehaus traf, um Verfassungspläne zu diskutieren, während das Parlament ebenfalls darüber beriet.

Die politische Sprache der Republikaner war zutiefst humanistisch und republikanisch. Dies verbanden sie eklektisch mit ihrer protestantischen Vision einer säkularen Eschatologie. Dabei ließen sie die calvinistische Doktrin von der sichtbaren Auserwähltheit fallen: Sie waren arminianisch in ihrer Auffassung, daß das Heil für alle offen war, oder sogar deistisch und sozinianisch, indem sie Christus über die ganze Menschheit ausgossen. Infolgedessen war für sie das universale, tugendhafte Bürgertum die »wahre Religion«, deren Prinzipien durch die natürliche Vernunft erkannt werden konnten.

In den Augen dieser Republikaner war die »Weisheit der Alten« die beste Quelle für die rationalen Regeln einer bürgerlichen Gemeinschaft. Platon, Aristoteles, Cicero, Livius, Polybios, Plutarch und Tacitus boten eine unerschöpfliche Fundgrube von Maximen, und die Institutionen des republikanischen Rom waren unbestreitbar die beste Anleitung für den Aufbau einer Verfassung. Es war, so schrieb Harrington, »notwendig, die Archive der antiken Vernunft zu durchforschen«. Natürlich besaß der humanistische Neoklassizismus bereits seit der Renaissance einen kulturell dominanten Einfluß, aber der englische politische Humanismus wurde jetzt kompromißloser und war weniger an das Ideal der Höflings geknüpft, als er es zur Zeit der Monarchie war.

Die politische Sprache im England des 18. Jahrhunderts war universell neoklassisch und in ihrer Bewunderung für die antike *polis* unaufhörlich: Dafür waren Harrington, dessen *Works* 1700 wiedererschienen, und seine Epigonen verantwortlich. Ihre Wiederentdeckung des Ideals der bürgerlichen Tugend, des Gemeinsinns, trug dazu bei, daß die Statuen unzähliger Politiker in Togas gekleidet waren, dem Symbol für die Vollkommenheit des perikleischen Athens und des ciceronischen Roms. Die von den radikalen Whigs des 18. Jahrhunderts, von

Wordsworth und Coleridge, von den amerikanischen Gründervätern und von den Theoretikern der Französischen Revolution aufgebeteten Litaneien schlossen Harrington, Neville, Nedham, Milton und Sidney ein.

Die Republikaner trugen auch dazu bei, den Ruf Machiavellis nicht nur als des republikanischen Idealisten der *Discorsi* und der *Istorie Fiorentine*, sondern auch als des Pragmatikers des *Principe* neu zu begründen. Machiavelli, so sagte Harrington, war »der einzige Staatsmann der jüngeren Zeit«, der »einzige Erneuerer antiker Klugheit«. Machiavellis Fähigkeit, es mit beiden Seiten zu halten, mit Prinzen und mit Republiken, erlaubte zusammen mit der Mythologie der großen Heroen-Gesetzgeber Lykurg, Solon und Romulus den Republikanern eine für heutige Betrachter unbehagliche Zweideutigkeit gegenüber Cromwell. Harringtons *Oceana* war Cromwell gewidmet, dem *deus ex machina*, dessen Ruhm und Weisheit der Grundstein der vollkommenen Republik sein sollte. Nedham nannte Cromwell »novus princeps« und »tapferer Scipio«, und Marvells berühmte Gedichte *An Horatian Ode upon Cromwell's Return from Ireland* (1650) und *The First Anniversary of the Government under Oliver Cromwell* (1655) waren zutiefst ambivalente Verherrlichungen eines von Fortuna emporgeschleuderten Helden, der ebenso ein Gesetzgeber-Erlöser sein konnte wie ein Caesar, der die Freiheit verriet.

Spätere Neorepublikaner bedienten sich derselben Zweideutigkeit, um die restaurierte Monarchie dem republikanischen Sprachgebrauch anzupassen. Die Lösung war, wie wir gesehen haben, mit der Theorie einer gemischten Monarchie bereits gefunden worden: Die »Republik« wurde als eine harmonisch ausgewogene Herrschaft von Monarchie, Aristokratie und Demokratie, der Herrschaft des Einen, der Wenigen und der Vielen, verkörpert in König, Lords und Commons, betrachtet.

Das Modell von Harringtons *Oceana*, das auf König und Hochadel verzichtete, stand Aristoteles' *Politeia* näher, einem Gleichgewicht zwischen höheren und niedrigeren Bürgern, zwischen den relativ Reichen und denen, die bloß unabhängig waren. Dies spiegelte sich in seinen zwei gewählten Kammern wider, dem Senat und dem Repräsentantenhaus. Harrington drückte sich vage darüber aus, wer Bürger sein sollte, auch wenn er die Bürgerqualität eindeutig von denselben Voraussetzungen abhängig machte wie alle seine Zeitgenossen: Freiheit und Bürgerrecht hingen von der ökonomischen Unabhängigkeit ab. Wie in Athen war die demokratische Partizipation für die Bürgerschaft unabdingbar, aber Bedienstete waren keine Bürger. England mußte wieder in 50 »Stämme« (*tribes*), 100 »Bezirke« (*hundreds*) und 10000 Gemeinden (*parishes*) aufgeteilt werden, die dann eine Rangordnung für die Repräsentation, die Besteuerung, die Miliz und die Staatsreligion bildeten. Bürger, Soldat und Auserwählter, alles würde eins sein.

Harrington fürchtete sich vor den wechselhaften und irregeleiteten Launen gewöhnlicher Bürger sowie deren Tendenz zu Leidenschaft und Eigennutz. Was auch immer die Erziehungsleistungen einer bürgerlichen Religion bewirken mochten, es waren gute Gesetze und konstitutionelle Mechanismen, nicht gute Menschen, auf die man vertrauen mußte. Abgeordnete und Magistrate mußten begrenzte Amtszeiten haben, der Wahl und der kritischen Wahlprüfung unterliegen. Nach Harringtons Vorstellungen sollte es jährlich Wahlen zum Senat und zum Repräsentantenhaus geben, und jedes Jahr sollte ein Drittel der Mitglieder zurücktreten; die Wähler mußten über dreißig Jahre alt sein, die Wahl sollte indirekt über ein Wahlmännerkollegium erfolgen, und alle Wahlen mußten geheim sein. Der Senat konnte die Gesetze nur vorschlagen, während das Repräsentantenhaus einen Vorschlag nur annehmen oder ablehnen konnte. »Der Senat schlägt vor, das Volk entscheidet«, schien Harrington eine sichere Verbindung von Weisheit und Demokratie zu sein. Ebenfalls gewählt werden sollten alle Inhaber öffentlicher Ämter, einschließlich Richtern, Milizoffizieren und Priestern.

In Harringtons Werk gibt es überall eine starke Tendenz, die klassische *polis* mit der christlichen Apokalypse zu verschmelzen. Die Wiederentdeckung der antiken Freiheit ging mit der Wiederentdeckung der ursprünglichen Reinheit des Christentums Hand in Hand. Das moderne England würde ein neues Rom und ein neues Jerusalem sein. Der platonische Mystizismus war für Harringtons Verherrlichung der Republik als der Weltimmanenz Gottes eine starke Triebkraft. Das *immortal commonwealth* war, wie das erfüllte Individuum, das Strahlen des Göttlichen in die Welt. Der *Godly Prince* wurde in eine *Godly Republic* transformiert, die die Flamme der Freiheit und des Evangeliums in die dunkle Welt antichristlicher Tyrannei tragen mußte. Es waren nicht nur die von Harrington erdachten konstitutionellen Mechanismen, sondern auch sein republikanischer Imperialismus und sein säkularer Offenbarungsglaube, der die amerikanische politische Tradition tief beeinflussen sollte.

In der Kraft seiner historischen Analyse der »gotischen« Herrschaft liegt ein weiterer Aspekt von Harringtons Bedeutung. Er war einer der ersten, der die Entdeckung der Historiker des frühen 17. Jahrhunderts ausschlachtete, die die Natur des Feudalismus als eine charakteristische und nun überholte Form des europäischen ökonomischen und sozialen Lebens interpretiert hatten. Die Herrschaft der Monarchen, Aristokraten und Prälaten beruhte nach Harringtons Auffassung darauf, daß sie den Großteil der Ländereien besaßen. Politische Regime hatten somit »natürliche Ursachen«, sie waren der »Überbau«, der auf der »Basis« von Grundbesitz aufgebaut war. Die Zerschlagung der feudalen Strukturen in den vergangenen einhundertfünfzig Jahren unterminierte unvermeidlich die politische Macht von Englands traditionellen Herrschern, die Monarchie hörte auf, die »natürliche« Regierungsform zu sein. Der unabhängige englische Grundbesitzer war entstanden, der in den Besitz der ausgedehnten Ländereien der Krone, der Adligen und der Kirche kam und schließlich vollends das Erbe antrat, als der Schatten der englischen Monarchie endgültig zusammenbrach. Eine Republik freier Grundbesitzer war jetzt unvermeidlich.

Der Herausgeber von Harringtons *Works*, Toland, bemerkte: »Dieses Reich folgt dem Gleichgewicht des Eigentums (*balance of property*) ..., er war der erste, der das erkannte, und es ist eine vornehme Entdeckung ... die Grundlage aller Politik.« Moderne Forscher haben Harrington dementsprechend als »ökonomischen Deterministen« bezeichnet, einen Vorläufer der Marxschen Betrachtung der Englischen Revolution als Ergebnis eines Strukturwandels im Klassensystem. Tatsächlich ist Harringtons Darstellung des Bürgerkriegs stärker ökonomisch geprägt als etwa die Konspirationstheorie, die in Clarendons *History* vorgeschlagen wird. Aber Harrington war kein »ökonomischer Determinist«. Es war der politische Wille Heinrichs VII. und Heinrichs VIII., nicht die unerbittlichen Bewegungen der Wirtschaftsgeschichte, woraus die Auflösung der adligen und klösterlichen Ländereien resultierte. Die Tudors hofften, damit sich selbst zu nützen, was zeitweise auch der Fall war. Harrington glaubte, es sei Cromwells politischer Wille, ein agrarisches Land zu errichten, in dem der Besitz keines Bürgers übergroß werden konnte. Harringtons Hauptinteresse galt aber nicht dem Eigentum oder dem Reichtum, sondern der bürgerlichen Tugend. Ein unabhängiger Grundbesitzer zu sein bedeutete, zur Tugend befähigt zu sein. Abhängigkeit dagegen bedeutete Unterwerfung, Sykophantentum und Unterordnung unter Despotismus und Unvernunft. Für Harrington war der Sieg über den Antichrist sicherlich zum Teil ein Ergebnis der ökonomischen Entwicklung, aber seine Ziele waren Tugend, Freiheit und »das Reich der Vernunft«.

1660–1740

9. Das Restaurationsregime: Religiöser »Dissent« und Toleranz

Die restaurierte Monarchie und der Zwang zu religiöser Uniformität

1660 wurde Karl II. ohne Vorbedingungen wiedereingesetzt. Die Revolution war gescheitert, und die neue Monarchie war nicht konstitutionell. In den frühen sechziger Jahren des 17. Jahrhunderts verabschiedete das *Cavalier Parliament* eine Reihe von Gesetzen, die explizit die Neuerungen der vierziger Jahre verwarfen. Unter der »usurpierten Regierung« habe es »viele schlechte und aufständische Prinzipien ..., die in die Herzen der Menschen getröpfelt sind«, gegeben. An der Autorität des Langen Parlaments festzuhalten oder die Hinrichtung Karls I. zu verteidigen wurde zum Hochverrat erklärt. Vom Klerus und von den Amtsträgern wurde ein neuer *non-resistance*-Eid verlangt: »Ich erkläre und glaube, daß es ungesetzlich ist, unter welchem Vorwand auch immer, die Waffen gegen den König zu erheben.« In England wurden die Bücher von Milton und Goodwin und in Schottland die von Buchanan und Rutherford verdammt. Eine Reihe von Königsmördern, d. h. diejenigen, die das Todesurteil Karls I. unterzeichnet hatten, wurden hingerichtet; Milton und Harrington hatten Glück, mit dem Leben davonzukommen. 1664 wurde der *Triennial Act* aufgehoben, und der König konnte das Parlament wieder nach Belieben einberufen und auflösen. Auch als Karl und sein Bruder Jakob II. auf parlamentarische Opposition trafen, verloren sie niemals die Kontrolle. Das gefügige *Cavalier Parliament* wurde ohne eine allgemeine Wahl von 1661–1679 verlängert, ein widerspenstiges Parlament wurde 1681 nach einer Woche aufgelöst, und von 1681–85 und erneut von 1685–89 trat kein Parlament zusammen.

Die alten Gerichtshöfe der Prärogative, wie der *Star Chamber*, wurden zwar nicht wiedereingesetzt, und es gab faktische Grenzen für eine bedeutende Zunahme der Macht. Dennoch befand sich die Monarchie auf ihrem Höhepunkt, als 1685 der katholische Jakob die Macht der Stuarts erbte. Die klägliche Rebellion des Herzogs von Monmouth, Karls illegitimem, protestantischem Sohn, wurde ohne Schwierigkeiten niedergeschlagen; Schottland und Irland waren

unter Kontrolle, und die fiskalischen und bürokratischen Reformen machten Fortschritte. Nur eine äußere Macht hätte Jakob stürzen können, und genau dies ereignete sich 1688. Als die holländische Armee Wilhelms von Oranien in England einfiel, traf sie auf keinen nennenswerten Widerstand, und ihrem militärischen Sieg folgten rasch Jakobs Flucht und die Krönung Wilhelms und Marias.
Die Frage der religiösen Toleranz bildete einen tiefen Riß, der das Restaurationsregime durchzog. Nach 1660 wurde die anglikanische Kirche wiedererrichtet. Die Prälaten kehrten triumphierend zurück, mit einer Maschinerie von geistlichen Gerichten und Pressezensur, einer aufdringlichen Präsenz in der Regierung und dem Auftrag, die »wahre Religion« gegen die Häresie und den religiösen Antinomismus zu verteidigen. Die Kirche wurde jetzt von der *gentry* unterstützt, die sie als eine Bastion gegen die Nivellierung und als eine Einrichtung zum Ausschluß der Presbyterianer und Independenten von der Regierung betrachtete Nach dem *Uniformity Act* (1662) mußte sich der gesamte Klerus vom *Covenant* lossagen und das anglikanische *Prayer Book* anerkennen. Ein Fünftel des Gemeindeklerus wurde wegen Zuwiderhandlung vertrieben. Es folgten weitere Religionsgesetze, durch die der Gottesdienst außerhalb der Staatskirche für strafbar erklärt wurde. Die Stadtgemeinden wurden von presbyterianischen und independenten Beamten gesäubert ebenso wie die Universitäten von puritanischen Lehrern. Protestantische *Nonconformity* oder *Dissent* wurden ein fester Grundbestandteil des englischen Lebens, während die Universitäten zu effizienten Maschinen wurden, die eine Generation von geweihten Loyalisten nach den Prinzipien der *High Church* und des Absolutismus unterrichteten. Diese neue Generation predigte dann Gehorsam gegenüber dem König und verkündigte die Verdammung der »Fanatiker« und »Schismatiker«. Die Auserwählten waren jetzt Heilige, Rufer in der Wüste, die eine neue babylonische Gefangenschaft erlitten.
Die Effektivität der Gesetzgebung war wechselhaft; es gab aber auch Zeiten schonungsloser Verfolgung, besonders in den Jahren 1681–85, als versucht wurde, die *Nonconformity* völlig zu zerstören. Soldaten wurden eingesetzt, um Gotteshäuser aufzubrechen, Eigentum wurde zur Zahlung von Geldstrafen beschlagnahmt, meineidige Denunzianten ruinierten die Existenz von Nonkonformisten, Kleriker flohen nach Holland, und Magistrate und Polizeibeamte wurden angeklagt, wenn sie bei der strafrechtlichen Verfolgung der *Nonconformity* versagten. Während der Restaurationsjahre starben 450 Quäker im Gefängnis.

Algernon Sidney und die revolutionäre Tradition

Die Unterdrückung des radikalen Puritanismus schuf eine Tradition von Untergrundwiderstand gegen das restaurierte Regime. Überzeugte Republikaner flohen ins Ausland und hofften auf den Tag, an dem sie zurückkehren konnten, um die neue Tyrannei zu stürzen. Ein schlagendes Beispiel für diese Haltung ist *Algernon Sidney*, der der »guten alten Sache« treu blieb. Das Manuskript seines Traktats *Court Maxims* (ca. 1665) ist erst vor kurzem entdeckt worden. Dieser Traktat unterscheidet sich im Stil von seinen bekannten *Discourses Concerning Government* (geschrieben 1683, veröffentlicht 1698), die stärker neoklassisch und säkular orientiert sind. 1665 wendet sich seine Stimme noch in leidenschaftlicher, apokalyptischer Schärfe gegen die königliche und episkopale Despotie. 1683 applaudierte er Machiavelli für dessen Republikanismus, während er 1665 noch die Höflinge machiavellistischer »Hofmaximen« beschuldigte, die das Gemeinwohl um des privaten Vorteils willen zerstörten. In den *Discourses* läßt er einen Bischof Bodins Theorie der absoluten Souveränität so parodieren: Der Bischof dient dem König, um sich des Königs zu bedienen. Sidney folgt der Tradition der revolutionären Schriften, wenn er von der Monarchie als einer Strafe für die Sünden der Nation spricht, so wie Saul über ein sündhaftes Israel eingesetzt wurde, oder wenn er jedem Bürger das Recht zuspricht, gegen den König zu rebellieren, den »ich als einen Tyrannen, Dieb und Feind des Volkes ansehe, gegen den jeder Mann ein Soldat ist«.

Ein anderes Beispiel war *James Stewart*, ein schottischer *Covenanter*. 1666 und 1679 zettelten die Schotten eine Rebellion an, und Stewart rechtfertigte den Aufstand in seinen Schriften *Naphtali* (1667) und *Jus Populi Vindicatum* (1669). Er forderte den Tyrannenmord als Mittel gegen die »manifeste und notorische Pervertierung der großen Ziele der Gesellschaft und der Regierung« und berief sich auf Buchanan und Duplessis-Mornay. Die Ablehnung des *Covenant* durch Karl II. und die Wiedereinführung des Episkopats seien eine schreiende Sünde gegen Gott. Dafür daß das schottische Parlament die Mißstände beseitigen würde, »besteht keine Hoffnung, keine menschliche Wahrscheinlichkeit«, denn es befand sich fest unter der Kontrolle des Hofes. Deshalb mußten private Bürger Gottes Arbeit verrichten, auch wenn die *primores regni* die natürlichen Verteidiger des Reichs waren. Stewart forderte die Ermordung Erzbischof Sharpes, eine Tat, die 1679 dann tatsächlich begangen wurde.

Auch in England wurde in den achtziger Jahren des 17. Jahrhunderts ein Aufstand geplant. Die Aufdeckung des *Rye House Plot* 1683 führte zur Hinrichtung Algernon Sidneys und Lord Russells. 1685 fand Monmouth dann Unterstützung bei den *West Country Dissenters*, die aber in der Schlacht von Sedgemoor niedergemetzelt wurden. Unter den heimlichen Verschwörern waren auch der alte Leveller John Wildman und – John Locke. Die jüngere Forschung hat enthüllt, daß sich Lockes Radikalismus nicht auf Bücher beschränkte, denn er war sowohl im *Rye House Plot* als auch im *Monmouth*-Abenteuer heimlich aktiv.

Die »Cabal«-Regierung, der Herzog von Buckingham und der Earl of Shaftesbury

Die revolutionäre Bewegung sollte jedoch nicht überbetont werden, besonders wenn die »gute alte Sache« fälschlicherweise mit der Revolution von 1688 in Verbindung gebracht wird. Sidney verachtete Wilhelm von Oranien und war mit der holländischen republikanischen Opposition der de-Witt-Partei gegen die Oranier verbündet, auch wenn er posthum von den Whigs als ein Märtyrer auf dem Weg zum Jahre 1688 verklärt wurde. Wildman segelte 1688 mit Wilhelm, aber seine quasi-republikanischen Pläne wurden beiseitegefegt. Außerdem zogen sich die meisten religiösen Radikalen in den religiösen Quietismus zurück, verrichteten, wenn sie konnten, den Gottesdienst privat, druckten heimlich Erbauungsbücher und beklagten Englands Apostasie.

Nach 1660 war die Revolution eine Hoffnung ohne Erfolgsaussicht, und die götzendienerischen Engländer waren des Heils nicht würdig. Der Radikalismus der Restaurationszeit sollte jedoch auch nicht völlig als verstohlen und heimlich angesehen werden. Wenn der König es gestattete, kamen die Radikalen auch an den Hof, denn die Aussicht auf die Gunst des Hofes war verlockend. Dies war möglich, weil sowohl Karl als auch Jakob die Zwangsjacke ablehnten, die der anglikanische Royalismus für sie konstruiert hatte. Sie waren die ersten englischen Monarchen, die an die religiöse Toleranz glaubten. 1660 versprach Karls *Declaration of Breda* »Freiheit für die empfindsamen Gewissen«, ein Versprechen, das gesetzlich zu erfüllen er jedoch nicht in der Lage war. Karl sah keinen Sinn in einer rigiden Konformität, sondern er erwartete Vorteile von einem auf breiter Basis beruhenden Regime und hoffte, so den Katholizismus unterstützen zu können, zu dem er dann auf seinem Totenbett konvertierte. Jakob war bereits lange vor seiner Thronbesteigung Katholik.

Beide Könige versuchten, zu ihrer Unterstützung eine Allianz von protestantischen *Dissenters*, Katholiken und moderaten oder heterodoxen Anglikanern herzustellen – Gruppen, die von der prälatischen Hegemonie benachteiligt wurden. Dieser Versuch wurde in zwei entscheidenden Phasen der englischen Geschichte unternommen: während der *Cabal*-Regierung von 1667–73 (der Name »Cabal« setzt sich aus den Anfangsbuchstaben der Namen der Regierungsmitglieder Clifford, Arlington, Buckingham, Ashley und Lauderdale zusammen, ist jedoch doppeldeutig), die zwischen der Herrschaft von Karls beiden großen anglikanischen ersten Ministern Clarendon und Danby regierte, und während des größeren Teils von Jakobs kurzer Herrschaft. Beide Perioden kulminierten in *Declarations of Indulgence* (1672 und 1687), die durch ein prärogatives Edikt die Uniformitätsgesetze außer Kraft setzten. Es waren paradoxe Edikte: Durch einen Akt des Absolutismus gab die Krone den Verfolgten die Freiheit, so wie Cromwells Armee in den fünfziger Jahren des 17. Jahrhunderts die religiöse Freiheit garantiert hatte. Es ist bemerkenswert, wie viele alte Cromwellsche Radikale die Regierung in diesen Augenblicken verteidigten. John Owen, der Prediger der Independenten und Kaplan Cromwells, und Andrew Marvell schrieben zur Verteidigung der *Indulgence* von 1672. 1687–88 wurden erstmals seit den fünfziger Jahren alte Independenten und Baptisten zu öffentlichen Ämtern zugelassen. Das berühmteste Beispiel ist Jakobs vertrauter Umgang mit William Penn, dem Quäker und Gründer von Pennsylvania, der immer von Jakobs Bereitschaft zu religiöser Toleranz überzeugt war.

Während der *Cabal*-Periode waren der zweite Herzog von Buckingham und Anthony Ashley Cooper, der erste Earl of Shaftesbury, die dominantesten Verteidiger des Radikalismus. 1688 sagte man von Buckingham, er sei der »Premierminister« des Königs, aber auch einer, der »die Fanatiker anführt und sich selbst für einen neuen Oliver hält«. Buckingham erklärte, sein Ziel sei »die Errichtung des Reichs der Vernunft«. Bis zu diesem Tag würden die meisten Menschen weiterhin die »Sklaven blinder Leichtgläubigkeit« sein, betrogen von einem schurkischen Klerus, »der eifersüchtig über die Macht wacht, die er durch die Torheit und Unwissenheit anderer an sich gerissen hat«. Die Verteidiger der klerikalen Macht und unnötiger Dogmen hätten Europa in Verfolgung und Krieg verwickelt. In dem neuen Zeitalter dagegen würde eine »wahre und vollkommene Gewissensfreiheit« obsiegen.

Buckinghams Stimme hat bereits den charakteristischen Ton der Aufklärung. Sie ist bezeichnend für die Transformation des Radikalismus nach 1660: Die Begeisterung für eine fromme Reformation wird umgewandelt in einen säkularen und whigistischen Antiklerikalismus. Der Grundgedanke dieses Antiklerikalismus war die Idee der *priestcraft* (Priestertrug), ein Wort, das 1657 von Harrington geprägt wurde und für die Philosophen der Aufklärung zum charakteristischen Schlagwort wurde.

Buckingham verschaffte John Wilkins, Cromwells Schwager, der ein Gründer der *Royal Society* und ein Mann von »freisinnigen« Prinzipien war, eine Diözese. Wilkins versuchte, eine gesetzliche *Comprehension* durchzusetzen, eine revidierte anglikanische Kirche, die die meisten der aus dem Amt vertriebenen *Nonconformists* wieder zugelassen hätte. Sein Scheitern an der Opposition des Parlaments ließ dem König nur die Alternative einer prärogativen *Indulgence.* Außerdem gehörten zum Kreis um Buckingham *Martin Clifford*, der Autor von *A Treatise of Human Reason* (1674), John Owen, Sir Charles Wolseley, ein alter Cromwellianer, und Wildman. Unter den bekannten Freigeistern des Hofes war der Earl of Rochester, dessen Dichtung seinen Hedonismus, seinen Nihilismus und seine pyrrhonischen Zweifel ausdrückte. Es gab auch hervorragende ausländische Gelehrte unter ihnen: den epikureischen Essayisten Charles de St. Evremond, den skeptischen Bibelgelehrten Isaac Vossius und Denis Vairasse, dessen *History of the Severambians* (1675) ein tolerantes, säkulares und aufgeklärtes Utopia schilderte. Ebenfalls im Kreis des Hofes bewegten sich Hobbes, der vor dem Zorn des Episkopats Zuflucht suchte, und Locke, der nach 1667 Shaftesburys Sekretär war und Memoranden über die Legitimität der Toleranz entwarf, selbst wenn sie durch ein Edikt der Prärogative verkündet wurde.

Die Auseinandersetzung um die »Declaration of Indulgence«

In diesen Jahren (und erneut unter Jakob II.) gab es eine heftige Debatte über die religiöse Toleranz. Die umstrittenste Stimme priesterlicher Intoleranz war *Samuel Parkers* »Discourse of Ecclesiastical Polity« (1670). Marvell veröffentlichte mehrere Bücher gegen sie, und Locke schrieb kritische Anmerkungen dazu: Es war wahrscheinlich dieses Buch, das Locke veranlaßte, einen philosophischen Traktat zu beginnen, der später der *Essay Concerning Human Understanding* (1689) werden sollte. Lockes Angriff gegen die eingeborenen Ideen und seine skeptische Betonung der Grenzen menschlicher Gewißheit in religiösen Angelegenheiten spiegeln ein tiefes Bewußtsein der Verfolgung durch jene Männer wider, die von ihrer absoluten religiösen Gewißheit überzeugt waren und von ihrer Pflicht, diese Gewißheit anderen vorzuschreiben.

Die Verteidiger der Toleranz vertraten 1672 verschiedene Argumente. Bemerkenswert war die Betonung der ökonomischen Kosten religiöser Intoleranz, besonders da viele *Nonconformists* Kaufleute und Handwerker waren. Das reiche und tolerante Holland wurde als Vorbild verwendet. Die Verfolgung galt als »Philosophie der nationalen Armut«, als »Gefahr für den Handel«. Ein anderes pragmatisches Argument war, daß die Verfolgung seit 1660 ihre Ziele eindeutig verfehlt habe und die europäische Erfahrung seit der Reformation zeige, daß alle Versuche einer erzwungenen Uniformität scheiterten: »Die Erfahrung der ver-

gangenen Zeiten hat ausreichend bekanntgemacht ..., daß die Religion nicht durch das Schwert verbreitet werden kann.« In der Neuzeit sei es »moralisch unmöglich«, daß »eine stark bevölkerte Gesellschaft wißbegieriger Menschen« in Religionsfragen übereinstimme. Viele Autoren bestanden auf der erneuten Niederwerfung der priesterlichen Tyrannei. »Die Toleranz wird der Niedergang der Priesterherrschaft sein«, sagte einer, und ein anderer schmähte »die prälatische Macht« und die »grausamen Gerichte der Bischöfe ..., die das *Book of Common Prayer* mit Armeen unterstützen«. Ein anderer Autor wütete über die »papistische Inquisition« durch Englands »bischöfliche Fanatiker«, die von ihrem »Gott der Uniformität verblendet« seien.
Die Autoren behandelten aber auch die Frage, ob der König überhaupt das Recht habe, die *Indulgence* zu erlassen. Die Schwierigkeit war, daß dies ein prärogativer Akt war, der dem *statute law* zuwiderlief. Ein mögliches Argument dagegen war, daß kirchliche Angelegenheiten ausschließlich dem König und nicht dem Parlament oblagen, denn der König war das Haupt der Kirche. Die extremeren Erastianer behaupteten, der König habe quasi-sacerdotale Macht. Er »handelt wie ein Bischof« und »erneuert die ursprüngliche Politik Konstantins«, des großen Vorbilds eines christlichen sacerdotalen Königs. Wenn die Kirche Widerstand leistete, dann war sie des papistischen Vergehens schuldig, Ansprüche auf Autonomie zu erheben. Die radikalsten Argumente waren jedoch diejenigen, die erklärten, die Gesetze Gottes und der Natur untersagten jeglichen weltlichen Zwang in Fragen der Religion. Die Religion sei eine Angelegenheit des privaten Gewissens: Den Magistrat betreffe nur der »öffentliche Frieden«. Deshalb errichte das Parlament eine Tyrannei über das Gewissen, während der König das Gewissen befreie. Die *Indulgence* sei kein Akt des königlichen Despotismus, sondern im Gegenteil ein Verzicht auf staatliche Gewalt. »Das Gesetz des Parlaments ist gegen den Befehl Gottes: Der König erlaubt, was Gott gebietet.« Ein entlassener puritanischer Minister bemerkte, Gott habe selbst sündhaften Philosophen wie Selden, Grotius und Hobbes erlaubt, in religiösen Fragen wahrer zu sprechen, als die anglikanischen Bischöfe es täten.

Der Antiklerikalismus und die Kritik an Hobbes

Die Periode der *Cabal*-Regierung war einer der entscheidenden Augenblicke für Hobbes' Ruf. Der *Leviathan* wurde nach seiner Veröffentlichung im Jahre 1651 für Jahrzehnte herabgesetzt, aber um 1670 benutzten die Anglikaner Hobbes als Knüppel, um die moralische und religiöse Zügellosigkeit, wie sie es nannten, zu schlagen: Sie betrachteten Hobbes als deren führenden Philosophen. Der verbannte Clarendon und verschiedene Theologen, die Hobbes angriffen, sahen ihn nicht als einen konservativen Verteidiger des Staates und der Kirche, sondern als einen subversiven Zerstörer der Religion.
1666 wurde der *Leviathan* vom Parlament verurteilt; man sagte, die Bischöfe wollten ihn »wegen Häresie verbrennen« lassen. Man beschuldigte Hobbes, seiner Theologie und der atomistischen Wissenschaft entspringe die Verseuchung mit dem Epikureismus, dem philosophischen Materialismus und dem atheistischen Antiklerikalismus. Von seinem Determinismus sagte man, er führe zum Libertinismus: Wie die calvinistische Lehre von der Prädestination gleite er zu

einfach in den Antinomismus ab. Wenn Hobbes betonte, im Naturzustand sei nichts an sich richtig oder falsch und moralische Autorität gehe auf den Befehl des Souveräns, d. h. auf Gott und seinen irdischen Interpreten, den König, zurück, dann schlußfolgerten die Kritiker daraus, daß für Hobbes jede menschliche Handlung legitim sei, wenn sie nicht tatsächlich durch den weltlichen Herrscher verboten war – und Karl II. tat sich im Verbot religiöser oder sexueller Ausschweifungen nicht hervor.

Die Kritiker erkannten auch, daß Hobbes im 42. Kapitel des *Leviathan* alle kirchlichen Ansprüche auf eine Autorität *de jure divino* gründlich zerstört und im 47. Kapitel den Episkopat angegriffen hatte. Christliche Könige haben für Hobbes die sacerdotale Autorität, zu lehren und zu weihen. Clarendon bezeichnete Hobbes als »vulgär«, weil er den *Leviathan* »mit so vielBöswilligkeit und Bitterkeit gegen die Kirche von England« in der Zeit der Zerstörung der Kirche veröffentlicht habe, und Samuel Parker beschrieb Hobbes 1670 als »den stärksten Förderer der fanatischen Selbstsucht«, denn die Argumente für die Toleranz stammten von ihm.

Hobbes hielt den größten Teil der »Religion« für abergläubische *priestcraft*; notwendig sei allein der Glaube, daß Christus der Messias ist; der Souverän sollte nur dieses Minimum fordern und alles andere tolerieren. Hobbes selbst stand der episkopalen Intoleranz nach 1660 weiterhin kritisch gegenüber: Sie sei der »After der römischen Tyrannei«. Ironischerweise waren sowohl Karl II. als auch Hobbes Förderer des Whigismus und der Aufklärung, einer radikalen, säkularen und antiklerikalen Kritik an der Rolle der Kirche im öffentlichen Leben.

10. Die Thronfolge Jakobs II.

Die Regierung Danby und Shaftesburys Opposition

1673 war Karl angesichts der Opposition des Parlaments und der Bischöfe gezwungen, die *Indulgence* aufzuheben. Shaftesbury und Buckingham verloren ihr Amt und wurden von Danby abgelöst, dessen anglikanische, royalistische Regierung das *Cavalier Parliament* fortbestehen ließ und die Unterdrückung der *Dissenters* erneuerte. Ein Versuch der Opposition, das Parlament auflösen zu lassen, scheiterte zwar, aber er führte zu einem neuerlichen Aufleben der Polemik über die Präzedenzfälle für reguläre Parlamente.

Es tauchten jetzt zwei neue Befürchtungen auf, die als ein Hauptelement der oppositionellen Polemik im 18. Jahrhundert fortbestehen sollten. Die erste war die Angst vor einer *stehenden Armee*, die anzustreben die Opposition Danby beschuldigte. Die Erfahrung von Cromwells militärischer Herrschaft und ihrer Steuerlast schuf eine Rhetorik, die die Tugenden einer Bürgermiliz und das Übel einer professionellen Armee betonte. Die zweite Befürchtung war, Danby könne versuchen, die Opposition im *House of Commons* durch ein System von Protektion und Sinekuren zu schwächen: Die Regierung kaufte Stimmen, indem sie Mitglieder des Parlaments für lukrative Posten vorschlug. Die Opposition begann, die *Court-placemen* oder *pensioners* zu attackieren, weil sie die Unabhängigkeit der *Country*-Vertreter unterminierten. Sidney bezeich-

nete diese Parlamentarier als »verleitet, korrumpiert oder bestochen«. Das Ergebnis sei die Gewalt der Exekutive über die Legislative.
1675 erschien der Text *A Letter from a Person of Quality, to his Friend in the Country*. Er könnte ein Werk Lockes sein; sicher spiegelte er Shaftesburys Meinung wider. Darin wird behauptet, es gebe einen Plan, »eine eigene Partei zu gründen ... aus dem *High Episcopal Man* und dem *Old Cavalier*, die ... die ganze Macht und die Ämter des Königreichs an sich reißen werden«. Diese »erklären die Regierung für absolut und willkürlich und erlauben sowohl der Monarchie als auch dem Episkopat, *de jure divino* und nicht durch menschliche Gesetze gebunden oder eingeschränkt zu sein«. Der Brief fuhr mit der Behauptung fort, der König wolle seine Unterstützung entweder despotisch bei einer stehenden Armee oder beim unabhängigen Hochadel suchen, der das natürliche Gleichgewicht zwischen einer königlichen Tyrannei und einer plebejischen Anarchie bilde. Dieser Traktat kann als das Manifest der Whigs, ihres Antiklerikalismus und der aristokratischen Oligarchie des 18. Jahrhunderts betrachtet werden.
Eine Frage überschattete jedoch bald alle anderen, die Frage der Thronfolge. Ab 1673 war bekannt, daß Jakob römisch-katholisch war. 1678 enthüllte Titus Oates, ein halbwahnsinniger Opportunist, eine papistische Verschwörung zur Ermordnung von König Karl und zur Errichtung einer katholischen Tyrannei. Die Verschwörung war eine Phantasie, aber die Nation glaubte es. Es folgte die letzte große Verfolgung der Katholiken in England, bei der zwanzig Katholiken aufgrund fadenscheiniger Beweise hingerichtet wurden. Bereits Marvell hatte antipapistische Ängste entfacht. Sein *Account of the Growth of Popery and Arbitrary Government* (1677) begann unmißverständlich: »Es ist seit vielen Jahren ein Plan verfolgt worden, die gesetzliche Regierung von England in eine absolute Tyrannei zu verwandeln« und »die protestantische Religion der Staatskirche in den völligen Papismus zu verkehren«.
Shaftesbury empfahl in der Frage der Thronfolge ein Gesetz zum Ausschluß Jakobs von der Thronfolge mit der Begründung, daß ein katholischer König mit einer freien protestantischen Verfassung unvereinbar sei. Dies hatte eine Krise zur Folge. Es gab drei allgemeine Wahlen zwischen 1679 und 1681. Der Ausschlußantrag wurde dreimal im *House of Commons* verabschiedet, dann aber entweder von der *Court*-Mehrheit im *House of Lords* oder durch Karls Auflösung des Parlaments zu Fall gebracht. Der Ausschluß scheiterte damit kurzfristig, und Jakob wurde 1685 König. Auf lange Sicht aber war er erfolgreich: Jakob wurde 1689 abgesetzt. 1701 erklärte der *Act of Succession*, die englische Krone sei für immer protestantisch, und bahnte damit den Weg für die deutsche Familie, die 1714 den Thron bestieg. In Nachwirkung des kurzfristigen Scheiterns wurde Shaftesburys Partei jedoch zunächst vernichtet, ihr Führer wurde des Hochverrats beschuldigt und floh nach Holland, wohin ihm Locke folgte.

»Tory« und »Whig«

Die Ausschlußkrise ist aus zwei Gründen bedeutsam. Sie bildete den Kontext für Lockes *Zwei Abhandlungen* und die Entstehung der Namen »Whig« und »Tory«, die bis heute die Bezeichnungen englischer Parteien geblieben sind. Die

Namen tauchten 1679 auf, einem Jahr, in dem es eine unbändige Wahlpropaganda und den ersten Anschein für Parteiorganisationen gab. Aber die Namen spiegeln weitere Themen als nur die Ausschlußfrage.

Die Tories waren die Partei der anglikanischen Staatskirche, die Whigs die Partei ihrer Gegner. Die Tories wurden deshalb häufig als »Kirchenpartei« oder auch als »prälatische Partei« bezeichnet. Weil sie dem Ausschluß Jakobs widersprachen, wurden sie beschuldigt, papistisch beeinflußt zu sein: Das Wort »Tory« war ursprünglich der Name für die irischen katholischen Terroristen. Die Whigs wurden als die »presbyterianische Partei« oder als die »Fanatiker« bezeichnet und wurden mit den Rebellen von 1640 assoziiert: Der Begriff »Whig« wurde ursprünglich als Name für die schottischen *Covenanter*-Rebellen verwendet.

Es gab bemerkenswerte Ähnlichkeiten zwischen der Rhetorik von 1679 und der der vierziger Jahre. Karls Erfolg bei der Rettung seines Bruders (und vielleicht auch seines eigenen Regimes) vor den Whigs war teilweise auf den rapiden Stimmungswechsel unter der *gentry* in den Jahren 1680–81 zurückzuführen. Die Angst vor dem Papismus wich der Angst vor dem puritanischen Fanatismus: Die Skepsis gegenüber der angeblichen papistischen Verschwörung wuchs, und bald erschien diese Behauptung immer mehr als eine Rechtfertigung für die presbyterianische Verschwörung gegen die Kirche und die Monarchie, und in den frühen achtziger Jahren des 17. Jahrhunderts waren die *Tory gentry* und die Bischöfe enge Verbündete des Königs (der nun von seinem Wunsch nach Toleranz geheilt war) in der Vernichtung von Whiggismus und *Dissent.*

Sir Robert Filmers Kritiker

Shaftesburys Angriff gegen Danby und die Ausschlußkampagne provozierten bemerkenswerte theoretische Reflexionen. In den siebziger und achtziger Jahren des 17. Jahrhunderts trat bei den Tories die absolutistische Tradition in ihre letzte Phase ein: Filmers *Patriarcha* wurde veröffentlicht, und seine anderen Werke wurden neu aufgelegt. William Faulkner veröffentlichte seine *Christian Loyalty* (1679), Edmund Bohun *A Defence of Sir Robert Filmer* (1684), William Sherlock *The Case of Resistance to the Supreme Power* (1684), George Mackenzie *Jus Regium* (1684), George Hickes *A Discourse of Souvereign Power* (1682) und Nathaniel Johnston *The Excellency of Monarchical Government* (1686). Die Souveränität des Königs und die daraus nur abgeleiteten Rechte des Parlaments wurden erneut erklärt, die Pflicht zu blindem Gehorsam beschworen, Römer 13 erläutert und die Geschichte der calvinistischen und papistischen Rebellion ausgebreitet. Die Whigs wurden erneut der »königsmörderischen Doktrin« der Jesuiten beschuldigt. Zwischen Hickes und dem Whig Samuel Johnson fand eine berühmte Auseinandersetzung statt. Johnsons Schrift *Julian the Apostate* (1682) behauptete, eine Biographie des letzten heidnischen römischen Kaisers zu sein, der seine Armeen dazu benutzt hatte, die Christen zu verfolgen, und angeblich von einem christlichen Soldaten ermordet wurde. Dies war freilich eindeutig als Vorhersage und Vorschrift für Jakobs bevorstehende Herrschaft gemeint. Johnson wurde ins Gefängnis geworfen, und Hickes antwortete ihm mit seiner Schrift *Jovian* (1683). Die Frage: Wer tötete Julian, ein Christ oder ein Heide?, war umstritten, und sie hatte bedeutende Implikationen:

Jakob I. und Bellarmin hatten um diesen Punkt schon zu Anfang des Jahrhunderts gestritten.
Filmers *Patriarcha* war die wichtigste Veröffentlichung dieser Zeit. Sie provozierte Lockes *Zwei Abhandlungen über die Regierung* und die beiden anderen Hauptkritiken des patriarchalischen Absolutismus: Sidneys *Discourses* und Sir James Tyrells *Patriarcha non Monarcha*, die in Absprache mit Locke geschrieben wurde. An verschiedenen Stellen seiner *Zweiten Abhandlung* nimmt Locke explizit Stellung zu jüngsten Ereignissen in England, und er tadelte nicht nur Filmer, sondern auch die Kleriker, die »die Herrscher laut als heilig und göttlich priesen«; »ägyptische Sklaventreiber« und »servile Schmeichler« nannte er sie. Außerdem machte er deutlich, daß das Parlament ebenso wie die Monarchie tyrannisch sein könne; er erinnerte sich nur zu gut an die Uniformitätsgesetzgebung. Demgemäß vertrat er die extreme Position, daß jeder Mensch oder jede Gruppe Vertreter der Revolution sein könnten.
Sidney meinte, es sei die politische Neuerung seines Zeitalters, »Parlamente zu Instrumenten unserer Versklavung zu machen, Parlamente, die in allen vergangenen Zeiten die festesten Stützen unserer Freiheit waren«. Sidneys Buch ist sehr viel stärker neoklassisch als das Lockes. Es erneuerte Harringtons Bewunderung für die antiken Republiken, seine Vorbilder waren römisch, und seine Maximen beruhten auf Machiavelli.

Henry Neville, Robert Brady und Matthew Hale

Das am tiefsten von Harringtonschem Geist beeinflußte Werk war jedoch *Henry Nevilles* »Plato Redivivus« (1681). Es behauptete, die Instabilität der Herrschaft entstehe, weil der König mehr prärogative Rechte besitze, als seiner wirklichen Macht angemessen sei: Die *balance of power* lag jetzt bei der *gentry* und der *nobility*. Neville war für die Whigs insofern uncharakteristisch, als er meinte, Jakobs Katholizismus sei politisch unbedeutend; bedeutend sei dagegen, der Krone die Macht zu entziehen. Der König sollte ein Präsident werden, so wie der Doge von Venedig, der die Insignien der Souveränität trug, aber nicht ihre Macht besaß.
Die Auseinandersetzungen zwischen Whigs und Tories betrafen nicht nur das Recht auf Revolution und die Zurückweisung von Filmers Patriarchalismus. Eine von Filmers polemischen Großtaten in *The Freeholder's Grand Inquest* war die Darstellung der historischen Ursprünge der *Commons*. Durch eine Untersuchung der königlichen *writs of summons* konnte er zeigen, daß die *Commons* erst 1365 ins Parlament berufen worden waren und daß sich das Parlament aus dem *Great Council* des Königs entwickelt hatte, der einberufen worden war, um den König zu beraten. Das Parlament war somit eine feudale Institution, kein Erbe des angelsächsischen *wittengemote* und konnte auch nicht auf einen tacitistischen Mythos über »unvordenkliche« Rechte bezogen werden. Daß es vor »dem neunundvierzigsten Jahr der Herrschaft Heinrichs III.« (1265) keine *Commons* gab, wurde eine entscheidende Waffe der Tory-Polemik.
Das Argument wurde von *Robert Brady*, dem Rektor eines Colleges in Cambridge und Arzt des Königs, aufgenommen. In seiner *True and Exact History* (1681) und in *An Introduction to the Old English History* (1684) entwickelte er

die historischen Fakten. Die Whig-Anwälte widersprachen dem, einschließlich *William Petyt* in *The Ancient Rights of the Commons Asserted*; man versuchte, die Kontinuität des Parlaments seit der Zeit der Angelsachsen herauszustellen. Das Ziel der Tories, so wandte er ein, sei, »auf die beste Verfassung zu trampeln, auf die Regierung selbst, unter dem Vorwand, sie sei eine Neuerung des neunundvierzigsten Jahres der Herrschaft Heinrichs III.«.

Petyts Insistieren, die normannische Eroberung sei keine Eroberung gewesen und habe die englischen Institutionen nicht zerstört, wurde entschieden von Brady zurückgewiesen. Indem er die Eroberung und die Einführung des Feudalismus betonte, wollte er zeigen, daß die englische Krone auf dem Recht der Eroberung beruhte und die Freiheiten als spätere *concessio* verstanden werden mußten.

Brady suchte auch nachzuweisen, daß England immer eine Erbmonarchie gewesen sei: Dies war die Erwiderung auf ein anderes Buch eines Whig-Anwalts, *John Somers* (später ein führender Staatsmann und Förderer Lockes in den neunziger Jahren des 17. Jahrhunderts), dessen *Brief History of the Succession* (1680) zeigte, daß das Parlament das Recht hatte, die Thronfolge zu ändern und den Monarchen zu wählen. Die Tories gelangten zu der Ansicht, das Erbrecht sei unverletzlich und unveränderlich und jedes Gesetz des Parlaments mit dem Ziel, dies zu ändern, sei *ipso facto* ungültig. Hier lag eine Wurzel für die jakobitische Treue gegenüber der Sache der Stuarts nach 1689: Die Revolution war ein tiefes Trauma für die Tories.

Die Whigs argumentierten weiterhin mit der bemerkenswert unhistorischen Idee von der unveränderlichen Vollkommenheit der *Ancient Constitution*, deren Ursprünge älter seien als die überlieferte Geschichte. Diese *Common Law*-Ideologie, die von Coke vertreten wurde, hatte im 18. Jahrhundert großen Einfluß und wurde von Sir William Blackstone und Edmund Burke wieder aufgenommen. Der Streit um die Frage *law as custom* und *law as command* war vor Brady und den Whigs in den siebziger Jahren des 17. Jahrhunderts bereits zwischen Hobbes und Matthew Hale ausgetragen worden. Hales *History of the Common Law* (um 1670) war eine Entgegnung auf Hobbes' *Dialogue of the Common Laws* (um 1668). Hobbes beharrte weniger als die meisten anderen Royalisten auf der *concessio*. Er hatte keinen Grund, das Gewohnheitsrecht oder die Parlamentsgesetze zu bestreiten, sondern er war bestrebt zu betonen, daß alle Gesetze Befehle des Souveräns waren. Die Gewohnheit war nur Gesetz, wenn der Souverän es erlaubte, und konnte nicht als bindend für den Souverän bezeichnet werden.

Hale, ein Richter, der sowohl Cromwell als auch Karl II. diente, behauptete dagegen, das *fundamental law* stehe sowohl über dem König als auch über dem Parlament, es verkörpere die Regeln der Vernunft. Reflexionen *a priori* hingegen könnten keine Regeln der Vernunft und keine guten Gesetze schaffen; diese könnten nur durch die Betrachtung der Ergebnisse der Zeit, der verborgenen Weisheit, die in den Institutionen und Gewohnheiten lag, geschaffen werden. Das individuelle Erkenntnisvermögen ist für Hale schwach und zerbrechlich, die Gewohnheit ist das allgemeine Erkenntnisvermögen, unterstützt durch die Zeit.

Dieser Konflikt zwischen dem Rechtspositivismus und dem Rechtsrationalis-

mus ist von bemerkenswerter Langlebigkeit: Als Jeremy Bentham seinen Positivismus gegen Blackstone verteidigte, waren die Streitpunkte nicht sehr unterschieden von der Auseinandersetzung zwischen Bacon und Coke, Hobbes und Hale, Brady und Petyt.
Die Niederlage der Whigs und der Sieg des anglikanischen Royalismus wurden durch das *Judgement and Decree of Oxford University* (1683) besiegelt. Es belegte ein Reihe von Behauptungen mit dem Bann, so etwa die, alle weltliche Macht sei »ursprünglich vom Volk abgeleitet«, es gebe »eine wechselseitige Übereinkunft ... zwischen einem König und seinen Untertanen«, man dürfe gegen die Tyrannei Widerstand leisten und »die Souveränität von England liegt bei den drei Estates ...; der König hat nur eine gleichrangige Macht und kann von den beiden anderen überstimmt werden«. Die Verurteilung rügte zugleich eine Reihe von »schlechten Lehrern«, womit erneut das vorgebliche Erbe von calvinistischen und katholischen Theologen verkündet wurde: Bellarmin, Parsons, Rutherford, Hunton, Baxter, Hobbes. Noch 1710 konnte ein Tory-Propagandist diese emotionale Verbindung ausnutzen: »Mariana, Bellarmin, Hotman, Buchanan, Bradshaw, Milton, Baxter, Owen, Goodwin, Sidney, Locke.«

11. Die Revolution von 1688/89 und die Einsetzung des Hauses Hannover

Jakob II., Wilhelm von Oranien und die »Declaration of Rights«

Es war der dramatische Wechsel in der Politik Jakobs II. ebenso wie sein Sturz im Jahre 1688, der die Hegemonie der Tories vernichtete. Die politische Vision der Tories wurde durch die Politik der religiösen Toleranz und Jakobs Werben um *Dissenters*, Whigs und Katholiken zerstört. Der berühmteste Traktat, der die *Dissenters* davor warnte, Jakobs Schmeicheleien zu erliegen, war der *Letter to a Dissenter*, den Lord Halifax geschrieben hatte. (Halifax wird heute eher überbewertet: Er war kein typischer Tory, auch wenn moderne Konservative gern seinen unideologischen Pragmatismus für sich in Anspruch nehmen.)
Die *church party* war, auch wenn sie sich verpflichtet hatte, keinen Widerstand zu leisten, nicht ihrer politischen Mittel beraubt: Kirchenmänner hatten immer gelehrt, daß Könige nicht das Recht hätten, die »wahre Religion« und das Amt der Bischöfe als moralische Lehrer zu unterminieren. Sie starteten eine massive Polemik gegen den Papismus, und 1688 verweigerten Erzbischof Bancroft und sechs weitere Bischöfe eine königliche Anweisung, die *Indulgence* in den Kirchen zu verlesen. Sie wurden in den Tower geschickt und wegen Hochverrats angeklagt. Ihr Freispruch war ein herber Schlag für Jakob und hätte der Auftakt für die Rückkehr Jakobs zu Tory-Positionen sein können. Aber Wilhelms Invasion und seine Begleitung durch exilierte Whigs vereitelte die Pläne der Bischöfe.
Eine Versammlung wurde einberufen, die im Januar 1689 ein neues *settlement* beriet. Die *churchmen* versuchten, trotz ihrer Opposition zu Jakob, seine Krone zu retten, wobei die Regierung von einer protestantischen Regentschaft übernommen werden sollte. Eine kleine republikanische Gruppe (unter ihnen Wild-

man) hoffte, Wilhelm auf eine Präsidentenrolle beschränken zu können, und beantragte, die Thronbesteigung so lange hinauszuschieben, bis ein Vertrag über die *fundamental rights* abgefaßt worden sei. Wie Neville behauptete Wildman, daß die Frage der Nachfolge den Fragen der konstitutionellen Beschränkungen untergeordnet sei. Im Februar 1689 wurde Wilhelm gekrönt und mit ihm, um das Erbrecht zu wahren, seine Frau Maria, die protestantische Tochter Jakobs.

Es wurde eine *Declaration of Rights* vorgelegt, aber Wilhelm betrachtete seine Krone nicht als davon abhängig; so war die Deklaration kein radikales oder wirksames Dokument. Mit der *Indulgence* im Gedächtnis verbot sie die Aufhebung von Gesetzen durch den König. Eine prärogative Besteuerung und eine stehende Armee in Friedenszeiten wurden abgelehnt. Sie erklärte außerdem, daß protestantische Untertanen das Recht hätten, Waffen zu tragen, daß Parlamente regelmäßig tagen sollten, Wahlen frei sein müßten und das Parlament die Möglichkeit haben solle, ungehindert zu debattieren.

Es waren aber die Erfordernisse des Krieges gegen Ludwig XIV. in den neunziger Jahren des 17. Jahrhunderts und nicht die *Declaration of Rights*, die echte konstitutionelle Veränderungen bewirkten. Wilhelms häufige Abwesenheit und die Notwendigkeit einer umfangreichen Besteuerung durch das Parlament machten es erforderlich, das Parlament jährlich einzuberufen, einen Ausschuß für Staatsausgaben einzurichten und ein Kabinett zu bilden. Der englische König war seit 1689 an das Parlament und an die Männer gebunden, die garantieren konnten, es zu lenken. Der *Triennial Act* (1694) zwang die Regierung zur regelmäßigen Einberufung des Parlaments, und um 1700 begannen allgemeine Wahlen die politische Couleur der Minister zu bestimmen. 1710 gab es mit dem Tory Robert Harley erstmals einen Premierminister, und in den zwanziger Jahren des 18. Jahrhunderts etablierte Sir Robert Walpole dieses Amt vollends.

Der Jakobitismus und die Verteidiger der Revolution

Nach der Revolution waren die Pamphletisten bestrebt, die neue Monarchie zu rechtfertigen oder sie abzulehnen. Die Jakobiten und die *Nonjurors* (diejenigen Geistlichen, die wegen ihrer Weigerung, den Treueid zu schwören, aus dem Amt entfernt wurden) beschuldigten die Nation des Abfalls von den geheiligten Prinzipien des anglikanischen Royalismus. Abednigo Sellers *History of Passive Obedience* (1689) war eine Enzyklopädie der Autoritäten der Bibel, der Kirchenväter und der anglikanischen Theologen über die Pflicht, Königen gegenüber keinen Widerstand zu leisten. Seller war keine einsame Stimme, denn die Tories waren lange geneigt, die Krone der Stuarts zu erneuern: Ihre Weigerung, sich 1714 eindeutig für eine protestantische Nachfolge auszusprechen, als Königin Anna (die andere protestantische Tochter Jakobs) starb, verursachte für Jahrzehnte den politischen Niedergang der Tories. Der neue König aus dem Hause Hannover war überzeugt, nur die Whigs könnten ihm gegenüber loyal sein. Der Erfolg der Whigs verdankte sich weitgehend ihrer Fähigkeit, die Tories des Jakobitismus zu beschuldigen. Noch 1715 und 1745 versuchten die Jakobiten, die Stuarts gewaltsam wiedereinzusetzen: 1746 wurde die letzte dynastische Schlacht auf britischem Boden ausgetragen.

Einer der eindrucksvollsten Propagandisten des Toryismus unter Königin Anna war der Jakobit *Charles Leslie*, dessen Zeitung *The Rehearsal* erneut die Lehren Filmers verbreitete und den gottlosen Anarchismus der »presbyterianischen« Whigs anklagte. Leslie war der erste Autor, der eine Kritik an Lockes *Zwei Abhandlungen über die Regierung* veröffentlichte. Auf der entgegengesetzten Seite standen in der Debatte die kontraktualistischen Whigs. Zu ihnen gehörte auch Locke mit seinen *Zwei Abhandlungen*, aber nur wenige teilten seine radikalen Schlußfolgerungen. Obwohl die beiden *Abhandlungen* in den *Political Aphorisms* (1690) und auch von Daniel Defoe und Benjamin Hoadly um 1700 propagiert wurden, ist Locke erst Jahrzehnte später als *der* Philosoph von 1689 angesehen worden. So wie der Jakobitismus eine drückende Last für die Tories war, so war es für die Whigs die Revolution. Bereits 1698 verwendete der irische Autor William Molyneux Lockes Argumente *gegen* eine Whig-Regierung in London zur Verteidigung der Rechte Irlands gegen die englische Usurpation. Ähnlich entwickelte später Amerika Lockes Argumente gegen die englischen Whigs weiter.

Bereits zu Beginn des 18. Jahrhunderts hatten die *Court*-Whigs eine konservative, un-Lockesche Version der Ereignisse von 1689 aufgestellt, die später ihren berühmtesten Ausdruck in Edmund Burkes *Reflections on the Revolution in France* (1790) finden sollte, worin Burke explizit auf die Politik der Whigs in der Regierungszeit der Königin Anna verwies. Burke, der ein Whig war und dennoch der klassische Philosoph des Konservatismus wurde, widersprach der Behauptung, Untertanen hätten das Recht, »ihre eigenen Herrscher zu wählen, sie wegen schlechter Führung mit Schimpf zu entlassen und selbst eine Regierung zu bilden«. Für ihn gab es 1689 nur »eine geringe und zeitlich begrenzte Abweichung von der strengen Regel der regulären erblichen Nachfolge«. Nicht Revolutionen und Verträge *de novo*, sondern die *Ancient Constitution*, die manchmal von schlechten Königen erhalten wurde, war die Quelle der englischen Freiheit und Stabilität. Whigs wie *William Higden* in *A View of The English Constitution* (1709) behaupteten, die Rechte und Rechtsverletzungen von 1688 seien irrelevant: *De-facto*-Besitz der Macht war alles, was zählte, um Gehorsam zu begründen. Verteidiger des Erbrechts, wie Leslie, beschuldigten die Whigs, ihre Argumente seien von den *Engagers* der Mitte des 17. Jahrhunderts und von Hobbes beeinflußt. Später sollte David Hume darauf bestehen, daß allein der gegenwärtige Nutzen und die Sicherheit des Eigentums, nicht die abstrakten Verdienste von 1689 zählten.

Die Wiederbelebung des Toryismus

Die *Court*-Whigs und die angepaßten Tories verfolgten ähnliche Ziele. Die Fabel von Jakobs freiwilliger Abdankung, der Unechtheit des katholischen Thronfolgers und Marias Inthronisation halfen, den Anschein einer erblicher Nachfolge zu wahren: Als Anna auf den Thron folgte, redete man erneut voller Überzeugung vom Erbrecht. In bezug auf Wilhelms erfolgreiche Eroberung Englands wurde die Vorsehung beschworen. Edmund Bohuns *History of the Desertion* (1689), Bischof Lloyds *God's Way of Disposing of Kingdoms* (1691), die sich auf das *jus gentium* des Grotius bezogen, betrachteten Wilhelms Invasion als rechtmäßige Eroberung, die von Gott gebilligt wurde. Die wechselseitige Beziehung von Schutz und Gehorsam wurde neu formuliert: Der Boden, der 1649 bis 50 bereitet worden war, wurde wieder beschritten, und die Tory-Kleriker hatten manchmal Schwierigkeiten zu zeigen, daß ihre *de facto*-Konzepte nicht auf Hobbes zurückgingen. Dafür ist Sherlocks *Case of Allegiance* (1691) das bedeutendste Beispiel. Sowohl Locke als auch Leibniz verfaßten kritische Anmerkungen zu diesem Traktat, wobei Locke betonte, daß Sherlock die Legitimität in bloße Macht auflöste, während Leibniz ihm in nahezu Hobbesschem Tonfall zustimmte.

Zu Beginn des 18. Jahrhunderts hatten die meisten Tories die absolute Monarchie und die Ansicht aufgegeben, die Monarchie sei direkt von Gott eingesetzt. Sie bewegten sich auf die Position zu, die die Presbyterianer in den vierziger Jahren des 17. Jahrhunderts innegehabt hatten: Gott habe die souveräne Autorität eingesetzt, aber er bestimme nicht die Form der Regierung; in England war diese Form jetzt die Souveränität des *king-in-parliament*, dem man zu passivem Gehorsam verpflichtet war. Die Tories insistierten aber immer noch darauf, die Souveränität, das Recht, Leben zu nehmen, sei gottgegeben. Dies findet sich beispielsweise in Bischof Blackhalls *The Divine Institution of Magistracy* (1709). Römer 13 blieb der politische Standardtext, und noch 1710 schrieb ein Whig-Kleriker ein Buch, um zu zeigen, daß Römer 13, entgegen dem äußeren Anschein, Widerstand rechtfertigen könnte.

Die Autorität der Kirche

Die Auseinandersetzung um die Kirche blieb akut. 1689 wurde ein *Act of Toleration* verabschiedet, in dem festgelegt wurde, daß die *Nonconformists* frei ihre Gottesdienste abhalten konnten, auch wenn sie erst im 19. Jahrhundert zu öffentlichen Ämtern zugelassen wurden. Viele Kleriker betrachteten dies jedoch als eine nur zeitweise Konzession und bemühten sich, sie wiederaufzuheben. Ihre Predigten gegen den *Dissent* waren bösartig. Die Form des Episkopats wurde verändert, und die *Nonjurors* wurden durch liberale Theologen wie Tillotson und Stillingfleet ersetzt.

Die Revolution von 1689 war eine erastianische Revolution, die die Kirche unterminierte und den Episkopat auf loyale Höflinge reduzierte. Die radikalen Whigs gaben sich damit jedoch nicht zufrieden, sondern glaubten, der Kampf gegen die *priestcraft* habe erst begonnen. Robert Molesworths Vorwort zu *An Account of Denmark* (1694) wurde in der Zeit der Aufklärung zu einem der verehrten Manifeste: Molesworth äußerte darin die Hoffnung auf das Kommen eines Zeitalters der Vernunft, in dem der »Priester« dem »Philosophen« und »Patrioten« weichen würde. In *The Rights of the Christian Church* (1704) zerstörte Mathew Tindal systematisch die Rechte der Kirche. *Toland* in *Christianity not Mysterious* und Locke in *The Reasonableness of Christianity* beschränkten das Christentum auf ein Glaubensminimum und gaben zu verstehen, daß alles, was darüber hinausgehe, nur götzendienerische Anmaßungen priesterlicher Macht seien.

Die Auseinandersetzung um die Kirche löste zwei Krisen aus. 1710 entschloß sich die Whig-Regierung zu einem *Impeachment* gegen den Tory-Kleriker

Henry Sacheverell wegen dessen Predigt *In Perils Amongst False Brethren*, einer aggressiven Attacke gegen den *Dissent* und damit zugleich – implizit – eine Zurückweisung der Revolution. Der Prozeß wurde zu einer Bühne für die Juristen der Tories und Whigs, um über die Revolution und die Kirche zu streiten.
Als 1717 die Staatskirche über Benjamin Hoadly, einen späteren Whig-Bischof, den Kirchenbann verhängen wollte, beschuldigten die Tories erneut den Staat, die Rechte von Gottes Kirche zu bedrohen, während die Whigs die Kirche beschuldigten, die weltliche Autorität zu unterminieren. Die Whigs lösten die Episkopalsynode auf und schwächten die Kirche. Für Jahrzehnte kultivierten die Tories daraufhin die Rolle der Partei des verzweifelten Anglikanismus, der durch die Grundsätze der Whigs, Sektierertum, Erastianismus und Atheismus, in den Abgrund gestürzt worden sei.
Einer der großen Tory-Autoren dieser Zeit, der aus Sorge um die Kirche ein Tory geworden war, war *Jonathan Swift*. Er stand Harley während dessen Amtszeit als Minister von 1710–14 nahe und verteidigte in seiner Zeitung *The Examiner* die Politik der Regierung. Später, als Walpole an der Regierung war, veröffentlichte er sein berühmtestes Buch, *Gulliver's Travels* (1726), eine bissige Satire gegen die *Court-Whiggery*, die bei der Reise zu den Liliputanern besonders deutlich wird.

Sir Robert Walpole und Lord Bolingbrokes Opposition

Nach der Verabschiedung des *Triennial Act* 1694 bemühten sich die *Court*-Whigs nicht um eine radikale Reform. Sie standen für religiöse Toleranz, für die protestantische Thronfolge und für die finanziellen Interessen des Handels und der neuen Kreditinstitute, wie der Bank von England. Sie verloren das Interesse an der *Country*-Politik: der Dezentralisierung der Macht, der Unabhängigkeit des Parlaments von der Exekutive und der niedrigen Besteuerung der *Country-Gentry*. Bereits 1710 brandmarkte *William Davenant* in *The True Picture of a Modern Whig* diesen Abfall von den alten Prinzipien: »Die alten Whigs haßten willkürliche Herrschaft; wir, die neuen Whigs, sind alle für stehende Armeen gewesen; ... sie waren dafür, korrupte Minister zur Rechenschaft zu ziehen; wir haben die Korruption immer unterstützt und gedeckt; ... sie waren bescheiden ..., wir waren verschwenderisch.«
In den zwanziger Jahren des 18. Jahrhunderts war Walpole in der Handhabung des Parlaments geschickter als Danby in den siebziger Jahren des 17. Jahrhunderts: Die Zahl der »Placemen« erreichte ihren Höhepunkt, die stehende Armee wurde nach den Kriegen mit Frankreich beibehalten, und die zentralisierte Besteuerung (besonders die Verbrauchssteuer) blieb bestehen. Vor diesem Hintergrund entwickelte sich eine paradoxe Auseinandersetzung. Jetzt waren es die Tories und sogar die Jakobiten, die die *Country*-Politik vertraten und eine neorepublikanische Kritik an der zentralisierten Macht vortrugen. Sie taten dies in Verbindung mit den *Country*-Whigs, die Walpole ablehnten. In den zwanziger und dreißiger Jahren des 18. Jahrhunderts wurden sie von Lord Bolingbroke geführt.
Die Kirchenrhetorik war dem skeptischen Bolingbroke fremd, und am Erbfolgerecht hielt er nur darum fest, weil es ihm Angriffsmöglichkeiten gegen die Regie-

rung bot. Bolingbroke leitete einen schillernden Zirkel von politischen Literaten, die Walpoles Regierung heftig attackierten: Im Umkreis dieses Zirkels entstanden *Gulliver's Travels*, Alexander Popes Gedichte und John Gays *Beggars Opera* (1728) (die Brecht und Weill in der Dreigroschenoper adaptierten). Im Parlament bekämpfte Bolingbrokes Partei die stehende Armee, die städtischen Spekulanten und Wucherer und die durch den *Septennial Act* (1716) geschaffene Selbstherrlichkeit des Parlaments: Dies waren die Mittel einer exekutiven Tyrannei, die die Freiheiten der Gentlemen-Bürger zerstörten.

Als Montesquieu von 1729–31 England besuchte, waren Bolingbrokes Freunde seine Gastgeber: Nach Frankreich nahm er das parteiische Bild einer idealen Verfassung mit zurück, in der eine freie Aristokratie die Balance zwischen den Ministern des Königs und der plebejischen Masse bildete und in der die Exekutive und die Legislative streng getrennt waren. Montesquieus Lehre von der Gewaltenteilung, wie sie im *Esprit des Lois* (1748) erschien, war ein Bolingbrokesches Ideal, das in England niemals erreicht wurde, aber als zentrales Element in die amerikanische Verfassung einging.

Bolingbrokes Scheitern und Walpoles Erfolg beließen England in der dauernden Gefahr einer Tyrannei der Exekutive. Bolingbrokes Hauptschriften waren die Zeitung *The Craftsman* (1726–36), *A Dissertation upon Parties* (1735) und *The Idea of a Patriot King* (1749, verfaßt 1736). »Patriotismus« bedeutete für ihn die Liebe zur politischen Freiheit: Er behauptete, nicht eine »Faktion« oder eine »Partei« zu führen, sondern der patriotische Retter vor Walpoles *faction-in-government* zu sein.

Bolingbrokes politische Sprache und die der gesamten Opposition des 18. Jahrhunderts war durchdrungen von den Texten und Symbolen des republikanischen Rom. Tacitus, Cicero und Polybios waren ihre Quellen. Die Art, in der die römische Republik heimtückisch von Augustus unterminiert worden war, wurde als Analogie zu Walpoles caesarischen Ambitionen endlos wiederholt. Dieser Klassizismus war besonders bei den alten oder echten Whigs sichtbar, die ihre Vorgänger des 17. Jahrhunderts aus puritanischen Millenariern in römische Senatoren verwandelten.

In den späten neunziger Jahren hatte *John Toland* die Werke von Harrington und Milton herausgegeben, und in den zwanziger Jahren des 18. Jahrhunderts veröffentlichten John Trenchard und Thomas Gordon *Cato's Letters*. In ihrem Angriff gegen die *priestcraft* unterschieden sie sich deutlich vom *church party*-Toryismus, und es ist zweifelhaft, ob Bolingbrokes Kampagne trotz ihrer rhetorischen Kraft tiefe Wurzeln unter den anglikanischen Tory-Großgrundbesitzern schlug. Aus den Tories wurden keine römischen Republikaner, aber sie entdeckten, daß aus ehemaligen Whigs Tories und Jakobiten geworden waren, die ihren Ciceronianismus mitgebracht hatten. Der Abscheu vor Walpole löste im jakobitischen Whiggismus ein bemerkenswertes Phänomen aus: Die exilierten katholischen Nachfolger Jakobs II. wurden nun als Befreier von der Oligarchie der Whig-Größen und eines Königs hingestellt, der Hannover England vorzog.

Die Tradition der Naturrechtslehre

Die einfachen und ahistorischen moralisierenden Parallelen zwischen dem antiken Rom und dem modernen Großbritannien paßten jedoch nicht mit den differenzierteren ökonomischen und historischen Analysen zusammen, besonders nicht mit denen der Harringtonschen Art und deren Betonung des Aufstiegs und Niedergangs des Feudalismus. Der Ciceronianismus wich nach und nach einer stärker ökonomistischen und historischen Betonung des Charakters der kommerziellen Gesellschaft, die sich in England entwickelte, einer Gesellschaft, deren Reichtum ebenso auf Geld- wie auf Grundbesitz begründet war.

Die moderne auf Handel begründete Gesellschaft war etwas anderes als die antike und die feudale Gesellschaft, und deshalb konnten ihre Regeln für politisch vernünftiges Handeln nicht von Cicero (geschweige denn von Augustinus) abgeleitet werden. Spartanische Einfachheit schien eine irrelevante Forderung zu sein, wenn der Luxus nicht mehr als Korrumpierung, sondern als der Höhepunkt der zivilisierten Neuzeit betrachtet wurde. Auch die moralische Dimension war verwirrend: Kommerzielle Prosperität schien das Ergebnis von Eigennutz auf dem Markt zu sein. Dieses Dilemma wurde von Mandeville in *The Fable of the Bees* (1714) verdeutlicht. Später schuf Adam Smith dann die berühmteste Darstellung des Marktes, seiner Entwicklung und seines moralischen Dilemmas. *The Wealth of Nations* (1776) war eine eindeutige Ablehnung der Vorbildlichkeit von Rom und Athen, von Florenz und Venedig, von Cicero und Machiavelli.

In Schottland fand die Tradition der Naturrechtslehre ihre folgenreichste Erweiterung: In Glasgow wurden Locke und Pufendorf von Gershom Carmichael in öffentlichen Vorlesungen unterrichtet. Von Carmichael und Francis Hutcheson, der in den zwanziger Jahren des 18. Jahrhunderts lehrte, zu David Hume und Adam Smith reicht eine gewaltige philosophische Traditionslinie in Schottland. Diese Philosophen entwickelten Theoreme über das Eigentum, die Gerechtigkeit und die Regierung, die rationale, vernünftige Menschen schaffen würden. Vor Hume hielten es aber nur wenige für möglich, bindende Verpflichtungen ohne ein deutliches Bewußtsein göttlicher Strafen durchzusetzen. Hume bestand wohl darauf, einige Vernunftgesetze zu bindenden Gesetzen zu machen, aber er hielt es für hinreichend, in *foro externo*, durch die Angst vor menschlichem Tadel und Bestrafung, zu binden. Der Weg zum Utilitarismus des 19. Jahrhunderts war damit offen.

In England beschäftigten sich die philosophischen Erben von Hobbes und Locke weniger mit der Gerechtigkeit und der Regierung als mit den Fragen von Moralität und Nächstenliebe. Anstelle von Hobbes' rationalem Egoismus konstruierten diese Philosophen eine Naturgeschichte des menschlichen Gewissens und der Nächstenliebe. Eine bedeutende frühe Reaktion auf Hobbes war Richard Cumberlands *De Legibus Naturae* (1672). Er räumte ein, daß die Naturgesetze nicht in die Menschheit eingeprägt worden seien: Sie würden durch Zeit und Erfahrung gelernt. Er zeigte, daß die Interessen der Menschen, rational betrachtet, mit Tugend und Nächstenliebe übereinstimmten: Gott offenbart sich hier durch utilitaristische Konsequenzen. Die Vorstellung vom »Gewissen« und den von Gott »in die Herzen der Menschen« eingeschriebenen Naturgesetzen zerbrach unter Lockes Angriff gegen die eingeborenen Ideen im *Essay Concerning Human Understanding*. Statt dessen konnte die von Locke entwickelte assoziative Psychologie zeigen, wie die Beobachtung der Leiden anderer, verbunden mit eigenen Eindrücken, Sympathie auslöste, die dann moralische Verallgemeinerungen und soziale Regeln ermöglichte. Die *Characteristics* (1711) des dritten Earl of Shaftesbury zeigten, daß durch richtige Erziehung, durch Erfahrung und Sensibilität die Menschen die Harmonie zwischen ihrem eigenen Wohl und dem Gemeinwohl erkennen würden. Seine Position ähnelt der von Dr. Pangloss in Voltaires *Candide*. Das war eine bequeme Doktrin für eine bequeme Generation, die vom spalterischen Zelotentum der Reformation und der Revolution gereinigt war.

Aus dem Englischen von Marina Münkler

BIBLIOGRAPHIE

Primärtexte:

Aylmer, G. E. (Hrsg.), 1975: The Levellers in the English Revolution, Ithaca, New York; *Erskine-Hill*, H. und *Storey*, G. (Hrsg.), 1983: Revolutionary Prose of the English Civil War, Cambridge; *Gardiner*, Samuel Rawson (Hrsg.), 1936: The Constitutional Documents of the Puritan Revolution 1625–1660, Oxford; *Filmer*, Robert, 1949: Patriarcha and Other Political Works of Sir Robert Filmer, hrsg. von P. Laslett, Oxford; *Haller*, William und *Davies*, Godfrey (Hrsg.), 1964: The Leveller Tracts 1647–1653, Mass.; *Harrington*, James, 1977: The Political Works of James Harrington, hrsg. von J. G. A. Pocock, Cambridge; *Hooker*, Richard, 1977–81: Works, hrsg. von W. S. Hill, Bd. I–III: The Laws of Ecclesiastical Polity, Harvard; *James I* (Jakob I.), 1965: The Political Works, hrsg. von C. H. McIlwain, New York; *Milton*, John, 1959: The Complete Prose Works of John Milton, Yale; *Winstanley*, Gerard, 1973: The Law of Freedom and Other Works of Gerrard Winstanley, hrsg. von C. Hill, London; *Woodhouse*, A. S. P. (Hrsg.), 1938 (Neudr. 1974): Puritanism and Liberty. Being the Army Debates (1647–49), London.

Sekundärliteratur:

Allen, J. W., 1928: A History of Political Thought in the Sixteenth Century, London; *ders.*, 1938: English Political Thought 1603–60, London; *Aylmer*, G. E., 1968: The Struggle for the Constitution, 1603–1689, London; *Bernstein*, Eduard, 1908: Sozialismus und Demokratie in der großen Englischen Revolution, Stuttgart; *Brailsford*, H. N., 1961: The Levellers and the English Revolution, London und Stanford; *Daly*, J., 1979: Sir Robert Filmer and English Political Thought, Toronto; *Figgis*, J. N., 1914 (Neudr. 1965): The Divine Right of Kings, Cambridge; *Fink*, Z. S., 1945: The Classical Republicans, Illinois; *Frank*, Joseph, 1955: The Leveller Movement, Harvard; *ders.*, 1969: The Levellers: A History of the Writings of Three Seventeenth-Century Social Democrats: John Lilburne, Richard Overton, William Walwyn, New York; *Franklin*, J. H., 1978: John Locke and the Theory of Souvereignty, Cambridge; *Freund*, Michael, 1927: Die Idee der Toleranz im England der großen Revolution, Halle/Saale; *Gralher*, Martin, 1973: Demokratie und Repräsentation in der Englischen Revolution, Meisenheim am Glan; *Greenleaf*, W. H., 1964: Order, Empiricism and Politics, Oxford; *Haller*, William, 1966: Liberty and Reformation in the Puritan Revolution, New York; *Hill*, Christopher, 1965: Intellectual Origins of the English Revolution, Oxford; *ders.*, 1965: Puritanism and Revolution, London; *ders.*, 1972: The World Turned Upside Down, London; *ders.*, 1977: Milton and the English Revolution, London; *Hill*, W. S. (Hrsg.), 1972: Studies in Richard Hooker, Cleveland, Ohio; *Ives*, E. W. (Hrsg.), 1968: The English Revolution 1600–1660, London; *Judson*,

Margaret Atwood, 1964: The Crisis of the Constitution, New York; *Krautheim*, Ulrike, 1977: Die Souveränitätskonzeption in den englischen Verfassungskonflikten des 17. Jahrhunderts, Frankfurt, Bern, Las Vegas; *Lamont*, W. M., 1969: Godly Rule: Politics and Religion 1603–60, London; *Liu*, T., 1973: Discord in Zion: The Puritan Divines and the Puritan Revolution, The Hague; *Löwenstein*, Karl, 1964: Der britische Parlamentarismus, Reinbek bei Hamburg; *Macpherson*, C. B., 1962: The Political Theory of Possessive Individualism, Oxford (dt. 1973: Die politische Theorie des Besitzindividualismus, Frankfurt); *Mosse*, George L., 1950: The Struggle for Souvereignty in England, Michigan; *Munz*, P., 1952: The Place of Hooker in the History of Thought, London; *Petegorsky*, D. W. 1940: Left-Wing Democracy in the English Civil War, London; *Pocock*, J. G. A., 1957: The Ancient Constitution and the Feudal Law, Cambridge; *Ritter*, Gerhard A., 1972: Parlamentarismus und Demokratie in Großbritannien, Göttingen; *Saage*, Richard, 1980: Zur politischen Theorie der großen Englischen Revolution, in: NPL, XXV; *ders*., 1981: Herrschaft, Toleranz, Widerstand. Studien zur politischen Theorie der Niederländischen und der Englischen Revolution, Frankfurt/M.; *Skinner*, Quentin, 1965: History and Ideology in the English Revolution, in: The Historical Journal, Bd. VIII; *Tuck*, R., 1979: Natural Rights Theories, Cambridge; *Walzer*, M. L., 1966: The Revolution of the Saints, London; *Wende*, Peter, 1980: Probleme der Englischen Revolution, Darmstadt; *Wittwer*, Wolfgang W., 1972: Grundrechte bei den Levellern und der New Model Army, Ratingen; *Wormald*, B. H. G., 1951: Clarendon, Cambridge; *Zagorin*, Perez, 1954: A History of Political Thought in the English Revolution, London.

KAPITEL VIII

Die Vertragstheoretiker und deren Kritiker

VON WALTER EUCHNER (THOMAS HOBBES); HANS SANER (BARUCH DE SPINOZA); MARTIN SELIGER (JOHN LOCKE); EUGENE KAMENKA (GIAMBATTISTA VICO); UDO BERMBACH (DAVID HUME)

1. **Thomas Hobbes** (von Walter Euchner)

Hobbes' Stellung in der politischen Ideengeschichte

Als politischer Denker ist Hobbes ein Stern erster Größe, vergleichbar einem Platon oder Machiavelli. Er selbst hielt sich für den Begründer der neuzeitlichen politischen Philosophie, weil es ihm gelungen sei, diese auf das Niveau der modernen Mathematik, Physik und Astronomie zu heben (LW 1, *de corpore, epistola dedicatoria*). In der Tat ist Hobbes' Versuch, eine konsequente politische Mechanik zu entwickeln, bis heute unübertroffen geblieben. An seinem politischen Modell lassen sich Vorzüge und Grenzen der Anwendung der naturwissenschaftlichen Methode auf die Politik gut studieren.
Obwohl Hobbbes' politische Philosophie nur einen Teil seines philosophischen Systems bildet – der *Grundzüge der Philosophie,* die *Vom Körper* (1655), *Vom Menschen* (1658) und *Vom Bürger* (1642) umfassen –, stand im Zentrum seines Denkens doch die Politik. Er arbeitete den politischen Systemteil mit jedem Anlauf sorgfältiger aus, zuerst in kleineren Schriften aus dem Jahre 1640 über *Human Nature, or the Fundamental Elements of Policy* und *Elements of Law* (EW IV), bis er in der englischen Version des *Leviathan* (1651) seine reifste und bis zur Gegenwart fortwirkende Fassung fand. 1668 folgte eine Übersetzung des *Leviathan* ins Lateinische, die internationale Gelehrtensprache jener Zeit.
In den Dedikationsepisteln zu seinen politischen Schriften und an vielen anderen Stellen seines Werkes nannte Hobbes das Ziel seines politischen Denkens: in der gegenwärtigen Welt der blutigen Glaubens- und Bürgerkriege endlich die Formel zu entwickeln, wonach die Menschen nicht nur friedlich, sondern auch einigermaßen gut zusammenleben können – eine Formel, die die bisherige politische Philosophie wegen ihrer nebulösen Vorstellungen von den Grundelementen der Politik niemals habe finden können. Die Hoffnung Hobbes' lag auf den Staatsoberhäuptern und deren Ratgebern unter seinen Lesern. Denn nur diese besäßen die Macht, seine »spekulative Wahrheit« – nicht zuletzt dadurch, daß sie deren Lehre an den Universitäten veranlaßten – »in praktischen Nutzen« zu verwandeln (L, S. 281, 525).
Hobbes kam am 5. April 1588 in einem Dorf bei Malmesbury zur Welt. Sein Vater war einfacher Landgeistlicher. Dessen Bruder, ein wohlhabender Handschuhmacher, ließ Hobbes in Oxford studieren. Als Bachalaureus artium fand

Hobbes eine Anstellung bei der verzweigten Adelsfamilie Cavendish, die den Wissenschaften und Künsten gewogen war. Dort lernte er die richtigen Leute kennen, den Philosophen Herbert von Cherbury z. B. und Francis Bacon, dessen Sekretär er kurzfristig war.

Zu jener Zeit pflegten englische Adelsfamilien ihre Söhne zusammen mit einem Erzieher auf Bildungsreise zum Kontinent zu schicken. Hobbes spielte diese Erzieherrolle dreimal und verstand es, sie für seine philosophischen Interessen zu nutzen. In Pisa besuchte er Galilei, in Paris knüpfte er Beziehungen zu dem Abbé Mersenne, dem Mittelpunkt eines Kreises von Gelehrten, zu dem auch Descartes und der epikureische Philosoph Gassendi zählten. Damals verfestigte sich Hobbes' Ablehnung der aristotelischen Scholastik, die ihm schon in Oxford mißfallen hatte. Wissenschaft liege nur dann vor, wenn nach mathematischem und naturwissenschaftlichem Vorbild aus klaren Axiomen und Definitionen Schlußfolgerungen abgeleitet werden könnten. Komplexe Zusammenhänge seien mit Hilfe der resolutiv-kompositorischen Methode zu analysieren. Die Analyse erfasse Ursache und Wirkungen und führe zu letzten Prinzipien; die analytisch ermittelten Kenntnisse ließen sich durch korrektes Schließen zu einer empirisch abgesicherten und logisch begründeten Theorie zusammensetzen (LW 1, 65 f.).

Gegen Ende der dreißiger Jahre, als der schottische Aufstand den Bürgerkrieg eingeläutet hatte, begann Hobbes, seine methodologischen Erkenntnisse auf dem Gebiet der Politik anzuwenden. In einem Manuskript, das unter Adligen zirkulierte, forderte er die absolute Macht des Königs. Diese Position war inzwischen freilich inopportun geworden; Parlamentskreise drohten dafür mit peinlichen Strafen. Hobbes verstand die Zeichen der Zeit. Im Jahr 1640 setzte er sich nach Paris ab.

Vom Bürger erschien 1642 in Paris und machte Hobbes zur anerkannten Größe in der europäischen Gelehrtenwelt. Der in Saint-Germain weilende exilierte englische Hof beanspruchte seine Dienste als Mathematiklehrer des Prinzen von Wales, des späteren Königs Karl II. Hobbes war Monarchist. Doch die Logik seiner politischen Philosophie trieb zu Konsequenzen, die ihm die Feindschaft des Hofes einbringen mußten. Ihr zufolge ist ein Untertan dem Souverän nur so lange zum Gehorsam verpflichtet, wie dieser ihn schützen kann – und hierzu war der exilierte König gerade nicht in der Lage. Verdacht mußte erregen, daß Hobbes 1651 den *Leviathan* im republikanischen London, dazu auf Englisch, herausbrachte, ein literarisches Meisterwerk, gespickt mit sarkastischen Invektiven gegen die Scholastik und den katholischen Klerus – dies angesichts der Sympathien der Stuarts für den Katholizismus. Hobbes' Stellung bei Hof wurde unhaltbar. Im Winter 1651 kehrte er nach England zurück.

In den folgenden Jahren beschäftigte sich Hobbes hauptsächlich mit der Ausarbeitung seines philosophischen Systems. Auch das englische Pflaster war für ihn heiß. Zwar schenkte ihm Karl II. nach der Restauration wieder seine königliche Gnade, doch Universitäten und Klerus feindeten ihn mit dem Vorwurf an, er sei Atheist und Sittenverderber. Die gelehrte *Royal Society* nahm ihn nicht auf. Lebensgefährlich war seine Kontroverse mit dem Mathematikprofessor John Wallis. Hobbes hatte in *Vom Körper* unvorsichtigerweise angedeutet, er besitze eine geometrische Lösung des Problems der Quadratur des Kreises, und versteifte sich in späteren Äußerungen darauf. Wallis begnügte sich nicht mit einer Widerlegung, sondern denunzierte Hobbes mit der Behauptung, der *Leviathan* sei zur Unterstützung Cromwells geschrieben worden. Diese These hat sich in der Literatur bis heute gehalten. In der Tat kann der *Leviathan* so gelesen werden, doch die Auffassung, Hobbes habe für Cromwell und dessen Sache Sympathien gehabt, ist falsch. Hobbes hat nicht *ad personam* argumentiert, sondern eine allgemeine Theorie aufgestellt. Aus ihr ist Opportunismus gegenüber allen Machthabern, die fest im Sattel sitzen, abzuleiten. In seiner Altersschrift *Behemoth,* die freilich erst im Jahre 1682 posthum erscheinen konnte, versuchte er, dem englischen Publikum seine Einschätzung der Ursachen des englischen Bürgerkrieges dazulegen. »Behemoth« ist ein unförmiges Landungeheuer, während der ihm Buche Hiob erwähnte »Leviathan« ein unwiderstehliches Seeungeheuer darstellt.

Im biblischen Alter fand Hobbes auf den Landsitzen der Cavendishs seinen Frieden. Er vertrieb sich die Zeit, indem er eine lateinische Autobiographie schrieb und Homers Ilias und Odyssee in holprige englische Verse brachte. Auch liebte er es, auf der Baßgeige zu spielen und, weil er dies für lungenstärkend hielt, Choräle zu singen, aus Menschenfreundlichkeit des Nachts und bei geschlossenen Fensterläden. 1679, im Alter von 91 Jahren, starb er.

Menschenbild und Naturzustand

Hobbes' naturwissenschaftsorientierte Analyse führte zu der Vorstellung des Menschen als eines *Aggregats aus Materie in Bewegung,* die sich in Empfindungen und Trieben äußert. Die menschliche Sprachbegabung ermögliche die Speicherung der Empfindungen und Vorstellungen und deren logische Verarbeitung zu Sätzen über Ursache und Wirkung. Die Bewegungen der Materie würden als »Bestrebung« empfunden, nach Nahrungsmitteln etwa, aber auch nach Dingen, die das Leben angenehm machen. Als »Macht« bezeichnet Hobbes die Mittel, die eingesetzt werden können, diese Dinge zu erlangen. Da sich die Menschen ihr künftiges Ende vorstellen könnten, strebten sie grundsätzlich nach Selbsterhaltung (L 39, 95).

Es entsprach diesem naturalistischen Denken, wenn Hobbes in der berühmten Einleitung zum *Leviathan,* in Übereinstimmung mit der Sichtweise Descartes' übrigens, den Menschen, und analog dazu den »künstlichen Menschen« Staat, als Maschine beschrieb (dazu Weiß, 1980). Zu Recht wurde gesagt, daß sich hierin das Prinzip des »Herstellens«, der Technik als Teil der neuen bürgerlichen Weltsicht, ausdrücke, in Abwendung von der kontemplativen Betrachtung der Schöpfungsordnung in der aristotelisch-scholastischen Philosophietradition. Doch Hobbes' Anthropologie argumentierte nicht bloß mechanistisch. Strauß (1965) zeigte, daß Hobbes' Interpretation des menschlichen Verhaltens moralische Werte anerkennt. Es gibt Menschen, die mildtätig, edelmütig und gerecht sind (L 43, 114, 536). Diese Tugenden lassen sich schwerlich mechanistisch oder durch Nutzenkalkül, weil diese dem einzelnen Vorteile bringen, erklären (was Hobbes auch nicht tut). Es ist die Kehrseite dieser Tugenden, Ruhmsucht, Prahlerei, Neid, die am stärksten Streit unter den Menschen verursachen.

Das Bild des unfriedfertigen Menschen, der, wie es in der Dedikationsepistel zu

Vom Bürger heißt, dem Menschen ein Wolf ist, besitzt einen Doppelaspekt. Einerseits sei dem Menschen lebenslang eine appetitive Motorik eigen, die ihn notwendig antreibe, Dinge, die er für seinen Nutzen dienlich halte, anzustreben. Seine Vernunft setze er zweckrational ein, diese Dinge erlangen zu können. Das ökonomische Nutzenkalkül gehört nach Hobbes zum Wesen des Menschen (L 66 ff., 115).[1] Andererseits machen die beschriebenen Untugenden, die Hobbes mit Verrücktheit gleichsetzt, die Menschen zu Feinden. Solche Menschen müßten von einem »Leviathan« beherrscht werden, dem unwiderstehlichen »König der Stolzen«, wie er in Hiob 41,26 (von Hobbes im Titelkupfer zu seinem Hauptwerk zitiert) genannt wird.

Zu den physischen und psychischen Konfliktursachen treten wirtschaftlich und gesellschaftlich bedingte. Hobbes schloß nicht aus, daß es Menschen gibt, die mit ihrer gegenwärtigen Lage zufrieden sind. In einer Gesellschaft von Konkurrenten könnten aber auch diese »ohne den Erwerb von zusätzlicher Macht« ihre Position nicht aufrechterhalten. Zudem erzeuge Mittelknappheit notwendig Konkurrenz (L 75, 94).

Hobbes benützte zur Darstellung seiner politischen Theorie die damals verbreitete Konzeption des *Naturzustandes*. Methodologisch gesehen, stellte sie bei ihm ein Modell dar, konstruiert aus Menschen, die insofern *gleich* sind, als jeder von ihnen Anspruch auf Selbsterhaltung hat und stark genug ist, im Überlebenskampf den anderen zu töten. Aus diesem Modell konnte abgeleitet werden, welche Beziehungen unter den Menschen in einem staatenlosen Zustand herrschen, nämlich Kampf aller gegen alle. Die zweite Funktion des Modells war die eines negativen Kontrastbildes zu Hobbes' politischer Zielvorstellung eines vernünftig regierten Staates, in dem Wirtschaft, Wissenschaft, Technik und Künste gedeihen und dessen Untertanen die Früchte ihres Fleißes sicher genießen können (L 96, 98, 255).

Der Naturzustand ist jedoch nicht bloß Modell. Das logisch entwickelte Abbild der Prozesse, die unter staatlicher Herrschaft abgeschwächt oder stillgelegt werden, wird nach Hobbes' Überzeugung Wirklichkeit, wenn die staatliche Unterdrückung der zwischenmenschlichen Antagonismen entfällt, wie im Bürgerkrieg, auf dessen kulturzerstörende Wirkungen Hobbes immer wieder hinwies. Und schließlich befänden sich die souveränen Staaten, die keinen Oberherren haben, untereinander im Dauerkriegszustand. Wie Gladiatoren richteten sie ihre Waffen gegeneinander und ließen sich nicht aus den Augen. Hobbes' Anwendung seiner Theorie auf die internationalen Beziehungen beeindruckt heute noch (L 96 ff.).

Die Menschen haben nach Hobbes jedoch die Chance, den elenden Naturzustand, in dem das Leben »einsam, armselig, ekelhaft, tierisch und kurz« ist, zu überwinden. Hierzu verhelfe ihnen ihre Doppelausstattung als Trieb- und Vernunftwesen (EW 2, vii). Es seien vor allem Todesfurcht und das Verlangen nach einem angenehmen Leben und den Mitteln hierzu, die die Menschen friedfertig machten. Auch wer sich den Wissenschaften und Künsten widmen möchte, strebe den Frieden an. »Und die Vernunft legt die geeigneten Grundsätze des Friedens nahe, aufgrund deren die Menschen zur Übereinstimmung gebracht werden können« (L 76, 82 f., 98).

Natürliche Rechte und Gesetze und vertragliche Staatsgründung

Für Hobbes sind die Menschen im Naturzustand nicht nur *gleich,* sondern auch *frei.* Dies bedeute, daß jedermann das natürliche Recht besitze, seine eigene Macht nach seinem Willen zu seiner *Selbsterhaltung* einzusetzen.

Nach traditioneller Auffassung war das natürliche Recht nach Maßgabe des göttlichen Gesetzes der Natur auszuüben. Hobbes veränderte die alte Naturrechtslehre grundlegend. Ein im menschlichen Wesen verankertes, die Menschen zur Gerechtigkeit lenkendes natürliches Gesetz existierte für ihn nicht, weil die natürlichen Leidenschaften diesem zuwiderliefen. Es sei überhaupt falsch, die natürlichen Gesetze als Gesetze in vollem Wortsinne zu begreifen. Ein Gesetz sei nämlich der Befehl einer Person, die aufgrund eines Vertrages die Macht besitzt, dessen Befolgung zu erzwingen (LW 1, 66; L 74, 110). Eine solche Person gebe es im Naturzustand gerade nicht. Als Gesetze könnten die natürlichen Gesetze nur dann gelten, wenn man sie als Befehle Gottes, des Herrschers über alle Dinge, betrachte (L 110, 270).

In Wirklichkeit handle es sich bei den natürlichen Gesetzen um »eine von der Vernunft ermittelte Vorschrift oder allgemeine Regel, nach der es einem Menschen verboten ist, das zu tun, was sein Leben vernichten oder ihn der Mittel zu seiner Erhaltung berauben kann, und das zu unterlassen, wodurch es seiner Meinung nach am besten erhalten werden kann« (L 99). Jeder interpretiere nach Hobbes' Auffassung mit seiner *eigenen* Vernunft seine Lage unter Selbsterhaltungsgesichtspunkten. Jede Verhaltensweise, die dem Selbsterhaltungskalkül entspringt, sei rechtmäßig. Prinzipiell habe jeder ein Recht auf alles, »selbst auf den Körper eines anderen« (L 99). Hobbes operiert mit einem radikal subjektiven Vernunftbegriff.

Wie leicht einzusehen, negieren sich die Rechte eines jeden auf alles selbst. Jeder kann vom anderen erschlagen werden. Zusammenschlüsse zum gegenseitigen Schutz nützten auch nichts, denn im Naturzustand bestehe die Gefahr dauernden Streites über die beste Verteidigungstaktik (L 132). Die permanente Lebensgefahr könne deshalb nur überwunden werden, wenn es der jeweils subjektiven Vernunft der einzelnen gelinge, ein Gut zu entdecken, das allen gemeinsam nützt und nur von allen zusammen genossen werden kann. Ein solches Gut gebe es. Es sei der *Frieden.* Die Gesetze der Natur seien somit von der Vernunft herausgefundene Bestimmungen, die Mittel und Wege zur Erlangung des Friedenszustandes angeben (L 122). Indem die einzelnen diese Bestimmungen als gültige Voraussetzungen des Friedens anerkennen, gewinnt im Hobbesschen System das subjektive Selbsterhaltungskalkül der einzelnen die Qualität objektiver, allgemeingültiger Vernunftschlüsse.

Der Inhalt der von Hobbes entwickelten natürlichen Gesetze entspricht weitgehend dem der traditionellen Naturrechtslehre. Doch anders als in der Tradition verdankt sich die Erkenntnis dieser Gesetze nicht dem Einblick in die Schöpfungsordnung, sondern dem individuellen Nutzenkalkül, das freilich bei dem Zielwert Frieden mit jenem aller anderen zusammenfällt und so ein System natürlicher Normen entdeckt, das wie die Sätze der Mathematik sicher begründbar und deshalb unveränderlich und ewig ist.

Die Grundnorm dieses Systems lautet: »Suche Frieden und halte ihn ein.« Dar-

aus leitet Hobbes ab: »Jedermann soll freiwillig, wenn andere ebenfalls dazu bereit sind, auf sein Recht auf alles verzichten, soweit er dies um des Friedens und der Selbstverteidigung willen für notwendig hält; und er soll sich mit so viel Freiheit gegenüber anderen zufriedengeben, wie er anderen gegen sich selbst einräumen würde« (L 100). Da auf dieses Recht in einem wechselseitigen Vertrag verzichtet werden kann, folgt das dritte Gesetz der Natur: »Verträge sind zu halten.« Hobbes leitet noch zehn andere natürliche Gesetze ab und nennt deren Quintessenz, die auch dem bescheidensten Verstande einsehbar sei: »Füge einem anderen nicht zu, was du nicht willst, daß man dir zufüge« (L 120f.).
Alle diese natürlichen Gesetze gälten nur *bedingt* – nämlich dann, wenn der einzelne gewiß sein könne, daß auch der andere sie einhält. Habe er Grund, dies zu bezweifeln, so behalte er sein grundlegendes natürliches Recht, sich mit allen ihm zur Verfügung stehenden Mitteln selbst zu verteidigen. Schließlich sei niemand verpflichtet, sich selbst als Beute darzubieten (L 100).
Die eher traditionalistische inhaltliche Seite der Hobbesschen natürlichen Gesetze, vor allem die Aussage, daß diese *in foro interno,* d.h. im Gewissen, verpflichteten, haben Warrender (1957) zu der Auffassung gebracht, Hobbes sei im Kern doch ein Naturrechtslehrer der christlichen Tradition – eine These, die in der modernen Hobbesforschung beträchtliches Aufsehen erregt hat. Es ist richtig, mit Warrender zu sagen, daß die natürlichen Gesetze auch im Naturzustand gelten – aber nicht im traditionalistischen Sinn, sondern als utilitaristische Überlebensmaximen im Dienste der von Hobbes postulierten Selbsterhaltungspflicht (deren Begründung freilich wieder ein Problem für sich ist, dem hier nicht nachgegangen werden kann). Hobbes schließt nicht aus, daß auch im Naturzustand gelegentlich gefahrlos Verträge abgeschlossen werden können. Freilich mache der geringste Zweifel an den redlichen Absichten des Kontrahenten den Vertrag nichtig. Denkbar sei auch, daß Verträge aus Furcht vor überirdischen Mächten gehalten werden. Aber Gott verlange keine Selbstaufopferung. Deshalb gehe die Verpflichtung *in foro interno* nur bis zu dem Wunsche, daß die natürlichen Gesetze gelten mögen, aber nicht so weit, daß sie stets einzuhalten seien (L 121, 105). Die natürlichen Gesetze würden nur dann befolgt und Verträge gehalten, wenn eine Staatsgewalt die einzelnen mit Strafen dazu zwinge, die größer sind als der Vorteil, der ihnen durch Gesetzesübertretung und Vertragsbruch zufallen würde (L 110). Die Staatsgründung schafft nach Hobbes nicht nur zuverlässige Überlebenschancen, sie ist auch Voraussetzung des Privateigentums (L 110).
Es ist im Naturzustand also notwendig, einen Staat zu errichten, denn anders ist, wie Hobbes meint, Frieden nicht zu erlangen. Ein Staat werde errichtet, indem jeder mit jedem vertraglich übereinkomme, sein Recht auf Selbstregierung einem einzelnen Menschen oder einer Versammlung zu übertragen, unter der Bedingung, daß jeder andere dies auch tue. Auf diese Weise entstehe eine Staatsperson, die die gesamte Macht der Vertragspartner in sich vereine und sich für den Frieden im Innern und die Verteidigung nach außen einsetzen könne (L 134).
Hobbes' Vertragsformel ist gut durchdacht. Rechtlich gesehen, stellt sie einen Vertrag zugunsten eines Dritten dar, der zwar begünstigt, aber nicht Kontrahent ist. Diese Konstruktion wirkt sich, wie zu zeigen, auf die Rechtsstellung der Untertanen gegenüber dem Souverän aus. Hobbes' Vertragsformel umgeht ferner den in der Sozialvertragslehre verbreiteten Dualismus zwischen *Gesell-*

schaftsvertrag, der erst die isolierten einzelnen des Naturzustands vergesellschaftet, und *Herrschaftsvertrag,* wodurch die Gesellschaft politische Institutionen einsetzt. Bei Hobbes fallen beide Verträge in eins.
Aus der Vertragsformel ergibt sich, daß es drei *Staatsformen* geben kann, nämlich *Monarchie, Aristokratie* und *Demokratie.* Hobbes bevorzugt eindeutig die Monarchie. Er räumt ein, daß es korrupte Monarchen geben könne; doch diese Gefahr werde durch den Vorteil, daß ein Monarch die Kräfte des Staates am wirksamsten zusammenfassen kann, aufgewogen. Hobbes unterscheidet ferner Staaten, die durch Vertrag zustande gekommen sind, von solchen, die auf Eroberung und Unterwerfung beruhen. Doch diese Unterscheidung ist hinsichtlich der Machtfülle des Souveräns unbedeutend. Dieser besitzt bei beiden Staatstypen die gleiche Machtvollkommenheit. *Tyrannis* ist für Hobbes ein polemischer Begriff, der hauptsächlich von Feinden der Monarchie gebraucht wird. Gefährlicher noch sei die Rede von der *gemischten Regierungsform,* wonach die Macht auf den König und das Parlament verteilt werden solle. Dies fordern heiße nichts anderes, als die Souveränität teilen und die Staatsauflösung herbeiführen wollen (L 19. Kap.).

Die Macht des Leviathan

Hobbes hält die Gegensätze unter den Menschen für so stark, daß der Staatszweck, Sicherheit im Innern und Verteidigung nach außen, nur erreicht werden kann, wenn der Souverän über *absolute Machtvollkommenheit* verfügt. Hobbes' Vertragsformel vermag dies zu gewährleisten. Die vertragsmäßige Machtübertragung geschieht durch Niederlegung der natürlichen Selbstregierungsmacht der einzelnen, so daß der Souverän als die einzige Person übrigbleibt, die, um mit Ernst Bloch zu reden, »die Wolfsmacht des Urzustands zurückbehält«.[2]
Eine weitere Vertragsdeutung verstärkt die Machtposition des Souveräns zusätzlich. Bei dessen Einsetzung hätten die Vertragspartner erklärt, daß sie alle künftigen Handlungen des Souveräns »autorisierten«, d. h. als ihre eigenen ansähen. Die Folge dieser Konstruktionen ist, daß der Souverän, weil er nicht zu den Vertragspartnern gehört, den Vertrag auch nicht brechen kann. Somit ist es unmöglich, den Souverän des Vertragsbruches zu beschuldigen. Ebenso unmöglich ist es, daß der Souverän seinen Untertanen Unrecht zufügt. Daraus folgt, daß kein Souverän rechtmäßig bestraft werden kann.
Es versteht sich, daß der Souverän uneingeschränkt der Machtmittel bedarf, die er zur Erfüllung des Staatszwecks benötigt. Einige seiner Kompetenzen hängen so eng mit seiner Aufgabe zusammen, daß sie niemals auf andere übertragen oder getrennt ausgeübt werden dürfen. Es handelt sich um Merkmale, an denen man erkennen kann, wo die souveräne Gewalt ihren Sitz hat.
Im einzelnen zählt Hobbes folgende *Souveränitätsmerkmale* auf: Dem Souverän stehe das Recht zu, selbst darüber zu bestimmen, welche Mittel – z. B. Steuern – er zur Erledigung des Staatszwecks brauche. Allein ihm komme zu, über den inneren Feind zu entscheiden. Daraus sei abzuleiten, daß der Souverän auch das Recht habe, Meinungen, Lehren und die entsprechenden Schriften zu zensieren.
Der Souverän sei ferner notwendig Gesetzgeber und Inhaber der Gerichtsbarkeit. Auch das Recht, über Krieg und Frieden zu entscheiden sowie die militäri-

schen Befehlshaber und sonstigen Staatsdiener auszuwählen, sei mit der Souveränität verknüpft; nicht zu vergessen die Festlegung der gesellschaftlichen Rangordnung und die Verleihung der Adelswürde und sonstiger Ehrentitel.
Andere öffentliche Aufgaben und Vorrechte, wie die des Münzschlagens oder Marktrechte, könnten vom Souverän übertragen werden. Doch der Kernbestand der Souveränität stellt einen Komplex sich gegenseitig bedingender Rechte dar: »Überträgt (sc. der Souverän) den Oberbefehl über das *Militär,* so ist sein beibehaltenes Recht der Rechtsprechung nutzlos, da er die Ausführung der Gesetze nicht durchsetzen kann; vergibt er die Gewalt der Steuererhebung, so ist das *Militär* nutzlos; oder vergibt er die Beeinflussung der Lehrmeinungen, so werden die Menschen aus Geisterfurcht rebellisch.« Es müsse immer vermutet werden, daß diese Befugnisse beim Souverän liegen. Etwaige unklare Kompetenzregelungen seien im Sinne dieser Rechtsvermutung auszulegen (L 18. Kap.).

Wie frei sind die Untertanen?

Seinem Wissenschaftsideal entsprechend, entwickelt Hobbes seine Freiheitsvorstellung aus physisch-psychischen Prinzipien. Wo er aber auf gesellschaftliche und politische Sachverhalte zu sprechen kommt – und diese sind sein eigentliches Thema –, muß er sich auf die Argumentationsebene der Moralphilosophie und politischen Theorie begeben und sich der diesem Wissensbereich angemessenen Interpretationsmuster bedienen. Politisch gesehen, d. h. bezogen auf die Staatenwelt, meint Hobbes mit »Freiheit« jene des Gemeinwesens, genauer, die Freiheit des Souveräns, der die einzelnen Untertanen repräsentiert. So müsse auch die Inschrift »Libertas« verstanden werden, die an den Türmen der Stadt Lucca zu lesen ist (L 167). Diese überindividuell-politische Interpretation wird jedoch von der Interpretationslinie, die von der physisch-psychischen Beschaffenheit des Einzelmenschen ausgeht, erheblich modifiziert. Die Interferenz zwischen diesen beiden Interpretationsprinzipien läßt ein nuanciertes, aspektreiches Freiheitsverständnis entstehen.
Hobbes mißt dem Grundtrieb der Selbsterhaltung eine Tendenz zum Überschießen und Luxurieren bei. Das menschliche Streben gehe nicht nur nach bloßem Überleben, sondern nach fortwährender Ansammlung von Machtmitteln zur Verhinderung künftiger Gefährdungen und zur bequemen Lebensführung. Hobbes wendet diesen Trieb normativ. Der *Selbsterhaltungstrieb* wird als *Pflicht zur Selbsterhaltung* gedacht, aus dem das natürliche Recht auf Selbsterhaltung abgeleitet wird. Dieses triebfundierte natürliche Recht stößt auf das gleichfalls naturrechtlich begründete Recht des Souveräns, das luxurierende Expandieren des Selbsterhaltungstriebs zurückzudrängen. Einige Verhaltensweisen sind nach Hobbes' Auffassung so elementar mit dem Selbsterhaltungsrecht verbunden, daß niemand verpflichtet ist, davon abzulassen (L 99, 163). Niemand brauche z. B. auf den Anspruch auf körperliche Bewegungsfreiheit und elementare Lebensgrundlagen wie Luft und Wasser zu verzichten (L 118). Niemand könne gezwungen werden, sich selbst zu vernichten oder keinen Widerstand gegen Angreifer zu leisten – auch wenn es sich um Staatsdiener handele, die jemanden zur Exekution einer rechtmäßigen Strafe abführen wollen (L 101,

168 f.). Gleichfalls braucht niemand sich selbst oder Personen, deren Verurteilung ihn ins Elend stürzen würde, wie Vater, Ehefrau oder einen Wohltäter, anzuzeigen, es sei denn, es würde Amnestie zugesichert. Durch Folter erzwungene Geständnisse besäßen keinen Zeugniswert, denn aufgrund des Selbsterhaltungstriebs dürfe man sich auch durch Lüge von Folterqualen befreien (L 107 f.). Aus demselben Grund dürfe Flucht aus Angst vor ungerechter Verurteilung nie als Tatvermutung gelten (L 213).

Hobbes geht in seiner konsequenten Ableitung elementarer Freiheitsrechte so weit, daß er bei gezogenen Soldaten Feigheit vor dem Feinde als zwar ehrlos, aber nicht rechtswidrig begreift. Widerstand gegen die Staatsgewalt sei selbstverständlich ein schweres Verbrechen, das die Macht des Souveräns zur Erfüllung der staatlichen Schutzfunktion beeinträchtige. Hätten sich jedoch Hochverräter oder Vogelfreie zur gemeinsamen Verteidigung zusammengerottet, so liege darin kein neues Unrecht (L 169). Die Frage, wie weit die Gehorsamspflicht gegenüber einem Souverän gehe, der im Krieg oder in Bürgerkriegswirren auf der Verliererstraße ist, bemesse sich nach dem Kriterium, ob der Souverän seinen Untertan noch schützen kann. Hobbes beharrt auf der Relation zwischen *Schutz und Gehorsam*; Gesinnungen wie Patriotismus oder Treue zum Souverän sind hierbei zweitrangig.

Hobbes hat eine Kasuistik dieses Problems entwickelt. Ein Kriegsgefangener, dem für den Preis, Untertan des Feindstaates zu werden, die Freiheit angeboten wird, dürfe sich auf diesen Handel einlassen. Ferner dürfe sich ein gewöhnlicher Untertan dem Feind unterwerfen, wenn sich die Lebensmittel in dessen Hand befänden. In diesem Fall könnten auch Kontributionen nicht als unrechtmäßig angesehen werden. Etwas anders sehe die Sachlage für einen Söldner aus. Solange sich das eigene Heer noch halte und ihn ernähre, dürfe er sich nicht unterwerfen, andernfalls aber Schutz suchen, wo er diesen finde (L 171, 536 f., 544).

Das Instrument, womit die Staatsgewalt dem expandierenden Selbsterhaltungsstreben der einzelnen Einhalt gebietet, sind für Hobbes die staatlichen Gesetze. Sie beseitigen die Privatmacht der Untertanen nicht, sie kanalisieren sie. Der Leviathan ist zwar, um einen modernen politikwissenschaftlichen Begriff zu gebrauchen, totalitär; doch kein Staat kann so total sein, daß er alle menschlichen Handlungen regeln könnte (L 165).

Ein vernünftiger Souverän sollte vollständige Reglementierung auch gar nicht anstreben. Hobbes' *Leviathan* ist mit der literarischen Gattung der »Fürstenspiegel« darin verwandt, daß er der Obrigkeit Empfehlungen gibt, wie sie ihr Regiment am besten zugunsten der Wohlfahrt ihrer Untertanen führen könnte. Die staatlichen Gesetze sollen *Freiräume des Untertans* ausgrenzen: »(...) die Freiheit des Kaufs und Verkaufs oder anderer gegenseitiger Verträge, der Wahl der eigenen Wohnung, der eigenen Ernährung, des eigenen Berufs, der Kindererziehung, die sie für geeignet halten, und dergleichen mehr« (L 165). Nach Hobbes' Vorstellung soll sich im Innern des Leviathan eine Sphäre des bürgerlichen Wirtschaftsverkehrs entfalten. Er hält zwar nicht wie Locke das Privateigentum für ein unantastbares Grundrecht; es ist vielmehr vom Souverän geschaffen und steht zu dessen Disposition. Doch die Faktoren der Wirtschaftssphäre eines vernünftig regierten Staates sind auch für Hobbes Bereicherungs-

streben, Privateigentum, Arbeit, die die Werte schafft, und der Tausch, der diese verteilt, Handelsverkehr mit dem Ausland inbegriffen, mit dessen Hilfe die im Inland nicht erzeugbaren Waren eingeführt werden. Industrie und Handel stehen zwar unter dem Vorbehalt der rechtlichen Regelungen durch den Souverän. Gleichwohl kann Hobbes' politische Ökonomie als protoliberal bezeichnet werden (L 24. Kap. B 142).
Macpherson (1962) interpretierte Hobbes' Theorie als marktförmiges Machtmodell, gebildet aus nutzenmaximierenden Besitzindividualisten. In der Tat ist das ökonomische Nutzenkalkül ein Grundmuster dieser Theorie. Danach bemißt sich selbst der Rang eines Menschen. »Die *Geltung* oder der *Wert* eines Menschen ist wie der aller anderen Dinge sein Preis. Das heißt, er richtet sich danach, wieviel man für die Benützung seiner Macht bezahlen würde (...). Und wie bei anderen Dingen, so bestimmt auch bei den Menschen nicht der Verkäufer den Preis, sondern der Käufer« (L 67).
Gegen die ideologiekritischen Interpretationen, die die Hobbessche Theorie als Ausdruck bürgerlicher Sichtweisen begreift, ist eingewandt worden, Hobbes habe dem Adel und dessen Lebensgefühl näher gestanden als dem Bürgertum (das zudem zu Lebzeiten von Hobbes noch keine klar konturierte soziale Schicht gewesen sei). Diese Kritik verkennt die Bedeutung der Hobbesschen Theorie für das neuzeitliche Denken (vgl. dazu Fetscher, Einl. zu L, S. LVII). Dessen Kennzeichen ist, um mit Max Weber zu sprechen, das Vordringen der Interpretation von Rationalität als Zweck-Mittel-Kalkül, das der Logik bürgerlichen Wirtschaftsverhaltens entspricht. Überkommene Denkauffassungen und soziale Strukturen, die diesem Kriterium nicht genügen, sind wert, zugrundezugehen. Hobbes ist ein Begründer dieser Denkweise. Der Staat ist eine zweckrationale Veranstaltung zur Sicherung des Überlebens und der Wohlfahrt der Untertanen. Traditionelle Ehrbegriffe, die zu archaischem Verhalten wie Duellen führen, haben darin keinen Platz. Der moderne Staat bedarf einer aufgeklärten Rechtspflege. Die Gesetze müssen klar und eindeutig verkündet sein (weshalb sich Hobbes vehement gegen das auf Präzedenzien beruhende englische *Common Law* wendet) und dürfen nicht zurückwirken: Nur so kann der einzelne sein Verhalten berechnen. Strafen dienen der Besserung und Abschreckung, nicht der Vergeltung (L 26.–28. Kap.). Der Staat soll seine Ressourcen aus *Steuern* ziehen, nicht aus eigenen Domänen (L 192). Steuern sind die Gebühren, die die Untertanen für den Schutz durch die Obrigkeit bezahlen (L 263).
Allerdings negiert Hobbes, wie zu zeigen ist, die von ihm propagierte Rationalität und Liberalität dadurch wieder, daß er sie zur Disposition der uneingeschränkten subjektiven Rationalität des Souveräns stellt.

Die Widersacher des Leviathan

Hobbes glaubte, die Formel des innerstaatlichen Friedens gefunden zu haben. Wer in Theorie und Praxis Gegenpositionen vertrat, machte sich nach seiner Überzeugung der schwersten Verfehlung schuldig – statt die Ursachen des fortdauernden Bürgerkriegs zu erkennen und dadurch den ersten Schritt zu dessen Beseitigung zu tun, förderte er ihn noch.
Für Hobbes waren, allgemein gesprochen, in der praktischen Politik Feinde des

Friedens alle Zusammenschlüsse innerhalb eines Staates, die über so viel Macht verfügten, daß sie mit der Macht des Souveräns konkurrieren konnten. Hobbes nannte die Macht reicher Magnaten, die eine zahlreiche Anhängerschaft um sich scharen konnten. Handele es sich dabei noch um einen ehrgeizigen und rhetorisch begabten Heerführer, der es verstehe, sich beim Volk beliebt zu machen, so gerate der Souverän in Gefahr, seine Durchsetzungsmacht zu verlieren. Reiche Privatpersonen wie Steuerpächter oder Zusammenschlüsse wie kaufmännische Körperschaften könnten gleichfalls schädliche Machtpositionen einnehmen. Besonders treffe dies auf übermäßig große Städte zu, die in der Lage sind, Privatarmeen zu bilden. Schließlich bestehe Gefahr, daß Privatmächte dazu übergingen, unter Mißachtung der Gesetzgebungskompetenz des Souveräns ihre eigenen Gesetze zu verkünden (L 78, 208, 263).

Um staatszerrüttende Machtpluralismen dieser Art zu verhindern, müsse Klarheit darüber herrschen, daß im Staate alle gesellschaftlichen Ränge wie Adelszugehörigkeit oder Ehrentitel vom Souverän verliehen seien und von diesem abhingen. Vereinigungen von Untertanen benötigten eine staatliche Konzession, andernfalls seien sie ungesetzlich (L 143, 22. Kap.). Auf keinen Fall dürfe sich der Souverän dazu herablassen, einem Untertan aus Furcht Geschenke zu machen. Fange er damit an, werde er bald verspielt haben. Überhaupt solle der Souverän nicht hauptsächlich auf die Reichen und Mächtigen setzen, sondern den gemeinen Mann fördern und vor Unterdrückung durch jene schützen (L 143, 262).

Handelte es sich bei diesen Feinden des Leviathan eher um Mächte der alten feudalen Welt, die aus eigensüchtigen Wirtschafts- oder Machtinteressen die souveräne Gewalt beschneiden wollen, so ging es einer anderen Gruppe von intellektuellen Widersachern wie Hobbes um moderne Lösungen der politischen Wirren – doch anders als dieser schlugen sie freiheitliche statt autoritärer Wege vor. Hobbes wurde nicht müde, dieses in seinen Augen subversive Denken anzuprangern. Eitle Ehrgeizlinge, die sich einbildeten, von Regierungsdingen etwas zu verstehen, »streben nach Reformen und Neuerungen, die einen auf diesem, die anderen auf jenem Weg, und stürzen die Öffentlichkeit dadurch in Wirren und Bürgerkrieg«, statt sich um ihre Privatgeschäfte zu kümmern (L 133). Hobbes, sonst skeptisch gegenüber den Lehren der Antike, mobilisierte die alte platonische Aversion gegen Rhetoren und Sophisten. Derartige Leute hätten ihre Weisheiten aus den antiken Schriftstellern geschöpft, die, weil sie für die Demokratie voreingenommen seien, die Monarchie als Tyrannis hinstellten. »Und durch Lektüre dieser griechischen und römischen Schriftsteller wurde es den Menschen von Kindheit an unter dem Einfluß eines falschen Freiheitsbilds zur Gewohnheit, Aufruhr gutzuheißen und die Handlungen ihres Souveräns sowie die Kritik der Kritiker zu kritisieren, was mit so viel Blutvergießen verbunden ist, daß ich wohl recht habe, wenn ich sage, daß niemals etwas so teuer erkauft wurde wie das Erlernen der griechischen und lateinischen Sprache von der westlichen Welt« (L 167, 146 f., 249 f.). Andere dieser »Intellektuellen« (dieser moderne Ausdruck darf hier benützt werden) glaubten allen Ernstes, der Reichtum der Niederlande sei eine Folge der dortigen republikanischen Verfassung, während er in Wirklichkeit dem niederländischen Gewerbefleiß entspringe (L 104 f., 249). Hobbes gibt ein frühes Beispiel für Intellektuellenschelte durch Intellektuelle – ein konservativer literarischer Topos bis heute.[3]

Im *Behemoth,* der Schrift über den englischen Bürgerkrieg, schreibt Hobbes Leuten dieses Schlages die Verantwortung für Ausbruch und Fortdauer dieses Krieges zu. Hauptanführer der Presbyterianer und der anderen Sekten seien ehrgeizige Geistliche, Adlige und Unterhausabgeordnete gewesen, die die erwähnten Schlüsse gezogen hätten (B 104, 122). Und, ebenso schlimm: Nachdem die Bibel ins Englische übersetzt worden sei, hätten diese Leute das Recht eines jeden befürwortet, die Bibel nach eigenem Gutdünken auszulegen (B 121). Daraus mußten Religionsstreitigkeiten entstehen – für Hobbes »der häufigste Vorwand für Aufstand und Bürgerkrieg« (L 446).

Aus dieser Einsicht ergab sich für Hobbes die Aufgabe, den Nachweis zu führen, daß die *protestantischen Sekten,* hauptsächlich aber die Erzwidersacherin der einzelstaatlichen Souveräne, die *katholische Kirche,* in ihrer Leugnung staatlicher Kompetenzen im geistlichen Bereich irrten – und zwar nicht nur mit philosophischen Argumenten, sondern auch auf deren eigenem Gebiet, der Theologie. Hobbes war davon überzeugt, mit Hilfe einer Bibelexegese beweisen zu können, daß den christlichen Souveränen das Recht auf kirchliche Herrschaft zustehe (L 257, 316). Dieses politico-theologische Interesse erklärt, daß der dritte und vierte Teil des *Leviathan,* die zusammen fast die Hälfte seines Umfangs ausmachen, theologischen Betrachtungen gewidmet ist.

In der neueren Literatur besteht die Tendenz, der Hobbesschen Theorie eine genuin theologische Dimension zuzugestehen. In der Tat spricht nichts dafür, daß sich Hobbes – was ihm Zeitgenossen wie spätere Kritiker gern unterstellten – als Atheist verstanden hätte. Freilich war Hobbes' Gott eher der Gott der Philosophen als der der biblischen Offenbarung (im Sinne der Pascalschen Unterscheidung).[4]

Die Wurzeln der Religion waren für Hobbes die ständige Furcht vor der ungewissen Zukunft und der logische Schluß auf einen »ersten Beweger«, d. h. eine erste und ewige Ursache aller Dinge. Philosophisch könne ferner geschlossen werden, daß Gott einzig, unendlich, ewig und allmächtig sein müsse. Eine Vorstellung oder ein Abbild von Gott könnten wir aber nicht haben, denn vorstellen ließen sich nur endliche Dinge (L 23, 80 ff.).

Die Menschen, die zu der Einsicht gelangt seien, daß Gott existiere – also nicht Atheisten –, müßten auch erkennen, daß sie der Allmacht Gottes oder, anders ausgedrückt, dem natürlichen Königreich Gottes unterworfen seien. Gott regiere durch Gesetze, die er durch die natürliche Vernunft, aber auch durch Offenbarung bekanntgemacht habe.

Im *natürlichen Reich Gottes* gelte das Gesetz der Natur, das zugleich Gesetz der Vernunft sei. Insofern es die Menschen zur Selbsterhaltung verpflichtet, läuft sein Inhalt auf die politische Theorie Hobbes' hinaus, deren Quintessenz in der Errichtung eines Staates mit souveräner Autorität liegt. Anders steht es mit dem *prophetischen Reich Gottes* (L 272 f.). Dieses sei durch den Bund der Juden mit Gott errichtet worden und habe so lange bestanden, bis diese Gottes Königtum verworfen und statt diesem Saul zum König gewählt hätten (L 316). Das prophetische werde in einem neuen Bunde durch die Wiederkehr Christi auf Erden erneuert werden.

Hobbes warf das Problem der Erkennbarkeit der christlichen Glaubensartikel auf. Als Materialist hatte er Vorbehalte gegen die Berufung auf Offenbarungen,

Prophezeiungen, Eingebungen, Erscheinungen und dergleichen. Andererseits anerkannte er den göttlichen Ursprung der Heiligen Schrift, und zwar durch die bewußte Unterwerfung des Verstandes und den Willen zum Gehorsam. Letzter Unterwerfungsgrund war für ihn der Befehl eines christlichen Souveräns. Diese Haltung entspreche auch den Lehren der Bibel. Danach gebe es zwar Merkmale eines wahren Propheten: das Vollbringen von Wundern und das Festhalten an der eingeführten Religion. Da aber gegenwärtig keine glaubwürdigen Wunder mehr vorkämen, bleibe der staatliche Befehl letzter Glaubensgrund (L 286).

Hobbes' Bibelexegese diente dem Zweck, die Glaubensartikel herauszufinden, die anerkannt werden müßten, um das ewige Seelenheil zu erringen. Gelänge dies, so wäre die Minimaltheologie gewonnen, auf die sich jeder Christ einlassen kann, denn der Glaube daran genügt zur Erlösung. Der Souverän könnte auch, ohne dem Seelenheil seiner Untertanen zu schaden, diese Minimaltheologie als *Staatsreligion* oder *Ziviltheologie* einführen und dadurch, indem er sie zu diesem Bekenntnis zwingt, die andauernden Religionszwiste mit ihren blutigen Folgen stillegen. Hobbes kam zu dem Ergebnis, daß es glücklicherweise nur einen einzigen fundamentalen christlichen Glaubenssatz gebe, nämlich *Jesus ist der Christus,* d.h. der Erlöser. Dieser werde durch eine zweite Tugend, den Gehorsam gegen die Gesetze, ergänzt. In diesen beiden Tugenden sei »alles, was zur Errettung notwendig ist«, enthalten (L 383, 447).

Hobbes bestritt nicht, daß christliche Souveräne auf der Grundlage des fundamentalen Glaubenssatzes eine falsche Theologie errichten und befehlen könnten, diese zu verbreiten. Gehorsamsverweigerern gab er jedoch zu bedenken: Wer solle in Glaubensfragen richten? Sich staatlich befohlenem Glauben zu widersetzen bedeutete nach Hobbes' Überzeugung, den konfessionellen Bürgerkrieg verewigen – entgegen dem Friedensgebot Gottes (L 458).

Die philosophische und politico-theologische Hauptwidersacherin von Hobbes war die katholische Kirche und die von ihr vertretene *aristotelische Scholastik.* Hobbes wandte seinen gesamten Vorrat an Witz und Galle auf, um die in seinen Augen widersinnigen Lehren der Schulen zu widerlegen. Auf politischem Gebiet galt sein Kampf der Auffassung, daß die weltliche Gewalt der geistlichen Gewalt des Papstes unterstehe, wie sie von dem Kardinal *Bellarmin* (vgl. oben, S. 151) vorgetragen worden war. Die oberste Gewalt liege selbstverständlich in weltlichen wie in kirchlichen Fragen in den Händen der einzelstaatlichen Souveräne.

Der letzte Teil des *Leviathan,* überschrieben *Vom Reich der Finsternis,* geriet Hobbes zu einer blasphemischen Satire gegen die Schulphilosophie und den katholischen Klerus. Er verglich die Kleriker mit Gespenstern, die in Klöstern und Kirchen ihren Spuk trieben, die Leute verhexten (sie vor allem vom Gehorsam gegen den Staat abbrächten), zwar nicht heirateten, wohl aber gelegentlich als »Incubi« beischliefen und den »Rahm des Landes« abschöpften (L 46. Kap.).

Die Schwäche des Leviathan

Hobbes wußte: Auch Leviathane sind sterblich. Deshalb forderte er, daß die Staatsmaschine fehlerfrei nach den Regeln der von ihm geschaffenen Staatsmechanik zu konstruieren sei. Deren erstes Prinzip lautete, »daß die souveräne Gewalt so groß ist, wie sie Menschen überhaupt nur machen können (...)«.
Die Staatsgewalt müsse ferner so konstruiert werden, daß staatliches Unrecht schlechthin undenkbar wird. Zwei Konstruktionsprinzipien sollten diese Unmöglichkeit beweisen. Das erste war die *Vertragsformel,* die Rechtsbeziehungen zwischen Souverän und Untertan vermied. Hobbes, stets aufs biblische Exempel erpicht, zeigte, daß David, der in ehebrecherischer Absicht Uria in den sicheren Tod schickte, gleichwohl gegen diesen kein Unrecht verübte. David habe allein gegen Gott gesündigt (L 165, 2. Sam. 11 f.). Die zweite Konstruktion, die den Absolutheitsanspruch des Souveräns begründen sollte, bezog sich auf das Verhältnis zwischen den *natürlichen* und den *positiv staatlichen Gesetzen.* Hobbes schloß eine Berufung auf das natürliche Gesetz als ein Rechtsprinzip, das dem staatlichen Gesetz vorgeordnet sei, aus. »Das Gesetz der Natur und das bürgerliche Gesetz schließen sich gegenseitig ein und sind von gleichem Umfang« (L 205). Eine Abweichung von natürlichem und staatlichem Gesetz ist nach Hobbes schon deswegen ausgeschlossen, weil der Souverän das Monopol besitzt, die naturrechtlichen Bestimmungen zu interpretieren. Ihm steht das Recht zu festzulegen, welche Inhalte Naturrechtsbegriffen wie Eigentum, Ehebruch, Vertrag usw. zukommen sollen (dazu Euchner, in: Bermbach, Kodalle, 1982, S. 183 ff.).
Die Untertanen des Hobbesschen Leviathan können sich also auf staatliche Verstöße gegen Gerechtigkeitsprinzipien nicht berufen. Ebensowenig dürfen sie sich in Fragen der Religion und der Philosophie, erst recht nicht in politischen Dingen, zu Auffassungen bekennen, die dem offiziellen Staatsdenken widersprechen. Sie erklärten sich sonst zu Staatsfeinden, bei denen sich die Staatsrache nicht nur auf diese, sondern auch auf ihre Kinder und Kindeskinder erstreckt (L 242, 265 f.).
Hobbes' Apotheose des staatlichen Absolutheitsanspruchs wird paradox, wo er ihn auf das Gebiet des Denkens ausdehnt. Nach seiner Überzeugung besitzt der Staat nur dann langfristige Überlebenschancen, wenn er nach den Regeln seiner wissenschaftlichen Staatsmechanik konstruiert worden ist. Andererseits steht dem Souverän das Recht zu, über Wahrheit und Falschheit publizierten Denkens zu entscheiden und Lehren wie die prekären politischen Thesen von Hobbes als unruhestiftend zu erklären. Hobbes hätte in diesem Falle seinen eigenen Prinzipien zufolge eingestehen müssen, daß seine Lehren unwahr seien. »Denn eine dem Frieden widersprechende Lehre kann nicht wahrer sein, als Frieden und Eintracht dem natürlichen Gesetz zuwiderlaufen können« (L 140). In der Tat hatte Hobbes ernstliche Probleme, vor sich selbst und der Obrigkeit die Kühnheit seiner politischen Theorie zu rechtfertigen. Da ohnehin gegenwärtig Kriegszustand herrsche, werde man seiner Lehre nicht vorwerfen können, sie breche den Frieden. Außerdem müsse es in einer Zeit, in der die Menschen nach Frieden und Wahrheit riefen, erlaubt sein, eine Friedenstheorie wie die seine zur Begutachtung vorzulegen (L 140, 542). Freilich – er selbst hatte geschrieben: »(...)

auch der Ungehorsam derer, die entgegen den Gesetzen wahre Philosophie lehren, kann bestraft werden« (L 542). Der Souverän vermag im Namen seines Wahrheitsmonopols die eigentliche Wahrheit, nach Hobbes' Überzeugung in Gestalt seiner politischen Philosophie das geistige Fundament der Staaten, zu unterdrücken. Dies ist die *selbstnegatorische Dialektik* der politischen Theorie Hobbes'. Die absolute Stärke eines irrend diktierenden Souveräns schlägt in Schwäche um.

Über das, was in den Schädeln der einzelnen brütete, wie sie insgeheim ihren Nutzen in geistlichen und weltlichen Fragen kalkulierten, konnte nach Hobbes' Erkenntnis der Staat seine Herrschaft nicht ausdehnen. Doch Platz für private Überzeugungen in Dingen des Glaubens, des Wissens und der Politik war für ihn allenfalls im stillen Kämmerlein. Hobbes ging das Sensorium dafür ab, daß in der Epoche des europäischen Umbruchs, als die Menschen begannen, sich auf einen eigenen Stand gegen die traditionellen Mächte zu besinnen, diese mit bloßer Privatheit nicht zufrieden sein würden. Das Nachdenken über die eigene Lage drängte zur Kommunikation mit anderen in gleicher Lage, zur Stiftung von Gemeinschaften, die den Sinn ihrer Lebenswelt zu ergründen suchten, zu Glaubensgemeinschaften, zu Parteiungen, die ihre Auffassungen und Ansprüche öffentlich geltend machten und das Recht, Gesetzgebung und Politik mitzugestalten, einforderten. Hobbes hatte darauf als einzige Antwort, dies sei Hochverrat. Er schlug den Souveränen vor, das Ununterdrückbare zu unterdrücken.

Die Hauptrichtung des europäischen Staatsdenkens und auch die Staatspraxis folgten im großen und ganzen der von John Locke empfohlenen Richtung, die politische Macht nicht zu konzentrieren, sondern auf unterschiedliche Gewalten wie Legislative, Exekutive und Jurisdiktion aufzuteilen und den besitzenden Bürgern eine Beteiligung an der Gesetzgebung durch gewählte Repräsentanten zuzubilligen – ein institutionelles Grundmuster, das in das politische System einer parlamentarischen Demokratie transformierbar war. Die absolutistischen (nach modernem Sprachgebrauch »totalitären«) Staatsgebilde des Faschismus und Sowjetkommunismus glichen weniger dem zweckrational kalkulierten Konstrukt des *Leviathan* als vielmehr dem formlosen Landungeheuer »Behemoth«.[5] Der *Leviathan* ist, wie von Hobbes selbst geahnt, zum Sinnbild einer negativen Utopie geworden – ein lehrreiches Beispiel dafür, auf welche Irrwege die Reduktion des politischen Denkens auf eine szientifische politische Mechanik, ohne zureichende philosophische Selbstkontrolle, führen kann (L 281).

Forschungsstand

Hobbes, ein Klassiker des politischen Denkens, der es verstanden hat, mit großer gedanklicher Schärfe und Mut zur Konsequenz ein umfassendes politiktheoretisches System zu entwickeln, provoziert bis heute Philosophen, Theologen, Politikwissenschaftler und Historiker, Position zu beziehen. Wie ein Blick in die einschlägigen Bibliographien zeigt, vergeht kein Jahr, in dem nicht zahlreiche Monographien und Aufsätze über Hobbes erscheinen. Glücklicherweise hat uns Willms in zwei vortrefflichen Arbeiten aus jüngster Zeit über den Stand der Hobbesforschung unterrichtet (Willms 1979, 1982). Die zitierten Bände enthalten auch ausführliche Bibliographien. Deshalb kann hier auf das wenig aussichtsreiche Unterfangen verzichtet werden, auf knappem Raum den ganzen Reichtum der aktuellen Hobbesdiskussion vorzustellen. Einige prinzipielle Anmerkungen mögen genügen.

Eine Durchsicht der neueren Hobbesforschung läßt erkennen, daß sie hauptsächlich drei Fragestellungen verfolgte: 1. eine bessere Klärung des historischen und sozialökonomischen Hintergrunds der Hobbesschen Theorie und der Beziehungen zu anderen Autoren der politischen Ideengeschichte, 2. Untersuchung der Hobbesschen Theorie und ihrer speziellen Probleme wie das der moralischen Verpflichtung usw. unter dem Aspekt ihrer Wahrheit und Schlüssigkeit und 3. Hobbes als Analytiker der modernen Welt und ihrer Krisentendenzen. Dabei fällt auf, daß die Forschungsrichtung offenbar auch von den Gesichtspunkten, die in den nationalen wissenschaftlichen Milieus vorherrschen, geprägt wird. Während sich Autoren des angloamerikanischen Kulturkreises stark für eine Überprüfung der philosophischen und wissenschaftstheoretischen Aussagen von Hobbes interessieren, steht in der deutschen Diskussion die Bedeutung von Hobbes als eines Analytikers der Bedingungen von Staatseinheit und innerstaatlichem Frieden im Vordergrund.

Pionier der aktualisierenden Interpretationsrichtung in der deutschen Diskussion ist Carl Schmitt. In der Krise der Weimarer Republik erkannte er die Bedeutung der Hobbesschen Fragestellungen für die Untersuchungen der Krisenursachen, die er in den Machtansprüchen der zentrifugalen pluralistischen Kräfte erblickte. Schmitt sprach sich damals angesichts dieser Tendenzen für den starken Staat aus; schließlich setzte er auf den totalitären Staat der Nationalsozialisten. Schmitts scharfsinnig entwickelte Positionen und Begriffe haben Schule gemacht, bis heute. Das Hobbesproblem besteht in der Tat. Doch Hobbesianismen, ob in altem oder neuem Gewande, schaffen keine Lösungen. Eine Alternative zur demokratischen Republik ist nicht in Sicht.[6]

ANMERKUNGEN

1 Max Horkheimer: Zur Kritik der instrumentellen Vernunft. Frankfurt/M. 1967.

2 Ernst Bloch: Naturrecht und menschliche Würde. Frankfurt/M. 1961, S. 61.

3 Über republikanisches Denken in der damaligen niederländischen und englischen Pamphletliteratur vgl. Richard Saage: Herrschaft, Toleranz, Widerstand. Studien zur politischen Theorie der Niederländischen und der Englischen Revolution. Frankfurt/M. 1981.

4 Pascal: Œuvres complètes. Paris 1954, S. 554.

5 Dazu Franz Neumann: Behemoth. Struktur und Praxis des Nationalsozialismus 1933–1944. Hrsg. u. mit einem Nachwort »Franz Neumanns. Behemoth und die heutige Faschismusdiskussion« von Gert Schäfer. Köln, Frankfurt/M. 1977.

6 Zur Bedeutung von Hobbes und Schmitt in der gegenwärtigen neokonservativen Diskussion vgl. Richard Saage: Rückkehr zum starken Staat. Frankfurt/M. 1983.

2. Baruch de Spinoza (von Hans Saner)

Spinozas Stellung in der politischen Ideengeschichte

Spinozas politisches Denken ist ideengeschichtlich kaum zur Wirkung gekommen. Zwar erregte der 1670 anonym erschienene *Theologisch-Politische Traktat* nicht allein in Holland großes Aufsehen; aber die Flut von Gegenschriften[1] verbiß sich vor allem an der als gotteslästerlich und »unerträglich frech« (so Leibniz an Thomasius) empfundenen Bibelkritik und an der damit gegebenen Säkularisierung, ja Politisierung der Religion. Als im Kreis Lessings und Jacobis der »tote Hund« (vgl. Altkirch, S. 102) wieder zum Leben erweckt wurde, faszinierte primär – und das war in der Romantik nicht anders – der Monismus des *Deus sive Natura.* Selbst als der Sozialismus, in der Folge von Engels[2], sich mit Spinozas Philosophie anfreundete und sie nun als Vorstufe des dialektischen Materialismus deutete, die in der doppelten Vermittlung »durch den französischen Materialismus einerseits, durch Hegel und Feuerbach andrerseits« (Thalheimer, S. 12), im »Spinozismus von Marx und Engels«[3] dreifach aufgehoben sei, interessierten nicht zentral die politischen Inhalte dieser Philosophie, sondern ihr Monismus, Determinismus und Naturalismus und der vermeintliche, aber nun positiv aufgefaßte Atheismus. So blieben die politischen Schriften Spinozas bis heute neben seiner *Ethik* wenig beachtet.

Das ist um so erstaunlicher,als sie in der Philosophie Spinozas einen wichtigen Stellenwert haben (vgl. Haddad-Chamakh, 1980) und auch umfangmäßig einen beachtlichen Teil seines Werks ausmachen. Der *Theologisch-Politische Traktat* war die wichtigere der beiden Schriften, die Spinoza selber veröffentlichte. Er ist umfangreicher als die *Ethik,* die übrigens im vierten und fünften Teil die Prinzipien des Naturrechts, der Vergesellschaftung und des Staates wieder aufnimmt. Nach ihrem Abschluß (1675) arbeitete Spinoza vor allem am *Tractatus Politicus,* der innerhalb der *Opera posthuma* (1677) als Fragment erschien. Wenn man in Betracht zieht, daß er in der Jugend eine (bis heute verlorene) Verteidigungsschrift gegen seine Ausstoßung aus dem Judentum schrieb, die nicht apolitisch gewesen sein kann, so darf man sagen, daß er zu allen Zeiten auch ein politischer Schriftsteller war und die Arbeit an seiner politischen Theorie das ganze Schaffen umschließt. Dieser oft fast mystische Metaphysiker fand zeitlebens ein Korrektiv in der oft leidenschaftlichen Auseinandersetzung mit der politischen Realität und in der stilleren mit wenigen politischen Theorien.

Spinoza kannte den *Principe* und die *Discorsi* Machiavellis, Thomas Morus' *Utopia* und eine Reihe sogenannter »Staatsschriften«, die als anspruchsvolle Publizistik die Politik Jan de Witts begründeten und verteidigten. Der nachhaltigste Einfluß ging aber von Hobbes' *Leviathan* auf ihn aus. Spinoza hat ihn erst in der lateinischen Übersetzung (1668) gelesen, war aber mit seinen Grundgedanken sicherlich früher bekannt, denn Hobbes war der anerkannte Staatslehrer im Kreise Jan de Witts. Der Ausgang des politischen Denkens von der menschlichen Natur und damit vom Naturrecht; der methodische Versuch, Politik als naturalistische und mechanistisch-kausale Gesetzmäßigkeit zu verstehen, und die Gründung der Staatslehre auf eine Vertragstheorie: all das greift Ansätze von Hobbes auf und arbeitet über weite Strecken mit ihnen. Aber das

Ziel von Spinozas politischer Theorie war gerade die Vermeidung der absolutistischen Falle und das Hindenken auf eine Demokratie in Sicherheit, Freiheit und Frieden. Von diesem Ziel her wurden die Hobbesschen Fundamente verändert: Das Naturrecht behält noch im bürgerlichen Zustand eine die Vernunft umgreifende metaphysische Würde, die die Machtbefugnis des Staates de facto beschränkt und der natürlichen Freiheit der Untertanen den Raum offenhält.[4] Spinozas politische Schriften sind deshalb als permanente Auseinandersetzung mit Hobbes zu lesen. Er ist unter den politischen Denkern des 17. Jahrhunderts für uns heute der große *Anti-Hobbes,* der Vordenker der Aufklärung und der demokratischen Emanzipation.

Spinozas Stellung im Holland des 17. Jahrhunderts

Der entscheidende Anlaß zu seinen politischen Schriften aber kam aus der damaligen politischen Situation der Niederlande. Während des 17. Jahrhunderts war das Land politisch und religiös in zwei Lager gespalten: politisch in die Regenten- und die Statthalter-Partei, religiös in die Remonstranten und Contraremonstranten.[5] Die *Regenten-Familien* waren die Führer der liberalen Handels-Bourgeoisie, oligarchische Aristokraten, Anhänger einer ökonomisch bedingten[6] religiösen und geistigen Toleranz und Förderer der geistigen Elite. Die *Statthalter-Partei,* unter der Führung der Oranier, waren Monarchisten und Heerführer, die sich ebenso zweckbedingt mit dem niederen Volk verbanden. Beide Parteien suchten Rückhalt in den religiösen Lagern der Calvinisten: die Regenten, die am liebsten die Kirche radikal dem Staat unterworfen hätten, eher widerwillig bei den liberalen Remonstranten; die Statthalter ganz bewußt bei den orthodoxen Contraremonstranten und bei ihren unduldsamen Predikanten, die wiederum großen Einfluß auf das einfache Volk hatten.
Die Oranier hatten Holland von der spanischen Herrschaft befreit und es in der ersten Hälfte des 17. Jahrhunderts in eine *Kolonialmacht* verwandelt. Als mit dem Dreißigjährigen Krieg 1648 auch der Achtzigjährige Krieg der Niederlande gegen die spanische Monarchie zu Ende ging, war Holland eine der größten Kolonialmächte, der blühendste Handelsstaat des Kontinents und durch seine Manufaktur auch der erfolgreichste Produktions-Staat. Da das überaus reiche Land durch Eroberungen gesättigt und gesichert schien, kamen die Regenten an die Macht. Unter Jan de Witt, der von 1653 bis 1672 als Ratspensionär der fast unumschränkte Herrscher der Niederlande war, wurde das Land zur europäischen Zufluchtsstätte für religiös und ethnisch Verfolgte und für Arbeitslose. Aber die Sicherheit war von kurzer Dauer. England (1653/54; 1665–67) und Frankreich (1667/68), dann beide zusammen (1672) griffen Holland an. Als die Franzosen 1672 Utrecht einnahmen (Spinoza besuchte dort das Lager des Prinzen von Condé) und vor Amsterdam standen, wurden Jan und Cornelis de Witt vom Pöbel auf bestialische Weise ermordet. Wilhelm III. von Oranien, bereits Oberbefehlshaber der Armee, übernahm mit 22 Jahren als Erbstatthalter der Niederlande die Herrschaft. Die Zeit der religiösen, politischen und geistigen Liberalität fand ein vorläufiges Ende.
Spinozas Lebenszeit fiel in die Periode dieser Auseinandersetzungen. Er wurde 1632 im Amsterdamer Judenviertel geboren. Seine Eltern, katholisch zwangsge-

tauft, waren aus Spanien über Portugal eingewandert. Spinoza erhielt während eines Jahrzehnts (1639–49) eine gründliche jüdische Bildung, in den drei letzten Jahren durch den berühmten Rabbi Morteira. Das anschließende Selbststudium in Sprachen, Mathematik und Naturphilosophie entfremdete ihn zunehmend dem Judentum. 1656 wurde er mit dem großen Bann belegt und aus der Synagoge ausgestoßen. In der Schule des Libertins Franz van den Enden, eines ehemaligen Jesuiten, studierte er danach klassische Literatur, cartesianische Philosophie und Staatskunst. Es bildete sich bald ein Spinoza-Kreis, innerhalb dessen er die Grundzüge seines Systems entwickelte. Auf Betreiben des Rabbinats wurde er 1660 aus Amsterdam verbannt, übersiedelte vorerst in die Nähe von Leiden und 1663 nach Voorburg beim Haag. Dort verkehrte er im Kreis der liberalen Regenten, auf deren Bitten hin er 1665 die Arbeit an der *Ethik* unterbrach und während mehrerer Jahre den *Theologisch-Politischen Traktat* verfaßte. Seine Veröffentlichung (1670) führte zu einem Sturm der Entrüstung. Gleichzeitig wuchs Spinozas Ruhm als Philosoph und Naturwissenschaftler, besonders als Optiker und vorzüglicher Linsenschleifer. Angesehene Gelehrte, so Leibniz, Tschirnhaus und Huygens, besuchten ihn oder korrespondierten mit ihm. Einen Ruf an die Universität Heidelberg lehnte er 1673 aus Sorge um seine geistige Freiheit ab. Aber mit deren öffentlicher Betätigung war es nach dem Tode Jan de Witts auch in Holland zu Ende. 1674 wurde die weitere Verbreitung des *Traktats* untersagt, 1675 die Veröffentlichung der *Ethik* verhindert, und 1678, zwei Jahre nach seinem Tod, wurden auch die *Opera posthuma* verboten.

Innerhalb der holländischen Kämpfe war Spinozas Position scheinbar klar. Er gehörte zu jenem Kreis der geistigen Elite, die von der Regenten-Partei gerne als ihr Sprachrohr benutzt wurde. Vielleicht war er mit Jan de Witt persönlich bekannt, vielleicht auch hat ihn dieser um die Abfassung des *Theologisch-Politischen Traktats* gebeten. Er plädierte eher für die Aristokratie als für die Monarchie. Er trat für die Freiheit des Glaubens und Denkens ein und zugleich für die Entmachtung der Kirche. Über viele Jahre schützte ihn die Regenten-Partei, und aus ihrem Umkreis wurde auch für seinen Lebensunterhalt gesorgt. Die Übereinstimmung mit ihrer Politik ist für viele Autoren so evident, daß sie seine politischen Schriften für »Staatsschriften«, Apologien der Regenten, halten.[7] Das kann indes nur glauben, wer übersieht, daß Spinozas Staatsphilosophie nicht auf eine Aristokratie und schon gar nicht auf eine Oligarchie abzielt, sondern auf eine Demokratie, die es im damaligen Holland nicht gab. Sein politisches Werk ist zugleich die indirekte, aber scharfe Kritik an der Politik der Statthalter und die gemäßigte, aber dennoch prinzipielle Kritik an der Politik der Regenten. Die Erfahrungen mit der Öffentlichkeit hatten ihn gelehrt, auf die eigene Vernunft mehr zu vertrauen als auf irgendeine Partei, aber im Aussprechen des Erkannten vorsichtig zu sein (vgl. Strauss, in: Altwicker, 1971, S. 300–361).

Naturrecht und Mensch

Spinozas *Naturbegriff* ist zugleich immanent und metaphysisch. Immanent zeigt sich Natur als die endlose Vielzahl der einzelnen Naturdinge. Natur sind so die einzelnen Blumen, Tiere, Menschen, Steine u. a. m. Schon wenn Spinoza die Natur dieser *einzelnen* Dinge ins Auge faßt, schattet der Begriff ins Metaphysische ab. Ihre Natur ist ihre Wesenheit, die sich in individueller Ausformung konkret zeigt. So ist die Natur eines bestimmten Menschen Menschsein in einer besonderen Art und Weise. Vollends metaphysisch wird der Begriff, wenn er die Natur aller natürlichen Dinge bestimmt. Natur ist dann der Inbegriff aller Dinge – ist die unendliche, ewige, durch nichts anderes hervorgebrachte Substanz und als solche identisch mit Gott. Im Verhältnis zu ihr sind alle einzelnen Naturdinge nicht mehr *die* Natur, sondern ihre Modi. Als Modus ist der Mensch »nur ein Teilchen« (TP II, 8) der gesamten Natur.

Die Natur als Ganzes ist das System aller Seins- und Wirkungsmacht: »die ewige Macht Gottes selbst« (TP II, 2). Wie sich dieses System aus einzelnen Naturgesetzen zusammenfügt, liegt jenseits der menschlichen Erkenntnis. Aber für Spinoza ist zumindest das alle Einzeldinge durchwaltende Grundgesetz der Natur erkennbar: Natur strebt danach, sich in ihrem Sein zu erhalten. Jedes Einzelding trägt diesen *conatus sese conservandi* (E IV LS 22, FS) in sich, und er bestimmt allein und vor jedem anderen Ziel sein ganzes Streben.

Dieses alldurchwaltende Grundgesetz aber ist das einzige Fundament von Spinozas *Naturrecht*. Dieses ist deshalb völlig wertfrei und nicht normativ. Es gibt keine originäre Naturpflicht, sondern nur das allem inhärente Streben nach Selbsterhaltung. Deshalb hat jedes natürliche Ding, ob Fisch, Stein oder Mensch, das natürliche Recht, sich selber zu behaupten, und zwar auf jegliche Weise, die in seinen Möglichkeiten liegt. Die Weite dieser Möglichkeiten und die Kraft ihrer Verwirklichung machen seine natürliche Freiheit aus. Somit bestimmt allein die *Reichweite seiner Macht* die *Grenzen seines Rechts und seiner Freiheit*. Naturrechtliches Geschehen und Handeln ist nichts anderes als die Dynamik von jeweils bestimmter Natur aufgrund ihrer Macht und gemäß ihren Regeln und Gesetzen. Da diese Gesetze kausal gebunden sind, verlaufen im Naturrecht Freiheit und Notwendigkeit parallel. Ihr Fluchtpunkt ist die Substanz selbst.

Im Hinblick auf den Menschen bedeutet das für Spinoza: Der Mensch unterliegt, wie alle Natur, dem gleichen Grundgesetz und Grundrecht. Er ist in keiner Weise das natürlich bevorzugte Wesen. Seine Besonderheit besteht lediglich darin, daß er eben das Recht hat, ein *Mensch* zu sein, und zwar *dieser ganz bestimmte* Mensch – ob nun Weiser oder Tor. Denn Menschen werden von Natur als Individuen (nicht als Völker) geboren (TTP, 543), mit individuellen Naturen innerhalb der gleichen Gattungsnatur. Ihr Selbsterhaltungstrieb ist »die erste und einzige Grundlage« (E IV LS 18 Anm.) sowohl ihrer Leidenschaften als auch ihrer Vernunft (TP II, 5), die nichts wider die Natur wollen und können, sondern deren Ziel nur auf verschiedenen Wegen verfolgen. Menschen sind in dem Maß von Natur frei (TTP, 493), wie sie tun (dürfen), was sie vermögen und ihre Freiheit selber schützen (TTP, 21) – ohne Rücksicht auf Mitmenschen, »Gerechtigkeit und Liebe« (TTP, 575) oder auf geoffenbarte Gebote (TTP, 493). Sie sind an keinen Gehorsam gebunden; denn naturrechtlichen Gehorsam gibt es ebensowenig wie naturrechtliche Herrschaft. Gebunden sind sie lediglich dadurch, daß sie in den Grenzen ihrer Natur und im Einklang mit dieser, also niemals unbedingt frei, handeln. Ihr Naturrecht ist somit ganz und gar *egozentrisch* und vorerst ohne soziale und politische Dimension. Man kann es deshalb negativ charakterisieren als das brutale Recht des Stärkeren in einer asozialen und egozentrischen Welt. Aber das trifft die eigentliche Intention Spinozas nicht. Es ist vielmehr das Recht von allen und allem und – als Inbegriff allen Rechts – das Recht der Natur (nicht die Natur des Rechts) und somit das Recht Gottes. Es hat deshalb eine metaphysische Würde, und durch diese wird es zum Regulativ des positiven, nun aber politischen Rechts.

Das Leben unter dem Naturrecht ist der *Naturzustand*. In ihm darf jeder, was er kann. Der totale Naturzustand muß deshalb »ohne Religion und ohne Gesetze und folglich auch ohne Sünde und Unrecht« (TTP, 493) gedacht werden. Jeder einzelne ist aufgrund seiner Egozentrie der potentielle Feind von allen. Jeder fügt dem andern zumindest so viel Schaden zu, wie es ihm im Interesse seiner Selbstbehauptung nötig zu sein scheint. Dabei erfolgt der Antrieb zu seinem Handeln nicht aus der Vernunft, sondern aus den Affekten. Da aber auch alle andern affektiv und egozentrisch handeln, ist die Chance der Selbstbehauptung für jeden einzelnen gleich Null. Die Übermacht der anderen Menschen und der Natur gefährdet ihn so hochgradig, daß er in beständiger Furcht leben muß. Der Naturzustand ist so der menschlich noch nicht organisierte, friedlose grüne Dschungel – aber als außer- und übervernünftige Ordnung der Natur.

Hat der unumschränkte Naturzustand jemals existiert? Spinoza selber bestreitet es in bezug auf das »Menschengeschlecht« (TP II, 15): »Denn die Menschen sind so beschaffen, daß sie außerhalb einer Rechtsgemeinschaft nicht leben können ...« (TP I, 3). Deshalb kann vom Naturzustand der Menschen »doch eigentlich nur da die Rede sein, wo die Menschen gemeinsame Rechte haben« (TP II, 15). Er ist weder das Konstrukt einer nie dagewesenen Vorzeit noch bloß eine psychologische Erklärung für die Entstehung des Staates, sondern ein *individueller Grundzustand*, der jede Gemeinschaft zugleich gründet, begleitet und gefährdet. Denn für alle Menschen gilt, daß sie »unter dem Gesetz der Natur ... geboren werden und in der Hauptsache (!) leben« (TTP, 471) und daß »niemand seines natürlichen Rechts ohne Einschränkung beraubt werden« (TTP, 21) oder sich dieses Rechts ganz begeben kann. Der Naturzustand ist und bleibt in der Natur des Menschen und in den unabtretbaren Rechten des einzelnen immer präsent. Er harmoniert im besten Fall mit einer bestimmten Politik, wendet sich aber gegen diese bei allen Menschen, sobald von ihnen das Unmögliche verlangt wird: die Preisgabe ihrer Natur, ihres Menschseins, ihrer Individualität und ihrer Grundrechte.

Der Staat und die Bürger

Die natürliche Furcht des Menschen erzeugt immer schon eine egoistische Bereitschaft zur Vergesellschaftung. Es ist dies die Bereitschaft und der Wille, die eigene Macht mit der Macht anderer zu summieren, was ohne Verbindung nicht möglich ist. Zu dieser Summierung treibt zugleich der Gegenaffekt: die Hoffnung auf mehr Erfolg und Sicherheit in der Selbstbehauptung. Macht kommt als Einzelmacht aus der Natur, aber als Kollektivmacht aus der Verbindung einer Vielzahl von Menschen. Die Kunst dieser Verbindung aufgrund von Furcht und Hoffnung und im Interesse der Verbundenen ist die *Politik*. Sie steuert gleichsam mathematisch die Mechanik der Affekte. Im Wissen, daß die Menge eher durch Haß, Neid, Rache und Glücksverlangen getrieben wird als durch Vernunft, setzt sie die Affektpotenzen von Furcht und Hoffnung so gegeneinander, daß sich die Triebkraft derjenigen durchsetzen kann, die auf ein Ziel gerichtet sind, das allen nützt und keinem schadet. Sie bedient sich dabei eines »allgemeingültigen Gesetzes der menschlichen Natur«, daß jeder »unter zwei Gütern dasjenige (wählt), das er für das größere hält, und unter zwei Übeln, was ihm als das kleinere erscheint« (TTP, 473). Wenn aber jedem das gemeinsame Gut größer zu sein scheint als das individuelle und das individuelle Übel kleiner als das gemeinsame, dann sind alle bereit, auf ihr natürliches, individuelles Recht um der Gemeinschaft willen so weit wie möglich zu verzichten. Indem sie das einander garantieren, gehen sie den Gesellschaftsvertrag ein, und indem sie sich gegenseitig durch Recht und Gesetz in ihrer Selbstbehauptungskraft schützen, schaffen sie den Staat, dessen Bürger sie nun sind.

Sowohl der *Gesellschaftsvertrag* als auch der *Staat* werden so bei Spinoza primär aus der Logik der Affekte begründet. Er versuchte damit eine Theorie zu schaffen, die der politischen Praxis nicht widerspricht (TP I, 1), die auch die menschlichen Handlungen weder verlacht noch beklagt oder verabscheut, sondern versteht (TP I, 4) und die nicht »vom goldenen Zeitalter der Poeten oder von einem Märchen« (TP I, 5) träumt, sondern einsichtig macht, warum und wie der Not und dem Elend des isolierten Lebens eine gemeinsame Lebensweise entspringen muß. Sie entwirft insofern nicht eine Utopie des Vernünftigen, sondern eher eine Dis-Utopie des Menschlich-Allzumenschlichen (vgl. Negri, 1982, insbes. S. 191 ff., 243 ff.). Aber dieser erwächst sekundär ein verhaltenes Pathos: Weil ohne Staatsverband der Mensch »ein elendes, fast tierisches Leben« (TTP, 171) führt, in Furcht, ohne Sicherheit und ohne die »Ersparnis« durch Arbeitsteilung, erkennt er über die Nützlichkeit des Staates, daß dem Menschen »nichts nützlicher ist (als) der Mensch« (E IV LS 18 Anm.). Gerade die prinzipielle Illusionslosigkeit in der Beobachtung des Menschen führt zur Menschenliebe.

Dennoch ist es nicht etwa die Menschenliebe, die *das Leben im Staat* durchwaltet, sondern die Physik der Affekte und das Quantum der Macht. Die öffentlichen Geschäfte werden »von äußerst scharfsinnigen, schlauen oder verschlagenen Männern eingerichtet und gehandhabt« (TP I, 3). Die Masse der Untertanen bleibt »doch immer gleich elend« (TTP, 9): faul, halsstarrig, habgierig, neidisch, abergläubisch und verschlagen wie die Regierenden selbst: »Denn alle, Regierende und Regierte, sind Menschen ...« (TTP, 505). Und so stellt sich die Frage: Wie bringt man es dazu, daß alle, wie auch immer ihre Sinnesart sein möge, »ständig Treue und Tüchtigkeit bewahren«? *Das* ist die Aufgabe der realen Politik, an der man »beinahe ... verzweifeln« möchte (ebd.). Sie stellt sich praktisch, als reine Klugheitsaufgabe, vorerst den Regierenden.

Indem die Bürger durch den Gesellschaftsvertrag ihren Willen zum Staat kundtun, treten sie das Recht, auf beliebige Art zu leben und sich selber dabei zu verteidigen, an die *höchste Gewalt* ab. Diese hat nun im Verhältnis zu jedem einzelnen um so viel mehr Recht, als sie dessen Macht überragt. Sie hat im Maximum alle Macht und alles Recht und der einzelne Untertan keine. Sie erläßt die Gesetze, die *Treue* und *Tüchtigkeit* belohnen und Widersetzlichkeit, die nun ein *Verbrechen* ist, bestrafen. Dabei richtet sie es so ein, daß Tüchtigkeit allein durch Treue möglich wird, also ausschließlich durch Gehorsam dem Gesetz gegenüber. Ihre Kunst wäre mathematisch perfekt, wenn die Furcht vor der Strafe des Gesetzes und die Hoffnung auf die Vorteile des Gehorsams das Handeln der Bürger so radikal zur Einheit brächte, daß der Bestand des Staates völlig gesichert ist.

Diese Perfektion führt indes geradewegs zum *absoluten Staat*. Spinoza tut manchen Schritt auf ihn zu: Der Staat selber ist nicht an die Gesetze gebunden (TP IV,5). Er kann dem Bürger nicht Unrecht tun (TTP, 485). Ihm ist »von Rechts wegen alles erlaubt« (TTP, 493). Er hat somit auch »das Recht ..., in der gewalttätigsten Weise zu regieren und die Bürger aus den geringfügigsten Gründen hinrichten zu lassen« (TTP, 603). Der Bürger hat nicht einmal die Befugnis, die Gesetze zu interpretieren, geschweige denn sich eine Ausnahme zu erlauben – und von einem *Widerstandsrecht* kann vollends nicht die Rede sein. Wenn er nicht »unbedingt in allem« mit der höchsten Gewalt übereinstimmt, so darf sie ihn für ihren »Feind« (ebd.) halten und sein Handeln für einen Versuch zum Majestätsverbrechen, zur Usurpation der Macht. Mit Feinden und Usurpatoren aber verfährt man nach Kriegsrecht (TTP, 489).

Diese Konstruktion des absoluten Staates ist für Spinoza zwar legalistisch richtig gedacht, aber eben *nur legalistisch*. Sie wird »immer reine Theorie bleiben« (TTP, 499), und das bedeutet für ihn: Sie ist eine Theorie, die mit der politischen Praxis nicht übereinstimmt, und somit eine schlechte Theorie – vorerst, weil sie der Natur des Menschen und der Mechanik ihrer Affekte nicht gerecht wird. Die Natur des Menschen nämlich lehrt, daß keiner sein Recht in dem Maß »auf einen andern übertragen kann, daß er aufhörte, Mensch zu sein« (TTP, 499), und daß es somit niemals eine höchste Gewalt geben wird, »die alles so ausführen könnte, wie sie will« (ebd.). Und die Mechanik der Affekte lehrt, daß Menschen genau dann schrecklich werden, wenn das Unmögliche verlangt wird. Deshalb ist jede Tyrannis eine »große Gefahr für den ganzen Staat« (TTP, 603). Spinoza zitiert an zwei Stellen (TTP, 171/73; 479) Senecas Wort, daß noch niemand lange eine Gewaltherrschaft behauptet hat. Der absolute Staat hat nur eine *Schein*sicherheit, die jederzeit zusammenbrechen kann. Der Staat ist um so sicherer, je mehr er auf Terror und Furcht verzichtet und auf die Hoffnungen der Bürger setzt. Denn sie werden ihn hassen, wenn sie ihn zu fürchten haben, und ihn lieben, wenn er ihre Hoffnung ist.

Spinoza bemißt den absoluten Staat zugleich *am Maß der Vernunft*. Das widerspricht scheinbar dem methodischen Ansatz. Da aber die Vernunft kein anderes Ziel hat als die menschliche Natur, ja selber letztlich eine Gabe der Natur ist, bestätigt sie – jenseits der Affekte – erkennend, was diese dunkel erstreben. Sie ist das Instrument, durch das die menschliche Natur zu ihrem Selbstbewußtsein kommt. In Staatsdingen fragt sie nicht nur, ob »etwas rechtmäßig«, sondern ob es »auf die beste Weise« (TP V, 1) geschieht. Sie wird dadurch zum Führer aus den vermeidbaren Schädigungen hin »zum wahren Nutzen des Menschen« (TTP, 471). Ihre politische Schwäche liegt allein darin, daß nicht viele die Kraft haben (denn sie ist kein Affekt), aus ihr zu leben.

Von ihr her deutet Spinoza bereits den Gesellschaftsvertrag als eine Übereinkunft, »alles bloß nach der Vorschrift der Vernunft zu leiten« (TTP, 473). Jedem Beschluß zur Gemeinsamkeit ist immer schon ein Moment der Vernunft inhärent. Deshalb ist der »von der Vernunft geleitete Mensch ... freier im Staate ...

als in der Einsamkeit« (E IV LS 73). Das inhärente Moment der Vernunft aber ist der Ansatz und Anfang einer *Ethik der Politik*. Für sie wird die alte goldene Regel, »niemandem zu tun, was man nicht selbst erleiden möchte« (TTP, 473), zum Regulativ, das auch den Staat verpflichtet. Er vergeht sich, »wenn er *tut* oder geschehen läßt, was die Ursache seines Unterganges sein kann« (TP IV, 4), und er wird sich selber untreu, »wenn er etwas gegen das Gebot der Vernunft tut« (ebd.). Dies tut er nicht allein dort, wo er sich »auf Geister ausdehnt« (TTP, 601) und »Meinungen ... als Verbrechen« (TTP, 565) richtet, sondern auch überall dort, wo er allein um der Macht und um der Scheinsicherheit willen die Untertanen zu Sklaven macht, in Furcht hält und ihnen schadet. Denn es ist nicht »der Zweck des Staates, die Menschen aus vernünftigen Wesen zu Tieren oder Automaten zu machen« (TTP, 605). »Der Zweck des Staates ist in Wahrheit die Freiheit« (ebd.). Nur in ihr gibt es wahre Sicherheit.

Wenn also Spinoza die soziale Ordnung vorerst bloß als Produkt des individuellen Nützlichkeits-Räsonnements auffaßt und ihre Teilnehmer durchaus als Affekt-Automaten, dann zwingt ihn doch die notwendige Suche nach der Einheit im Handeln der von Natur individuell Verschiedenen zum Rückgriff auf die Vernunft als der *einsichtigen* Basis der Einheit. Die Vernunft ist nicht nur das sicherere Regulativ für eine Theorie – denn sie meint nicht bloß, sie weiß –, sondern auch *die* Qualität im politischen Subjekt, in der letztlich seine Stärke, seine Treue und seine Tüchtigkeit gründen. Wegen der Fehlbarkeit des Menschen kann man zwar in der politischen Praxis nicht auf sie bauen – obwohl sie an sich das Sicherste ist –, aber an sie darf und muß man appellieren, weil sie doch wieder in jedem Menschen ist. Deshalb oszilliert Spinozas politisches Denken ständig zwischen der *Dis-Utopie der Affekte,* von der es ausgeht, und der *Utopie der Vernunft,* auf die es hindenkt. Von da her wird zur Kardinalfrage, unter welcher Staatsform die Utopie: eine freie und vernünftige Gesellschaft, die größte Chance hat (zur Rolle der Vernunft in der Politik vgl. Wetlesen, 1979).

Die Staatsformen und die Chance der Freiheit

Nach Spinoza kann zwar der einzelne Mensch in jedem Staat frei sein. Denn er ist »so weit frei, als er sich von der Vernunft leiten läßt« (TTP, 481 Anm.). Aber nicht in jedem Staat hat das gesamte Volk das gleiche Maß an Freiheit. Eine politische Theorie muß deshalb zweierlei aufweisen: Sie muß zeigen, welche Staatsform für ein Volk an sich die beste ist, und zugleich, unter welchen Voraussetzungen und organisatorischen Maßnahmen *jede* Staatsform dem Zweck des Staates am ehesten gerecht wird. Im Hinblick auf die erste Aufgabe wird Spinozas Theorie zu einem Plädoyer für die Demokratie, im Hinblick auf die zweite zu einem Entwurf der Musterbilder (vgl. Jaspers, 1957, S. 838 ff.) von Monarchie, Aristokratie und Demokratie. Zwei dieser Musterbilder, die beste Monarchie und die beste Aristokratie, sind im *Politischen Traktat* bis ins Detail gezeichnet, das dritte aber nur sehr fragmentarisch, so daß wir Detailkenntnis über Spinozas Demokratie-Theorie nicht haben. Ihre Prinzipien aber werden aus beiden Traktaten klar ersichtlich, wie auch das Plädoyer für die Demokratie.

Spinozas Kritik an den *schlechten Monarchien* – sie betrifft alle bisherigen mehr oder minder – lautet etwa: Die Monarchie ist der untaugliche Versuch, die Macht aller einzelnen auf einen einzigen, den König, zu übertragen, so daß dieser scheinbar unumschränkt herrscht und dadurch Sicherheit garantiert. In Wahrheit ist er aber schwach, wie jeder einzelne Mensch, und überdem im Volk verhaßt, wie jeder absolute Potentat. Er wird sich deshalb mit dem Adel und den Höflingen verbünden und so de facto eine »versteckte« (TP VI, 5) Aristokratie errichten. Diese wird er absichern durch ein *Berufsheer,* das Privilegien genießt, »während alle andern Sklaven sind« (TP VII, 22). Er wird sich durch Kriege Ruhm erwerben und als Retter des Volks in der Not auftreten, so daß es die Verblendeten »nicht für eine Schande, sondern für die höchste Ehre halten, für den Ruhm eines Menschen Blut und Leben hinzugeben« (TTP, 11). Die schlechte Monarchie ist demnach ein einziges Trug- und Wahngebilde auf Kosten des Volkes: scheinsicher, militaristisch und versklavend.

Die *beste Monarchie* wirkt diesen Gefahren entgegen. Sie definiert das Wohl des Volkes nicht aus dem privaten Willen des Königs, sondern das höchste Recht des Königs aus dem Wohl des Volkes (TP VI, 3). Sie stellt ihm einen großen Rat zur Seite, der, von den Kompetenzen her mehrfach unterteilt, aus etwa 3000 gewählten Bürgern besteht, die sich gleichmäßig auf alle Familien verteilen. Dieser Rat muß in allen Staatsgeschäften konsultiert werden, und er ist praktisch das beschlußfassende Organ, auch wenn der König dies *de jure* bleibt. Befiehlt dieser etwas, was sich mit den Grundlagen des Staates nicht verträgt, so sind ihm seine Minister »durchaus gehorsam, wenn sie sich weigern, seine Befehle auszuführen« (TP VII, 1). Der Rat leitet auch die Erziehung des Prinzen, und über ihn geht jeder Kontakt des Volkes mit dem König. Der Adel wird ganz in die Diplomatie abgeschoben und somit von der Beratung des Herrschers und von der Leitung des Heeres ferngehalten. Dieses aber ist ein *Milizheer,* in dem jeder Bürger Dienst leistet und das nur von Bürgern kommandiert wird. Es sichert wirklich das Volk; denn ein bewaffnetes Volk »ist völliger im Besitze seines Rechtes« (TP VII, 17) als ein unbewaffnetes, und es bewahrt vor unnötigen und sinnlosen Kriegen, weil das Volk von diesen nichts zu erwarten hat »als unbelohnte Narben« (TP VII, 7).

Daraus wird hinreichend klar: Die beste Monarchie ist eigentlich eine »versteckte« Demokratie. Sie schafft nicht etwa ein Gleichgewicht zwischen der Macht des Königs und der Macht des Volkes. Sie setzt vielmehr den König in seiner individuellen Machtbefugnis matt. In dieser Strategie verfolgte Spinoza allein die Regel, »daß die Macht des Königs einzig durch die Macht des Volkes selbst bestimmt und durch den Schutz des Volkes aufrechterhalten wird« (TP VII, 31). Akzeptabel ist ihm allein »eine monarchische Regierung..., die ein freies Volk begründet« (TP VII, 26).

Eine generelle Kritik übt Spinoza auch an den *schlechten Aristokratien:* Nichts garantiert, daß die Patrizier wirklich die *aristoi*, die Besten, sind und sich aus den Besten ergänzen. Vielmehr »erscheinen« ihnen als die Besten, »die reich oder die ihnen verwandt oder befreundet sind« (TP XI, 2). Aristokratien sind faktisch Oligarchien; in diesen aber ist das Patriziat meist nicht mehr an das Gesetz gebunden. Es verhält sich dann wie ein absoluter Herrscher und sinkt damit in die schlechte Monarchie ab. Aber vielleicht ist die Aristokratie ohnehin nur eine durch Usurpation der Macht abgesunkene Demokratie. Spinoza scheint davon »fest überzeugt« (TP VII, 12) zu sein. Denn jedes Volk wird anfänglich

»die Gleichberechtigung der Regierung unberührt bewahrt« haben (ebd.). Die Ungleichheit ist denn auch der eigentliche Makel jeder Aristokratie, weil mit der Gleichheit »auch die allgemeine Freiheit notwendig zugrunde geht« (TP X, 8).

Die *beste Aristokratie* muß also einen Weg finden, auf dem die Besten zur Macht kommen und auf dem die Staatsform nicht in eine Monarchie absinkt. Das erste läßt sich für Spinoza nur statistisch erreichen: Das Patriziat, das in seiner Gesamtheit als höchster Rat alle Geschicke der Republik leitet, soll mindestens 5000 Mitglieder umfassen. Die Gefahr liegt dabei nicht in der Größe, sondern in der »zu geringen Zahl« (TP VIII, 11). Erst in der großen Vielzahl wird die Vernunft gegen die Laune durchschlagen (TP VIII, 8). Um die Infiltration durch das Mittelmaß unmöglich zu machen, gelten alle Nicht-Patrizier, etwa 98 % der Untertanen, als Fremde (TP VIII, 10). Ihnen stehen nur niedere Offiziers- und Verwaltungsposten offen, und sie sind von jeder Mitbestimmung ausgeschlossen. Das Absinken in die Monarchie soll verhindert werden durch ein föderatives System aller Städte-Patriziate (kein Zentralismus), durch den Verzicht auf ein Oberhaupt (TP VIII, 8) und durch die schwerste Ahndung jeder Verletzung eines »Staatsgrundgesetzes« durch einen Patrizier (TP VIII, 25). Eine derart stabilisierte Aristokratie könnte durch die Verbindung der affektiven »Erwerbsgier« (TP X, 6) einer privilegierten Klasse mit der Vernunft einer Elite (Spinoza hat an sie freilich nie geglaubt, vgl. TP VII, 27) das vielleicht beständigste Staatssystem schaffen. Das beste aber ist es nicht, weil es für die allgemeine Freiheit immer nur einen Ersatz bieten kann, nämlich in einem solchen Ausmaß für das Wohl des Volkes zu sorgen, »daß die Untertanen mehr aus freiem Willen als unter dem Zwang der Gesetze ihre Pflicht erfüllen« (TP X, 7).

Im Unterschied zu jeder anderen Staatsform werden in der *Demokratie* nicht einzelne Bürger in den höchsten Rat gewählt, sondern alle, die »unter eigenem Rechte[8] sind und ehrbar leben« (TP XI, 3), haben *durch Gesetz* »das Stimmrecht im Höchsten Rate und das Recht auf Zulassung zu den Staatsämtern« (ebd.). Es werden also nicht mehr bloß einzelne durch personale Willkür ermächtigt, sondern jeder durch die apersonale Autorität des Gesetzes. Das ist das Fundament der rechtlichen Gleichheit, und diese hat jeder Privilegierung voraus, daß sie sowohl der Vernunft in der Politik die größte Chance gibt als auch mit der Gleichheit aller Menschen in der Menschennatur übereinstimmt. Allein sie macht »aus dem gesamten Volke« (TP II, 17) *eine* Versammlung, stiftet so die »Eintracht« (TP V, 2) aller Bürger und bewirkt, daß »die ganze Gesellschaft ... gemeinschaftlich die Regierung in der Hand« (TTP, 173) hält. Diese Eintracht ist nicht eine Einheitlichkeit der Meinungen, sondern eine Gleichheit des Handelns. Sie wird aufgrund der demokratischen Spielregel erreicht, daß diejenige Meinung »die Kraft eines Beschlusses haben soll, die die meisten Stimmen auf sich vereinigt« (TTP, 617). Durch das allgemeine Recht der Mitbestimmung aber bleibt *jeder* Bürger frei. Denn nun »überträgt niemand sein Recht derart auf einen andern, daß er selbst fortan nicht mehr zu Rate gezogen wird« (TTP, 483). Frei wird auch das Volk; denn es hat nun in seiner Gesamtheit das Recht zu allem, was es vermag (TTP, 479). Als Volk *ist* es so die *einzige legitime* »unumschränkte Regierung« (TP VIII, 3). Diese kann gar nichts anderes im Auge haben als das im Gesetz verankerte Wohl des ganzen Volkes, und deshalb legt sie auch größeren Wert auf den Frieden als auf den Krieg (TP VII, 7).

Spinoza bestreitet keineswegs, daß es defiziente Demokratien geben kann: solche, die »voll Empörung« (TP VI, 4) zur Anarchie ausarten, und solche, die schon fast Oligarchien (TP XI, 2) sind. Aber die erstrebenswerte Alternative dazu ist weder die Monarchie der Scheinsicherheit noch die Aristokratie der gesetzlichen Ungleichheit, sondern die bessere Demokratie einer freieren Gesellschaft. Von ihr bekennt er (im Hinblick auf die Freiheit), daß sie »meiner Absicht am meisten entgegenkommt« (TTP, 483).

Die freien Gesellschaften und der Friede der Welt

Staaten stehen unter eigenem Recht. Sie haben deshalb »eine analoge Stellung gegeneinander wie zwei Menschen im Naturzustand« (TP III, 11): Sie sind »von Natur Feinde« (TP III, 13). Nicht etwa »der Haß« (TTP, 487) oder die akute Kriegshandlung machen diese Feindschaft aus, sondern allein das Fehlen der rechtlichen Beziehung. Wer nicht Bundesgenosse durch einen Vertrag ist, der ist Feind. Das Feindesrecht aber ist kein positives, sondern das natürliche Recht. Nach ihm darf jeder Staat im Verhältnis zu andern tun, was er vermag: plündern, Städte schleifen und Völker unterjochen.

Indes: Das staatliche Leben unter Feindesrecht ist für ein Volk ebenso gefährlich wie das individuelle im Naturrecht für den einzelnen. Deshalb treibt »die Furcht vor Schaden oder die Hoffnung auf Gewinn« (TP III, 14) die Staaten zur Bundesgenossenschaft. Geschlossen wird sie durch einen Vertrag. Aber kein Vertrag hebt das Feindesrecht dauerhaft auf. Jeder »löst sich von selbst« (TP III, 14), sobald die Vorteile für eine der vertragschließenden Parteien wegfallen. Ja, wenn sie sich aufgrund neuer Situationen in Nachteile verwandeln, dann *muß* der Inhaber der Regierungsgewalt den Vertrag brechen. Er würde »geradezu ein Verbrechen begehen« (TTP, 487), wenn er zum Schaden des Volkes Verträge halten wollte. Denn er ist »in erster Linie« (ebd.) seinem Volk zur Treue verpflichtet und nicht seinen Bundesgenossen. Deshalb hat für Spinoza der alte Rechtssatz *Pacta sunt servanda* keine absolute Gültigkeit. Staatsrecht geht über Völkerrecht.

Dennoch lehrt die Vernunft, »den Frieden zu suchen« (TP III, 6) und ihn »mit allem Eifer zu erhalten« (TP VII, 28). Ein Krieg soll deshalb »nur um des Friedens willen begonnen werden« (TP VI, 35), ohne überhaupt fremde Gebiete zu begehren. Friede aber ist nicht bloß »Freisein« (TP V, 4) oder »Verschontsein« (TP VI, 4) von Krieg, was auch in der »Einöde« (TP V, 4) der Unterdrückung möglich wäre, sondern jene »Eintracht der Gesinnung« (TP VI, 4) und jene Kraft (*virtus*) der Völker, die aus Gleichheit, Freiheit und Vernunft hervorgehen. Der Friede ist das verläßliche Band der freien Gesellschaften.

Als solcher wird er nicht erreichbar auf dem gradlinigen Weg der pragmatischen Rezepte. Sein Weg ist eine komplexe Dialektik von Innen und Außen in Spiralen, die vom Individuum zur einzelnen Gesellschaft und zur Welt sich weiten, aber in der Natur verankert bleiben. Weder die Lebenskraft noch die Vernunft noch ihre Gemeinsamkeit haben auf der basalen Spirale der vereinzelten Individualität eine Chance der Selbstbehauptung. Der Staat, und zwar vorerst jeder, macht sie durch Gemeinsamkeit stärker und insofern auch freier, und jeder einzelne Staat wird wiederum freier durch seine Ausrichtung auf den Frieden unter den Staaten. Die Verläßlichkeit dieser Ausrichtung aber setzt voraus, daß er die Gleichheit aller Bürger vor dem Gesetz und die Freiheit aller durch das Gesetz verankert. Ohne diesen *inneren Frieden* eines jeden Staates ist der *äußere Friede* dauerhaft nicht möglich. Der innere aber schafft Gesellschaften, in denen jeder denken darf, was er will, und auch sagen, was er denkt (TTP, 621), und in denen die Bindung an die Gesetze zum Akt der Freiheit wird. Gleichheit und Freiheit heben nicht nur die Versklavung der Menschen unter fremde Interessen auf, sondern jede Abhängigkeit von fremder Autorität und damit die Untertanenschaft überhaupt, deren Kennzeichen immer die Pflicht zum Gehorsam ist. Wenn die Gesetze durch alle erlassen werden, kann »von Gehorsam nicht die Rede« (TTP, 173) sein. Die prinzipielle Friedenswilligkeit und Friedensfähigkeit der Welt verlangt die politische Überwindung des Gehorsams.

Diese Überwindung ist der Eintritt in *das politische Reich der Vernunft* durch die Pforte der Freiheit. In ihm dürfen, unter dem Schutz der Gesellschaft, jedes Individuum und, unter dem Schutz der Bundesgenossenschaft, jedes Volk furchtlos auch sein, was sie wollen. Es ist das durch die politische Vernunft vermittelte Reich der Natur, in dem »der Mensch ... dem Menschen ein Gott« (E IV LS 35 Anm.) ist.

ANMERKUNGEN

1 Bis Ende des 17. Jahrhunderts sind etwa 30 Gegenschriften erschienen; vgl. die Einleitung von Carl Gebhardt zu seiner Ausgabe des *Theologisch-Politischen Traktats* (Hamburg ^{5}1955), S. XXXIV f.

2 Georgij V. Plechanow teilte 1898 (Neue Zeit, 16. Bd., 2. Hälfte, S. 454 f.) ein Gespräch mit Engels mit, das er neun Jahre zuvor geführt hatte: »Sie glauben also – fragte ich –, daß der alte Spinoza recht hatte: Der Gedanke und die Ausdehnung sind nichts als die beiden Attribute einer einzigen Substanz? – Gewiß – antwortete Engels –, der alte Spinoza hat vollständig recht gehabt.«

3 Plechanow, Die Grundprobleme des Marxismus, Stuttgart 1910, S. 16. – Auf originelle Weise begründet den Umweg über den Spinozismus zum Marxismus: Althusser, Eléments d'autocritique, Paris 1974, S. 65–83.

4 Spinoza verweist in seinem 50. Brief vom 2. 6. 1674 selber auf diesen »Unterschied zwischen mir und Hobbes«.

5 Die Remonstranten gehörten dem liberalen Lager der calvinistischen Theologie an. Zusammen mit den Arminianern, den Libertijnen und Collegianten (den liberalsten, in deren Kreis Spinoza in den Jahren 1660–63 verkehrte) vertraten sie die Ansicht, daß die Gnadenwahl Gottes durch das menschliche Handeln beeinflußbar sei. – Zu den Contraremonstranten oder Gomaristen gehörten auch die Preciesen, für die das »decretum horribile« absolute Gültigkeit besaß und durch die Menschen unbeeinflußbar war. Auf der Synode von Dordrecht (1618/19) setzte sich die Orthodoxie durch, und die Remonstranten wurden verdammt. Aber damit war die Auseinandersetzung nicht erledigt. Beide Positionen wurden ideologisiert: Die absolute Gnadenwahl durch die Monarchisten und die bedingte durch die Regenten.

6 Holland hatte gleichsam das Monopol der Toleranz. Als 1668 zur Debatte stand, ob der

König von Schweden in Dänemark die Erlaubnis zur freien Religionsausübung erteilen solle, schrieb der niederländische Gesandte Pieter de Groot an Jan de Witt: »Da muß ich bekennen, der Meinung zu sein, daß nichts Ruinöseres für den Handel unserer Staaten kann gefunden werden als eine solche freie Religionsausübung, von der ich glaube, daß sie viele Familien aus unserem Lande ziehen wird, wenn das so in Dänemark wie in diesem Reiche zugestanden würde.« Zit. nach Thalheimer, 1928, S. 34.

7 Carl Gebhardt (1932, S. 63) nennt den *Theologisch-Politischen Traktat* die »vornehmste aller Staatsschriften, die Holland hervorgebracht hat«, J. Freudenthal (1927, S. 179) hält ihn für »eine Tendenzschrift«, und de Vries (1970, S. 108) nennt ihn »ein veredeltes Staatsmanifest der Handelsaristokratie«. – Kuno Fischer ([5]1909, S. 619) hält auch den *Politischen Traktat* für eine Staatsschrift.

8 Spinoza schließt an der gleichen Stelle »Frauen und Knechte ... und ebenso Kinder und Unmündige« von der Mitbestimmung aus, weil sie alle nicht unter eigenem Rechte leben.

3. John Locke (von Martin Seliger)

Vita und Werk

Locke wurde 1632 geboren, in demselben Jahr wie Leibniz, Pufendorf und Spinoza. Er starb am 29. Oktober 1704. Erst spät in seinem Leben vollendete er die Werke, die ihn schon zu seiner Zeit bekannt gemacht haben: (den ersten) *Letter on Toleration* (1689), *Two Treatises of Government* (1689, Datum 1690); *An Essay Concerning Human Understanding* (1690, das bedeutendste seiner Werke); *Thoughts on Education* (1694); *Some Considerations of the Consequences of the Lowering of Interest and Raising the Value of Money* (1692, 1695); *Three Letters on Toleration* (1689, 1690, 1692); *The Reasonableness of Christianity* (1695) und deren *Vindication* (1697); dazu kommt die erst später besorgte Veröffentlichung der von Locke verfaßten Manuskripte und Aufzeichnungen.

Der für Lockes Leben in jeder Beziehung ausschlaggebende Umschwung kam mit seinem Anschluß an den Haushalt von Lord Ashley, des späteren Earl of Shaftesbury, dessen Freund, Arzt, politischer Berater und Vertrauter sowie Erzieher seiner Enkelkinder Locke wurde. Auf Anregung Shaftesburys und im Gedankenaustausch mit ihm verfaßte Locke seine Werke. Er hielt sich zwischen 1675 und 1679 in Frankreich auf und ging mit Shaftesbury 1683 ins Exil nach Holland, von wo er erst nach der Revolution zurückkehrte. Er war keineswegs unbemittelt, aber »die höchsten Annehmlichkeiten für ein zurückgezogenes und alleinstehendes Leben« (Laslett, 1960, S. 39) fand er nach Shaftesburys Tod wieder im Anschluß an eine adlige Familie auf dem Landsitz von Sir Francis Masham. Lockes Rat wurde auch weiterhin von wichtigen Persönlichkeiten der Politik gefragt, auf die er als Mentor einer Gruppe von Parlamentariern um Lord Somers Einfluß ausübte.

Die Anteilnahme des politischen Philosophen an der Politik läßt auf keine eindeutige Beziehung zwischen Theorie und persönlichem und politischem Verhalten schließen (Laslett, S. 40–42). Das zeigt sich auch an Lockes verdrehter Rechtfertigung von kolonialer Eroberung und Sklaverei (Seliger, 1968,

S. 114–124) im Rahmen einer gegen politische Versklavung gerichteten Abhandlung, deren Verfasser gleichzeitig Dividenden aus dem Sklavenhandel bezog.

Es liegt auf der Hand, daß die Ergebnisse einer weiteren Klärung dieses Verhältnisses so wenig am Wesen der politischen Philosophie Lockes und deren grundlegender Bedeutung für den modernen Liberalismus ändern können wie die erneute Auseinandersetzung über den Zeitpunkt der Abfassung der *Treatises* und über deren unmittelbaren Einfluß und Rezeption (vgl. Thompson, 1976, 1980). Es bleibt bei Lasletts Feststellung, daß sich an ihrem Verständnis nichts durch den Nachweis geändert hat, daß Locke die *Treatises* nicht zur retrospektiven Rechtfertigung der Glorreichen Revolution verfaßte, sondern an die Abfassung schon anläßlich der *Exclusion Crisis* (1679–1681) gegangen war. Das Verständnis des Textes ist auch nicht davon betroffen, daß Locke zu den radikaleren Whigs gehörte und in der dem Umsturz folgenden Debatte zwischen Whigs und Tories wie überhaupt in der auf ihn folgenden Epoche seine politische Theorie keine wichtige Rolle spielte (Pocock, 1980, S. 4–5; 1975, S. 423–425; Kenyon 1977). Der Mythos, nach dem die *Treatises* die offizielle Whig-Version der Revolution darstellen, entstand scheinbar erst, als radikale Whigs zur Zeit Burkes sich auf 1688/89 beriefen, um die amerikanische Unabhängigkeit und die Französische Revolution zu verteidigen, während Burke selbst es noch nicht nötig fand, sich mit Locke auseinanderzusetzen (Pocock,1980, S. 7).

Auch der Nachweis, daß die *Treatises* und die Shaftesbury unterstützende Flugschriftenliteratur das Aufstandsrecht auf ähnliche Voraussetzungen stützten, betrifft das Textverständnis nicht direkt, obwohl es wichtig ist, weil damit gezeigt wird, daß Lockes Argumentation von der zeitgenössischen nicht so isoliert war, wie oft angenommen wurde (Ashcraft, 1980a, S. 48; ders., 1980b, S. 442). Es folgt daraus aber nicht, daß die Abfassung des Textes so eng mit Shaftesburys Politik verbunden gewesen wäre, daß Locke die Paragraphen 1–22 des zweiten *Treatise*, die das Widerstandsrecht bejahten, erst abfassen konnte, nachdem Shaftesbury infolge der Auflösung des Oxford-Parlaments (1681) die elektorale zugunsten der revolutionären Strategie aufgegeben hatte (Ashcraft, 1980a, S. 44ff., 48–52, 54–7, 1980b, S. 4–36).

Wie auch neuere Befunde zeigen, konstituieren zeitgenössische Bindungen und Differenzen den Bezugsrahmen der Interpretation; als solche können sie der Interpretation förderlich sein, ohne die Textanalyse selbst zu bestimmen. Im Text ebenso wie in der angewandten Politik zeigt sich die Bedeutung, die den erklärten Prinzipien, den Zwecksetzungen und Wertungen beigemessen werden kann. Diese Hauptdimensionen der politischen Argumentation, die fundamentale und die operative Dimension der Ideologie oder der politischen Philosophie, müssen aufeinander bezogen werden (Seliger, 1976, Kap. VI). Die Anerkennung des Zustimmungsrechts des Volkes deutet auf eine *demokratische Einstellung* hin, wenn das allgemeine Wahlrecht bejaht wird; das Bestehen auf individuellen Rechten deutet auf eine *liberale Haltung*, wenn damit die Forderung zusammengeht, diese Rechte durch Gewaltenteilung zwischen Exekutive und Legislative (im freien Wettbewerb gewählt und zur Kontrolle der Exekutive ermächtigt) sowie durch unabhängige Rechtsprechung zu sichern. Diesen

Kriterien zufolge waren z. B. Hegels Auffassungen weder demokratisch noch liberal und diejenigen Lockes liberal, aber nicht demokratisch.

Natürliche Rechte und Vernunft

Nach Locke bestehen Zweck und Rechtfertigung der Regierungsgewalt in der Wahrung der »natürlichen Rechte« *(natural rights)* der einzelnen. Der Begriff faßte in England im 17. Jahrhundert Fuß. Die englischen *Bills of Rights* wurden beispielhaft für die Deklarationen, die den Konflikt der amerikanischen Kolonien mit dem Mutterland begleiteten, und für die Deklarationen der Menschen- und Bürgerrechte in der Französischen Revolution, die dann ihrerseits beispielgebend für Europa und andere Weltteile wurden. Die Auseinandersetzung über die Gültigkeit der Doktrin der natürlichen Rechte fand ihren charakteristischen, jedoch weder ersten noch letzten Ausdruck am Anfang der Französischen Revolution in der Polemik zwischen dem (liberal-)konservativen *Edmund Burke* und dem (radikal-)demokratischen *Thomas Paine*. In der noch heute andauernden Diskussion, besonders über Ausmaß und Verletzung natürlicher Rechte, tritt an deren Stelle der Begriff der Grund- und Menschenrechte *(human rights)*. Die philosophische Gültigkeit der Idee von den natürlichen Rechten wurde besonders im 18. Jahrhundert von *Hume* und *Bentham* angezweifelt. Heute ist man sich weitgehend darüber einig, daß dafür weder der Beweis noch der Gegenbeweis erbracht werden kann. Entsprechend den Kriterien der analytischen Philosophie spricht man von Forderungen *(claims)* bzw. vom Recht auf bestimmte Forderungen *(claim rights)* (vgl. Gewirth, 1981). Es handelt sich von Anfang an um moralische Ansprüche, die auf Tatsachen bezogen, aber nicht direkt aus ihnen ableitbar sind und die eine Bewertung von Tatsachen darstellen. Solche Normsetzung und deren Begründung gehören einer Glaubens- und Denktradition an, die zwar auf das gesellschaftliche und politische Leben zugeschnitten ist, sich aber metapolitisch verankert wissen will. Für Locke war dieses Bezugssystem das »Naturgesetz«.

Der Schwerpunkt, der zuvor auf den *Pflichten* der Menschen lag, wurde von Hobbes auf deren *natürliche Rechte* verlegt, die der Konzeption eines Naturgesetzes entsprachen, das vor allem Selbsterhaltung gebot. Locke stellte neben die Selbsterhaltung das natürliche Recht auf Freiheit und Besitz. Er setzte »das Gesetz der Natur und der Offenbarung« (I, 166) gleich mit der »Vernunft, welche dieses Gesetz darstellt« (II, 6) und welche »die Stimme Gottes« im Menschen ist (I, 86). Während Locke von Hobbes abrückte, höhlte er doch die mittelalterliche Konzeption aus, in der die Vernunft als »Magd der Theologie« fungierte (vgl. Euchner, 1969, S. 60, 80, 165). Dem *credo quia absurdum est* ist der Boden dadurch entzogen, daß Locke die Übereinstimmung göttlichen Willens mit der Vernunft postuliert und auf dieser Basis Ansätze der Bibelkritik legitimiert. In Einklang mit dem, was er im *Essay Concerning Human Understanding* (Buch 3, Kap. 9–11) über die Unvollkommenheit der menschlichen Sprache sagte, wies er darauf hin, daß wir gelegentlich in der Heiligen Schrift auf Worte stoßen, von denen bezweifelt werden darf, »ob sie wirklich gesprochen wurden« (I, 86), »besonders wenn nichts anderes in der Heiligen Schrift oder der Vernunft auffindbar ist« (I, 112). Die Vernunft dient zur Ermittlung des wahren göttlichen

Willens, der nicht gegen sie verstoßen kann. So sagt Locke ausdrücklich, daß die Fürsten der Erde »den Gesetzen Gottes und der Natur« Unterwerfung schulden: »Jene sind so groß und so stark ..., daß selbst die Allmacht durch sie gebunden sein kann. Bewilligungen, Versprechen und Eide sind Fesseln, die den Allmächtigen binden« (II, 195). Durch den Ausschluß eines jeden prinzipiellen Gegensatzes zwischen Glauben und Vernunft wird der Vernunft auf diskrete Weise die ausschlaggebende Rolle für die Begründung von Staat und Gesellschaft auf den natürlichen Rechten der Individuen zugewiesen.

Naturzustand, Gesellschaftszustand und Widerstandsrecht

Max Webers Definition politischer Herrschaft in gewisser Hinsicht antizipierend, bestimmt Locke das Merkmal politischer Macht als »ein Recht, für die Regelung und Erhaltung des Eigentums Gesetze mit Todesstrafe und folglich auch allen geringeren Strafen zu schaffen, wie auch das Recht, die Gewalt der Gemeinschaft zu gebrauchen, um diese Gesetze zu vollstrecken und den Staat gegen fremdes Unrecht zu schützen, jedoch nur zugunsten des Gemeinwohls« (II, 3). Daß es sich hierbei grundsätzlich nicht nur um den Schutz der Besitzrechte, sondern den aller natürlichen Rechte handelt, geht schon aus der sich direkt anschließenden Erörterung des Naturzustandes hervor. Es handelt sich dabei, wie bei Lockes Vorgängern, um eine Abstraktion bzw. Extrapolierung. Die politischen Einrichtungen werden sozusagen weggedacht, um ausgehend von den menschlichen Bedürfnissen und Fähigkeiten den Zweck und die Form der politischen Einrichtungen zu bestimmen. Die grundlegenden soziopolitischen Postulate werden in einer metapolitischen oder hypothetischen Ausgangsposition (Rawls' *original position,* 1971, S. 11) veranschaulicht. »Um politische Gewalt richtig zu verstehen und sie von ihrem Ursprung abzuleiten, müssen wir erwägen, in welchem Zustand sich die Menschen von Natur aus befinden. Es ist ein Zustand vollkommener Freiheit, innerhalb der Grenzen des Gesetzes der Natur ihre Handlungen zu regeln und über ihren Besitz und ihre Persönlichkeit zu verfügen, wie es ihnen am besten scheint, ohne dabei jemanden um Erlaubnis zu bitten oder vom Willen eines anderen abhängig zu sein« (II, 4).[1]

Der Besitz ist also Ausdruck des Verfügungsrechts über sich selbst, und diese ursprüngliche Freiheit ist vollkommen und nicht durch das Naturgesetz praktisch gemindert, so lange angenommen wird, daß dessen Anerkennung und Durchführung jedem einzelnen überlassen ist. Von dieser normativen Position leitet Locke die Notwendigkeit und das Wesen der politischen Gemeinschaft ab. In dieser Position sind alle gleich, insofern »alle Macht und Rechtsprechung wechselseitig sind, da niemand mehr davon besitzt als ein anderer« (II, 4). Die natürliche Gleichheit in der Freiheit bedeutet nicht »jede Art von Gleichheit«, wie Locke an anderer Stelle ausdrücklich erläutert, sondern nur die »aller Menschen in Hinsicht auf die Rechtsprechung und die Herrschaft des einen über den anderen« (II, 54). Auf der allein auf die *politische Sphäre* bezogenen gleichen Freiheit der Individuen gründet Locke das Postulat, daß nur deren Zustimmung politische Herrschaft legitimiert. Auch dies drückt er im hyperbolischen Idiom der Exponenten des Gesellschaftsvertrages aus.

So wenig wie Locke unter dem Naturzustand eine historische vorpolitische Situation verstand, so wenig war mit dem Zusammenschluß der Individuen zur Gesellschaft *(incorporation)* ein historischer Akt gemeint, obwohl Locke – wie auch andere Exponenten der Vertragstheorie – es in beiden Fällen mit seiner Ausdrucksweise nicht immer genau nahm. Die Notwendigkeit des Gesellschaftszustands ergibt sich daraus, daß sich die Vorstellung des Naturzustandes nicht durchhalten läßt. Wenn jeder allein für die Wahrung seiner natürlichen Rechte verantwortlich ist, so ist im Falle einer Auseinandersetzung mit anderen jeder gleichzeitig *Richter* und *Partei*. Locke gibt gern zu, »daß eine bürgerliche Regierung das geeignete Heilmittel gegen die Nachteile *(inconveniences)* des Naturzustandes ist, die gewiß ganz erheblich sein müssen, wenn die Menschen Richter in eigener Sache sind« (II, 13). Eine politische Gesellschaft beruht also auf Zustimmung, und diese tut sich darin kund, daß die Individuen darauf verzichten, selbst nach dem Naturrecht zu richten und zu bestrafen. So erklärt Locke rückschließend: »Wo immer daher eine Anzahl von Menschen sich so zu einer Gesellschaft vereinigt hat, daß jeder einzelne seine exekutive Gewalt des natürlichen Gesetzes aufgibt und zugunsten der Gemeinschaft darauf verzichtet, entsteht, und zwar nur unter diesen Umständen, eine politische oder bürgerliche Gesellschaft. Und das ist überall dort der Fall, wo eine Anzahl von Menschen im Naturzustand sich zu einer Gesellschaft formt, um ein Volk, einen politischen Körper *(body politic)* unter einer höchsten Regierung zu bilden, oder wo sich irgend jemand einer schon bestehenden Regierung anschließt und sich ihr einverleibt« (II, 89).

Der Verzicht eines jeden darauf, das Naturrecht selbst zu vollstrecken, schafft »einen Richter auf Erden (...) mit einer hinreichenden Autorität (...), alle Streitigkeiten zu entscheiden und das Unrecht, das einem Mitglied des Gemeinwesens möglicherweise zugefügt wird, zu sühnen. Dieser Richter ist die Legislative oder die von ihr ernannte Obrigkeit« (II, 89). Wie Hobbes will Locke sagen, daß die menschliche Natur nicht dazu befähigt ist, ohne obrigkeitliche Gerichtsbarkeit auszukommen. Aber im Gegensatz zu Hobbes hält er die Mehrzahl der Menschen für friedfertig. So kann er behaupten, daß nicht *jede* Regierung besser ist als überhaupt *keine* und »daß die absolute Monarchie, die manche Menschen für die einzige Regierung der Welt halten, in Wahrheit mit der bürgerlichen Gesellschaft unverträglich ist und überhaupt keinerlei Form von bürgerlicher Regierung sein kann« (II, 90). »Jeder absolute Fürst« befindet sich im Naturzustand »gegenüber denjenigen, die unter seiner Herrschaft stehen« (II, 90), und diese mit ihm, aber nicht untereinander. Damit tritt das *Recht zum Widerstand* in Kraft. Die Gesellschaft als solche, nicht vereinzelte Individuen, unternimmt im revolutionären »demokratischen Interregnum« den Wechsel der Regierung bzw. der Regierungsform (Seliger, 1968, S. 124–129). Das Revolutionsrecht, welches in Kraft tritt, »wo immer nur Gewalt geübt wird und Unrecht geschieht, auch durch die Hände derer, die dazu ernannt worden sind, Recht zu sprechen *(to administer justice)*« (II, 20), ist gleichbedeutend mit dem Recht, »an den Himmel zu appellieren«, wenn »der Richter auf Erden« seiner Aufgabe untreu wird.

Volk und Parlament

Aus der Tatsache der *Zugehörigkeit* zu einer politischen Gesellschaft schließt Locke auf die *Zustimmung* zu dieser Gemeinschaft, weil die Alternative des Austritts nicht ausgenützt worden ist. In logischer Parallele zur Bejahung des Revolutionsrechts anerkennt er das Recht des Austritts, d. h. der Emigration. Dazu zwingt ihn seine These, daß die Zustimmung der Vorfahren nicht die Nachfahren verpflichtet. Obwohl Locke deswegen ausdrücklich verlangt, daß der zur Reife gelangte Sohn einen Treueid *(oath of allegiance)* leistet oder seine Erbschaft veräußert und auswandert, gibt er keine Prozedur für die Eidleistung an. Zu Lockes Zeit konnten einzelne Bürger aufgefordert werden, einen Treueid zu leisten (Dunn, 1969, S. 138); es bestand jedoch keine allgemeine Verpflichtung dazu, und deshalb war auch keine entsprechende Prozedur vorgeschrieben. Die Annahme, daß Locke auch in diesem Fall den Verzicht auf einen Akt, der als Nichtzustimmung ausgelegt werden kann, als Nachweis der Zustimmung ansieht, ist um so zwingender, als er dies in jedem Fall tut, in dem von der Zustimmung des Volkes bzw. aller Mitglieder des Gemeinwesens die Rede ist. Obwohl dem scharfsinnigen Locke sicherlich nicht entgangen ist, daß Auswanderung nicht notwendigerweise auf die Ablehnung der politischen Ordnung deutet und der Verzicht auf die Auswanderung oder die Nichtbeteiligung an einem Aufstand nicht notwendigerweise auf die Billigung dieser Ordnung, identifiziert er doch *stillschweigende* mit *ausdrücklicher* Zustimmung.

Dem *symbolischen* Modell des Zusammenschlusses zur Gesellschaft stellt Locke ein *evolutionäres* zur Seite, um den absolutistischen Paternalismus auch auf historischer Ebene zu unterlaufen. Obwohl grundsätzlich »das, was war, für das, was von Rechts wegen sein sollte, keine allzu große Beweiskraft hat« (II, 103), besteht Locke darauf, daß nicht nur die Vernunft, sondern auch »die Beispiele aus der Geschichte zeigen, daß die Regierungen dieser Welt, die im Frieden begründet wurden (...), durch die Übereinkunft *(consent)* des Volkes begannen« (II, 104). Locke bestreitet nicht, daß wir ursprünglich Gemeinwesen »unter der Regierung und Verwaltung eines einzigen Menschen« finden (II, 105); dies war »die Form von Regierung, an welche sie alle gewohnt waren« (II, 107), und »es lag sehr nahe, daß die Regierung durch die ausdrückliche oder stillschweigende Zustimmung der Kinder, wenn sie erwachsen waren, dem Vater verblieb, da sie bei ihm ohne jede Änderung lediglich fortzudauern schien« (II, 74). »Eine stillschweigende und kaum vermeidbare Zustimmung« (II, 75) hat hier also die Gültigkeit der ausdrücklichen Zustimmung. In der so legitimierten patriarchalischen Monarchie haben wir es nicht mit einem Ad-hoc-Argument zu tun. Locke erkennt prinzipiell Monarchie, Aristokratie und Demokratie sowie die Mischung aller drei als legitime Regierungsformen an, soweit sie auf den Willen des Volkes zurückzuführen sind (II, 132). Deshalb disqualifiziert er auch nicht die durch stillschweigende Zustimmung entstandene, auf weitgehende Prärogative angelegte Einzelherrschaft und deren Entwicklung zur Erbmonarchie. Erst schlechte Erfahrung mit herrschsüchtigen Fürsten bewirkte, daß das Volk (...) »nicht mehr geschützt und in Ruhe leben« konnte, »bevor nicht die legislative Gewalt kollektiven Körperschaften übertragen wurde« (II, 94). Diese These Lockes steht in offensichtlicher Beziehung zu dem zeitgenössischen englischen Regime.

Das von Locke im ganzen akzeptierte Regime hat seine Bedeutung für den modernen Konstitutionalismus und die von ihm verbürgten Freiheiten und Sicherungen nicht verloren. In aller Kürze werden hier die Linien umrissen, innerhalb deren das über Montesquieu, den *Federalist* sowie die amerikanische Verfassung weiterentwickelte System der Gewaltenteilung *(distribution of powers)* und der *checks and balances* sich der Demokratisierung und durch diese der Einrichtung des Wohlfahrtsstaates zugänglich gezeigt hat.
Die Grenzen der gesetzgebenden Gewalt sind vom Naturgesetz dahingehend bestimmt, zu regieren »nach öffentlich bekanntgemachten, festen Gesetzen, die nicht für besondere Fälle geändert werden dürfen, sondern für Reich und Arm nur einen Rechtsgrundsatz kennen, für den Günstling am Hofe ebenso wie den Bauern am Pflug« (II, 142). Zu diesem Zweck sind die Gewalten im System des *King in Parliament* so verteilt (Seliger, 1968, S. 335–339), daß weder der König noch das Parlament allein Gesetze verabschieden können. Locke bejaht also das Veto der Exekutive in der Gesetzgebung, obwohl ihm klar ist, daß auf diese Weise die Exekutive (in diesem Falle der König) der Legislative »nur so weit untergeordnet ist, wie es ihm selbst gut scheint« (II, 152). Nur wo die Exekutive gänzlich von der Anteilnahme an der Gesetzgebung ausgeschlossen ist, besteht eine klare Unterordnung. Unbeschadet dieses Hinweises auf weitere Möglichkeiten zur Eingrenzung der königlichen Prärogative – ein Echo des Republikanismus einiger radikaler Whigs? – räumt Locke der Exekutive ein weites Betätigungsfeld ein. Abgesehen von Notstandsbefugnissen im Innern und der alleinigen Verantwortlichkeit für die Außenpolitik und Landesverteidigung (II, Kap. 14), fand er, daß die Exekutive das Recht haben müsse, das Parlament zu vertagen, aufzulösen und einzuberufen (II, 153–6, 167) und auch die Wahlkreisreform *(rotten boroughs)* durchzuführen. Hier wie in der legitimen Einzelherrschaft sieht Locke die Rechtmäßigkeit bei der Ausübung der Prärogative durch die stillschweigende Zustimmung des Volkes als verbürgt an, solange kein Gebrauch vom Revolutionsrecht zu verzeichnen ist, welches also in der extrakonstitutionellen Gewalten- bzw. Machtverteilung das Gegengewicht zur Prärogativgewalt darstellt (Seliger, 1968, S. 350–370). Die Existenz einer gewählten Kammer ist nicht damit gleichbedeutend, daß der Mehrheit des Volkes die konstitutionelle Ausübung des Zustimmungsrechts im Wahlprozeß offensteht. Interpreten haben sich von Lockes wiederholtem Bestehen auf der Notwendigkeit der Volkszustimmung irreführen lassen, weil sie übersehen haben, daß er meistens von der Zustimmung des Volkes *oder* seiner Vertreter spricht, (II, 88, 89, 131, 140, 142, 192, 212) und daß er für deren Wahl ausdrücklich die zu seiner Zeit übliche Beschränkung des Wahlrechts akzeptierte. »Ein Recht, besonders vertreten zu werden ..., kann jeder Teil des Volkes, gleichgültig wie er sich vereinigt hat, lediglich im Verhältnis zu dem Beistand beanspruchen, den er der Öffentlichkeit leistet« (II, 158).[2] Die Berufung auf Volkszustimmung gehörte zum sprachlichen Arsenal (Gough, 1956, S. 40) der Whigs in jener Zeit, und man war sich der demokratischen Bedeutung dieser Redeweise bewußt. Shaftesbury z. B. bejahte sie im Prinzip, befand aber, daß ihre Anwendung, d. h. allgemeines Wahlrecht, »impracticable« sei (Dunn, 1969, S. 56, Anm. 3). Locke mag daher die Gleichsetzung von *stillschweigender Zustimmung* mit *ausbleibendem Widerstand* gerade deswegen beibehalten haben, weil die Nichtäußerung von Wi-

derstand entweder als Zustimmung oder als Resignation, Angst, Interesselosigkeit usw. ausgelegt werden kann. Diese Mehrdeutigkeit ermöglicht es bis heute, eine Revolution dem Willen des Volkes bzw. dessen Mehrheit zuzuschreiben, obgleich das praktisch unbeweisbar bleibt, da eine *retrospektive* Bestätigung nicht beweist, daß die Revolution *im voraus* gutgeheißen worden wäre. Da es ebensowenig sinnvoll ist, eine Vorausabstimmung über die Revolution zu verlangen wie eine Mehrheitszustimmung in ihrem Ablauf feststellen zu wollen, bleibt das Revolutionsrecht die am wenigsten demokratisch verpflichtende Einlösung des Lockeschen Wechsels auf das *government by the consent of the people.* Selbst die Begründung des Mehrheitsprinzips widerspricht dem nicht, da Locke keineswegs immer die *Mehrheit* mit der absolut *größten Zahl* identifiziert.

Das Recht der Mehrheit, »zu handeln und die übrigen mitzuverpflichten« (II, 95), ist in der Bejahung der politischen Gesellschaft inbegriffen, da sie nicht anders funktionieren kann. »Denn da eine Gemeinschaft allein durch die Zustimmung ihrer einzelnen Individuen zu handeln vermag und sich ein einziger Körper auch nur in eine einzige Richtung bewegen kann, so muß sich notwendigerweise der Körper dahin bewegen (*should move*), wohin die stärkere Kraft ihn treibt. Und das eben ist die *Übereinstimmung der Mehrheit*« (II, 96). Nur auf den ersten Blick handelt es sich hier um eine mechanistische Konzeption. Ein Gesetz der Mechanik nämlich würde nicht besagen, daß sich ein Körper in eine Richtung *bewegen müsse* (*should move*), sondern daß er sich so *bewegt.* Was Locke hier gegen die Einstimmigkeit geltend macht, macht klar, daß eine *Mehrheitsentscheidung* normalerweise nicht eine der *absoluten numerischen Mehrheit* ist: »Krankheit und geschäftliche Verpflichtungen ... halten viele von der öffentlichen Versammlung fern«, ebenso von denen kleinerer Gremien (II, 98). Jedoch auch hier gilt: »Wo die Majorität nicht die übrigen verpflichten kann, kann die Gesellschaft nicht als ein einziger Körper handeln« (II, 98). Locke war also klar, daß die in der Versammlung anwesende und entscheidende Mehrheit zumeist keine absolute numerische Mehrheit ist und daher auch nicht (physisch) deren »größere Kraft« darstellt oder diejenige der Gesellschaft repräsentiert – ganz abgesehen davon, daß Locke die Reduzierung der Wählerschaft auf einen Bruchteil des Volkes akzeptierte. Die mechanistische Deutung wird auch dadurch ausgeschlossen, daß Locke zuletzt, wie dies allein möglich ist, das Mehrheitsprinzip moralisch rechtfertigt. Abschließend beruft er sich darauf, daß die Mehrheit »nach dem Gesetz der Natur und der Vernunft (über) die Gewalt der Gesamtheit« verfügt (II, 96).

Lockes *Radikalismus* bestand also weniger in demokratischen Forderungen als vor allem in der konsequenten Anerkennung des extra-legalen und extra-konstitutionellen Charakters des Revolutionsrechts. Auf dieser Basis leistete er seinen Beitrag zur Klärung und Radikalisierung der konstitutionellen Theorie. Um den Tories die Zustimmung zum Thronwechsel zu ermöglichen, war die Mehrheit der Whigs geneigt, diesen nicht als die (erzwungene) Absetzung Jakobs II. darzustellen; durch die *vacancy theory,* die (freiwillige) Räumung des Thrones seitens Jakobs II., wurde die Berufung auf einen revolutionären Vorgang und die Bezugnahme auf das Volk vermieden (Franklin, 1978, S. 110ff.). Im Gegensatz zur *vacancy theory* übertrug Locke dem Fürsten die alleinige Verantwortung

dafür, wenn er sich mit seinem Volk im Natur-Kriegszustand befand. Die damit vollzogene »Auflösung« der Regierung berechtigt das Volk, vom Revolutionsrecht Gebrauch zu machen, um eine andere Regierung oder Regierungsform zu bestimmen. So verwies Locke im Vorwort der *Treatises* in direkter Bezugnahme auf die Ereignisse von 1688/89 auf »die Zustimmung des Volkes«, die das Recht Wilhelms III. auf den Thron begründet, »mehr und offensichtlicher ... als irgendeines (anderen) christlichen Fürsten«. Wenn Locke auf diese Weise die Schwierigkeit in der bestehenden Verfassungstheorie überwand, derzufolge Beschlüsse des Parlaments der Zustimmung des Königs bedurften, so entsprach das der Fiktion, daß das Parlament in der Krise nicht auf Grund seiner gewöhnlichen Autorität, sondern mit einer konstituierenden Autorität als *convention parliament* handelte (Franklin, 1978, S. 93–94). Locke konnte es als ein solches *convention parliament* nach seiner Formel von »der Zustimmung des Volkes *oder* seiner Vertreter« als unmittelbaren Vollstrecker des Volkswillens ansehen. Nur so ist zu verstehen, warum er im Vorwort nur das Volk, nicht aber das Parlament erwähnte, das zusammen mit den Lords die entscheidende Rolle beim Dynastiewechsel spielte. Wenn also Lockes Auflösungstheorie mit der des *convention parliament* verbunden werden darf, so zeigt dies eine rein formell-ideologische »Radikalisierung« auf Kosten einer weiteren Beschränkung des Zustimmungsrechtes des Volkes. Dem Parlament steht nicht nur zu, den *Volkswillen* im Auftrag der wahlberechtigten Minderheit *konstitutionell auszuüben*, sondern es *verkörpert* auch *die residuale extrakonstitutionelle Autorität des Volkes.*
Lockes konsequente Reduzierung des ideologisch überladenen Konzepts der Zustimmung des Volkes läuft darauf hinaus, daß die *optimacy* – ein Ausdruck Shaftesburys (Dunn, 1969, S. 56, Anm. 1) – dazu angehalten wird, Einstellung und Willen der Mehrheit richtig zu beurteilen und zu berücksichtigen. Die Beschränkung der Volksbeteiligung an der politischen Willensbildung erschöpft aber die Bedeutung der gleichen natürlichen Rechte für das politische Leben nicht. Hinzu kommen die Herrschaft des Gesetzes *(the rule of law)*, die Gleichheit vor dem Gesetz und die konstitutionelle Ordnung zum Schutz der individuellen Rechte. Dieser Bezugsrahmen für die Stellungnahme zu natürlichen und gesellschaftlichen Ungleichheiten kennzeichnet das Neuartige an der Argumentationsweise, für die Lockes Theorie symptomatisch ist, wie immer man auch deren Originalität bemißt (vgl. außer Franklin bes. Tuck, 1979, S. 63, 155, 171; Maclean, 1947, und Gough, 1956, S. 99, 109, 110). Dies gilt im besonderen für seine Lehre vom Eigentum.

Das Eigentumsrecht

Für Locke steht fest, daß alle Menschen, wie sehr sie sich auch sonst voneinander unterscheiden, von Natur aus gleich sind. Da nach dem Recht der Natur »alle gleich und unabhängig sind, sollte niemand einem anderen an seinem Leben und Besitz, seiner Gesundheit und Freiheit Schaden zufügen« (II, 6). Jeder ist »der absolute Herr seiner Person und seiner Besitztümer, den Größten gleich und niemand untertan« (II, 123).
Locke geht also nicht von einer sozial undifferenzierten, natürlichen Gleichheit

aus (Macpherson, 1962, S. 231–232), sondern von Menschen, die sich in persönlichem Status und Besitz unterscheiden. Wenn er davon spricht, der Zweck der Regierung sei die Wahrung des Besitzes, scheint es nahezuliegen, in seiner Auffassung die marxistische Deutung des liberalen Staates als eines Instruments der Ausbeutung des Proletariats durch die Bourgeoisie bestätigt zu sehen.

Zunächst muß der von *Macpherson* so geistreich entwickelten These vom Lockeschen Besitzindividualismus entgegengehalten werden, daß Locke dem Eigentumsrecht keinen Vorrang vor den anderen natürlichen Rechten verleiht. Er hat das Wort *property* (auch *propriety*) sowohl im engen Sinn von materiellen Gütern gebraucht als auch im weiteren Sinn als Inbegriff aller natürlichen Rechte (während *dominium* noch Besitz und Herrschaft bezeichnete). Ausdrücklich und wiederholt hat er das Wort *Eigentum* für alle natürlichen Rechte verwandt. Jeder »ist von Natur ermächtigt, sein Eigentum, d. h. sein Leben, seine Freiheit und seinen Besitz (...) zu schützen« (II, 87). In diesem Sinn spricht Locke in diesem und den darauffolgenden Paragraphen von »der Wahrung des Eigentums«. Ebenso sagt er, daß sich die Menschen gesellschaftlich vereinen »zum gegenseitigen Schutz ihres Lebens, ihrer Freiheiten und ihres Vermögens, die ich unter der allgemeinen Bezeichnung *Eigentum* zusammenfasse« (II, 123). Darauf Bezug nehmend, sagt er im folgenden Paragraphen: »Das große und hauptsächliche Ziel also ist die Erhaltung ihres Eigentums.« Einer der Gründe für den Gebrauch des Wortes im erweiterten Sinn, abgesehen vom Vorbild, welches das weitgefaßte *suum* der Naturrechtslehre dafür lieferte (Olivercrona, 1975, S. 111 ff.), besteht wahrscheinlich darin, daß die Auseinandersetzung mit den Stuarts über die Besteuerung sich schließlich auf das ganze Regime erstreckte, so daß das Verlangen nach Schutz des Eigentums gegen willkürliche Besteuerung mit dem Verlangen nach Schutz der Person und der gesetzlichen Ordnung überhaupt zusammenfiel. Daß »Eigentum« im engeren Sinne all das sinnfällig symbolisieren kann, was einem zukommt bzw. »gehört«, liegt wohl auch daran, daß kein Mensch in einem praktischen Sinn als frei gelten kann, wenn er sich nicht seiner Existenz durch den Anspruch auf das Produkt seiner Leistung oder eines Anteils an ihr sicher sein kann. Von dieser Erwägung geht Lockes Besitzlehre im fünften Kapitel des zweiten *Treatise* aus.

In der Locke vorausgehenden Naturrechtslehre hatten *Grotius* und *Pufendorf* Eigentum und politische Herrschaft auf die Zustimmung der Individuen zurückgeführt, im Falle des Privateigentums auf die Übereinkunft, einen Urkommunismus (Grotius: positive Gemeinschaft, Pufendorf: negative Gemeinschaft) aufzuheben. *Sir Robert Filmer* legte die ideologische Schwäche dieser Theorie bloß. Wenn Herrschaft und Eigentum auf Zustimmung beruhen, wandte er ein, können sie hierdurch auch wieder abgeschafft werden (Filmer, 1949, S. 273). Um das Privateigentum gegen diesen Einwand abzusichern, führte Locke es auf die Arbeit zurück, ein Gedanke, der nicht neu war. So hatte schon Pufendorf die Frage aufgeworfen, wie ein physischer Akt ein Recht begründen könne. Lockes Antwort darauf (Seliger, 1968, S. 180–187) steht in Verbindung mit seiner Zurückweisung von Filmers Theorie: »Es ist unmöglich, daß überhaupt irgendein Mensch außer einem einzigen universalen Monarchen irgendwelches *Eigentum* besitzen kann, wenn man annimmt, Gott habe die Welt *Adam* und seinen berechtigten Erben unter Ausschluß der gesamten übrigen Nachkommenschaft gegeben« (II, 25).

Der Offenbarung zufolge hat »Gott ... die Erde den Menschen gemeinsam übertragen« (II, 26). Damit ist nicht, wie immer noch irrtümlich angenommen wird, der Zustand eines Urkommunismus gemeint. Denn in Beantwortung der Frage, wie nun »irgend jemand je zu Eigentum an etwas gelangen kann«, will Locke zeigen, »wie Menschen zu einem Eigentum an einzelnen Teilen dessen gelangen konnten, was Gott der Menschheit gemeinsam gegeben hat, und das ohne einen ausdrücklichen Vertrag mit allen anderen Menschen« (II, 25). Denn »wäre eine solche Zustimmung notwendig gewesen, so wären alle Menschen verhungert, ungeachtet des Überflusses, den Gott ihnen gegeben hat« (II, 28).

Wie das Zustimmungsrecht aus dem Besitz natürlicher Rechte erst hervorgeht und nicht umgekehrt, so beruht das natürliche Recht auf Besitz auch nicht auf Zustimmung. Man kann, so betont Locke, weder die Früchte der Erde noch die Erde selbst nutzen, ohne sie sich anzueignen. Diese Aneignung erfolgt durch Arbeit. Die Erde, die von Locke als der allen gemeinsame Boden angesehen wird, hört in dem Augenblick auf, allen gemeinsam zu sein, wenn sie bearbeitet wird. Das Pflücken der Früchte, das Schöpfen des Wassers und das Erlegen der Tiere machen diese zum ausschließlichen Eigentum. Denn dem, was jemand »dem allen zugänglichen *(common)* Zustand, in den es die Natur gesetzt hat, entzogen hat, ist durch seine Arbeit etwas hinzugefügt worden, was das gemeinsame Recht der anderen Menschen ausschließt« (II, 27). Dasselbe gilt für die Erde, wenn sie den Menschen als Produktionsmittel dient:

»Da der *Hauptgegenstand des Eigentums* heute nicht die Früchte der Erde sind und die Tiere, die auf ihr leben, sondern die *Erde selbst* als das, was alles übrige enthält und auf sich trägt, ist es, glaube ich, offensichtlich, daß auch das Eigentum an ihr genauso erworben wird wie das vorige (die Früchte etc.). *Soviel* ein Mensch bepflügt, bepflanzt, bebaut, kultiviert und soviel er von dem Ertrag verwerten kann, so viel ist sein *Eigentum*« (II, 32). Die Begründung dafür, daß die Arbeitsleistung das Recht auf Eigentum schafft, liegt nicht im naturalistischen Imperativ der Selbsterhaltung, sondern in dessen Befolgung auf Grund eines natürlichen Rechts: »Jeder Mensch hat ein *Eigentum* an seiner eigenen *Person*. Auf diese hat niemand ein Recht als nur er allein. Die *Arbeit* seines Körpers und das *Werk* seiner Hände sind (...) im eigentlichen Sinne sein Eigentum.« Womit jemand »seine Arbeit gemischt und ihm etwas Eigenes hinzugefügt hat, das hat er damit zu seinem Eigentum gemacht. (...) Denn da diese *Arbeit* das unbestreitbare Eigentum des Arbeitenden ist, kann niemand außer ihm ein Recht auf etwas haben, was einmal mit seiner Arbeit verbunden ist« (II, 27). Dieses ist »das ursprüngliche Naturgesetz« (II, 30), welches die Art bestimmt, in der die Befolgung des Zwanges zur Selbsterhaltung moralische Gültigkeit erlangt, und zeigt, daß das natürliche Recht auf Leben und Freiheit und das Recht auf Eigentum miteinander verkettet sind.

Die Selbsterhaltung verpflichtet den Menschen, »wenn seine eigene Selbsterhaltung nicht dabei auf dem Spiel steht, nach Möglichkeit auch *die übrige Menschheit zu erhalten*« (II, 6). Es ist weder zulässig, diese Reihenfolge in ihr Gegenteil zu verkehren (Tully 1980, S. 45–48), noch sinnvoll, sie als individualistisch und egoistisch abzuqualifizieren. Die einfache Logik besagt, daß derjenige, der sich nicht selbst erhalten kann, auch nicht imstande ist, anderen zur Seite zu stehen. Die Pflicht dazu ist Bestandteil der Rechtfertigung der Selbsterhaltung und der Aneignung.

Zunächst nimmt Locke für die Selbsterhaltung auch religiöse Sanktionen in Anspruch. Die Menschen sind Gottes »Werk« (*workmanship*), und »jeder ist verpflichtet, sich selbst zu erhalten und seinen Platz nicht vorsätzlich zu verlassen« (II, 6). Mit der Aneignung zusammen sanktioniert das Naturgesetz auch die Rücksichtnahme auf die Mitmenschen. In den Anfängen legte es praktisch keine Beschränkungen auf, da alles, auch Land, im Überfluß vorhanden war (II, 36, 38). Dennoch fordert Locke, daß nicht jeder »so viel davon anhäufen darf, wie er will (...). Dasselbe Gesetz der Natur, das uns Eigentum gibt, *begrenzt* dieses *Eigentum* auch« (II, 31). Die erste natürliche Begrenzung liegt im Wesen der persönlichen Arbeitsleistung selbst. »Keines Menschen Arbeit konnte sich alles unterwerfen oder aneignen, und sein Genuß konnte nicht mehr als nur einen kleinen Teil verbrauchen« (II, 36). Dieser *physisch* gebotenen Beschränkung gehen zwei spezifisch *moralische* voraus. Das Anrecht auf das, worin jemand Arbeit »gemischt« hat, ist unantastbar, »zumindest, wo genug und ebenso gutes den anderen gemeinsam verbleibt« (II, 27). Daß sich zunächst diese Forderung von selbst erfüllte, da die Aneignung von Boden mehr von diesem übrigließ, »als die noch Unversorgten nutzen konnten« (II, 33), beeinträchtigt den moralischen Gehalt dieser Forderung nicht, wie eingewandt wird (Waldron, 1949, S. 321 bis 322), gerade weil sie von vornherein, d. h. ohne Rücksicht auf die besonderen Umstände, mit der Rechtfertigung der Aneignung verbunden wird. Hinzu kommt die dritte Beschränkung: »Soviel wie jemand zu irgendeinem Vorteil seines Lebens gebrauchen kann, bevor es verdirbt, darf er sich durch seine Arbeit zum Eigentum machen« (II, 31).

Diese Beschränkungen der Aneignung sind »natürlich« insofern, als sie in der Natur der Sache wie in der Begrenztheit persönlicher Arbeitskraft liegen, und sie gehören vermittels des Verbots, etwas verderben zu lassen, dem moralischen Bereich des Naturgesetzes an. In keiner Hinsicht waren sie bestimmt, gleichen Besitz zu garantieren, d. h. natürliche Ungleichheiten wettzumachen.

Das Maß des Eigentums, welches »die Natur festgesetzt hat ..., beschränkt den Besitz jedes Menschen auf einen sehr bescheidenen Anteil« (II, 36). Von Anfang an gab es »Streitsüchtige und Zänkische«, die darauf aus waren, »Nutzen aus eines anderen Bemühungen« zu ziehen (II, 34). Obwohl der Gegensatz zwischen ihnen und den »Fleißigen und Verständigen« nicht notwendigerweise auf eine Unterscheidung zwischen besser und weniger Bemittelten hinausläuft, unterstellt er zumindest doch Besitzunterschiede. So gab es denn auch im Rahmen »der Gleichheit einer einfachen, ärmlichen Lebensweise« (II, 107) schon Knechte: »Die Bezeichnungen Herr und Knecht sind so alt wie die Geschichte selbst (...). Ein freier Mensch macht sich dadurch zum Knecht eines anderen, indem er ihm gegen Lohn für eine gewisse Zeit seine Dienste verkauft, die er dann verrichtet« (II, 85). Von den Ursachen eines solchen Lohnverhältnisses kann die Ungleichheit des Besitzes schwerlich ausgeschlossen werden. So nahm Locke an, daß die Umgehung der natürlichen Beschränkungen durch das Geld von einem *wenig* zu einem *stark* differenzierten Zustand führte.

Das Bedürfnis, mehr zu besitzen als man braucht, bewirkte die *Einführung des Geldes*, nicht umgekehrt. Offensichtlich rechnete Locke weniger mit den Erfordernissen arbeitsteiliger Produktion als mit Überproduktion und dem Bedürfnis nach deren Erzeugnissen. Denn er vertrat die Ansicht, daß die Umgehung des Verbots, den Überschuß verderben zu lassen, dadurch ermöglicht wird, daß Produkte, die sich nicht halten, in Geld umgewandelt werden, das haltbar ist. Diese oberflächliche – und vielleicht deswegen bedeutsame – Argumentation beruht auf der Annahme, daß der Pflicht, Ressourcen in gleicher Güte für die anderen übrigzulassen, bevor sie unbrauchbar werden, Genüge getan ist, wenn Waren und Güter *durch Verkauf* im Umlauf bleiben, bis sie gebraucht werden. Selbst wenn man dafür hält, wie das in der klassischen Ökonomie üblich war, daß konstanter Mangel herrscht, kann man nicht annehmen, daß sich für alle Angebote verderblicher Produkte Käufer finden oder der Produzent es nicht vorzieht, weniges zum höheren Preis als alles zu dem niedrigsten Preis, den potentielle Käufer noch zahlen können, abzusetzen.
Ohne es auszusprechen, unterstellt Locke, daß die Geldwirtschaft nicht nur auf einem sich selbst regulierenden Marktmechanismus beruht, sondern dieser auch das Verderben von Überschüssen verhindert: »Denn die Menschen haben durch stillschweigende und freiwillige Zustimmung einen Weg gefunden, wie jemand auf redliche Weise mehr Land besitzen darf, als er selbst nutzen kann, wenn er nämlich als Gegenwert für den Überschuß an Produkten Gold und Silber erhält, jene Metalle, die in der Hand des Besitzers weder verderben noch umkommen und die man, ohne jemandem einen Schaden zuzufügen, aufbewahren kann. Diese Verteilung der Dinge zu einem ungleichen Privatbesitz[3] haben die Menschen außerhalb der Grenzen der Gemeinschaft *(society)* und ohne Vertrag *(compact)* nur dadurch ermöglicht, daß sie dem Gold und Silber einen Wert beilegten und stillschweigend in den Gebrauch des Geldes einwilligten« (II, 50).
Die stillschweigende Zustimmung zum Geld ist von der politischen Zustimmung *(compact)* abgesetzt; sie ergibt sich hier im Verlauf des Strebens nach Vergrößerung des Eigentums, das im freien Spiel der Kräfte in die Geld- und Marktwirtschaft einmündet. Die schon aufgezeigte Schwäche des Arguments könnte beabsichtigt sein, denn Locke unterstreicht selbst das, was vernunftwidrig an der Einführung des Geldes ist, und bringt damit seinen kritischen Standpunkt zu dieser Entwicklung zum Ausdruck. Zur Bestimmung seiner sozialpolitischen Auffassung gehört ebenfalls, daß Locke die Ausnutzung wirtschaftlicher Macht zu politischer Unterdrückung ablehnt. Wenngleich dies zunächst der weiteren Entkräftung der Filmerschen Theorie dient, zeigt es doch auch, daß Lockes politische Theorie Raum für die Auferlegung sozialer Verpflichtungen läßt.

Die sozialpolitische Perspektive

Da die natürlichen Beschränkungen der Akkumulation von Besitz nicht dazu bestimmt waren, Gleichheit zu erhalten oder zu schaffen, markiert auch die Einführung des Geldes keinen Bruch zwischen ursprünglicher Gleichheit und darauffolgender Ungleichheit, zwischen prä- und postmonetärer Rationalität, wie vor allem in den Macpherson folgenden Interpretationen eingewandt wird. Ohne Zweifel zog die Einführung des Geldes sozialen Wandel nach sich, doch nicht von der Gleichheit zur Ungleichheit, sondern von *geringerer* zu *größerer* Besitzdifferenzierung. Das Streben nach Vergrößerung des Besitzes war gegeben, es wartete sozusagen auf das Geld. Nichts anderes geht aus den Worten hervor: »Wenn man sich etwas ausdenkt, was bei seinen Nachbarn dem *Gebrauch* und dem *Wert des Geldes* entspricht, so wird man sehen, wie derselbe Mensch unverzüglich beginnt, seinen Besitz zu vergrößern« (II, 49). Das Geld ermöglicht und nährt das Streben nach Akkumulation, aber es erzeugt es nicht. »Und wie verschiedene Stufen des Fleißes das unterschiedliche Verhältnis ihres Besitzes bedingten, so gab die Erfindung des Geldes ihnen Gelegenheit, den Besitz zu vergrößern und beständig zu machen« (II, 48). Solcher Besitzvergrößerung gegenüber bezieht Locke eine durchaus kritische Position. Er »wagt kühn zu behaupten«, daß die Regel, nach der »jeder Mensch soviel haben sollte, wie er nutzen kann«, weiter Geltung haben würde, »wenn nicht die *Erfindung des Geldes* und die stillschweigende Übereinkunft der Menschen, ihm einen Wert beizumessen, die Bildung größerer Besitztümer und das Recht darauf mit sich gebracht hätte« (II, 36). »Das Verlangen, mehr zu haben, als der Mensch benötigte, änderte den inneren Wert (*the intrinsic value*) der Dinge«, als man übereinkam, »*daß ein kleines Stück gelben Metalls,* das sich weder abnutzt oder verdirbt, den gleichen Wert haben sollte wie ein großes Stück Fleisch oder ein ganzer Haufen Getreide« (II, 37).

Angesichts dieser von Locke festgestellten Verkehrung der Maßstäbe, durch die der künstliche Wert dem wahren Wert vorgeordnet wird, läßt sich ihm schwerlich die Ansicht zuschreiben, das Geld verleihe der uneingeschränkten Erwerbslust Rationalität, und diese finde ihren adäquaten Ausdruck in der Akkumulation, zumindest einen größeren als in der Arbeit (Macpherson, 1962, S. 134 bis 138). Sicher, Fleiß und Vernunft werden von Locke ausdrücklich mit wirtschaftlichem Erfolg verbunden, wie der berühmte Passus in II, 34 zeigt. Dies folgt natürlich auch aus seiner Würdigung der Steigerung der landwirtschaftlichen Produktion und der Erweiterung des Handels und trifft indirekt auch auf die Erfindung des Geldes und seinen Gebrauch zu, dem er die *Considerations* widmete. Augenscheinlich sah er in diesen Fällen am Werk, was Max Weber später *Zweckrationalität* nannte. Damit ergibt sich aber auch ein Gegensatz zwischen der Vernunft, die zur Erreichung eines jedweden Zwecks dienlich ist, und der Vernunft des Naturrechts, die selbst Zwecke setzt – ähnlich dem Gegensatz zwischen ungezügelter Freiheit und der von der Vernunft der Moralität geleiteten Freiheit.

Diese Vernunft des Naturgesetzes kennzeichnet jedes Gesetz, das ein »Gesetz im wahren Sinne« ist (II, 57). Damit setzt sie der Zweckrationalität Grenzen. »Das Ziel des Gesetzes ist, mag es auch mißverstanden werden …, die Freiheit zu bewahren und zu erweitern«, insofern es »die Anleitung eines freien und intelligenten Handelnden in seinem eigentlichen Interesse ist und seine Vorschriften nicht weiter reichen, als es dem allgemeinen Wohl derer entspricht, die ihm unterstehen« (II, 57).

Mit dieser naturgesetzlichen Vernunft muß eine Rationalität zusammenstoßen, die irrationalen Zwecksetzungen dient, wie etwa der, mehr zu besitzen, als zur Existenzsicherung notwendig ist. Zweifellos war Locke der Ansicht, daß »das goldene Zeitalter« der Einführung des Geldes vorausging. Von diesem »goldenen Zeitalter« sagt er, es habe existiert, »ehe eitler Ehrgeiz und *amor sceleratus habendi,* das böse Begehren, den Sinn der Menschen zu einer falschen Auffassung von wahrer Macht und Ehre verdorben hatten« (II, 111). All dem, was der Geldwirtschaft zuzuschreiben ist, stellt Locke am Ende des Kapitels »Über das Eigentum« entgegen: »Es ist leicht zu begreifen, wie zuerst die Arbeit einen Rechtsanspruch auf Eigentum (...) begründen konnte und wie dieses Eigentum durch die Verwendung zu unserem persönlichen Gebrauch begrenzt war. So gab es damals keine Veranlassung, über einen Rechtsanspruch zu streiten, und auch keine Zweifel über die Größe des Besitzes, auf den man ein Recht hatte (...). Wieviel sich ein Mensch aneignete, war leicht zu überblicken, und es war sowohl nutzlos als auch unredlich, sich zuviel anzueignen oder mehr zu nehmen, als man benötigte« (II, 51).

Es besteht kein Grund anzunehmen, daß Locke die Rückkehr zu diesem goldenen Zeitalter für möglich oder wünschenswert hielt. Aber er vertrat sozialpolitische Ansichten, die sich als eine Operationalisierung seiner Kritik an der Entstehung der Geldwirtschaft und der in ihr möglichen Besitzverhältnisse ansehen lassen. Mit dem Hinweis auf die dafür zur Verfügung stehenden Mittel schließt er die Zusammenfassung der von der Einführung des Geldes ausgehenden Folgen: »Denn in Staaten regeln die Gesetze das Eigentumsrecht, und der Landbesitz wird durch positive Satzungen genau bestimmt« (II, 50).

Die politisch nicht sanktionierte Übereinkunft (des Marktes) ist wie alle anderen vertraglichen Abmachungen der durch politische Zustimmung legitimierten Gesetzgebung untergeordnet. Gesellschaftliche wie politische Verpflichtungen haben vertraglichen Charakter, für welche die Gesetzgebung den Rahmen abgibt und deren Erfüllung die Regierungsorgane verbürgen. Der Heiratsvertrag, der den herrschenden Gesetzen entsprechen muß, erstreckt sich auf den Besitz, und diesbezügliche Auseinandersetzungen sind der gerichtlichen Entscheidung unterworfen. Dasselbe muß natürlich auch für das Lohnverhältnis angenommen werden.

Im Prinzip besteht also die Möglichkeit, die *mit Hilfe des Geldes* umgangenen Aneignungsbeschränkungen *durch Gesetzgebung* zu reaktivieren, zumal das positive Gesetz als Anwendung des Naturgesetzes auf die besonderen Verhältnisse der verschiedenen Gesellschaften normiert ist. Der Unterschied besteht nicht in der Tendenz des Gesetzes, sondern in seiner Promulgation und Auferlegung durch die Regierung. Locke beschränkt die Rolle der Gesetze, die Eigentumsfragen betreffen, keineswegs auf die Sicherung von Besitztiteln und privaten vertraglichen Abmachungen. »Die Erschließung des Landes und seine richtige Nutzung ist die große Kunst der Regierung. Der Fürst, der so weise und gottähnlich ist, durch beständige und freiheitliche Gesetze den ehrlichen Fleiß der Menschen gegen Unterdrückung durch Gewalt und Engstirnigkeit der Parteien zu schützen und zu fördern, wird seinen Nachbarn bald zu unbequem sein« (II, 42).

Die Gerichtsbarkeit, welche die Mitglieder einer politischen Gesellschaft dieser übertragen, ist dazu bestimmt, »nach festen, stehenden Regeln« als »unparteiischer und einziger Schiedsrichter ... alle Streitigkeiten« zu entscheiden (II, 87). Konsequenterweise lehnte Locke in seinem finanzpolitischen Memorandum nicht die Intervention der Regierung in die Wirtschaft ab, sondern er geißelte die Torheit, »ein Gesetz abzufassen, das nicht die Wirkung haben kann, die es herbeiführen soll« (*Considerations,* S. 164). Zweck der monetären Gesetzgebung ist, die Geldzufuhr »in den laufenden Handel zu ermutigen, um das Stammkapital und den Reichtum der Nation zu vergrößern« (101). Deswegen muß die Regierung der Konzentration des Kapitals entgegenwirken. Kredit bedarf der Regelung, »wenn durch Übereinkommen eine Art Monopol diese allgemeine Ware (*commodity*) in wenige Hände legt« (103).

Der Zuständigkeit der Gesetzgebung ist die Verantwortung für die weniger und gar nicht Begünstigten nicht entzogen: Die marxistische Interpretation der bürgerlich-liberalen Theorien, derzufolge der Staat ausschließlich Mittel zur uneingeschränkten Ausbeutung der Massen ist, läßt sich nicht vorbehaltlos auf Locke übertragen. In seiner Auseinandersetzung mit Filmer bestreitet Locke, daß wirtschaftliche Macht grundlegend und richtungweisend für politische Herrschaft sei. Er macht dabei Grundsätze geltend, die nicht nur für die zu seiner Zeit obwaltende Armengesetzgebung in Anspruch genommen werden können: »Wir wissen, Gott hat keinen Menschen so der Gewalt eines anderen preisgegeben, daß dieser ihn nach Willkür verhungern lassen darf (...). Wie die *Gerechtigkeit* jedem einen Anspruch auf den Ertrag seines ehrbaren Fleißes gibt..., so gibt die *Barmherzigkeit* jedem Menschen, der sonst keine Mittel für seinen Lebensunterhalt hat, einen Anspruch auf den Teil vom Überfluß des anderen ...« (I, 42). Locke trennt Gerechtigkeit und Barmherzigkeit, die politisch garantierbare und die nur moralisch bindende Verpflichtung, *nicht* voneinander (anders Polin, 1960, S. 271–273 und Parry, 1964, S. 175, nicht mehr 1978, S. 90).

Im Prinzip kann dieses Recht wie jedes andere Recht zur gesetzlichen Verpflichtung werden; keinesfalls kann Eigentum die Grundlage politischer Autorität bilden. Selbst wenn man zugesteht, wandte Locke gegen Filmer ein, daß Gott »Adam zum alleinigen Besitzer der Erde machte, so frage ich mich, welche Bedeutung das für Souveränität haben soll?« (I, 41). Oder will jemand etwa behaupten, »daß Eigentum an Land dem Menschen Gewalt über das Leben eines anderen verleiht«? »Und wenn ein Mensch dem anderen die Hilfe vorenthält, die er durch Gottes Gesetz seinem Bruder in der Not gewähren soll, und ihn zwingt, sein Lehnsmann zu werden, so macht er von der Bedrängnis des anderen keinen gerechteren Gebrauch als der Starke, der den Schwachen unterdrückt, ihn zur Unterwürfigkeit zwingt und ihm mit dem Messer an der Kehle Tod oder Knechtschaft anbietet« (I, 42). Selbst wenn jemand »einen so widernatürlichen Gebrauch von den Segnungen Gottes« machen sollte, beweist das nicht, daß »Besitz an Land irgendeine Gewalt über den Menschen verliehen hat« (I, 43). Solche Autorität über Leben und Tod ist politische Herrschaft und kann nur aus dem *compact,* der politischen Übereinkunft, erwachsen. Wie jedes Abhängigkeitsverhältnis entsteht jedoch auch »die Autorität des reichen Eigentümers und die Unterwerfung des bedürftigen Bettlers« einzig und allein »aus der Einwilligung des Armen, der es vorzog, eher ein Knecht zu sein als zu verhungern. Und der Mensch, dem er sich so unterwirft, kann keine größere Gewalt über ihn beanspruchen, als ihm vertragsgemäß zugestanden wurde« (I, 43).

Der Tausch der Freiheit gegen das Leben begründet die *Sklaverei.* Sklaven haben weder politische Rechte noch ein Recht auf Eigentum, weil sie ihr Leben als Mitbeteiligte oder Mitschuldige an einem ungerechten Krieg verwirkt haben (II, 23, 24, 85, 173–4). Solange ein Mensch das natürliche Recht auf sein Leben nicht verwirkt hat, bleibt er im Besitz der natürlichen Rechte von Freiheit und Eigentum. Deren Mindestmaß mag, nach Locke, kärglich bemessen sein; dennoch gehört es zum Wesen und Zweck der politischen Gesellschaft, daß »die Menschen Eigentum haben sollen« (II, 128) – und damit Enteignung ausgeschlossen ist. Dieser Imperativ stimmt mit dem Grundsatz überein, der besagt: »*Die höchste Gewalt kann* keinem Menschen einen Teil seines *Eigentums* ohne seine eigene Zustimmung *wegnehmen*« (II, 138). Besteuerung nur mit Zustimmung des Volkes oder dessen Vertretern (II, 140) und die beiden anderen Limitierungen der obersten Gewalt – gegen die Ausübung von »absoluter, willkürlicher« Macht über das »Leben und Vermögen des Volkes« (II, 135) und das Regieren mittels »willkürlicher Gelegenheitserlasse« (II, 136) – umschreiben den Bereich, innerhalb dessen es der Legislative zusteht, »Gesetze zur Regelung des Eigentums zwischen den Untertanen zu erlassen« (II, 139). Nichts in Lockes Theorie steht dem entgegen, daß durch Gesetze der äußersten Not und krassesten Ausnutzung von Menschen gesteuert wird – auch nicht der Umstand, daß er die große Mehrzahl des Volkes von der Wahl seiner Vertreter ausschließt.

Locke unterstellte nicht, daß die begüterten Schichten für eine einheitliche wirtschaftliche und soziale Zielsetzung zu gewinnen sind (dagegen Macpherson, 1962, S. 257). Allgemeine Zustimmung ihrerseits zur Wahrung des Rechtes auf Privateigentum und seiner Akkumulation verbürgt nicht, daß Einigkeit über Umfang und Zielsetzung der Besteuerung herrscht. Der Gegensatz zwischen Wählern und Gesetzgebern bewog Locke vorzuschlagen, daß die Letzteren nicht zu häufig wiedergewählt würden, damit sie als Bürger die Gesetzgebung an sich selbst erfahren sollten (II, 143). In seiner monetären Abhandlung wies er auf die Interessengegensätze zwischen Grundbesitzern, Kaufleuten und Finanzleuten hin (*Considerations*, S. 115–16), und dort sprach er auch davon, »Erwägungen im Sinne üblicher Mildtätigkeit zeigten, daß man mittels des Gesetzes zunächst einmal für diejenigen sorgen muß, die weniger befähigt sind, sich selbst zu helfen« (S. 13). Dies ist eine Ergänzung dessen, was Locke im ersten *Treatise* gegen Filmer einwandte, und sie zeigt, daß er dort nicht Dinge sagte, denen er anderweitig keine Bedeutung zumaß.

Das von Locke bejahte politische System ist durch das *Revolutionsrecht des Volkes* dessen ständigem Einfluß unterworfen. Das Revolutionsrecht gewann praktische Bedeutung in der Agitation, die über die begrenzte Wählerschaft hinausreichte. Abgesehen davon, daß ein Teil des Kampfes zwischen König und Parlament um die Erweiterung oder Einengung der Wahlkreise ging (Plumb, 1967, S. 34 f.), spielte die Reaktion breiterer Volksschichten auf die Agitation der sich bekämpfenden Eliten in deren Taktik keine unwesentliche Rolle. Wenn es Lockes Absicht gewesen wäre, das Revolutionsrecht des Volkes nur zur ideologisch-theoretischen Einlösung seines Wechsels auf die Volkssouveränität zu benützen, ohne damit die Anteilnahme des Volkes am revolutionären Geschehen legitimieren zu wollen, so hätte er sich sicherlich nicht darum bemüht, das konkrete Risiko zu mindern, das im Zugeständnis dieses Aufstandsrechts lag.

Er gesteht dem Volk zu, daß es die Probe dessen bestehen kann, der »an den Himmel appelliert« und »sich vor einem Gericht ausweisen muß, das nicht getäuscht werden kann« (II, 176). Das moralische Gesetz ist nicht nur dem zugänglich, der es studiert, sondern es steht »so klar in den Herzen der ganzen

Menschheit geschrieben« (II, 11), daß Kain selbst dazu auffordert, die Todesstrafe an ihm zu vollziehen. Die Heilige Schrift, »die durch die Erleuchtung bekräftigte Stimme der Vernunft« (II, 31), trägt so zur unmittelbaren Erfassung des Naturrechts bei. Wenn auch darin das Volk religiösen Unterweisungen folgen muß, so bedeutet das nicht, daß es nicht fähig wäre zu spüren, welche von den sich um ihre Unterstützung bewerbenden Eliten es ehrlich meint. »Was Schmeichler auch immer reden mögen, um den Verstand des Volkes zum besten zu halten, es wird die Menschen nicht von ihrem Gefühl abbringen«, wenn es darum geht, sich *für* oder *gegen* den Aufstand zu entscheiden. Daher stellt Locke das Volk als *target audience* dar, dessen Reaktion zuletzt ausschlaggebend ist. »Wenn ein Streit zwischen dem Fürsten und einigen aus dem Volke in einer Frage entsteht, wo das Gesetz schweigt oder Zweifel läßt, und die Frage dazu noch von großer Bedeutung ist, sollte ... die Gesamtheit des *Volkes* der geeignete *Schiedsrichter* sein« (II, 242). Diese Antwort gibt Locke jedesmal auf die in dieser oder jener Form wiederholt gestellte Frage: »Wer soll Richter sein?« (II, 168; vgl. 13, 19–21, 89, 93, 123, 131, 136, 181, 240, 241). Locke schmeichelt in diesem Zusammenhang dem Volk so wenig wie den Eliten. Er nahm weder an, daß es ein Leichtes sei, es zur Ausübung des Revolutionsrechts zu bewegen, noch daß es grundsätzlich nicht willens sei, Willkürherrschaft zu dulden oder zu unterstützen; er beläßt es dabei, daß im wirklichen Notfall »der Ruf an den Himmel« gerechterweise erfolgt (Seliger, 1968, S. 306–320).

Nachdem die Unterstützung der Menge für eine Revolution als notwendig erachtet wird, besteht darin ein zusätzlicher Ansporn, daß Eliten im Sinn der von Locke vertretenen sozialpolitischen Prinzipien für eine Verbesserung der Lage der untersten Schichten eintreten. Außerdem macht Locke die Regierung verantwortlich, wenn die Notlage der Massen zum Aufstand führt. Die *Treatises* enthalten nichts, was einen so gearteten Aufstand als illegitim erscheinen läßt. Den Massen das Revolutionsrecht abzusprechen (so Larkin, 1930, S. 37; Polin, 1960, S. 230, und Macpherson, 1963, S. 224) widerspricht dem im England seiner Zeit geläufigen Konzept des Volkes, und der Ausschluß *wirtschaftlich-sozialer* Motive und Ziele aus dem Revolutionsrecht wäre wenig sinnvoll, weil praktisch ebenso wertlos wie dessen verfassungsmäßige Verankerung und Bestimmung. Macpherson stützt seine Behauptung, Locke habe der Mehrheit des Volkes das Revolutionsrecht abgesprochen, auf eine Stelle aus den *Considerations*. Im Gegensatz zu den bessergestellten Klassen, so führt Locke aus, beläuft sich »der Anteil des Arbeiters selten (auf) mehr als den nackten Lebensunterhalt (und) läßt dieser Gruppe von Menschen niemals Gelegenheit, ihre Gedanken darüber hinaus zu erheben oder mit den Reichen für ihren (Anteil) als einem gemeinsamen Interesse zu kämpfen – außer (wenn) ... eine gemeinsame und große Notlage, (sie) in einer allgemeinen Gärung vereinend, sie alle Ehrerbietung vergessen läßt (*makes them forget respect*) und erkühnt, auf ihren Bedürfnissen mit bewaffneter Kraft zu bestehen. Dann fallen sie manchmal über die Reichen her und überschwemmen alles wie eine Sintflut. Aber so etwas ereignet sich selten, außer in der Mißwirtschaft nachlässiger oder schlecht geführter Regierungen« (S. 115–116).

In seiner Charakterisierung der Arbeiter, die der *Marxens* vom entmenschten Proletariat gleichkommt, sagt Locke, daß in einer großen Notlage die Arbeiter ihren gewöhnlich bezeugten Respekt vergessen. Er sagt keineswegs, daß sie so

etwas nicht tun dürfen (Macpherson, 1962, S. 224) und, wenn sie es dennoch tun, gegen ein moralisches Gebot oder eine politische Satzung verstoßen. Ganz im Gegenteil: So wie Locke in den *Treatises* die Regierung für die politisch bedingte revolutionäre Situation verantwortlich macht, so belastet er sie in den *Considerations* mit der Verantwortung für die wirtschaftliche Notlage und die dadurch hervorgerufene revolutionäre Situation. Daher ist für ihn die Wirtschaftspolitik auch nicht, wie es allgemein vom Liberalismus behauptet wird, darauf beschränkt, Hindernisse aus dem Weg der Privatinitiative zu räumen. Wenn es zum »offensichtlichen Vorteil der Allgemeinheit ist«, ist es erlaubt, Privatinteressen »zu vernachlässigen oder zu opfern« (*Considerations*, S. 13).
Obwohl das Lockesche System es grundsätzlich wie operativ ermöglicht, über die Sozialpolitik der elisabethanischen Armengesetze hinauszugehen, kann der Nachweis nicht erbracht werden, daß dies in seiner Absicht gelegen hätte.[4] Wenn neben seinen politischen Texten auch Tagebuchaufzeichnungen berücksichtigt werden, könnte man annehmen, nach Lockes Meinung überwiege die *religiöse Bestimmung* des Menschen die Wichtigkeit seiner *materiellen Situation* bei weitem. So schlug er tägliche Erbauungsstunden vor, in geringerer Zahl für Arbeiter als für Gentlemen und Gelehrte (Dunn, 1969; S. 231), während er, die Auffassung vom unausweichlichen Mangel teilend, mitleidlos erklärte: »Die Arbeiter leben allgemein von der Hand in den Mund (und) können durchaus ihre Aufgabe weiter erfüllen, wenn sie nur Geld haben, um Lebensmittel, Kleidung und Werkzeuge zu kaufen« (*Considerations*, S. 34).
So wenig man diese praktischen Schlußfolgerungen übersehen darf, so wenig sollte man von dem Potential absehen, das in Lockes System für eine öffentliche Wohlfahrtspolitik liegt. Es handelt sich dabei, ungeachtet aller landläufigen Vorstellungen über den Liberalismus, nicht nur um den *praktischen* Vorrang, den die *politische* gegenüber der *wirtschaftlichen* Sphäre innehat (insofern die Eigentumsverhältnisse der gesetzlichen Regelung unterstehen), sondern auch um deren *moralischen* Vorrang. Denn der Ausgangspunkt und der Grundpfeiler der Lockeschen politischen und sozialen Philosophie ist der moralische Imperativ der gleichen Freiheit: »Nichts ist einleuchtender, als daß Geschöpfe von gleicher Gattung und von gleichem Rang, die ohne Unterschied zum Genuß derselben Vorteile der Natur und zum Gebrauch derselben Fähigkeiten geboren sind, ohne Unterordnung und Unterwerfung einander gleichgestellt leben sollen« (II, 4).
Wie aus Lockes Leitprinzipien für die ineinandergreifenden öffentlichen Lebenssphären hervorgeht, wird dieser Imperativ, wenngleich auch da stärkstens beschränkt, in weitaus größerem Ausmaß in der politischen als in der wirtschaftlich-sozialen Sphäre verwirklicht. Nicht nur die Überordnung des politischen über den nicht-politischen Konsens, sondern auch die prinzipiellen und praktischen Ansätze zu einer Wohlfahrtspolitik beruhen auf dieser Vorrangigkeit. Das, was als liberaler Sozialismus sich später besonders in *John Stuart Mills* Auffassungen abzeichnet, geht weit über John Locke hinaus, aber doch nicht so weit, daß Vergleichbarkeit und Kontinuität einer spezifischen Denktradition nicht im Rückblick erkennbar wären (Seliger, 1978, S. 31–53).

ANMERKUNGEN

1 Locke bezieht das Problem der Freiheit auf die Beziehung von Mensch zu Mensch im Sinne dessen, was man heute auch »negative« Freiheit zu nennen pflegt – im Gegensatz zur »positiven«, womit man die freiwillige Befolgung eines Willens versteht, der dem des Individuums übergeordnet ist. Ich schließe mich denen an, die bezweifeln, ob man das letztere Freiheit nennen kann. Selbst Berlin (1958, S. 46), der die Unterscheidung berühmt gemacht hat, gesteht zu, daß »jede Interpretation des Begriffes ... ein Minimum dessen, was ich ›negative‹ Freiheit genannt habe, enthalten muß«.

2 Plumb, 1967, S. 29 schätzt die Zahl der Wahlberechtigten auf 200 000. Die Zahl stellte einen solchen Zuwachs dar, daß Gewalttätigkeiten um sich griffen und Versuche zur Einschränkung der Wahlbeteiligung unternommen wurden. Tully, 1980, S. 173, der sich auf Plumb bezieht, wenn er von einer Tendenz zum allgemeinen Wahlrecht spricht, übergeht nicht nur Plumbs ausdrücklichen Hinweis auf die Beibehaltung der 40-Schilling-Steuerschranke für die Wahlberechtigung und damit auch den Ausschluß »der armen Arbeitenden, die niemand politischer Rechte würdig erachtete« (28). Tully, der aus II, 158 zitiert, läßt den hier zitierten Passus aus, der seiner Behauptung widerspricht, Locke habe »jedem männlichen Erwachsenen das Wahlrecht gegeben«.

3 Hier ist also die Einführung des Geldes als Grund der Ungleichheit der Besitzungen angegeben. Da diese Stellen in II, 50 im Widerspruch mit allem stehen, was Locke sonst zu diesem Thema sagt, handelt es sich entweder um eine Fahrlässigkeit in der Formulierung – nicht die einzige, die Locke unterlaufen ist – oder um eine der vielen Verbesserungen des Manuskripts an dieser Stelle; vgl. Seliger, 1968, S. 153–154.

4 Im Armengesetz wie im *Statute of Artificers* will Tully, 1980, S. 169 das von Locke ins Auge gefaßte Instrument für eine demokratisch orientierte Sozialreform sehen. Lockes Vorschläge, die er im Jahre 1697 dem *Board of Trade* als dessen führendes Mitglied unterbreitete, sprechen eine andere Sprache, die derjenigen der *Considerations* in nichts nachsteht. Nicht mangelnde Gelegenheit, sondern »das Nachlassen der Disziplin und die Korruption der Sitten« sind die wesentlichen Gründe für Beschäftigungslosigkeit und Armut. Um die »Armen zum Arbeiten zu bringen«, empfahl er, sie privaten Arbeitgebern zu niedrigerem als dem üblichen Lohn zur Verfügung zu stellen unter Androhung von Zwangsdienst in der Flotte. Dies solle auf alle Fälle mit Bettlern im Alter von vierzehn bis fünfzig Jahren geschehen, die ohne Bettelerlaubnis außerhalb ihrer Dorfgemeinde aufgegriffen werden. Auf Fälschung des Ausweises steht Abschneiden der Ohren, im Wiederholungsfall soll der Abtransport in die Kolonien erfolgen. Für Männer über fünfzig und Frauen soll es Zwangsarbeit in Besserungsanstalten (*houses of correction*) geben, mit gelegentlichem Auspeitschen; ihre Kost bestehe aus einem »Bauchvoll Brot« und warmem Haferschleim im Winter. Unterhalt und Unterricht in der Armenschule für Kinder von drei bis vierzehn Jahren würden durch deren Arbeitsleistung gedeckt, so daß die Gemeinden die vom Armengesetz vorgesehenen Aufwendungen einsparen. Die Armenschule ermögliche den Müttern, produktiver Beschäftigung nachzugehen und den sonntäglichen Kirchenbesuch der Kinder zu sichern. »Nicht vor der Reform des Armengesetzes im Jahre 1834« (d. h. in der Epoche des Hochkapitalismus) »wurde Ähnliches vom Parlament beschlossen« (Cranston, 1957, S. 424–425). Wie Cranston dokumentiert, bezeugt Lady Marsham, daß Locke persönlich niemals *idle beggars* mit Almosen bedachte, aber arbeitswilligen und fleißigen Menschen gegenüber hilfsbereit war und großzügig diejenigen bedachte, die durch Alter und Gebrechlichkeit nicht mehr arbeitsfähig waren.

4. Giambattista Vico (von Eugene Kamenka)

Vita und Werk

Giovanni Battista (Giambattista) Vico (1688–1744), italienischer Jurist und Philosoph, Erforscher der Literatur, der Geschichte, der Philologie und der Gesellschaft, lebte ein ungewöhnlich einsames Leben, das gekennzeichnet war von Armut, familiären Sorgen, dem Scheitern, eine Professur für Bürgerliches Recht zu erlangen, nach der er strebte, und dem Verrat durch diejenigen, die er für seine Förderer gehalten hatte. Sein Denken war zu kompliziert, seine Prosa zu ausgearbeitet und viele seiner Ideen waren zu originell, um ihm unmittelbare Anerkennung zu sichern oder ihn zum Begründer einer blühenden Schule zu machen. Sein Genius und besonders seine Modernität brauchten einhundert Jahre, um anerkannt zu werden; es hat mehr als zweihundert Jahre gedauert, bis die Forschung den Rang und die Komplexität seines Denkens einigermaßen vollständig würdigte.

Bei Vico findet sich in der Tat vieles, was die intellektuellen Entdeckungen oder Methoden des 19. Jahrhunderts vorwegnimmt: sein Glaube an die Entwicklung, die Historizität und die Gesetze, die den sozialen Wandel beherrschen; seine Behandlung der Vorsehung in einer Art, die der Hegelschen List der Vernunft nahekommt; seine Hervorhebung der Klassenkämpfe in der Antike; seine Erkenntnis, daß das Recht der Gesellschaft nicht von außen aufgezwungen wird, sondern aus Klassenkonflikten hervorgeht; sein Beharren gegen Descartes, daß die Wissenschaften keine Anwendung der abstrakten Vernunft sind, sondern aus sozialen Notwendigkeiten resultieren; seine Erkenntnis, daß der Lauf der Ideen vom Lauf der Dinge bestimmt wird, sein Glaube, daß der Mensch nur das mit einiger Überzeugung wissen kann, was er selbst geschaffen hat. Dennoch halten weiterhin viele Autoren daran fest, Vico sei ein merkwürdig schwer zu bearbeitender Autor. Vicos Stil, so schreibt Patrick Gardiner in der *Encyclopedia of Philosophy*, »ist häufig dunkel und akademisch, und seine Äußerungen tendieren dazu, eher dunkel und andeutend als scharf umrissen und klar zu sein, und seine Art, das Denken zu ordnen und zu präsentieren, war ebenfalls einem einfachen Verständnis nicht förderlich« (Gardiner, S. 248).

Mehr als ein Jahrhundert früher hatte *Savigny* im Grunde dasselbe gesagt: »Vico stand mit seiner genialen Tiefe einsam unter den Zeitgenossen, ein Fremdling in seiner Nation, übersehen oder verspottet … Unter so ungünstigen Verhältnissen konnte sein Geist nicht zu fruchtbringender Ausbildung kommen. Allerdings finden sich bei ihm einzelne Gedanken über die Römische Geschichte, den Niebuhr'schen verwandt. Aber diese Gedanken sind ähnlich den Blitzen in dunkler Nacht, wodurch der Wanderer mehr verwirrt, als zurecht geführt wird. Durch sie wäre keiner belehrt worden, der nicht schon auf seinem Wege die Wahrheit gefunden hätte« (Savigny, 1850: Vermischte Schriften, Bd. 4, S. 217f.).

Sicherlich ist Vico – wie Heraklit – eher als fruchtbarer und anregender Vorläufer denn als systematischer Begründer berühmt; er ist sehr viel häufiger für einzelne Sätze oder allgemeine Haltungen »interpretiert« und bewundert worden, als daß er mit Sorgfalt und Hingabe erforscht worden wäre. Zumindest bis zum

Ende des 19. Jahrhunderts ist er zur Bestätigung vor allem von den Denkern zitiert worden, deren Interesse an ihm auf der Tatsache beruhte, daß sie selbst zu ähnlichen Schlußfolgerungen oder Ansichten gelangt waren, und zwar, soweit wir sehen können, weitgehend unabhängig von Vico. Erst im letzten halben Jahrhundert hat sich in Italien ein größeres Interesse an Vicoscher Forschung und Vicoschem Denken verbreitet.

Vico, das sechste von acht Kindern eines Buchhändlers in Neapel, wuchs in Armut auf und litt sein Leben lang an einer schwachen Gesundheit. Seine Ausbildung war, abgesehen von Perioden in einer Jesuitenschule, weitgehend ein Prozeß des Selbstunterrichts auf der Grundlage privater Studien. 1684–85 schloß er an der Universität von Neapel Kurse in klassischer Literatur und Philosophie ab; er wandte sich dann dem römischen und dem kanonischen Recht zu, aber die Armut zwang ihn, Arbeit zu suchen. Er verbrachte neun arbeitsreiche Jahre als Erzieher der »Neffen« des Bischofs von Ischia, G. B. Rocca, und zog mit der Familie in ihre verschiedenen Häuser in Neapel, Portici und Vatoila. Platon und Tacitus wurden seine Lieblingsautoren, ersterer, weil er den idealen Menschen beschrieben hatte, letzterer, weil er den Menschen beschrieben hatte, wie er wirklich war. Aber er nahm auch die vorherrschende Mischung von Renaissance-Humanismus und cartesianischem Rationalismus auf, die von einer bedeutenden Bewegung zur kulturellen Erneuerung im Neapel seiner Zeit verbreitet wurde. Er bewunderte die neoplatonische Schule, interessierte sich für die Lehren Giordano Brunos und Tommaso Campanellas und den Experimentalismus Galileis und Francis Bacons. Daneben beherrschte er die wesentlichen Elemente sämtlicher Werke von Descartes. Er wandte sich dann unter dem Einfluß von Bacon stärker historischen Studien zu, besonders den Werken der großen französischen und niederländischen Historiker des römischen Rechts, Grotius und den Autoren des 17. Jahrhunderts, die über das Naturrecht schrieben.

1695, nachdem die Rocca-Kinder erwachsen waren, kehrte Vico nach Neapel zurück, wo er unter dem Zwang finanzieller Not den Kindern reicher Familien die Anfänge der Grammatik und der Rhetorik einpaukte. Zwei Jahre später erhielt er die unbedeutende und sehr schlecht bezahlte Professur für Rhetorik an der Universität von Neapel. Er ergänzte sein Gehalt mit juristischer Arbeit, Privatunterricht und Auftragsschriften. 1699 heiratete er die ungebildete, aber wohlmeinende Teresa Caterina Destito, mit der er acht Kinder hatte, von denen drei im Säuglingsalter starben und einer Vico Kummer bereitete, weil er wegen Diebstahls ins Gefängnis kam. Doch sein ältester Sohn folgte Vico auf seinem Lehrstuhl an der Universität.

Die lateinischen Eröffnungsreden, die Vico als Teil seiner allgemeinen Verpflichtungen jedes Jahr zwischen 1699 und 1706 hielt, wurden erst 1869 veröffentlicht, nur die letzte Rede, die er 1708 hielt, *De nostri temporis studiorum ratione*, erschien bereits 1709. Ihr folgte nahezu unmittelbar seine Schrift *De antiquissima Italorum sapientia* (1710) und dann *De aequilibrio corporis* (1713). Vico wurde in dieser Periode zunehmend kritisch gegenüber der cartesianischen Philosophie und der cartesianischen Erkenntnistheorie und stellte gegen Descartes' Kriterium der klaren und deutlichen Ideen *(claire et distincte)* die Vorstellung des *verum factum* (wir können nur das mit Sicherheit wissen, was wir selbst geschaffen haben) und das damit verbundene Prinzip der *conditio sine qua non*, die uns zu erkennen hilft, ob ein Ding Gottes Schöpfung oder eine »von uns geschaffene« Tatsache ist, Teil der menschlichen oder der sozialen Wissenschaften, in denen wir, nicht nur Gott, sicheres Wissen erlangen können.

Von 1714 an wandte sich Vicos Denken in eine neue Richtung, die die eigentliche Vicosche Betrachtungsweise schuf. Von *Grotius* lernte er, daß Philosophie und Philologie, die Wissenschaft des Allgemeinen und die Wissenschaft jeder Art des einzelnen Besonderen, nicht zwei unabhängige und antithetische Zweige des Wissens waren. Beide mußten als Teil eines grundlegenderen und universaleren Systems der sozialen Gesetze verstanden werden. Die *Hobbessche* Vertragstheorie der Gesellschaft war falsch, wie *Grotius* und *Pufendorf* erkannt hatten. Der Staat – und nicht die Philosophie – war die Grundlage der Zivilisation. Aber der Staat war keine ahistorische Emanation der Vernunft oder des Naturrechts. Die Menschen hatten bereits ein soziales Dasein entwickelt, als ihr Leben und ihre Persönlichkeit noch brutal und bar aller Kultur und Humanität waren. Die Gesellschaft war wie die erste Form der Erkenntnis nicht das Produkt der Vernunft, sondern des blinden Instinkts, der Intuition und der Erfindungskraft.

Der hierin implizierte Atheismus beunruhigte den zutiefst religiösen Vico, bis er sich selbst durch die Betrachtung der Lehren von *Augustinus* und *Bossuet* über Gnade und Vorsehung überzeugte, daß Gott und die Vorsehung mit Hilfe von Instrumenten wirken konnten und wirkten, die den höheren Plan selbst nicht kannten. Nachdem er seine religiösen Skrupel beschwichtigt hatte, konnte Vico sich der Ausarbeitung seiner *Neuen Wissenschaft* widmen, in der die Geisteswissenschaft (Sprache, Literatur, Dichtung, Rhetorik, Kunst, Geschichte, Recht, Regierung und die Beschreibung der Gebräuche und Sitten der Völker) von ihrer niederen Position im cartesianischen System zu einer unabhängigen und zuverlässigen Wissenschaft erhoben wurde, die die Philosophie ergänzte und zeigte, daß die Philosophie nur eine Reflexion des Wissens und deshalb weder ursprünglich noch autonom oder unabhängig von der historischen Entwicklung des Menschen ist. Denn der Mensch ist nicht fähig, ein perfektes System der Naturwissenschaften zu errichten, weil nur Gott, der Schöpfer der Welt, deren Geheimnisse kennt. Aber der Mensch kann eine vollkommene Wissenschaft vom Menschen, der Geschichte, der Gesellschaft und der vielfältigen Modifikationen des menschlichen Geistes ausarbeiten.

Ein Entwurf dieser *Neuen Wissenschaft* erschien zuerst in dem zweibändigen Traktat über das universale Recht, *De universi iuris uno principio et fine uno*, den Vico 1720–21 veröffentlichte; sie wurde in einer Fassung vollständig entwickelt, die der mächtige Kardinal Lorenzo Corsini, der spätere Papst Clemens XII., zu fördern sich bereit erklärte (weshalb er für die Veröffentlichung bezahlte). Der Kardinal zog sich jedoch zurück, und Vico, dem das Geld fehlte, den vollständigen Text zu veröffentlichen, kürzte das Buch um zwei Drittel und bezahlte den Druck des verbliebenen Textes, indem er das einzige Schmuckstück, das er besaß, einen Familienring, verkaufte.

Ebenso wie es seinem zweibändigen Traktat über das universale Recht nicht gelungen war, ihm den angeseheneren Lehrstuhl für Rechtswissenschaften an der Universität von Neapel einzutragen, der 1723 vakant geworden war, so traf jetzt sein neues Buch, das er 1725 unter dem Titel *Principi di una scienza nuova intorno alla comune natura delle nazioni* veröffentlichte, auf nahezu allgemeines Desinteresse. Er verbrachte die letzten zwanzig Jahre seines Lebens mit Bemühungen, es neu zu strukturieren, veröffentlichte 1730 eine zweite Version und schickte 1743 eine dritte, definitive Version – als »dritte Auflage« bezeichnet und nach einem anderen und weitgehend revidierten Plan geordnet – zum Drucker. Am 23. Januar 1744 starb er im Kreis der drei letzten Überlebenden seiner einst zahlreichen Familie. Die letztgültige Version der *Neuen Wissenschaft* erschien posthum. Sein Leben war, wie Nicolini uns erinnert hat (S. 313), in vielen Dingen so heilig, groß und heroisch wie das Leben Spinozas; die Autobiographie, die er in Venedig 1728–29 veröffentlichte, ist ein bewegendes Dokument, und in den dreißiger Jahren des 18. Jahrhunderts gab es eine wachsende Verehrung für Vico und Respekt vor seinem edlen moralischen Gefühl, seinem untadeligen Leben und seinem persönlichen Charme, aber kein größeres Verständnis seiner Ideen. 1743 war er für ein ansehnliches Gehalt zum Historiographen des neapolitanischen Hauses der Bourbonen ernannt worden, und das Gehalt wurde bald verdoppelt, aber als er starb, war der Treppenaufgang seines Hauses zu schmal, um seinen Sarg hindurchzulassen, und es entstand eine häßliche Auseinandersetzung darüber, wo er seine letzte Ruhestätte finden sollte. Schließlich wurde er ohne Zeremonie in der Kirche der oratorianischen Priester beigesetzt, wo sich seine sterblichen Überreste noch heute befinden.

Die Neue Wissenschaft

Vico ist als großer Vorläufer der historischen und genetischen Betrachtungsweise der Philosophie, der Gesellschaft und des menschlichen Wissens im allgemeinen betrachtet worden, die das 19. Jahrhundert dominieren sollte und Systeme wie den Hegelianismus und den Marxismus hervorbrachte. Es gibt freilich keinen Beweis dafür, daß Vico irgendeinen entscheidenden direkten Einfluß auf Hegel oder Marx ausgeübt hat. Vico bezog sich auf viele der Traditionen des Renaissance-Humanismus, besonders auf die Werke von *Petrarca* und *Pico della Mirandola*, die die Geisteswissenschaften, besonders Literatur und Geschichte, über die Naturwissenschaften erhoben hatten, aber er war sich der Neuheit seines Unternehmens wohl bewußt und des Ausmaßes, in dem er mit den Hauptmoden seiner Zeit im Widerstreit lag. Sein Hauptangriff galt dem Cartesianismus und dessen Glauben (den er selbst in seinen frühen Jahren geteilt hatte), daß die Mathematik die zuverlässigste der Wissenschaften sei. Bei der Entwicklung seiner historischen Betrachtungsweise bezog er sich auf die Werke von *Grotius* und *Pufendorf* und ihren Angriff gegen *Hobbes*. Einer seiner bedeutendsten Beiträge war die Zurückweisung eines zeitlosen Naturrechts, die Betonung, daß Gesetze wie Gewohnheiten, moralische Grundsätze und philosophische Überzeugungen Ergebnisse der Geschichte waren. Man kann von der *Neuen Wissenschaft* sagen, wie Hayden V. White (1968, S. 313) dargelegt hat, daß sie von einer Frage ausging, die durch die intellektuellen Traditionen von Vicos Zeit nicht beantwortet wurde: »Wie geschieht es, daß die Menschen, die im Grunde barbarisch, egoistisch und böse sind (wie *Machiavelli* und *Hobbes* behauptet haben), in der Lage sind, sich selbst der Herrschaft des Gesetzes unterzuordnen und nicht nur dem eigenen Wohlergehen, sondern auch dem anderer zu dienen?«

Den primitiven Menschen so zu behandeln, als habe er die Rationalität des modernen Menschen besessen und eine menschliche Gesellschaft nach dem Prinzip des aufgeklärten Eigeninteresses geformt, war historischer und psychologischer Unsinn. Der christliche, theologische Verweis auf das göttliche Eingreifen war für Vico noch heikler – nicht nur, weil das Heilige Offizium (die Inquisition) in Neapel aktiv war, sondern weil Vico ein gläubiger Christ war. Er entschloß sich, sein System zu komplizieren, indem er die alten Israeliten, deren Geschichte ein Produkt unmittelbarer göttlicher Fügung und göttlichen Handelns war, von seiner universalen *Neuen Wissenschaft* ausnahm, die er nur auf die nichtjüdischen Nationen anwandte. In der nichtjüdischen Welt wirkten Gott und die Vorsehung indirekt und erfüllten die göttlichen Ziele und den göttlichen Plan, indem sie Ereignisse und Handelnde in Bewegung setzten, die ihre eigenen engeren und begrenzteren Ziele verfolgten und der Vorsehung dienten, ohne es zu wissen. Die Überzeugung, daß die historische Entwicklung nicht auf die bewußten Intentionen der historischen Akteure reduziert werden konnte – eine Überzeugung, die auch für den Hegelianismus und den Marxismus zentral war – war grundlegend für die *Neue Wissenschaft*.

Wie aber erhoben sich dann die nichtjüdischen Nationen über die animalische Stufe, ohne die direkte Hilfe des wahren Gottes? Um dies zu verstehen, brauchen wir, wie Hayden V. White betont, drei Voraussetzungen, die Vicos Neue Wissenschaft unterstreichen: 1) daß kulturelle Artefakte Schöpfungen des menschlichen Bewußtseins sind – nicht mehr und nicht weniger – und daß sie die Art des Bewußtseins anzeigen, das sie geschaffen hat; 2) daß der menschliche Geist in der Vergangenheit in derselben Weise gearbeitet hat, wie er es heute tut, auch wenn er nicht die gleichen Überzeugungen und Haltungen teilte, und 3) daß die Menschen fähig sind, alle menschlichen Phänomene in einer besonderen, eigentümlich sicheren Weise zu verstehen, denn man hat einen privilegierten Zugang zu dem, was man geschaffen hat oder grundsätzlich zu schaffen fähig ist.

Vicos Position nimmt hier die Lehre von *Verstehen* und *Einfühlen* vorweg, das Wissen, das wir erlangen (in den Human- und Sozialwissenschaften), indem wir uns selbst an die Stelle des Handelnden setzen und unsere Einbildungskraft und Sympathie als Gegensatz zum rationalen, aber, nach Vico, immer ungewissen und unsicheren Verständnis der Phänomene der Natur benutzen. Geschichte und menschliche Natur können deshalb nicht auf der Grundlage des Studiums der physikalischen Natur allein oder durch die Reduzierung der Prinzipien des Geistes auf die der Newtonschen Mechanik verstanden werden. Wir müssen uns den kulturellen Phänomenen zuwenden, der Poesie, der Literatur, dem imaginativen Leben eines Zeitalters, seinen Gewohnheiten, Bräuchen, Familienverhältnissen, moralischen Prinzipien und Gesetzen. Wir müssen erkennen, daß die Sprache nicht nur ein passives Instrument, sondern, wie Vico es darstellt, eine Quelle der Kultur ist. Wir werden erfahren, daß jedes Zeitalter seine eigenen Probleme hat und daß die Antworten auf diese Probleme gemäß dem Niveau der Rationalität wechseln, die von der in Frage stehenden Kultur erreicht worden ist. Es wird für uns als Teil unserer Forschung notwendig sein, einbildend und einfühlend uns in eine Welt einzudenken, in der die Natur zu leben schien und die von feindlichen Geistern beherrscht wurde, eine Zeit, in der die Menschen wie Kinder waren und in vielen Dingen wie Tiere lebten und handelten. Die Kultur entwickelte sich nicht aus abstrakten Nützlichkeitserwägungen oder aus einem rationalen Eigeninteresse, wie Hobbes glaubte, sondern vielmehr aus unmittelbaren Antworten auf wirkliche oder eingebildete physische Bedrohungen. Blitz und Donner – oder vielmehr die Furcht vor ihnen – drängten die Menschen zu Familien zusammen. Einbildungskraft und nicht nur Vernunft, Induktion und nicht nur Deduktion bilden deshalb die Grundlage von Vicos neuer Wissenschaft vom Menschen und der Gesellschaft, von der Kultur und der Geschichte.

Die Details von Vicos Rekonstruktion, die häufig auf einer fragwürdigen historischen Philologie beruhen, sind heute weniger interessant als die Implikationen seiner Methode, auch wenn sie immer noch anregend sind und Verständnis zu erwecken vermögen. Vico glaubte, daß Gesellschaften wie menschliche Individuen sich von der Kindheit über das Erwachsensein zum Alter bewegen, aber er betonte die Funktion von Klassenkämpfen beim Übergang von einem sozialen Zeitalter zu einem anderen: Die menschliche Gesellschaft fing beim primitiven Menschen an, der, erschreckt von Blitz und Donner, mit seiner Frau in Höhlen Zuflucht nahm, sich daran gewöhnte, in Gruppen zu leben und auf den Schutz der Familienoberhäupter zu vertrauen. Dies war das *Zeitalter der Götter*, in dem die Menschen in patriarchalischen Gemeinschaften (*familiae*) lebten, nur durch die Blutsbande zusammengehalten, in dem die feindlichen Vorgänge in der Natur zu Göttern anthropomorphisiert wurden, die versöhnt und besänftigt werden mußten, und in dem der starke Mann, der herrschte, die Funktion des Priesters und des Königs in sich vereinte. Wasser und Feuer, die Symbole der Feuerstelle, symbolisierten auch die Einheit der Familie und der Verwandtschaftsgruppe.

Der animalische Existenzkampf, in dem die Menschen in dieser Phase lebten, schuf Flüchtlinge (*socii*), die als Gegenleistung für Dienste, die sie erbrachten oder erbringen würden, in fremde Verwandtschaftsgruppen aufgenommen wurden; es entwickelte sich eine Aufteilung von Arbeit und Macht, und es entstanden Privilegien, die Forderungen von unten schufen, von den *socii*. Dies veranlaßte die Oberhäupter der verschiedenen Stämme, zur Verteidigung ihrer Privilegien zusammenzukommen, und daraus entwickelte sich eine aristokratische Herrschaftsgruppe. Sie beanspruchte Abstammung von den Göttern, sie stellte einen Ehren- und Leistungskodex auf und eine besondere Art der Dichtung, das heroische Epos. So wich das Zeitalter der Götter dem *Zeitalter der Helden*, das Zeitalter der Religion dem Zeitalter der Dichtung, die Funktion des Priesterkönigs der des Adels. Von dem neuen und sichereren Zeitalter der aristokratischen Herrschaft profitierten jedoch auch die Plebejer; sie wurden stärker und aufrührerischer, und schließlich entdeckten sie ihren Beitrag zur allgemeinen Wohlfahrt und bestanden darauf, mit den Adligen die Eigenschaften eines Menschen gemeinsam zu haben.

Das Zeitalter der Helden wich dem *Zeitalter der Menschen*, die Sprache der Dichtung der der Prosa, die Gewohnheit dem Gesetz und dem geschriebenen Vertrag. Erst jetzt entstanden Könige, denn die Herrschaft eines Königs beruht auf der Anerkennung eines innerlich differenzierten sozialen Ganzen. Aber in diesem Stadium ist die vereinigte Kultur der Gesellschaft auch am stärksten davon bedroht, daß Korruption, Auflösung und ein Rückfall in die primitive Barbarei einsetzen. Hier haben wir den berühmten *corso* oder Zyklus, in dem sich für Vico die Geschichte bewegte: von der Barbarei zur Kultur und zu erneuter Barbarei, wo der Zyklus dann von neuem begann: *corsi* und *ricorsi*.

Vico glaubte, daß menschliche Wesen einen gemischten Charakter haben und im wesentlichen dem Tier näher stehen als dem Engel. Sie werden nur durch die Kultur erhoben, besonders in deren heroischer Form, durch die Religion und durch Bescheidenheit und Frömmigkeit – den Säulen, auf denen die Familie errichtet ist. Das zweite Stadium der Barbarei, die neue Barbarei, ist nicht einfach eine Wiederholung des ersten Stadiums: Sie entsteht aus einem Übermaß an Reflexion oder aus einer Vorherrschaft der Technologie mit der Ersetzung der Religion durch den Materialismus. Dieser Zustand wird begleitet von einem totalen Verlust der einst mächtigen, wenn auch unkontrollierten noblen Impulse in der ersten Phase der Barbarei. Die Menschen werden zu Feiglingen, Ungläubigen, Denunzianten, Schmeichlern und Heuchlern, und ihre Städte werden zu Einöden der Seele. Es ist diese Seite von Vicos Denken, die die Aufmerksamkeit der Halbgebildeten am stärksten auf sich zog und die eine bemerkenswerte Ähnlichkeit mit den zyklischen Geschichtstheorien zeigt, wie sie in modernen Begriffen von *Danilewski, Spengler* und *Toynbee*, wahrscheinlich von Vico inspiriert, ausgearbeitet wurden. In Vicos – und vielleicht auch in ihrem Denken – sind die *corsi* und *ricorsi* nicht absolut vom Schicksal verhängt, zumindest nicht im Hinblick auf ihre Dauer und auf ihr Maß. Die neue Barbarei ist überdies nicht einfach eine Rückkehr zu alter Barbarei, und auch die Vorsehung wirkt irgendwo und führt die Geschichte zu höheren Idealen. Der Verlauf der Geschichte ist deshalb weniger ein Zyklus als eine *Spirale*, und die Determinanten ihres Verlaufs bleiben offener und ungenauer, als viele gröbere Zusammenfassungen Vicos zeigen, die versuchen, ihn klar und widerspruchsfrei zu machen. Einerseits ist Vico einer der großen Vorläufer der Ansicht, daß der Lauf der Geschichte und der Gesellschaft von sozialen Gesetzen bestimmt ist, die unabhängig vom Willen des Menschen sind. Andererseits gibt es vieles bei ihm, was diejenigen bestätigt, die eine scharfe Trennung zwischen den Natur- und den Geisteswissenschaften ziehen wollen, indem sie auf der Offenheit der Geschichte, der Funktion der menschlichen Kreativität und der Indeterminiertheit menschlichen Handelns insistieren – wie Sir Isaiah Berlin dies in seiner Vico-Interpretation tut (Berlin, 1976).

Metaphysik und Geschichte

Die Spannungen in Vicos Werk sind nicht einfach miteinander zu versöhnen, wenngleich sie nicht größer sind als die Spannungen im Hegelianismus, Marxismus oder in vielen anderen Theorien. Leon Pompa, ein jüngerer Vico-Forscher, hat erneut betont, daß Vico zwei Arten von Ursachen unterscheidet: »metaphysische Ursachen, die die formalen Charakteristika der Phänomene in der menschlichen Welt bestimmen, und empirische Ursachen, die bestimmen, was tatsächlich geschieht« (1975, S. 86).

Metaphysische Ursachen schließen die grundlegenden Eigenschaften ein, die allen Menschen auf den unterschiedlichen Stufen ihrer Entwicklung gemeinsam sind, zum Beispiel ihren Glauben an die Religion, die Eheschließung und die Beisetzung, ihr Eigeninteresse, die Entwicklung der Einbildungskraft vor der Entwicklung der Rationalität und das Axiom, daß es eine allgemeine Basis für vernünftige Urteile gibt, die in unterschiedlichen Kulturen unabhängig voneinander entstehen. Wir können die Geschichte der Menschheit rekonstruieren, weil sie den Stadien unserer eigenen geistigen Entwicklung entspricht. Auf der Basis dieser Grundsätze interpretiert Vico die Sagen, die Mythen, die Kunst, die Bräuche, die religiösen Zeremonien, die Rituale, die Gesetze, die Musik und die Sprache fremder Völker und ferner, primitiver Gesellschaften, indem er über das empirische Material hinausgeht, um das Wesentliche in den Handlungen eines Volkes zu erfassen: was es zu erreichen und was es auszudrücken versucht. Um dies zu tun, muß er den formalen Prinzipien, die die Wirksamkeit und die Entwicklung des menschlichen Geistes beherrschen, eine Vielzahl von induktiv gewonnenen Materialien über menschliche Kulturen hinzufügen, an die er so herangeht, wie Kulturanthropologen heute an ihr Material herangehen.

Die Ansicht, Vico sei eher ein anregender als ein systematischer Denker, ist nicht unberechtigt, wenngleich viele Aspekte seiner Philosophie und seiner Methode jetzt gründliche und gelehrte Untersuchung erwecken. Es ist immer noch einfacher für uns, ihn als einen Ausgangspunkt denn als einen Führer zu verstehen. In der Erkenntnistheorie dominiert die Anwendung der Theorie des *verum factum* noch immer die philosophische Betrachtung der Mathematik, die die Gewißheit ihrer Urteile zumeist aus ihrem konventionellen, d. h. von Menschen gemachten Charakter gewinnt. Aber nur wenige glauben heute noch, daß wir ein vollkommenes oder gesichertes Wissen von irgend etwas haben, eingeschlossen unseren eigenen Geist, geschweige denn all dessen, was wir geschaffen haben oder schaffen könnten. In der Ästhetik, der Pädagogik und der Philosophie des Mythos oder der »poetischen Logik«, wie Vico sie genannt hat, waren seine Betonung der Unabhängigkeit der Einbildungskraft vom Intellekt, ihrer Priorität und ihrer Fähigkeit, abstrakte Vorstellungen zu individualisieren und zu anthropomorphisieren, von bleibendem Wert. In der Rechtsphilosophie hat seine unerbittliche Polemik gegen das Naturrecht, sein Insistieren auf der Historizität und der gesellschaftlichen Bedingtheit des Rechts einen überraschend modernen Klang, ebenso wie seine Verbindung der Ursprünge geschriebener Gesetze und ihrer nachfolgenden Entwicklung mit Klassenkämpfen. Für seine eigene Zeit war Vicos Bezeichnung des heroischen Zeitalters als barbarisch, abergläubisch, gewalttätig, grausam und unwissend, aber auch maßvoll, mutig, von Natur aus gerecht, zutiefst religiös und häufig edelmütig ein bedeutender Fortschritt für die moderne Empfindsamkeit. Gleiches gilt für seine Ansicht, *Ilias* und *Odyssee* seien Schöpfungen mehrerer Generationen von Griechen, die ihre heroische Vergangenheit mythisierten: Ihnen mangelte es zwar völlig an »verborgener Weisheit«, aber sie waren voller poetischer Weisheit. Weiterhin war er der Auffassung, daß die sieben Könige von Rom Personifikationen rechtlicher und religiöser Institutionen waren, ebenso wie das Zwölftafelgesetz der Römer (aufgezeichnet 451–449 v. Chr.) nicht aus Athen oder Sparta nach Rom gebracht worden, sondern aus einer spontanen, kollektiven Leistung des römischen Volkes hervorgegangen war. Viele dieser Einsichten, zu denen später auch andere – freilich unabhängig von Vico – gelangten, sollten die intellektuelle Diskussion des 19. Jahrhunderts dominieren.

Vicos Einfluß

Vicos Einfluß entwickelte sich, wie wir gesehen haben, nur langsam. *Goethe* erhielt ein Exemplar der zweiten Ausgabe der *Scienza Nuova*, als er 1787 Neapel besuchte, und er rühmte das Werk in einem im selben Jahr veröffentlichten Aufsatz und akzeptierte von da an, daß die Entwicklung der Menschheit durch eine Spirale und nicht durch eine kontinuierlich ansteigende Linie verkörpert werden sollte. Der Umfang, in dem *Herder* Vico kannte, ist ebenso umstritten wie der Umfang von Vicos Einfluß auf *Wolffs* revolutionäre Interpretation Homers nach Vicoschen Grundsätzen, die in den zwanziger Jahren des 19. Jahrhunderts veröffentlicht wurde. *Hegels* Kenntnis und Abhängigkeit von Vico ist ähnlich problematisch.

Sicherlich wurde Vico im europäischen Bewußtsein erst berühmt, als der große französische Nationalist und Historiker des 19. Jahrhunderts, *Jules Michelet*, sich selbst als Nachfolger Vicos – oder besser Vico als seinen »Prometheus« und intellektuellen Vorläufer – bezeichnete und eine verkürzte Zusammenfassung der *Scienza Nuova* veröffentlichte. Eine vollständigere und genauere französische Übersetzung durch die Prinzessin Belgioioso wurde 1844 veröffentlicht; *Marx* bezieht sich auf sie in seiner Korrespondenz mit Lassalle in den sechziger Jahren des 19. Jahrhunderts und auf Vicos *verum factum* in einer Fußnote im *Kapital. Mazzini, Coleridge, Thomas Arnold* und *Taine*, sie alle äußerten Interesse an Vico.

1879 veröffentlichte Karl Werner in Wien seine Schrift *Giambattista Vico als Philosoph und gelehrter Forscher*, und 1884 publizierte der schottische Philosophielehrer Robert Flint in Edinburgh eine kurze, aber präzise und interessante Einführung in Vicos Denken. Die verbindliche achtbändige Ausgabe von Vicos *Opere* wurde zwischen 1911 und 1941 von Fausto Nicolini herausgebracht, und erst im 20. Jahrhundert wurde Vicos *Autobiographie* voll gewürdigt. Nicolini veröffentlichte 1947 in Italien seine zweibändige Überarbeitung von Benedetto Croces *Bibliografia vichiana*. Im 20. Jahrhundert ist Vico durch so unterschiedliche Autoren wie *Croce, Gentile* und *Collingwood, James Joyce* und *W. B. Yeats, Trotzki, Pareto, Sorel* und *Sorokin, Edmund Wilson* und *Erich Auerbach* (dessen deutsche Übersetzung der *Neuen Wissenschaft* 1924 in München veröffentlicht wurde) zu weitverbreiteter öffentlicher Aufmerksamkeit gebracht worden. Seit den vierziger Jahren des 20. Jahrhunderts sind zahlreiche Studien in Italien, Frankreich und der englischsprachigen Welt erschienen; in den letzten Jahren hat G. Tagliacozzo, Direktor des Instituts für Vico-Studien in New York, unermüdlich internationale Symposien organisiert und ihre Ergebnisse in mehreren Bänden veröffentlicht und herausgegeben.

Aus dem Englischen von Marina Münkler

5. David Hume (von Udo Bermbach)

Vita und Werk

David Humes Rang innerhalb der Entwicklung der neuzeitlichen Philosophie ist unumstritten. Er zählt zu den wichtigsten Vertretern des Empirismus, und seine erkenntniskritischen Schriften haben auch auf die deutsche Philosophie entscheidend gewirkt. Für die Geschichte des politischen Denkens läßt sich ein vergleichbarer Einfluß kaum ausmachen, obwohl Hume selbst zu seinen Lebzeiten eher als politischer Essayist und Historiker denn als Philosoph geschätzt wurde. Daß seine politischen Schriften nur geringe Resonanz fanden, mag u. a. damit zusammenhängen, daß er keine systematische Theorie der Politik formuliert hat. Sein Denken entzündete sich überwiegend an konkreten Fragen und Kontroversen seiner Zeit, wenngleich mit der Absicht prinzipieller Klärungen.

Hume wurde 1711 in Edinburgh als jüngerer Sohn eines schottischen Landadligen geboren. Er studierte an der Universität seiner Vaterstadt zunächst Rechtswissenschaft, wechselte aber bald zur Philosophie und Literatur. Die anfängliche Begeisterung für diese neuen Fächer verblaßte allerdings rasch, und Hume geriet in eine schwere persönliche Krise, die er durch praktische Berufstätigkeit als Angestellter eines Handelshauses in Bristol zu lösen suchte. Von 1734 bis 1737 lebte er in Frankreich, schrieb dort den *Traktat über die menschliche Natur (A Treatise on Human Nature)*, dessen drei Bände 1739/40 in London erschienen. Der von ihm erhoffte Erfolg und die auch aus finanziellen Gründen ersehnte Anerkennung blieben aus, seine Arbeit wurde kaum zur Kenntnis genommen. Dagegen fanden die 1742 erschienenen *Essays moral, political and literary* eine sehr viel stärkere Beachtung: Ihre knappe und prägnante Form, ihr aktueller Bezug sicherten Hume die Aufmerksamkeit eines politisch interessierten Publikums und ließen ihn seine früheren Enttäuschungen vergessen. Der Erfolg ermutigte ihn zugleich, den *Traktat* neu zu bearbeiten und ihn ab 1748 unter dem Titel *Enquiry Concerning Human Understanding* neu zu publizieren. 1750 entstanden die *Dialoge über weltliche Religion*, die erst 1779, nach seinem Tode, veröffentlicht wurden. Und seit 1754 erschien seine mehrbändige *Geschichte Englands*, die stark beachtet wurde und ihn zu einem der führenden britischen Historiker avancieren ließ.

Die wachsende öffentliche Anerkennung vor allem als politisch-historischer Autor hatte freilich nicht die von Hume erwünschten beruflichen Konsequenzen: 1744 mißglückte die Bewerbung um eine Professur für Moralphilosophie in Edinburgh, 1751 wiederholte sich dieser Mißerfolg, als Hume sich in Glasgow um einen Lehrstuhl für Logik bewarb. Das alles zwang ihn, Gesellschafter eines Marquis und Sekretär eines Generals zu sein, zwang ihn auch zu diplomatischen Missionen nach Wien und Turin. 1752 übernahm er die Stelle eines Bibliothekars in Edinburgh, 1763 ging er als Sekretär des englischen Botschafters nach Paris, wo er mit den Enzyklopädisten und mit Rousseau intensive Kontakte pflegte. Ab 1767 arbeitete Hume für fast zwei Jahre im Auswärtigen Amt in London, ging dann als Privatmann nach Edinburgh zurück, wo er im August 1776 starb.

Humes philosophische Grundhaltung, seine Betonung der Erfahrung als der Basis aller Philosophie und sein Skeptizismus hinsichtlich aller Erkenntnisgewißheit, die auf Beobachtung, Wahrnehmung und Regelmäßigkeit von Erfahrungen beruht, also prinzipiell korrigierbar bleibt, strukturieren auch sein politisches Denken. Vor allem in den *Essays* zeigt sich, daß dieses Denken an einzelnen Grundproblemen zwar prinzipiell ansetzt, daß aber gleichwohl durch abwägende Diskussion einer Fülle von Beispielen und Beobachtungen am Ende eine relativierend-pragmatische Position eingenommen wird. Wenn Hume in einer kurzen Skizze seines Lebens bemerkt, er selbst sei immer von ausgeglichenem und kontrolliertem Charakter gewesen (*Essays*, S. 7), so prägt diese Haltung auch sein politisches Urteil: Extreme zu vermeiden, die überkommene Tradition als nicht völlig unvernünftig zu betrachten, jeder radikalen Veränderung der bestehenden Gesellschaft zu mißtrauen, ja zu widerstehen, vielmehr sich darauf zu verlassen, daß die austarierende Selektivität eines ineinander verschränkten Institutionengefüges zu Ergebnissen führt, die die Zustimmung aller moralisch Handelnden finden können.

Das Menschenbild

Hume hat seinen im engeren Sinne politischen Schriften (den *Essays*) eine – an seine Erkenntnistheorie anschließende – Anthropologie vorausgeschickt, eine »Affektenlehre«, deren fundierende Begrifflichkeit und materiale Intention sich mit ähnlichen Konzepten der schottischen Moralphilosophie *(Shaftesbury, Hutcheson)* in weiten Teilen trifft. Es handelt sich um eine psychologisierende Anthropologie, die menschliches Verhalten und Handeln wesentlich als affektgesteuert interpretiert. Orientiert am Gefühl der Lust bzw. Unlust, entwirft Hume ein komplexes Schema von Leidenschaften *(passions)*, die aus dem Verhältnis des Individuums zu sich selbst, zu anderen und bezogen auf erwerbbare Güter resultieren: Aus den Gegensätzen von Stolz *(pride)* und Niedergeschlagenheit *(humility)*, Furcht *(fear)* und Hoffnung *(hope)*, Liebe *(love)* und Haß *(hatred)*, Begehren *(desire)* und Abneigung *(aversion)* ergeben sich ruhige und heftige Affekte, direkte und indirekte, solche, die zum Handeln drängen, und andere, die den einzelnen passiv lassen (vgl. Stewart, S. 58ff.). Durch die Sympathie *(sympathy)* wird der soziale Bezug einiger dieser Affekte in eine interpersonale Kommunikation gebracht, dank ihrer vermögen Menschen sich wechselweise in ihre jeweiligen Affekte und Absichten hineinzuversetzen. Sympathie und Selbstbezug *(selfishness)* fungieren als Mechanismen sozialer Interaktion, die Vernunft *(reason)*, »weil kühl und uninteressiert, ist kein Motiv zum Handeln und lenkt nur den durch den Trieb oder die Neigung übermittelten Impuls, indem sie uns das Mittel aufweist, das Glück zu erlangen oder dem Unglück aus dem Wege zu gehen« (*Essays*, S. 146). Die Vernunft klärt die Affekte hinsichtlich ihrer Folgen auf, sie ist zwar »der Sklave der Affekte und soll es sein« (Tr., II, S. 153), aber zugleich doch auch kontrollierende Instanz einer sich dadurch rational ausprägenden Moral.

Was hier als allgemeine Bestimmung der menschlichen Natur erscheint, erweist sich bei näherem Zusehen als die Konstituierung des bürgerlichen Subjektes: Affekte und Vernunft, ihr gegenseitiges Verhältnis werden auf dem Hintergrund prinzipiell uneinschränkbarer Bedürfnisse interpretiert – bei gleichzeitig mangelhafter Ausstattung des Menschen hinsichtlich seiner Mittel zu deren Befriedigung. Die »Verbindung von Schwäche und Bedürfnis« (Tr., II., S. 228) in der menschlichen Natur ist der faktische Grund zur Vergesellschaftung, Selbstliebe und Eigeninteresse ihr Motiv. Durch gesellschaftlichen Zusammenschluß wird die sonst defizitäre Leistungsfähigkeit gesteigert, durch Teilung der Arbeit die Geschicklichkeit vermehrt, durch soziale Einbindung die materiale Sicherheit erhöht, und so »wird die Gesellschaft nützlich« (Tr., II, S. 229).

Konkurrenz und Eigentum

Die utilitäre Begründung von Gesellschaft beruht auf einer Anthropologie, die in sich Elemente des bürgerlichen »Besitzindividualismus« (Macpherson) aufgenommen hat. Eigenliebe führt in einer Konkurrenzsituation, die durch Knappheit an lebenswichtigen Gütern charakterisiert ist, zur existentiellen Unsicherheit aller, sie bedroht freilich auch den Bestand der Gesellschaft, wenn es dieser nicht gelingt, die Besitzverhältnisse zu stabilisieren. Sicherheit des Besitzes ist »nicht nur nützlich, sondern sogar absolut nötig für die menschliche Gesellschaft« (Tr., II, S. 245). Für Hume ergibt sich hieraus zwingend, daß die Menschen durch Übereinkunft sich wechselseitig den Besitz jener Güter garantieren, die sie durch Glück und Fleiß erworben haben und über die sie verfügen wollen. Solche Sicherung des Eigentums geschieht durch Gesetze, durch die gesellschaftliche Rechtsordnung, und wo diese akzeptiert ist, »bleibt wenig oder nichts zu tun übrig« (Tr., II, S. 235). Eigentum wie Rechtsordnung sind folgerichtig *gesellschaftliche,* keine *natürlichen* Institutionen, weil sie beide im Prozeß der Vergesellschaftung entstehen. Es ist der alleinige Zweck aller Gesellschaftsbildung, durch die Entwicklung einer Rechtsordnung das Privateigentum zu verbürgen, denn nur so kann die Begierde nach Besitz und Gütern, die »unersättlich, andauernd, allgemein verbreitet und unmittelbar zerstörend für die Gesellschaft« ist (Tr., II, S. 235), wirksam eingedämmt werden. Wären die Menschen altruistisch, gäbe es überdies Überfluß an praktischen Gütern, so wäre Gütergemeinschaft die Folge und privates Eigentum unbekannt. Individueller Egoismus aber erzwingt das Privateigentum – allerdings nicht in einer ein für allemal feststehenden Verteilung: Durch Besitzergreifung, Verjährung, Zuwachs und Erbschaft unterliegt die faktische Eigentumsverteilung einer Gesellschaft ständiger Veränderung.

Die Kritik an der Vertragstheorie

Hume bezieht mit dieser Gesellschaftsbegründung Position gegen die bis dahin vorherrschende Vertragstheorie. Seine an der empirisch feststellbaren Bedürfnis- und Interessenstruktur der Menschen anschließende Rechtfertigung der Gesellschaft verträgt sich nicht mit jener leeren Fiktion *(idle fiction)* eines vorzivilisatorischen Naturzustandes, der die Voraussetzung des ursprünglichen Vertrags ist (*Essays*, S. 443 ff.; Gough, S. 174 ff.). Den »Naturzustand« sieht er vielmehr als eine hypothetische Negation vorfindbarer Verhältnisse – ähnlich dem »Goldenen Zeitalter« (Tr., II, S. 237) –, dessen ahistorische Konstruktion den gesellschaftlichen Charakter des Rechts und der Moral verkennt. Als systematische

Rechtfertigung von Herrschaft ist er deshalb überflüssig, historisch bleibt er unbeweisbar. Zwar räumt Hume ein, daß in bezug auf körperliche und geistige Gleichheit der Menschen vor aller Erziehung und Zivilisation politische Autorität durch vertraglichen Konsens gestiftet worden sein mag; aber solche Zustimmung blieb partikular, sie war niemals Basis einer allgemeinen Verwaltung, und sie war vor allem kein Akt allgemeiner Unterwerfung, dessen Verpflichtung noch in die Gegenwart reichen könnte, so daß »die Zustimmung der Väter die Kinder bindet, selbst bis in die entfernteste Generationenfolge« (*Essays*, S. 447). Das sich ausprägende historische Bewußtsein verweist dagegen auf Eroberung und Gewalt als Ursache von Staatenbildung, auf faktische Unterdrückung und alternativlosen Gehorsam der Untertanen als Mittel zur Aufrechterhaltung politischer Macht, die schwerlich in Zustimmung umgedeutet werden können.

Sicherheit des Besitzes, Übertragung durch Zustimmung und die Erfüllung von Versprechungen – diese drei »Grundgesetze des Naturrechts« (Tr., II, S. 274) sind die unerläßlichen Bedingungen zur Aufrechterhaltung von Gesellschaft. Es sind Konventionen, die sich aus der moralischen Natur des Menschen ergeben und die ihrerseits die Konventionalität des Rechts und der Rechtsordnung verbürgen. Da individueller Egoismus aus sich selbst zur Harmonisierung der gegensätzlichen Interessen unfähig ist, kann nur Erfahrung, Beobachtung und Nachdenken (*Essays*, S. 455) die Notwendigkeit von Gesellschaft erweisen: »Die allgemeine Verpflichtung, die uns an die Staatsgewalt bindet, sind das Interesse und die Notwendigkeit der Gesellschaft, und diese Verbindlichkeit ist sehr stark« (*Essays*, S. 459).

Der Verpflichtung aus der Antizipation eines gesellschaftlichen Interesses vor aller Gesellschaft im naturrechtlichen Kontraktualismus stellt Hume die evolutionäre Perspektive eines historisch sich allmählich entfaltenden Vergesellschaftungsprozesses entgegen, der sich in der Ausdifferenzierung institutioneller Regelungen konkretisiert.

Primitive Gesellschaften *(societies)* – so Hume – sind ohne Regierungen denkbar, sie sind »natürlicher« Zustand der Menschheit (Tr., II, S. 291). Über lange Zeit kann ein solcher Zustand erhalten bleiben, und erst der Zuwachs an Reichtum und Besitz, der den gesellschaftlichen Frieden bedroht, zwingt zur Ausbildung eines »künstlichen« Zustandes – der bürgerlichen Gesellschaft *(civil society)*. Historisch gesehen hat die Institutionalisierung von Regierungen einen eher zufälligen und unvollkommenen Anfang (*Essays*, S. 115), systematisch resultiert sie aus der Tatsache, daß Menschen dazu neigen, Nahziele den Fernzielen vorzuziehen, und sich hieraus Verstöße gegen die Rechtsordnung ergeben. Historisch bilden Regierungen sich durch Universalisierung ursprünglich partikularer Autorität in Familien und Stammesgesellschaften heraus, systematisch kann nur die Einsetzung einer möglichst neutralen Obrigkeit den gesellschaftlichen Konflikt steuern und Frieden bewahren. Das Faktum der Regierung erklärt Hume historisch als Konsequenz des seine materielle Existenz sichernden Menschen, deren institutionelle Ausprägung und Organisation dagegen als Akt rationaler Entscheidung zugunsten der Sicherung privater und allgemeiner Interessen.

Und so, wie sich historische Erklärung und systematische Begründung von Regierung miteinander verbinden lassen, gibt es ebenfalls eine Verbindung von natürlichen und bürgerlichen Pflichten (Tr., II, S. 294). Hume unterscheidet zwischen moralischen Pflichten *(moral duties)*, die durch Naturinstinkt und jene unmittelbare Neigung charakterisiert sind, wie sie in der Liebe zu Kindern, der Dankbarkeit gegenüber Wohltätern, dem Mitleid gegen Unglückliche zum Ausdruck kommen, ohne daß dabei strikte Verbindlichkeit oder öffentliche bzw. private Nützlichkeit von Bedeutung sind (*Essays*, S. 454), und jenen Pflichten, die nicht Folgen natürlicher Instinkte sind, sondern aus der Vorstellung resultieren, daß ohne ihre Verbindlichkeit die Gesellschaft keinen Bestand hätte (*Essays*, S. 455). Letztere sind insoweit natürlich, als sie auf die Grundprinzipien des Naturrechts rekurrieren, vor allem den Grundsatz der Vereinbarung, der wechselseitigen Anerkennung unmittelbarer Einzelinteressen. Sie gehen jeder Regierung voraus und binden diese. In komplexen Gesellschaften allerdings verlieren diese natürlichen Pflichten *(natural obligations)* ihre unmittelbare Evidenz; der einzelne kann den Nutzen ihrer Befolgung nicht immer einsehen. Daher bedarf es einer moralischen Verpflichtung *(moral obligation)*, die zur Befolgung allgemeiner Rechtsregeln anhält, deren Motiv Hume in der generellen Sympathie der Menschen für den Nutzen der Gesellschaft sieht und für deren institutionelle Einhaltung die Regierung sorgt. Aus deren Einsetzung folgt die bürgerliche Gehorsamsverpflichtung, denn bürgerliche Pflichten haben zum Ziel, die natürlichen Pflichten zu erzwingen.

Recht zum Befehlen und Verpflichtung zum Gehorsam ergeben sich aus dem Nutzen, »den wir von einer Regierung überhaupt haben« (Tr., II, S. 307). Solcher Nutzen ist abzulesen am Geschick und Erfolg, mit denen die Grundsätze des Regierens wahrgenommen werden.

Die Voraussetzungen politischer Stabilität

Generelles Staatsziel ist das Ausbalancieren von individueller Freiheit und Allgemeinwohl *(common interest)*. Dem dient die Einrichtung und Sicherung einer möglichst stabilen Rechtsordnung, und deshalb sollte ein Gesetzgeber nichts dem Zufall überlassen, sondern ein Rechtssystem entwickeln, das für zukünftige Zeiten verbindlich ist (*Essays*, S. 105), so daß persönliches Versagen von Regierungspersonal auf den institutionellen Bestand nur geringe Auswirkungen haben kann. Rechtssicherheit und Garantie einer allgemeinen Eigentumsordnung sind Vorbedingungen institutioneller Stabilität, die Hume aber nicht statisch versteht: Reformen sind notwendig, die Veränderungen der Eigentumsverteilung und der sozialen Struktur einer Gesellschaft sollen sich auch in der Regierung und Administration niederschlagen. *Balance of power* und *balance of property* (*Essays*, S. 112) mögen nicht immer zusammengehen, doch dort, wo sie zu weit auseinanderklaffen, muß es – in welcher Form auch immer – zum Ausgleich kommen. Eine gute Regierung sorgt von sich aus für solchen Ausgleich, sie muß daher neutral gegenüber Einzelinteressen sein, die Bürger in rechtlicher Hinsicht als Gleiche behandeln, bürgerliche Aktivitäten fördern und vor allem Bedingungen schaffen, die das wirtschaftliche Handeln wesentlich stimulieren. Daß wirtschaftlicher Reichtum die Grundlage eines gut regierten Staates ist, daß individueller Gewinn an materiellen Gütern auch zugleich Gewinn für das Gemeinwesen bedeutet, weil erfolgreiche Manufaktur und Handel das Fundament der Entwicklung von Kunst und Wissenschaft sind, betont Hume – vor allem in seinen ökonomischen Essays – so nachdrücklich, daß von ihm gesagt wurde, er sei mehr an der Erklärung von Ursprung und Struktur der Ökonomie als an der des Staates interessiert gewesen (Stewart, S. 196).

Parallel zur Herausbildung des Staates als einer historischen Reaktion auf die Kompliziertheit der menschlichen Natur und ihrer permanenten materiellen Bedürfniserweiterung interpretiert er auch die ökonomische Entwicklung als eine sich evolutionär vollziehende Binnendifferenzierung, an deren Anfang eine in zwei Klassen (Landeigner und Vasallen) gespaltene Agrargesellschaft stand, die indessen durch Arbeit und Fleiß, auch Arbeitsteilung und Verbesserung ihrer technischen Mittel allgemeinen Wohlstand zu entwickeln verstand, sich zugleich sozial veränderte, vornehmlich durch die Ausbildung eines *Mittelstandes,* der die »beste und festeste Grundlage öffentlicher Freiheit ist« (*Essays*, S. 306), Verfeinerung der Künste erlaubt, Wissenschaft pflegt und dadurch Fortschritt ermöglicht. Diesen Stand der Zivilisation zu erreichen, zu erhalten und nicht zuletzt auch noch zu verbessern, bedarf es einer »freien Regierung«, d. h. einer Regierung, die Freiheit garantiert und die die Zustimmung freier Bürger erfährt – wie dies nach Humes Meinung zu seiner Zeit in England der Fall ist.

Vor allem am Beispiel der englischen Monarchie diskutiert Hume die Legitimität und Organisationsprinzipien einer bürgerlichen Regierung. Drei Grundprinzipien formuliert er, auf denen alle (freien) Regierungen gegründet sind: die Überzeugung vom Nutzen einer Regierung *(opinion of public interest),* die Überzeugung, daß politische Macht gerecht ausgeübt wird *(opinion of right to power),* schließlich die Überzeugung, daß Eigentum gut verteilt und geschützt ist *(opinion of right to property).* Daneben spielen andere Prinzipien wie Eigeninteresse, Furcht und Zuneigung eine zwar unterstützende, insgesamt aber geringere Rolle. Die durch solche Prinzipien getragene Zustimmung zur Regierung vollzieht sich im Rahmen einer entwickelten Tradition: Regierungen, auch Regierungsformen können dann als legitim gelten, wenn sie über lange Zeit bestehen, etwa geregelte Erbfolge kennen oder aber entsprechend den herrschenden Gesetzen *(lawful)* handeln. Das setzt voraus, daß es eine Verfassung gibt, an die auch die jeweils Regierenden sich halten müssen.

Verfassung (*constitution, laws of government* u. ä. m.) – das meint bei Hume vornehmlich die Institutionalisierung von Macht, deren Kontrolle und ihre Verpflichtung auf die Gesetze. Der Wert von Institutionen, ihre eigene Würde und ihre regulative Funktion werden immer wieder betont. Alles kommt darauf an, daß es ein kooperierendes »system of laws, institutions and customs« (*Essays*, S. 107) – wie in England – gibt. Verfassung in ihrem normativen Sinne zielt so auf ein System sich ausbalancierender Institutionen innerhalb einer konstitutionellen Monarchie, auf Herrschaft des Rechts, nicht von Menschen. Gewaltenteilung *(partition of power)* ist organisatorische Vorbedingung, Mäßigung *(moderation)* der politischen Grundauffassung Ziel jener Fundamentalthese Humes, wonach alle neuzeitliche Politik auf dem Prinzip der *balance* beruht.

Unter diesem Aspekt der »Balance«, dem Abwägen etwa zwischen Freiheit und Autorität, diskutiert Hume auch die traditionellen Verfassungstypen. Gegen die klassische Dreiteilung in Monarchie, Aristokratie und Demokratie setzt er die Unterscheidung von Monarchie und Republik im Sinne von Prinzipien, die Autorität, Alleinherrschaft und unkontrollierte Machtausübung einerseits, Freiheit, Recht und – repräsentativ verfaßte – Volksherrschaft andererseits bezeichnen. In der *civilized monarchy* (etwa Frankreichs) überwiegt das monarchische Element, in der *well-tempered democracy* (etwa der Niederlande) das republikanische; England mit seiner konstitutionellen Monarchie verbindet beide Prinzipien, hier findet sich ein *mixed government,* das größtmögliche Freiheit mit politischer Autorität kombiniert, bei dem das Parlament dominiert, der König wesentlich auf exekutive Funktionen beschränkt ist und eine freie Presse existiert, öffentliche Meinung sich entfalten kann – kurz: eine weitgehende Annäherung an einen optimalen Verfassungszustand.

Die Parteientheorie

Daß solche Balance freilich prekär und stets gefährdet bleibt, verdeutlichen Humes Überlegungen zum Parteiwesen seiner Zeit. In Humes politischem Denken nehmen die Essays über Parteien nicht nur einen besonderen Rang ein; mit ihnen ist Hume zugleich auch zu einem der ersten Theoretiker der modernen Parteien geworden.

Humes Haltung zu Parteien *(party, faction)* ist indessen ambivalent: Einerseits schließt er sich mit scharfem und vernichtendem Urteil der zu seiner Zeit üblichen Verachtung und Ablehnung der *factions* an, beschuldigt sie, Regierungen zu untergraben, Gesetze zu unterlaufen und wirkungslos zu machen, soziale Konflikte zu verschärfen, kurz: den Bestand der Gesellschaft zu gefährden; andererseits akzeptiert er zunächst ihre Existenz, hält sie für notwendige Elemente einer freien Regierung, sieht sie als organisatorischen Ausdruck einer differenzierten öffentlichen Meinung, so daß es zwecklos wäre, sie verbieten zu wollen, nicht einmal wünschenswert. Wohl als einer der ersten hat Hume die Integrationsleistung der Parteien gesehen und thematisiert, sie zum Ausgangspunkt einer Parteientypologie gemacht, die zwischen zwei Grundtypen unterscheidet: den Personal-Parteien *(personal factions)* und den Real-Parteien *(real factions)*.

Personal-Parteien (*Essays*, S. 128) sind nach Hume Zusammenschlüsse aufgrund menschlicher Neigungen wie Freundschaft oder Feindschaft, historisch vorwiegend dort zu finden, wo persönliche Beziehungen sich in überschaubaren Räumen entwickeln konnten – wie etwa im antiken Athen, in Rom und den italienischen Stadtrepubliken. Dagegen gründen Real-Parteien in vorhandenen Unterschieden der Gesinnung oder des Interesses, machen also eine sachliche Differenz zur Grundlage ihrer Existenz. Real-Parteien lassen sich noch einmal untergliedern in Interessen-Parteien *(factions from interest)*, Prinzipien-Parteien *(factions from principle)* und Affekt-Parteien *(factions from affection)*.

Interessen-Parteien gelten Hume als die am ehesten vernünftigen und entschuldbaren. Denn in ihnen kommen die durch sozial unterschiedenen Status bedingten Einzelinteressen zum Ausdruck, wie sie in allen Gesellschaften zu finden sind, sich freilich nur in einer freien, bürgerlichen Gesellschaft auch organisieren können. Anders dagegen die Prinzipien-Parteien: Sie gründen in »weltanschaulichen« Gegensätzen, sind ideologisch orientiert. Vor allem mit Hinweis auf die absoluten Wahrheitsansprüche von Religionen, auf die institutionelle Verselbständigung von Kirchen und die daraus resultierenden Versuchen von Priesterherrschaft erklärt Hume diesen Parteientypus zu einem spezifisch neuzeitlich-modernen, entschieden abzulehnenden, weil er kompromiß- und koalitionsunfähig ist.

Ähnlicher Ablehnung verfällt der Typus der Affekt-Partei. Deren konstitutives Prinzip ist der Wunsch von Menschen, durch bestimmte Personen oder Familien (Dynastien) regiert zu werden, ohne daß sie diese persönlich kennen oder sich einen persönlichen Vorteil erhoffen. Es ist der *splendor of majesty* (*Essays*, S. 133), die »symbolische Kraft der Herrschaft« (Jäger, S. 213), die Affekt-Parteien entstehen lassen, von denen Hume allerdings annimmt, daß sie – ähnlich den religiösen Prinzipien-Parteien – einem historischen Rationalisierungsprozeß zum Opfer fallen werden.

Hume differenziert innerhalb seiner Parteientypologie sehr eingehend nach den unterschiedlichen Funktionen der Parteien; er betont, daß Elemente seiner Typen in allen wirklichen Parteien sich finden lassen, er analysiert die zeitgenössischen Partei- und Fraktionskämpfe in England, kommt dabei oft zu Urteilen, die damals weitverbreiteten Überzeugungen widersprechen. Auch wenn seine Haltung und seine Meinung häufig schwanken: am Ende sind Vorbehalte und Ablehnung deutlich. In ihrem Einfluß dem der Gesetze direkt entgegengesetzt, bleiben Parteien für ihn partikular, erklären ihre Sonderinteressen als allgemeine, zerstören so die *general opinion,* jene moralisch urteilende öffentliche Meinung, auf deren Unterstützung eine Regierung angewiesen ist. Nur dort, wo die Regierung selbst gegen Moralität verstößt, wo sie etwa korrupt ist und die Verfassung zur Disposition stellt, gesteht Hume den Parteien zu, selbst moralisch handeln zu können. Für diesen Fall ergibt sich zugleich auch ein Recht auf bürgerlichen Ungehorsam, besteht die Möglichkeit zum Widerstand des einzelnen (*Essays*, S. 460).

In *Idea of a Perfect Commonwealth* (*Essays*, S. 480) hat Hume seine politische Utopie geschrieben. Es ist das – organisationstechnisch genau konstruierte – Modell eines repräsentativ geordneten Gemeinwesens, in welchem politische Herrschaft institutionell ausbalanciert ist, Parteien deshalb nicht mehr entstehen können, das Allgemeinwohl vom Volk leicht erkannt werden kann, durch Dezentralisation von Entscheidungskompetenzen und durch jährliche Wahl der Repräsentanten eine gemäßigte Regierung amtiert, deren Ziel die Entwicklung von Handel, Wissenschaft und Kunst ist. Wie immer die Realitätsangemessenheit dieses Entwurfs beurteilt werden mag – deutlich wird in ihm, worauf Humes politisches Denken am Ende abzielte: auf Herstellung und Stabilisierung einer *gemischten Verfassung*, in der individuelle Freiheit mit Autorität, private Interessen mit dem Gemeinwohl, Rechtssicherheit mit sozialem Wandel zu einem geordneten, Verbesserungen bedenkenden Ausgleich gebracht werden können.

Obwohl Humes politische Schriften bei ihrem Erscheinen viel Interesse fanden und wiederholt aufgelegt wurden, blieb ihre Wirkung insgesamt gering. Seine an aktuellen Problemen entwickelten politisch-theoretischen Vorstellungen hatten keine praktischen Folgen, selbst seine parteitheoretischen Ansätze wurden kaum aufgegriffen (Jäger, S. 276 f.). Das mag mit der eingangs erwähnten mangelnden Systematik zusammenhängen, vielleicht aber auch damit, daß Humes pragmatisch-utilitärer Relativismus sich zur argumentativen Stützung profilierterer Positionen kaum eignete, seine Status-quo-Orientierung – mit entsprechendem Lob für die englische Monarchie – wenig Perspektiven für eine zukünftige Entwicklung bot. Abgesehen von einem doch etwas stärkeren Einfluß auf das Denken vornehmlich der amerikanischen Verfassungsväter (Hendel, S. 1), blieb auch eine kontinentale Rezeption fast vollständig aus. Sein verfassungstheoretisches Denken ließ sich mit der so andersartigen Situation der Gesellschaften und Staaten des europäischen Kontinents nicht in Verbindung bringen; der Philosoph Hume verdrängte den politischen Theoretiker. Dabei hat Hume die Fundamentalinstitutionen der bürgerlichen Gesellschaft, auch ihre Voraussetzungen, mit einer Entschiedenheit benannt und analysiert wie nur wenige vor ihm.

BIBLIOGRAPHIE

1. Hobbes (In diesem Literaturverzeichnis sind nur die im Text zitierten Bücher aufgenommen worden. Im übrigen wird auf die aufgeführten Bibliographien verwiesen.)

Primärtexte:

The English Works of Thomas Hobbes of Malmesbury, now first collected and edited by Sir William Molesworth, 11 Bde., London 1839–1845, Nachdruck Aalen 1962 (=EW); *Thomae Hobbes Malmesburiensis Opera Philosophica Quae Latine Scripsit Omnia.* In unum Corpus Nunc Primum Collecta Studio Et Labore Gulielmi Molesworth, 5 Bde., Londini 1839–1845, Nachdruck Aalen 1961 (=LW); *Thomas Hobbes: Leviathan oder Stoff, Form und Gewalt eines bürgerlichen und kirchlichen Staates.* Herausgegeben und eingeleitet von Iring Fetscher. Übersetzt von Walter Euchner, Neuwied und Berlin 1966 (=L); Julius Lips: Die Stellung des Thomas Hobbes zu den politischen Parteien der großen englischen Revolution. Mit einer erstmaligen Übersetzung des *Behemoth oder Das Lange Parlament.* Mit einer Einführung von Ferdinand Tönnies, Darmstadt 1970.

Bibliographien und Sekundärliteratur:

Bermbach, Udo, *Kodalle,* Klaus-M. (Hrsg.), 1982: Furcht und Freiheit. Leviathan-Diskussion 300 Jahre nach Thomas Hobbes, Opladen (ausführliche Bibliographie von Peter Collier); *Macpherson,* C. B., 1962: The Political Theory of Possessive Individualism. Hobbes to Locke, Oxford (dt.: Die politische Theorie des Besitzindividualismus, Frankfurt/M. 1967); *Warrender,* H., 1957: The Political Philosophy of Hobbes. His Theory of Obligation, Oxford; *Weiß,* Ulrich, 1980: Das philosophische System von Thomas Hobbes, Stuttgart–Bad Cannstatt; *Willms,* Bernard, 1979: Der Weg des Leviathan. Die Hobbes-Forschung von 1968–1978. Der Staat, Beiheft 3, Berlin (ausführliche Bibliographie von Peter Collier); *ders.:* Tendenzen der gegenwärtigen Hobbes-Forschung, in: Bermbach, Kodalle (Hrsg.), S. 232–243.

2. Spinoza

Primärtexte:

Opera. Im Auftrag der Heidelberger Akademie der Wissenschaften hrsg. von C. Gebhardt, 4 Bde., Heidelberg 1924; *Tractatus theologico-politicus.* Hamburgi, Henricus Künrath (=Amsterdam, Jan Rieuwertsz) 1670. – Zitiert: Tractatus Theologico-Politicus/Theologisch-Politischer Traktat (Lateinisch/Deutsch). Hrsg. von G. Gawlick und F. Niewöhner, Darmstadt 1979 (=TTP; Angabe in Seitenzahlen); *Tractatus politicus* (innerhalb der Opera posthuma, 1677). – Zitiert: Abhandlung vom Staate. In 3. Aufl. neu übertragen und eingeleitet ... von C. Gebhardt, Leipzig 1907 (=TP; Angaben in Kapiteln [römisch] und § [arabisch]; *Ethica more geometrico* (innerhalb der Opera posthuma, 1677). – Zitiert: Die Ethik nach geometrischer Methode dargestellt. Übersetzung, Anmerkungen und Register von W. Baensch, Einleitung von R. Schottländer, Hamburg 1955 (=E; Angaben in Teilen [römisch], Lehrsätzen = LS, Folgesätzen = FS, Anmerkungen = Anm.); die übrigen Werke, ebenso der Briefwechsel, die Gespräche und die frühen Lebensbeschreibungen wurden in den Ausgaben der Philosophischen Bibliothek (ehemals Leipzig, dann Hamburg) herangezogen.

Bibliographien und Sekundärliteratur:
Oko, A. S., 1964: The Spinoza Bibliography. Published under the Auspices of the Columbia University Libraries, Boston; *Wetlesen*, J., 1968: A Spinoza Bibliography. Particularly on the Period 1940–1967, Oslo; *Alquié*, F., 1971: Nature et vérité dans la philosophie de Spinoza, Paris; *Altwicker*, N. (Hrsg.), 1971: Texte zur Geschichte des Spinozismus, Darmstadt; *Belaief*, G., 1971: Spinoza's Philosophy of Law, Den Haag/Paris; *Breton*, St., 1977: Spinoza. Théologie et politique, Paris; *Corsi*, M., 1978: Politica e saggezza in Spinoza, Neapel; *Fischer*, K., [5]1909: Spinozas Leben, Werke und Lehre, Heidelberg; *Freudenthal*, J., 1927: Die Lehre Spinozas, Heidelberg; *Gebhardt*, C., 1932: Spinoza, Leipzig; *Haddad-Chamakh*, F., 1980: Philosophie systématique et Système de philosophie politique chez Spinoza, Tunis; *Hecker*, K., 1975: Gesellschaftliche Wirklichkeit und Vernunft in Spinoza, Regensburg; *Jaspers*, K., 1957: Spinoza; in: *ders.*: Die großen Philosophen, München, S. 752–897; *MacShea*, R. J., 1968: The political Philosophy of Spinoza, New York; *Mugnier-Pollet*, L., 1976: La philosophie politique de Spinoza, Paris; *Negri*, A., 1982: Die wilde Anomalie. Spinozas Entwurf einer freien Gesellschaft, Berlin; *Pacchiani*, C., 1979: Spinoza tra teologia e politica, Padua; *Steffen*, H., 1969: Recht und Staat im System Spinozas, Bonn; *Thalheimer*, A., 1928: Die Klassenverhältnisse und die Klassenkämpfe in den Niederlanden zur Zeit Spinozas; in: *Thalheimer/Deborin*: Spinozas Stellung in der Vorgeschichte des dialektischen Materialismus, Berlin; *Vries*, T. de, 1970: Baruch de Spinoza in Selbstzeugnissen und Bilddokumenten, Reinbek; *Wetlesen*, J., 1979: The Sage and the Way. Spinoza's Ethics of Freedom, Assen.

3. Locke
Primärtexte:
Laslett, P. (Hrsg.), 1949: Patriarcha and other Political Works of Sir Robert Filmer, Oxford; *ders.* (Hrsg.), 1960: John Locke: Two Treatises of Government, Cambridge; *Locke*, J., 1967: Zwei Abhandlungen über die Regierung, hrsg. von Walter Euchner, Frankfurt/M.; *Abrams*, P. (Hrsg.), 1967: John Locke, Two Tracts on Government, Cambridge; *Leyden*, W. von (Hrsg.), 1954: John Locke, Essays on the Law of Nature, Oxford; *Yolton*, J. W., (Hrsg.), 1961: An Essay Concerning Human Understanding. 2 Bde., Everyman's Library, London–New York.

Sekundärliteratur:
Ashcraft, R., 1980 (a): The Two Treatises and the Exclusion Crisis. The Problem of Lockean Political Theory as Bourgeois Ideology, in: John Locke, Papers read at Clark Seminar 10 December 1977, Los Angeles; *ders.*, 1980 (b): Revolutionary Politics and Locke's »Two Treatises of Government«. Radicalism and Lockean Theory, in: Political Theory 8; *Berlin*, I., 1958: Two Concepts of Liberty, Oxford; *Cranston*, M., 1957: John Locke. A Biography, London; *Day*, J. P., 1971: Locke on Property, in: *Schochet*, G. J. (Hrsg.): Life, Liberty and Property. Essays on Locke's Political Ideas, Belmont/Cal.; *Dunn*, J., 1969: The Political Thought of John Locke. A Historical Account of the Argument of »The Two Treatises of Government«, Cambridge; *Euchner*, W., 1969: Naturrecht

und Politik bei John Locke, Frankfurt/M.; *Franklin*, J. H., 1978: John Locke and the Theory of Sovereignty. Mixed Monarchy and the Theory of Resistance in the Political Thought of the English Revolution, Cambridge; *Gewirth*, A., 1983: Human Rights. Essays on Justification and Application, Chicago; *Gough*, J. W., 1956: John Locke's Political Philosophy. Eight Studies, Oxford; *Kenyon*, J. P., 1977: Revolution Principles: The Politics of Party 1689–1720, Cambridge; *Larkin*, P., 1930: Property in the Eighteenth Century, with special Reference to England and Locke, Dublin; *Leyden*, W. von, 1954: John Locke, Essays on the Law of Nature, Oxford; *Maclean*, A. H., 1947: George Lawson and John Locke, in: Cambridge Historical Journal 60; *Macpherson*, C. B., 1962: The Political Theory of Possessive Individualism. Hobbes to Locke, Oxford, dt. Frankfurt 1967; *Olivercrona*, K., 1975: The Term »Property« in Locke's »Two Treatises of Government«, in: Archiv für Rechts- und Sozialphilosophie 61; *Parry*, G., 1967: Individuality, Politics and the Critique of Paternalism on John Locke, in: Political Studies 12; *ders.*, 1978: John Locke, London; *Plamenatz*, J. P., 1965[2]: Man and Society, 2 Bde., London; *Plumb*, J. H., 1967: The Growth of Political Stability in England 1675–1725, London; *Pocock*, J. G. A., 1975: The Machiavellian Moment, Florentine Thought and the Atlantic Republican Tradition, Princeton; *ders.*, 1980: The Myth of John Locke and the Obsession with Liberalism, in: John Locke, Papers read at Clark Seminar 10 December 1977, Los Angeles; *Polin*, R., 1960: La Politique Morale de John Locke, Paris; *Rawls*, J., 1971: A Theory of Justice, Cambridge (Mass.); *Seliger*, M., 1969: The Liberal Politics of John Locke, London; *ders.*, 1976: Ideology and Politics, London–New York; *ders.*, 1978: Authentischer Liberalismus. Grundideen, Entwicklungspotential und Krisen der Verwirklichung, in: *Thadden*, R. von (Hrsg.): Die Krise des Liberalismus zwischen den Weltkriegen, Göttingen; *Thompson*, M. P., 1980: The Reception of Locke's Two Treatises of Government, in: Political Studies 28; *Tuck*, R., 1981[2]: Natural Rights Theories. Their Origin and Development, Cambridge; *Tully*, J., 1980: A Discourse on Property. John Locke and his Adversaries, Cambridge; *Waldron*, J., 1979: Enough and as Good Left for Others, in: Philosophical Quarterly 29.

4. Vico
Primärtexte:

Vico, Giovanni Battista, 1911–41: Opere, Bari; *ders.*, 1924: Die Neue Wissenschaft über die gemeinschaftliche Natur der Völker, übers. und eingel. von Erich Auerbach, München (Nachdrucke: Berlin 1965, Reinbek b. Hamburg 1966); *ders.*, 1947: Vom Wesen und Weg der geistigen Bildung, lat.-dt., mit einem Nachwort von C. F. v. Weizsäcker, Godesberg; *ders.*, 1948: Autobiographie, mit einer Einführung in Vicos philosophische Bedeutung, hrsg. von V. Rüfner, Zürich; *ders.*, 1950: Von dem einen Ursprung und Ziel alles Rechtes, hrsg. von Max Glaner, Wien; *ders.*, 1979: Liber metaphysicus (De antiquissima Italorum sapientia liber primus) 1710: Risposte 1711, 1712, übers. von Stephan Otto und Helmut Viechtbauer, München; *ders.*, 1981: Die neue Wissenschaft von der gemeinschaftlichen Natur der Nationen, Ausw., übers. und eingel. von Ferdinand Fellmann, Frankfurt/M.

Sekundärliteratur:

Auerbach, Erich, 1936: Giovanni Battista Vico, Barcelona; *Berlin*, Isaiah, 1976: Vico and Herder, London; *ders.*, 1981: Vicos Begriff des Wissens, in: ders., Wider das Geläufige: Aufsätze zur Ideengeschichte, hrsg. von Henry Hardy, Frankfurt/M.; *ders.*, 1981: Vico und das Ideal der Aufklärung, in: Wider das Geläufige; *Croce*, Benedetto, 1927: Die Philosophie Giambattista Vicos, Tübingen; *Donzelli*, Maria, 1970: Natura e humanità nel Giovane Vico, Neapel; *Fassò*, Guido, 1971: Vico e Grozio, Neapel; *Gardiner*, Patrick, 1967; Vico, Giambattista, in: *Edwards*, Paul (Hrsg.), The Encyclopedia of Philosophy, VIII, S. 247–251, New York–London; *Giarizzo*, Guiseppe, 1981: Vico, la politica e la storia, Neapel; *Manno*, A. G., 1965: Storicismo di G. B. Vico, Neapel; *Mazzarino*, Santo, 1971: Vico, l'analista e il diritto, Neapel; *Momigliano*, A., 1966: Vico's Scienza Nuova: Roman »bestioni« and Roman »eroi«, in: History and Theory VII; *Nicolini*, Fausto, 1937; Vico, Giambattista, in: *Bartolini*, D. et al. (Hrsg.), Enciclopedia Italiana, S. 299–307; *ders.*, 1967: Vico storico, hrsg. von Fulvoi Tessitore, Neapel; *Peters*, Richard, 1929: Der Aufbau der Weltgeschichte bei G. B. Vico, Stuttgart; *Pompa*, Leon, 1975: Vico: A Study of the »New Science«, Cambridge; *Schmidt*, Richard Wilhelm, 1982: Die Geschichtsphilosophie G. B. Vicos, Würzburg; *Tagliacozzo*, Giorgio und *White*, Hayden V., 1969: Giambattista Vico. An international symposium, Baltimore; *ders.* et al. (Hrsg.), 1980: Vico and Contemporary Thought, London; *Vaughan*, F., 1972: The Political Philosophy of Giambattista Vico; *Verene*, Donald Phillip, 1982: Vico's Science of Imagination, Ithaca; *Viechtbauer*, Helmut, 1977: Transzendentale Einsicht und Theorie der Geschichte. Überlegungen zu Vicos »Liber metaphysicus«, München; *White*, Hayden V., 1968: Vico, Giovanni Battista, in: International Encyclopedia of the Social Sciences, New York.

5. Hume
Primärtexte:

The Philosophical Works, hrsg. von T. H. Green and T. T. Grose, 4 Bde., London 1886, Reprint Aalen 1964, darin: Bd. 3: Essays Moral, Political and Literary (zitiert: Essays); *Essays Moral, Political and Literary*, London, Oxford UP, 1963; *David Humes Political Essays*, ed. with an Introduction by Charles W. Hendel, New York 1953; *David Humes politische Versuche*. Von neuem aus dem Englischen übersetzt (Übersetzer: Christian Jakob Kraus, Prof. der Philosophie, Königsberg), Königsberg 1800; *Ein Traktat über die menschliche Natur*, übers. von Th. Lipps, mit neuer Einführung und Bibliographie, hrsg. von Reinhard Brandt, 2 Bde., Hamburg 1978; *Eine Untersuchung über die Prinzipien der Moral*, übers. von C. Winkler, Hamburg 1964.

Bibliographien und Sekundärliteratur:

Topitsch, E., *Streminger*, G. (Hrsg.), 1981: Hume (Erträge der Forschung, Bd. 151), Darmstadt, mit Verzeichnis aller Hume-Bibliographien und Literaturergänzungen; *Aiken*, H. D., 1948: Hume's Moral and Political Philosophy, New York; *Barker*, E., 1956: The Theory of the Social Contract in Locke, Rousseau and Hume, Oxford; *Brandt*, R., 1974: Eigentumstheorien von Grotius bis Kant, Stuttgart; *Gough*, J. W., 1936: The Social Contract. A Critical Study of its Development, Oxford; *Letwin*, S. R., 1965: The Pursuit of Certainty. David Hume, Jeremy Bentham, John St. Mill, Beatrice Webb, Cambridge; *Linares*, Filadelfo, 1984: Das politische Denken von David Hume, Hildesheim usw.; *Rohbeck*, J., 1978: Egoismus und Sympathie. David Humes Gesellschafts- und Erkenntnistheorie, Frankfurt/M.; *Schäfer*, A., 1963: David Hume. Philosophie und Politik, Meisenheim a. Glan; *Stewart*, J. B., 1963: The Moral and Political Philosophy of David Hume, New York/London; *Sussnitzki*, I., 1907: Die Gesellschafts- und Staatslehre David Humes, Diss. phil., Straßburg; *Jäger*, W., 1971: Politische Partei und Parlamentarische Opposition. Eine Studie zum politischen Denken von Lord Bolingbroke und David Hume, Berlin.

KAPITEL IX

Politisches Denken im Frankreich des 18. Jahrhunderts vor der Revolution

VON IRING FETSCHER

1. Sozialstruktur und ökonomische Entwicklung Frankreichs im 18. Jahrhundert

Die Stände

Die juristische Einteilung der französischen Gesellschaft in Geistlichkeit, Adel und Dritten Stand entsprach längst nicht mehr den realen gesellschaftlichen Verhältnissen. Die Geistlichkeit verfügte zwar noch über ihre ökonomischen Privilegien, aber sie hatte schon einen erheblichen Teil ihrer »Hegemonie« über das Denken der städtischen Bevölkerung verloren. Der Adel war dem Monarchen und seiner Verwaltung politisch untergeordnet und verfügte nur noch auf seinen Gütern über die Jurisdiktion. Namentlich der Hochadel war zu einer parasitären Existenz am Hofe verdammt. Teile des grundbesitzenden Landadels unterschieden sich in der Lebensführung kaum noch von den Bauern. Innerhalb des Adels – wie übrigens auch innerhalb der beiden anderen Stände – gab es sehr große Unterschiede des Vermögens, des Einkommens, der Lebensführung und damit auch der Einstellung zum *Ancien Régime*. Die ökonomischen Privilegien des Adels insgesamt standen im Kontrast zu seiner politischen Funktionslosigkeit: Er war von der *taille*, vom Frondienst im Wegebau, von der Einquartierung der Soldaten usw. befreit; er hatte faktisch das Monopol auf alle Offiziersstellen der Armee, auf die höheren Ränge des Klerus (vor 1789 waren in der Regel sämtliche Bischöfe Frankreichs von Adel), auf die Jagd und auf die meisten Posten am Hofe. Bei einer Gesamtbevölkerung von etwa 25 Millionen gehörten 350 000 Personen dem Adel an. Der Prozentsatz schwankte regional zwischen 1 und 2 %.

Differenzierungen innerhalb der Stände

Während sich Teile des Dritten Standes – insbesondere die Handelsbourgeoisie und die Finanziers – rasch bereicherten, sank der Adel sozial ab. Der Hofadel ruinierte sich durch das Luxusleben in Versailles, Teile des *Landadels* verelendeten. Neben dem Erbadel nahm der *Amtsadel* an Bedeutung zu. In ihn stiegen zahlreiche wohlhabende Bourgeois auf, die sich einen Titel kaufen konnten, vor allem in den Parlamenten, einer Art Gerichtshöfe, denen das Recht zustand, die vom König erlassenen Gesetze zu »registrieren« oder ihnen als Verstöße gegen das »Grundgesetz des Königreiches« die Registrierung zu verweigern. In diesem Fall konnte der König durch ein *Lit de justice* – in feierlicher Form und durch seine persönliche Anwesenheit – die Registrierung erzwingen. Die Sitze in den Parlamenten (das wichtigste war das von Paris) waren käuflich und erblich.

Viele Adelige suchten sich durch verschärfte Ausnützung feudaler Rechte und vermehrte Ausbeutung von Pachtbauern gegen ihren relativen sozialen Abstieg zu wehren. Durch die *édits de triage* (Auswahlerlasse) ließen sich die adligen Grundherren ein Drittel der den Dorfgemeinden gehörigen Güter zuteilen. Mit Hilfe der *terriers*, alter Verzeichnisse aller ihnen zustehenden Rechte, wurden oft längst obsolet gewordene Dienstleistungen und Abgaben wieder eingefordert, wodurch sich der soziale Konflikt zwischen Bauern und adligen Grundherren verschärfte.

Der etwa 120000 Personen umfassende *Klerus* verfügte über eine Reihe wichtiger politischer, juristischer und steuerlicher Privilegien. Seine Wirtschaftsmacht beruhte auf dem »Zehnten« (der aus etwas weniger als 10% der Erträge des Getreideanbaus, der Viehzucht usw. bestand) sowie auf eigenem Grundbesitz. Voltaire veranschlagte die Gesamteinnahmen des Klerus auf 90 Millionen, Nekker auf 130 Millionen Pfund. Dem Staat lieferte der Klerus als ganzer einen sogenannten *don gratuit* (ein »Gratisgeschenk«) von durchschnittlich 3,5 Millionen Pfund jährlich ab, ein im Verhältnis zu den Gesamteinkünften geringfügiger Betrag. Darüber hinaus waren die Kirchengüter steuerfrei. Im Unterschied zum Adel hatte der Klerus noch eine Anzahl praktischer Funktionen in der Gesellschaft zu erfüllen: Er mußte die Tauf-, Heirats- und Bestattungsregister führen, sorgte für die Armenpflege und hatte praktisch – mit Ausnahme des *Collège de France* und der nichttheologischen Fakultäten – das gesamte Unterrichtswesen in seiner Hand.

Ähnlich wie im Adel waren auch in der Geistlichkeit die Unterschiede außerordentlich groß: Bischöfe und Prälaten – meist aus adligen Familien – lebten in erheblichem Reichtum, einfache Landgeistliche bezogen oft nur die sogenannte *portion congrue* (für Pfarrer 750 Pfund, für Vikare 300), die gerade noch zum Leben reichte. Sie standen daher auch emotional dem »einfachen Volk« weit näher als dem Adel und der höheren Geistlichkeit.

Womöglich noch stärker waren die sozialen und ökonomischen Unterschiede innerhalb des *Dritten Standes*, zu dem alle nicht zu den beiden privilegierten Ständen Gehörigen gerechnet wurden. Das waren praktisch 97% der Bevölkerung. An der Spitze der Einkommenspyramide stand die *Rentenbourgeoisie*, die von ihrem Grundbesitz oder von den Zinsen aus Kommunal- oder Staatsanleihen lebte. Sie bildete zwischen 10 und 20 Prozent aller Bourgeois. Im Einkommen wurde sie vermutlich noch übertroffen von Teilen der *Handelsbourgeoisie* und der – kleinen – *Manufakturbourgeoisie*. Die Handelsbourgeoisie war vor allem durch den schwunghaften Überseehandel mit Amerika (Bordeaux) und dem Nahen Osten (Marseille) reich geworden. 1768 soll Bordeaux etwa 25% der nordamerikanischen Sklaveneinfuhr gedeckt haben, 1771 importierte dieser Hafen 112 Millionen Pfund Kaffee. Im Verhältnis zum *Verlagswesen* (der Produktion in Heimarbeit mit Rohstoffen, die von Händlern geliefert wurden, die auch für den Absatz der Fertigprodukte sorgten) nahm die eigentliche *Manufaktur* noch einen geringen Teil der Produktion ein.

Arme Bauern waren gezwungen, durch Heimarbeit sich während der Winterszeit ein Zubrot zu verdienen, zumal sie durch hohe Abgaben oft genötigt waren, sich Getreide bzw. Brot für ihren Lebensunterhalt zu kaufen.
Ansatzweise entwickelte sich auch bereits eine *Industrie*. 1757 wurde in Anzin eine Bergwerksgesellschaft gegründet, die 4000 Arbeiter beschäftigte. Unter den Aktionären befanden sich auch Angehörige des Adels, der durch rechtliche Bestimmungen und Standesvorurteile im übrigen an der aktiven Teilnahme am Wirtschaftsleben (außerhalb der Landwirtschaft) gehindert wurde.
Unterhalb dieser wohlhabenden Teile der Bourgeoisie rangierten die *Freiberufler* – vor allem die zahlreichen Juristen: Anwälte, Notare usw., daneben die noch wenig angesehenen Ärzte, Apotheker, Professoren und schließlich vor allem Literaten, deren Aktivität im 18. Jahrhundert von wachsender Bedeutung war. Ökonomisch waren die letzteren freilich meist von Mäzenen oder Pfründen abhängig, die ihnen ein »hoher Herr« zukommen ließ. Lediglich *Voltaire* verstand es, sich durch geschäftliche Aktivitäten und Spekulationen ökonomische Selbständigkeit zu verschaffen, die ihm für die Freiheit der Feder zustatten kam. *Diderot* war einer der ersten, der ganz von seiner schriftstellerischen Tätigkeit zu leben versuchte. *Rousseau* verschaffte sich durch das Kopieren von Noten in seiner schönen Handschrift ein Einkommen, das ihn von der Gunst oder Mißgunst des Publikums gegenüber seinen Werken unabhängig machen sollte.
Zum Kleinbürgertum kann man vor allem Handwerker und Ladenbesitzer rechnen, die nur in geringem Umfang Lohnarbeiter beschäftigten. Auch innerhalb dieser Schicht gab es erhebliche Differenzen. Ebenso wie der traditionelle (nicht modernisierte) Ackerbau spielte auch das alte Handwerk insgesamt noch eine ausschlaggebende Rolle. Die Handwerker waren in Zünften organisiert und opponierten gegen die von den *Économistes* (Physiokraten) propagierte Gewerbefreiheit. Im Laufe des Jahrhunderts nahm die Zahl der Gesellen zu, die keine Aussicht mehr hatten, selbst Meister zu werden.
Die unterste Schicht wurde von den Zeitgenossen meist als *Volk* (*peuple* oder *menu peuple*) apostrophiert. Zu ihr gehörten faktisch alle Lohnabhängigen in den Handwerksbetrieben, Manufakturen, Bergwerken usw. sowie in den Haushalten. Verarmte landlose Bewohner der Dörfer strömten in die Städte und drängten auf den Arbeitsmarkt. Die Folge war, daß die Nominallöhne langsamer stiegen als die Kosten des Lebensunterhalts. Der Reallohn fiel. Im »Volk« wurden mindestens 50% der Einnahmen für Brot ausgegeben. Der Getreide- und Brotpreis stieg zwischen 1771 und 1789 um 45%, während die Löhne lediglich um 11 bis 22% anzogen. *Turgot* stellte 1766 in seinen *Reflexions sur la formation et sur la distribution des richesses* fest, daß nach Lage der Dinge die Lohnhöhe nicht die Summe übersteigen könne, die zur Erhaltung des Arbeiters erforderlich ist.
Die Lage des »Volkes« wurde durch Krisen mit überproportionaler Preissteigerung und durch die Last der zahlreichen Abgaben weiter verschlechtert. Am schwersten lasteten diese Abgaben auf den Bauern. Der Bauer zahlte praktisch als einziger die *taille* und trug auch gleichermaßen zur Kopfsteuer und zum Zwanzigsten bei; er allein mußte Frondienste leisten (Wegebau, Militärtransporte, Miliz); auch die indirekten Steuern (z. B. die Salzsteuer, *gabelle*) waren

drückend. Hinzu kamen der kirchliche Zehnte und grundherrliche Lasten, Brücken- und Wegegelder, Marktsteuern sowie Dienstleistungen, die dem Grundherrn zu erbringen waren. Da die Abgaben in Naturalien erhoben wurden, stieg ihr Wert mit der allgemeinen Preissteigerung ständig.
Die Vielfalt der Lasten, die auf der Landbevölkerung ruhten, führte zu einer Stagnation des Ackerbaus (was bei ständigem Bevölkerungswachstum Preissteigerungen zur Folge hatte). Die *Physiokraten* (vgl. unten, S. 579 ff.) setzten mit ihren Theorien und Reformvorschlägen hier an, konnten aber – angesichts des Widerstands der grundherrlichen Interessen – sich nicht dauerhaft durchsetzen. Turgots Amtszeit als Finanzminister (1774–76) war dafür zu kurz.

Steuern und Staatsfinanzen

Die Zeit vom Tode Ludwigs XIV. bis zur Französischen Revolution war von Bemühungen der königlichen Finanzminister und Steuerpächter erfüllt, durch rationalere Steuersysteme und andere Mittel die Staatsschuld abzutragen, die der »Große Sonnenkönig« hinterlassen hatte. Neben den gesamtstaatlichen gab es provinzielle und Gemeindesteuern. Es herrschte ein unentwirrbares Durcheinander. Einer der sensationellsten Versuche, die Staatsfinanzen zu sanieren, wurde von dem Schotten *John Law* (1671–1729) gemacht, der durch Vermehrung des Papiergeldes volkswirtschaftlichen Reichtum zu schaffen versuchte. Er hatte in London und Amsterdam das moderne Aktienwesen kennengelernt und versuchte, durch eine Kombination von Aktienemissionen und Staatsanleihen die Finanzen des Königreiches zu sanieren. Zunächst stiegen die Aktien der von ihm gegründeten (privilegierten) *Compagnie d'Occident* unermeßlich. Als jedoch das Vertrauen in das Unternehmen schwand, kam es zum Bankrott, in den auch die königliche Bank, die seit 1720 fest mit der Gesellschaft verbunden war, hineingerissen wurde. Der kühne Plan Laws, »dessen Hauptpunkt die Ersetzung aller bestehenden Steuern durch eine Steuer auf die Einkünfte aus allem Grundbesitz im Königreich und in der Vereinigung der direkten und indirekten Steuern« war, mußte auch am Widerstand der Privilegierten scheitern. Die Gebrüder Pâris hatten das aus dem »System Laws« stammende Papiergeld zu liquidieren. Aus 2,5 Milliarden Pfund wurden schließlich 51 Millionen Renten, »die Staatsgläubiger hatten die Kosten dieses tatsächlichen Bankrotts zu tragen« (Sée, 1930, S. 147).
Auch den späteren Finanzministern bzw. *Contrôleurs généraux* (*Le Pelletier, Desforts, Orry, Machault d'Arnouville, Abbé Terray* und schließlich *Turgot*) gelang es nicht, eine Finanzreform gegen die Widerstände von Adel und Geistlichkeit durchzusetzen.
Trotz der Stagnation in der Agrarproduktion war die Zeit bis zur Revolution eine Zeit raschen wirtschaftlichen Wachstums. Zu Beginn der Regierungszeit Ludwigs XV. (1715) betrug z. B. der Import/Export lediglich 93 Millionen Pfund, 1750 rund 600 Millionen, 1764/76 725 Millionen, 1777/83 683 Millionen und 1784/88 1061 Millionen Pfund. Die Textilindustrie blieb freilich mit lediglich 900 Jennys (1765 importiert) weiter hinter der Entwicklung im zeitgenössischen England zurück (20000!). Erste Aktiengesellschaften tauchten auf, wie die schon erwähnte *Compagnie d'Anzin*, die jährlich erhebliche Profite

machten (AG Oberkampf in Jouy mit einem Aktienkapital von 9 Millionen Pfund), aber im großen ganzen herrschte der kleine und mittlere Betrieb noch vor. Auch in der Landwirtschaft überwogen die Klein- und Mittelbauern, während in der Nähe der Städte teilweise bürgerliche Eigentümer moderne Großbetriebe geschaffen hatten.

Politische und ideologische Orientierungen

Die politische und ideologische Orientierung der verschiedenen sozialen Schichten Frankreichs im 18. Jahrhundert ergibt ein äußerst komplexes Bild. Keineswegs steht da eine geschlossene Klassenfront des Adels und der Geistlichkeit gegen eine Phalanx des »dritten Standes«. Entsprechend den bereits angedeuteten Differenzierungen innerhalb der drei Stände war auch die Einstellung gegenüber der absoluten Monarchie und der Kritik der Philosophen unterschiedlich: *Teile des alten Adels und insbesondere des Hochadels* sympathisierten mit der Kritik der Philosophen an Kirche und absolutem Königtum. Werner Krauss beschreibt die Haltung dieser Schicht wie folgt: »Der Adel wurde im 17. Jahrhundert durch die eisernen Griffe der Staatsgewalt Richelieus und Ludwigs XIV. niedergehalten. Aber er wartete auf die Zeit der Rache, und die geistig beweglichen Vertreter der alten Feudalschicht waren nicht nur als mißvergnügte Untertanen begeisterte Leser der Aufklärungswerke, sondern sie halfen auch praktisch bei ihrer Vorbereitung, indem sie die illegale Einfuhr durch ihre Lehensgebiete erlaubten. Selbstverständlich war es nur eine Minderheit, die in dieser schadenfrohen Weise den Anschluß an die neuen Kräfte der Nation herbeizuführen versuchte« (Krauss, 1959, S. 195). Für diese Haltung sind auch die adligen Salons in Paris ein Beleg, in denen die meisten Philosophen (von denen einige selbst dem Adel angehörten) verkehrten und offen ihre kritischen Ansichten verbreiten konnten.

Der *Amtsadel insgesamt*, dem vor allem die Kronjuristen in den Parlamenten angehörten, stand dem königlichen Absolutismus, aber auch den modernen Ideen der Aufklärung kritisch gegenüber. Die Bemühungen der Parlamente, durch die Registrierungspflicht der königlichen Gesetze dessen souveräne Macht einzuschränken, erhielt – auch wenn sie weithin nur einem Standesegoismus entsprang – »den Anschein des nationalen Freiheitskampfes gegen despotische Willkür« (Krauss). In der Französischen Revolution zeigte sich deutlich, daß die Kronjuristen mehr an der Erhaltung der adligen Privilegien interessiert waren als an der Freiheit des Volkes gegenüber dem absoluten König.

Die »Querelle des Anciens et des Modernes«: Perrault und Fontenelle

Unter Schriftstellern und Gelehrten fand gegen Ende des 17. Jahrhunderts die *Querelle des Anciens et des Modernes* statt, ein Streit, der auf den Fortschrittsbegriff vorausweist, den allerdings erst im 18. Jahrhundert *Condorcet* und *Turgot* auf die Gesellschaft und die Wissenschaft anwenden sollten. *Charles Perrault* (1628–1703) löste 1687 den Streit durch sein Gedicht *Sur le siècle de Louis le grand* aus. Während im gleichzeitigen England die Weichen für die konstitutionelle Monarchie und die Parlamentssouveränität gestellt wurden, fand unter französischen *hommes de lettres* ein politikferner Streit um die Überlegenheit der antiken Vorbilder statt. Während Perrault (*Parallèle des Anciens et des Modernes*) die Überlegenheit der modernen Kultur über die Antike behauptete, standen die berühmtesten Autoren seiner Zeit auf der Gegenseite und hielten an der unüberbietbaren Mustergültigkeit der Antike fest (*Jean Racine, La Fontaine, La Bruyère, Boileau-Despréaux* usw.). Die Gegner Perraults, meint Werner Krauss, hatten wenn nicht »die besseren Gründe, so doch vermutlich die gediegenere Gesinnung«. Es waren »lauter typische Pariser Bürger, die mit dem Vorbild der Antike eine letzte Zuflucht vor dem alles fordernden Anspruch des Absolutismus verteidigten« (S. 196). Der antike Republikanismus – das Vorbild des stark idealisierten Sparta und des republikanischen Rom – spielte denn auch im 18. Jahrhundert noch eine wichtige Rolle für das Selbstverständnis des radikalen Bürgertums und Kleinbürgertums. In der Revolution von 1789 kleiden sich Redner und Pamphletisten gern in die Roben tugendhafter Römer. Paradox bleibt die Tatsache, daß der Fortschrittsgedanke zunächst von einem eifrigen Lobredner der Herrschaft Ludwigs XIV. vertreten wurde.

Bernard Le Bouvier de Fontenelle (1657–1757) hat sich in seiner *Disgression sur les Anciens et les Modernes* (1688) auf die Seite Perraults gestellt. Als langjähriger Sekretär der Akademie der Wissenschaften (1699–1740) und Verfasser zahlreicher populärwissenschaftlicher Bücher (u. a. *Entretiens sur la pluralité des mondes*, 1686) überträgt er den Fortschrittsgedanken ins Gebiet der Wissenschaft und macht in Frankreich – noch vor Voltaire – die Newtonsche Physik und den englischen Empirismus bekannt.

Für die ideologische Vorbereitung der radikalen Kritik am *Ancien Régime* war die Wendung vom cartesianischen Rationalismus zum Sensualismus Lockes und zum Materialismus (der *Helvétius, Holbach, La Mettrie*) von entscheidender Bedeutung. Auch wenn sich *Voltaire* dem Materialismus nicht anschließen konnte, hat er doch durch seine unermüdliche Polemik gegen die Mißbräuche der kirchlichen Macht und den religiösen Aberglauben als Wegbereiter des republikanischen Laizismus gewirkt. »Voltaire war mit seinem Bewußtsein dem Umsturz abhold, aber welchen anderen Sinn kann man seiner geistigen Riesenarbeit geben als den einer Vorbereitung der Umwandlung aller menschlichen Verhältnisse?« (Werner Krauss, 1959, S. 199).

Dem Materialismus konnten sich freilich weit eher Angehörige der Oberschicht des Dritten Standes und des hohen Adels als Bauern und Kleinbürger anschließen. Für jene war die Gefühlsreligion eines *Jean-Jacques Rousseau* weit ansprechender. »Man darf nicht verkennen«, meint Werner Krauss, »daß Rousseau gerade mit diesem aus seinem Pessimismus entsprungenen religiösen Gefühlston das Herz einer schwer zu gewinnenden, aber entscheidenden Schicht für seine radikalen Theorien empfänglich machte« (S. 200). Die bäuerliche und kleinbürgerliche Mehrheit des Dritten Standes hatte am intellektuellen Leben der Nation kaum schon Anteil. Sie hatte am meisten unter der doppelten Last feudaler Ausbeutung und absolutistischer Steuern zu leiden. Diese Bevölkerungsteile konnten erst in einer großen Krise in Bewegung geraten. Vor der Revolution von 1789 kam es lediglich zu lokal begrenzten Hungerrevolten (gegen die Mehlverteuerung) und Streiks (der Lyoner Seidenarbeiter z. B.). Die Beto-

nung der »Tugend der kleinen Leute« und ein sentimentaler Moralismus, wie ihn nicht nur Rousseau vertrat, drückte am besten die Stimmung dieser Schichten aus. Ihre Hoffnungen waren vorerst eher auf die Wiederherstellung einer idealisierten Vergangenheit als auf »Fortschritte« gerichtet.
Als Umschlagplatz von Ideen, als Orte der Bildung einer »öffentlichen Meinung« spielten während des ganzen Jahrhunderts einige *Pariser Salons* eine wichtige Rolle. Mittelpunkt dieser Salons waren Damen aus dem Adel und dem Großbürgertum wie *Madame de Lambert*, eine Marquise, die mittwochs in ihrem Salon Standespersonen und dienstags Autoren empfing – unter ihnen Marivaux, Montesquieu und vor allem Fontenelle –, *Madame de Tencin*, die Favoritin des Regenten und anderer gewesen war und schließlich 1726 in der Rue St. Honoré einen Salon eröffnete, in dem Diderot, Marmontel und abermals Montesquieu verkehrten. *Madame du Deffand* folgte 1730 diesem Vorbild. Ihr Salon in der Rue de Beaune zeichnet sich durch Antipathie gegen die Enzyklopädisten aus. Sie muß miterleben, daß ihre Gesellschafterin *Julie de Lespinasse*, die vor Beginn der Abende bei Madame du Deffand ihre Getreuen in ihren eigenen Räumen empfing, nach ihrem Hinauswurf die meisten interessanten »Habitués« mit sich nahm.

Zensur und Buchkolporteure

Ebenso wichtig wie die *Salons* war die Buch- und Zeitschriftenproduktion für die Durchsetzung der Aufklärung im Frankreich des 18. Jahrhunderts. Während der Jahrzehnte vor der Revolution nahm die gesamte Buch-, Broschüren- und Zeitschriftenproduktion ständig zu, bis zu den Friseurgehilfen und Lakaien reichte die Lesewut. Dabei stand der »Pressefreiheit« eine – zum Glück unsystematische und widerspruchsvolle – kirchliche und staatliche Zensur im Wege. Bereits Franz I. gelang es 1521, die Zensur den geistlichen Behörden wenigstens indirekt aus der Hand zu nehmen, indem er diese Funktion der theologischen Fakultät der Sorbonne übertrug, die in dieser Eigenschaft gleichsam als *Kommission der Regierung* tätig wurde. Außerdem wurden die *Parlamente* für die Wahrnehmung der Buchzensur interessiert. Seit 1563 mußte vor der Drucklegung ein »königliches Siegel« eingeholt werden. Damit war der »Siegelbewahrer«, der Kanzler des Königreiches, als letztinstanzlicher Zensor eingesetzt.
Sowohl das zur Drucklegung gelangende Manuskript als auch das Druckwerk mußten der Behörde eingereicht werden. Bei dieser Regelung blieb es während des ganzen 18. Jahrhunderts. Allerdings wurde die Zensur praktisch höchst ungleich ausgeübt. Der Regent übertrug das Amt des Oberzensors an den Memoirenautor *d'Argenson*, auf diesen folgte der Jurist *d'Aguesseau* und diesem *Lamoignon*, der wiederum zu seiner Entlastung seinen Sohn *Lamoignon de Malesherbes* einsetzte. Malesherbes, wie er meist einfach genannt wurde, war aber ein überzeugter Anhänger der Aufklärungsphilosophie; zwischen 1752 und 1763 setzte er die Zensurgesetzgebung vor allem zugunsten der Aufklärung ein und versuchte, so gut es ging, klerikale Polemiken zu unterdrücken.
Unter dem Oberzensor waren 1736 72, 1751 82 und vor der Revolution noch

einmal soviel »Zensur-Lektoren« tätig. Sie verfügten über keine klaren Richtlinien und verfuhren daher oft willkürlich. Das Hauptmotiv war, »Anstoß zu vermeiden« und die »öffentliche Ruhe und Sicherheit« nicht zu gefährden. Als Voltaire bereits ein berühmter Autor war, konnte er – wie ein Brief von Malesherbes dokumentiert – mit einiger Rücksicht rechnen. *Tercier*, der das atheistische Werk des Helvétius *De l'Esprit* (1758) passieren ließ, stellte allerdings eher eine Ausnahme dar. Wie unterschiedlich verfahren wurde, läßt sich am Beispiel der Behandlung der *Lettres persanes* Montesquieus und der etwa gleichzeitigen *Lettres anglaises* Voltaires ermessen. *Montesquieu*, der zwar offiziell nicht als Autor genannt war, konnte sich auf die stillschweigende Unterstützung seiner Standesgenossen in den *Parlamenten* verlassen und reichte schließlich sogar sein höchst kritisches Buch als »Nachweis seiner Qualifizierung« dem Ministerpräsidenten Kardinal Fleury zusammen mit dem Antrag auf Aufnahme in die Akademie ein. Ihm geschah nichts. *Voltaire* wurde – auf Betreiben der Staatsanwaltschaft des Pariser Parlaments – wegen der *Englischen Briefe* angeklagt, die Regierung verweigerte freilich die Zustimmung zu einem Verfahren. Überhaupt stand die Regierung im Kampf zwischen »Philosophes« auf der einen Seite und Klerikalen und konservativen Juristen der Parlamente auf der anderen eher auf der der »Philosophes«. 1762 löste sie den Jesuitenorden in Frankreich auf, der sich durch besonderen Eifer im Kampf gegen die Aufklärung ausgezeichnet hatte, 1771 wurden (vorübergehend) die Parlamente aufgehoben. Voltaire hielt es in dieser Lage für richtig, zunächst seine gesamte polemische Schärfe gegen die Kirche (und reaktionäre Justizbehörden) zu richten, und versuchte, die Regierung als Bundesgenossen zu gewinnen.

Trotz einer gelegentlich duldsamen Zensur und hilfreicher Informationen im Falle nicht mehr zu verhindernder Verbote (der Polizeipräfekt *Sartine*, der Nachfolger Malesherbes', informierte z. B. Diderot im voraus von einer geplanten Beschlagnahme der Enzyklopädie) wurde die große Mehrheit kritischer Bücher und Zeitschriften im Ausland gedruckt und ohne viel Komplikationen nach Frankreich eingeführt. Die besten Drucker französischer Werke saßen in Holland (die Hugenotten *Marc Michel Rey, Neaulme* usw.), England, Köln, Berlin, Dresden, Neuchâtel, Genf, im Elsaß, in Avignon usw.; kurz, rings um Frankreich profitierten Drucker von der französischen Zensur und belieferten den großen französischen Markt. *Diderot* machte sich in seinem *Brief über den Buchhandel* über jeden Versuch lustig, diese illegalen Importe zu verhindern. Während aber die Autoren, vor allem wenn sie einiges Ansehen hatten, mit der Zensur und der Veröffentlichung im Ausland ganz gut leben konnten (abgesehen vom Fehlen jedes Copyrights), ging es den »Kolporteuren«, den Buchhändlern und selbst den Hausbesitzern, in deren Haus illegale Druckereien oder Buchlager sich fanden, an den Kragen. Werner Krauss (1960) hält daher diese Kolporteure für die eigentlichen Helden der Aufklärung. Daß sie nicht nur Leute waren, die wegen der großen Handelsspannen ein risikoreiches Geschäft betrieben, sondern oft auch echte *Partisanen der Aufklärung*, dokumentiert ein von Diderot berichteter Vorfall: »Als die Voltairesche Denkschrift zum Justizmord an Calas ausgeliefert wurde, beschlossen die Kolporteure, dem Beispiel der Drucker zu folgen und den gesamten Erlös der Witwe Calas zu überweisen«

(Brief an Sophie Volland vom 16.9.1762). Die Polizei versuchte durch Bestechung einzelner Kolporteure, sich Informationen zu beschaffen, um besser gegen den illegalen Buchverkauf vorgehen zu können. Auf der anderen Seite gab es »Gegenden«, in denen Kolporteure relativ ungefährdet ihre Ware absetzen konnten: Vor allem der Hof in Versailles war jederzeit ein dankbarer Abnehmer und ein lukrativer Markt. Von da aus gelangten dann viele Bücher nach Paris. Der hohe Gewinn soll übrigens auch einige Polizisten dazu verführt haben, sich insgeheim dem Gewerbe anzuschließen. Den Kolporteuren, so darf man mit Werner Krauss sagen, gebührt »als helfenden Geistern der Aufklärung ein Ehrenplatz« in der Geschichte. Sie bildeten auch untereinander eine verschworene solidarische Gemeinschaft mit einer bewußten »Kampfmoral«. Damit ist das Kapitel Vertrieb der Druckerzeugnisse im 18. Jahrhundert freilich nur unvollständig beschrieben. In England saßen zum Beispiel französische Emigranten, die sich diskriminierende Sensationsgeschichten über hochgestellte Personen am Hofe von Versailles für teures Geld von der französischen Botschaft abkaufen ließen, während französische Polizisten vergeblich versuchten, sie in London selbst auf kriminelle Weise mundtot zu machen.

2. Politische Ideen während der letzten Regierungsjahre Ludwigs XIV. und zur Zeit der Régence

Fénelon und Vauban

Schon während der Regierungszeit Ludwigs XIV. hatten der Erzbischof *François de Salignac de la Mothe-Fénelon* (1651–1715) und der Marschall von Frankreich *Sébastien Le Prestre, Seigneur de Vauban* (1633–1707) scharfe Kritik an der verschwenderischen absolutistischen Herrschaft des Königs geübt und einschneidende Reformen vorgeschlagen. Auf Fénelon hatten sich auch die Hoffnungen der Bourgeoisie gerichtet, da er dem Dauphin Louis Duc de Bourgogne als dessen Erzieher die Maximen einer institutionell eingeschränkten Monarchie vermittelt hatte. Durch den frühen Tod des Duc de Bourgogne wurden diese Hoffnungen (1712) begraben.

Fénelon rechtfertigt zwar die Erbmonarchie, die angesichts der menschlichen Leidenschaften ebenso wie das Eigentumsrecht unentbehrlich geworden sei, aber er legt doch zugleich großen Wert darauf, daß die Befugnisse des Souveräns eingeschränkt werden. Der König darf zwar Gesetze erlassen, die die Handlungen der Untertanen regeln, er muß aber »ihren inneren Willen«, ihren Glauben, ihre Überzeugungen frei lassen. Damit wird wenigstens die »Glaubensfreiheit« (im Gegensatz zu *Bossuet*), wenn auch nicht die Bekenntnisfreiheit, gefordert. »Jedes erlassene Gesetz, jede Kriegserklärung, jede Steuererhebung, die zu einem anderen Zweck als dem des öffentlichen Wohls dienen, sind eine Verletzung der wesentlichen Rechte der Menschheit«, schreibt *Ramsai* (1722, S. 90f.) in seinem *Essai sur le gouvernement civil ... selon les principes de Fénelon*. Zur Sicherung gegen solche Rechtsverletzungen schlägt Fénelon vor, daß der König 1. regelmäßig Berater hinzuzieht, die mit ihm das Recht der Gesetzgebung teilen (eine Art Oberhaus, das aus Adligen bestehen soll). Der König kann alles – nur

nicht das Gesetz geben – ohne ihren Beistand. 2. Der König soll außerordentliche Steuern nur mit ausdrücklicher Zustimmung des Volkes erheben.
In seinem *Examen de Conscience sur les devoirs de la Royauté* sagt Fénelon dem künftigen König: »Sie wissen, daß einst der König seinem Volk nichts aus eigner Machtvollkommenheit wegnahm: Das Parlament, d.h. die Versammlung der Nation, bewilligte ihm die notwendigen Geldmittel für die außerordentlichen Bedürfnisse des Staates. Abgesehen davon lebte der König von seiner Domaine. Was hat diese Ordnung geändert – wenn es nicht die absolute Autorität war, die die Könige sich in unseren Tagen« angeeignet haben (Art. III und XIII).
Im Regierungsprogramm, das Fénelon zusammen mit dem *Duc de Chevreuse* für den künftigen König entwarf, heißt es sogar: »*Einberufung der Generalstände.* Zusammensetzung der Generalstände: von jeder Diözese ein Bischof; (je) ein Adliger alter Familie, der vom Adel gewählt wird, je ein bedeutender Mann aus dem Dritten Stand, der vom Dritten Stand gewählt wird. Freie Wahl, keine Empfehlung von seiten des Königs, die sich in einen Befehl verwandeln würde. Keine ständigen Deputierten, aber Möglichkeit der Wiederwahl etc.« (*Plan de Gouvernement*, Art. II, § 3).
Aus der Feder Fénelons stammt ein – 1825 erstmals publizierter – Brief an Ludwig XIV., den er vermutlich nie abgeschickt hat, der aber mit größter Klarheit seine Kritik an dessen Absolutismus ausdrückt: »Seit etwa 30 Jahren haben Ihre wichtigsten Minister alle alten Staatsmaximen erschüttert oder umgestürzt, um Ihre Autorität bis in den Himmel zu erheben, eine Autorität, die zu der ihren wurde, weil sie sie in Händen hielten. Man sprach nicht mehr vom Staat und seinen Regeln, sondern nur noch vom König und seinem ›bon plaisir‹. Man hat Ihre Einnahmen und Ausgaben ins Unermeßliche gesteigert ... Für die innere Verwaltung wie für die Verhandlungen mit dem Ausland kannte man keine andere Regel mehr als Bedrohungen, Erdrückung und Vernichtungen von allem, was ihnen widerstand ... Man hat Ihren Namen verhaßt gemacht und die französische Nation ihren Nachbarn unerträglich. Man hat keinen der alten Verbündeten gehalten, weil man nur Sklaven wollte ... Genug, Sire, um zu erkennen, daß Sie Ihr ganzes Leben außerhalb des Weges der Wahrheit, der Gerechtigkeit und infolgedessen des Evangeliums verbracht haben ... So viele geplünderte Provinzen, Städte und Dörfer in Asche sind die traurigen Folgen jenes Krieges von 1672, der um Ihres Ruhmes willen unternommen wurde ...« (1694 geschrieben). Ein Mann mit solchen Gedanken konnte schließlich am Hof nicht mehr geduldet werden. Man verbannte ihn 1700 faktisch an seinen Erzbischofssitz nach Cambrai.
Wie recht Fénelon mit seinen Klagen hatte, beweist u. a. Vaubans *Dîme Royale* (1707), die ein höchst düsteres Bild von der wirtschaftlichen Lage namentlich der französischen Bauern und Tagelöhner in den Provinzen entwirft und eine grundsätzliche Steuerreform verlangt. Nur wenn die Steuern endlich entsprechend der Leistungsfähigkeit auf die Bevölkerung verteilt würden, statt die Ärmsten am härtesten zu treffen, könne Frankreich gesunden: »Alle Untertanen haben die Pflicht, Steuern zu bezahlen, ohne jede Befreiung.« – »Jedes Privileg, das auf eine Steuerbefreiung hinausläuft (damit meint Vauban die Geistlichkeit wie den Adel), ist mißbräuchlich und darf und kann nur zum Schaden der Öffentlichkeit gereichen.« – »Die Könige haben ein reales und wesentliches Interesse

daran, daß das Volk nicht steuerlich überfordert wird und ihm nicht das Notwendige fehlt ...« Mit großem Ernst erklärt er dem König: »Ich fühle mich auf Ehre und Gewissen verpflichtet, Seiner Majestät vorzutragen, daß mir scheint, man hat seit jeher in Frankreich nicht genug Rücksicht auf das einfache Volk genommen und es zu wenig beachtet: Daher ist es auch der am meisten ruinierte und elendeste Teil des Königreiches ... der Teil, der alle Lasten trägt und immer am meisten gelitten hat und noch am meisten leidet. Das niedere Volk bereichert aber durch seine Arbeit, seinen Handel (!) und seine Zahlungen an den König ihn und das ganze Königreich ... Das ist dieser Teil des Volkes, der so nützlich ist und so sehr verachtet wird.« Die *Dîme Royale* wurde unverzüglich verboten, verbreitete sich aber dennoch rasch im Lande.

Vor Vauban hat bereits der liberale Merkantilist *Pierre de Boisguillebert* in seinem *Détail de la France* (1695) auf die wachsende Not der ländlichen wie der gewerblichen Bevölkerung Frankreichs hingewiesen, die in Hungersnot, Massenarbeitslosigkeit und Auswanderungen nach Holland, England und der Schweiz zum Ausdruck kam.

Pierre Bayle

Während schon Fontenelle von der religiösen Skepsis zum Glauben an die Wissenschaft hinübergeleitet hatte, übte *Pierre Bayle* einen womöglich noch größeren Einfluß auf das Denken des 18. Jahrhunderts aus. 1647 in Carlet-Bayle geboren, verbrachte er den größten Teil seines Lebens in Holland, wo er in größerer Freiheit lehren und publizieren konnte und 1706 starb. 1669 hatte er – unter jesuitischem Einfluß – die katholische Religion angenommen, ein Jahr später schon – in Genf, wo er sein Philosophiestudium beendete – war er zum Calvinismus zurückkonvertiert, 1676 wurde er Philosophieprofessor in Sedan, 1681 in Rotterdam, wo der bekannte calvinistische Theologe *Pierre Jurieu* (1637 bis 1713) 1693 erfolgreich die Vertreibung des Freigeistes vom Lehrstuhl betrieb.

1684 begann Bayle mit der Publikation der *Nouvelles de la République de Lettres*, einer der ersten kritischen Zeitschriften des Kontinents. Weitere wichtige Periodika, die neben den Salons Medien für die bürgerliche »öffentliche Meinung« wurden, waren das 1665 gegründete *Journal des savants*, der 1672 erstmals erscheinende *Mercure de France*, die seit 1723 publizierten jesuitisch geleiteten *Mémoires de Trévoux*, Melchior Grimms (handschriftlich vervielfältigte) *Correspondance littéraire* (1753–1790), die *Année littéraire* des Voltaire-Gegners Jean Fréron und *Le Pour et le Contre* (1733–1760).

Durch die Zurücknahme des Toleranzediktes von Nantes war Bayle persönlich betroffen: Sein Bruder starb als Opfer der Verfolgungen durch Ludwig XIV. In seiner Zeitschrift wie in Publikationen wie *Ce que c'est la France toute Catholique* und seinem berühmten *Dictionnaire historique et critique* (1696/97, Neuauflagen 1702 und 1741/42) trat er mit Entschiedenheit für völlige religiöse Toleranz, ja Indifferenz ein. Dabei schonte er die Calvinisten ebensowenig wie die Katholiken. Seine Schriften wurden denn auch von beiden Religionsparteien heftig angegriffen. Bayle wandte das cartesianische Prinzip des systematischen Zweifels auf Gebiete an, die Descartes vorsichtig ausgespart hatte. Das führte ihn zu »gefährlichen Schlußfolgerungen«. In dem Artikel »Bellarmin« (zur Person Bellarmins vgl. oben, S. 151f.) entwickelt er drei Regeln, die man bei der Suche nach Wahrheit beachten müsse: 1. Gegner nicht eher angreifen, als bis man die Fakten mit Gewißheit festgestellt hat, 2. »Gefühlsbeweise« sind wertlos, Leidenschaften sollten bei der Suche nach Wahrheit zurückgestellt werden, 3. nichts sollte ohne beweiskräftige Evidenz akzeptiert werden. Wenn man diese Regeln auf die Untersuchung dogmatischer Aussagen von Theologen anwende, stelle ich heraus, daß sie lächerlich und absurd seien. Bayle amüsierte sich damit, die Orthodoxen zu schockieren, und griff aus reinem Vergnügen eine große Anzahl auch zweitklassiger Autoren an.

Am wichtigsten für die Entwicklung der politischen Kultur war vermutlich Bayles Argument zugunsten der Toleranz. Das *compelle intrare*, der Zwang, in die Kirche einzutreten, sei mit der Freiheit des Gewissens unvereinbar. Ohne Gewissensfreiheit aber verwandele sich das religiöse Bekenntnis in Heuchelei. Calvin, der Servet verbrennen ließ, sei nicht besser gewesen als Ludwig XIV., der die Calvinisten verfolgte. In einem *Dialog zwischen dem Bürgermeister von Rotterdam und Jurieu* läßt Bayle den Bürgermeister fragen: »Wissen Sie, was die Folgen Ihrer Forderung (nach einem Redeverbot für Bayle) sind? Sie verlangen eine Inquisition.« »Aber ich verabscheue die Inquisition«, antwortet ihm Jurieu. »Ja, aber nur die des Papstes! Lehnen Sie auch eine eigne Inquisition, eine Inquisition im Namen Ihrer Religion ab? Wir handeln nach christlichen Prinzipien, indem wir alle Religionen tolerieren und Christen nicht erlauben, einander zu verletzen.« »Schließlich«, fragt Bayle, »ist es nicht ebenso absurd, Irrtümer mit Schlägen zu bekämpfen wie Festungen mit Reden und Syllogismen anzugreifen?«

Toleranz ist absolut unentbehrlich, weil alle religiösen und philosophischen Aussagen bestenfalls zweifelhaft sind, weil moralisches Verhalten nicht von religiösen Überzeugungen abhängig ist und weil geistiger Zwang ungerechtfertigt ist, da Gott uns keine intuitive Erkenntnis seines Moralgesetzes gegeben und dessen Interpretation individuellem Urteil überlassen hat. Auf das sittliche Verhalten allein komme es an, und Bayle stellt als erster die These auf, daß auch ein atheistisches Volk einen Staat bilden könne, in dem die Menschen moralische Regeln einhalten.

So progressiv Bayles Eintreten für Toleranz selbst gegenüber Atheisten war, so zurückhaltend waren seine politischen Ansichten. Zwar glaubte er an die »natürliche Vernunft« der Menschen, aber nicht an ihre »natürliche Intelligenz«. Was ihre Fähigkeit anlangt, die sozialen und politischen Institutionen zu verbessern, so neigte er zu größter Skepsis. Zwar waren absolutistische Regierungen ein Übel, weil sie die Menschen in Kriege stürzten, aber dennoch zog er eine »starke Regierung« einer »schwachen« vor. In gewisser Hinsicht werden ihm die Physiokraten und Voltaire auf diesem Wege folgen, nur daß sie die Ablösung der theologischen durch aufgeklärte philosophische und ökonomische Ratgeber der Fürsten zu betreiben suchen.

Nicolas Guedeuville und Saint-Simon

Ein oft übersehener Zeitgenosse Bayles war *Nicolas Guedeuville* (1650 – nach 1710). Auch er flieht als Protestant in die Niederlande und gibt dort die radikal kritische Zeitschrift *Esprit des Cours de l'Europe* (1699–1710) heraus, die scharfsinnige Untersuchungen über den Ursprung des Despotismus Ludwigs XIV. enthält. Guedeuville folgt der klassisch-aristotelischen Unterscheidung zwischen legitimem Herrscher und Tyrann: Während der erste das Wohl der von ihm regierten Gemeinschaft verfolgt, geht es dem letzteren lediglich um seinen eigenen Vorteil: »Eine gerechte Regierung ist diejenige, in der der Nutzen der Untertanen mehr wiegt als der des Souveräns« (1705, S. 467).

Der Ruhm Frankreichs, auf dessen Bedeutung die Apologeten Ludwigs hinweisen, nützt den Franzosen wenig: »Was bedeutet es schon für eine Nation, daß ihr König als der größte König der Welt angesehen wird, wenn sie sich in der allerniedrigsten und traurigsten Lage befindet, auf die Menschen reduziert sein können?« (1705, S. 462). Angesichts des Widerspruchs zwischen der Lage der Bevölkerung und der Stabilität der Herrschaft Ludwigs XIV. geht es Guedeuville darum, die unsichtbare »Triebfeder« dieses Regimes bloßzulegen. Der Monarch hat es offenbar verstanden, den Patriotismus – wir würden eher von Nationalismus sprechen – zu seinen Gunsten zu nützen. Noch die ärmsten Bauern sind offenbar stolz auf die »glänzenden Siege« ihres Monarchen. – Aber auch wenn »Große« wie »Arme« gleichermaßen geknechtet sind, haben die Angehörigen des Hofadels und der Großbourgeoisie doch fühlbare Vorteile von dieser absolutistischen Herrschaft, während die Masse der Bevölkerung verarmt und ausgebeutet wird. »Die der grausamen und unersättlichen Geldgier der Finanziers ausgelieferte Nation ... ist entnervt. Der Fürst und seine Agenten, die man Fremde nennen kann und die es manchmal wirklich sind, bestehlen und plündern straflos unter dem Vorwand von Subsidien und lassen nur das zurück, was sie nicht wegschleppen können« (1705, S. 364). Neben dem Nationalismus dient vor allem die Religion der Aufrechterhaltung des allgemeinen Gehorsams: »... der Kult Gottes ist für die Fürsten viel zu nützlich, um sich nicht seiner zu bedienen: durch ihn halten sie die Untertanen bei ihrem Gehorsam und hetzen sie gegen den Feind auf; in einem Wort: Die Religion ist ein höchst wirksames Mittel in der Hand des Fürsten, um im Inneren die Freiheit zu fesseln und nach außen sich zu vergrößern; auch sind die Souveräne große Glaubenseiferer, solange sie dabei Ehre und Vorteil finden ...« (1706, S. 63 ff.). Indem der König als Werkzeug des göttlichen Willens hingestellt wird, erscheint jeder Widerstand gegen ihn zugleich als »Gotteslästerung« (1701, S. 238 ff.). Während der König den Hofadel korrumpiert und ihn so zu seinem Werkzeug macht, gelingt ihm das mit dem Klerus nicht vollständig. Daher hat der Klerus einen Teil der Macht für sich behalten.

Wie wenige Zeitgenossen war sich Guedeuville der Bedeutung des Journalismus bewußt und versuchte, das Ansehen der »Tagesschriftsteller« zu heben, indem er sie als Chronisten und Kritiker der Zustände apostrophierte. Auch wenn er die Ausbeutung durch Hochadel und Großbourgeoisie als Charakteristikum des Absolutismus beschrieben und die extremen Reichtumsunterschiede kritisiert hat, kann man Guedeuville doch kaum als »utopischen Sozialisten« bezeichnen.

Seine Bearbeitung der *Dialoge des Baron de Lahontan mit dem Wilden Adario* (Auflagen von 1703 und 1705) weist ihn als einen der ersten Zeitkritiker aus, die den »guten Wilden« dem depravierten Kulturmenschen Frankreichs gegenüberstellen. Chinard (1942) verdanken wir die Kenntnis der Guedeuvilleschen Bearbeitung, Myriam Yardeni (1972) Informationen über die seinerzeit viel gelesene Zeitschrift.

Unter den frühen Kritikern des Absolutismus sollte der *Duc de Saint-Simon* nicht unerwähnt bleiben. Er stammte aus einer seit langem mit dem königlichen Hof verbundenen Adelsfamilie und hat mit großer Erbitterung die politische Entmachtung seines Standes durch Ludwig XIV. kommentiert. Seine *Mémoires* stellen eine scharfsichtige und kritische Kommentierung des Hoflebens dar. Als Historiker überschätzt er allerdings die Rolle persönlicher Beziehungen, Sympathien und Antipathien. Sein Insistieren auf Fragen der Etikette ist Ausdruck seines Versuchs, die Position des Hochadels gegen die vom König geförderten Parvenus aus dem Bürgertum zu verteidigen: »Was Saint-Simon mit Unterstützung historischer Argumente verteidigt, ist die von der Geschichte fixierte Feudalordnung, die ihm als der einzig mögliche Schutzwall gegen die Ansprüche königlicher Tyrannis erscheint. Er möchte die Zerstörung der ›Grundgesetze des Königreiches‹ verhindern, denn er glaubt wie viele andere Zeitgenossen – wie Fénelon und später Montesquieu –, daß hier die Vergangenheit Waffen zur Rettung der Zukunft liefert« (Littérature française, Larousse, Bd. I, 1967, S. 298).

Der Club de l'Entresol

Wie Fénelon war auch der *Abbé de St. Pierre* (1658–1743) ein entschiedener Gegner der Politik Ludwigs XIV. – vor allem wandte er sich gegen dessen Kriege. Er hat in zahlreichen Denkschriften und Plänen politische Reformen empfohlen, über die viele seiner Zeitgenossen lächelten und die Voltaire zur Zielscheibe seiner bissigen Sarkasmen gemacht hat: »Er (St. Pierre) glaubte, die Republik Platos verbessert zu haben ... und hielt sich für den Reformator des Menschengeschlechts ... Er veröffentlichte eine Verordnung, um Herzöge und Pairs nützlich für den Staat zu machen ... erlaubte Priestern und Mönchen, sich zu verheiraten, und nachdem er so die ganze Welt beglückt hatte, beschäftigte er sich mit seinen ›politischen Analysen‹« (Voltaire XXIX, S. 267).

St. Pierre war einer der ersten, die in Frankreich von »politischer Wissenschaft« (*science politique*) sprachen und die überzeugt waren, daß sie zum Glück der Völker entscheidend beitragen werde. Diesem Zweck sollte u. a. die Errichtung einer »Akademie für Politik« dienen. Ihre Aufgabe wäre es, alle Verbesserungsvorschläge, die im Lande gemacht werden, entgegenzunehmen, zu prüfen und zu prämieren. Neben ihrer Lehrfunktion sollte die Akademie auch bei der Auswahl geeigneter Personen für alle Ämter beteiligt sein und die Verwaltungsorganisation regeln. Offenbar schwebte St. Pierre eine Art Kombination von Akademie und Staatsrat vor.

Als 1722 der *Abbé Alary* am Place Vendôme in Paris einen politischen Klub *(Club de l'Entresol)* gründete, glaubte sich St. Pierre schon der Verwirklichung seiner Träume nahe. Der Abbé Alary war mit *Henry St. John Viscount Bolingbroke* (1678–1751) befreundet, der als Gegner des Hauses Hannover und führender Theoretiker der Tories von 1715 bis 1723 in Paris im Exil lebte (vgl. oben, S. 348 f.). Er hat wesentlich zur Ausarbeitung einer Theorie der parlamentarischen Opposition beigetragen und dürfte Montesquieus Konzeption der englischen Verfassung beeinflußt haben (vor allem durch seine *Dissertation on Parties*, die 1733/34 im *Craftsman*, dem von ihm herausgegebenen Periodikum, erschien).

In diesem Klub wurde während der Régence und in den Anfangsjahren der Regierungszeit Ludwigs XV. sehr frei über politische Probleme diskutiert. Der britische Botschafter (Walpole oder Chesterfield) soll – nachdem ihn der Kardinal *André Hercule de Fleury* nicht empfangen wollte – im Klub seine Sache vertreten haben. Montesquieu trug hier u. a. den *Dialog von Sylla und Eukrates* vor (1722).

Unter den regelmäßigen Gästen des Klubs war außer dem Abbé de St. Pierre auch der Marquis d'Argenson, dessen lange Zeit nur handschriftlich verbreitete *Considérations sur le Gouvernement ancien et présent de la France* von Rousseau im *Contrat Social* gelobt wurden. Ein häufiger Gast war auch der Schotte *Ramsai*, ein Freund Fénelons, der dessen politische Konzeption systematisch zusammengefaßt hatte.

Der Abbé de St. Pierre

Der eifrigste Gast des Klubs war der Abbé de St. Pierre. Um dem *Club de l'Entresol* größere Autorität zu verschaffen, beantragte er bei Kardinal Fleury, der anfangs stolz darauf war, daß es in seiner Hauptstadt eine solche Institution gab, die ausdrückliche Genehmigung zur Behandlung allgemeiner politischer Probleme. Die negative Antwort ließ nicht lange auf sich warten. Der Kardinal meinte, daß die Behandlung politischer Angelegenheiten »gewöhnlich weiter führt, als man möchte, daher ist es nicht angemessen, daß sie zum Gegenstand der Diskussion gemacht werden«. Damit war der Klub praktisch verboten. Er löste sich auf.

Unter den buchstäblich Hunderten von Projekten und Plänen des Abbé de St. Pierre sind außer dem Vorschlag zur Gründung einer »Akademie für Politik« ein Entwurf zum Ewigen Frieden, den Rousseau durch eine Kurzfassung und sein *Jugement* der Nachwelt erhalten hat (vgl. unten, S. 491 ff.), der Entwurf eines neuen Wahlmodus für Beamte und die sogenannte *Polysynodie* – die »Vielzahl von Ratsversammlungen« – hervorzuheben, die anstelle der bisherigen Minister und Staatssekretäre an die Spitze der Regierung treten sollten. Damit hatte der Abbé übrigens eine umstrittene Einrichtung der Régence zur Norm erhoben.

Das Wahlsystem für leitende Beamte sieht zunächst die Bildung einer Wahlkörperschaft von dreimal 30 Personen vor: je 30 Beamte, Adlige und Geistliche. Jede dieser Körperschaften würde je 3 Personen vorschlagen, unter denen der König eine auswählen soll und so fort, bis die Politische Akademie auf 40 Personen aufgefüllt worden ist. Diese 40 Akademiker sollten dem König für jedes höhere Staatsamt 3 Kandidaten vorschlagen, ähnlich wie im allgemeinen bei der Berufung von Hochschullehrern heute verfahren wird. Das gleiche Verfahren sollte auch auf die Auswahl und Ernennung der Intendanten der französischen Provinzen angewandt werden. Ähnliche Kombinationen von demokratischem

Vorschlag und königlicher Auswahl finden wir beim *Marquis d'Argenson* wieder, der sich gelegentlich als ein Schüler des Abbé bekannt hat.

Für die Regierungsorganisation unterscheidet der Abbé de St. Pierre drei »Typen«, wobei er die ersten beiden aus polemischer Absicht mit türkischen Beziehungen belegt: Das *Vézirat* legt die gesamte Exekutivgewalt in die Hand eines Premierministers oder Kanzlers (Beispiel: Kardinal Richelieu), das *Demi-Vézirat* teilt die Exekutivgewalt unter mehrere Minister und mildert damit die diktatorische Macht des Vézirats. Weit besser sei dagegen die *Polysynodie*, ein System, das aus mehreren Ratskollegien (*conseils*) besteht und mit einer *Rotation im Amt* kombiniert ist. Es hat den Vorteil, daß die Tatsachen – durch die Mehrzahl der Beobachter – bekannter werden, daß mehr vernünftige Einsicht miteinander kombiniert werden kann und daß der Gegensatz von Privatwohl und Gemeinwohl verringert wird. In den Ratskollegien korrigieren sich unterschiedliche Privatinteressen gegenseitig, auch werden die Amtsinhaber durch die größere Zahl der Ratsmitglieder besser überwacht. Die Ratsmitglieder, die selbst steuerpflichtig sind, werden dadurch an einer Verminderung der öffentlichen Lasten direkt interessiert. Endlich gibt es auch mehr Personen, die die neuen Reformvorschläge prüfen und anwenden können. Auch die *freie Diskussion* in zahlreichen Körperschaften weise gegenüber der geheimen Kabinettspolitik große Vorteile auf, schließlich könne der Adel vermehrt zur Arbeit in den *Conseils* herangezogen werden, bei dem man »mehr Ehre, Treue und Vaterlandsliebe« finde.

Gegen St. Pierres *Polysynodie* wie gegen die zur Zeit der Regentschaft eingeführten *Conseils* wurde eingewandt, sie hätten praktisch versagt; Montesquieu verteidigte sie jedoch im 138. Brief der *Lettres Persanes* (1724), die zur Zeit seiner Zugehörigkeit zum Klub entstanden sind.

Der Abbé de St. Pierre ist ein klassischer Repräsentant des neuerwachten Glaubens an den Fortschritt und an die Kraft der bloßen Vernunft. In beiden Punkten wird ihm Rousseau widersprechen. Der Abbé drückt in naiver Weise die herrschende Auffassung der *Philosophes* aus. »Die Überlegenheit der Modernen gegenüber den Alten steht am Ausgangspunkt seiner Reflexionen über die Geschichte, und die falsche Autorität der Alten hält er für das größte Hindernis des Fortschritts« (Baczko, S. 181).

Die Überlegenheit der *Modernen* ist auf dem Gebiet der Naturwissenschaften so evident, daß sie keiner rechtfertigenden Begründung mehr bedarf. Dagegen stößt St. Pierre auf das Problem, warum diesem Fortschritt keine vergleichbare Entwicklung auf moralischem Gebiet entspricht. Er beschließt daher, sich künftig allein dem Gebiet der Moral und Politik zuzuwenden, von dem im größten Maße das Glück des Menschen abhängig sei. Descartes und Newton, diese beiden Genies der Naturwissenschaft, hätten sich leider nicht (oder nicht genügend) mit Moral und Politik beschäftigt. Wenn man aber die Menschen nur ausreichend erziehe und das Licht der Vernunft verbreite, dann würden überall »Descartes« und »Newtons« sich entfalten können und darüber hinaus auch Genies der Moralphilosophie und der Politikwissenschaft. Das goldene Zeitalter liegt daher auch nicht hinter uns, sondern in der Zukunft! Immerhin stellt nach St. Pierre auch die *République* Bodins schon einen erheblichen Fortschritt gegenüber Platons *Politeia* dar, »weil Bodin davon profitiert hat, was ihn Platon

lehrte; auch hat er von den Einsichten derer profitiert, die auf Plato folgten sowie von seinen eignen Reflexionen« (Baczko, S. 185). Um definitiv ins Goldene Zeitalter einzutreten, bedarf es nur »einiger weiser Regentschaften in den europäischen Staaten, denn, wenn einmal Europa ins Paradies auf Erden eingetreten ist, wird es in kurzer Zeit alle andren Völker dahin führen, die ebenso wie wir kein andres Interesse haben, als ihre Leiden zu vermindern und ihr Gut zu vermehren ... Das aber werden die bewundernswerten Wirkungen des neuen Regierungsplans sein, den die Könige und Republiken ganz leicht verwirklichen können« (Baczko, S. 185).
Rousseau hat St. Pierre vorgehalten, daß er zu stark auf die Vernunft und zu wenig auf die Leidenschaften der Menschen geachtet habe. Sein Glaube an die Rationalität menschlicher Entscheidungen und an die Möglichkeit einer Reform durch aufgeklärte Monarchen wird von fast allen *Philosophes* geteilt (allerdings nicht von Diderot, Rousseau und Mably).

Der Marquis d'Argenson

Weniger radikal und realistischer sind die Reformvorschläge, die der *Marquis René Louis d'Argenson* (1694–1757) in seinen *Considérations sur le Gouvernement de la France* entwickelt hat. Teile dieser Überlegungen hat er schon im *Club de l'Entresol* vorgetragen. Der zentrale Gedanke der Schrift ist, die Demokratisierung der Gemeinden und Städte mit der monarchischen Leitung des Staates zu kombinieren. Die mißliche Lage der Finanzen und der Landwirtschaft Frankreichs hängt nach d'Argensons Überzeugung damit zusammen, daß zu viel von der Zentrale geregelt und angeordnet wird und den Citoyens in Stadt und Land zu wenig Freiheit für die Besorgung ihrer eignen Angelegenheiten überlassen bleibt.
In seinen einleitenden Definitionen unterscheidet der Marquis zwischen einer *falschen* und einer *legitimen* Demokratie. Während die falsche Demokratie rasch in Anarchie zerfalle und das Volk die Gesetze verachte, handele das Volk in der legitimen Demokratie »durch Deputierte, die durch Wahl autorisiert sind. Die vom Volk Gewählten und die von ihnen gestützte Autorität konstituieren die öffentliche Gewalt: Ihre Pflicht ist es, im Interesse der Mehrheit der Citoyens (Gesetze) zu stipulieren, ihnen die größten Übel zu ersparen und die größten Vorteile zu verschaffen.«
Die Wahl der Magistrate in den Gemeinden und Städten stellt sich d'Argenson so vor, daß in freier (und geheimer?) Wahl Personen von allen Bürgern vorgeschlagen werden, ohne daß das Wahlresultat öffentlich bekannt würde. Das Wahlergebnis wird vielmehr den Intendanten der Départements (die an die Stelle der alten Einteilung des Königreiches treten sollen) vorgelegt, die aus der Liste der Gewählten die Würdigsten auswählen und ernennen. Die demokratische Wahl stellt also in Wahrheit nur eine Art Vorschlag zur Ernennung dar. Die Amtsinhaber sollen ihre Stellung nur jeweils ein Jahr lang innehaben, die Intendanten die ihre drei Jahre. Wiederwahl schließt d'Argenson aus, damit sich die Magistrate nicht vom einfachen Volk und seiner Alltagserfahrung isolieren. Um jede Gefahr einer raschen Neuerung auszuschließen, schlägt er vor, die Demokratisierung der Gemeindeverwaltung zunächst nur in einem Département

gleichsam als Modell durchzuführen. Bei Erfolg sollte die Reform dann auf das Königreich ausgedehnt werden.

Wichtiger als die Wahl ist die größere Autonomie, die den Gemeinden und Städten zugebilligt wird. An die Stelle der von oben her fixierten Steuern soll eine Abgabe treten, die nach dem Vorbild des *don gratuit* der Geistlichkeit gebildet ist. Den Gemeindevorstehern usw. steht es dann frei, wie sie den Betrag für diese Abgabe zusammenbringen. Da sie die lokalen Verhältnisse genau kennen, werden sie so verfahren, wie es den Interessen aller am besten entspricht. Ebenso werden die *corvées*, die Dienstleistungen für Wege, Straßen, Brücken, Dämme usw., nicht mehr von einer Zentralgewalt, sondern von den örtlichen Behörden angeordnet und durchgeführt. Die Zentrale übt lediglich eine Art Kontrollrecht aus. Die Käuflichkeit der Ämter wird abgeschafft, die Steuerprivilegien des Adels und der Geistlichkeit verschwinden. Der große Landbesitz des Adels sollte unter Bauern aufgeteilt werden, die das Land selber bebauen, denn nur der Eigentümer bemüht sich, aus seinem Land das Beste herauszuholen, und investiert genügend, um die Produktion zu steigern. Offenbar denkt d'Argenson an eine Art Ablösung der Adelsrechte durch Geld und stellt sich vor, daß der Adel, auf diese Weise zu kommerzieller und manufaktureller Tätigkeit motiviert, aus seiner »Drohnenexistenz« herausgerissen wird. In mancher Hinsicht haben die Vorschläge des Marquis d'Argenson Ähnlichkeit mit den Stein-Hardenbergschen Reformen in Preußen. In beiden Fällen spielen die Bauernbefreiung und die Stärkung der Gemeinden und Städte in ihrer Autonomie und Selbstverwaltung eine ausschlaggebende Rolle.

Der Monarch, so d'Argensons These, würde weit besser mit einer relativ egalitären bürgerlichen Gesellschaft auskommen als mit einem Adel, der den Thron eher bedroht als stützt (d'Argenson, S. 305). Aber auch wenn d'Argenson – wie Rousseau, dem vermutlich dieser Aspekt der *Considérations* besonders gefallen hat – für eine größere Gleichheit unter den Bürgern eintritt, meint er doch, daß »gewiß niemals eine vollständige Gleichheit unter den Bürgern eintreten wird; der Unterschied der Talente wird immer zu einem Unterschied der Vermögen führen ...« (d'Argenson, S. 306).

In einem Anhang skizziert der spätere Außenminister Frankreichs einen Friedensplan – im Anschluß an St. Pierres *Projet de Paix perpétuelle* –, der Frankreich zu einer zentralen Schiedsrichterfunktion in Europa führen soll. Dabei spielt die Eindämmung der europäischen Vormachtstellung Habsburgs und der Englands in Übersee eine ausschlaggebende Rolle. Das Modell ist das des »Gleichgewichts«, wobei Frankreich als Vormund der kleineren Staaten eine Schlüsselfunktion zufällt: »Wir werden finden, daß allein Frankreich heute imstande ist, die schöne Rolle des allgemeinen Schiedsrichters zu spielen. Es verlangt von niemandem etwas, man verlangt nichts von ihm. Es hat genügend Stärke, um sich zu verteidigen; schon sein Ansehen läßt ihm Respekt angedeihen ... Es herrscht über den Geschmack und die Künste; diesen Vorteil hat es erhalten, ohne ihn gesucht zu haben. Welche Gesetze würde es geben außer denen der Weisheit und der Politik? Das ist die wahre Universalmonarchie. Urteilen heißt regieren; mit Billigkeit zu entscheiden sollte die einzige Form der Herrschaft über Menschen sein« (S. 327 f.).

Dem Marquis d'Argenson geht es um die Größe und Stärke Frankreichs. Die aktuelle Misere ist für ihn eine Folge der schlechten Regierung und Verwaltung. Die Landwirtschaft liegt darnieder, die Städte haben sich auf Kosten des flachen Landes bereichert, die Zentralregierung bestimmt alles und kennt die lokalen Verhältnisse nicht, die Eigeninitiative der Landbebauer wird durch die hohen und unübersichtlichen Abgaben erdrückt. Mehr Selbstverwaltung, mehr Eigentümer, größere Autonomie auf wirtschaftlichem wie auf verwaltungsrechtlichem Gebiet und die Beseitigung von Privilegien, das alles soll letztlich nur dazu dienen, die Monarchie stärker und besser im Volke zu verankern. D'Argenson hat Gedanken der Physiokraten aufgenommen und mit demokratischen Elementen kombiniert. Dieser Standesherr vertritt eindeutig Positionen des aufsteigenden Bürgertums und der Aufklärung. Er ist der erste unter zahlreichen Reformministern des 18. Jahrhunderts, die freilich sämtlich am Widerstand der Interessen des Adels und des hohen Klerus gescheitert sind (*Maupeou, Turgot, Necker*). Man könnte ihn als einen bürgerlichen »Reformisten« bezeichnen.

3. Montesquieu

Vita und Werk

Von allen politischen Denkern Frankreichs im 18. Jahrhundert hat Montesquieu den größten und nachhaltigsten Einfluß ausgeübt. In der *Enzyklopädie*, für die er den Artikel *Despotisme* verfassen sollte, hat der *Chevalier de Jaucourt* seine Gedanken aufgegriffen, und das 19. Jahrhundert hat ihn – vor allem als Theoretiker der liberalen Verfassung und der Gewaltenteilung – rezipiert. Auch die späteren Reflexionen über das britische Regierungssystem wurden durch seine Darstellung im Kapitel 6 des 11. Buches des *Esprit des Lois* nachhaltig beeinflußt. Die Verfassung der USA und die französische Verfassung von 1791 sind ohne die von Montesquieu stammende Gewaltenteilungskonzeption nicht vorstellbar. Eine zweite, nicht minder nachhaltige Wirkung ging von Montesquieu als dem Vorläufer der »Soziologie« aus (*Durkheim* 1892, 1953). In Deutschland griff zunächst *Herder*, dann die *Romantik* seine Gedanken über die Eigenart und Eigenständigkeit der unterschiedlichen Kulturen und Völker auf.

In den letzten zwanzig Jahren hat die Montesquieu-Forschung sich mehr und mehr der komplexen Gestalt des engagierten Anwalts der Freiheit und des Inaugurators sozialwissenschaftlicher Forschung angenähert, die hinter den beiden zum Klischee gewordenen Gestalten des »Theoretikers der Gewaltenteilung« und des »Entdeckers der nationalen Besonderheit und Verschiedenheit« lange Zeit verborgen geblieben war. Die – noch immer nicht vollständige – Edition der Werke und Briefe Montesquieus und eine intensivere Beschäftigung mit dem, was er selbst geschrieben hat, hat erst in unserem Jahrhundert begonnen.

Charles-Louis de Secondat de La Brède de Montesquieu wurde am 18. 1. 1689 in La Brède geboren. Seine Familie gehörte dem nobilitierten Bürgertum an, ein Ur-Großvater war Protestant. 1606 wurde Jean de Secondat von Heinrich IV. zum Baron gemacht mit dem »Höflichkeitstitel Marquis«. Mütterlicherseits stammt Montesquieus Familie aus dem englischen Adel (seine Großmutter ist über die Countess of Salisbury mit Eduard III. verwandt, hat also Plantagenet-Blut in ihren Adern). Der dritte Sohn von Jeans ältestem Sohn war Montesquieus Vater. Durch die Heirat von Marie Françoise de Pesnel erbte er erheblichen Besitz – unter anderem auch die Besitzung La Brède. Als Taufpate wurde ein Bettler aus dem Ort eingeladen, damit der junge Baron nie vergessen sollte, daß er Pflichten gegenüber den Armen hat.

Die Erziehung Montesquieus erfolgte auf einem Internat der Oratorianer in der Nähe von Paris, der streng geregelte Tageslauf sah neben Latein, Geographie, Geschichte und Mathematik auch Fechten und Tanzen vor, wie sich das für einen jungen Adligen ziemte. Die Patres waren aber auch ungewöhnlich aufgeschlossen für moderne Naturwissenschaften. *Malebranches* Philosophie stand in hohem Ansehen und floß in den Philosophieunterricht ein. Im Anschluß an seine Schulzeit studierte Montesquieu – vermutlich – an den Universitäten Bordeaux und Paris Rechtswissenschaft. Der Zustand der Pariser Fakultät war damals katastrophal: 1709 war der Dekan 98 Jahre alt, sein Sohn, gleichfalls ein Professor der Rechtswissenschaft, ständig abwesend, ein weiterer sehr alter Lehrstuhlinhaber ließ seine Vorlesungen von einem Studenten diktieren! 1708 erwirbt Montesquieu das Lizentiat der Rechtswissenschaft.

Über seinen Aufenthalt während der Jahre 1709–1713 in Paris ist wenig bekannt. Jedenfalls muß er sich mit intensiver Lektüre und Beobachtungen sowie naturwissenschaftlichen Experimenten beschäftigt haben. Ein erst 1944 publiziertes Notizbuch mit Aufzeichnungen gibt darüber Auskunft. Auch nahm er an Sitzungen der *Académie des Sciences* und der *Académie des Inscriptions* teil. Bekanntschaften mit führenden Wissenschaftlern, u. a. mit *Fréret*, der Chinesisch spricht und durch den er einen Chinesen *Hoang* kennenlernt, sowie mit dem *Abbé Lama*, der gegen den Supremat des Papstes und die Bulle *Unigenitus* polemisiert, regen ihn an. In den *Lettres persanes*, seinem ersten erfolgreichen literarischen Werk (1721), schüttet Montesquieu seinen Spott über diese Bulle aus. Womöglich hat er auch den *Comte de Boulainvilliers* (bei dem Lama wohnte) kennengelernt, dessen Theorie über die Ursprünge des Feudalismus ihn anregen, auch wenn er sie letztlich für unwissenschaftlich erklärt.

1713 nach dem Tod seines Vaters kehrt Montesquieu nach La Brède zurück. 1717 erbt er von seinem Onkel Jean Baptiste die Baronie und einen Sitz im »Parlement« von Bordeaux. Als *Président à Mortier* (Präsident mit der Mütze, einer der Vizepräsidenten des Obergerichts) ist er allerdings nur wenige Jahre tätig. Nur in drei Fällen ist seine Intervention bekannt. In seinen *Pensées* (S. 213) klagt er, daß er zwar die »Fragen« als solche wohl verstanden habe, aber nichts von den »Prozeduren verstand«, die offenbar andere, weit Talentlosere leicht begreifen konnten. Neben seiner Amtstätigkeit nimmt er an Sitzungen der Académie teil und trägt dort »über die Politik der Römer hinsichtlich der Religion« einen von *Machiavelli* inspirierten Essay vor, auch stiftet er einen Anatomie-Preis. Geschichte und Geographie interessieren ihn, und die Hafenstadt erlaubt ihm die Beschaffung von (nicht immer zuverlässigen) Informationen aus aller Welt, von denen viele in seinen Schriften (vor allem im Hauptwerk, dem *Geist der Gesetze*) verwendet werden. Daneben betreibt er die in der Akademie hoch geschätzten naturwissenschaftlichen Studien; Beob-

achtungen über Pflanzenphysiologie, die er gemeinsam mit dem Abbé Duval vornimmt, veröffentlicht er 1721.
Im gleichen Jahr erscheinen – anonym in Amsterdam – die *Lettres persanes*, die einen ganz ungewöhnlichen literarischen Erfolg haben, noch 1721 kommen zehn weitere Ausgaben heraus. Das Genre, ein kritischer (bis satirischer) Bericht über das eigene Land durch einen Fremden (in diesem Fall einen Perser, andere hatten Chinesen oder Japaner in dieser Rolle vorgeführt, *Giovanni Paolo Marana* einen Türken, sein Buch *L'Esploratore turco* besaß Montesquieu), war nicht neu. Montesquieu handhabt das Genre meisterhaft. Für sein politisches Denken ist die entschiedene Verurteilung des Despotismus wichtig, der hier zwar wesentlich als »asiatisch« apostrophiert wird, aber in der Bemerkung des persischen Briefschreibers Usbek, die Franzosen hielten große Stücke auf diese persische Regierungsweise, deutlich eine polemische Spitze gegen den Absolutismus Ludwigs XIV. enthält. Neben den satirischen und ironischen Schilderungen der Torheiten der Europäer, insbesondere der Franzosen, enthalten die Briefe auch die Skizze einer utopischen Idealgesellschaft, auf die ich unten (S. 512f.) zurückkommen werde. Zwischen 1722 und 1725 weilt Montesquieu in Paris und ist auch häufig Gast im *Club de l'Entresol*, in dem er aus seinen Schriften vorträgt und u. a. *Bolingbroke* begegnet.
1725 kehrt er nach Bordeaux zurück, verkauft sein Amt und beginnt sich auf seine Studien zu konzentrieren. 1728 wird er in die *Académie Française* aufgenommen. Die im Jahre 1728 unternommenen ausgedehnten Reisen durch Österreich, Ungarn, Italien, die Schweiz und die Niederlande regen ihn zu gründlichen Untersuchungen und Reflexionen an. Er interessiert sich für bedeutende Personen wie für Handel, Bergbau, Manufakturwesen und Landwirtschaft. Es ist eine mit seigneurialer Gelassenheit unternommene Einmann-Exploration des zeitgenössischen Europa. *Lord Chesterfield* bringt ihn 1729 nach England, wo er – abgesehen von Frankreich – die Verhältnisse am gründlichsten kennenlernt. Er bleibt bis 1732 im Lande und tritt einer Freimaurerloge bei.
Nach seiner Rückkehr widmet sich Montesquieu ganz der Vorbereitung seines Hauptwerkes, das 1748 in einer prachtvollen Quartausgabe anonym in Genf erscheint. Auch dieses Werk hat unverzüglich Erfolg und erreicht in wenigen Jahren 20 Auflagen. Friedrich II. von Preußen macht zwar Vorbehalte, aber Katharina II. erklärt es zu »ihrem Brevier«. Besonders gefällt ihr die These, daß ein weit ausgedehntes Reich eine unumschränkte (despotische) Regierungsgewalt unumgänglich macht. Von orthodoxen christlichen Kreisen (u. a. Jansenisten) wird der Verfasser als »Deist« bekämpft, aus Rom kommt gemäßigte Kritik, die Sorbonne prüft, ohne sich zu äußern, der Generalpächter *Dupin* (bei dessen Frau Rousseau Sekretär ist) »widerlegt« es.
Für die Enzyklopädie schreibt Montesquieu lediglich den Artikel *Goût* (Geschmack), seine Theorie der »gemäßigten Regierungsweise« und seine Verherrlichung des britischen Systems üben aber einen nachhaltigen Einfluß auf zahlreiche Artikel der Enzyklopädie aus. Am 10.2.1755 ist Montesquieu in Paris gestorben, von den »Philosophes« folgt nur Diderot seinem Sarge. Zahlreiche Schriften aus dem Nachlaß (vor allem *Mes Pensées* und das *Dossier* zum *Esprit des Lois*) tragen zum angemessenen Verständnis seines Denkens bei.

Die politische Theorie

Es kann nicht geleugnet werden, daß Montesquieus politisches Denken eine Entwicklung durchgemacht hat. Insbesondere der lange Aufenthalt in England hat auf seine Konzeption eingewirkt. Dennoch bleibt sein zentrales Anliegen von Anfang bis Ende erhalten: die *Verurteilung des Despotismus.* Den Idealtypus des Despotismus (im Sinne *Max Webers*) destilliert er einmal aus einem (nicht immer realitätsgerechten) Bild der »asiatischen Despotien«, zum anderen aus einer Extrapolation der Entwicklungen, die er nicht nur im zeitgenössischen Frankreich beobachtet. In den *Lettres persanes* heißt es von den europäischen Monarchien generell, sie seien »ein gewaltsamer Zustand, der immer zum Despotismus oder zur Republik degeneriert«. Grund für diese Tendenz sei, »daß die Macht niemals gleichmäßig zwischen Fürst und Volk verteilt sein kann, da das Gleichgewicht nur schwer eingehalten werden kann. Die Macht muß auf der einen Seite geringer werden, während sie auf der anderen wächst, aber der Vorteil liegt gewöhnlich bei dem Fürsten, der an der Spitze der Armeen steht« (52. Brief). Auch auf England weist Montesquieu bereits in den *Lettres persanes* hin und meint: »Das ungeduldige Temperament der Engländer läßt ihren Königen nicht die Zeit, ihre Autorität zu vergrößern (gewichtiger zu machen), Unterwerfung und Gehorsam sind Tugenden, auf die sie am wenigsten Wert legen« (54. Brief). Für die Entwicklung der Gedanken des *Esprit des Lois* sind u. a. die *Considérations sur les Richesses de l'Espagne* (1728), die *Reflexions sur la Monarchie universelle* (1734) und die im gleichen Jahre erschienenen *Considérations sur les Causes de la Grandeur des Romains et de leur Décadence* wichtig, der *Essai sur les causes qui peuvent affecter les Esprits et les Caractères* (posthum erst 1892 veröffentlicht) stammt ebenfalls aus der Zeit vor Veröffentlichung des Hauptwerkes und nimmt eine zentrale These des Soziologen Montesquieu vorweg.

Der *Esprit des Lois* (1748) ist von seinem Verfasser in erster Linie als eine wissenschaftliche Untersuchung über den Zusammenhang von geographischem und klimatischem Milieu, Produktionsweise, Sitten und Gebräuchen, Religion, politischen Institutionen und Charakter der Völker intendiert. Montesquieu betritt mit dieser Absicht weithin Neuland. Sein Werk kann man ebensosehr als eine Theorie der Nationalcharaktere als eine »materialistische« Hypothese über die Ursachen politischer und kultureller Unterschiede, als eine zyklische Geschichtsphilosophie und eine Untersuchung über den Ursprung von gemäßigten Verfassungen und Despotien ansehen. Der zweideutige Charakter des Wortes *Gesetz* ermöglicht es Montesquieu, sowohl die Gesetze im politisch-juristischen Sinne als auch die natürlichen bzw. sozialen Gesetzmäßigkeiten des Zusammenhangs von Lebensweise, Sitten und Gebräuchen, rechtlichen Institutionen usw. unter ihm zu fassen. In einigen Fällen sind hermeneutische Anstrengungen erforderlich, um herauszubekommen, welche Art von »Gesetz« der Verfasser gerade im Auge hat.

Im Kontext einer »Geschichte der politischen Ideen« müssen wir uns auf Montesquieus Auffassung von *Despotie* und *gemäßigter Regierungsweise* konzentrieren, die sein eigentlich *politisches* Anliegen (neben seinem enzyklopädisch-wissenschaftlichen) darstellt.

Der *Esprit des Lois* beginnt mit einer Definition des Begriffs »Gesetz«, die offenbar ganz auf dessen wissenschaftliche Bedeutung verweist: »Die Gesetze sind ... die notwendigen Beziehungen, die aus dem Wesen der Dinge hervorgehen« (I, 1). Diese Definition widerspricht der üblichen Auffassung der zeitgenössischen Naturrechtslehrer. Bei *Pufendorf* (in der weit verbreiteten Übersetzung *Barbeyracs*) heißt es z. B.: »Das Gesetz ist der Wille eines Höherstehenden, durch den er diejenigen, die von ihm abhängen, dazu zwingt, auf eine gewisse Weise, die er vorschreibt, zu handeln« (Pufendorf I, 89). Montesquieus Definition ist wohl so zu verstehen, daß er sowohl das Gesetz im Sinne der Natur- (und Gesellschafts)-Wissenschaft als auch das Naturrecht meint, von dem er unterstellt, daß es »die in der Natur der Dinge liegenden Beziehungen ausdrückt«. Damit dürfte er auf eine Tradition des römischen Rechts (*Ulpian*) zurückgreifen, die *Gravina* übernommen hat, dessen Werk Montesquieu kannte.

Als natürliches Wesen (*animal*) unterliegt der Mensch den Naturgesetzen, die Gravina und dessen Schüler *Giambattista Vico* »lex promiscua« nennen, zugleich allerdings auch einem »lex solis mentis«, einem nur den Verstandeswesen eigentümlichen Gesetz. So heißt es denn auch bei Montesquieu, daß man »vor allem bei den Tieren das Naturrecht (*droit naturel*) suchen müsse«, sie aber »führen mit den Angehörigen ihrer Gattung keinen Krieg, da sie sich als Gleiche empfindend, kein Bedürfnis haben, anzugreifen. Der Friede ist daher das erste Naturrecht« (I, 1 und I, 2). Nicht viel anders als *Rousseau* im Zweiten Discours (1755) nimmt Montesquieu auch vom ursprünglichen Menschen im Naturzustand an, daß er aus Schwäche und Furcht friedlich ist, sich aber – sobald er mit seinesgleichen in Verbindung tritt – verändert, weil er die Furcht verliert. Erst jetzt gibt es daher Krieg, und zwar sowohl von Gruppe zu Gruppe als auch unter den Individuen (I, 3). Für die Beziehungen zwischen den Gruppen (*nations*) gilt das Völkerrecht, das sie dazu anhält, »einander im Frieden möglichst viel Gutes, im Krieg aber möglichst wenig Übles zuzufügen, ohne ihren eignen Interessen zu schaden«.

Auch zwischen den Individuen ist jetzt eine rechtliche Ordnung notwendig, die zur Vereinigung der vielen einzelnen zum *état politique* (dem politischen Zustand oder Staat) führt (I, 3). Das Gesetz im allgemeinen ist für Menschen die Vernunft, aber die besonderen Gesetze der verschiedenen Staaten (Nationen) sollten den Umständen angemessen sein. Aus diesem Grunde gibt es auch kein generell und überall »bestes Regierungssystem«, sondern diejenigen sind jeweils am besten, »deren Einrichtungen optimal den Dispositionen eines Volkes entsprechen, für das sie geschaffen wurden« (I, 3). Hierauf führt Montesquieu eine Liste der Umstände auf, denen die Gesetze (und Institutionen) entsprechen sollten: 1. dem Wesen (*nature*) und dem Prinzip (*principe*) des Regierungssystems, das eingeführt werden soll, wobei freilich nicht jedes für alle paßt; 2. der physikalischen Beschaffenheit des Landes, seinem Klima, seiner Bodenbeschaffenheit, Größe, Lebensart, Produktionsweise (Ackerbau, Handwerk, Jagd, Viehzucht usw.); 3. dem Freiheitsgrad, den die Verfassung zuläßt; 4. der Religion der Bewohner und ihren Neigungen; 5. ihrem Reichtum; 6. ihrer Volkszahl; 7. ihrem Außenhandel; 8. ihren Sitten; 9. ihren Beziehungen zueinander usw. In bezug auf all diese Umstände müssen die Gesetze betrachtet werden.

Auf diese Exposition der Thematik folgt im 2. Buch die für Montesquieu charakteristische Einteilung der verschiedenen Regierungssysteme, wobei er zwei unterschiedliche Gliederungsgesichtspunkte benützt: 1. die *traditionelle* Einteilung in Republik und Monarchie entsprechend der Zahl der Inhaber der gesetzgeberischen Gewalt und 2. eine *normative*, die sich vor Montesquieu bei *Machiavelli* (Discorsi I, 10 und I, 25) und bei *Paolo Mattia Doria* findet, der, ähnlich wie Montesquieu, die Regierungssysteme mit Lebensstilen (*forme di vivere*) verbindet: Die *vita barbara*, deren »Prinzip« die Furcht (*paura militare*) ist, ergibt eine Despotie, die *civile moderata* oder *civile economica* eine Republik und die *civile pomposa* eine Monarchie. Die beiden letzteren sind legitime Formen des politischen Zusammenlebens, die Despotie illegitim. Auch für Montesquieu ist die Kontrastierung der Despotie mit den anderen Regierungssystemen wesentlicher als die Dreiteilung in Republik, Monarchie und Despotie. Es handelt sich um *gouvernements modérés* (Monarchien und Republiken) und *gouvernements despotiques*, wobei die letzteren apolitisch und hinfällig sind.

Beeindruckt durch die klassische Antike beginnt Montesquieu seine Darstellung mit den Republiken, die auch in seiner Beschreibung zunächst als beste Regierungssysteme erscheinen. Ihr Prinzip ist die *Tugend* im Sinne der antiken Arete oder der Machiavellischen *virtù*, sie wird näher als »Liebe zur Einfachheit und Gleichheit« charakterisiert. Das gilt für die demokratische Republik, »in der das Volk als Ganzes die souveräne Gewalt innehat«, während in der aristokratischen Republik »die souveräne Gewalt in den Händen eines Teils des Volkes sich befindet« (II, 2). Für diese aristokratische Republik gilt das Prinzip der *Mäßigung*, weil nur sie gewährleistet, daß weder die Aristokraten ihre Rechte mißbrauchen, noch die unterprivilegierte Bevölkerungsmehrheit den Gehorsam verweigert. In der Monarchie endlich liegt die souveräne Gewalt zur Gesetzgebung bei einem einzelnen, der aber mit Hilfe der *lois fondamentales* (der Grundgesetze) des Königreiches herrscht.

Zum Wesen der Monarchie gehören »untergeordnete und abhängige Gewalten«, die Montesquieu als eine Art »Kanäle« bezeichnet, »durch die die Macht (des Monarchen) fließt, denn wenn es in dem Staat nur den augenblicklichen und kapriziösen Willen eines einzigen gäbe, dann wäre nichts fest und infolgedessen auch kein Grundgesetz vorhanden« (II, 4). Derartige »untergeordnete und abhängige Gewalten« sind für Montesquieu *Adel* und *Parlamente*. Die Bedeutung des Adels faßt Montesquieu in der oft zitierten Maxime zusammen: »Ohne Monarch kein Adel, ohne Adel kein Monarch, sondern ein Despot« (II, 4). Auch der Klerus kann in einer Monarchie nützlich sein, weil er den Hang zur Degeneration in Despotismus aufhält, so sehr er (der Klerus) in einer Republik schädlich ist. Als Barriere gegen den Despotismus ist er jedenfalls gut, »denn da der Despotismus der menschlichen Natur (!) schreckliche Schäden zufügt, ist selbst das Übel, das ihn begrenzt, ein Gut« (II, 4). Die »intermediären Ränge« genügen aber nicht, es »bedarf darüber hinaus eines Depots der Gesetze«. Diesem Zweck dienen die Parlamente, die in Frankreich die Registrierung vom König erlassener Gesetze verweigern konnten.

M. *Law*, der eine gleichmäßige Besteuerung auch des Adels und der Geistlichkeit vorschlug, wird heftig von Montesquieu angegriffen, weil er »die intermediären Ränge beseitigen und damit den politischen Körper vernichten wollte« (II, 4).

Den zwei (eigentlich drei) gemäßigten Regierungssystemen steht der *despotische*

Staat gegenüber, der im Grunde ein »Un-Staat«, ein höchst gewaltsamer Zustand ist. Walter Kuhfuss (1975) hat mit Recht auf den ambivalenten Charakter des Despotismus bei Montesquieu hingewiesen. Einmal handelt es sich um die idealtypische Stilisierung eines real existierenden Regierungssystems, das Montesquieu vor allem in Asien unterstellt, zum anderen um das Verfallsprodukt aller gemäßigten und legitimen Regierungssysteme. Im *Esprit des Lois* wird zunächst der real existierende (vornehmlich asiatische) Despotismus beschrieben. In ihm herrscht *einer* unumschränkt, es gibt keine intermediären Gewalten und kein »Depot« der Grundgesetze, überhaupt existieren eigentlich keine Gesetze außer dem unumschränkten Willen des Herrschers. Als Handlanger der despotischen Herrschergewalt dienen »Wesire« (Montesquieu denkt dabei zuweilen an die Minister Ludwigs XIV.). Der eigentliche Lebensinhalt des Despoten ist die Suche nach Lustmaximierung, daher vernachlässigt er die Regierungsangelegenheiten und berauscht sich in seinem Serail mit Vergnügungen. Lediglich die Religion verleiht der despotischen Herrschaft eine gewisse Stabilität (III, 4 und III, 10), im übrigen aber ist es nicht die Religion, sondern es sind »Bräuche, die man anstatt der Gesetze verehrt« (II, 4).

Das 3. Buch diskutiert ausführlich die Prinzipien von Republik und Monarchie. Die Beschreibung der *vertu* ist im wesentlichen konventionell. Neu ist dagegen die Heraushebung der »Ehre« (*honneur*) als ordnungsstiftendes Prinzip in der Monarchie. Auch der Monarchie fehlt es nicht an einer »Triebfeder«, sie heißt Ehre, nämlich »das Vorurteil, das jede Person und jeden Stand (chaque condition) anstelle der Tugend« inspiriert (III, 6). Dieses Vorurteil »kann die schönsten Handlungen inspirieren und – vereint mit der Stärke der Gesetze – das Regierungssystem ebenso ans Ziel bringen wie selbst die Tugend« (III, 6). Das »Wesen der Ehre besteht im Verlangen nach Bevorzugungen und Auszeichnungen«; während »Ehrgeiz in einer Republik schädlich ist, hat er in einer Monarchie gute Wirkungen« (III, 7), ja dieses Streben nach Auszeichnungen und Bevorzugungen wirkt sogar schon ähnlich wie später der von *Adam Smith* zum Motor des wirtschaftlichen Fortschritts erklärte Eigennutz: »Jeder trägt zum Gemeinwohl bei, während er glaubt, nur seinen Partikularinteressen nachzugehen« (III, 7).

Das »Prinzip« des Despotismus ist die Furcht. Während die »gemäßigten Regierungen« ohne Gefahr ihre Triebfedern abschwächen können, muß die der despotischen Regierung ständig gespannt bleiben: »Wenn der Fürst (der despotisch herrscht) auch nur einen Moment es versäumt, seinen (drohenden) Arm zu heben, wenn er nicht unverzüglich alle Großen vernichten kann, ist alles verloren, denn die Triebfeder des Regierungssystems, die Furcht, wäre dann zerbrochen und das Volk hätte keinen Beschützer mehr« (III, 9). Im real existierenden Despotismus ist also das Volk wenigstens bis zu einem gewissen Grade in Sicherheit, die Großen des Landes aber sind in ständiger Gefahr. Während in der Monarchie die Macht des Herrschers »durch die Triebfeder des Staates begrenzt wird, ich meine durch die Ehre, die wie ein Monarch über den Fürsten und über das Volk herrscht« (III, 10), spielt die Religion nicht die gleiche Rolle wie in der despotischen Herrschaft. Abschließend betont Montesquieu, daß keineswegs in allen Republiken Tugend, in allen Monarchien Ehre noch in Despotien stets Furcht anzutreffen sei, daß diese Prinzipien aber vorhanden sein sollten, denn ohne sie »wäre die Regierung unvollkommen« (III, 11).

In den folgenden Büchern diskutiert Montesquieu die Notwendigkeit der Übereinstimmung der Erziehung (IV) und der Gesetzgebung (V) mit den Prinzipien der Regierungssysteme. Im 6. Buch beschreibt er die »Folgen der Prinzipien ... in bezug auf die Einfachheit der bürgerlichen und der Strafgesetze, die Form der Urteile und die der Strafen«. Montesquieu erweist sich dabei als Kritiker schwerer und inhumaner Strafen und stellt fest, daß »man leicht nachweisen könnte, daß fast in allen Staaten die Strafen verschärft oder gemildert wurden entsprechend der Annäherung oder Entfernung von der Freiheit« (VI, 9). In Despotien sind die Strafen notwendig am schwersten: Da man dort das Leben weniger liebt als den Tod fürchtet, sind grausame Todesarten erforderlich, in »gemäßigten Staaten fürchtet man mehr das Leben zu verlieren als den Tod als solchen, daher sind dort die Strafen, die lediglich das Leben nehmen, ausreichend« (VI, 9). Die Tortur ist nicht unentbehrlich, da sie in England ohne Schaden abgeschafft wurde (VI, 17), in despotischen Staaten könnte sie jedoch angebracht sein. Auch das *Jus talionis* (Auge um Auge, Zahn um Zahn) paßt besser für despotische als für gemäßigte Staaten, die – wenn sie sich auf es berufen – es jedenfalls nicht streng anwenden (VI, 19).

Im 7. Buch behandelt Montesquieu Aufwandsgesetze, Luxus und die Lage der Frauen unter den drei Regierungssystemen. Für Republiken erweist sich der Luxus als schädlich, insofern nimmt Montesquieu die Rousseausche These vorweg; auch sieht er einen direkten Zusammenhang zwischen der Größe einer Stadt (und eines Landes) und dem Bedürfnis, sich durch Luxus hervorzutun. Republiken sollten daher klein und in ihren Sitten anspruchslos sein (VII, 2). In aristokratischen Republiken kann der größere Reichtum der Oberschicht durch entsprechende Verpflichtungen zu öffentlichem Aufwand (wie in Athen) sinnvoll für die Gemeinschaft genützt werden, ist also nicht notwendig schädlich. In der Monarchie wird Reichtum geschätzt, was Tacitus bereits bei den Germanen beobachtet hat (VII, 4); am unermeßlichsten ist der Luxus der Despoten (VII, 6, China). Nicht viel anders verhält es sich mit der »Zurückhaltung« der Frauen, die in den Republiken »durch die Gesetze frei, aber durch die Sitten gefangen sind. Zusammen mit dem Luxus sind Korruption und Laster verbannt« (VII, 9).

Das 8. Buch behandelt den »Verfall der Prinzipien der drei Regierungssysteme«. Mit der Tugend schwindet in der demokratischen Republik die Gleichheit, schließlich gibt es »keine Sitten, keine Liebe zur Ordnung und keine Tugend mehr« (VIII, 2). Wie immer führt Montesquieu für seine Thesen Beispiele aus der antiken und modernen Geschichte an. Im übrigen findet sich die Tugend weder bei extremer Freiheit noch bei extremer Knechtschaft. In einer geordneten Republik sind die Bürger als »Citoyens gleich«, nicht aber als Richter, Väter, Ehemänner, Herren usw. Das Volk in der demokratischen Republik wird korrumpiert, wenn es zu »hochmütig wird«; dann »beneidet es die Regierungsmitglieder und wird zum Feind derjenigen, die es regieren, und bald der Verfassung selbst« (VIII, 4). Montesquieu ist gewiß kein Anwalt unumschränkter »Volksherrschaft«.

Die aristokratische Republik geht zugrunde, wenn die Aristokraten zwar *unter-*

einander noch die Gesetze achten, nicht aber in ihrem Verhältnis zum übrigen Volk; dann wird die Beziehung zu diesem despotisch. »Die extreme Korruption tritt ein, wenn die Adelstitel erblich werden, dann können die Adligen keine Mäßigung mehr kennen. Wenn ihre Zahl klein ist, nimmt ihre Macht zu, aber ihre Sicherheit nimmt ab. Ist ihre Zahl groß, dann ist ihre Macht geringer, aber ihre Sicherheit größer« (VIII, 5). »Je größer aber die Sicherheit von Staaten ist, desto mehr neigen sie dazu – wie stille Wasser – zu verderben« (ebd.). Auch die Monarchie verwandelt sich in eine Despotie, wenn die intermediären Gewalten zu bloßen Handlangern des Herrschers gemacht werden, der »den Großen die Achtung des Volkes nimmt« (VIII, 7).

Der Übergang von einer Art der gemäßigten Regierung zu einer anderen – wie der von der Republik zur Monarchie – ist ungefährlich; »wenn sich aber ein gemäßigtes Regierungssystem in den Despotismus stürzt, wird es bald nichts mehr geben, was standhält, weder Sitten noch Tugenden.« Eine solche Entwicklung scheint Montesquieu auch für Europa zu fürchten (VIII, 8). Der Adel freilich stellt einen mächtigen Schutzwall gegen den Verfall der Monarchie dar (VIII, 9).

Während es sich so zeigt, daß eigentlich alle drei gemäßigten Regierungssysteme in eine Variante des Despotismus oder der Anarchie verfallen können (die demokratische Republik tendiert zur Anarchie, die aristokratische zur Despotie weniger, die Monarchie zur Despotie eines einzelnen), führt Montesquieu im 10. Kapitel auch noch – der Symmetrie halber – Ausführungen über die Korruption des Prinzips der Despotie an. Hier gilt allerdings, daß sich »das Prinzip der despotischen Regierung unablässig korrumpiert, da es seinem Wesen nach korrupt ist« (VIII, 10). Die Despotie geht also an ihrem eigenen Prinzip und nicht auf Grund sonstiger Einflüsse zugrunde. Umgekehrt hält sie sich auch nur auf Grund von Umständen »des Klimas, der Religion, der Lage oder des Volkscharakters aufrecht, die zu einer gewissen Ordnung und zur Annahme einer gewissen Regel zwingen« (ebd.). In seinen *Pensées* stellt Montesquieu fest, daß der Despotismus eine Folge der natürlichen Leidenschaften ist, während die gemäßigten Regierungssysteme der ständigen Anstrengung und menschlicher Kunst zu ihrer Erhaltung bedürfen. »Was dazu geführt hat, daß die meisten Regierungen der Erde despotisch sind, ist die Tatsache, daß ein solches System in die Augen springt, es ist überall gleich. Da es nur heftiger Leidenschaften zu seiner Errichtung bedarf, ist jedermann dazu imstande« (*Pensée* 935). Im Gegenzug gegen diesen nicht mehr an den historischen und geographischen Modellen abgelesenen Despotiebegriff entwirft Montesquieu sein Konzept der gemäßigten, freiheitssichernden Regierungssysteme.

In den Kapiteln 16 bis 18 setzt er die Regierungssysteme in Beziehung zur Größe ihres Territoriums: Republiken eignen sich lediglich für kleine Staaten, daran hielten alle Theoretiker bis zur Entstehung der Vereinigten Staaten fest. »Ein großes Reich verlangt eine despotische Autorität« (VIII, 19); das war vermutlich der Satz, über den Katharina II. am meisten begeistert war. Generell gilt schließlich, daß »man einen Staat in der Größe erhalten muß, die er schon hatte, und daß sich der Geist des Staates verändern wird, wenn man ihn verkleinert oder vergrößert« (VIII, 20). Diese Bemerkung enthält eine deutliche Warnung vor Eroberungskriegen der europäischen Monarchien, die notwendig zu deren Verwandlung in Despotien führen müssen.

Das 9. und 10. Buch behandelt die Gesetze in bezug auf Verteidigung und Angriff. Interessant ist hier die Tatsache, daß Montesquieu in der Föderativrepublik eine ideale Kombination von innenpolitischer Freiheitlichkeit und außenpolitischer Stärke erblickt – ein Gedanke, den Rousseau später aufgreifen wird (IX, 1).

Das englische Regierungssystem

Am berühmtesten wurde das 11. Buch, das »die Gesetze, die die politische Freiheit in bezug auf die Verfassung bilden«, behandelt. Hier wird denn auch in dem überlangen 6. Kapitel die »Verfassung Englands« abgehandelt. Im 12. Buch wird die Beziehung der Gesetze auf die (individuelle) Bürgerfreiheit thematisiert. Beide Bücher bilden den Mittelpunkt der politischen Theorie Montesquieus. Die in den späteren Büchern behandelten Themen betreffen Staatsfinanzen und Handel (XIII, XX, XXI, XXII) – Bücher, denen J. M. Keynes hohes Lob gespendet hat; Fragen der Bedeutung des Klimas (XIV, XV, XVI, XVII) sowie des Bodens (XVIII); der Sitten (XIX), der Bevölkerungszahl (XXIII), der Religion (XXIV), der Religion und der Außenbeziehungen (XXV), der »Gesetze und der Beziehungen, die sie hinsichtlich ihrer Gegenstände haben sollten« (XXVI). In einem letzten Teil (Buch XXVIII bis XXXI) skizziert Montesquieu eine Geschichte des Ursprungs und der Entwicklung der Gesetze des feudalen Frankreich sowie der französischen Monarchie.

Shakelton (1961) hat aufgrund der Handschrift und der Paginierung festgestellt, daß das 6. Kapitel des 11. Buches kurz nach Montesquieus Rückkehr von seiner Englandreise konzipiert worden und später an dieser Stelle in den *Esprit des Lois* eingefügt worden ist. Das erklärt auch gewisse Unstimmigkeiten im Vergleich mit den früheren Büchern. Einleitend gibt Montesquieu seine Definition der Freiheit: »Politische Freiheit besteht nicht darin, zu tun, was man will. In einem Staat, d. h. in einer Gesellschaft, in der es Gesetze gibt, kann die Freiheit nur darin bestehen, das zu tun, was man wollen soll, und nicht gezwungen zu sein, zu tun, was man nicht wollen soll« (XI, 3). Damit wird eine Konformität der positiven Gesetze mit den sittlichen Normen postuliert und Unfreiheit dort gesehen, wo ein Staat (oder eine Regierung) von ihren Bürgern etwas zu tun verlangt, was gegen das Sittengesetz (das sagt, was man wollen soll) verstößt. Zugleich muß der Staat dafür sorgen, daß andere zu tun unterlassen, was das Gesetz verbietet, weil es sonst *für mich* keine Freiheit mehr gäbe.

Die beiden Varianten der Republik – Demokratie und Aristokratie – sind nicht wesensmäßig schon freiheitlich. »Die politische Freiheit findet sich nur in den *gemäßigten* Regierungssystemen ... aber auch dort findet sie sich nur, wenn die Macht nicht mißbraucht wird« (XI, 4). Um das zu erreichen, bedarf es spezifischer Vorkehrungen der Verfassung, die Montesquieu am englischen Beispiel vorführt. »Damit man die Macht nicht mißbrauchen kann, muß durch die Anordnung der Dinge die Macht die Macht aufhalten (le pouvoir arrête le pouvoir) ...« (XI, 4). England ist das Land, dessen besonderer Zweck die »politische Freiheit« ist, daher wird dessen Verfassung ausführlich dargestellt.

»In jedem Staat gibt es drei Arten von Macht (Gewalten), die Legislative, die Exekutive hinsichtlich der Fragen, die vom Völkerrecht abhängen, und die Exekutive hinsichtlich der Fragen, die vom bürgerlichen Recht abhängen« (XI, 6). Diese Einteilung ist neu und weicht von dem *Lockeschen* Vorbild ab, der Legislative, Exekutive und Föderative (Leitung der auswärtigen Angelegenheiten) unterschied. Die erste Art der Exekutive bei Montesquieu scheint der Föderative Lockes zu entsprechen, die zweite ist vermutlich die Regierung und Verwaltung, so daß für die richterliche Gewalt (Jurisdiktion) nichts übrigbleibt. Entscheidend für die Erhaltung der politischen Freiheit ist nun aber die Verteilung und gegenseitige Begrenzung (Verschränkung) der Gewalten und ihrer personalen oder sozialen Träger: »Die politische Freiheit eines Bürgers ist jene Ruhe des Geistes, die aus der *Meinung* resultiert, die jeder hinsichtlich seiner *Sicherheit* hat, und damit er diese Freiheit hat, muß das Regierungssystem so eingerichtet sein, daß ein *Citoyen nicht einen anderen zu fürchten braucht*« (ebd.). Das ist aber nur dann der Fall, wenn die Gewalten auf verschiedene Personen und soziale Träger verteilt sind: »Wenn in der Hand einer Person oder einer Behörde (*corps de magistrat*) die Legislative mit der Exekutive vereint sind, gibt es keine Freiheit, weil man fürchten kann, daß der gleiche Monarch oder Senat tyrannische Gesetze macht, um sie tyrannisch anzuwenden« (ebd.). Das gleiche gilt für die Vereinigung von Legislative und Jurisdiktion oder Exekutive und Jurisdiktion. Die kontinentalen Monarchien sind nach Montesquieu so lange keine Despotien, wie die Monarchen wenigstens die Rechtsprechung dem Volk bzw. vom Monarchen unabhängigen Richtern überlassen. Wenn alle drei Gewalten in einer Hand vereinigt sind, ist alles verloren. So sei es bei den Türken.

In England ist die richterliche Gewalt nicht einem Juristenstand (dessen Existenz Montesquieu unerwähnt läßt), sondern gewählten Volksrichtern (Geschworenen) überlassen; dadurch werde die richterliche Gewalt gleichsam »unsichtbar und nichtig«, man »fürchtet nicht den Beamten, sondern das Amt« (des Richters). In der Realität Englands gab es allerdings auch das Amt des Friedensrichters und ein entwickeltes System unterschiedlicher Gerichtshöfe, das Montesquieu unerwähnt läßt; auch fehlt ein Hinweis auf das *Common Law*, ein gerade nicht an Gesetzestexte (auf die Montesquieu verweist) gebundenes Fall- und Gewohnheitsrecht.

Präziser sind Montesquieus Angaben hinsichtlich der Legislative. Eigentlich sollte sie in der Hand des ganzes Volkes liegen; in großen Staaten ist das aber praktisch unmöglich und auch in kleineren mit vielen Unzuträglichkeiten verbunden. Das Volk muß daher »durch seine Repräsentanten tun, was es nicht durch sich selbst tun kann« (ebd.). Die Abgeordneten sind an keine besonderen Weisungen gebunden und können diskutieren, wozu die Menge des Volkes außerstande wäre. Die Parlamentsmitglieder werden von Städten und Landkreisen nach London geschickt und vertreten deren regionale Interessen. Eine zweite Kammer ist deshalb notwendig, weil sonst die große Mehrheit der weniger Vornehmen und Ärmeren die Rechte dieser herausragenden Minderheit einschränken oder aufheben würde. Diese Minderheit hätte aber dann »keinerlei Interesse daran, die allgemeine Freiheit zu verteidigen, die doch ihre Sklaverei zur Folge hätte, denn die meisten Entscheidungen würden gegen sie ausfallen« (ebd.). Um also das Interesse der Adligen für die Erhaltung der politischen Freiheit zu gewinnen, müssen sie ihre Anliegen in einem eignen Parlament, dem Oberhaus, artikulieren können. »Die Legislative wird daher sowohl einem Korps von Adligen als auch einem aus den gewählten Repräsentanten des Volkes bestehenden Haus anvertraut werden, die ihre eignen Versammlungen und getrennten Beratungen und Interessen haben« (ebd.). »Das Korps von Adligen muß seinem Wesen nach erblich sein; und im übrigen muß es ein sehr großes Interesse an der Aufrechterhaltung seiner Vorrechte haben, die durch sich selbst verhaßt und in einem freien Staat stets in Gefahr sind« (ebd.). Um zu verhindern, daß die Partikularinteressen des wohlhabenden Adels sich absolut setzen, liegt das Steuerbewilligungsrecht allein beim Unterhaus; das Oberhaus besitzt jedoch ein Vetorecht: die Gewalt »zu verhindern, nicht festzulegen«. Das gleiche gilt auch für den König, der mit seinem Vetorecht an der Gesetzgebung gleichsam negativ teilhat. Diese gegenseitige *Beschränkung* der Gewalten ist es, die Freiheit sichert. Für Angehörige des Hochadels ist das Oberhaus außerdem Gerichtshof, weil in ihm seine »peers« sitzen und jeder Bürger nur von seinesgleichen be- und verurteilt werden soll. Politische Verbrechen werden vom Unterhaus als Anklagebehörde und vom Oberhaus als zuständigem Gericht behandelt, auch das dient »der Würde des Volkes und der Sicherheit des Privatmannes«.

Die Exekutive liegt in der Hand des Monarchen, was angesichts der Notwendigkeit rascher Entschlüsse und Aktionen allein als rational erscheint. Gäbe es nicht die unabhängige Exekutive des Königs und »wäre diese Gewalt einer Anzahl von Personen aus der Legislative anvertraut, so gäbe es keine Freiheit mehr« (ebd.). Damit lehnt Montesquieu unsere Art des parlamentarischen Regierungssystems ab, er spricht aber in der Folge von Beratern des Königs, die – im Gegensatz zur Person des Königs – angeklagt und verurteilt werden können. Derartige Berater mußten schon zu seiner Zeit das Vertrauen des Parlaments besitzen! Der König hat das Recht, das Parlament einzuberufen und aufzulösen. Auch hier »hält (wieder) eine Gewalt die andere auf«, die Gewalten beschränken sich gegenseitig und verhindern damit den stets drohenden Despotismus. Zwar darf umgekehrt die Legislative nicht die Exekutive aufhalten, wohl aber darf sie prüfen, ob jene den Gesetzen gemäß handelt. Vor allem hat sie durch das Recht der Steuerbewilligung einen entscheidenden Einfluß auf die Politik des Monarchen.

Die Montesquieusche Lehre von der »Gewaltenteilung« ist – namentlich in der staatsrechtlichen Literatur des 19., aber auch noch unseres Jahrhunderts – vielfach zu abstrakt und unzulänglich dargestellt worden. Charles Eisenmann (1933) hat klar herausgearbeitet, daß es sich um eine Verschränkung und gegenseitige Behinderung der Gewalten, nicht um deren Isolierung voneinander handelt. Ebenso wichtig war aber die Erkenntnis, daß zu der institutionellen und rechtlichen »Teilung« die Verteilung an verschiedene Personen und soziale Gruppen kommen muß: an den Monarchen, den Adel und die Repräsentanten des Bürgertums. Ohne diese soziale »Verteilung« würde die bloß institutionelle Distribution keine Freiheitsgarantie bewirken.

Vielen Kommentatoren ist aufgefallen,daß Montesquieu in seinem Kapitel über England die Parteien mit keinem Wort erwähnt, obwohl er in seinen Reisenotizen (*Œuvres complètes,* 1964, Bd. I, S. 878) auf sie hinweist und durch *Bolingbroke* schon früh auf ihre Bedeutung aufmerksam gemacht wurde. Anlaß für diese Unterlassung war womöglich die Tatsache, daß das Parteiensystem damals gerade im Umbruch war (vgl. oben, S. 348 f.) und neben die alte Einteilung in

Whigs und *Tories* die *Court-* und *Country*-Gruppierungen traten. In einem späteren Buch (XIX, 27) holt Montesquieu das Versäumte nach und erwähnt als »Konsequenz« aus der britischen Verfassung die Bildung der beiden Parteien: »Da es in diesem Staat zwei sichtbare Gewalten gibt, die Legislative und die Exekutive, und da jeder Citoyen seinen eignen Willen hat und seine Unabhängigkeit nach Belieben zur Geltung bringen kann, haben die meisten Leute entweder zu der einen oder zu der anderen Gewalt eine größere Zuneigung, da die große Menge gewöhnlich nicht genug Billigkeit und Verstand aufbringt, um alle beide gleich zu schätzen« (XIX, 27). Ein Teil der Bevölkerung tritt daher mehr für die Exekutive (den König) ein, »weil er von ihr etwas zu erwarten hat, während diejenigen, die nichts von ihr zu erwarten haben, sich von ihr abwenden« (ebd.). Auf diese Weise entsteht die *Court-* und die *Country*-Partei.

Die Pluralität der Parteien und eine vollkommene Meinungs- und Organisationsfreiheit trägt dazu bei, daß selbst Revolutionen in diesem Regierungssystem die Freiheit nicht gefährden, »denn die Revolutionen, die die Freiheit bildet, sind nur eine Bestätigung der Freiheit« (ebd.). Eine weitere Folge der freiheitlichen britischen Verhältnisse ist die Bereitschaft der Einwohner, größere Steuerlasten auf sich zu nehmen und dem Staat einen höheren Kredit einzuräumen (vgl. auch XIII. Buch).

Weiterhin leitet Montesquieu aus Verfassung, Klima und Insellage bestimmte Eigenarten der englischen Gesellschaft ab: ihren Handelsgeist, ihre strengen Navigationsakte, ihre überseeischen Siedlungen und Kontore, ihren mäßigen und soliden Luxus, die religiöse Toleranz sowie die Trennung der Geschlechter. Hier, im XIX. Buch, wendet er bereits die umfassenden Prinzipien seiner soziologisch-historischen Theorie an, die er wie folgt zusammengefaßt hat: »Mehrere Dinge bestimmen die Menschen: das Klima, die Religion, die Gesetze, die Regierungsmaximen, das Beispiel vergangener Dinge, die Sitten, die Umgangsformen, aus all dem bildet sich ein allgemeiner Geist. In dem Maße, wie in jeder Nation die eine oder andere Ursache mit größerer Kraft wirkt, geben die anderen ihr nach. Natur und Klima bestimmen fast allein die Lebensweise der Wilden; Umgangsformen das Leben der Chinesen; Sitten gaben in Sparta, Regierungsmaximen und Sitten in Rom den Ton an« (XIX, 4). Es wäre daher verkehrt, wenn man von einem »geographischen« oder »klimatischen Determinismus« bei Montesquieu sprechen wollte, auch wenn er hinsichtlich der Erklärung der Volkscharaktere auf die Relevanz des Klimas mit z. T. höchst phantastischen Argumenten verweist. Mit dem Fortschritt der Zivilisation geht aber der Einfluß des Klimas immer weiter zurück.

Vor allem kennt Montesquieu keine Fatalität des Klimaeinflusses. Der »gute Gesetzgeber« muß zwar stets auf die Eigenart des Volkes achten, dem er Gesetze geben will, er kann aber durch die Verfassung und das Regierungssystem Klimaeinflüsse ausgleichen (vgl. hierzu Stark, 1960).

Ansätze zu einer zyklischen Geschichtskonzeption

Die Berücksichtigung der pessimistischen Auffassung vom Gang der Geschichte bei Rousseau trug wesentlich zum besseren Verständnis seiner politischen Theorie und der Einheit seines Denkens bei. Auch für das Verständnis Montesquieus ist seine Vorstellung vom Gang der Geschichte bedeutsam. Montesquieu ist weder Fortschrittsoptimist noch reiner Verfallstheoretiker (dagegen: Chinard, 1942), sondern vertritt eine eigentümliche, neue Kreislaufkonzeption. In den *Pensées* schreibt er: »Fast alle Nationen der Welt bewegen sich in diesem Kreise: Anfänglich sind sie barbarisch, sie machen Eroberungen und werden zu verfaßten Staaten (*nations policés*); die Verfassung ermöglicht ihre Vergrößerung und sie werden zivilisiert (*polis*); die Höflichkeit schwächt sie, sie werden erobert und fallen in die Barbarei zurück: Zeugen sind die Griechen und Römer« (*Pensée* 1917). Walter Kuhfuss macht auf eine Reihe weiterer Stellen aufmerksam, an denen Montesquieu vom Auf und Ab der Verfassungsentwicklung spricht. Nicht nur das Ende der englischen Freiheit sagt er voraus (XI, 6), auch dem Niedergang der französischen Feudalfreiheiten geht er detailliert nach (*Pensée* 1302, E. L. VIII, S. 17).

Da alle gemäßigten Regierungssysteme dazu tendieren, sich in Despotien zu verwandeln, ergibt sich für Montesquieu – wie für Rousseau – als Aufgabe des Politikers, den Verfall so lange wie möglich aufzuhalten. Im Unterschied zu Rousseau kennt Montesquieu allerdings auch eine mögliche Erneuerung freiheitlicher Verhältnisse. Der Gedanke des Kreislaufs taucht immer wieder in den *Pensées* auf (Nr. 100, 1006, 1029, 1532, 1893, 1917): »Zwischen der Barbarei und der Politesse«, schreibt Kuhfuss, »zwischen dem einfachen, aber unzivilisierten Leben und dem Raffinement der Spätphase der Kultur leuchtet für eine mehr oder weniger kurze Zeit mit der police der Höhepunkt in der Entwicklung von Staaten auf (...). Die Dauer der police und der politischen Freiheit ist variabel. Damit unterbricht die politische Verantwortung den Determinismus der geschichtsphilosophischen Modellvorstellung. Wenn auch die Freiheit notwendigerweise einmal vergehen wird, so kann sie doch für eine unterschiedlich lange Zeit verwirklicht werden« (Kuhfuss, 1975, S. 87f.). Die Regierungssysteme unterscheiden sich daher ihrer Qualität nach auch hinsichtlich ihrer Dauerhaftigkeit: »Die großen historischen Vorbilder, die antike Polis, die mittelalterliche Feudalverfassung Frankreichs und die liberale englische Monarchie sind Beweise für die Möglichkeit, Freiheit und (relative) Dauer zu verbinden« (Kuhfuss, S. 88). Darüber hinaus scheint der Verfallsprozeß bei Montesquieu, im Unterschied zu Rousseau, nicht irreparabel zu sein. Aus der Barbarei kann erneut ein *état policé* hervorgehen, wie die Entwicklung von der Völkerwanderung bis zur Herausbildung der Feudalverfassung gezeigt hat.

Ein Liberaler oder ein Apologet der Adelsherrschaft?

Vor allem Louis Althusser (1959) hat Montesquieu als einen reaktionären Anwalt der Adelsherrschaft interpretiert, der in der Tradition der *Saint-Simon*, *Boulainvilliers* und anderer die ältere französische Feudalmonarchie gegen den schon bürgerliche Interessen berücksichtigenden Absolutismus verteidigt. Liest man bei Montesquieu nach, so stellt man freilich fest, daß er die Rechtfertigung der Adelsherrschaft aus der Geschichte – noch dazu aus einer Geschichtsmythe, wie sie Boulainvilliers entwirft – gerade nicht mitmacht (vgl. Hulliung, S. 50ff.). Weder die Legitimierung der Adelsherrschaft aus der »germanischen Eroberung« eines Boulainvilliers noch die umgekehrte geschichtsmythologische Legitimierung des Absolutismus aus dem Erbe der römischen Kaiser durch den »Romanisten« *Abbé Du Bos* vermag Montesquieu zu überzeugen (E. d. L. XXX, 10). Wenn er daher für die Rechte des Adels und des nobilitierten Bürgertums eintritt, dann geschieht es, weil er auf diese Weise eine Möglichkeit der Freiheitssicherung gewährleistet sieht. Seine konservative Einstellung entspringt einem Horror vor Bürgerkrieg und Gewaltsamkeit, die sowohl vom Volk als auch vom Monarchen ausgehen kann. Aus diesem Grunde bezeichnet er auch die *médiocrité* als eine »Tugend aller Stände, denn da sie im Grunde nur eine weise und geregelte Ökonomie des gegenwärtigen Zustands ist, kann sie nicht nur Süße in das Leben der einzelnen, sondern auch den Königen Glück bringen« (*Pensée* 1387). Hieraus schließt Kuhfuss (S. 97), daß Montesquieu soziale Mobilität prinzipiell ablehnt. Dagegen spricht allerdings, daß Montesquieu ausdrücklich den Aufstieg wohlhabender Bürger in den Amtsadel begrüßt. »Der Erwerb des Adels mit Hilfe des Geldes ermutigt viele Großhändler, sich instand zu setzen, dahin zu gelangen. Ich untersuche nicht, ob man wohl tut, dem Reichtum den Preis der Tugend zu geben: Es gibt aber Regierungen, wo das vielleicht sehr nützlich ist« (XX, 22), und Montesquieu fügt hinzu, daß in Frankreich der Amtsadel (*noblesse de robe*), der zwischen Hochadel und Volk steht, höchst wertvoll ist. »All das hat notwendig zur Größe dieses Königreichs beigetragen«, damit endet der Absatz über den Amts- und Schwertadel. »Die Großhändler sind zwar von Haus aus nicht adlig, können es aber werden«, diese Vorkehrung bezeichnet Montesquieu als höchst weise! Es gibt also – wenigstens hier – durchaus eine Möglichkeit sozialen Aufstiegs, die obendrein zur ehrbaren und erfolgreichen Tätigkeit der Großhändler beiträgt, denn »es gibt für sie kein sichereres Mittel, aus ihrem Beruf aufzusteigen, als ihn gut und ehrenwert auszuüben, eine Sache, die gewöhnlich mit intellektueller oder politischer Fähigkeit verbunden ist« (XX, 22).

Wenn es einmal in einer Gesellschaft soziale Unterschiede gibt, und diese Tatsache kann nach Montesquieus Meinung kaum auf friedlichem Wege geändert werden, dann tut man gut daran, den durch Rang und Reichtum Ausgezeichneten auch einen entsprechenden Anteil an der politischen Macht zu geben – das war übrigens ein Gedanke, den sogar der radikale *Abbé Mably* noch in seinem Kommentar zu den amerikanischen Verfassungen äußerte. In seinem Memorandum zur Bulle *Unigenitus*, die 1751 noch einmal umstritten war, bemerkt Montesquieu, daß man die »Benefizien (kirchliche Ämter) lieber in die Hand des Adels als in die kleiner Leute legen sollte, lieber in die Hand aufgeklärter Menschen als in die unwissender Kleriker« (*Œuvres* ,1951, Bd. 2, S. 1221). Auch hier vertritt er keinen historischen Anspruch des Adels, sondern bringt ein rationales und liberales Argument.

Wie sehr im übrigen sein Denken schon »bürgerlich« im ökonomischen Sinne ist, geht aus seinem Eintreten für freie Lohnarbeit im Unterschied zur Sklaverei (und Leibeigenschaft) hervor. In seiner Antwort auf Bemerkungen *P. J. Grosleys* (1718–1785) erklärt er: »Man muß nicht untersuchen, ob Sklaven dem kleinen reichen und genußsüchtigen Teil der Bevölkerung nützen; zweifellos sind sie ihm nützlich; aber man muß einen anderen Standpunkt einnehmen und einmal annehmen, daß in jedem Volk, jeder Stadt, jedem Dorf ein Zehntel weiße Lose und neun Zehntel schwarze Lose gezogen würden; diejenigen, die weiße Lose erhalten hätten, wären frei, die mit schwarzen Losen wären der Sklaverei der weißen Losinhaber unterworfen, die über ihr Leben entscheiden könnten und an die ihr gesamter Besitz fiele. Diejenigen, die am meisten für die Sklaverei eintreten, hätten hiervor die größte Abscheu (...). Der Schrei nach Sklaverei ist also der Schrei der Reichen und des Genusses, nicht der des Gemeinwohls (*bien géneral*) der Menschen oder der der Gesellschaften ...« (*Œuvres*, 1951, Bd. 2, S. 1197). Das Gedankenexperiment, das Montesquieu hier zur Widerlegung der Wünschbarkeit der Sklaverei verwendet, nimmt ein Argumentationsmuster vorweg, das *John Rawls* in seiner *Theory of Justice* (1971) ausführlich entwickelt hat. Bei ihm steht an der Stelle von Montesquieus Lotterie der *veil of ignorance*.

Gewiß war Montesquieu ein Anwalt der Erhaltung des französischen (wie des englischen) Adels, aber die Werte, an denen er sein politisches Denken orientierte, waren doch bereits bürgerlich. So, wenn er Freiheit letztlich mit dem Gefühl der *Sicherheit* gleichsetzt oder wenn er die Sklaverei als unfair und für die Gesellschaft schädlich bezeichnet. Wie viele seiner aufgeklärten Zeitgenossen fürchtete er das Volk als eine »irrationale« Größe, die man besser in Schach hält, aber im Unterschied zu den meisten »Philosophes« vertraute er nicht auf den aufgeklärten absoluten Herrscher, sondern wußte, daß Machtvollkommenheit allemal zu Machtmißbrauch führt.

Sowenig wie *Voltaire, Rousseau, Diderot* und andere hat Montesquieu eine Theorie der Revolution entwickelt. Er war ein Anwalt des Bestehenden oder doch eines nur vorsichtig zu reformierenden Status quo. Er blickte nicht grundsätzlich und auch nicht nostalgisch nach rückwärts wie *Saint-Simon* und *Boulainvilliers*, aber er verherrlichte auch nicht den Absolutismus wie der *Abbé Du Bos*. Er war ein Anwalt der Toleranz und bemühte sich darum, dem König die Vereinbarkeit von »äußerer Toleranz« mit der inneren Glaubensfestigkeit des Katholiken klarzumachen. Nicht weniger nachdrücklich als Voltaire trat er für Glaubensfreiheit ein, auch wenn er vorsichtiger als jener argumentiert hat.

Durch seine Insistenz auf Gewaltenverschränkung und deren wechselseitige Begrenzung nahm er den Gedanken des modernen liberalen Verfassungsstaates vorweg und ging zugleich durch seinen soziologischen Realismus über die abstrakte, rein juristische Verfassungslehre hinaus. Wie *Descartes* und *Montaigne* ist auch Montesquieu ein Angehöriger des niederen französischen Adels, der dem Großbürgertum nahe genug steht, um dessen legitime Interessen zu respektieren. Das Leitwort, unter dem seine politische Theorie und sein Verfassungsideal steht, hat Walter Kuhfuss als das der *Mäßigung* diagnostiziert. *Modération* und *médiocrité* gehören für Montesquieu zusammen, unter *médiocrité* versteht er (wie Rousseau und Aristoteles) auch den »Mittelstand«, die Personen mittleren Vermögens. Im Unterschied zu Rousseau verlangt er aber keine homogene mittelständische Gesellschaft von Kleineigentümern, sondern ein balanciertes System unterschiedlicher Stände und Institutionen, wie es die französische Feudalmonarchie einmal war und wie es das britische Regierungssystem geschaffen hat: »Bald befanden sich die bürgerliche Freiheit des Volkes, die Prärogativen des Adels und des Klerus und die Macht der Könige in einem solchen Zusammenklang (*concert*), daß – wie ich glaube – auf der Erde nie ein so wohl gemäßigtes Regierungssystem existiert hat wie dasjenige, das in jenem Teil Europas damals entstand und solange es dort dauerte« (XI, 8). Ohne die Feudalgesellschaft zu glorifizieren und ihren Ursprung zu mythisieren, hat Montesquieu ihr doch Gerechtigkeit widerfahren lassen und ihre Bedeutung für die Herausbildung liberaler Verfassungssysteme erkannt. Die Zeitgebundenheit seines politischen Denkens war nicht größer, sondern eher kleiner als die seiner radikaleren Zeitgenossen.

4. Voltaire

Vita und Werk

In der Französischen Revolution und noch von der Literatur des 19. Jahrhunderts wurden Rousseau und Voltaire vielfach in einem Atemzug genannt und als »Verursacher« der Revolution bezeichnet. »C'est la faute à Voltaire« lautet wohl vor allem das Verdammungsurteil konservativer katholischer Royalisten. In Wahrheit unterschied sich die sozialphilosophische und politische Position der beiden radikal und kam auch in der feindseligen Beziehung zwischen Voltaire und Rousseau zum Ausdruck.

François Marie Arouet, genannt *Voltaire*, wurde am 21.11.1694 in Paris geboren und starb dort am 30.5.1778. Als Sohn eines wohlhabenden Notars gelang es ihm, durch erfolgreiche Spekulationen und später als Landwirt und Uhrenfabrikant sich ein großes Vermögen zu erwerben, das ihm als Autor weitgehende Freiheit sicherte. Diesem Zweck diente auch die geographische Lage seines Besitzes Ferney vor den Toren von Genf. Ehe er freilich sich dort niederlassen konnte, führte er ein unstetes Leben; 1716 wegen seiner kritischen Haltung gegenüber dem Hof aus Paris verbannt, 1717 wegen einer ihm fälschlich zugeschriebenen Satire elf Monate in der Bastille inhaftiert, wird er 1719 nach dem Erfolg seiner Tragödie *Oedipus* Hofdichter, muß aber einer Fehde mit dem Chevalier de Rohan wegen 1726 Frankreich verlassen und zieht sich für einige Jahre nach England zurück. Dort beeindrucken ihn die Fortschritte der Naturwissenschaften *(Royal Academy)* und die politische Freiheit. Seine Erfahrungen legt er in den *Lettres philosophiques* nieder, die 1733 zunächst englisch, 1734 französisch erscheinen und ihm großes Ansehen in Kreisen der Intelligenz verschaffen.

In England fasziniert Voltaire vor allem der Empirismus, die Methode der Beobachtung, des naturwissenschaftlichen Experimentierens, der Induktion, die er in seinem 14. Brief beschreibt. Er lebt zwei Monate bei dem großen Satiriker *Swift* (der ein Vorwort zu seinem Essay über die epische Poesie schrieb), auf der Bühne sah er Stücke von *Shakespeare*; den größten Einfluß aber dürften die Werke von *Hobbes, Locke, Bacon* und ihrer Schüler auf ihn gehabt haben. Auch seine distanzierte Haltung gegenüber der Offenbarung und die Konzeption einer undogmatischen, philosophischen Auffassung von Gott wurde in England wenn nicht begründet, so doch gefördert. Das existierende Christentum jedenfalls erschien ihm – wie seinen materialistischen Zeitgenossen *La Mettrie, Helvétius, Holbach* – als Aberglauben und Ursache verhängnisvoller Intoleranz. England war ihm ein Vorbild religiöser Toleranz (Briefe 1–7) und freiheitlicher politischer Institutionen (Briefe 8–10). Mit seinen »Philosophischen (oder englischen) Briefen« förderte Voltaire die Orientierung von Teilen des französischen Großbürgertums und der Intelligenz auf das zeitgenössische England, eine Orientierung, die 1748 durch Montesquieus *Esprit des Lois* (Buch 1, Kap. 6) ihre einflußreichste Formulierung erfährt.

Das Parlament von Paris ließ durch das endgültige Urteil vom 10.6.1734 die Briefe als »skandalös, religionsfeindlich und gegen die guten Sitten und den der Staatsgewalt schuldigen Respekt gerichtet« verbrennen. Ein *Lettre de cachet* sollte Voltaires Verhaftung bewirken, der er sich durch die Reise nach Lothringen entzog. 15 Jahre verbrachte er auf dem Schloß Cirey der Marquise du Châtelet und schrieb dort eine Anzahl Bücher, u. a. *Éléments de la philosophie de Newton* und eine erste Fassung seiner *Geschichte des Zeitalters Ludwigs XIV.* und den *Essai sur l'histoire générale.* Für das Schloßtheater entwarf er Theaterstücke *(La Mort de César, Mahomet, Mérope, Alzire)*. Nachdem er wieder in königliche Gunst gelangt war, wurde er 1746 in die *Académie Française* aufgenommen und zum *Gentilhomme ordinaire de la Chambre du Roi* und *Historiographe de France* ernannt.

Von 1750 bis 1753 weilte Voltaire am Hof *Friedrichs des Großen,* der den berühmten Aufklärer schon seit einiger Zeit umworben hatte. Dort traf er die Franzosen *Maupertuis* (der Präsident der Preußischen Akademie ist) und den Materialisten *La Mettrie.* Für eine Pension von 20000 Franken verlieh er dem preußischen Hof sein europäisches Ansehen. Eine boshafte Bemerkung des Königs (»Man quetscht die Orange aus und wirft die Schale weg«) führt zum Zerwürfnis.

Um endlich unabhängig zu sein, kaufte er in der Nähe von Genf die Domaine Les Délices und errichtete dort auch ein Theater. Der Große Rat der Stadt verbietet ihm aber Aufführungen zu veranstalten. *D'Alembert* verteidigt ihn in dem Artikel *»Genève«* der Großen Enzyklopädie, was wiederum Rousseau zu seinem *Lettre sur les Spectacles* veranlaßt und seinen Bruch mit den »Philosophes« und Voltaire verschärft. 1760 kaufte Voltaire die Domaine Ferney und richtete sich dort definitiv ein. Er ist offiziell der Herr des Dorfes und baut eine Uhrenfabrik auf, die mit der Genfer Uhrenindustrie konkurriert. Auch läßt er eine Kirche errichten. Neben seiner literarischen Tätigkeit ist Voltaire als Verteidiger zu Unrecht Verurteilter aktiv und klagt die zeitgenössische Justiz immer wieder heftig an. Nur vorübergehend arbeitet er an der Enzyklopädie mit, 1764 veröffentlicht er einen eigenen kleinen *Dictionnaire philosophique.* Sein Engagement in der Affäre »Calas« (1761) inspiriert ihn zu seinem *Traktat über die Toleranz* (1763). Satirische Schriften gegen den Aberglauben ergänzen den Kampf dieses Anwalts der Gerechtigkeit. Eine ausgedehnte Korrespondenz mit aller Welt (Fürsten und Gelehrten, vornehmen Damen und Schriftstellern) lassen ihn als eine eigenständige »Macht« erscheinen.

Wie viele Zeitgenossen bewundert und verehrt auch Voltaire Katharina »die Große« und Friedrich »den Großen« als aufgeklärte Fürsten und erhofft von ihnen vor allem Fortschritte in Richtung auf eine vernünftigere und tolerantere Gesellschaftsordnung.

1778 ohne offizielle Erlaubnis nach Paris zurückgekehrt, wird er Gegenstand begeisterter Ovationen und stirbt infolge der heftigen Aufregungen, die das Wiedersehen ausgelöst hat. Der Erzbischof verweigert dem entschiedenen Gegner des klerikalen Fanatismus ein kirchliches Begräbnis.

Die Grenzen der Aufklärung

Voltaire ist ein Anwalt der Aufklärung, und er bekämpft den irrationalen Fanatismus. Dennoch lehnt er eine allgemeine Volksbildung ab. In einem Brief an *Damilaville* vom 19.3.1766 schreibt er: »Daß das Volk geführt wird, ist angemessen und nicht, daß es gebildet wird; es ist dessen nicht würdig. Vierzigtausend Weise, das ist alles, was wir brauchen.« Und auf den Einwand eines Korrespondenten, der das »ganze Volk« bilden möchte, antwortet er: »Ich glaube, wir verstehen uns nicht in der Auffassung des Begriffs ›Volk‹, das Sie einer Bildung für würdig halten. Unter ›Volk‹ verstehe ich *die Masse* der Bevölkerung, *die zum Leben nur ihrer Hände bedarf.* Ich bezweifle, daß dieser Teil der Bürger je die Zeit und die Fähigkeit hat, sich zu bilden; sie würden eher verhungern als weise werden« (1.4.1766).

Unter »Volk« versteht Voltaire also das *menu peuple,* das einfache Volk, die Lohnabhängigen, oder diejenigen, »die ihren Lebensunterhalt verdienen müssen und sich nicht mit der Aufklärung ihres Geistes beschäftigen können« (13.4.1766). An eine prinzipielle Änderung dieser Verhältnisse denkt er nicht, er ist offensichtlich auch gar nicht an ihr interessiert. In dem Brief an Damilaville fährt er fort: »Es erscheint mir wesentlich, daß es unwissende Arme gibt. Wenn Sie wie ich ein Stück Land zu bebauen hätten und wenn Sie Pflüge besäßen, wären Sie gewiß meiner Meinung. Nicht den Handarbeiter muß man bilden, sondern den guten Bourgeois, d. h. den Städter, das ist bereits eine genügend große Aufgabe.« »Für diejenigen, die ihren Geist nicht aufklären können, genügt das Beispiel ihrer Vorgesetzten.« Aus seiner Auffassung von der unvermeidlichen Begrenztheit der »Aufklärbarkeit« des »Volkes« läßt sich deutlich Voltaires großbürgerlicher Klassenstandpunkt erkennen. Er stellt ihn an einigen Stellen seiner Schriften noch deutlicher heraus: »Auf unserem unglücklichen Globus ist es unmöglich, daß die Menschen in einer Gesellschaft zusammenleben, ohne daß sie in zwei Klassen gespalten wären, die der Reichen, die befehlen, und die der Armen, die dienen« (*Dictionnaire philosophique*, Artikel *Égalité*, *Œuvres* 1, S. 322 a). Diese arbeitsamen Armen aber werden ihre unglückliche Lage kaum spüren, »weil die ständige Arbeit sie daran hindert«. Zwischen Reichen und Armen finden fast ständig Kämpfe statt, aber diese enden »früher oder später mit der Knechtung des Volkes, weil die Mächtigen Geld haben und das Geld Herr von allem in einem Staate ist« (ebd.).

»Wie nun einmal das Menschengeschlecht beschaffen ist, kann es sich nicht erhalten, ohne daß es eine Unmasse von nützlichen Menschen gibt, die absolut nichts besitzen, denn ein Mensch, dem es gutgeht, denkt nicht daran, sein Feld zu verlassen, um das Ihre zu pflügen« (ebd.). Diese zahlreichen Besitzlosen (Marx würde sagen: diese Nichtbesitzer von Produktionsmitteln) werden aber nicht unglücklich sein, sie sind nämlich frei, »ihre Arbeit an den zu verkaufen, der sie am besten bezahlt. Diese Freiheit ersetzt ihnen das Eigentum« (ebd.). Übrigens hat auch Marx den Fortschritt in Richtung auf größere Freiheit anerkannt, der im Übergang von Sklaverei oder Leibeigenschaft zur freien Lohnarbeit besteht: »Der Sklave gehört einem bestimmten Master; der Arbeiter muß sich zwar an das Kapital verkaufen, aber nicht an einen bestimmten Kapitalisten, und so hat er innerhalb bestimmter Sphäre die Wahl, an wen er sich verkaufen will, und kann seinen Master wechseln ...« (Resultate des unmittelbaren Produktionsprozesses, Frankfurt 1969, S. 68).

Voltaires ökonomische Vorstellungen

Voltaire akzeptiert die sich herausbildende bürgerliche Klassengesellschaft. Dieser Einstellung entspricht auch sein Eintreten für Handelsfreiheit, Luxus und (mit Einschränkungen) für die physiokratischen Theorien. Adam Smith' *Inquiry* scheint er nicht mehr kennengelernt zu haben. Im Gegensatz zur traditionellen Kritik der Moralisten am Luxus (die von katholischen Theologen geteilt wurde) tritt Voltaire energisch für den Luxus ein. Noch vor Rousseaus Angriffen auf Besitzakkumulation und Luxusgewerbe verteidigt er sie unter kritischer Polemik gegen Fénelons *Télémaque*. In dem Gedicht *Le Mondain* heißt es u. a.: »Wer will, mag den Verlust der guten alten Zeit bedauern, ich danke der weisen Natur, die mich in diesem Zeitalter zur Welt kommen ließ ...«

Unsere Urahnen konnten leicht genügsam sein, denn sie hatten »nichts, sie waren nackt, und es ist ganz klar, daß wer nichts hat, auch nichts teilen kann«. »Bewundert Ihr deshalb unsere Ahnen? Es fehlte ihnen Wohlstand und Industrie: Ist das Tugend? Es war Unwissenheit. Welcher Idiot hätte draußen geschlafen, wenn er damals schon ein gutes Bett gehabt hätte.«

Und zum Lobe *Colberts,* der sich einem Vorschlag zur Einstellung der Seidenindustrie Lyons erfolgreich widersetzt hatte, meint Voltaire: »Der Minister aber vermochte mit Glanz durch Luxus unseren Staat zu bereichern. Die Quelle aller unserer Gewerbe hat er erweitert, und von Süd nach Ost und bis zum Norden zahlen unsere stolzen Nachbarn, auf unseren Fortschritt eifersüchtig, für den Geist, den sie an uns bewundern« (*Œuvres,* 6, S. 598 f.).

Voltaire erkannte ganz richtig, daß die kulturelle Hegemonie Frankreichs im 18. Jahrhundert dem Land auch wirtschaftlich zugute kam, und betonte: »Noch nie war die schöne Literatur so eng mit den Finanzen verbunden; das ist auch noch eins der Verdienste dieses Jahrhunderts« (S. 619).

Es ist denkbar, daß Voltaire bei seiner Rechtfertigung des Luxus und der Luxusgewerbe auch Erkenntnisse vorschwebten, wie sie *Jacques Necker* (1732 bis 1804) in *De l'Administration des Finances de la France* (1784) formuliert hat. Necker war ein Kritiker der Physiokraten und von 1777 bis 1781 Generaldirektor der Finanzen. Die Publikation der enormen Ausgaben des Hofes machte ihn populär, führte aber 1781 zu seinem Sturz. Von 1788 bis 1790 erneut mit der Leitung der total zerrütteten Staatsfinanzen betraut, hat er sich um die Revolution dadurch verdient gemacht, daß er eine Verdoppelung der Vertretung des *Tiers Etat* in der Versammlung der Generalstände erreichte. Necker erkannte, daß die Beschäftigung von Arbeitern, die durch Steigerung der Produktivität »freigesetzt« werden, nur dadurch möglich ist, daß sie für die Produktion von zusätzlichen Luxusgütern eingesetzt werden. Er meinte allerdings kritisch, daß auf diese Weise der Abstand zwischen Armut und Reichtum immer größer werde, hatte also – im Unterschied zu Voltaire – eher Bedenken (Necker, S. 287f.). So sehr Voltaire das Eintreten der Physiokraten (und vor allem *Turgots*) für den Freihandel begrüßte, ihre Forderung, allein den Bodenertrag zu besteuern, hielt er für falsch. In einem Brief an *Dupont de Nemours* vom 14.2.1776 wies er darauf hin, daß mit der Herstellung von Uhren weit höhere Profite erzielt werden können als mit der Bewirtschaftung des Bodens und daß es daher ungerecht wäre, wenn man allein diesen besteuern wollte. Eine Satire auf die Steuertheorie der Physiokraten findet sich schon in seinem *L'homme aux quarante écus* (1764).

Voltaires politische Ideen

Während Voltaires soziale und ökonomische Auffassungen ziemlich deutlich entwickelt sind, muß man seine politischen mehr oder weniger erschließen. Einerseits setzt er seine Hoffnung auf aufgeklärte absolute Monarchen wie Friedrich und Katharina und preist die Taten Ludwigs XIV., andererseits stellt er nachdrücklich die englische Verfassung als Vorbild heraus und betont, daß sie nicht nur der Freiheit der Bürger, sondern vor allem auch dem Wohlstand des Landes genützt habe. »Gewissensfreiheit und Handelsfreiheit, das sind, mein Herr, die beiden Hauptstützen des Wohlstands eines Landes, mag es groß sein oder klein«, schreibt er am 16.7.1770 an *Dupont de Nemours*. Offenbar sieht Voltaire auch einen Zusammenhang zwischen ökonomischer und politischer Freiheit. In den *Philosophischen Briefen* hat er schon betont, daß »die englische Nation die einzige auf Erden ist, der es gelang, durch Widerstand die königliche Gewalt zu regeln und durch ständige Bemühungen schließlich eine weise Regierung einzurichten, in der der Fürst (die Regierung) allmächtig ist, um das Gute zu tun, aber die Hände für das Üble gebunden hat; in der die großen Herren ohne Unverschämtheit groß sind und keine Vasallen haben und wo das Volk ohne Verwirrung an der Regierung teilhat« (*Œuvres*, 1, S. 41a). Aus Voltaires Ausführungen über die Unmöglichkeit, die Aufklärung im ganzen Volk zu verbreiten, kann man schließen, daß ihm eine Beschränkung des Wahlrechts auf die wohlhabende und gebildete Minderheit richtig erschien.

Da Voltaire es weder für notwendig noch für wünschenswert hielt, das »einfache Volk« an der Selbstregierung teilhaben zu lassen, konnte er auch auf dessen emotionale Aktivierung verzichten. Einfache Religiosität schien ihm immer noch das nützlichste Mittel, um das Volk zu Gehorsam und Beachtung der Gesetze wie der Eigentumsordnung anzuhalten. Patriotismus und Nationalismus waren ihm unvorstellbar und unerwünscht. Unvorstellbar, weil man eigentlich nur als Eigentümer Patriot sein kann (*Œuvres*, 1, S. 570; Artikel *Patrie* des *Dictionnaire philosophique*). Der Nationalismus ist eine irrationale Leidenschaft, die sich für den Welthandel treibenden Großbürger nicht ziemt und Angehörige der arbeitenden Klassen nur zu gefährlichen Aktionen veranlassen könnte. Voltaire kritisiert den nationalistischen Patriotismus entschieden: »So ist die Lage der Menschen, daß die Größe des eignen Landes zu wünschen bedeutet, daß man seinen Nachbarn Übles wünscht. Wer sich wünschte, daß sein Vaterland niemals größer oder kleiner, reicher oder ärmer werde, wäre ein Weltbürger« (ebd.).

Während es nur bei sehr wenigen Autoren des 18. Jahrhunderts Hinweise auf die Nützlichkeit politischer Parteien gibt (wie sie sich in England herausgebildet hatten und durch *Bolingbroke* im *Club de l'Entresol* bekanntgemacht wurden), hat Voltaire in *L'ABC* auf sie aufmerksam gemacht: »A. Gewiß, wir haben immer zwei Parteien; aber sie halten die Nation eher wach, als daß sie sie teilen. Diese beiden Parteien überwachen sich gegenseitig und streiten um die Ehre, Wächter der öffentlichen Freiheit zu sein. Wir haben Streitigkeiten, aber wir segnen stets die glückliche Verfassung, die sie entstehen läßt …
B. Bewahren Sie dieses wertvolle Bauwerk, das Mut und Intelligenz errichtet haben: Es hat Sie zu viel gekostet, um es zerstören zu lassen. Der Mensch wird frei geboren; die beste Regierung ist die, die jedem Sterblichen, so gut es geht, diese Gabe der Natur bewahrt. Aber glauben Sie mir, arrangieren Sie sich mit Ihren Kolonien und sorgen Sie dafür, daß die Mutter und die Töchter sich nicht schlagen« (*Œuvres*, 6, S. 126). Diesen Rat formuliert Voltaire 1768, acht Jahre vor der Unabhängigkeitserklärung der Neuenglandstaaten.
Voltaire ist kein großer politischer Denker, aber er hat klarer als viele andere die Prinzipien der freien Wirtschaft und der konstitutionellen Monarchie entwikkelt, die dem Interesse des am Wirtschaftswachstum, an der bestehenden Eigentumsordnung und an Reformen der politischen Institutionen interessierten französischen Großbürgertum entsprachen. Seine Polemik gegen utopische Gedankengänge bei *Fénelon, Rousseau* und anderen entsprangen dem sicheren Instinkt, daß hier Gefahren drohten. Aus dem gleichen Grunde sollte die Aufklärung nicht bis ins »einfache Volk« dringen, dem die Religion erhalten bleiben mußte, damit es nicht gegen die Klassengesellschaft rebelliert. Was die notwendigen Reformen anlangt, so stimmt hier Voltaire mit *d'Argenson* und den Physiokraten überein: Freihandel, Fungibilität von Grund und Boden, Abschaffung der Steuerprivilegien des Adels und der Geistlichkeit, aber – im Unterschied zu den Physiokraten – Besteuerung nicht nur der Landwirtschaft, sondern auch der Verarbeitungsproduktion (Manufaktur, Handwerk): »Die Industrie muß begünstigt werden; aber die wohlhabenden Industriellen müssen den Staat unterstützen … Es ist … notwendig und gerecht, daß die verfeinerte Verarbeitungsindustrie des Handelsherren (Voltaire denkt vermutlich an die Verlagsproduktion) mehr bezahlt als die grobe Landwirtschaft« (*Œuvres*, 6, S. 235).

Voltaires Wirkung

Am größten war die zeitgenössische Resonanz auf Voltaires Eintreten für Religionsfreiheit: »Im englischen Amerika ist die vollständige Gewissensfreiheit eingeführt worden. Vorausgesetzt, daß man an Gott glaubt, wird dort jede Religion zugelassen, und infolgedessen blüht die Wirtschaft und wächst die Bevölkerung« (*Œuvres*, 1, S. 661 a).
»Die Toleranz ist das Erbeigentum der Menschen. Wir sind alle voller Schwächen und Irrtümer; vergeben wir uns gegenseitig unsere Dummheiten, das ist das erste Gebot der Natur.« An der Amsterdamer Börse (ein Beispiel, das schon *Spinoza* brachte) verkehren Menschen aller Religionen friedlich miteinander »und treiben Handel, ohne den Dolch gegenseitig zu erheben, um Seelen für ihre

Religion zu gewinnen« (S. 659). Wirtschaftsfreiheit und Gewissensfreiheit gehören für Voltaire zusammen und stützen sich gegenseitig. Er ist einer der Stammväter des Liberalismus des 19. Jahrhunderts, der seinen Antiklerikalismus ebenso geerbt hat wie seine Wirtschaftsauffassung und seine Skepsis gegenüber dem »einfachen Volk«.

Voltaire verlangt nicht eine Revolution, sondern eine Reform der Sitten und Institutionen zugunsten der Bourgeoisie, einer Bourgeoisie, die sich mit der Aristokratie vermischt. Von dieser Reform erwartet er, daß sie von oben her erfolgt, in dieser Hinsicht ist er einer der Ahnen des Liberalismus der Restaurationszeit. 1769 schreibt er an d'Argental, es handele sich nicht darum, »eine Revolution in den Staaten zu machen, wie zur Zeit von Luther und Calvin, sondern eine Umwälzung im Geist derjenigen zu bewirken, die dazu gemacht sind zu regieren« (*Œuvres*, VIII, S. 707).

Voltaire glaubt an Gott und legt vor allem größten Wert darauf, daß die »einfachen Leute« an Gott glauben: »Wir haben es mit schrecklichen Spitzbuben, einer Masse von kleinen Leuten, brutalen Trunkenbolden und Dieben zu tun. Predigen Sie ihnen, wenn Sie wollen, daß es keine Hölle gibt und daß die Seele sterblich ist. Ich jedenfalls werde ihnen in die Ohren schreien, daß sie verdammt sein werden, wenn sie mich bestehlen« (*Dictionnaire philosophique*: *»Dieu«*). Die Kirche aber und ihre Diener müssen mit allen Mitteln als Ratgeber der Fürsten bekämpft werden. Hier weiß er sich einig mit dem Vorgehen einer Anzahl französischer *Parlements,* die sich bis zur Verbrennung bischöflicher Hirtenbriefe vorgewagt hatten. Voltaires Kritik an der katholischen Kirche scheint indirekt von der Tradition französischer Protestanten beeinflußt zu sein, die nach der Zurücknahme des Toleranzedikts von Nantes nach England geflohen waren. Er war mit dem *Marquis d'Argental* einverstanden, der 1748 schrieb: »Auf die Reform der Religion wird bald die der Regierung erfolgen. Die profane Tyrannei hat sich mit der kirchlichen verschwistert ... Man hört auf, sich zu täuschen und diese beiden Regimes zu überschätzen. Man sieht die Dinge wie sie sind und wie sie sein sollten« (d'Argental, 1877, S. 227). Als Kämpfer gegen die Macht der Kirche verhält sich Voltaire wie ein erfahrener Stratege. Die Gegner der »Herrschaft der Finsternis« müssen sich vereinigen, um gemeinsam diesen Feind zu besiegen: »Was mich am meisten ärgert, ist, daß die religiösen Pedanten, Fanatiker und Lumpen vereinigt sind, die anständigen Leute dagegen verstreut, isoliert, lau und gleichgültig nur an ihr kleines Wohlergehen denken« (Brief an d'Alembert vom 26. 12. 1767). Schon sechs Jahre zuvor hat er *d'Alembert* gemahnt: »Die Philosophen sollten eine Brüderschaft bilden wie die Freimaurer, sie sollten sich versammeln, sich gegenseitig unterstützen und ihrer Bruderschaft treu sein« (20. 4. 1761).

Nicht allein Voltaire, die meisten der »Philosophes« streben letztlich eine Ablösung der ideellen Hegemonie der Priester durch ihre eigene an. Wenn aufgeklärte Denker wie die Physiokraten und die Enzyklopädisten anstelle von ehrgeizigen Obskuranten zu Beratern und Erziehern der Fürsten gemacht würden, so ihre Argumentation, könnten die Menschen zu einem glücklichen Leben hingeführt werden und Tugend mit Glück sich aufs schönste vereinen.

5. Politische und ökonomische Ideen in der »Grande Encyclopédie« (1751–1780)

Die von *Denis Diderot* und – bis zu seinem Ausscheiden aus der Redaktion (1757) – dem berühmten Mathematiker und Gelehrten *Jean Lerond d'Alembert* zusammen mit einer *Société de Gens de Lettres* herausgegebene *Encyclopédie ou Dictionnaire raisonné des Sciences, des Arts et des Métiers* (1751–1780) war das bedeutendste publizistische Ereignis des 18. Jahrhunderts. Das alphabetisch angeordnete Nachschlagewerk umfaßt nicht nur das gesammelte theoretische Wissen der Zeit, sondern beschreibt auch – durch zahlreiche präzise Illustrationen veranschaulicht – die Produktionstechniken von Handwerk, Manufaktur, Bergbau und Fabriken. Dem Unternehmen liegt ein Begriff von Zivilisation zugrunde, der von der Geschichte bis zur Mathematik, vom Buchdruck bis zur Kriegstechnik reicht. Diderot, der Sohn eines Messerschmieds, brachte von Haus aus Sinn für die Bedeutung exakter Produktionstechniken mit, und seine Mitarbeiter und Leser aus dem aufgeklärten Adel und dem gebildeten Großbürgertum und Bürgertum waren wie er von den Fortschritten gerade auch auf diesem Gebiet fasziniert. Das Werk, das anfangs mit »königlichem Privileg« erscheinen konnte, mußte später in Neuchâtel und zuletzt in Amsterdam verlegt werden, fand aber dennoch stets seinen Weg in zahlreiche französische Bibliotheken. Durch die Verbreitung im übrigen Europa trug das Werk zum »Rayonnement« der französischen Kultur bei. Voltaire täuschte sich nicht, als er dem kulturellen Einfluß Frankreichs auch eine ökonomische Bedeutung für das Königreich zuschrieb.

Das ökonomische Eigengewicht der Enzyklopädie wird auch durch die für die damalige Zeit ungewöhnlich hohe Auflage von 4250 Stück, von denen 4000 subskribiert waren, unterstrichen. Als Preis waren zunächst für die vorgesehenen 8 Bände (daraus wurden schließlich 17 Bände und 3 Supplementbände sowie 11 Tafelbände und ein Gesamtregister) 280 Pfund vorgesehen. Das entsprach ungefähr dem gesamten Jahresgehalt eines Pfarrvikars.

D'Alemberts »Discours Préliminaire«

In seinem *Discours Préliminaire* (1751) führte *d'Alembert* in die philosophische Orientierung des Werkes ein, auch wenn nicht alle der zahlreichen Mitarbeiter ganz auf der Höhe seiner Ansichten standen. D'Alembert wurde 1715 als unehelicher Sohn der *Marquise de Tencin* und des Offiziers *Destouches* geboren. Sein Vater förderte die Bildung des Sohnes, der 1746 durch die Veröffentlichung eines *Traité de dynamique* mit einen Schlag sich als einer der führenden Mathematiker seiner Zeit präsentierte. Dem berühmt gewordenen Sohn schenkte auch die Marquise de Tencin ihre Aufmerksamkeit und Förderung.

Der *Discours Préliminaire* ist ein Abriß der jüngsten Philosophiegeschichte und eine Skizze der Verzweigungen menschlichen Wissens. Dabei wird dem Franzosen *Descartes* zwar das Verdienst zugeschrieben, der dogmatischen Metaphysik einen vernichtenden Schlag versetzt zu haben, gleichwohl aber sei er daran schuld gewesen, daß die empirische Methode, die zu den großen Erfolgen der

Naturwissenschaften führte, sich in Frankreich erst spät und zögernd durchsetzen konnte. *Isaac Newton* und *John Locke* sind für d'Alembert die Helden, denen der Durchbruch der Erkenntnis der allein zuverlässigen wissenschaftlichen Methode der Beobachtung zu verdanken ist. Newton praktizierte sie, und Locke reflektierte über ihre Grundlagen.
Da nun alle theoretischen und praktischen Fortschritte im Leben den so verstandenen empirischen Wissenschaften zu danken sind, müssen vor allem die Hindernisse beseitigt werden, die ihnen im Wege stehen. Diese sind der Aberglauben und die Unterdrückung der Freiheit des Forschens und Publizierens. Auch die sklavische Imitation der Antike und die scholastische Einvernahme des Aristoteles hat sich als ein Hindernis erwiesen, das zum Glück schon im 17. Jahrhundert schrittweise überwunden wurde. *Bacon* und *Descartes, Bayle* und *Fontenelle,* vor allem aber Newton und Locke haben die Grundlagen gelegt, auf denen weitergebaut werden kann. Was Descartes nur vorbereitet hatte, das vollendete Newton, »dem Huygens den Weg geebnet hatte und der der Philosophie eine Form gab, die sie offenbar bewahren soll« (d'Alembert, 1955, S. 148). Lockes *Essay concerning Human Understanding* erscheint d'Alembert als eine »Experimentalphysik der Seele«. Sie läßt das, was man bislang »Metaphysik« nannte, hinter sich zurück, so daß »dieser Titel bald zu einem Schimpfwort für unsere Denker herabsinken wird« (ebd., S. 159).
Ganz ähnlich wie das zeitgenössische wissenschaftliche Denken Frankreichs sich auf Engländer beruft, klingt auch in den meisten politischen Beiträgen der Enzyklopädie eine große Bewunderung für das Vereinigte Königreich und seine Verfassung hindurch. Die wichtigsten Beiträge zu politischen Themen stammen von *Diderot* selbst sowie von dem ungemein fleißigen und sympathischen *Chevalier Louis de Jaucourt* (1704–1779). Ein einziger politischer Artikel *(Économie Politique)* wurde von Rousseau geschrieben, dem die meisten musikalischen Eintragungen zu verdanken sind. D'Alembert erregte mit dem Artikel »*Genève*« Anstoß sowohl bei Rousseau als auch bei den calvinistischen Predigern der Stadt, denen er – zu deren Unwillen – großzügige Gelassenheit und Toleranz und moderate Orthodoxie zugeschrieben hatte. *Rousseau* warf dagegen d'Alembert vor, daß er die Errichtung eines Theaters – im Sinne Voltaires – befürwortet hatte, durch das die »einfachen Sitten« seiner Landsleute verdorben worden wären. Beide gaben in der Folge die Mitarbeit an dem Werk auf, d'Alembert hatte jedoch seine mathematischen Beiträge bereits abgeliefert.

Die ökonomischen Beiträge (Chevalier de Jaucourt und Rousseau)

Der *Chevalier de Jaucourt,* ein wohlhabender Mann, war als Armenarzt für die notleidende Pariser Bevölkerung tätig, die er umsonst behandelte. Ihm waren daher – besser noch als Diderot, der mehr die ländliche Not kannte – auch die düsteren Schattenseiten der zeitgenössischen städtischen Gesellschaft vertraut.
Wie auf anderen Gebieten stimmen auch die Verfasser der ökonomischen und politischen Beiträge der Enzyklopädie nicht immer überein. Unter den ökonomischen Thesen finden sich merkantilistische und physiokratische sowie eklektische »Mischungen«. Die vorherrschende Tendenz ist »bürgerlich«. Mit den Physiokraten erblicken die meisten Verfasser die Basis des Wohlstands in der

Landwirtschaft, treten für Freihandel ein und erkennen im *produit net,* im »Überschuß«, die Wurzel des ökonomischen Fortschritts. Merkantilistische Anklänge finden sich bei der Diskussion des Außenhandels. Wie »modern« in mancher Hinsicht die ökonomischen Auffassungen der Verfasser waren, geht z. B. aus einem Artikel hervor, der unter dem Stichwort *Homme* unter anderem fordert: »Man muß Luxusarbeiter und die Anzahl der Dienstboten verringern. Es gibt Umstände, während deren der Luxus die Menschen nicht mit genügend Profit beschäftigt; es gibt aber keinen, während dem nicht die *Haltung von Dienstboten einen Verlust* bedeuten würde« (Bd. VIII, 1765, S. 278). Damit übernimmt der für Quesnay eingesprungene Verfasser *(de Jaucourt?)* die Theorie von der »produktiven Arbeit«, die Waren für den Markt erzeugt, eine Auffassung, die eben erst Boden zu gewinnen begann und von *Adam Smith* 1776 klassisch formuliert werden sollte. Dienstboten-Luxus war unproduktiv und diente nicht dem ökonomischen Fortschritt im Sinne der Bourgeoisie, weil er das Marktprodukt und damit den Profit nicht vermehrte, sondern lediglich die Revenuen des Kapitalisten »zu verzehren half«.

Dagegen weicht die Forderung nach einer möglichst »gleichen Verteilung des produit net« im gleichen Artikel von der klassischen Auffassung der Marktwirtschaft deutlich ab. Moralische Überlegungen drängen sich hier in die ökonomischen ein: »Ein gleichmäßig verteilter Überschuß ist einem sehr ungleich verteilten größeren Überschuß vorzuziehen, der das Volk in zwei Klassen teilen würde, von denen die eine in Reichtümern schwelgt, während die andere in der äußersten Armut verkommt« (ebd.). Hier weicht der Verfasser also von den Physiokraten ab.

In seinem Beitrag *Économie Politique* aus dem Jahre 1755 hat *Rousseau* zum erstenmal seine politische Philosophie und seine Gesellschaftsauffassung skizziert. Zentralbegriff ist schon hier die *volonté générale,* der Gemeinwille, dessen Ausdruck das Gesetz ist. Die Menschen sind in einer Gesellschaft dann frei, wenn sie allein dem Gesetz unterworfen sind, das Ausdruck des Gemeinwillens ist. Die Gesetze schützen Freiheit und Eigentum eines jeden. Voraussetzung ist freilich, daß alle (oder wenigstens die Mehrheit) wirklich den Gemeinwillen *wollen.* Um das zu erreichen, sollte die soziale Lage aller möglichst gleich sein und die patriotische Erziehung von Jugend an dafür sorgen, daß die Citoyens das Gemeinwohl ihrem Privatvorteil vorziehen. Noch besser freilich als Patriotismus ist die Tugend *(vertu),* die dazu führt, daß ein Mensch in jedem Fall den Gemeinwillen erkennt und ihm folgt. »Es ist also eine der wichtigsten Regierungsaufgaben, die extreme Ungleichheit der Besitzverhältnisse zu verhindern, nicht indem sie ihren Eigentümern Besitz wegnimmt, sondern indem sie allen die Mittel abnimmt, ihn zu akkumulieren« (Vaughan I, S. 255). Die patriotische Erziehung soll dazu führen, daß sich die Citoyens »in gewisser Weise mit dem großen Ganzen identifizieren« (S. 256).

Staatsausgaben sollten möglichst durch die Erträge von staatlichen Domänen gedeckt werden, deren Einkommen so »heilig seien, daß es ein Majestätsverbrechen wäre, sie zu unterschlagen«. Die Steuerlast müsse ganz anders verteilt werden als im zeitgenössischen Frankreich. Wer nur das Nötigste besitzt, sollte gar keine Steuern zahlen müssen, die Steuer derjenigen, die mehr besitzen, könne bis zur Wegsteuerung alles dessen gehen, was das Notwendige übersteigt

(S. 267). Die Gesetze und die Gerichte haben – im Gegensatz zur herrschenden Klassenjustiz – die Aufgabe, die Schwachen und Armen gegen die Starken und Reichen zu beschützen. Bisher ist es aber so, daß, »je mehr die Menschheit dem Armen schuldet, um so mehr die Gesellschaft ihm verweigert. Die Schwierigkeit zu erwerben wächst mit dem Mangel immer weiter an. Daher muß die Besteuerung umgekehrt proportional zum Unterschied ihrer Lebenslage und des Überflusses ihres Vermögens erfolgen« (S. 268). Die Bauern sollen gegenüber den wohlhabenden Städtern entlastet werden. Eine geschickte Steuerpolitik könnte die Ungleichheiten der Vermögen verringern.

Die politischen Beiträge (Diderot)

In allen *politischen Beiträgen* wird – mit John Locke – das Privateigentum als feste Grundlage und Anlaß für die Staatswerdung bezeichnet. »Eine der wichtigsten Absichten der Menschen, als sie die bürgerliche Gesellschaft bildeten, war der *sichere Besitz* dessen, was sie erworben hatten oder noch erwerben könnten; sie wollten, daß niemand sie im Genuß ihres Vermögens stören könne. Zu diesem Zweck hat jeder zugestimmt, einen Teil seines Besitzes abzugeben, den man Steuer nennt, um zur Erhaltung und Stärkung der ganzen Gesellschaft beizutragen« (*Propriété*, Bd. XIII, 1765, S. 491). Weil aber die Erhaltung des Privateigentums das Motiv für die Staatswerdung war, konnte es nicht in der Absicht der Menschen liegen, ihren Souveränen eine *absolute und unbegrenzte Gewalt* zu übertragen. Immer wieder weisen die Artikel darauf hin, daß »die Zustimmung der in einer Gesellschaft vereinten Menschen die Grundlage der Herrschaft ist« (*Pouvoir*, Bd. XIII, 1755, S. 255).

Um nicht offen gegen die monarchische Verfassung Frankreichs zu verstoßen, betonen die Autoren der historischen wie der politischen Beiträge immer wieder, daß die französische Monarchie auf den »Grundgesetzen des Königreiches« beruhe und nur unwissende und ehrgeizige Höflinge Königen einreden könnten, ihre Macht sei despotisch und unbegrenzt. In dem Artikel *Despotisme* wird dieser als »tyrannische, willkürliche und absolute Herrschaft eines einzigen Menschen« und als typisch für die Türkei, die Mongolei, Japan und Persien bezeichnet. Mit dem Christentum sei eine derartige Herrschaft unvereinbar, denn auch der Gott der Christen herrsche ja nicht willkürlich, sondern sei an die »unabänderlichen Regeln seiner Weisheit, Gerechtigkeit und Güte gebunden« (Bd. IV, 1754, S. 888). Der Hinweis auf »Wesire«, die oftmals anstelle der durch ihr verweichlichtes Wohlleben an der Regierung desinteressierten Despoten deren unumschränkte Macht ausüben, dürfte ein den Zeitgenossen verständlicher Seitenhieb auf die Mazarin, Richelieu, Choiseul und andere leitende Minister des französischen Königs sein.

In dem Artikel *Repräsentanten* entwickelt *Denis Diderot* eine Theorie der »gemäßigten Monarchie«. In ihr sei der Souverän »Verwahrer der Exekutive«; »die Nation wählt aber andere Repräsentanten für die übrigen Zweige der Regierung (der Staatsmacht). So ist es in England, wo die exekutive Gewalt bei der Person des Monarchen ruht, während die Legislative zwischen ihm und dem Parlament verteilt ist« (Bd. XIV, 1765, S. 143). Ganz ähnlich sei auch die »französische Nation einst durch die Versammlung der *États Généraux* des Königreiches repräsentiert« gewesen. »Diese Nationalversammlungen sind seit dem Jahr 1628 unterbrochen worden« (ebd.). Die Vertreter des Dritten Standes nützen dem Monarchen vor allem, um den Übermut der beiden ersten Stände zu dämpfen. Auch zeigt sich, daß eine unumschränkte Herrschaft den Monarchen, die sie ausüben, selber schadet: »Handel und Manufakturen werden Bedürfnisse für die Staaten und verlangen Ruhe; Krieger (d.h. der kriegerische Adel!) sind minder notwendig. Mißernten und Hungersnöte lassen die Notwendigkeit eines guten Ackerbaus erkennen, der von den blutigen Streitigkeiten bewaffneter Banden (gemeint sind wohl Fehden des Adels, IF) gestört würde. Man brauchte Gesetze, man respektierte deren Interpreten... So werden die gebildeten Beamten *(magistrats)* zu angesehenen Personen, die besser imstande sind, über die Rechte des Volkes zu urteilen, als adlige Ignoranten, die selbst keine Billigkeit *(équité)* kennen ...« (S. 144). Handel und Gewerbe brauchen berechenbare und friedliche Verhältnisse, und für diese können allein gut ausgebildete (bürgerliche) Verwaltungsbeamte und Richter sorgen. Die Vertretung der Nation soll aber durchaus *alle* vorhandenen Stände berücksichtigen: die Geistlichkeit, den Adel und den Dritten Stand, dem Beamte, Geschäftsleute und Grundbesitzer oder Bauern angehören. »Nach dem Maßstab ihrer Besitzungen soll die Stimme der Citoyens in den Nationalversammlungen Gewicht haben« (S. 145).

Aufgabe des *Législateur* ist es dabei, für das »richtige Gleichgewicht« der Stände und Wirtschaftszweige zu sorgen: »Die Stimme eines unruhigen und ehrgeizigen Adels muß durch die andrer Citoyens aufgewogen werden, nach deren Auffassung der Frieden weit notwendiger ist ...« (S. 146). Während ein einseitiges Übergewicht des Adels die Nation zu kriegerisch machen würde, könnte freilich das Gegenteil bei einem Überwiegen der friedliebenden Bürger in der Nationalversammlung eintreten.

Eine ähnlich ausgewogene Position nimmt der Artikel *Noblesse* (Bd. XI, 1765) ein; dem Verfasser (D. J.) scheint es wünschenswert, daß der Adel zwar nicht zu viel Macht habe, aber doch genügend stark bleibe, um »den Übermut des Volkes zu unterdrücken und es daran zu hindern, die Majestät des Thrones anzugreifen« (S. 166).

Berufungen auf *Montesquieu* und insbesondere auf die *Teilung der Gewalten* finden sich in zahlreichen Artikeln, z.B. in dem über *Liberté naturelle* (D. J.), in dem es unter anderem heißt: »Es gibt kein Gesetz in den Staaten, in denen legislative und exekutive Gewalt in der gleichen Hand liegen. Es gibt erst recht dort keins, wo die richterliche Gewalt mit der legislativen und exekutiven verbunden ist« (IX, 1765, S. 472).

Der *Chevalier de Jaucourt* verurteilt in dem Artikel *Prisonnier de Guerre* die Lehre von der Legitimität der Versklavung von Kriegsgefangenen (XIII, 1765, S. 387). Überhaupt wird im Sinne der zeitgenössischen englischen politischen Philosophie die Freiheit aller Bürger angenommen, die freilich wirtschaftliche Abhängigkeit nicht ausschließt. Erstaunlich ist die relativ fortschrittliche Beurteilung der *Rechte der Frauen* in dem Artikel *Femmes* des Chevalier de Jaucourt. Im Anschluß an einen ausführlichen historischen Rückblick auf die Stellung der Frau bei den alten Völkern, im Judentum und im Islam stellt der Chevalier fest, daß »das *positive Recht* und die Gewohnheit Europas einstimmig die Autorität in der Familie dem Manne zuschreiben als demjenigen, der mit einer größeren körperlichen und geistigen Stärke ausgerüstet ist und mehr zum Gemeinwohl beiträgt« (S. 471). Dagegen könne man aber einwenden, daß es zumindest »schwierig ist zu beweisen, daß die Autorität des Mannes von der Natur herkommt, denn dieses Prinzip widerspricht der natürlichen Gleichheit der Menschen, und allein daraus, daß man zum Befehlen fähig ist, folgt noch nicht, daß man auch aktuell das Recht dazu hat; 2. besitzt der Mann nicht immer eine größere Körperstärke, mehr Weisheit und mehr Geist sowie besseres Benehmen *(conduite)* als die Frau, und endlich ist 3. die biblische Vorschrift (»er sei Dein Herr«) in Form einer Strafandrohung formuliert, woraus man schließen kann, daß es sich um ein positives Recht (also nicht um eine naturrechtliche Selbstverständlichkeit, IF) handele«. Frauen, die überzeugt seien, ein besseres Urteilsvermögen oder mehr Eigentum zu haben als ihr künftiger Mann, könnten daher zu Recht einen entsprechenden Ehevertrag schließen (S. 471). Als Beispiel dafür, daß derartige Regelungen im positiven Recht vorkommen, verweist der Chevalier auf die weibliche Thronfolge in einigen Ländern. Auch wenn de Jaucourt kein »Feminist« ist, stellt sein Plädoyer für die naturrechtliche Gleichstellung der Geschlechter doch eine bemerkenswerte Ausnahme in seiner Zeit dar.

Die Forderung nach Toleranz (Romili le fils)

Allen Beiträgen zu politischen und religiösen Fragen ist die Forderung nach weitgehender *Toleranz* sowie heftige Kritik an der Macht der kirchlichen Hierarchie, des Aberglaubens und des religiösen Fanatismus gemein. In den historischen Beiträgen wird z. B. die erste englische Revolution wegen ihres religiösen Fanatismus verurteilt, während die *Glorious Revolution* als bewundernswerte Tat und legitime Verbesserung der Verfassung angesehen wird. *Romili le fils,* der Autor des Artikels *Toleranz* (Bd. XVI, 1765), betont, daß es das Recht jedes Souveräns eines heidnischen Staates wäre, christliche Missionare fernzuhalten, wenn diese die Ruhe und den Frieden seines Staates störten, indem sie Intoleranz predigen. Im übrigen könne niemand durch Zwang dazu gebracht werden, etwas anderes zu glauben, als was er auf Grund eigener Einsicht für wahr halte. An die Staatsmänner ergeht daher die Aufforderung: »Respektieren Sie ohne Ausnahme die Rechte des Gewissens in allen Angelegenheiten, die nicht die Ruhe der Nation stören. Spekulative Irrtümer sind für den Staat (jedoch) gleichgültig. Unter so unvollkommenen Wesen wie Menschen wird stets eine Verschiedenheit der Meinungen herrschen ...« (S. 395). »Was jene anlangt, die unter dem Vorwand der Religion die Gesellschaft in Aufruhr versetzen, Aufstände anzetteln und das Joch der Gesetze abschütteln wollen – unterdrücken Sie sie mit Strenge – wir sind nicht ihre Apologeten; aber verwechseln Sie nicht diejenigen, die nur die Freiheit zu denken und ihren Glauben, den sie für den besten halten, zu bekennen beanspruchen und die im übrigen treue Untertanen des Staates sind, mit jenen Schuldigen« (ebd.).

6. Die Materialisten

Während die Mitarbeiter der Enzyklopädie – ebenso wie Voltaire – in ihrer Mehrheit für einen Deismus optierten und den Dualismus von Seele und Materie bestehen ließen, gingen eine Anzahl französischer Denker des 18. Jahrhunderts in ihrer Loslösung vom traditionellen Denken bis zum entschieden atheistischen Materialismus. Gemeinsam war ihnen allen die Übernahme der Lockeschen Erkenntnistheorie, aber nur die Materialisten zogen aus ihr radikale philosophische Konsequenzen. Das hatte vor allem Bedeutung für ihre Einstellung zu Religion und Kirche. Während selbst *Voltaire,* der doch gegen die Kirche sein *Écrasez l'infâme!* geschleudert hatte, seiner ungebildeten Bauern wegen den Gottesglauben für unentbehrlich hielt (vgl. oben, S. 459), erblickten *Holbach* und *Helvétius* in jeder Religion ein Übel oder bestenfalls einen überflüssigen Aberglauben.

Claude Adrien Helvétius

Claude Adrien Helvétius (1715–1771) veröffentlichte 1758 ein Buch mit dem Titel *De l'Esprit,* das zwar eine offizielle »Approbation« und ein königliches Privileg erhielt, aber bald einen Sturm der Entrüstung auslöste. Helvétius gehörte als »Generalpächter« dem reichen Großbürgertum an, das – im Unterschied zum Kleinbürgertum – keinen Bedarf an religiösen Tröstungen hatte. Er war zwar im engeren Sinne kein politischer Schriftsteller, aber sowohl *De l'Esprit* wie vor allem die nachgelassene Schrift *De l'Homme* (1772) enthalten eine ganze Reihe von Ausführungen zur Gesellschaftstheorie und zur Politik. Da für den Sensualisten alle Ideen aus Sinneseindrücken (und deren Verarbeitung) hervorgehen, müssen auch alle moralischen Normen letztlich auf Empfindungen, nämlich das Streben nach Genuß und die Vermeidung von Leiden, zurückzuführen sein. Jeder Mensch sucht seine Lustempfindungen zu maximieren. Die Selbstliebe ist die Wurzel aller Handlungen. Im Unterschied zu Rousseau kennt Helvétius keinen Unterschied zwischen einer Selbstliebe, die das Heil der Seele (vermöge der Stimme des Gewissens) sucht, und einer egoistischen, die ohne Rücksicht auf andere nur den eignen materiellen Vorteil erstrebt (*amour propre* oder Selbstsucht). Wenn man daher eine Norm für die beste gesellschaftliche Ordnung sucht, so kann man sie nur im »größtmöglichen Glück der größtmöglichen Zahl« finden, wie später *Jeremy Bentham,* der sich als ein Schüler von Helvétius verstand, erklärt hat.

»Die Seele ist nur die Fähigkeit zu empfinden … Die Fähigkeit des sinnlichen Empfindens ist … der Grund ihrer Bedürfnisse, ihrer Leidenschaften, ihrer Geselligkeit, ihrer Gedanken, Urteile, Willensäußerungen, Handlungen … Der Mensch ist eine Maschine, die durch das sinnliche Empfinden in Bewegung gesetzt wird« (*De l'Homme*, 2. Abschnitt, Kapitel 10).

Alle Begierden gehen aus der Suche nach Lust und der Flucht vor physischem Schmerz hervor. Dementsprechend sind die Menschen durch die gesellschaftliche Ordnung, unter der sie leben, beeinflußbar. Was eine Gesellschaftsordnung, eine Verfassung, eine Regierung und was die Gesetze jeweils an »Lust« zulassen oder ermöglichen, das bestimmt das Verhalten der Individuen. Daher sind Politik und Erziehung imstande, das Verhalten der Menschen (beinahe unbegrenzt) zu verändern. Hinter allen Idealen – selbst hinter der Idee der Gerechtigkeit – steckt im Grunde nur die Suche nach Lust. Menschen, die gerecht zu sein suchen, haben in ihrer Erinnerung (Ideenassoziation) erfahrenes Glück mit dieser Idee verbunden, und wenn sie »einmal diese Gewohnheit angenommen haben, setzen sie ihren Stolz darein, sich immer als gerecht und tugendhaft zu erweisen« (*De l'homme*, 4. Abschnitt, 10. Kapitel, Anmerkung). Selbst die auf den ersten Blick altruistischen Gefühle sind also – wenn man sie genauer untersucht – nur Ausdruck der Selbstliebe: Wenn Menschen Mitleid empfinden, so weil sie unter dem Anblick fremden Leidens leiden und *sich* diesen Schmerz ersparen wollen; außerdem genießen sie die eigne Macht, jenen Leidenden Gutes zufügen zu können usw.

Diese materialistische Anthropologie führt auch zu einer Art Vorwegnahme der *Toynbeeschen* These von *challenge and response* in der Kulturentwicklung. »Eine der Hauptursachen der Unwissenheit und Trägheit der Afrikaner ist die Fruchtbarkeit jenes Weltteils; er befriedigt fast ohne Kultur alle Bedürfnisse. Der Afrikaner hat kein Interesse daran zu denken. So denkt er denn auch wenig. Man kann dasselbe vom Karaïben behaupten. Wenn er weniger fleißig als der Wilde des Nordens von Amerika ist, so hat das seinen Grund darin, daß der letztere größeren Fleißes bedarf.« Die Natur macht nicht die Menschen verschieden, sie sind vielmehr wesentlich gleich, aber die natürliche Umwelt fordert sie mehr oder weniger stark heraus. »Die Ungleichheit des Geistes, die man unter Menschen feststellt, hängt also nur von der Regierung ab, unter der sie leben, von dem mehr oder minder glücklichen Jahrhundert, in dem sie geboren werden, und von der besseren oder schlechteren Erziehung, die sie erhalten, sowie von ihrem mehr oder minder lebhaften Bedürfnis, sich auszuzeichnen ...« (*De l'Esprit*, S. 352). »Der geistreiche Mensch ist nur das Produkt der Umstände, unter denen er sich befand« (ebd.). Diese Umstände werden durch die Lebensweise (Jagd, Hirtenleben, Ackerbau usw.) verändert. Auch die unterschiedlichen Tätigkeiten – infolge der Arbeitsteilung zwischen Mann und Frau und zwischen den verschiedenen Berufen – führen zu Differenzierungen. Die Unterschiede, die man in manchen Schichten der Bevölkerung zwischen Mann und Frau feststellt, haben nichts mit »Wesenseigenschaften« zu tun. Für Helvétius (wie für den *Chevalier de Jaucourt*) sind bedeutende Fürstinnen der Beweis für die Ungültigkeit von Pauschalurteilen über die angebliche »Minderwertigkeit der Frau«.

Helvétius sieht – wie andere Zeitgenossen – die Gefahr der zunehmenden Besitzdifferenzierung. Schließlich gibt es in einem und demselben Volk »eine Unzahl verschiedener Völker, deren Interessen mehr oder weniger entgegengesetzt sind« (*De l'Homme*, zit. bei Plechanow, S. 85). Diese Entwicklung erscheint ihm jedoch als unausweichlich: »Es ist notwendig, daß der Fleißige mehr gewinnt, daß der Wirtschaftliche mehr spart und daß er mit den bereits erworbenen Reichtümern neue erwirbt. Überdies gibt es Erben, welche große Erbschaften antreten. Es gibt Kaufleute, die große Einsätze auf ihre Schiffe und damit große Gewinne machen, weil im Handel aller Art das Geld das Geld anzieht. Seine ungleiche Verteilung ist daher eine notwendige Folge seiner Einführung in den Staat« (ebd.).

Ideal wäre es freilich für Helvétius wie für viele andere seiner bürgerlichen

Zeitgenossen, wenn »alle in einem Zustand der Wohlhabenheit wären und ihre und ihrer Familien Bedürfnisse im Überfluß befriedigen könnten. Sie wären dann so glücklich, wie sie es nur sein können ...« »Wenn Arbeit allgemein als ein Übel betrachtet wird, so geschieht dies, weil man in der Mehrzahl der Staaten sich das zum Leben Notwendige nur durch eine übermäßige Arbeit verschafft, weil daher die Idee der Arbeit stets die Idee des Schmerzes in Erinnerung bringt« (*De l'Homme*, 8. Abschnitt, 1. und 2. Kapitel).
Was die optimale politische Ordnung anlangt, so polemisiert Helvétius – wie die Enzyklopädisten – vor allem gegen den *Despotismus* und grenzt ihn von der französischen Monarchie ab. Dabei schildert er freilich den Despoten und seine »Vezire« so, daß jeder Leser auch Züge des zeitgenössischen französischen Absolutismus darunter erkennen kann. In Despotien haben die herrschenden Personen 1. keine klare Idee von Gerechtigkeit und werden nur vom Egoismus motiviert (der damals neue Terminus *Egoismus* taucht hier – 1758 – auf, während Rousseau allein von *amour propre* sprach, aber dasselbe meinte), 2. degradieren sie die Seelen, 3. machen sie die Tugend lächerlich, sind aber 4. leicht umzustürzen und zu besiegen, da ein Sklavenvolk kaum einer freien Nation widerstehen kann.
Die englische Verfassung erscheint auch Helvétius (wie *Voltaire* und *Montesquieu* sowie dem frühen *Diderot* usw.) als optimal für die Verteidigung der Freiheit. Freilich fürchtet er – wie viele andre Zeitgenossen nicht nur in Frankreich –, daß Korruption der Wähler und der Abgeordneten schließlich England zum Despotismus hinführen werde. *Toleranz,* die für einen prosperierenden Staat unentbehrlich ist, fordert die Unterordnung der Priester unter den Fürsten (*De l'Homme*, 4. Abschnitt, 31. Kapitel). *Pressefreiheit,* für die sich auch *Diderot* engagiert hat, meinte damals nicht nur die Freiheit periodischer Druckerzeugnisse, sondern die der Publikation überhaupt. Sie habe – so Helvétius – zur Vervollkommnung der physikalischen Wissenschaften geführt, warum sollte sie dann nicht auch für die Verbesserung der Moral nützlich sein? Die Vernunft wird alles Absurde und Bizarre, was publiziert werden sollte, bald besiegen. Nur herrschsüchtige Geistliche können für Intoleranz und Zensur eintreten.

Paul Henri Thiry d'Holbach

Paul Henri Thiry d'Holbach wurde 1723 in Heidesheim in der Rheinpfalz geboren und starb1789 in Paris. Sein Pariser Haus war der gesellige Treffpunkt der Enzyklopädisten. Seit 1753 arbeitete er – als Verfasser naturwissenschaftlicher Artikel – an der *Enzyklopädie* mit. 1770 erregte er durch sein *Système de la nature ou des lois du monde physique et du monde moral* Aufsehen (wie die meisten religionskritischen und materialistischen Schriften erschien auch diese pseudonym und im Ausland bzw. mit falschem, ausländischem Druckort). 1773 folgen *Politique naturelle, ou Discours sur les vrais Principes du Gouvernement* und *Système social ou Principes naturels de la Morale et de la Politique,* 1776 *Ethocratie ou le Gouvernement fondé sur la Morale*. Auch diese Arbeiten wurden anonym oder pseudonym im Ausland gedruckt (England oder Holland).
In seinem *Système social* (1773) entwickelt Holbach eine Vertragstheorie und stellt der »verworrenen Vorstellung der Grundrechte der französischen Mon-

archie« eine naturrechtliche Interpretation dieses Begriffs entgegen: »Ein legitimer Souverän regiert nur mit dem Einverständnis seiner Nation.« Wenn ein solcher Vertrag nicht ausdrücklich formuliert worden ist, so nur deshalb, weil die Völker ihre Unterdrückung nicht vorausgeahnt haben. Jedenfalls hatten sie nicht die Absicht, den Souveränen ein Recht zum Unrechttun einzuräumen. Ganz ähnlich wie Helvétius kritisiert auch Holbach den Despotismus, dessen Beschreibung wieder zahlreiche Züge des zeitgenössischen französischen Absolutismus aufweist. Einige Züge scheinen sich sogar direkt auf die Herrschaft Ludwigs XV. zu beziehen. So die Bemerkung, daß nur wenige Könige sich die Mühe machen, ihre Funktionen selbst auszuüben, und daß ihre Erziehung sie eher selbst zu Sklaven (ihrer Leidenschaften) als zu Herren anderer prädestiniert: »Oft sind sie in den Händen ihrer Minister, ihrer Kurtisanen und ihrer Sultane nur Automaten, die jeder nach seinem Gutdünken bewegt« (Kap. IX). Priester tragen durch ihre Komplizenschaft mit den weltlichen Herrschern zu deren despotischem Charakter bei. Gute Könige aber sind so selten, daß es unsinnig wäre, auf sie zu hoffen.

Nur sehr mäßig ist schließlich auch die Wertschätzung, die Holbach der »gemischten oder gemäßigten Monarchie« Englands entgegenbringt. Gewiß ist die englische Verfassung noch die beste im zeitgenössischen Europa, aber die lange Regierung *Robert Walpoles* und die Korruption des Parlaments lassen auch Holbach das baldige Ende der britischen Freiheit befürchten. Alles scheint in England inzwischen käuflich: Parlamentssitze ebenso wie die Voten der Abgeordneten.

Seine letzte, nachgelassene Schrift, die *Ethocratie ou le Gouvernement fondé sur la Morale* (1776), ist dem seit 1774 regierenden König Ludwig XVI. gewidmet, dem Holbach offenbar eine Reform des Königreiches im Sinne der »Philosophes« zutraut. Es apostrophiert ihn in seiner Widmung als »gerechten, menschlichen, wohltätigen Monarchen, als Freund der Wahrheit, der Tugend, der Schlichtheit und Feind der Schmeichelei, des Lasters, der Prunksucht und der Tyrannei, als Wiederhersteller der Ordnung und der (guten) Sitten, Vater seines Volkes und Beschützer der Armen« usw. Einleitend führt Holbach aus, daß alle Regierungsformen nur dann sicher sind, wenn sie auf der Übereinstimmung von Gesetz und Moral beruhen, und daß »Laster und Leidenschaften der Souveräne« (Monarchen, Aristokraten oder republikanische Völker) »stets die wahre Ursache des Ruins der Gesellschaften waren« (*Ethocratie*, 1776, S. 12). Im Gegensatz zu *Montesquieu* muß daher nicht nur in Republiken, sondern genauso in Monarchien die Tugend Prinzip der Herrschaft sein (S. 13). Mit Despotismus und Tyrannei freilich sei sie prinzipiell unvereinbar. Die Tugend des Monarchen besteht in erster Linie darin, daß er »einen Teil seiner unbegrenzten Autorität opfert, um um so sicherer sich dessen zu erfreuen, was ihm übrigbleibt; mit einem Wort, er bindet sich die Hände klugerweise aus Furcht, sein Volk zu verletzen, dessen Glück auch das seine sein soll« (S. 15). Diese Beschränkung der königlichen Autorität kann nur durch eine repräsentative Versammlung, ein Parlament, erfolgen, das durch geheime Wahl zustande kommt und dessen Abgeordnete ihren Wählern rechenschaftspflichtig sind. Aus diesem Grunde billigt Holbach den Wählern sogar ausdrücklich ein Abberufungsrecht zu (S. 18).

Zweck der Verfassung ist es, »Freiheit, Eigentum und Sicherheit« der Bürger zu gewährleisten (S. 20). Hierfür ist eine unabhängige Justiz unentbehrlich. Alle müssen in gleicher Weise den Gesetzen unterworfen sein, den Kult der Religion und das Verhalten der Priester soll der Staat festlegen, nicht aber sich um Dogmenfragen kümmern: »Die Tyrannei über das Denken ist die grausamste, widerlichste und unnötigste Verletzung der Freiheit des Menschen« (S. 23).

Steuern sollten – nach Maßgabe ihrer Möglichkeiten – von allen Bürgern gezahlt werden. Eine willkürliche Besteuerung und Steuerprivilegien sind Verstöße gegen die Gerechtigkeit. »Geleitet von der Moral sollte die Gesetzgebung die Kränkungen *(vexations)* ohne Zahl beseitigen, die von der Eroberung, den Unruhen und der Gewalt eingeführt wurden« (S. 26). Offenbar hat Holbach hier die zahlreichen Feudallasten im Auge, denn er fügt hinzu, wenn man schon, »um den gegenwärtigen Besitzern nicht zu schaden, diese in ihrem Ursprung ungerechten Bestimmungen« nicht sofort aufheben wolle, sollte man den Bauern wenigstens gestatten, sich freizukaufen (ebd.).

Die Armee sollte verkleinert und allein für die Territorialverteidigung eingesetzt werden. Zu große Armeen seien stets auch für den Souverän gefährlich. Die Ehre eines guten Regenten bestehe weit mehr in der »Weisheit seiner Verwaltung und der Güte der Gesetze, der guten Auswahl der Minister« als in Eroberungen und prunkvollen Bauten (S. 28). Die Nation sollte künftig darüber wachen, daß dem Thronfolger eine Erziehung zuteil wird, die ihn für sein Amt tauglich macht, statt ihn dem verderblichen Einfluß von »schmeichlerischen, dummen oder perversen Höflingen« zu überlassen (S. 29).

Ähnlich wie Helvétius bedauert auch Holbach die Besitzakkumulation und führt den Verfall der Sitten auf sie zurück: »Große Besitzungen sind ... gewöhnlich die Frucht der Ungerechtigkeit, einer schädlichen Anstrengung und der Gewalt« (S. 113). Insbesondere die Erlaubnis der Steuerpächter, ganze Gebiete auszusaugen, hat den Souverän verhaßt gemacht. Der Luxus des Hoflebens verführte nicht nur Höflinge, sondern auch die Bürger der Hauptstadt und anderer Städte zur Nachahmung und ließ die nützlichen Arbeiten in der Landwirtschaft und im Handwerk zugunsten frivoler und unnützer Luxusbetriebe zurückgehen. Die Regierung aber stand bislang stets auf der Seite der Reichen und erleichterte deren weitere Bereicherung (S. 117f.). Das Gegenteil aber wäre ihre Aufgabe sowie die der Gesetzgebung gewesen. Großgrundbesitzer, die große Teile ihres Landes veröden lassen oder Vergnügungsparks anlegen statt nützliche Felder, sollten gezwungen werden, solche Ländereien Bauern zur Bestellung zu überlassen.

Holbach ist weit davon entfernt, die Armen zu verherrlichen, aber er weiß, daß »die Bedürftigkeit, die oft das Spielzeug der Leidenschaften und der Launen der Mächtigen ist, das Herz des Menschen entmutigt oder es wütend werden läßt« (S. 119). Zwar fordert er keineswegs eine generelle Umverteilung des Eigentums, wohl aber sollen die Reichen sich der ärmeren Mitbürger annehmen und die Steuern die Lasten ausgleichen (S. 121). Wenn endlich »oben« beim König und seinem Hofstaat damit angefangen wird, frivolen Luxus zu meiden und einfache Lebensweisen zu praktizieren, wird dieses Vorbild allmählich auf die ganze Bevölkerung ausstrahlen und den Wohlstand gleichmäßiger zu verteilen erlauben.

Das *Eigentum des Adels* hält Holbach nicht für sakrosankt, ist es doch – im

Gegensatz zum bürgerlichen Eigentum, das er mit *John Locke* auf »Arbeit« zurückführt – ungerechten Ursprungs: »Wenn Adlige, denen der Souverän schädliche Rechte entziehen wollte, sich auf die geheiligten Rechte des Eigentums berufen wollten, würde er ihnen antworten, daß das Eigentum nur das Recht ist, mit Gerechtigkeit zu besitzen; daß das, was dem nationalen Glücke feindlich ist, niemals gerecht sein kann; daß das, was dem Ackerbauern schadet, niemals als ein Recht angesehen werden kann, sondern nur als eine Usurpation, eine Verletzung des Rechts. Die Aufrechterhaltung des Rechts der Ackerbauern ist für die Nation nützlicher als die der Ansprüche einer kleinen Zahl von Feudalherren, die, wenig zufrieden damit, selbst nichts tun, sich den sowohl für sie selbst wie für die Gesellschaft wichtigsten Arbeiten entgegenstellen« (S. 50f.).

Kein Zweifel, Holbach nimmt hier Positionen vorweg, die in der Revolution von 1789 zum Siege gelangen. Der Grundbesitz von Kirche und Adel ist illegitim und kann an landhungrige Bauern und wohlhabende Bourgeois abgegeben werden. Das Eigentum der Handwerker, Manufakturbesitzer, Händler, Kaufleute usw. aber ist heilig und wird mit der ganzen Kraft der Gesetze und der Verfassung geschützt. Aber: »Der enorme Unterschied, den der Reichtum zwischen den Menschen schafft, ist eine Quelle der größten Leiden der Gesellschaft, er verdient daher alle Aufmerksamkeit derjenigen, die sie regieren« (S. 117). Schutz der Armen durch Verwaltung und Gerichte gegen Übergriffe der Mächtigen und Reichen und ausgleichende Steuerpolitik ist alles, was der radikale Holbach gegen diese Besitzdifferenzierung aufbieten möchte. Von einer sozialistischen Transformation kann keine Rede sein.

Einerseits muß der Handel – auch der Getreidehandel – vollkommen frei sein, und *Turgot* wird für seine Freihandelspolitik ausdrücklich gelobt, andererseits aber »korrumpiert der Reichtum die Sitten« (S. 122). Es sei daher auch verkehrt, in der Reichtumsmehrung die Hauptaufgabe der Politik zu erblicken (S. 123). Reichtum, so ein Argument des Verfassers, führt offenbar nicht zu allgemeinem Glück: »Die Engländer sind das zugleich *reichste* und *melancholischste* Volk Europas. Selbst die Freiheit kann sie nicht zur Fröhlichkeit beflügeln; sie fürchten, sie zu verlieren, weil bei ihnen alles zum Handelsobjekt wird« (S. 123, Note 53). Ganz ähnlich wie *Denis Diderot* sucht auch Holbach mit einiger Mühe zwischen nützlichem Handel und überflüssigem bis schädlichem Handel zu unterscheiden, Wohlstandssteigerung von Luxus abzugrenzen. Eindeutig schädlich aber erscheinen ihm wie den Enzyklopädisten Dienstboten, deren Tätigkeit nicht zum *produit net* beiträgt.

Der Kampf gegen den Luxus sollte nicht sosehr mit wenig wirksamen Luxussteuern als vor allem durch das königliche Vorbild und die Auszeichnung der wirklichen Tugend geführt werden. Wenn Reichtum nicht mehr die höchste Achtung in der Gesellschaft verschafft, so etwa die Überlegung Holbachs, wird auch der allgemeine Bereicherungstrieb geschwächt werden. Ökonomische Argumente gegen die Einschränkung des Luxus weist Holbach mit der These zurück, arbeitslos gewordene Diener und Luxusarbeiter könnten sehr wohl zur Entlastung der überarbeiteten Bauern und Handwerker eingesetzt werden: »Zu großer Wohlstand pervertiert die Völker wie die Individuen: im Mittelmaß *(médiocrité)* findet man gewöhnlich Ruhe und das wahre Glück« (S. 139). So ähn-

lich wird auch Rousseau urteilen, der freilich in seiner Kritik an der korrumpierenden Wirkung der Besitzdifferenzierungen viel weiter geht und angesichts des Reformbedarfs resigniert.
Das wohlverstandene Interesse des Souveräns wie der Reichen stimmt aber mit diesen moralischen Forderungen überein, ja, diese sind sogar mit jenem identisch (S. 143). Der tugendhafte Adlige wird sich seines Besitzes weiterhin erfreuen, während der tyrannische und der Nichtstuer in Gefahr ist, verjagt zu werden. Die Physiokraten erhalten die Zustimmung des Verfassers für ihre Bemühungen um eine Hebung der Landwirtschaft (S. 144, Note 59), die die Grundlage des Volkswohlstandes ist.
Ganz im Dienste der Förderung bürgerlicher Normen und Werte steht die von Holbach geforderte Erziehung und Strafjustiz. Bettler und Straffällige sollen in Arbeitshäusern Gelegenheit erhalten, sich nützlich zu machen – die Straffälligen von den Verarmten geschieden. Um allen Arbeit zu verschaffen, sollten alle Privilegien von Zünften und Gilden abgeschafft, also völlige Gewerbefreiheit eingeführt werden (S. 151). Handel und Manufaktur bedürfen andrerseits der staatlichen Aufsicht zum Schutz der Konsumenten und der Arbeiter (S. 150). Auch das 9. Kapitel seines Buches endet mit einem Appell, diesmal nicht an den König, sondern an den »tugendhaften Turgot« (der von 1774 bis 1776 Finanzminister war). Holbachs Hoffnungen sollten jedoch bald durch Turgots erzwungenen Rücktritt enttäuscht werden. Die französische Monarchie erwies sich immer mehr als unfähig zu tiefgreifenden Reformen. *Nicolas-Charles-Augustin de Maupeou* hatte zwischen 1768 und 1774 Reformversuche unternommen, *Jacques Necker* versucht zwischen 1777 und 1781 die Staatsfinanzen zu sanieren – alle scheitern sie letztlich am Widerstand des Hofes und des Adels, der seine Privilegien mit Zähnen und Klauen verteidigte und dessen Reaktion zum Ausbruch der bürgerlichen Revolution wesentlich beitragen sollte.
Bemerkenswert sind schließlich auch die Ausführungen Holbachs zur *Strafjustiz*. Er verurteilt entschieden die hohen Strafen auf Eigentumsdelikte und will die Todesstrafe nur noch für Fälle von prämeditiertem Mord gelten lassen. Auch soll die »Wahrheitsfindung« prinzipiell auf barbarische Methoden zur Erpressung von Geständnissen verzichten und die Untersuchungshaft der Unschuldsvermutung der Angeklagten entsprechend erträglicher und kürzer ausfallen als gegenwärtig. Wer im Strafprozeß als unschuldig sich erwiesen hat, sollte Anspruch auf Haftentschädigung haben (S. 227). Beccarias *Traktat über Verbrechen und Strafen* wird in diesem Zusammenhang lobend erwähnt. Ebenso unzulässig und ungerecht wie die Haftbedingungen für Angeklagte erscheint Holbach die Beschlagnahme des Vermögens Verurteilter. Damit werde dessen unschuldige Familie bestraft (S. 130). Einziger Zweck der Strafe soll die Besserung des Verurteilten und die »Instruktion des Volkes durch das Beispiel des Unglücklichen, der bestraft wird« (S. 231) sein. Im 19. Jahrhundert wird man das *Spezial-* und *Generalprävention* nennen.
Im *Strafvollzug* setzt sich Holbach für Zwangsarbeit anstelle der unnützen, ja schädlichen Gefängnisstrafen ein und wünscht Hinrichtungen ohne zusätzliche Qualen für die Delinquenten vollzogen zu sehen. Freilich hält er zugleich noch daran fest, daß die Hinrichtung öffentlich und für die Zuschauer möglichst »eindrucksvoll« sein sollte, auch könne man bei besonders schweren Delikten z. B.

den Leichnam des Hingerichteten zum Zwecke der Abschreckung zerstückeln (S. 233).

Bislang seien die Strafgesetze in allen Ländern weit mehr »vom Interesse der Mächtigen als von der Größe der Verbrechen diktiert gewesen« (S. 235), es komme aber bei einer gerechten Gesetzgebung darauf an, den Grad der sozialen Schädlichkeit einer strafbaren Handlung genau festzustellen und die Strafe dementsprechend zu bemessen. Die ungleiche Behandlung der Mächtigen und Reichen zerstöre den Glauben an die Moral. »Bei den Königen bewundert man den Diebstahl unter der Bezeichnung Eroberungen, die Morde unter dem Namen Schlachten« (S. 236). »Größe und Reichtum machen die gleichen Handlungen legitim, die den Armen den Händen des Scharfrichters überantworten« (ebd.). Die Verbrechen der Mächtigen und Reichen dürfen künftig nicht mehr straflos bleiben.

Zu den schädlichen Mißbräuchen der Zeit zählt nach Holbach auch die Staatsverschuldung, die künftige Generationen übermäßig belastet und ein Riesenheer von nichtstuenden Rentnern in den Städten konzentriert, die sich dem Spiel und dem Luxusleben hingeben (S. 244). Durch die Schulden finanzieren die Regierungen ihre Rüstungen; das ermöglicht ihnen die Führung von Kriegen, die zum Ruin des eignen Landes beitragen, auch wenn sie in der Absicht auf Gewinn unternommen werden (S. 245).

Die *Ethocratie* Holbachs ist ein treues Spiegelbild der frühbürgerlichen Auffassungen von Moral, Politik, Rechtsordnung und Wirtschaft. So widerspruchsvoll vielleicht die Verurteilung des Luxus und des Bereicherungstriebes und das gleichzeitige Eintreten für völligen Freihandel und Aufhebung der Zünfte und Gilden auch erscheinen mag, es brachte die Hoffnungen des »guten Bürgertums« zum Ausdruck, das die eigene Herrschaft mit der von Vernunft und Sittlichkeit identifizierte. Holbach, der Materialist, war letztlich ein bürgerlicher Moralist, im Unterschied zu Rousseau allerdings ein optimistischer, ebensowenig wie jener aber ein Anwalt der Revolution.

7. Jean-Jacques Rousseau

Vita und Werk

Rousseau stellt nach seiner Herkunft, seinem Lebensstil und seiner historischen und politischen Orientierung den Gegenpol zu Voltaire dar. Sein Gesellschaftsideal: eine kleinbäuerliche Gemeinschaft von weitgehend in gleichen wirtschaftlichen Verhältnissen lebenden Familien, die eine »republikanische Ordnung« errichten und unter von ihnen selbst gemachten Gesetzen friedlich und genügsam zusammenleben, hat wenig mit Voltaires Rechtfertigung der bürgerlichen Klassengesellschaft und ihrer Wirtschaftsdynamik zu tun. Dennoch wirkten beide auf die Generation der Revolutionäre von 1789 ein. Freilich Voltaire eher auf die Girondisten, Rousseau vor allem auf Jakobiner und Sansculotten.

Jean-Jacques Rousseau wurde 1712 in Genf als Sohn eines Uhrmachers und Citoyen der Stadt geboren. Sein Vater führte ein ungewöhnlich unstetes Leben, hielt sich eine Zeitlang in Konstantinopel auf und las Tacitus und Pufendorf.

Jean-Jacques wurde zu einem Anwalt als Schreiber in die Lehre gegeben, dann zu einem Kupferstecher. Fünfzehnjährig floh er aus der Stadt, ein katholischer Geistlicher schickte ihn zu *Madame de Warens*; er konvertierte zum Katholizismus und wurde in einem Turiner Katechetenseminar belehrt. Als Diener beim *Comte de Gouron* wegen eines kleinen Diebstahls entlassen, wandte er sich 1730 abermals an Madame de Warens und kehrte nach einem kurzen Aufenthalt in Paris zu ihr, der geliebten »Maman«, zurück. Als ihr Geliebter verbrachte er in ihrem Landhaus Les Charmettes eine glückliche Zeit. Autodidaktische Studien von Philosophen und Naturrechtslehrern wie *Descartes, Leibniz, Malebranche,* die Logique de *Port Royal, Pufendorf, Grotius, Burlamaqui* und *Barbeyrac* legen die Fundamente für seine späteren Arbeiten. 1737 wird er Hauslehrer in Lyon bei *M. de Sainte Marie.* 1741 zieht er nach Paris und ist 1743 ein Jahr lang durch Protektion persönlicher Sekretär des französischen Botschafters in Venedig.

Nach seiner Rückkehr wird er Sekretär des Fermier général *Francueil.* In dieser Zeit hat er gesellschaftlichen Kontakt mit *Diderot, Condillac, d'Alembert, Raynal, Grimm* und *Holbach.* Er liefert Artikel für die Enzyklopädie (*Économie Politique* und zahlreiche Beiträge über Musik) und schreibt den *Discours sur les sciences et les arts* (Si le rétablissement des sciences et des arts a contribué à épurer les moeurs), der 1750 von der Akademie in Dijon den Preis erhält und den Verfasser mit einem Schlag berühmt macht. Die Idee, die Frage der Provinzakademie negativ zu beantworten, will *Diderot* seinem damaligen Freund Rousseau nahegelegt haben. Jedenfalls ragte Rousseaus Schrift durch ihre These und ihren hinreißenden rhetorischen Stil aus der Vielzahl eingegangener Preisschriften heraus.

1755 folgte der zweite, weit radikalere *Diskurs über den Ursprung der Ungleichheit unter den Menschen,* der freilich nicht preisgekrönt wurde. Hier und in dem *Essai sur l'origine des langues* entwirft Rousseau seine Geschichtsphilosophie, die zugleich eine Historisierung der Auffassung vom Menschen enthält und die er nie aufgegeben hat. Eine in der älteren Rousseau-Literatur anzutreffende Einteilung des Rousseauschen Werkes in »negative Kulturkritik« bis 1762 und »positive Kulturkritik« seit 1762 – im *Émile* und im *Contrat Social* (1762) – läßt sich nicht aufrechterhalten. Das Jahr 1755 stellt freilich insofern einen Einschnitt in Rousseaus Leben dar, als er sich – um seine Lebensführung seinen philosophischen Überzeugungen anzupassen – seines Degens, seiner seidenen Hemden und seiner Kavalierskleidung entledigte, um künftig kleinbürgerliche Kleidung zu tragen und von seiner Hände Arbeit (als Notenkopist) zu leben. Freilich waren Damen der Gesellschaft gern bereit, für die schönen Notenkopien von der Hand des berühmten Schriftstellers erhöhte Preise zu zahlen.

Seine fortschrittskritische Haltung und seine dogmenfreie Gefühlsreligiosität brachten Rousseau mehr und mehr in Gegensatz zur Weltanschauung seiner philosophischen Zeitgenossen. Voltaire, dem er verehrungsvoll auch den *Zweiten Discours* geschickt hatte, machte sich in einem Antwortschreiben an ihn über den Apostel der »Rückkehr zur Natur« lustig. Auch mit seinem Freunde Diderot geriet er in Streit. Auf der Grundlage sachlicher und persönlicher Konflikte (zu denen auch mißglückte Liebesbeziehungen beitrugen) fühlte sich

Rousseau immer mehr vereinsamt und verfolgt. 1754 war er zum Calvinismus »zurückkonvertiert«, aber die Stadt Genf hatte – wie das Parlament und der Pariser Erzbischof – seinen *Émile* verurteilt. Eine Zeitlang fand Rousseau Zuflucht bei *Milord Maréchal,* dem preußischen Gouverneur von Neuchâtel, das der Krone Preußens gehörte. Zwischen 1767 und 1770 war er auf Einladung *David Humes* in England, vermochte sich aber – im Unterschied zu Voltaire und Montesquieu – nicht für das englische politische System zu begeistern und schied in Unfrieden von seinem Gastgeber. Die letzten 14 Jahre seines Lebens verbrachte er als oft unbequemer Gast auf den Landsitzen von Angehörigen des französischen Hochadels. 1778 ist er in Ermenonville bei Paris gestorben.
Wenn man Rousseaus politisches Denken angemessen verstehen will, muß man als Hintergrund seine pessimistische Geschichtsphilosophie heranziehen und die nach dem *Contrat Social* entstandenen »praktischen« Arbeiten als Illustrationen für die intendierte Umsetzung der Theorie in die Praxis benutzen. Zwei Jahre nach dem *Contrat* (1764) schreibt Rousseau seine *Briefe vom Berge (Lettres écrites de la Montagne),* mit denen er in die aktuellen politischen Auseinandersetzungen seiner Vaterstadt Genf einzugreifen versucht und die Rechte des »Großen Rats« und der Gesamtheit der Citoyens gegen Usurpationen des »Kleinen Rats« und der Patrizier vertritt. 1765 entwarf er – im Auftrag *Buttafuocos* – einen *Verfassungsentwurf für Korsika (Projet de Constitution pour la Corse).* Von Korsika nimmt er an, daß es noch am ehesten von allen europäischen Staaten eine Verfassung im Geiste des *Contrat Social* erhalten könne. Endlich, 1772, schreibt er im Auftrag des *Comte de Wilhorski,* einem Angehörigen der polnischen Adelsföderation von Bar, *Betrachtungen über die Regierung Polens,* die deutlich machen, wie er sich die Reform eines bereits weiter entwickelten größeren Landes vorstellt. Für Staaten wie England und Frankreich sah er allerdings – wie briefliche Äußerungen bezeugen – keinerlei Hoffnung auf Reform. In ihnen konnte allein durch eine sorgfältige Hofmeister-Erziehung ein einzelner (wie Émile) vor dem korrumpierenden Einfluß der entwickelten Konkurrenz- und Klassengesellschaft bewahrt werden. Nur für die in diesen Gesellschaften lebenden Menschen waren auch Rousseaus Romane und sein Theaterstück *Narcisse ou l'amant de lui-même* bestimmt.

Rousseaus Geschichtstheorie

Am Anfang einer angemessenen Rousseau-Interpretation muß seine Kritik der zeitgenössischen Gesellschaft stehen, die sich in vieler Hinsicht von derjenigen der meisten Aufklärer unterscheidet. Es geht ihm nämlich weit weniger um eine Auseinandersetzung mit dem *Ancien Régime* als um eine Kritik der sich bereits abzeichnenden bürgerlichen Konkurrenzgesellschaft, die – seiner Überzeugung nach – Ursache für den monarchischen Absolutismus war. Während *Physiokraten* und *Voltaire* lediglich die mangelnde Aufgeklärtheit und Rationalität der monarchischen Herrschaftsordnung kritisieren und *Montesquieu* wie *d'Argenson* (bis zu einem gewissen Grade auch *Diderot*) durch institutionelle Vorkehrungen die monarchische Herrschaft mäßigen und den Interessen einer sich dynamisch entwickelnden Ökonomie anpassen wollten, verurteilte Rousseau gerade jene ökonomische Dynamik und die von ihr ständig verschärften sozialen

Gegensätze, über denen sich die absolute Staatsmacht erhob. Im Vorwort zu seiner Komödie *Narcisse* verweist er kurz auf die Theorien der Ökonomen, die aus der Interaktion lasterhafter, egoistischer Menschen das größtmögliche Gemeinwohl hervorgehen sehen, und meint:

»Diese Ideen sind zweifellos schön und im günstigen Lichte dargestellt; wenn man sie aber näher und vorurteilslos betrachtet, dann muß man manches von den Vorzügen wieder abstreichen, die sie zunächst zu haben scheinen. Es ist doch eine höchst wunderbare Sache, daß man die Menschen in eine solche Lage versetzt hat, daß sie unmöglich zusammenleben können, ohne sich zu übervorteilen, sich auszustechen, sich zu täuschen, sich gegenseitig zu verraten und sich wechselseitig zu vernichten. Man muß sich hinfort davor hüten, uns so erscheinen zu lassen, wie wir sind: Denn auf zwei Menschen, deren Interessen übereinstimmen, kommen vielleicht 100000, die entgegengesetzte Interessen haben, und es gibt kein anderes Mittel, um zum Erfolg zu kommen, als all diese Leute zu täuschen oder zugrunde zu richten. Hier haben wir die verderbliche Quelle der Gewalttätigkeiten, des Verrats, der Heimtücke und all der anderen Scheußlichkeiten, die ein Zustand notwendig macht, in dem jeder, während er vorgibt, zum Glück, zum Wohlstand und zum Ansehen der anderen beizutragen, nur danach strebt, das Seine über sie und auf ihre Kosten zu heben. Was haben wir dadurch gewonnen? Viel Geschwätz, Reiche und Sophisten, das heißt Feinde der Tugend und des gesunden Menschenverstands. Dafür haben wir die Unschuld und die (guten) Sitten verloren. Die Menge kriecht im Elend dahin; alle sind Sklaven des Lasters. Die noch unausgeführten Verbrechen liegen schon in den Herzen bereit, und zu ihrer Verwirklichung fehlt nur die Gewißheit der Straflosigkeit. Welch seltsamer Zustand, in dem die bereits aufgehäuften Reichtümer stets die Mittel zu ihrer Vermehrung erleichtern, und in dem es demjenigen, der nichts hat, unmöglich ist, etwas zu erwerben; wo der anständige Mensch keine Mittel besitzt, um dem Elend zu entkommen, die größten Gauner am höchsten geehrt werden und man gezwungen ist, auf Tugend zu verzichten, wenn man ein Ehrenmann werden will« (*Œuvres*, ed. Hachette, V, S. 106).

Diese Kritik der zeitgenössischen Gesellschaft, die schon im *Ersten Discours* angedeutet wird, richtet sich in erster Linie gegen die moralische Depravation und in zweiter gegen die soziale Differenzierung, die zu einer größeren Akkumulation von Reichtum auf der einen Seite und Armut auf der anderen führt. Die Menschen verhalten sich jetzt tatsächlich so, wie Hobbes es im *Leviathan* beschrieben hat. Rousseau kritisiert den Engländer, weil er diese zeitgenössischen Menschen mit »dem Menschen schlechthin« verwechselt habe. Die im *Zweiten Discours* konstruierte historische Entwicklung soll zeigen, wie es im Laufe der Geschichte zu jener Depravierung der Menschen kommen konnte.

Ausgangspunkt der Entwicklung ist die Unterstellung ursprünglich isoliert lebender, selbstgenügsamer menschenähnlicher Wesen, die in den Wäldern umherirren, lediglich vom Instinkt der Selbsterhaltung und *commisération* bewegt, einer Abneigung, seinesgleichen unnütze Leiden zuzufügen. Dieser Zustand ist keineswegs »ideal«, und Rousseau dachte nie daran, daß es möglich oder gar wünschenswert wäre, zu ihm zurückzukehren. Von den übrigen Tieren unterscheiden sich die Urmenschen lediglich durch eine gewisse Freiheit (die Instinkte zwingen sie nicht) und »Perfektibilität«. Beide wirken sich jedoch erst aus, nachdem es zu Zusammenschlüssen mehrerer Menschen gekommen ist. Naturkatastrophen zwingen die Menschen, sich zum Schutz gegen Waldbrände und Überschwemmungen (oder auch vor wilden Tieren) zusammenzuschließen. Erst diese ersten, lockeren Assoziationen lassen »den Wilden« *(le sauvage)* entstehen, der von Jagd und Fischfang lebt. Wenn infolge der Bevölkerungsvermehrung Jagd und Fischfang nicht mehr ausreichen, entsteht die Hirtengesellschaft der »Barbaren« *(barbares),* die in Großfamilien unter Patriarchen sich vereinen und allmählich auch differenziertere kulturelle Bedürfnisse entwickeln. Noch gibt es aber kein Privateigentum. Erst diese Epoche der Menschheitsgeschichte erscheint Rousseau als ein »goldenes Zeitalter«, es hielt nämlich eine »richtige Mitte zwischen der Indolenz des ursprünglichen Zustandes und der ungestümen Aktivität unserer Selbstsucht. Es mußte die glücklichste und dauerhafteste Epoche sein. Je mehr man nachdenkt, desto mehr erkennt man, daß dieser Zustand am wenigsten Revolutionen unterworfen und am besten für den Menschen war« (*Pléiade*, Bd. III, S. 171). Erst mit dem Seßhaftwerden und dem Ackerbau, der zum Privateigentum an Grund und Boden führte, beginnt der unaufhaltsame moralische Verfall. Die Individuen machen immer mehr Fortschritte, während das Gemeinwesen zerfällt.

Durch Besitzdifferenzierungen und die Arbeitsteilung zwischen Pflugschmieden und Ackerbauern, die Rousseau mit der Einführung des Ackerbaus gleichsetzt, entstehen Abhängigkeiten der Menschen voneinander: Pflugschmiede sind von Ackerbauern und diese von jenen abhängig; auf Grund des Privateigentums an dem wichtigsten Produktionsmittel, dem Boden, entstehen Besitzdifferenzierungen. Soziales Prestige beginnt eine Rolle zu spielen. Besitzlose (diejenigen, die zu spät gekommen sind, um sich ein Stück Ackerland durch Bebauung anzueignen) werden von den Grundbesitzern abhängig und bedrohen deren Besitz.

Während die Hirtenstämme gleichsam in natürlicher Ordnung zusammenleben konnten, wobei Rousseau die Abhängigkeit von Patriarchen offenbar als »natürlich« akzeptiert, entsteht in bäuerlichen Gesellschaften (der ersten Phase der *Civilisation,* wie sie Rousseau nennt) das Bedürfnis nach Staat, Rechtsordnung und Regierung. Rousseau nimmt an, daß die Anregung zur Staatsgründung von den Besitzern ausging, denen es gelang, durch »Scheingründe« auch die Besitzlosen zum Abschluß eines Vertrags zu bewegen, dessen Vorteile freilich allein (oder wenigstens in erster Linie) den Besitzern zugute kamen. Der im *Contrat Social* beschriebene Vertrag unterscheidet sich ganz wesentlich von diesem gleichsam von vornherein ungerechten Vertrag. Im Laufe der weiteren Entwicklung wächst notwendig die Gewalt der Regierungen immer weiter an, bis zuletzt alle dem Despoten gegenüber gleich machtlos sind. *Friedrich Engels* hat diese Perspektive im *Anti-Dühring* als »dialektisch« bezeichnet, weil sie zur ursprünglichen Gleichheit zurückführe. Rousseaus Ausblick auf die allgemeine Knechtschaft ist aber keineswegs positiv gemeint. Sie stellt vielmehr für ihn den verhängnisvollen Endpunkt einer fatalen Entwicklung dar, die zu verlangsamen die wichtigste Aufgabe der Politik sei.

Rousseaus Menschenbild

Die äußere Entwicklung vom isoliert lebenden Urmenschen zur zeitgenössischen Gesellschaft wird von einer tiefgreifenden Veränderung im Wesen der Menschen begleitet. Ursprünglich sind die Menschen nicht nur materiell, sondern auch psychisch autark. Im Zeitalter, da sie als Hirten zusammenlebten, gab es zwar schon individuelle Bevorzugungen, Liebe und Bewunderung für besondere Talente, aber insofern es noch keine Arbeitsteilung und kein Privateigentum gab, hielt sich dieser Aspekt noch in Grenzen. Die vorherrschenden Instinkte waren zunächst der Selbsterhaltungstrieb (*amour de soi,* Selbstliebe) und Mitleid *(commisération)*. In der beginnenden Klassengesellschaft, die Rousseau schon mit dem Seßhaftwerden zusammenfallen läßt, verwandelt sich diese Selbstliebe in Selbstsucht *(amour propre)*. Damit ist gemeint, was später im Französischen (wie im Deutschen) *égoisme* (Egoismus) genannt wird. Während die Selbstliebe »immer gut und der Ordnung gemäß ist, da ein jeder (gemeint: von der Natur, IF) mit seiner Selbsterhaltung betraut ist...«, gilt das keineswegs auch für die Selbstsucht (*Œuvres*, Hachette, II, S. 193).

Den *amour propre* kennt Rousseau offenbar aus den Schriften der Moralisten *Vauvenargues* und *La Rochefoucauld,* vor allem aber auch von dem Theologen und Philosophen *Malebranche,* der einen noch nicht genügend untersuchten Einfluß auf sein Denken gehabt hat. »Man darf amour propre und amour de soimême nicht verwechseln, zwei Leidenschaften, die durch ihr Wesen und ihre Wirkungen sehr verschieden sind ... Der amour propre ist nur ein *relatives Gefühl,* ein künstliches, das in der Gesellschaft entsteht und jedes Individuum dazu veranlaßt, größeren Wert auf sich selbst als auf jeden andren zu legen, das den Menschen alles Böse eingibt, das sie einander zufügen, und die wahrhafte Quelle der Ehre ist« (Vaughan I, S. 217).

Eine genauere Beschreibung der Verwandlung der Selbstliebe in Selbstsucht finden wir in der späten autobiographischen Schrift *Rousseau juge de Jean-Jacques* (1772/75): »Die ursprünglichen Leidenschaften, die alle direkt auf unser Glück zielen und uns mit den Gegenständen, auf die sie sich beziehen, beschäftigen, haben die Selbstliebe zum Prinzip und sind alle liebenswert und süß in ihrem Wesen: Wenn sie aber von ihrem Gegenstand durch Hindernisse abgehalten werden, dann kümmern sie sich mehr um dieses Hindernis, um es zu beseitigen, als um den Gegenstand, den sie erlangen wollen. Dann ändern sie auch ihr Wesen und werden zornig und haßerfüllt; so verwandelt sich die Selbstliebe, ein gutes und absolutes Gefühl, in die Selbstsucht, die sich vergleicht, Bevorzugungen verlangt und deren Genuß rein negativ ist. Sie sucht nicht mehr, sich durch unser eignes Gut zu befriedigen, sondern nur durch das Übel, das anderen widerfährt« (*Œuvres*, Hachette, IX, S. 107f.).

Aus dieser Beschreibung kann man sich ein genaueres Bild von dem machen, was Rousseau vorschwebt. In einer Konkurrenzgesellschaft strebt jeder danach, »an die Spitze zu kommen«. Sein Selbstgefühl, sein Selbstbewußtsein wächst in dem Maße, wie er andere überflügelt und sie zurückbleiben sieht. Die Güter, die jemand in dieser Lage erstrebt, dienen in erster Linie dem Ansehen, das sie verschaffen (der *opinion,* sagt Rousseau), nicht der Befriedigung physischer Bedürfnisse oder auch weniger unabdingbarer sinnlicher Bedürfnisse (die Rousseau *besoins de luxe de sensualité* nennt). Diese relativen Gefühle spielen eine immer größere Rolle, je weiter die Entwicklung der Gesellschaft und die Herauslösung der Individuen aus ihr fortschreitet.

Die Verwandlung der Selbstliebe in die Selbstsucht wäre noch verhängnisvoller, wenn es nicht – nach Rousseau als ein Gegengewicht – die Entwicklung des *Gewissens* gäbe. In der älteren Rousseau-Literatur wird das Gewissen ausschließlich als »sittliches Gefühl« verstanden und in einen entscheidenden Gegensatz zur aufgeklärten Vernunft gesetzt. Diese Auffassung verkennt aber Rousseaus sehr genaue Beschreibung des Gewissens. Zwar stimmt es, daß Rousseau – im Gegensatz zum aufgeklärten Rationalismus und zu vielen Naturrechtslehrern – das Gewissen nicht mit rationaler Kalkulation des gesellschaftlichen Nutzens identifiziert. Eine derartige nüchterne Kalkulation kann nach seiner Überzeugung nie handlungsmotivierend sein. Aber das Gewissen stellt auch nicht bloß ein reines Gefühl dar. Man muß nämlich, so Rousseau in seinem Rechtfertigungsschreiben an den Erzbischof von Paris *Christoph de Beaumont*, einsehen, daß der Mensch »kein einfaches Wesen ist, sondern aus zwei Substanzen zusammengesetzt ist«; daher sei auch die »Selbstliebe nicht mehr eine einfache Leidenschaft, sondern hat zwei Prinzipien, nämlich das geistige Wesen *(l'être intelligent)* und das sinnliche, deren Wohl nicht das gleiche ist. Die sinnliche Begierde geht auf das körperliche Glück, *die Liebe zur Ordnung auf das Glück der Seele* aus. Diese letztere trägt, *wenn sie entwickelt und aktiv wird, den Namen Gewissen*« (*Œuvres*, III, S. 64). Die Vernunft, die dem geistigen Menschen das Bild der (göttlichen) Ordnung vor Augen stellt, ist freilich nicht die gleiche, die in den Dienst der sinnlichen Leidenschaften tritt. Ohne es genau ausgeführt zu haben, partizipiert Rousseau hier noch an einem älteren substanziellen Vernunftbegriff: »Das Gute kennen, heißt noch nicht es lieben; der Mensch hat keine angeborene Kenntnis des Guten, aber sobald die Vernunft es ihm bekannt macht, veranlaßt ihn sein Gewissen, es zu lieben. Dieses Gefühl (der Liebe, IF) ist angeboren« (*Œuvres*, II, S. 262).

Während sich Rousseau deutlich auf die ältere theologische Literatur *(Logique de Port Royal, Malebranche)* und auf die Moralisten *Vauvenargues* und *La Rochefoucauld* bezieht, hat *Denis Diderot* deren Kritik des *amour propre* eindeutig abgelehnt (vgl. seinen Artikel *Luxus* in der Enzyklopädie). Für die *Physiokraten* wie für *Adam Smith* waren die »Selbstsucht«, der Konkurrenzkampf um Wohlstand, Ansehen, Einfluß usw., nützliche Mittel für die allgemeine Reichtumsmehrung und gesellschaftlichen Fortschritt. An die Stelle des Terminus *amour propre* wird von diesen Autoren gern *Interesse* gesetzt, ein Ausdruck, den Rousseau kaum verwendet.

Rousseaus Realismus zeigt sich darin, daß er zwar die Entstehung des Gewissens in der differenzierten zivilisatorischen Gesellschaft unterstellt, aber nicht annimmt, daß es möglich sein wird, damit auch nur eine Mehrheit der Individuen zu gerechtem Verhalten zu bestimmen. In seinem Artikel *Économie Politique* (1755) hat er daher, gleichsam als »Ersatz« für die doch nicht bei allen Bürgern erreichbare Gewissenhaftigkeit und Tugend, den *Patriotismus* empfohlen, der die Wirkungen der *vertu* mit den Mitteln eines sublimierten *amour propre* erzielt. Patriotismus kann freilich nur dort gedeihen, wo soziales Ansehen durch patriotische Taten besser und eher erworben werden kann als durch individuellen Reichtum. Daher gehört es zu den wesentlichen Aufgaben einer guten Regierung, in der Bevölkerung patriotische Haltungen zu fördern. Rousseau hat hierauf besonders nachdrücklich in den *Betrachtungen über die Regierung Polens* hingewiesen: Je größer die sozialen Gegensätze in einem Lande sind, desto schwächer die Tugend (die zur Gewohnheit gewordene Befolgung der Stimme des Gewissens) und desto wichtiger die Förderung des patriotischen Geistes in der Bevölkerung.

Die einzig legitime Staatsform: die Republik

Das Problem, auf das Rousseaus *Contrat Social* eine Antwort zu geben sucht, hat er selbst zu Beginn mit aller wünschenswerten Deutlichkeit formuliert: »Der Mensch ist frei geboren, und überall liegt er in Ketten ... Wie hat sich diese Veränderung vollzogen? Ich weiß es nicht. Was kann sie legitimieren? Diese Frage glaube ich beantworten zu können.« Es geht also nicht um eine prinzipielle Infragestellung jeder staatlichen Ordnung und jeder Form von Abhängigkeit, sondern darum, jene Ordnung des menschlichen Zusammenlebens herauszufinden, die legitim ist. Die Frage nach dem Ursprung der bestehenden (zumeist nach Rousseaus Auffassung nicht legitimen) Herrschafts- und Knechtschaftsverhältnisse behauptet er nicht beantworten zu können, obgleich er es ja im *Zweiten Discours* versucht hat. Man darf das wohl so verstehen, daß ihn diese Frage hier nicht weiter interessiert.

Einleitend weist Rousseau eine Reihe traditioneller Rechtfertigungen zurück: Weder die Gewalt der Väter über die Kinder (die mit deren Erwachsenwerden erlischt) noch die des Stärkeren (die immer prekär bleibt und kein Rechtsverhältnis, sondern nur ein Machtverhältnis etabliert) noch die »natürliche Überlegenheit« eines Teils der Menschheit gegenüber dem Rest kann die Abhängigkeit von Menschen rechtfertigen. Damit bleibt als legitimierende Grundlage eines Abhängigkeitsverhältnisses nur der Vertrag übrig. Es gilt also, »eine Form der Vereinigung zu finden, die mit der gesamten gemeinsamen Gewalt die Person und die Güter jedes Assoziierten verteidigt und durch die jeder, indem er sich mit allen verbindet, ebenso frei bleibt wie zuvor« (CS I, 6).

Die Vereinigung soll eine echte *association* sein, keine bloße *agrégation,* eine Vereinigung also und keine bloße Ansammlung. Eine Ansammlung bildet nur eine Menge *(multitude),* die stets einen »Herrn« *(maître)* braucht, um zusammenzuhalten. Eine Vereinigung aber hat einen Anführer *(un chef),* der an der Spitze seines Volkes *(peuple)* steht und seinen Gemeinwillen ausführt. Die Vereinigung schafft einen »politischen Körper« *(un corps politique),* der Eigenschaften besitzt, die nur ihm zukommen und in den einzelnen Individuen zuvor nicht vorhanden waren.

Diese Gemeinschaft kommt nach Rousseau dadurch zustande, daß »jeder all seine Rechte« vollständig an die Gemeinschaft abgibt. Nur wenn das jeder ohne jeden Vorbehalt tut, sind die Vertragsbedingungen wirklich für alle gleich, und niemand kann ein Interesse daran haben, sie für andere lästig zu machen. Zugleich entsteht auf diesem Wege eine »vollständige Vereinigung«. Gäbe es Reservatrechte einzelner, könnte es immer wieder zum Streit zwischen ihnen und der Gemeinschaft um deren Auslegung kommen. Endlich aber gibt sich jeder *der*

Gesamtheit und nicht einem einzelnen hin, so daß kein persönliches Abhängigkeitsverhältnis entsteht (insofern bleiben die Assoziierten ebenso »frei wie zuvor«). Sie sind zwar abhängig, aber nur von einem »Körper«, zu dessen Gliedern sie selbst (als *citoyens*) zählen.

Die berühmte Zauberformel des *Contrat Social* faßt auf beinahe mystische Weise die Verwandlung zusammen, die durch die Konstituierung einer legitimen Republik in den Individuen erfolgen soll: »Jeder von uns stellt seine Person und all seine Macht unter die oberste Leitung des Gemeinwesens; und wir empfangen als Körperschaft jedes Mitglied als unabteilbares Glied des Ganzen« (CS, I, 6). Jeder verzichtet zugunsten der Gemeinschaft, die erst durch diesen Verzicht entsteht, auf seinen (egoistischen) Eigenwillen. Auf diese Weise entsteht ein *corps moral et collectif,* das Subjekt der Souveränität (nach außen und innen) und allein legitimer Gesetzgeber ist. Rousseau unterstellt in dieser Formel eine Art fundamentaler Verwandlung im Wesen der Menschen: Zuvor waren sie selbständige Individuen, jetzt sind sie (als *citoyens*) Glieder eines Kollektivkörpers. Es handelt sich – so kann man Rousseau interpretieren – um eine der von *Thomas Hobbes* beschriebenen Formen des Vertrags: dem Vertrag eines jeden mit jedem anderen zugunsten *aller.* Im Gegensatz zu Hobbes hält Rousseau nur *diese* eine Form des Vertrags für legitim, weil allein sie die Freiheit der Individuen nicht antaste.

Die glatte Formel überspielt freilich ein grundlegendes Problem: Die Citoyens, die sich der Freiheit in der Republik erfreuen, sind nicht die gleichen »Wesen«, die zuvor sich zusammenfanden, um einen Vertrag miteinander einzugehen. »Wer es wagt, einem Volk Institutionen zu geben, muß sich in der Lage fühlen, sozusagen die *Natur des Menschen zu ändern* und jedes Individuum, das durch sich selbst ein *vollkommenes und einsames Ganzes* ist, in den *Teil eines größeren Ganzen* zu verwandeln, von dem dieses Individuum in gewisser Weise sein Leben und sein Sein empfängt; die Konstitution des Menschen zu verändern, um sie zu verstärken, eine *partielle moralische* Existenz an die Stelle der unabhängigen physischen zu setzen, die wir alle von der Natur empfangen haben« (CS II, 7).

Aus dem »natürlichen Menschen« wird auf diese Weise der künstliche Citoyen. Es handelt sich um ein *être moral* im Doppelsinn, den der französische Terminus hat: ein geistiges (kein physisches) Wesen und ein sittliches Wesen, das durch *vertu* ausgezeichnet ist oder doch wenigstens in seinem Patriotismus einen Ersatz für fehlende Tugend besitzt. »Der Tugendhafte«, heißt es im *Émile,* »ordnet sich in bezug auf das Ganze ein ..., der Böse ordnet das Ganze in bezug auf sich selbst. Dieser macht sich zum Mittelpunkt aller Dinge, der andere mißt seinen Radius und hält sich an seinen Platz« (*Œuvres*, Hachette II, S. 263).

Das Verständnis auch des *Contrat Social* wird erleichtert durch einen Blick auf Rousseaus dualistisches Menschenbild. Als geistig-sittliche Wesen sind die Citoyens mit der Gemeinschaft verbunden und »souverän«. Ihre Tätigkeit besteht in der *Gesetzgebung*. Ihr Wille ist (idealiter) der *Gemeinwille*. Freilich dürften die realen Citoyens nie vollständig diesem ihrem »Wesen« entsprechen. Als sinnliche Einzelwesen bleiben sie den Gesetzen unterworfen, zu deren Verabschiedung sie als moralische Geistwesen selbst beigetragen haben. Als solche Abhängige sind sie *sujets,* Untertanen. In der Mitte zwischen den einzelnen Untertanen und der gesetzgebenden Gemeinschaft steht die Regierung *(magistrat)*. Ihr kommt die Aufgabe zu, die Gesetze auf den Einzelfall anzuwenden, sei es durch Akte der *Verwaltung*, sei es in der *Rechtsprechung* – zwei Funktionen, die Rousseau nicht eindeutig voneinander trennt. Durch Vereinigung verwandeln sich die Untertanen in Citoyens, durch Isolierung werden sie wieder Untertanen. Als *sujets* haben sie Partikularwillen, als *citoyens* (idealiter) nur den Gemeinwillen (die *volonté générale*), der auf das *bonum commune* abzielt.

Wichtiger als der Vertragsgedanke, der ja nicht nur für Rousseau eigentümlich ist, auch wenn er ihm die besondere Form gibt, bei der Vergesellschaftung und Etablierung von Herrschaft (des Gesetzes und der an die Gesetze gebundenen Regierung) zusammenfällt, ist der Begriff der *volonté générale*. Der Gemeinwille ist keineswegs immer und automatisch identisch mit dem Willen der Gesamtheit (oder der Mehrheit) der Citoyens. Er wird vielmehr als eine metaphysische Größe unterstellt, die nur dann Realität wird, wenn wenigstens eine Mehrheit der Citoyens tatsächlich den Gemeinwillen, der auf den Erhalt der Gemeinschaft abzielt, will. Um das zu tun, müssen die Citoyens *vertueux* sein oder sich wenigstens vom Patriotismus leiten lassen, der sie dazu veranlaßt, das Wohl des Ganzen ihrem Privatvorteil vorzuziehen. In der Erstfassung des *Contrat* heißt es: »Da nämlich der Wille immer auf das Wohl des Wollenden ausgeht und der Partikularwille das Privatwohl zum Ziele hat wie der Gemeinwille das Gemeinwohl, so folgt daraus, daß der letztere allein der Beweggrund eines Sozialkörpers ist oder sein soll« (Vaughan, I, S. 462). Es kann daher auch oft »einen großen Unterschied geben zwischen dem Willen aller *(volonté de tous)* und dem Gemeinwillen, der nur auf das gemeine Interesse geht, während der andere das Privatinteresse im Auge hat und lediglich eine Summe von Partikularwillen darstellt« (CS, IV, 1).

Wenn bei der Mehrheit der Citoyens der Gemeinwille nicht mehr vorherrscht, ist nach Rousseau die Republik verloren. Eine legitime Republik ist nur so lange möglich, wie wenigstens bei der Mehrheit der Citoyens die *vertu* (ersatzweise der Patriotismus) über den *amour propre* siegt und bei der Befragung über die Annahme oder Ablehnung eines Gesetzesvorschlags nicht das Partikularinteresse, sondern das Gemeinwohl den Ausschlag gibt.

Gegenüber anderen Staaten verhält sich das *corps politique* als *puissance*, als Macht. Hier ist sein Wille nicht Gemeinwille, sondern der Partikularwille eines Kollektivs gegenüber einem anderen. Die Regierung ist streng an die Gesetze gebunden, die Untertanen haben der Regierung Gehorsam zu leisten (da und soweit diese sich ihrerseits an die Gesetze hält). Zusätzliche Kontrollmechanismen oder gar ein Widerstandsrecht kennt Rousseau nicht. Entweder ist die Republik legitim, und dann gilt das eben Gesagte, oder sie ist es nicht mehr, dann gibt es auch keine gültigen Gesetze mehr, und Anarchie oder Tyrannis treten an ihre Stelle.

Zwischen *gesetzgebender* Gemeinschaft und *ausführender* Regierung kennt Rousseau sehr wohl eine *Gewaltenteilung*. Es kann nur schaden, wenn die Gesetzgeber auch regieren wollen (wie in der »demokratischen Republik«), weil dann der Wille auf Partikularitäten gelenkt wird, was der Orientierung des Gemeinwillens abträglich ist. Aus der ungerechten Beanspruchung der Gesetzgebung durch die Regierung resultiert aber Tyrannis.

Während die Gesetzgebung (Rousseau unterscheidet übrigens nicht zwischen dem *Verfassungsgesetz* und *einfachen Gesetzen*) unbedingt bei der Gesamtheit der Citoyens liegen muß, wenn die Ordnung legitim sein soll, kann die exekutive Gewalt *(magistrat)* bei einem, mehreren oder der Mehrzahl liegen. Der legitime Staat heißt Republik, die Einmannregierung ist eine Monarchie, die von mehreren eine Aristokratie, die durch die Mehrheit eine Demokratie (Rousseau stellt eine kontinuierliche Reihe auf, ab einer Beteiligung von 50 % + 1 der Vollbürger an liegt eine demokratische Regierung vor). Eine demokratische Regierung würde nach dieser Definition im Grenzfall mit der Selbstregierung eines jeden zusammenfallen. Sie scheint Rousseau unrealistisch: »Strenggenommen hat es niemals eine wahrhafte Demokratie gegeben und wird es auch nie eine geben« (CS, II, 4). Vor allem aber ist es in den zeitgenössischen Gesellschaften nicht möglich, alle (oder auch nur eine Mehrheit) an der Regierung zu beteiligen, da die Bürger in erster Linie arbeitend für ihren Lebensunterhalt sorgen müssen. In den antiken Sklavenhaltergesellschaften war das anders, aber dort gab es Menschen, die nie Citoyens werden konnten.

Während ein kleiner und überschaubarer Staat im optimalen Fall demokratisch regiert werden könnte, benötigt ein größerer schon eine stärkere, d. h. in wenigen Händen konzentrierte Regierungsform – die aristokratische. Von einer bestimmten Größe an ist jedoch die Monarchie unentbehrlich, und jenseits einer von Rousseau nicht genau festgelegten Grenze verwandelt sich die legitime Republik in eine Despotie (oder Tyrannis). Im *Contrat Social* heißt es: »In der Demokratie wird das Volk am wenigsten belastet; in der Aristokratie schon etwas mehr; in der Monarchie trägt es die größte Last. Die Monarchie paßt daher für reiche Nationen; die Aristokratie für Staaten mit mäßigem Wohlstand und die Demokratie für kleine und arme Staaten« (CS, III, 8).

Das Gesetz, unter dessen Herrschaft allein die Untertanen frei sein können, wird von Rousseau nicht nur *formal* (positivistisch) durch seinen Ursprung aus dem Beschluß der Volksversammlung definiert. Es ist auch *inhaltlich* fixiert. Sein Gegenstand muß ebenso *allgemein* sein wie sein Ursprung. Es darf keine Spezialgesetze für bestimmte Individuen oder Familien geben (also weder Privilegien noch Diskriminierung). Gesetze können nur eine allgemeine und unbestimmte Anzahl künftiger Fälle betreffen, nicht eine notwendig begrenzte Anzahl bereits vorliegender Fälle. Daher gibt es auch keine »rückwirkenden Gesetze«. Aus diesem Grunde kann der Gesetzgeber z. B. auch nicht den Teil der Bevölkerung enteignen, der über besonders viel Eigentum verfügt. Ein solches Gesetz wäre illegitim, weil es rückwirkend verbietet, was doch in der Vergangenheit offenbar zu tun erlaubt war, nämlich Besitz über eine bestimmte Grenze hinaus zu akkumulieren. Dagegen ist es sehr wohl möglich, künftige Akkumulation durch eine im voraus aufgestellte Maximalhöhe des Eigentums zu beschränken. Einen solchen Gesetzesvorschlag macht Rousseau z. B. für die Verfassung Korsikas, wobei er die genaue Größe des Grundbesitzes offenläßt, weil er die Verhältnisse nicht genügend kennt. Endlich könnte der souveräne Gesetzgeber auch *alles Eigentum* (an den Produktionsmitteln z. B.) aufheben; das aber hält Rousseau für inopportun, weil Gesetze und Regierung gegenüber Eigentumslosen keine Handhabe mehr haben. Trotz aller Kritik am Großeigentum vermag sich Rousseau eine nicht auf dem Privatbesitz fundierte politische Gesellschaft offenbar nicht vorzustellen. Gemeineigentum kommt in seinen Projekten nicht vor.

Vorbedingungen für die Errichtung einer legitimen Republik und Bedingungen ihrer Erhaltung

Einige Revolutionäre von 1789 glaubten, im *Contrat Social* eine Art Handlungsanweisung auch für Frankreich erblicken zu können. Namentlich *Maximilien Robespierre* bekannte sich zu dem großen Genfer und suchte soweit wie möglich seine Gedanken in die Tat umzusetzen. Rousseau hat aber im *Contrat Social* und in seinen Schriften über Korsika und Polen deutlich gemacht, daß man keineswegs überall und jederzeit eine legitime politische Ordnung einführen kann. Die zwei Voraussetzungen, die er für unabdingbar hielt, waren einmal die *»relative Jugend« eines Volkes,* das noch nicht innerlich durch Klassengegensätze und individuellen Egoismus zersetzt ist, und zum anderen die *relative Begrenztheit des Staatsgebietes.* Beide Bedingungen hängen seiner Überzeugung nach insofern zusammen, als große Staaten mit erheblichen Besitzunterschieden der Tugend wie dem Patriotismus der Citoyens abträglich zu sein pflegen.

»Die meisten Völker sind in ihrer Jugend gelehrig, sie werden mit dem Alter unkorrigierbar. Wenn sie einmal bestimmte Bräuche angenommen und sich Vorurteile bei ihnen festgesetzt haben, *ist es ein gefährliches und nutzloses Unterfangen, sie reformieren zu wollen*; ein solches Volk erträgt dann nicht einmal mehr, daß man an seine Leiden rührt, um sie zu beseitigen, ähnlich jenen idiotischen Kranken, die beim Anblick des Arztes erzittern« (CS, II, 8). Lediglich Völker, die in ihrer Jugend durch einen fremden Tyrannen erobert worden sind, im Innern aber genügend Tugend und Patriotismus bewahrt haben, können ihre Freiheit noch einmal zurückgewinnen (Beispiel: die Schweiz). Jugend bedeutet u. a. geringe Entwicklung der Eigentumsdifferenzierung, einfache Sitten, Genügsamkeit, Überwiegen jener *heureuse médiocrité,* der glücklichen Mittelmäßigkeit, die nach Rousseau in Anlehnung an *Aristoteles* die geeignete soziale Basis für eine gesunde Republik ist.

Auch auf die angemessene Größe des Territoriums geht Rousseau ausdrücklich ein. Zu kleine Staaten können sich nicht selbst genügen, sie sind (ökonomisch und für ihre Verteidigung) auf andere angewiesen; zu große dagegen ertragen keine einheitliche Gesetzgebung, weil die Lebensverhältnisse ihrer Bürger zu ungleich sind. Schon in Korsika ist eine Volksversammlung aller Bürger unmöglich, sie muß durch provinzweise Versammlungen ersetzt werden. Auch der Zusammenhalt der Bürger untereinander wird durch zu große Ausdehnung des Territoriums beeinträchtigt. Da Rousseau jede Art von *Repräsentation* ausdrücklich ablehnt und – jedenfalls im *Contrat Social* – nur die direkte Gesetzgebung durch das gesamte Staatsvolk kennt, muß diese Begrenzung durchaus ernst genommen werden. Angesichts der Größe Polens schlägt er daher dessen Auflösung in 33 miteinander föderierte Republiken als Fernziel vor, in denen die Volksgesetzgebung dann eher realisierbar wäre. Einstweilen ist er jedoch mit einer Kompromißlösung einverstanden, die darin besteht, daß die Provinzversammlungen Delegierte zum Reichstag nach Warschau schicken, die mit schriftlichen Weisungen (also mit imperativen Mandaten) versehen sind und nach ihrer Rückkehr Rechenschaft geben müssen.

Da immer wieder Einwände gegen meine These, Rousseau habe für Frankreich eine revolutionäre Erneuerung als unrealisierbar abgelehnt, erhoben worden sind, will ich noch auf einen Absatz in seiner autobiographischen Schrift *Rousseau juge de Jean-Jacques* hinweisen: »Die menschliche Natur geht nicht wieder zurück, und niemals kehrt man in die Zeiten der Unschuld und Gleichheit heim, wenn man sich einmal von ihnen entfernt hat ... So konnte es auch nicht seine (Rousseaus) Absicht sein, volkreiche Völker und große Staaten zu ihrer ursprünglichen Einfalt zurückzuführen, sondern lediglich, wenn möglich, *den Fortschritt derer aufzuhalten,* deren Kleinheit und Lage sie *vor einer so raschen Entwicklung zur Perfektion der Gesellschaft und zum Verfall der Gattung bewahrt* hat ... Er hat für sein Vaterland (gemeint ist Genf, IF) und für Kleinstaaten gearbeitet, die wie es konstituiert sind« (*Œuvres*, IX, S. 287).

Das »Aufhalten des Fortschritts«, der nach seiner Überzeugung weit mehr Schaden stiftet als Vorteile bringt, galt Rousseau überhaupt als eigentliche Aufgabe der Regierung. Aus diesem Grunde fordert er sogar, die Einführung arbeitssparender Maschinen zu verbieten: »Es ist notwendig, daß in allem, was von der menschlichen Industrie (Fleiß) abhängt, sorgfältig jede Maschine und jede Erfindung verbannt wird, welche die Arbeit verkürzen und Arbeitskräfte einsparen und die gleiche Wirkung mit weniger Anstrengung bewirken kann« (Vaughan, I, S. 320, Fragmente zum *Contrat Social*).

Um eine einmal errichtete Republik möglichst lange zu erhalten (ewige Dauer erscheint Rousseau ohnehin unrealistisch), sollten die Besitzdifferenzierungen begrenzt bleiben (dazu dienen Steuergesetze und Akkumulationsverbote für Korsika), und die Regierung sollte die patriotische *Erziehung* der Citoyens in die Hand nehmen. Sowohl im *Verfassungsentwurf für Korsika* als vor allem in den *Betrachtungen über die Regierung Polens* spielen Vorschläge für eine Staatsbürger-Erziehung eine große Rolle.

Der Patriotismus der Polen soll durch die Beibehaltung und Förderung der Nationaltracht, durch öffentliche Wettkämpfe (Sportfeste, würden wir sagen) und durch Unterricht gepflegt werden, den Staatsmänner erteilen, die künftig hohe und höchste Ämter bekleiden werden. Durch die Auszeichnung patriotischer Taten sollen die Bürger vom Streben nach Prestige durch Reichtum abgelenkt und zur Tugend hingeführt werden. Die *Betrachtungen über die Regierung Polens* haben, wie Baczko (1978) gezeigt hat, einen wesentlichen Einfluß auf das Bild gehabt, das die Polen im 19. Jh. von sich selbst entwarfen und der europäischen Öffentlichkeit vermittelten. Ein starkes Echo fand Rousseau vor allem bei den polnischen Romantikern. *Adam Mickiewicz* soll mehrere Seiten der *Betrachtungen* auswendig gekannt haben. Jean Fabre bezeichnete das Buch als den »ersten Roman der nationalen Energie« (*Pléiade*, Bd. III, S. CCXLIII). In Ländern wie Frankreich dagegen ist eine staatsbürgerliche Erziehung nicht mehr möglich. Émile wird zum Menschen erzogen, nicht zum Citoyen. Er soll in einer Art pädagogischer Provinz so lange moralisch gefestigt werden, bis er auch inmitten korrumpierender Städte tugendhaft bleiben kann. Zwar wird er dort stets bereit sein, seine Bürgerpflicht zu erfüllen, aber – und zu diesem Zweck lernt er ein Handwerk – er kann notfalls auch seine Heimat verlassen. Er hat, wie Rousseau sagt, keine *patrie* mehr, sondern nur noch ein *pays*. »Von allen Beschäftigungen, die Menschen ihren Unterhalt verschaffen können, ist die *Handarbeit* diejenige, die ihn am meisten dem Naturzustand annähert. Die vom Eigentum der Menschen unabhängigste Stellung ist die des Handwerks. Ein Handwerker hängt nur von seiner Arbeit ab; er ist ebenso frei, wie der Pflüger (Bauer) Sklave ist, denn der hängt von seinem Felde ab« (*Œuvres*, II, S. 515 f.). Die »gesunde Republik« sollte aus Kleinbauern und Handwerkern bestehen. In den denaturierten Großstaaten kann allein der Handwerker noch frei sein, weil er sich dem Staat durch Auswanderung zu entziehen vermag.

Neben der »Wirtschaftspolitik«, die Bauern prinzipiell bevorzugt, spielt die *religion civile* eine wichtige Rolle als Stabilisierungsmittel der Republik. Im *Contrat Social* wie im *Verfassungsentwurf für Korsika* soll die Festigkeit der Verfassung mit religiösen Zeremonien verstärkt werden. In der Erstfassung des *Contrat Social* schrieb Rousseau: »Sobald die Menschen in einer Gesellschaft leben, benötigen sie eine Religion, um sie darin zu erhalten. Noch nie hat ein Volk ohne Religion fortexistieren können, noch wird es je ohne Religion existieren« (Vaughan, I, S. 499). Um herauszufinden, welche Art von Religion für die Festigung einer republikanischen Verfassung am besten geeignet ist, diskutiert Rousseau nacheinander *die Religion des Menschen,* eine dem ursprünglichen Christentum verwandte natürliche Religion, die wahr und gerecht, aber für Citoyens nicht praktisch ist, weil es keine umfassende Weltgesellschaft, sondern nur einander feindselig gegenüberstehende Staaten gibt; dann die *Religion des Priesters,* worunter er den Universalitätsansprüche erhebenden Katholizismus versteht, der notwendig den Citoyen in Gewissenskonflikte stürzt, weil er seine Gesinnungen zu beherrschen sucht, während der Staat von ihm bestimmte Handlungen verlangt, so daß – weil aus Gesinnungen Handlungen hervorgehen – beide in Widerspruch zueinander geraten können; endlich die *Religionen des Citoyen,* womit die heidnischen Polis-Religionen gemeint sind, die – im Unterschied zum sublimen Christentum – die Citoyens zu tapferen Kämpfern für die Sache ihres Gemeinwesens werden lassen, aber unwahr sind und zu Grausamkeit gegenüber Feinden führen. Aus dem offensichtlichen Dilemma zwischen einer wahren *Religion des Menschen*, die für Republikaner unpraktisch ist, und einer praktischen *Religion des Citoyen*, die unwahr (und grausam) ist, befreit sich Rousseau durch den Kompromiß der *religion civile*. Dabei handelt es sich um eine Art staatlich geforderter »Mindestreligiosität«, über die hinaus es den einzelnen freigestellt bleibt, zusätzlich an Dogmen zu glauben, vorausgesetzt freilich, daß sie für ihren Glauben keinen Ausschließlichkeitsanspruch erheben und deshalb intolerant sind. Religion ist für die Republik notwendig, weil sie (und insoweit sie) die Moral der Bürger stützt und stärkt. »In jedem Staat, der von seinen Gliedern das Opfer ihres Lebens verlangen kann, ist derjenige, *der nicht an ein künftiges Leben glaubt, entweder ein Feigling oder ein Narr*« (Vaughan, I, S. 500). Damit unterstellt Rousseau, daß auch der tapfere Kämpfer letztlich eigensüchtige Motive hat, weil er auf ein jenseitiges Leben hofft, in dem er für seine Tapferkeit belohnt werden wird. Wer diesen Glauben nicht hat, wird sich der Gefahr entziehen, oder er ist, wenn er sich ihr dennoch aussetzt, »ein Narr«, weil er sich nicht auf seinen Vorteil versteht. Rousseaus Argumentation ist moralisch wenig überzeugend. Er traut dem Atheisten nicht zu, Opfer für seinen Staat zu bringen, und kennt – in diesem Zusammenhang – offenbar nur »Interessen kalkulierende« Individuen.

Die Bestimmungen des »rein zivilen Glaubensbekenntnisses« sind: 1. der Glaube an eine »mächtige, intelligente, wohltätige, vorauswissende und vorsorgende Gottheit«, 2. an »das künftige Leben«, 3. an »das Glück der Gerechten und die Bestrafung der Bösen«, 4. an »die Heiligkeit des Sozialvertrags und der Gesetze« und 5. an die Illegitimität der Intoleranz.

Der Kerngedanke ist also, daß durch den Jenseitsglauben die Verfassungs- und Gesetzestreue der Citoyens gesichert wird. Der 5. Glaubenssatz bezieht sich direkt auf den Universalitätsanspruch des Katholizismus. Wer alle Andersgläubigen für verdammt hält, kann kein guter Citoyen sein: »Man muß so denken, um gerettet zu werden: Das ist das schreckliche Dogma, das die Erde verwüstet. Ihr habt nichts für den öffentlichen Frieden geleistet, wenn ihr dieses höllische Dogma nicht aus der Republik verweist. Wer immer es nicht abscheulich findet, kann weder Christ noch Staatsbürger noch Mensch sein, er ist ein Ungeheuer, das dem Frieden (*repos*) der Menschheit zum Opfer gebracht werden muß« (Vaughan, I, S. 507).

Wer sich weigert, dieses einfache Glaubensbekenntnis abzulegen, soll den Staat (unter Mitnahme von Hab und Gut) verlassen. Wer aber, »nachdem er diese Lehren anerkannt hat, sich so verhält, als glaube er sie nicht, *soll mit dem Tode bestraft werden. Er hat das größte Verbrechen begangen: Er hat angesichts der Gesetze gelogen*« (CS, IV, 8). Wie hat man diese Androhung der Todesstrafe zu verstehen? Ich nehme an, daß Rousseau damit im Auge hatte, was Juristen Hoch- und Landesverrat nennen. Der die *religion civile* bekennende Staatsbürger hat die »Heiligkeit des Sozialvertrags« anerkannt. Wenn er versucht, den Vertrag zu brechen, indem er z. B. für seine Person die Souveränität abrogiert oder den Souverän an seiner Tätigkeit zu behindern sucht, begeht er Hochverrat. Wenn er sich dem Dienst als Verteidiger des Vaterlands entzieht und vor dem Feinde davonläuft, muß man bezweifeln, daß er an ein Leben nach dem Tode und die Belohnung der Gerechten glaubt. Er hat also gelogen, als er jenes Dogma beschwor. Seine Hinrichtung wegen Landesverrat ist die Folge. Man darf, wenn man diese Bestimmungen des *Contrat Social* beurteilt, Rousseau nicht ahistorisch vom heutigen Standpunkt aus interpretieren. Verglichen mit den seinerzeit gültigen Rechtsbestimmungen waren die fünf Paragraphen der *religion civile* tolerant und großzügig.

Rousseau und der »Traktat zum ewigen Frieden« des Abbé de St. Pierre

Rousseau hat verhältnismäßig wenig über internationale Beziehungen, Krieg und Frieden geschrieben. Wenn man von seinen Depeschen aus der Botschaft in Venedig absieht, stellt sein *Jugement sur le Projet de la Paix perpétuelle* des Abbé de St. Pierre, dessen umfangreiche Schrift er auch in einem lesbaren Extrakt ediert hat, die Hauptquelle dar.

1713 hat der Abbé sein *Projet* in Utrecht publiziert. 1761 erscheint der von Rousseau edierte Extrakt, durch den das Thema noch einmal aktualisiert wird. Rousseau ist zwar mit dem naiven Optimismus des Rationalisten St. Pierre nicht einverstanden, hält aber seinen Friedensplan für bedeutsam genug, um ihm auch ein *Jugement* zu widmen, das allerdings erst posthum erscheint. Der Abbé de St. Pierre hat sich in seiner umfangreichen Schrift darum bemüht darzulegen, welche Vorteile sich für die souveränen Staaten Europas aus einem föderativen Zusammenschluß ergeben würden. Rousseau kürzt diese Ausführungen ab und konzentriert sich auf das Wesentliche: Der Zustand der Bürger in den Staaten Europas ist dadurch mißlicher noch als der von Individuen im Naturzustand, weil sie einerseits von Gesetzen und Regierungen abhängig sind, die für eine friedliche Koexistenz der einzelnen sorgen, zugleich aber zwischen den souveränen Staaten nach wie vor der »Naturzustand« herrscht. Ein Zustand, der ziemlich genau dem entspricht, den Hobbes (zu Unrecht, wie Rousseau überzeugt ist) für die Individuen im Naturzustand angenommen hat: Es ist ein Zustand ständigen (potentiellen) Krieges aller gegen alle (eines jeden gegen einen jeden). In dem nachgelassenen Fragment *Daß der Kriegszustand aus dem gesellschaftlichen Zustand hervorgeht* hat Rousseau diesen Gedanken noch deutlicher entwickelt:

Zwischen den isoliert lebenden Urmenschen herrschte kein Kriegszustand, auch wenn es immer wieder zu vereinzelten Kämpfen unter ihnen kam. »Der Krieg ist (nämlich) ein permanenter Zustand, der konstante Beziehungen voraussetzt, und diese Art von Beziehungen finden sich zwischen Mensch und Mensch nur selten«; im Naturzustand nicht, weil es wenig Kontakte gibt, und im Gesellschaftszustand nicht, weil die staatliche Ordnung für ein friedliches Nebeneinander sorgt. Sobald sich aber ein Staat gebildet hat, sind auch die Menschen anderswo genötigt, sich zu Staaten zusammenzuschließen, und zwischen diesen unabhängigen und souveränen Gebilden kommt es notwendig zum Krieg. Die Unabhängigkeit, die von den Individuem aufgegeben wurde, hat sich in die Staaten verlagert. Im Unterschied zu individuellen Menschen sind Staaten »artifizielle Körperschaften« und nicht an eine bestimmte Größe gebunden. Während die Ungleichheit unter Menschen natürliche Grenzen hat, gibt es für die Staaten keine. »Ein Staat fühlt sich schwach, solange es einen stärkeren gibt als er, seine Sicherheit und seine Selbsterhaltung verlangen, daß er stärker sei als alle seine Nachbarn. Er kann nur auf ihre Kosten wachsen, stärker werden und seine Kräfte betätigen ...« (*Pleïade*, Bd. 3, S. 605). »Das Land, das Geld, die Menschen, all diese Beute, die man sich aneignen kann, werden daher zum Hauptgegenstand der gegenseitigen Feindseligkeiten.« Und so »degenerieren Kriege schließlich zu Räubereien, und aus den Fürsten werden Tyrannen und Diebe« (S. 607). »Ich nenne daher Krieg von Macht zu Macht eine ständige gegenseitige Disposition, den feindlichen Staat zu zerstören oder wenigstens durch alle verfügbaren Mittel zu schwächen. Ist diese Disposition aktiv geworden, kommt es zum eigentlichen Krieg, solange sie sich nicht auswirkt, herrscht nur ein Kriegszustand« (ebd.).

Dieser faktisch durch Verträge nur vorübergehend unterbrochene Kriegszustand (eigentlich gibt es nach Rousseau nur »Waffenstillstand«) ist für die Staaten höchst schädlich: Er zwingt sie zu hohen Ausgaben für Rüstung, er behindert den Handelsverkehr und schädigt die Entwicklung von Kunst und Wissenschaft. Kriege aber führen, selbst wenn sie siegreich sind, zu Verlusten an Menschenleben und Material, die durch Eroberungen kaum ausgeglichen werden können. Für die Bürger – so Rousseaus Überzeugung – kann jedenfalls kein Zweifel daran bestehen, daß der aktuelle Zustand, in dem sie zugleich im Gesellschaftsverband als Citoyens und im Naturzustand als Staatsangehörige gegenüber anderen Staaten leben, höchst verhängnisvoll ist. Rousseau kehrt hier die Bewertung von *Hobbes* direkt um: Die individuellen Beziehungen der unabhängigen Menschen sind im Naturzustand zunächst ungefährlich, das Verhältnis der unabhängigen und souveränen Staaten zueinander, das Hobbes sogar mit einer Förderung von Handel und Wandel (vor allem der Technik vermutlich) für vereinbar hielt, ist dagegen verhängnisvoll.

Rousseau stimmt allerdings nicht mehr mit dem Abbé überein in dessen Annahme, man brauche den Fürsten und Königen nur die Vorteile des friedlichen Zusammenschlusses zu einer »europäischen Föderation« darzulegen, sie würden sich von derartigen rationalen Argumenten überzeugen lassen. Gewiß, für den Philosophen Rousseau sind diese rationalen Argumente überzeugend, nicht aber für Fürsten, die ihren unmittelbaren privaten Nutzen dem Gemeinwohl vorzuziehen pflegen. Der Ehrgeiz der Fürsten richtet sich nämlich in erster Linie auf zwei Ziele: die *Erweiterung ihres Herrschaftsgebietes* nach außen und den *Ausbau des Absolutismus* nach innen. Alle anderen Gesichtspunkte seien diesen Zielen untergeordnet oder dienten nur der Propaganda (wie wir heute sagen würden). Hierzu gehört die Rede »vom Gemeinwohl, vom Glück der Untertanen und vom Ruhm der Nation. Worte, die in den Kabinetten verpönt sind und in den öffentlichen Edikten in plumper Weise hervorgehoben werden ... Das Volk (aber) stöhnt im voraus, wenn seine Herren von ihren väterlichen Bemühungen reden« (S. 592).

Kriegführung und Verstärkung der absoluten Herrschaft im Inneren ergänzen und stützen sich dabei gegenseitig, und die ständigen Heere dienen zugleich dazu, »das Volk in Respekt zu halten« (S. 593).

Rousseau hält also das Projekt des Abbé de St. Pierre für rational überzeugend, aber er glaubt nicht an die Möglichkeit seiner friedlichen Einführung auf dem Weg der rationalen Überzeugungsarbeit. Wenn es zu einer Föderierung Europas kommen soll, dann werde das nur auf gewaltsamem Wege möglich sein. Es frage sich aber, ob die Kosten einer solchen Aktion nicht den erhofften Vorteil überwiegen würden. »Das Übel nämlich und die Mißbräuche, von denen so viele Menschen profitieren, führen sich von selbst ein: was aber für die Öffentlichkeit nützlich ist, wird nur gewaltsam durchgesetzt, da die Partikularinteressen ihm zumeist entgegenstehen. Zweifellos ist der ewige Frieden zur Zeit ein höchst absurdes Projekt; man gebe uns aber einen Heinrich IV. und einen Sully, und der ewige Frieden würde wieder zu einem vernünftigen Projekt ...« Oder aber »trösten wir uns, den Plan nicht verwirklicht zu sehen; denn das ließe sich nur durch gewaltsame, für die Menschheit schreckliche Mittel bewerkstelligen. Man kann sich die Verwirklichung eines föderierten Bundes (der europäischen Staaten) nicht anders als durch *Revolutionen* vorstellen, und wer von uns vermöchte zu sagen, ob diese mehr zu wünschen als zu befürchten wären. Vielleicht würden sie auf einen Schlag mehr Übel schaffen, als sie für kommende Jahrhunderte verhindern würden« (S. 600).

So viel, um klarzustellen, daß Rousseau bei aller Bewunderung für das Projekt des Abbé de St. Pierre keineswegs dessen naiven Optimismus teilte und daß daher *Voltaire*, der sich in bissigem Spott über Rousseaus *Extrait* erging, ihn völlig verkannte. Heute freilich scheinen uns die Gedanken St. Pierres keineswegs mehr so unrealistisch, aber dafür ist Europa nicht mehr »Herr der Welt«. Die fünf Artikel seines Projekts sahen Folgendes vor:

1. Die Bildung einer ständigen Allianz der europäischen Staaten, deren Bevollmächtigte zu einem Bundestag oder Kongreß zusammenkommen, der alle Streitigkeiten unter den Mitgliedern regelt.
2. Die Regelung des Verfahrens, die Tagungszeiten, der reihum wechselnde Vorsitz im Bundestag usw. Schließlich die Beiträge, die von den verschiedenen Staaten zu erbringen sind.
3. Die gegenseitige Garantie des territorialen und verfassungsrechtlichen Status quo, so daß die Souveräne nicht nur gegen Angriffe von außen, sondern auch gegen Revolutionen im Inneren geschützt sind. Rousseau fand offenbar gegen diesen ungemein konservativen Artikel nichts einzuwenden.
4. Die genaue Festlegung, was im Falle eines Vertragsbruchs einzelner Staaten zu geschehen habe: Solche Staaten werden geächtet und von den vereinigten Streitkräften des Bundes zur Vertragstreue gezwungen. Die Kosten des Krieges sind vom Vertragsbrecher zu zahlen.
5. Mit Stimmenmehrheit (Dreiviertelmehrheit nach 5 Jahren) können die Bevollmächtigten nach Anweisung ihrer Regierungen weitere Regelungen einführen, »um der Europäischen Republik und jedem ihrer Mitglieder alle möglichen Vorteile zu verschaffen; an den fünf Grundartikeln aber wird niemals etwas geändert werden können« (S. 576).

Einen zentralen Gedanken des St. Pierreschen Projekts hat Rousseau allerdings ohne Einschränkung bejaht, nämlich den Gedanken der Föderation. Der Bundesstaat mit weitgehender Gesetzeskompetenz der Mitgliedstaaten erlaubt es, die Vorteile der kleinen Republiken (legitime Ordnung, gute Regierung, enger Zusammenhalt der Bürger, gleiche Sitten und Bräuche usw.) mit denjenigen großer Monarchien (Sicherheit vor Angriffen von außen) zu kombinieren. Ein eignes Manuskript Rousseaus über die Föderation als Mittel, die Vorteile kleiner Republiken mit denen großer Staaten zu kombinieren, ist verlorengegangen.

8. Gabriel Bonnot de Mably

Vita und Werk

Mably (1709–1785) stammte aus einer wohlhabenden Familie des Amtsadels, besuchte in Lyon und Paris das Collège und hatte zunächst eine geistliche, dann eine diplomatische Laufbahn ins Auge gefaßt. Er gehört einem Sonderausschuß unter Vorsitz des Kardinals de Tencin an und arbeitet eine Zeitlang im Dienst des Außenministeriums (zwischen 1741 und 1748). In dieser Zeit lernte er die politischen Methoden der zeitgenössischen Höfe kennen, ohne sich schon kritisch von ihnen abzuwenden. In einem seiner Berichte schlägt er vor, die Streitigkeiten zwischen England und Schottland anzufachen, um Frankreich mehr Spielraum in der Auseinandersetzung mit der englischen Seemacht zu verschaffen. Eine

Kontroverse über religiöse Toleranz führte zu einem Konflikt zwischen ihm und Kardinal Tencin, der sich einer protestantischen Heirat widersetzt hatte. Damals begann seine Distanzierung vom Régime und seine Karriere als politischer Schriftsteller. Noch 1746 trat er in einem Memorandum für den Sklavenhandel ein, 1754, in seinem *Droit Public de l'Europe*, verurteilt er ihn entschieden. Wie die meisten *Philosophes* verkehrt auch Mably in zahlreichen Pariser Salons und wird dort bald als progressiver Denker anerkannt. Seine völkerrechtlichen Arbeiten können hier vernachlässigt werden. Ein eigentliches »Hauptwerk« wie Montesquieu oder Rousseau hat Mably nicht hinterlassen. Seine sich allmählich wandelnden Auffassungen sind in eine Vielzahl von Schriften verteilt. Vorbild für sein republikanisches Ideal sind das antike Sparta und das republikanische Rom. Ähnlich wie Rousseau schwärmt auch er für schlichte und einfache Lebensformen, Autarkie und Tugend. In seiner Schrift *Parallèle entre les Romains et les Français* (1740) preist er noch das zeitgenössische Frankreich, in *Des Droits et des Devoirs du Citoyen* (1758) ist er schon ein entschiedener Gegner der absolutistischen Monarchie. 1763 erscheinen die *Entretiens de Phocion*, in denen die sozialen Verhältnisse des Ancien Régime scharf kritisiert werden, auch wenn es sich äußerlich um einen Dialog antiker Griechen handelt. 1765 publiziert er die *Observation sur l'Histoire de France*, in deren beiden ersten Bänden er eine historische Grundlage für seine Vorstellungen zur Verfassungsreform zu geben sucht. Das Buch erlebt bis 1785 nicht weniger als 10 weitere Auflagen und bringt Mablys Republikanismus am klarsten zum Ausdruck. 1770 faßt er seine Gedanken in *Principes de Législation* noch einmal zusammen. Unter dem Einfluß Rousseaus erweist er sich als »strenger Spartaner«. Zuvor hat er (1768) in *Doutes Proposés aux Philosophes Économistes sur l'Ordre Naturel et Essentiel des Sociétés Politiques* Mercier de la Rivières physiokratisches Buch kritisiert.

Mablys pragmatische Reformvorschläge

In *Des Droits et des Devoirs du Citoyen* legt Mably seine politischen Ansichten einem Lord Stanhope in den Mund. Im Gegensatz zu *Voltaires* und anderer Philosophen elitären Auffassungen von Bildung und politischer Beteiligung tritt Lord Stanhope für eine politische Aufklärung und Beteiligung aller ein: »Man will, daß das Volk unwissend ist; aber beachten Sie bitte, daß man diese Auffassung nur in den Ländern vertritt, wo man die Freiheit fürchtet. Unwissenheit ist für die Machthaber bequem; sie können mit weniger Mühe täuschen und unterdrücken. Man nennt das Volk unverschämt, weil es nicht immer so gefällig ist, die Unverschämtheit der Großen zu ertragen. Es ist ungehorsam, und man will es bestrafen, weil es sich weigert, das Lasttier zu sein ...« (Mably, S. 80).

Frankreich sollte ein Parlament haben. Die Generalstände müßten als wirkliches Parlament fungieren. In England sei zwar durch die königliche Bestechung das Parlament im Niedergang, aber in Frankreich könnte das Parlament als »junge Einrichtung« sich erst noch entfalten. Die Generalstände müßten ein Grundgesetz verabschieden, sich alle zwei bis drei Jahre ohne Befehl des Königs versammeln, und in den französischen Provinzen müßten Provinziallandtage zusammentreten, aus deren Mitte Abgeordnete nach Paris geschickt werden.

Zwischen den Parlamentssitzungen müßten Büros mit Kommissaren der Parlamente zur Überwachung von Mißbräuchen der Regierung tätig sein. Die Provinziallandtage würden jährlich tagen, möglichst zu verschiedenen Zeiten, damit die Exekutivgewalt ständig der Kontrolle durch ein solches Gremium ausgesetzt wäre. Steuergesetzgebung, Überwachung der Sitten (!), Verhandlungen mit auswärtigen Mächten und Rüstung müßten jeweils von verschiedenen Instanzen geregelt werden; vom Parlament die Verabschiedung der Gesetze, die übrigen Aufgaben von unterschiedlichen Ministerien.

Man sieht, Mablys politische Traktate sind weniger philosophisch als diejenigen Rousseaus und gehen mehr auf praktische Details ein, was wesentlich zur Wirksamkeit seiner Gedanken beigetragen hat. »Ihre erste Aufgabe wird die Wiedererrichtung der Generalstände sein« (S. 455), läßt er Lord Stanhope schon 1758 den Franzosen sagen. Die Gewaltenteilung zwischen Legislative und Exekutive wird – offenbar im Anschluß an Montesquieu – hervorgehoben und »als Gipfel der politischen Vollkommenheit« apostrophiert (ebd.). Das Privateigentum soll geschützt sein. In großen Staaten wie England und Frankreich könne man (leider) nicht auf einen König verzichten: »In großen, reichen und mächtigen Nationen mit großen Provinzen kann man nicht die bürgerliche Mäßigung haben, die die Seele und Stütze der Freiheit ist. Die Schweden haben sehr weise gehandelt, als sie sich eine Art König schufen, der verhindert, daß sich ein wahrhafter unter ihnen erhebt. Das ist das Ziel, auf das alle Nationen sich orientieren sollten. Wenn man weitergehen will (meint Lord Stanhope), läuft man Gefahr, an einen Abgrund zu geraten ...« (S. 459).

Im *Entretiens de Phocion* behandelt Mably die Beziehungen zwischen Moral und Politik. Im Gegensatz zu Rousseau schränkt er die Bedeutung des Patriotismus ein und sieht deutlicher seine Gefahren als seine Vorteile: »Wenn die Liebe zum Vaterland nicht auf andere Tugenden aufgepfropft ist, wird sie nicht die Wunder vollbringen, die Sie sich vorstellen.« »Mit der Vaterlandsliebe geht es wie mit der Großmut usw. Unter höhere Tugenden untergeordnet, muß sie – wie jene – ihnen gehorchen, oder sie wird die Republik – weit davon entfernt, ihr zu dienen – ins Elend stürzen. Jene höhere Tugend ist für die Vaterlandsliebe die Liebe zur Menschheit. Dehnen Sie, lieber Aristias, Ihre Weltauffassung über die Mauern von Athen hinaus aus. (...) Wenn die Natur den Menschen befiehlt, einander zu lieben, wie könnte dann eine weise Politik wollen, daß die Vaterlandsliebe sie dazu veranlaßt, das Glück der Republik im Unglück ihrer Nachbarn zu suchen? Laßt uns jene Grenzen beseitigen, die Attika von Griechenland, Griechenland von den barbarischen Provinzen trennt ... Wenn es für mich süß ist zu sehen, daß meine Landsleute über meine Sicherheit wachen, wieviel angenehmer ist es dann zu denken, daß die ganze Welt zu meinem Glück beitragen muß« (Mably, 1789, Bd. X, S. 128–137).

Rousseau war gegenteiliger Ansicht. Er war überzeugt, daß der »Kosmopolitismus«, weil er keine reale Basis in den geordneten Beziehungen der ganzen Menschheit hat und das Gefühl zu schwach ist, um alle Mitmenschen zu erfassen, ohnmächtig bleiben muß. »Mancher liebt nur die Tartaren, um seine Nachbarn verachten zu können«, lautet seine apodiktische Bemerkung. Nur bei einer Beschränkung jener »erweiterten Selbstsucht« auf die eigenen Landsleute ist sie kräftig genug, um zu Handlungen anzureizen. Aus diesem Grunde empfiehlt

Rousseau auch den Polen, alle Bräuche und Gewohnheiten beizubehalten, durch die sie sich von anderen Nationen unterscheiden.

Ideal waren in den Augen Mablys die Gesellschaft des antiken Sparta – nach der Gesetzgebung *Lykurgs* – und die *Politeia Platons*, an der er lediglich aussetzte, daß Platon das Gemeineigentum nicht auf alle Bürger ausgedehnt hat. Da aber nach Einführung des Privateigentums und der in seinem Gefolge entstandenen Leidenschaften an eine Gesellschaft mit Gemeineigentum nicht mehr zu denken ist, sollte ein weiser Gesetzgeber wenigstens versuchen, die Laster, wie Gewinnsucht, Neid usw., die aus den Ungleichheiten der Gesellschaft hervorgehen, zu bekämpfen und die Ungleichheit der wirtschaftlichen Lage selbst zu verringern.

Mably unterscheidet sich dadurch von Rousseau, daß er Gesellschaften mit Gemeineigentum im Prinzip für möglich hält (ein neueres Beispiel, das er anführt, ist der Jesuitenstaat in Paraguay) und daß er noch eine gewisse (von Zweifeln angenagte) Hoffnung auf Reformen selbst in Staaten wie Frankreich setzt. In seinen *Doutes Proposés aux Philosophes Économistes sur l'Ordre Naturel et Essentiel des Sociétés Politiques* (1768) stellt er vor allem *Mercier de la Rivières* These in Frage, daß nur durch das Privateigentum die Menschen zu Fleiß und die Gesellschaft zu Wohlstand geführt werden könne. Ebenso fragwürdig erscheint ihm wie Rousseau die physiokratische Lehre vom *despotisme légal*, der Herrschaft absoluter Machthaber, die sich von »Ökonomen« beraten lassen und der »rationalen Evidenz« von deren Argumenten folgen. Die von Mercier kritisierten Folgen der Parlamentsherrschaft seien nicht auf diese Institution, sondern auf die Vorherrschaft privilegierter Interessen im Parlament zurückzuführen. Eine einseitig Minderheiten bevorzugende Gesetzgebung kann aber durch größere Gleichheit der Bevölkerung verhindert werden. Auch *Montesquieus* Hinweis auf die »Zwischengewalten«, die den Despotismus der Regierung begrenzen, hätten mehr Beachtung verdient als der »lächerliche Despotismus der Chinesen«, für den sich die Physiokraten begeisterten.

In großen Staaten kann das Volk sich freilich nicht selbst versammeln, sondern muß *Repräsentanten* wählen. Im Unterschied zu Rousseau hält Mably diese Lösung für akzeptabel und nützlich: »Repräsentanten jeder Gegend, jeder Stadt, jeder Provinz oder auch jedes Standes der Bürger« wählen ihre Vertreter für ein Parlament, das nicht nur Gesetze gibt, sondern auch die Exekutive überwacht. – Auf diese Weise ist die staatliche Gewalt geteilt, und so können Irrtümer sowie Übergriffe von einzelnen verhindert werden. »Die Teilung der Autorität, aus der Gegengewalten hervorgehen oder eine gemischte Regierung, erlaubt es den Regierenden nicht, faul, nachlässig, habsüchtig oder ehrgeizig zu sein; sie zwingt sie, nachzudenken, bevor sie handeln, und nicht in grober Weise ihre Partikularvorteile dem öffentlichen Nutzen vorzuziehen« (Mably 1789, Bd. XI, S. 224 f.).

In allen seinen Schriften kommt Mably auf die großen Gefahren der Besitzdifferenzierung und der daraus folgenden Spaltung der Gesellschaft in »Arme und Reiche« zu sprechen und mahnt die Polen, die Korsen und die Amerikaner, die ihn um Rat gebeten hatten, dieses Problem ja nicht zu vernachlässigen.

Die Auseinandersetzung mit den amerikanischen Verfassungen

Seine *Observations sur le Gouvernement et les Lois des États Unis* (Amsterdam 1784), die in Form von Briefen an den amerikanischen Botschafter im Haag gefaßt sind, enthalten zunächst ein großes Lob für das Prinzip der Volkssouveränität und die bundesstaatliche Verfassung, die den 13 vereinigten Staaten genügend Autonomie lasse, um jeweils ihren besonderen Verhältnissen angemessene Gesetze zu verabschieden. Auf diese Weise könne die Obrigkeit »überall anwesend sein ... und es entsteht zwischen den Staaten ein edler Wetteifer, der allen den gleichen Mut und die gleiche Weisheit verschafft« (Mably 1783, Bd. VIII, S. 291 f.). Gemeinsam können sich die 13 Staaten gegen jeden möglichen Feind verteidigen, und zugleich stellen sie keine Bedrohung für ihre Nachbarn dar. Vor allem begeistert sich Mably dafür, daß in allen Verfassungen die »Rechte des Volkes respektiert und anerkannt sind, ja, daß sogar alle Menschen unter ihren Schutz gestellt werden, die noch nicht Mitglieder der Republik sind, weil sie keine Steuern bezahlen und von ihrer Hände Arbeit leben. Diese Menschen, die als Sklaven bei den Alten so sehr verachtet wurden und heute in Europa mit dem Titel der Freiheit in wirklicher Sklaverei darniederliegen, haben sie mit Geschick an das Los der Republik gebunden, indem sie ihnen ein Mittel lieferten, um aus ihrem Zustand herauszutreten und Besitz zu erwerben sowie Gewerbe auszuüben, die sie zur Würde von Citoyens erheben« (S. 295 f.).
So ideal in mancher Hinsicht in Mablys Augen die amerikanischen Verfassungen der Einzelstaaten wie des Bundes auch erscheinen, er fürchtet doch, daß auch hier »die Reichen einen Stand für sich zu bilden suchen werden, um sich der ganzen Autorität zu bemächtigen, während die übrigen (Bürger), zu stolz auf ihre Gleichberechtigung, mit der man ihnen schmeichelte, ihre Zustimmung verweigern werden; daraus aber wird notwendig die Auflösung der Verfassung, die man einrichten wollte, resultieren. Sollte diese Revolution allmählich und wie zufällig erfolgen, so wäre das ein Zeichen dafür, daß die Seelen keine Energie mehr haben ... Wenn dieser Wandel aber auf Widerstand stößt, welche Kabale, welche Intrigen, welche heimlichen Drohungen muß man dann nicht befürchten? Ich sehe Haß und Neid entstehen, Leidenschaften, die ihre Schritte nicht mäßigen können, und in ihrem Gefolge tausend Laster, die die Vorboten der bald waghalsigen, bald furchtsamen Tyrannei sind« (S. 303 f.). Offenbar fürchtet Mably, daß die »zu weit gehenden Volksrechte« in Pennsylvania derartigen Konflikten Vorschub leisten.

Ökonomische Entwicklung und politischer Verfall

Während Rousseau jede Revolution, jede gewaltsame Veränderung kategorisch abgelehnt hat, ist Mably gelegentlich (wenn auch keineswegs immer) für ihre Berechtigung eingetreten. Ein Bürgerkrieg könne unter gewissen Umständen durchaus gerecht sein, ihn als im Prinzip »ungerecht anzusehen, ist eine Lehre, die den guten Sitten und dem öffentlichen Wohl im höchsten Maße widerspricht«. Im Recht der Volkssouveränität ist das Recht, die Verfassung zu ändern, enthalten, und man muß nicht notwendig warten, bis die Tyrannei ihren Höhepunkt erreicht hat, um zu handeln: »Wählen Sie zwischen einer Revolution und der Sklaverei, dazwischen gibt es keine Mitte« (*Législation ou Principe des Lois*, 1776).

Eindeutiger noch als Rousseau ist Mably ein Gegner der Besitzdifferenzierung und ein Anwalt sozialer Gleichheit. Auf dem Gemeineigentum aufgebaute Gesellschaften hält er für ideal. Dennoch scheint er eine »Rückkehr« zu jenem idealen Zustand angesichts der Verderbtheit der zeitgenössischen Menschen für wenig realistisch zu halten. Aus diesem Grunde kann man ihn nur mit großen Vorbehalten zu den »utopischen Sozialisten« zählen, in deren Reihen er in vielen Darstellungen auftaucht.

Im ganzen ergibt sich das Bild eines moralisierenden, von Sparta und dem frühen Rom begeisterten, aber zugleich auch an modernen verfassungsrechtlichen Details wie Gewaltenteilung und »Gegengewichten« gegen die Regierung interessierten Autors. Mably ist ein vielschreibender Eklektiker, der von *Rousseau* und *Montesquieu*, vom englischen Regierungssystem wie von dem sagenhaften *Lykurg* beeinflußt ist. Seine große Bedeutung für die Revolutionäre von 1789 ist vermutlich eine Folge seines Eintretens für eine repräsentative Verfassung und den Ausbau der *États Généraux* zu einem echten Parlament. In vieler Hinsicht dürften seine Thesen mit den gleichlautenden von Rousseau sich verbunden haben, so vor allem seine Kritik an der wachsenden Besitzdifferenzierung, die zur Spaltung der Gesellschaft führen müsse, und am sittlichen Verfall infolge des überhandnehmenden »Handels« (*commerce* bedeutet im 18. Jahrhundert oft auch Wirtschaft insgesamt). Genau wie Rousseau kommt es Mably – im Gegensatz zu den Physiokraten – nicht auf die maximale Förderung des wirtschaftlichen Wachstums an, sondern auf die Besserung der Sitten, auf die Heranbildung »tugendhafter Citoyens«. In seiner Kritik an *Mercier de la Rivière* schreibt er: »Selbst wenn das private Grundeigentum für die Reproduktion des Reichtums weit vorteilhafter wäre, müßte man das Gemeineigentum vorziehen. Was nützte schon jener Überfluß, wenn er die Menschen dazu anleitet, ungerecht zu werden und mit Macht und List sich zu bereichern?« (Mably, 1789, Bd. XI, S. 13). *Karl Marx* hat diese Einstellung als typisch für die Denker der klassischen Antike bezeichnet: »Wir finden bei den Alten nie eine Untersuchung, welche Form des Grundeigentums etc. die produktivste, den größten Reichtum schafft. Der Reichtum erscheint nicht als Zweck der Produktion ... Die Untersuchung ist immer, welche Weise des Eigentums die besten Staatsbürger schafft« (Grundrisse, S. 387 f.). Mably wie Rousseau sind in diesem Sinne Denker in der Tradition der Antike.

Noch in einem weiteren Punkt stimmt Mably mit Rousseau überein. Auch er ist im Grunde ein Verfallstheoretiker: Selbst Amerika ist schon zu sehr von europäischer Dekadenz angesteckt, hat Ehrgeiz und Habsucht schon zu viel Platz eingeräumt, um noch lange eine demokratische Republik bleiben zu können. Aus diesem Grunde müsse eine weise Regierung sich darum bemühen, »den Fortschritt der Laster aufzuhalten« (*Œuvres*, VIII, S. 380). »Mir scheint«, schreibt er im 4. Brief über Amerika, »daß der Geschäftsgeist (*esprit de commerce*) binnen kurzem zum vorherrschenden Geist Ihrer Städte werden muß. Sich ihm nicht ganz hinzugeben, wird heißen, zu verarmen und hinter den Geschäftsleuten zurückzubleiben, deren Vermögen täglich wächst ...« (S. 282). Unvermeidlich werde sich daher die Republik schließlich in eine Aristokratie verwandeln, und wenn das ohne offenen Bürgerkrieg geschehen soll, so müsse man schon jetzt – z. B. die viel zu demokratische Verfassung von Pennsylvania – dahingehend ändern, daß man den großen Eigentümern mehr Rechte einräumt als dem Rest der Bevölkerung. Wie Rousseau ist auch Mably davon überzeugt, daß eine demokratische Verfassung nur auf der Grundlage weitgehender ökonomischer Gleichheit errichtet und bewahrt werden kann und daß die Regierung sich den – unvermeidlich entstehenden – ökonomischen Differenzierungen anpassen müsse. Mably unterscheidet allerdings nicht präzise zwischen einer republikanischen Verfassung (die für Rousseau allein legitim ist) und der demokratischen, aristokratischen oder monarchischen Regierungsweise. Daher spricht er etwas undifferenziert von einem unvermeidlichen Übergang Amerikas zur »Aristokratie«. Er meint aber wohl eine oligarchische Entwicklung, die – so oder so – kommen müsse. Eine weise Regierung kann lediglich den Zeitpunkt des Übergangs hinausschieben und die Form des Wechsels möglichst schmerzlos gestalten.

9. Denis Diderot

Vita und Werk

Denis Diderot (1713–1784) wird als Sohn eines Messerschmieds in Langres geboren und entwickelt sich nach unregelmäßigen Studien als Autodidakt zu einem der ersten modernen Journalisten, Kritiker, Theaterschriftsteller und Sozialphilosophen. Zu seinen Lebzeiten vor allem bekannt als leitender Redakteur der *Enzyklopädie*, sind viele seiner Arbeiten erst posthum bekanntgeworden.

Die erste Publikation Diderots ist eine Übersetzung von Shaftesburys *Essai über das Verdienst und die Tugend* (1745), ein Jahr später veröffentlicht er seine *Pensées philosophiques*, die deutlich den Einfluß des Verteidigers des Atheismus *Pierre Bayle* zeigen. Das Buch wird verurteilt und öffentlich verbrannt. Diderot hat sich von Shaftesburys Deismus zunächst zu einem vagen Gottglauben hin entwickelt, der in der »guten und gerechten Natur« und ihrer »unerforschlichen Harmonie« den einzigen Gottesbeweis erblickt. In dem 1749 erschienenen *Brief über die Blinden* wird auch dieser Beweis fraglich, und Diderot meint: »Es ist zwar sehr wichtig, Schierling nicht für Petersilie zu halten, aber keineswegs, an Gott zu glauben.« In der erweiterten Auflage der *Pensées philosophiques* von 1754 taucht nur noch das »Gebet eines Atheisten« auf. Im *Traum d'Alemberts* schreibt er: »Setzen Sie an die Stelle Gottes eine empfindungsfähige Materie, zunächst potentiell und schließlich aktuell, und Sie haben alles, was sich im Universum vom Stein bis zum Menschen entwickelt hat.« Derartige Formulierungen legen nahe, Diderot als einen Vorläufer des Evolutionismus und des modernen Materialismus aufzufassen. Dem stehen andererseits Diderots grundsätzlicher Skeptizismus und seine Ablehnung der »Systeme« entgegen. Sein lebendiger Geist vermag sich nicht einseitig festzulegen. Das zeigen auch seine im engeren Sinne politischen Schriften.

Einem größeren Publikum ist Diderot vor allem durch den genialen Dialog *Rameaus Neffe* bekanntgeworden, von dem lange Zeit nur die Goethesche Über-

setzung erhalten war, bis durch einen Zufall der ursprüngliche französische Text wieder aufgefunden wurde. Diese Erzählung sowie eine ganze Reihe anderer – vor allem auch seine *Salons*, Kunstkritiken über die Ausstellungen von Pariser Malern – hat Diderot für die *Correspondance littéraire* (1753–73) seines Freundes *Friedrich Melchior Freiherrn von Grimm* (1723–1807) verfaßt, die – handschriftlich kopiert – an ein paar Dutzend hochgestellter Abonnenten in ganz Europa verschickt wurde und damit nicht der Zensur unterlag. Dort finden wir unter anderm *Die Nonne* sowie *Jacques der Fatalist und sein Herr.* 1748 erscheinen (anonym) *Die indiskreten Kleinode*, eine satirische Geschichte weiblicher Geschlechtsorgane, die den züchtigen Reden der zugehörigen Münder widersprechen.
Abgesehen von einigen Artikeln der Enzyklopädie, die wohl nur begrenzt die persönlichen Auffassungen Diderots wiedergeben, sind seine wichtigsten politischen Aussagen erst sehr spät posthum bekanntgeworden. Dazu gehören vor allem seine *Entretiens avec Cathérine II* (1899) und die *Observations sur l'Instruction de S. M. I. aux Députés pour la Confection des Lois* (1921). Beide sind 1773 entstanden und waren in erster Linie für die Zarin gedacht, deren Gast Diderot während eines halben Jahres war.
Zuvor hatte er in einer *Apologie pour Galiani* (1770) für diesen und gegen die prinzipielle Freiheit des Getreidehandels Stellung bezogen. Der *Abbé Ferdinando Galiani* (1728–1787) hatte das doktrinäre Eintreten der *Économistes* für den Freihandel kritisiert und betont, daß man die jeweiligen konkreten Umstände eines Landes berücksichtigen müsse, unter denen – je nachdem – die freie Getreideausfuhr oder aber deren Behinderung durch Ausfuhrzölle angebracht sein könne. Die völlige Freiheit des Getreideexports wird, so Galiani, dazu führen, daß ein paar Privatleute sich bereichern, Getreide aufkaufen und die Preise in die Höhe treiben. Als Folge davon wird es zu Hungeraufständen kommen. Dem Staat aber kommt die Aufgabe zu, für Ruhe und Ordnung zu sorgen. Er verletzt daher seine Pflicht, wenn er der Freihandels-Doktrin unbegrenzten Einfluß auf seine Entscheidungen einräumt. Diderot hat im Jahre 1770 mit eigenen Augen – in seiner Heimat Langres – die Folgen des Freihandels für Getreide gesehen und illustriert seine Apologie durch Schilderungen der ländlichen Not.

Reform und Revolution bei Diderot

Es ist nicht ganz klar, ob Diderot schon an der ersten Auflage der *Histoire philosophique et politique de l'Établissement des Européens dans les deux Indes* von *Raynal* 1770 mitgearbeitet hat. Seine Bearbeitung der posthumen Ausgabe von 1780 ist dagegen dokumentarisch verbürgt. Die *Histoire*, die bis 1789 in etwa 20 Auflagen und zahlreichen illegalen Nachdrucken erschienen ist, hat einen erheblichen Einfluß auf die Zeitgenossen gehabt. *Robespierre*, der die Enzyklopädisten nicht liebte, dürfte – indirekt – durch das Buch Raynals, ohne es zu wissen, Diderot gelesen haben. Das Thema des Buches ist zwar die Geschichte des Kolonialismus, der kritisiert, jedoch nicht prinzipiell verworfen wird; Diderot benützt aber die Gelegenheit, um heftige Kritik am *Ancien Régime* in Frankreich zu üben. So schreibt er u. a.: »Nein, nein, früher oder später muß das Recht siegen. Wenn es anders kommen sollte, würde ich mich an die Menge wenden und ihr sagen: Völker, deren Wutgeschrei Eure Herren erzittern läßt, worauf wartet Ihr? Für welchen Zeitpunkt spart Ihr Eure Fackeln und die Steine auf, die Eure Straßen pflastern? Reißt sie heraus!« (Raynal, *Histoire* I, S. 398). Solche Appelle ans Volk sind zwar auch bei Diderot selten, aber sie zeigen immerhin, daß er notfalls bereit war, das Volk zum Aufstand aufzurufen. An einer anderen Stelle des Buches von Raynal nennt Diderot »die heilsame Bewegung, die von Unterdrückern Revolte genannt wird, nichts anderes als die legitime Ausübung eines unveräußerlichen natürlichen Rechtes des Menschen, den man unterdrückt, und selbst desjenigen, den man nicht unterdrückt« (Raynal IV, S. 398, Ausg. von 1780).

Diesen radikalen republikanischen Aussagen scheint die Tatsache zu widersprechen, daß sich Diderot die Mühe gemacht hat, einen langen Kommentar zu den *Instruktionen* der Zarin Katharina II. zu schreiben. Wenn man aber diesen Text genauer untersucht, dann suggeriert er der Zarin zumindest die Einführung einer konstitutionellen Monarchie mit einem ständigen Parlament nach britischem Vorbild. Diderot hat – entgegen damaligen Verleumdungen – auch in Petersburg seine politische Überzeugung nicht geändert. Freilich nahm er – zu Unrecht – an, daß es möglich sei, die »geniale Herrscherin« davon zu überzeugen, wie nützlich und ruhmvoll es sei, wenn sie die absolute Herrschaft in Rußland abschaffe.

In seinem *Essai sur les règnes de Claude et Néron* (1782[2]), in dem Diderot vor allem Seneca verteidigt, findet sich eine kurze »Ansprache« an die amerikanischen Insurgenten, die mit folgenden Worten beginnt: »Nach Jahrhunderten der allgemeinen Unterdrückung möge die Revolution, die jenseits der Meere durchgeführt wurde, indem sie den Bewohnern Europas ein Asyl gegen die Tyrannei und den Fanatismus bietet, die Regierenden über den legitimen Gebrauch ihrer Autorität unterrichten. Mögen jene tapferen Amerikaner, die lieber ihre Frauen beleidigt, ihre Kinder erwürgt, ihre Felder verwüstet, ihre Städte in Brand gesteckt sehen wollten, als auch nur das kleinste Stück ihrer Freiheit zu verlieren, der enormen und ungleichen Reichtumsverteilung vorbeugen ... und für die Erhaltung der Freiheit und der Dauerhaftigkeit ihrer Regierung sorgen! Möchten sie wenigstens für ein paar Jahrhunderte das Gesetz aufhalten können, dem alle Dinge dieser Welt unterworfen sind, das Gesetz, das sie dazu verurteilt, Geburt, Zeiten der Stärke und schließlich Verfall an ihrem Ende zu durchlaufen« (Diderot, S. 213). Bemerkenswert an diesem begeisterten Zuruf ist einmal – wie bei *Mably* – der Hinweis auf die Gefahr der Besitzdifferenzierung und am Ende der Gedanke an den eines Tages unvermeidlich einsetzenden Niedergang, der sich auf die antike Zyklentheorie beruft. Der Fortschrittsglaube Diderots war also auch nicht so ungebrochen, wie manche meinten.

Während der Amtszeit von *René Nicolas de Maupeou* als Kanzler (1768–1771) und des Generalkontrolleurs der Finanzen *Terray* unternahm die Regierung den Versuch einschneidender Reformen. Am 21.1.1771 wurde das Parlament von Paris exiliert und am 9.4. der *Cour des Aides* aufgehoben, am 13.4. die übrigen Gerichtshöfe mit ihren käuflichen Ratsstellen abgeschafft. An ihre Stelle traten Gerichte mit ernannten Richtern. Wenigstens im Prinzip wurde die Kostenlosigkeit der Gerichtsverfahren eingeführt. Mit Ausnahme Voltaires lehnten die meisten »Philosophes« ebenso wie die Physiokraten den energischen Reformkurs

Maupeous ab. Eine große Anzahl von Pamphleten und Maueranschlägen kritisierten den harten Reformkurs, schließlich konnte der Kanzler seine Ziele nur unter Einsatz von Militär durchsetzen. *Turgot* verurteilte Maupeous Vorgehen seiner »schlechten Intentionen« wegen. Die »Philosophes« waren zwar mehrfach vom Pariser Parlament verurteilt worden, erkannten aber richtig, daß mit seiner Beseitigung ein letztes Gegengewicht gegen die absolute Herrschaft des Monarchen abgeschafft wurde. In seinen *Unterhaltungen mit Katharina II.* hat Diderot erklärt: »Die Zerstörung dieser Körperschaft war ein großes Unglück, durch den Ruin von 20000 Familien und weil sie der ganzen Nation verkündete, daß es kein geheiligtes Eigentum (mehr) gab« (Bd. II, S. 115).

Die Erfahrung mit der Kanzlerschaft Maupeous festigte Diderot offensichtlich in der Überzeugung, daß es keine »gute absolute Herrschaft« geben kann. Das zeigen deutlich Äußerungen seiner *Observations*, Stellen, die er in Raynals *Histoire de l'Établissement* eingefügt hat, sowie seine *Réfutation* des Buches *De l'Homme* von Helvétius. Helvétius hatte zustimmend den Anspruch Friedrichs II. zitiert: »Nichts Besseres ... als die Willkürregierung unter einem gerechten, humanen und tugendhaften König«. Dagegen Diderot: »Und Sie, Helvétius, zitieren lobend diese Maxime eines Tyrannen! Die Willkürherrschaft eines gerechten und aufgeklärten Fürsten ist immer schlecht. Seine Tugenden stellen die gefährlichste und gewisseste aller Verführungen dar: Sie gewöhnen das Volk daran, seinen Nachfolger zu lieben, zu respektieren und ihm zu dienen, wie er auch sein mag, böse oder dumm. Er nimmt dem Volk das Recht, zu beratschlagen und ... sich selbst dann seinem Willen zu widersetzen, wenn er das Gute anordnet. Aber dieses Recht zur Opposition, so unsinnig es auch (in einem solchen Fall, I. F.) scheinen mag, ist heilig ... Was charakterisiert einen Despoten? Ist es seine Bosheit oder seine Güte? Keineswegs; diese beiden Begriffe gehören nicht zu seiner Definition. Der *Umfang* und nicht der *Gebrauch* seiner Autorität machen den Despoten aus ...« (Diderot, S. 178).

Die »Observations sur l'Instruction de S. M. I. aux Députés pour la Confection des Lois«

Trotz allem sieht Diderot in Katharina II. immer noch eine mögliche Reformatorin der russischen Verfassung und eine Anwältin der Aufklärung des russischen Volkes. In seinen *Observations* sucht er sie durch Argumente und Schmeicheleien zur Realisierung weitgehender Reformen zu bewegen, die Rußland in eine moderne konstitutionelle Monarchie verwandelt hätten. Die Zarin allerdings dachte nicht daran, den Ratschlägen ihres liebenswürdigen Gastes zu folgen.

Diderots Ausführungen beginnen sogleich mit einer These, die kein damaliger Fürst akzeptiert hätte: »Es gibt keinen wahren Souverän außer der Nation, es kann keinen wahren Gesetzgeber geben außer dem Volk ...« (Diderot, S. 61). Nur Gesetzen, deren Autor es selbst war, werde das Volk gerne und willig gehorchen. Daher solle auch das neue russische Gesetzbuch mit dem Satz beginnen: »Wir, die Völker, und wir, der Souverän dieses Volkes, beschwören gemeinsam die Gesetze, durch die wir in gleicher Weise be- und verurteilt werden: Wenn es uns, dem Souverän, geschehen sollte, daß wir sie übertreten und ändern, *werden wir zum Feind unseres Volkes* – und ist es nur gerecht, daß es unser Feind sei, dann möge es *von seinem Treueid entbunden* uns verfolgen, uns *absetzen* und uns sogar *zum Tode verurteilen*, wenn es der Fall fordert. Das ist das erste Gesetz unseres Gesetzbuches. Wehe dem Souverän, der das Gesetz mißachtet, *wehe dem Volk, das die Mißachtung des Gesetzes duldet*« (S. 62).

Im Unterschied zu Rousseau hält Diderot nicht an der Bezeichnung des Volkes als Souverän fest, sondern meint mit diesem Ausdruck im folgenden immer die Zarin, auch wenn er eingangs dem Volk die Souveränität (gleichsam »in letzter Instanz«) zugeschrieben hatte. Um den Souverän unter Kontrolle zu halten, sollten alle fünf Jahre Repräsentanten der Nation zusammenkommen, um über dessen Verhalten zu richten. Die Zarin ist zweifellos (zur Zeit noch) eine Despotin. Wenn sie auf diese Machtfülle verzichten will, sollte sie sich – »zusammen mit ihrer Nation« – um Mittel bemühen, die eine Wiederkehr des Despotismus unter ihren Nachfolgern verhindern. Diderot traut Katharina offenbar diese Hochherzigkeit zu.

Der Religion sollte man im Staat keine ausschlaggebende Rolle zuweisen. Priester sind höchst zweifelhafte Wahrer der Gesetzlichkeit. Sie wollen nur die allgemeine Unwissenheit aufrechterhalten, um ihre eigene Herrschaft zu sichern. Statt mit Gott, sollte die Präambel des Verfassungsgesetzes damit beginnen, die Gesetze als notwendiges *Fundament für das Glück der Menschen* nachzuweisen, weil sie *Freiheit und Eigentum* schützen. Am wenigsten darf man Priestern die Erziehung des künftigen Monarchen anvertrauen, weil sie ihm nur die gefährliche Idee des Gottesgnadentums beibringen könnten. Letztlich aber gehe es den Priestern immer nur darum, selbst über die Monarchen zu herrschen.

Man braucht die Gesetze nicht unbedingt den herrschenden Sitten anzupassen, vielmehr könne man durch (neue) Gesetze allmählich auch die Sitten ändern. In Rußland hält Diderot das für dringend notwendig und möglich. Die Hauptstadt müsse unbedingt von der Peripherie (an der St. Petersburg liegt) ins Zentrum verlegt werden. Am besten solle man mit der Verwirklichung von Reformen in *einer* Provinz beginnen, die dann – bei Erfolg der Reformen – zum Vorbild für das übrige Reich werden könne. (Man wird an d'Argenson erinnert.)

Im Artikel 12 meinte die Kaiserin, es sei »vorteilhafter, unter einem einzigen Herrn den Gesetzen zu gehorchen, als von mehreren abzuhängen«. Diderot stimmt dem nur unter der Bedingung zu, daß der Herr selbst »der erste Sklave der Gesetze ist. Gegen diesen – mächtigsten und gefährlichsten – aller Missetäter müßten die Gesetze vor allem gerichtet sein. Alle anderen können die Ordnung der Gesellschaft lediglich stören, er kann sie umstürzen« (S. 70). Eine solche Beschränkung der Gewalt des königlichen oder kaiserlichen Machthabers sei deshalb notwendig, weil nur selten die sittlichen und intellektuellen Fähigkeiten der Herren ausreichend sind und auf einen klugen und tugendhaften zwanzig dumme und böse Monarchen kommen. Vielleicht in Erinnerung an *Rousseau* fügt Diderot hinzu: »Sollte die Größe Rußlands einen Despoten verlangen, dann ist es dazu verurteilt, zwanzigmal schlecht und je einmal gut regiert zu werden« (S. 71). Wie Rousseau überzeugt war, daß jenseits einer Maximalgröße keine legitime republikanische Verfassung mehr möglich sei, so meldet auch Diderot hier leichte Zweifel an. Sollten aber auch noch zufällig drei exzellente Despoten aufeinander folgen, dann würde das Volk notwendig apathisch werden und sich an seine eigne politische Nullität gewöhnen. Wichtiger noch als gute Gesetze ist daher »die Sicherung der Gesetze gegen jeden Anschlag von seiten des Souveräns« (S. 72).

Zur Einschränkung der Gewalt des Souveräns sind »intermediäre Gewalten« (nach *Montesquieu*, an den Diderot zweifellos denkt) nötig: »Wo der Souverän nach seinem Gutdünken über Rechte und Gesetze entscheidet, gibt es weder Rechte noch Gesetze. Sich selbst und seine Nachfolger zu binden, das ist der Gipfel des Heroismus, der Menschlichkeit und der Liebe zu seinen Untertanen sowie etwas vom Schwersten in der Gesetzgebung.« Diesem Zweck dient der öffentliche Unterricht, auf den Diderot großen Wert legt und den er für Volksschüler mit einer Schulspeisung verbinden wollte (!), der feierliche Verfassungseid und vor allem die periodische Abhaltung von Versammlungen der Repräsentanten des Volkes. Daher kann man auch nicht mehr – wie Katharina – davon sprechen, daß »der Souverän die Quelle der gesamten politischen und zivilen Gewalt ist«. Er ist das nämlich nur »mit Zustimmung der Nation, die durch ihre Deputierten oder eine Volksversammlung repräsentiert ist« (S. 77). – Die französischen Parlamente haben freilich versagt, und die Franzosen haben deren Auflösung feige hingenommen; das sollte aber Katharina nicht daran hindern, in Rußland bessere (wirkliche) Parlamente zu schaffen.

In Artikel 34 hatte die Zarin die Abschaffung der Privilegien von Adel, Geistlichkeit und Regierung vorgeschlagen. Diderot fragt, welche Vorkehrungen getroffen werden sollen, um dafür zu sorgen, daß die Stellung der Bürger vor Gericht wirklich gleich ist, was – angesichts der großen Unterschiede an Eigentum und Macht – keineswegs gesichert sei. Wenn die Freiheit der Bürger gesichert sein soll (Artikel 38), dann müssen sie vor allem auch gegen die Willkür des Souveräns geschützt werden. Um der Freiheit aller willen ist also die »Knechtschaft eines einzigen« notwendig (S. 85). Ein Parlament (etwa nach englischem Muster) soll aus *den großen (!) Eigentümern* des Landes bzw. deren Repräsentanten bestehen und die Willensakte des Souveräns »revidieren«, billigen oder mißbilligen« können, um sie »dem Volk bekanntzugeben« (S. 86). Trotz aller Bedenken gegen zu große Besitzdifferenzen, die Diderot unter anderem durch Erbgesetze einschränken möchte, optiert er eindeutig für ein *Zensus-Wahlrecht*. Es ist denkbar, daß er diesen Vorschlag auch in Hinblick auf die notorische Zurückgebliebenheit der einfachen ländlichen Bevölkerung Rußlands macht. Das Parlament müsse sich durch seine Tätigkeit und seine Unbestechlichkeit allmählich die nötige Autorität verschaffen.

Die Strafgesetze sollen nur *Handlungen*, nicht *Gesinnungen* treffen. Das Entstehen von Verbrechen kann durch Aufklärung der Bevölkerung über ihre Interessen, Verhinderung der Faulheit (!), milde Strafgesetze und vor allem dadurch verhindert werden, daß man »die Menschen glücklich macht« (Art. 61, S. 89 f). Auch sollten Verbrecher zur »Wiedergutmachung des von ihnen angerichteten Schadens« verurteilt werden. Als ein Kenner bourgeoiser Auffassungen hält Diderot Geldstrafen für die wirksamsten: »Menschen riskieren eher Ehre und Leben als ihr Vermögen.« Todesstrafen sollten nur selten verhängt (jedoch offenbar nicht abgeschafft) werden. Es gebe zahlreiche öffentliche Arbeiten, zu denen Verbrecher sinnvollerweise herangezogen werden könnten. Immer wieder kommt Diderot darauf zurück, daß die Gesetze vor allem »Freiheit und Eigentum« aller Bürger schützen sollen. Die Konfiskation des Eigentums ist ungerecht, weil sie Kinder für die Verbrechen ihrer Eltern bestraft (Art. 141).

Die Befreiung der Leibeigenen wird in Katharinas Instruktion nicht erwähnt. »Will sie, daß die Nation in der Sklaverei verbleibt? Weiß sie denn nicht, daß es ohne Freiheit keine wahre politische Ordnung (*police*), keine Gesetze, keine Vermehrung der Bevölkerung, keine Landwirtschaft, keinen Handel, keinen Reichtum, keine Wissenschaft, keinen Geschmack, keine Kunst gibt?« (S. 108).

In einem amüsanten Exkurs bedauert Diderot, daß die Russen seinerzeit, als sie auf Berlin marschierten, nicht dessen gesamte Bevölkerung nach Rußland deportiert und als fleißige, nützliche Menschen dort angesiedelt haben. Auf diese Weise hätte die Zarin einen fertigen »dritten Stand« bekommen und damit dem Lande einen großen Dienst erweisen können.

Offenbar erinnert sich Diderot nicht genau genug an Rousseaus *Zweiten Discours*, sonst hätte er ihm nämlich nicht unterstellen können, er habe die »Rückkehr in den Wald« gepredigt. In Wirklichkeit hat Rousseau genau das getan, was Diderot ihm anrät: »Hätte er sich damit beschäftigt, eine Art Gesellschaft auszudenken, die halb zivilisiert und halb wild ist, dann hätte man, so glaube ich, Mühe gehabt, ihm zu widersprechen « (*Réfutation du livre … de Helvétius*, S. 187). Und ganz in Übereinstimmung mit dem von ihm verkannten Rousseau meint auch er: »Ich bin überzeugt, daß der Gewerbefleiß der Menschen viel zu weit entwickelt wurde und daß, wenn er weit früher angehalten worden wäre und es möglich wäre, sein Werk zu vereinfachen, wir nicht schlechter dran wären« (S. 187f.).

Katharina wollte offenbar den leibeigenen Bauern das Recht einräumen, Eigentum zu erwerben. Die französischen Bauern können das seit langem, meint Diderot, und dennoch leben sie noch immer armselig. Vor allem wäre jenes Recht wenig wert, wenn es nicht mit der Befreiung der Leibeigenen kombiniert wäre (Art. 280).

Im Unterschied zu Rousseau verurteilt Diderot den Luxus nicht pauschal, sondern unterscheidet zwischen »gutem« und »schlechtem« Luxus. Der schlechte führe zu einem Konkurrenzkampf aller mit allen um Prestige auf Grund von wirklichem oder vorgegebenem Reichtum. Er ruiniere daher nicht nur die Wohlhabenden, sondern vergrößere auch noch das Elend der Ärmeren, die so tun müssen, »als ob sie auch reich wären«. Auf diese Weise wird die Gesellschaft in »zwei Klassen geteilt: eine kleine Klasse, die reich ist, und eine sehr zahlreiche der armen Bürger. In der ersten Klasse ist der Luxus eine Zurschaustellung des Reichtums; in der zweiten eine Maskierung des Elends«. »Diese Zurschaustellung führt – zum Extrem gesteigert – zum Ruin der Reichen, daher die geringe Dauer ihrer großen Vermögen. Jene Maskierung steigert das Elend der Armen. Diese Art des Luxus ist notwendig mit Sittenverfall, dem Verkommen des Geschmacks und dem Niedergang aller Handwerke verbunden« (*Réfutation du livre … de Hélvetius*, S. 180f.). Im Unterschied dazu besteht der »gute Luxus« im allgemeinen Wohlstand. Er erlaubt es auch der Frau aus dem Volke, ein »solides, dauerhaftes und gut gearbeitetes Kleid« zu kaufen und, wenn sie sich malen lassen will, einen wirklichen Künstler und nicht einen »Schmierer« zu beauftragen. Auch wird sie sich eine anständige Uhr leisten können und nicht deren Besitz durch einen Knopf vortäuschen müssen, damit man sie nicht für arm hält. Diese Art Luxus fällt mit dem »allgemeinen Wohlstand zusammen, wie er den verschiedenen Ständen (*conditions*) angemessen ist« (S. 181). Hier wird deutlich, daß auch Diderot – bei aller Anerkennung des technischen Fortschritts – an einer älteren, noch nicht dynamischen Gesellschaftsordnung orientiert bleibt, einer Gesellschaft, in der zwar alle etwas besser leben, aber die deshalb keineswegs allen jede Art von Luxus erlaubt, sondern den legitimen Aufwand entsprechend dem Stand (oder Beruf) unterschiedlich bemißt. Darüber hinaus wünscht er sich eine Einschränkung der sozialen Anerkennung durch den Reichtum und eine (etwas) gleichmäßigere Verteilung des Eigentums.

Katharina hatte geschrieben: »Wer keinen Besitz hat und arbeitet, ist ebenso wohlhabend wie derjenige, der 100 Rubel Einkünfte hat, ohne zu arbeiten.« Dazu meint Diderot sehr realistisch: »Ja, aber vorausgesetzt, daß er nicht krank wird« (S. 130). Wie wenige Zeitgenossen kennt Diderot auch die Lage der Lohnabhängigen. Hier wird seine Gegenposition zu Voltaire und dessen zynischen Bemerkungen über das Schicksal der eigentumslosen Arbeiter deutlich.

Im Unterschied zu Rousseau, der in einem nachgelassenen Fragment (das Diderot nicht kennen konnte) meint, daß »Maschinen, deren Zweck ist, Arbeit einzusparen, nicht immer nützlich sind«, betont Diderot: »Die Arbeit oder die Löhne in einem Land können nicht verringert werden, ohne daß der Preis des Brotes fällt. Die Löhne bestimmen den Preis aller Gegenstände des ersten Bedarfs, und umgekehrt bestimmt der Preis der Gegenstände des ersten Bedarfs den Preis der Löhne. Man hat also zu Unrecht Angst, daß irgend jemand Hungers stirbt (wenn die Produktivität der Arbeit durch neue Maschinen steigt, IF). Es gibt kein noch so kleines Handwerk, das seinen Mann nicht ernähren würde« (S. 131 f.).

In der Folge geht Diderot noch auf zahlreiche Details der kaiserlichen Instruktion ein: so auf die Zolltarife, die nicht zu hoch sein dürfen, um den Schmuggel unprofitabel zu machen, die Handelsfreiheit und die Zulassung von Monopolen allein für Kolonialgeschäfte, die Geldwertstabilität (gegen Münzverschlechterung und ungedecktes Papiergeld), die Förderung einheimischer Manufakturen für die Verarbeitung der im Lande vorhandenen Rohstoffe, die Stellung des Adels, der zwar geehrt, aber in keiner Weise (steuerlich oder sonstwie) privilegiert sein dürfe, die Förderung von Handwerkern wie Bauern, ohne daß die letzteren (im Sinne der Physiokraten) einseitig bevorzugt würden. Im Unterschied zur Zarin, die unschlüssig ist, tritt Diderot für die Aufhebung des Zunftzwanges ein (Art. 400); das Erbrecht soll nach Möglichkeit für eine Streuung des Besitzes sorgen, Scheidungen mit dem Recht zur Wiederheirat zugelassen werden. Die Gesetze sollten einfach und verständlich sein. Kommentare und Veröffentlichung der Gerichtsurteile hält Diderot für schädlich, weil sie nur das Ansehen der Gesetze schwächen könnten.

An die Stelle eines stehenden Heeres sollte eine Art Miliz treten oder, wenn das nicht möglich sein sollte, wenigstens eine Kombination von Kadertruppen und Wehrpflichtigen (wie wir heute sagen würden). Hier wird die Schweiz als Vorbild angegeben. Die Errichtung schöner öffentlicher Gebäude nützt dem Land, weil sie Fremde als Touristen ins Land zieht. Die Gelder, die in Rom für Kirchen und andere Bauten aufgewandt wurden oder für berühmte Gemälde, sind längst durch die Förderung des Reiseverkehrs wieder hereingekommen. Auch nützt z. B. die Gobelin-Manufaktur Frankreich durch die hohen Einnahmen aus dem Export. In diesem Zusammenhang polemisiert Diderot ausdrücklich gegen *Rousseau* und die *Physiokraten*, die den Vorteil der Förderung von Kunst und Wissenschaft, Handwerk und Gewerbe nicht erkannt hätten. »Die schönen Künste haben nicht die Sitten korrumpiert; die Wissenschaften nicht die Menschen verdorben. Studieren Sie die Geschichte und Sie werden sehen, daß ganz im Gegenteil die Korruption der Sitten, die von ganz anderen Ursachen ausgelöst wurde, zum Niedergang der Künste und zur Verachtung der Wissenschaften, zu Unwissenheit, Dummheit und Barbarei geführt hat« (S. 163).

Auch die einseitige Besteuerung der Landwirtschaft lehnt Diderot wie *Voltaire* ausdrücklich ab. Sie ist die »unheilvollste Steuer von allen« (S. 165). Nur in einer »reinen Demokratie« könnte sie ohne Schaden eingeführt werden. Die Geschäftsleute sind nicht, wie die Zarin meint, vaterlandslose Gesellen. Auch sie hängen an ihrem Vaterland und legen ihr Geld am liebsten dort an. Man sollte sie daher nicht schlechter behandeln als Handwerker und Bauern. Gesetze gegen Wucher nützen nichts, sie führen lediglich zu einer Erhöhung der Zinsen, die Wucherer nehmen, um ihr erhöhtes Risiko abzudecken. Außerdem gibt es tausend Wege, das Verbot dadurch zu umgehen, daß man mit Waren statt mit Geld Wucher treibt. Trotz seiner Kritik an der wachsenden Eigentumsdifferenzierung optiert Diderot in der Praxis immer wieder für weitgehende Wirtschaftsfreiheit. Inmitten wachsenden Wohlstands sollte der Souverän bescheiden leben, denn er ist für das Volk da, nicht das Volk für ihn (Art. 628–631). Abschließend moniert Diderot noch einmal, daß zwar die *Bezeichnung* Despot abgeschafft, die *Sache* aber beibehalten werde und die Befreiung der Masse des Volkes (also die Aufhebung der Leibeigenschaft, die erst rund 100 Jahre später, 1861, durch Alexander II. erfolgte) nicht geplant sei.

Diderots *Observations* sind seine gründlichste und ernsthafteste politische Schrift. Sie zeigen einen umsichtigen, kenntnisreichen, am Detail interessierten politischen Reformer. Naiv bleibt lediglich seine Hoffnung, die Zarin möchte wenigstens einige seiner Vorschläge in die Tat umsetzen. Diderot hat auch einen Plan für die Errichtung von Universitäten in Rußland entworfen. Er war allerdings überzeugt, daß es wichtiger sei, zunächst die allgemeine Volksbildung zu fördern. Bemerkenswert ist, daß er auch schon an Schulspeisungen dachte, vermutlich um die Schule für die armen Bevölkerungsteile attraktiver zu machen. Er sieht bereits das Elend der krank gewordenen Lohnarbeiter und die Notwendigkeit der Landverteilung an arme Bauern (Art. 280, S. 125). Auch wenn seine *Observations* seinerzeit nicht bekannt wurden, sind sie doch ein Indiz dafür, wie viele und konkrete Reformvorschläge in den Jahrzehnten vor 1789 entwickelt wurden.

In seinem *Supplément au Voyage de Bougainville* hat Diderot ein Stück beinahe Rousseauscher Verherrlichung des »guten Wilden« geliefert, das man auch als ideale Utopie verstanden hat. Sie soll im nächsten Abschnitt zusammen mit anderen utopischen Entwürfen des 18. Jahrhunderts behandelt werden.

10. Utopisches Denken im vorrevolutionären Frankreich

Der Überblick über einige der bekanntesten Autoren des 18. Jahrhunderts, die sich zu wirtschaftlichen und politischen Problemen geäußert haben, hat gezeigt, daß die große Mehrheit von ihnen keinen Umsturz der Verhältnisse anstrebte, sondern mit Reformen auf der Basis der bestehenden Eigentumsordnung und sogar der existierenden monarchischen Verfassung zufrieden war. Zwar wurden von fast allen die Privilegien des Adels und der Geistlichkeit verurteilt, aber das bürgerliche Privateigentum war für sie – zusammen mit Rechtssicherheit – der eigentliche Staatszweck. Freilich klagten gleichzeitig viele über den »Verfall der Sitten«, das Überhandnehmen der Habsucht und die große Wertschätzung des Geldes. Mehrere Autoren – *Diderot, Holbach, Helvétius, Mably* und natürlich auch *Rousseau* – optierten für eine möglichst gleichmäßige Besitzverteilung im Lande, aber nur wenige machten praktische Vorschläge dazu, wie sie erreicht werden sollte. Vor allem lehnten sie in der Regel gewaltsame Eingriffe in das Eigentumsrecht (außer in das »angemaßte«, auf »ungerechte Ursprünge zurückgehende« Eigentum von Kirche und Adel) ab.
Dennoch finden sich auch bei den reformerischen bürgerlichen Autoren immer wieder utopische Exkurse, in denen sie ausmalen, wie eine wirklich »ideale Gesellschaft« aussehen könnte. Sinn solcher Bilder ist dabei zunächst wohl nur die um so schärfere Beleuchtung der Mängel der zeitgenössischen französischen Gesellschaft, später – in der zweiten Jahrhunderthälfte – treten dann aber auch Verfasser von Schriften auf, die ihre utopischen Pläne durchaus als Aufruf zur Tat, als revolutionäre Konzepte verstanden haben. Man hat vorgeschlagen, »Flucht-Utopien« von solchen praktischen, auf Verwirklichung abzielenden Utopien zu unterscheiden. Außerordentlich zahlreich waren auch die satirischen Beschreibungen zeitgenössischer Mißstände, die Autoren in den Mund von Ausländern legten: *Montesquieu* bedient sich eines Persers; vor ihm hat bereits 1704 *Nicolas de Guedeuville* einen kanadischen Indianer vom Stamm der Huronen im Gespräch mit dem Baron de la Hontan vorgeführt (*Dialogues ou Entretiens entre un Sauvage et le Baron de la Hontan*), *Diderot* schildert im *Supplément au Voyage de Bougainville* die Unschuld der Einwohner Tahitis und deren entschiedene Ablehnung der europäischen Laster, jesuitische Missionare kontrastieren immer wieder die Schlichtheit, Güte und das solidarische Zusammenleben südamerikanischer Indianer und afrikanischer Neger mit der Verderbtheit der Europäer, *Restif de la Bretonne* übertrumpft sie alle, indem er – als Anhang zu seiner *Découverte Australe* – einem klugen Affen seine Kritik der sozialen und politischen Zustände Europas in den Mund legt.
André Lichtenberger (1895) und Hans Girsberger (1973) haben beide von einem »Sozialismus« des 18. Jahrhunderts gesprochen. Die Bezeichnung kann aber nur mit Vorbehalt und auf wenige der utopischen Schriftsteller dieser Epoche angewandt werden. Gewiß, sie kritisieren alle die Ungleichheit des Besitzes und den aus ihr resultierenden Egoismus, aber nur sehr wenige gehen bis zur Forderung oder Ausmalung einer Gesellschaftsordnung ohne Privateigentum an Produktionsmitteln, die meisten begnügen sich mit einer möglichst gleichmäßigen Eigentumsverteilung an die »Familienväter«. Aus diesem Grunde sind *Rousseau, Mably, Diderot, Helvétius* und *Holbach* hier nicht zu behandeln.

Immerhin gibt es eine Reihe von eindeutigen Vorläufern des utopischen Sozialismus des 19. Jahrhunderts, deren Ideen auf *Fourier* und andere eingewirkt haben könnten. Gerade die interessantesten und radikalsten Schriften sind aber erst spät – oft mehr als ein Jahrhundert nach ihrer Niederschrift – im Druck erschienen: Das gilt vor allem für die »metaphysische Utopie« (Baczko) des Benediktiners *Dom Deschamps*, die erst in unserem Jahrhundert vollständig bekannt wurde, ebenso wie für das sogenannte Testament des Pfarrers *Jean Meslier*, das dieser 1729 (oder 1733) bei seinem Tod in drei Abschriften hinterließ und von denen allerdings eine ganze Anzahl von Kopien in Paris zirkuliert haben sollen, bis es 1864 erstmals vollständig veröffentlicht wurde. Zuvor hatte Voltaire lediglich einen Auszug mit den religionskritischen Passagen bekanntgemacht.

Vairasse d'Alais

Bereits 1675 erschien – zunächst auf Englisch – die *Histoire des Sévarambes*, die vermutlich von *Vairasse d'Alais* stammt. 1677 kam in Paris eine französische Ausgabe heraus. Die ungemein scharfe Kritik der zeitgenössischen Verhältnisse und der ideale utopische Staat, den der Verfasser beschreibt, hatten das sofortige Verbot zur Folge. Dennoch war das Buch im 18. Jahrhundert allgemein bekannt und hat vermutlich auf spätere Utopien eingewirkt. Es handelt sich um einen typischen »utopischen Roman« (von dem in der Zeit bis 1789 noch mehr als 150 erscheinen sollten), der den vernünftigen Gesellschafts- und Staatsaufbau schildert, den ein Perser namens Sevarias aus den beiden unkultivierten Völkern – den Prestaramben und Strukaramben – gebildet hatte. Ein holländischer Kapitän bringt den Bericht hiervon aus dem fernen Australien mit. Dem persischen Gesetzgeber und Herrscher gelingt es, die Wurzel allen Übels, »Hochmut, Habsucht und Müßiggang«, auszurotten und eine ideale Gemeinschaft zu stiften. »Die Natur hat uns alle gleich gemacht und kennt keinen Unterschied zwischen Adligen und Bürgerlichen« (*Histoire des Sévarambes*, 1715, Bd. I, S. 222). Das Privateigentum als Wurzel aller verderblichen Unterscheidungen und Laster ist abgeschafft. »Der Staat sorgt für alle, ohne Steuern und andre Abgaben zu erheben, die ganze Nation lebt in glücklichem Wohlstand« (Bd. I, S. 224). Die Leidenschaften werden in den Dienst des Gemeinwohls gestellt, denn es gibt keinen anderen Weg, um zu Ansehen zu gelangen, als den über gute Taten für die Gemeinschaft (Bd. II, S. 3). »Ohne Sorgen und ohne Geiz lebend, fehlt es ihnen an nichts und ihr größtes Bemühen ist es, mit Mäßigung die legitimen Freuden des Lebens zu genießen« (II, S. 6). Die meisten Bewohner erreichen denn auch ein Alter von 100 bis 120 Jahren! Alle hängen sie einer aufgeklärten Vernunftreligion an, die mit vollständiger Toleranz vereinbar ist. Neben einem höchsten Wesen verehren sie die Sonne als Mittler zwischen einem jeden und der Welt.

Die Produktion ist in sogenannten Osmasien organisiert, das sind palastähnliche Gebäude, die mehr als 1000 Personen beherbergen können. Jede Osmasie ist auf einen Produktionszweig spezialisiert: Die ländlichen betreiben Ackerbau und Viehzucht und liefern ihre Überschüsse an öffentliche Magazine ab. Ganz genauso verhalten sich handwerkliche Produktionsstätten. Diese genossenschaftlichen Großbetriebe sind offenbar nach dem Muster der Manufakturen strukturiert, nur daß es keine Privateigentümer gibt und an Stelle des Handels der allgemeine Produktionenaustausch getreten ist.

Freilich besteht – als Kehrseite der neuen Gleichheit – eine allgemeine Arbeitspflicht während 8 Stunden täglich. Um Laster zu vermeiden, werden alle zu früher Eheschließung ermahnt, wobei allein den Beamten erlaubt ist, mehrere Frauen zu ehelichen. Vermutlich soll damit ein zusätzlicher Anreiz für »tugendhaftes Verhalten« geschaffen werden, durch das allein man die Chance bekommt, Beamter zu werden. Die Erziehung aller Kinder erfolgt durch den Staat und fördert in erster Linie deren Tugend. An der Spitze des Staates steht ein mächtiger Herrscher, aber die Osmasien haben gewählte Vorsteher (die Osmasionten), und ein *Conseil général* kommt durch direkte Volkswahl zustande. So mächtig aber auch der dem idealisierten (und als gerecht gedachten) »Sonnenkönig« nachgebildete Monarch sein soll, dem Volk kommt das Recht zu, einen unfähigen Regenten für wahnsinnig zu erklären und einen neuen Fürsten an seine Stelle zu setzen. Der *Conseil ordinaire*, in dem die Repräsentanten von je 8 Osmasien sitzen, wählt aus seiner Mitte eine Art Senat, dem ein weitgehendes Mitwirkungsrecht an der monarchischen Regierung zusteht.

Bemerkenswert an dieser frühen Utopie ist vor allem ihr ausgeprägter Eudämonismus, der im Gegensatz steht zu den asketischen Zügen der Idealstaaten von *Thomas Morus* und *Tommaso Campanella*. Die Osmasien können als eine Art Vorwegnahme der Produktivgenossenschaften angesehen werden, wie sie unter anderem *P. J. Proudhon* ein gutes Jahrhundert später empfiehlt.

Fénelon

Der Erzbischof *François de Salignac de la Mothe-Fénelon* (1651–1715, vgl. oben, S. 230), den wir schon als Kritiker Ludwigs XIV. kennengelernt haben, hat in seinem Bildungsroman für den Dauphin *Les Aventures de Télémaque fils d'Ulysse* (1699) im 8. Buch einen idealen Staat *La Bétique* geschildert, der als ein früher utopischer Entwurf angesehen werden kann. Es handelt sich um ein Land mit idealem Klima, das »die Wonnen des goldenen Zeitalters bewahrt zu haben scheint« (Fénelon, 1753, S. 164). Gold und Silber, das reichlich vorkommt, wird geringgeschätzt und wie Eisen verwandt. Fast alle Bewohner sind Hirten und Bauern, man findet nur wenige Handwerker, denn »sie dulden nur die Gewerbe, die den wirklich notwendigen Bedürfnissen der Menschen dienen« (S. 165). Nur Holz und Eisen wird von ihnen bearbeitet, Luxus ist völlig unbekannt (S. 166). »Überflüssiges verweichlicht und berauscht nur diejenigen, die es besitzen, und führt jene, die es entbehren, in Versuchung, es auf ungerechte Weise oder gewaltsam zu erwerben« (S. 165–166). Sie leben zusammen, ohne ihr Land untereinander aufzuteilen; jede Familie wird von ihrem Oberhaupt geleitet, der »ein wahrhafter König ist«. Wenn dieses Oberhaupt Familienmitglieder bestraft, holt es aber zuvor den Rat der übrigen Familie ein. Fast nie kommt es zu solchen Strafen, denn die Sitten sind einfach, und Laster werden allgemein verabscheut. Richter sind nicht nötig, da jedem sein Gewissen sagt, was gut oder böse ist (S. 167).

»Sie sind alle frei und gleich« (S. 168). Krieg kennen sie nur zur Verteidigung ihrer Freiheit. »Glücklich wer, da er niemandes Sklave ist, den verrückten Ehrgeiz, andere zu unterdrücken, nicht kennt« (S. 169). Auf die Frage Telemachs, ob dieses Volk Wein kenne, antwortet Adoam, sie hüteten sich, ihn zu trinken, und stellten auch keinen her. Die Ehen sind monogam und lebenslänglich, die Frauen schön, friedlich, schlicht und fruchtbar. »Mann und Frau teilen sich alle häuslichen Aufgaben« (S. 170). Krieg vermeiden die Bewohner durch ihre geographische Abgeschiedenheit, auch werden sie oft von fremden Staaten als Schiedsrichter angerufen, um ihre Konflikte zu schlichten (S. 171). Die Nachbarvölker wissen, daß sie von diesem Staat nichts zu befürchten haben, und lassen ihn daher in Frieden.

»Ihre Freiheit aber würden die Bewohner Bétiques niemals aufgeben, eher würden sie sterben, als Knechtschaft zu akzeptieren. So ist es denn ebenso schwer, sie zu unterwerfen, wie sie außerstande sind, andere zu unterdrücken. Das führt zu einem tiefen Frieden zwischen ihnen und ihren Nachbarn« (S. 172). Die Übernahme der verfeinerten europäischen Zivilisation haben die Bewohner von Bétique stets abgelehnt, sie fürchteten, dann von allen möglichen Dingen abhängig zu werden, die ihnen jetzt nicht fehlen. Sie bewundern die Leistungen der Schiffahrt, halten sie aber für eine »schädliche Kunst«. »Wenn diese Leute ... in ihrem Land alles Nötige haben, was suchen sie dann in einem anderen? Was dem natürlichen Bedarf genügt, genügt es ihnen nicht? Sie verdienten Schiffbruch zu erleiden, weil sie inmitten der Stürme den Tod suchen, um die Habsucht der Kaufleute zu befriedigen und den Leidenschaften andrer Menschen zu schmeicheln« (S. 173).

Gewiß, Fénelon malt nur ein idyllisches Ideal und denkt nicht daran, zu seiner Verwirklichung aufzurufen; auch liegt dieses Land eher in der bewahrten Vergangenheit als in einer revolutionär herbeizuführenden Zukunft. Dennoch hat Fénelon, dessen Buch bis 1717 verboten war, aber in der Folge zahlreiche Auflagen erlebte, auf die Phantasie späterer Denker mächtig eingewirkt. Rousseaus Vorstellungen vom »guten Leben« ebenso wie zahlreiche Darstellungen des »guten Wilden« dürften von ihm mitbeeinflußt sein. Deutlich sind auch negative Beziehungen auf die zahlreichen Kriege und den kostspieligen Luxus der Zeit Ludwigs XIV.

Montesquieu

Auch *Charles-Louis de Secondat de La Brède de Montesquieu* hat in seinen *Lettres Persanes* (1721) in den Briefen 11 bis 14 einen utopischen Roman eingefügt, der Rousseaus Zweiten Discours beeinflußt haben dürfte. Die *Geschichte der Troglodyten* ist die Erzählung vom Unglück egoistischer Anarchisten und vom Aufstieg tugendhafter Citoyens, deren künftiges Schicksal freilich ungewiß bleibt. Die Fabel beginnt mit der Schilderung außerordentlich wilder und leidenschaftlicher Menschen, die ihren König umbringen, um völlig frei zu sein, und sich schließlich vornehmen, niemandem mehr zu dienen als ihrem eignen Nutzen. Die Folge dieses extremen anarchistischen Egoismus ist, daß Felder unbebaut bleiben und – da niemand seinem Nachbarn hilft – in einer Dürreperiode die Bergbauern und während der Überschwemmungskatastrophe des folgenden Jahres die Bauern im Flußtal verhungern. Schließlich bleiben nur zwei tugend-

hafte Familien übrig, die untereinander in Eintracht leben und sich rasch vermehren. So entsteht ein »gerechtes Volk«, das die Götter lieben. Ihre Herden bleiben fast immer zusammen, man spart sich die Mühe der Teilung (13. Brief). Habsucht ist daher unbekannt, und alle leben in Frieden. Auch den Nachbarländern gegenüber herrscht Frieden, sollten die Troglodyten aber angegriffen werden, so verteidigen sie sich tapfer, da jeder die Gefahr vom anderen abwehren möchte. Die Erziehung der Jugend benützt vor allem den Bericht vom Untergang des alten Troglodytenstammes infolge des überhand nehmenden Egoismus und des Fehlens aller Tugenden als abschreckendes Beispiel. Tugend liegt auch im wohlverstandenen Eigeninteresse, das ist die Lehre jenes Berichts.
Als das Volk sich immer mehr vergrößert hatte, empfanden die Troglodyten das Bedürfnis nach einem König, der ihr Land regieren sollte. Sie wandten sich an einen angesehenen Greis, der schließlich »mit Betrübnis im Herzen« die neue Würde annahm: »Ich sehe wohl, sagte er, daß eure Tugend anfängt, euch Mühe zu machen. Ohne König müßtet ihr einfach tugendhaft sein, denn sonst könntet ihr nicht überleben und würdet ins Unglück eurer Vorfahren zurückfallen. Aber dieses Joch erscheint euch nun zu schwer, ihr wollt lieber einem Fürsten untertan sein und seinen weniger strengen Gesetzen als euren Sitten zu gehorchen. Ihr wißt, daß ihr jetzt euren Ehrgeiz befriedigen und Reichtümer sammeln und einer feigen Wollust leben könnt ... und daß ihr keine Tugend mehr nötig haben werdet« (14. Brief). Der alte König stirbt denn auch bald vor Kummer. Seine Nachfolger folgen immerhin seinem Beispiel, und so bleibt das tugendhafte Reich der Troglodyten erhalten. Der Erwerb von Reichtum bleibt moralisch verurteilt, und der König betont in einer Rede, daß, sobald der Reichtum höher geschätzt werde als die Tugend, der König notwendig reich sein müsse, um seinen Rang sichtbar zu machen. Das aber heißt, er müßte das Volk mit schweren Steuern belasten. »O Troglodyten, wir können durch ein schönes Band vereinigt bleiben: Wenn ihr tugendhaft seid, werde ich es bleiben, wenn ich tugendhaft bin, werdet ihr es sein« (14. Brief).

Dom Deschamps

Sehr viel radikaler sind die Töne, die der Benediktiner *Dom Deschamps* in seinem *Vrai Système* anschlägt. *Léger-Marie Deschamps* wird 1716 in Rennes geboren, 1733 in den Benediktinerorden aufgenommen und ist während seiner Tätigkeit als Philosoph »Procureur« einer kleinen Priorei in Montreuil-Bellay im Anjou, wo er auch 1774 stirbt. 1761 tritt er in Briefkontakt mit *Rousseau*, und von 1763 an ist er gern gesehener Gast auf dem Schloß des *Marquis Réné de Voyer d'Argenson* (einem Verwandten von René Louis Marquis d'Argenson). Im Salon des Marquis lernt Deschamps u. a. *Diderot* und *Talleyrand* kennen. Der letztere hat seinem Abscheu über die Diskussionen auf dem Château des Ormes deutlich Ausdruck gegeben. Der Marquis war nach einer brillanten militärischen Karriere zum Freund der *Philosophes* und Kritiker der französischen Gesellschaft geworden. Unter seinem Schutz konnte Dom Deschamps offenbar seine kühnen Ideen frei entwickeln (wenn er sie auch kaum publizieren konnte). *Diderot* hat in einem Brief an *Sophie Volland* den tiefen Eindruck geschildert, den der rundliche, freundliche, kühne und radikale Benediktiner auf ihn machte:

»Er ließ mich eines der heftigsten und originellsten Werke lesen, das ich kenne. Es schildert die Idee eines Gesellschaftszustandes, zu dem man auf dem Weg von der Wildheit und den politischen Verfassungen anlangt, ... indem man endlich erkennt, daß die Menschheit unglücklich bleiben wird, solange es Könige, Priester, Behörden, Gesetze, Dein und Mein, Laster und Tugend gibt. ... Heimgekehrt habe ich über die Prinzipien und Folgerungen meines dicken Benediktiners nachgedacht, der ganz das Aussehen und den Ton eines alten Philosophen hat, und ich fand keine Zeile in seinem Buch voll neuer Ideen und kühner Behauptungen, die ich ausstreichen würde. D'Alembert ... urteilt nicht wie ich. Die Geometer sind schlechte Metaphysiker, weil sie auch schlechte Spieler sind ...« (*Correspondance*, 1963, Bd. IX, S. 245).

Bronislaw Baczko (1978) nennt Dom Deschamps einen metaphysischen Utopisten. Sein Wiederentdecker im 19. Jahrhundert, Émile Beaussire, nannte ihn einen »französischen Vorläufer Hegels«, weil er offensichtlich eine Art dialektischer Geschichtsphilosophie konzipiert hat. Später hat man ihn sogar zu einem Vorläufer von Marx machen wollen. Beaussire freilich wollte an seinem Beispiel die Gefährlichkeit kommunistischer Ideen und des Pantheismus und Materialismus aufweisen. Die drei Phasen der Menschheitsentwicklung, die Deschamps unterscheidet (übrigens eher eine Vorwegnahme der Fichteschen Geschichtskonstruktion als der Hegelschen), sind: 1. die *Wildheit*, die durch physische Ungleichheit und Uneinigkeit gekennzeichnet war, 2. »der *Zustand extremer Uneinigkeit in der Einigung (désunion dans l'union)*, der unserem gesetzlichen Zustand entspricht«, und endlich 3. *»der Zustand der Einigung ohne Uneinigkeit« (union sans désunion)*. Zum dritten Zustand will Deschamps hinführen, indem er das Übel – im Gegensatz zu seinen »halb-aufgeklärten« Zeitgenossen – an der Wurzel packt.

Voltaire hat Deschamps völlig mißverstanden, als er ihn für einen religiösen Reaktionär hielt. In Wirklichkeit will der Benediktiner über die materialistische Religionskritik hinaus. *Holbach*, so bemängelt er, habe nur die religiöse Sanktion der menschlichen Gesetze angegriffen, jene selbst aber bestehen lassen. Damit aber habe er die Ursachen des Übels, der Verbrechen usw. – den Zustand der Gesetze – nicht beseitigt. Die Religion kann – solange diese Verhältnisse nicht geändert sind – sogar als »moralische Hemmung« das Leben etwas erträglicher machen. Im übrigen steckt die christliche Religion voller Widersprüche: »Sie lobt die Armut und verteidigt doch die Reichen und Mächtigen; sie verherrlicht die Gleichheit der frühen christlichen Gemeinschaften, obgleich sie die Ungleichheit und die Gewalt unterstützt ... Aber die Religion wacht wenigstens über einen Schein von Ordnung unter dem gesetzlichen Zustand. Die Religion zu zerstören, ohne diesen Zustand zu beseitigen, heißt nur die Ausbreitung des Lasters, der Ungerechtigkeit und des Verbrechens ermutigen« (Baczko, 1978, S. 118).

Im Unterschied nicht nur zu *Rousseau*, sondern zu anderen Verherrlichern des Zustands der »Wildheit« tritt Deschamps für eine Art dialektischen Fortschritt ein, der jenseits der zeitgenössischen Zivilisation eine wahrhaft ideale Gesellschaftsordnung erwarten läßt. Dieser Zustand wird von dem Vorherrschen der Sitten (*moeurs*) bestimmt sein, deren Wirksamkeit Gesetz und Regierung überflüssig macht. Diese Gesellschaftsordnung wird das Reich des Wahren und des

Guten sein, um es herbeizuführen, muß aber der »Platz vollständig gereinigt werden«, wie Deschamps in einem Brief an Rousseau schreibt (Baczko, S. 125).

Deschamps malt die Details dieser Zukunftsgesellschaft aus: Es wird keine Arbeitsteilung mehr geben, jeder wird von einer zur anderen Tätigkeit übergehen können, auch Arbeit und Ruhe werden nicht mehr deutlich getrennt sein, Werktag und Fest ineinander übergehen. Gemeineigentum wird nicht nur an allen Produktionsmitteln herrschen: Auch »die Frauen werden für die Männer wie die Männer für die Frauen ein Gemeinbesitz sein, ohne daß es je zur geringsten Unannehmlichkeit oder zur Uneinigkeit kommen würde« (Baczko, S. 129). Auch werden die Menschen dann gesünder, schöner, langlebiger, glücklicher usw. sein. »Der Zustand der Sitten wird also ein Gesellschaftszustand ohne jede Organisation, Hierarchie, Unterordnung, Regel oder Zwang sein. Alles wird dort spontan geordnet sein ... Es wird ein Leben ohne Konflikte und Streit, ohne Verschiedenheit noch Änderung sein; dagegen wird es in seiner Einförmigkeit der Ausdruck einer ›glücklichen physischen Existenz‹ sein.« (Baczko, S. 129/130). Mann und Frau werden sich ähnlicher werden, ähnlicher noch als Männchen und Weibchen bei den Tieren des Waldes. Auch kennt dieser Zustand der Sitten »weder Lachen noch Weinen, ein heiterer Ausdruck wird ständig auf allen Gesichtern ruhn, die – wie ich schon sagte – alle ungefähr die gleiche Gestalt haben werden« (*Observations morales*, 1939, S. 122f., 162).

Auch wenn von Dom Deschamps zu Lebzeiten nur zwei wenig beachtete Schriften erschienen sind und seine direkten Kontakte sich auf die Besucher des Château des Ormes beschränkten, ist doch die Tatsache von Interesse, daß eine derart radikale geschichtsphilosophisch fundierte Utopie im 18. Jahrhundert in Frankreich entstehen konnte. Auch andere utopische Entwürfe stammen aus der Feder von Klerikern, die durch ihren engen Kontakt mit dem Volk, namentlich mit der ländlichen Bevölkerung, die Widersprüche der halbfeuladen und halb schon bürgerlichen Gesellschaft und des Absolutismus deutlicher spürten als die in den Städten lebenden »Philosophes«. Voltaires Ablehnung des Metaphysikers könnte freilich außer auf unzulänglicher Kenntnis auch auf einem sicheren Klasseninstinkt beruhen. Dom Deschamps jedenfalls war kein Anwalt des aufsteigenden Besitzbürgertums. Seine differenzierte Auffassung von der ambivalenten Rolle der Religion nimmt kritische Reflexionen von Marx gegenüber Feuerbach vorweg. Man kann den »Seufzer der bedrängten Kreatur« nicht verbieten, wenn die Bedrängnis bleibt, und immerhin ist – nach Marx – die Religion auch eine »Protestation gegen das Elend«, nicht nur dessen Rechtfertigungsmittel.

Meslier

Auch das *Testament* des Abbé *Jean Meslier* (1678 oder 1664–1729 oder 1733) ist erst posthum im Druck erschienen (1864 in Amsterdam). *Voltaire* veröffentlichte 1762 einen Auszug der religionskritischen Passagen und *Holbach* 1772 *Le Bon sens du curé Meslier, Sylvain Maréchal* 1789 einen *Catéchisme du curé Meslier*. Im Unterschied zu seinem Urteil über *Dom Deschamps* hat *d'Alembert* dem *Abbé Meslier* eine posthume Huldigung zuteil werden lassen: Auf seinen

Grabstein könne man schreiben: »Hier ruht ein sehr anständiger Priester ..., der sterbend Gott um Vergebung dafür bat, Christ gewesen zu sein ...« Der Atheismus ist freilich der am wenigsten originelle Aspekt des *Testaments* von Meslier. Die Religion wird von ihm nur deshalb bekämpft, »weil sie die Menschen daran hindert, sich vom Aberglauben freizumachen sowie von den Bindungen, mit denen ihre Herren sie bedrückt haben« (Lichtenberger, 1895, S. 77). Durch das Lügengespinst der Dogmen wird die Herrschaft der Großen und Reichen befestigt. Man sollte daher »alle Großen der Erde und alle Adligen an den Gedärmen der Priester aufhängen« (*Testament*, Bd. I, S. 19). Mit Hilfe des Teufels sucht man die Armen und Schwachen einzuschüchtern, die einzig »wahren Teufel sind aber die Leute, von denen ich spreche, denn Ihr habt wirklich keine größeren und bösartigeren Feinde und Gegner zu fürchten als die Großen, die Adligen und die Reichen der Erde, sie nämlich sind es allein, die Euch zertreten, quälen und unglücklich machen« (Bd. II, S. 180). Das Elend der Bauern und Handwerker komme von der Notwendigkeit, zahllose unnütze und untätige Schmarotzer – die Adligen, Priester und Mönche, Rentner und andre Reiche – zu ernähren. »Ein andrer Mißbrauch ist ... die private Aneignung der Güter und Reichtümer der Erde, statt daß alle in gleicher Weise und gemeinsam sie besitzen sollten, um sie ebenso gemeinsam und in gleicher Weise zu genießen« (Bd. II, S. 210).

Man sieht, Meslier geht über die bürgerliche Kritik am arbeitslosen Einkommen des Adels und der Geistlichkeit weit hinaus und fordert die Einführung des Gemeineigentums. Dann nämlich werde es keine Hungersnot mehr geben und ein neues goldenes Zeitalter heraufziehen. Wie von vielen Utopisten wird auch von Meslier eine Ehereform empfohlen. Ehen sollten geschieden werden können, damit das Leiden an unvereinbaren Charakteren aufhört. Mit dem Verschwinden der Stände (und der Besitzunterschiede) wird schließlich nur noch wirkliche Zuneigung über Verbindung und Trennung entscheiden.

Nur aus Feigheit haben die Menschen so lange die Tyrannei der Fürsten und ungerechte Zustände ertragen. »Die Feigheit ist allgemein, und doch werden die Menschen unglücklich sein, solange man Königen gehorchen und an Religionen glauben wird.« »Sucht also alle Euch zu vereinigen, solange Ihr lebt, Ihr und Euresgleichen, um das Joch der Tyrannei Eurer Fürsten und Könige völlig abzuschütteln; stürzt überall die Throne des Unrechts und der Sittenverderbnis!« (Bd. III, S. 377 f.).

Das Gemeinwohl soll offenbar auf Gemeindebasis organisiert werden, zwischen den Gemeinden aber ein föderales Verhältnis bestehen. Die Kindererziehung wird – wie bei den meisten utopischen Denkern – dem Gemeinwesen überantwortet, das auf diese Weise für die Aufrechterhaltung strikter Gleichheit sorgt. »Alle werden dann unvergleichlich glücklicher und zufriedener sein als sie (heute) sind: Denn es wird keine Elenden und Unglücklichen mehr auf der Erde geben, von denen man heute alle Tage so viele sieht« (Bd. II, S. 229).

Morellys »Basiliade« und der »Code de la Nature«

Auch *Morelly* ist ein Autor, von dem wir sehr wenig gesicherte Kenntnisse haben. Er ist wahrscheinlich um das Jahr 1715 im südlichen Frankreich geboren und vermutlich Lehrer gewesen. Er konnte Latein und war mit den Autoren des klassischen Altertums vertraut. Vor allem aber dürfte er aus eigener Erfahrung die materielle Not der Armen gekannt haben. *John Lockes* Erziehungstheorie hat ihn interessiert, seine sensualistische Erkenntnistheorie verbindet er mit einem von *Descartes* beeinflußten Rationalismus. Eine ganze Reihe seiner Arbeiten (*Versuch über den menschlichen Geist oder die natürlichen Prinzipien der Erziehung*, 1742/1743; *Versuch über das menschliche Herz*, 1745; *Die Physik der Schönheit*, 1748; *Der Fürst, der die menschlichen Herzen entzückt*, 1751) führen nicht zu dem erhofften publizistischen Erfolg. Sie zeichnen sich kaum durch große Originalität aus und liegen auf der allgemeinen Linie der bürgerlichen Aufklärungsliteratur. Das letzte Buch war als eine Art Empfehlung für *Friedrich den Großen* gedacht, von dem sich Morelly – vergeblich – eine materielle Unterstützung erhoffte.

Enttäuschungen mit einem adligen Gönner und über die vergeblichen Versuche, durch Vermittlung seines Bekannten *Samuel Formey* beim preußischen König Hilfe zu finden, trugen zur radikalen kritischen Wende der politischen Auffassungen Morellys bei. Die Lektüre von *Garcilaso de las Vegas'* »Geschichte der Inkas, der Könige von Peru«, die ein begeistertes Porträt der kommunistischen Zivilisation des Inkareiches enthält, überzeugt Morelly von der »Vernünftigkeit und Natürlichkeit« des Gemeineigentums und davon, daß die Einführung des Privateigentums die Wurzel allen Elends und aller Laster war. Das Buch eines Autors namens *Poesnier*, »Die Eroberung Mexikos«, das die spanische Eroberung zwar rechtfertigt, aber doch auch die kommunistische Gesellschaftsordnung des Aztekenreiches beschreibt, veranlaßt Morelly zu einer Art »Gegenentwurf«. 1753 erscheint sein utopischer Roman *Untergang der schwimmenden Inseln oder Königsgesang (Basiliade) vom erlauchten Pilpai*. In seinem Vorwort kennzeichnet Morelly seine Intention wie folgt: »Ich glaube, es ist nicht schwer, herauszufinden, daß Pilpai die Absicht gehabt hat zu zeigen, in welch glücklichen Verhältnissen sich eine Gesellschaft befinden würde, die nach den Prinzipien seiner ausgezeichneten Moral gebildet wäre: Im Gegensatz zu den von ihm gezeigten Bildern wird der enorme Abstand deutlich, der zwischen seinen Lehren und denjenigen der meisten Gesetzgeber besteht; so werden die großen Fehler deutlich, deren sich die meisten angeblichen Reformer des Menschengeschlechts schuldig gemacht haben, die sich von dem Ziel abwandten, das sie sich scheinbar vorgesetzt hatten; denn weit davon entfernt, unsere Leiden zu heilen, hat ihre Unfähigkeit sie nur noch vermehrt; weit davon entfernt, uns glücklich zu machen, hat die Vielzahl ihrer wertlosen Rezepte – indem sie Vorurteile und Laster aufeinander häufte – den Abgrund unseres Elends nur vertieft. Seine ganze Dichtung … beweist die Wahrheit seines Systems, das nicht eingebildet ist, da die Sitten des Volkes, das Zeinzenium regiert – bis auf wenige Abweichungen –, denjenigen gleichen, die in dem am besten verwalteten Land, das es je gegeben hat, galten, ich spreche von *Peru*« (*Basiliade*, Bd. I, S. XL f).

Morelly unterstellt, daß ursprünglich die Menschen in Familien zusammenlebten, kein Privateigentum kannten und Eintracht unter ihnen herrschte. Als sich die Stämme vergrößerten und ihr Zusammenhalt auf Grund gemeinsamer Abstammung und des Gefühls der Zusammengehörigkeit sich abschwächte, wurde Privateigentum eingeführt, und Gesetzgeber festigten es noch. Hätten sie damals am Gemeineigentum festgehalten und lediglich die Verteilung der Arbeiten und der Konsummöglichkeiten geregelt, wäre der Sittenverfall und das zeitgenössische Elend in Frankreich und den anderen zivilisierten Staaten vermieden worden. »Das unbarmherzige Eigentum, die Mutter aller Verbrechen, die den Rest der Welt überfluten«, war den glücklichen Bewohnern jener idealen Insel unbekannt. »Sie sahen die *Erde als ihre gemeinsame Nährmutter* an, die allen ihren Kindern ohne Unterschied ihre Brüste darreicht, sobald sie Hunger haben« (Bd. I, S. 5 f.). Die solidarische Brüderlichkeit jener Menschen erstreckt sich sogar auf die *Tiere*, aus diesem Grunde verzichten sie auf Fleischnahrung. Ähnlich wie in *Montesquieus* »Geschichte der Troglodyten« dient auch hier die Geschichte vergangener Irrtümer und großen Unheils der Belehrung der jungen Generation, und wie in fast allen Utopien ist die insulare Abschließung die Voraussetzung für die Bewahrung der Verfassung und der einfachen Sitten.

Im Unterschied zu den Genossenschaften *Mesliers* sind die kleinsten wirtschaftlichen und sozialen Einheiten Morellys aus Angehörigen *verschiedenster* Berufe zusammengesetzt, die gemeinsam ein Stück Land bebauen und alle handwerklichen Arbeiten übernehmen. »Mäßige Arbeit aller genügt, um alles zu erzeugen.« »Nichts wird verschwendet, alle sind sich sicher, stets ihren Unterhalt zu haben, und nehmen (aus der gemeinsamen Vorratskammer) nur, was sie brauchen« (*Basiliade*, Bd. I, S. 107 f.). Es handelt sich also um Kooperativen, die fast autark sein können. Im übrigen, meint Morelly, dürften sich derartige Gemeinschaften und ganze Provinzen auch gegenseitig unterstützen, wenn sie Überfluß haben und andere Mängel an bestimmten Gütern verspüren. Sowohl der Bereicherungsbetrieb als auch das Elend sind aus diesem Land verschwunden. Aus diesem Grunde mißlingen auch die Anschläge, die »neidische Götter« auf die ideale Gemeinschaft mit Hilfe von *Neid, List* und *Lüge* unternehmen.

Der dickleibige utopische Roman Morellys fand nur wenig Resonanz bei den Zeitgenossen. Um seine sozialen und politischen Ideale deutlicher und präziser zu formulieren, schrieb Morelly daher ein zweites Buch über das gleiche Thema: *Das Gesetzbuch der Natur* (*Code de la nature*). Der Untertitel macht deutlich, daß es sich auch um eine Auseinandersetzung mit *Montesquieu* handelt: »Ou le véritable esprit de ses lois de tout temps négligé ou méconnu«.

Während Montesquieu den unterschiedlichen Geist der positiven Gesetze einer ganzen Reihe von Nationen beschrieben und erklärt hatte, will Morelly den »Geist der Gesetze der Natur« oder der »natürlichen Gesetze« endlich offenbaren, vor dessen Wahrheit sich die positiven Gesetze (samt ihres »Geistes«) als ebenso viele Irrtümer erweisen. Der *Code de la Nature* erscheint wie die *Basiliade* anonym und wird – bis 1841 – für ein Werk *Diderots* gehalten, ja sogar in eine Ausgabe seiner Werke übernommen. Das Echo in den tonangebenden Kreisen war schwach und eher negativ, wobei man sich mehr an den Stil als an den Inhalt des Werkes hielt. Immerhin konnten 1757, 1760, 1772 und 1773 Neuauflagen erscheinen, was auf ein erhebliches Interesse – vermutlich bei den unteren Bevölkerungsschichten – schließen läßt. Von den bekannten Autoren des 18. Jahrhunderts hat lediglich der *Marquis d'Argenson* in seinen Memoiren lobend auf Morelly (bzw. den anonymen Verfasser) aufmerksam gemacht: »Ein ausgezeichnetes Buch, wahrhaft das Buch der Bücher! So sehr dem ›Geist der Gesetze‹ des Präsidenten *Montesquieu* überlegen, wie *La Bruyère* dem *Abbé Trublet* überlegen ist. Indessen so tief sind wir noch in die Barbarei versunken und so gewaltig ist noch die Macht der Priesterschaft, daß in der ganzen Welt nicht Feuer und Schwefel genug gefunden werden kann, um dieses Werk zu verbrennen« (Morelly, 1964, S. 52). *François Noel Babeuf* (1760–1797) hat sich in seinem Prozeß auf den *Code de la Nature* berufen, den er als ein Werk Diderots ansah. Er wie sein Anhänger *Filippo Michele Buonarotti* (1761–1837) entwarfen ihr kommunistisches Zukunftsideal im wesentlichen auf der von Morelly skizzierten Basis.

Morelly sieht die Entwicklung der Menschheit ähnlich wie *Rousseau* in seinem Zweiten Discours (der im gleichen Jahr wie der *Code de la Nature* erscheint). Freilich stehen bei ihm Familien und nicht isoliert lebende einzelne am Anfang der Menschheitsgeschichte. Im Unterschied zu Rousseau ist er aber optimistischer, was die Möglichkeit einer »Rückkehr« zu einem natürlichen Zustand der Gesellschaft angeht. Die Entwicklung ist bei ihm weniger »fatal« als vielmehr Folge des Irrtums, der unzulänglichen Kenntnisse der frühen Gesetzgeber. Diese Irrtümer gilt es rückgängig zu machen und das Gemeineigentum am Boden wiederherzustellen. Die frühen Gesetzgeber haben »keine Unordnung gebessert«, sondern diese nur stabilisiert und zum Teil ihre Folgen gemildert. Das gesetzgeberische Chaos, das aus dieser Teilung des Eigentums und der Menschheit in zahlreiche gegeneinander feindlich gesinnte Völker entstand, »ist von dem berühmten Verfasser des ›Geistes der Gesetze‹ so gelehrt durchwandert worden, ... eines Geistes, dessen Unbeständigkeit er gezeigt hat, indem er die Geschichte und Analyse dieser wandelbaren Gesetze gab« (Morelly, 1964, S. 121).

Morelly geht es darum, die *Ursachen* dieses raschen Wandels zu erforschen und jene Gesellschaftsordnung zu finden, die endlich permanente Stabilität in die menschlichen Verhältnisse bringen kann. Statt das Eigentum zu teilen, »mußten sie (die Gesetzgeber) nur dahin streben, nicht das Eigentum, sondern den Gebrauch und die Verteilung der beweglichen Habe zu ordnen. Dazu war es nur nötig, die Verrichtungen, die gegenseitigen Hilfen der Glieder einer Gesellschaft einzuteilen; wenn irgendeine *harmonische Ungleichheit* unter den Mitbürgern herrschen sollte, so mußte man aus der Prüfung der Kräfte jedes Teils des Ganzen diese Verhältnisse ableiten, aber ohne die Basis anzurühren, die den Körper der Maschine trägt« (S. 121–122).

Mit der Formel *harmonische Ungleichheit* sucht Morelly die Gleichheit der Rechte aller Gesellschaftsmitglieder, die für ihn aus dem rationalen Naturrecht folgt, mit der Tatsache der Verschiedenartigkeit der Menschen zu vereinbaren. Diese Verschiedenartigkeit: die einen sind fähig zur Jagd, andere zum Fischfang, zum Häuserbau, zum Schmieden, zum Malen, zum Musizieren usw., sei ein Hinweis der Natur auf die Nützlichkeit, ja Notwendigkeit des gesellschaftlichen Zusammenschlusses, keineswegs aber ein Indiz für die Legitimität von Herrschafts-Knechtschaftsverhältnissen. Die Abhängigkeit der Menschen unterschiedlicher Fähigkeiten ist immer eine *gegenseitige*, und bei einer Gemeineigentumsordnung kann niemand aus dieser Tatsache für sich Vorteile ziehen, alle helfen sich gegenseitig gern. Durch diese gegenseitige Unterstützung ist die freie Entfaltung der Genüsse eines jeden möglich.

Ist aber einmal die Eigentumsordnung kommunistisch geregelt, dann spielt die politische Form – nach Morelly – nur noch eine untergeordnete Rolle. Zwar könne man *Montesquieu* insoweit zustimmen, als die Republik mit Privateigen-

tum noch etwas mehr Tugend kenne als Privateigentumsordnungen in Aristokratien und Monarchien, aber auf dieser Basis sei auch die Republik wenig stabil, und früher oder später werde durch Besitzdifferenzierung diese politische Form ausgehöhlt und zerstört werden. In dieser Hinsicht stimmt Morelly doch mit Rousseaus pessimistischer Prognose überein.
Auf der Basis des Gemeineigentums kann aber auch eine Monarchie mit Tugend und Stabilität verbunden sein. Allerdings kennt Morelly nur eine Wahlmonarchie, die dem Volk jederzeit das Recht vorbehält, einen anderen Menschen an Stelle des amtierenden Königs oder seines Sohnes vorzusehen. Abschließend skizziert Morelly eine Art Mustergesetzgebung, gibt aber zu, daß »es unglücklicherweise nur zu wahr ist, daß es in unseren Tagen fast unmöglich sein würde, ein ähnliches Gemeinwesen zu bilden« (S. 181). »Die geheiligten Grundgesetze, die allen Übeln der Gesellschaft die Wurzeln abhauen würden« sind:
1. Daß niemand etwas anderes als Eigentum haben darf, als was seinem »gegenwärtigen wirklichen Gebrauch« dient. Heute dürfte man das »persönliches Eigentum« nennen.
2. Daß alle Bürger vom Staat beschützt, erhalten und beschäftigt werden. Es wird also ein Recht auf Leben (bzw. Lebensunterhalt) und auf Arbeit festgelegt.
3. Daß jeder verpflichtet ist, »nach seinen Kräften, seinen Talenten und seinem Alter zum Staatsnutzen beizutragen« (S. 181 f.).
Auf diese »geheiligten Grundgesetze« folgen die Details der Gesetze, die das Wirtschaftsleben, die Verwaltung, die Regierungsform, die Ehe, das Erziehungswesen und die Strafjustiz regeln. Beachtlich ist, daß hier erstmals so eindeutig ausführliche gesetzliche Bestimmungen über die Wirtschaftsordnung allen anderen vorangehen und als deren *Grundlage* angesehen werden. Marxistische Autoren haben hierin Morellys bedeutendste Leistung erblickt.
Morelly wurde als Verfasser des *Code de la Nature* erst 1841 durch *François Villegardelle* bekannt; der Pariser »Vorwärts« druckte um diese Zeit Auszüge aus dem *Code* ab, *Etienne Cabet* und *P. J. Proudhon* beriefen sich auf ihn, und *André Lichtenberger* hat in seinem noch immer lesenswerten Buch *Le Socialisme au XVIIIe Siècle* (1895) erstmals Morelly angemessen gewürdigt. In unserem Jahrhundert hat ihm der sowjetische Gelehrte *W. P. Wolgin* eine wichtige Studie gewidmet (Einleitung zu Morelly, 1964), eine wertvolle Einleitung in den »Code« verdanken wir auch *Gilbert Chinard* (Paris 1950), der durch sein Buch *Amérique et le Rêve Exotique dans la Littérature Française au XVIIe et au XVIIIe Siècle* (1934) bekannt geworden ist.

Restif de la Bretonne und seine Produktivgenossenschaften

Grimm nennt in seiner *Correspondance* Restif de la Bretonne einen »Rousseau der Gosse« (Bd. XIII, S. 107). Der große Vielschreiber und populäre Romancier war aber in Wirklichkeit ein Anwalt ländlicher und städtischer Genossenschaften mit Gemeineigentum, der versuchte, seine Reformkonzepte mit der Beibehaltung einer halbfeudalen Ständegesellschaft zu vermitteln. *Nicolas Restif de la Bretonne* stammte aus einer wohlhabenden ländlichen Familie und wurde 1734 in dem Dorf Sacy (Burgund) geboren, in Auxerre zu einem Buchdrucker in die

Lehre geschickt und ging – einer Liebesaffäre wegen – von dort nach Paris, wo er anfangs als Drucker, später als Verfasser zahlreicher Romane seinen Lebensunterhalt verdiente. Ein nicht unerhebliches Vermögen, das er durch seine Bücher zusammengebracht hatte, verlor er in der Revolution durch die Abwertung der Assignaten. Verarmt, wurde er abermals Drucker, 1795 setzte ihm das Directoire eine Pension von 2000 Franken aus, später bekam er eine Schreiberstelle im Polizeiministerium. 1806 starb er in bitterer Armut in Paris.
Die Inspiration zu den Genossenschaftsutopien Restifs stammt aus seiner Kenntnis der bäuerlichen Genossenschaften in der Auvergne, auf die auch *M. Faiguet* (*trésorier de France*) in seinem Enzyklopädie-Artikel *Moraves ou Frères unis* (Encyclopédie, Bd. X, S. 704 ff.) hingewiesen hat. Faiguet beschreibt mit viel Sympathie das Leben der in Gemeinschaften ohne Privateigentum zusammenlebenden »mährischen Brüder« oder Herrnhuter (Zinzendorf wird bei ihm freilich Zintkendorf) und meint, die bäuerlichen Gemeinschaften einer Anzahl von Großfamilien in der Auvergne entsprächen in etwa diesem Ideal: »Wir haben vor allem in der Auvergne alte Bauernfamilien, die seit unvordenklichen Zeiten in einer vollkommenen Gemeinschaft leben und die man als die ›mährischen Brüder Frankreichs‹ ansehen kann. Man berichtet uns über eine gleichartige Gesellschaft einige Meilen von Orléans entfernt.« In diesen bäuerlichen Gemeinschaften, die kein Privateigentum kennen, werden »überzählige Kinder« mit einem festgesetzten Betrag ausgezahlt und weggeschickt (bei der Familie Pinou 200 Pfund für Töchter, 500 Pfund für Söhne). Der Verfasser meint, es wäre doch weit besser, wenn man diese Gelder für die Erweiterung oder Neugründung von Gemeinschaften benutzt (und Land hinzugekauft) hätte, statt Menschen von ihrem legitimen Erbe auszuschließen.
Vor Restif hat *Goyon de la Plombanie* eine utopische Verallgemeinerung kommunistischer Gemeinschaftsbetriebe entworfen. In *Der Mensch in der Gesellschaft oder neue politische und ökonomische Auffassungen, um in Frankreich die Bevölkerung aufs höchste zu steigern* (Amsterdam 1763) entwirft er einen äußerst autoritären Staat, der das Leben seiner Bürger bis ins Detail hinein regelt, gleichwohl aber, weil er für ein glückliches Leben aller sorgt, von seinen Bürgern akzeptiert wird. Alle sind in Produktionsgemeinschaften organisiert: in bäuerlichen auf dem Lande, in handwerklichen in den Städten. Die Kinder folgen dem Metier ihres Vaters. Berufswechsel ist verboten, weil er zu Unordnung und Arbeitslosigkeit führt. Für Invalide, Alte, Kranke usw. werden Gemeinschaftshäuser errichtet, zu deren Unterhalt alle Arbeitsfähigen beitragen; dort werden die Bedürftigen gratis unterhalten. Es folgt eine genaue Anweisung über die Finanzierung dieser Häuser, die von den verschiedenen Berufen oder Zünften zu übernehmen ist. Auch die Kaufleute verfügen über derartige Heime. Wichtig ist Goyon vor allem, daß die *städtische Bevölkerung reduziert* und das Leben auf dem Land attraktiv gemacht wird. In den Städten selbst erhalten alle Bewohner eine »Medaille mit einer Nummer«, auf der der Stadtteil und das Gewerbe genannt ist, in dem allein sie zu arbeiten berechtigt sind. Wohlhabende Leute können übrigens gegen Pensionszahlung in die Heime der Zünfte aufgenommen werden. Außerhalb der organisierten Produktivgenossenschaften gibt es also doch noch Privateigentum und Eigentumsunterschiede. Eine Reihe anderer Autoren (u. a. auch *M. Faiguet*) haben ähnliche Konzepte vorgelegt.

Restif hat seine Utopie erstmals in den Roman *Le Paysan perverti* (Den Haag, 1776) eingefügt. Er schildert dort, wie auf Grund des Testaments eines M. Paragon eine größere Familie dazu veranlaßt wird, in einer streng kommunistischen Gemeinschaft zusammenzuleben. Das Land wird in 100 Teile für 100 Familien aufgeteilt, die es jedoch nur zur Bebauung – nicht als Eigentum – erhalten. Inmitten des Dorfes steht eine Kirche, die zugleich Schulhaus ist und einen Backraum sowie einen Eßsaal für die gemeinsamen Mahlzeiten enthält. Außerdem gibt es einen großen gemeinsamen Getreidespeicher, in den die gesamte Ernte abgeliefert wird. Viehfutter bleibt jedoch bei den Familien, da das der Gemeinschaft gehörige Vieh ihnen zur Pflege anvertraut ist. Je 15 Familienmütter und 15 heiratsfähige Töchter bereiten reihum die gemeinsamen Mahlzeiten vor. Der Tageslauf ist streng geregelt. Neben dem Gemeineigentum gibt es ein »Pekulium«, ein persönliches Eigentum, das aus dem verteilten Überschuß der gemeinsamen Produktion – nach Abzug von Steuern usw. – besteht. Mit dieser Hilfe können die einzelnen Bücher und Möbel, ja sogar Grundbesitz außerhalb der Gemeinde kaufen. Allerdings ist es ihnen nicht erlaubt, Lohnarbeiter zu beschäftigen. Sehr viel ehrgeiziger ist der Plan, den Restif 1782 in *L'Andrographe* entwikkelt. Merkwürdig ist, daß er die Einteilung der Bevölkerung in Stände beibehalten will. Er gliedert sie in *la populace* (das einfache Volk), *l'état de milieu* – wir würden wohl sagen, das Bürgertum, zu dem er Gelehrte und Beamte rechnet – und *les gens qui sont au dessus* (also Adel, Geistlichkeit und Großbürgertum).

Auf dem Land werden ländliche Genossenschaften errichtet, die ähnlich organisiert sind wie die im *Paysan perverti* beschriebenen. Küchendienst sollen die schwachen und mißgestalteten Personen übernehmen, die keine Feldarbeit leisten können, außerdem Bestrafte, denen die schmutzigen und schweren Arbeiten zugewiesen werden. Analog werden in den Städten die Handwerker zunftweise zusammengefaßt und in Genossenschaftsbetrieben beschäftigt. Alle erhalten »gleichen Anteil am Profit«, unter Meistern (die über 49 Jahre alt sind) sind alle zugleich lernend und (den noch Jüngeren) lehrend tätig. Wie auf dem Dorf finden auch hier die Mahlzeiten gemeinschaftlich statt. Mit der Zeit sollen auch die Häuser alle gleich werden.

Selbst der Adel wird ähnlich organisiert. Restif nimmt ihm aber alle politischen Befugnisse und beläßt ihm nur Privilegien wie den Offiziersberuf in der Kavallerie und die Zulassung zum Dienst bei Hofe. Detailliert wird auch die Ausbildung der Seeleute und vor allem die der *hommes de lettres*, der Schriftsteller und Wissenschaftler, beschrieben. In die sehr angesehene Gruppe der letzteren wird man nur auf Grund eines zum Druck freigegebenen Werkes aufgenommen, das zur Zensur der Akademie vorgelegt werden muß. Abgewiesene können bis zu 10 verschiedene Richter verlangen. In seiner Autobiographie *Monsieur Nicolas* hat Restif diese strenge Regel aufgegeben und lediglich den Druck »unsittlicher Bücher« noch durch Zensur verhindern wollen.

Zwei hervorragende Akademiemitglieder verfassen eine Art amtlicher Wochenzeitung, die während der Mahlzeiten (offenbar dient der Hebdomadarius der Klöster als Vorbild) verlesen wird und alle Verordnungen, Belohnungen, Strafen, Kriegs- und Friedensbeschlüsse usw. enthält. Zivilgesetzgebung ist unnötig, da es keine Privathändel unter den Bürgern gibt. Die Strafrechtspflege wird von 12 Geschworenen gehandhabt, »sehr schwere Strafen können nur vom Senat der Hauptstadt verhängt werden, der auch die Streitigkeiten zwischen Zünften entscheidet« (Lindemann 1913, S. 236).

Wie der *Paysan perverti* kennt auch der *Andrographe* das Pekulium, das persönliche Eigentum an Dingen, die zur »Verannehmlichung« des Lebens dienen. Motiv für diese Abweichung vom Prinzip des Gemeineigentums ist, daß auf diese Weise der Fleiß, das Streben nach guter Leistung gefördert werden soll. Die Anteile am gemeinsam erzielten Überschuß werden nämlich nicht gleichmäßig, sondern entsprechend der unterschiedlichen Leistung verteilt. In *Monsieur Nicolas* läßt Restif in einem erheblichen Ausmaß ökonomische Ungleichheit zu, soweit sie Unterschieden der individuellen Leistung korrespondiert. Lindemann spricht von einer »völligen Verdiensthierarchie« (S. 243); wir würden das heute mit Michael Young »Meritokratie« nennen.

In seiner Beurteilung des »einfachen Volkes« (*populace*) bleibt Restif – bei aller Kühnheit seiner sozialen Reformpläne – ein Mann des 18. Jahrhunderts: »Ich gestehe, daß ich jedesmal gezittert habe (schreibt er 1788), wenn ich die unteren Schichten des Volkes in Bewegung sah ... Es ist von größter Wichtigkeit, seine Zusammenrottung zu verhindern, die Unordnungen, die es sich gestattet, nicht unbestraft zu lassen. Wenn einmal diese wilde Bestie glaubt, etwas wagen zu können, würde sie alles umstürzen« (*Les Nuits de Paris*, Bd. XIV, S. 335).

Es war daher nur konsequent, daß Restif in einem seiner späten (ihm zugeschriebenen) Werke *Napoleon* – unter dem Anagramm Ponelano versteckt – die Realisierung seiner Idealgesellschaft übertrug (*Philosophie du Ruvarebohni*). In dieser letzten Utopie Restifs schlägt der Verfasser auch die Abschaffung der gesetzlichen Ehe vor und läßt an ihrer Stelle freie, allein auf Liebe gegründete Beziehungen zu, deren Registrierung bei den Gemeinden allerdings verlangt wird. »Die *Stellung der Frau* bei den Ruvareheuxis (so nennt er sein utopisches Idealvolk) ist eine ganz andere: Sie ist von der Herrschaft des männlichen Geschlechtes befreit, und das weibliche Geschlecht gilt ebenso als ein integrierender Teil des Ganzen wie das männliche. So sind Mann und Frau zusammen dem allgemeinen Glück, dem gemeinsamen Glück, dem gemeinsamen Ziel der Assoziierten zugewandert« (Lindemann 1913, S. 272). Und »da seit langer Zeit die Frau alle Arbeiten des Mannes im Ackerbau, im Handwerk, in den Wissenschaften und Künsten teilt, ist es auch nicht erstaunlich, daß sie sich nicht davon ausschließen ließ, ihren Nächsten auch bei gefährlichen Arbeiten zu helfen« (ebd.).

Derart glücklich lebende Menschen haben naturgemäß zahlreiche Kinder. Restif sieht jedoch auf absehbare Zeit kein Überbevölkerungsproblem, da der Boden sehr viel besser bebaut werden kann und bei nur mäßiger Arbeit die Menge der nötigen Nahrung pro Kopf geringer sein könne als bei den zeitgenössischen Schwerarbeitern. Wenn aber einmal die Grenze erreicht ist, über die hinaus zusätzliche Menschen nicht mehr gleich gut versorgt werden können, dann werde sich jedes Gesellschaftsmitglied von selbst Beschränkungen auferlegen. Maxime werde es stets bleiben, lieber weniger Menschen glücklich zu machen als Übervölkerung zuzulassen. Das gegenwärtige »System«, in dem Elend, Hungersnot, Haß, Laster und Verbrechen das Dasein aller bedrohen, ist jedenfalls schlechthin inhuman und reformbedürftig.

Diderot

Auch *Denis Diderots* »Nachtrag zu Bougainvilles Reise« ist vielfach als eine Art eudämonistischer Utopie angesehen worden. Bei genauer Lektüre stellt sich heraus, daß Diderot lediglich den »künstlichen« Sitten der zeitgenössischen Franzosen das Gegenbild »natürlicher« Beziehungen der Geschlechter in einer idealisierten Gesellschaft ohne Privateigentum gegenüberstellen wollte. Die Tahitianer müssen die Europäer für verrückt halten, das kommt daher, »daß ihr Leben so einfach ist, und unsere Gesellschaften so komplizierte Maschinen! Der Tahitianer steht dem Anfang der Welt, der Europäer ihrem Greisenalter so nahe!« (Diderot, *Nachtrag*, 1965, S. 15). Heute beeindruckt uns vielleicht am stärksten die Rede, die Diderot einem »edlen tahitischen Greis« in den Mund legt, der seine Landsleute vor der Zerstörung ihrer kulturellen und sozialen Tradition durch die Europäer warnt: »Weint, unglückliche Tahitianer, weint ruhig; aber weint über die Ankunft und nicht über die Abfahrt dieser ehrgeizigen und bösen Menschen. Eines Tages werdet ihr sie besser kennen. In der einen Hand das Holzscheit, das ihr am Gürtel des Mannes dort befestigt seht, und in der anderen das Schwert ... so werden sie eines Tages wiederkommen. um euch in Ketten zu legen, euch niederzumachen oder euch ihren Ausschweifungen und Lastern zu unterwerfen. Eines Tages werdet ihr unter ihnen dienen, ebenso verdorben, niedrig und unglücklich wie sie ... Dann wandte er sich an Bougainville und fügte hinzu: ›Und du, Häuptling jener Räuber, die dir gehorchen, entferne dich mit deinem Schiffe schnell von unserem Gestade. Wir sind unschuldig, wir sind glücklich, und du kannst unserem Glück nur schaden. Wir folgen dem reinen Trieb der Natur, du aber hast versucht, seine Eigenart in unseren Gemütern auszulöschen. Hier gehört alles allen; du aber hast uns irgendeinen Unterschied von Mein und Dein – ich weiß nicht welchen – gepredigt. Unsere Töchter und unsere Frauen gehören uns allen; du hast dieses Vorrecht mit uns geteilt, hast in ihnen aber fremde Leidenschaften entfacht, rasende Leidenschaften ... Wir sind frei; du aber hast nun in unserem Boden den Vorwand für unsere künftige Versklavung vergraben ...‹« (S. 17 f.). Der alte Tahitianer sieht schon das Anwachsen der Bedürfnisse und damit den Zwang zu immer mehr Arbeit voraus, die Ausbreitung ansteckender Krankheiten, sexueller Verklemmungen, Lüge und Verstellung.

Der Schiffskaplan, der sich anfangs gegen die sexuelle Freizügigkeit gewehrt hat, genießt schließlich die Liebe der Töchter seines Gastgebers in vollen Zügen, nimmt aber, zurückgekehrt nach Frankreich, wieder die Zölibatsgesetze seines Standes an. Schließlich aber meint Diderot (durch den Mund von »B«): Besitzunterschiede, Standesunterschiede und ihre Folgen – absurde Moralgebote – haben die sexuellen Beziehungen denaturiert. Die Tahitianer können jenen Gott ihrer Gäste nicht verstehen, der aus der denkbar natürlichsten und unschuldigsten Beziehung ein strafwürdiges Verbrechen macht. »Wir werden gegen die unvernünftigen Gesetze reden, bis man sie ändert, und uns ihnen für die Zwischenzeit unterwerfen. Wer eigenmächtig ein schlechtes Gesetz übertritt, ermächtigt jeden anderen, auch *gute* Gesetze zu übertreten. Ist man mit Verrückten verrückt, so hat man weniger Unannehmlichkeiten, als wenn man ganz allein vernünftig ist. Rufen wir uns selbst und den anderen immer wieder zu, daß man Schande, Strafe und Schmach an Handlungen geknüpft hat, die an sich harmlos sind; aber begehen wir sie nicht, denn Schande, Strafe und Schmach sind die allergrößten Übel. Verhalten wir uns wie jener gute Kaplan, der in Frankreich Mönch war, in Tahiti dagegen Wilder« (S. 69). Daß Diderot tatsächlich überzeugt war, man dürfe selbst schlechte Gesetze nicht übertreten, geht auch aus seiner Erzählung *Unterhaltung eines Vaters mit seinen Kindern oder über die Gefahr, sich über die Gesetze zu stellen* hervor. So wenig wie Voltaire oder Rousseau war Diderot Revolutionär. Die »natürliche Gesellschaft« der Tahitianer war für ihn kein in Europa realisierbares Modell.

BIBLIOGRAPHIE

Primärtexte:
D'Alembert, 1955: Einleitung zur Enzyklopädie von 1751, Hamburg; *D'Argenson*, Marquis, 1764: Considérations sur le Gouvernement ancien et présent de la France, Amsterdam; *Boisguillebert*, Pierre, 1843: de Détail de la France (1965), Hrsg. Daire Collection des principaux économistes, Paris; *Dom Deschamps*, 1939: Le vrai Système, Hrsg. Jean Thomas und Franco Venturi, Paris; *Diderot*, Denis, 1975–1977: Œuvres complètes, Hrsg. J. Assézat und M. Tourneux, Paris 20 Bde.; *ders.,* 1986: Essai über Claudius und Nero, Köln und Opladen; *Encyclopédie ou Dictionnaire Raisonné des Sciences, des Arts et des Métiers*, par une société de gens de Lettres, 1751, 1765, 1776; 17 Bde., Paris, Neuchâtel, Supplément Amsterdam; *Fénelon*, François de Salignac de la Mothe, 1753: Les Aventures de Télémaque fils d'Ulysse, Paris; *ders.*, 1826: Œuvres, Hrsg. Gosselin, Versailles; Bd. VIII: Télémaque, Bd. IX: Examen de Conscience sur les Devoirs de la Royauté, Bd. X: Essai philosophique sur le Gouvernement civil, Bd. XI: Plans de Gouvernement; *ders.*, 1827: Correspondance, Hrsg. A. Leclére, Bd. I u. II Paris; *Helvétius*, Claude Adrien, 1759: De l'Esprit, Paris; *Holbach*, Paul Henri Thiry Baron d', 1770: Système de la Nature; *ders.*, 1776 (Reprint 1967): Ethocratie *Ou le Gouvernement fondé sur la Morale,* Amsterdam (Paris); *Mably*, Gabriel Bonnot Abbé de, 1789: Œuvres Complètes, 12 Bde., London; *Montesquieu*, Charles de Secondat Baron de la Brède, 1950–1955: Œuvres Complètes, Hrsg. André Masson, 3 Bde. (Bd. III enthält die Korrespondenz), Paris; *ders.*, 1949/51: Œuvres Complètes, Hrsg. Roger Caillois (ed. de la Pléiade), 2. Bde.; *ders.*, 1964: Œuvres Complètes, Hrsg. Daniel Oster, Paris; *ders.*, 1951: Vom Geist der Gesetze, Hrsg. Ernst Forsthoff, 2 Bde., Tübingen; *Meslier*, Jean, 1970: Œuvres Complètes, Paris, 3 Bde.; *Morelly,* 1950: Code de la Nature ou le véritable esprit de ses lois, Hrsg. Gilbert Chinard, Paris; *ders.*, 1964: Gesetzbuch der natürlichen Gesellschaft oder der wahre Geist ihrer Gesetze, zu jeder Zeit übersehen oder verkannt, übersetzt von Ernst Moritz Arndt (1845), Hrsg. W. Krauss, Berlin; *ders.*, 1953: Code da la Nature, introduction de V. P. Volguine (Les Classiques du Peuple), Paris; *Ramsai* (ohne Nennung des Autors), 1722: Essai sur le Gouvernement Civil, où l'on traite de la Nécessité, de l'Origine, des Droits, des Bornes, et des différentess formes de la Souveraineté, selon les Principes de feu M. François de Salignac de la Mothe-Fénelon, Archevêque de Cambray, London; *Raynal*, Abbé Guillaume Thomas, 1775: Histoire philosophique et politique des Etablissements et du Commerce des Européens dans les deux Indes, 3 Bde., Genf; *Rousseau*, Jean-Jacques, 1964: Œuvres Complètes (ed. de la Pléiade), Bd. 3: Du Contrat Social, Ecrits Politiques, Paris; *ders.*, 1905: Œuvres Complètes (ed. Hachette), 12 Bde., Paris; *ders.*, 1915: The political Writings, Hrsg. C. E. Vaughan, 2 Bde., Cambridge; *ders.*, 1924–34/1953: Correspondance générale, Hrsg. Dufour. Plan, 20 Bde. dazu Plan, P. P. table de Correspondance générale, Paris, Genf; *ders.*, 1978: Schriften, Hrsg. Henning Ritter, 2 Bde, München; *ders.*, 1981: Sozialphilosophische und politische Schriften, mit einem Nachwort von I. Fetscher, München; *Saint-*

Pierre, Abbé Castel de, 1922: Der Traktat zum ewigen Frieden, 1713, dt. von F. v. Oppeln-Bronikowski, Berlin; *Vauban*, Sébastien le Prestre de, 1933: Projet d'une Dîme Royale, Hrsg. E. Coornaert, Paris; *Voltaire*, François Marie Arouet, 1785–1792: Œuvres Complètes, Hrsg. de Kehl, ed. P. A. C. de Beaumarchais, 92 Bde.; *ders.*, 1953–1965: Correspondance, Hrsg. Th. Bestermann, Genf, 107 Bde.; *ders.*, 1867: Œuvres Complètes, Hrsg. Emile de la Bédollière et Georges Avenel, 8 Bde., Paris;

Sekundärliteratur:

Actes du Congrès Montesquieu, 1956, Bordeaux; *Adam,* Antoine, *Lerminier,* G. *Morot-Sir,* D. (Hrsg.), 1967: Littérature Française, Bd. I: des Origines à la fin du XVIIIe Siècle, Larousse, Paris; *Althusser,* Louis, 1959: Montesquieu, la politique et l'histoire, Paris; *Aron*, Raymond, 1971: Hauptströmungen des soziologischen Denkens, Bd. I (Montesquieu, S. 23–70), Köln; *Backhausen*, H., 1907: Montesquieu – ses Idées et ses Œuvres d'après les Papiers de la Brède, Paris; *Baczko*, Bronislaw, 1978: Lumières de l'Utopia, Paris; *Baruzzi*, Arno, 1968: Aufklärung und Materialismus im Frankreich des 18. Jahrhunderts, La Mettrie, Helvétius, Diderot, Sade, München; *Beyer,* Charles, 1982: Nature et Valeur dans la Philosophie de Montesquieu, Analyse méthodique de la notion du rapport dans L'Esprit des Lois, Paris; *Brandes*, Georg, 1923: Voltaire, 2 Bde., Berlin; *Carcassonne*, Elie, 1978: Montesquieu et le Problème de la Constitution française au 18e siècle, Genf; *Chapman,* 1956: Rousseau – Totalitarian or Liberal, New York; *Coe*, N. Richard, 1961: Morelly, ein Rationalist auf dem Weg zum Sozialismus, Berlin; *Crocker,* Lester, 1968: Jean Jacques Rousseau, 2 Bde., New York; *Dérathé*, Robert, 1970: Jean Jacques Rousseau et la Science politique de son temps, Paris; *Develetoglou,* Feb., 1963: Montesquieu and the Wealth of Nations, in: The Canadian Journal of Economics and Political Science; *Dieckmann*, Herbert, 1931: Stand und Problem der Diderot-Forschung, ein Beitrag zur Diderot-Kritik, Bonn; *ders.*, 1937: Diderots Naturempfinden und Lebensgefühl, Publications de la Faculté de Lettres de l'Université d'Istanbul, II. Istanbul; *Dixhuitième Siècle*, 1984: Revue annuelle Nr. 16 (No. Spécial d'Alembert); *Duran*, Yves, 1976: Finance et Mécénat, les fermiers généraux aux 18e siècle, Paris; *Durkheim*, Emile, 1953: Montesquieu et Rousseau, précurseurs de la Sociologie, Paris; *Eisenmann*, Charles, 1952: La pensé constitutionelle de Montesquieu; in: La pensée politique et constitutionelle de Montesquieu, Paris 1952; *Fetscher,* Iring, 1975[3]: Rousseaus politische Philosophie, Frankfurt; *ders.*, 1981: Voltaires liberales Großbürgertum und der kleinbürgerliche Egalitarismus Rousseaus, in: R. Vierhaus (Hrsg.): Bürger und Bürgerlichkeit im Zeitalter der Aufklärung (Wolffenbütteler Studien zur Aufklärung Bd. VII), Heidelberg; *Fohrmann,* J., 1983: Utopie und Untergang. L. S. Merciers l'An 2440 (1770), in: K. L. Berghahn und H. U. Seeber (Hrsg.), Literarische Utopien von Morus bis zur Gegenwart, S. 105–124, Königstein; *Francastel*, Pierre (Hrsg.), 1963: Utopie et Institutions au XVIIIe Siècle, le Pragmatisme des Lumières, Paris; *Girsberger,* Hans, 1973[2]: Der utopische Sozialismus des 18. Jahrhunderts in Frankreich, Wiesbaden; *Groethuysen*, Bernhard, 1956: Philosophie de la Révolution française, précédé de Montesquieu, Paris; *ders.*, 1946: J. J. Rousseau, Paris; *Hillenaar,* H., 1967: Fénelon et les Jésuites, Dordrecht; *Hinterhäuser,* Hans, 1957: Utopie und Wirklichkeit bei Diderot, Studien zum Supplément au voyage de Bougainville, Heidelberger Forschungen, Bd. 5, Heidelberg; *D'Hondt*, Jaques, 1974: Dom Deschamps et Hegel, in: Hegel et le siècle de Lumières, S. 169–183, Paris; *Hulliung*, Mark, 1976: Montesquieu and the Old Regime, Berkeley, Los Angeles, London; *Imboden*, Max, 1959: Montesquieu und die Lehre der Gewaltentrennung, Berlin; *Institut de Droit comparé de la Faculté de Droit de l'Université de Paris,* 1952: La Pensée politique et constitutionelle de Montesquieu (Bicentenaire de L'Esprit des Lois), Paris; *Jouvenel*, Bertrand de, 1962: Rousseau the Pessimistic Evolutionist, in: Yale French Studies, S. 82–96; *Kaplan*, S. L., 1976: Bread, Politics and Political Economy in the Reign of Louis XV., Dordrecht; *Kassem*, B., 1960: Décadence et absolutisme dans l'œuvre de Montesquieu, Paris; *Keohane*,

Nannerl, 1980: Philosophy and the State in France, the Renaissance to the Enlightenment, Princeton; *Klemperer*, Victor, 1914, 1915: Montesquieu, 2 Bde., Heidelberg; *Krauss*, Werner, 1955: Grundpositionen der Französischen Aufklärung, Berlin; *ders.*, 1959: Studien und Aufsätze, Berlin; *ders.*, 1965: Perspektiven und Probleme zur französischen und deutschen Aufklärung und andere Aufsätze, Neuwied; *ders.*, 1960: Über den Anteil der Buchgeschichte an der literatischen Entfaltung der Aufklärung, in: Sinn und Form, 12. Jg., S. 32–88 u. 270–315; *Kryger*, Edna, 1979: La Notion de Liberté chez Rousseau et ses répercussions sur Kant, Paris; *Kuhfuß*, Walter, 1975: Mäßigung und Politik. Studien zur politischen Sprache und Politik Montesquieus, München 1975 (Lit.); *Launy*, Michel, 1969: Jean Jacques Rousseau et son Temps, Paris; *Leduc-Fyette*, Denise, 1974: J. J. Rousseau et le Mythe de l'Antiquité, Paris; *Lefèbvre*, Henri, 1949: Diderot, Paris; *Leroy*, Maxime, 1946: Histoire des Idées sociales en France, Bd. 1: De Montesquieu à Robespierre, Paris; *Lichtenberger*, André, 1895/1967: Le Socialisme au XVIIIe Siècle, Paris/New York (Reprint); *Lindemann*, Hugo, 1913: Restif de la Bretonne, in: Archiv f. d. Geschichte des Sozialismus und der Arbeiterbewegung, Hrsg. C. Grünberg, Bd. 3, S. 225–275, Leipzig; *Loy*, John R., 1969: Montesquieu, New York; *Luppol*, I. K., 1936: Diderot, Paris; *Martin*, Kingsley, 1962: French liberal Thought in the Eighteenth Century, a study of political ideas from Bayle to Condorcet, Hrsg. J. P. Mayer, New York; *Mason*, S. M., 1975: Montesquieu's Idea of Justice, Dordrecht; *Mornet*, Daniel, 1941: Diderot, l'homme et l'œuvre, Paris; *Naville*, Pierre, 1967: D'Holbach et la philosophie scientifique, Paris; *Okon*, Luzian, 1980: »Nature« et »Civilisation« dans le »Supplément au voyage de Bougainville« de Denis Diderot, Bern; *Osterloh*, 1913: Fénelon und die Anfänge der literarischen Opposition gegen das politische System Ludwigs XIV., Göttinger Dissertation; *Pangele*, Thomas L., 1973: Montesquieu's Philosophy of Liberalism, a commentary on the »Spirit of the Laws«, Chicago–London; *Plechanow*, Georgi W., 1946: Beiträge zur Geschichte des Materialismus (Holbach, Helvétius, Marx), Berlin; *Rang*, Martin, 1959: Rousseaus Lehre vom Menschen, Göttingen; *Rétat*, Pierre, 1971: Le Dictionnaire de Bayle et la lutte philosophique au 18e siècle, Paris; *Richter*, Melvin, 1977: The political Theory of Montesquieu, Cambridge; *Rosenberg*, A., 1982: Nicolas Guedeuville and His Work (1652–1720), Dordrecht; *Schalk*, Fritz: Die europäische Aufklärung, in: Golo Mann und Alfred Heuss (Hrsg.), Propyläen Weltgeschichte, Bd. VII, S. 467–512; *Schmitt*, Eberhard, 1969: Repräsentation und Revolution, eine Untersuchung zur Genesis der kontinentalen Theorie und Praxis parlamentarischer Repräsentation aus der Herrschaftspraxis des Ancien régime in Frankreich (1760–1789), Münchner Studien zur Politik, Bd. 10, München; *Sée*, Henri, 1930: Französische Wirtschaftsgeschichte, Jena, Bd. I; *ders.*, 1925: La France économique et sociale au XVIIIe siècle, Paris; *Shackleton*, Robert, 1961: Montesquieu, a critical Biography, Oxford; *Shklar*, Judith N., 1969: Men and Citizens, a Study in Rousseaus's Social Theory, Cambridge; *Stark*, W., 1960: Montesquieu Pioneer of the Sociology of Knowledge, London; *Starobinski*, Jean, 1971: J. J. Rousseau, la transparence et l'obstacle, suivi de sept essais sur Rousseau, Paris; *ders.*, 1977: Rousseaus Anklage der Gesellschaft, Konstanzer Universitätsreden 89, Konstanz; *Stockinger*, L., 1983: »Realismus«, Mythos und Utopia, Denis Vairasse: L'Histoire des Sévarambes (1677–79), in: K. L. Berghan und U. Seeber (Hrsg.), Literarische Utopien von Morus bis zur Gegenwart, Königstein; *Struck*, Walter, 1933: Montesquieu als Politiker, Berlin; *Strugnell*, A., 1973: Diderot's Politics, Dordrecht; *Thomas*, J., 1938^{2}: L'Humanisme de Diderot, Paris; *Venturi*, F., 1939: Jeunesse de Diderot, Paris; *Vernière*, Paul, 1977: Montesquieu et l'Esprit des Lois ou la Raison Impure, Paris; *Vierhaus*, Rudolf: Montesquieu in Deutschland. In: Collegium Philosophicum, Joachim Ritter zum 60. Geburtstag, Basel–Stuttgart; *Vossler*, Otto, 1937: Der Nationalgedanke von Rousseau bis Ranke, München und Berlin; *Waddicer*, Mark H., 1970: Montesquieu and the Philosophy of Natural Law, Den Haag; *Weis*, Eberhard, 1956: Geschichtsschreibung und Staatsauffassung in der französischen Enzyklopädie, Veröffentlichungen des Instituts für Europäische Geschichte Mainz,

Bd. 14, Wiesbaden; *Yardeni*, Myriam, 1972: Guedeuville et Louis XIV, un précurseur du socialisme, critique des structures sociales louis-quatorziennes, in: Revue d'Histoire XIX, S. 598–620; *dies.*, 1980: Utopie et Revolution sous Louis XIV, Paris.

KAPITEL X

Absolutismus und Aufklärung in Deutschland[1]

Von Richard Saage

1. Der Aufgeklärte Absolutismus: Friedrich II. und Joseph II.

Die absoluten Monarchien des Deutschen Reiches in der zweiten Hälfte des 18. Jahrhunderts, die sich in ihrem Selbstverständnis auf die Aufklärung beriefen, waren von Anfang an Gegenstand vehementer Kritik (vgl. Parry, in: von Aretin, 1974, S. 163–179). Daß diese Skepsis vieler Zeitgenossen mit der prinzipiellen Frage nach der Vereinbarkeit von unumschränkter politischer Herrschaft und Aufklärung zu tun hat, verdeutlicht die Staatskonzeption Friedrichs II. und Josephs II. selbst: Sie ist, wie zu zeigen sein wird, durch eine Diskrepanz geprägt, die dem Freiheitsverständnis der Aufklärung ebenso unerträglich erschien wie jenen Konservativen, die die ständische Libertät durch das absolutistische Machtstreben bedroht sahen. Doch wenn diese Einschätzung zutrifft, stellen sich vorab zwei Fragen: 1) Welche zentralen Argumtentationsmuster des Aufgeklärten Absolutismus sind der Aufklärung verpflichtet? 2) Welche seiner Paradigmen setzten ihr demgegenüber eine unübersteigbare Grenze?

Das kontraktualistische Element

Was die erste Frage betrifft, so fällt auf, daß insbesondere *Friedrich II.* sein Amt und dessen Verhältnis zu den Untertanen nicht selten im Licht kontraktualistischer Herrschaftstheorien interpretierte. Jedenfalls ist die Tendenz, die Verantwortung des Monarchen vor Gott, die die einzige Herrschaftsschranke des älteren Absolutismus war, »in ein rational erklärbares System sozialer und staatsrechtlicher Formen« (von Aretin, 1974, S. 14) zu verwandeln, selbst in seinen Spätschriften zu erkennen. Politische Herrschaft, betonte Friedrich II. im *Antimachiavel* (1739), sei weder eine göttliche noch eine natürliche Einrichtung; vielmehr wurzele sie in Gründen, »welche freie Menschen« bewegen, »sich Herren zu geben«. Die ursprünglich Gleichen und Freien seien übereingekommen, sich einer Obrigkeit zu unterwerfen, »um ihre Zwistigkeiten zu schlichten«, ihre »Güter wider ihre Feinde zu erhalten« und »ihr verschiedenes Interesse in einem einzigen allgemeinen zu vereinigen« (Ausgew. Werke, S. 30). Zugleich ergebe sich aus diesem Herrschaftsvertrag für den Fürsten die unausweichliche Konsequenz, daß er, »weit entfernt, unumschränkter Gebieter der Völker zu sein, die unter seiner Botmäßigkeit stehen, ... nichts weiter (ist) als der erste Diener«

(S. 31). Immer wieder hob er hervor, »daß Könige, indem der Unterschied der Stände hinwegschwindet, nur Menschen sind«, die »einander gleichen« (S. 49). Zwischen dem Amt des Königs und den niederen Amtsträgern gebe es keinen prinzipiellen Unterschied: Das Amt *qua* Amt sei auf das »Zutrauen« der Herrschaftsunterworfenen angewiesen (S. 92). Daß das Gleichheitspostulat ein sich durchhaltendes Motiv in der politischen Theorie Friedrichs II. war, beweist sein *Versuch über die Regierungsformen und die Pflichten der Regenten*, der 1777 entstand. Wieder betonte er die kontraktualistische Genesis des Staates: Ursprünglich habe unter den Menschen keine »gesellschaftliche Vereinigung« bestanden. Erst die »Gewalttätigkeiten und der Raub benachbarter Horden« erzeugten bei den frei lebenden Hirten und Nomaden »den Gedanken ..., sich mit anderen Familien zu verbinden, um ihre Besitzungen durch ihren gegenseitigen Schutz zu sichern«. Wieder erhebt er den so verstandenen »Ursprung der Obrigkeiten, welche das Volk erwählte und denen es sich unterwarf«, zum Maßstab der Herrschaftslegitimation monarchischer Gewalt: »Man präge es sich fest ein, daß die Erhaltung der Gesetze die einzige Ursache war, welche die Menschen« bewog, »sich Oberherrn zu geben; denn dies ist der wahre Ursprung der Souveränität. Diese Obrigkeit war der erste Diener des Staates« (Ausgew. Werke, S. 113). Der Fürst müsse sich stets vor Augen halten, »daß er ein Mensch ist, wie der geringste seiner Untertanen« (S. 124).
Doch Friedrich II. trägt in seinem politischen Denken nicht nur der kontraktualistischen Bindung des Staates an den Willen ursprünglich Gleicher und Freier Rechnung, als deren bloßer Agent der Monarch erscheint; ebenso wichtig ist, daß er den Staatszweck in den Dienst eines zentralen Postulats der Aufklärung stellte: Er bekannte sich nicht weniger entschieden als *Joseph II.* zum *Menschenrecht auf individuelles Glück*, dessen Einlösung jedem einzelnen zukam, unabhängig von seinem Status und seiner Schichtenzugehörigkeit. Der auf kontraktualistischer Grundlage herrschende Fürst müsse, so forderte Friedrich im *Antimachiavel*, »die Wohlfahrt seines Volkes jedem anderen Interesse vorziehen« (Ausgew. Werke, S. 31). Zur Schaffung des Ruhms der Fürsten reichten »glänzende Handlungen« nicht aus, sondern dazu seien Taten erforderlich, »die auf die Wohlfahrt des menschlichen Geschlechts abzielen« (S. 100). Noch 1777 hebt er »jenen allgemeinen Instinkt« hervor, der die Menschen antreibe, »sich das größtmögliche Glück zu verschaffen«: Er habe bei der Einführung der verschiedenen Regierungsformen eine bedeutende Rolle gespielt (S. 113 f.). Aber auch Joseph II. verlangte in seiner *Disposition de Sa Majesté Imperiale et Royale, adressée aux chefs des département sur la manière de traiter les affaires publiques* (1784) von den Amtsträgern, den Herrscher inbegriffen, keine anderen Ziele zu verfolgen als den Nutzen und »le bien-être du plus grand nombre« (S. 334). Dem Landesfürsten stehe es nicht zu, das Vermögen des Staates mit dem der Untertanen zu vermischen und willkürlich (à son gré) über es zu verfügen. Ebenso absurd wäre es, wenn er annähme, die Vorsehung (la Providence) habe Millionen Menschen für ihn und nicht umgekehrt den Herrscher für sie gemacht, um ihnen zu dienen (S. 336). Als die Stadt Ofen Joseph II. 1784 ein Denkmal setzen wollte, antwortete er in einem Brief, er verdiene erst dann eine Ehrensäule, »wenn Aufklärung durch verbesserte Studien, Vereinfachung in der Belehrung der Geistlichkeit und Verbindung der wahren Religionsbegriffe mit

den bürgerlichen Gesetzen; wenn eine bündigere Justiz, Reichtum durch vermehrte Population und verbesserten Ackerbau; wenn Erkenntnisse des wahren Interesses des Herrn gegen seine Untertanen und dieser gegen ihren Herrn; wenn Industrie, Manufakturen und deren Vertrieb, die Zirkulation aller Produkte in der ganzen Monarchie unter sich eingeführt sein (werden)« (zit. nach Herder, Werke, Bd. 13, S. 58).

Es liegt in der Konsequenz eines Staatszwecks, der auf die Förderung des »größtmöglichen Glücks der größtmöglichen Zahl« festgelegt ist, »daß der Friede und die Wohlfahrt des Staates ... gleichsam der Mittelpunkt (sind), in dem alle Wege der Staatsklugheit zusammentreffen, und die das Ziel all ihrer Unterhandlungen sein müssen« (*Antimachiavel*, S. 101). Im Licht dieser Maxime wenden sich alle Expansionskriege gegen den ursprünglichen Staatszweck (S. 32). Im *Antimachiavel* war Friedrich davon überzeugt, daß die Macht des Staates nicht primär in seiner militärischen Überlegenheit besteht. Ihr sei in jedem Fall die wirtschaftliche und kulturelle Entwicklung eines Landes vorzuziehen. Diese »sanfte und liebenswürdige Art, mächtiger zu werden«, steigere die Bedeutung eines Landes mehr »als die Eroberung von zwanzig Städten und tausend Dörfern« (S. 85). Zwar könne man Kriege nicht in jedem Fall ausschließen. Doch seien sie nur »Hilfsmittel, wenn es zum Äußersten gekommen ist«. Auch bestehe kein Zweifel daran, daß »Schutzkriege ... ohne allen Widerspruch die gerechtesten« sind (S. 102). Aber der kontraktualistische Ursprung der politischen Gewalt verpflichtet den Fürsten nicht nur, das Menschenrecht auf Glück in Kraft zu setzen; er zwingt gleichfalls die »Zivilverwaltung des Staates mit Nachdruck ..., jedwedem Gewissensfreiheit (zu) lassen« (S. 104 f.). Noch 1777 erinnerte Friedrich an den »Ursprung der Gesellschaft«, der ein Recht des Regenten über die Meinungen der Bürger ausschließe. »Müßte man nicht wahnsinnig sein«, gab er zu bedenken, »wenn man sich vorstellen wollte, daß Menschen zu einem ihresgleichen gesagt hätten: Wir erheben dich über uns, weil wir gern Sklaven sein wollen, und wir geben dir Macht, unsere Gedanken nach deiner Willkür zu lenken? Sie haben vielmehr gesagt: Wir bedürfen deiner, um die Gesetze aufrechtzuerhalten, denen wir gehorchen wollen, um weise regiert zu werden und uns zu verteidigen, übrigens fordern wir von dir Achtung für unsere Freiheit.« Dieses Postulat sei ein Verlangen der Völker, »wogegen keine Einwendung stattfinden kann; und diese Toleranz ist selbst so vorteilhaft für die Gesellschaften, wo sie eingeführt ist, daß sie das Glück des Staates macht« (S. 123). Ähnlich argumentierte Joseph II. Für ihn war »die Verschiedenheit der Religionen in einem Staate nur insoferne ein Übel, als es Fanatismus und Zwietracht und Parteigeist gibt«. Diese Pluralität verliere aber ihre Gewalttätigkeit von selbst, »wenn man die Anhänger der einen wie der anderen vollständig gleich behandelt und dem, der allein die Herzen regiert, das Übrige zu tun überläßt« (Landwehr/Spitzer, 1917, S. 25). Diesen Standpunkt wiederholte er in einem Brief an Maria Theresia mit Nachdruck. Der weltliche Herrscher sei ausschließlich auf die Beachtung der »Gesetze der Natur und der Gesellschaft« verpflichtet: »Was habt ihr euch in anderes zu mengen? Der Heilige Geist muß die Herzen erleuchten, euere Gesetze werden stets nur seine Wirkungen vereiteln« (ebd., S. 26).

Die Beachtung der »Gesetze der Natur und der Gesellschaft«, die Joseph II. von der Obrigkeit forderte, setzt ihrerseits *Rechtskodifikationen* und eine *nach ra-*

tionalen Kriterien funktionierende Verwaltung voraus. Dieses Ideal hat Friedrich II. in seiner Abhandlung *Über die Gründe, Gesetze einzuführen oder abzuschaffen* (1749) umrissen: »Ein vollkommenes Gesetzbuch wäre das Meisterstück des menschlichen Verstandes im Bereiche der Regierungskunst. Man müßte darin die Einheit des Planes und so genaue und abgemessene Bestimmungen finden, daß ein nach ihnen regierter Staat einem Uhrwerke gliche, in dem alle Triebfedern nur einen Zweck haben ... Die einzelnen Bestimmungen müßten so klare und genaue sein, daß jeder Streit um die Auslegung ausgeschlossen wäre. Sie würden in einer erlesenen Auswahl des Besten bestehen, was die bürgerlichen Gesetze ausgesprochen haben, und in einfacher und sinnreicher Weise den heimischen Gebräuchen angepaßt sein. Alles wäre vorauszusehen, alles in Einklang gebracht, nichts würde zu Unzuträglichkeiten führen « (Werke, Bd. 8, S. 32). Die Rechtssicherheit im Rahmen allgemeiner Gesetze erfordert ihrerseits, daß der einzelne als freies Rechtssubjekt in Erscheinung treten kann: Sie ist mithin unvereinbar mit einem Zustand, »wo die Bauern dem Acker angehören und Knechte ihrer Edelleute sind; dies ist unter allen Zuständen unstreitig der unglücklichste und der, wogegen sich die Menschheit am meisten empört«. Wieder rekurriert Friedrich auf den ursprünglichen Vertrag, wenn er gegen die Leibeigenschaft geltend macht, daß »gewiß kein Mensch geboren (ist), um der Sklave seinesgleichen zu sein« (Ausgew. Werke, S. 121). Man verabscheue mit Recht einen solchen Mißbrauch, an dem es nichts zu beschönigen gebe.

Das paternalistische Element

Es ist nun für die innere Architektur der politischen Theorie des Aufgeklärten Absolutismus von entscheidender Bedeutung, daß die Rezeption der Aufklärung in einem Kontext erfolgt, der das *Volk*, von dem die politische Gewalt herrührt und um dessen Glück es geht, als aktive politische Größe nicht vorsieht: Es ist zwar stets als *Adressat obrigkeitlichen Handelns* präsent, jedoch immer nur als Objekt. »Das Volk«, schrieb Friedrich II. in seinem *Politischen Testament* von 1768, »ist schwerfällig und träge.« Der Fürst bringe durch seinen Antrieb »die Masse in Bewegung, aber sie bleibt sofort stehen, sobald der Antrieb einen Augenblick nachläßt« (*Polit. Testamente*, S. 137). An anderer Stelle ist die Rede von der »dummen Masse«, die, überläßt man sie sich selbst, »dazu gemacht« sei, »von solchen geleitet zu werden, die sich die Mühe geben, sie zu betrügen« (Werke, Bd. 5, S. 14). Dieser pejorative Begriff des Volkes deckt sich mit der Beobachtung, daß Friedrich II. nicht nur mit *kontraktualistischen Legitimationsmustern* argumentiert; er greift auch immer wieder auf *paternalistische* oder *organologische Metaphern* zurück, um die Alleinherrschaft des Monarchen zu rechtfertigen. »Der Regent stellt den Staat vor; er und sein Volk bilden einen Körper, der nicht glücklich sein kann, wenn nicht beide durch Eintracht verbunden werden. Der Fürst ist für den Staat, den er beherrscht, was das Haupt für den Körper ist: Er muß für das Ganze sehen, denken und handeln, um diesem alle Vorteile zu verschaffen, deren es empfänglich ist« (Ausgew. Werke, S. 116). Der Fürst wird aber auch mit dem »Haupt einer Familie von Bürgern« verglichen, »der Vater seines Volkes ist« (S. 124). Das Bild des »Vaters« ersetzte Friedrich II. bisweilen auch durch das des »Schäfers«: Im Umgang mit den Unterta-

nen habe der Herrscher sich nach der Maxime zu verhalten: »Der Hirt schert seine Schafe, zieht ihnen aber nicht das Fell ab« (*Polit. Testamente*, S. 137). Die Funktion dieser Metapher ist eindeutig. Sie soll die Allmacht des Monarchen symbolisieren, der stellvertretend für seine Untertanen handelt. Dies vorausgesetzt, »muß der Regent sich oft des Zustandes der armen Volksklassen erinnern, sich an die Stelle eines Landmanns oder eines Handwerkers setzen, und dann zu sich selbst sagen: Wenn ich in dieser Klasse von Bürgern geboren wäre, deren Hände ihr ganzes Kapital sind, was würde ich von dem Regenten verlangen?« (Ausgew. Werke, S. 121). In dem Maße aber, wie der Fürst das Volk absolut vertritt, steigt seine Macht ins Unbegrenzte. Ungeachtet seiner kontraktualistischen Begründungszusammenhänge schrieb Friedrich II. bereits im *Antimachiavel* dem selbstherrschenden Monarchen, den er favorisiert, eine gottähnliche Stellung zu (Ausgew. Werke, S. 87).
Es ist bekannt, daß der konsequenteste Repräsentant des Aufgeklärten Absolutismus, Joseph II., gleichfalls strikt an der unumschränkten politischen Machtfülle der staatlichen *potestas* festhielt. In der *Denkschrift des Kaisers Joseph über den Zustand der österreichischen Monarchie* von 1765 (Korrespondenz, Bd. 3, S. 335–361) ist, wie richtig hervorgehoben wurde, »nicht davon die Rede, wie der Staat in den Dienst des Menschen zu stellen sei, um dessen legitimen Anspruch auf Glück zu befriedigen, sondern umgekehrt, wie der Mensch in den Dienst des Staates zu stellen sei, wie die Fähigkeiten und Kräfte des Menschen für den Staat nutzbar zu machen seien, damit der Staat reich, mächtig und angesehen werde ... Was den Verfasser der Denkschrift am Menschen allein zu interessieren scheint, das ist seine Verwendbarkeit und Nutzbarkeit für den Staat, ist der Beitrag, den er zur Erhaltung und zum Ausbau des politischen Herrschafts- und Machtapparats leisten kann« (Walter, in: von Aretin, 1974, S. 125 f.). So gesehen, wird gesagt werden können, daß in der politischen Theorie des Aufgeklärten Absolutismus der kontraktualistische Staatsbegriff der Aufklärung von einer anderen Staatskonzeption überlagert wird, die sich zwar nicht auf göttliches Recht, wohl aber auf das »Recht« des Machtstaates (Meinecke, 1963, S. 321) berief: »Es ist der überlieferte, ältere Staatsgedanke des neuzeitlichen Herrschertums, der sich mit der Fürstensouveränität ausgebildet und mit dem fürstlichen Absolutismus entwickelt hat.« »Staat« bedeutet in diesem Kontext nicht der vertraglich fixierte Konsens ursprünglich Gleicher und Freier, sondern der vom Fürsten aufgebaute und gehandhabte Macht- und Staatsapparat mit Beamtentum und stehendem Heer; er umfaßte aber auch »die Untertanen mit ihrer Wirtschafts- und Steuerkraft, mit ihrer physischen und geistigen Leistungsfähigkeit« (Walter, in: von Aretin, 1974, S. 125).

Allgemeinwohl und Machtstaat

Nun ist klar, daß dieses Konzept des Machtstaates per se als bloße, dem Fürsten zur Verfügung stehende und alle Bereiche der Gesellschaft vollständig durchdringende Machtorganisation noch keinen Legitimitätsglauben für sich reklamieren konnte. Andererseits war in der Sicht der aufgeklärten Monarchen die Säkularisierung der Herrschaft zu weit vorangeschritten, als daß der Rekurs auf das Gottesgnadentum noch möglich gewesen wäre. Infolgedessen wurde nun der Staat selbst als die metaphysische Inkarnation des Allgemeinwohls die Größe, die an die Stelle Gottes trat: Ihr war der Fürst, formal gesehen, genauso unterworfen wie das Volk, freilich mit dem bedeutsamen Unterschied, daß es zu gehorchen hatte, während sich jener die verbindliche Interpretation des Allgemeinwohls vorbehielt, auf das der Staat bezogen war. Daß eine solche Konzeption von ganz anderen Motiven lebte als der kontraktualistische Staat der Aufklärung, ist oft dargelegt worden. Doch niemand hat diese Differenz schärfer formuliert als Friedrich II. selber. »Eine gut geleitete Staatsregierung«, schrieb er 1752, »muß ein ebenso fest gefügtes System haben wie ein philosophisches Lehrgebäude. Alle Maßnahmen müssen gut durchdacht sein, Finanzen, Politik und Heerwesen auf ein gemeinsames Ziel steuern: nämlich die Stärkung des Staates und das Wachstum seiner Macht« (*Polit. Testamente*, S. 42). Dieser starke Staat beansprucht eine Handlungsfreiheit, die tendenziell die Normen der politischen Moral suspendiert: Nicht zufällig rehabilitierte Friedrich II. 1752 Machiavelli.[2] Er empfahl den Herrschern, ihre politischen Absichten zu verschleiern (S. 55), und vertrat die These, daß man »blind dem Staatsinteresse folgen und sich mit der Macht verbünden (müsse), deren augenblickliche Interessen mit den unsern am besten zusammenstimmen« (S. 220). Gleichzeitig waren für ihn im zwischenstaatlichen Bereich die moralischen Normen nicht stärker verankert als im Hobbesschen Naturzustand: »Sieht man, daß ein anderer Herrscher nicht ehrlich verfährt, so ist es zweifellos erlaubt, ihm mit gleicher Münze zu dienen. Auch gibt es Fälle, wo der Bruch der eigenen Verpflichtungen entschuldbar ist, wenn nämlich das Wohl und Wehe des Vaterlandes es erfordert« (S. 222).

Der Machtstaat verweist aber auf die Mittel, die erst garantieren, »daß der Staat allmählich wächst und sich vergrößert, und daß Preußen mit der Zeit zu einer der bedeutendsten Mächte Europas wird« (S. 69). Voraussetzung für diese Entwicklung ist freilich, daß innenpolitisch »die verschiedenen Regierungszweige ... zu völliger Einheit verknüpft sein (müssen)« (S. 187). Ferner liegt es in der Konsequenz dieses »Leviathan« friderizianischer Prägung, daß es »Grundsätze und Regeln für alles bedarf« (S. 192), deren Überwachung in die Zuständigkeit der *Polizeiverwaltung* fällt, die auf allen Ebenen der Gesellschaft reglementierend eingreift: Ihre Kompetenz reicht von der öffentlichen Sicherheit, der Erhaltung der Verkehrsstraßen, Brücken und der Postverbindungen über die Festsetzung der Preise, die Kaufleuten und Händlern vorgeschrieben werden, bis hin zur Kontrolle der Spielhöllen, der Wirtshäuser und dem Geschäftsgebaren der Juden (S. 192). Noch wichtiger aber ist die Effektivität und die Schlagkraft des *Heeres*: Es stellt den eigentlichen Kern des Staates dar. Immer wieder betonte Friedrich II., daß Preußen von Feinden umstellt (S. 82, 190) und sein Staat geographisch zerrissen sei (S. 158). Den ständigen Ausnahmezustand des Krieges vor Augen, sei das »Heerwesen die Grundlage Preußens« (S. 109) und Preußen selbst ein »Militärstaat« (S. 190). Die Kantons, also die geographischen Rekrutierungseinheiten, seien »das Lebensmark des Staates« (S. 149), und daran, »daß das Militär in Preußen die erste Stelle einnehmen muß genau wie bei den welterobernden Römern in der Periode ihres Aufstiegs«, ließ er keine Zweifel aufkommen (S. 82). Von Ehrgefühl, Ruhmbegierde und Vaterlandsliebe durchdrungen, sah er im Soldaten »nichts als die Stütze der Regierung und das Bollwerk des Staates« (S. 169). 1773 polemisierte Friedrich II. gegen die Forderung der führenden Repräsentanten der französischen Aufklärung, die Enzyklopädisten, Frankreich müsse Republik werden, »den ewigen Frieden herbeiführen und sich ohne Heer behaupten« (Werke, Bd. 5, S. 245). Solche Thesen hielt er für »Reden betrunkener Fuhrknechte«. Zwar sei der Krieg ein Übel, »aber ein unvermeidliches; denn ein Schiedsgericht über die Herrscher gibt es nicht« (S. 246).

Diese Absage an den Friedensgedanken der Enzyklopädisten wirft das Problem auf, in welchem Verhältnis der kontraktualistische Staatsbegriff der Aufklärung zum Konzept des monarchischen Machtstaates im politischen Denken Friedrichs II. und des Josephinismus stand. Es spricht, wie ich meine, wenig für die These, daß der Machtstaat vom emanzipatorischen Anspruch des kontraktualistischen Staatsgedankens gemildert oder korrigiert worden wäre. Ein solches »Spannungsverhältnis« würde ein Gleichgewicht zwischen diesen konkurrierenden Staatsbegriffen voraussetzen, das nie existiert hat: Wenn die Situation es erforderte, entschieden sich Friedrich II. und Joseph II. stets für die Interessen des Machtstaats. Gehen wir aber trotzdem von der begründeten Annahme aus, daß deren Reformen, die bekanntlich unter der Herrschaft Josephs II. von der Gewährung religiöser Toleranz über die Aufhebung der Leibeigenschaft und die Emanzipation der Juden bis zu einer weitgehenden Liberalisierung der Zensurbestimmungen reichten (vgl. Blanning, 1970, insbes. S. 130 ff., sowie Matis [Hrsg.], 1981), von der Aufklärung mit geprägt und mit ausgelöst worden sind, dann darf nicht verschwiegen werden, daß dies in einer spezifischen Weise geschah: In dem Maße, wie sie der Machterhaltung und -steigerung des absoluten Staates dienten, wurden gleichzeitig ihre auf bürgerliche Freiheit und Gleichheit weisenden Tendenzen abgeschwächt oder zurückgenommen.

So basierte zwar die preußische Verfassung von 1794 auf der individualistischen Vertragstheorie: Die einzelnen geben ihre natürlichen Rechte nur so weit auf, »wie erforderlich ist, daß der Staat ihnen die freie Entfaltung ihrer Person, ihres Wohlstandes, ihrer Bildung und ihrer ›Privatglückseligkeit‹ garantiere« (Koselleck, 1966, S. 56). Andererseits ist charakteristisch, daß im gesamten Verfassungswerk der Begriff »bürgerliche Gesellschaft« nur einmal erwähnt wird, »und zwar nur, um – geschichtliches Erbe legalisierend – in einer ständischen Gliederung aufzugehen« (S. 57). Nicht die konkrete Emanzipation der einzelnen ist das Ziel, sondern »die Einbindung der Individuen in Lebens- und Berufsgemeinschaften der traditionellen *societas* geht den ›Personenrechten‹ voran und ermöglicht sie erst« (S. 57). Daß diese ständische Struktur aber nicht als Gegengewicht zur monarchischen Gewalt, sondern als Mittel zu deren Entfaltung zu dienen hat, zieht sich wie ein roter Faden durch die politischen Testamente Friedrichs II. Aber auch die vom »Aufgeklärten Absolutismus und seinen Rechtskodifikationen eingeleitete Rechtsstaatlichkeit« (von Aretin, 1974, S. 28) fand ihre Grenze im Machtstaat. Die Bindung des Monarchen an die Gesetze beruhte auf dessen widerrufbarem Einverständnis: Das Allgemeine Preußische Landrecht von 1794 schränkte den Handlungsspielraum des Königs verfassungsrechtlich nicht prinzipiell ein, und auch Joseph II. weigerte sich »trotz aller Aufgeklärtheit dem von Sonnenfels konzipierten Fundamentalgesetz für die österreichische Monarchie« (von Aretin, 1974, S. 19) zuzustimmen.

Ähnlich wird das im Prinzip anerkannte vorstaatliche Recht auf Meinungs- und Gewissensfreiheit in letzter Instanz machtstaatlichen Interessen untergeordnet. Zwar gewährte Friedrich II. *religiöse Toleranz*; wie aber deren Anwendung auf die Juden zeigt, schränkte er sie in dem Augenblick wieder ein, wo er glaubte, sie schadeten dem Staat. »Die Juden sind von allen ... Sekten die gefährlichsten; denn sie schädigen den Handel der Christen und sind für den Staat nicht zu brauchen. Wir haben die Juden zwar wegen des Kleinhandels mit Polen nötig, aber wir müssen verhindern, daß sie sich vermehren. Sie dürfen nicht nur eine gewisse Zahl von Familien, sondern auch eine gewisse Kopfzahl nicht überschreiten« (*Polit. Testamente*, S.35). Und schließlich wird dem notwendigen Korrelat der Meinungsfreiheit, der kritisch räsonierenden Öffentlichkeit, der Einblick in das Arkanum absolutistischer Politik kategorisch verwehrt. Der Monarch, so riet Friedrich II. seinen Nachfolgern, muß »taub gegen das sein, was die Öffentlichkeit sagt, und ihr nichtiges Urteil verachten. Wenn sie Euch beschuldigt, geizig und knauserig zu sein, was liegt daran? Sie urteilt nach falschen Begriffen und würde Eure Ansicht teilen, wenn ihr Eure Gründe bekannt wären. Man muß das einmal als richtig erkannte System befolgen, ohne sich durch das Gezirpe der Grillen oder durch das Gequake der Frösche von seinem Wege abbringen zu lassen« (*Polit. Testamente*, S.39f.).
Geben diese Äußerungen Lefèbvre recht, der meint, das aufklärerische Element im Aufgeklärten Absolutismus sei »nichts als geistreiche Spielerei« (in: von Aretin, 1974, S.83)? Oder trifft eher die These zu, daß sich unter dem Einfluß der Aufklärung »innerhalb des Absolutismus um die Mitte des 18. Jahrhunderts aus dem Selbstverständnis des Herrschers heraus eine revolutionäre Veränderung vollzog, obwohl« er »ein absoluter Monarch blieb, an seiner Stellung also nicht gerüttelt wurde« (von Aretin, 1974, S.16)? Wie mir scheint, werden mit diesen Fragen die beiden Extreme markiert, zwischen denen sich die vorrevolutionäre Absolutismuskritik im Deutschland der zweiten Hälfte des 18. Jahrhunderts bewegte. Um deren zentrale Motive und Argumentationsmuster rekonstruieren zu können, ist nicht nur zu klären, welcher Begriff von Aufklärung ihr zugrunde liegt. Darüber hinaus wird uns zu interessieren haben, welche alternative Ordnung des Gemeinwesens sie den absolutistischen Regimen ihrer Zeit entgegenstellte und wie sie ihre politischen Zielprojektionen zu erreichen suchte. Soweit ich sehen kann, artikulierte sich die Absolutismuskritik der hier vorzustellenden Autoren in der Perspektive dreier Gegenentwürfe, die im folgenden diskutiert werden sollen.

2. Ständische Freiheiten zwischen aufgeklärtem Pragmatismus und konservativer Aufklärungskritik

Johann Jacob Moser

Johann Jacob Moser wurde berühmt durch sein persönliches Schicksal als Konsulent der württembergischen Landschaft im Kampf gegen das Regime des Herzogs Karl Eugen: Von 1759 bis 1764 unter den härtesten Haftbedingungen und ohne Gerichtsurteil auf dem Hohentwiel eingekerkert, stieg er zur Symbolfigur der ständischen Opposition gegen absolutistische Willkür in Deutschland auf (vgl. Rürup, 1965, S. 155 f.).

Moser faßte in seiner Auseinandersetzung mit dem »aufgeklärten Despotismus« der französischen Physiokraten 1771 seine einflußreichen Argumente gegen die absolutistische Monarchie prägnant zusammen. Die Behauptung Mirabeaus, die unumschränkte Herrschaft eines einzelnen sei die natürlichste Regierungsform, weil sie das Glück der einzelnen am meisten fördere, halte der Erfahrung nicht stand. Den absoluten Herrschern seien verarmte, aber willfährige Untertanen, die über nichts »als das bloße Leben und die frische Luft« (*Anti-Mirabeau*, S. 31 f.) zum Atmen verfügen, angenehmer als wohlhabende Bürger, die zu politischem Ungehorsam gegen die Obrigkeit neigten. Auch das Argument, daß der absolute Monarch am besten geeignet sei, die Freiheit des einzelnen an seiner Person und an seinem Eigentum zu schützen, treffe nicht zu: Im Falle eines Konflikts setzten sich immer die Interessen des Regenten durch (S. 47). Unterstelle man ferner dem Inhaber der absoluten *potestas* einen besonders »erlauchten Verstand«, der das Allgemeinwohl besser erkennen und verwirklichen könne als die Bürger, so handele es sich um eine durchsichtige Schmeichelei, die ihren Urheber »bei allen vernünftigen Menschen verächtlich« (S. 48) mache. Sei aber davon auszugehen, daß die Person des Regenten »von Natur nicht besser ist als der geringste der Untertanen« (S. 49), so werde bei unumschränkter politischer Gewalt »das Wohl und Wehe eines ganzen Landes ... der bloßen Caprice einer Person ausgesetzt ..., die nicht durch persönliche Verdienste, sondern durch den ungefähren Zufall der Geburt aus diesem oder jenem Menschengeschlecht nun ist, was sie ist« (S. 48 f.).

Noch wichtiger für Mosers Kritik am Absolutismus ist freilich, daß er ihm vorwirft, er breche sowohl göttliches als auch positives Recht. Es sei der ganzen Natur und Ordnung aller Geschöpfe gemäß, »daß ein Gewicht ein Gegengewicht, eine Gewalt eine Gegengewalt habe, wodurch das Gleichgewicht zwischen beiden erhalten werde« (S. 45). Gegen diese »göttliche Ordnung der Natur« verstoße aber, wer als einzelner Mensch über das Glück und Unglück vieler Tausender entscheide, die dazu »auch etwas und ebensoviel ... zu sagen haben müssen« (S. 45). Der Machtanspruch des Absolutismus kollidiere aber auch mit den *positiv-rechtlichen Verfassungsstrukturen*: Er sei nur durchsetzbar, wenn die Reichs- und Landstände entmachtet oder beseitigt werden, deren rechtmäßige Kompetenz in der Einschränkung der politischen Gewalt des Regenten bestehe. Wer einen solchen »völligen Umsturz« der Verfassung betreibe, müsse als »Verräter und Feind des Vaterlandes« gelten, weil er sich an den »durch Verträge und altes Herkommen befestigten Freiheiten der Landstände und Untertanen« (S. 50) vergreife. Immer wieder berief sich Moser auf das »gute alte Recht«, das es wiederherzustellen gelte. So setzte er sich nicht nur für die »Freiheiten« der Landstände ein; als bedeutender Reichsjurist und -publizist reklamierte er auch die Geltung der deutschen Reichsverfassung. Auch wenn er sich über deren desolaten Zustand keine Illusionen machte (vgl. Rürup, 1965, S. 142 f.), sah er in ihrer Wiederbelebung einen wichtigen Damm gegen die hereinbrechende Flut absolutistischer Usurpation.

Daß Mosers Absolutismuskritik in der Tat traditionellen Denkmustern verpflichtet ist, zeigt seine unter dem Titel *Von den Kayserlichen Regierungs-Rech-*

ten und Pflichten (1772/73) veröffentlichte Interpretation der Reichsverfassung, in deren Zentrum der organische Konnex zwischen dem Kaiser und den Reichsständen steht: »Was ist ein Haupt ohne Glieder? Was ist ein schönes Haupt und ein krüppelhafter Körper?« (Teil 1, S. 34). Dieser Metapher eines traditionalistischen Politikverständnisses entspricht Mosers Definition des Staatszwecks: Das »gemeine Beste«, ein Schlüsselbegriff seiner politischen Reflexionen, meint den bereits erwähnten Ausgleich zwischen dem Herrscher und den Ständen, der beide gemäß den Gesetzen Gottes und der Natur bindet. Auch die Rechte des einzelnen sind Teil der Verträge, die die Stände mit dem Herrscher schließen. So heißt es in der *Abhandlung von Nöthigung derer Unterthanen zu regulairen Kriegs-Diensten* (1765): »Auch der geringste Untertan ist ein Glied des Staatskörpers, daran der Regent nur das Haupt ist: Wie dahero, wenn an dem menschlichen Körper auch nur das geringste Glied beschädigt wird, dennoch, um des unzertrennlichen Zusammenhanges willen, der ganze Körper beleidigt ist« (S. 8). Gleichzeitig lehnte Moser das subjektive Naturrecht strikt ab. Dessen Fiktion ursprünglich Gleicher und Freier müsse alle Verfassungen und »Bande der menschlichen Gesellschaft aufheben« (*Anti-Mirabeau*, S. 66), weil der kontraktualistische Konsens, auf den das Gemeinwesen zurückgeführt werde, in seinem Verpflichtungscharakter Priorität gegenüber allen später eingegangenen Verträgen habe (S. 65). Deutet nun Mosers Absage an das individualistische Naturrecht der Aufklärung und die Staatsraison des Absolutismus darauf hin, daß er »die menschlichen und staatlichen Zustände einfach aus ihrem Dasein als zu Recht bestehend an(erkannte)« (Fröhlich, 1925, S. 31)? Gegen diese These spricht, daß Moser eine Reform der württembergischen Landesverträge forderte. Da die Vertragschließenden nicht »allwissend« seien und daher zukünftige Entwicklungen nicht antizipieren konnten, hielt er es für falsch, »wenn zuweilen Leute Landes-Verträge u. dgl. für ebenso unveränderlich ansehen als das Wort Gottes und als müsse es notwendig bis ans Ende der Welt dabei verbleiben« (*Von der Landeshoheit*, 1773, S. 51). Die Verträge hätten sich vielmehr nach den Erfordernissen der Gegenwart zu richten. Deswegen reiche es nicht aus, nur auf den »alten Freiheiten« zu bestehen; es komme auch darauf an, sie »durch neue Grundsätze ... in ein besseres Licht (zu) setzen« (S. 51 f.).

Aber Moser wollte nicht nur den Inhalt der Landesverträge den Notwendigkeiten einer modernen Politik anpassen und obsolet gewordene »Freiheiten« abschaffen, um der absolutistischen Herausforderung besser gewachsen zu sein; der aufgeklärte »Geist des Machens« erstreckte sich auch auf die landständische Politik selber. So sollten die Stände die vom Aufgeklärten Absolutismus entwickelte Wirtschaftspolitik nicht allein den Landesherrn überlassen und sich mit der Wahrung ihrer Rechte begnügen. In *Einige Grund-Saetze einer vernünftigen Regierungskunst* (1753) wies er ihnen die Aufgabe zu, selber aktiv mit ihren Vorstellungen und Vorschlägen die politischen Entscheidungen der Regenten und ihrer Minister zu beeinflussen (S. 7). Als Vorbild propagierte er das fortgeschrittene Kameral-, Handels-, Manufaktur- und Polizeiwesen in England und Frankreich. Diese Länder hätten gezeigt, wie der Wohlstand eines Staates durch Handel und Manufaktur gesteigert werden könne (S. 1). Freilich setze eine solche Politik die Einsicht voraus, daß das, was »die Voreltern« dachten und sich für das Land bewährt hat, nicht ohne weiteres auf die gegenwärtige Zeit übertragbar ist, weil »wir doch nun nicht mehr zu unserer Voreltern Zeiten« leben (S.23). Sind aber die Probleme der Gegenwart nicht mehr mit den Mitteln der Vergangenheit zu lösen, so muß eine Einstellung als unvernünftig erscheinen, die »alle neuen Vorschläge mit dem verhaßten Namen einer Projektenmacherei« belegt und sie »ungeprüft und unversucht« verwirft, um »nur immer so bei dem alten Schlendrian verbleiben zu wollen« (S.20).

Justus Möser

Interpretierte Moser die »alten Freiheiten und Rechte« im Licht aufgeklärter Reformen (vgl. Rürup, 1965, S.30ff.), weil nur so die Stände in der Lage seien, zu überleben und verlorene Macht zurückzugewinnen, so glaubte *Justus Möser*, dieses Ziel nur gegen die Aufklärung erreichen zu können. Deren zentraler Agent sei der Absolutismus, dessen Bürokratie sich im Namen aufgeklärter Rationalität anschicke, die ständische Mannigfaltigkeit zu zerstören: »Die Herren beim Generaldepartement möchten gern alles, wie es scheinet, auf einfache Grundsätze zurückgeführt sehen. Wenn es nach ihrem Wunsche ginge, so sollte der Staat sich nach einer akademischen Theorie regieren lassen und jeder Departementsrat imstande sein, nach einem allgemeinen Plan den Lokalbeamten ihre Ausrichtungen vorschreiben zu können. Sie wollten wohl alles mit gedruckten Verordnungen fassen ... und keine andre als allgemeine Gesetzbücher dulden; vermutlich, um sich die Regierungskunst soviel bequemer zu machen und doch die einzige Triebfeder der ganzen Staatsmaschine zu sein« (Sämtliche Werke, Bd.5, S.22). Diese Tendenz zur Vereinheitlichung des Regierungshandelns arbeite zwar »den Hoffnungen« des 18.Jahrhunderts entgegen, »das mit lauter allgemeinen Gesetzbüchern schwanger (geht)«. Jedoch sei der Preis hoch, der für die Rückführung der Regierungskunst auf »einfache Grundsätze« zu zahlen sei: Der Abkehr von dem »wahren Plan der Natur, die ihren Reichtum in der Mannigfaltigkeit« zeige, entspreche die Hinwendung »zum Despotismus, der alles nach wenigen Regeln zwingen will und darüber den Reichtum der Mannigfaltigkeit verlieret« (ebd.). Seine Kritik an den aufgeklärten Prinzipien des Absolutismus brachte er in Anlehnung an *Montesquieu* auf die Formel: »Je einfacher die Gesetze und je allgemeiner die Regeln werden, desto despotischer, trockner und armseliger wird ein Staat« (Sämtl. Werke, Bd.5, S.23). Für Mösers politische Reflexionen ist nun charakteristisch, daß er eine Konvergenz zwischen Aufgeklärtem Absolutismus und einem auf den Menschenrechten gegründeten demokratischen Gemeinwesen behauptet, weil beide ihre Wurzeln in der Aufklärung haben. Wie nämlich seine Auseinandersetzung mit der französischen Verfassung von 1789 zeigt, ist er davon überzeugt, daß die Fiktion des Herrschaftsvertrages ursprünglich Gleicher und Freier nicht nur den »halben Weg zum monarchischen«, sondern »auch wohl zum demokratischen Despotismus« (Gesammelte Werke, Bd.5, S.180) ebnete. Gegen diese »idées simples et uniques« der Aufklärung wendete er ein, sie beruhten auf falschen anthropologischen Voraussetzungen. »Der Mensch ist zur Gesellschaft bestimmt, und es fruchtet wenig, ihn in seinem einzelnen Zustande zu betrachten. Der rohe Einsiedler mag, mit der Keule in der Hand und mit Löwenhaut bedeckt, noch so stark, glücklich und groß sein: so bleibet er doch immer ein armseliges Geschöpf in Vergleichung der großen Gesellschaften, die sich überall wider ihn verbunden haben und ewig wider ihn verbinden werden« (Sämtl. Werke, Bd. 6, S. 64). Da die Gesellschaft also immer im Gegensatz zu den isolierten einzelnen stehe und deswegen nicht als Ausfluß seines freien Willens interpretiert werden könne, nütze ihm sein Recht, »nach seiner eigenen Theorie zu leben«, nichts (ebd.): Jedenfalls bleibt es für ihn in der Gesellschaft folgenlos. Doch trotz dieser Weigerung, die Vergesellschaftung vom einzelnen her zu denken, folgt Möser nicht der aristotelischen Prämisse, die Ungleichheit der Menschen sei natürlich, weil in ihrem Wesen verankert. Vielmehr kritisiert er den naturrechtlichen Kontraktualismus, indem er den Herrschaftsvertrag zu historisieren und dessen egalisierende Konsequenzen durch die Erfahrung zu entschärfen sucht.

Tatsächlich begründete Möser die rechtliche und soziale Ungleichheit mit einem historisch gewendeten »doppelten Sozialkontrakt«: »einer, welchen die ersten Eroberer unter sich geschlossen, und ein anderer, den diese ihren Nachgeborenen oder spätern Ankömmlingen zugestanden haben« (Gesammelte Werke, Bd. 5, S. 178). Gegen Rousseau argumentierte er, daß aus der zeitlichen Priorität der eigentumsstiftenden ursprünglichen Okkupation, die durch den ersten Sozialvertrag legitimiert wurde, für die später Gekommenen oder Geborenen deren geminderter Rechts- und Sozialstatus folge: Sie mußten die von den ersten Eroberern diktierten Konditionen des zweiten Kontraktes akzeptieren, »und wäre es auch die Leibeigenschaft gewesen« (ebd.). Die politische Stoßrichtung des so interpretierten »doppelten Sozialkontrakts« ist evident: Er wendet sich einerseits gegen den Egalitarismus der auf den Menschenrechten basierenden Verfassungen in Nordamerika und Frankreich, in denen versucht werde, die Minderberechtigten des zweiten Sozialvertrages mit den Mitgliedern des ersten gleichzusetzen (ebd.). Andererseits ist aber auch das vom Aufgeklärten Absolutismus reklamierte Recht eine »Erschleichung«, die auf das erste Übereinkommen zurückgehenden Freiheiten, Privilegien und die aus ihnen folgenden sozio-politischen Herrschaftsverhältnisse des feudalen Zeitalters durch Rechtskodifikationen zu zerstören. Demgegenüber bringt Möser sein zweistufiges Vertragskonzept mit dem Ideal eines Staates in Verbindung, der sich »am besten mit einer Pyramide vergleichen« lasse: Sie sei dann vollkommen, »wenn sie ihr gehöriges Verhältnis hat, unten auf einem guten Grund ruht und nach der Spitze zu immer dergestalt abnimmt, daß das Unterste das Oberste völlig, aber auch mit der mindesten Beschwerde trägt« (Sämtl. Werke, Bd. 5, S. 214). Im Sinne dieses pyramidalen Prinzips »wird das tragende Fundament vom Nährstand gebildet, auf dem als Mitte der Stand des Adels ruht, während die Spitze der Pyramide von der Krone eingenommen wird. Damit steht die Zahl der Mitglieder eines Standes im reziproken Verhältnis zu der Stellung, die er im Gefüge der Gesellschaft einnimmt« (Fiebig, 1953, S. 35 f.).

Mösers Rechtfertigung des Adels und der Leibeigenschaft, seine Hochschätzung des »echten Eigentums«, nämlich des Grundbesitzes, seine Lobpreisung der Innungen und Zünfte sowie der lokalen »Freiheiten« und »Rechte« scheinen darauf hinzuweisen, daß er eine Rückkehr zu mittelalterlichen Rechts- und Sozialverhältnissen angestrebt hätte. Dieser Eindruck täuscht jedoch. Bei aller Skepsis gegenüber den egalitären Tendenzen der bürgerlichen Gesellschaft lehnte er keineswegs den *Kapitalismus* als Wirtschaftssystem ab. Nicht zufällig räumte er der bürgerlichen »Geldactie« Parität gegenüber der »alten Landactie« (Grundbesitz) ein: Die eine wie die andere könne Basis eines Gemeinwesens sein, weil bei der auf Geld gegründeten »Staatsverbindung« ebenso viele Menschen zu Abhängigen und damit von der Vollbürgerschaft ausgeschlossen werden wie beim »echten Eigentum« am Boden (Gesammelte Werke, Bd. 5, S. 193). Dem entspricht, daß Möser dem deutschen Adel empfiehlt, dem englischen Beispiel zu folgen und sich im kapitalistischen Wirtschaftssystem zu betätigen (Sämtl. Werke, Bd. 7, S. 212f.). Auch rät er, zur Vermeidung »der Teuerung des Korns« den Getreidepreis nicht der staatlichen Festsetzung, sondern dem Markt zu überlassen (Sämtl. Werke, Bd. 5, S. 27). Mösers »Antikapitalismus« resultierte also nicht aus der Ablehnung der markt- und profitorientierten Motivation des Wirtschaftens. Was ihm mißfiel, waren eher dessen Auswirkungen auf das normative Gefüge der altständischen Welt: Die Geldwirtschaft zerstöre die soziale Rangordnung; selbst der Adel sei »wohlfeil geworden; Geld und Dienst entscheiden alles« (Sämtl. Werke, Bd. 5, S. 59).

Aber selbst Mösers Stellung zur Aufklärung ist differenzierter, als es auf den ersten Blick zu sein scheint. Martin Greiffenhagen (1971, S. 58) hat darauf hingewiesen, »daß Möser durchaus nicht der Verteidiger des Bestehenden seiner Zeit« war, »sondern ein Konservativer im Sinne rückwärtsgewandter Reflexion«, der »sich in seiner Kritik der Gegenwart auf eine längst entschwundene Zeit beruft und Ideen zur Wiederherstellung entwickelt, die geradezu konservativ-revolutionäre Züge tragen«. Um die in seiner Zeit wirksamen, auf Gleichheit zielenden Implikationen der Aufklärung abwehren zu können, sei Möser gezwungen worden zu adaptieren, was er der Aufklärung vorwarf: den Geist des kalkulierenden Machens, den er insbesondere am Rationalismus der absolutistischen Bürokratie kritisierte, weil er permanent »den wahren Plan der Natur« (Sämtl. Werke, Bd. 5, S. 22) durchkreuze.

In der Tat kann Mösers Zeit- und Kulturkritik nicht verdecken, daß aus ihr eine rückwärtsgewandte Reformperspektive folgt, deren sozialtechnische Stoßrichtung gleichwohl auf den Konstruktivismus der Aufklärung und das Durchsetzungsvermögen eines starken Staates verweist. So forderte er von der Obrigkeit energische Maßnahmen zur *Wiederherstellung der Ehre*, dieser »mächtigen Triebfeder der menschlichen Handlungen«, die angesichts der nivellierenden Macht des Geldes »uns zu nichts mehr dienen (wird)« (Sämtl. Werke, Bd. 5, S. 58). Da man »nicht mehr alles Geld verbannen« oder einen »neuen Kontrakt« schließen könne (S. 59), müsse eben künstlich das zu Bewahrende erst hergestellt werden. Möser schlägt vor, »daß wir uns von unserem Landesherrn eine Uniform erbitten und dieselbe zur Ehrentracht für alle diejenigen machen, welche in gleich rühmlichem Verhältnisse zum gemeinen Besten steuren und sich als ehrenhafte Männer betragen« (S. 60). Die Wiederherstellung der Ehre bedarf also zweckrationaler Maßnahmen: Die Einführung der Landesuniform ist in ihrer Auswirkung auf die menschliche Psyche zu antizipieren. Sie muß gleichsam unter der Prämisse einer Zweck-Mittel-Relation geplant werden. Möser ist sich darüber im klaren, daß den Maßnahmen der Landesobrigkeit eine zentrale Bedeutung bei der Wiederherstellung der sozialen Hierarchie zukommt: Sie hat sie »durch dienliche Begünstigungen oder Belohnungen« aktiv »zu befördern« (Sämtl. Werke, Bd. 6, S. 68). Auch schätzt Möser in diesem Zusammenhang den

sozialintegrativen Charakter der *christlichen Religion*: Sie »bindet die größte Gesellschaft, wenn sie auch noch so geeinzelt ist, und kommt überall den Bedürfnissen der Menschen im Glück und Unglück bestens zustatten« (Gesammelte Werke, Bd. 5, S. 73 f.). Ihre Bräuche und Institutionen verdienen aber auch deswegen gestützt und gefördert zu werden, weil sie dem Staat Informationen über das Bewußtsein der Bürger liefern können. Möser setzte sich dafür ein, daß jeder Pfarrer oder Beichtvater angewiesen werden sollte, »der Obrigkeit jährlich eine Sündentabelle einzusenden, um daraus den sittlichen Wohlstand oder das sittliche Verderben ihrer Untertanen beurteilen und sich mit Gesetzen und Strafen danach richten zu können« (Gesammelte Werke, Bd. 5, S. 266).
Zusammenfassend läßt sich feststellen, daß der Rationalismus des »Aufgeklärten Absolutismus«, den Möser im Namen der »Localvernunft« bekämpfte, in seinen Reformvorschlägen selber zum strategischen Mittel wird, das er gegen die emanzipatorischen Wirkungen der Aufklärung wendet. Vielleicht ist dieser Tatbestand auch der Grund dafür, »daß Mösers scharfe Ablehnung des Aufgeklärten Absolutismus sich in späteren Jahren geändert hat« (Fiebig, S. 56), während er seine Kritik an der Französischen Revolution nicht abschwächte.

3. Das Projekt eines aufgeklärten Zeitalters in geschichtsphilosophischer Perspektive

Johann Gottfried Herder

Neben Möser und Goethe ist *Johann Gottfried Herder* zu einem der Urväter des Historismus stilisiert worden (Meinecke, 1965, S. 355 ff.). Daß er als politischer Oppositioneller dachte und schrieb, ist weitaus weniger bekannt. Im *Journal meiner Reise im Jahre 1769* beklagte er sich über die »Sclaverei« seines Geburtslandes Preußen (Werke, Bd. 24, S. 415), dessen Staaten »nicht glücklich sein« könnten, »bis sie in der Verbrüderung zerteilt werden« (S. 425). In seiner Politik folge Friedrich II. Machiavelli, obgleich »er ihn widerlegt hat« (S. 427). Zur Verbreitung der Aufklärung habe er wenig beigetragen: »Seine Untertanen waren zu tief unter ihm und Voltaire, um ihn zum Muster zu nehmen, zu sehr unwissende Deutsche, zu sehr Untertanen« (S. 426).
Diese Kritik hat Herder 1793 in seinen *Briefen zur Beförderung der Humanität* nur scheinbar zurückgenommen. Zwar bezweifelte er nicht die guten Absichten des jungen Friedrich, die Humanität zur Richtschnur seines Handelns als Staatsmann erheben zu wollen. Doch die »Politik der Höfe in jenem sogenannten großen Staatensystem nebst allem, was dazu gehört« (Werke, Bd. 13, S. 44) habe ihn gezwungen, »auf harten Wegen« in Preußen für »Gerechtigkeit, innere Ordnung, Kriegsheere und Geld« (S. 43) zu sorgen und seine reformerischen Absichten weitgehend aufzugeben. Daß Herders Absolutismuskritik Systemkritik par excellence war, wird noch eindrucksvoller durch seine Auseinandersetzung mit dem Josephinismus dokumentiert. Joseph II., so Herder, gewährte Meinungs- und Pressefreiheit, ergriff Maßnahmen »gegen den Aberglauben, gegen die Intoleranz und Pfäfferei« (S. 52), führte Schulreformen durch, hob die Leibeigenschaft auf und schuf ein einheitliches Gesetzbuch. »Dennoch erregte er

in allen Provinzen und Ländern auch bei Ständen, denen er am meisten helfen wollte, murrende Unzufriedenheit; er stirbt beim Ausbruch eines allgemeinen Ungewitters, des Aufruhrs in seinem weiten Reiche« (S. 47). Den Grund für dieses Scheitern sah Herder nicht so sehr – wie im Falle Friedrichs II. – in der außenpolitischen Dimension des Absolutismus, sondern in dessen *innerer Herrschaftslogik*: Sie verleitete ihn nicht nur zu zahlreichen Kriegen, die den inneren Reformen außerordentlich schadeten, sondern prägten auch deren Methoden in verhängnisvoller Weise. Sich rücksichtslos über die nationale und kulturelle Eigenständigkeit seiner Völker hinwegsetzend, habe Joseph II. seine aufgeklärten Ziele als »Despot« angestrebt (S. 58). In letzter Instanz scheiterte er nicht an »der Schwachheit der menschlichen Natur, sondern der geglaubten und von Kindheit auf genährten Allgewalt des Selbstherrschers. Nicht das Schicksal, die Natur der Dinge, der Wille seiner Untertanen hat ihn gebeugt« (S. 57).

Herders Überzeugung, daß aufklärerische Reformprojekte sich in ihr Gegenteil verkehren, wenn ihre Verwirklichung einem absolutistischen Alleinherrscher und seiner Bürokratie übertragen wird, folgt aus seinem Begriff der Aufklärung selbst. Aufklärung ist für ihn ein Denken und Handeln, das zu entwickeln sucht, was den Charakter der Menschheit und das Ziel ihrer Geschichte ausmacht: Humanität. Sie »ist der Schatz und die Ausbeute aller menschlichen Bemühungen, gleichsam die Kunst unseres Geschlechts. Die Bildung zu ihr ist ein Werk, das unablässig fortgesetzt werden muß, oder wir sinken, höhere und niedere Stände, zur rohen Tierheit, zur Brutalität zurück« (S. 124). Die Entfaltung der Humanität als das Ziel der Aufklärung ist freilich an zwei Bedingungen gebunden. Auf der einen Seite »muß unser Geschlecht selbst aus sich machen, was aus ihm werden kann und soll« (S. 137): Der einzelne ist mithin aufgefordert, in eigener Verantwortung, die ihm kein absoluter Monarch abnehmen kann, »am Wohl und Weh des Ganzen teilzunehmen« (ebd.). Auf der anderen Seite ist die Aktualisierung der Humanität an die besonderen Formen und Traditionen der einzelnen Völker gebunden, mit denen der abstrakte Rationalismus absolutistischer Verwaltungsreformen, die auf die Vereinheitlichung des Staates abzielen, gerade bricht. Konkrete Aufklärung nimmt nach Herder daher stets die Form eines »geläuterten Patriotismus« an, der zwar aus der nationalen Identität der jeweiligen Völker hervorgeht, ohne jedoch die in ihr zum Ausdruck kommende *Menschheit* zu leugnen: Das »Gefühl der Billigkeit gegen andere Nationen« und die rigorose Ablehnung von Angriffskriegen (S. 602) sind ebenso notwendige Korrelate dieses Konzepts wie die Absage an den Rassismus und die Absolutsetzung eurozentrischer Maßstäbe bei der Beurteilung anderer Kulturen (S. 581).

Sperrt sich so Herders Konzept der Aufklärung gegen zentrale Strukturen des absolutistischen Obrigkeitsstaates, so ist zu fragen, welche alternative Ordnung des Gemeinwesens er anstrebte. Herder wies zwar den Verfassungen einen zentralen Stellenwert in seinem Projekt der Humanität zu. Dennoch glaubte er nicht, daß die traditionelle Staatsformenlehre bei der Suche nach der besten Regelung der politischen Verhältnisse hilfreich sei. Gegen Montesquieu (vgl. oben, S. 441 ff.) wandte er ein, dessen *L'Esprit des Lois* dringe nicht zum Kern der konkreten Verfassungen und Gesetze der einzelnen Länder vor, weil er zu sehr von den Sitten, Gewohnheiten und Eigenschaften der Völker abstrahiere. Selbst noch in seinem methodologischen Zugriff zu sehr dem Absolutismus verpflichtet, sei Montesquieu »zu wenig Mensch und zu sehr Bürger eines monarchischen Staats, zu wenig natürlicher Philosoph und zu sehr Präsident, als sie in rechter Weise studieren zu können« (Werke, Bd. 24, S. 483). Trotz dieser methodologischen Einschränkung ist Herders Sympathie für *gemäßigte Republiken*, die demokratische Partizipation nicht ausschließen, unübersehbar. So brach er mit dem pejorativen Demokratieverständnis der Antike, das auch noch im 18. Jahrhundert weit verbreitet war. Im Gegensatz zu Platon und Aristoteles wertete er die attische Demokratie eindeutig auf. Die welthistorische Leistung der griechischen Republiken, so heißt es in den *Ideen zur Philosophie der Geschichte der Menschheit*, habe darin bestanden, »daß Menschen, wie aus der Unmündigkeit erwacht, über ihre politische Verfassung selbst nachdenken lernten. Und so war das Zeitalter griechischer Republiken der erste Schritt zur Mündigkeit des menschlichen Geistes in der wichtigen Angelegenheit, wie Menschen von Menschen zu regieren waren« (Werke, Bd. 11, S. 99). Herder war davon überzeugt, daß »Freistaaten ... sich selbst der Aufklärung, der Wissenschaft schuldig (sind). Woher kam's, daß edle Gemüter sich über die gewöhnliche Denkart erhuben, das Joch des Despotismus abzuwerfen und ein Volk nach neuen, unerhörten Begriffen der Freiheit und der Verbindung einzurichten unternahmen?« (Werke, Bd. 17, S. 124). Republiken seien Medium und Movens des geistigen Fortschritts: Nicht nur in der Antike, sondern auch »in mittleren und neuen Zeiten ist die beste Geschichte, die beste Philosophie der Menschheit und Staatskunst immer *republikanisch*« (S. 117). Zwar neigten reine Republiken zur Unregierbarkeit. Doch könnten sie sich dauerhaft festigen, wenn sie monarchische oder aristokratische Elemente als Gegengewichte absorbierten. Als Beispiele nennt Herder Florenz, Venedig, Holland, die Schweiz, England und Schweden (ebd.).

Wenn Herder so den absolutistischen Regimen seiner Zeit die vom Bürgertum geprägten Republiken bzw. Monarchien gegenüberstellte, so tat er dies im Bewußtsein, daß auch der Aufgeklärte Absolutismus längst zu einer Fessel der bürgerlichen Gesellschaft geworden war, deren sich bahnbrechenden Tendenzen er dauerhaft nicht würde widerstehen können. Dieser Optimismus findet in Herders großangelegter Geschichtsphilosophie ihren historisch-dialektischen Ausdruck. Das ihr zugrunde liegende evolutionstheoretische Muster bestimmt den »dritten Stand« als den *sozialen Träger des Fortschritts*. Als »Stand der Wissenschaft, der nützlichen Tätigkeit, des wetteifernden Kunstfleißes« (Werke, Bd. 11, S. 188), ohne den »das Land noch jetzt eine Wüste« (S. 183) wäre, entfalte er eine kulturelle und moralische Hegemonie, die dem Streben der absolutistischen Staaten nach »Heldenruhm« den Boden entziehe: Je mehr die Menschen die Früchte einer nützlichen Tätigkeit »kennen und einsehen lernen, daß durchs Kriegsbeil nichts gewonnen, aber viel verheert wird; je mehr die schmähenden Vorurteile von einer mit göttlichem Beruf zum Kriege geborenen Kaste ... verächtlich und lächerlich werden: desto mehr Ansehen wird der Ährenkranz, der Apfel- und Palmenzweig vor dem traurigen Lorbeer erhalten ...« (Werke, Bd. 13, S. 606).

Dieser »traurige Lorbeer« aber kann Herder zufolge die selbstnegatorischen Tendenzen absolutistischer Systeme nicht verdecken: In dem Maße, wie sie durch Eroberungen expandieren, komme es zu einer »wilden Vermischung der

Menschengattungen und Nationen unter *einem* Szepter«. Die Folge sei eine wachsende Spannung zwischen den Charakteren der Völker und dem Staat, der »ohne inneres Leben und Sympathie der Teile gegen einander« zur bloßen Maschine werde: Die ihr dienende Staatskunst, »die mit Völkern und Menschen als mit leblosen Körpern spielt« (Werke, Bd. 13, S. 136), sei auf Dauer chancenlos: »Die Geschichte zeigt genugsam, daß diese Werkzeuge des menschlichen Stolzes von Ton sind und zerfließen« (ebd.). Dadurch also, daß der Absolutismus die Bedingungen seiner eigenen Überwindung gegen seinen Willen schafft, treibt er unbewußt die »Beförderung der Humanität« voran.

Die geschichtsphilosophische Perspektive, in der Herder den Niedergang des Absolutismus und den Aufstieg eines aufgeklärten Zeitalters dialektisch vermittelt antizipiert, darf freilich nicht zu dem Schluß verleiten, daß die Natur die Verwirklichung der Humanität gleichsam im Selbstlauf vollendet. Ähnlich wie Lessing hat auch Herder den Primat der menschlichen Praxis immer wieder betont. Einerseits ist für seine Geschichtsphilosophie zentral, daß »auf Regenten und Staaten ... die Natur nicht gerechnet (hat), sondern auf das Wohlsein der Menschen in ihren Reichen« (Werke, Bd. 11, S. 202). Ziel des Fortschritts ist also das Glück der einzelnen, das nicht einer welthistorischen Teleologie im Interesse übergeordneter Instanzen geopfert wird: Kein Individuum dürfe glauben, »eines anderen oder der Nachkommenschaft wegen da zu sein« (S. 201). Andererseits ist schon darauf hingewiesen worden, daß die »Beförderung der Humanität« nur durch diejenigen herbeigeführt werden kann, die ihre einzigen Nutznießer sind: die Menschen selber. Alles, so Herder, »was im Menschenreiche geschehen soll, muß durch Menschen bewirkt werden; wir leiden so lange unter unserer Schuld, bis wir, ohne Wunder der Gottheit, den besseren Gebrauch unserer Kräfte selbst lernen« (S. 198). Daß dieser Lernprozeß nicht in den Formen obrigkeitsstaatlicher Belehrung erfolgen kann, ist bereits gezeigt worden. Zugleich war Herder aber auch davon überzeugt, daß man ihn nicht durch revolutionäre Massenaktionen ersetzen könne. 1793, unter dem Eindruck des »Terreur« in der Französischen Revolution, schrieb er: »Die Besserung muß vom Haupt kommen, nicht von Füßen und Händen; ich kenne nichts Abscheulicheres als eines wahnsinnigen Volkes Herrschaft« (Werke, Bd. 13, S. 87).

Gotthold Ephraim Lessing

Herders geschichtsphilosophisch begründetes Hegemoniekonzept eines aufgeklärten Zeitalters verweist auf *Gotthold Ephraim Lessings* Transformationsmuster, die er in *Ernst und Falk. Gespräche für Freimäurer* (Werke, Bd. 3, S. 509 bis 543) und in der *Erziehung des Menschengeschlechts* (Werke, Bd. 3, S. 544 bis 563) entwickelte. Auch Lessing richtete sie kritisch gegen den Aufgeklärten Absolutismus, dessen preußische Variante er noch dezidierter ablehnte als Herder. In seinem berühmten Brief an Nicolai vom 25. 8. 1769 schrieb er: »Sonst sagen Sie mir von Ihrer Berliner Freiheit zu denken und zu schreiben ja nichts. Sie reduziert sich einzig und allein auf die Freiheit, gegen die Religion so viel Sottisen zu Markte zu bringen, als man will. Und dieser Freiheit muß sich der rechtliche Mann nun bald zu bedienen schämen. Lassen Sie es aber doch einmal einen in

Berlin versuchen, über andere Dinge so frei zu schreiben, als Sonnenfels in Wien geschrieben hat; lassen Sie es ihn versuchen, dem vornehmen Hofpöbel so die Wahrheit zu sagen, als dieser sie ihm gesagt hat; lassen Sie einen in Berlin auftreten, der für die Rechte der Untertanen, der gegen Aussaugung und Despotismus seine Stimme erheben wollte, wie es jetzt sogar in Frankreich und Dänemark geschieht: und Sie werden bald die Erfahrung haben, welches Land bis auf den heutigen Tag das sklavischste Land von Europa ist« (Ges. Werke, Bd. 9, S. 327). Lessings Vorbehalte gegenüber dem Absolutismus Friedrichs II. in *Minna von Barnhelm* sind unübersehbar. Und selbst die persönliche Integrität des aufgeklärten und toleranten Sultans Saladin in *Nathan der Weise* vermag nicht zu verdecken, daß »sein Regiment vom Makel absolutistischer Willkür gezeichnet (ist).« Lessing führt im *Nathan* die kritische Inszenierung absolutistischer Herrschaftsverhältnisse vor. Zwischen der Kabinettsjustiz des Königs in *Minna von Barnhelm*, der Tyrannis des Prinzen in *Emilia Galotti* und den kaum verhüllten Erpressungsversuchen Saladins besteht kein prinzipieller Unterschied« (Barner u. a., 1981, S. 309).

War es Lessings Projekt der Aufklärung selbst, das ihn zur Ablehnung des Absolutismus zwang? Einen ersten Hinweis finden wir bereits in *Emilia Galotti*. Als der Kammerherr Marinelli dem Grafen Appiani einen »Befehl« des Prinzen übermittelt, erhält er die charakteristische Antwort: »Der Befehl des Herrn? – des Herrn? Ein Herr, den man sich selber wählt, ist unser Herr eigentlich nicht. – Ich gebe zu, daß Sie dem Prinzen unbedingtern Gehorsam schuldig wären. Aber nicht ich. – Ich kam an seinen Hof als Freiwilliger. Ich wollte die Ehre haben, ihm zu dienen: aber nicht sein Sklave werden. Ich bin der Vasall eines größeren Herrn« (Werke, Bd. 1, S. 426). Diese Maxime, einer selbstgewählten Instanz nur so weit zu gehorchen, wie sie die eigene Autonomie nicht verletzt, ist einem Wahrheitsbegriff verpflichtet, der zu Recht als das *Zentrum des Lessingschen Aufklärungskonzepts* gilt: »Nicht die Wahrheit, in deren Besitz irgendein Mensch ist oder zu sein vermeinet, sondern die aufrichtige Mühe, die er angewandt hat, hinter die Wahrheit zu kommen, macht den Wert des Menschen. Denn nicht durch den Besitz, sondern durch die Nachforschung der Wahrheit erweitern sich seine Kräfte, worin allein seine immer wachsende Vollkommenheit bestehet. Der Besitz macht ruhig, träge, stolz« (zit. nach Bahr, 1976, S. 43).

Wer sich im Besitz der Wahrheit glaubt, hat nach Lessing das Ziel der Aufklärung bereits verfehlt. Zum Dogma erstarrt, wird die Wahrheit sekundär; sie ist in den Dienst eines Herrschaftsanspruchs über das Bewußtsein anderer Menschen gestellt, der weder die Autonomie des Wahrheitssuchenden noch die der Suche nach der Wahrheit selbst akzeptieren kann. Aufklärung im Sinne Lessings setzt demgegenüber als Methode der Wahrheitsfindung den herrschaftsfreien Diskurs der Wahrheitssuchenden voraus, in dem nichts gilt als die *Rationalität des besseren Arguments*. Die Grenzen, die die absolutistische Staatsraison einer solchen öffentlichkeitsbezogenen Aufklärung steckte, demonstrierte der Hauptpfarrer Goeze aus Hamburg, als Lessing die Freimarus-Fragmente nicht in lateinischer, sondern in deutscher Sprache veröffentlichte: »Siehet aber Herr Lessing es nicht ein, was aus diesem Grundsatz«, nämlich jene Fragmente »durch den Druck in deutscher Sprache dem großen Haufen ... selbst zur Prüfung (zu) überlassen«, »fließt, oder will er es nicht einsehen? Was will er dem antworten, der sagen würde: das Regierungssystem der besten und gerechtesten Regenten verdienet nicht eher Beifall, bis alle mögliche, auch noch so unsinnige Einwürfe gegen dasselbe, bis alle mögliche Lästerungen und Verleumdungen der Person des Regenten im Drucke dargelegt und den Untertanen in die Hände gegeben« (Werke, hrsg. von Göpfert, Bd. 8, S. 258).

Wodurch unterscheidet sich nun Lessings Entwurf eines Gemeinwesens, in dem die Aufklärung zu ihrem Recht kommt, vom absolutistischen Obrigkeitsstaat? Diese Differenz ist weder in seinem kontraktualistischen Staatsbegriff noch in seiner Bestimmung des Staatszwecks festzumachen, der dem Glück der Bürger zu dienen hat (Werke, Bd. 3, S. 519). Wie wir sahen, sind diese Argumentationsfiguren auch für das Selbstverständnis Friedrichs II. und Josephs II. charakteristisch. Entscheidend ist vielmehr, daß Lessing aus seinem individualistischen Staatsverständnis Konsequenzen zog, die mit dem absolutistischen Machtstaatsgedanken brechen. Der Herrschaftsvertrag, so argumentierte er, sei in seiner Auswirkung ambivalent. Zwar vereinigt er die Menschen, um sie dadurch »ihres Glücks zu versichern« (ebd.). Zugleich trennt er sie aber auch. Diese »Trennungen« oder »Entzweiungen«, die die einzelnen depravieren, vollziehen sich auf drei Ebenen: 1. Die Menschheit organisiert sich in Form von Einzelstaaten, deren Interessen in der Regel kollidieren und das Bewußtsein ihrer Bürger mit nationalen Vorurteilen vergiften. Diese »Vorurteile der Völkerschaft« gilt es zu beseitigen. Erst wenn sich die einzelnen in ihren Nationen zum »Menschen schlechthin« befreit haben, ist der eigentliche Zweck der Staatsbildung erreicht: Jeder wird dann die Grenze erkennen, »wo Patriotismus, Tugend zu sein, aufhöret« (S. 522). 2. Die Trennung der Staaten voneinander wird dadurch vertieft, daß sie »ganz verschiedene Gewohnheiten und Sitten, folglich ganz verschiedene Sittenlehren, folglich ganz verschiedene Religionen haben« (S. 519). Die Folge ist, daß sich Christ, Jude und Türke nicht so begegnen wie der »bloße Mensch einem bloßen Menschen« (ebd.), sondern als Repräsentanten konkurrierender Religionen, die zur Intoleranz neigen. Wie Lessing in seiner *Ringparabel* zu zeigen versuchte, wird die Frage nach den Konfessionen obsolet, sobald eingesehen worden ist, daß sie nichts »als unterschiedliche historische Formen des gemeinsamen Strebens aller Menschen nach Vollkommenheit« (Barner u. a., S. 307) sind. 3. Die bisherigen Staaten setzen »ihre Trennungen auch in jedem dieser Teile gleichsam bis ins Unendliche fort« (Werke, Bd. 3, S. 520). Die ursprüngliche egalitäre Verteilung des Besitzes läßt sich nämlich aufgrund der verschiedenen individuellen Fähigkeiten nicht aufrechterhalten: Sie ruft soziale Ungleichheit hervor, die einen ungleichen Anteil an der Gesetzgebung bewirkt. Lessing wies auf das Übel hin, das »in dieser Verschiedenheit der Stände seinen Grund« habe (S. 521). Gleichzeitig fühlte er sich an der Seite der Männer, »welche bürgerliche Hoheit nicht blendet, und bürgerliche Geringfügigkeit nicht ekelt; in deren Gesellschaft der Hohe sich gern herabläßt, und der Geringe sich dreist erhebet« (S. 522).

Lessing wußte nur zu gut, daß die sozio-politische Wirklichkeit seiner Zeit den Kriterien dieses Entwurfs bestenfalls in Ansätzen entsprach, wie seine Absolutismuskritik zeigt. Was verlieh aber seinem Entwurf eines aufgeklärten Zeitalters die selbstevidente Plausibilität, die dessen Verwirklichung absehbar und realistisch erscheinen ließ? Zunächst ist wichtig, daß Lessing seine normativen Vorgaben wie Herder geschichtsphilosophisch begründete: Er interpretierte sie als die notwendigen Resultate des göttlichen Erziehungsplanes, dessen Telos dann erreicht ist, wenn die »Reinigkeit des Herzens« dafür sorgt, daß wir »die Tugend um ihrer selbst willen ... lieben« (Werke, Bd. 3, S. 560). Diesem »Zeitalter der völligen Aufklärung« (ebd.), das Lessing auch die »Zeit der Vollendung« (S. 561) oder die »Zeit eines neuen ewigen Evangeliums« (ebd.) nennt, treibt die Geschichte auch dann entgegen, wenn die Erfahrung scheinbar das Gegenteil lehrt. »Gehe deinen unmerklichen Schritt, ewige Vorsehung!«, heißt es in § 91 der *Erziehung des Menschengeschlechts.* »Nur laß mich dieser Unmerklichkeit wegen an dir nicht verzweifeln, wenn selbst deine Schritte mir scheinen sollten, zurückzugehen! – Es ist nicht wahr, daß die kürzeste Linie immer die gerade ist« (S. 562).

Diese geschichtsmächtige Telelogie aber, die – wie besonders in *Nathan der Weise* demonstriert wird – vermittels einer »invisible hand« selbst das unvernünftige Verhalten der Menschen zum Vehikel des Fortschritts macht, ist immer auch auf menschliche Praxis angewiesen: Als ein *regulatives Prinzip* leitet sie diese zwar an; aber sie ersetzt sie nicht. Ihre effektivste Form sah Lessing bekanntlich in der *Freimaurerei.* Deren Aktivitäten sollten ihm zufolge auf zwei Ebenen gesellschaftsverändernd wirken: als *Taten ad extra* und als *wahre Taten* (Werke, Bd. 3, S. 514). Während die Taten ad extra soziale Ziele verwirklichen (Einrichtung von Waisenhäusern etc.), kommt es den wahren Taten darauf an, jene »entbehrlich zu machen« (ebd.): Sie unterminieren für die meisten kaum erkennbar die Fundamente der absoluten *potestas*, indem sie die Staatsraison der humanen Moral der Aufklärung unterwerfen. Diese Praxis, deren Geheimnis, wie Koselleck (1976, S. 114) zu Recht betont, »nicht in dem moralischen Endziel, sondern in den Mitteln, dieses Ziel zu erreichen, d. h. in der indirekten Arbeitsmethode« lag, war auf Reformen angelegt. Spektakuläre Aktionen oder die Anwendung von Gewalt hätten sie um ihren Erfolg gebracht und das »moralische Verdikt über die herrschende Politik« (S. 67) selber diskreditiert. Den bewaffneten Aufstand der nordamerikanischen Kolonien vor Augen, stand für Lessing fest, daß das, »was Blut kostet, ... gewiß kein Blut wert (ist)« (Werke, Bd. 3, S. 536).

4. Die bürgerliche Gesellschaft zwischen selbstreflexiver Aufklärung und naturrechtlichem Anspruch

Johann Georg Schlosser

Johann Georg Schlosser gilt zu Recht als »einer der juristisch und politisch kenntnisreichsten Männer der deutschen Spätaufklärung« (Riedel, 1963, S. 278). Zugleich ist er aber auch als entschiedener Kritiker der absolutistischen Herrschaftssysteme in Deutschland hervorgetreten. Man solle sich, so warnte er, über die Motive keine Illusionen machen, die unumschränkt herrschende Regenten veranlaßten, die Zensurbestimmungen zu lockern: Der Grund sei weniger die Achtung vor dem »Stand der Gelehrten« als vielmehr die Tatsache, »daß die Großen die Schriftsteller nicht mehr fürchten« (Kleine Schriften, VI. Teil, S. 212). Auch der Duldung des Atheismus durch Friedrich II. sei zu mißtrauen. Sie müsse keineswegs Ausdruck wahrer Aufklärung sein, sondern könne ebensogut im Dienst der Despotie stehen, »welche gern auch noch den Zaum der Religion von ihrem Maul losschnallen lassen möchte« (S. 224).

Schlossers Skepsis hat ihren Grund in seinem Konzept der Aufklärung: Irrtum, Unwissenheit und Aberglauben konnten die Menschen nur deswegen beherrschen, weil sie falsche Vorstellungen und Begriffe von der sie umgebenden Außenwelt, aber auch von sich selbst und ihrer Stellung im Gemeinwesen hatten. Das Ziel der Aufklärung, »das Menschengeschlecht glücklich zu machen« (Kleine Schriften, IV. Teil, S. 90), ist also von Anfang an politisch vermittelt: Sie setzt die ursprüngliche Freiheit der einzelnen voraus, »das Recht als Mensch aus der Hand Gottes und der Natur« zu empfangen und sein Recht als Bürger aus den Gesetzen abzuleiten, die alle binden (S. 99). Die Aufklärung kann zu dieser Erkenntnis der ursprünglichen Freiheit nur anleiten; sie selbst wird vom einzelnen als seine ureigenste Angelegenheit vollzogen. Niemand klärt sich auf, so Schlosser, »als um seiner selbst willen; um des Despoten willen klärt man sich nicht auf!« Deswegen könne auch »der weiseste, wohltuendste, beste Despot... mit allen seinen Tugenden kein Aufklärer sein« (S. 98). Umgekehrt sei jedoch »die Dumpfheit der Menschen, die man ihnen vorwirft, ... nur Rausch, womit sich der Unglückliche betäubt, daß er sein Unglück nicht fühle!«. Sein Aberglaube, seine Vorurteile und sein Irrwahn seien »oft nur Gaukelei, womit er sich verteidigt gegen ungerechte Gewalt ...« (S. 102).

Wenn nach Schlosser Aufklärung und Absolutismus unvereinbare Realitäten sind, stellt sich die Frage nach der Alternative. Nach welchen Prinzipien sollte das Gemeinwesen organisiert sein, das dem einzelnen die Bürger- und Menschenrechte garantiert? Zweifellos sah Schlosser die »beste Verfassung« im Muster der *aristotelischen Politie*, d. h. in einer *Mischverfassung*, in der sich das monarchische, aristokratische und demokratische Element gegenseitig kontrollieren und ein Gleichgewicht herstellen. »Was wurde Frankreich, seitdem das Parlament ein Schatten wurde?« Die Gegenfrage, mit der Schlosser antwortete, ist charakteristisch genug: »Was wäre England geworden, wenn's keines gehabt hätte?« (*Politische Fragmente*, S. 20). Die Funktion, die in England das Parlament ausübte, sollten in Deutschland die Landstände als Repräsentationsorgan von Adel und Bürgertum erfüllen, nämlich die Ausübung der Legislative und die Wahrnehmung des Steuerbewilligungsrechts (ebd.). Mit deutlicher Stoßrichtung gegen die führenden absoluten Monarchien in Preußen und Österreich war Schlosser ferner davon überzeugt, »daß die Untertanen der kleinen Staaten, sowohl der freien Staaten als der Fürstenstaaten, wenn sie es wirklich schon so selten sind, doch leichter glücklich sein können als diejenigen, welche großen und mächtigen Herren gehorchen« (*Seuthes oder der Monarch*, S. I). Kleine Länder, so argumentierte er, ersparten es ihren Bürgern, das »Te Deum laudamus« zu singen, wenn ein mächtiger Monarch »eine neue Provinz erobert« hat (S. II). Auch ließe sich in kleinen Staaten das Allgemeinwohl nicht nur leichter erkennen, »weil die Gegenstände ... mehr konzentriert sind«, sondern auch »ohne viele bezahlte Diener« besser verwirklichen, die man »selten Patrioten nennen« könne (S. IV).

Nun war sich Schlosser darüber im klaren, daß diese Zielprojektion mit zwei gravierenden Hindernissen zu rechnen hatte. Einerseits waren die deutschen Fürsten, beraten von »kleinen Richelieus« (Kleine Schriften, VI. Teil, S. 132), längst dazu übergegangen, die Landstände ihres Territoriums zu entmachten, einzuschränken oder abzuschaffen. Andererseits hatte sich das deutsche Bürgertum in der zweiten Hälfte des 18. Jahrhunderts keineswegs zu einer selbstbewußten »politischen Klasse« konstituiert: Vielmehr besaß es im Adel einen mächtigen Konkurrenten. Angesichts dieser restriktiven Bedingungen ist für die Transformationsperspektive Schlossers wichtig, daß er eine selbstreflexive Praxis forderte, die den Preis und die Folgewirkungen von Innovationen antizipierte und dem angestrebten Ziel unterordnete. Das Ideal zu erfinden sei kein Problem; »aber das Ideal so zu nuancieren, wie es für unsere Verhältnisse taugt, wie es bestehen kann, das ist die Kunst« (Kleine Schriften, VI. Teil, S. 261). So war Schlosser außerordentlich beunruhigt von dem Elan, mit dem der revolutionäre Umbau der französischen Verfassung ab 1789 betrieben wurde. Zwar sei es begreiflich, »daß der erste Stoß« der Revolution »bloß durch seine Geschwindigkeit wirksam sein konnte« (S. 246). Aber wie die Geschichte zeige, bestehe die Gefahr, daß durch den raschen Umsturz die Neuerer »sich selbst weiter zurückwerfen ... als dieses mächtige Reich jemals gestanden hat« (S. 245 f.). Der Versuch der französischen Revolutionäre, einen »Stand der Unschuld, in dem alles gleich ist«, anzustreben, berge die Gefahr in sich, daß die Stände der Despotie ungewollt die Waffen in die Hände geben (S. 246). Dies vorausgesetzt, teilte Schlosser die Hoffnung vieler Aufklärer nicht, das Volk könne die Reformen selbst durchführen. Wer so argumentiere, verkenne die Dynamik revolutionärer Massenaktionen: Sie bewirkten, daß »statt einer Verbesserung des Regiments eine Anarchie zu folgen pflegt« (S. 268). Gerade die Französische Revolution zeige, daß in einem monarchischen, aristokratischen oder despotischen Staat die beste Reform dann eingeleitet ist, »wenn die befehlende Gewalt sich selbst reformiert. Alle anderen Reformen entwöhnen den Untertan des Gehorsams und veranlassen ... den Untergang der Verfassung, wenigstens die Verachtung der Gesetze« (S. 264 f.).

Was aber bewirkt die Selbstreform absolutistischer Regime? Wie soll sich der politische Partizipationsanspruch des »dritten Standes« durchsetzen, ohne daß die Unterschichten – wie in Frankreich – als aktive politische Kraft in Erscheinung treten? Diese Fragen beantwortete Schlosser durch die These, daß ihr wohlverstandenes Eigeninteresse die Regenten veranlassen würde, zumindest langfristig ihre Alleinherrschaft aufzugeben. Angesichts der Ereignisse in Frankreich ab 1789 sei die Gefahr eines revolutionären Umsturzes erst dann gebannt, so müssen wir Schlosser interpretieren, wenn den Bürgern die Chance gegeben wird, sich als Patrioten und damit als »Teil des Staates« (*Politische Fragmente*, S. 21) zu fühlen. Dauerhaftes Wohl und Patriotismus, der Menschen- und Vaterlandsliebe umfaßt, ist aber nur dort möglich, »wo jeder Stand beim Landtage seinen Fürsprecher hat« (S. 20). Es kommt aber noch ein anderes Argument hinzu, das ihm die Beteiligung des Bürgertums an der politischen Macht absehbar erscheinen ließ. Schlosser wußte sehr wohl, daß die soziale Basis des Absolutismus auch in Deutschland der Adel war. Der Adel aber habe sich tendenziell überlebt. Gemessen an seiner mittelalterlichen Machtfülle längst in die wirtschaftliche und politische Defensive gedrängt, habe er den Anschluß an die vorwärtsdrängenden Innovationsschübe der bürgerlichen Gesellschaft in Produktion, Handel und Wissenschaft längst verloren (Kleine Schriften, VI. Teil, S. 162 ff.). Demgegenüber sei das Bürgertum der eigentliche Nutznießer der emanzipatorischen Wirkung des kapitalistischen Geldreichtums geworden: Ihm sei es zu danken, argumentierte Schlosser in seinem *Aristoteles-Kommentar*, »daß nun nicht Neun Zehnteile der Menschen dem glücklichen Einen Zehnteil, das im Besitz der Liegenschaften wäre, dienstbar sein müssen« (zit. nach Riedel, 1963, S. 306).

Inzwischen hätten sich die wirtschaftlichen Verhältnisse so umgekehrt, daß ein Bürgerlicher schon »sehr übellaunisch sein (müsse), wenn er dem Adel die kleinen Präminenzen mißgönnen wollte, die er noch übrig hat« (Kleine Schriften, VI. Teil, S. 168), nämlich in der Armee Karriere zu machen und das Hofleben in der Residenz zu gestalten. Es wäre grundfalsch, wenn Bürgerliche diese Privilegien antasteten. Würde nämlich die höfische Lebensart »bis in die Häuser der Bürger dringen«, so wäre die Grundlage ihres Einflusses zerstört. »Welche Degradation würden nicht dann alle Städte, alle Nationen zu gewarten haben? Was würden die Wissenschaft, die Industrie, der Geschmack, die Weisheit eines ganzen Volkes nicht dabei zu leiden haben?« (S. 183). Nur die *strikte Trennung des Bürgertums vom Adel* kann Schlosser zufolge diese Gefahr abwenden. Konsequent kritisierte er Bürgerliche, die sich adeln ließen, um am Hof einen einflußreichen Posten ausüben zu können. Er rügte aber auch »unadlige Gelehrte und Männer von Geschäft«, die der Unwissenheit adliger Amtsträger »mit ihren Kenntnissen zu Hilfe kommen« (S. 187). Schlossers Distanzierung von diesen »Adelsknechten« (S. 188) signalisiert zweifellos den Herrschaftsanspruch seiner eigenen Klasse: Soll dem Adel auch das »Paradieren« und die »Repräsentation« als privilegierte Machtstellung bleiben, für das Bürgertum kommt es darauf an, das gefährliche Vorurteil durch seine überlegenen Kenntnisse und seine Leistungsmoral auszulöschen, das gerade die wichtigsten Ämter im Staat, an denen »das Wohl vieler Länder und vieler Menschen hängt, zum ausschließlichen Eigentum des Adels macht« (ebd.).

Entscheidend für die Reformperspektive Schlossers ist also die zunehmende Unentbehrlichkeit der Bürgerlichen in Staat, Gesellschaft und Wirtschaft. In seinem *Aristoteles-Kommentar* weist er darauf hin, daß die Geldwirtschaft einerseits die Kluft zwischen dem Adel und dem Bürgertum vergrößert, andererseits jedoch die Regenten den Sachzwängen der an bürgerlichen Prinzipien orientierten Ökonomie unterworfen habe. Während dem Adel nämlich das aristotelische Vorurteil der Chrematistik als »eine Art Schutzwall« gegen den Geldreichtum diene, machten die kameralistischen Regierungen gegen ihren Willen die Regenten »durch ihr Salz, Tobak, Bier, Branntewein und dergleichen Monopole zu Kaufleuten«. Die Folge sei, daß die Großen zum Volk herab- und das Volk zu den Großen hinaufsteigen (zit. nach Riedel, 1963, S. 307). Dieser Angleichungsprozeß aber mußte das politische System des Absolutismus von innen her aushöhlen und zur Selbstreform zwingen: eine Perspektive, die Schlosser bei aller Verschiedenheit des methodischen Ansatzes mit *Ludwig August Schlözer* teilte.

Ludwig August Schlözer

Auch *Schlözer* kritisierte den Absolutismus in Deutschland vom Standpunkt einer antizipierten bürgerlichen Gesellschaft aus. Rigoros lehnte er jede Form absolutistischer Arkanpolitik ab. Die *origo majestatis a Deo* erschien ihm als »eine gefährliche scholastische Grille«, und das »erst spät aufgekommene ›Von Gottes Gnaden‹« nannte er »eine Kanzleiphrasis« (*Staatsrecht*, S. 961 f.). Es gebe in der ganzen Weltgeschichte nicht ein einziges kultiviertes Volk, »das sich mit Bedacht und freiem Willem in diese Regierungsform begeben hätte: überall ist sie durch Überlistung und plumpe Vergewaltigung entstanden« (S. 143). Nun scheint Schlözer freilich von dieser Kritik die Regime des »Aufgeklärten Absolutismus« auszunehmen. In seinem Abriß der Geschichte des Staatsrechts erwähnt er Friedrich II. und Joseph II. als wichtige Stützen der Aufklärung in einem Atemzug mit Voltaire, Rousseau, den Economistes, Raynal und dem Marquis d'Argenson, die die Französische Revolution von 1789 vorbereitet hätten (S. 92 f.). Wie Schlözers *Briefwechsel* und *Staatsanzeigen* dokumentieren, begrüßte er den kontraktualistischen Staatsbegriff des Aufgeklärten Absolutismus und dessen Reform in Preußen und Österreich als großen Fortschritt. Doch ebenso sicher ist, daß er in den Regierungssystemen Friedrichs II. und Josephs II. lediglich Etappen eines Prozesses sah, dessen Ziel nur eine gemischte Verfassung nach englischem Vorbild sein konnte.
Tatsächlich vertrat Schlözer einen *naturrechtlichen Ansatz*, der mit jeder Form politischer Alleinherrschaft in letzter Instanz brach. Zwar seien die Menschen ihrer Natur nach nicht gleich in ihren Fähigkeiten, wohl aber in der Wahrnehmung ihrer natürlichen Rechte: In dieser Hinsicht sei »keiner besser als der andere; hat keiner die Pflicht, sich von anderen zwangsweise leiten zu lassen«. Die Einwilligung hierzu könne der einzelne nur dann geben, »wenn er dabei ... seine eigene Rechnung findet oder ihn die äußerste Not dazu drängt« (S. 42). Um ihr Eigentum wirksam zu schützen, gründen diese ursprünglichen Gleichen und Freien zunächst häusliche Gesellschaften. Im Laufe der Zeit gelangen sie jedoch zu der Einsicht, daß ihnen größere Verbindungen »bei der Verschiedenheit der Menschenkräfte noch mehr Vorteil gewähren würden« (S. 64)als der familiäre Zusammenschluß. Sie erklären sich daher bereit, eine bürgerliche Gesellschaft zu stiften. Der Übergang von der Familie zur *societas civilis* erfolgt im Medium und mit den Mitteln des Gesellschaftsvertrages. Allerdings läßt sich Schlözer zufolge diese Transformation auch aus »bloßem tierischem Instinkt« (S. 5) erklären. Demgegenüber sind alle Reste aristotelischen Denkens getilgt, wenn die Ursprünge des Staates bzw. der Staatsgesellschaft freigelegt werden. Deren Entstehung setzt in jedem Fall »räsonierende Erfahrung« voraus, die sich im *pactum subjectionis* oder im Herrschaftsvertrag niederschlägt (S. 94). Die Einsicht, ihn freiwillig zu schließen, ergibt sich aus der Struktur der bereits im vorstaatlichen Zustand entfalteten bürgerlichen Gesellschaft. In dem Maße, wie das sich entfaltende Privateigentum im Rahmen einer Marktgesellschaft die ursprüngliche Besitzgleichheit zerstört und eine starke Polarisierung zwischen Armen und Reichen bewirkt sowie die kulturelle Entwicklung vorantreibt, wachsen die Konflikte. Um sie lösen zu können, begeben sich die gleichen und freien einzelnen ihres natürlichen Rechts, Richter in eigener Sache zu sein: Es kommt zur

Herausbildung einer Obrigkeit, der die Funktionen der Rechtsprechung, der Pflege des Allgemeinwohl sowie der Garantie der inneren und äußeren Sicherheit übertragen werden (S. 73 f.).

Es steht außer Zweifel, daß Schlözer den Staat, der durch den Herrschaftsvertrag entsteht, eindeutig in den Dienst *besitzindividualistischer Interessen* stellt, die bereits in der auf Privateigentum und Geld beruhenden Tauschwirtschaft der vorstaatlichen bürgerlichen Gesellschaft vorherrschten. Der Herrschaftsvertrag fügt diesen Strukturen nichts Neues hinzu: Sein einziger Zweck besteht darin, ihnen möglichst günstige Rahmenbedingungen für ihre autonome Entfaltung zu schaffen. Wie es scheint, ist es gerade diese Funktion, die Schlözers Staat vom aristotelischen Topos der *res publica sive societas civilis* trennt: Dadurch, daß die staatliche *potestas* zur Garantie der inneren und äußeren Sicherheit das Monopol physischer Gewaltsamkeit für sich beansprucht, stellt sie zwar eine auf die bürgerliche Gesellschaft strukturell bezogene Größe dar. Zugleich ist sie aber auch funktional von ihr getrennt. Noch vor *Hegel* unterschied Schlözer nicht nur der Sache nach, sondern auch auf terminologischer Ebene *explizit* zwischen »bürgerlicher Gesellschaft« und »Staat« (S. 78) bzw. zwischen »bürgerlicher und Staatsgesellschaft (*societas civilis* oder *civitas* und *societas civilis cum imperio* oder *Imperium*)« (S. 4, Anm. 2). Im Unterschied zu Hegel freilich treibt in Schlözers politischer Theorie die bürgerliche Gesellschaft den Staat nicht naturwüchsig hervor. Sie erzeugt jedoch die Bedingungen seiner Notwendigkeit. Der entscheidende Konstitutionsakt freilich geschieht kontraktualistisch: Er ist Ausfluß des freien Willens autonomer Eigentümer. Diese Prämisse vorausgesetzt, ist der aus dem Herrschaftsvertrag resultierende Staat nichts weiter als eine *Assekuranzanstalt* im Dienste derjenigen, die ihn freiwillig ins Leben gerufen haben. Der einzelne »läßt sich ein Kapital von 100 für eine freiwillig angebotene Prämie von 3 bis 6 Prozent assekurieren; denn bloß bei solchen Handlungen, bei welchen der einzelne Mensch nicht mit sich allein, sondern mit anderen Mitmenschen zu tun hat, wird er der Direktion des Herrschers unterworfen« (S. 94 f.). Entsprechend ist der erste Zweck des Staates der Schutz des vierfachen Eigentums: Person, Vermögen, Ehre und Religion (S. 17 f.). Die »fines positivi« des Staates nennt Schlözer erst in zweiter Linie; doch auch die staatliche Ökonomie-, Manufaktur- und Handelspolitik soll die Eigeninitiative der Bürger fördern, aber nicht ersetzen (S. 19 f.).

Welche Rechte und Pflichten erwachsen nun Herrscher und Beherrschten aus dem *pactum subjectionis*? Abgesehen davon, daß der Inhaber der staatlichen Potestas *rechtmäßig berufen* sein muß, also keine usurpatorische Macht ausüben darf, hat er zweckmäßige Befehle zu erteilen, d. h. er darf »weder Tyrann noch indolent sein. Auch für das Gute, das er tun könnte und nicht tut, ist er verantwortlich« (S. 101). Vor allem aber unterliegt er einer strikten *Öffentlichkeitskontrolle*: Er hat seinen Untertanen, die »größtenteils vollbürtige Menschen sind«, die Gründe seiner Befehle zu erläutern sowie Rechenschaft über seine Regierung und vor allem über die *Verwendung der Steuern* abzulegen (S. 102 f.). Daß Schlözer freilich trotz dieser Restriktionen keinem schwachen Staat das Wort geredet hat, wird deutlich, wenn wir uns den Pflichten der Untertanen zuwenden. Zunächst ist wichtig, daß er für den Herrscher die klassische souveräne Kompetenz beansprucht, unwiderstehlich seine Regierungsgewalt durchzusetzen. Daraus folgt, daß das ganze Volk und jeder einzelne ihm Gehorsam schuldig ist, »selbst blinden Gehorsam: d.i. er muß immer voraussetzen, der Herrscher befehle wirklich und zweckmäßig, falls er auch die Gründe davon nicht einsieht, oder gar vom Gegenteil überzeugt zu sein glaubt. Ruhig befolge er alle Befehle; ruhig unterwerfe er sich, wenn er gesündigt hat, der einmal von dem Herrscher festgesetzten Strafe, selbst Todesstrafe nicht ausgenommen« (S. 103). Zwar sieht Schlözer ausdrücklich ein *Widerstandsrecht des Volkes gegen Tyrannei und Usurpation* vor (S. 106). Doch ganz im Sinne der calvinistischen Monarchomachen[3] sind nicht Private, sondern nur Amtsträger zu Widerstandshandlungen berechtigt: Im deutschen Reich werde diese Funktion von den Reichsgerichten in Wetzlar und Wien wahrgenommen (S. 106 f.). Fehlen oder versagen diese Instanzen, so erlischt das Widerstandsrecht. Schlözers Option für einen starken bürgerlichen Staat erhellt schließlich auch aus seinem pejorativen Demokratiebegriff und seiner negativen Beurteilung der 13 Schweizer Kantone und der nordamerikanischen Kolonien: Diese Gemeinwesen seien defizitär, weil sie auf der Stufe der bürgerlichen Gesellschaft verharrten, ohne auf den Schutz einer zentralen staatlichen Gewalt zurückgreifen zu können.

Wenn also nur ein starker bürgerlicher Staat in der Lage ist, die Eigentumsrechte zu schützen, stellt sich die Frage, wie die Gefahr des Machtmißbrauches vermieden werden kann. Nach Schlözer sind die *reinen Regierungsformen* der Monarchie, Aristokratie und Demokratie notwendig Despotien, weil sie »in letzter Instanz ohne weitere Kontrolle« (S. 114) handeln. Auch unter den *Mischverfassungen* entspricht nur das Vorbild der gemäßigten englischen Monarchie seinen Kriterien. Der Machtmißbrauch des Königs wird dadurch unterbunden, daß man ihm zwei Kammern gegenüberstellt. In der ersten Kammer sind die sogenannten Erbstände (S. 151) repräsentiert; sie stellen das aristokratische Element dar und entsprechen etwa dem englischen Oberhaus. Um mögliche Konflikte zwischen dem Monarchen und den Repräsentanten des Adels zu mildern und die Abkapselung beider gegenüber dem Volk zu verhindern, muß die Nation bzw. der »dritte Stand« in den sogenannten Wahlständen (S. 152 f.) vertreten sein, die, das demokratische Element verkörpernd, ihr Vorbild im englischen Unterhaus haben. Deren Deputierte handeln auf der Basis eines freien Mandates, d. h. sie sind nur ihrem Gewissen verpflichtet. Doch bemerkenswert ist, daß Schlözer das Repräsentationsprinzip in dreifacher Hinsicht demokratisch eingeschränkt. Zunächst hält er den Ausschluß der Frauen, aller Männer unter 25 Jahren, aller Bediensteten sowie aller Personen, die keine Steuern im Umfang eines Arbeitslohnes von drei Tagen zahlen, für einen unerträglichen Aristokratismus, der mit dem unveräußerlichen Menschenrecht, zu regieren oder mitzuregieren, unvereinbar sei (S. 158 f.). Sodann fordert er eine Informationspflicht des Abgeordneten gegenüber seinen Wählern, weil sonst der Staat Gefahr laufe, »konstitutionsmäßig verraten und aufgezehrt zu werden« (S. 152 f.). Auch sollten die Mandatsträger nur für begrenzte Legislaturperioden gewählt werden, die kurz genug sind, um unfähige Amtsträger wieder abwählen zu können, und lang genug, um die notwendige Kontinuität der Verwaltung zu erhalten (S. 152). Und schließlich seien die Wahlstände durch die sogenannten freiwilligen Stände, Publikum genannt, zu ergänzen: Unabhängig vom sozialen Status und Besitz sind Mitglieder alle Menschen, die ihr Recht und ihre Pflicht als Bürger wahrnehmen können und wollen, »ungewählt, ungerufen, unbesoldet und ohne Anspruch auf Entscheidungsstimme ... für ihr eigenes und ihrer Mitbürger Wohl zu sorgen und zu sprechen, patriotische Teilnahme an öffentlichen Geschäften zu bezeugen, Bedrückungen, Mißbräuche und Gebrechen aufzuspüren und zu denunzieren, Vorschläge, denselben abzuhelfen, anzugeben etc.« (S. 153).

Es ist schon angedeutet worden, daß sich Schlözers Modell einer Mischverfassung an die gemäßigte englische Monarchie anlehnte. Auch wenn er, wie gezeigt, eine Demokratisierung von unten forderte, die die Partizipationsmöglichkeiten des englischen Regierungssystems der zweiten Hälfte des 18. Jahrhunderts bei weitem überstieg, sah er durch es wesentliche Forderungen seiner politischen Theorie wie die Gewaltenteilung und die ihr zugrunde liegende autonome Repräsentation bürgerlicher Interessen sowie eine vergleichsweise freie Presse weitgehend verwirklicht. Der Vorwurf, seine politische Zielperspektive sei bloße Utopie, konnte ihn also nicht treffen. Dennoch war die soziopolitische Differenz zwischen den deutschen und den englischen Verhältnissen unübersehbar. Mit welchen Mitteln sollte sie überwunden werden? Obwohl er 1789 den Ausbruch der Französischen Revolution, deren politische Stoßrichtung in ihrer frühesten Phase stark von der englischen Mischverfassung und den politischen Theorien Montesquieus geprägt war, begrüßte, kritisierte er bereits 1790 die Massenaktionen (vgl. Warlich, 1972, S. 368 ff.). Schlözer war skeptisch, ob das in Frankreich stattfindende »allererste Experiment«, nämlich die Religion abzuschaffen, gelingen konnte. Ihm grauste »vor einer Million Sansculottes, die in dieser Welt nichts zu verlieren haben und in jener nichts hoffen, nichts fürchten« (*Staatslehre*, S. 162). Demgegenüber habe das Losungswort des »bedächtigen Deutschen so gut wie des immer klagenden und doch ruhigen Briten« zu lauten: »Reform, aber keine Revolution!« (ebd.).

Den Rahmen, der den Reformen gesteckt war, stellte für Schlözer die deutsche Reichsverfassung dar: Sie galt es mit neuen Inhalten zu füllen, die aus seinen dargelegten naturrechtlichen Prinzipien folgten. Das Mittel der Reform sah Schlözer vor allem in der Macht der Publizität. Die größte Wirkung erhoffte er sich von der Presse, die er mit Linguet ein »göttliches Geschenk« nannte. Enthusiastisch feierte er sie als ein Mittel, »Ideen zu verewigen und die Eroberungen der Vernunft ins Unendliche fortzusetzen, dieses Zaubermittel, das dem in seinem Zimmer unbemerkt Meditierenden in einem Augenblick hunderttausend Zuhörer und Schüler verschafft« (S. 153). Vor allem die Schriftsteller nutzen die Presse im Interesse der Aufklärung; durch sie wirken sie gesellschaftsverändernd ins Publikum, das die Throne mit umfaßt: »So haben die Briten ihre Kornakte erhalten und so wird, wills Gott! in 50 Jahren kein Leibeigner mehr in Deutschland sein. Schriftsteller haben die Einschränkung der Folter veranlaßt. Schriftsteller haben es dahin gebracht, daß itzo ein ehrliches deutsches Weib mit Ehren und ohne Furcht, als Hexe verbrannt zu werden, alt werden kann« (*Briefe nach Eichstädt*, S. 59). Zweifellos zeigt Schlözers Transformationskonzept »ohne Revolution, ohne Einwirkung des Volkes« eine gewisse Nähe zu zentralen Denk- und Handlungsmustern des Aufgeklärten Absolutismus. Doch klar ist auch, daß die Reformen, die er anstrebte, den Absolutismus zu Fall gebracht hätten: Dessen soziale Basis, die feudale Gesellschaftsordnung, wäre ihnen ebenso zum Opfer gefallen wie die unumschränkte politische Herrschaft eines Monarchen.

5. Abschließende Bemerkungen

Die zeitgenössische Kritik an den politischen Verhältnissen im Deutschland der zweiten Hälfte des 18. Jahrhunderts, so kann zusammenfassend festgestellt werden, galt vor allem der prekären Synthese von Aufklärung und Absolutismus. Daß in der politischen Theorie des Aufgeklärten Absolutismus der Machtstaat und seine »Raison« unvermittelt neben dem kontraktualistischen Staatsbegriff der Aufklärung stand, ist weder Friedrich II. noch Joseph II. zum Problem geworden. Wie selbstverständlich leiteten sie von der Aufklärung beeinflußte Reformen ein, die das soziale und normative Gefüge der altständischen Welt zu erschüttern begannen, ohne die obrigkeitsstaatlichen Strukturen ihrer Regime auch nur ansatzweise in Frage zu stellen.

Konservativen Autoren wie Justus Möser ging dennoch die Rezeption der Aufklärung durch den Absolutismus entschieden zu weit. Sie argwöhnten, daß der absolute Staat in ein dienendes Verhältnis zur Aufklärung getreten sei. Von ihr zu einer permanenten »Revolution von oben« angeleitet, setze er die ständischen Gegengewalten außer Kraft und weite seine despotische Macht im Rahmen allgemeiner Gesetze auf Kosten der »Localvernunft« und ihrer besonderen »Freiheiten« aus. Indem sich diese Konservativen zu deren Anwälten machten, blieb ihr Denken traditionellen Politikmustern verhaftet: Dezidiert lehnten sowohl Möser als auch J. J. Moser den Kontraktualismus des subjektiven Naturrechts ab. Gleichwohl war ihr Verhältnis zur Aufklärung ambivalent. Möser muß zwar als einer der führenden Exponenten der deutschen Gegenaufklärung im 18. Jahrhundert gelten. Doch waren die Alternativen, die er dem Gleichheits- und Emanzipationsgedanken gegenüberstellte, unübersehbar vom Rationalismus der Aufklärung beeinflußt. Auch Moser forderte eine an aufgeklärten Kriterien orientierte Politik der Stände. Deren bloß reaktiver Traditionalismus schien ihm wenig zur Eindämmung des absolutistischen Machtstrebens geeignet. Demgegenüber ist klar, daß die Autoren, die vom Standpunkt eines antizipierten »Aufgeklärten Zeitalters« (Lessing und Herder) oder einer vorweggenommenen »Bürgerlichen Gesellschaft« (Schlosser und Schlözer) argumentierten, das Verhältnis zwischen Absolutismus und Aufklärung, wie Möser es faßte, umkehrten: Sie warfen der absoluten Monarchie vor, daß sie die Aufklärung im Interesse des Machtstaates instrumentalisiere, sofern sie nicht ihren zentralen Forderungen zuwiderhandele. Von einer konsequenten Friedenspolitik im Sinne des Glücksanspruchs der einzelnen und einer wirklich garantierten Meinungs- und Pressefreiheit könne ebensowenig die Rede sein wie von einer effektiven Kontrolle der staatlichen Gewalt, einem genuinen Mitspracherecht des Dritten Standes oder einer tiefgreifenden sozialen Reform, die einer autonomen Gesellschaft Rechnung trage. Selbst Schlözer sah bei aller Sympathie für den Aufgeklärten Absolutismus Friedrichs II. und Josephs II. das Vorbild einer Neuordnung der politischen Verhältnisse in Deutschland in der »gemischten Verfassung«. Sie schien den Repräsentanten der Aufklärung am ehesten geeignet, staatsbürgerliche Freiheiten und die politische Repräsentation des Dritten Standes zu gewährleisten.

Der Option für ein gemäßigtes Regierungssystem, in dem sich monarchische, aristokratische und demokratische Institutionen gegenseitig kontrollierten, entsprach eine reformerische Transformationsperspektive »ohne Revolution, ohne Einwirkung des Volkes« (Schlözer). Der Absolutismus sollte sich selbst reformieren, wie Schlözer forderte: sei es, daß ihn die bürgerliche Dominanz in Wirtschaft, Wissenschaft und Kultur, die sich auf allen Ebenen von Staat und Gesellschaft gradualistisch durchsetzte, dazu zwang; sei es, daß auf die gesellschaftsverändernde Kraft einer kritisch räsonierenden Öffentlichkeit und die Erosion der absolutistischen Staatsraison durch die universalistische Moral der Aufklärung gesetzt wurde.

Wir wissen heute, daß die Hoffnung auf die reformerische Potenz einer freiheitlich gewendeten bürgerlichen Hegemonie das spezifische Dilemma der Aufklärung in Deutschland widerspiegelt: Ohne sich mit einem wirtschaftlich mächtigen Bürgertum, das gegen obrigkeitsstaatliche Reglementierung aufbegehrt, verbünden zu können, fehlte ihr das Korrelat sozialer und politischer Macht. Dennoch war der Sieg der Gegenaufklärung in Deutschland nicht total. Spätestens als Lassalle in den sechziger Jahren des 19. Jahrhunderts das politische Erbe der Revolution von 1848 für die Arbeiterklasse reklamierte, war klar, daß die genuin emanzipatorischen Elemente der deutschen Aufklärung begannen, zum integrierten Bestandteil des Selbstverständnisses der demokratischen Arbeiterbewegung zu werden.

ANMERKUNGEN

1 Die Interpunktion und Orthographie der zitierten zeitgenössischen Texte wurde vorsichtig modernisiert. Ferner ist auf den Überblickscharakter dieses Aufsatzes hinzuweisen. Auf die kaum zu überblickende Sekundärliteratur konnte deswegen nur sporadisch zurückgegriffen werden; auch mußte aus Raumgründen eine systematische Auseinandersetzung mit ihr unterbleiben. Doch habe ich versucht, die hier vorzustellenden politiktheoretischen Positionen möglichst quellennah und authentisch zu diskutieren. Wichtige Informationen zum Thema können folgenden Werken entnommen werden: *von Arentin*, 1974; *Schlumbohm*, 1975; *Becher*, 1978; *Kopitzsch*, 1976; *Batscha, Garber*, 1981; *Merker*, 1982. Hervorzuheben sind außerdem die einschlägigen Aufsätze in dem von Walter *Grab* herausgegebenen Jahrbuch des Instituts für deutsche Geschichte, Universität Tel-Aviv. Walter Grab habe ich für kritische Anregungen zu danken.

2 *Friedrich der Große*, Die politischen Testamente, S. 63: »Ich muß leider zugeben, daß Machiavel recht hat. Die Fürsten müssen notwendigerweise Ehrgeiz besitzen ...«

3 Vgl. oben, S. 107 ff., ebenfalls Richard *Saage*, Herrschaft, Toleranz, Widerstand. Studien zur politischen Theorie der Niederländischen und der Englischen Revolution, Frankfurt/M. 1981, S. 23 ff.

BIBLIOGRAPHIE

Primärtexte:
Friedrich der Große, 1921: Ausgewählte Werke, hrsg. von Max von Boehm, Berlin; *ders.*, 1922: Die politischen Testamente. Übersetzt von Friedrich von Oppeln-Bronikowski. Mit einer Einführung von Gustav Berthold Volz, Berlin; *Herder*, Johann Gottfried, o. J.: Werke, Bd. 13, hrsg. v. Heinrich Düntzer, Berlin; *Josef II.*, 1910: Disposition de Sa Majesté Impériale et Royale, adressée aux chefs des départements, sur la manière de traiter les affaires publiques (1784), in: Paul Verhaegen (Hrsg.), Recueil des ordinances des Pays-Bas, 3. série, 1700–1794, Bd. 12, Brüssel; *Lessing*, Gotthold Ephraim, o. J.: Werke, hrsg. v. Kurt Wölfel, Bd. 3, Frankfurt; *ders.*, 1968²: Gesammelte Werke, hrsg. v. Paul Rilla, Bd. 9, Berlin, Weimar; *ders.*, 1979: Werke, hrsg. v. Herbert G. Göpfert, Bd. 8, München; *Maria Theresia und Josef II.*, 1917: Aus dem Briefwechsel Maria Theresias und Josefs II., hrsg. v. M. V. Landwehr und S. Spitzer, Leipzig, Prag, Wien; *dies.*, 1968: Ihre Korrespondenz, hrsg. v. Alfred Ritter von Arneth, 3. Bde., August 1778–1780, Wien; *Moser*, Johann Jacob, 1753: Einige Grund-Saetze einer vernünftigen Regierungskunst, Stuttgart; *ders.*, 1765: Abhandlung von Nöthigung derer Unterthanen zu regulairen Kriegs-Diensten, o. O.; *ders.*, 1771: Anti-Mirabeau oder unpartheiische Anmerkungen über des Herrn Marquis von Mirabeau natürliche Regierungsform etc., Frankfurt; *ders.*, 1772/73: Von den Kayserlichen Regierungs-Rechten und Pflichten, Teil I, Frankfurt; *ders.*, 1773: Von der Landes hoheit derer Teutschen Reichs-Stände überhaupt, Frankfurt, Leipzig; *ders.*, 1843: Gesammelte Werke, hrsg. v. B. R. Abeken, Bd. 5, Berlin; *ders.*, 1945: Sämtliche Werke, hrsg. v. der Akademie der Wissenschaften zu Göttingen, Bd. 5, Oldenburg; *Schlosser*, Johann Georg, 1777: Politische Fragmente, Leipzig; *ders.*, 1783: Seuthes oder der Monarch, Straßburg; *ders.*, 1785: Kleine Schriften, IV. Teil, Frankfurt/M.; *ders.*, 1794: Kleine Schriften, VI. Teil, Frankfurt/M.; *Schlözer*, Ludwig August, 1793: Allgemeines Staatsrecht und Staatsverfassungslehre etc., Göttingen; *ders.*, 1785: Briefe nach Eichstädt. Zur Verteidigung der Publicität überhaupt und der Schlözerschen Staatsanzeigen insbesonderheit, Frankfurt.

Sekundärliteratur:
Aretin, Karl Otmar Freiherr von (Hrsg.), 1974: Der Aufgeklärte Absolutismus, Köln; *Barner*, Wilfried (u. a.), 1981: Lessing. Epoche – Werk – Wirkung, München; *Bahr*, Ehrhard (Hrsg.), 1976: Was ist Aufklärung? Kant, Ehrhard, Hamann, Herder, Lessing, Mendelsohn, Riem, Schiller, Wieland, Thesen und Definitionen, Stuttgart; *Batscha*, Zwi und *Garber*, Jörn (Hrsg.), 1981: Von der ständischen zur bürgerlichen Gesellschaft. Politisch-soziale Theorien im Deutschland der zweiten Hälfte des 18. Jahrhunderts, Frankfurt/M.; *Becher*, Ursula, 1978: Politische Gesellschaft. Studien zur Genese bürgerlicher Öffentlichkeit in Deutschland, Göttingen; *Blanning*, T. C. W., 1970: Joseph II and Enlightened Despotism, London; *Fiebig*, Bernhardine, 1953: Justus Mösers Staatslehre. Rechtswiss. Diss. (masch.), Köln; *Fröhlich*, Marianne 1925: Johann Jacob Moser in seinem Verhältnis zum Rationalismus und Pietismus, Wien; *Greiffenhagen*, Martin, 1971: Das Dilemma des Konservatismus in Deutschland, München; *Kopitzsch*, Franklin (Hrsg.), 1976: Aufklärung, Absolutismus und Bürgertum in Deutschland. Zwölf Aufsätze, München; *Kosellek*, Reinhard, 1966: Staat und Gesellschaft in Preußen, 1815–1848, in: Hans-Ulrich Wehler (Hrsg.), Moderne deutsche Sozialgeschichte, Köln, Berlin; *ders.*, 1976²: Kritik und Krise. Eine Studie zur Pathogenese der bürgerlichen Welt, Frankfurt/M.; *Lefèbvre*, Georges 1974: Der aufgeklärte Despotismus, in: Aretin, K. O. von (Hrsg.), Der aufgeklärte Absolutismus, Köln; *Matis*, Herbert (Hrsg.), 1981: Von der Glückseligkeit des Staates. Staat, Wirtschaft und Gesellschaft in Österreich im Zeitalter des aufgeklärten Absolutismus, Berlin; *Meinecke*, Friedrich, 1963: Die Idee der Staatsräson in der neueren Geschichte, hrsg. und eingel. v. Walter Hofer, München; *ders.*, 1965: Die Entstehung des Historismus,

hrsg. u. eingel. v. Carl Hinrichs, München; *Merker*, Nicolao, 1982: Die Aufklärung in Deutschland, München; *Riedel*, Manfred, 1963: Aristoteles-Tradition im Ausgang des 18. Jahrhunderts. Zur ersten deutschen Übersetzung der »Politik« durch Johann Georg Schlosser, in: Alteuropa und die Moderne Gesellschaft. Festschrift für Otto Brunner, Göttingen; *Rürup*, Reinhard, 1965: Johann Jacob Moser. Pietismus und Reform, Wiesbaden; *Saage*, Richard, 1981: Herrschaft, Toleranz, Widerstand. Studien zur politischen Theorie der Niederländischen und der Englischen Revolution, Frankfurt; *Schlumbohm*, Jürgen, 1975: Freiheit. Die Anfänge der bürgerlichen Emanzipationsbewegung in Deutschland im Spiegel ihres Leitwortes, Düsseldorf; *Walter*, Ernst, 1974: Aufgeklärter Absolutismus und Staat. Zum Staatsbegriff der Aufgeklärten Despoten, in: Aretin, K. O. von (Hrsg.), Der Aufgeklärte Absolutismus, Köln; *Warlich*, Bernd, 1972: August Ludwig Schlözer 1735 bis 1809 zwischen Reform und Revolution. Ein Beitrag zur Pathogenese frühliberalen Staatsdenkens im späten 18. Jahrhundert, phil. Diss., Erlangen.

KAPITEL XI

Nationalökonomische Theorien: Merkantilisten, Physiokraten und Klassiker

Von Reinhold Zech (Die Merkantilisten) und Helmut Reichelt (Die Physiokraten, Adam Smith, David Ricardo)

1. Die Merkantilisten (von Reinhold Zech)

Der Merkantilismus ist die Theorie der Finanz-, Wirtschafts- und Gesellschaftspolitik der europäischen Staaten des 17. und 18. Jahrhunderts. Er entwickelte sich aus der Praxis der europäischen Staaten und emanzipierte die Wirtschaftswissenschaften endgültig von den Grenzen der Moralphilosophie und der Theologie. Der Merkantilismus war in absolutistischen Staaten ebenso verbreitet wie in republikanischen und in katholischen Nationen ebenso wie in protestantischen. Er war eine europäische Idee, die sich mit allen Religions- und Staatsformen verband, auch wenn einzelne Merkantilisten – je nach nationaler Besonderheit – dazu neigten, der absolutistischen, der gemischten oder der republikanischen Staatsform oder der protestantischen Religion den Vorzug zu geben. In seinem Kern ist der Merkantilismus eine Theorie der kapitalistischen Entwicklung innerhalb einer Nation unter der Bedingung weltwirtschaftlicher Verflechtungen und Abhängigkeiten. *Montchrétien* hat dieser Wissenschaft den Namen Politische Ökonomie verliehen. In seinem 1615 erschienenen Buch *Traicté de l'économie politique*, das diesen Titel erst dann erhielt, als er es Ludwig XIII. widmete, und dessen Titel ursprünglich »Traicté économique du traffic« lauten sollte, definierte er das Wesen der Politischen Ökonomie als Einheit von Ökonomie und Politik. Die Ökonomie darf nicht von der Politik getrennt werden, »ohne den wichtigsten Teil vom Ganzen zu trennen und ... die Wissenschaft, Güter zu erwerben, gilt gleichermaßen für Staaten wie für Familien« (1889, S. 31).

Die Grundzüge des Merkantilismus

Diese Einheit von Ökonomie und Politik, von Reichtum und Macht stellte sich je nach Entwicklungsstand von Handel und Gewerbe und nach der Art der sozialen Position des Bürgertums in einzelnen Staaten verschieden dar. Daraus erklären sich die unterschiedlichen nationalen Ausprägungen des Merkantilismus. In *Holland*, das im 17. Jahrhundert die Weltmärkte kontrollierte, hatte das Bürgertum den Staat seinen Interessen untergeordnet. Es dominierte als wirtschaftspolitisches Ziel die Vermehrung des Reichtums und der Profite. Weil das

Ziel der Stärkung der nationalen Macht und Größe bei den Holländern nur eine untergeordnete Rolle spielte, beherrschte der Gedanke des *Freihandels* die wirtschaftspolitische Literatur. In *England* hingegen bestand zumindest seit dem Ende des 17. Jahrhunderts eine enge Allianz von Bürgertum und aristokratischem Staat. Die Vermehrung von Macht und Reichtum galten in England als gleichwertige wirtschaftspolitische Ziele. Exemplarisch kommt diese Einheit in den *Navigation Acts* von 1651 und 1660 zum Ausdruck. Sie erzeugten ein nationales Handelsmonopol, das nach außen protektionistisch wirkte, nach innen dagegen – in den Grenzen regulierter Handelskompanien – einen freien Handel sicherte und für alle englischen Kaufleute offenstand. Darüber hinaus legten sie den Grundstein für Englands Herrschaft auf den Weltmeeren.

In *Frankreich* dominierte der absolutistische Staat und die Auffassung, daß nur jener König mächtig ist, der reich ist. Daraus entwickelte sich der stark fiskalische und etatistische Grundzug des *Colbertismus*. Die Industrie- und Handelspolitik blieb dem Steuerinteresse des Staates untergeordnet. Colbert reformierte das Steuer- und Zollwesen, förderte neue Industriezweige, stellte die Zünfte unter Staatskontrolle und gründete staatliche Handelskompagnien. Der fiskalische Grundzug herrschte auch in *Deutschland* vor. Hier wurde er ergänzt durch das privatwirtschaftliche Ziel einer effizienten Verwaltung, welches auf die Zersplitterung Deutschlands in Territorialstaaten zurückzuführen ist. Der *Kameralismus* als Einheit von Volkswirtschaft und Privatwirtschaft des Fürsten ist eine spezifisch deutsche Entwicklung des Merkantilismus.

Dem Merkantilismus wurde häufig der Charakter einer Wissenschaft abgesprochen, weil erstens der Grad der Systematisierung innerhalb der merkantilistischen Wirtschaftstheorie niedriger sei als in der scholastischen Wirtschaftstheorie, die ihm vorausging, oder in der Physiokratie und der klassischen Politischen Ökonomie, die ihn als herrschende Wirtschaftstheorie ablösten, und zweitens, weil die merkantilistischen Theoretiker nicht wertneutral seien, sondern die Interessen des Bürgertums und der Fürsten ausdrückten. Beides trifft zu. Die Denkschriften, Traktate und Untersuchungen der Merkantilisten erschienen in der Landessprache und sind – mit wenigen Ausnahmen – spezifischen Problemen der praktischen Politik gewidmet. Ihr Adressat war nicht die Wissenschaft, sondern der Staat mit seinen Beamten und das Bürgertum, dessen ökonomisches Selbstbewußtsein sie ausdrückten und beeinflußten. Ihre Schriften dienten der praktischen Politikberatung und der Interessenvertretung des Bürgertums. Nicht die Errichtung eines systematischen und einheitlichen Lehr- und Denkgebäudes war das Ziel der Merkantilisten., sondern die Bewältigung der wirtschaftlichen Probleme der frühkapitalistischen Entwicklung. Diesem Ziel wurden sie völlig gerecht.

Dem Merkantilismus kann der Charakter einer entwickelten Theorie abgesprochen werden, aber er ist Wissenschaft. Er besitzt eine Fragestellung: Was macht eine Nation reich und mächtig? Seine Methode ist analytisch und empirisch, insofern die merkantilistischen Theoretiker gegen alle äußeren Erscheinungsformen des Reichtums nach den Ursachen des Reichtums fragten, wobei sie von der Analyse des Geldverkehrs ausgingen und zunehmend zu allgemeineren Ursachen des Reichtums gelangten. Im Kontext der merkantilistischen Theorie entstand die empirische Sozialforschung: die politische Arithmetik oder die Wissenschaft der Statistik, die *Petty* wie folgt definiert: »Die Methode, die ich zur Untersuchung verwende, ist nicht sehr gebräuchlich, anstatt nur vergleichende und steigernde Worte und intellektuelle Argumente zu verwenden, habe ich den Weg gewählt ... mich selbst nur vermittelst Zahlen, Gewicht oder anderen Maßeinheiten auszudrücken« und dabei »nur solche Gründe in Betracht zu ziehen, die sichtbar in der Natur begründet sind« (1899, S. 244).

Der Einfluß von Bacon und der naturwissenschaftlichen Revolution des 17. Jahrhunderts auf die Entstehung der Politischen Arithmetik ist unverkennbar. Diese Entwicklung war nicht auf England beschränkt. *Conring, Seckendorf* und *Süßmilch* in Deutschland und *Uztariz* in Spanien verfolgten dasselbe Ziel. In England selbst wurde die Entwicklung von *King* und *Davenant* weitergetrieben. Der Anlaß für die statistischen Untersuchungen bildeten wirtschafts- und finanzpolitische sowie militärische Probleme, aber ihre Fragestellungen und ihre Begriffe erhielten sie von der Theorie. Wenn Petty z. B. Fragen der Steuerreform aufnimmt, so tut er dies mit einem explizit theoretischen Interesse, indem er nach den Wirkungen einer Steuerreform auf die Vermehrung des Reichtums fragt und – nach dem Vorbild der Holländer – eine Verringerung der Besitzsteuer und eine Erhöhung der indirekten Verbrauchssteuern empfiehlt. Der Merkantilismus besitzt jedoch nicht nur einen einheitlichen Gegenstand und eine Methode, sondern auch ein einheitliches Paradigma, welches sehr unterschiedliche Personen: den politischen Arithmetiker mit dem Philosophen, den praktischen Kaufmann mit dem Beamten, verband. Für die Merkantilisten gibt es drei Ursachen des Reichtums, wobei Reichtum in aller Regel als Überschuß über die jährliche Konsumtion, der sich in Gold und Silber vergegenständlicht, begriffen wird. Eine Nation kann sich bereichern, wenn sie entweder Gold- und Silberbergwerke besitzt oder andere Länder erobert oder – und nicht zuletzt – wenn sie Handel treibt. Für alle Länder, die über keine Edelmetallvorkommen verfügen und die nicht vermessen genug sind, die »Profite der Welt mit dem Schwert zu erobern« (J. Locke, 1696, S. 16), gibt es nur den Exporthandel, um den Reichtum im Lande zu erhalten und zu vermehren.

Mun, der einflußreichste englische Merkantilist des 17. Jahrhunderts, faßt in seinem Traktat *England's Treasure by Forraign Trade* die Quintessenz des Merkantilismus wie folgt zusammen: »Die gewöhnlichen Mittel ... um unseren Reichtum und unsere Schätze zu vermehren, sind die des auswärtigen Handels, bei dem wir folgende Regel beachten müssen: Wir müssen den Fremden jährlich mehr verkaufen, als wir von ihren Waren an Wert verbrauchen« (1664, S. 5). Der daraus resultierende Exportüberschuß »muß notwendigerweise als Schatz nach Hause gebracht werden« (S. 5). Reichtum stellt sich dar in Gold und Silber. »Obwohl sie nur für weniges nützlich sind, bestimmen sie doch alle Lebensumstände. Deshalb besteht der Reichtum in einem Überfluß von Gold und Silber« (J. Locke, S. 14). Gold ist darüber hinaus die notwendige Voraussetzung des Handels, um erstens die Produktion in Gang zu halten, d. h. die Handwerker und die grundbesitzenden Klassen zu bezahlen, und zweitens, um die Preise der Exportgüter hoch zu halten, weil bei einem Mangel an Geld die Preise notwendig sinken und die Staaten dadurch Verluste erleiden.

Die Handelsbilanztheorien

Das Prinzip der aktiven Handels- und Zahlungsbilanz entsprang den wirtschaftspolitischen Erfordernissen und Erfahrungen des ausgehenden 16. und vor allem des 17. Jahrhunderts. Die wachsende internationale Arbeitsteilung, welche die Staaten aus ihrer relativen Isoliertheit hinausdrängte, durch Handel verknüpfte und entzweite, alte Formen der politischen, militärischen und religiösen Abhängigkeit auflöste und neue wirtschaftliche Abhängigkeiten erzeugte, prägte die Erfahrung einzelner Staaten. Ihr Problem bestand darin, daß in diesem Prozeß der wachsenden Arbeitsteilung einst politisch mächtige Staaten wie Spanien zu ökonomisch peripheren Staaten wurden, und zwar nicht deswegen, weil sie arm, sondern weil sie reich waren, d. h. letztendlich an einem Überfluß von Macht und Reichtum zugrunde gingen, und politisch ohnmächtige Staaten wie die Niederlande zu materiellem Wohlstand und politischer Macht gelangen konnten, weil sie fleißig und sparsam waren: die Welt mit Luxusgütern belieferten und selbst keinen Luxus kannten.
Diese Erfahrung führte zu der Erkenntnis, daß Macht und Reichtum eines Landes nicht mehr ausschließlich durch seine naturhaften Voraussetzungen – wie Bevölkerung, Fruchtbarkeit des Bodens oder Bodenschätze – bestimmt wird, sondern künstlich, d. h. rein gesellschaftlich durch eine Veränderung der institutionellen Strukturen der Gesellschaft und der psychologischen Eigenschaften der Völker erzeugt werden kann. Macht und Reichtum, Wachstum und Fortschritt ebenso wie Armut und Abhängigkeit sind nicht naturbedingt, sondern gesellschaftlich, d. h. durch Wirtschafts- und Gesellschaftspolitik machbar. Sie sind Folge der kollektiven Anstrengungen der Völker. Industrialisierung, d. h. die Dominanz der Tauschwerte über die Gebrauchswerte und die Trennung der Arbeit vom Eigentum an Produktionsmitteln erscheint im 17. Jahrhundert nicht mehr wie noch im 16. Jahrhundert als Folge der Verderbtheit der Welt, sondern als Folge der zivilisatorischen Fähigkeiten der Menschen und als Möglichkeit zur nationalen und religiösen Emanzipation. Die europäischen Staaten werden progressiv, und der Prozeß der Industrialisierung, der bereits im 14. Jahrhundert eingesetzt hat, wird irreversibel.
Die kapitalistische Entwicklung löste die statischen Normen der moralischen Ökonomie des Mittelalters allmählich auf, ohne daß sich neue Normen, welche die abstrakte und sachliche Form der Austauschbeziehungen zum Inhalt haben, im Innern der Staaten unmittelbar gebildet hätten. Es entstand ein moralisches Vakuum, in welchem sich die Idee der Nation und der nationalen Religion bildeten, welche zumindest in protestantischen Nationen in dieselbe Richtung wirkten. Die Merkantilisten benutzten die Idee der Nation als säkulare Motivation zur Durchsetzung kapitalistischer Verhältnisse. Das kollektive nationale Interesse lieferte säkulare Motive zur Legitimation der sozialen Kosten, des Elends und der Opfer, welche der Prozeß der Industrialisierung hervorrief. Kollektive Anstrengungen, Gewerbefleiß und Anspruchslosigkeit erschienen als adäquates Mittel zur Realisierung der nationalen Ziele. Der Nationalismus wurde zu einer ökonomischen Potenz, als sich die herrschenden Klassen der europäischen Nationen die Expansion der nationalen Wirtschaft zum Ziel gesetzt hatten. Wenn eine Nation damit begonnen hat, dann müssen ihr die anderen Nationen auf

diesem Weg folgen. Dies ist eine Konsequenz der Theorie der Profite, die für einzelne Kaufleute ebenso gilt wie für Nationen. Profit, Reichtum und Macht sind rein relativ. Was der eine Kaufmann gewinnt, verliert der andere. Im Inland kann daher kein positiver Profit entstehen, auch kein Mehrwert im Marxschen Sinn. Die Bildung des Mehrwerts »kann nur stattfinden im Verhältnis der einen Nation zu den andren Nationen. Und der Überschuß, den die eine Nation über die andre realisiert, stellt sich dar in Geld (Handelsbilanz), weil eben Geld die unmittelbare und selbständige Form des Tauschwerts ist« (K. Marx, Theorien über den Mehrwert, Bd. 1, S. 37). Der Gewinn der einen Nation ist der Schaden der anderen Nation. Entsprechend »besteht der Reichtum nicht darin, mehr Gold und Silber zu haben, sondern mehr davon zu haben als unsere Nachbarn« (J. Locke, S. 15). Will demnach eine Nation nicht auf Dauer Schaden erleiden, so muß sie Handel und Gewerbe entwickeln. Es ist die internationale Konkurrenz, welche das Handeln der Nationen bestimmt. In Zeiten eines stagnierenden Welthandels war der Gedanke, daß sich der Reichtum einer Nation nur durch eine Erhöhung ihres relativen Anteils am Welthandel vermehren kann, keineswegs abwegig, auch wenn sich daraus moralische Normen und Verhaltensweisen entwickelten wie Neid, Habgier, Mißgunst oder Übelwollen, Konflikte und Kriege, die sicherlich nicht zur Stabilisierung der öffentlichen Moral beigetragen haben. Aber diese Funktion hatte die Wissenschaft zu jener Zeit nicht. Sie war Teil der herrschenden Klasse und richtete sich nur an sie. Angesprochen wurde nur der Gegensatz zwischen den grundbesitzenden Klassen und der Handels- bzw. Finanzbourgeoisie.

Für die konservativen Teile der grundbesitzenden Klassen des 16. Jahrhunderts, die auf die Erhaltung der bestehenden Ordnung bedacht waren, galt die Geldwirtschaft, d. h. vor allem die Münz- und Währungsmanipulationen sowie die Gewinnsucht der Bankiers und Kaufleute, als Ursache der Preissteigerungen und des Zerfalls der Städte und der Landwirtschaft. In diesem Kontext erschien der Kaufmann als das egoistische Wesen, welcher stets das *Eigeninteresse*, aber niemals das *allgemeine Interesse* verfolgt. Insbesondere im Exporthandel und in dem Verlagswesen sahen sie die Ursache sozialer Unruhen, die durch Arbeitslosigkeit hervorgerufen wurden. In der Abhängigkeit der inländischen Produktion von der ausländischen Nachfrage sahen die Konservativen des 16. Jahrhunderts eine potentielle Gefährdung der bestehenden sozialen Ordnung. Die intellektuelle Revolution des Merkantilismus bestand in der *Umkehrung gesellschaftlicher Werte.* In der Theorie der Handelsbilanz erscheint das Geld als Quelle der Macht und des Reichtums. Dahinter verbirgt sich eine veränderte Bedeutung der gesellschaftlichen Klassen. Geld, das ist das Handels- und Finanzkapital, das ist aber auch der Staat mit seinen Ausgaben für stehende Heere, für Beamten und für die Konsumtion der Fürsten. Das Bürgertum trat an die Stelle der Grundaristokratie. Diese mögen die politische und kulturelle Macht behalten, aber sie sind keine wirtschaftlichen Subjekte mehr, oder sie werden es nur dann, wenn sie sich verbürgerlichen.

Die Handelsbilanztheorie der Merkantilisten eröffnete erstmalig die Möglichkeit, das Phänomen der wirtschaftlichen Krisen außerhalb der mittelalterlichen Moralvorstellungen zu diskutieren. Die Handelsbilanz ist ein analytisches Instrument zur Messung des relativen Reichtums, aber sie ist mehr noch ein ideologisches Instrument in den Auseinandersetzungen innerhalb der herrschenden Klassen. Nicht mehr Habgier und Profitsucht erscheinen als Ursache der Krisen, sondern die *Arbeitsscheu der Armen* und die *Verschwendungssucht der Reichen*. Arbeitsfleiß und Sparsamkeit – die bürgerlichen Tugenden – erscheinen nun als Ursache der Prosperität und der Macht der Nationen.

Auch wenn der Kaufmann als ökonomisches Subjekt in der merkantilistischen Theorie dominiert, so betonen die Merkantilisten doch ebenso beständig das Ganze der Volkswirtschaft. Nahezu alle umfassenden merkantilistischen Untersuchungen beginnen mit einer Darstellung der Interdependenz der beruflichen Stände. Es bilden sich Vorstellungen über die richtigen Proportionen zwischen Landwirtschaft, Handwerk und Handel einerseits und zwischen Bevölkerungs- und Nahrungsmenge andererseits. Gemessen an den merkantilistischen Zielen machte sich die niedrige Produktivität der Arbeit überall als Mangel bemerkbar. Die Merkantilisten verfügen über keinen Begriff von Produktivität, aber sie umschreiben ihn beständig. Sie haben ein *duales Wirtschaftssystem* vor Augen mit einem selbstversorgenden Sektor, der durch relativ niedrige Arbeitsproduktivität charakterisiert wird und in welchem kaum Überschüsse für den Export entstehen, da die Menschen in diesem Sektor ebensoviel konsumieren wie sie produzieren, und einem zweiten Sektor mit relativ hoher Produktivität, in welchem Überschüsse erzeugt werden, die exportiert werden können. Mun unterscheidet zwischen dem natürlichen Reichtum, der durch sparsamen Verbrauch eigener Produkte, die exportiert werden können, entsteht und dem künstlichen Reichtum, der durch die Entwicklung von Handel und Gewerbe entsteht (vgl. Mun, S.7). Die Merkantilisten haben den ersten Sektor nicht vernachlässigt. Ihre Aufmerksamkeit galt jedoch dem zweiten Sektor. Zur tragenden Figur des wirtschaftlichen Wandels wurde der kaufmännische Verleger. *Becher* – der wichtigste deutsche Merkantilist des 17.Jahrhunderts – zeigt, daß die Wohlfahrt der Nation vom Kaufmann, der sich in der Produktion engagiert, abhängig ist: »Denn von diesem lebt der Handwercksmann und von demselben der Baur« (1688, S.102). Die Produktionsorganisation des Außenhandels war das *Verlagssystem*. Es ermöglichte durch die Intensivierung der Arbeitsteilung und durch die Beschäftigung von Frauen und Kindern in der Produktion, die Produktionskosten zu senken. Petty hatte frühzeitig die Vorteile der Arbeitsteilung erkannt: »Stoff muß billiger hergestellt werden können, wenn einer krempelt, ein zweiter spinnt, ein dritter webt, ein vierter walkt, ein fünfter schert und ein sechster preßt und verpackt, als wenn eine Hand alle oben genannten Arbeitsgänge ungeschickt vollführt« (Bd.1, S.269). Mit wachsender Produktivität wurden die Arbeitskräfte für ihre Anwender relativ wertvoll. Die Arbeitskräfte mußten diszipliniert und erzogen werden. Neben den ersten Waisen-, Arbeits- und Zuchthäusern entstand in jener Zeit auch die *Theorie des Nutzens der Armut*, welche davon ausging, daß niedrige Löhne den Arbeitsfleiß der Armen erzeugen.

Der Außenhandel wurde für die Merkantilisten bedeutsam, nicht weil sie fälschlicherweise Geld mit Reichtum gleichsetzten, sondern weil sich innerhalb der Exportindustrie die kapitalistischen Produktionsverhältnisse relativ frei entwickelten. Die internationale Konkurrenz, die Rivalität der Nationen, machte als äußeren Zwang geltend, was intern, d.h. in einer geschlossenen

Volkswirtschaft, noch nicht als wirtschaftliche Notwendigkeit erkannt und akzeptiert wurde.

Die handelspolitische Maxime der Merkantilisten, zu produzieren, ohne zu konsumieren, zu verkaufen, ohne zu kaufen, scheint auf den ersten Blick widersinnig zu sein, denn würden alle Nationen danach handeln, dann würde der Handel zum Stillstand kommen. Sie wird jedoch verständlich, wenn ein weiteres Merkmal des Merkantilismus, der *Kolonialismus*, berücksichtigt wird. Es war kein Zufall, daß in einer Zeit der Stagnation des europäischen Handels der außereuropäische Handel zunehmend an Bedeutung gewann. Durchgeführt wurde der Handel von staatlichen oder semi-staatlichen *Handelskompanien*. 1600 wurde die englische und 1602 die niederländische Ostindien-Kompanie gegründet. Der Zweck der Kolonien bestand sowohl in der Lieferung von Rohstoffen und Lebensmitteln als auch in der Abnahme manufaktureller Erzeugnisse, welche die Entwicklung der europäischen Industrie fördern sollte. Der duale Charakter der nationalen Wirtschaften dehnte sich auf die gesamte Welt aus. Landwirtschaft, Sklavenwirtschaft und niedrige Produktivität waren das Merkmal der tropischen Zonen der Welt; die manufakturelle Produktion blieb den gemäßigten Zonen Europas und insbesondere England vorbehalten.

Hier kündigte sich eine Aufteilung der Welt an, welche für die europäischen Staaten sehr gewinnbringend war. Als Prototyp des positiven Kolonialhandels galt im 17. wie im 18. Jahrhundert der *Afrikahandel*. Manufakturelle Produkte wurden in Afrika gegen Sklaven getauscht, diese wurden in Westindien verkauft, und mit dem Erlös wurden Rohstoffe und Lebensmittel nach England importiert und zu einem wesentlichen Teil wieder in andere europäische Staaten re-exportiert. Als problematisch hingegen galt der *Ostindienhandel*. Dieser Handel erwies sich zwar für die Kaufleute als profitabel, aber er war der Bildung des nationalen Reichtums eher abträglich, da die ostindischen Staaten keinen Bedarf an europäischen Produkten hatten und ihre Produkte nur gegen Gold oder Silber tauschten. Der Abfluß von Edelmetallen verminderte aber den Reichtum der Nation. Dieser offensichtliche Gegensatz zwischen Theorie und Praxis modifizierte – wie später gezeigt werden wird – die merkantilistische Theorie der Handelsbilanz.

Die positive Handelsbilanz

Die Handelsbilanz mißt die relative Position der einzelnen Nationen. Sie ist keineswegs die Ursache des Reichtums. Die Ursachen des Reichtums oder des Wachstums liegen in der Fähigkeit einer Nation begründet, eine positive Handelsbilanz zu erreichen. Die Merkantilisten verfügten über keine explizite Wachstumstheorie, aber sie waren durchaus in der Lage, die empirischen Ursachen des Wachstums adäquat zu begreifen. Die Methoden zur Realisierung einer positiven Handelsbilanz schlossen folgende Maßnahmen ein:

1. *Reduzierung der Importe von Manufakturwaren* zum Zwecke der Förderung des einheimischen Gewerbes. Dies geschah entweder durch Importverbote oder durch Appelle, den Verbrauch ausländischer Waren zu reduzieren, oder – und nicht zuletzt – durch die Ansiedlung von Manufakturen zur Pro-

duktion dieser Waren, d. h. durch eine Substitution der Warenimporte durch Rohstoffimporte.
2. *Förderung der Ausfuhr von Manufakturwaren*, sei es durch ein Verbot der Ausfuhr von Rohstoffen oder Halbfabrikaten oder deren Erschwernis durch die Erhebung hoher Exportzölle auf die Ausfuhr von Rohstoffen oder sei es durch die Gewährung von Exportprämien für die Ausfuhr von Manufakturwaren oder durch den Abschluß günstiger Handelsverträge.
3. *Förderung des Transportwesens* durch eine Nationalisierung der Schiffahrt oder eine Gewährung von Reedereihilfen. Diese Maßnahmen dienten zugleich der Stärkung der Kriegsmarine.
4. *Erweiterung und Regulierung des inneren Marktes* durch die Beseitigung oder Ermäßigung von Binnenzöllen, die Bildung einheitlicher Maße und Gewichte und die Reform des Handels- und Schuldrechts.
5. *Beseitigung von sozialen Hindernissen*, welche der Verbreitung des Verlagswesens, der Intensivierung der Arbeitsteilung, der Verlängerung der Arbeitszeit und der Einführung neuer Maschinen entgegenstanden.
6. *Konsolidierung des Staatshaushaltes* durch Steuerreform und Reorganisation der Verwaltung.
7. *Förderung der Wissenschaften* durch die Gründung von wissenschaftlichen Akademien wie die *Accademia del Cimento* in Florenz (1657), die *Royal Society* in London (1662) oder die *Académie Royale des Sciences* in Paris (1665).
8. *Förderung der Importe von menschlichen Qualifikationen* durch die Erleichterung der Immigration ausländischer Handwerker. Gute Fremdengesetze und der Schutz vor religiöser Verfolgung erschienen hierzu als Voraussetzung.
9. *Errichtung von Waisen-, Arbeits- und Zuchthäusern* zum Zwecke der Sozialisation und Resozialisation von Arbeitskräften.

Alle wirtschaftspolitischen Instrumente lassen sich in dem Ziel der Entwicklung von nationaler Produktion, Handel und Schiffahrt zusammenfassen. Gleichgültig nun, ob es den einzelnen Merkantilisten immer bewußt war, sprachen sie hier das innere Wesen der kapitalistischen Produktion aus. Die Entwicklung der Produktion ist das Mittel zur Erzielung von Handelsbilanzüberschüssen, die Überschüsse und die importierten Edelmetalle bilden die Nachfrage für die erweiterte Produktion und dienen als Finanzierungsmittel für die Ausdehnung der Produktion. Die Produktion und die Entwicklung der produktiven Kräfte werden damit zum Selbstzweck, ungeachtet der Bedürfnisse der Konsumenten. Daß die im Außenhandel erzielten Überschüsse auch zur Finanzierung des Staatshaushaltes und zur Bildung von Reserven für Notzeiten dienen sollten, ist nur von sekundärer Bedeutung.

Die Merkantilisten waren Wirtschaftstheoretiker ihrer Zeit. Ihre eigenen moralischen und politischen Vorstellungen müssen sich nicht notwendig mit der Praxis ihrer Zeit decken. Gerade auch ihre besten Vertreter wie *Steuart* oder *Becher* neigen keineswegs dazu, diese Praxis als notwendig oder unbedingt wünschenswert darzustellen. »Ich bin weit davon entfernt von der Ansicht, daß dies (die Entwicklung des Handels- und Industriesystems, der Verf.) der einzige Weg zu Glück, Sicherheit und Wohlfahrt sei; trotzdem es infolge des allgemeinen Geschmacks meiner Zeit dasjenige System ist, mit dessen Untersuchung ich mich hauptsächlich beschäftige. Ein Land kann, ohne übertrieben reich zu sein, vollauf glücklich und für solche, die es angreifen wollen, genügend furchterweckend sein. Tatsächlich ist Reichtum aber allen versagt, die nicht Bergwerke besitzen oder auswärtigen Handel« (J. Steuart, 1913, S. 329 ff.). Aber für alle Nationen gilt, daß sobald der Prozeß der Industrialisierung einmal begonnen hat, die einzelnen Nationen die Verhaltensweisen und Institutionen eines Handelsstaates entwickeln müssen, wollen sie im Wettkampf der Nationen bestehen können.

Die Frühmerkantilisten: Hales, Montchrétien, Ortiz und Serra

Zu den wichtigsten Begründern des Merkantilismus zählen Hales, Montchrétien, Ortiz und vor allem Serra. Sie alle stimmen darin überein, daß das Bürgertum das Subjekt des sozialen und wirtschaftlichen Wandels ist, sofern es den Reichtum einer Nation vermehrt.

J. Hales (um 1500–1571) war Parlamentsmitglied und Vorsitzender einer Kommission zur Untersuchung der Folgen der Landeinhegungen. Um 1549 verfaßte er seine Untersuchung *A Discourse of the Common Weal of this Realm of England*, welche 1581 in stark veränderter Form veröffentlicht wurde. Diese Untersuchung steht an der Grenze zwischen den mittelalterlichen Vorstellungen des 16. Jahrhunderts und dem Merkantilismus des 17. Jahrhunderts. In bezug auf die Entwicklung von Handel und Gewerbe war Hales Merkantilist: »Wir müssen uns immer darum bemühen, von Fremden nicht mehr zu kaufen, als wir ihnen verkaufen, denn sonst werden wir selbst verarmen und andere bereichern« (1954, S. 63). Entsprechend differenziert Hales die Kaufleute in jene, welche Schätze aus dem Land bringen und daher den Reichtum verringern, und in jene, welche durch den Verkauf Reichtum in das Land bringen. Vormerkantilistisch sind hingegen seine Ansichten über die Ursachen der Preissteigerungen, welche er vor allem in der Münzverschlechterung sah. Sie war an sich dazu gedacht, Schätze in das Land zu bringen. Sie hatte jedoch das Gegenteil bewirkt. Dieses außenwirtschaftliche Argument reicht jedoch nicht dazu aus, zu erklären, weshalb die Preissteigerungen zu einem Zerfall der Städte und Dörfer und zu einer Verwandlung des Getreidelandes in Weiden führte. Als letzten Grund der Krise nennt Hales die Habgier. Damit stimmt er im Kern den protestantischen Autoren des 16. Jahrhunderts zu, welche das egoistische Interesse für die Krisen verantwortlich machten, aber er weicht zugleich in charakteristischer Weise davon ab. Während die herrschende Meinung des 16. Jahrhunderts davon ausging, daß die Individuen dann ihre singulären und privaten Interessen realisieren, wenn sie das allgemeine Interesse verfolgen, verurteilt Hales nicht mehr das singuläre Interesse. Er nimmt es als gegeben an. Dem Staat obliegt es, das private Interesse so zu lenken, daß keine Gefährdung der allgemeinen Wohlfahrt eintritt, wobei Hales die Anwendung marktwirtschaftlicher Instrumente empfiehlt. Um die Verwandlung des Getreide- in Weideland zu verhindern, ist es notwendig, »entweder die Profite aus der Viehzucht zu verringern oder die Profite aus dem Ackerbau zu erhöhen, bis der Ackerbau ebenso gut und profitabel ist wie die Viehzucht« (S. 121 f.). Dies kann durch die Freigabe der Exporte für Getreide erreicht werden.

Nahezu gleichzeitig mit Hales entwickelt *Luis Ortiz* in Spanien die ersten merkantilistischen Grundsätze. Spanien befand sich im 16. Jahrhundert einerseits auf dem Höhepunkt seiner wirtschaftlichen und politischen Macht, es zeigten sich jedoch andererseits bereits in der zweiten Hälfte des 16. Jahrhunderts jene strukturellen Probleme, die den Niedergang Spaniens im 17. Jahrhundert bewirkt haben. Seit 1550 war der Außenhandel Spaniens mit den europäischen Handelsnationen defizitär. Das negative Saldo der Handelsbilanz wurde mit den Silberimporten aus Peru und Mexiko finanziert. Ortiz, Finanzberater Philipps II., verfaßte 1558 eine Denkschrift mit dem Titel *Memorial al Rey para que no salga Dinero del Reino*, die eine konsequente Darstellung und Anwendung der Theorie der Handelsbilanz enthält. Ortiz beschwert sich, daß Spanien von anderen europäischen Nationen schlechter behandelt werde als die Indios durch die Spanier, weil die Indios von den Spaniern gegen ihr Gold mehr oder weniger nützliche Waren erhielten, während die Europäer die spanischen Rohstoffe billig kauften, um die daraus erstellten Manufakturwaren für das Zehn- bis Hundertfache des Rohstoffwertes an die Spanier zu verkaufen. Ortiz fordert ein Verbot der Importe von Manufakturwaren und ein Exportverbot für Rohstoffe. Eine aktive Handelsbilanz würde nicht nur das importierte Geld im Lande erhalten, sondern auch das vorhandene Geld vermehren. Ortiz, der ein strenger Katholik war und immer für die Einheit des Glaubens eintrat, empfahl den Spaniern die sogenannten protestantischen Tugenden wie Sparsamkeit und Gewerbefleiß. Für alle Bürger Spaniens – auch für die Adligen – sollte eine Arbeitspflicht gelten, deren Nichtbeachtung den Verlust der Bürgerrechte zur Folge hätte.

Weniger rigoros in seinen wirtschaftspolitischen Empfehlungen, aber auch weniger originell als Ortiz oder Hales war *Antoyne de Montchrétien* (um 1575 bis 1621). Von Bodin übernahm er dessen Ansichten über den Handel, von Laffémas übernahm er die Theorie der industriellen Kontrolle. Montchrétien ist insofern wichtig, als er an mehreren Stellen seines 1615 erschienenen Werkes *Traicté de l'économie politique* betont, daß der Reichtum einer Nation nicht in dem Überfluß von Gold und Silber besteht, sondern in dem Fleiß und der Sparsamkeit. Reichtum »ist der Ausgleich zwischen den lebensnotwendigen Gütern und der Lebensführung …« (S. 241). Er beruht auf der Arbeit. Mehr als seine Vorgänger preist er den Nutzen von Kolonien, vor allem um Rohstoffe zu erhalten, die Frankreich bislang kaufen mußte.

Die erste systematische Darstellung der Theorie der merkantilistischen Wirtschaftspolitik wurde von *Antonio Serra* verfaßt, über dessen Leben sehr wenig bekannt ist. Er schrieb seine Denkschrift *Breve trattato delle cause che possono far abbondare li regni d'oro e d'argento*, die 1613 erschien, in einem neapolitanischen Gefängnis, in dem er – wie Campanella (vgl. oben, S. 53 f.) – wegen der Teilnahme an einem Aufstand gegen die spanische Fremdherrschaft einsaß. Silber- und Goldminen sind für ihn die einzigen natürlichen Ursachen des Reichtums. Sein Problem besteht darin, wie ein Land Reichtum erwerben kann, wenn es über keine Bergwerke verfügt. Er zeigt, daß der Zufluß oder Abfluß von Gold abhängig ist von der Zahlungsbilanz. Sein wichtigstes Verdienst besteht jedoch in dem Nachweis, daß Veränderungen der Zahlungsbilanz nicht durch monetäre Veränderungen bewirkt werden, sondern abhängig sind von der Entwicklung des Handels und des Gewerbes sowie der Wirtschafts- und Gesellschaftspolitik.

Der Hochmerkantilismus: Mun, Petty und Becher

Das 17. Jahrhundert gilt als ein Jahrhundert der ökonomischen Krise oder zumindest der wirtschaftlichen Stagnation, wobei verschiedene Länder in unterschiedlicher Weise davon betroffen waren. Die europäischen Merkantilisten konzentrierten ihr Interesse auf die Niederlande, welche in Zeiten der Stagnation prosperierten, und auf die wirtschaftspolitischen Maßnahmen in England und Frankreich, die mit den Niederlanden um die Vorherrschaft im Welthandel konkurrierten. Vielleicht ist Schmollers Charakterisierung der Niederländer etwas überzogen, aber sie trifft den Charakter der niederländischen Wirtschaftspolitik besser als jene, die in den Niederlanden den Hort des Freihandels sehen. »Die Niederländer waren von Haus aus die härtesten, kriegerischesten Monopolisten im Sinne des Merkantilsystems, die es je gegeben. Wie sie in den ostindischen Gewässern kein europäisches oder asiatisches Handelsschiff duldeten ohne holländischen Paß, der mit Gold aufgewogen werden mußte, wie sie den belgischen Hafen von Antwerpen mit Gewalt und Vertrag geschlossen hielten, wie sie die preußische Kolonie in Afrika und unzählige andere allerwärts zerstörten, so verboten sie zu Hause jedem Heringsfischer, seine Ware wo andershin als auf den holländischen Markt zu bringen, in fremde Dienste zu treten, die Gerätschaften der Fischerei in die Fremde zu führen ... In der Zeit ihrer Blüte hatten sie fast immer Krieg, und zwar Krieg zu Handelszwecken; sie wußten mehr als jeder andere Staat im 17. Jahrhundert aus ihren Kriegen immer neue Handelsvorteile zu ziehen« (1898, S. 48). Sicher ist, daß vor allem im Ostindien-Handel die Maxime galt: Man kann keinen Handel ohne Krieg und keinen Krieg ohne Handel haben. Auch Mun vertrat die Auffassung, daß das niederländische Sprichwort »Leben und leben lassen«, welches eine Art von Freihandel suggeriert, nur zur Verschleierung der wirklichen Interessen der Niederländer diente. Die Handelsfreiheit verteidigten die Niederländer dort, wo sie ihnen Vorteile erbrachte. So z. B. forderten sie die Freiheit der Meere gegen den Anspruch Englands auf nationale Fischereizonen.

W. Temple, der beste Analytiker des niederländischen Wirtschaftswunders, bezeichnet den Fleiß und die Sparsamkeit der Niederländer als die entscheidende Ursache ihres wirtschaftlichen Wachstums. Auf die Frage, wodurch ein Volk diese Tugenden erwerben kann, antwortet er: »Der wahre Ursprung und Grund des Handels liegt in der dichten Bevölkerung des Landes, wodurch alle lebensnotwendigen Güter teuer werden. Alle Menschen, die über Besitz verfügen, werden dadurch veranlaßt, sparsam zu leben, aber jene Menschen, die über keinen Besitz verfügen, werden dadurch gezwungen, arbeitsam und fleißig zu sein, wenn sie nicht im Elend leben wollen« (1673, S. 187). Dies ist der rationale Grund für die Notwendigkeit der Bevölkerungsvermehrung, die nahezu von allen merkantilistischen Theoretikern gefordert wird. Die *relative Überbevölkerung* erscheint hier als die *Voraussetzung des Wachstums*.

Die Niederländer waren praktische Merkantilisten. Sie haben nur in einem sehr begrenzten Umfange eine merkantilistische Literatur hervorgebracht. Es fehlten in den Niederlanden die ideellen Voraussetzungen für die Entwicklung der merkantilistischen Theorie. Zu sehr waren sie mit ihrem erreichten Zustand zufrieden und auf die Sicherung des Erreichten bedacht. Auch mußten in den Niederlanden weder Bürgertum noch Fürst von der Notwendigkeit einer merkantilistischen Wirtschaftspolitik überzeugt werden. Dennoch ist das Buch von *Pieter de la Court* (1618–1685) mit dem Titel *Interest van Holland*, das 1662 in Amsterdam erschien, von herausragender Bedeutung für die Entwicklung der merkantilistischen Theorie. Diese Schrift, die ins Deutsche, Englische und Französische übersetzt wurde, verteidigt die *Freiheit von religiöser Verfolgung*, die *Handelsfreiheit* und die *politische Freiheit*. Gemeint ist vor allem die Freiheit des Handelskapitals und die Freiheit der Großindustrie. Gegenüber den Handwerkern bedeutet die Handelsfreiheit im Innern des Landes die Aufhebung der zünftischen Privilegien, d. h. die Realisierung der Freiheit der Konkurrenz auf den Arbeitsmärkten. Nach außen vertrat de la Court auch protektionistische Maßnahmen. Er fordert den Schutz der Industrie, wenn dieser nicht den Handel gefährdet. Die Förderung des Handels ist auch das Ziel der Steuerreform. Je mobiler die Bevölkerung oder das Kapital ist, um so weniger soll es besteuert werden, d. h. die Steuerlast soll bei den Beamten und Landbesitzern am größten und bei den Exporteuren oder bei den für den Export produzierenden Manufakturen am geringsten sein, weil sie am leichtesten das Land verlassen können.

England war im 17. Jahrhundert das Zentrum des theoretischen Merkantilismus. Misselden, Malynes, Mun, Petty, Locke, Child und Davenant, aber auch die freihändlerischen Häretiker Barbon und North bildeten einen Höhepunkt in der Entwicklung der merkantilistischen Theorie. Von besonderer Bedeutung sind Mun, der zu den einflußreichsten Merkantilisten zählt, und Petty, der im Kontext der merkantilistischen Theorie den Gedanken, daß die Arbeit die Quelle des Reichtums ist, systematisch entwickelt hat.

Thomas Mun (1571–1641) war der wirtschaftspolitische Sprecher der Ostindischen Kompanie. In seiner 1609 veröffentlichten Schrift *A Discourse of Trade from England unto the East-Indies* definiert er Reichtum als Besitz der Güter, die für ein soziales Leben notwendig sind. »Aber um gut zu leben, zu prosperieren und reich zu werden, müssen wir Mittel finden, unsere überschüssigen Güter zu exportieren« (S. 50). Die Bedeutung Muns liegt darin, daß er die Theorie der Handelsbilanz in mehrfacher Weise modifiziert, um sie mit den Interessen der Ostindischen Kompanie in Einklang zu setzen. Er zeigt erstens, daß nicht die Handelsbilanz mit einzelnen Nationen entscheidend ist, sondern die Gesamtbilanz mit allen Nationen, und zweitens, daß die Handelsbilanz erweitert werden muß zur *Zahlungsbilanz*, da auch Geldsendungen ins Ausland berücksichtigt werden müssen. Darüber hinaus zeigt er – und darin liegt seine eigentliche Bedeutung –, daß nicht die *Größe des Schatzes* entscheidend ist, da es Methoden gibt, die Menge des Geldes künstlich zu erhöhen, sondern die *Art des Erwerbs des Schatzes*. Nur jener Schatz, welcher durch eine positive Handelsbilanz in das Land gebracht wird, verbleibt im Land und bereichert die Nation. Bei Mun wird deutlich, daß das Ziel der Merkantilisten nicht darin besteht, Reichtümer zu erwerben, um sie zu besitzen – die Merkantilisten sind keine Schatzbildner –, sondern in dem unaufhörlichen Streben nach Reichtum. Es geht um die Bildung des Erwerbshabitus, der bezogen auf die Subjekte jene Verhaltensweisen erzeugt, welche den objektiven Bedingungen des sich selbst verwertenden Werts entsprechen. In der Vergeudung der Zeit durch

Müßiggang und Vergnügen, welche »im Gegensatz zu den göttlichen Gesetzen und den Sitten anderer Nationen« (1664, S. 72f.) stehen, sieht Mun die Ursachen für den Niedergang Englands.

William Petty (1623–1687) hatte unter den Merkantilisten den stärksten Kontakt zur Wissenschaft seiner Zeit. Er war ein Freund von Hobbes und fühlte sich intellektuell der Methode von Bacon verpflichtet. Er war Naturwissenschaftler, Generalarzt der Armeen von Irland und Gründungsmitglied der *Royal Society*. Wirtschaftspolitisch vertrat er die Ideen des Merkantilismus, weshalb er auch hier zu den Merkantilisten und nicht zu den Vorläufern der klassischen Politischen Ökonomie gerechnet wird. Seine wirtschaftspolitischen Thesen sind nicht sonderlich originell. Deutlicher noch als Mun spricht er das *Beschäftigungsproblem* an. Verlängerung des Arbeitstages, Intensivierung der Arbeit und der Arbeitsteilung, Einführung von Maschinen, Disziplinierung der Bettler und Vagabunden, auch Kinderarbeit sind die immer wiederkehrenden Themen der Nutzung der Arbeitskräfte im Kontext frühkapitalistischer Kapitalbildung, welche durch die *Theorie des Nutzens der Armut* verstärkt werden. Geht es den Armen gut, so arbeiten sie weniger, nur wenn es ihnen schlecht geht, sind sie dazu bereit, ein Maximum an Arbeit zur Verfügung zu stellen. Petty setzt die Bevölkerungsvermehrung in eins mit der Produktivkraftentwicklung. Die Einführung neuer Maschinen hat wirtschaftspolitisch denselben Effekt wie eine Bevölkerungsvermehrung. In seiner Schrift *Verbum Sapiente* (geschrieben 1664) entwickelt Petty ein Konzept zur *Messung des Volkseinkommens*. Dieses statistische Problem entsprang einer Untersuchung über eine gerechtere und effizientere Besteuerung. Zum Zwecke der Steuerreform ist es notwendig, den Reichtum einer Nation zu berechnen. Im ersten Kapitel berechnet er den Wert des Bodens, der Häuser, der Schiffe und des Geldes usw. Im zweiten Kapitel berechnet er zusätzlich den Wert der Bevölkerung, und zwar nicht deswegen, weil er eine Arbeitswerttheorie vor Augen hatte, sondern weil er das Einkommen der Bevölkerung proportional zu ihrem Wert besteuern wollte. Boden und Arbeit sind die Quellen des Reichtums und der Staatseinnahmen. Wenn beide qualitativ gleich sind, so benötigen sie ein gemeinsames Maß, in dem sich der Wert aller Dinge ausdrücken läßt. Dieses Maß findet Petty in der Größe des Nahrungsertrages eines Tages, der von einer durchschnittlichen Arbeitskraft erzeugt wird.

In Deutschland endete das prosperierende 16. Jahrhundert mit dem Beginn des 30jährigen Krieges. Der Krieg beendete die Expansion der Bevölkerung und der Produktion. Die Krise wurde verstärkt durch die hohen Importe fremder Waren einerseits, wobei die Niederlande vor allem indische Gewürze und Frankreich manufakturelle Luxusgüter an Deutschland lieferten, und durch die Existenz hoher Steuern und Zölle andererseits.

Johann Joachim Becher (1635–1682) zählt zu den wichtigsten deutschen Merkantilisten. Er prägte Philipp Wilhelm von Hörnigk ebenso wie Wilhelm Freiherrn von Schröder. Becher war ein umfassend gebildeter Wissenschaftler, der sich in der Theologie ebenso wie in der Ethik, in der Mathematik ebenso wie in der Medizin und der Alchimie auskannte. Sein wichtigstes Werk *Politische Discurs. Von den eigentlichen Ursachen deß Auff- und Abnehmens der Städt, Länder und Republicken* erschien 1668. Bei Becher dominierte mehr als bei den anderen Merkantilisten eine wohlfahrtstheoretische Konzeption. »Daß die Seel aller Regierungen und *Republiquen die Societas Civiles seye* und daß diese in der *Populosität* und Nahrung der Menschen bestehe, auch daß diese beyde durch die *Commercien* zu wegen gebracht und erhalten werden ist bekandt ...« (1688, S.442).

»Volckreich und nahrhaft« wird eine Gemeinschaft durch Arbeitsteilung und Austausch und durch die wechselseitige Abhängigkeit der beruflichen Stände. Es geht ihm um die Bestimmung der richtigen Proportionen zwischen Nahrung und Bevölkerung oder zwischen jenen, welche die Nahrungsmittel erzeugen, und den Handwerkern und Kaufleuten sowie jenen Schichten der Bevölkerung, welche konsumieren, ohne zu produzieren. Seine wohlfahrtstheoretische Maxime ist das Streben nach dem größten Glück der größten Zahl. Er ist gegen das Monopol, weil es Nahrung an sich zieht und es besser ist, wenn in einem Land viele mittelmäßig reiche Leute wohnen als wenige sehr reiche, aber er ist auch gegen die freie Konkurrenz, weil in ihr viele von jener Nahrung leben müssen, wovon nur einige leben können. Das Monopol verringert die Bevölkerung und die freie Konkurrenz die Nahrungsmenge pro Kopf der Bevölkerung. Sie sind beide der »civil-societät höchste Feind« (S.111). Der Staatsinterventionismus wird notwendig, um Monopol und freie Konkurrenz zu verhindern. Neben Monopol und freier Konkurrenz beeinträchtigt das Propol – der Vorkauf – die allgemeine Wohlfahrt. Das Propol schädigt und trennt die Gemeinschaft. Preisabsprachen verzerren die Preise und verhindern die Bildung der richtigen Proportionen zwischen Nahrung und Bevölkerung. Als wirtschaftspolitische Instrumente zur Verhinderung der negativen Wirkungen empfiehlt Becher die Errichtung von *Landmagazinen*, in welchen Nahrungsmittel für Notzeiten gelagert werden können, von *Kaufhäusern*, die eine Art kaufmännischer Genossenschaften unter staatlicher Aufsicht sind und denen die Preiskontrolle zukommen soll, und nicht zuletzt von *Werkhäusern*, in denen Müßiggänger zur Arbeit erzogen werden können.

Dominierte bei Becher der Gedanke der Wohlfahrt der Nation, so bei seinem Schwager *Philipp Wilhelm von Hörnigk* (1638–1729) der Gedanke der Unabhängigkeit und Autarkie der Nation. Der Titel seines Buches *Oesterreich über alles, wann es nur will* (1684) ist zugleich Programm. Ebenso wie Becher kritisiert er die Einfuhr von Luxusgütern aus Frankreich. In diesem Zusammenhang entwickelt er sein berühmt gewordenes Diktum: »Dann besser wäre, es komme auch einem übel Berichteten so seltsam vor, als es wolle, für eine Waare zwey Thaler geben, die im Lande bleiben, als nur einen, der aber hinaus gehet« (1753, S.32).

Wilhelm Freiherr von Schröder (1640–1688) studierte Jura, wurde Mitglied der *Royal Society* und lernte dort Mun und Petty kennen. Er trat 1673 in die Dienste von Leopold I. und verfaßte 1686 sein Hauptwerk *Fürstliche Schatz- und Rentkammer*. Im Gegensatz zu Becher war von Schröder ein bewußter Anhänger der absoluten Monarchie. Ein stehendes Heer und eine gefüllte Schatztruhe sind die Pfeiler des absolutistischen Machtstaates. Sein Ausgangspunkt ist die Identifizierung des Wohls des Fürsten mit dem Wohl des Volkes. Nur jener Fürst kann reich genannt werden, der reiche Untertanen hat.

Der Spätmerkantilismus: Genovesi, Sonnenfels und Steuart

Forbonnais, Genovesi, von Justi, von Sonnenfels und vor allem Steuart gehören zu den wichtigsten Vertretern des Spätmerkantilismus. Sie vertraten in Kenntnis der Freihandelstheorien merkantilistische Grundsätze. Ihre Gemeinsamkeit besteht darin, daß sie die staatliche Regulierung der Wirtschaft als eine notwendige und unvermeidbare Folge der Privatwirtschaft betrachteten. Eine sich selbst regulierende Wirtschaft hätte nichts anderes als Armut und Beschäftigungslosigkeit zur Folge.

François Veron de Forbonnais (1722–1800) war Kaufmann und Beamter. In seinen wichtigsten Werken *Élément du Commerce* (1754) und *Principes et observations économiques* (1767) entwickelt er die Notwendigkeit eines gemäßigten Protektionismus in Gestalt von Importzöllen. Gegenüber den Physiokraten bestreitet er die Möglichkeit einer natürlichen Ordnung der Dinge und verweist darauf, daß das Geld im gegebenen Staats- und Wirtschaftssystem sowohl Mittel wie Ausdruck der Kraft und der Macht der Nationen ist.

In Italien dominierte *Antonio Genovesi* (1712–1769) die spätmerkantilistische Literatur. Genovesi war zuerst Professor der Handelswissenschaft. Politische Ökonomie ist für ihn jene Wissenschaft, die eine unterlegene Nation befähigt, volkreich, mächtig, weise und kultiviert zu werden. In seinen *Lezioni di Economia Civile* entwickelt er die Ursachen des Reichtums einer Nation. Gewerbe und Handel hält er für wichtiger als die Landwirtschaft, ohne dadurch letztere zu vernachlässigen. Sie sind nützlicher, weil sie der Landwirtschaft die Werkzeuge liefern, die Bevölkerung vermehren, Geld in das Land bringen, welches den Handel vermehrt und die Sitten und zivilisatorischen Fähigkeiten der Völker verbessert. Das Gewinnstreben ist die wirksamste Macht, den Gewerbefleiß und die Künste zu beleben und Überflüsse zu erzeugen. Das Gewinnstreben ist der Motor der gesellschaftlichen Entwicklung, man muß ihm daher, soweit es die Gerechtigkeit und das allgemeine Wohl erlauben, freien Lauf lassen. Genovesi plädiert für den Freihandel mit Getreide als die beste Methode, die menschlichen Bedürfnisse zu befriedigen, und verweist dabei auf die positiven Erfahrungen Frankreichs und Englands.

Johann Heinrich Gottlob von Justi (1717–1771) war Professor der Kameralwissenschaft und kaiserlicher Finanz- und Bergrat. Er schrieb juristische, naturwissenschaftliche und kameralwissenschaftliche Abhandlungen. Die Politische Ökonomie gliedert sich bei ihm in die *Ökonomik*, die Lehre der Haushalte, und in die *Kameralwissenschaft*, die zeigt, wie der Staat das Vermögen und die Fähigkeit der Bürger lenken und kontrollieren soll, damit beide sich vermehren. Die *Polizeiwissenschaften*, d. h. die Wirtschaftspolitik und die Finanzwissenschaft, sind Teile der Kameralwissenschaft. Diese Systematik der Politischen Ökonomie entwickelt er in den Schriften *Staatswirtschaft oder systematische Abhandlung aller ökonomischen und Cameralwissenschaften* (1755), *Grundsätze der Polizeywissenschaft* (1756) und *Die Grundfeste zu der Macht und Glückseligkeit der Staaten* (1760–61). Die Zahl der Bevölkerung, der auswärtige Handel und die Bergwerke bilden für ihn die Quellen des Reichtums eines Landes. Auch er ist weit davon entfernt, Geld mit Reichtum zu identifizieren. Geld dient ausschließlich dazu, den Wert der Güter zu bestimmen und den Handel zu fördern. Letzteres ist auch der Zweck der Bevölkerungsvermehrung. Die Entwicklung des Gewerbes und des Handels setzt eine wachsende Bevölkerung voraus, und zwar nicht nur deswegen, weil sonst ein Mangel an Arbeitskräften die ökonomische Entwicklung aufhalten könnte, sondern vor allem, weil Arbeitsteilung, Austausch und Verkehr abhängig sind von der Dichte der Bevölkerung. Für ihn gibt es keine Grenze der Bevölkerungsvermehrung, weil er wie Petty den Wert der Bevölkerung als Teil des Vermögens des Staates begreift. Daraus leitet sich sein Interesse an dem Sozialstaat ab. Alle ökonomischen Probleme werden wie bereits bei Becher unter dem Gesichtspunkt der Maximierung der allgemeinen Wohlfahrt untersucht.

Joseph von Sonnenfels (1733–1817), der Professor für Kameralwissenschaften war, transformierte die Theorie der Handelsbilanz in eine Theorie der *Beschäftigungsbilanz*. Jener auswärtige Handel, welcher die größtmögliche Beschäftigung erzeugt, ist von Vorteil für eine Nation – selbst wenn dadurch die Zahlungsbilanz negativ wird –, weil er die Bevölkerung vermehrt. Sicherlich spielen bei dem Ziel der Bevölkerungsvermehrung neben den rein ökonomischen auch militärische und politische Zwecke eine Rolle. Entscheidend ist jedoch, daß von Sonnenfels, der ein Systematiker der Populationistik war, eine rein ökonomische Begründung des Zusammenhangs von Bevölkerungsvermehrung und Wirtschaftswachstum liefert. Die Bevölkerungsvermehrung ist nicht die Folge, sondern die Ursache des Wirtschaftswachstums.

Sir James Steuart (1712–1780) war Schotte, Jurist und Anhänger der Stuarts. Nach der gescheiterten Rebellion der Stuarts lebte er im Exil (1745–63) und bereiste Frankreich, Holland und Deutschland. Sein wichtigstes Werk *Untersuchung über die Grundsätze der Volkswirtschaftslehre* (1767) ist untypisch für die englische Literatur seiner Zeit. Es ist ein Versuch, die empirischen und analytischen Kenntnisse seiner Zeit zu systematisieren und allgemeine Prinzipien zu entwickeln. Nicht mehr ein konkretes wirtschaftspolitisches Problem bildet den Anlaß seiner Untersuchung, sondern die Suche nach wahren Prinzipien der Wirtschaftspolitik, wobei jeder Satz dann als wahr gelten kann, wenn ihm allgemein zugestimmt werden kann. Es ist ein umfassendes Werk, das alle Bereiche der Wirtschaftswissenschaften: Bevölkerung, Ackerbau, Handel, Gewerbe, Geld, Münzwesen, Zins, Umlauf, Banken, öffentlichen Kredit und Steuern, behandelt und zum Teil tiefer in einzelne Probleme eindringt als die Untersuchung von Smith. Sie fand dennoch keine Anerkennung. Die Ursache liegt darin, daß seine Untersuchung anachronistisch war. In einer Zeit, in der die Freiheit des Eigentums zum herrschenden Prinzip wurde, entwickelt Steuart die *Vorstellung einer moralischen Gesellschaft*. »Die Volkswirtschaft einer Regierung ist zur Vollkommenheit gediehen, wenn jede Klasse im allgemeinen und jedes Individuum im besonderen veranlaßt wird, dem Gemeinwesen in demselben Maße zu helfen und beizustehen, wie es selbst von diesem Beistand erhält. Dies ist meine Vorstellung von einer freien und vollkommenen Gesellschaft ...« (1913, S. 123).

Nach innen ist die Gesellschaft hierarchisch-patriarchalisch organisiert. Ebenso wie der Haushaltsvorstand in der Verfolgung seiner Eigeninteressen für das Wohl der von ihm abhängigen Familienmitglieder und Bediensteten sorgt, ist der Staatsmann für die Realisierung des Gemeinwohls verantwortlich. »Was die

Wirtschaft in einer Familie ist, das ist die Volkswirtschaft in einem Staate, doch mit dem wesentlichen Unterschiede, daß in einem Staate niemand Knecht, alle nur Kinder sind ...« (S. 22). Weil die Wirtschaftssubjekte unmündig sind, besteht die große Kunst der Wirtschaftspolitik darin, »die verschiedenen Vorgänge derselben der Denkungsart, den Sitten, Gebräuchen und Gewohnheiten des betreffenden Volkes anzupassen, und diese Verhältnisse nach und nach so umzuformen, daß er (der Staatsmann, d. Verf.) dann imstande ist, eine Reihe neuer und nützlicherer Einrichtungen einzuführen« (S. 22 f.).

Dieser normative und gestaltende Gehalt der Wissenschaft wird überaus deutlich in dem Abschnitt über die Bevölkerung, der zugleich der beste Teil seines Werkes ist. Er stellt darin das Prinzip auf, »daß die Anzahl der Einwohner in jedem Lande zu der darin erzeugten Nahrungsmenge und zu dem Gewerbfleiße der niederen Klassen in zusammengesetztem Verhältnis steht. Wenn die Menge der hervorgebrachten Nahrung im Verhältnis größer ist, als der Gewerbfleiß, so wird der Überschuß an Lebensmitteln ausgeführt werden; ist der Gewerbfleiß aber im Verhältnis größer als die Quantität der Lebensmittel, so muß das Fehlende durch Einfuhr geliefert werden« (S. 211 f.). Ein Vergleich mit dem Altertum läßt ihn zu der Schlußfolgerung kommen, daß die Menschen in einer freien Gesellschaft, wenn sie sich vermehren sollen, zu »Sklaven ihrer eigenen Leidenschaften und Bedürfnisse« (S. 213) werden müßten.

Ebenso naiv und ehrlich ist seine Analyse der Wirkungen der Maschinen. »Maschinen sehe ich also als ein Mittel an, um (dem Wesen nach) die Zahl der Fleißigen zu vermehren, ohne für mehr Leute Unterhalt schaffen zu müssen: Aus den klar liegendsten Gründen wird hierdurch eine natürliche und nützliche Vermehrung der Bevölkerung durchaus nicht gehemmt« (S. 174). Ebenso wie Ricardo einige Jahrzehnte später ist er der Ansicht, daß die »Einführung von Maschinen ... wohl nur dann Schaden anrichten (kann), dadurch, daß sie Leute brotlos macht, wenn sie plötzlich geschieht ...« (S. 171). Es ist dann die Pflicht des Staatsmannes zu verhindern, »daß die Umwälzung die Interessen der verschiedenen Klassen schädigt, deren Wohlfahrt ihm im besonderen anvertraut ist« (S. 171). Am Vorabend der industriellen Revolution stand diese Auffassung von den Pflichten des Staatsmannes im völligen Gegensatz zur praktizierten Wirtschaftspolitik und auch zu den Interessen des Bürgertums.

Der Neomerkantilismus: List

Als wichtigster Vertreter des Neomerkantilismus gilt *Friedrich List* (1789 bis 1846), der – wie alle Merkantilisten vor ihm – versuchte, die wirtschaftspolitischen Erfahrungen der Nationen und ihre Praxis mit einer Theorie des wirtschaftlichen und gesellschaftlichen Wandels zu verbinden. List war zuerst Beamter, Professor und Landtagsabgeordneter. In den Vereinigten Staaten von Amerika schrieb er 1827 die *Outlines of American Political Society.* 1832 kehrte er als amerikanischer Konsul nach Deutschland zurück. Kurz darauf begann seine Agitation für den deutschen Zollverein und für ein nationales Eisenbahnsystem. Sein wichtigstes Werk mit dem Titel *Das nationale System der Politischen Ökonomie* erschien 1841.

Ebenso wie Ortiz nahezu 300 Jahre zuvor die Erniedrigung Spaniens durch die europäischen Handelsnationen beklagte, kritisierte List die ökonomische Abhängigkeit Deutschlands von England. England ist das kulturelle, politische und ökonomische Ideal, dem es nachzustreben gilt. »Die Manufakturen und Fabriken sind die Mütter und die Kinder der bürgerlichen Freiheit, der Aufklärung, der Künste und Wissenschaften, des innern und äußern Handels, der Schiffahrt und der Transportverbesserungen, der Zivilisation und der politischen Macht. Sie sind ein Hauptmittel, den Ackerbau von seinen Fesseln zu befreien und ihn zu einem Gewerbe, zu einer Kunst, zu einer Wissenschaft zu erheben, die Landrente, die landwirtschaftlichen Profite und Arbeitslöhne zu vermehren und dem Grund und Boden Wert zu geben« (1930, S. 180). Bei völliger Handelsfreiheit bestünde die Gefahr, daß England das industrielle Zentrum der Welt und alle anderen Länder das unentwickelte Land bilden würden. Handelsfreiheit – und damit auch die Theorie von Smith – diene dem englischen Hegemonialstreben. Die Beziehungen anderer Staaten zu England würden durch den Stand ihrer Entwicklung und ihrer Entwicklungsmöglichkeiten bestimmt. Nationen der heißen Zonen – und darunter versteht List nicht nur die tropischen Zonen, sondern auch Spanien und Portugal –, die niemals die Chance besitzen, ein nationales Gewerbe zu entwickeln, sollen den Freihandel pflegen. Andere Nationen der gemäßigten Zonen sollen durch ein protektionistisches Zollsystem die Entwicklung ihrer Manufakturen schützen, bis sie reif für den Wettbewerb sind. Durch den Protektionismus gehe zwar Reichtum verloren, aber die Nation gewinne, weil sie die Kraft entwickele, Reichtum zu erwerben. »Die Prosperität einer Nation ist nicht, wie Say glaubt, um so größer je mehr sie *Reichtümer, d. h. Tauschwerte aufgehäuft*, sondern je mehr sie *ihre produktiven Kräfte entwickelt hat*« (S. 182). Protektionismus ist das Mittel zur Bildung der produktiven Kräfte, Freiheit ist das Ziel.

Die Merkantilisten kritisiert List, weil sie Mittel und Zweck verwechselt hätten. Die klassische Politische Ökonomie leide »an drei Hauptgebrechen: erstens an bodenlosem *Kosmopolitismus*, welcher weder die Natur der Nationalität anerkennt, noch auf die Befriedigung ihrer Interessen Bedacht nimmt; zweitens an einem toten *Materialismus*, der überall hauptsächlich den Tauschwert der Dinge ins Auge faßt ohne die geistigen und politischen, die gegenwärtigen und zukünftigen Interessen und die produktiven Kräfte der Nation zu berücksichtigen; drittens an desorganisierendem *Partikularismus* und *Individualismus*, welcher die Natur der gesellschaftlichen Arbeit und die Wirkung der Kräftevereinigung in ihren höheren Konsequenzen verkennend, im Grunde nur die Privatindustrie darstellt ...« (S. 209). Zwischen Individuum und Menschheit steht die Nation mit ihren kulturellen, politischen und ökonomischen Besonderheiten. »Wie das Individuum hauptsächlich durch die Nation und in der Nation geistige Bildung, produktive Kraft, Sicherheit und Wohlstand erlangen kann, so ist die Zivilisation des menschlichen Geschlechts nur gedenkbar und möglich vermittelst der Zivilisation und Ausbildung der Nationen« (S. 209 f.).

Die Wirtschaftswissenschaften zerfallen nach List in zwei Disziplinen: in die kosmopolitische Theorie der Tauschwerte und in die Politische Ökonomie, die eine Theorie der produktiven Kräfte ist. Beide Bestandteile der Wirtschaftswissenschaften sind wesentlich voneinander verschieden und müssen selbständig entwickelt werden. List strebt nicht nach einer Synthese zwischen der klassischen Politischen Ökonomie und der Politischen Ökonomie der produktiven Kräfte. Sein Sinn für die Wirklichkeit und auch die Rationalität seiner Theorie wird in der Kritik der Arbeitsteilung deutlich. »Das *Prinzip der Teilung der Arbeit* ist bisher unvollständig aufgefaßt worden. Die Produktivität liegt nicht allein in der Teilung verschiedener Geschäftsoperationen unter mehreren Individuen, sie liegt mehr noch in der *geistigen und körperlichen Vereinigung dieser Individuen zu einem gemeinschaftlichen Zweck*« (S. 51). Die Vereinigung der Individuen erscheint hier als Voraussetzung zur Bildung des geistigen Nationalkapitals, dessen Entwicklung die Vermehrung des materiellen Nationalkapitals bewirkt. Dies war jedoch das Ziel aller Merkantilisten. List aber gebührt das Verdienst, die innere Rationalität des Merkantilismus präziser als alle vor ihm formuliert zu haben.

2. Die Physiokraten (von Helmut Reichelt)

Die Physiokraten bilden die erste Gruppe oder Schule, die in der Politischen Ökonomie eine geschlossene Lehrmeinung vertritt. Der Terminus leitet sich her von Physiokratie (Herrschaft der Natur), der zum ersten Male 1767 von Dupont als Titel seiner Schrift *Physiocratie ou Constitution essentielle du gouvernement le plus avantageux au genre humain* verwandt wurde. Diese Benennung fand jedoch keinen Anklang und wurde durch den Namen *économistes* ersetzt. Erst als dieser Name allgemeine Bedeutung erhalten hatte und daher zur Bezeichnung einer bestimmten Richtung ungeeignet wurde, kam man auf die Bezeichnung Physiokraten zurück.

Quesnay und seine Schüler

Begründer der physiokratischen Schule und damit auch der Ökonomie als eigenständiger Wissenschaft war *François Quesnay* (1694–1774). Er war der Sohn französischer Kleinbauern, der sich zuerst der Chirurgie und Medizin widmete und eine beträchtliche Anzahl von medizinischen Schriften verfaßte (am meisten erwähnt wird die 1736 veröffentlichte Abhandlung *Essai physique sur l'économie animale*). Als Leibarzt des Königs Ludwig XV. und der Marquise de Pompadour nutzt er die Muße, um – angeregt durch die *philosophes* um die Enzyklopädie, Diderot, Helvétius, Condillac – philosophische und erkenntnistheoretische Probleme zu studieren. Schließlich wandte er sich ökonomischen Fragen zu und verfaßte vier Beiträge für die Enzyklopädie (die ersten beiden veröffentlicht, die anderen zurückgezogen): *Pächter, Getreide, Steuern, Bevölkerung* (1756 bis 1757), das berühmte *Tableau économique* (1760) und die *Maximes générales du gouvernement économique d'un royaume agricole* (1760).
Die bekanntesten Schüler von Quesnay sind: der *Marquis Mirabeau*; er verfaßte unter Anleitung von Quesnay unter dem Titel *Théorie de l'Impôt* (1760) Darlegungen der im *Tableau* entworfenen Prinzipien der Besteuerung, ein Buch, das ihm fünf Tage Kerker einbrachte und zwei Monate Verbannung auf seinen Landsitz; im Jahre 1763 erscheint die *Philosophie rurale*, ebenfalls in engster Gemeinschaft mit Quesnay verfaßt. *Mercier de la Rivière* veröffentlichte 1767

L'ordre naturel et essentiel des sociétés politiques, eine Zusammenfassung der Grundsätze der physiokratischen Anschauungen. *Dupont de Nemours* war ebenfalls hauptsächlich mit der Verbreitung der physiokratischen Lehren befaßt. Er überlebte die ganze physiokratische Schule und spielte in der Revolution eine exponierte Rolle. Er war Abgeordneter des »Tiers-État«, Vorsitzender der Constituante und später, unter dem Directoire, Vorsitzender des Conseil des Anciens. *Le Trosne*, Staatsanwalt in Orléans, veröffentlichte 1777 *De l'intérêt social, par rapport à la valeur, à la circulation, à l'industrie et au commerce. A. R. J. Turgot*, etwas außerhalb des engen Kreises der Physiokraten stehend, hat sich gleichermaßen als Gelehrter und Staatsmann ausgezeichnet. Unter dem Einfluß des Spätmerkantilisten *Gournay* schrieb er über ökonomische Probleme, bevor er sich den Physiokraten zuwandte. Sein bedeutendstes Werk *Réflexions sur la formation et la distribution des richesses* erschien 1766. Als Intendant von Limoges und als Minister der Finanzen unter Ludwig XVI. realisierte er seine Ideen in den Erlassen über die Aufhebung der Getreidezölle zwischen den Provinzen und durch die Beseitigung der *jurandes*, der Handwerkszünfte.

Die Physiokratie war eine Reformbewegung, die sich gegen die verheerenden Zustände richtete, die in Frankreich herrschten. Nach dem Jahrhundert planvoller Wirtschaftsförderung, angefangen von Heinrich IV. und seinem Wirtschaftsminister Sully bis zu Colbert, hatten die zahlreichen Kriege Ludwigs XIV. und Ludwigs XV. vor allem die Landwirtschaft, auf der die Hauptlast der Steuern und Abgaben ruhte, geradezu ruiniert. Hinzu kam die Politik des billigen Getreidepreises, die zugunsten der Manufakturisten (da die Höhe des Getreide- und Brotpreises die gewerblichen Löhne unmittelbar bestimmte), aber zu Lasten der Landwirte ging. So führte schon *Boisguillebert* (1619–1714) lebhafte Klage über die Folgen der verfehlten Agrarpolitik. Dringend empfahl er schon damals, die drückende *taille* und die zahlreichen Einfuhr- und Durchfahrtszölle abzuschaffen und die Getreideausfuhr freizugeben, um den Binnenpreis des Getreides zu heben. Besonders in der zweiten Hälfte des 18. Jahrhunderts kam in Frankreich zu den bestehenden Plackereien das Streben der aristokratischen Grundherren hinzu, durch Steigerung der Pachtzinsen und der noch immer bestehenden grundherrlichen Abgaben sich höhere Einkünfte zu verschaffen. So nimmt es nicht wunder, daß die Bauern, wenn irgend möglich, vom flachen Lande abwanderten. Als Ergebnis dessen war nach Schätzungen Quesnays um die Mitte des Jahrhunderts etwa ein Viertel der nutzbaren Fläche verödet. Das flache Land mit seiner ungelösten Bauernfrage lieferte dann einen Teil des sozialen Sprengstoffs, der sich in der Revolution entlud.

Die Physiokraten untersuchten diese Zustände dort, wo die Substanz der Nation und die Geldmittel für den Regierungsapparat produziert wurden – in der *Landwirtschaft* –, und dort, wo sich der Staat dieser Mittel bemächtigte – im *Steuerwesen*. Den Physiokraten kommt das Verdienst zu, den wissenschaftlichen Blick auf die landwirtschaftliche Produktion gelenkt zu haben, wo allein, nach ihrer Lehre, ein Überschuß erzielt wird, der dem steuerlichen Zugriff offensteht, ohne die Grundlagen der jährlichen Wiedererzeugung des gesellschaftlichen Reichtums anzugreifen. Ihre Reformvorschläge sollten die angeschlagene absolutistische Monarchie stabilisieren. Höhepunkt der physiokratischen Bewegung war das Jahrzehnt von 1760–1770. Danach verlor sie rasch an Bedeutung. Zwar baute die Französische Revolution zu Anfang noch auf dem Quesnayschen Konzept des Nettoprodukts auf (das 1790 von der Konstituierenden Versammlung erlassene Steuergesetz ging ausdrücklich vom Nettoprodukt aus, und die Notablenversammlung wollte zuvor [1787] die Wahlberechtigung von einer Eigentumsklausel abhängig machen, welche Revenuen in Höhe von 600 Livres, aus Grundeigentum, voraussetzte; Zahl und Argumentation entstammten dem von Turgot verfaßten *Mémoire sur les Municipalités*). Doch dies waren Überreste der Physiokratie, die rasch verdrängt wurde vom Werk von Adam Smith, der, im Gegensatz zu den Physiokraten, die Produktivität der industriellen Arbeit in den Mittelpunkt stellte.

Die Physiokraten rechneten ihre Wissenschaft zu den physikalischen Wissenschaften. So schreibt Dupont, auf den Sturm eingehend, welchen die Bezeichnung der Handel- und Gewerbetreibenden als »sterile Klasse« ausgelöst hatte: »... in den physikalischen Wissenschaften müssen alle Ausdrücke rigoros exakt sein ... man könnte keinen anderen (als den Ausdruck sterile Klasse) verwenden, um die Klasse der lediglich Besoldeten zu bezeichnen« (Dupont, zit. nach der Übersetzung von M. Kuczynski, in: Quesnay, 1871, 1. Halbbd., S. XII). Sie sind überzeugt, daß ihre Wissenschaft nicht nur die Tatsachen der »natürlichen Ordnung« wiedergibt, die sie als von Gott selbst dem Weltganzen gegebene »physische Verfassung« verstehen und deren »natürliche Gesetze« sie in ihrer Lehre freilegen. Quesnay, der sich schon in seiner Studie über »animalische Ökonomie« am animalischen Blutkreislauf (der 1628 vom englischen Arzt Harvey entdeckt worden ist) orientierte, erhebt mit dem ökonomischen *Tableau* den Anspruch, diese physikalischen Gesetze darzulegen, wie sie sich durchsetzen, wenn sie von keiner »positiven Ordnung« gestört werden. Aufgabe des Monarchen kann es demzufolge nur sein, die positive Ordnung mit der natürlichen in Übereinstimmung zu bringen. »Es gibt einen natürlichen Richter letzter Instanz für alle Anordnungen, selbst für die des Herrschers, und dieser Richter ist die Tatsache (die Evidenz) ihrer Übereinstimmung mit oder ihrer Gegensätzlichkeit zu den natürlichen Gesetzen« (Dupont, zit. nach Gide und Rist, 1921, S. 10).

Die Theorie der drei Klassen

Im *Tableau* gliedert sich die Gesellschaft in drei Klassen. Die *produktive Klasse* ist diejenige, »welche durch die Kultur des Gebietes die Reichtümer der Nation jährlich wieder entstehen läßt, welche die Kosten der landwirtschaftlichen Arbeiten vorschießt und jährlich die Einkünfte der Grundeigentümer bezahlt«. Zu dieser *Klasse der Grundeigentümer*, der zweiten Klasse, gehören »der Herrschende, die Besitzer der Ländereien und die Zehntherren. Diese Klasse lebt von dem Einkommen oder *Reinertrag* der Bodenkultur, der ihr jährlich von der produktiven Klasse bezahlt wird«. Schließlich die *sterile Klasse*, die Bürger, »die andere Dienste und Arbeiten als die zur Landwirtschaft gehörenden leisten und deren Ausgaben von der produktiven Klasse und der Klasse der Grundeigentümer bezahlt werden« (1921, S. 23).

Die Wirtschaftsbeziehungen zwischen diesen Klassen, die Verteilung und Zirkulation des Reichtums werden von Quesnay im *Tableau* – »ein höchst genialer

Einfall, unstreitig der genialste, dessen sich die politische Ökonomie bisher schuldig gemacht hat«, wie Marx in den Theorien über den Mehrwert schreibt (1956, Teil 1, S. 307) – in einer von dem Autor zwar mehrfach verbesserten, aber dennoch umständlichen und schwer durchschaubaren Zickzackordnung graphisch dargestellt (sehr anschaulich bei Shigeto Tsuru, in: Sweezy, 1959, S. 282 f.), wobei Quesnay mit Zahlen operiert, die sich auf die realen Verhältnisse beziehen. Von der produktiven Klasse werden insgesamt Produkte im Wert von 5 Milliarden Livres erzeugt. Produkte im Wert von 2 Milliarden (Rohstoffe und Nahrungsmittel) bleiben im Besitz der produktiven Klasse, Produkte im Wert von 3 Milliarden (für 2 Milliarden Nahrungsmittel und für 1 Milliarde Rohstoffe) gehen in die Zirkulation ein. Zirkuliert werden die Produkte von einer Geldsumme von 2 Milliarden, die zuvor als Abgaben an die Eigentümer entrichtet wurden. Diese kaufen mit einer Milliarde Nahrungsmittel von der produktiven Klasse und für eine Milliarde gewerbliche Erzeugnisse der sterilen Klasse. Eine Milliarde ist also wieder im Besitz der produktiven Klasse, die im nächsten Kreislauf wieder als Abgabe eingesetzt wird. Die andere Milliarde in den Händen der sterilen Klasse dient dazu, bei der produktiven Klasse Nahrungsmittel zu erwerben. Mit Hilfe dieser Summe von einer Milliarde erstehen die Mitglieder der produktiven Klasse Manufakturwaren bei den Sterilen, die ihrerseits wieder mit dieser Geldsumme Rohstoffe bei den Produktiven kaufen. Die zweite Milliarde ist nun ebenfalls wieder in den Händen der produktiven Klasse und dient im nächsten Zyklus als Abgabe.

An diesem stationären Kreislaufmodell wird deutlich, warum die Bezeichnungen produktiv und steril gebraucht werden. Produktiv ist nur die Landwirtschaft, dort entsteht ein Mehrprodukt, denn nur dort übersteigen die erzeugten Produkte die verbrauchten; im Gegensatz zur sterilen Klasse, deren Tätigkeit sich nur auf »Veränderung, Mischung oder Zusammenfügung der Rohstoffe« beschränkt bzw. die Produkte transportiert. Deren Arbeit verändert also nur die bereits gegebenen Naturstoffe und stellt damit den eigenen Lebensunterhalt sicher, aber sie bringt kein Mehrprodukt hervor. Dieses ist vielmehr ein Geschenk der Natur, *don de la nature*, das ausschließlich in der Landwirtschaft entsteht. Im Bergbau beispielsweise gibt es kein *produit net*, wie Turgot hervorhebt: »Ein Feld erzeugt Frucht Jahr für Jahr ... Für eine Erzgrube gilt nicht dasselbe; sie erzeugt keine Früchte, sondern ist selbst die zu pflückende Frucht.«

Daß dieser Vorstellung Ansätze einer Mehrwerttheorie entgegenstehen, zeigt sich bei genauerer Durchsicht der physiokratischen Schriften. Bei Turgot sehr deutlich im § 7 seiner *Betrachtungen*: »Der Landmann ist der einzige, dessen Arbeit noch über den Arbeitslohn hinaus einen Ertrag abwirft. Er ist also die alleinige Quelle allen Reichtums« (1914, S. 43). Aber auch bei Quesnay finden sich Andeutungen, und zwar in einem für die Enzyklopädie bestimmten, aber nicht mehr veröffentlichten Artikel: »Nun entstehen aber die Reichtümer, aufs neue und in einem fort, nur durch die Arbeit der Menschen ...« (S. 315) In den von Dupont im Jahre 1767 in *Physiocratie* redigierten *Maximes générales* heißt es als Zusatz zu der Feststellung, daß der Boden die alleinige Quelle der Reichtümer sei: »... es ist der Ackerbau, der sie vervielfältigt« (Quesnay, 1921, S. 55).

Entsprechend zweideutig ist die Beurteilung der Grundeigentümer und ihrer Funktion im Wirtschaftskreislauf. Das »Geschenk der Natur« gehört selbstverständlich den Eigentümern, also Adel und Kirche. Als sich aber die Physiokraten veranlaßt sahen, das Grundeigentum ökonomisch zu legitimieren, gerieten sie in offene Widersprüche. Sie verweisen auf die Urbarmachung des Bodens, auf die grundlegenden Vorschüsse (*avances foncières*), die überhaupt erst die produktive Arbeit ermöglichen und die von den Eigentümern stammen. Wenn aber das Einkommen des Eigentümers nur ein Entgelt für seine Vorausgaben, seine Kosten darstellt, dann ist es kein Geschenk der Natur, sondern ihr Einkommen ist dann Einkommen wie das des Pächters, und sie beziehen es nur als Kapitalisten und nicht als Vertreter Gottes. Und wenn trotzdem neben diesem Entgelt ein Reinertrag übrigbleibt, wie wird dann dessen Aneignung gerechtfertigt? Auch die soziale Nützlichkeit führt nicht weiter. »Ohne die Sicherheit des Bodens würde das Land veröden«, heißt es in der 6. Maxime bei Quesnay. Sagten die Physiokraten vorher, daß der Boden Eigentum sein muß, weil er urbar gemacht worden ist, so muß er jetzt Eigentum sein, weil er sonst nicht urbar gemacht würde.

Zwar ist es richtig, wenn die dogmengeschichtliche Betrachtung den von Quesnay im *Tableau* dargestellten Kreislauf als stationäre Wirtschaft begreift. Der Vergleich der verschiedenen Fassungen des *Tableau* und mit den für die Enzyklopädie verfaßten Abhandlungen ergibt ein anderes Bild: Die Lehre der Physiokraten als Vermittlung zwischen *ordre positif* und *ordre naturel* unterstellt einen schrittweisen Fortschritt zu höherem verfügbarem Reichtum, der auf immer günstigere Akkumulationsbedingungen zurückzuführen ist, die wiederum durch Maßnahmen der Regierung bewirkt werden. Ein Vergleich der jeweils zugrunde gelegten Zahlen zeigt deutlich, daß Quesnay erweiterte Reproduktion anstrebt, und zwar in außerordentlich dynamischem Ausmaß und Tempo (vgl. die Darstellung von M. Kuczynski, S. LXIX ff.). Doch wie wird dieser Akkumulationsprozeß in Gang gesetzt?

Prinzipien der Besteuerung

Obwohl die Physiokraten keineswegs an revolutionäre Änderungen dachten und sich mit Reformvorschlägen für die Sanierung der Monarchie zufriedengaben, waren sie dem Adel nicht sonderlich freundlich gesinnt. In dem Maße, in dem Quesnay die Eigentümer unter funktionalen Aspekten betrachtet, geißelt er immer deutlicher dessen parasitäre Existenz. In den beiden zuletzt verfaßten, nicht mehr veröffentlichten Artikeln für die Enzyklopädie macht er keinen Hehl aus seiner wirklichen Meinung. Er verlangt, daß der Grundeigentümer nützlich sein muß, indem er konsumiert und auf diese Weise zumindest dazu beiträgt, die Aufrechterhaltung des Kreislaufs zu gewährleisten. Geld ist nur und soll nur Zirkulationsmittel sein, er dringt darauf, daß die Macht des Gesetzes, bis zur Enteignung gehend, einschreite gegen Empfänger des Nettoprodukts, die, »allem Recht und guten Glauben zuwider«, »die Reichtümer des Vaterlandes« (S. 166) horten. So in der nicht veröffentlichten Abhandlung über *Steuern*.

In der ebenfalls nicht publizierten Arbeit *Bevölkerung* geht er noch weiter. Hier spricht er all jenen, die nicht arbeiten, letztlich ihre Nützlichkeit für den Staat ab: »Ein jeder, der Anteil hat an den Reichtümern des Landes und der zu ihrer Beschaffung in keiner Weise beiträgt, ist für den Staat ohne Nutzen ... Denn wenn er an die Masse der Reichtümer nicht den Wert zurückerstattet, den er ihr entnommen hat, muß diese notwendig abnehmen ... Sein Verbrauch ist also reiner Verlust, denn er fehlt in seiner (des Staates) Reproduktion ... Folglich stünde man sich genausogut, wenn dieser nutzlose Mensch selber nicht vorhanden wäre ...« (S. 315 f.).

Im *Tableau* hingegen, für die Veröffentlichung bestimmt, gibt er sich damit zufrieden, wenn der Grundeigentümer die Revenuen verausgabt und wenn er, falls die Revenuen größer sind, als er für »seine Person zu verbrauchen imstande wäre«, Menschen um sich versammelt und mit ihnen verpraßt, was er an Revenuen zur Verfügung hat (S. 410). Quesnays Vorbild ist das englische Pachtwesen und ein tatkräftiges Unternehmertum auf dem Lande, das sich einer revolutionierten Agrartechnik bedient. Die Zukunft gehört deshalb nicht dem kleinen Bauern, der »mit Ochsen oder Kühen« ackert, sondern der »Großkultur reicher Pächter«, die mit Pferdegespannen die Felder bewirtschaften und möglichst noch Ländereien zu größeren Einheiten zusammenlegen, um profitabel zu produzieren. »Denn es entstehen weniger Ausgaben für die Instandhaltung und Reparatur von Gebäuden und dementsprechend viel weniger Kosten und viel mehr Nettoprodukt in den großen landwirtschaftlichen Unternehmungen« (S. 433 f.). Die Landwirtschaft soll also möglichst kostengünstig produzieren, und schon in seinem ersten Artikel *Pächter* dringt er darauf, daß die Kostenrechnung, die allein den Einblick sichert, ob rentabel gewirtschaftet wird, an die Stelle der noch weit verbreiteten Naturalwirtschaft tritt, die ja nicht in vergleichbaren Werten Aufwand und Resultat gegenüberstellt. Der Artikel ist darum auch als eine Art einfacher, geduldiger Übung gedacht, die diese Kostenrechnung lehren soll.

Quesnay sieht sehr genau, daß zu profitabler Produktion Reichtum angesammelt sein muß, der Pächter kann seine Unternehmung nur beginnen, wenn er *im voraus* mit allen möglichen Dingen ausgerüstet ist, die für die Produktion benötigt werden. Seine Beobachtungen resultieren in Ergebnissen, die ihn zum »Ahnherrn praktisch aller Kapitaltheorien« (Schumpeter) werden lassen. Er unterteilt in *avances foncières*, die Anfangsausgaben für die Urbarmachung, Drainage, Einzäunung, Gebäude usw., die nicht oder nur langfristig wiederkehren, in *avances primitives*, Ausgaben für die Ausrüstung einschließlich des Viehbestandes und der Pferde, und in *avances annuelles*, die laufenden Ausgaben für Saatgut, Arbeitslohn und ähnliches. Diese Produktionsvoraussetzungen dürften auf keinen Fall angegriffen werden, wie dies immer noch beklagenswerte Regel sei. Das von den Steuerpächtern betriebene System der Besteuerung, verheerend wie »ein Hagelschlag«, müsse sofort geändert werden. Quesnay verlangt zuerst nur dessen Reform: Bändigung der Willkür, die Veranlagung der *taille* zu einem festen Satz, schonende Behandlung der kleinen Dorfhandwerker und -händler, die ohnehin nicht viel einbringen. Das Recht des Herrschers auf Steuern wird anerkannt, aber nicht die Art und Weise, in der dieses Recht realisiert wird. Indem er die Verwendung der Steuern ausdrücklich auf »Ausgaben der Regierung« (vgl. Untertitel der Abhandlung über Steuern, S. 162) beschränkt, stellt Quesnay von vornherein den vorherrschenden Erhebungsapparat in Frage, dessen sich das Regime bedient – die an der Steuermasse zehrende Steuerpacht.

Mit der Entwicklung seiner Kapitaltheorie, der Notwendigkeit gesicherter *avances*, und seiner Lehre vom *produit net* präzisiert er seine Vorstellungen. Die

»produktiven Reichtümer« der Pächter müssen vor dem steuerlichen Zugriff geschützt werden, die Besteuerung soll ausschließlich einen festgelegten Teil des den drei Eigentümern gemeinsam zustehenden Nettoprodukts umfassen: Er fordert die dem Grundeigentümer, und nur ihm, aufzuerlegende »alleinige Steuer« (*impôt unique*). Daß dadurch das Grundeigentum, im Gegensatz zum industriellen, partiell enteignet wird, sieht Quesnay und versucht die zu erwartenden Proteste der Grundeigentümer vorab zu entkräften (vgl. Zusatz zum Art. 23 der »königlichen Haushaltsregeln des Herrn von Sully«, S. 441 f.).

Unbehelligt bleiben hingegen die Mitglieder der sterilen Klasse. Die »Herstellung der Handwerks- und der Industriewaren für den Gebrauch der Nation sind nur ein kostspieliges Objekt und keine Einkommensquelle« (Anmerkung zu Grundsatz VIII, in: Quesnay, 1921, S. 74).

Sein nachdrückliches Eintreten für freien Handel im Inneren wie nach außen ist darum auch vordringlich aus der Sicht der gegängelten Landwirtschaft formuliert. Der nationale Markt gewährleiste eine allgemein ausgeglichene Versorgung von Provinz zu Provinz und trage zur Änderung ungünstiger Absatz- und Produktionsbedingungen dadurch bei, daß auch auf nationaler Ebene die Bodenprodukte den Orten mit der stärksten Nachfrage zufließen und ihr Wert auf dem günstigsten Markt realisiert werden könne.

Auch im frei betriebenen Außenhandel und der damit verbundenen Möglichkeit, einen höheren Preis für Getreide zu erzielen, da dieser höher liege und immer stabiler sei als der Preis in Frankreich, sieht Quesnay einen Hebel für die Herstellung der agrikolen Rentabilität und mithin für die das Nettoprodukt verbessernde und sichernde Anhebung des heimischen Getreidepreises, die keine Verschlechterung des Reallohnes mit sich bringe. Der unbehinderte internationale Güterfluß könnte die beste Garantie sein gegen Jahre der Mißernte und des Hungers, da die in den einzelnen Ländern unterschiedlich gut gediehenen Ernten mittels des ungestörten Spiels von Angebot und Nachfrage die besten Märkte suchen könnten. Sein Eintreten für die freie Konkurrenz – der Usprung des berühmten Ausspruchs *Laissez faire, laissez aller* ist sehr unsicher, mehrere Physiokraten sprechen ihn Gournay zu, Turgot hingegen einem Kaufmann der Zeit Colberts – war also keineswegs prinzipiell, sondern sehr pragmatisch. Denn ausländische Konkurrenz war zu dieser Zeit nicht zu befürchten. »Zugegeben«, sagt er in der Enzyklopädie im Artikel *Getreide*, »daß die Fruchtbarkeit der amerikanischen Kolonien und das Wachstum der Landwirtschaft in jener Neuen Welt Anlaß zur Unruhe geben könnten« (S. 123), aber er geht rasch über diese Befürchtungen hinweg, indem er auf die gute Qualität des französischen Getreides hinweist und darauf, daß das amerikanische Getreide verdirbt, wenn es aus den Kolonien über die Meere kommt.

Zur politischen Theorie der Physiokraten

Da es der »physiokratischen Schule« um die praktische Reform der französischen Verhältnisse ging, mußte sie sich auch mit der Frage nach den politischen Institutionen befassen. Überzeugt, daß die von ihnen »entdeckten« natürlichen Gesetze der Wirtschaft so evident seien, daß es nur noch darauf ankomme, sie zu öffentlicher Anerkennung zu bringen, traten sie zwar für vollständige Publikationsfreiheit ein; für die dringend notwendige Beseitigung aller traditionellen Hemmnisse, die bislang die freie Auswirkung der natürlichen Gesetze des Wirtschaftslebens beeinträchtigen, bedurfte es jedoch nach ihrer Überzeugung einer »despotischen Gewalt«. Ähnlich wie *Voltaire* und *La Mettrie* (1709–1751) rechtfertigen auch die Physiokraten den Absolutismus. Allerdings ist ihr »aufgeklärter Monarch« nicht wie bei La Mettrie Philosoph, sondern Ökonom. Dieser »despotisme légal«, den *Holbach* und *Rousseau* als »in sich widersprüchlich« abgelehnt haben, unterstellt sowohl die *Aufklärbarkeit* des Monarchen als auch die Übereinstimmung seiner (aufgeklärten) *Interessen* als Eigentümer des Landes (*propriété éminente*) mit den Prinzipien der Physiokratie. Wenn nämlich die Staatseinnahmen ausschließlich aus der Besteuerung der Grundeigentümer kommen, dann muß der Monarch daran interessiert sein, daß jene prosperieren. Er wird sie daher auch nicht höher besteuern, als es mit der dauernden Blüte der Landwirtschaft vereinbar ist, weil er sonst sich und seinen Nachfolgern die Einkommensquelle verstopfen würde. Der »despotisme légal« wird sich daher in der Praxis radikal von der Willkürherrschaft jener Monarchen unterscheiden, die – durch ihre Unkenntnis der Gesetze des Wirtschaftslebens verführt – Frankreich ins Elend geführt haben.

Immerhin halten es *Mercier de la Rivière* und *Dupont de Nemours* für nötig, daß eine Behörde (die Parlamente) dafür sorgt, daß die vom König verabschiedeten Gesetze mit den »natürlichen Gesetzen« konform sind. Diese Körperschaft wird den Souverän aufklären, wenn er aus Irrtum ein falsches Gesetz verabschieden möchte. Sie wird dem König »Vorstellungen« (*rémontrances*) machen und kann sich weigern, das vorgesehene Gesetz zu registrieren. Zwar wird der König durch ein *Lit de justice* das Gesetz dennoch durchsetzen können, aber Mercier geht davon aus, daß er in der Regel, dankbar für die ihm vermittelte Erleuchtung, sich der Meinung der kritisierenden Körperschaft anschließen wird. Diese Körperschaft freilich müßte – im Sinne der Physiokraten – eigentlich nicht aus Juristen, sondern aus Ökonomen bestehen.

Die Physiokraten haben sich auch in die politische Auseinandersetzung ihrer Zeit eingeschaltet und sowohl *Lockes* und *Montesquieus* Gewaltenteilungslehre als auch die Ideen der Volkssouveränität, wie sie *Rousseau* entwickelt hatte, energisch zurückgewiesen. *Quesnay* bezeichnet die Gewaltenteilung als eine »verhängnisvolle Meinung, die zum Streit unter den Großen und zum Leid der Kleinen« führen müsse. *Mercier* hält ein Zusammenwirken unterschiedlicher, ja gegensätzlicher Gewalten für unwahrscheinlich und sieht die völlige Immobilisierung der Regierungstätigkeit voraus. Offensichtlich ist es das Interesse an reformerischer Effektivität, das zu dieser Kritik der Physiokraten am Prinzip der Gewaltenteilung geführt hat, das sie offenbar schon ähnlich mißverstanden wie manche späteren Kritiker. Nicht minder entschieden ist die Ablehnung der Volkssouveränität durch Mercier de la Rivière. Er hält es für einen Mißbrauch des Wortes, wenn von der »nation en corps« gesprochen wird, der allein das Recht zur Gesetzgebung zukomme. Damit werde dieser Versammlung ein souveränes Recht zuerkannt, das sich sogar über die göttlichen Gesetze (darunter die von den Physiokraten erkannten der »natürlichen Ordnung« des Wirtschaftslebens) hinwegsetzen könne. Im übrigen dürfe man nicht annehmen, daß es in einer Nation wirklich Einigkeit über die Gesetze geben werde. Die mächtigere Mehrheit werde stets die schwächere Minderheit unterdrücken. Endlich werde auf diese Weise die Exekutive ungemein geschwächt. Auch bei dieser Kritik wird deutlich, wie sehr die Physiokraten auf die rationale Evidenz ihrer Thesen und deren effektive Übernahme durch einen mächtigen, absoluten Herrscher setzen.

An der Spitze des physiokratischen Staates sollte ein ökonomisch aufgeklärter, absoluter Monarch stehen. Aber wer sind die eigentlichen Staatsangehörigen? Auch hier ist die Antwort höchst eindeutig: ausschließlich die Grundeigentümer und Pächter (*fermiers*). Nur sie sind mit dem Boden fest verbunden, aus dem das Territorium des Staates besteht, nur sie tragen (durch ihre bloße Existenz die Eigentümer, durch ihre Arbeit bzw. ihre Investitionen die Pächter) zur Prosperität des Gemeinwesens bei. Auch wenn damit faktisch der größte Teil des grundbesitzenden Adels privilegiert erschien, bedeutete die physiokratische Theorie praktisch deren Verbürgerlichung. Nicht die ererbte Standeszugehörigkeit, sondern allein der Grundbesitz und das von ihnen eingenommene *produit net* gaben Adligen Rechte im Staat. »Die erste Grundlage ihrer Würde ist ihr Reichtum, der arme Adel macht eine schlechte Figur« (zit. nach: Weulersee, 1931, S. 172 ff.). Bürgerliche Grundbesitzer haben nach der Logik der Argumentation gegenüber den adligen keine Nachteile mehr, zumal die Steuerprivilegien des Adels (wie der Kirche) natürlich weggefallen sind. Handwerker und generell alle Arbeiter können nicht als Staatsbürger angesehen werden, da sie jederzeit das Land verlassen und anderswo Arbeit suchen können. Die Freiheit der Emigration (die Auswanderungsrate betrug damals jährlich ungefähr 10 000 Personen) gehört zu den selbstverständlichen ökonomischen Freiheiten und ist für das Land ebenso nützlich wie der zollfreie Import und Export. Ebensowenig können Bankiers und Industrielle als Staatsbürger gelten, da auch sie sich nur wenig an ihr Land gebunden fühlen und ihr Geld dorthin gehen lassen, wo es jeweils den höchsten Ertrag bringt. Besonders beunruhigt scheinen einige Physiokraten durch die steigende Macht der industriellen Unternehmer (Manufakturisten) zu sein, deren Einfluß zu einer Beeinträchtigung der agrarfreundlichen Wirtschaftspolitik führen könnte.

In ihrer politischen wie in ihrer ökonomischen Theorie offenbart sich die Widersprüchlichkeit der physiokratischen Position. Einerseits sind die Physiokraten Anwälte der (von ihnen noch gar nicht erkannten) modernen, kapitalistischen Produktionsweise, indem sie für völligen Freihandel und (faktisch) die Abschaffung der Standesschranken eintreten, ja sogar indem sie die Verarbeitungsindustrie steuerlich entlasten wollen (auch wenn es mit irrigen Argumenten geschieht). Andererseits halten sie an der Legitimität der ökonomisch im Grunde überflüssigen Schicht der Großgrundbesitzer fest, die lediglich für administrative Funktionen und als Konsumenten für die Produkte der »sterilen Klasse« noch »nützlich« sind. Ihre Argumente zur Rechtfertigung der privilegierten Klasse (der sie zugleich die Steuerprivilegien rauben wollen) sind aber durch und durch bürgerlich. Einerseits ist das *Tableau Économique* Quesnays statisch, andrerseits rechtfertigt Quesnay nicht nur die existierende, sondern auch eine ständig noch wachsende Ungleichheit der Vermögen: »Das Wachstum des Reichtums der Gesellschaft führt notwendig eine wachsende Ungleichheit der Vermögen mit sich; die natürliche Ungleichheit, die selbst im Zustand der

ursprünglichen Assoziation – aufgrund der unterschiedlichen individuellen Anlagen – schon besteht, wird durch den Erwerb des Grundeigentums und die natürliche und legitime Erbfolge noch vergrößert« (zit. nach: Weulersee, 1931, S. 172 ff.). Rousseau sah das nicht viel anders, aber er folgerte aus dieser »künstlichen« Steigerung der Ungleichheit deren Schädlichkeit für den Zusammenhalt der legitimen Republik und gab daher dem »Gesetzgeber« die Aufgabe, diesen Prozeß der Differenzierung aufzuhalten. In einer Kritik an *Mablys* »Doutes proposés aux philosophes économiques« meinte ein junger Physiokrat: »Keine geordnete Gesellschaft kann ohne Ungleichheit existieren, weil keine geordnete Gesellschaft ohne Kultur möglich ist« (zit. nach: Weulersee, 1931, S. 172 ff.). Das ist ein Argument, das sogar Marx für die älteren Gesellschaften akzeptiert haben würde: Solange die Produktivität der Arbeit nicht groß genug ist, allen genügend Muße zu ermöglichen, um produktiv an der Kultur teilzuhaben, bedeutet Egalitarismus eine Verhinderung kultureller Entfaltung. Auch in diesem Sinne waren die Physiokraten (ohne es zu wissen) Anwälte bürgerlichen Fortschritts.
Während der reformwillige *polnische Adel* sich mit seinen politischen Vorstellungen eher an den Demokraten *Rousseau* und *Mably* orientierte, ließen sie sich in ihrer Wirtschaftspolitik von den Physiokraten beeinflussen. In *Deutschland* bemühte sich *Johann August Schlettwein* (1731–1802) um die Verbreitung physiokratischer Ideen. Herzog *Karl Friedrich von Baden*, der auch mit *Mirabeau d. Ä.* in Briefwechsel stand, führte auf Schlettweins Rat in drei Dörfern – als Experiment – die physiokratische Steuerpolitik ein. Im übrigen scheiterte auch in den deutschen Staaten die Reform am Widerstand der alten herrschenden Stände.

3. Adam Smith (von Helmut Reichelt)

Vita

Adam Smith, 1723 in Schottland geboren, lehrte in Edinburgh und ab 1751 in Glasgow, einer der berühmtesten europäischen Bildungsstätten, zuerst Logik, dann Moralphilosophie, die die vier Fächer der natürlichen Theologie, der Ethik, der Jurisprudenz und der Politik umfaßte. 1759 veröffentlichte er die *Theory of Moral Sentiments*, die ihm schnell große Beachtung sicherte. 1764 gab er die Professur in Glasgow auf und begleitete den Herzog Buccleugh auf einer zweijährigen Auslandsreise, in deren Verlauf er Voltaire kennenlernte und Anschluß an die Physiokraten (insbesondere Turgot) und die Enzyklopädisten fand. 1776 ließ er sich in seinem Geburtsort Kirkcaldy nieder und arbeitete bis 1773 an seinem *Inquiry into the Nature and the Causes of the Wealth of Nations*, der 1776 erschien und ihn rasch berühmt werden ließ. 1778 erhielt er eine hohe Position bei der Zollverwaltung in Edinburgh, wo er 1790 starb.
Einfluß auf sein Denken hatte insbesondere sein Lehrer *Hutcheson*, Professor für Moralphilosophie auf demselben Lehrstuhl, den Smith später einnahm. Die Bedeutung der Arbeitsteilung findet sich bereits in Hutchesons 1755 veröffentlichtem *System of Moral Philosophy*. Die Kritik der merkantilistischen Politik findet sich schon bei *David Hume* (vgl. oben, S. 410 ff.), auf dessen ökonomische

Aufsätze über Geld, Außenhandel und Zinsfuß Smith sich in seinen Vorlesungen stützte. Bedeutsam ist der Einfluß von *Bernard de Mandevilles* (1670–1733) *Fable of the Bees*, die Smith zwar als »ganz und gar bösartig«kritisiert, deren entscheidende Idee, die schöpferische Kraft des individuellen Eigennutzes und die dadurch geförderte allgemeine Wohlfahrt (*private vices, public benefits*), er aber übernimmt und zum Kern seiner Theorie der »unsichtbaren Hand« macht. Kontrovers ist die Beurteilung des Einflusses der Physiokraten auf Smith' *Wealth of Nations*. Seine Vorlesungen in Glasgow behandeln vorwiegend die Frage der Gütererzeugung; die Vorstellung von der Verteilung des Jahreseinkommens zwischen den verschiedenen Klassen scheint auf die Gespräche mit Turgot und seine Bekanntschaft mit Quesnays *Tableau Économique* zurückzugehen.

Interesse und Arbeitsteilung

Während die Physiokraten ihr Vertrauen und ihre Hoffnung in die Beachtung der Gesetze des *ordre naturel* setzten, die sich die »Nation auf dem Wege der Erfahrung und des Nachdenkens« erwerben kann, erschließen sich die Quellen des Reichtums der Nation für Adam Smith ausschließlich durch das entfesselte Handeln der Individuen als nicht beabsichtigte Folgen ihres Tuns. Nur muß ihnen die Möglichkeit gegeben werden, ihren eigenen Interessen zu folgen und überall den eigenen Vorteil zu suchen: »Nicht vom Wohlwollen des Fleischers, Brauers oder Bäckers erwarten wir unsere Mahlzeit, sondern von ihrer Bedachtnahme auf ihr eigenes Interesse. Wir wenden uns nicht an ihre Humanität, sondern an ihre Eigenliebe und sprechen ihnen nie von unseren Bedürfnissen, sondern von ihren Vorteilen« (1923, S. 18). Verfolgt nur jeder sein Interesse und legt sein Kapital an, wo immer es den meisten Gewinn verspricht, so dient er damit zugleich dem Wohle der Nation; wie von einer *invisible hand* geführt, wird er mit der eigennützigen Vermehrung seines Reichtums zugleich den des gesamten Volkes erhöhen:

»Nun ist aber das gesamte jährliche Einkommen jeder Gesellschaft immer genauso groß wie der Tauschwert des gesamten Jahreserzeugnisses ihrer Erwerbstätigkeit, oder besser gesagt, es ist dieser Tauschwert selber. Da nun jedermann nach Kräften sucht, sein Kapital in der heimischen Erwerbstätigkeit und diese Erwerbstätigkeit so zu leiten, daß ihr Erzeugnis den größten Wert erhält, so arbeitet auch jeder notwendig dahin, das jährliche Einkommen der Gesellschaft so groß zu machen, als er kann. Allerdings strebt er in der Regel nicht danach, das allgemeine Wohl zu fördern und weiß auch nicht, um wieviel er es fördert. Indem er die … Erwerbstätigkeit … so leitet, daß ihr Produkt den größten Wert erhält, verfolgt er lediglich seinen eigenen Gewinn und wird in diesem wie in vielen anderen Fällen von einer unsichtbaren Hand geleitet, einen Zweck zu fördern, den er in keiner Weise beabsichtigt hatte. Auch ist es nicht eben ein Unglück für die Gesellschaft, daß dies nicht der Fall war. Verfolgt er nur sein eigenes Interesse, so fördert er das der Gesellschaft weit wirksamer, als wenn er dieses wirklich zu fördern beabsichtigt. Ich habe niemals gesehen, daß diejenigen viel Gutes bewirkt hätten, die sich den Anschein gaben, um des Gemeinwohls willen Handel zu treiben« (1923, IV, S. 235 f.).

Für Adam Smith ist die kapitalistische Gesellschaft die natürliche und den menschlichen Anlagen schlechthin angemessenste Form der Reproduktion. Er kann sich den Menschen nur als Handeltreibenden vorstellen, wobei es ihm zuerst einmal gleichgültig ist, ob dieser »Hang zum Tauschen« eines jener »Urelemente der menschlichen Natur ist, von denen sich weiter keine Rechenschaft geben läßt, oder ob er, was mehr Wahrscheinlichkeit für sich hat, die notwendige Folge des Denk- und Sprachvermögens ist« (1923, I, S. 17). Jedenfalls ist dieser Hang allen Menschen gemein und findet sich bei keinem der Tiere, die »weder diese noch andere Verträge zu kennen scheinen«. »Kein Mensch sah jemals einen Hund mit einem andern einen gütlichen wohlbedachten Austausch eines Knochen gegen einen andern machen ...« (I, S. 17). Vielleicht ist dieser Hang als Ausgleich für eine sonst benachteiligte Menschennatur zu begreifen, denn »fast in jeder anderen Tiergattung (!) ist das Individuum, wenn es reif geworden ist, ganz unabhängig und hat in seinem Naturzustande den Beistand keines anderen lebenden Wesens nötig; der Mensch dagegen braucht die Hilfe seiner Mitmenschen« (I, S. 18). Aber er würde sie vergeblich von deren Wohlwollen allein erwarten können.

Dieser elementare Hang zum Tausch führt nach der Vorstellung von Adam Smith schon in Urzeiten zu *einfachen Formen arbeitsteiliger Reproduktion*, in welcher die Aufrechterhaltung der Existenz aller einzelnen dadurch gewährleistet ist, daß sich jeder einer speziellen Tätigkeit widmet und seine Produkte oder den nicht benötigten Überschuß gegen andere Arbeitsprodukte eintauscht. »In einer Horde von Jägern und Hirten macht z. B. irgendeiner Bogen und Pfeile mit größerer Geschwindigkeit ... als ein anderer. Er vertauscht sie oft gegen zahmes Vieh oder Wildbret bei seinen Gefährten und findet zuletzt, daß er auf diese Weise mehr Vieh und Wildbret gewinnen kann, als wenn er selbst auf die Jagd ginge. Daher wird bei ihm durch die Rücksicht auf sein eigenes Interesse das Verfertigen von Bogen und Pfeilen zum Hauptgeschäft, und er wird eine Art Waffenschmied« (I, S. 19).

Obwohl sich ein Philosoph »von Natur aus« in seinen Anlagen und Neigungen weit weniger von einem Lastträger unterscheidet als ein »Bullenbeißer von einem Windhund«, führt diese Spezialisierung und Festsetzung von Tätigkeiten zu immer größerer Verzweigung in diesem System allgemeiner Abhängigkeit. Die Einführung des Geldes in dieses ursprüngliche Tauschsystem bringt weitere Vorteile mit sich, und dieses System kann sich immer weiter ausdehnen, wobei Adam Smith darauf hinweist, daß der *Grad der Arbeitsteilung* abhängig sei von der *Ausdehnung des Marktes*. Die Ausbreitung der Arbeitsteilung ist begleitet von der Akkumulation von Reichtum und der Entstehung der Klassen von Grund- und Kapitaleigentümern, die sich herausbilden, wenn der Boden verteilt ist und die Neuhinzukommenden leer ausgehen.

So sind schließlich alle integriert in ein System, in welchem sich die Fähigkeiten der einzelnen zu einem Gesamtvermögen zusammenschließen, das in seiner Wirkung ungleich effektiver ist, als wenn jeder einzelne seine Versorgung individuell sicherstellen wollte. Adam Smith, der von Marx als »Theoretiker der Manufakturperiode« charakterisiert wird, versucht diesen Sachverhalt an dem berühmten Stecknadelbeispiel zu verdeutlichen: Ungelernte Arbeiter, die mit der Fabrikation von Stecknadeln befaßt sind, sind allenfalls in der Lage, am Tage 20 zu produzieren. Wird aber die Arbeit zerlegt und jeder einzelne verrichtet nur wenige spezialisierte Handgriffe, so vervielfacht sich das Produzierte. »So ist das wichtige Geschäft der Stecknadelproduktion in ungefähr 18 verschiedene Verrichtungen geteilt, die in manchen Fabriken alle von verschiedenen Händen vollbracht werden ... Ich habe eine kleine Fabrik dieser Art gesehen, wo nur zehn Menschen beschäftigt waren und manche daher zwei oder drei verschiedene Verrichtungen zu erfüllen hatten« (I, S. 5). Und trotz dieser noch nicht ins Extrem getriebenen Spezialisierung gelang es den Arbeitern, täglich über 48 000 Nadeln herzustellen. »Hätten sie dagegen alle einzeln und unabhängig gearbeitet und wäre keiner für dieses besondere Geschäft angelernt worden, so hätte gewiß keiner 20, vielleicht nicht eine Nadel täglich machen können« (ebd.).

An diesem Vorgang orientiert sich Adam Smith, wenn er auf die Vorteile der arbeitsteiligen Reproduktion der Gesamtgesellschaft aufmerksam machen will, in der jeder *nur seinen Interessen* nachgeht und dabei zugleich doch *ein Maximum an Volkswohlstand* herbeiführt. Weit wirksamer als das bewußt intendierte Wohl aller scheint ihm dieser Mechanismus zu sein, in welchem die einzelnen durch ihren ursprünglichen Hang zum Tausch und der daraus resultierenden arbeitsteiligen Produktion zu einem »Gesamtvermögen vereinigt« werden, das weit besser zur »Versorgung und Bequemlichkeit der Gattung« (I, S. 21) beiträgt, als es sonst irgendwo im Tierreich zu finden ist. Adam Smith sieht jedoch sehr genau und macht daraus auch kein Geheimnis, daß die »arbeitenden Armen« nicht in gleicher Weise an den Vorteilen dieses »Gesamtvermögens« teilnehmen, wie das die Eigentümer von Grund und Boden bzw. von Kapital tun. Gleichwohl war er der Meinung, daß bei gehöriger Akkumulation die gesamte Gesellschaft in einem steten Fortschritt sich befinde und das Elend und Leid der »arbeitenden Armen« nur vorübergehend sei und nur den notwendigen Preis des Fortschritts darstelle.

Grundrente, Arbeitslohn und Kapitalprofit

»Das ganze jährliche Produkt des Bodens und der Arbeit jeglichen Landes, oder, was auf dasselbe herauskommt, der ganze Preis dieses jährlichen Produkts zerfällt ... naturgemäß in drei Teile: die Grundrente, den Arbeitslohn und die Kapitalprofite, und bildet ein Einkommen für die drei verschiedenen Volksklassen: die, welche von der Rente leben, die, welche vom Lohn leben, und die, welche vom Profit leben. Dies sind die drei großen, ursprünglichen Klassen, aus denen jede zivilisierte Gesellschaft besteht und von deren Einkommen schließlich das Einkommen jeder anderen Klasse herrührt ...«

Was uns heute als ein selbstverständliches Einteilungsprinzip erscheint, ist von Adam Smith zum ersten Male in dieser prägnanten Kürze formuliert worden. Das entscheidend Neue an diesem Grundschema, durch das es sich von theoretischen Versuchen aller Ökonomen vor Adam Smith abhebt, ist die Einbeziehung des *Kapitalprofits* als einer Einkommensform, die sich sowohl von der *Grundrente* als auch vom *Arbeitslohn* qualitativ unterscheidet. Profit als eine Einkommensform, die aus dem Einsatz von Kapital herrührt, war natürlich bekannt, aber Smith hob hervor, daß dieser Reingewinn nicht nur in merkantilen

Unternehmungen erzielt werden kann, sondern ebenso bei der Anlage des Kapitals in der Agrikultur und der Manufaktur. Bei Quesnay kam diese Kategorie noch nicht vor. Zwar orientierte er sich bei der Abfassung seines *Tableau* und den daraus abgeleiteten praktischen Maßnahmen am englischen Pachtwesen, aber der Profit des Pächters erscheint bei ihm noch als eine unklare Mischung von Zins, Vergütung für Risiko und notwendiger Vorsorgefonds für Katastrophen, aber nicht in dieser klaren Fassung wie bei Adam Smith. Schon gar nicht bei der Betrachtung der sterilen Klasse. Quesnay denkt an Handelsprofite, die er Spesen nennt, aber Kapitalprofit als eine Einkommenskategorie in der gewerblichen Produktion, die ausdrücklich vom Arbeitslohn zu unterscheiden ist, findet sich bei ihm noch nicht.

Kapitalprofit in gewerblichen Unternehmungen erscheint nicht vor dem dritten Viertel des 18. Jahrhunderts in einem Umfang, der die Ökonomen in die Lage versetzt, ihn eindeutig von anderen Formen des Einkommens abzuheben und seine volle Bedeutung zu begreifen. Denn zu dieser Zeit war es noch häufig der Fall, daß die Unternehmer aus den Reihen der Handwerksmeister hervorgegangen waren und noch selbst an dem eigentlichen Produktionsprozeß teilnahmen. Aus diesem Grund hielten sie daran fest, den Unterschied zwischen ihren Kosten und dem Preis, den sie beim Verkauf der Waren erzielten, als eine Art *höheren Lohnes* für ihre persönliche Anstrengung zu begreifen und nicht als *Profit* auf ein oft sehr dürftiges Kapital, das sie eingesetzt hatten. Selbst als die »Unternehmer« begannen, sich auf bloße Aufsichtsfunktionen zu beschränken, konnte es doch noch plausibel erscheinen, von ihrem Reingewinn als »Lohn der Oberaufsicht« zu sprechen, wie viele Ökonomen es zu jener Zeit getan haben. Wie schwierig es damals gewesen ist, das Wesen des Unterschieds zwischen Lohn und Profit zu begreifen, wird durch die Betonung dieses Punktes bei Adam Smith klar gezeigt. Offensichtlich war sich Smith darüber im klaren, daß er hier Neuland in der ökonomischen Theoriebildung beschritt, denn er beharrt nachdrücklich darauf, daß der Kapitalprofit *nicht* »der Lohn für eine besondere Art von Arbeit«, nämlich »die Arbeit der Inspektion und Direktion« ist, sondern sich »vollständig davon unterscheidet« und »durch ganz andere Prinzipien bestimmt wird«. »Der Kapitaleigentümer«, so sagt er, »obgleich er fast aller Arbeit entbunden ist, (erwartet) dennoch auch einen Profit, welcher zu seinem Kapital in einem angemessenen Verhältnis steht« (I, S. 61).

Als Adam Smith die ökonomische Organisation der Industrie in seiner Zeit studierte, unterstellte er bereits als Norm, was immer noch Ausnahme war. Vor der *industriellen* Revolution waren doch »diejenigen Kapitalisten, die so viel durch die allmähliche Konzentration der Produktionsmittel gewonnen haben, kaum Industrielle ... Sie waren ausschließlich Kaufleute, und die Industrie war für sie nur eine Form des Handels« (Mantoux, S. 90). Die Ausnahmen – jene frühen Formen industrieller Organisation, die Marx »Manufaktur« genannt hat – waren ohne Zweifel von Bedeutung, aber sie blieben dennoch Ausnahmen. Von Bedeutung erwies sie sich als notwendige materielle Voraussetzung für die maschinelle Produktion in der Fabrik. Erst als die industrielle Revolution vollständig in Gang gekommen war, versuchten die Fabrikanten sich selbst »so weit über die Arbeiter zu erheben, daß sie sich auf der Ebene der anderen Kapitalisten, der Bankiers und Kaufleute befanden« (ebd.). Als Kapitaleigentümer, die ausschließlich mit Lohnarbeitern ihre auf Maschinen basierende Produktion betrieben, unterschieden sie sich jetzt deutlich von den Handwerksmeistern, die mit ihren Gesellen gemeinsam arbeiteten.

Das zentrale Werk von Adam Smith, vor der industriellen Revolution geschrieben, unterscheidet aber schon eindeutig den *Fabrikanten* vom *Kaufmann* einerseits und vom *Lohnarbeiter* andererseits. Offensichtlich waren es die Verhältnisse von Glasgow in Schottland, einem der großen kommerziellen und industriellen Zentren seiner Zeit, die er untersuchte und die ihn zu dieser Unterscheidung veranlaßten. Von den großen Manufakturunternehmungen seiner Zeit beeindruckt, sieht Smith den typischen Fabrikanten in jenem Kapitaleigentümer, der sein Geld in Anlagen investiert, wie man sie etwa in »den großen Eisenhütten« findet, also in Schmiedeöfen und Schneidewerken. Es ist diese Form der Investition, in welcher der Unternehmer seinen Anteil in die Manufaktur einbringt, durch die er sich dann auch als Fabrikant vom Kaufmann unterscheidet. Diese Mischung entspricht in etwa der Situation in Glasgow. Sehr viel Kapital war aus dem Handel in die Gründung von Manufakturen geflossen, um neue Investitionsmöglichkeiten zu eröffnen. Aber nicht das gesamte Kapital kam aus der Sphäre des Handels – vieles stammte von reichen Handwerksmeistern, die sich aus den Zwängen der Zunftorganisation befreiten, sich mit Kaufleuten zusammenschlossen und in dieser Gesellschaft zugleich Leiter der neuen Manufakturen wurden, so daß es nahelag, das Einkommen gerade dieser industriellen Unternehmer noch mit Lohnkategorien zu fassen, während Adam Smith nachdrücklich darauf besteht, daß es sich bei diesem Einkommen um Profit handelt.

Bei genauerer Beschäftigung mit der sogenannten *ursprünglichen Akkumulation* zeigt sich, daß die Klassen und damit auch die verschiedenen *Einkommenskategorien* als *Klassenkategorien* erst in ihrer Ausgeprägtheit entstanden sind, als die manufakturelle Produktion von der großen Industrie und der maschinellen Produktion abgelöst wurde. Damit sind nicht nur die materiellen Voraussetzungen dafür geschaffen, daß der industrielle Unternehmer als besondere, deutlich und kategorial unterscheidbare Figur im Reproduktionsprozeß erscheint, sondern daß auch die unmittelbaren Produzenten als »vogelfreie« Arbeiterklasse auftreten, die vom industriellen Produktionsprozeß voll absorbiert werden kann. Der Art und Weise, wie Adam Smith den Fabrikanten behandelt und den Kapitalprofit als eigene Kategorie zu betonen bestrebt ist, ist zu entnehmen, daß er sein Werk zu einer Zeit verfaßte, in der dieser Prozeß ursprünglicher Akkumulation noch nicht abgeschlossen war. Wie sehr sich dieser zu seiner Zeit noch vollziehende Prozeß der Trennung der Produzenten von ihren Produktionsmitteln in seinem Werk spiegelt, läßt sich ebensosehr an seiner Behandlung des *Lohnarbeiters* demonstrieren. Die Entstehung des industriellen Kapitalisten ist nicht denkbar ohne die Herausbildung einer eigentumslosen, städtischen Arbeiterklasse, zu welcher Smith jedoch auch die Dienstboten und Gesellen hinzurechnet. Aber es waren eigentlich nur die Manufakturen – die Arbeiter waren dort vollständig vom Eigentum an den Produktionsmitteln getrennt worden –, in denen diese Trennung zwischen dem kapitalistischen Fabrikanten und den Lohnarbeitern offensichtlich in Erscheinung trat. Adam Smith war beeindruckt von der Tatsache, daß in Glasgow »die Einwohner ihren Unterhalt hauptsächlich durch die Verwendung von Kapital fanden«. Das Angebot an eigentumslosen Arbeitern, erkannte er, war »in den Jahren der Not« im allgemeinen angewachsen, wenn »arme, unabhängige Handwerker oft ihre kleinen Kapitalien aufzehrten, mittels deren sie sich mit Rohstoffen für ihre Arbeit versorgt hatten, und gezwungen waren, zu Gehilfen zu werden, um leben zu können (...)«. Wieder wird hier der Unterschied zwischen dem Status eines Arbeiters in einer großen Manufaktur und dem eines Gehilfen, der bei einem kleinen Handwerksmeister beschäftigt ist, eher als ein quantitativer denn als ein qualitativer Unterschied begriffen.

Analoges gilt für die Einkommensform der *Rente*. Eine klare Trennung von Rentenkapital, das im Kauf von Land investiert wurde, und von Profitkapital, das in die tatsächliche Bebauung des Landes investiert wurde, konnte nicht vor der ziemlich breiten Entwicklung kapitalistischer Organisationsmethoden in der Agrikultur gemacht werden. Das war selbst in den fortgeschritteneren Distrikten noch nicht der Fall. Wie Adam Smith hervorhob, sind diese drei verschiedenen Einkommensarten gemeinhin untereinander vermengt, besonders in der Agrikultur. Die Rente ist oft mit dem Profit vermischt, wie im Falle eines Edelmannes, der einen Teil seiner Güter selbst bestellt; der Lohn mit dem Profit, wie im Falle eines »gemeinen Bauern«. Daß Smith diese Einteilung mit solcher Klarheit heraushob, ist sicherlich auch auf die Diskussionen über Probleme der Agrikultur zurückzuführen, die von der *Select Society* in Edinburgh veranstaltet wurden, deren Mitglieder in »hohem Maße den Belangen des Grundbesitzes verbunden« waren und zu der im Jahre 1756 »eine Reihe praktischer Landwirte« zugelassen wurde. Und Smith, der sowohl ein häufiger Besucher dieser *Select Society* wie auch des *Political Economy Club* in Glasgow war, erkannte die Parallelität zwischen der gleichzeitig verlaufenden Entwicklung in der agrikulturellen und industriellen Sphäre.

Die Profitrate

Mit seiner Antizipation der kapitalistischen Klassengesellschaft und den ihr entsprechenden Einkommensarten verbindet Adam Smith, ebenfalls erst im *Wealth of Nations*, die Vorstellung von einem gesetzmäßigen Verhältnis von Kapitalprofit und Größe des Kapitals, ganz gleich in welcher Sphäre es angelegt ist. Voraussetzung für die Formulierung des Zusammenhangs war natürlich, daß sich das Gebiet, das von kapitalistischen Organisationsmethoden erfaßt wurde, beträchtlich ausgeweitet hatte und es eine ernsthafte Konkurrenz sowohl im Binnen- als auch im Außenhandel gab und das Kapital zwischen verschiedenen Orten und Gewerben relativ mobil sein mußte. »Im ganzen müssen die Vorteile oder Nachteile bei den verschiedenen Beschäftigungsarten von Arbeit und Kapital in ein und derselben Gegend entweder ganz gleich sein oder doch wechselseitig dieser Gleichheit zustreben. Wäre in einer Gegend irgendeine Beschäftigung offenbar mehr oder weniger vorteilhaft als die übrigen, so würden in dem einen Fall sich so viele Leute dazu drängen und in dem anderen sie so viele aufgeben, daß ihre Vorteile bald wieder mit den übrigen Beschäftigungsarten ins Gleichgewicht kämen. Dies würde wenigstens in einer Gesellschaft geschehen, wo man den Dingen ihren natürlichen Lauf ließe, wo vollkommene Freiheit waltete und wo es jedermann vollkommen freistände,

einen Beruf zu wählen, der ihm gut dünkte, und so oft mit ihm zu wechseln, als es ihm gut dünkte. Jeden würde sein Interesse bestimmen, eine vorteilhafte Beschäftigung zu suchen und eine unvorteilhafte zu meiden« (I, S. 129).
Hier wird erneut deutlich, daß die Gesellschaft, in der Adam Smith lebt, noch lange nicht so ist, wie er sie sich vorstellt, daß also z. B. »laws of apprenticeship« lange Lehrzeiten in den zunftmäßig organisierten Gewerben vorschreiben, daß Arbeiter in einem überfüllten Gewerbezweig wegen überholter Gesetze nicht in einen anderen überwechseln können, obwohl dort Mangel an Arbeitskräften herrscht, und daß auf der anderen Seite das Kapital sich noch keineswegs frei bewegen kann und sich in jedem Produktionszweig niederlassen kann, wo es gerade vorteilhaft wäre. Aber Adam Smith argumentiert unter der Voraussetzung, daß diese Beschränkungen bereits weggefallen sind oder zumindest bald verschwinden werden, so daß »vollkommene Freiheit« für alle gegeben ist.
Unter dieser Voraussetzung nimmt er an, daß ein jedes Kapital – gleichgültig wo es angelegt ist – einen bestimmten Prozentsatz an Profit abwirft, einen *Durchschnittsprofit.* Daß es zwar nahezu unmöglich ist, diesen jährlichen Durchschnittsprofit genau zu bestimmen, daß sogar »selbst derjenige, der ein Gewerbe betreibt, nicht immer sagen kann, was der Durchschnitt seines (eigenen) jährlichen Profits ist« (I, S. 114), wird ausdrücklich hervorgehoben. Aber indem nun jeder einzelne Geschäftsmann sein Kapital dort anlegt, wo er sich den höchsten Gewinn verspricht, da die Preise für die dort hergestellten Produkte wegen stärkerer Nachfrage angestiegen sind, und er sein Kapital zurückzieht, weil er wegen sinkender Nachfrage nur geringen oder keinen Profit macht oder gar in die roten Zahlen kommt, wird sich ein Gleichgewicht herstellen, das in der Durchschnittsprofitrate des Kapitals zum Ausdruck kommt. Zwar verliert der eine, und der andere gewinnt, aber im realen Ausgleich dieses Ungleichgewichts oszilliert der Profit um einen Durchschnittssatz, den Adam Smith die *Durchschnittsprofitrate* nennt.

Die Wertlehre

Die zum Teil antizipierte Entwicklung zu einer kapitalistischen Klassengesellschaft mit ausschließlich bürgerlichen Einkommensarten reflektiert sich in einer Wertlehre, deren Widersprüche sehr schnell bemerkt worden sind. So stellt Smith fest, daß »Arbeitslohn, Profit und Rente ... die drei ursprünglichen Quellen sowohl alles Einkommens als auch aller Tauschwerte« (I, S. 66) sind. Hier nimmt er ganz die Sichtweise des aktiven Unternehmers ein, dem sich die anderen Einkommen als Kosten seiner eigenen Kalkulation darstellen. Was er an anderer Stelle als ein *Abgeleitetes* betrachtet, erklärt er hier zu *Bestimmungsgründen* des Wertes, ein Widerspruch, der zuerst von *Lauderdale* aufgezeigt wurde. Es finden sich sogar Passagen, in denen er die physiokratische Lehre vom »Geschenk der Natur« übernimmt. So sagt er im II. Buch (S. 124 f.): »In der Landwirtschaft arbeitet auch die Natur mit dem Menschen, und ihre Produkte haben, obgleich ihre Arbeit nichts kostet, doch ebensogut ihren Wert als die der kostspieligsten Arbeit ... Die Arbeit und die Arbeitstiere, die in der Landwirtschaft gebraucht werden, verursachen also nicht nur, wie die Arbeit in den Manufakturen, die Wiedererzeugung des Wertes ihrer eigenen Verzehrung ..., sondern die eines noch weit größeren Wertes. Sie helfen gewöhnlich außer zur Hervorbringung des Kapitals des Pächters und all seiner Profite noch zu der Rente des Grundherrn. Diese Rente kann als das Produkt derjenigen Naturkräfte angesehen werden, deren Nutzung der Grundherr dem Pächter leiht ... Sie ist das Werk der Natur, das übrigbleibt, nachdem alles, was als Menschenwerk betrachtet werden kann, in Abzug gebracht und verrechnet worden ist ...«

Dann formuliert er jedoch eindeutig eine Mehrwerttheorie, in der alle Einkommensformen auf Arbeit und Mehrarbeit zurückgeführt werden. »In jedem ursprünglichen Zustande der Dinge, der sowohl der Bodenaneignung als auch der Kapitalansammlung vorhergeht, gehört das ganze Arbeitserzeugnis dem Arbeiter. Er hat weder mit dem Grundbesitzer noch mit einem Arbeitgeber zu teilen. (...)« »Sobald sich aber das Kapital in Händen weniger Personen gesammelt hat, werden natürlich einige von ihnen ihr Kapital dazu verwenden, fleißige Leute zu beschäftigen und sie mit Material und Lebensmitteln versorgen, um aus dem Verkauf ihres Arbeitserzeugnisses oder aus dem, was ihre Arbeit dem Material an Wert hinzufügt, Profit zu machen« (I, S. 60 f.).

Gleiches gilt für den Grundeigentümer: »Sobald aller Grund und Boden eines Landes Privateigentum geworden ist, begehren die Grundherren, gleich allen anderen Menschen, da zu ernten, wo sie nicht gesät haben, und verlangen sogar für dessen natürliches Produkt eine Rente. Das Holz des Waldes, das Gras des Feldes und alle natürlichen Früchte der Erde, die, solange der Boden allen gehörte, dem Arbeiter nur die Mühe des Einsammelns kosteten, bekommen jetzt sogar für ihn einen an sie gebundenen Zusatzpreis. Er muß nun für die Erlaubnis zum Einsammeln bezahlen und an den Grundherrn einen Teil desjenigen abgeben, was seine Arbeit einheimst oder erzeugt« (I, S. 63). Sowohl der Profit des Kapitalisten wie auch die Rente des Grundeigentümers sind Ergebnis der produktiven Arbeit des Lohnarbeiters, der – und das ist die Bestimmung von produktiver Arbeit, die Adam Smith nicht müde wird zu wiederholen – dem »Werte der Materialien, an denen er arbeitet, den Wert seines eigenen Unterhalts und des Profits seines Meisters« (II, S. 80) hinzufügt.

Die Reproduktion der Arbeitskraft

Über den Mechanismus der Konkurrenz und die dadurch bewirkte Herstellung der Durchschnittsprofitrate verteilt sich das von den Arbeitern hergestellte Mehrprodukt unter der Form des Profits und der Rente auf die beiden anderen Klassen, wobei dieser Konkurrenzmechanismus zugleich sicherstellt, daß die Arbeiter selbst immer nur das Existenzminimum erhalten. Zwar räumt Smith ein, daß die Lohnhöhe durchaus als das Ergebnis von Klassenauseinandersetzung zu sehen ist. Er betont, daß zwei formal gleichberechtigte Vertragspartner sich gegenüberstehen, deren »Interessen aber durchaus nicht die nämlichen sind«. »Die Arbeiter wollen so viel als möglich erhalten, die Arbeitgeber so wenig als möglich geben. Die ersten sind geneigt sich zu verbinden, um den Arbeitslohn zu erhöhen, die letzten, um ihn herabzusetzen« (I, S. 85). Daß die Partei der »Arbeitgeber« normalerweise in diesen Auseinandersetzungen die Oberhand behält, hebt Adam Smith hervor: Erstens haben die Arbeiter nur wenig oder nichts, womit sie eine längere Frist ohne Arbeitslohn zubringen können, sodann sind sie in diesen Auseinandersetzungen politisch unerfahren und zudem durch Klassengesetzgebung gehandikapt: »Um die Sache zu einer schnellen Entscheidung zu bringen, greifen sie immer zu sehr lautem Geschrei und zuweilen zu den heftigsten Beleidigungen und Gewalttätigkeiten. Sie sind verzweifelt und handeln mit der ganzen Torheit und Maßlosigkeit verzweifelter Menschen, die entweder verhungern oder ihre Arbeitgeber so in Schrecken setzen müssen, daß sie sofort ihr Begehren bewilligen. Die Arbeitgeber benehmen sich bei solchen Gelegenheiten geradeso lärmend, rufen unaufhörlich den Beistand der Obrigkeit an und verlangen die strenge Ausführung jener Gesetze, die mit so großer Härte gegen die Verabredungen der Dienstboten, Arbeiter und Gesellen geschaffen worden sind. Daher haben denn die Arbeiter sehr selten einen Nutzen von der Gewalttätigkeit jener ungestümen Verabredungen, die vielmehr teils durch das Einschreiten der Obrigkeit, teils durch die überlegene Beharrlichkeit der Arbeitgeber, teils endlich dadurch, daß der größere Teil der Arbeiter gezwungen ist, sich um des täglichen Unterhalts willen zu unterwerfen, gewöhnlich kein anderes Ende haben als die Bestrafung oder den Ruin der Rädelsführer« (I, S. 86 f.).

Daß die Arbeiter trotzdem einen bestimmten Arbeitslohn erhalten, unter den, wie es ihm scheint, »der gebräuchliche Lohn, selbst der geringsten Arbeit, nicht eine irgendwie nennenswerte Zeit hindurch herabgesetzt werden kann, liegt daran, daß dieser Arbeitslohn so hoch sein muß, daß sich der Arbeiter mit seiner Familie ernähren können muß, denn sonst würde das Geschlecht solcher Arbeiter ... mit der ersten Generation aussterben« (I, S. 86).

Adam Smith macht unter diesem Gesichtspunkt eine ziemlich einfache Rechnung auf: Da in seiner Zeit normalerweise die Hälfte aller Geborenen vor dem mannbaren Alter stirbt, muß eine Arbeiterfrau mindestens vier Kinder auf die Welt bringen, damit die Arbeiterbevölkerung nicht ausstirbt.

Der Mindestsatz, unter den der Lohn längerfristig nicht absinken darf, ist daher jene Geldsumme, die ausreicht, um die notwendigen Lebensmittel zu kaufen, welche eine solche Familie benötigt, um sich gerade noch am Leben zu halten und im Durchschnitt zwei Kinder ernähren zu können.

Nun kann aber der Lohn über diesen Mindestsatz hinausgehen, der sich »mit der gewöhnlichen Humanität verträgt« (S. 88). Übersteigt nämlich der Gewinn des eingesetzten Kapitals jenen Satz, den der Rentner oder Kapitalist für den Unterhalt der Familie »benötigen zu müssen glaubt«, so wird er Dienstboten anstellen; der gewerbliche Kapitalist wird den Überschuß verwenden, um Arbeiter einzustellen, und mit Hilfe ihrer Arbeit einen Profit machen, der größer ist als der, den er mit geringerem Kapitaleinsatz machen konnte. Die Nachfrage nach Arbeitskräften wird also steigen und somit auch einen Anstieg des Arbeitslohnes bewirken. Doch wird er nicht ins Unermeßliche steigen: »Jede Tiergattung«, so behauptet Adam Smith, »vermehrt sich naturgemäß nach Maßgabe ihrer Nahrungsmittel, und keine Tiergattung kann sich je darüber hinaus vermehren. Aber in einer zivilisierten Gesellschaft kann der Mangel an Nahrungsmitteln nur in den unteren Volksklassen einer weiteren Vermehrung der Gattung Mensch Schranken setzen; und er kann dies nur dadurch, daß er einen großen Teil der Kinder, die ihre Ehen hervorbringen, tötet« (I, S. 102). Erhöht sich durch die

Nachfrage der Arbeitslohn, so wird auch die Zahl der Heiraten sprunghaft ansteigen, und die Arbeiter fühlen sich zur Vermehrung ihres Geschlechts ermuntert. Die Bevölkerung wächst schneller als zuvor und wird schließlich sogar die Nachfrage überflügeln. Dann fällt der Arbeitslohn, und der Hungertod mäht die überzähligen Arbeiterkinder hinweg, noch ehe ihnen so recht zum Bewußtsein kommen konnte, daß sie im Leben auch nichts Besseres erwartet. »So geschieht es, daß die Nachfrage nach Menschen, gerade so wie die nach jeder anderen Ware, notwendig auch die Erzeugung der Menschen reguliert: sie beschleunigt, wenn sie zu langsam vor sich geht, und verzögert, wenn sie zu rasch fortschreitet. Diese Nachfrage reguliert und bestimmt die Art der Fortpflanzung in all den verschiedenen Ländern der Welt ...« (I, S. 104).

Produktivität und Freihandel

Das Zusammenwirken dieser Mechanismen hat nun ein ständiges Anwachsen der gesamtgesellschaftlichen Produktivität zur Folge. Auf der Jagd nach Profit eröffnet der Kapitalist, der sein Kapital oder aus dem Profit stammendes zusätzliches Kapital profitabel anlegen möchte, nicht nur neue Produktionszweige, sondern erhöht auch die *Produktivkraft* innerhalb seines Betriebes. Da, wie wir sahen, bei zusätzlicher Anlage von Kapital zuerst einmal die Arbeitslöhne steigen, weil die Kapitaleigentümer um zusätzliche Arbeitskräfte bemüht sein müssen, versucht jeder einzelne Kapitalist, diese Arbeitskräfte so *rationell* wie nur irgend möglich einzusetzen. Das oben erwähnte Beispiel der Stecknadelproduktion ließ das Prinzip erkennen, nach dem generell vorgegangen wird, um mit geringerer Arbeit eine größere Quantität von Erzeugnissen zu liefern. »Der Kapitaleigner, der eine große Anzahl Arbeiter beschäftigt, ist notwendigerweise um seines eignen Vorteils willen darauf bedacht, eine so geschickte Sonderung und Verteilung der Beschäftigten vorzunehmen, daß er sie in Stand setzt, die größtmögliche Quantität von Erzeugnissen herzustellen. Aus demselben Grunde bemüht er sich, ihnen die besten Maschinen zu verschaffen, die er oder sie nur irgend ausdenken können« (I, S. 113).

Diese Erhöhung der Produktivität im einzelnen Betrieb durch größere Spezialisierung und Arbeitsteilung glaubt Adam Smith nun auch in gleicher Weise bei der *gesamtgesellschaftlichen Arbeitsteilung* erkennen zu können: »Was unter den Arbeitern einer bestimmten Werkstatt der Fall ist, das ist aus gleichem Grunde auch unter denen einer großen Gesellschaft der Fall. Je größer die Anzahl ist, desto mehr teilen sie sich in verschiedene Klassen und Unterabteilungen der Beschäftigung. Mehr Köpfe sind damit beschäftigt, die zur Vollführung des Werkes jedes einzelnen geeignetste Maschine zu erfinden, und es ist darum wahrscheinlicher, daß sie erfunden werde. Es gibt also viele Waren, die infolge dieser Verbesserungen mit so viel weniger Arbeit als früher hervorgebracht werden, daß der erhöhte Preis der letzteren durch die Verringerung ihrer Quantität mehr als aufgehoben wird« (I, S. 113).

Doch diese immer weiter fortschreitende Arbeitsteilung und die damit einhergehende Produktivität der Spezialisierung findet ihre Grenze an der *Aufnahmefähigkeit des Marktes*, und Adam Smith plädiert daher vehement nicht nur für die Herstellung der Freiheit im Inneren, sondern auch für die unbegrenzte Ausdehnung des Marktes durch die *Internationalisierung der Arbeitsteilung.* »Wenn die Produkte eines einzelnen Gewerbezweiges den Bedarf des Landes übersteigen, so muß der Überschuß ins Ausland geschickt werden und gegen Dinge getauscht werden, nach denen im Lande Nachfrage herrscht. Ohne solche Ausfuhr müßte ein Teil der produktiven Arbeit des Landes aufhören und der Wert seines jährlichen Produkts sich vermindern« (II, S. 137). Die Vorteile der Arbeitsteilung zeigen sich also nicht nur im einzelnen Betrieb und auf der gesamtgesellschaftlichen Ebene, sondern erweisen sich auch im internationalen Maßstab. Gemäß seiner Werttheorie (da ja der Profit letztlich von der produktiven Arbeit abgeleitet werden muß) können darum auch die Kaufleute der verschiedenen Nationen Gewinne erzielen, wenn sie nur Gelegenheit haben, ihre Kapitalien ungehindert zu bewegen. Adam Smith wird so zum Verfechter des freien Außenhandels, und er will, ebenso wie die Physiokraten, die Tätigkeit des Staates auf das Allernotwendigste beschränken. Das Eingreifen des Staates muß streng auf die Fälle beschränkt bleiben, wo die Tätigkeit des einzelnen unmöglich ist. Smith gesteht ihm bloß drei Funktionen zu: die Justiz, die Landesverteidigung und die Unterhaltung öffentlicher Werke und Anstalten, die niemals von Privatleuten betrieben werden können.

Der schnell einsetzende und ungeheure Erfolg des Werkes von Adam Smith ist der Tatsache zuzuschreiben, daß sein Werk sehr vielen Interessen entgegenkam, denen der *Wealth of Nations* legitimierende Argumente lieferte. Das komplizierte Zollsystem wurde nach den Vorstellungen von Smith verändert: Premierminister North entlieh ihm den Gedanken neuer Steuern auf Wohnhäuser und die Steuer auf Malz; Pitt wurde ein überzeugter Anhänger, von dem Smith selbst gesagt haben soll: »Was für ein außerordentlicher Mann doch dieser Pitt ist, er versteht meine Ideen besser als ich selber.« Pitt brachte den ersten liberalen Handelsvertrag mit Frankreich zustande; Irland befreite er durch den *Act of Union* im Jahre 1800 von veralteten Einschränkungen. Die Verordnungen der Königin Elisabeth über Lehrlinge, die Arbeitszeit, die Festsetzung der Löhne durch Friedensrichter erschien täglich mehr veraltet, und Smith lieferte die Argumente für deren Abschaffung. 1814 fielen die letzten Bestimmungen, die die Kapitaleigentümer am ungehinderten Gebrauch ihres Kapitals im Inneren bisher noch eingeschränkt hatten.

Wie sehr aber auch die Theorie des freien Außenhandels Ausdruck einer bestimmten Interessenlage war, machte kurz darauf in Amerika *Alexander Hamilton* in einem Kommentar zu Adam Smith (1783) und in seinem *Amerikanischen System* deutlich. In der Vorwegnahme der zentralen Gedankengänge von Friedrich List (vgl. oben, S. 577 f.) im *Nationalen System der politischen Ökonomie* (1841) wird ausgeführt, daß der freie Außenhandel nur dem industriell entwikkelten Land zugute kommt, also Großbritannien, das über eine faktische Monopolstellung auf dem internationalen Markt verfügt, und daß »infant industries«, die nicht durch Schutzzölle abgesichert werden, durch fremde Erzeugnisse im Inneren niederkonkurriert werden. Daß Smith keineswegs ein prinzipieller Verfechter des Freihandels war, zu dem er gerne gemacht wird, sondern ihm das britische Wohl noch sehr viel wichtiger war, läßt sich zwischen den Zeilen herauslesen: »Der Reichtum und, sofern Macht vom Reichtum abhängt, die Macht jedes Landes muß sich immer nach dem Wert seines jährlichen Produkts richten

... Nun ist aber der große Zweck der politischen Ökonomie jedes Landes, den Reichtum und die Macht dieses Landes zu vermehren ...« (II, S. 137). Bestimmte Akte merkantilistischer Politik werden von ihm sogar explizit gutgeheißen, wie die Navigationsakte, die zwar dem Handel nicht günstig gewesen sei, aber vielleicht die weiseste handelspolitische Entscheidung Englands war, denn »die nationale Verteidigung ist wichtiger als Reichtum«.

Zu Adam Smith' politischer Theorie

Der »Reichtum der Nationen« enthält nicht nur eine Theorie der wirtschaftlichen Ordnung, sondern auch eine Geschichte des Wirtschaftens, Reflexionen, die wir heute soziologisch nennen würden, und endlich eine Theorie der Politik für eine Gesellschaft mit fortgeschrittener Arbeitsteilung. Im Fünften Buch, das die »Finanzen des Staates« behandelt, werden Funktion und Struktur des Staates und Aufgaben der Regierung ausführlich erörtert, nicht nur die beste Art der Bestreitung der Kosten staatlichen Tuns behandelt.

Einleitend skizziert Smith eine Theorie der Entwicklung der Gesellschaft, wie sie sich ähnlich bei Vorgängern und Zeitgenossen (z. B. auch bei Rousseau) findet. *Jägervölker*, so argumentiert er z. B., benötigen eigentlich weder einen Staat noch ein Staatsoberhaupt, noch einen abgesonderten Kriegerstand. Alle sind zugleich Jäger und Krieger. Die Arbeitsteilung fehlt noch fast ganz. Mit der zunehmenden Arbeitsteilung zwischen Ackerbauern und Handwerkern, Landbewohnern und Städtern wächst die Notwendigkeit einer speziellen politischen Organisation. »Die Kriegskunst wird, wie sie gewiß die edelste der Künste ist (!), mit dem Fortgang der Kultur notwendig eine der schwierigsten. Der Stand der mechanischen und mancher anderen Künste, mit denen sie notwendig in Verbindung steht, bestimmt den Grad der Vollkommenheit, zu welchem sie in jedem Zeitpunkt gelangen kann. Um aber zu diesem Grad der Vollkommenheit zu kommen, muß sie notwendig zur einzigen oder zur Hauptbeschäftigung einer eignen Bürgerklasse werden; denn die *Teilung der Arbeit* ist zu ihrer Vervollkommnung ebenso notwendig als zu der aller anderen Künste« (1910, II, S. 164b). Während aber in den übrigen Künsten die Arbeitsteilung »durch die Klugheit einzelner Personen« entsteht, muß sie für die Kriegskunst durch »die Weisheit des Staates« eingeführt werden. Die beiden Methoden, mit deren Hilfe kompetente Krieger erzogen werden können, sind eine Miliz, die allen erwachsenen (männlichen) Bürgern die Ausbildung in der Waffenkunst zur Pflicht macht, und ein Söldnerheer. In Republiken können stehende Söldnerheere für die Freiheit gefährlich werden (S. 170b). »Aber da, wo der Fürst selber General ist und wo der vornehmste Adel und die Grundbesitzer des Landes die Offiziere der Armee sind, wo die Militärmacht unter den Befehl derer gestellt ist, die bei der Unterstützung der zivilen Obrigkeit selbst ein sehr großes Interesse haben, weil sie zum großen Teil diese bürgerliche Ordnung ausmachen: da kann ein stehendes Heer niemals der Freiheit gefährlich werden« (ebd.). Schließlich stellt Smith auch fest, daß »in den neueren Kriegen ... die großen Kosten der Feuergewehre derjenigen Nation, welche diese Kosten am besten bestreiten kann, einen unleugbaren Vorteil geben, so daß eine reiche und zivilisierte Nation vieles vor einer armen, unzivilisierten voraus hat. In alten Zeiten fanden es reiche, zivilisierte Nationen schwierig, sich gegen arme, unzivilisierte zu verteidigen; in neueren Zeiten fällt es den armen und unzivilisierten schwer, sich gegen die reichen und zivilisierten zu verteidigen. Die Erfindung der Feuerwaffen, eine Erfindung, die beim ersten Anblick so verderblich erscheint, hat sicherlich dazu beigetragen, der Zivilisation Dauer und Ausbreitung zu geben« (S. 171 b). Als einer der ersten hat Smith den engen Zusammenhang zwischen ökonomischem und technischem Fortschritt auf der einen Seite und militärischer Stärke auf der anderen gesehen. Sein ungebrochener Fortschrittsglaube wurde durch die britischen Erfolge in Übersee gestützt.

In dem Kapitel, das sich mit den »Ausgaben für das Justizwesen« beschäftigt, beginnt Smith abermals mit einer Skizze der Gesellschaftsentwicklung. Da es in der »ersten Periode der menschlichen Gesellschaft, der Periode der Jäger, keine... Ungleichheit« des Vermögens gab, gab es auch kaum Rangunterschiede; eine staatliche Machtorganisation war somit nicht notwendig (S. 173 b). Dagegen kannten die Hirtenvölker schon erhebliche Unterschiede des Vermögens zwischen den verschiedenen Stämmen. »In keiner Gesellschaft ist daher auch Oberherrlichkeit und Subordination fester gegründet. Das Ansehen eines arabischen Scheikh ist sehr groß; das eines Tartarenkhans geradezu eine despotische Gewalt« (ebd.). In dieser Einschätzung des Hirtenzeitalters unterscheidet sich Smith ganz wesentlich von *Rousseau*, der offenbar an der Oberhoheit der alten Stammespatriarchen nichts auszusetzen fand, weil er sie als »natürlich« empfand.

Nach Smith beginnt daher die eigentliche Staatsbildung schon bei den Hirtenvölkern. Er spricht von »einer Art von bürgerlicher Regierung«. Die Schilderung, die Smith von der Staatsbildung gibt, erinnert im übrigen an die von Rousseau in seinem *Zweiten Discours* gegebene: »Die *Reichen* insbesondere sind dabei sehr interessiert, *diejenige Ordnung der Dinge zu erhalten, die ihnen allein den Besitz ihrer Vorteile sichern kann.* Die Leute von geringerem Vermögen vereinigen sich, um das Eigentum derer, welche größeren Reichtum besitzen, zu schützen, damit auch diese sich wieder zur Verteidigung dessen, was sie, die Ärmeren besitzen, vereinigen mögen. Alle kleinen Herdenbesitzer fühlen, daß die Sicherheit ihrer Herden von der Sicherheit der Herden des großen Hirten abhängt, daß die Aufrechterhaltung ihres geringen Ansehens nur durch die Aufrechterhaltung seines größeren zu erreichen ist und daß ihre Macht, diejenigen, welche unter ihnen sind, in Unterwürfigkeit zu erhalten, auf ihrer eigenen Unterwürfigkeit unter ihm beruht. So bilden sie eine Art von kleinem Adel, der sein Interesse dabei findet, das Eigentum und das Ansehen ihres eigenen kleinen Oberhauptes zu unterstützen, damit dieser imstande sei, auch ihr Eigentum und Ansehen in Schutz zu nehmen. Die *bürgerliche Regierung* ist, insofern sie zur Sicherung des Eigentums eingeführt ward, in der Tat *zur Verteidigung des Reichen gegen den Armen* oder dessen, der ein Eigentum hat, gegen den, der keines hat, eingeführt worden« (S. 175 a). Während Rousseau aus der Tatsache, daß die Gesetze aus faktischem Besitz legales (von der Staatsmacht geschütztes) Eigentum machen, folgerte, daß daher staatliche Ordnungen nur so lange legitim sind, wie alle etwas besitzen (und keiner zuviel), nimmt Smith an der Eigentumslosigkeit der vielen keinen Anstoß. Wie *Voltaire* würde er feststellen, daß, wenn alle eigene Produktionsmittel (Boden zum Bebauen) besäßen, niemand bereit wäre, das Land eines Gutsbesitzers zu beackern.

Wenn aber die Schutzfunktion der staatlichen Gewalt wirklich auch den ärmeren Eigentümern zugute kommen soll, dann darf die Rechtspflege nicht in den gleichen Händen liegen wie die exekutive Gewalt, auch muß sie unabhängig vom Reichtum der Prozeßparteien sein. Eine unparteiische Rechtspflege ist die notwendige Voraussetzung der Sicherheit des Eigentums. »Auf der unparteiischen Rechtspflege beruht die Freiheit jedes einzelnen, beruht das Bewußtsein, das er von seiner Sicherheit hat. Damit sich jeder in dem Besitze aller seiner Rechte vollkommen sicher fühle, ist es nicht nur *nötig, daß die richterliche Gewalt von der vollziehenden getrennt werde*, sondern sie muß auch soviel als möglich von derselben *unabhängig* sein. Es sollte kein Richter nach der Laune der vollziehenden Gewalt seines Amtes entsetzt werden können, und die regelmäßige Auszahlung seines Gehaltes sollte nicht von dem guten Willen und auch nicht einmal von der guten Wirtschaft jener Macht abhängen« (S. 179b).

Nach den »öffentlichen Werken und Anstalten«, die der Förderung der Wirtschaft dienen, widmet Smith den Unterrichtsanstalten seine Aufmerksamkeit. Von besonderem Interesse sind hier seine Ausführungen über die negativen Folgen der extremen Arbeitsteilung und die Notwendigkeit, sie durch öffentlichen Unterricht wenigstens etwas auszugleichen. Smith gibt offen zu, daß die Folgen der Arbeitsteilung für große Teile der Bevölkerung geradezu verheerend sind: »Je weiter die Teilung der Arbeit fortschreitet, um so mehr kommt es endlich dahin, daß die Beschäftigung des größten Teiles derer, die von ihrer Arbeit leben, d.h. der Masse, auf einige wenige sehr einfache Verrichtungen, oft nur auf eine oder zwei beschränkt wird. Nun wird aber der Verstand der meisten Menschen allein durch ihre gewöhnlichen Beschäftigungen gebildet. Ein Mensch, der sein ganzes Leben damit hinbringt, ein paar einfache Operationen zu vollziehen, deren Erfolg vielleicht immer derselbe oder wenigstens ein ziemlich ähnlicher ist, hat keine Gelegenheit, seinen Verstand zu üben oder seine Erfindungskraft anzustrengen, um Hilfsmittel gegen Schwierigkeiten aufzusuchen, die ihm niemals begegnen. Er wird ... am Ende so unwissend und dumm, als es nur immer ein menschliches Wesen werden kann. Die Verknöcherung seines Geistes macht ihn nicht nur unfähig, an einer vernünftigen Unterhaltung teilzunehmen oder sie auch nur zu genießen, sondern sie läßt es auch in ihm zu keinem freien, edlen oder zarten Gefühle mehr kommen und erlaubt ihm selbst nicht, die alltäglichen Pflichten des Privatlebens richtig zu beurteilen. Über die großen und umfassenden des Landes weiß er sich gar kein Urteil zu bilden, und wenn man sich nicht alle mögliche Mühe gibt, ihn anders zu machen, ist er sogar unfähig, seinem Vaterlande im Kriege zu dienen« (S. 215b).

Eine Art Korrektur jener extremen Vereinseitigung und Verdummung mittels staatlichen Unterrichts ist also nicht nur ein Gebot der Philanthropie, sondern auch der politischen Klugheit. Ganz ähnlich wie der preußische Generalstab anläßlich der körperlichen Mängel von Rekruten aus dem rheinisch-westfälischen Industriegebiet auf staatliche Abhilfe (Sozialgesetzgebung) drängte, sah Smith schon 1776 die Verteidigungsfähigkeit des Landes durch die Folgen arbeitsteiliger Industriearbeit beeinträchtigt. Von dem Arbeiter sagt er: »Seine Geschicklichkeit in dem eigenen Gewerbe scheint also auf Kosten seiner geistigen, geselligen und kriegerischen Fähigkeiten erworben zu sein. Dies ist aber der Zustand, in welchen in jeder zivilisierten Gesellschaft der arbeitende Arme, d.h.

die Masse des Volkes, notwendigerweise fallen muß, wenn es sich die Regierung nicht angelegen sein läßt, dagegen Vorsorge zu treffen« (S. 215 b).
Am anderen Ende der Gesellschaft kann freilich eine müßiggehende Minderheit durch eben jene vielfältige Arbeitsteilung und ihre Produkte zu einer vorher unbekannten Höhe der Bildung gelangen: »Wenige Personen, die, weil sie an kein eigenes Geschäft gebunden sind, Muße und Neigung haben, die Beschäftigungen anderer Leute zu prüfen«, erhalten eine »unendliche Mannigfaltigkeit von Gegenständen« dargeboten, deren Betrachtung »notwendig ihren Geist übt und ... ihren Verstand so umfassend und scharf macht, als es irgend möglich ist« (S. 216 a). »Der großen Fähigkeiten dieser Wenigen ungeachtet kann doch in der Masse des Volkes der Adel des menschlichen Charakters ganz erstickt werden und erlöschen« (S. 216 b). Diesem Mißstand kann – nach Smith – durch eine öffentliche Ausbildung im Lesen, Schreiben und Rechnen wenigstens etwas abgeholfen werden. »Mit einem sehr geringen Aufwand kann der Staat beinahe dieser ganzen Volksklasse die Erlernung dieser wesentlichsten Unterrichtsgegenstände erleichtern, kann sie dazu ermuntern und kann sie sogar zur unerläßlichen Bedingung machen« (S. 217 a). Der Vorteil solcher staatlicher Bemühung um die Masse der arbeitenden Bevölkerung bezieht sich aber nicht nur auf die dadurch verbesserte Verteidigungsfähigkeit. »Je unterrichteter« nämlich die Massen »sind, desto weniger sind sie den Verführungen der Schwärmerei und des Aberglaubens preisgegeben, die unter unwissenden Völkern oft zu den schrecklichsten Unordnungen führen. Überdies betragen sich unterrichtete und verständige Leute immer anständiger und ordentlicher als unwissendes und dummes Volk. Ein jeder fühlt sich selbst achtungswerter, kann darum auch eher auf die Achtung seiner gesetzlichen Oberen rechnen und ist wieder geneigter, diesen Oberen auch seinerseits die ihnen schuldige Achtung zu erweisen. Er ist geneigter, die interessierten Klagen der Parteien und der Unzufriedenen näher zu untersuchen, und ist fähiger, sie zu durchschauen, so daß er sich weit weniger zu einem leichtsinnigen oder unnötigen Widerstande gegen die Maßregeln der Regierung verleiten läßt. Zumal in freien Ländern, wo die Sicherheit der Regierung sehr von dem günstigen Urteile abhängt, welches das Volk über ihr Benehmen fällt, ist es von der höchsten Wichtigkeit, daß das Volk sich nicht geneigt zeige, die Regierung voreilig oder nach bloßer Laune zu beurteilen« (S. 219 b). Während es *Hobbes* nur darum gegangen war, die führende Schicht des Landes an den Universitäten in seiner Staatsphilosophie zu unterrichten, um auf diese Weise die Keime des Bürgerkrieges zu vernichten, und während *Voltaire* die Aufklärung für eine Sache nur des gehobenen Bürgertums in den Städten hielt, tritt Smith als erster nachdrücklich für eine (wenn auch nur elementare) allgemeine Volksbildung ein. In dieser Forderung spiegeln sich die freiheitlicheren Verhältnisse des zeitgenössischen England. Auch wenn die große Mehrheit der Handarbeitenden damals noch längst keine politischen Rechte besaß, mußte doch schon mit ihr gerechnet werden. Rund fünfzig Jahre später betritt diese Masse mit der Chartistenbewegung die politische Bühne. Die allgemeine Schulpflicht freilich wird erst 1870 eingeführt.

4. David Ricardo (von Helmut Reichelt)

Vita

David Ricardo (1772–1823) entstammte einer ursprünglich holländisch-jüdischen Familie; sein Vater war Warenmakler in London und führte ihn früh in das Geschäftsleben ein. Als Börsenmakler machte Ricardo rasch ein großes Vermögen. Die Entwertung der Banknoten in England zur Zeit des Krieges mit Frankreich veranlaßte ihn zu ersten ökonomischen Studien, in denen er sich hauptsächlich Problemen des Geldes und der Preise sowie deren Zusammenhang mit den Bewegungen der Devisenkurse gewidmet hat. Zuerst verfaßte er anonyme Artikel, dann die Flugschrift *The High Price of Bullion, a Proof of the Depreciation of Bank Notes* (1810). In der ebenfalls aus aktuellem Anlaß geschriebenen Flugschrift vom Februar 1815, *An Essay on the Influence of Low Price of Corn on the Profits of Stock, showing the inexpediency of restrictions on importation*, haben die wesentlichen Elemente seiner Wert- und Verteilungstheorie ihren Ursprung. In den *Principles of Political Economy and Taxation* legte er zwei Jahre später (1817) seine Theorie in entwickelter Gestalt vor. 1819 wurde Ricardo Mitglied des Unterhauses.

Die Arbeitswertlehre

Ausgangspunkt der dort zum ersten Male in der Geschichte dieser Wissenschaft entwickelten systematischen Theorie ist eine konsequent vorgetragene Arbeitswertlehre, die Marx später mit der Feststellung kommentiert: »Ricardo aber tritt endlich dazwischen und ruft der Wissenschaft: Halt! zu. Die Grundlage, der Ausgangspunkt der Physiologie des bürgerlichen Systems – das Begreifen seines inneren organischen Zusammenhangs und Lebensprozesses – ist die Bestimmung des Wertes durch die Arbeitszeit. Davon geht Ricardo aus und zwingt nun die Wissenschaft, ihren bisherigen Schlendrian zu verlassen ...«

An Ricardos Unterscheidung zwischen *Reichtum* und *Wert* läßt sich seine arbeitswerttheoretische Argumentation verdeutlichen. »Jemand ist reich oder arm«, heißt es schon, wie er hervorhebt, bei Smith, »je nach dem Grad, in dem er sich den Genuß lebenswichtiger Artikel, der Annehmlichkeiten und Vergnügungen des Lebens leisten kann« (1959, S.264).

Doch dieser Reichtum darf nicht verwechselt werden mit dem Wert der Dinge. Gebrauchsgegenstände können im Wert bzw. Preis weitgehenden Schwankungen unterworfen sein, und doch bleiben sie nützliche Gebrauchsdinge. Gelingt es beispielsweise, 1000 Paar Strümpfe in der Hälfte der Zeit zu produzieren, die früher gebraucht wurde, so muß auch ihr Preis – grob gesprochen – um die Hälfte sinken. Gleichwohl bleibt der Strumpf ein Strumpf, der denselben Dienst leistet, ob er nun billig oder teuer ist: »Der Wert unterscheidet sich also grundsätzlich vom Reichtum, denn der Wert hängt nicht vom Überfluß, sondern von der Schwierigkeit oder Leichtigkeit der Produktion ab. Die Arbeit von einer Million Menschen in den Manufakturen wird stets den gleichen Wert, aber nicht immer den gleichen Reichtum produzieren. Durch die Erfindung von Maschinen, durch Erhöhung von Geschicklichkeit, durch bessere Arbeitsteilung oder durch Entdeckung neuer Märkte, wo vorteilhaftere Tauschakte vollzogen werden können, kann eine Million Menschen bei einem bestimmten Entwicklungsstand der Gesellschaft die doppelte oder dreifache Menge an Reichtum, an lebenswichtigen Artikeln, Annehmlichkeiten und Vergnügungen im Vergleich mit anderen produzieren. Sie werden aber deswegen dem Werte nichts hinzufügen; denn jede Sache steigt oder fällt im Werte je nach der Leichtigkeit oder Schwierigkeit ihrer Produktion oder, mit anderen Worten, je nach dem für ihre Produktion aufgewendeten Quantum Arbeit« (S. 265).

Die Unterscheidung zwischen Werten, die sich ausschließlich bemessen und austauschen gemäß der zu ihrer Hervorbringung notwendigen Arbeitszeit, und dem konkreten Reichtum versucht nun Ricardo konsequent durchzuhalten und damit eine Theorie über die langfristig wirksamen Gesetze der *Verteilung des gesamtgesellschaftlichen »Wertprodukts«* zu formulieren. Dabei sieht er davon ab, die Mechanismen darzulegen, durch welche sich diese zentralen Gesetze verwirklichen: Das hatte seiner Meinung nach Adam Smith schon meisterhaft getan, indem er zeigte, daß sowohl das einzelne Kapital wie auch der Arbeiter – ihrem wohlverstandenen Eigeninteresse folgend – sich immer dorthin begeben, wo der höchste Profit bzw. Lohn winkt. Was Adam Smith jedoch noch als weitgehend herzustellenden Zustand »idealer und vollkommener Freiheit« vor Augen hatte, ist bei Ricardo Wirklichkeit: die vollkommene, fast ungehinderte Mobilität der verschiedenen »Produktionsfaktoren«. Ist die Nachfrage groß, so wird der Marktpreis eines Produktes in die Höhe gehen; ist sie niedrig, so wird er sinken. Und daran orientiert sich der Kapitalist, der sein Kapital profitabel anlegen will:

»Das jedem Kapitalisten eigentümliche Streben, sein Kapital von einem weniger profitablen in einen mehr Profit abwerfenden Zweig zu übertragen, bewahrt daher den Marktpreis davor, längere Zeit entweder erheblich über oder unter dem natürlichen Preis zu beharren. Diese Konkurrenz gleicht die Tauschwerte der Waren einander so an, daß nach Zahlung der Löhne für die zu ihrer Produktion notwendigen Arbeiten und aller übrigen Kosten, die zur Wiederherstellung des ursprünglichen Standes der Verwendbarkeit des angelegten Kapitals erforderlich sind, der verbleibende Wert oder Überschuß in jedem Zweig im Verhältnis zum angelegten Kapital steht« (S. 76).

Ricardo unterscheidet wie zuvor schon Adam Smith zwischen *natürlichem Preis* und *Marktpreis*, wobei der natürliche Preis, als langfristiges Gravitationszentrum, um das die Marktpreise oszillieren, identisch ist mit dem *Wert der Waren*, der seinerseits ausschließlich durch die *notwendige Arbeitszeit* bestimmt ist. Und nur um diesen natürlichen Preis (der in Geld ausgedrückte Wert) geht es Ricardo in seinem Werk. Er setzt vollkommene Konkurrenz voraus, welche die zentralen Verteilungsgesetze erst durch den oben erwähnten Mechanismus voll wirksam werden läßt, zugleich abstrahiert er von ihr, indem er diese Gesetze gleichsam rein bestimmt: »Im 7. Kapitel von *Wealth of Nations* ist alles diese Frage Betreffende hervorragend behandelt. Nachdem wir die zeitweiligen Wirkungen uneingeschränkt anerkannt haben, die in bestimmten Anlagesphären vom Kapital durch zufällige Ursachen auf die Warenpreise, die Arbeitslöhne und die Kapitalprofite hervorgerufen werden, ohne daß sie den allgemeinen Preis der Waren, der Löhne und den Profit beeinflussen ..., wollen wir sie vollständig aus unserer Betrachtung ausschließen, wenn wir die Gesetze erörtern, welche die natürlichen Preise, natürlichen Löhne und den natürlichen Profit bestimmen ...« (S. 77).

Die Kritik an der Armengesetzgebung

Mit der Bestimmung des natürlichen »Preises der Arbeit« kann Ricardo weitgehend an die Erörterungen seiner Vorgänger anknüpfen. Ricardo wiederholt die Gesetze, welche verhindern, daß bei gesteigerter Nachfrage nach Arbeitskräften der Lohn langfristig über den natürlichen Preis steigen kann. Allerdings scheinen ihm zu seiner Zeit noch nicht die Voraussetzungen gegeben zu sein, damit sich dieses Gesetz voll durchsetzen kann. So kritisiert er vor allem die *Armengesetzgebung*, welche die bitterste Not des Arbeiters mit Hilfe von Steuergeldern zu lindern oder durch ein zum Teil großzügiges *Kindergeld* Nachteile auszugleichen versuchte. Nach Ricardo hielten diese Armengesetze jedoch die Arbeiter davon ab, ihr eigenes Schicksal selbstbewußt in die Hand zu nehmen, was für ihn so aussah:

»Es ist eine nicht zu bezweifelnde Wahrheit, daß die Annehmlichkeiten und das Wohlergehen der Armen nicht auf die Dauer sichergestellt werden können, ohne ihre eigene Einsicht oder ohne ein Bemühen der Gesetzgebung, ihr zahlenmäßiges Wachstum zu regulieren und die Zahl früher und unüberlegter Heiraten zu beschränken. Die Wirkung der Armengesetzgebung war dem direkt entgegengesetzt. Sie hat Zurückhaltung überflüssig gemacht und die Unüberlegtheit herausgefordert, indem man ihr einen Teil des Lohnes, der durch Fleiß und Vorsicht erarbeitet wurde, anbot« (S. 92).

Zahlung von Kindergeld und andere Unterstützung ließ die Arbeiter sorglos dahinleben; puritanische Sexualmoral und späte Heirat hingegen sollten in Verbindung mit der Förderung der Eigeninitiative der Arbeiter und der Ermunterung zu »ökonomischem Verhalten« den Wirtschaftsliberalismus erst richtig funktionsfähig machen. »Die Natur des Übels weist auf das Heilmittel hin. Durch die allmähliche Einschränkung des Geltungsbereichs der Armengesetze, die Erweckung der Wertschätzung für die Unabhängigkeit bei den Armen, die Belehrung, sich weder auf systematische noch auf gelegentliche Mildtätigkeit, sondern auf ihre eigenen Bemühungen für ihren Unterhalt zu verlassen, und daß Vorsicht und Vorsorge weder überflüssige noch uneinträgliche Tugenden sind, werden wir uns schrittweise einem vernünftigeren und gesünderen Zustand nähern ... Kein Entwurf zur Verbesserung der Armengesetze verdient die geringste Beachtung, der nicht ihre Aufhebung als Endziel hat, und derjenige ist der beste Freund der Armen und der Sache der Menschheit, der zeigt, wie dieses Ziel mit größter Sicherheit und gleichzeitig mit geringster Gewaltanwendung erreicht werden kann« (S. 93).

Der Einfluß von Thomas Robert Malthus

Ricardo schließt sich mit diesen Vorstellungen völlig der Bevölkerungstheorie von *Thomas Robert Malthus* (1766–1820) an sowie dessen Ratschlägen, wie ein Überhandnehmen der Bevölkerung zu verhindern sei. Malthus veröffentlichte

1798 seinen *Essay on the Principles of Population* als Antwort auf die optimistischen und gesellschaftskritischen Auffassungen von *William Godwin* und des Grafen *de Condorcet*, die beide der Überzeugung waren, daß die Armut, unter der die Mehrheit der Mitmenschen leide, die Folge einer falschen gesellschaftlichen Ordnung sei; eine bessere Ordnung würde eine beliebig große Zahl von Menschen in Reichtum und Wohlstand leben lassen, die Arbeitszeit könnte eingeschränkt werden. Voraussetzung dafür sei aber zugleich, so Godwin, daß der Staatsapparat abgeschafft würde.

Malthus macht eine simple Rechnung auf: Er unterstellt unterschiedliche Zuwachsraten bei der Vermehrung der Nahrungsmittel und der Bevölkerung. Zur Darstellung der Bevölkerungsvermehrung benutzt er die *geometrische* Reihe, zur Darstellung der wachsenden Lebensmittelmenge die *arithmetische* Reihe. Die geringere Zuwachsrate bei den Lebensmitteln führt er zurück auf das *Gesetz des abnehmenden Bodenertragszuwachses*, das zu dieser Zeit eine erhebliche Rolle spielte bei der Diskussion um die Zunahme der Getreidepreise und der damit einhergehenden Steigerung der Renteneinnahmen der Grundeigentümer. Ein Gleichgewicht zwischen der Zunahme der Bevölkerung und den Lebensmitteln läßt sich nach der Lehre von Malthus nur herstellen, wenn der natürlichen Steigerungsrate der Bevölkerung Einhalt geboten wird durch präventive Hemmung, die in der Verringerung der Geburten besteht. Sein praktischer Vorschlag: völlige Enthaltsamkeit von jedem Geschlechtsverkehr außerhalb der Ehe, Hinausschieben der Ehe bis zu einem Zeitpunkt, wo der Mann imstande ist, die Verantwortlichkeit für eine Familie auf sich zu nehmen, oder sogar vollständigen Verzicht auf die Ehe, wenn diese Existenzsicherung nicht möglich ist. Aufs heftigste bekämpfte er die noch aus der Zeit der Königin Elisabeth stammenden staatlichen Unterstützungen. Mit dem Argument, daß man »mit Geld die Lage der Armen nicht verbessern kann, ohne die der Gesellschaft zu verschlechtern«, fordert er die »allmähliche Abschaffung der Armengesetze (*poor laws*) und jeder systematischen Unterstützung, die den Armen Hilfe bietet«. Wenn es auch nicht zur völligen Abschaffung der Armengesetze kam, so kam es doch in den 30er Jahren zu erheblichen Veränderungen in der Gesetzgebung: »Es hat kaum jemals unmenschlichere Gesetze gegeben als das Armengesetz von 1834, welches jedwede Hilfe ›weniger erstrebenswert‹ machte als den niedrigsten Lohn, sie auf das gefängnisartige Armenhaus (›workhouse‹) beschränkte, dabei Männer, Frauen und Kinder zwang, sich voneinander zu trennen, die Armen für ihr Elend bestrafte und sie von der gefährlichen Versuchung abzuhalten suchte, noch weitere Paupers zu zeugen« (Hobsbawm, 1969, Bd. 1, S. 106). In den 30er Jahren des 19. Jahrhunderts, ja bis in die 50er Jahre hinein waren 10 % der englischen Bevölkerung Paupers.

Das Gesetz des tendenziellen Falls der Profitrate

Trotz dieser von Ricardo nachdrücklich befürworteten Maßnahmen, von denen er sich eine allgemeine Aktivierung aller schöpferischen Kräfte und zunehmenden Wohlstand bei den Arbeitern erhoffte, vermag er den ungebrochenen Optimismus eines Adam Smith hinsichtlich der langfristigen Stabilität dieses Systems nicht zu teilen. Zwar konstatierte auch schon Smith unterschiedliche Interessen der drei Klassen, die auf gegensätzliche Bewegungen der Einkommen zurückgeführt werden: »Allein der Profitsatz steigt nicht, wie die Rente und der Arbeitslohn, mit dem Gedeihen der Gesellschaft und sinkt nicht mit ihrem Verfall. Er ist im Gegenteil in reichen Ländern niedrig und in armen hoch; und in Ländern, die am schnellsten ihrem Untergang entgegeneilen, ist er stets am höchsten. Darum hat das Interesse dieser dritten Klasse (der Arbeitgeber, H. R.) keinen solchen Zusammenhang mit dem allgemeinen Interesse der Gesellschaft« (I, S. 340). Doch dieser Gedanke wird von Smith noch nicht konsequent verfolgt und hinsichtlich der langfristigen Systemstabilität erörtert. Er warnt nur vor dieser Klasse, die sich im beständigen Kampf um höhere Profite beachtliche »Verstandesschärfe« erworben hat und deren Überlegenheit über die anderen nicht so sehr »in ihrer besseren Einsicht in die öffentlichen Interessen (besteht), als darin, daß sie ihre eigenen Interessen besser kennt« (ebd.).

Um daher das allgemeine Wohl zu fördern, scheint es ihm wichtig zu sein, daß langfristig dieser Klasse mit Mißtrauen begegnet und sie mit wachsamen Augen beständig kontrolliert wird: »Auf einen Vorschlag zu einem neuen Gesetz oder einer neuen Vorschrift betreffend den Handel, der von dieser Klasse ausgeht, sollte man jederzeit nur mit der größten Vorsicht hören und sollte ihn niemals annehmen, bevor man ihn nicht nur mit der größten Gewissenhaftigkeit, sondern auch mit dem größten Argwohn lange und reiflich geprüft hätte. Denn er kommt von einer Klasse, deren Interesse niemals ganz mit dem allgemeinen Interesse zusammenfällt; die gewöhnlich ein Interesse hat, das Publikum zu täuschen und sogar zu unterdrücken, und die es demgemäß bei vielen Gelegenheiten getäuscht und auch unterdrückt hat« (ebd.).

Solche Vorschläge scheinen Ricardo kaum noch erfolgversprechend anwendbar zu sein. Nicht weil er selber das Interesse der industriellen Bourgeoisie gegen das der Grundeigentümer vertritt, sondern weil die ökonomisch langfristigen Verteilungsgesetze eine immer schärfere Auseinandersetzung der Klassen hervorrufen werden. Der Gedanke, den Adam Smith noch nicht weiterverfolgt hat, daß nämlich die unterschiedlichen Interessen der Klassen in der gegenläufigen Bewegung der Einkommensformen materiell fundiert sind, wird nun von Ricardo systematisch formuliert im Gesetz über den *Fall der Profitrate*.

Wir haben oben darauf hingewiesen, daß Ricardo konsequent unterscheidet zwischen *konkretem Reichtum* und dem *Wertprodukt*. Soweit also das gesamte Volkseinkommen, die Gesamtsumme der Löhne, des Profits, des Zinses und der Renten, als ein Wertprodukt betrachtet wird, ist es das ausschließliche Resultat der Arbeitszeit der Lohnarbeiter. Der Lohnarbeiter produziert einen Teil der Zeit für sich, d. h. seinen Arbeitslohn, den Rest der Arbeitszeit verbringt er mit der Schaffung der anderen Einkommen. Bleibt die gesamte Arbeitszeit gleich, so bleibt auch das Gesamteinkommen gleich, egal, wie sich der Reichtum verändert. Man sollte also meinen, daß auch die Aufteilung von Arbeitslohn, Profit, Zins und Rente auf die verschiedenen Klassen der Gesellschaft mehr oder minder konstant bleibt.

Doch das ist nach Ricardo nicht der Fall. Steigert sich die Produktivität der Arbeit infolge Einführung neuer Maschinen, d. h. verkürzt sich die Arbeitszeit zur Hervorbringung eines bestimmten Gegenstandes, so muß auch sein *natürlicher Preis* fallen. Und da nun die Arbeiterklasse immer nur so viel »Annehmlichkeiten und lebenswichtige Artikel« bekommt, wie sie zur Reproduktion benötigt, müßte sich mit gesteigerter Produktivität auch die Arbeitszeit verkürzen, die sie benötigt, um ihr Klasseneinkommen zu produzieren. Das hieße aber zugleich, daß sich bei gleichbleibender Länge des Arbeitstages der Profit erhöhen kann. Mit anderen Worten: Nicht ein Fallen der Profitrate wäre zu erwarten, sondern, im Gegenteil, ein Ansteigen derselben.

Warum aber fällt sie dennoch? Die theoretische Lösung dieser empirisch feststellbaren Tendenz sieht Ricardo in der beständigen *Erhöhung der Rente.* Hauptnahrungsmittel der Arbeiter ist Getreide, bei dessen Erzeugung ebenfalls das Wertgesetz wirksam ist. Mit wachsender Bevölkerung muß jedoch immer mehr Getreide produziert werden, und zu diesem Zweck müssen immer schlechtere Böden dem Getreidebau zugänglich gemacht werden. Wegen der schlechteren Bodenqualität muß für die Produktion derselben Getreidemenge mehr Arbeit aufgewandt werden. Der Preis des Getreides aber richtet sich nach dem natürlichen Wert des Getreides, das auf den schlechteren Böden angebaut wurde, und deshalb muß er langfristig steigen.

Da nun Getreide das Hauptnahrungsmittel darstellt, muß sich auch – weil ja eine Arbeiterfamilie immer die gleiche Menge verbrauchen muß, um sich zu reproduzieren – der natürliche Preis der Arbeit erhöhen. So kommt es, daß der industrielle Kapitalist immer weniger Profit macht, da er mehr und mehr an Arbeitslöhnen zu zahlen hat. »Vorausgesetzt, daß Getreide und Manufakturwaren stets zu unveränderten Preisen verkauft werden, so sind die Profite hoch oder niedrig, je nachdem die Löhne niedrig oder hoch sind. Angenommen aber, Getreide steigt im Preis, weil mehr Arbeit zu seiner Produktion erforderlich ist, so wird diese Ursache nicht den Preis der Manufakturwaren erhöhen, zu deren Produktion keine zusätzliche Menge Arbeit benötigt wird. Falls also die Löhne weiterhin unverändert bleiben, werden auch die Profite der Fabrikanten die gleichen bleiben. Wenn jedoch, wie es vollkommen sicher ist, die Löhne mit dem Getreidepreis steigen, so werden ihre Profite notwendigerweise sinken« (S. 95).

Nutznießer dieser Erhöhung des Getreidepreises sind die Grundeigentümer. Da das Getreide zu jenem Preis verkauft wird, den der Pächter erzielen muß, der die schlechtesten Böden bebaut, erhalten alle Grundherren der besseren Böden eine Grundrente, deren Höhe abhängt von der Qualität der bebauten Böden. Der beste Boden bringt die höchste Rente, weil dort mit einem Minimum an Arbeitszeit produziert, aber zu demselben Preis verkauft wird, den der Pächter des schlechtesten Bodens erhält.

Bei wachsender Bevölkerung muß nach Ricardo immer schlechterer Boden in den Produktionsprozeß einbezogen werden; die Arbeitslöhne werden steigen zugunsten der Grundherren, die immer mehr an Rentenzahlungen einnehmen, und der industrielle Kapitalist wird schließlich völlig auf weitere Investitionen verzichten und womöglich ganz von der Bildfläche verschwinden. »Die natürliche Tendenz des Profits ist also, zu fallen, denn mit fortschreitender Entwicklung der Gesellschaft kann die zusätzlich benötigte Menge Lebensmittel nur durch das Opfer von immer mehr Arbeit gewonnen werden. Diese Tendenz oder sozusagen Gravitation des Profits wird zum Glück häufig durch Verbesserungen der mit der Produktion lebenswichtiger Güter verbundenen Maschinen sowie durch Entdeckungen der Agrarwissenschaft gehemmt, die uns ermöglichen, einen Teil der früher erforderlichen Arbeit freizusetzen und daher den Preis der lebensnotwendigen Güter zu senken. Die Erhöhung der Preise für existenznotwendige Konsumgüter und Löhne ist jedoch begrenzt; denn sobald die Löhne ... die Gesamteinnahme des Farmers erreichen, muß die Akkumulation aufhören, weil dann kein Kapital irgendeinen Profit abwerfen kann, keine weitere Arbeit nachgefragt wird und die Bevölkerung damit ihren höchsten Stand erreicht hat. Allerdings wird schon viel früher die außerordentlich niedrige Profitrate jede Akkumulation zum Stillstand gebracht haben, und fast das gesamte Produkt des Landes wird nach Bezahlung der Arbeiter Eigentum der Grundeigentümer und der Empfänger von Zehnten und Steuern sein« (S. 106).

Getreide und Maschinen – Ricardos pessimistische Prognosen

Diese Passagen waren es vordringlich, die in der wissenschaflichen Einschätzung den Anlaß gaben, Ricardo als *Pessimisten* einzustufen, wie dies beispielsweise bei Gilde und Rist (1923) geschieht. In der Tat sind diese Stellen in seinem Hauptwerk in einer Weise formuliert, daß der Eindruck entstehen muß, es handle sich um »natürliche«, also unabwendbare Tendenzen. Zieht man aber frühere Schriften hinzu, dann wird deutlich, daß die *Korngesetze* im Kontext dieser dynamischen Prognose eine zentrale Rolle spielen. »Als Basis einer Kritik an den Korngesetzen hätte wohl kaum etwas Wirkungsvolleres erfunden werden können als die Ricardosche Verteilungstheorie«, lautet die Würdigung von Edwin Cannan. *Freie Einfuhr* war in Ricardos Sicht der unentbehrliche Ausgleich für die abnehmenden Erträge – unentbehrlich, um das Schreckgespenst des Rückfalls in einen stationären Zustand unter Kontrolle zu bringen. In einer Studie von 1819, in der er auf »die Knappheit und infolgedessen den hohen Wert der Nahrungsmittel und anderer Rohprodukte« als das »einzige Hindernis« für die Mehrung des Reichtums und für das Wachstum der Bevölkerung »für unbestimmte Zeit« hinweist, sagt er: »Man lasse diese Nahrungsmittel und Rohprodukte von außerhalb im Tausch gegen industriell hergestellte Güter liefern, und es ist schwer zu sagen, wo die Grenze ist, an der man aufhören würde, Reichtum zu akkumulieren und Profit aus seiner Anwendung zu schöpfen.« Und in einem Brief heißt es ausdrücklich: »Ich trete für den freien Kornhandel ein mit der Begründung, daß, wenn der Handel frei ist und Korn billig, die Profite nicht fallen werden, wie groß auch immer die Kapitalakkumulation ist. Wenn man sich auf die Quellen seines eigenen Bodens beschränkt, sage ich, wird die Rente mit der Zeit den größten Teil des Ertrags, der nach Auszahlung der Löhne übrigbleibt, absorbieren, und infolgedessen werden die Profite niedrig sein« (zit. nach Dobb, 1977, S. 103).

Ricardos Einschätzung der Auswirkung *maschineller Produktion* auf die Lage der Arbeiterklasse gibt sicherlich mehr Anlaß, ihn als Pessimisten zu sehen. Daß der Einsatz von Maschinen Arbeitskräfte freisetzt, die dann keine Arbeit mehr finden, stellt sich für Adam Smith noch nicht als Problem. Er sieht ausschließlich positive Seiten dieser Entwicklung: Zwar erhöht sich der Arbeitslohn, aber das wird mehr als aufgewogen durch die Verringerung der Arbeitsquantität, die zur Herstellung eines bestimmten Gegenstandes in der Manufaktur benötigt wird.

Daß die Einführung von Maschinen nicht nur positive Folgen hat, zeigte sich an den wiederholten Aufständen gegen die Ausbreitung der Maschinerie in den Jahren 1778 bis 1830, und die Theoretiker der Politischen Ökonomie waren mit der Frage konfrontiert, ob die durch Einführung von Maschinen entlassenen Arbeiter an anderer Stelle wieder in den Produktionsprozeß integriert würden oder ob eine solche Kompensation nicht stattfindet. In der Kritik der »Kompensationstheorie bezüglich der durch Maschinerie verdrängten Arbeiter« weist Marx darauf hin, daß eine ganze Reihe bürgerlicher Ökonomen behaupten, »daß alle Maschinerie, die Arbeiter verdrängt, stets gleichzeitig und notwendig ein adäquates Kapital zur Beschäftigung derselben identischen Arbeiter freisetzt« (Das Kapital, Bd. 1, S. 461).

Zu diesen Ökonomen gehörte anfänglich auch Ricardo, der diese Ansicht teilte, aber sie »später ausdrücklich mit seiner charakteristischen wissenschaftlichen Unbefangenheit und Wahrheitsliebe« (ebd.) widerrief. In der dritten Auflage der *Principles* heißt es: »Seitdem ich meine Aufmerksamkeit erstmalig Fragen der Politischen Ökonomie zugewandt habe, war ich stets der Auffassung, daß eine Anwendung von Maschinerie in einem beliebigen Produktionszweig, soweit sie arbeitssparend wirkt, das allgemeine Wohl fördert und nur von jenen Nachteilen begleitet wird, die sich in den meisten Fällen bei der Überführung von Kapital und Arbeit von einem Zweig in den anderen einstellen« (S. 380).

Ricardo meint hier *befristete Arbeitslosigkeit*, die aber bald wieder aufgehoben wird, da ja zusätzliches Kapital zur Verfügung stehen würde, das die freigesetzten Arbeiter alsbald absorbieren würde. Im ganzen schien ihm die Entwicklung für alle vorteilhaft zu sein: Durch die verbilligten Preise der maschinell produzierten Waren war es möglich, mit demselben Geldeinkommen mehr konkrete Reichtümer zu kaufen. »Ich dachte, daß sich auch für die Klasse der Arbeiter gleicherweise durch die Verwendung von Maschinen Vorteile ergeben, da sie die Möglichkeit haben, mehr Waren mit den gleichen Geldlöhnen zu kaufen, und ich glaubte, daß keine Kürzung der Löhne eintreten wird, weil der Kapitalist die Fähigkeit besitzt, ebenso nach Arbeitern nachzufragen und dasselbe Quantum zu beschäftigen wie früher, obwohl er unter dem Zwang stehen kann, es für die Produktion einer neuen oder jedenfalls verschiedenen Ware zu verwenden« (S. 381).

Der zunehmende Pauperismus und schließlich das Erscheinen der Schrift *Condition of the Labouring Classes of Society* von *John Barton* (1817) ließen Zweifel an der Richtigkeit dieser Theorie aufkommen, und Ricardo stellt fest, »daß die bei der arbeitenden Klasse herrschende Meinung, daß die Verwendung von Maschinen häufig ihren Interessen zuwiderläuft, sich nicht auf Vorurteil und Irrtum stützt, sondern mit den richtigen Prinzipien der Politischen Ökonomie vereinbar ist« (S. 387).

Versuchen wir, uns Ricardos Argumentation zu vergegenwärtigen: Ricardo unterscheidet im Anschluß an die Theorien seiner Vorgänger zwischen *Brutto-* und *Nettoeinkommen*. Das Bruttoeinkommen besteht aus der Gesamtsumme der Arbeitslöhne, der Profite, Zinsen und Renten. Ursprünglich war nun Ricardo der Ansicht, daß sich mit der Vergrößerung der Nettoeinkommen auch das Bruttoeinkommen erhöhen muß. Doch davon rückt er ab: »Ich habe nunmehr genug Grund, um überzeugt zu sein, daß jener Fonds wachsen kann, aus dem Grund-

eigentümer und Kapitalisten ihre Revenue beziehen, während der andere, von dem die arbeitende Klasse hauptsächlich abhängig ist, sich verkleinern kann. Falls ich recht habe, ergibt sich daraus, daß die gleiche Ursache, die die Nettorevenue des Landes anwachsen läßt, gleichzeitig einen Überfluß an Bevölkerung erzeugt und die Lage des Arbeiters verschlechtern kann« (S. 382).
Werden nämlich mit einem Teil jenes Fonds, mit dessen Hilfe Lebensmittel für die Arbeiter produziert wurden, Maschinen hergestellt, so wird sich in der nächsten Produktionsperiode die Zusammensetzung des Bruttoeinkommens ändern, da die mit der Herstellung der Maschinen befaßten Arbeiter nunmehr freigesetzt werden, keine Mittel zur Beschäftigung vorfinden und auch keine Lebensmittel für ihren Unterhalt. Das Nettoprodukt seinerseits wird sich erhöhen durch den Einsatz der Maschinen, so daß sich – selbst wenn sich der Wert der hergestellten Waren nicht ändern sollte – jener Fonds vergrößert, aus dem die Eigentümer und unproduktiven Arbeiter versorgt werden. Nur unter einer Voraussetzung kann sich Ricardo die Entwicklung, die sich sonst nur verschlechtert, positiv denken: »Falls die infolge der Verwendung von Maschinen verbesserten Produktionsmittel das Nettoprodukt eines Landes in einem so großen Maße vermehren sollten, daß das Bruttoprodukt nicht geringer wird (ich habe stets die Menge der Waren, nicht ihren Wert im Auge), wird sich die Lage aller Klassen verbessern. Der Grundeigentümer und der Kapitalist werden nicht durch eine Erhöhung der Rente und des Profits begünstigt, sondern durch die Vorteile, die sich aus der Verausgabung der gleichen Rente und desselben Profits für im Wert beträchtlich gesunkene Ware ergeben, während die Lage der arbeitenden Klassen auch wesentlich verbessert wird; erstens nämlich durch die gesteigerte Nachfrage nach Hauspersonal, zweitens durch den Anreiz zu Ersparnissen von der Revenue, den ein so reichliches Nettoprodukt hervorruft, und drittens durch den niedrigen Preis aller Konsumartikel, für die ihr Lohn verwendet wird« (S. 387).

Die Kontroverse um Ricardo

Ricardos Theorie geriet schon kurz nach seinem Tode in den Strudel einer vehementen Auseinandersetzung, die nicht mehr innerwissenschaftlich argumentierte. Meek (1973) erklärt den schnellen Erfolg der Kritik an Ricardo damit, daß die Mehrheit der Ökonomen sehr wohl den gefährlichen Gebrauch erkannte, den eine Reihe radikaler Autoren von bestimmten Ricardoschen Begriffen machte. Die Kritik richtete sich insbesondere auf die Wert- und Profittheorie, da insbesondere dieser Aspekt bei Ricardo logisch zum Radikalismus führen mußte. Konnten die Publikationen eines *Charles Hall* und *Piercy Ravenstone* gefahrlos ignoriert werden, so konnte *Thomas Hodgskins* 1825 erschienenes Buch *Labour Defended against the Claims of Capital*, das ein Ergebnis der Aktionen der Arbeiterklasse war, die auf die Aufhebung der Koalitionsgesetze gefolgt waren, nicht mehr einfach übergangen werden. Sehr deutlich wird Hodgskin von dem amerikanischen Ökonomen *Cooper* 1830 angegriffen: »Wenn dies die Vorschläge sind, zu deren Durchsetzung sich die Handwerker und Arbeiter zusammenschließen, so ist es für jene, die Eigentum zu verlieren und Familien zu beschützen haben, hohe Zeit, sich zur Selbstverteidigung zusammenzufinden« (zit. nach Meek, 1973, S. 99). Die Schlußfolgerung der »ricardianischen Sozialisten«, daß der von den Arbeitern produzierte Wert und Profit auch anders verteilt werden kann, wurde schnell mit einer neuen Profittheorie beantwortet. »Es ist bezeichnend«, meint Blaug (New Haven 1958, S. 224f.), »daß die Autoren, die die Ansichten der ›Arbeitstheoretiker‹ angriffen – Scrope, Read und Longfield –, auch unter den ersten waren, die die Abstinenztheorie des Profits vorbrachten. In diesem Sinne waren die theoretischen Neuschöpfungen ... nicht ohne Beziehung zu der Natur des Klassenkampfes nach 1830. Und wenn wir die Arbeitskosten-Theorie des Wertes als den Kern der Ricardoschen ökonomischen Theorie betrachten, sind wir gezwungen zuzugeben, daß der entscheidende Einfluß Ricardos in den 30er Jahren des 19. Jahrhunderts ein Ende fand.«

Schritt für Schritt wurde Ricardos System von jenen Aspekten befreit, die den Erwartungen einer ununterbrochenen und harmonischen Entwicklung im Kapitalismus Grenzen zu setzen schienen. Die sich im neu gegründeten *Political Economy Club* versammelnde »neue Ricardosche Schule« arbeitete systematisch an dieser Uminterpretation des Werkes von Ricardo, das nicht kampflos dem Gegner überlassen werden sollte. Bereits 1831 scheint der Club darin einig gewesen zu sein, daß das Interesse der Grundherren tatsächlich nicht den Interessen der anderen Gesellschaftsklassen entgegenstand, sowie darin, daß die These vom stationären Zustand einer radikalen Verbesserung bedürfe. Im Jahre 1835 wird berichtet, daß die »ganze Artillerie des ›Clubs‹ gegen Malthus' Bevölkerungsgesetz gerichtet war«. Der Wert wurde nunmehr in Begriffen von Nützlichkeit und Produktionskosten dargestellt; der Profit, wie erwähnt, nicht mehr als Produkt der Mehrarbeit der Arbeiterklasse, sondern als Resultat von oder als die Belohnung für etwas, was entweder der Kapitalist oder sein Kapital hervorgebracht haben. *John Stuart Mill* hatte keine Schwierigkeiten, Seniors Abstinenztheorie seinem System einzuverleiben und Ricardos Arbeitswerttheorie durch eine Produktionskostentheorie des Wertes zu ersetzen, so daß kein Theorem mehr Anlaß gab zu der Annahme, daß es einen wirklichen ökonomischen Interessengegensatz zwischen den Gesellschaftsklassen im Kapitalismus gibt.

BIBLIOGRAPHIE

Primärtexte:

Barton, John, 1817: Observations on the Circumstances which Influence the Condition of the Labouring Classes in Society, London; *Becher*, Johann Joachim, 1668: Politische Discurs. Von den eigentlichen Ursachen des Auff- und Abnehmens der Städt, Länder und Republicken, Frankfurt; *ders.*, 1669: Moral Discurs. Von den eigentlichen Ursachen des Glücks und Unglücks, Frankfurt; *ders.*, 1682: Närrische Weisheit und weise Narrheit, Frankfurt; *Child*, Josiah, 1968: Selected Works (1668–1697), Farnborough; *Court*, Pieter de la, 1662 (deutsch 1665): Interest van Holland, Amsterdam; *Davenant*, Charles, 1771: The Political and Commercial Works of Charles Davenant, 5. Bde., London; *Forbonnais*, François de, 1754: Éléments du commerce, 2 Bde., Leiden; deutsch: Hamburg 1755; *ders.*, 1767: Principes et observations économiques, 2 Bde., Amsterdam, deutsch: Wien 1787; *Genovesi*, Antonio: Lezioni di economia civile, in: P. Custodi, Scrittori classici Italiani di economia politica, 50 Bde., 1803–1816; *Hales*, John, 1954: A Discourse of the Common Weal of this Realm of England, hrsg. von E. Lamond, Cambridge; *Hodgskin*, Thomas, 1825: Labour Defended against the Claims of Capital; *Hörnigk*, Philipp Wilhelm von, 1753: Österreich über alles, wann es nur will, Frankfurt und Leipzig; *Justi*, Johann Heinrich G. von, 1755: Staatswirtschaft oder systematische Abhandlung aller ökonomischen und Cameralwissenschaften, Leipzig; *ders.*, 1756: Grundsätze der Polizeywissenschaft, Göttingen; *ders.*, 1760–61: Die Grundfeste zu der Macht und Glückseligkeit der Staaten, Königsberg, Leipzig; *Laffémas*, Barthélémy de, 1598: Les trésors et richesses pour mettre l'état en splendeur, Paris; *Le Trosne*, 1770: De L'intérêt social, Paris; *List*, Friedrich, 1841: Das nationale System der politischen Ökonomie, Stuttgart; *Locke*, John, 1696: Several Papers relating to Money, Interest and Trade, London; *Malthus*, Thomas Robert, 1798: An Essay on the Principles of Population as it Affects the Future Improvement of Society, London, dt. München 1977; *Malynes*, Gérard de, 1623: The Center of the Circle of Commerce, London; *Mandeville*, Bernard de, 1714: The Fable of the Bees, London, dt. Frankfurt 1968; *Marquis de Mirabeau*, 1755: L'ami des hommes, ou traité de la population, Paris; *ders.*, 1760: Théorie de l'impôt, Paris; *Misselden*, Edward, 1622: Free Trade, or the Means to Make Trade Flourish, London; *ders.*, 1623: The Circle of Commerce, or the Balance of Trade, London; *Montchrétien*, Antoine de, 1615: Traité de l'économie politique, Rouen; *Mun*, Thomas, 1664: England's Treasure by Forraign Trade, London; *Dupont de Nemours*, Pierre-Samuel, 1767: Physiocratie ou Constitution essentielle du gouvernement le plus avantageux au genre humain, Yverdon; *Ortiz*, Luis, 1970: Memorial del Contador Luis Ortiz a Felipe II, eingeleitet von J. Larraz, Madrid; *Quesnay*, François, 1730: Observations sur les effets de la saignée, fondées sur les loix de l'hidrostatique; *ders.*, 1735: Essai physique sur l'économie animale; *ders.*, 1871: Pächter, Getreide, Steuern, Bevölkerung; für die Enzyklopädie verfaßte Artikel, veröffentlicht wurden nur die beiden ersten 1756 und 1757, deutsche Übersetzung in: Ökonomische Schriften 1756–1759, hrsg. von M. Kuczynsky, Berlin; *ders.*, 1758: Tableau économique, Versailles; die verschiedenen Fassungen finden sich in der vorbildlichen Ausgabe von M. Kuczynsky; *ders.*, 1921: Allgemeine Grundsätze der wirtschaftlichen Regierung eines akkerbautreibenden Reiches, Jena; *ders.*, 1958: Quesnay et la Physiocratie, 2 Bde., Paris; *Mercier de la Rivière*, Louis-Sébastien, 1767: L'ordre naturel et essentiel des sociétés politiques, London; *ders.*, 1770: L'intérêt général de L'État, ou la liberté du commerce des blés, Paris, Amsterdam; *Ricardo*, David, 1810: The High Price of Bullion, a Proof of the Depreciation of Bank Notes; *ders.*, 1815: An Essay on the Influence of Low Price of Corn on the Profits of Stock, showing the Inexpediency of Restriction on Importation, deutsch Jena 1922; *ders.*, 1817: Principles of Political Economy and Taxation; dt. Berlin 1959, Frankfurt/M. 1972; *Schröder*, Wilhelm Freiherr von, 1686: Fürstliche Schatz- und Rentkammer, Wien; *Serra*, Antonio, 1613: Breve trattato delle cause che possono far abbondare li regni d'oro e d'argento, Neapel; *Smith*, Adam, 1759: Theory of Moral Sentiments, dt. Hamburg 1977; *ders.*, 1776: Inquiry into the Nature and the Causes of the Wealth of Nations, dt. Leipzig 1910, Jena 1923, München 1978; *Sonnenfels*, Joseph von, 1765: Grundsätze der Polizey, Handlung und Finanzwissenschaft, Wien; *Steuart*, James Denham, 1767: An Inquiry into the Principles of Political Economy, 2 Bde., London, dt. Hamburg 1769; *ders.*, 1810: Principles of Banks and Banking of Money, as Coin and Paper, London; *Temple*, Wilhelm, 1673: Observations upon the United Provinces of the Netherlands, London; *Turgot*, Robert Jacques, 1769: Réflexions sur la formation et la distribution des richesses, Paris, dt. Jena 1914, in der »Sammlung sozialwissenschaftlicher Meister«; *Uztariz*, Geronimo de, 1724: Theórica y practice de comercio y de marina, Madrid.

Sekundärliteratur:

Bidermann, Hermann Ignaz, 1870: Über den Merkantilismus, Innsbruck; *Blaug*, Mark 1958: Economic Theory in Retrospect, London; *ders.* 1958: Ricardian Economics, New Haven; *Cole*, Charles W., 1931: French Mercantilist Doctrines before Colbert, Diss, New

York; *Dobb*, Maurice, 1977: Wert- und Verteilungstheorie seit Adam Smith, Frankfurt/M.; *Furniss*, Edgar, 1920: The Position of the Laborer in a System of Nationalism, Boston, New York 1920; *Gilde*, Charles und *Rist*, Charles, 1923: Geschichte der volkswirtschaftlichen Lehrmeinungen, Jena; *Hasbach*, Wilhelm, 1890: Die allgemeinen philosophischen Grundlagen der von François Quesnay und Adam Smith begründeten politischen Ökonomie, Leipzig; *Heckscher*, Eli Filip, 1923: Der Merkantilismus, 2 Bde., Jena; *Hobsbawm*, Eric J., 1969: Industrie und Empire. Britische Wirtschaftsgeschichte, 2 Bde., Frankfurt/M.; *Laspeyres*, Étienne, 1863: Geschichte der volkswirtschaftlichen Anschauungen der Niederländer und ihrer Literatur zur Zeit der Republik, Leipzig; *Lindgren*, J. R., 1973: The Social Philosophy of Adam Smith, Dordrecht; *Mantoux*, 1961: The Industrial Revolution in the Eighteenth Century, London; *Marx*, Karl, 1956: Theorien über den Mehrwert, 3 Bde., Berlin; *Meek*, Ronald, 1962: The Economics of Physiocracy. Essays and Translations, London; *ders.*, 1973: Ökonomie und Ideologie, Frankfurt; *Rae*, John, 1895: Life of Adam Smith, London; *Roscher*, Wilhelm, 1851: Zur Geschichte der englischen Volkswirtschaftslehre im 16. und 17. Jahrhundert, Leipzig; *ders.*, 1874: Geschichte der National-Ökonomik in Deutschland, München; *Salvacci,* Pasquale, 1966: La filosofia politica di Adam Smith, Urbino; *Schmoller*, Gustav, 1898: Umrisse und Untersuchungen zur Verfassungs-, Verwaltungs- und Wirtschaftsgeschichte; besonders des preußischen Staates im 17. und 18. Jahrhundert, Leipzig; *Schumpeter*, Joseph A., 1965: Geschichte der ökonomischen Analyse, 2 Bde., Göttingen; *Sweezy*, Paul M., 1959: Theorie der kapitalistischen Entwicklung, Köln; *Weulersee*, Georges, 1910: Le Mouvement Physiocratique en France, Paris; *ders.*, 1931: Les Physiocrates, Paris; *Winch*, Donald, 1978: Adam Smith's Politics, Cambridge; *Wirminghaus*, Alexander, 1886: Zwei spanische Merkantilisten, Diss. Halle, Jena; *Zielenziger*, Kurt, 1914: Die alten deutschen Kameralisten, Jena.

KAPITEL XII

Amerikanisches politisches Denken: Von der Revolution bis zum Bürgerkrieg

VON JAMES P. YOUNG

1. Die Grundlagen des amerikanischen politischen Denkens

Betrachtet man das amerikanische politische Denken in der Gründungsphase der Vereinigten Staaten, so müssen dabei zunächst einige Besonderheiten beachtet werden. Von Bedeutung ist vor allem die Überschneidung der intellektuellen und der politischen Eliten in dem fraglichen Zeitraum (Hofstadter, 1963, S. 145). Mit der bemerkenswerten Ausnahme von George Washington leistete von den politischen Führern nahezu jeder einen Beitrag zur politischen Theorie der entstehenden Nation. Die Entwicklung der politischen Ideen ist – teilweise als Konsequenz daraus – mit den politischen und sozialen Ereignissen eng verbunden und kann nicht ohne sie betrachtet werden. Außerdem haben viele Formulierungen den improvisierenden Charakter eines *ad hoc* verfaßten Entwurfs und sind selten von systematischer oder umfassender Form. Viele der politischen Ideen, beginnend mit dem Ausbruch der revolutionären Spannungen in den sechziger Jahren des 18. Jahrhunderts, können in Pamphleten, revolutionären Attacken, Predigten, Zeitungsartikeln, Reden und ähnlichem gefunden werden. Es handelt sich dabei häufig um höchst parteiische, polemisch vorgetragene Ansichten, die vor dem Hintergrund einer aktuellen politischen Debatte Überzeugungsarbeit leisten sollen. Das amerikanische politische Denken hat sich schließlich, aus welchem Grund auch immer, auch darin von der europäischen politischen Theorie unterschieden, daß es sich nur selten mit Grundprinzipien auseinandergesetzt oder eine systematische Untersuchung der begrifflichen Grundlagen der politischen Theorie versucht hat. Über die Frage, warum dies so ist, ist selbst viel theoretisiert worden, und dies bietet hier den Ausgangspunkt für die Analyse.

Die Haupterklärung für das relativ niedrige Niveau und den – im vulgären Sinn – pragmatischen Charakter des amerikanischen politischen Denkens liegt möglicherweise darin, daß die amerikanischen Theoretiker keine Notwendigkeit sahen, auf einem abstrakteren Level zu arbeiten, da sie die prinzipiellen Grundfragen für bereits gelöst hielten. Die amerikanische Tradition ist in dieser Hinsicht, ob zum Guten oder zum Schlechten, durch einen bemerkenswert hohen Grad an Übereinstimmung gekennzeichnet. Diese Übereinstimmung beruht, wie *Richard Hofstadter* es ausdrückte, auf ihrer Bindung an eine »Ideologie der Selbsthilfe, des freien Unternehmertums, der Konkurrenz und der wohltätigen Habgier«

(Hofstadter, 1973, S. XXIX). Diese Schlagworte sind natürlich nichts anderes als die zentralen Werte des liberalen Kapitalismus. Eine ähnliche, freilich deutlicher in Begriffe der politischen Theorie gefaßte Formulierung, die ebenfalls versucht, die Ursachen dieser Übereinstimmung zu erklären, bietet *Louis Hartz* in seiner Studie, der vielleicht bedeutendsten generellen Untersuchung des amerikanischen politischen Denkens (Hartz, 1955). Hartz behauptet, daß das amerikanische Denken einen zutiefst irrationalen, durch Locke geprägten Charakter habe. Auf fruchtbare Weise marxistische und Tocquevillesche Kategorien verbindend (Huntington, 1981, S. 71), kommt Hartz – ähnlich wie Trotzki, der behauptet hat, daß Rußland das bürgerliche Zwischenspiel übersprungen habe – zu dem Ergebnis, Amerika habe in einer Art von umgekehrtem *Law of Combined Development* die feudale Phase übersprungen. Darin Tocqueville folgend, bemerkt Hartz, daß die Amerikaner von Geburt gleich sind und es deshalb nicht erst werden müssen. Aufgrund dessen ist das amerikanische politische Denken in seiner Grundrichtung zutiefst mittelständisch-liberal, und Locke steht als Symbol für diese Charakterisierung. Hartz verweist zwar auf die »Tatsache der atomistischen sozialen Freiheit« als der »Hauptvoraussetzung« der amerikanischen politischen Theorie, aber was unter »Lockeschem Einfluß« zu verstehen ist, wird nirgendwo genau definiert (Hartz, 1955, S. 62). Abgesehen davon steht diese Position eindeutig für solche Schlüsselelemente des *Liberalismus* wie Konstitutionalismus, Kapitalismus und eine zumindest formale Bindung an das Gleichheitsprinzip. Diese Bindung war so tief, daß sie das amerikanische Denken und die amerikanische Politik auf die Mitte des ideologischen Spektrums festlegte und damit sowohl die Entwicklung eines *traditionalistischen Konservatismus* europäischer Prägung als auch irgendeiner bedeutenden Form des *Sozialismus* ausschloß. Diese These ist stark, aber umstritten, und wir können ihre vollen Implikationen hier nicht untersuchen, wenngleich sie auf den folgenden Seiten von großer Bedeutung sein wird. Insbesondere aber öffnet sie den Weg zu dem, was einmal die Standardanalyse der amerikanischen Revolution bildete.

Die Besonderheiten der amerikanischen Revolution

Paradoxerweise war die amerikanische Revolution in gewissem Sinn ein konservatives Ereignis. Nahezu bis zum Ende der Phase, die der Umwälzung unmittelbar vorausging, hielt die große Mehrheit der Kolonialführer, mit Samuel Adams als der wohl wichtigsten Ausnahme, an der Hoffnung fest, daß ein endgültiger Bruch vermieden werden könne. Viele der Appelle an die Krone beriefen sich auf die historischen Rechte der Engländer (Rossiter, 1953, S. 315). Obendrein übersprang das revolutionäre Gefühl alle Klassenschranken, wenngleich es an Klassenkonflikten nicht mangelte. Der revolutionäre Führungskern stammte aus der einfachen bis gehobenen Mittelschicht und der Arbeiterklasse, zu denen noch eine Gruppe hinzukam, die als aristokratische Splittergruppe betrachtet werden könnte (Morgan, 1973, S. 291; Rossiter, 1953, S. 314). Auf der einen Seite kreisten viele der Debatten um die Struktur des Britischen Empire und waren dementsprechend *legalistisch*, ein Charakteristikum, das auch im späteren amerikanischen Denken nicht ungewöhnlich war (Rossiter, 1953, S. 333–342).
Man darf diese konservativen Tendenzen jedoch nicht überbewerten. Wie wir

noch sehen werden, gab es neben diesen gemäßigten, legalistischen Argumenten ein weniger gehobenes *utopisches* und zeitweise geradezu hysterisches Element im revolutionären Denken, das berücksichtigt werden muß. Konservativ oder nicht, jedenfalls gelang es den Kolonisten in der vielleicht ersten modernen antikolonialistischen Rebellion, eine legale Regierung zu stürzen. Sie vertrieben die Tory-Anhänger der Krone, konfiszierten ihr Eigentum und »setzten das Beispiel eines revolutionären Programms, durch das die Leute zu der Überzeugung gebracht wurden, als konstituierende Macht zu agieren« (Palmer, 1959, S. 213 bis 235, bes. S. 232). Die Vertreibung der Loyalisten ist deshalb besonders bedeutsam, weil durch sie der mögliche Kern eines traditionalistischen Konservatismus, der prinzipiell die Grundsätze der liberalen Theorie verwarf, aus der amerikanischen politischen Szene entfernt wurde (Nelson, 1961).

Politisch begann die kritische Phase im Jahre 1765 mit der Verabschiedung des Steuermarken-Gesetzes (*Stamp Act*). Allgemein jedoch wurde die Krise durch das Ende des Siebenjährigen Krieges zwischen England und Frankreich heraufbeschworen. Die englische Krone sah sich gezwungen, die enormen Staatsschulden zu reduzieren und die Struktur des Empires zu straffen, womit eine lange Phase »gesunder Nachlässigkeit« beendet wurde. Die Spannungen eskalierten zunehmend mit dem Townshend-Gesetz (*Townshend Act*) und dem Teesteuer-Gesetz (*Tea Act*). Die Teesteuer wurde mit der *Boston Tea Party* beantwortet, einem Ereignis, das möglicherweise die letzten Hoffnungen auf eine friedliche Lösung zunichte machte und zu den Zwangsgesetzen (*Coercive Acts*) von 1774 führte (Rossiter, 1953, S. 317–325).

Die Ideologien der Revolution

Die Hauptpunkte der kolonialen Reaktion auf diese Ereignisse sind bekannt.[1] Die Doktrin der »virtuellen« Repräsentation wurde zurückgewiesen und *No taxation without representation* wurde zum beherrschenden Slogan. Neben einer Reihe technischer Streitfragen, die sich um die Frage drehten, in welchem Maß die Macht des Parlamentes hinsichtlich der in Frage stehenden Form der Besteuerung abgeändert werden sollte, war nur die Form der Repräsentation strittig. Schon bald jedoch erwuchs die Forderung nach völliger Autonomie, und das Recht der Krone, Steuern zu erheben, wurde vollkommen verneint. Diese Position ging rasch in eine *Dominion theory* hinsichtlich des Empires über, die als einziges Bindeglied zwischen Großbritannien und den Kolonien eine allgemeine Treue gegenüber dem König gelten ließ. Von dieser Position her war es natürlich nur noch ein kleiner Schritt zur völligen Unabhängigkeit (Rossiter, 1953, S. 317–325).

Dies führt zur *Unabhängigkeitserklärung* und zur Beschäftigung mit *Locke*. Seit der Pionierarbeit Clinton Rossiters, ganz zu schweigen von den detaillierten Studien J. G. A. Pococks, Bernard Bailyns und Gordon Woods (Pocock, 1975; Bailyn, 1967; Wood, 1969), ist es nicht länger möglich, Locke als die einzige europäische Quelle der amerikanischen politischen Ideen zu behandeln. Die Quellen reichen zurück bis ins antike Griechenland und zu den Römern, von denen vor allem *Cicero* besonders wichtig war. Unter ihren englischen Vorfahren bezogen sich die Kolonisten ebenso auf *Coke, Bolingbroke* und die libertären

Pamphletisten *Gordon* und *Trenchard* wie auf die republikanische Tradition des Commonwealth, einschließlich solcher Vertreter wie *Harrington* und *Sidney*. Selbst konservativere Engländer wie *Blackstone* wurden nicht ausgeschlossen, und man las auch Autoren wie *Burlamaqui*, *Pufendorf* und *Montesquieu*. Und dennoch lag Locke sozusagen »in der Luft«, seine Ideen stimmten in weiten Teilen mit dem zeitgenössischen Meinungsklima überein. Er war, wie Rossiter einräumt, der Erste unter Gleichen, »ein berühmter, nahezu unanfechtbarer englischer Philosoph«, der eine englische Revolte gegen einen englischen König gerechtfertigt hatte (Rossiter, 1953, S. 356–361, bes. S. 358–359).

Trotz dieser Vielzahl der Quellen ist ziemlich klar, daß die Unabhängigkeitserklärung (*Declaration of Independence*) wesentlich von Lockeschen Begriffen geprägt ist. Dies gilt ungeachtet der Tatsache, daß ihr Hauptautor *Thomas Jefferson* behauptete, weder dieses noch irgendein anderes Werk zu Rate gezogen zu haben, während er das Dokument entwarf. Indessen wissen wir, daß Jefferson Locke – neben Bacon und Newton – für einen der drei bedeutendsten Menschen hielt, die je gelebt hatten (Jefferson, 1944, S. 609), daß er die *Zweite Abhandlung über die Regierung* als das bedeutendste Werk der politischen Theorie betrachtete (Jefferson, 1944, S. 497) und es zu den wenigen vorgeschriebenen Texten gehörte, die Jefferson in seinem Plan für die Universität von Virginia aufführte (Wiltse, 1960, S. 143). Jefferson selbst war der Ansicht, er verleihe lediglich dem inhaltlichen *common sense* Ausdruck, der von allen Führern der Revolution geteilt werde; als Begründer neuer Prinzipien fühlte er sich nicht (Becker, 1942, S. 24–79, bes. S. 24–27).

Die Unabhängigkeitserklärung ist formal aufgebaut wie ein umfangreicher Lockescher Syllogismus, in dem der berühmte zweite Paragraph die Prämissen für die Beweisführung darlegt. Er geht von der als selbstevident betrachteten Wahrheit aus, daß alle Menschen gleich geschaffen sind und daß sie im Besitz bestimmter unveräußerlicher Rechte sind, insbesondere der auf »Leben, Freiheit und Streben nach Glück (*pursuit of happiness*)«. Die Regierungen sind geschaffen worden, um diese Rechte zu sichern, und sie kommen durch die Zustimmung der Regierten an die Macht, um dies zu tun. Wenn eine Regierung sich als diesen Zielen abträglich erweist, steht dem Volk das Recht zu, sie zu ändern oder abzuschaffen und eine neue Regierung an ihre Stelle zu setzen.

Dann folgt der Hauptteil der Unabhängigkeitserklärung, der im Grunde eine lange Liste von Beschwerden gegen König Georg III. ist, in denen er der Verletzung der natürlichen Rechte und der Lehre von der Zustimmungspflichtigkeit angeklagt wird. Dies führt dann zwangsläufig zu dem Schluß, daß die Auflösung der Bindungen zwischen der Krone und den Kolonien gerechtfertigt ist.

Natürliche Rechte, Zustimmung und der Grundsatz der Revolution: diese Begriffe zählen zweifellos zu den zentralen Themen von Lockes politischer Theorie. Sicherlich ist Locke nicht die einzige Quelle der revolutionären Ideen, aber wenn es wahr ist, daß Jefferson lediglich die allgemein verbreiteten Ansichten zusammenfaßte, so ist nichtsdestoweniger verblüffend, in welchem Maße sie dem in der *Zweiten Abhandlung über die Regierung* entwickelten Modell folgen (vgl. oben, S. 384 ff.).

Cecilia Kenyon hat freilich gezeigt, daß der Locke, auf den man sich bezog, ein »Locke mit einem amerikanischen Gesicht« war (Kenyon, 1972, S. 168). Lockes komplexe und häufig zweideutige Theorien wurden vereinfacht und in mancher Hinsicht radikalisiert. Die Beschreibung des Naturzustandes wurde weitgehend übernommen, aber die revolutionären Führer waren noch sehr viel weniger als Locke bereit, den Gedanken zu akzeptieren, daß eine Regierung, die ihre Rechtfertigung aus den »Unannehmlichkeiten« dieses Zustands zog, wirklich gerecht sein könne. Außerdem beschäftigten sie sich stärker als Locke mit den Rechten des Individuums, die durch Lockes unbedingtes Festhalten am Mehrheitsprinzip in eine ziemlich prekäre Lage gerieten. Zwar kann man sicherlich nicht behaupten, die amerikanische Revolutions- und Verfassungstheorie habe dieses Problem gelöst, aber man kann zumindest hervorheben, daß das Dilemma zwischen den individuellen Rechten und dem Recht der Mehrheit eine zentrale Rolle in der gesamten Geschichte des amerikanischen Denkens spielt. Zusammen mit der Ersetzung der Idee des »Besitzrechts« in der vertrauten Verbindung mit Leben und Freiheit durch den Ausdruck »Streben nach Glück« (*pursuit of happiness*) hat die Betonung dieses Dilemmas die amerikanischen politischen Ideen in Richtung eines *radikalen Individualismus* geführt. Selbstverständlich waren Besitz – bzw. Eigentum – weiterhin entscheidende Werte, aber die Unbestimmtheit der Idee des Glücks führte zu höchst individualistischen und egalitären Schlußfolgerungen. Insgesamt führten die kolonialen Modifikationen der Lockeschen Theorie in eine stärker demokratische Richtung, als es Locke selbst möglicherweise angenehm gewesen wäre (Kenyon, 1962, S. 168–173).

Einst hätte die Analyse an diesem Punkt wohl haltgemacht. Dank der bereits oben genannten Untersuchungen von Bailyn, Wood und Pocock jedoch ist klar geworden, daß eine ausschließlich auf Locke beruhende Interpretation der amerikanischen Revolution unmöglich ist. Es wäre sicherlich richtiger, Bailyn in der Annahme zu folgen, daß die oben genannten liberalen Ideen der Aufklärung den »tiefen Hintergrund« der politischen Überzeugungen der Revolution bildeten und ihnen eine »generelle Färbung« verliehen (Bailyn, 1973, S. 7). Ob diese Ideen jedoch allein ausreichten, um eine Revolution heraufzubeschwören, ist wohl ziemlich zweifelhaft. Daneben gibt es noch eine weniger nüchterne Seite, eine frenetische, visionäre, utopische, ja geradezu hysterische Stimmung, die ebenfalls quer durch das politische Spektrum ging und tiefe soziale und psychologische Spannungen widerspiegelte (Bailyn, 1973, 1967; Wood, 1969, S. 46 bis 125, bes. S. 121). Es war ein Zeitalter des Neo-Klassizismus, auch wenn die Werke der antiken Autoren nur aus zweiter Hand bekannt waren. Häufig stammten sie aus der Machiavelli-Rezeption James Harringtons und der englischen Republikaner des 17. Jahrhunderts (Pocock, 1972, 1975; Gummere, 1963). Somit wurden die Ideen der bürgerlich-humanistischen Tradition, die historisch der *Country*-Opposition entsprangen, die sich gegen die von der Regierung Walpole unterstützte *Court*-Position auflehnte, ein wichtiger Teil der revolutionären Ideologie (Pocock, 1972, 1975). In den extremsten der von Pocock dargestellten Versionen wird Locke im Grunde beiseite geschoben, und die Revolution wird damit weniger zu einem entscheidenden Moment in der Geschichte des anglo-amerikanischen Liberalismus als vielmehr zu einer der letzten Auswirkungen der Renaissance (Pocock, 1972, S. 120).

Moderatere und zweifellos auch eher zutreffende Betrachtungen kommen zu dem Ergebnis, daß die durch das bürgerlich-humanistische Vokabular ausgedrückte Unzufriedenheit als Auslösemechanismus für den entscheidenden Konflikt zwischen Krone und Kolonien fungierte (Bailyn, 1973, S. 10–14; Murrin 1980, S. 391).

Die republikanische Theorie geht dann sowohl über die von uns festgehaltene konservative, konstitutionelle Argumentation als auch über die radikalsten der auf Locke basierenden Ansätze hinaus. Den Ausgangspunkt der Diskussion bildete das »inspirierende Vorbild« der antiken Republiken, das sich mit der zutiefst beunruhigenden Beobachtung vermischte, daß diese Republiken sehr instabil gewesen waren. Genauer gesagt: Man glaubte, daß sie aufgrund innerer Zerrüttung untergegangen waren, d. h. daß sie dem zweifachen Übel von *Korruption* und *Faktion* zum Opfer gefallen seien. Das Gegenmittel war der »Verzicht auf die Durchsetzung individueller Interessen zugunsten des Gemeinwohls ...« (Wood, 1969, S. 53). Dies war die Essenz des Republikanismus und das grundlegende Charakteristikum bürgerlicher Tugend. Man war jedoch weithin der Ansicht, daß diese Tugend rar gesät sei. Tatsächlich war diese Vision bürgerlicher Tugend völlig »losgelöst von der Realität der amerikanischen Gesellschaft und dem vorausgegangenen Jahrhundert amerikanischer Erfahrungen so entgegengesetzt, daß diese Tatsache allein ausreichte, um die Revolution zu einer der größten utopischen Bewegungen der amerikanischen Geschichte zu machen« (Wood, 1969, S. 54). Aufgrund ihrer Weigerung, dem Gemeinwohl die individuellen Interessen unterzuordnen, galt Faktion als das Gegenteil bürgerlicher Tugend. So unterschiedliche Führer wie *Alexander Hamilton* und *Thomas Paine* waren sich darin einig, die Öffentlichkeit zu einer Erneuerung der Verpflichtung gegenüber dem Gemeinwohl aufzurufen – oder wie Pocock sagen würde: eine Rückkehr zu den Ursprüngen zu fordern, wie sie von Machiavelli propagiert worden war (Pocock, 1972, S. 121). Interessenkonflikte wurden einfach nicht als Teil einer guten politischen Ordnung begriffen – mit der Ausnahme des permanenten Konflikts zwischen den Interessen der Regierenden und denen der Regierten (Wood, 1969, S. 58). Faktionsbildung – die Verfolgung von Interessen, die im Gegensatz zum Gemeinwohl standen – war ein Anzeichen für soziale Krankheit und Korruption, die ausgetilgt werden mußten. Ungeachtet des weitgehenden Festhaltens am liberalen Vertragsprinzip gibt es in dieser Komponente der Revolutionsideologie eindeutig eine von vor-modernen Begriffen geprägte Vorstellung des Staates als organischer Einheit. Aber dies waren durchaus keine neuen Ideen im amerikanischen Denken. *John Winthrop* und die Puritaner hätten sie mehr als ein Jahrhundert früher bereits verstanden (Wood, 1969, S. 59).

Überraschend in der Politik der Kolonien ist jedoch das Fehlen von Verhaltensmustern, die durch die bürgerlich-humanistische Tradition geprägt waren. In der Realität verfolgte man sein beschränktes Eigeninteresse. Deshalb war die Korruption im Sinne der bürgerlich-humanistischen Tradition ein ernstes Problem, und die Unterordnung unter die Krone wurde als eine ihrer Hauptursachen begriffen. Als ebenso schädlich für eine gesunde politische Ordnung wurde die wachsende Ungleichheit betrachtet. Die Errichtung einer republikanischen Ordnung wurde deshalb als eine Angelegenheit von einiger Dringlichkeit betrachtet, was zudem einen zutiefst psychologischen Aspekt hatte, insofern der König und seine Minister als Sündenbock für die eskalierenden Spannungen dienten. Die Frage war, ob die Kolonien die moralische Kraft besitzen würden,

den Anforderungen der republikanischen Theorie gerecht zu werden (Wood, 1969, S. 95). Es war *Thomas Paine*, der den Kern des Problems begriff (Wood, 1969, S. 94–95): Der Zeitpunkt für die Unabhängigkeit war gekommen; in fünfzig Jahren würde es zu spät sein, würde die Fäulnis zu tief gedrungen sein. Die wachsende Größe und die kommerzielle Entwicklung waren eine Bedrohung. »Tugend«, schrieb Paine, »ist weder erblich noch beständig« (Paine, 1976, S. 120, vgl. auch S. 107–108). Unter diesem Aspekt war die amerikanische Revolution, so folgert Wood, mehr als nur eine *anti-kolonialistische Rebellion*, sie war vielmehr der Versuch einer *moralischen Erneuerung*, dem tiefe psychologische und soziologische Bedeutung zukommt. Für gute Republikaner bedurfte es besonderer Menschen, und es war die vordringlichste Aufgabe der Kolonisten zu zeigen, daß sie dessen würdig waren.

Bedenkt man die soziologischen Voraussetzungen, die als Grundlage für eine erfolgreiche republikanische Ordnung angesehen wurden, so sind die Schwierigkeiten klar, einem solchen Anspruch gerecht zu werden. Die Gesellschaft sollte nur aus einer geringen Anzahl von Bürgern bestehen, die auf einer räumlich begrenzten Fläche zusammenlebten. Sie sollte sozial und kulturell homogen sein, um einen möglichst hohen Konsens zu gewährleisten, sie sollte ökonomisch unabhängig sein, sich einem einfachen, frugalen Leben widmen, politische und ökonomische Gleichheit garantieren und gegenüber raschen sozio-ökonomischen Veränderungen mißtrauisch sein (Barber, 1977, S. 121). Aber selbst zur Zeit der Revolution war offensichtlich, daß einige dieser Bedingungen nicht erfüllt werden konnten, besonders diejenigen nicht, die sich auf die Bevölkerungszahl und die Größe des Landes bezogen. Bei den anderen Bedingungen war klar, daß sie durch die Entstehung des liberalen, kommerziellen Kapitalismus bedroht wurden. In diesem Punkt hat Pocock sicherlich recht: Es gibt eine Spannung zwischen Tugend und Kommerz, und es ist ein bezeichnender Zufall, daß 1776 nicht nur die Unabhängigkeitserklärung, sondern auch der *Wohlstand der Nationen* von *Adam Smith* veröffentlicht wurde.

Damit wird deutlich, daß die Kolonialrebellen an zwei verschiedenen Idealen festhielten, die miteinander nicht immer in Einklang gebracht werden konnten und in einigen Punkten sogar völlig unvereinbar miteinander waren. Harvey Mansfeld jr. hat dieses Problem scharf, wenn auch vielleicht zu schematisch umrissen. Er schreibt: »Bürgerlicher Humanismus ist die republikanische Tugend der Bürger, die an der Herrschaft teilhaben.« Dieses Tugendideal unterscheidet sich in vieler Hinsicht von den Ideen des Liberalismus, »der die Rechte über die Gemeinschaft stellt, die Freiheit über die Pflicht, Repräsentation über Partizipation und das Interesse über die Tugend« (Mansfield, 1977, S. 1151).

Diese ideologischen Spannungen gingen jedoch weitgehend in einer Welle des Nationalismus unter, dessen pro-revolutionäre Stimmung auch – zumindest für den Augenblick – die Klassenkonflikte milderte. Diese Konflikte tauchten dann aber mit erhöhter Deutlichkeit im Jahre 1787 in den Auseinandersetzungen um die Ratifizierung der Verfassung der Vereinigten Staaten wieder auf. Es ist deshalb wichtig, die Revolution nur als die erste Phase in dem sehr komplexen Prozeß der Entstehung der Nation zu betrachten oder genauer gesagt: der Errichtung einer neuen politischen Ordnung auf ihren früheren kolonialen Fundamenten.

Außerdem muß betont werden, daß Lockes entscheidender Einfluß nicht bestritten werden kann, wozu Pocock neigt. Aber selbst Pocock hat zugestanden, daß Locke nach der Rekonstruktion der geschichtlichen Herkunft wieder eingefügt werden muß, und David Howe hat behauptet, daß jetzt die Zeit dafür reif sei. Autoren wie Sidney und Harrington, die nach Pococks Ansicht einen Gegenpol zu Locke bilden, wurden von Jefferson selbst und den anderen Anführern der Rebellion als mit Locke völlig zu vereinbaren betrachtet. Die scharfen Kontrastierungen der Gelehrten des 20. Jahrhunderts hatten für sie keine Gültigkeit. Die umstrittenen, aber einsichtsreichen Versuche von Gary Wills, Jefferson und die anderen Führer seiner Generation ausschließlich in die Tradition der schottischen Aufklärung zu stellen, scheitern aus ähnlichen Gründen (Wills, 1978, 1981; Howe, 1982, S. 42). Nach einer Bemerkung von Daniel Howe wurde die These von Hartz, ganz zu schweigen von der älteren Sichtweise Carl Beckers, eher ergänzt als widerlegt. Dieser Ergänzungsprozeß ist jedoch noch nicht abgeschlossen, und es ist noch viel zu erforschen, bevor eine wirklich befriedigende Erklärung der liberalen Ideen gegeben werden kann. Hier und in einigen der übrigen Abschnitte dieses Essays kann lediglich ein vorläufiger Entwurf für eine mögliche Synthese angeboten werden.

Zweifellos dreht sich ein Teil der wissenschaftlichen Diskussion – um nicht zu sagen: Konfusion – in den Auseinandersetzungen der vergangenen fünfundzwanzig Jahre um den wahren Charakter und die Intention von Lockes politischem Denken. Vielleicht hatte Locke ja gar nicht die Absicht, mit seinen Ideen eine unbegrenzte kapitalistische Aneignung zu rechtfertigen (Macpherson, 1962), oder vielleicht ist seine Theorie sogar, richtig verstanden, im Grunde ein Hindernis für den Kapitalismus (Dunn, 1969a; Tully, 1980; vgl. oben, S. 393 ff.). Außerdem ist richtig, daß Lockes Ideen im frühen 18. Jahrhundert keineswegs die beherrschende Kraft im anglo-amerikanischen Denken waren (Dunn, 1969b; Kramnick, 1982). Um 1760 wurden Lockes Ideen jedoch vom Aufstieg des bürgerlich-liberalen Kapitalismus eingeholt, sie wurden in »besitzindividualistischen« Termini interpretiert – was immer er auch intendiert haben mag –, und sie hatten einen breiten Einfluß (Kramnick, 1982). Daher ist es für das Verständnis des amerikanischen politischen Denkens in der Phase seiner Begründung unerläßlich, seine häufig ambivalente Beziehung zur Entstehung einer liberalen kapitalistischen politischen Ökonomie im Gedächtnis zu behalten.

Die zwei amerikanischen Verfassungen

Ebenso wichtig ist, sich zu vergegenwärtigen, daß die Vereinigten Staaten nicht eine, sondern zwei Verfassungen hatten (Jacobsen, 1983). Die Konföderationsartikel (*Articles of Confederation*) waren die erste Verfassung, die vom Ende der Revolution bis zur Ratifizierung des im Verfassungskonvent (*Federal Convention*) von 1787 entworfenen Dokuments in Kraft war. In den Konföderationsartikeln behielten die einzelnen Staaten Souveränität, Unabhängigkeit und alle Rechte, solange diese nicht ausdrücklich an den Kongreß der Vereinigten Staaten abgetreten wurden. Formal entsprach die so entstehende Struktur eher einer Liga unabhängiger Staaten als einer vereinigten souveränen Nation oder einem Staat. Für einen Verteidiger der neuen Verfassung wie *Alexander Hamilton* bestand »der entscheidende Mangel der Konföderationsartikel darin, daß die Regierung, solange diese Artikel in Kraft waren, nicht die Macht hatte, Gesetze zu erlassen, die sich direkt auf den einzelnen bezogen, sondern nur mittels der Körperschaften der Staatsregierungen handeln konnte, so daß die Resolutionen des Kongresses zwar theoretisch bindend waren, praktisch aber bloß Empfehlungen darstellten« (*Federalist* 15, S. 108)[2].

Dieses System wurde nur von wenigen als befriedigend empfunden. Dennoch waren viele der Ansicht, daß seine Ersetzung willkürlich vollzogen worden war: Die Forderung der Konföderationsartikel, daß jeder Zusatzartikel einstimmig verabschiedet werden müsse, wurde umgangen und die Tatsache ignoriert, daß die Delegierten des Konvents lediglich autorisiert waren, die Verfassung zu ergänzen, nicht aber eine neue zu schaffen. Diese beiden Faktoren haben der Ansicht eine gewisse Glaubwürdigkeit verliehen, die gegenwärtige Verfassung sei das Produkt einer Art konterrevolutionären Coups. Was auch immer der historische Wert dieser Beschuldigung sein mag, die Schöpfer der neuen Verfassung befanden sich in einer extrem schwierigen politischen Situation. Der Zusammenhalt der Nation während der Revolution war nur auf eine höchst bedenkliche Art zustandegekommen, und es ist gut möglich, daß bis zu einem gewissen Grad die Unfähigkeit Georgs III. und seiner Minister für den Zusammenhalt der rebellierenden Kolonisten verantwortlich war. Die ehemaligen Kolonien waren für einen vollkommen souveränen Staat nach europäischem Muster sicher noch nicht reif. Die einzelnen Staaten verlangten eher Einigkeit als Einheit, und es spricht einiges für Samuel Huntingtons Ansicht, daß infolgedessen die Vereinigten Staaten im Entwicklungsstadium eines Tudor-Staates stehenblieben (Huntington, 1968, S. 93–139). Wie wir gesehen haben, fehlten viele Bedingungen für die Errichtung eines einheitlichen Systems oder sie befanden sich im Niedergang. Bei einer Bevölkerung von zwei bis drei Millionen Menschen, die sich auf einem schmalen Streifen entlang der Atlantikküste ausbreitete, sprach allein schon die Geographie gegen eine solche Lösung. Obwohl sich die formalen politischen Institutionen der einzelnen Staaten ziemlich ähnlich waren, begannen zwischen den Regionen kulturelle Differenzen aufzutreten, die sich – wie im Fall des Nordens gegenüber dem Süden – bereits zu einer tiefen Kluft ausdehnten. Die Technologie und die Verkehrsverbindungen waren primitiv, und die Wirtschaft erforderte trotz ihrer starken Dezentralisierung eine stärkere Einheit (Minar, 1964, S. 110–112). Vor dem Hintergrund dieser Bedingungen mußte die Verfassung formuliert werden, und es ist nicht erstaunlich, daß das Ergebnis zutiefst kontrovers war. Wie kürzlich aufgezeigt worden ist, hätte bereits der Umschwung einer Handvoll Delegiertenstimmen bei der Ratifizierung der Verfassung ausgereicht, um den eingebrachten Entwurf zu Fall zu bringen. So wurde zum Beispiel die Verfassung in den entscheidenden Staaten Massachusetts, Virginia und New York mit einer absoluten Mehrheit von nur zweiunddreißig Stimmen angenommen (Jacobson, 1983, S. 135). Um richtig einschätzen zu können, was auf dem Spiel stand, müssen die von beiden Seiten in der Kontroverse um die Ratifizierung vorgebrachten Argumente gegenübergestellt werden. Diese Auseinandersetzungen legen einen großen Teil der wesentlichen Charakteristika des amerikanischen politischen Denkens dar.

2. Die Diskussion um die neue politische Ordnung

Der »Federalist« und die Verteidigung der Verfassung

Der *Federalist* nimmt in der Geschichte des amerikanischen politischen Denkens einen einzigartigen Platz ein. Es handelt sich dabei keineswegs um eine systematische Abhandlung, sondern um eine *ad hoc* entstandene Serie von fünfundsechzig Zeitungsartikeln zur Beeinflussung der Wähler bei den Delegiertenwahlen für den entscheidenden Konföderationskongreß in New York. Die Hauptautoren waren *James Madison* und *Alexander Hamilton*. Die Beiträge von *John Jay* waren nicht besonders zahlreich und können hier, obwohl sie nicht unbedeutend waren, beiseite gelassen werden. Die Hauptaufmerksamkeit muß auf die Artikel 10 und 51 von James Madison gerichtet werden, die stärker wohl als alle anderen Dokumente den Geist der amerikanischen Politik widerspiegeln.

Der Artikel Nummer 10 beginnt mit einer Untersuchung des alten Fluches der republikanischen Regierungsformen, der *Faktionsbildung*. Hamilton definiert Faktion als »eine Anzahl von Bürgern, die durch einen gemeinsamen Impuls der Leidenschaft oder des Interesses aktiviert werden, der jedoch den Rechten anderer Bürger oder den grundsätzlichen oder gemeinsamen Interessen der Gemeinschaft entgegengesetzt ist« (*Federalist* 10, S. 78). Die »latenten« Ursachen der Faktionsbildung »liegen in der Natur des Menschen« und sind deshalb unausrottbar. Menschen werden immer wieder in Konflikt miteinander geraten, über die Religion, über die Regierung, über die politische Führung – es gibt unzählige Quellen des Streits. »Aber die häufigste und dauerhafteste Ursache der Faktionsbildung ist der unterschiedliche und ungleiche Ursprung des Eigentums gewesen« (S. 79). Beim Erwerb von Eigentum haben unterschiedliche Menschen unterschiedliche Fähigkeiten, und die Sicherung der unbeschränkten Entfaltung dieser Fähigkeiten ist die »erste Aufgabe der Regierung« (S. 78).

Es folgt dann die Feststellung, daß der Faktionsbildung auf zwei Arten entgegengewirkt werden kann: durch die *Beseitigung ihrer Ursachen* oder durch die *Kontrolle ihrer Wirkungen*. Das erstere könne nur durch die Zerstörung der Freiheit oder durch die Herstellung einer Uniformität der Meinungen erreicht werden. Von diesen beiden Denkmöglichkeiten ist die zweite unerreichbar, und die erste ist zwar vorstellbar, aber diese Medizin ist schlimmer als die Krankheit, die sie bekämpfen soll. Das Gegenmittel für dieses Übel kann also nur darin liegen, etwas zu finden, womit seine schädlichen Wirkungen kontrolliert werden können. Madison meint, daß man sich um *Minderheitsfaktionen* keine Sorgen zu machen brauche, wobei er von der allzu optimistischen Voraussetzung ausgeht, daß das Festhalten am republikanischen Prinzip es der Mehrheit immer erlauben werde, eine ruchlose Minderheit zu besiegen. Das wirkliche Problem liegt seiner Auffassung nach in der Gefahr einer *Mehrheitsfaktion*. Eine solche Faktion der Mehrheit kann nur durch die Bildung einer repräsentativen Regierung (*representative government*) unter Kontrolle gehalten werden. In reinen Demokratien, »in denen die Regierung von wenigen Bürgern zusammengestellt und von diesen Bürgern zugleich die Regierungsgewalt ausgeübt wird, lassen sich die Gefahren der Faktionsbildung nicht bannen« (S. 81). Demgegenüber hat eine repräsentative Zusammensetzung verschiedene Vorzüge. Sie »läutert und erweitert« die öffentliche Meinung, indem sie diese der Überprüfung durch eine Gruppe weiser Bürger unterzieht, deren Ziel das Gemeinwohl ist. Noch entscheidender ist das Argument, die zunehmende Größe eines Landes sei ein Vorzug – ein Vorzug, der jedoch erst durch die moderne Form der repräsentativen Regierung ermöglicht wird. In einer kleinen Gemeinschaft gibt es weniger einander widerstreitende Parteien und Interessen, und deshalb haben es Splittergruppen hier leichter, »zusammenzuarbeiten und ihre Unterdrückungspläne durchzuführen«. Wenn man jedoch »das Gebiet erweitert, so erhält man eine größere Vielzahl von Parteien und Interessen; damit wird es weniger wahrscheinlich, daß eine Mehrheit des Ganzen ein gemeinsames Motiv hat, die Rechte anderer Bürger zu verletzen; und wenn ein solches Motiv doch existiert, ist es schwieriger für alle, die davon bewegt sind, ihre eigene Stärke zu erkennen und übereinstimmend zu handeln« (S. 83).

Dies stellt eine theoretische Revolution in der Geschichte des Republikanismus dar. Während in der bürgerlich-humanistischen Tradition bis hin zum Werk des »gefeierten Montesquieu«, der im Verfassungskonvent so oft zitiert wurde, eine kleine Zahl als Vorzug und als einzig nützliches Mittel gegen Faktionsbildung angesehen wurde, betrachtete Madisons Theorie – und die weniger bekannte Version Hamiltons (*Federalist* 9, S. 71–76) – die große Zahl als entscheidenden Vorteil. Noch verblüffender ist, daß Faktionsbildung jetzt zwar immer noch als Übel gilt, aber als ein notwendiges Übel. Da die Bildung einer Faktion der Mehrheit jetzt als die wirkliche Gefahr betrachtet wird, liegt die Lösung in der Aufspaltung der Mehrheit in möglichst viele Splittergruppen, in der Hoffnung, daß sie sich gegenseitig aufheben und so keine einzelne dominant werden kann. Dies macht Madison eindeutig zu einem Vorläufer der zeitgenössischen pluralistischen Theorie, wenngleich es einen entscheidenden und subtilen Unterschied gibt: Madison definiert Faktionsbildung begrifflich als Gegensatz zu einem angenommenen *öffentlichen Interesse*, während die modernen Pluralisten aufgrund ihrer positivistischen Tendenzen dazu neigen, die Existenz einer solchen Entität zu bestreiten. Außerdem ist für Madison der Kernpunkt nicht einfach die Aufspaltung der Mehrheit, er will nicht einfach die Faktionen multiplizieren, so daß sich nur schwer eine tyrannische Mehrheit bilden kann. Sein Ziel ist vielmehr, die Mehrheit unschädlich zu machen, in der Hoffnung, daß es einer klügeren repräsentativen Elite gelingt, sich an die Spitze zu setzen und im öffentlichen Interesse zu herrschen (Wills, 1981).

Madison gibt dabei zwar das Prinzip der Volkssouveränität nicht auf, aber er betrachtet es eher als letzten denn als ersten Ausweg. Demokratie ist für ihn eine Form direkter Volksherrschaft, also das, was wir heute unter direkter oder partizipatorischer Demokratie verstehen, und es ist völlig klar, daß Madisons Sympathien eher beim repräsentativen Republikanismus als bei der partizipatorischen Tradition des bürgerlichen Humanismus liegen.

Schließlich sollte angemerkt werden, daß Madison eine individualistische Theorie vertritt; die Unterordnung des Individuums unter die Gemeinschaft, die weiter oben in Mansfields Formulierung angedeutet wurde, beginnt rasch in den Hintergrund zu treten. Gewiß gibt es eine anhaltende Bindung an die Idee des allgemeinen Interesses, aber wir haben, um einen bekannten Satz zu adaptieren, nicht nur die »Emanzipation des Erwerbstriebs« erlebt, die Leo Strauss für John

Locke festgestellt hat, sondern auch das, was man in gleicher Weise als die *Emanzipation des Interesses* bezeichnen könnte. Madison mag dies selbst nicht direkt intendiert haben, aber der Weg von Madison zum eher zynischen Pluralismus eines *David Truman* ist vielleicht kürzer, als es Madison mit seinem dem 18. Jahrhundert verhafteten Denken und seinem Bündel selbstevidenter Wahrheiten angenehm gewesen wäre (vgl. Truman, 1951).

In der analytischen *Tour de force* der Nummer 10 des *Federalist* ist jedoch keineswegs Madisons vollständige Analyse enthalten. Den anderen Grundstein seiner Theorien legt er in der fast ebenso originellen Nummer 51 des *Federalist*. Die Nummer 10 des *Federalist* beschäftigt sich vor allem mit soziologischen Fragen und behandelt die Institution der Repräsentation. Im *Federalist* 51 richtet sich der Blick vor allem auf die institutionellen Strukturen. Beide Artikel basieren jedoch auf demselben Prinzip. Ist die Aufspaltung der Interessengruppen das Thema des *Federalist* 10, so ist die Aufteilung der Macht und der Autorität das Thema dieses Essays. Es ist durchweg offensichtlich, daß Madison ein tiefes Mißtrauen gegen jede Form von Herrschaft hegt, selbst dort, wo er versucht, eine stärkere Regierung zu rechtfertigen, als dies seine Vorgänger getan haben. Madison stellte die berühmte Frage: »Was anderes ist eine Regierung als die schwerste Anklage gegen die menschliche Natur?« Und er antwortet: »Wenn alle Menschen Engel wären, bräuchte man keine Regierung.« Aber die Menschen sind keine Engel, und wir können deshalb nicht erwarten, von Engeln regiert zu werden. Daraus ergibt sich dann: »... man muß zuerst die Regierung ermächtigen, die Regierten zu kontrollieren, und sie dann dazu zwingen, sich selbst zu kontrollieren.« Es ist eine Sache, auf das Prinzip der allgemeinen Kontrolle zu vertrauen, aber »die Erfahrung hat die Menschheit das Erfordernis zusätzlicher Vorsichtsmaßnahmen gelehrt« (S. 322).

Die vorgeschriebene Vorsichtsmaßnahme ist das bekannte Prinzip der *Gewaltenteilung*. Jeder Teil der Herrschaft muß ein eigenes Selbstverständnis haben und von den anderen so getrennt wie möglich gehalten werden. Außerdem gilt auch hier das Konkurrenzprinzip. Die verschiedenen Gewalten müssen über Mittel verfügen, sich voreinander zu schützen. »Der Ehrgeiz muß dazu gebracht werden, dem Ehrgeiz entgegenzuwirken. Das Interesse der jeweiligen Gewalt muß mit ihren konstitutionellen Rechten verknüpft sein« (*Federalist* 51, S. 322). Natürlich dominiert bei einer republikanischen Regierungsform notwendigerweise die Legislative, aber diese Schwierigkeit kann durch die Schaffung eines Zweikammernsystems mit unterschiedlichen Wahlmodi und den daraus resultierenden unterschiedlichen Machtbefugnissen überwunden werden. Zu dieser Fragmentierung der Macht kommt noch ihre räumliche Aufteilung durch das föderale System hinzu. Das Ergebnis ist eine »zusammengesetzte Republik«, bei der die Macht zwischen dem Staat und der Nation aufgeteilt wird und die dann noch weiter in die verschiedenen Regierungsbereiche unterteilt wird (S. 322; vgl. *Federalist* 39, S. 240–246). Bei einem solchen System gibt es zwei mögliche Ergebnisse, und beide finden sich in der amerikanischen Politik. Die dem System zugrunde liegende Idee ist die *Erschwerung von Entscheidungsprozessen*, um Minderheiten vor leichtsinnigen und böswilligen Mehrheiten zu schützen. Bekanntlich verfehlt dieses System jedoch gelegentlich seinen Zweck, und als unvorhergesehener Nebeneffekt tritt eine deutliche Neigung zum Patt auf, bei dem Beschlüsse dann mit Hilfe sachlich irrationaler Kompromisse herbeigeführt werden. Seltener dagegen wird durch die Faktionskämpfe Madisons eigentliches Ideal erreicht, bei dem ein Kompromiß erzielt wird, der der vollen Spannbreite der in den Konflikt verwickelten legitimen Interessen gebührend Rechnung trägt und einen echten Konsens bewirkt, von dem gesagt werden kann, er komme dem öffentlichen Interesse nahe.

Alexander Hamiltons Beiträge zum *Federalist* sind zwar nicht unbedeutend, aber theoretisch weniger eindrucksvoll als die von Madison – mit einer bemerkenswerten Ausnahme. Diese Ausnahme ist die Nummer 78 des *Federalist*, in der Hamilton die Doktrin des richterlichen Prüfungsrechts (*judicial review*) größtenteils vorwegnimmt, das der oberste Richter John Marshall im Fall Marbury gegen Madison (1803) beansprucht hat. Die übrigen Artikel behandeln vor allem Fragen wie die Schwächen der Konföderationsartikel, wirtschaftliche Streitpunkte wie beispielsweise die Besteuerung und insbesondere die unbedingte Notwendigkeit einer starken, »tatkräftigen« Regierung (vgl. bes. *Federalist* 23, S. 152–157).

Die Argumentation zugunsten des richterlichen Prüfungsrechts ist ebenso entwaffnend wie schneidend. Die Gegner der neuen Verfassung, so behauptet Hamilton, brauchen die richterliche Gewalt nicht zu fürchten, denn sie ist im Grunde passiv und hat »weder auf das Schwert noch auf den Geldbeutel« (*Federalist* 78, S. 465) Einfluß. Gerichte, so fährt er fort, haben weder Macht noch einen Willen, sondern nur Urteilsvermögen und sind damit der schwächste Teil der Herrschaft. Zum Streitpunkt des richterlichen Prüfungsrechts selbst zurückkehrend, bemerkt er fast verschlagen, daß dies nicht die Überlegenheit der Legislative über die Judikative impliziere. Daraus folgt jedoch zugleich, daß »kein Gesetz ... Gültigkeit haben kann, das im Widerspruch zur Verfassung steht« (S. 467), denn kein Gesetz einer delegierten Gewalt darf deren Auftrag zuwiderlaufen. Dies impliziert nicht, wie immer es auch scheinen mag, die Theorie einer Vorherrschaft der Judikative, sondern eher, daß die »Macht des Volkes« sowohl über der Legislative als auch über der Judikative steht und daß in Konfliktfällen der Volkswille, wie es in der Verfassung niedergelegt ist, den Ausschlag geben soll (S. 468). Die Tatsache, daß dieser Wille von Richtern auf Lebenszeit interpretiert wird, ist hinsichtlich von Hamiltons tiefsten Überzeugungen über Form und Inhalt öffentlicher Kontrolle zweifellos enthüllend.

Hamilton, Madison und die Zweideutigkeiten des »Federalist«

Die *Federalist Papers* sind ohne Zweifel das bedeutendste Einzeldokument in der Geschichte des amerikanischen politischen Denkens. Sie haben den Status eines nahezu genauen Porträts der Ideen, die der Verfassung zugrunde liegen, und sie sind ein maßgebender Kommentar, der großen Einfluß auf das Verfassungsrecht hat. Einige warnende Worte sind jedoch vonnöten. Zweifellos ist die Verfassung ein sehr differenziertes, sorgfältig ausgearbeitetes Werk. Es steht jedoch ebenso zweifelsfrei fest, daß sie das Ergebnis langwieriger Verhandlungen und Kompromisse ist. Man kann über den *Federalist* sicher sagen, daß er mit einem »Sinn für Ausgewogenheit« (Roche, 1961, S. 804, vgl. auch S. 799–816 passim) geschrieben wurde, was uns aber nicht zu der Annahme verleiten sollte, er sei ein Dokument von kristalliner Klarheit, das auf allgemein akzeptierten Prinzipien beruhe. Nicht zufällig befanden sich Hamilton und Madison bereits kurz nach der Veröffentlichung der Schriften in zutiefst verfeindeten Lagern. Keiner von beiden fand die Verfassung ideal, und besonders Hamilton verteidigte ein Dokument, das er, gemessen an seinen eigenen tief empfundenen politischen Grundsätzen, schmerzlich als ungenügend empfand. Wenn man hinter die oberflächlichen Übereinstimmungen des *Federalist* blickt, kann man viele der entstehenden Konflikte erkennen, die die amerikanische Politik in den Entwicklungsjahren der Vereinigten Staaten beherrschen sollten. Man kann in der Tat im Anschluß an Alpheus T. Mason so weit gehen zu behaupten, daß der *Federalist* unter einer »Persönlichkeitsspaltung« litt (Mason, 1951).[3]

Natürlich haben Hamilton und Madison bestimmte gemeinsame Grundüberzeugungen, wie Mason geltend macht. Beide waren Anhänger einer kalten Betrachtung der menschlichen Natur. Man kann den Menschen nicht trauen, sie müssen beherrscht werden; es gibt keinen Grund, utopische Hoffnungen zu hegen, daß eine neue Ordnung dies ändern könnte. Gleichzeitig stimmten sie in ihrer Einschätzung der völligen Inadäquatheit der Konföderationsartikel überein – welche Zweifel die beiden Männer im Hinblick auf die neue Verfassung auch geteilt haben mögen. Schließlich betrachteten es beide als gegeben, daß eine ungleiche Verteilung des Eigentums fortdauern müsse, so lange die Freiheit aufrechterhalten werden solle.

Andererseits sind die Streitpunkte mindestens ebenso deutlich. Beide beschäftigen sich mit dem Problem der Faktionsbildung, aber Hamilton ist weit eher geneigt, die Wurzeln dieses Übels in den ökonomischen Unterschieden zu sehen. Außerdem hat Madisons Lösungsvorschlag einen konsequenteren pluralistischen Charakter. Deshalb auch hat er mehr Vertrauen in die einigermaßen paradoxe Lösung, das Problem der Faktionsbildung durch Zersplitterung zu bewältigen, während der autoritärere Hamilton dazu neigte, ein System mit einer starken Zentralmacht, der unbegrenzte Zwangsmittel zur Verfügung stehen, zu favorisieren – eine Vorstellung, die er während seiner Amtszeit in Washingtons Regierung zu begünstigen versuchte. Folglich sah Hamilton der neuen Verfassung die Möglichkeit innewohnen, genau die Art von Ordnung zu verwirklichen, die die *Anti-Federalists* befürchtet hatten. Deshalb stimmten die beiden wichtigsten theoretischen Verteidiger der Verfassung, wie Mason zeigt, letzten Endes auch nicht hinsichtlich der Art und Reichweite der Macht überein, die der nationalen Regierung übertragen wird. Vom Standpunkt späterer Auseinandersetzungen aus betrachtet, war Hamilton ein »Vertreter einer weiten Auslegung«, während Madison der »Vertreter einer engen Auslegung« war. Nach Madisons Ansicht übertrug das Grundgesetz der Regierung »wenige und begrenzte« Rechte (*Federalist* 45, S. 292), wohingegen Hamilton so ziemlich das Gegenteil für richtig hielt. Um es zu wiederholen: Die Umrisse des zukünftigen Konflikts sind hier in embryonaler Form angelegt, und das Parteiensystem, das sich in der ersten Dekade des neuen Systems zu entwickeln begann, war in gewisser Weise das Ergebnis von Hamiltons Versuch, sein Verständnis der in der Verfassung liegenden Möglichkeiten durchzusetzen, als er sich in der machtvollen Position des *First Secretary of the Treasury* befand.

Die Opposition der »Anti-Federalists«

Die Gegenposition ist von der Forschung nur selten adäquat behandelt worden. Wie üblich wurde die Geschichte von den Siegern geschrieben, und erst seit kurzem haben die Ideen der *Anti-Federalists* ernsthafte Aufmerksamkeit erlangt, die einem echten Interesse an ihren eigentlichen Argumenten entspringt und nicht der Absicht, ihre Autoren einfach als reaktionäre Schwachköpfe abzutun. Diese Tendenz ist zweifellos durch das Fehlen eines einzelnen Autors oder Textes von der repräsentativen, autoritativen Stellung des *Federalist* verstärkt worden. Statt dessen ist uns eine enorme Zahl fragmentarischer Texte überliefert, die sich, als sie kürzlich von Herbert Storing zusammengestellt wurden, auf sieben Bände beliefen (Storing, 1981a).[4] Es gibt zahlreiche Autoren, unter ihnen so prominente Führer der Revolution wie *Samuel Adams* und *Patrick Henry*, aber auch Gestalten wie *Richard Henry Lee, Richard Yates* und *Dewitt Clinton*. Da kein einzelner Text oder Autor herausragend ist, bedarf es einer Gesamtdarstellung.

Die aus dem *Progressive Movement* stammenden Standardklischees reichen nicht aus, um die Auseinandersetzungen zwischen den *Federalists* und den *Anti-Federalists* zu erklären. Die *Anti-Federalists* waren nicht etwa empört, weil sie der Ansicht waren, daß ein aristokratischer Staatsstreich vollzogen worden sei, der die demokratischen Massen mit Hilfe des komplexen Systems der *checks and balances* (Kontroll- und Gleichgewichtsmechanismen), der Gewaltenteilung und des richterlichen Prüfungsrechts unterdrücken werde. Das richterliche Prüfungsrecht bildete, unabhängig von seinen Vor- oder Nachteilen, in den verfassungsgebenden Versammlungen keinen Streitpunkt, obwohl Hamiltons Argumentation zu seinen Gunsten vor den Versammlungen in so entscheidenden Staaten wie Virginia, New York und North Carolina vertreten wurde, was, wie Cecilia Kenyon hervorhebt, auf einen fundamentalen Mangel an Interesse schließen läßt. Die *Anti-Federalists* wollten ebenfalls mehr *checks and balances*, mehr Gewaltenteilung, als die Verfassung verlangte (Kenyon, 1955, S. 29–30). Auch herrschte Unzufriedenheit über das Fehlen einer Grundrechtserklärung (*Bill of Rights*), aber die *Federalists* gaben in diesem Punkt sehr bald nach der Ratifizierung nach.

Einen sehr viel plausibleren Ansatz als den der *Progressives* bietet die Berücksichtigung der Theorie des Republikanismus. Alle Parteien stimmten darin überein, daß es einer republikanischen Form der Volksherrschaft bedürfe; umstritten war jedoch die endgültige Form, die diese Republik haben sollte. Gordon Woods Formulierung ist einleuchtend: »Der Republikanismus war wie der Puritanismus, dessen entspannte und säkularisierte Version er war, im Grunde antikapitalistisch; er war ein letzter Versuch, sich mit der entstehenden individualistischen Gesellschaft abzufinden, die ein für allemal die Gemeinschaftlichkeit und Güte zu zerstören drohte, die zivilisierten Menschen immer als Verhaltensideal gegolten hatte« (Wood, 1969, S. 418). Somit wurden die *Anti-Federalists* zu »glühenden Verteidigern der traditionellen Ansicht, daß der Staat eine zusammenhängende, organische Entität mit einem einzigen homogenen Interesse sei ...« (Wood, 1969, S. 499). Die Kontinuität mit der bürgerlich-humanistischen Tradition ist ebenso unverkennbar wie die bemerkenswerte Ähnlichkeit mit

Rousseaus Ideen (Kenyon, 1955, S. 9 und S. 38–39). Was sie bewegt, ist ein fortdauernder Glaube an die Idee der bürgerlichen Tugend und der Widerstand gegen die »Emanzipation des Interesses«, wie sie im Zentrum von Madisons Überlegungen stand. Selbst wenn wir die Möglichkeit einräumen, daß für die *Anti-Federalists* »die Tugend und das Gemeinwohl zur Freiheit beitragen«, folgt daraus doch nicht, daß die »Ähnlichkeit mit dem vorliberalen Denken äußerlich ist« (Storing, 1981 b, S. 83). Statt dessen könnte die Betonung der individuellen Freiheit auf Zwiespältigkeiten hinweisen, die einer Periode schnellen sozialen, ökonomischen und politischen Wandels inhärent sind. Die Gegner der Verfassung hielten an vielen Grundsätzen des vor-Madisonschen Republikanismus fest, wie sehr diese auch angesichts des entstehenden Zeitgeistes zu zerbröckeln begannen. Der Hauptstreitpunkt war, ob die Theorie einer Erweiterung der Republik eine lebensfähige Lösung für das Problem der Volksherrschaft darstellte; die *Anti-Federalists* waren wie Rousseau der Überzeugung, daß eine republikanische Staatsform nur bei einer Begrenzung der Größe des Landes, der Bevölkerungszahl und der sozialen Unterschiede möglich sei (Storing, 1981 b, S. 15–23; Kenyon, 1955, S. 38–39). Sie räumten zwar die Notwendigkeit repräsentativer Institutionen ein, aber sie befürchteten, daß diese Institutionen den allgemeinen Willen entstellen würden. Nach ihrer Ansicht gab es in den eingebrachten Verfassungsentwürfen einfach zu wenige Repräsentanten für zu viele Bürger, die über ein zu großes Territorium verstreut waren (Kenyon, 1955, S. 10–13; Morgan, 1982, S. 33). Das Ergebnis war eine letzte, hoffnungslose Verteidigung eines vormodernen Politikverständnisses; Gordon Wood hat zweifellos recht: Der Triumph der *Federalists* markiert das Ende der klassischen Politik.

Die beiden Lager wurden durch echte Streitpunkte gespalten, auch wenn sie sich nicht bequem in das einfache Modell von der aristokratischen gegen die demokratische Politikkonzeption einpassen lassen. Der Konflikt war scharf genug, um eine Modifizierung der Theorie von einem allgemeinen Konsens in der amerikanischen Geschichte nahezulegen. Der Liberalismus war von Anfang an eine mächtige Kraft, aber das doppelte Erbe des Puritanismus und des bürgerlich-humanistischen Republikanismus war reich und unterschied sich qualitativ davon. Die Zwiespältigkeiten in der Gründungsphase der Vereinigten Staaten resultieren aus einem komplexen Übergang, in dem ein älterer Ideenkomplex einem neueren wich, wobei zumindest diskutabel ist, daß dieser den geographischen und kulturellen Gegebenheiten einer seit kurzem unabhängigen Nation angemessener war. Und dennoch ist es wichtig, den *Anti-Federalism* als einen Indikator für die Welt, die wir verloren haben, zu bewerten. *Lee, Yates, Henry* und die anderen erkannten, was J. G. A. Pocock als die Spannung zwischen Tugend und Kommerz bezeichnet hat, und sie warfen bedeutende Fragen hinsichtlich der Qualität des politischen Lebens unter einem Regime auf, das auf dem Eigennutz *(pursuit of interest)* basiert (vgl. Storing, 1981 b, bes. S. 74–76).

3. Die Industrialisierung des Agrarstaats

Franklin, Adams, Paine und die Zweideutigkeiten des Übergangs

Die durch den schnellen Übergang zu einer kommerziellen, liberalen Gesellschaft verursachten intellektuellen Eigentümlichkeiten können im Denken so unterschiedlicher Männer wie *Benjamin Franklin, John Adams* und *Thomas Paine* beobachtet werden. Max Weber hatte sicher nicht unrecht damit, den Autor von *Poor Richard's Almanac* mit dem »Geist des Kapitalismus« zu identifizieren. Maximen wie »Zeit ist Geld« und »Ein gesparter Pfennig ist ein verdienter Pfennig« sind die eines kleinbürgerlichen Kapitalisten. Und natürlich war *Benjamin Franklin*, neben seinen anderen Fähigkeiten, ein erfolgreicher Geschäftsmann. Außerdem war er ein energischer Verfechter der neuen Verfassung und zeigte sich von den dem neuen System innewohnenden Möglichkeiten zu einem rapiden Wachstum der Größe des Landes, der Bevölkerungszahl und des wirtschaftlichen Ertrages begeistert. Diese Positionen trennen ihn eindeutig von der Opposition der *Anti-Federalists*. Es gibt in seinem Denken jedoch zugleich Nachklänge der älteren republikanischen Tradition. Ob diese intellektuelle Mischung beständig war, ist eine andere Frage, jedenfalls existierte sie. Franklin mißtraute dem Luxus und glaubte an ein Leben in »glücklicher Mittelmäßigkeit« (*happy mediocrity*), das keine völlige Vermögensgleichheit verlangte, aber eine breite Verteilung des Eigentums, die die Extreme von Arm und Reich verhindern und zu einem guten Lebensstandard für alle führen würde. Ganz im Einklang mit seinem Spitznamen »Plain Ben« verlangte er ein Leben von republikanischer Einfachheit in einer allgemein egalitären sozialen Ordnung. Diese Ideen führten ihn auch zu Ansichten über die Wirtschaft, die von denen der aufsteigenden Bourgeoisie weit entfernt waren. Er zeigte ein bemerkenswertes Mißtrauen gegenüber Männern von großem Reichtum, er war entschieden dagegen, den Begüterten einen besonderen Status einzuräumen, und er betrachtete Reichtum als eindeutig soziales Erzeugnis und nicht als eine Angelegenheit des natürlichen Rechts. Schließlich sah er in der Besteuerung eine notwendige Anwendung der Regierungsgewalt, wenn die von ihm angestrebte harmonische soziale Ordnung erreicht werden sollte.

Die Vermischung der liberalen, kapitalistischen Ideen mit der älteren, vormodernen Konzeption einer tugendhaften sozialen Ordnung ist verblüffend. Ein *Anti-Federalist* würde allerdings entgegnen, daß diese Mischung zwar attraktiv, aber nichtsdestotrotz widersprüchlich sei, weil schon allein die Größe des ins Auge gefaßten Regimes für die republikanischen Komponenten des Ideals verhängnisvoll wäre. Gleichzeitig ist zu vermuten, daß nur eine Periode des raschen Übergangs zu einem solchen Amalgam von Ideen führen konnte.

Der Fall von *John Adams* kennzeichnet dasselbe Phänomen noch deutlicher. Zwischen den siebziger und den neunziger Jahren des 18. Jahrhunderts machten seine Ideen einen deutlichen Wandel durch – einen Wandel, der von John R. Howe jr. präzise beschrieben worden ist. Howe schreibt, daß Adams' »Annahmen über den moralischen Zustand der Amerikaner und die Zusammensetzung der amerikanischen Gesellschaft sich zwischen den beiden Perioden entscheidend änderten – im wesentlichen von der Betonung der moralischen

Tugenden und des sozialen Zusammenhalts zur Idee des moralischen Niedergangs und des sozialen Konflikts« (Howe, 1966, S. XIII).

Adams schrieb umfassend und häufig systematischer als viele seiner Kollegen; dennoch kann ein Großteil seiner wechselnden Standpunkte am besten aus seinen Briefen erschlossen werden (Adams, 1954; Cappon, 1959). Trotz seines Rufs als ziemlich nüchterner Konservativer wurde Adams von dem optimistischen Ausbruch eines nahezu utopischen Neoklassizismus in der Zeit der Revolution mitgerissen. Er glaubte an die Tugend der Amerikaner; diese Tugend war ein säkularisierter Abkömmling des Puritanismus seiner Vorfahren in Verbindung mit seiner breiten Kenntnis der klassischen Philosophie. Fleiß, Genügsamkeit, Klugheit und die Bereitschaft, die privaten Interessen den öffentlichen unterzuordnen, sind Merkmale dieser Konzeption. Und Adams glaubte wie viele andere, daß die Unabhängigkeit nötig war, um die Korruption der amerikanischen Tugend durch das dekadente Mutterland zu verhindern. Die Revolution war für ihn, auch hierin wie für viele andere, ein Versuchsfeld, auf dem sich erweisen würde, daß die Amerikaner die erforderliche Tugend für eine republikanische Staatsform besaßen.

Im Anschluß an James Harrington war Adams der Überzeugung, daß Eigentum Macht bedeutet und daß die breite Verteilung des Eigentums in Amerika die Volksherrschaft zu einer Notwendigkeit mache (Howe, 1966, S. 87). Eine solche Herrschaft wurde durch die Tugend der Bürger ermöglicht. Allerdings kann nur eine ausgewogene Herrschaft eine gute Herrschaft sein, und sie muß vor allem, wie er in den *Thoughts on Government* darlegte, eine Herrschaft unter dem Gesetz sein – »ein Reich von Gesetzen und nicht von Menschen« (Adams, 1954, S. 86).

Um 1790 begann jedoch die Desillusionierung. Auch hier gibt Howe eine geschickte Zusammenfassung: Der persönliche Vorteil und nicht die uneigennützige Sorge um die Gemeinschaft war zum »American way« geworden. Der frühere Zusammenhalt der amerikanischen Gesellschaft war angesichts des Wachstums der Einzelinteressen, die sich lediglich ihrer eigenen Befriedigung zuwandten, zusammengebrochen (Howe, 1966, S. 102). Es gab viele Veränderungen, die Adams bestürzten; der Aufstand unter der Führung von *Daniel Shays* war ein beunruhigender Faktor, und im allgemeinen beobachtete Adams ein alarmierendes Maß dessen, was er auf den »Zerfall« zurückführte. Die expandierende Wirtschaft war etwas, wogegen sich Adams nicht wenden konnte, aber die damit einhergehende schnelle Bildung von Reichtum trug dazu bei, die republikanischen Tugenden zu untergraben. Er kam zunehmend zu der Erkenntnis, daß eine »naturwüchsige Aristokratie« unvermeidlich sei, die viele Ursachen haben konnte, eingeschlossen Reichtum, Intelligenz, Familienstatus etc. Von diesen Ursachen war vielleicht der Reichtum, der die breite Verteilung des Eigentums zu untergraben drohte, die bedeutendste. Die breite Verteilung des Eigentums aber war für den Erfolg der republikanischen Staatsform in Amerika entscheidend; sie zu untergraben würde zu einer Intensivierung der sozialen Konflikte führen.

Das Ergebnis von Adams' Überlegungen war ein spürbares Bedürfnis nach stärkerer sozialer Kontrolle. Die Ordnung mußte aufrechterhalten und zwischen den entstehenden Klassenkräften mußte ein Gleichgewicht erzielt werden. An der Oberfläche gibt es eine gewisse Übereinstimmung von Adams' Position mit der von Madison. Sicherlich begrüßte Adams Madisons Verfassung. Nach Gordon Woods Ansicht hat Adams dieses Dokument jedoch mißverstanden, denn er sah darin eine Version des antiken Ideals der gemischten Verfassung. So hoffte er beispielsweise, die »Aristokratie« im Senat zu isolieren und damit ihren Einfluß zu begrenzen. Madisons Verfassung aber beruhte auf der Emanzipation des Interesses. Auch Madison hatte die Entstehung des Eigennutzes in der Politik erlebt und versuchte, eine völlig neue republikanische Ordnung zu schaffen, die aus der neuen Not eine Tugend machen sollte. Adams sah dasselbe Phänomen, aber er hielt an seinen vormodernen Idealen fest, auch als er Madisons Plan unterstützte. Wie Gordon Wood gezeigt hat, erkannte er nicht, daß das Ende der klassischen Politik gekommen war und damit seine elaborierten Verfassungstheorien unter den neuen Bedingungen in gewisser Weise irrelevant waren. Sie waren jedoch nicht völlig irrelevant, denn wie die *Anti-Federalists*, die er bekämpfte, spürte er die einer Republik ohne bürgerliche Tugend innewohnende Problematik und wies damit auf die tiefen Probleme hin, die später in der amerikanischen Geschichte entstehen sollten (Wood, 1966, S. 567–592).

Thomas Paine spiegelt in ähnlicher Weise die Entstehung des neuen bürgerlichen Liberalismus wider. Paine ist im revolutionären Pantheon eine aus dem Rahmen fallende Gestalt. Er stammte aus der Arbeiterklasse und kam erst kurz vor dem Ausbruch der Feindseligkeiten in den Kolonien an; umgetrieben von antimonarchistischen Gefühlen, durchstreifte er die Welt als Revolutionär, immer auf der Suche nach Anlässen, sich für andere einzusetzen. Kein Amerikaner übertraf Paine an revolutionärer Begeisterung und messianischer Leidenschaft, mit der er den Sieg der moralischen Republik (*virtuous republic*) verfolgte. Er war ein begeisterter Demokrat, fast schon im modernen Sinn des Wortes, und übertraf darin alle anderen Führer des Aufstands bei weitem. In der von ihm unterstützten Politik gab es bereits sozialdemokratische Untertöne, die das moderne System der sozialen Sicherheit für die Älteren ebenso vorwegnahmen wie das System der Beihilfe für Kinder (Paine, 1969, S. 265–266). Wie diese Initiativen jedoch verwirklicht werden sollten, bleibt einigermaßen rätselhaft, bedenkt man Paines tiefe Abscheu gegen jede Regierung und seine Furcht vor Besteuerung. »Gemeinschaft«, so schrieb er, »ist in jeder Form ein Segen, aber Herrschaft ist selbst in ihrer besten Form nichts anderes als ein notwendiges Übel« (Paine, 1976, S. 65). Dies gehört noch zu seinen zurückhaltenderen Äußerungen über die Regierung und ihre Rolle, denn in *The Rights of Men* behauptet er sogar, die Armut sei das Ergebnis der Zerstörung der natürlichen Ordnung in der Gesellschaft infolge ihrer Ausplünderung durch den Staat. Trotz seines demokratischen Radikalismus ist Paine ein Anhänger der *Laissez-faire*-Ordnung, und in wirtschaftlichen Fragen ist der Abstand von Paine zu Milton Friedman nicht so groß, wie man annehmen könnte (Kramnick, 1981, S. 127–138; vgl. Paine, 1976, Einleitung, S. 46–58). Paines Republikanismus hatte die Form eines zutiefst individualistischen liberalen Radikalismus, allerdings nicht eines Radikalismus im heutigen Sinn. Um Paine zu verstehen, muß man berücksichtigen, daß er in einer Zeit schrieb, als der Kapitalismus eine machtvolle antiaristokratische, befreiende Kraft war. Er war ein Sammelpunkt, um den sich die Arbeiterklasse – zumindest in Amerika – scharen konnte und scharte (Kramnick

1981; Paine, 1976, Einleitung; Foner, 1976). Ungeachtet seiner früheren Sorgen über den negativen Einfluß des Handelsgeistes auf die Tugend erfaßte Paine diesen sich schnell entwickelnden amerikanischen Geist ebenso gut – wenn nicht besser – als jeder seiner Zeitgenossen.

Hamilton, Jefferson und die Entwicklung der Parteipolitik

Mit dem durch die neue Verfassung zustande gebrachten erfolgreichen Abschluß der Revolution und dem grundlegenden Wiederaufbau der politischen Institutionen tauchte eine neue Art von Problemen auf. Das neue System mußte in Gang gebracht werden, und insbesondere die Form, welche die politische Ökonomie des neuen Landes haben sollte, mußte geklärt werden. Dieser Prozeß vollzog sich nur langsam, aber die grundlegenden Umrisse der Debatte wurden bereits während der Anfangsjahre in den Auseinandersetzungen zwischen Hamilton, Jefferson und ihren Nachfolgern abgesteckt. Auch hier hat die Konsenstheorie ihre Berechtigung; alle an der Diskussion beteiligten Parteien billigten irgendeine Form des Kapitalismus, aber die Details dieser Form mußten noch ausgearbeitet werden, und die Details zählten. Zwischen den beiden Führern der Faktionen gab es unbestreitbar Auseinandersetzungen, die nicht unbedeutend waren.

Von seiner Position als *Secretary of the Treasury* aus sah *Alexander Hamilton* die Gelegenheit, die Dinge in seinem Sinn zu beeinflussen. Wie oben bereits angemerkt, entsprach die Verfassung kaum seinen Idealvorstellungen. Als er in dem unter strenger Geheimhaltung tagenden Konvent in Philadelphia sprach, machte Hamilton deutlich, daß er selbst ein System mit sehr viel weniger allgemeiner Kontrolle präferierte, als es der Verfassungsvorschlag vorsah, wie schwach diese Kontrolle auch von der Perspektive des 20. Jahrhunderts aus scheinen mag. Er behauptete, daß sich das Volk aus der Minderheit und der Mehrheit der großen Masse, den Reichen und allen Wahlberechtigten (*the wellborn*) zusammensetze (Farrand, 1911, S. 371 u. 382). »Das Volk«, so schrieb er, »ist emotional und wechselhaft; es urteilt oder entscheidet nur selten richtig« (Farrand, 1911, S. 382). Die Minderheit und die Mehrheit sollten das Recht haben, einander zu kontrollieren, aber es ist die Minderheit, die eine dauernde Beteiligung an der Regierung haben muß, und von einem demokratisch gewählten Repräsentantenhaus kann man nicht wirklich hoffen, daß es das Gemeinwohl verfolgen werde. Die institutionelle Konsequenz, auf die Hamilton abzielte, war eine stark zentralisierte Regierung unter der Führung eines mächtigen Präsidenten. Hamilton gab außerdem zu, daß er keinen Grund für die weitere Existenz der Einzelstaaten sah, aber da ein solcher Plan aufgrund der öffentlichen Meinung undurchführbar war, schlug er vor, die Gouverneure der Einzelstaaten durch die nationale Regierung zu ernennen, um sie so der Regierung unterwürfig zu machen und damit die Wahrscheinlichkeit zu verringern, daß die Einzelstaaten Gesetze verabschiedeten, die im Widerspruch zur Verfassung stünden (Farrand, 1911, S. 291–293). Natürlich wären solche Gesetze ungültig.

Die nationale Regierung sollte aus einem allgemein gewählten Unterhaus bestehen, dessen Mitglieder auf sieben Jahre gewählt würden, während die indirekt gewählten Mitglieder des Senats *during good behavior* – d. h. auf Lebenszeit – im Amt bleiben sollten – ein Plan, dessen Vorbild eindeutig das britische *House of Lords* war. Der Präsident sollte ebenfalls indirekt und auf Lebenszeit gewählt werden und gegenüber allen verabschiedeten Gesetzen ein Vetorecht haben; er wäre im Grunde ein gewählter Monarch gewesen. Wie man weiß, war der angenommene Entwurf weit von Hamiltons geheimen Plänen entfernt, und als Hamilton sah, daß seine Vorstellungen keine Aussicht hatten, angenommen zu werden, verließ er bald den Verfassungskonvent und spielte im Verabschiedungsprozeß keine weitere Rolle mehr.

Was aber war, neben einer gewissen Geringschätzung der Demokratie, der Hintergrund von Hamiltons Vorschlägen und seiner Politik? Cecilia Kenyons Ansicht, daß er ein »Rousseau der politischen Rechten« gewesen sei, ist die plausibelste Erklärung. Anders ausgedrückt könnte man auch sagen, daß er an jenes in Amerika so seltene Phänomen eines dirigistischen Konservativen erinnert (Kenyon, 1958). Man darf aber nicht vergessen, daß die Nation, die er zu führen half, – in modernen Begriffen – unterentwickelt war (Hamilton, 1964, Einleitung). Seine Politik bevorzugte zweifellos die Interessen des Handels, aber sicherlich nicht ohne Berücksichtigung der Landwirtschaft. Die letztere »erhob einen starken Anspruch auf Vorrang«, aber dieser Anspruch sollte keine »ausschließliche Bevorzugung« sein (Hamilton, 1964, S. 118–119). Das von ihm in seiner bedeutenden Reihe von *Reports* dargelegte Ziel der nationalen Politik mußte die Entwicklung einer starken Wirtschaft und eines starken Staates sein, denn nur dann konnte das Land Hamiltons Wunschtraum von der Entwicklung Amerikas zur Weltmacht erfüllen (vgl. Drukman, 1971, S. 112–116). Er glaubte aufrichtig, daß sich die Wirtschaft einer rechtsstehenden Konzeption des allgemeinen Willens unterordnen würde (Kenyon, 1958). Als sie dies nicht tat, war er enttäuscht, und 1802 äußerte er, daß die Verfassung, für die er gekämpft hatte, »ein hinfälliges und schwaches Produkt« sei. »Jeder Tag beweist mir mehr und mehr, daß diese amerikanische Welt nicht für mich geschaffen ist«, so lautete seine Schlußfolgerung (Drukman, 1971, S. 119).

Von Hamiltons eigenem Standpunkt aus jedoch hat er sich viel zu schnell dem Pessimismus hingegeben. Die Vereinigten Staaten sind tatsächlich eine Weltmacht geworden, deren Stärke auf ihrer Wirtschaft beruht. Außerdem hat die Behauptung durchaus einige Plausibilität, daß sich die amerikanische Geschichte im Grunde unaufhörlich in Richtung einer Verfassung nach den Vorstellungen Hamiltons bewegt hat (Rossiter, 1964). Auch wenn der Präsident keinesfalls ein gewählter Monarch ist, so ist er doch eindeutig die dominante Figur des politischen Systems, und die Macht verlagerte sich, abgesehen von gewissen Rückschlägen, immer stärker von den Einzelstaaten nach Washington. *The New Industrial State*, über den John Kenneth Galbraith schrieb, hätte Hamiltons Herz sicherlich erfreut (Galbraith, 1967).

Wie *Thomas Jefferson* auf die heutigen Bedingungen reagieren würde, ist wohl eher strittig. Jefferson ist eine zutiefst rätselhafte Gestalt. Er hinterließ eine Fülle von Ideen, aber überhaupt keine systematische politische Theorie. Es gibt von ihm nur ein wirkliches Buch, die *Notes on the State of Virginia* (Jefferson, 1964), und der größte Teil davon behandelt unpolitische Fragen. Daneben gibt es nur eine kurze, fragmentarische frühe *Autobiographie*. Zum größten Teil

müssen Jeffersons Ansichten aus seinen *state papers* und – vielleicht am aufschlußreichsten – aus seinen langen Briefen erschlossen werden.
Das Ergebnis dieses Fehlens eines Systems ist eine endlose Kontroverse um die Bedeutung von Jeffersons Vermächtnis für die nachfolgenden Generationen. Martin Diamond bemerkte einmal, daß die politische Geschichte Amerikas »die Geschichte des amerikanischen Erbes und des Kampfes unter den Erben ist« (zit. nach Appleby, 1983, S. 140). Jeffersons Beitrag zu dieser Tradition ist wahrscheinlich der umstrittenste, und dies geht so weit, daß eine Studie über seine Rezeption im amerikanischen Denken nach seinem Tod selbst ein bedeutender Beitrag zur Entwicklung des amerikanischen Geistes ist (Peterson, 1962).
Kurz gesagt, hat die amerikanische Linke häufig Jeffersons Gegnerschaft gegen die von Hamilton unterstützten Handels-, Finanz- und Industrieinteressen für sich in Anspruch genommen und geschlußfolgert, daß Jeffersons vermutliches Engagement für die Armen und die, die nicht aus guter Familie stammen, ihn, wenn er heute leben würde, in das reformistische Lager führen würde, das vom Populismus über den *New Deal* bis hin zur *New Frontier* und der *Great Society* reicht. Die Rechte hat darauf reagiert, indem sie eher seine Mittel als seine Ziele in den Blickpunkt gerückt und die Ansicht vertreten hat, daß sein Glaube an eine strikte und enge Auslegung der Bestimmungen der Verfassung, sein Lokalpatriotismus, seine Furcht vor einer Zentralregierung und sein Glaube an die natürlichen Rechte des einzelnen ihn auf die Seite der freiheitlichen Konservativen führen würde. Natürlich werden wir das nie wissen, aber es ist sicher, daß Jefferson dem gesamten Spektrum der amerikanischen Politik Unterstützung und Trost bietet.
Bestimmte Themen tauchen mit einiger Beharrlichkeit auf. Das bedeutendste unter ihnen ist die individualistische Idee der natürlichen Rechte, die im wesentlichen im Lockeschen Sinn verstanden wird. Wie oben erörtert, haben auch jüngste Ergänzungen der Forschung zum Verständnis des Jeffersonschen Liberalismus diese grundlegende Behauptung nicht zerstört. Diese Überzeugung ist so stark, daß Joyce Appleby nur wenig übertreibt, wenn sie behauptet, daß Jefferson weniger an der Demokratie, sondern vielmehr an einer Definition der Freiheit als »Befreiung von aller sozialen Autorität, besonders von der seitens der Regierung« interessiert gewesen sei (Appleby, 1983, S. 140). Zumindest hat Jeffersons Ansicht über die Demokratie in seiner eigenen Zeit wenig dazu beigetragen, die Vorstellung vom Nutzen der Regierung als einer positiven Kraft durchzusetzen.
Zweifellos ist es dieses beständige Mißtrauen gegenüber der Herrschaft, das Jefferson zu einigen seiner flammenden rhetorischen Ausbrüche über die Nützlichkeit einer Revolution alle zwanzig Jahre führte und dazu, zu verkünden, daß »der Baum der Freiheit von Zeit zu Zeit mit dem Blut von Patrioten und Tyrannen gedüngt werden muß« (Jefferson, 1944, S. 436). Dies steht sicherlich auch im Zusammenhang mit seiner häufig geäußerten Überzeugung, daß »die Erde den Lebenden gehört« und die Entscheidungen früherer Generationen deshalb keinen Anspruch auf Verbindlichkeit für die nachfolgenden Generationen haben (Jefferson, 1944, S. 488). Und dennoch kann man sich des Eindrucks nicht erwehren, daß diese Erklärungen teilweise ausschließlich um des rhetorischen Effekts willen abgegeben worden sind, denn in einem Brief an James Madison,

in dem er die Verfassung gutheißt, hebt Jefferson nachdrücklich hervor, daß »die Instabilität unserer Gesetze wirklich ein immenses Übel ist« (Jefferson, 1944, S. 441). Noch entscheidender und für sich selbst sprechend ist seine Unterstützung einer Verfassung, die immer wieder als Instrument zur Unterstützung der nicht-agrarischen Kräfte verurteilt worden ist, jener nicht-agrarischen Kräfte, denen Jefferson doch entgegentrat. Gleiches gilt für sein Urteil, die *Federalist Papers* seien der »beste Kommentar über die Grundsätze der Regierung, der je geschrieben worden ist« (Jefferson, 1944, S. 452 und 497).

Jeffersons Ansicht nach war die Verfassung nicht ideal; sie enthielt keine Menschenrechtserklärung (*Bill of Rights*) und bestand nicht auf dem Grundsatz einer Rotation im Amt. Jefferson gestand jedoch zu, daß der Wille der Mehrheit immer ausschlaggebend sein solle, und er war bereit, solche Entscheidungen zu akzeptieren (Jefferson, 1944, S. 436–442 und S. 450–452).

Jefferson hatte Grund zur Zufriedenheit. Mit seiner Wahl zum Präsidenten im Jahre 1800 begann eine Phase, in der die amerikanische Politik durch Jefferson bestimmt wurde. Die Phase dauerte bis zur Sezessionskrise. Der Kauf Spanisch-Louisianas von Napoleon im Jahre 1803 (Spanisch-Louisiana war fast so groß wie das damalige Gebiet der Vereinigten Staaten) schien seinen Traum von einer agrarischen Republik zu verwirklichen, und die Partei der *Federalists* stand kurz vor der Auflösung. Die Bindung an agrarische Werte war eine seiner tiefsten Überzeugungen. »Diejenigen, die das Land bearbeiten, sind Gottes auserwähltes Volk«, schrieb er. Verdorbene Sitten sind unter der Masse der Landwirte unbekannt. »Laßt die Werkstätten in Europa«, so fuhr er fort, denn ihre Folge ist ein urbanes Leben, und »der Mob der Großstädte trägt so viel zur Förderung einer unverdorbenen Regierung bei wie Wunden zur Stärke des menschlichen Körpers« (Jefferson, 1964, S. 157–158; vgl. Jefferson, 1944, S. 441).

Deshalb kann eine demokratische Republik nur Bestand haben, wenn sie agrarisch ist. Aber welchen Charakter hatte die Demokratie für Jefferson? Zeitweilig schreibt Jefferson als Theoretiker einer partizipatorischen Demokratie. Er erkennt, daß der Begriff *Republik* sehr vage ist, und versucht, ihn näher zu bestimmen, indem er schreibt, »daß darunter eine Regierungsform zu verstehen ist, an der die Bürger im großen und ganzen direkt und persönlich beteiligt sind und nach den Regeln handeln, die von der Mehrheit aufgestellt worden sind. Jede andere Regierung ist mehr oder weniger republikanisch, je nachdem, ob sie in ihrem Aufbau mehr oder weniger direkte Beteiligung enthält« (Jefferson, 1944, S. 670). Er gestand jedoch zu, daß ein solches System kaum in einem Gebiet praktiziert werden könne, das größer als eine Gemeinde in Neu-England sei. Die beste Regierung war also eine repräsentative Regierung, die mit von den Wählern beauftragten Delegierten verwirklicht werden sollte (Jefferson, 1944, S. 670).

Diese Definition erscheint in einem Brief an John Taylor zu einer Zeit, als Jefferson nicht mehr Präsident war und er trotz des offensichtlichen Erfolges seiner Grundsätze zunehmend unzufrieden wurde mit der Wirksamkeit der Verfassung, die er fast dreißig Jahre zuvor akzeptiert hatte. Im Alter wandte sich Jefferson mehr und mehr Plänen für eine radikale Dezentralisierung zu. Die Regierung, schrieb er an Taylor, erwies sich als weniger republikanisch, als er erhofft und erwartet hatte. Es wimmelte von deutlichen Mängeln. 1787 hatte er an Paine geschrieben, daß das Schwurgerichtsverfahren (*trial by jury*) »der einzige Rettungsanker ist ..., durch den eine Regierung gezwungen werden kann, sich an die Prinzipien ihrer Verfassung zu halten« (Jefferson, 1944, S.480). 1816 schien dies allerdings nur noch ein schwacher Halt zu sein (Jefferson, 1975, S.554–555). Die von Hamilton begründete Nationalbank bestand immer noch, und Jefferson beharrte auf der Überzeugung, daß »Bankgeschäfte gefährlicher sind als stehende Heere« (Jefferson, 1944, S.673). Schließlich schien die von ihm als schädlich für den republikanischen Geist verdammte Industrie für die nationale Unabhängigkeit unabdingbar geworden zu sein. Wie Mason Drukman beobachtet hat, wurden Jeffersons Hoffnungen immer wieder von der Realität gestört (Drukman, 1971, S.78–104, bes. S.88).

Die vorgeschlagene Lösung für diesen drohenden Verfall stimmte mit der angeführten Definition der republikanischen Regierungsform überein. In einer Reihe von Briefen, die er im Frühjahr und Sommer 1816 schrieb, regte Jefferson an, die Madinsonsche Verfassung durch eine Erweiterung des bereits beträchtlichen Ausmaßes der Zersplitterung zu verbessern. »Teilt das Land in Bezirke auf«, empfahl er, »die so klein sind, daß jeder Bürger, wenn er aufgefordert wird, teilnehmen und persönlich Einfluß nehmen kann. Überlaßt ihnen die Regierung ihrer Bezirke in allen Dingen, die nur sie selbst betreffen« (Jefferson, 1975, S.556). Diese »elementaren Republiken bilden ... einen Teil in der Abstufung der Macht, in der jeder Teil auf dem Gesetz beruht und von denen jeder den ihm anvertrauten Anteil der Gewalt ausübt. Damit wird ein echtes System von grundlegenden Kontroll- und Gleichgewichtsmechanismen (*checks and balances*) für die Regierung konstituiert« (Jefferson, 1944, S.661). Jeffersons einigermaßen überraschende frühere Vorbehalte gegenüber der Fähigkeit der Menschen zur Selbstregierung müssen in diesem Zusammenhang jedoch beachtet werden. Das Volk ist nicht fähig, die Regierung auszuüben, sondern vermag nur die Regierenden auszuwählen. Es ist auch nicht fähig, Gesetze zu erlassen; auch hier muß es darauf beschränkt werden, Repräsentanten zu wählen. Und selbstverständlich sind Geschworene außerstande, *Rechtsentscheidungen* zu fällen, sie können nur *Tatsachenentscheidungen* treffen (Dolbeare, 1961, S.62). Außerdem muß man bedenken, daß die räumliche Größe einer direkten Demokratie extrem begrenzt ist. Schließlich darf man Jeffersons tiefes Mißtrauen gegenüber jeder Form von Herrschaft nicht vergessen. Ungeachtet seiner Behauptung, das Mehrheitsrecht zu unterstützen, fürchtete er immer noch die Konzentration der Macht, selbst wenn sie von der Mehrheit ausgeübt wird. »Einhundertdreiundsiebzig Despoten können sicherlich ebenso tyrannisch sein wie einer«, warnt Jefferson, als er über die in der Mehrheitsdemokratie liegenden Gefahren schreibt (Jefferson, 1964, S.113). In diesem Bezugsrahmen scheint es billig zu sein anzunehmen, daß Jeffersons Interesse an der Partizipation weniger positiv als negativ begründet ist, weniger eine Angelegenheit der eigenständigen Entwicklung als der Selbstverteidigung. Noch weniger betrachtet Jefferson die Regierung als positive Kraft; die Staatsgewalt muß mehr gefürchtet als eingesetzt werden. Diese Betrachtung der demokratischen Staatsform ist im Grunde unpolitisch, wenn nicht antipolitisch. Sie hat, wie so vieles in der liberalen Tradition, einen defensiven Charakter und tendiert dazu, die Demokratie zu entpolitisieren. Glück und menschliche Entwicklung können nicht im politischen Handeln, sondern nur im privaten Streben erlangt werden (Appleby, 1983; Schaar, 1981, S.242).

Der Sieg des Jeffersonianismus ist ein gewaltiger Schritt zur Bildung einer hegemonistischen, liberalen politischen Kultur in den Vereinigten Staaten. Es verbleiben zwar noch Reste des bürgerlich-humanistischen Republikanismus, aber die Betonung liegt auf den von Locke postulierten individuellen Rechten, der Furcht vor dem Staat und der konstitutionellen Regierung. Überdies betrachtete Jefferson Adam Smith als seinen Lehrer und akzeptierte, wenn auch widerwillig, die Notwendigkeit der Industrialisierung, die seine agrarischen Ideale in Grund und Boden stampfen würde. Wie verwirrt und widersprüchlich Jefferson in der obigen Darstellung auch erscheinen mag, so darf man nicht übersehen, daß der tiefste seiner Widersprüche bis jetzt noch nicht erwähnt worden ist. Es ist ein zutiefst tragischer Punkt, daß Jefferson, der freiheitsliebende Anhänger John Lockes, wie so viele seiner revolutionären Mitstreiter ein Sklavenhalter war. Die Schärfe des Dilemmas, in dem sich Jefferson befand, wird noch dadurch verstärkt, daß er sich dieses Widerspruchs völlig bewußt und der Überzeugung war, daß er früher oder später zur Katastrophe führen würde, insofern sein eigenes Dilemma das der ganzen Nation widerspiegelte. Bevor die Sklaverei nicht abgeschafft worden war, konnte der Sieg des Liberalismus nicht vollkommen sein. Zunächst jedoch bedarf es einiger Bemerkungen über die Jacksonsche Demokratie.

Andrew Jackson und der liberale Kapitalismus

Die Regierung *Andrew Jacksons* (1829–1837) ist intellektuell weniger bedeutend, politisch aber um so wichtiger. Unter seiner Regierung vollzog sich ein starker Machtzuwachs für das Präsidentenamt, der in enger Verbindung mit der Entwicklung einer auf der Mobilisierung der Massen beruhenden Wahlpolitik des Präsidenten und der Schaffung des Wahlmännersystems für die Nominierung des Präsidentschaftskandidaten steht. Ein in der Tradition des *Progressive Movement* stehender Analytiker der Bewegung wie Arthur Schlesinger jr. konnte sich auf Jacksons Angriff gegen die von Hamilton durchgesetzte Nationalbank beziehen und ihn in eine direkte Nachfolgelinie von Jefferson bis zum *New Deal* einordnen (Schlesinger, 1945). Diese These hat eine gewisse Plausibilität, aber eine subtilere Deutung von Jacksons Sendschreiben an das Parlament, in dem er sein Veto gegen die erneute Verleihung der Gründungsurkunde an die *Second Bank of the United States* einlegt, deutet darauf hin, daß er keineswegs ein Antikapitalist war (Hofstadter, 1973, S. 44–66). Die Bewegung war typisch liberal, insofern versucht wurde, Regierung und Wirtschaft zu trennen – ein »Laissez-faire«-Kreuzzug zugunsten der Interessen der kleinen Kapitalisten (Hofstadter, 1973, S. 55). Wie viele der Reformversuche im Amerika des 19. Jahrhunderts neigte die Bewegung dazu, Fortschritt als die Wiederholung eines vergangenen goldenen Zeitalters zu begreifen (Hofstadter, 1955, S. 9), in dem dann eine echtere Chancengleichheit herrschen würde. Dieses Verständnis stimmt genau mit Tocquevilles zeitgenössischen Beobachtungen über den unruhigen Egalitarismus der dreißiger Jahre des 19. Jahrhunderts und mit Marvin

Meyers' Modell des Jacksonschen Demokraten als »verwegenem Konservativen« (Meyers, 1960) überein.

Insofern sie rückwärtsgerichtet ist, enthält Jacksons Bewegung auch einen deutlichen Nachhall des revolutionären Republikanismus. »Laissez-faire-Vorstellungen wurden«, wie Meyers scharfsinnig bemerkt hat, »in einer halb erinnerten, halb erahnten Lebensform im Gedächtnis verankert. Wenn die Regierung am wenigsten regierte, würde die Gesellschaft – aus dem richtigen republikanischen Material gemacht – ihre eigenen natürlichen moralischen Regeln verwirklichen« (Meyers, 1960, S. 31). Bürgerlich-humanistischer Republikanismus und Liberalismus stehen jedoch im Widerspruch zueinander; um Pococks Diktum noch einmal zu wiederholen: Es gibt eine echte Spannung zwischen Tugend und Kommerz. Aber Jacksons Anhänger sahen keinen solchen Widerspruch, »sie verwarfen den Republikanismus nicht zugunsten des Liberalismus; sie verbanden beide miteinander« (Wilentz, 1982, S. 86). Das Ergebnis war eine Kombination aus republikanischer Rhetorik und post-Madisonschem Liberalismus, in der die Tugend zur »Kaufmannstugend« wurde (Wilentz, 1982, S. 56). Aber das rhetorische Kleid beeinträchtigt nicht die von Hofstadter vor einer Generation festgestellte Tatsache, daß die Geschichte Amerikas unter Jacksons Präsidentschaft eine Episode in der Konsolidierung des liberalen Kapitalismus im Herzen der amerikanischen politischen Kultur ist. Mit der Ausrottung der Sklaverei konnte diese Stellung schließlich ganz beherrschend werden.

4. Die Abschaffung der Sklaverei und die kapitalistische Hegemonie

Wie selbst ein kurzer Überblick über die Forschungsliteratur zeigt, ist der amerikanische Bürgerkrieg eines der komplexesten und umstrittensten Probleme in der modernen Geschichtsschreibung (Pressly, 1954). Der Bürgerkrieg ist als »unvermeidlicher Konflikt« und als bloßes Ergebnis von groben Schnitzern der Politiker betrachtet worden. Er ist als Konflikt über hohe Ideale und als Kampf aus rein materiellen Ursachen interpretiert worden. Niemand bezweifelt jedoch, daß die Sklaverei irgendwie im Mittelpunkt des Konflikts stand. Es ist nicht möglich, hier auf die Frage einzugehen, welches relative Gewicht den *ideologischen* Faktoren und welches den *materiellen* Faktoren zugeschrieben werden muß. Zweifellos waren materielle Faktoren nicht ohne Bedeutung; unter dem hier einzunehmenden Blickwinkel wird jedoch zu zeigen versucht, daß die Gegner auch von tiefen intellektuellen, kulturellen und psychologischen Motiven getrennt wurden. Auf sie muß sich die Analyse hier konzentrieren.

Die Sklaverei in der Verfassung

Obwohl das Wort formell an keiner Stelle der Verfassung verwendet wird und die Verteidiger der Verfassung seine zentrale Stellung bestritten hätten, gibt es keinen Zweifel daran, daß das Argument der Verfechter der Sklavenbefreiung, die Sklaverei mache einen Teil der eigentlichen Struktur des Dokuments aus, einiges Gewicht hat. Darauf deuten drei Stellen hin: die Bestimmung, die dem Süden im Repräsentantenhaus zusätzliche Vertreter einräumt, indem bei der

Bevölkerungszahl für die Zuteilung der Sitze drei Fünftel der Sklaven mitgezählt wurden; die für zwanzig Jahre gültige Untersagung eines Verbots des Sklavenhandels und die Bestimmungen über die Rückführung flüchtiger Sklaven.

James Madison selbst brachte die kritische Bedeutung der »besonderen Einrichtung« zum Ausdruck, als er feststellte, daß »die einzelnen Staaten in unterschiedliche Interessengruppen aufgeteilt waren, nicht aufgrund ihrer unterschiedlichen Größe, sondern durch andere Umstände, deren Hauptursachen zum Teil aus dem Klima, vor allem aber aus dem Besitz oder Nichtbesitz von Sklaven resultierten« (Farrand, 1911, S. 486). Diese Ansicht ist für die Kritik der Verfechter der Sklavenbefreiung und für ihre moderne Rekonstruktion durch Staughton Lynd zentral (Lynd, 1965, S. 209–239). Die Tragödie liegt in der Tatsache, daß viele der Delegierten des Verfassungskonvents das durch die Sklaverei geschaffene schreckliche Dilemma erkannten und die Sklaverei für ein Unrecht hielten. Das Problem war, daß es den Delegierten, »zurückgehalten von der Sorge um die Einheit der Union, von der Neigung, Eigentum als unantastbar zu betrachten und der Unfähigkeit, sich eine Gesellschaft vorzustellen, in der Neger und Weiße als Bürger und Brüder zusammenleben könnten ..., nicht gelang, damit fertigzuwerden« (Lynd, 1965, S. 238).

In dieser Hinsicht veranschaulicht *Thomas Jefferson,* obwohl er kein Delegierter für den Konvent war, die Tragödie in all ihren Dimensionen. Jefferson war sich voll bewußt, daß die Sklaverei mit seinen Naturrechtstheorien unvereinbar war, und begriff die Einrichtung als Katastrophe, nicht nur für die Sklaven, sondern auch für ihre weißen Herren. Die Sklaverei würde die Weißen träge werden lassen und die Sicherheit ihrer eigenen Privilegien tatsächlich in Frage stellen. Jefferson hoffte deshalb auf die Abschaffung der Sklaverei und machte als Gouverneur von Virginia einen eher schwachen Versuch, dies zu veranlassen. Gleichzeitig ließ er aber auch seine eigenen Sklaven nicht frei und konnte sich angesichts der Inferiorität, die er ihnen unterstellte, befreite Sklaven nicht als aktive Bürger seiner idealen Republik vorstellen. Die Lösung dieses Problems war die Emanzipation der Sklaven, gefolgt von der Kolonisation, d. h. die Rückbringung der befreiten Sklaven nach Afrika (Jefferson, 1964, S. 131–138 und S. 155–156). Jefferson war in dieser Frage kein Optimist, eine prophetische Ahnung drohenden Unheils lastete auf seinem Denken in der Sklavenfrage. Er bemerkte einmal, daß die Amerikaner in der Klemme säßen und nicht wüßten, wie sie herauskommen sollten, und in den *Notes on Virginia* äußerte er: »Ich zittere für mein Land, wenn ich bedenke, daß Gott gerecht ist; daß seine Gerechtigkeit nicht für immer schlafen kann« und daß »der Allmächtige kein Attribut hat, das für uns Partei ergreifen kann ...« (Jefferson, 1964, S. 166).

Die wirklich interessante Frage ist nicht, warum sensible Menschen über die Sklaverei hätten beunruhigt sein sollen, sondern warum so viele Menschen liberale Naturrechtstheorien akzeptierten, die in einem so großen Gegensatz zu einem grundlegenden Teil ihrer Gesellschaft standen (Woodward, 1971, S. 137). Der Historiker Edmund Morgan hat eine interessante Theorie angeboten, um diese paradoxe Verbindung zwischen Denken und Handeln zu erklären (Morgan, 1972). Morgan behauptet, daß die amerikanischen Siedler im Anschluß an Locke und andere britische Autoren Landstreicher für eine Quelle sozialer Unruhen hielten (vgl. oben, S. 400) und das Importieren von Sklaven den Weißen das Problem einer undisziplinierten weißen Arbeiterklasse ersparte. Durch das Fehlen einer solchen Klasse wurde es für die Weißen möglich, liberale Attitüden und Ideen anzunehmen (Morgan, 1972, 1973, 1975; vgl. Davis, 1975, S. 260–262). Nach dieser Ansicht bestand der Widerspruch zwischen Sklaverei und Freiheit nicht zufällig. Die »Rhetorik der Freiheit« bei den Kolonisten »war untrennbar mit der Existenz – und in vielen Gebieten dem Fortbestand – der Sklaverei verbunden. Deshalb trafen Forderungen nach der Übereinstimmung von Theorie und Praxis, wie ernst gemeint sie auch immer gewesen sein mögen, nicht den eigentlichen Kern. Die Praxis machte die Theorien erst möglich« (Davis, 1975, S. 262).

Calhoun, Fitzhugh und der Versuch, die Sklaverei zu legitimieren

Als in der Mitte des 19. Jahrhunderts die Sezessionskrise näher kam, wurde klar, daß eine ausführliche ideologische Legitimation der Sklaverei erforderlich war. Im Süden vertrat man weithin die Annahme, daß die Sklaverei für alle Beteiligten ein »positives Gut« sei – die Sklaven waren von der Barbarei befreit und dem Christentum zugeführt worden, und die Sklavenhalter erhielten dafür beständig Arbeitskraft bereitgestellt, wodurch die materiellen Grundlagen für eine hervorragende neue Zivilisation geschaffen wurden.

Daneben wurden auch komplexere und systematischere – wenngleich ebenso eigennützige – Argumente entwickelt. Das bekannteste, wenn auch nicht das stärkste oder provokanteste Argument wurde von *John C. Calhoun* aus Süd-Carolina vorgetragen. Eine Generation lang war Calhoun eine der bedeutendsten Gestalten im amerikanischen politischen Leben – zuerst als Andrew Jacksons Vizepräsident und dann als Senator seines Staates. Obwohl er wegen seines Versuchs, aus ersten Grundsätzen eine systematische Theorie abzuleiten, berühmt wurde, endet sein Denken tatsächlich ziemlich widersprüchlich und illustriert die Schwierigkeiten amerikanischer Denker, wenn sie versuchen, sich aus den Grenzen des liberalen Individualismus zu befreien.

Calhoun versuchte, seine Theorie im wesentlichen auf nichtliberale, organische Voraussetzungen zu gründen. Er vermied Argumente über den Naturzustand in der Art Lockes und ging dagegen von der Voraussetzung aus, daß der Mensch von Natur aus ein soziales Wesen ist und der Gesellschaftszustand nicht ohne Herrschaft bestehen kann (Calhoun, 1953, S. 3). Zugleich jedoch sind unsere persönlichen Empfindungen stärker als unsere sozialen Gefühle. Die Gefahr liegt nun darin, daß die Regierung von Männern ausgeübt werden muß, die dieselbe Priorität haben, mit dem Ergebnis »einer starken Tendenz zu Unregelmäßigkeiten und dem Mißbrauch« der Regierungsgewalt (Calhoun, 1953, S. 7). Plötzlich sehen wir uns mit einer klassisch liberalen Formulierung über das Problem konfrontiert, wie der Mißbrauch der *equal rights* durch die Regierung zu verhindern sei. Madison nachbetend, schreibt Calhoun, daß »Macht nur durch Macht eingeschränkt werden kann« (Calhoun, 1953, S. 11). Teilweise kann dies durch die Ausübung des Wahlrechts erreicht werden, aber sie allein ist noch keine ausreichende Garantie. Die Gefahr des Machtmißbrauchs durch die Mehrheit bleibt immer noch bestehen. Dies veranlaßt Calhoun, eine grundlegende Unterscheidung zwischen der *numerischen* und der *konkurrierenden* Mehrheit zu treffen (Calhoun, 1973, S. 22–31). Die Definition der numerischen

Mehrheit besagt nichts anderes als die wörtliche Bedeutung des Begriffs. Die konkurrierende Mehrheit dagegen »berücksichtigt die Interessen ebenso wie die Anzahl. Für sie ist die Gesellschaft aus verschiedenen widerstreitenden Interessen zusammengesetzt, zumindest insofern es die Handlungen der Regierung betrifft. Die konkurrierende Mehrheit holt die Meinung aller Interessengruppen durch ihre Mehrheit oder ihre gewählten Vertreter ein, und der gemeinsame Wille aller ist die gesamte Gemeinschaft« (Calhoun, 1953, S. 23). Die numerische Mehrheit repräsentiert das Volk nicht wirklich; ein nicht-repressives politisches System gibt es nur dort, wo die Regierung durch die konkurrierende Mehrheit ausgeübt wird. Bei einem guten Regierungssystem muß jede »Interessengruppe, jeder Teil oder jede Schicht« ein Vetorecht haben. An anderer Stelle geht Calhoun so weit, eine zweigeteilte Exekutive vorzuschlagen, die sich gegenseitig kontrolliert und in der für jede Handlung die Zustimmung beider Teile erforderlich ist (Calhoun, 1953, S. 100–104).

Calhoun glaubt, das Ergebnis dieses komplexen Mechanismus sei eine größere Kompromißbereitschaft, aber es scheint wahrscheinlicher, daß die Konsequenz in der Realität entweder ein dauerndes Patt oder ein keinesweg zufriedenstellender Kompromiß bis hin zu völliger Irrationalität ist. Zu einem früheren Zeitpunkt hatte Calhoun behauptet, daß die einzelnen Staaten das Recht hätten, nationale Gesetze für »ungültig zu erklären«, da die Verfassung ein Abkommen zwischen souveränen Staaten sei – eine zweifelhafte Annahme. Jetzt hat er dasselbe Recht auch auf organisierte lokale Interessen ausgedehnt. Wie Louis Hartz angemerkt hat, ist Calhouns politische Theorie »zutiefst zwiespältig«, denn es ist sinnlos, Lockes Naturzustand abzulehnen und dann an seine Stelle eine Konzeption zu setzen, deren Implikationen noch individualistischer sind. Außerdem gibt es auch innerhalb von Minoritäten noch Minderheiten, und warum sollten nicht auch sie ein Vetorecht haben? Die Logik des Arguments drängt uns von der lokalen Ebene zurück zum einzelnen Staat, zum Bezirk, zur einzelnen Plantage (vgl. Hartz, 1955, S. 161–162). Auch sollte die moralische Problematik dieser Position nicht übersehen werden. An keiner Stelle wird die Sklaverei auch nur erwähnt, und das Ganze wird in den Begriffen einer Theorie von Minderheitsrechten entwickelt, aber das entscheidende »Recht«, um das es geht, ist das partikulare Recht einer Mehrheit, innerhalb ihres Gebietes eine nicht selten große Minderheit zu versklaven. Zusammenfassend kann man sagen: Calhoun versucht, liberale, individualistische Voraussetzungen zu vermeiden, aber weil er nicht bereit ist, die logische Konsequenz aus dem System des Sklaveneigentums zu ziehen, gerät er nur in die schlechte Verzerrung einer Position, der er zu entkommen hoffte.

Calhouns weniger bekannter Zeitgenosse *George Fitzhugh* hat zumindest den Vorzug, unbarmherzig konsequent zu sein. Der entscheidende Punkt ist dabei nicht, daß er die Meinung der Mehrheit im Süden repräsentierte, obwohl er viel gelesen wurde. Er kann aber auch nicht als – zwar logisch argumentierender und teilweise brillanter – Außenseiter betrachtet werden, wie Louis Hartz dies in seiner bahnbrechenden Untersuchung tut (Hartz, 1955, S. 145–177). Ich möchte dagegen im Anschluß an Eugene Genovese behaupten, daß Fitzhugh im Gegensatz zu Calhoun die unausweichliche Logik einer Sklavenhaltergesellschaft völlig erfaßte. Seine Schlußfolgerungen waren in vielem abstoßend, aber sie haben zumindest den Vorzug, konsequent zu sein und den fundamentalen ideologischen und philosophischen Konflikt offenzulegen, der dem Bürgerkrieg zugrunde lag.

Der Süden war vor dem Bürgerkrieg keineswegs eine Feudalgesellschaft. Er zeigte jedoch selbst im Umfeld einer völlig bürgerlichen, marktorientierten Welt ausgeprägte vorbürgerliche Tendenzen (Genovese, 1967, bes. S. 13–39; Genovese, 1969). In seiner theoretischen Verteidigung dieser Welt war Fitzhughs Ablehnung jeder Form von Naturrechtstheorie völlig konsequent (Fitzhugh, 1960a, 1960b, passim).[6] In aristotelische Begriffe gefaßt, behauptete er wiederholt, daß der Mensch von Natur aus ein soziales Wesen sei. Seiner Ansicht nach war es Unsinn zu sagen, daß die Regierung auf einem Konsens beruhe; ihre einzige Grundlage sei Macht. Dieser Standpunkt ist im Grunde patriarchalisch und wahrscheinlich von Lockes Gegner Sir Robert Filmer beeinflußt (Fitzhugh, 1960b, S. 243, Einleitung, S. XXIV–XXVII). Die Welt, so sagt er uns, wird zu wenig regiert. Wenn die Menschen ein unveräußerliches Recht besitzen, so ist es das Recht auf Knechtschaft. Neunzehn von zwanzig Menschen haben ein Recht, »umsorgt und beschützt zu werden, Beschützer, Verwalter, Ehemänner oder Herren zu haben; mit anderen Worten, sie haben ein natürliches und unveräußerliches Recht, Sklaven zu sein« (Fitzhugh, 1960b, S. 69).

Der besondere Haken an der freien Gesellschaft ist der *Laissez-faire*-Kapitalismus, dessen Methoden sich »im Kriegszustand mit allen Arten von Sklaverei befinden« (Fitzhugh, 1960a, S. 47). Die Verfechter einer freien Gesellschaft begreifen nicht, daß der Arbeiter des Nordens längst, freilich ohne es zu wissen, ein Sklave ist und daß seine Arbeitgeber – seine »Unterdrücker« – »alle Unmenschen sind« (Fitzhugh, 1960b, S. 87). Die Überlegenheit des Südstaaten-Systems beruht auf der Tatsache, daß es die grundlegenden Bedürfnisse der Mehrzahl der Menschen erkennt und diese Bedürfnisse auf eine humanere Weise befriedigt als der kapitalistische Norden.

Darüber hinaus behauptet Fitzhugh, daß die beiden Systeme unvereinbar sind und nicht ewig nebeneinander bestehen können. »Ein Ideengebäude«, schreibt er, »wird nach einiger Zeit die Welt beherrschen und kontrollieren. Die Sklaverei wird entweder überall abgeschafft oder überall eingerichtet werden« (1960a, S. 95). Dies ist der kritische Punkt, denn er entspricht der Logik der Situation, wie sie im Norden von den Gegnern der Sklaverei verstanden wurde. Es ist dieser Punkt, auf den *Abraham Lincoln* sich in seiner berühmten Rede vom *House Divided* bezog, als er erklärte: »Ich glaube nicht, daß diese halb auf Freiheit, halb auf Sklaverei gegründete Herrschaft fortdauern kann ... Alles wird entweder so oder so werden. Entweder werden die Gegner der Sklaverei deren weitere Ausbreitung verhindern und sie so weit zurückdrängen, daß die öffentliche Meinung auf ihre endgültige Ausrottung hoffen darf; oder ihre Befürworter werden sie so lange vorantreiben, bis sie in allen Staaten gesetzmäßig wird, in den alten wie den neuen – im Norden ebenso wie im Süden« (Lincoln-Douglas, 1965 S. 14).

Hier haben wir also den Streitpunkt. Die gründlichsten Beobachter auf beiden Seiten des Konflikts zwischen Norden und Süden wußten, daß es um mehr ging als um einen Streit zwischen kapitalistischen Faktionen. Zweifellos waren die *wirtschaftlichen Faktoren* ein Streitpunkt, aber ebenso umstritten waren zwei grundsätzlich verschiedene *Lebensformen.* Verbunden mit diesen Lebensformen waren gegensätzliche intellektuelle Bindungen. Ein System, das ganz selbstverständlich auf freier Arbeit basierte, fühlte sich einer Ideologie von grundsätzlich liberalem Charakter verbunden. Trotz des Jeffersonschen Erbes fühlte sich der Süden einer Position mit ausgesprochen antiliberalen, vorbürgerlichen, antikapitalistischen Grundzügen verbunden. Er hatte ein »besonderes soziales, ökonomisches, politisches, ideologisches und psychologisches Wesen« (Genovese, 1967, S. 13).[7] Genovese meint, daß diese Gesellschaft vielleicht am besten in den Begriffen der Hegelschen Theorie über das Verhältnis von Herr und Knecht verstanden werden kann. Der Herr »war daran gewöhnt zu befehlen, aber in der Herr-Knecht-Beziehung gab es mehr als diese despotische Macht. Der Knecht stand zwischen seinem Herrn und dem Objekt, das der Herr begehrte ...; dadurch trat der Herr mit dem Objekt immer nur vermittelt in Beziehung, durch den Knecht. Der Herr verlangte gebieterisch nach dem Produkt der Arbeit eines anderen, aber eben dadurch geriet er in dessen Abhängigkeit« (Genovese, 1967, S. 32; vgl. Davis, 1975, S. 557–564). Dem kann man nur hinzufügen, daß sich bis heute in der amerikanischen Kultur tiefe Spuren dieser Beziehung finden, insbesondere in ihren psychologischen Dimensionen. Jedenfalls kann keine Theorie der amerikanischen Geschichte, wie überzeugend sie auch auf anderen Gebieten sein mag, auf der Annahme eines unerschütterlichen Liberalismus beruhen, jedenfalls nicht vor der Beseitigung der Institution der Sklaverei aus dem sozialen Gefüge. Dies leitet über zur Bewegung für die Abschaffung der Sklaverei.

Lincoln, Thoreau, Garrison: Die Ideen und Taktiken der »Anti-Sklaverei«-Bewegung

Trotz ihrer enormen politischen Bedeutung entwickelte die Bewegung für die Abschaffung der Sklaverei kein vergleichbar bedeutendes System politischer Ideen. Die Literatur ist umfangreich und so leidenschaftlich, wie man es erwartet, aber nur wenig davon geht über Angriffe gegen den Mißbrauch der Sklaverei durch grausame Sklavenhalter und die Wiederholung der allgemeinen Theorien des Naturrechts hinaus (Pease und Pease, 1965). In ihrer entwickeltsten Form kulminierten die Naturrechtstheorien in einer »Doktrin des höheren Rechts«, die besagte, daß die in der Unabhängigkeitserklärung enthaltenen Naturrechtsprinzipien als bindender Teil der Verfassung interpretiert werden müßten (Dumond, 1939, S. 70–77). Diese Doktrin ist historisch völlig unbegründet und vom Obersten Bundesgericht nie akzeptiert worden. Diese Tatsache bestärkte jedoch die Gegner der Sklaverei in dem Glauben, daß die eigentliche Verfassung im Ergebnis ein Dokument zugunsten der Sklaverei war.
Der nächste wichtigste Streitpunkt in der Phase vor dem Bürgerkrieg war die Ausbreitung der Sklaverei auf die neu erschlossenen Gebiete. Beide Seiten wußten, daß die Sklaverei nur überleben konnte, wenn sie sich ausbreitete. Deshalb war die Stellung der Sklaverei in den neuen Gebieten bei der Eroberung des Westens der Vereinigten Staaten ein Gegenstand tiefer und häufig gewalttätiger Kontroversen. Die Diskussion erreichte ihren intellektuellen Höhepunkt in einer Serie von Debatten zwischen *Abraham Lincoln* und *Stephen A. Douglas*

während ihres Wahlkampfes um den Sitz von Illinois im Senat der Vereinigten Staaten im Sommer und Herbst 1858. Die umstrittenen Thesen wurden dabei auf einem hohen theoretischen und konstitutionellen Niveau diskutiert (Lincoln-Douglas, 1965). Die Grundzüge der Debatte sind klar und ziemlich leicht verständlich. Douglas, der an sich kein Anwalt der Sklaverei war, hielt an der Doktrin der Volkssouveränität fest, mit der Schlußfolgerung, daß die Einwohner der neuen Gebiete das Recht hätten, die Sklaverei zuzulassen, wenn sie es wollten, und daß diese Angelegenheit ihn nichts angehe. Lincolns Position war bedeutend schwieriger. Obwohl auch er, wie Jefferson, von allgemeinen sozialen Vorurteilen keineswegs frei war und es ihm schwer fiel, sich ein Leben mit befreiten Sklaven vorzustellen, bekämpfte er die Sklaverei sowohl aus *moralischen* als auch aus *politischen* Gründen. Seine ausführlichste Stellungnahme zu dem Problem gab er in einer Rede, die er vier Jahre vor der Auseinandersetzung mit Douglas hielt. In ihr vertrat er die Ansicht, daß »die Doktrin der Selbstbestimmung richtig ist – absolut und unabänderlich richtig ... Aber wenn ein Neger ein Mensch *ist,* ist es dann nicht im Grunde die totale Zerstörung der Selbstbestimmung zu sagen, daß er nicht über sich selbst bestimmen solle? Es ist Selbstbestimmung, wenn der Weiße über sich selbst bestimmt; aber wenn er außer über sich auch noch über einen anderen bestimmt, dann ist das mehr als Selbstbestimmung – es ist Despotismus ... Es kann für keinen Menschen ein moralisches Recht geben, aus einem anderen einen Sklaven zu machen ... Was ich sagen will, ist, daß kein Mensch gut genug ist, einen anderen *ohne dessen Zustimmung* zu beherrschen. Dies ist der entscheidende Grundsatz – der letzte Rettungsanker des amerikanischen Republikanismus« (Lincoln, 1953, S. 265–266). Lincoln sah also mit absoluter Klarheit die in den Ideen Fitzhughs enthaltene Wahrheit, daß die Sklaverei und ein System freier Arbeit logisch miteinander unvereinbar waren, denn es konnte kein Argument für die Versklavung der Schwarzen geben, das nicht früher oder später auch die Versklavung der Weißen rechtfertigen könnte. Deshalb mußte früher oder später eines der beiden Systeme obsiegen.

»Freier Boden, freie Arbeit, freie Menschen« (vgl. Foner, 1970) wurde zum Schlagwort der Bewegung für die Sklavenbefreiung. Aber wenn man es einmal als selbstverständlich akzeptiert hatte, daß die Sklaverei abgeschafft werden mußte – welche Mittel waren dann angesichts der tatsächlichen politischen Bedingungen am effektivsten, um dieses Ziel zu erreichen? Dieses Zweck-Mittel-Argument erweiterte die Diskussion um eine bedeutsame theoretische und ideologische Dimension. In gewisser Hinsicht war *Henry Thoreaus* bedeutender Essay über zivilen Ungehorsam der bemerkenswerteste Beitrag zu dieser Auseinandersetzung (Thoreau, 1969, S. 11–31). Thoreaus Argumente beruhen auf einem radikalen Individualismus. Er übernimmt das liberale Standardargument, das besagt, daß diejenige Regierung am besten ist, die am wenigsten regiert, und erweitert es, indem er sagt, daß »diejenige Regierung am besten ist, die überhaupt nicht regiert« (Thoreau, 1969, S. 11). Der sehr überzeugend und eloquent geschriebene Essay führt unausweichlich zu dem Schluß, daß es einige Gesetze gibt – in diesem Fall diejenigen, die die Sklaverei unterstützen –, denen ein ehrenwerter Mann nicht Folge zu leisten braucht. Der Essay hatte als eine der Quellen für *Martin Luther Kings* Kampagne gegen die Rassentrennung eine starke Wirkung in unserer eigenen Zeit. Dies muß uns im Kontext dieser Auseinandersetzung jedoch nicht länger beschäftigen, denn – tragischerweise – war es keine Bewegung des gewaltlosen zivilen Ungehorsams, sondern ein blutiger Bürgerkrieg, der zur Abschaffung der Sklaverei in Amerika führte. Das Zeugnis des individuellen Gewissens war nicht ausreichend, und die Frage nach den angemessenen Mitteln zur Erreichung des gewünschten Ziels spaltete die Bewegung zur Abschaffung der Sklaverei.

Die politische Situation war extrem schwierig. Es gab Führer der Bewegung gegen die Sklaverei, denen die Schwarzen völlig gleichgültig und die im Grunde Rassisten waren. Es gab jene, deren Hauptziel die Erhaltung der nationalen Einheit war, und solche, wie *William Lloyd Garrison,* die die in Kraft befindliche Verfassung als einen »Vertrag mit dem Tod und einen Pakt mit der Hölle« empfanden. Sie zogen das Auseinanderfallen der Union einer weiteren Verbindung mit der Sklaverei vor. Der fundamentalste Unterschied bestand vielleicht zwischen jenen, die die Abschaffung der Sklaverei hauptsächlich als Reform einer Reihe von im Grunde gesunden Einrichtungen betrachteten, und jenen, die sie als nahezu revolutionären Umschwung ansahen, der nicht nur die Sklaverei, sondern auch den Rassismus austilgen und die alte Verfassung zerschmettern und ganz von neuem anfangen sollte (Kraditor, 1969, bes. S. 3–38, S. 274–277; Jaffa, 1971, S. 125–144; Woodward, 1971, S. 140–162).

Die Radikalen, deren typischer Vertreter Garrison war, glaubten, daß die Sklaverei ein tiefes moralisches Unrecht – eine Sünde, um genau zu sein – sei und die einzige Abhilfe die sofortige Unterlassung dieser Sünde sei. Sie vertraten eine Doktrin der moralischen Vollkommenheit, die für heutige Betrachter schwer zu akzeptieren ist und mit der man sich noch weniger identifizieren kann. Ihnen genügte eine Reform nicht. Die institutionelle Grundstruktur war von der Sklaverei vergiftet worden, und nur die grundlegende Reform konnte den Schaden beheben. Aber die Bewegung, die das Ende der Sklaverei herbeiführte, war nicht radikal; sie wurde vielmehr von Abraham Lincoln angeführt, einem der großen Meister der pragmatischen Politik. Man darf nicht vergessen, daß für Lincoln eine Sklaverei, die sich nicht ausweiten konnte, »auf dem Wege der endgültigen Vernichtung« war. Wenn es gelänge, die Einheit der Union zu bewahren und die Ausbreitung der Sklaverei zu verhindern, würde sie eines natürlichen, wenn auch langsamen Todes sterben. Aber die Aufrechterhaltung der Union war eine schwierige Aufgabe bei der Organisierung einer extrem lockeren Koalition. Dies erkannte selbst Garrison und schloß sich schließlich – nachdem Lincoln sich ganz auf die Befreiung der Sklaven festgelegt hatte – mit dem Präsidenten zusammen.

Die Radikalen vom Schlage Garrisons hatten jedoch, wie C. Vann Woodward und Aileen Kraditor untersucht haben, in einem tiefen Sinn recht: Die Beendigung der Sklaverei ging über eine bloße Reform hinaus. Es bedurfte »einer Revolution, eines Bürgerkriegs und einer Ablehnung der alten Verfassung«, um dieses Ziel zu erreichen. Darüber hinaus »belegt die Geschichte Garrisons Überzeugung, daß eine wirkliche Ausrottung der Sklaverei mit Stumpf und Stiel geschehen mußte, daß die rassistische Ideologie, die sie beförderte, das ganze Land durchdrang und daß die Abschaffung der Sklaverei gemeinsam mit Rassisten und ohne die Ausrottung ihrer Ideologie weitgehend ein leerer Sieg sein würde«

(Woodward, 1971, S. 143 und 161). Solcher Art ist die Schwierigkeit einer Reform und die Ironie der Geschichte.

Die höchste Ironie dieser größten Umwälzung in der amerikanischen Geschichte liegt vielleicht darin, daß sie sich unter der Präsidentschaft eines Mannes mit zutiefst konservativen Neigungen vollzog. Lincoln hatte 1838, als er noch jung war, eine eindringliche Rede gehalten, in der er die Gewalttätigkeit des Mobs verdammte – und als Implikation auch den zivilen Ungehorsam. In dieser Ansprache forderte er, daß die Ehrfurcht vor der Verfassung als bürgerliches Glaubensbekenntnis eingeschärft werden müsse, um das amerikanische eigennützige Streben zu bremsen, das so oft auf gewalttätige Weise befördert worden war. Die Rede war bewegend und prophetisch, und sie schlug, wie einige zeitgenössische Forscher hervorheben, einen entscheidenden Weg zur Verbesserung einiger Mängel in der Verfassung vor, die von den *Anti-Federalists* hervorgehoben worden waren (Lincoln, 1969; Storing, 1981, S. 65–66; vgl. Jaffa, 1958, S. 183 bis 232). Die Rede ist durchdrungen von der Sorge um Kontinuität und Stabilität. Und doch waren die durch den Bürgerkrieg in Bewegung gebrachten Veränderungen fundamental. Das vorsichtig ausgewogene System der Madisonschen Politik brach in der Sezessionskrise zusammen. In der Wahl von 1860 erreichten die Kräfte gegen die Sklaverei ihr Ziel selbst ohne jede Unterstützung durch die lokale Minderheit, die den Status quo verteidigte (Foner, 1980, S. 52). Der nachfolgende Konflikt führte zur Vervollständigung der amerikanischen Nation; das geteilte Haus wurde mit Gewalt vereint. »Wir können«, so hat Eric Foner es ausgedrückt, »den berühmten Kommentar von John Adams über die amerikanische Revolution variieren und ihn auf den Beginn des Bürgerkriegs übertragen – die Teilung war in den Köpfen der Leute vollständig, bevor der Krieg begann. In einem gewissen Sinn war es der Verfassung und der nationalen Politik nicht gelungen, die schwierige Aufgabe der Schaffung einer Nation zu erfüllen – dies gelang erst dem Bürgerkrieg« (Foner, 1980, S. 53).

Der Bürgerkrieg führte jedoch zu mehr als nur zur nationalen Konsolidierung. Der entstehende Staat war entschieden ein im ganzen liberalistischer, kapitalistischer Staat. Auch hierin liegt eine Ironie, denn die Union, für deren Erhaltung Lincoln kämpfte, war die Welt des Jacksonschen Amerika – eine in gewisser Hinsicht vormoderne Welt – »die Welt der kleinen Geschäfte, der unabhängigen Farm und des Dorfhandwerkers« (Foner, 1980, S. 32). Im Süden bot das Ende der Sklaverei den im allgemeinen untergeordneten vormodernen Klassen – den armen Weißen und den früheren Sklaven – die Chance (die man sich freilich nicht voll zunutze machte), ihre Klagen über die Oberschicht zum Ausdruck zu bringen. Im Norden regte der Krieg ein gewaltiges Wachstum umfangreicher kapitalistischer Unternehmungen an und löste einen Prozeß der institutionellen Zentralisierung aus. Um Foner noch einmal zu zitieren: »Jede Seite kämpfte für die Verteidigung einer bestimmten Vorstellung der guten Gesellschaft, aber sämtliche Vorstellungen wurden durch die Kämpfe zu ihrer Erhaltung zerstört« (Foner, 1980, S. 33, 32–33).

Der Liberalismus, von dem Louis Hartz behauptet hat, er sei von Anfang an siegreich gewesen, wurde zuletzt fest etabliert. Die letzten entscheidenden nichtliberalen institutionellen Strukturen wurden abgebaut und mit ihnen die sie unterstützenden Ideologien. Die Hegemonie einer von Locke geprägten Weltsicht, die von Anfang an eine Rolle gespielt hatte und vielleicht unvermeidlich war, war jetzt vollständig, und die nachfolgende Geschichte der Vereinigten Staaten ist, wie Hartz richtig bemerkt, von der Logik und den Beschränkungen einer solchen Sichtweise weitgehend dominiert worden.

Aus dem Amerikanischen von Marina Münkler

ANMERKUNGEN

1 Eine Auswahl aus der umfangreichen Literatur bieten Bailyn, 1965 und Jenson, 1967.
2 Da es mehrere Autoren gibt, werden *The Federalist Papers* nur als *Federalist* mit der jeweiligen Nummer zitiert. Der Autor des jeweiligen Textes wird im Text genannt. Verweise beziehen sich auf die von Clinton Rossiter 1961 herausgegebene Ausgabe.
3 Der übrige Teil dieses Abschnitts basiert eng auf Masons klassischem Aufsatz.
4 Für genauere Untersuchungen ist diese Ausgabe jetzt unentbehrlich. Storing (1981 b) bildet die Einleitung zu der separat gedruckten Reihe. Für die meisten Untersuchungen ist Kenyon (1966) völlig ausreichend.
5 Eine wesentliche Auswahl der Schriften bietet Franklin, 1965. Die Interpretation ist stark von Connor (1965) beeinflußt.
6 Es gibt keine moderne kritische Ausgabe von Fitzhughs *Sociology for the South,* und ich habe deshalb im Interesse der Zugänglichkeit den hervorragenden Auszug benutzt, den Fitzhughs Biograph herausgegeben hat. Siehe Fitzhugh, 1960 a.
7 Die Position von Genovese ist nicht unumstritten. Für die Gegenposition vgl. Oakes, 1982. Vgl. jedoch ebenfalls Genovese, 1974 und Fox-Genovese/Genovese, 1983.

BIBLIOGRAPHIE

Primärtexte:
Adams, John, 1954: The Political Writings of John Adams: Representative Selections, hrsg. von George A. Peek jr., Indianapolis; *Bailyn,* Bernard (Hrsg.), 1965: Pamphlets of the American Revolution, Bd. I, Cambridge; *The Federalist,* 1961: by Alexander Hamilton, John Jay and James Madison, hrsg. von Clinton Rossiter, New York; *Calhoun,* John C., 1953: A Disquisition on Government and Selections from the Discourse, Indianapolis; *Cappon,* Lester (Hrsg.), 1959: The Adams-Jefferson Correspondence, Chapel Hill; *Fitzhugh,* George, 1960 a: Sociology for the South, in: Harvey Wish (Hrsg.), Antebellum, New York; *ders.*, 1960 b: Cannibals All, or Slaves Without Masters, hrsg. von C. Vann Woodward, Cambridge; *Der Föderalist,* 1958: hrsg. u. m. einer Einf. vers. von Felix Ermacora, Wien; *Franklin,* Benjamin, 1965: The Political Thought of Benjamin Franklin, hrsg. von Ralph Ketcham, Indianapolis; *Hamilton,* Alexander, 1964: The Reports of Alexander Hamilton, hrsg. von Jacob Cooke, New York; *ders.*, 1923: Die drei großen Amerikaner: Hamilton, Jefferson, Washington, Ausz. aus ihren Werken, ausgew. und eingel. von Adolf Rein, Berlin; *Jefferson,* Thomas, 1944: The Life and Selected Writings of Thomas Jefferson, hrsg. von Adrienne Koch und William Peden, New York; *ders.*, 1964: Notes on the State of Virginia, hrsg. von T. P. Abernathy, New York; *ders.*, 1975: The Portable Jefferson, hrsg. von Merrill D. Peterson, New York; *Janson,* Merrill (Hrsg.), 1967: Tracts of the American Revolution: 1763–1776, Indianapolis; *Lincoln,* Abraham, 1953: Collected Works, Bd. II, hrsg. von Roy Basler, New Brunswick; *ders.*, 1965: The Lincoln-Douglas Debates, hrsg. von Robert Johannsen, New York; *ders.*, 1969: The Perpetuation of our Political Institutions, in: Robert A. G. Goldwin (Hrsg.), On Civil Disobedience, S. 1–9, Chicago; *ders.*, 1959: Eine Auswahl aus seinen Reden und Briefen, hrsg.

von d. Kulturabt. d. U.S. Mission, Berlin; *Paine,* Thomas, 1969: The Rights of Man, hrsg. von Henry Collins, Baltimore (dt.: Die Rechte des Menschen, bearb. u. eingel. von Theo Stemmler, Frankfurt/M. 1973); *ders.*, 1976: Common Sense, hrsg. von Isaac Kramnick, Baltimore; *Storing,* Herberg A., 1981 a: The Complete Anti-Federalist, Chicago.

Sekundärliteratur:

Appleby, Joyce, 1983: Jefferson, A Political Reappraisal, in: democracy (Fall), S. 139–145; *Bailyn,* Bernard (Hrsg.), 1967: The Ideological Origins of the American Revolution, Cambridge; *ders.*, 1973: The Central Themes of the American Revolution: An Interpretation, in: Stephen G. Kurtz und James Hutson, Essays on the American Revolution, S. 3–31, Chapel Hill; *Barber,* Benjamin, The Compromised Republic: Public Purposelessness in America, in: Robert H. Horwitz (Hrsg.), The Moral Foundations of the American Republic, S. 19–38, Charlottesville; *Becker,* Carl, 1942: The Declaration of Independence: A Study in the History of Political Ideas, New York; *Connor,* Paul W., 1965: Poor Richard's Politics: Benjamin Franklin and his New American Order, New York; *Davis,* David Brion, 1975: The Problem of Slavery in Western Culture: 1770–1823, Ithaca; *Dolbeare,* Kenneth (Hrsg.), 1971: Directions in American Political Thought, New York; *Drukman,* Mason, 1971: Community and Purpose in American Political Thought, New York; *Dumond,* Dwight L., 1939: Anti-Slavery Origins of the Civil War, Ann Arbor; *Dunn,* John, 1969 a: The Political Thought of John Locke: An Historical Account of the Two Treatises of Government, Cambridge; *ders.*, 1969 b: The Politics of Locke in England and America in the Eighteenth Century, in: John Yolton (Hrsg.), John Locke: Problems and Perspectives, S. 41–80, Cambridge; *Farrand,* Max (Hrsg.), 1911: Records of the Federal Convention, Bd. I, New Haven; *Foner,* Eric, 1970: Free Soil, Free Labor, Free Men, New York; *ders.*, 1976: Tom Paine and Revolutionary America, New York; *ders.*, Politics and Ideology in the Age of the Civil War, New York; *Fox-Genovese,* Elizabeth und Eugene *Genovese*, 1983: Fruits of Merchant Capital: Slavery and Bourgeois Property in the Rise and Expansion of Capitalism, New York; *Galbraith,* John Kenneth, 1967: The New Industrial State, Boston (dt.: Die moderne Industriegesellschaft, München 1968; 1970); *Genovese,* Eugene, 1967: The Political Economy of Slavery, New York; *ders.*, 1969: The World the Slaveholders Made: Two Essays in Interpretation, New York; *ders.*, 1974: Roll, Jordan, Roll, New York; *Gummere,* Richard, 1963: The American Colonial Mind and the Classical Tradition, Cambridge; *Hartz,* Louis, 1955: The Liberal Tradition in America, New York; *Hofstadter*, Richard, 1955: Social Darwinism in American Thought, Boston; *ders.*, 1963: Anti-Intellectualism in American Life, New York; *ders.*, 1973: The American Political Tradition, Twentyfifth Anniversary Edition, New York; *Howe,* Daniel, 1982: European Sources of Political Ideas in Jeffersonian America, in: Stanley I. Kutler and Stanley N. Katz (Hrsg.), The Promise of American History, Baltimore; *Howe,* John R. jr., 1966: The Changing Political Thought of John Adams, Princeton; *Huntington,* Samuel, 1968: Political Order in Changing Societies, New Haven; *ders.*, 1981: American Politics: The Promise of Disharmony, Cambridge; *Jacobson,* Norman, 1983: Parable and Paradox: In Response to Arendt's *On Revolution*, in: Samulgandi (Frühjahr–Sommer), S. 123–139; *Jaffa,* Harry, 1958: Crisis of the House Divided: An Interpretation of the Issues in the Lincoln-Douglas Debates, New York; *ders.*, 1971: Abraham Lincoln, in: Morton Frisch and Richard Stevens (Hrsg.), American Political Thought, S. 125–143, New York; *Kenyon,* Cecilia, 1955: Men of Little Faith: The Anti-Federalists on the Nature of Representative Government, in: William and Mary Quarterly (Januar), S. 3–43; *dies.*, 1958: Alexander Hamilton: Rousseau of the Right, in: Political Science Quarterly (Juni), S. 161–178; *dies.*, 1962: Republicanism and Radicalism in the American Revolution: An Old-Fashioned Interpretation, in: William and Mary Quarterly, Bd. 19, S. 153–182; *dies.*, (Hrsg.), 1966: The Anti-Federalists, Indianapolis; *Kraditor,* Aileen, 1969: Means and Ends in American Absolutism, New York; *Kramnick,* Isaac, 1981: Tom Paine: Radical

Democrat, in: democracy, Januar, S. 127–138; *ders.*, 1982: Republican Revisionism Revisited, in: American Historical Review, Bd. 87, S. 629–664; *Lynd,* Staughton, 1965: The Abolitionists' Critique of the United States Constitution, in: Martin Duberman (Hrsg.), The Anti-Slavery Vanguard, S. 209–239, Princeton; *Macpherson,* C. B., 1962: The Political Theory of Possessive Individualism, New York und Oxford (dt.: Die politische Theorie des Besitzindividualismus, Frankfurt/M. 1973); *Mansfield,* Harvey, jr.:, Review of Pocock, The Machiavellian Moment, in: American Political Science Review, Bd. 71, S. 1151–1152; *Mason,* Alpheus T.: The Federalist: A Split Personality, in: American Historical Review, Bd. 57, S. 625–643; *Meyers,* Marvin, 1960: The Jacksonian Persuasion, New York; *Minar,* David, 1964: Ideas and Politics: The American Experience, Homewood, III.; *Morgan,* Edmund, 1972: Slavery and Freedom: The American Paradox, in: Journal of American History (Juni), S. 5–29; *ders.*, 1973: Conflict and Consensus in the American Revolution, in: Stephen G. Kurtz and James Hutson (Hrsg.), Essays on the American Revolution, S. 289–309, Chapel Hill; *ders.*, 1975: American Slavery, American Freedom, New York; *ders.*, 1982: The Argument for the States, in: The New Republic, April 28, S. 29–34; *Murrin,* John, 1980: The Great Inversion, or Court versus Country. A Comparison of the Revolution Settlements in England (1688–1721) and America (1776 bis 1816), in: J. G. A. Pocock, Three British Revolutions: 1641, 1688, 1776, S. 368–455, Princeton; *Nelson,* William H., 1961: The American Tory, New York; *Oakes,* James, 1982: The Ruling Race, New York; *Palmer,* Robert R., 1959: The Age of the Democratic Revolution, Bd. 1, Princeton (dt.: Das Zeitalter der demokratischen Revolution, Frankfurt/M., 1970); *Pease,* William Henry und *Pease*, James H. (Hrsg.), 1965: The Anti-Slavery Argument, Indianapolis; *Peterson,* Merrill D., 1962: The Jefferson Image in the American Mind, New York; *Pocock,* J. G. A., 1972: Virtue and Commerce in the Eighteenth Century, in: Journal of Interdisciplinary History (Sommer), S. 119–134; *ders.*, 1975: The Machiavellian Moment, Princeton; *Pressly,* Thomas, 1954: Americans Interprete Their Civil War, Princeton; *Roche,* John P., 1961: The Founding Fathers: A Reform Caucus in Action, in: American Political Science Review (Dezember), S. 799–816; *Rossiter,* Clinton, 1953: Seedtime of the Republic, New York; *ders.*, 1964: Alexander Hamilton and the Constitution, New York; *Schaar,* John H., 1981: Legitimacy in the Modern State, New Brunswick; *Schlesinger,* Arthur M., jr., 1945: The Age of Jackson, Boston; *Storing,* Herbert A., 1981 : What the Anti-Federalists Were For, Chicago; *Strauss,* Leo, 1953: Natural Right and History, Chicago (dt.: Naturrecht und Geschichte, Stuttgart 1956, Frankfurt/M. 1977); *Thoreau,* Henry David, 1969: Civil Disobedience, in: Robert A. Goldwin (Hrsg.), On Civil Disobedience, S. 11–31, Chicago; *Truman,* David, 1951: The Governmental Process, New York; *Tully*, James, 1980: A Discourse on Property, Cambridge; *Wilentz,* Sean, 1982: On Class and Politics in Jacksonian America, in: Stanley I. Kutler and Stanley N. Katz (Hrsg.), The Promise of American History: Progress and Prosperity, Baltimore; *Wills,* Garry, 1978: Inventing America, New York; *ders.*, Explaining America, New York; *Wiltse,* Charles, 1960: The Jeffersonian Tradition in American Democracy, New York; *Wood,* Gordon, 1969: The Creation of the American Republic, Chapel Hill; *Woodward,* C. Vann, 1971: American Counterpoint, Boston.

Autorenverzeichnis

Barudio, Günter, geb. 1942, Dr. phil., Historiker und freischaffender Autor, Frankfurt/M.
Veröffentlichungen: Das Zeitalter des Absolutismus und der Aufklärung. 1648–1779, Fischer Weltgeschichte Bd. 25, 1984; Gustav Adolf – der Große, 1983; Moskau und der Dreißigjährige Krieg, in: Klaus Zernack (Hrsg.), Handbuch der Geschichte Rußlands, 1982; Absolutismus – Zerstörung der libertären Verfassung, 1976.

Bermbach, Udo, geb. 1938, Dr. phil., Professor für Politische Wissenschaft, Institut für Polit. Wissenschaft, Universität Hamburg.
Veröffentlichungen: Vorformen parlamentarischer Kabinettsbildung in Deutschland, Köln-Opladen 1973; Theorie und Praxis der direkten Demokratie, Köln-Opladen 1973; (zusammen mit F. Nuscheler): Sozialistischer Pluralismus, Hamburg 1973; (zusammen mit K.-M. Kodalle): Furcht und Freiheit, Leviathan-Diskussion 300 Jahre nach Hobbes, Opladen 1982.

Denzer, Horst, geb. 1941, Dr. phil., Akademischer Rat, Geschwister-Scholl-Institut, Universität München.
Veröffentlichungen: Moralphilosophie und Naturrecht bei Samuel Pufendorf, München 1972; (Hrsg. mit H. Maier u. H. Rausch): Klassiker des politischen Denkens, 2 Bde., München [6]1985; (Hrsg.): Jean Bodin. Verhandlungen der internationalen Bodin-Tagung in München, München 1973; (Hrsg.): Samuel Pufendorf, Die Verfassung des deutschen Reichs, Stuttgart 1976.

Euchner, Walter, geb. 1933, Dr. phil., Professor für Politikwissenschaften, Seminar für Politikwissenschaft, Universität Göttingen.
Veröffentlichungen: Naturrecht und Politik bei John Locke, Frankfurt/M. 1969; Egoismus und Gemeinwohl. Studien zur Geschichte der bürgerlichen Philosophie, Frankfurt/M. 1973; Karl Marx, München 1983.

Fetscher, Iring, geb. 1922, Dr. phil., Professor für politische Wissenschaften, Universität Frankfurt/M.
Veröffentlichungen: Rousseaus politische Philosophie. Zur Geschichte des demokratischen Freiheitsbegriffs, Neuwied/Berlin 1960, 3. überarb. Aufl. Frankfurt/M. 1975; Karl Marx und der Marxismus. Von der Philosophie des Proleta-

riats zur proletarischen Weltanschauung, München 1967; Herrschaft und Emanzipation. Zur Philosophie des Bürgertums, München 1976; Der Marxismus. Seine Geschichte in Dokumenten, 3 Bde., München 1976; Überlebensbedingungen der Menschheit. Zur Dialektik des Fortschritts, München 1980.

Goldie, Mark, geb. 1952, Ph. D., Lecturer in History, Churchill College, Cambridge.
Veröffentlichungen: Beiträge für die Zeitschriften »Political Theory«, »Historical Journal« und »History of Political Thought«; außerdem »John Locke«, in: Gestalten der Kirchengeschichte, Bd. 8: Die Aufklärung, hrsg. von M. Greschat, Stuttgart 1983.

Kamenka, Eugene, geb. 1928, Ph. D., Professor of the History of Ideas, Research School of Social Sciences, Australian National University, Canberra.
Veröffentlichungen: The Ethical Foundations of Marxism, London 1962, ^{2}1972; The Philosophy of Ludwig Feuerbach, London 1970; (Hrsg.): Nationalism – the Nature and Evolution of an Idea, Canberra 1973; (Hrsg.): Community as a Social Ideal, London 1982; (Hrsg.): The Portable Karl Marx, New York 1983.

Kimminich, Otto, geb. 1932, Dr. jur., Professor für Öffentliches Recht, insbesondere Völkerrecht, Staatsrecht und Politik, Universität Regensburg.
Veröffentlichungen: Völkerrecht im Atomzeitalter, Freiburg i. Br. 1969; Die Souveränität der Bundesrepublik Deutschland, Hamburg 1970; Humanitäres Völkerrecht – Humanitäre Aktion, Mainz 1972; Einführung in das Völkerrecht, Pullach b. München 1975, ^{2}1983; Schutz der Menschen in bewaffneten Konflikten, Mainz 1979; Schutz der Menschenrechte – Arbeit für den Frieden, München 1979; Staatsverfassung und Grundwerte, Paderborn 1979.

Münkler, Herfried, geb. 1951, Dr. phil., wiss. Mitarbeiter, Fachbereich Gesellschaftswissenschaften der Universität Frankfurt/M.
Veröffentlichungen: Machiavelli. Die Begründung des politischen Denkens der Neuzeit aus der Krise der Republik Florenz, Frankfurt/M. 1982, ^{2}1984; Das Blickfeld des Helden. Zur Darstellung des Römischen Reiches in der germanisch-deutschen Heldendichtung, Göppingen 1983; Machtzerfall. Die letzten Tage des Dritten Reichs, dargestellt am Beispiel der hessischen Kreisstadt Friedberg, Berlin 1985.

Reichelt, Helmut, geb. 1939, Dr. rer. pol., Professor für Politische Wissenschaft, Universität Bremen.
Veröffentlichungen: Zur logischen Struktur des Kapitalbegriffs bei Karl Marx, Frankfurt/M. 1970; (Hrsg.): Texte zur materialistischen Geschichtsauffassung von Ludwig Feuerbach, Karl Marx, Friedrich Engels, 1975.

Roos, Hans, 1919–1984, Dr. phil., Professor für Mittlere, Neue und Osteuropäische Geschichte, em., Rottach-Egern.
Veröffentlichungen: Polen und Europa, Tübingen 1957, ^{2}1966; Geschichte der Polnischen Nation, Stuttgart; Polen zwischen den Weltkriegen, in: Osteuropa-Handbuch, Polen, Köln u. Graz 1959; Der Adel vor der Revolution, Göttingen 1971.

Saage, Richard, geb. 1941, Dr. phil., Professor für Politikwissenschaften, Seminar für Politikwissenschaft, Universität Göttingen.
Veröffentlichungen: Eigentum, Staat und Gesellschaft bei Immanuel Kant, Stuttgart u. a. 1973; Faschismustheorien. Eine Einführung, München ^{3}1981; Herrschaft, Toleranz, Widerstand. Studien zur politischen Theorie der Niederländischen und Englischen Revolution, Frankfurt/M. 1981; Rückkehr zum starken Staat? Studien über Konservativismus, Faschismus und Demokratie, Frankfurt/M. 1983.

Saner, Hans, geb. 1934, Dr. phil., wissenschaftlicher Leiter der Nachlaßedition Karl Jaspers.
Veröffentlichungen: Widerstreit und Einheit. Wege zu Kants politischem Denken, München 1967; Karl Jaspers (rororo-Monographie 169), Reinbek b. Hamburg 1970; (Hrsg.): Karl Jaspers in der Diskussion, München 1973; Geburt und Phantasie. Von der natürlichen Dissidenz des Kindes, Basel 1979; Hoffnung und Gewalt. Zur Ferne des Friedens, Basel 1982.

Seliger, Martin, geb. 1914, Ph. D., Professor für politische Wissenschaft, em., Hebr. Universität Jerusalem.
Veröffentlichungen: The Liberal Politics of John Locke, London 1968, New York 1969; Ideology and Politics, London, New York 1976; The Marxist Conception of Ideology – A Critical Essay. International Studies, Cambridge 1977, 1979.

Young, James P., Ph. D., Professor für politische Wissenschaft, State University of New York, Binghamtom.
Veröffentlichungen: The Politics of Affluence, Consensus and Conflict: Readings in American Politics.

Zech, Reinhold, geb. 1944, Dr. rer. pol., Bremen.
Veröffentlichungen: Arbeit und Qualifikation. Ein Beitrag zur Ökonomie und Soziologie der Arbeit, Bremen 1977; Tätigkeitsfelder und Qualifikationen von Wirtschafts-, Sozial-, Ingenieur- und Naturwissenschaftlern, Frankfurt/Main, New York 1981; H. Reichelt und R. Zech (Hrsg.): Karl Marx: Produktivkräfte und Produktionsverhältnisse: Entstehung, Funktion und Wandel eines Theorems der materialistischen Geschichtsauffassung, Frankfurt/M., Berlin, Wien 1983.

Personenregister

(zentrale Fundstellen sind Kursiv gesetzt)

Pipers Wörterbuch zur Politik

Herausgegeben von Dieter Nohlen

Halbband 1: Abhängigkeit–Multiple Regression
Halbband 2: Nation-building–Zweiparteiensystem

Wörterbuch zur Politikwissenschaft

Theorien – Methoden – Begriffe
Herausgegeben von Dieter Nohlen und Rainer-Olaf Schultze
(Erscheint im Herbst '85)

Band 2:

Westliche Industriegesellschaften

Wirtschaft – Gesellschaft – Politik
Herausgegeben von Manfred G. Schmidt
1983. 558 Seiten mit 69 Tabellen und
14 Abbildungen. Kt.

Band 3:

Europäische Gemeinschaft

Problemfelder – Institutionen – Politik
Herausgegeben von Wichard Woyke
1984. 471 Seiten. Kt.

Band 4:

Sozialistische Systeme

Politik – Wirtschaft – Gesellschaft
Herausgegeben von Klaus Ziemer
(Erscheint voraussichtlich Frühjahr '86)

Politik bei Piper (Auswahl)

Politik bei Piper (Auswahl)

Hildegard Hamm-Brücher
Der Politiker und sein Gewissen
Eine Streitschrift für mehr Freiheit
1984. 123 Seiten. Serie Piper 265

Handbuch der deutschen Außenpolitik
Herausgegeben von Hans-Peter Schwarz
2. Aufl., 8. Tsd. 1976. 849 Seiten. Kt.

Handbuch des politischen Systems der Bundesrepublik Deutschland
Herausgegeben von Kurt Sontheimer und Hans H. Röhring
2. Aufl., 11. Tsd. 1978. 761 Seiten. Kt.

Wolfram F. Hanrieder
Fragmente der Macht
Die Außenpolitik der Bundesrepublik
1981. 194 Seiten. Serie Piper 231

Werner Hilgemann
Atlas zur deutschen Zeitgeschichte
1918–1968
1984. 208 Seiten mit über 100 farbigen Abbildungen. Geb.
(Auch in der Serie Piper 328 lieferbar)

Christian Graf von Krockow
Gewalt für den Frieden?
Die politische Kultur des Konflikts
3. Aufl., 29. Tsd. 1983. 122 Seiten. Serie Piper 323

Piper